A HISTORY
OF
GREECE
TO 322 B.C.

希腊史

迄至公元前 322 年

〔英〕N.G.L. 哈蒙德 著

朱龙华 译

程庆昺 郝际陶 校

N. G. L. Hammond
A HISTORY OF GREECE
To 322 B. C.
Oxford University Press 1967
First Edition 1959
Second Edition 1967
根据牛津大学出版社 1967 年版译出

中译本序

对于有五千年文明传统的中国人民说来,西方的希腊文明始终是一个引人注目的参照对象。希腊开创了西方文明的传统,虽然它在两千年前就已衰亡,可是它树立的古典楷模却延续至今,所以西方有识之士仍然总是"言必称希腊"。如果说在从古到今的东方文明中我们中国不愧为擎天巨柱,那么古典希腊在西方文明中可被公认为一条辉煌夺目的红线。正因为如此,当国人初次接触西方之时,古希腊始终是我们注意的一个"热点",无怪乎第一本由中国学者翻译的西方学术名著,便是古希腊欧几里得的《几何原本》。它于1604—1608年由徐光启和利玛窦合译为中文,受到中国有识之士的高度重视。徐光启对这部古希腊著作中包含的科学性光彩很是佩服。他一方面肯定"此书为用至广,在此时尤所急须",一方面又展望未来说:"百年之后必人人习之,即又以为习之晚也。"[①]可以说,他在明末之际已模糊地预感到希腊开创的西方文明中的某些科学性的精华(我国"五四"时代热烈欢迎的"赛先生"),正是中国未来之所必需。这个第一例也形象地表明,在我们东方人看来,希腊文明最杰出之处,就是它在那么遥远的古代便为

---

① 周一良主编:《中外文化交流史》,河南人民出版社1987年版,第290页。

未来的近代西方孕育了许多值得借鉴的东西。这也可说是最为吸引我们的"希腊文明之谜"吧!

从人类历史发展的全局看,这个"希腊文明之谜"却不难解开,因为它无论如何神奇,终归是人类文明发展总过程的一部分。随着历史科学(包括考古学)的进展,我们逐渐对希腊历史的远古部分有了较清楚的认识,而这一部分正是过去人们了解得很不够,从而加深了希腊之谜的浓雾的部分;另一方面,同样也是通过历史研究和考古发掘,我们逐渐对包括希腊在内的古代世界和古代社会有了较清楚的认识,也了解了希腊和走在它之前的各个古代东方文明的关系以及它们的异同;与此同时,本来比较丰富(当然只是相比于其他古国而言,若用现代要求看则仍很不够)的希腊古代文献,于今也可用新的科学和史学眼光加以诠释、比较、订正和分析。总而言之,对希腊历史与文明的比较全面、比较科学的新的了解和综合,现在已有可能了。如果说 20 世纪初的口号主要是"重新改写希腊史",那么到 20 世纪中叶这一改写已落实到一些杰出的著述中,本书——哈蒙德的《希腊史:迄至公元前 322 年》便可被以为是其中之一。

N. G. L. 哈蒙德(Hammond)是英国著名的希腊史研究家,他在 20 世纪 50、60 年代相继担任两部英国最重要的古典史学巨著——《牛津古典辞书》和新版《剑桥古代史》的主编,就充分说明了他在希腊史研究领域的权威地位。与此同时,他还应牛津大学出版社之请,写了这部长达 70 多万言的《希腊史》。本书初版于 1959 年、1967 年出了第二版,以后多次重印,受到广泛欢迎,被公认为 20 世纪希腊通史著述的重要成果之一。哈蒙德此书所以成功,除了文笔精练清丽,不失古典风范而外,更重要的是他能综合融汇上述各方面史学考古研究的进展于一炉,既立足于希腊又放眼于整个地中海文明,既充分重视考古研究又全面利用了古代文献,考据精确而又眼界开阔,从而能把希腊历史从远古到公元前322年的长期发展较详尽地展现在读者面前。

20世纪50年代以来,世界各国史学界出现的新趋势是走向新的综合。各种对立的学派和观点取长补短、互为促进固是一种综合,考古新证与传统史料交相辉映、相得益彰也是一种综合,史实校订和规律探索并行不悖、异曲同工更是一种综合……但归根结底,这种新的综合的大势无非是历史科学本身的进展已达到万流归宗的地步,即归结于对历史事实本身的比较全面、比较客观的理解。若说哈蒙德此书反映了较新的史学研究的水平,也是指其具备了这种综合与理解而言。因此他这部书受到各国和各方面史学界的欢迎,也受到东西方学术界的欢迎。由于对希腊古史的实际有较全面的理解,书中不少论点和用马克思主义观点分析希腊历史得出的结论是相近的,有些见解也是很有启发性的。

人类历史的规律性发展必然是由无阶级、无国家的原始社会进入有阶级国家的文明社会,而第一个文明社会,受当时尚属低下的生产力水平的制约,必然是奴隶制社会,这种情况无论东西方皆无例外,也为一切古代文明的历史所证实。希腊文明是一个典型的奴隶社会,这是希腊人自己所承认、也为一切研究希腊史的学者首肯的。问题在于,希腊文明如何能在奴隶制这种最落后、也最野蛮的生产方式的基础上产生具有科学性和民主性精华的古典传统。奴隶社会居然还有民主!对这个似乎荒谬的现象如果细加剖析,不难看出它也有其合乎规律性的一面,其中最具关键意义的是以下两个因素:希腊文明在地中海各古代文明,亦即通常所谓的古代东方文明中最为晚出,因而东方给它准备了较丰厚的文化遗产:铁器时代的生产力水平、字母拼音文字、东部地中海的国际贸易市场等,希腊人甫从原始社会而出,便有这些现成的东西供其拿来使用,自不难创出后起之秀的业绩;另一方面,希腊在作为古代东方三千年文明发展的继承者的同时,它又有直接从原始社会蜕变而来的特殊背景,原始社会最后阶段的军事民主制和氏族部落组织仍有相当影响。当然,我们不能说希腊的民主是从原始的军事民主制发展而来,因为希腊也和其他民族一样,在军事民主制转变为阶级国家之时总是军事首领变成国王,希腊各邦最初都有国王统治,然后又历经贵族统治,只是在平民群众(公民中的小农和手工业者)展开各种形式的斗争之后,才逐渐废除贵族特权而建立了奴隶制的民主政治。就这一点说,军事民主制的影响只能是为希腊走向民主提供了一些便利条件(如各邦皆存在公民大会,选举风习亦未断绝等),而民主政治本身则是希腊社会内部斗争的产物;同时还要看到斗争之激烈也无非是希腊在接受东方遗产条件下社会发展速度加快的一个反映。由此可见,包括民主在内的希腊文明的优异之点,只能看作是其特殊的历史条件的产物:一方面是东方文明的遗产,另一方面则是直接的军事民主制背景,两者交叉纠结、酝酿升华,从而促成希腊之腾飞。一部好的希腊史,应该对这些特殊历史条件的复杂、辩证关系有所交待,哈蒙德此书可算一个佳例。虽然作者恪守叙事为主的古典史学传统,但他根据丰富的考古资料,结合他已充分掌握的古史文献,对希腊文明形成之际的情况做了较全面的介绍。本书第一卷介绍的"远古诸文明"(主要是米诺斯文明和迈锡尼文明)是19世纪末以来考古发现为希腊古史增添的新篇章,但这些远古的或早期的文明虽在希腊土地上出现,犹未能遭逢上述复杂而辩证的历史机遇:它们是青铜时代的文明而犹未进入铁器时代,发展比较有限(在希腊全境只能说是在几个点上有所发展),缓慢的从新石器到文明的历程产生了和东方类似的较强大的王权(王宫是这些早期文明遗址中压倒一切的中心便说明这一点,日后的希腊则无王宫),如此等等,可见由考古发现而为我们所知的这些早期文明不仅使希腊古史提前一两千年,也反衬出我们所说的希腊文明产生的条件有其具体的历史机遇,因而较早出现的米诺斯文明和迈锡尼文明都走上了类似东方文明的道路,未反映出希腊本色。此后,在迈锡尼文明衰微之际侵入希腊并导致这一文明覆亡的新的一批移民,以及由这些移民引起的本地居民的大迁移,才彻底改变了希腊历史的布局。这些移民的主体——多利亚人和爱奥尼亚人,才是未来创造希腊文明的真正的希腊人。在这个移民大浪潮席卷而至时,希腊各地一度进入了黑暗时代,国家覆亡、城市毁灭、文字消失、商旅断绝,可是在这一片"黑暗"中却孕育着新的希腊文明的胚胎。这些移民犹未建立国家,仍生活于军事民主制之下,却使用着得自东方的炼铁术制造的武器与工具。从某种意义上说,这个大移民浪潮及它所促成的黑暗时代却为我们上面所说的希腊文明产生的历史机遇开辟了道路,其作用不可小视。哈蒙德在本书第一卷中以专章论述大移民,可谓慧眼独具。他着重指出了移民使用铁器和过着部落生活的特点,从而为此后出现的新的希腊城邦勾画出一幅确切而具体的历史背景。本书第二卷"希腊的复兴"便是详述新的希腊城邦如何在奋斗中形成了自己的特点,既没有忽略东方的影响和商业的发展,也充分注意到各城邦之间、多利亚人和爱奥尼亚人之间、斯巴达和雅典之间的巨大差异,但在共同的历史机遇之下,数以百计的希腊城邦都或多或少地具备我们所说的希腊城邦的四大历史特点[①]:小国寡民而始终保持独立、奴隶制商品经济相对发达、民主政治或公民政治的建立、古典文化的繁荣。本书第三卷"希腊的凯旋"就以希腊打败了强大的波斯帝国的入侵为主题,进一步描述了希腊如何凭靠其独具一格的城邦体制而走向光辉的顶点:伴随着反抗波斯的军事胜利,是雅典奴隶制经济和民主政治的充分发展,希腊文明多方面的前无古人的成就,以至于恩格斯说:"他们无所不包的才能与活动,给他们保证了在人类发展史上为其他任何民族所不能企求的地位。"[②]

　　了解希腊尤以取得优异成就的历史条件,并不能使我们得出"希腊特殊化"的结论,恰好相反,作为古代奴隶社会的一员,希腊仍始终受制于奴隶社会发展的共同规律。如果说希腊城邦体制的形成得力于其特殊的历史机遇,那么城邦的衰落却正是奴隶制发展的共同规律起作用的结果。为什么庆祝希腊凯旋的欢呼声犹未消失,两个最大的兄弟之邦雅典与斯巴达便展开了"自我毁灭"的大战,接着便是连绵近百年的城邦危机? 这另一个希腊文明之谜同样也应从奴隶社会的规律性发展求其解答。我们认为,古代奴

[①] 朱龙华:《世界历史·上古部分》,北京大学出版社1991年版,第356—357页。
[②] 《马克思恩格斯选集》第3卷,人民出版社1972年版,第468页。

隶制国家发展的总趋势,是由小国、大国及至帝国。① 其始必然是小国,因为奴隶社会是由无国家的原始社会发展而来;而奴隶制经济的成长则要求其国家规模必然由小到大,最后建立广土众民的帝国,到帝国阶段,奴隶社会也就达其繁荣的高峰。这一规律不仅显而易见,并具必然与普遍意义,东西方奴隶社会虽各有其特点,无不在此共同规律作用下达其高峰。希腊城邦体制的特殊之处仅仅在于:它以小国寡民的规模而达到了经济和文化的高度繁荣,但是,如果把希腊放在地中海文明发展的总格局中看,那么它便是在东方已多次出现帝国之后受东方遗产之赐而得天独厚的,并无悖于这一规律。更有甚者,奴隶制繁荣之时必有帝国这一点却反过来制约了城邦本身的发展,因此城邦盛极而衰,很快由凯旋进入危机,而希腊历史日后的总趋势是建立霸权和帝国。由于各种原因,我们看到的不是希腊人建立的帝国,而是其邻族马其顿人建立的帝国——亚历山大帝国和各个希腊化王国。哈蒙德在本书中虽然不会明确提及奴隶制的规律性发展之类的话题,但他在本书后半部分(第四卷至第六卷)却基本上体现了这一发展的内容,看到了希波战争之后百余年间的希腊史实质上是城邦体制已不适应时代要求而堕入危机的历史。然而,城邦的危机又是奴隶制经济高度发展的结果,所以,这时期政治上虽然动荡,经济和文化仍然高涨。哈蒙德也充分认识到这种辩证发展关系,断言称这时为衰落完全不符实际,"希腊文明像过去一样浩荡奔流。这是一个在政治、哲

---

① 朱龙华:《关于古代奴隶社会发展规律的一个探讨》,《世界史研究》,1984年第1期。

学、文学和艺术上大胆试验的时期。"(第五卷第一章第一节)其实，通常所谓的希腊文明成果有相当一部分是在此时完成的，柏拉图、亚里士多德、德谟斯提尼都生活于其间，更烘托出城邦危机与奴隶制经济繁荣之间的反差与对照。由于实际上已意识到我们所说的这种规律性发展所起的核心作用，哈蒙德对这后半部分的希腊史的描述也是相当出色的，尽管头绪纷繁，细节充盈，却能为我们勾勒出一幅动乱之中有创新、迷惑之中有解放的五彩缤纷的画面，同前半部的昂扬上进共同组成希腊古史动人心弦的篇章。与之相伴的是，他对亚历山大建立帝国的成就也能从历史必然的角度给予正确的评价，虽然难免多少带有从西方看世界的偏见。

本书的另一优点，对我们说来也是特别有用的，便是它对有关文献史料的征引相当完备。哈蒙德曾以充分考核史料为本书写作宗旨，他在这方面用功的勤苦、学力的深厚素为国际史学界推崇，而深入之后能浅出、繁博之上见简明，却又是别人难以企及的。因此，凡某一史实于古典文献有征之处，无论多寡他都详予罗列，但这些征引出处又不等于直接引文，只是提供读者做进一步探讨研究之用，因此提到的文献虽与史实有关，却不一定观点一致，多种出处彼此之间也有差异甚至矛盾之处（为了保持行文的简洁，哈蒙德对注释出处一律用简称，我们翻译时为保持原文风格也做了相应处理，这方面问题较多，下面另附专文详加说明）。哈蒙德觉得这样一来可引起读者去检索古籍、接触原始资料的兴趣，他的这个希望对于我们中国读者说来应更富有启发性。由于种种原因，我们对西方古籍的了解仍非常有限，哈蒙德此书比较丰富的古籍出处征引对我们的学习研究就有"按图索骥"的功效，岂不是特别有

中译本序

用么？虽然对古籍旁征博引并非评价史学成就的唯一标准，哈蒙德此书重视古籍的倾向却不失为新史学的综合发展中值得注意的一面，也是我国有关研究亟待加强的一面。

我国世界史学界的老前辈齐思和、周一良、吴于廑、胡钟达先生对本书的翻译工作十分关怀。译文初稿是在"文革"期间抽空完成的，当时依据的英文本是1959年的初版。后来，我们看到了1967年的再版和1977年的重印本，发现第一卷的第一、二章有较大改动，因当时我正在美国讲学，遂请郝际陶同志据新版改译了第一章第一节的前数页和第二章第一节以及附录2—8，并对大部分译稿做了初步校阅。后来，经林志纯先生协助，又请程庆昺同志对全书译稿再校一遍，最后由我定稿。由于我们都忙于其他工作，此书译、校竟拖延20余年之久，深感成事之不易。商务印书馆编辑部对本书的翻译工作自始至终给予大力支持，如果没有他们的帮助，译稿将难以完工，在此谨向编辑部有关同志致以深挚的感谢。尽管时间拖了很长，最后定稿仍感仓促，疏漏在所难免，尚祈海内外专家和广大读者不吝赐教。

朱龙华
癸酉清明于北大畅春园

关于本书注释译文的说明

本书注释中对有关文献史料的征引比较完备,凡与史实有关的古籍出处皆予罗列,对读者是一大方便。但作者行文简约,注释出处皆用书目简称,中译文为保持原书风格,在尽量用原书简化方法的同时,也照顾中国读者的方便略作变通,因此对注释译文采取两种处理办法:

一、常用的或已有中译本的希腊古籍采用中文简称,其中一作家只有一本著作传世的,以作家名代书名,其他则用书名或兼用作者名及书名。它们中最常见的有:

希罗多德＝希罗多德:《历史》

修昔底德＝修昔底德:《伯罗奔尼撒战争史》

《希腊史》＝色诺芬:《希腊史》(有时亦简作《希史》)

《远征记》＝阿里安:《亚历山大远征记》

斯特拉波＝斯特拉波:《地理学》

波桑尼亚＝波桑尼亚:《希腊地志》

德谟斯提尼＝德谟斯提尼:《演说集》

《雅典政制》＝亚里士多德:《雅典政制》(有时简作《政制》)

《伊里亚特》＝荷马史诗《伊里亚特》

《奥德赛》＝荷马史诗《奥德赛》

依此类推,凡注释中译文中仅提人名的,便是指此人唯一的传世著作(文集、诗集或演说集),若一人有多部著述传世,则兼及著作名称,例如亚里士多德、柏拉图、普鲁塔克和若干诗人、悲剧作家。哈蒙德在本书有些章节中因引用的那部主要古籍出处太多,往往用更简化的代号,甚至注明章内不提代号只标出处章节目次(例如在伯罗奔尼撒战争各章中,引修昔底德之处即不提代号),亦请读者注意。

二、除上述用中译简称者外,注释译文一律习用原文简称。本书所有古籍简称皆取自李德尔–斯各特–琼斯的《希英大辞典》(Liddll-Scott-Jones Lexicon)第9版,读者可从其中检索。但为一般中文读者方便,我们把较常见的一些简称的全名及其中文译名列于下:

Ael. VH = Aelianus, Varia Historia. 埃利安努斯:《历史集锦》

AAP = Arist., Ath. 亚里士多德:《雅典政制》

Aeschin = Aeschines. 埃斯奇尼:《演说集》

Aesch. = Aeschylus. 埃斯库罗斯,主要悲剧作品的简称为:

Eu. = Eumenides.《复仇女神》

Pers. = Persae.《波斯人》

Th. = Septem contra Thebes.《七雄攻打底比斯》

Alc. = Alcaeus. 阿尔凯奥斯:《诗集》

Alcm. = Alcman. 阿尔克曼:《诗集》

Anacr. ＝Anacreon. 阿那克里翁:《文集》

And. ＝Andocides. 安多西迪斯:《演说集》

AP ＝Anthologia Palatina Planudea.《帕拉丁文艺集锦》

Archil. ＝Archilochus. 阿奇罗库斯:《诗集》

Ar. ＝Aristophanes. 阿里斯托芬,主要喜剧作品的简称为:

  Ach. ＝Acharnenses.《阿卡奈人》

  Av. ＝Aves.《鸟》

  Eq. ＝Equites.《骑士》

  Lys. ＝Lysistrata.《公民大会妇女》

Arist. ＝Aristotles. 亚里士多德,主要著作的简称为:

  Ath. ＝Athenian Politica.《雅典政制》

  Mete. ＝Meteorologica.《气象学》

  Po. ＝Poetica.《诗学》

  Pol. ＝Politica.《政治学》

  Rh. ＝Rhetorica.《修辞学》

Arr. ＝Arrianus. 阿里安:《亚历山大远征记》

Ath. ＝Athenaeus, Anthologia Graeca.《希腊诗选》(阿典奈乌斯辑)

Callin. ＝Callinus. 卡里努斯:《诗集》

CGF. ＝G. Kaibel, Comicoram. Graecorum Fragmenta.《希腊喜剧拾遗》(凯贝尔辑)

Ctes. ＝Ctesias. 克泰西亚斯(佚文集)

D. = Demosthenes. 德谟斯提尼:《演说集》

D. Chr. = Dio Chrysostomus. 狄奥·克里索斯托姆斯:《文集》

D. H. = Dionysius Halicarnassensis. 哈利卡纳苏斯的狄奥尼修斯:《罗马史》(亦译《罗马古物志》)

D. L. = Diogenes Laertius. 狄奥根尼·拉尔修:《希腊罗马哲学家传》

D. S. = Diodorus Siculus. 狄奥多罗斯·西库罗斯:《历史》

E. = Euripides. 欧里庇得斯,主要悲剧作品的简称为:

    Heracl. = Heraclidae.《赫拉克勒斯的儿女》

    Tr. = Troades.《特洛伊妇女》

    Hipp. = Hippolytus.《希波吕托斯》

EM. = Etymologicum Magnum.《语源学作品集成》

FGrH. = F. Jacoby, Fragmente der Griechischen Historiker.《希腊历史文献拾遗》(雅各比辑)

FHG. = C. Müller, Fragmenta Historicorum Graecorum.《希腊历史文献残片辑录》(缪勒编)

GGM. = C. Müller, Geographici Graeci Minores.《希腊地理志》(缪勒编)

Harp. = Harpacratio. 哈尔帕克拉提奥:《文集》

H. Ap. = Hymnus ad Apollinem.《阿波罗颂诗》

Hdt. = Herodotus. 希罗多德:《历史》

Hell. Oxy. = Hellenica Oxyrhynchia.《奥克西林库

斯希腊史》

Heraclid. = Heraclides. 赫拉克利德:《文集》

Hes. = Hesiodus. 赫西奥德,主要诗篇简称为:

  Op. = Opera et Dies.《工作与时日》

  Th. = Theogonia.《神谱》

Historia. = Historiae Augustae Scriptores.《罗马诸帝本纪》

Hsch. = Hesychius, Lexicographus. 赫西奇奥斯:《词典学论集》

Hyperid. = Hyperides. 希波里得斯:《演说集》

Ibyc. = Ibycus. 伊比库斯:《诗集》

Il. = Iliad.《伊里亚特》

Is. = Isaeus. 伊塞乌斯:《演说集》

Isoc. = Isocrates. 伊索克拉底:《演说集》

JHS. = Journal of the Hellenic Studies.《希腊研究杂志》

Just. = Justinianus. 查士丁尼:《罗马民法大全》

Longin. = Longinus. 朗吉努斯:《论崇高》

Lys. = Lysias. 吕西亚斯:《演说集》

Od. = Odyssey.《奥德赛》

Paus. = Pausanias. 波桑尼亚:《希腊地志》

Ph. = Philo. 斐洛:《文集》

Phoc. = Phocylides. 弗西利得斯:《诗篇》

Pi = Pindarus. 品达,主要诗作简称为:

I. ＝Isthmian Odes.《地峡竞技会颂诗》

　　O. ＝Olympian Odes.《奥林匹克竞技会颂诗》

　　P. ＝Pythian.《皮提亚竞技会颂诗》

Pl. ＝Plato. 柏拉图，主要著作简称为：

　　Ep. ＝Epistulae.《书信集》

　　Grg. ＝Gorgias.《高尔吉亚篇》

　　Phdr. ＝Phaedrus.《斐多篇》

Plb. ＝Polybius. 波利比乌斯:《历史》

Plin. ＝Pliny. 普林尼:《自然史》

Plu. ＝Plutarchus. 普鲁塔克，主要著作简称为：

　　Arist. ＝Aristides.《亚里斯提德传》

　　Per. ＝Pericles.《伯里克利传》

　　Sol. ＝Solon.《梭伦传》(有时简为 PS)

　　Them. ＝Themistocles.《地米斯托克利传》(普氏写的希腊名人传记甚多，皆见各人名下，不复列出。)

Polyean. ＝Polyaenus. 波利埃努斯:《谋略》

POxy. ＝Oxyrhynchus Papyri.《奥克西林库斯纸草文献》

PSI. ＝Papiri Graecce Latini.《希腊拉丁文纸草书卷》(意大利文版)

Quint. ＝Quintilianus. 昆体良:《修辞学教程》

R. h＝Rhetores Graeci.《希腊修辞学论著集成》

S. ＝Sophocles. 索福克勒斯，主要悲剧作品的简称为：

　　Ant. ＝Antigone.《安提戈涅》

OC. ＝Oedipus Colonens.《俄狄浦斯在科罗诺斯》

OT. ＝Odeipus Tyrannes《俄狄浦斯王》

Tr ＝Trachiniae.《特拉喀斯少女》

Sapph. ＝Sappho. 萨福：《诗集》

Scyl. ＝Scylax. 斯西拉克斯：（佚文集）

SIG. ＝Sylloge Inscriptionum Graecarum.《希腊铭文集》

Suid. ＝Suidas.《苏依达斯辞典》

Simon. ＝Simonides. 西蒙尼德：《诗篇》

Str. ＝Strabo. 斯特拉波：《地理学》

Th. ＝Thucydides. 修昔底德：《伯罗奔尼撒战争史》

Thgn. ＝Theognis. 提奥格尼斯：《文集》

Tyrt. ＝Tyrtaeus. 提尔泰奥斯：《诗集》

Vitr. ＝Vitruvius. 维特鲁威：《建筑十书》

Vorsokr. ＝H. Diels, Fragmente der Vorsokratiker.《前苏格拉底哲学佚文残篇集成》（迪尔斯编）

X. ＝Xenophon. 色诺芬，主要著作简称为：

    Ath. ＝Respublica Atheniensium.《雅典政制》

    HG. ＝Historia Graeca.《希腊史》

    Lac. ＝Respublica Lacedaemoniorun.《拉西第蒙政制》

此外，本书作者还对书中常引的一些现代著作予以简称代号，现亦照录如下：

AFD. *Athenian Financial Documents*, by B. D. Meritt, 1932.

《雅典财政金融文献》,B. D. 米里特编,1932 年。

ATL. *The Athenian Tribute Lists*, by B. D. Meritt, H. T. WadeGery, and M. F. McGregor, 1939—1953.

《雅典贡赋表》,B. D. 米里特、H. T. 瓦德盖瑞和 M. F. 莫哥莱果编,1939—1953 年。

DAT. *Documents on Athenian Tribute*, by B. D. Meritt, 1937.

《雅典贡赋文献》,B. D. 米里特编,1937 年。

DMG. *Documents in Mycenaean Greek*, by M. Ventris and J. Chadwick, 1956.

《迈锡尼希腊语文献》,M. 文特里斯和 J. 柴德威克著,1956 年。

Ergon, *To ergon tēs arkhaeologikēs hetaireias*, Athens 1955—.

《希腊考古学刊》,雅典,1955 年以次。

GC. *Greek Coins*, by C. Seltman, 1933.

《希腊铸币》,C. 色塔曼著,1933 年。

GHI. *Greek Historical Inscriptions*, by M. N. Tod, 1946—1949.

《希腊历史铭文》,M. N. 托德编,1946—1949 年。

GK. Lit. Pap. *Greek Literary Papyri*, Loeb edition, 1950.

《希腊文学纸草》,洛布版,1950 年。

GMW. *Greek Mathematical Works*, by Ivor Thomas, Loeb edition, 1941.

《希腊数学著作》，依沃尔·托马斯，洛布版，1941年。

HH. GHI. *Greek Historical Inscriptions*, by E. L. Hicks and G. F. Hill, 1901.

《希腊历史铭文》，E. L. 赫克斯和 G. F. 希尔编，1901年。

IGA. *Inscriptiones Graecae Antiquissimae*, by H. Roehl, 1882.

《古代希腊铭文》，H. 罗尔编，1882年。

MGM. *Manual of Greek Mathematics*, by Sir T. L. Heath, 1931.

《希腊数学手册》，T. L. 希斯勋爵编，1931年。

Pera. *Perachora*, by H. Payne and others, 1940—.

《伯拉可拉》（发掘报告），H. 派因等，1940年以次。

Plu. GQ. Plutarch, *Greek Questions*.

《普鲁塔克〈希腊问题〉》。

Richter, AGA. Archaic Greek Art, by G. M. A. Richter, 1949.

《古风时代的希腊艺术》，G. M. A. 里希特，1949年。

Richter, Sc. The Sculpture and Sculptors of the Greeks, by G. M. A. Richter, 1930.

《希腊雕刻及其作者》，G. M. A. 里希特，1930年。

SEG. *Supplementum Epigraphicum Graecum*, Leyden, 1923—.

《希腊碑铭补遗》,莱登,1923 年以次。

StGH. *Studies in Greek History*, by. N. G. L. Hammond, 1973.

《希腊历史研究》,N. G. L. 哈蒙德,1973 年。

TAPA. *Transactions of the American Philological Association*, 1869—.

《美国古典文献学协会会刊》,1869 年以次。

目 录

再版前言 ·· 1

导论　希腊地理概况

一、一般特征 ·· 2
二、州区和岛屿 ·· 9
三、古今变迁 ·· 19

第一卷
希腊远古诸文明和大移民运动（约公元前 6000—前 850 年）

史料来源 ·· 23
第一章　爱琴诸岛的居民点与米诺斯文明 ············ 29
　第一节　米诺斯文明的起源 ·························· 29
　第二节　米诺斯文明 ·································· 34
　第三节　公元前 1450—前 1400 年的克诺索斯 ······ 39
第二章　希腊大陆和迈锡尼文明 ······················ 44
　第一节　大陆的各族居民 ···························· 44
　第二节　迈锡尼文明的兴起 ·························· 54
　第三节　公元前 1400—前 1200 年的迈锡尼世界 ···· 60

第四节　迈锡尼世界的语言和传说……………………… 72
　　第五节　荷马史诗和迈锡尼的背景……………………… 81
第三章　大移民运动…………………………………………… 100
　　第一节　对大陆地区的入侵……………………………… 100
　　第二节　入侵者的特点…………………………………… 113
　　第三节　埃奥利亚和爱奥尼亚的移民…………………… 117
　　第四节　爱奥尼亚人和荷马史诗………………………… 127

第 二 卷
希腊的复兴(约公元前850—前546年)

史料来源………………………………………………………… 135
第一章　文化和政治的复苏时期(约公元前850—前730年)… 137
　　第一节　东方的影响和赫西奥德的宗教思想…………… 137
　　第二节　城邦的兴起……………………………………… 145
　　第三节　斯巴达的扩张…………………………………… 157
　　第四节　其他多利亚城邦………………………………… 159
第二章　希腊城邦的殖民扩张………………………………… 162
　　第一节　希腊的资源……………………………………… 162
　　第二节　殖民的性质……………………………………… 165
　　第三节　东北方的殖民城邦……………………………… 170
　　第四节　西方和南方的殖民城邦………………………… 173
　　第五节　殖民运动的目的、原因和后果………………… 179
第三章　公元前750—前550年希腊城邦的商业发展……… 183
　　第一节　东方贸易………………………………………… 183

第二节　居间诸岛 ································· 187

　　第三节　地峡地区的市场 ····························· 190

　　第四节　交易的中心 ······························· 193

　　第五节　铸币的发明和散布 ··························· 194

第四章　公元前750—前550年的战争 ························· 200

　　第一节　边境战争和争霸战争 ·························· 200

　　第二节　中部希腊的军事强国 ·························· 204

　　第三节　早期战事的特点 ····························· 205

第五章　雅典以外各城邦的宪制发展 ·························· 209

　　第一节　王制的衰落 ······························· 209

　　第二节　贵族 ··································· 213

　　第三节　大陆的僭主政治 ····························· 218

　　第四节　西部和东部地区的僭主 ························· 228

第六章　雅典的宪制发展和斯巴达同盟 ······················· 232

　　第一节　公元前600年以前的雅典国家 ····················· 232

　　第二节　梭伦的立法和经济改革 ························· 239

　　第三节　梭伦的宪制改革 ····························· 244

　　第四节　梭伦的原则和庇西特拉图的崛起 ··················· 249

　　第五节　斯巴达同盟 ······························· 253

第七章　公元前850—前546年的宗教与文化 ···················· 258

第 三 卷
希腊的凯旋（公元前546—前466年）

第一章　波斯的扩张和雅典的成长 ··························· 273

　　第一节　波斯的霸权 ······························· 273

第二节　雅典的僭主政治……………………………………… 279
　　第三节　克利斯提尼的改革…………………………………… 289
　　第四节　雅典的成功…………………………………………… 297
第二章　斯巴达同盟和希腊城邦的动乱……………………………… 300
　　第一节　斯巴达的政策………………………………………… 300
　　第二节　城邦联盟的开始……………………………………… 304
　　第三节　爱琴诸岛和波斯……………………………………… 307
　　第四节　西部的战争…………………………………………… 311
　　第五节　军事力量的发展……………………………………… 313
第三章　爱奥尼亚起义和波斯对雅典和厄律特利亚的远征………… 317
　　第一节　爱奥尼亚起义………………………………………… 317
　　第二节　起义的余波…………………………………………… 323
　　第三节　希腊的形势…………………………………………… 327
　　第四节　对厄律特利亚和雅典的远征………………………… 331
第四章　薛西斯对希腊的入侵………………………………………… 341
　　第一节　雅典在海军和政治方面的准备……………………… 341
　　第二节　斯巴达和希腊会议…………………………………… 348
　　第三节　波斯军力逼温泉关…………………………………… 356
　　第四节　萨拉密斯之战………………………………………… 370
　　第五节　希腊人在普拉提亚和麦卡利的胜利………………… 381
第五章　雅典同盟的发展……………………………………………… 395
　　第一节　雅典与斯巴达的关系………………………………… 395
　　第二节　雅典同盟的组织及其成就…………………………… 398
　　第三节　斯巴达的烦恼………………………………………… 405

第四节　公元前479—前466年的雅典政治 …………… 409

第六章　公元前490—前466年的西部希腊人 ……………… 416
　　第一节　迦太基的入侵和希墨拉之战 …………………… 416
　　第二节　西西里僭主政治的后果 ………………………… 419
　　第三节　意大利的希腊城邦 ……………………………… 423

第七章　文学、思想与艺术（公元前546—前466年） …… 425
　　第一节　品达与色诺芬尼之间的对比 …………………… 425
　　第二节　埃斯库罗斯、毕达哥拉斯和爱奥尼亚哲学家 … 429
　　第三节　历史、地理、医学与喜剧 ……………………… 437

第 四 卷
雅典与斯巴达的大战（公元前466—前404年）

第一章　雅典对波斯和斯巴达之战 ………………………… 449
　　第一节　民主改革和雅典与斯巴达之决裂 ……………… 449
　　第二节　雅典在两条战线上的攻势 ……………………… 457
　　第三节　伯里克利的领导与雅典帝国 …………………… 469

第二章　十五年和平 ………………………………………… 488
　　第一节　帝国的加强 ……………………………………… 488
　　第二节　雅典和若干斯巴达盟邦的争端 ………………… 499
　　第三节　导致战争的各项谈判 …………………………… 505
　　第四节　伯里克利时期的雅典及其帝国 ………………… 509

第三章　艺术、文学与思想（公元前466—前431年） …… 524

第四章　伯罗奔尼撒战争的第一阶段
　　　　　（公元前431—前421年） ………………………… 545
　　第一节　雅典在公元前431—前429年的灾厄 …………… 545

第二节　雅典胜利在望(公元前428—前424年)………… 563
　第三节　雅典的失败和尼西亚斯和约
　　　　　(公元前424—前421年)………………………… 583
　第四节　公元前466—前421年间的西部希腊世界
　　　　　以及雅典的干涉……………………………………… 593

第五章　伯罗奔尼撒战争的第二阶段
　　　　(公元前421—前404年)………………………………… 597
　第一节　不稳定的和平(公元前421—前416年)………… 597
　第二节　西西里远征……………………………………… 611
　第三节　波斯参战………………………………………… 631
　第四节　雅典的寡头政府………………………………… 636
　第五节　争取海上优势的斗争…………………………… 645

第六章　伯罗奔尼撒战争期间的文化危机………………… 661

第 五 卷
霸权转移时期(公元前404—前354年)

第一章　斯巴达的霸权(公元前404—前386年)………… 693
　第一节　这时期的种种政治问题………………………… 693
　第二节　斯巴达的问题与资源…………………………… 695
　第三节　阿提卡的寡头政治和内战……………………… 702
　第四节　斯巴达与波斯交战……………………………… 712
　第五节　科林斯战争与大王和约………………………… 725

第二章　狄奥尼修斯和斯巴达的专制措施
　　　　(公元前386—前368年)………………………………… 740

第一节　斯巴达帝国的鼎盛……………………………… 740
  第二节　狄奥尼修斯一世的业绩………………………… 747
  第三节　公元前379—前374年的解放战争…………… 768
  第四节　斯巴达的倒台…………………………………… 782
第三章　主要大国的瓦解…………………………………… 794
  第一节　鼎盛时期的彼奥提亚…………………………… 794
  第二节　彼奥提亚联盟和雅典同盟的衰落……………… 813
  第三节　走向混乱的西西里……………………………… 823
第四章　希腊动乱的社会与经济背景……………………… 830

第六卷
马其顿的兴起与扩张

第一章　马其顿进入希腊强国之林(公元前359—前346年)… 853
  第一节　马其顿大国的重建……………………………… 853
  第二节　腓力普在帖撒利和色雷斯……………………… 867
  第三节　马其顿和雅典在卡尔西狄斯的冲突…………… 877
  第四节　腓力普结束神圣战争…………………………… 884
第二章　马其顿控制希腊各邦(公元前346—前336年)…… 891
  第一节　外交斗争………………………………………… 891
  第二节　入侵希腊………………………………………… 904
  第三节　希腊的安置和腓力普被刺死…………………… 914
  第四节　公元前345—前322年的西部希腊…………… 923
第三章　公元前4世纪的文化背景………………………… 933
第四章　亚历山大和希腊人击败波斯
　　　　(公元前336—前330年)………………………… 955
  第一节　亚历山大在欧洲建立霸权……………………… 955

第二节　小亚细亚的战役…………………………………964

　　第三节　叙利亚和埃及的征服……………………………974

　　第四节　波斯的战败………………………………………983

第五章　亚历山大征服东方（公元前330—前323年）……991

　　第一节　东部各省的平定…………………………………991

　　第二节　入侵印度…………………………………………1000

　　第三节　回师及亚历山大之死……………………………1008

　　第四节　亚历山大的成就…………………………………1018

第六章　帝国的分裂与安提帕特占领希腊

　　　　　（公元前323—前321年）…………………………1024

　　第一节　第一次继承人之战………………………………1024

　　第二节　拉米亚战争………………………………………1027

　　第三节　不同的自由观念…………………………………1034

附录1　有关本书第一卷的考古资料的简略参考书目……1039

附录2　公元前13世纪—前12世纪的纪年…………………1042

附录3　公元前8世纪—前6世纪的殖民表…………………1045

附录4　最早铸币之定年……………………………………1053

附录5　公元前431年进攻普拉提亚的定期…………………1055

附录6　公元前4世纪斯巴达、彼奥提亚及雅典的军事力量……1056

附录7　公元前370—前362年年表…………………………1058

附录8　伊苏斯、高加米拉之战与波斯军中的希腊雇佣兵…1060

译名对照及索引………………………………………………1062

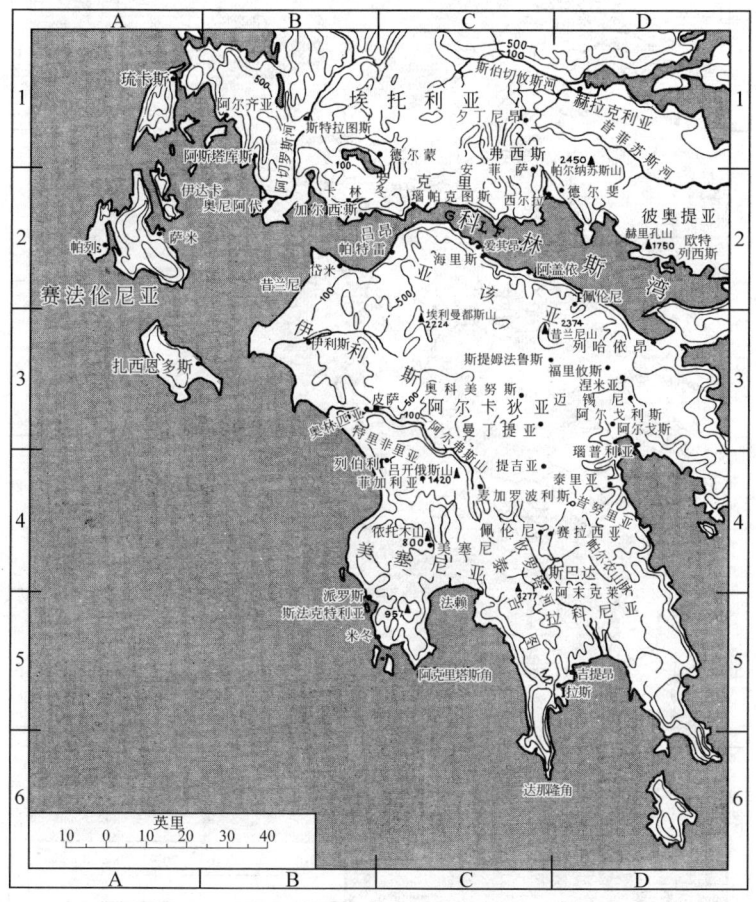

图四 希腊西南部

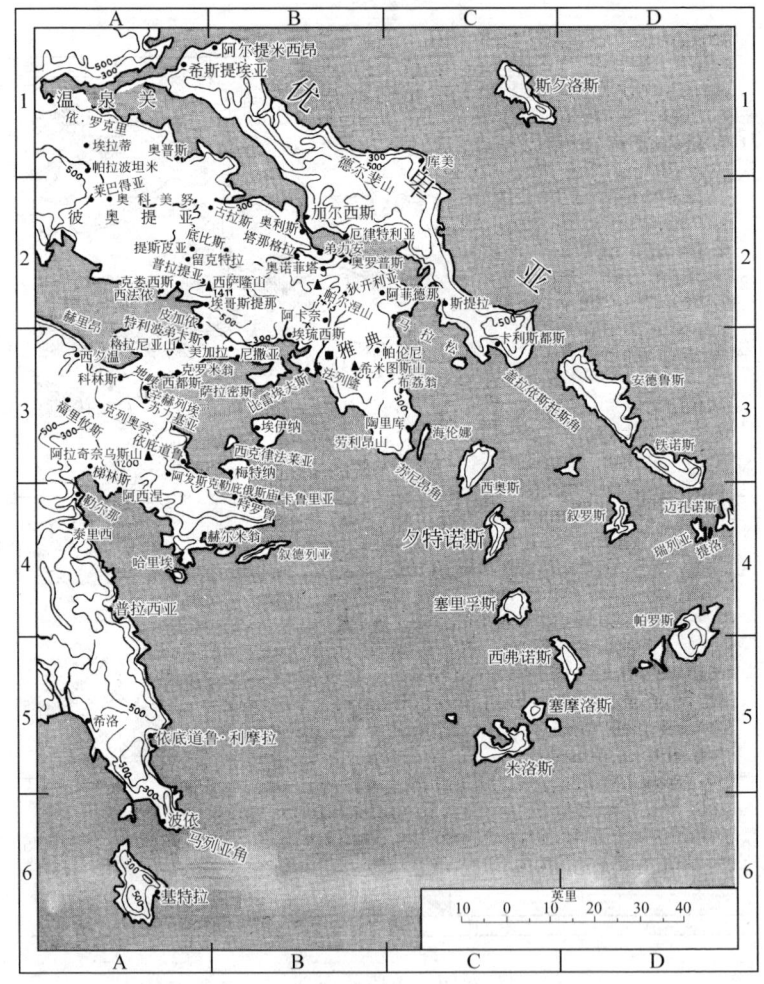

图五 希腊东南部

再版前言

第二版主要在下列地方有所变动。按照新近考古发掘所得的资料和人们对之做出的解释，我重新写了第一卷第一章的开头部分和第二章的头两节。修订本《剑桥古代史》Ⅰ—Ⅱ两卷的编辑工作使我接触了这些新材料，其中包括阿尔巴尼亚的古塚式墓葬。这些考古发掘报告没有受到西方国家别的学者们的注意。在我即将出版的《伊庇鲁斯》一书中，将更充分地讲到它们。在这一工作中，我自己关于阿尔巴尼亚的知识及我同发掘者之一弗兰诺·普伦迪(Frano Prendi)教授的友谊帮助了我。在第三卷第五章的第一、二两节中，关于雅典同盟起源的内容，也做了改动。这些改动的依据见于《希腊研究》杂志第87期中我将发表的一篇文章。附录1中新加了一节，那是关于在底比斯发现的圆筒印。别的改动很小。

导论　希腊地理概况

一、一般特征

地中海地区的气候是温和的,既没有欧洲冬季的严寒,也没有非洲夏日的炎热。它的温和性是由于海洋的影响,这使它在冬季能得到来自大西洋的温和多雨的西风,而在夏季则有干燥凉爽的东北风——古希腊人称之为"厄特西安风"(Etesians)①。在受海洋影响最甚的地方,诸如岛屿、半岛、低平的海岸地带等,地中海气候也就表现得最为充分。愈从海岸往内陆深入,气候也就愈益丧失其地中海式的温和性质而愈益接近于欧洲或非洲的大陆性气候。因此,地中海气候的存在与否并不取决于纬度高低。在希腊,像阿提卡这样的半岛在气候方面更近似于卡尔西狄斯②和阿尔戈利斯③,而和它的内陆近邻彼奥提亚区别较大。同样地,在整个地中海区域内,西班牙、法国、意大利和希腊的海岸地带在气候方面也更多地接近小亚细亚、叙利亚、巴勒斯坦、昔兰尼加和迦太基等地的沿岸地带,而不同于它们各自邻接的内陆。

---

① 又译"地中海季风。"——译者
② 在希腊北部。——译者
③ 在希腊南部。——译者

地中海气候的分布图式使得迈锡尼文化的传播以及其后的腓尼基人和希腊人的殖民活动多半导向和局限在地中海沿岸，而不大深入马其顿和叙利亚的内陆。因为，在所有这些沿岸地带都能推行同样的生活方式。在冬季的雨水和阳光之后，干热的夏季带来了为橄榄、葡萄和无花果成熟所需的漫长的萌芽和生长季节，也有利于谷物的种植。充足的阳光、温和的冬日和干暖的夏季，都激励了居民的精力，有利于户外生活。习惯于这些条件的克里特、希腊和腓尼基平原上的居民，当他们被迫外迁寻求新居时，自然会选取那些具有地中海气候特征的地方。

希腊大陆的地表有一大半是多山的丘陵地带。其中较高的部分，一直往南延伸到伯罗奔尼撒半岛上的阿尔卡狄亚高原，都属于大陆性气候带。这些地区人烟稀少，通常覆盖着森林和灌木，或因水土流失而成为石灰岩和大理石的秃山荒岭，但它们在希腊经济中仍有重要作用。最重要的是，在漫长而干热的夏季中，它们提供了低地平原所没有的放牧草地。每年四五月间，大群绵羊从低地来到高地放牧，秋天从高地返回低地。这些山地也牧养了牛、猪和山羊。因此，由山地提供的肉乳产品，加上平原出产的谷物、橄榄、水果、菽粟、蔬菜等，就使希腊人的食品种类极为齐备。山区还提供木材作为燃料和建筑材料，其中如松、柏、杉木可供造船，栎橡可制作染料、猪饲料和鞣皮料（甘宁）。生活在分散的村落和茅舍中的山地居民，保有强韧的体质和坚定的气质，这是他们那些过惯温和气候和安逸生活的平原同胞难以保持的。

平原地区居住着大部分人口，组成市镇和大村庄，以农业、渔业和贸易为生。肥沃的平原为数众多，但大多数面积很小，直到今天希腊的可耕地也只占全部土地面积的18%,在远古时期当然会更少。因此,可耕地始终是被热切需求的,因为它生长着至关重要的粮食。希腊的平原地区较之山区在物产和人口方面都要富庶和众多,并且气候温和,出海方便。当山区居民还处于闭塞落后状态时,平原地区已是人文昌盛了,然而,每当平原居民处于衰败之际,阿尔卡狄亚、亚该亚、埃托利亚和北希腊的山民就会在精力和勇气上显出优越性。

在整个希腊历史上,山地居民始终对平原居民施加压力。山区的过剩人口不停地流向平原以求生计。贫苦的北方人为南方的温暖气候和平原上的丰富农产品所吸引,不断地涌向南方。然而,面积微小的平原地区本身就为人口众多所苦,它的过剩人口因为习惯于地中海的气候和生活条件,纷纷迁居海外具有类似条件的地方。这种迁移运动总是经常地(虽然不是连续地)出现于各个历史时期,今天仍和古代情况一样。

在地中海地区内,爱琴海区域是气候最佳、位置最优越的。暖和的夏季在这里持续时间最长,冬季也最温和,海中鱼类品种众多,尤以金枪鱼最为可贵。爱琴海周围都有陆地环绕,只是在南面以一连串岛屿和浩淼的利比亚海相接。在夏天,它的海域对航海者是特别有利的,那时每天早晨有风吹向海中,傍晚又有风吹回海岸,而在海上则经常刮着从东北方吹来的厄特西安风,岛屿星罗棋布,处处总可以看到陆地。白天能见度良好,晚上则群星闪烁;众多的岛屿和港汊提供了躲避风暴的场所,潮汐不大,海流罕见,小船可以在岸边浅滩完全靠岸。因此,夏天的爱琴海变成了原始航海业的天然摇篮。但是,希腊人也正确地把大海看成一个三心二意的女人,因为在一个被大陆环绕的海域,有时会出人意料地猛然刮起狂风,而背风的海岸也可能尽是巉岩绝壁。在冬季则经常有风暴,航行是极危险的。即使是一艘现代快艇,航海设备齐全并能在一般风速中逆风而行,也极少在冬季出航。

在希腊半岛西岸的爱奥尼亚海,也具有一些和爱琴海相似的优点。在大陆上有科林斯湾、安布拉西亚湾和奥里空湾作为避风停泊之所,和海岸平行的一连串岛屿也是富有港湾的。在这里,夏天的向海风和向岸风,同样有利于沿岸航行,一直到亚得里亚海口为止。但是,若深入亚得里亚海,或者从科尔西拉岛和奥里空湾横渡而达意大利半岛的南端,则常常是危险的,因为从东北方来的厄特西安风向狭长的亚得里亚海域刮去,就会形成大浪。然而,古代航海者认为,从科林斯湾直接航达西西里或意大利是更为危险的。至于南面的大海,由于海中没有岛屿,无论遇上风暴或无风都不利于航行。古代海船很少横渡这片海域以达非洲。它们宁可沿着一串岛屿东航亚洲,并沿叙利亚、巴勒斯坦海岸抵达埃及。

一旦航海业发达起来,地中海各地的联系必然主要依靠海运。陆上道路绝大多数都是迂回而艰难的。在原始的航海条件下,爱奥尼亚海和爱琴海构成了东部地中海地区南北之间和东西之间的交通要道,因为这些海域中连成一串串的岛屿和曲折的海岸提供了比南地中海的空阔海面更为安全的航道。在不同的历史时期,爱琴海也有不同的航运中心,这多半是由当时贸易的流向所决定,而较少和各地的自然优势有关。当埃及是地中海最富的国家之时,塞浦路斯岛、克里特岛和南希腊的阿尔戈利斯地区就占主要地位。当贸易区扩展到西部地中海和黑海时,科林斯地峡变成了联络东西方的桥梁,周围的城邦如埃伊纳、科林斯、雅典就成了最重要的贸易中心。

在希腊化时期和罗马时期，当东方各国的资源得以开发利用的时候，亚历山大里亚、塞浦路斯岛和罗得斯就位居前列。在土耳其人统治的黑暗时期，中部爱琴海的岛屿成了主角。由此可见，直到轮船航运发达以前，爱琴海总是欧洲、亚洲和埃及之间货物交易的中心点。

欧洲的陆上交通要道从未经过希腊半岛。甚至当北欧和中欧的物产南运地中海外销时，它们也总是以马赛和威尼斯当作最方便的输出港，或者集运于黑海或普罗彭蒂斯海沿岸。在巴尔干半岛上，通往中欧的要道是经由莫拉瓦河谷和阿克希乌斯河谷的，它在马其顿的特尔马湾抵达爱琴海，也没有经过希腊半岛。从亚得里亚海东岸通往普罗彭蒂斯海的最好的陆路，是在利赫尼都斯湖附近穿越巴尔干山脉，经马其顿沿色雷斯海岸以达拜占庭城。因此，对巴尔干的陆路交通及其主要出海口的控制权掌握在马其顿手中。此地位置的险要是历代马其顿国王和共和时代的罗马人都充分认识到的。既然马其顿扼居希腊陆路交通的咽喉，而另一方面各希腊城邦又从未能充分控制马其顿，因此它们从未成为主宰巴尔干半岛的军事强权，结果就只好转向海外去求繁荣和权势。

在希腊半岛内部，陆路交通的最大障碍是巴尔干山主脉向南延伸的各山系。形成马其顿和阿尔巴尼亚之间分水岭的只是一条山脉，而分开东希腊和西希腊的都是一系列平行山脉组成的宽阔地带，它从品都斯山脉往南，西边达奥雷亚山，东边达帕尔纳苏斯-赫里孔山，自成一套水系。这条地带在科林斯湾以南，由阿尔卡狄亚山脉的高峰（埃利曼都斯山和西伦尼山）构成，最后分为三脉：埃加列奥斯山脉、泰吉图山脉和巴农山脉。穿越这条山脉带是非常困难的，隘口不多，而且很高。从东海岸达西海岸时，行人将遇到的不是一个而是好多个分水岭，因此，从东往西的陆上通道只在地区性的往来和军旅行动方面有其意义。贸易经海路要方便得多。

北希腊和南希腊的陆上交通在科林斯地峡处面临壅塞，因为格拉尼亚山盘踞在那里，使通道变得狭窄不堪。从伯罗奔尼撒半岛的攸罗塔河谷起程北行，需翻越巴农山至阿尔戈利斯平原，再通过涅米亚附近的低山隘口达科林斯和地峡。过地峡后，北行大道一分为二，其一沿希腊半岛西部北上，这一带的山脉都和海岸平行，可以很容易就从奥尼阿代走到奥里空。在这条路上，还可顺着阿卡奈尼亚诸湖泊形成的长长的沼泽地北达林姆奈亚和安菲罗奇亚的阿尔戈利斯，再翻越安布拉西亚湾上的一条山脊而达伊庇鲁斯的安布拉西亚，从这里，渡过几条和海岸平行的狭长河谷，穿越多东纳和阿提达尼亚，经奥斯河可达阿波罗尼亚，或者往西达奥里空湾。另一条从地峡北上的大道则经半岛东部，但是巴尔干山脉的支系在这里却不和南伸的主脉平行而是成直角相交，这些支脉就把东希腊分隔成一系列州区，使河流向东注入爱琴海，并使从地峡北上马其顿的旅行遇到一个又一个的障碍。

在这两条道路中，东路是更为艰难的，但是因为它联接了地峡和马其顿这两个战略要地，所以比西路更为重要。无论哪条路都不利于货物的搬运。山路上一般都是岩石，对于古代没有打马掌的马匹说来，行走是极费力的。驴、骡是驮货的牲口，牛则比马更多地用于耕作。甚至在现代，除了在平原地区和有碎石铺筑的道路上，车辆也是很少使用的。在古代，道路只是在各个州区，例如阿尔戈利斯、阿提卡、马其顿内部自成体系，南北要道就是贯穿地峡的那一条。无论什么地方，货物主要依靠牲畜驮运，而任何长途贩运通过海道则是更为快捷和便宜的。

上述有关希腊的一些特点,几乎是希腊大陆的所有州区和多数岛屿都共同具有的。各个州区都可说含有希腊地貌的各个特征:高地、平原、海岸,一应俱全。举例说,拉哥尼亚、阿提卡、阿卡奈尼亚等地,既有肥田沃野和种植橄榄的低地,也有森林覆盖的山地和夏季牧场。有些海岛,例如赛法伦尼亚、克里特、罗得斯等,也是同样情况。在每个州区内和多数岛屿上,通常都有若干小平原,这些小平原又各自有高低山地环绕。每一州区或岛屿,甚至其中更小的地域单位,在基本生活必需品方面都能自给自足。这个特点很有利于众多小国纷立的局面,各邦基本上都能自给。

各个州区却不是千篇一律而是很有特性、独具风貌的。这种情况部分地是由于气候的因素。温和多雨的西风在形成半岛中脊的大分水岭的西边降下了大部分的雨量,因此安布拉西亚年降雨量达42.6英寸,而帕加塞只有21.6英寸;帕特雷有26.5英寸;而雅典则为16英寸;伊利斯有33.8英寸,而梯林斯则为20英寸。因此西希腊林木更为茂密,牧草更为丰美,但晴爽明丽不如东希腊。由北往南,希腊各平原地区也是愈往南便愈温暖,最后在朝南的美塞尼亚平原和克里特、塞浦路斯达到顶点。此外,海的影响也使希腊大陆的各半岛和海中各岛屿具有较其他州区略为温和的气候。

希腊各地在地质构造方面也是很不一致的。大陆的高山分水岭部分由石灰岩、部分由火山岩(特别是暗绿色的蛇纹石)构成,蛇纹石在一些爱琴岛屿,例如埃伊纳、米洛斯、塞拉和尼西罗斯等,也有分布。西希腊各山支脉由石灰岩组成,这一构造带以半圆形贯穿于爱琴海边缘的从克里特直达罗得斯岛的一串岛屿,并东接于小亚细亚沿岸。东希腊各山支脉则部分为石灰岩,部分为结晶岩,后者包括大理石和多种矿石。这些支脉延伸为中部爱琴海的各岛和对面的小亚细亚海岸。在这些山脉和冲积平原之间,还穿插有浊积岩床(它通指砂岩、泥灰、粘板岩和砾岩)。浊积岩床通常形成丘陵并含有可做肥料的碎屑,在东希腊比西希腊更普遍,并为若干爱琴岛屿提供了肥土带。在下面有关希腊各地区的介绍中,这些因素的作用还要进一步说明。

二、州区和岛屿

伊庇鲁斯内陆的水流入奥斯河和阿拉赫图斯河,这两条河都发源于品都斯山脉中央的拉克蒙山。这片内陆属大陆性气候,民性强悍。较高的海拔和较多的雨量使它富于牧场和林木,但可耕地稀少;在古代它以出产牛、马、绵羊和山羊著名。内陆的中心是多东纳高原,从安布拉西亚通奥里空的大道和从拉克蒙山东往帖撒利的道路在此连接。在品都斯山脉的西边有四条石灰岩的支脉和海岸线平行,从而使内陆和爱奥尼亚海隔绝。只有三个地方可以直接通海:布什罗顿和阿切隆河下游这两块肥沃的平原,以及更小一些的提阿密斯河的平原。这些平原属地中海气候,富于谷物和橄榄;平原居民由于其产品在内陆保有市场,很少从事海外贸易。伊庇鲁斯最富庶的地区是邻近安布拉西亚湾北岸一带,此地雨量丰富,冬季气候温和,富产谷物、橄榄、水果、牧草,也有许多鱼类繁殖的港湾。这里是伊庇鲁斯中部地区产品的天然出口地点,它的几个港口也是西海岸最为活跃的。

安菲罗奇亚位于安布拉西亚湾东岸,有一小片海岸平原和布满林木的砂岩丘陵，后者出产木材及野无花果。由于此地控制着伊庇鲁斯通往南方的要道，军事上有重要意义。阿卡奈尼亚，由于是个半岛，又兼有地中海气候和较大的雨量，有丰美的牧场，在斯特拉图斯和奥尼阿代两地还环绕着肥沃的平原。此地的石灰岩山脉，结构上类似于伊庇鲁斯，因此它的交通向南通往科林斯湾。阿卡奈尼亚人也不擅于航海，他们和伊庇鲁斯人一样，在文化和政治发展上都比较落后。

上马其顿的边境是由高峻的山脉组成的。它的各个辽阔的浊积岩高原由较低的山脉彼此分开，水流或注入湖泊，或汇集成阿克希乌斯河、吕底阿斯河和哈利亚克蒙河，它们都穿过那些围绕下马其顿肥沃平原的山脉而流入特尔马海湾。马其顿的气候是大陆性的，特点是冬有凛冽的北风而夏季又很炎热。无论在气候和地势方面，马其顿都和巴尔干内陆相近，而和希腊半岛不同。它富于木材、牛、马、绵羊、谷物和葡萄，养活希腊各州区中最众多的粗壮的农业人口。众多的商路由内陆交汇于海岸。海湾沿岸的最好港口都位于卡尔西狄斯各海角之间，这里属地中海气候，产橄榄、水果和适于造船的木材。

帖撒利由高入云天的奥林匹斯峰和较低的坎布尼亚山脉与马其顿相隔离，若要从北方进入此地，只能途经满布法国梧桐的坦佩谷，或经奥林匹斯峰西边的山口。群山像围墙似的圈住辽阔的帖撒利平原，其中最低下的山脉使平原和海分隔开，并让水系北流汇于皮涅乌斯河，经坦佩谷入海。平原属大陆性气候，因为奥萨山和皮利翁山阻隔了海的影响，但冬季不如马其顿寒冷。平原沃土深厚、谷物丰盈，有肥美的马群、牛群和绵羊，帖撒利西北的浊积岩山麓和高坡草地上的牧场为牲畜提供了主要的夏季放牧场所。平原依山麓而分为四区，各以拉利萨、特利卡、阿尔涅和底比斯为其中心。马格尼西亚的结晶岩山脉盛产木材、牧草、橄榄、水果及干果。弗提奥蒂斯肥沃的沿海平原在气候和物产方面都属于地中海类型,其地面临封闭的帕加塞湾和优卑亚海峡。虽然帖撒利山区出产造船的木材,但古典时代的帖撒利人却一直以农为本,其出口物产多由外地人用船运走。

往南的最短路程是翻越奥什雷斯山的高山小道。另一条较长的道路从哈鲁斯起程,沿海岸而南。两者都下达于马利斯的冲积平原,这里气候温和、土地肥美。斯柏切攸斯河的狭长河谷则为山区牧民埃尼安尼亚人和奥伊塔人所占,在河源处有一条难行的小道翻越高山地带西达安菲罗奇亚。

中希腊的入口为奥伊塔和克尼密斯山脉所扼。最方便的路程是沿海岸而行,但这里又受制于温泉关的峡谷;经此即进入罗克里,它是一狭长的丘陵地带。临优卑亚海峡沿岸有奥普斯和提洛尼翁等肥沃平原。翻越高峻的奥伊塔山,有路内联多利斯小高原,它是昔菲苏斯河的发源地。从这个多风而寒冷的高原有两条路往南,其一经安菲萨而达科林斯湾,另一条沿昔菲苏斯河谷而抵达弗西斯。在弗西斯,帕尔纳苏斯山是一大名胜,它在西面高踞于安菲萨的狭长河谷之上,在东边则君临昔菲苏斯河的肥沃流域。它的高山坡地满布森林,可作夏季牧场,但山麓则荒芜不毛或长着多刺的灌木。帕尔纳苏斯山的南坡陡落为险峻的悬崖,形成了一条东西向的裂谷,从莱巴得亚至科林斯湾的道路就通过这里。在裂谷北面的山麓间,德尔斐圣域控制着这条路的西口;这条路由此向下通过长满橄榄树的克里萨而达伊特亚。在裂谷和海湾之间,有一片凹凸不平、不适农耕的石灰岩地。弗西斯的最富庶部分是易于灌溉的昔菲苏斯河流域,既有耕地又有牧场,而在帕尔纳苏斯山脚则有若干城镇。

彼奥提亚,除了东南面都被山脉围绕,可从狭窄的昔菲苏斯河谷进入。它的辽阔而肥沃的平原,像帖撒利地区一样,夏季酷热而冬天湿冷。从境外的赫里孔山延伸的一条低矮的支脉把该地分为两大平原,底比斯即位于支脉山脊之上。北边的沃野,以奥科美努斯为中心,包有昔菲苏斯河流注入其中的科巴依湖。在湖底的石灰岩床中藏有透水的孔道,当其未阻塞时湖水便会潜流出去。南边的平原肥土深厚,阿索普斯河横贯其间,并经阿提卡在奥罗普斯附近入海。彼奥提亚在古代以其谷物、马、牛和绵羊著名。虽然它濒临优卑亚海峡和科林斯湾,但一般说来它不是一个航海的城邦。

穿越西萨隆和帕尔涅山脉,便可进入完全属于地中海气候的阿提卡半岛。它的瘠薄而干燥的土壤最适于橄榄生长;其次则为葡萄和无花果,位于雅典四周的中央平原以三个不相连续的山为界:帕尔涅山,有针叶林并在其石灰岩山巅有夏季牧场;彭太利卡斯山,有大理石矿;希米图斯山,它的荒凉的西坡只能种麝香草和其他养蜂的草本植物。从中央平原有大道通往埃琉西斯、马拉松和麦索该亚等较小的平原,埃琉西斯产小麦,其余则产大麦。各山麓和沿岸山地有常绿林,特别是那些矮小的、可以切口采取松脂的地中海松。阿提卡虽缺乏农牧资源,却富有劳利昂的银矿和面向萨隆尼克湾和夕克拉底斯群岛的天然良港。从埃琉西斯沿海岸有路通麦加利斯,麦加拉城筑在贫瘠的石灰山岩之上,其下面有一片沿岸小平原,出产谷物和蔬菜。内陆平原则盛产葡萄与橄榄,山地有稀少的牧场和林木。它在军事上是战略要地,从彼奥提亚通往伯罗奔尼撒的大道经过此地,它在萨隆尼克湾和科林斯湾都有可供小船使用的港口。

我们上面所谈的各地区都有天然屏障为其边界。在东部和西部各地区之间,有以拉克蒙山为其中心的高山地带贯穿南北,其北面的高山主要为蛇纹岩结构,富于水泉并有表土,山毛榉、针叶林、橡树和板栗等处女林覆盖其上,熊类还有残存,狼则很多,这些山脉有广阔的高坡牧场,在夏天可放牧从伊庇鲁斯、马其顿和帖撒利来的数以万计的绵羊。拉克蒙山以南则是一大片石灰岩的以各高山组成的三角形山地,阿基罗斯河、攸努斯河和达夫努斯河流贯其间,河道在岩床上形成一系列通向科林斯湾的峡谷。在这个荒野的林区,稀疏的村落以种植夏播作物(主要是玉米①)、饲养牧畜、采集干果和种植菜蔬等为生。高山坡地则为东西方低地地区的绵羊提供了夏季牧场。粗壮的山民经常因人口增长而向平原地区迁移。在古代他们组成部族,有阿塔马尼亚人、多罗皮亚人、攸利塔尼亚人、阿伯安提亚人和阿格里亚人等名称。在南端,这一高山带被科林斯湾所切断,在科林斯湾的海岸边有埃托利亚和奥佐利亚的罗克里两个州区。上述两州区的内陆是牧区而属大陆性气候,但面向海的低地平原在气候和物产方面都属地中海类型。埃托利亚的最肥沃的平原位于德尔蒙河以西,罗克里的最肥沃的平原则位于安菲萨河以南。但这两个州区都为南北向的各山脉切割,因此从西向东的交通是极其困难的。

  阿尔卡狄亚是伯罗奔尼撒的中央高山地带,向西注入大海的阿尔弗斯河流贯其间。此地高峻而远隔于海,属大陆性气候,产牛、绵羊、马、驴、猪而缺少谷物;最好的耕地位于提吉亚、曼丁尼亚、腓尼乌斯、斯提姆法鲁斯等盆地内,它们也富于牧场。埃利曼

---

① 玉米产于拉丁美洲,近代始传入欧洲,此处可能指现代情况。——译者

都斯山和西伦尼山濒临科林湾的陡峭的北坡,属于亚该亚地区。它盛产葡萄、橄榄和水果,但窄小的谷地很少耕田。其高山坡地有茂盛的橡林和针叶林,而在漫长的海岸上则有帕特雷这个天然良港,它位于科林斯湾的狭口以西。在阿尔卡狄亚以南,有三条平行的山脉延伸入海,分别形成阿克里塔斯、达那隆、马列亚三大海角。中央的一条山脉名叫泰吉图山,它和阿尔卡狄亚诸山连成一线,正好把伯罗奔尼撒分为东西两半。西半部和科林斯湾南岸各地的雨量几乎比东半部多一倍;西部地区因此更富有牧场和遍布森林,而科林斯湾沿岸尤有利于无核葡萄的生长。

美塞尼亚,由于雨量充足和地处南方,盛产葡萄、橄榄、无花果和牧草,其西岸以及帕米苏斯河的冲积平原则出产优良的谷物。但它的陆上交通是困难的,南边的港口又由于扼美塞尼亚湾的各个多风暴的海角而难以使用。在它的西岸,派罗斯有一个带沙滩的遮蔽良好的港湾,它是绕行伯罗奔尼撒半岛的航路上的重要站口。伊利斯在其北,它具有西海岸唯一的向海的大平原,名叫伊利斯的科埃勒。这片平原是低温沼泽地带,有茂密的牧草放养马、牛和绵羊,也出产谷物,山麓边无核小葡萄长得特别欢,而埃利曼都斯山的高原则覆盖着橡树林和针叶林。在伊利斯和美塞尼亚之间有庇萨提斯州区,受阿尔弗斯河下流灌溉,奥林匹亚圣域即位于其境内;位于其境内的还有特利非里亚州区,它除了狭窄的沿岸平原外是一个多山地区。伯罗奔尼撒西部的这些地区都富于常青的丛林(包括桂树、石榴、杨梅、冬青和杜松),使它的山区较之希腊其他地区显得更为清新悦目。它们通往东部的陆上交通是很不方便的。最短的一条穿越高山带的道路是从美塞尼亚越泰吉图山进入斯巴达；它约需步行一天，但驮货的牲口要更慢些。较长的但好走一些的道路是从美塞尼亚和伊利斯经麦加罗波利斯高原，由此再往南到斯巴达或取道提吉亚达阿尔戈斯。

在伯罗奔尼撒东部，科林斯占有地峡隘口及其往南的通道，因此它不仅扼制唯一的进入伯罗奔尼撒的陆路，而且提供了两大海湾①之间最短的船舶和货物的拖运道，在古代，此地曾特设滚木运槽以利船舶拖运。科林斯西部的肥沃平原出产小麦、大麦，特别盛产无核小葡萄，但境内多半地区都属于林木稀疏的石灰岩山地。它通过列哈依昂和辛赫列埃两个港口可直达两大海湾，再加上对地峡的控制，使科林斯在海陆贸易方面都占据独一无二的优越地位。在科林斯和亚该亚之间，有西夕温这个小州区，它有肥沃的海岸平原和多林木的山地，它的南部边境又形成了一个小的高原州区菲利亚西亚。

阿尔戈利斯半岛在形状和气候方面都类似于阿提卡。它由阿拉奇奈乌斯山而明显地分为两部分。依庇道鲁、特罗曾和赫尔米翁等地区是出产蔬菜、橄榄和水果的，它们与埃伊纳和阿提卡的贸易要比和阿尔戈斯②更为容易。阿尔戈斯的肥沃平原和它的山区是一个更为自给自足的单位。在平原上种植秋播谷物，山麓长着橄榄、葡萄和无花果树，夏季的蔬菜和玉米则在勒尔那和梯林斯周围的低湿而松软的平原上种植，它同时也提供马、牛的牧场。平原的港口瑙普利亚和阿西涅是面向克里特海的。沿海岸往南的道路经过提列阿提斯和昔努里亚的山区达塞拉西亚，在这里和从提吉亚南下的

---

① 指萨隆尼克海湾和科林斯海湾。——译者
② 阿尔戈斯是阿尔戈利斯的中心城市。——译者

道路相汇合,再往南便抵达拉哥尼亚的中央平原,这就是那处于泰吉图山的暗黑的悬崖和巴农山的秃岭之间的"凹下的拉西第蒙"。这个由泰吉图的溪泉灌溉并有橄榄林环绕的平原,在干热的夏季就显得像沙漠的绿洲一样的肥沃与可爱。它以一条宽阔的石灰岩山脊和攸罗塔河的多沼泽的三角洲分开,这三角洲可供放牧马匹,但缺乏良港。拉哥尼亚的西南部生长优良的橄榄,在东边,除了靠海岸的部分,巴农山的坡地是荒芜不毛的,在海岸地带有地中海松林生长,也有小块耕地种植谷物和无花果。达那隆和马列亚这两个多风暴的海角使进入拉哥尼亚湾很危险,而东部拉哥尼亚的港口又远离于内陆平原,因此,拉哥尼亚像美塞尼亚一样,主要是一个农业地区。

爱奥尼亚群岛是和希腊西海岸平行的、延伸到海底的那些石灰岩山脉的峰顶部分。它们有地中海类型的温和气候和丰富的雨量。由于有较大陆优良的港口,各岛屿皆发展了海运而成为大陆贸易的中介。控制着希腊海域入口要道的科尔西拉岛,拥有全希腊最大的雨量和最稠密的农业人口,它的肥沃土壤盛产橄榄、葡萄和水果,自给有余,大量出口,多林木的山地则提供羊群以夏季牧场。为养活大量人口,它进口一些谷物和牲畜的冬季饲料。岛东面的科尔西拉港,控制着海峡通道,吸引了伊庇鲁斯的贸易。帕克索斯和前帕克索斯岛虽缺少水源但盛产橄榄,是从科尔西拉至琉卡斯岛航程中的中间站。琉卡斯岛仅以一狭小的海峡和阿卡奈尼亚相隔,有时会淤浅而断绝船只航行。当风急浪大时,航船常利用这一海峡通道以避开琉卡提海角的险峻白崖。琉卡斯岛谷物可以自给,出口橄榄、酒、鱼和盐。

伊达卡岛,由两个高峰和其间的低峡组成,耕地牧场均缺,但有橄榄可供出口。居民主要以航海为生,它的港口位于东海岸,以其处于群岛内侧的优越位置,能控制科林斯湾的入口。赛法伦尼亚岛,在伊达卡的外侧,以农业为主,出产葡萄、谷物、橄榄、水果,以及山羊、绵羊和猪。主要出口物品是酒和葡萄干。被称为"赛法伦尼亚松"的松林现在已很少留存,而往昔曾遍布全岛的灌木林也残存不多了。在南边,扎西恩多斯岛岩石重叠但水源众多,它的港口西向伊利斯,这两地在地形和物产方面都很相似,即产小麦、酒、绵羊和山羊。同样地,这里也还保存有辽阔的森林。

在爱琴海各岛中,埃伊纳和优卑亚两岛以其位置优越最能获取相邻大陆的贸易。埃伊纳岛位于萨隆尼克湾中心并控制其航道,在它的西岸有一个小避风港。其出产物为猪、橄榄和谷物。和它相反,多岩石的萨拉密斯岛则太靠近麦加利斯和阿提卡的港口,人口稀少并从属于大陆。优卑亚岛有茂密的松林和栗树,富于牧场,产谷物(小麦为主)、葡萄和橄榄。列兰丁平原是其最肥沃地区,它面临狭长的攸利普斯海峡,沿海航船多通行其中以避开该岛东边的多岩的海岸。在海岬南部有大理石、铅和锌等矿藏。

在优卑亚以北,马格尼西亚海角延伸入海而形成北斯波拉德斯群岛,它属于裸露的石灰岩层,肥土很少,产少量橄榄;有航海的传统,其中的斯夕亚多斯岛、皮帕雷多斯岛和斯夕洛斯岛有良港。在它们和赫勒斯滂海航道之间有列姆诺斯、英布罗斯和特内多斯三岛。列姆诺斯和英布罗斯主要由肥沃的浊积岩床构成,前者产谷物和酒,后者产木材和牲畜(牛)。特内多斯出口酒并产少量谷物。这一组岛屿中最优良的港口位于列姆诺斯岛上。塔索斯岛和萨摩色雷斯岛则靠近色雷斯海岸,塔索斯是个有温和气候和相当雨量的富岛,出产酒、水果、橄榄、绵羊、蜂蜜和木材,并有银矿。它的位置和天然港口都利于发展和色雷斯的贸易。萨摩色雷斯有花岗岩的山岭和陡峭的海岸，森林茂密，出产木材、乳酪和水果。

夕克拉底斯群岛，东南端以阿那菲和阿摩尔戈斯两岛为界，由阿提卡和优卑亚的诸山脉延伸入海而成，在从希腊到萨摩斯岛和小亚细亚的短程航道上提供了各个停泊港。从安德鲁斯到那克索斯的一组岛屿有大理石矿，南面的一些岛屿则和埃伊纳岛南部一样属于火山岩。在古代，西弗诺斯岛曾开采金、银。所有夕克拉底斯群岛都是多山的，气候近似阿提卡，在出产橄榄和酒但缺少谷物方面也和阿提卡相似。只有那克索斯和米洛斯具有足够的牧场以出口乳酪，在群岛中央是提洛岛和叙罗斯岛，在不同的历史时期曾作为交易中心。在南部，米洛斯岛和塞拉岛是从伯罗奔尼撒通往东南爱琴海的重要站口。在外沿的爱琴诸岛是西希腊石灰岩山脉的一个延伸，它以一个半圆形达于小亚细亚的卡利亚海岸。

基德拉和前基德拉岛沿拉哥尼亚一线南连克里特岛，后者是希腊最大岛屿。克里特全岛由一高峻的山脉横贯，在古代它是满布松、柏、杉林和橡树的。岛的北岸有较佳的港口，因此克里特面向爱琴诸岛交通比面向辽阔的利比亚海的交通较易。它在土地和物产上都比较丰富，可以自给自足，直到今天它仍然保持着有利的贸易平衡，主要出口物产是小葡萄、酒、橄榄、水果、干果、皮革和木材。最富饶的耕地位于哥尔亭和菲斯托斯的温暖平原上，在平原的北面有一山口连接赫拉克林港以及克诺索斯所在的丘陵。陆路交通是困难的，无论是通往出产乳酪和谷物的高原还是西部的基东尼亚平原或东部的锡底亚平原。由克里特岛往东，有卡索斯岛和卡尔帕卓斯岛和罗得斯岛，这一组岛屿有优良的气候，长夏的炎热因西风而得到缓和。卡索斯缺乏水源,靠渔业为生,卡尔帕卓斯则出口橄榄、酒和水果,但进口谷物。罗得斯岛生产相当多的谷物并出口橄榄、酒、水果、蔬菜和蜂蜜。岛上的阿塔比利斯山,历来被航海者作为显著的标志,以前曾有可供造船的松柏林木。它位于东海岸的港口不仅扼爱琴海的入口,而且还是从希腊半岛和各希腊群岛来的航路与从腓尼基和东南面来的以及从赫勒斯滂和小亚沿岸来的航路的交叉点。

这最后一条航路是顺着围绕小亚细亚海岸的一连串岛屿行进的。其中以列斯堡岛和奇奥斯岛为最富裕,前者盛产橄榄、酒、无花果和木材,后者则盛产酒、无花果和玛琦脂①,两岛皆出产相当数量的谷物,山地则有牧场和林木。萨摩斯岛出产酒、橄榄和水果,伊卡路斯岛出产蜂蜜和牲畜。围绕科斯岛的一群小岛则主要靠海为生。在东南面,塞浦路斯岛已位于爱琴海域以外,它的各个小港口是从埃及到爱琴海航路上的重要站口,并控制着通向西里西亚和腓尼基沿岸的航路。它的中介性质也反映于人口的混合来源上,希腊和小亚邻近各口岸的人种都杂于其间。该岛自然资源丰富,经常吸引移民。它盛产铜和适于造船的木材(特别是松、柏、杉木),有足够的谷物以供出口,它的无花果和水果在古代是很著名的。岛上内陆的萨拉密斯平原,和克里特的菲斯托斯平原相似,夏季炎热几乎和非洲的利比亚海岸差不多。

三、古今变迁

现代旅客往往把希腊想象为一个荒凉贫瘠的国家。在古代,

---

① 洋漆的原料。——译者

它显然始终保有较现在远为繁茂的森林。那时的雨量,由于有林被和人耕种丘陵地技术的局限,一直都能保持。迈锡尼时代的人吃肉甚多,在其后的时期,甚至在伯罗奔尼撒都还有丰富的野物可供猎获。当猎物渐趋稀少时,北希腊仍放牧着大群的马匹和牛羊。橄榄和葡萄的种植是极其普遍的。从公元前5世纪起,当集约农业在平原发达起来之时,水利灌溉可能比今天还要精到,而其人口,例如彼奥提亚一地,当要比今天多得多。生产的大幅度下降开始于罗马帝国后期,在土耳其帝国统治时最厉害,当时随意砍伐森林,山羊啃毁幼树,耕作方法也日趋粗放。水土流失愈演愈烈。面临多雨的西风的西希腊地区受害最甚,表土被冲走,光秃的石灰岩裸露无遗。举例说,像西伊庇鲁斯和麦加利斯西部等地,往昔曾是繁庶之乡,于今几乎人烟断绝。在东希腊也可见到类似的后果,例如南部优卑亚和希米图斯山。

剧烈的水蚀作用也改变了部分海岸线。湍急的河流把三角洲往海口推移,结果是特尔马海湾和马列亚海湾都被淤塞了。从山上流下的泥土也使温泉关和皮加依的狭窄的海岸展宽。一度可以通航的河流已充满砾石,因此像马其顿的培拉和伊庇鲁斯的安布拉西亚等地已不能坐船抵达了。从公元前5世纪以来,陆上流失的泥土在大多数情况下已使海平面增高达五英尺之多(或者也由于陆沉所致),使希腊的兴隆受到最大变动的则是远东及"新世界"航线的开辟和轮船的发明,从此以后,地中海不再成为世界贸易的中心。甚至在地中海内部,由亚历山大里亚通向直布罗陀(古人称之为"赫拉克勒斯之柱")的海运大道也不经希腊而在半岛以南通过了。

第 一 卷

希腊远古诸文明和大移民运动
（约公元前 6000—前 850 年）

史料来源

从米诺斯文明和迈锡尼文明的起源到大移民运动的结束,这一大段远古时代的史料,在很大程度上依赖于考古发掘,这些发掘和发现使古希腊口头传说中的神话和史诗得到了一些实物的佐证。大量的考古材料是从遗址发掘中获得的,这些遗址由于千百年的居住而形成了深厚的堆积层,其中包括建筑材料、陶器和工具。这些堆积层分层断代,同一层中的文物归属同一时代。因此,在一个层次分明的遗址上,可以获得一系列同时期的文物,它们各自成为一组,有如一串珠链上的珠子,按时间顺序排得上下分明,从而为复原该遗址的历史提供了实证。举个例子说,如果在底土上数第五层中有普遍的灰烬而在第六层又出现新式样的武器、房基和陶器,人们就可据此下结论说该居住点经历了一次剧变。依此理,我们将一定遗址上的各层居住点按数字来表示,例如特洛伊Ⅰ号、特洛伊Ⅱ号等。

当若干分好层次的遗址都有同样遗物时,这些遗址就可同属一组而代表一个共同的文明。例如,米洛斯岛上的菲拉科皮发掘显示了一组古文化系列,而在夕克拉底斯群岛的其他遗址也发现具有这些文化特征的文物,这样就形成了一个夕克拉底斯文明的概念。其他区域性的古文明如米诺斯(在克里特岛)、希拉底(在希腊大陆各地)、帖撒利、马其顿等,也是这样命名的。根据同样的原则,一个区域性文明的历史,也像一个地点的历史那样可分为各个时期,再下分为各个阶段,例如"早期米诺斯Ⅰ"(即早期米诺斯文明的第一阶段),或"晚期希拉底Ⅲ"等。当一个区域性文明的典型文物在另一个区域性文明的分好层次的遗址上发现时,就可以判定它们之间是有联系的,并在年代上彼此接近,例如,依此可判断晚期米诺斯Ⅲ和晚期希拉底Ⅲ是同时开始的。用这种方法可以在各个区域性文明彼此之间和这些文明本身之中都建立起一种同时代的结构,亦即年代表。这种结构必然在某些地方有所缺漏,而在某些地方又很不牢靠,抑或由于各文明之间有时因各种缘故而中断联系,或由于各遗址层的发掘犹未达到充分的数目。即使在最好的情况下,考古学在时间表上也只能留下近似的而不是精确的刻度。因为和它打交道的主要是被废弃的东西,假设说在同一个文化层内发现的一件工具或首饰,跟一个破陶罐是"同时代的",那么也只是说它们是被同时放置在一起,并不意味着它们是同时生产出来的。

  假若在各区域性文明之外,再找一个更广泛的概念,就用得着传统的新石器时代、青铜时代、铁器时代等的分期法了。这些时代都是因其制造武器的主要材料——石头、青铜(或铜)、铁而得名的。但这些时代并没有普遍适用的统一的时间界限。例如,青铜武器的采用在不同地区就处于不同的时代,而今天的某些落后民族还在使用石器。甚至在希腊地区,青铜时代也不是在所有地点都同时开始的。同样地,要说明一个区域性文明何时由使用石器过渡到使用铜器的经济(例如在帖撒利),也大有伸缩余地。尽管如此，这种新石器时代、青铜时代、铁器时代的顺序在排列各区域性文明时仍然很有方便之处，本书在下文中也将采用它。

为了将考古发现的所有材料和我们现今所用的古史纪年相符，我们还得求助于埃及、巴比伦和小亚细亚的古代文献，其中保存有已按公元纪年法断代的历代国王年表。例如，已知埃及国王阿蒙霍特普三世在位年代为公元前1412—前1376年，他的一个印章和他的王后泰伊的一个甲壳虫章①，曾分别在克里特与晚期米诺斯Ⅱ的陶器一同出土，而在迈锡尼则和晚期希拉底Ⅲ的陶器一同出土。据此（并参照其他物证）就可断定：晚期米诺斯Ⅱ到晚期米诺斯Ⅲ的过渡，以及晚期希拉底Ⅱ到晚期希拉底Ⅲ的过渡在约公元前1400年。这些来源于近东地区的文物和那些在近东地区发现的爱琴文物②，就像轮楔木那样能在年代结构上起统辖作用。在米诺斯文明时期，它们在克里特岛的出现使得米诺斯文明的年代相当可靠，但它们在大陆、特别在北部甚为罕见，这就为该地最古诸时期的断代留下了很大的伸缩性。当文物暂时短缺时，例如在早期铁器时代，那就只能留下一个各区域性文明的松散组合的模糊图景而没有确切朝代可供纪年了。在这种情况下，器物型制的演变有时也被用作断代的标准，因为这种演变可用年代来估定。用此法误差就会更大一些，它可能由于新的发现而有所缩小，但绝不会完全消除。下列年代表概括了迄今所知的情况，其中各年代都应视为可能性的指标，并且远非史学界普遍同

---

① 埃及人认甲壳虫为神物，印章取其形式。——译者
② 爱琴文明是米诺斯、希拉底、夕克拉底斯诸文明的通称。——译者

意的。

	克里特	夕克拉底斯	希腊大陆		特洛伊	
新石器 公元前 3000	6100 新石器开始	3500 新石器开始	6200 新石器开始			3000
青铜时代 2000 1900 1800 1700 1600 1500 1400 1300 1200 1125	早期米诺斯	早期夕克拉底斯	-2800 早期希拉底	马其顿与帖撒利仍是新石器	特洛伊 I	
					特洛伊 II	2400
					特洛伊 III–V	2000 1900
	中期米诺斯 I 和 II	中期夕克拉底斯	中期希拉底			1800 1700
	中期米诺斯 III				特洛伊 VI	1600
	晚期米诺斯 I 和 II*		晚期希拉底 I			1500
			晚期希拉底 II			1400
	晚期米诺斯 III	晚期夕克拉底斯	晚期希拉底 III		特洛伊 VII A	1300 1200 1125
铁器时代 1075 1000 900 850	次米诺斯		雅典次迈锡尼	科林斯	拉哥尼亚	1075
			原始几何陶	原始几何陶		1000
	原始几何陶	原始几何陶			原始几何陶	900
			几何陶	几何陶		850

*晚期米诺斯文化 II 是晚期米诺斯 I 的次生阶段,为克诺索斯所特有,时间上与晚期米诺斯 I 的最后五十年相当。

  关于人种学方面的最广阔的图景是通过语言的研究而取得的。语言学家能够推断出在说希腊语的印欧语族部落来到希腊之前,该地居住着一批非印欧语族的居民。考古学和语言学现在大致确定非印欧语族的老家可能在上亚美尼亚,而印欧语族的老家则大概在俄罗斯南部一带。在本书中,因为主要论及希腊半岛,故分别将进入希腊的这些古代人种称为地中海人种(非印欧语族)和北方人种①(印欧语族)。

有关史前时期各族迁移的具体推论,主要依据对考古物证的诠释。这类诠释极不可靠。例如,要确定某一文明的典型文物散布于另一文明地区是由于贸易交往还是由于居民的迁移,就是非常困难的。在历史时代,马其顿是由于贸易而接受了希腊文明,亚洲各国则是由于被侵略而希腊化的,假若完全凭考古物证,就很难看出两者的区别。当然,也有一些标志可以表明某地点或地区的居民有所变动,例如新的墓葬仪式、住房的新形式、在焦土层上接着出现不同的工具和武器以及新的体质特征的出现等。以上述迹象作为标志而严加推论,史学界现在普遍认为克里特岛在公元前2700—前1330年并没有大规模的居民移入,而希腊大陆的东部在公元前1700—前1150年也没有大规模的入侵。但小规模的移动,甚至新部族或居民的大规模的和平渗透,却是很难依据考古材料判断的,如果新来者文化上比较落后又很快地被移居地区的文明所同化,就更加难以辨别。

对气候因素的考虑,能使我们估计到可能发生的大致情况。远古居民是不愿由一个气候带贸然迁入另一个气候带的,因为这样一来他们的经济将会由此而瓦解。假若他们实行移民的话,他们会在一个过渡性气候区沿途居住。移民者或殖民者总是喜欢在那些和他们故居气候相近的地方移民和殖民。从希腊大陆向小亚细亚西岸的移民运动就说明了这一点。埃奥利亚人选的是北部,

---

① 或音译为"诺底克人种"。——译者

多利亚人选南部,而爱奥尼亚人选中部。他们的选择明显地受到他们原住地的气候特点的影响。因此,同样地,米诺斯人、迈锡尼人、腓尼基人和希腊人也只在地中海沿岸地带殖民。任何有关地中海地区的民族会在马其顿和塞尔维亚内陆那种寒冷地区定居的想法,无论从地理上的可能性和历史事实等方面看,当然都是站不住脚的。

希腊各族的口头传说追溯到极其遥远的古代,但不能因此就认为它们不可靠。这些东西部分地通过早期古典作家,特别是荷马、赫西奥德、希罗多德和修昔底德的文学作品流传下来。在某些方面,考古发现已极其惊人地证实了口头传说的可信。荷马在他的史诗中所叙述的物品和情景,据现在所知,有的至少在荷马生前三百年就已存在。传说中有关希腊各族和其他民族的来源等经常能得到考古实物的证明,也和语言学中对方言、地名等研究的结果相符。由此可见,认为口头传说一般均有其史实成分,是很有道理的。

当然,对如此遥远的史前时期的复原总是带有推测性质,而在细节上也只能是近似的。虽然如此,史实的轮廓却正在日趋精确,其近似之处也日益有所精进。由于新证据不断出现,而研究者只能就各种可能做个人的判断,因此任何复原都是不成熟的一家之言,将来也是如此。本书作者特别在确信各希腊作家所记的古代传说方面,要比他的许多同行走得更远。这一点应该在这里提请读者注意,因为在文中将免去时下常见的那种出于慎重而做的修正与保留。

第一章　爱琴诸岛的居民点与米诺斯文明

第一节　米诺斯文明的起源

爱琴诸岛中,最早的新石器居民点在克里特岛的克诺索斯,经C_{-14}测定年代为约公元前6100年。这些迁入者带来了很好的制陶技艺传统。在短期的露宿生活之后,他们用烧制的砖盖起居室,房子以石头和砖为基础,烧砖筑墙,用黏土覆于柴木上做成平屋顶;在灶坑和半圆形的炉子上烹调食物,利用手推式小磨与臼研磨谷类。他们很可能是从米洛斯岛获得黑曜石原料,这种玻璃式的熔岩剥片像燧石一样,是制造工具的重要材料。他们用黏土以及石头制成神像。这一早期文明的起源,尚未知晓,似乎与希腊大陆没有联系,因而也不是来自小亚细亚。在采用了相当长时间的烧制砖之后,大概由于气候变得干燥起来,这种砖就不再使用,而代之以夯实的黏土。早新石器Ⅰ时期约到公元前5100年结束,在它的最后阶段,建起了许多更大的房子。这种房子通常有两个房间,室外有一个用鹅卵石铺砌的院子。此时期又发现了更多的雕像和一些权杖头。下一时期,即早新石器Ⅱ,以这一地点发展成整齐规划的城镇为标志。这种规划从墙的方位可以看出来,在整个中期和后期新石器时代,一直是这种规划。这一时期末前后,拥有成串房间、附带卵石铺路的院子和大炉床的建筑物,显示了新石器发展的长足进步,是同时期的大陆或克里特其他地区所不能媲美的;后者仅仅有几个规模小、年代又晚的居民点。夕克拉底斯也是到这一时期的后期才有人居住,甚至那时候,其中一些居民点也只是一些小型的居民点。新石器时期克诺索斯无与伦比的地位对于解释后来"米诺斯"文明之举世无双的现象大有裨益。这一文明的产生,源于青铜时代来自小亚细亚的移民与克诺索斯才气横溢、智力成熟的新石器时代居民的融合,而不是这些移民在别处的产物。

早期青铜时代(公元前3000—前2000年)随着移民浪潮而发端。这些移民定居于夕克拉底斯群岛及克里特的东部与中部,他们的陶器表明他们来自小亚细亚。在克里特,他们与更早的居民混合了。从当地所见的骨骼可以看出他们是长颅种①人,脸窄而身短,男子平均五英尺二英寸高,妇女四英尺十一英寸。他们靠海而居,特别喜欢更为暖和的东部克里特,并且很快就不再使用原来由他们带来的使用屋内炉灶的习惯。他们的大宅,像新石器时代一样,也是由成串的房间组成;他们用分成两间的坟墓埋葬死者,由内间可通向外间。这种住宅和墓葬的形式在公元前3000—前1400年这段漫长的、持续不断的文明时期中一直保持不变,大概只有在菲斯托斯地区有所不同。这个长期持续的文明被称为"米诺斯文明",因为希腊人认为米诺斯是克里特国王,因而早期青

---

① 长颅种是人类学中根据头骨特点而做的分类。——译者

铜时代的这些克里特居民可以称为最早的米诺斯人了。

稍晚些时候,另外一个民族出现于菲斯托斯平原上。他们用圆形坟墓埋葬死者,墓室直径大致有40英尺者,可能用茅棚做墓顶。每一座墓中有数百具尸骨,可能是全家族或氏族的公墓,因为它们和晚近得多的利比亚的马巴利亚(Mapalia)墓相似,可见这些入侵者可能来自非洲沿岸。无论如何,他们的文化并没有影响米诺斯文明。

在早期青铜时代的第二阶段(公元前2300—前2100年),黄铜已普遍用于制造三棱匕首、锯子和盥洗用具,并用铜制成双斧形的还愿奉献物,这是米诺斯宗教的一个特征。种植橄榄的迹象第一次出现了,长角牛也被引进。黄金、象牙、彩陶、皂石制成的首饰和印章以及精美的石制花瓶,反映了来自埃及的影响,这种情况在早期青铜时代的第三阶段(公元前2100—前2000年)日益显著。

与此同时,在夕克拉底斯群岛的早期青铜时代,居民发展了一种和克里特有联系、但又别具一格的文化。其村落中的住房较之克里特的要原始得多,他们在箱形墓室中以屈肢形式埋葬死者,而在叙罗斯岛是用小型带墙的墓室。他们用大理石和其他石料制成器皿和小雕像(主要是女像),工艺水平很高。米洛斯岛的黑曜石运销到爱琴海域所有地区。作为一个航海民族,他们曾用铅制小模型刻画他们的航船,也在他们独具特色的陶器上刻印船舶图样。除受到克里特扩张势力的波及外,他们在夕克拉底斯群岛的定居生活在整个米诺斯文明时期并未受到扰乱。塞浦路斯岛由于它的铜矿资源很快就变得重要起来,它的铜矿早在公元前2300年便已开采;另一方面,它作为爱琴世界和东方的中介者的地位也使它日趋重要。在塞浦路斯的早期青铜时代遗址中,曾发现大量的巴比伦商人用以标志其货物的圆柱形印章。

公元前 2000—前 1600 年,米诺斯文明日益发展而臻于成熟。约公元前 2000—前 1750 年,权力中心开始由克里特岛东部移向中部,特别是其北岸;约公元前 1800 年在基德拉建立了一个殖民点,这说明贸易方向已转向西方和北方。就在同一个时期,开始出现下列新事物,它们日后成了米诺斯文明的特征:王宫建筑、在克诺索斯和菲斯托斯平原之间的有兵站驻守的大道、山顶祭台和洞穴中的神祠、青铜(黄铜和锡的合金)的冶炼、当中起棱的细长剑、男子穿的袋状短裤①和紧身腰带、图画文字(象形文字)。公元前 1900—前 1700 年,克诺索斯和菲斯托斯发展了一种更高级的文化,这一文化为此两地所特有,从而表明它们这时共同统治着克里特岛。它们的工匠仿制当时由第十二王朝统治着的埃及的工艺品,但在它们的壁画、陶器上都可看出它们在惟妙惟肖地采用埃及题材时是匠心独运的,在图画文字的演变上也很有独创性。大约在公元前 1700 年和公元前 1600 年发生了两次大地震,每次震后,在北海岸克诺索斯势力范围内都有一批新的村落兴建起来。

在两次地震之间,克诺索斯、菲斯托斯和马利亚的王宫都以更大的规模重建起来。武器也有所改进。长剑发展到三英尺长并有了锥根(以便插入剑柄),青铜片制的矛头也锤打成枪尖形并用环系牢以免脱落。图画文字已被线形文字所代替,后者在岛上各地广泛使用。这种文字称为"线形文字 A 种",它可能是一种音节文

---

① Codpiece,实际上是束于下腹部的一块布片。——译者

字,用墨水书写于陶器上,估计也会写在皮革、纸草、棕榈叶和树皮上,在陶版和印章上也刻有文字。几乎有三分之一的字明显地来源于更早的图画文字,但其余的来源则不清楚。这种称为线形文字 A 种的文字从左到右书写。只有数目字符已被释读,它们显示克里特人当时用十进位制,一竖画代表一,一圆点代表十,后来十用横画代表,圆圈代表一百,一千则用一个圆圈向外射出四短画代表,分数则用"L"字样。在菲斯托斯发现的一个泥盘(是这时期的遗物)还写有和这种米诺斯文字不同的另一种未释读通的文字。它的字形有的暗示着使用者可能属于一个好战的航海民族,因其中有一只船、一张亚洲弓、一副羽毛头饰和一个圆形盾。这种文字可能来自爱琴诸岛和小亚沿岸地带。米诺斯线形文字以及菲斯托斯泥盘上的那种文字的语言都不是希腊语,很可能是属于希腊人之前的地中海种族的语言。①

公元前 1700—前 1600 年,克里特和叙利亚海岸的毕布罗斯、乌加里特两地以及夕克拉底斯群岛都有广泛的贸易。在夕克拉底斯群岛中,米洛斯岛是一中转市场,米诺斯人的货物经此以达于希腊大陆和爱琴世界其他地区,而克里特本身现在也正在成为整个爱琴世界的文化中心。

---

① 曾有人试图取线形文字当中相似的字 B 种的已知音义套入线形文字 A 种,以确定线形文字 A 种的语言,但由于线形文字 B 种的音义本身就很不确定,相似点也很勉强,尚不能得到任何肯定的结论。见《美国考古学杂志》(AJA)69(1965),295 以下。

第二节 米诺斯文明

克里特繁荣昌盛的顶点是公元前1600—前1400年。其东南部的札克罗有一座富丽堂皇的宫殿,盛况一直维持到约公元前1450年,可能由于塞拉火山的爆发而毁灭。已发掘的两个典型市镇是古尔尼亚和卜栖亚,前者是一个位于小丘上的商业城镇,依山铺筑数条水平的横街,上下街道之间有陡直的巷道相连。房屋傍山分层高筑,有阶梯从街道出入。进入的是主要的一层房间,其下设地下室。在山顶上建造的是乡绅的公馆,房前有一露天院落,房屋用方块石料砌成,其他房屋则用碎石夹以泥灰。卜栖亚是一小岛上的滨海市镇,在小港后面傍山建有一层层的楼房,所有房屋均用石砌并以石板铺地。这两个小镇在风光如画方面当不亚于今日爱琴诸岛的类似城镇。有一块时代较早一点的彩陶版,为我们提供了一般住房建筑的最佳图样:窗户多开于上层楼上,屋顶是平的,屋顶上突起的部分可能是中央天井的顶盖。瓦工活儿多用泥灰,并夹砌木梁。有一处上层阶级的住宅做以下布局:入口先经过一个小天井才进入楼下大客厅,楼下一层还包括一个带有支柱的地窖、浴室、厕所、厅堂和室内楼梯等。楼梯下通地下室各贮藏间,上达二楼、三楼,那是内宅和卧室所在。房屋排水皆有陶制的引水管,管子接合处套以严密的环圈并用泥土粘牢。

男子一般着袋状短裤和紧身腰带,有时穿一短裙(kilt)。女子穿裙子和紧身腰带,有时还穿一件袒露双乳的紧身胸衣。男子都无胡须。男女都显得轻柔苗条,留着长发,在体育竞技和公开场合都自由地混合相处。同样穿着袋状短裤和紧身腰带的男女杂技演员，在猛冲过来的长角公牛身上做翻筋斗的绝技，这种精彩的情景在一套名叫斗牛戏的壁画上可以看到。戴手套的搏斗士、收获季节的酒宴、少女的舞蹈、青年的饮酒作乐以及男女观众观看比赛、舞蹈等场面，都说明当时人们过着一种和平而欢乐的露天生活。用丰富而优美的色彩刻画花木、鸟兽、鱼类能做到非常精妙，这一点也反映了米诺斯人对其自然环境的喜爱。这些的确是米诺斯艺术最常见的题材。相比起来，战争的场面甚至人物形象的表现却是罕见的。

米诺斯人笃信宗教，这一点从宗教礼器上的图绘数量之多上可以明显地反映出来，这些礼器包括双斧、双角状的祭器以及用以放祭品的三脚几或祭坛。这些礼器的原物也在许多神龛中发现过，这些神龛有的立于屋内，有的位于露天的祭祀地点。米诺斯宗教崇拜的中心是一女性神祇。有许多精巧的小雕像把它表现为人形，但并不裸体，穿着米诺斯式的装束。和她相伴的神物主要是蛇，也有树、鸟、走兽等，其中以公牛和鸽子最为多见。她的随从一般是女祭师和一些戴着兽头的人，这些人可能是在某种宗教仪式中模仿崇奉的动物。看来他们的宗教形象也多偏重于自然与秀美方面，而不突出怪奇与异想。男性的最有代表性的神祇以一个少年的形象来表现。在主要的女神和少年神之外，也有其他一些神和女神，前者往往手持枪矛或盾牌，但在多数情况下难于把神、祭司和还愿者互相区别开。

任何恢复米诺斯宗教的内容和教义的企图，都不得不求助于后代事物的类推和猜测，这些推测可能导致误解。甚至有关主要女神是一个大地母神、万生之主和生育女神等理论,以及少年神是女神之子或其配偶等说法,也主要是根据在历史时代小亚细亚流行的一些宗教崇拜而得出的。比较肯定的结论是:米诺斯宗教持神人同形同性论的观点,并认为众生中女性一方较之男性更浸透着外在世界的天然美质;那些站在庙前高举双手礼拜的米诺斯人,心怀敬畏和虔诚之情,而较少迷信的惶恐。另外,也没有任何充分的证据可以肯定米诺斯人崇拜其先人(死者)。相反,一般墓葬的简约(遗体仅略加捆扎便投入大瓮或陶棺)意味着他们并无这种崇拜。只有那些很富贵的人家才把死者埋葬于石凿墓室、简单的坑墓或位于竖井底部之侧的坟墓之中。

在米诺斯文明的极盛期,克诺索斯始终居统治地位。说明其昌盛繁荣的最完美的纪念物就是那座巨大的王宫。这座王宫有宏伟的入口和壮丽的厅堂、宽敞的楼梯和巨大的库房,并以其壁画的精美和工程的卓越著名于世。它还具有重要的宗教意义,这可从它的中央庭院中带有柱子神祠的位置看出。在王宫之南有一精巧结构的"墓庙",通过一有柱地窖可达一墓室,暗示对死去的克诺索斯统治者仍有某种形式的崇拜。日后的希腊传说把克诺索斯的统治者称为"米诺斯",据说他是(天神)宙斯和欧罗巴①的儿子,他每隔九年可面谒宙斯一次,并娶了太阳神之女帕西法厄为妻。看来统治克里特的国王和王后可能把这些名字作为王朝的尊称并奉为神圣,有如当时的埃及法老那样。被称为"祭师国王"的壁画可能

---

① 欧罗巴为希腊传说中之美女。——译者

表现了一个15世纪①时在位的米诺斯王。克诺索斯的财富可从其金银玉石的丰富和王宫库房的众多中看出。库房收藏财物都按件分类记于泥版之上。在岛上一些地点发现过的铜锭,在清单上也有记载。这些铜锭无疑是贸易中的热门货,也可能当作交换中介物(货币),但是,始终未发现任何辅币存在的迹象。克诺索斯的繁荣并不仅仅依靠本地自然资源的开发,它实际上更多地来自海外贸易。

公元前1600—前1400年,克里特和埃及有很密切的联系。在埃及底比斯的塞涅姆特墓的壁画上,表现了使节奉献属于米诺斯工艺品的金银器皿的画面。列赫米拉墓的另一壁画则表现接见外国使节(都带着礼品)的情景,其中一些人,从其服饰和奉献品看来,可能是米诺斯人。② 在这幅壁画上有如下题词:"海中诸岛及克夫提乌大君的和平到达。"克夫提乌指何地,各说不一。它可能是指克里特,因为它是海中诸岛之首,肯定和埃及有外交关系。埃及艺术常见的题材,也经常被克里特艺术家独出心裁地加以利用,例如壁画中的猴与猫、陶器图案中的纸草等。可能从利比亚和埃及招募来的黑人部队,曾是克诺索斯一幅壁画中的题材。和埃及的贸易主要经由菲斯托斯附近的科莫以达埃及尼罗河三角洲,海程可取直线也可绕行利比亚沿岸,因为此处有一向东的海流。在埃及本土,只发现有少量的克里特工艺品,严格说就是几件米诺斯或迈锡尼的陶器是属于这一时期的。由此可见克里特向埃及出口

---

① 原文如此,疑指公元前15世纪。——译者
② 此处所提之埃及墓主,塞涅姆特为一贵族,列赫米拉曾任宰相。列赫米拉墓中表现米诺斯人的壁画,可参看《古代世界史参考图集》,图221。——译者

的货物可能主要是皮革、肉类、水果、木材和金属等,而不是那些要用陶瓶装陈的酒和油。塞浦路斯岛可能是贸易航路上的一个中转站口,因为有一个年代约在公元前1500年的陶版曾在塞浦路斯的恩科密发现,其上刻有塞浦路斯线形文字的铭文,而这种文字可能来源于米诺斯线形文字。在此时期内,米诺斯对叙利亚海岸的乌加里特和毕布罗斯的影响,较之公元前1700—前1600年却要减弱许多。

在爱琴海区域内,米诺斯贸易在公元前1600—前1400年大有扩展。在控制爱琴海入口的罗得斯岛上的雅利苏斯,约公元前1600年前后建立了一个米诺斯的殖民地,一直繁荣到公元前1425年。在小亚细亚岸边的米利都有米诺斯的一个居民点,另一个可能在卡利姆诺斯岛上。在基德拉岛上的殖民地一直保持到约公元前1450年。这样,在控制出爱琴海往南的各条海外航道方面,克里特据有极优越的地位。夕克拉底斯群岛,特别是其中的米洛斯岛和塞拉岛,从始至终都处于米诺斯文明的强烈影响下。米诺斯壁画曾在米洛斯岛的菲拉科皮采用。① 希腊大陆的东部和南部地区,也受到米诺斯艺术的强烈影响,例如梯林斯、迈锡尼和底比斯的壁画上都保留了不少米诺斯艺术的典型风格。米诺斯工匠可能在大陆各地居留,用"米诺亚"作为通用地名一事也说明米诺斯商站在沿岸许多地点都有兴建。在西部地中海地区,米诺斯航海者可能到达了意大利的利巴拉群岛,此地曾发现公元前16世纪的米诺斯陶器;他们也可能到达了马耳他岛和伊斯奇亚岛。

---

① 近年来在塞拉岛上还发现了一系列极精美的米诺斯壁画。——译者

第三节　公元前1450—前1400年的克诺索斯

在克里特极盛时期,克诺索斯约于公元前1450—前1400年左右发展了一种特殊的文化(称为晚期米诺斯Ⅱ)。除克诺索斯外,克里特其他各地都无此种文化的散布而依然继续以前的传统。这一孤立的文化的一大特色是和希腊大陆上的迈锡尼文化联系紧密。这时的克诺索斯进口或仿制迈锡尼的"宫廷式"和"厄菲拉式"陶瓶以及迈锡尼的雪花石膏方形皿。有关军事装备(其中包括战车)的记载反映了一种尚武的精神,而在克诺索斯王宫的壁画上,在克诺索斯附近发现的藏有大矛枪头和青铜头盔的一个竖井式墓和称为"战士墓"的墓葬中,也可以看到这种尚武精神的反映。而意义最为重大的特点则是在克诺索斯王宫和大陆的若干王宫中心都使用了一种新的线形文字。有关迈锡尼人已控制了克诺索斯的这类暗示,现在由于新线形文字的释读而得到了证实。现在知道这种被称为"线形文字B种"的线形文字的语言属希腊语,而线形文字A种的语言则肯定不是希腊语,可命名为"米诺斯语",虽然这种米诺斯语言迄今犹未能释读。现在我们可以把"线形文字A种"和"线形文字B种"分别称之为米诺斯线形文字和迈锡尼线形文字,而前者向后者的转变也就证明在约公元前1450—前1400年的克诺索斯统治者是说希腊语的。

迈锡尼线形文字从米诺斯线形文字中撷取了三分之二的音节符号,又引进一些新符号以表示它自己特有的语音。它可能是在克诺索斯而不是在大陆发展起来的,因为克诺索斯早已长期使用米诺斯线形文字,而大陆迄今还没有片文只字。迈锡尼人改变了计数系统,可能还改变了度量衡制度,使用了一些新字,其中有一个字可能表示战车。迈锡尼线形文字,像以前在克诺索斯的米诺斯线形文字一样,主要是用于记载王宫仓库中的贮藏物件(这些仓库包括一个武器库),以及记录克里特各地缴纳的税款和贡物,这些地方属克诺索斯的迈锡尼统治者所辖。这种文字是刻在未干的泥版上而把泥版用作存货的签条,这些泥版只有在烈火中烧硬才能遗留下来。那些没有如此烧硬的泥版,以及写于皮革、纸草、树皮之类易毁物件上的文字,当然早就荡然无存。但值得注意的一个情况是,其他能够残存和保留下来的文物,例如陶器、墓碑①、金属用具等,也极少刻有文字。就目前所知物证而言,迈锡尼文字显然主要地(或许是无例外地)只用来为统治阶级登录财物或处理财产,而书写者不外是国家或富人的技艺娴熟的仆从。在大陆上这种文字至少一直使用到公元前约 1200 年,它有 200 个字,长期保持稳定不变,可见书写文字是一种性质保守的专用于特定业务的技术。

迈锡尼线形文字还没有能全部读通,因为其中有些音节符号还不知道怎样发音。由此可见,这些泥版的翻译和音译(即用现代字母注出原音)都有某种程度的伸缩性,这多半是由于这种文字用来表示希腊语言还不够精确。它的音节符号代表各种音节,表示辅音 l 和 r 的是同一符号,p、ph 和 b 也是同一个符号,k、kh、g 也是同一个符号,有的音节末尾省略了辅音,有些元音的音量(即音

---

① 此类墓碑无文字,仅有若干刻画形象或图案,实际上为墓中装饰物。——译者

节的长短），例如 epsilon 和 eta，并未注出，而双元音只用头一个元音来表示，有时又只用第二个元音（例如 au、eu、ou）。根据上下文，ka-ko 这个音节符号既可表示"坏"，也可表示"青铜"，而科尔西拉（Corcyra）一词也可读为克罗西莱亚（Crocyleia）。表意字（象形符号）和数目符号可使释读范围稍微缩小，但留下的疑难仍然很多。释读上真正的成果是证实这种语言是希腊语，它在方言上可能与古典时代的阿尔卡狄亚-塞浦路斯方言或埃奥利亚方言有亲缘关系，或者两者兼而有之。克诺索斯的泥版是由于在约公元前1400年发生的一场大火才得以流传下来的，我们可以假定到此时这种文字已发展了五十年之久。泥版中可能提到一些希腊人名，它把克诺索斯写为克-诺-索（ko-no-so），并提到一些向王宫缴纳贡物的克里特地名。但这里没有提及"米诺斯"一词的迹象，也没有任何可辨认的海外地名，诸如此类可看作暗示一个爱琴帝国存在的迹象皆付阙如。可是，克诺索斯统治者却有许多女奴劳工并从全岛征收赋税。[①]

在克诺索斯出现的统治者的变化，与其说是由于一次征服战争，不如说是出于王朝间的联姻。无论如何，克里特其余地区的文化并没受到触动，继续使用米诺斯文字一直到公元前1400年，在陶器风格和书写方法上也没受到迈锡尼的影响。但是克诺索斯的希腊统治者确实靠武力控制了克里特并在南爱琴海掌握海上优势，他们没有学迈锡尼世界希腊统治者的榜样大建其堡垒，这无疑是由于他们相信自己的武器而不依靠城墙的牢固，就像古典时代

---

① *DMG*，146—147 以及 18—23 条。

的斯巴达战士那样,而克里特在他们统治期间是太平无事的。在罗得斯岛,公元前1450年左右也出现一个迈锡尼据点,和一个米诺斯的居民点同时并存到公元前1425年左右,以后米诺斯的居民点就衰落了。在罗得斯岛的迈锡尼人可能是独立于克诺索斯的迈锡尼人的,他们开辟了一条新的贸易和海盗劫掠的航路,这在此前一直为克里特控制的南部爱琴海上打出了一个缺口。

公元前1600—前1400年,克里特也不仅仅是依靠其政治家、航海家和工匠的天才而取得繁荣的。它能如此昌盛还有赖于它在一大片围绕于东部地中海地区的高度文明国家中的位置,以及它能撷取欧、亚、非三大洲内陆的资源。在这些文明国家中埃及是最富足的,在这时期,就像在日后的希腊化时期和罗马时期一样,它吸引着整个地中海地区的海上商业贸易。从爱琴海域通向埃及的海上通道都得穿过米诺斯各属地组成的一个环形地带,它从西边的基德拉一直联到东边的罗得斯岛。只要米诺斯的海上权威一直处于至高无上的地位,克里特的繁荣昌盛就有保证。

在公元前15世纪末的一个春天,未设防的克诺索斯王宫被人攻陷,夷为平地。与此同时,甚至更早一些,同样的命运也落到克里特所有大城市的头上。在海外,米诺斯殖民者可能放弃了罗得斯岛上的雅利苏斯。这个大灾难也打破了克里特的环形势力带。此后克里特还保持了繁荣和举足轻重的地位,克里特的西部甚至比以前更为发达,它在艺术、宗教和社会生活上的才智也未萎缩。但它至高无上的优势已经丧失,某些灵思敏慧的特质也一去而不复返了。这场灾难的来源还不清楚。有的人认为是由于岛上居民起来反抗克诺索斯的希腊统治者所致,但被消灭的并不仅仅是克诺索斯，而其破坏范围之深广也远远超出居民间内战所能及。也有人认为是大陆上的迈锡尼人的国家搞了一次入侵，然而灾变后并未接着就立即出现迈锡尼人在克里特殖民的迹象，在希腊民间传说中也找不到这样一次入侵的记述。更具可能性的是这样一种见解：克诺索斯和克里特其他地区遭到的破坏，像后来在特洛伊、迈锡尼和埃及三角洲遭到的破坏一样，是由于一次大规模的海寇袭击，当时东部地中海的海盗势力联合起来推翻了克里特的海军优势，攻入并洗劫了全岛，并挟其掳掠所得扬帆而去。假若真是这样，它就是宣告地中海地区伟大的青铜时代文明逐渐衰微的第一场灾祸。

第二章　希腊大陆和迈锡尼文明

第一节　大陆的各族居民

至少从莫斯特①时代起，主要在帖撒利、伊庇鲁斯和马其顿，就有了旧石器时代人的遗物，这在希腊大陆是迄今发现得最早的东西。更晚些时候，从帖撒利新石器文化的居民开始，才有连续不断的定居居民。这些居民使用石制工具，但没有陶器。他们住在一种地面为凹形或"窖"形的小茅棚中，聚为村落。他们从事农业、放牧、捕鱼和狩猎，用米洛斯岛的黑曜石制造工具。约公元前6000—前5500年，在塞斯科罗，很可能曾全部住在大陆东部近海地带居址上的用陶民族，继承了他们的事业。C_{-14}定年最早的（约公元前6200年）遗址，尼科米底亚的尼亚，位于马其顿沿海平原上哈利亚克蒙河之北。其居民住在有一至两间屋子的房中。房子是木构架泥砖墙，并用一些内部的支柱簇绕在高建筑物周围。主建筑面积约12平方米，中有臀部特别肥胖突出的女性雕像，蛇纹石

---

① 莫斯特文化（Mousterian）指的是发现于欧洲、北非、近东的旧石器时代中期文化。——译者

和黏土制的斧子,燧石匕首和黏土制的葫芦形器皿。这里及其他地方的雕像表现的是母神。这些居民与其无陶先辈的活动范围相同,从埋葬的墓穴中得知,有些人是高个长颅。除儿童陪葬有食物外,死者不随葬任何东西。他们擅长石器制作,尤其是利用北品都斯山的绿石,制成漂亮的石凿、斧、锤、器皿和雕像(如蛙像)。他们的陶器尽管在初始很简单,但发展了许多种类。其中某些制品上有美丽的绘画,还有用黏土制的诸如印章等物品。这一定居、安宁、进步并从事海上交通的早新石器文明持续了约一千年,这一文化起源于西部安纳托利亚古老的文明,并保持了与它的联系。将近这一时期末,一种外来的文化出现在北帖撒利和西希腊的琉卡斯。这种文化以黏土上有指甲纹的印纹粗陶为标志,很可能起源于马其顿和南斯拉夫。在北希腊中部,巴尔干和安纳托利亚之间有多次交互作用,而这就标志着第一次往来。

整个公元前5000纪,是中新石器时期。这期间,北帖撒利的外来因素消失了;新的人群继续定居于帖撒利中部、东希腊及东伯罗奔尼撒。他们的文化时而源自土耳其、北叙利亚及美索不达米亚的一个部分,时而来自它们的另一部分。从使用黑曜石的情况看出,他们保持了海上交通。房子一般是长方形,用泥砖建在石头基础之上,并经常建有扶壁。如在特桑利所见,还有附有长而窄外廊的礼厅式房子,到约公元前4500年还在使用,发现于土耳其的科尼亚平原的这种房子为其典型。在和平的环境中,陶器的地方性风格发展了起来,农牧生活也具有了较高水平。公元前4000纪,是后新石器时期。无光多色的陶器制品散布开来,这种陶器在质地和装潢上同西里西亚和北叙利亚的攸拜得(ubaid)制品类似。

有这种器皿的沿海居民点见于阿斯塔库斯、琉卡斯和北伊庇鲁斯的奥里空湾的内地,这些居民可能来自科林斯并与南部意大利进行贸易。在这一时期的后期,埃伊纳、西奥斯和夕克拉底斯的几个岛上,出现了最早的定居点。他们的陶器最远达哈利亚克蒙河湾的塞尔维亚。但在马其顿和色雷斯所居住的是另一个具有不同文化的民族。从雕刻的古色古香的器皿及其螺旋形装潢的使用上,可以看出这种文化与中部巴尔干的亲缘关系。这些民族的接近,就可以解释东北帖撒利这一特殊文化的出现了。这一文化以第米尼环城设防并有礼厅式建筑物的小卫城著称于世,又因其陶器上描画的螺旋形装潢而令人瞩目。与此同时,夕克拉底斯的大理石雕像似乎已经输入。很可能,第米尼文化是安纳托利亚和欧洲两种文化因素最终融合而成。延续三千至四千年漫长的新石器时期,几乎完全是以来自东方的影响为特征的。这是一个和平、安宁、从事农业、航海并有艺术风雅的社会。若从臀部特别肥大的女性雕像来判断,它的宗教信仰是以一位母神为中心的,使人联想到这是母权社会或至少是一个软弱的父权社会。在这些明显的特点之中,还有一个大的变化,即到新石器时期末,希腊居民在人种方面已掺杂混血了。在地中海气候带之外,例如马其顿和北伊庇鲁斯等地区,出现了较低级的文化。这种文化在某些特点方面(例如气候方面)与南斯拉夫文化有关。

整个公元前3000纪,都是早期青铜时代。这一时代分为三个阶段(即 E.H. = 早期希拉底Ⅰ、Ⅱ和Ⅲ),经 C_{-14} 粗略定年为公元前2800—前2500年、公元前2500—前2200年、公元前2200—前1900年。这几个分期带有地区性,在时间上互相重叠。在这一时代的头两个阶段,从土耳其,尤其是从小亚西北来的几股移民浪潮定居到诸岛上和希腊半岛东部奥什雷斯山之南麓。在彼奥提亚的欧特列西斯已发掘出一个典型的早期遗址。在早期希拉底Ⅰ时,居民已有铜制武器和工具,红色磨光陶器及新型器皿,如酱碟等。早期希拉底Ⅱ时,这一村子的房屋更大了:一座房有三间屋,并有贮藏窖(bothroi),地面上还有一个漏斗形的穴,可能表示对冥府的神的信仰。在早期希拉底Ⅲ时,酱碟消失,出现了新的器型和新式装潢,可能是西方来的而不是北方来的民族,毁灭了这一遗址。随着这一遗址的毁灭,这一时期也就结束了。早期希拉底Ⅱ时,伯罗奔尼撒的勒尔那一个有代表性的遗址,开始了它的早期青铜时代生活。这些新的居民,在高山上设防当作卫城,在里边建有大量房屋。这些居民的陶器中有酱碟,他们还制作漂亮的黏土印章。将近早期希拉底Ⅱ末,卫城上的宫殿——"陶瓦大宅"——被火烧毁。在早期希拉底Ⅲ时,一种完全不同的、拥有许多半圆形的房子的城镇绕山建筑起来。这些城镇下降到与圣区处于同一低水平带上。在那里有一个直径为19米、周围环以石头的圆形墓。勒尔那的居民具有中青铜时代初别处出现过的某些特色。同时,帖撒利的第米尼的新石器文化也完好地保存到早期希拉底时期,可能是因这个文化的主人比其南方的邻居更尚武、更善抵抗。而马其顿除了南方有来自通往特洛伊的沿海路上的贸易栈对内陆某些地方的影响外,仍处在新石器发展阶段。如卡尔西狄斯的科里特沙那就是这样一个地方。它是一个约由12座房子构成的小村落,在向陆地的一面用壁垒做防卫。中部马其顿的本土文化虽落后,但在"如愿骨"把手和佩戴的战斧上很有特色。约公元前2200年,这里

38

就有马匹,比特洛伊和叙利亚都早。青铜时代最后阶段,可能是牧人家庭,把一种形式粗糙的马其顿式陶器传布到伊庇鲁斯内地。同时,青铜时代从事海上贸易的希腊半岛上的居民已经定居在赛法伦尼亚、伊达卡和琉卡斯,他们的势力已达南伊庇鲁斯的多东纳。从意大利东南部也有一反射作用,那里在阿普利亚的莫尔非塔有一先进的新石器文明。从事航海业的这一文化的居民,在科尔西拉西北岸的阿菲欧那和琉卡斯的阿约斯·梭梯拉建有临时的定居地。这样,早期青铜时代最后阶段东方来的定居者的文化堆积层占据了奥什雷斯山之南的希腊半岛,他们从海上得到的利益已使他们当中的部分人定居在西北部和像科里特沙那这样的地方。在科里特沙那,他们同不是来自东方的相邻民族取得了联系。在青铜时代中、后期,民族移动的潮流变了,转而从北部地区进入希腊半岛。正是这一转变,带来了第一批进入半岛的讲希腊语(印欧语系的一种语言)的人。而希腊新石器和青铜时代早期的居民讲的是非印欧语系语言。后几种语言的痕迹保存在地名中带非印欧语系语尾的-ssos 或-ttos,-inthos 或 indos,复数为-enai(如 Parnassos, Hymettos, Cnossos; Corinth, Tiryns; Athenai 和 Mycenai),也保存在地中海地区动植物的名字中(如 kissos, byssos, melissa; olynthos, terebinthos),带有这些语尾的地名在小亚南部和西部、爱琴诸岛、希腊半岛东部发现得最多,在马其顿和伊庇鲁斯却很少见到。这种分布情况很可能暗示着定居的情况。例如,在伊庇鲁斯这类名字出现于奥里空湾的内地、靠近波利安太斯河和西利得努斯河的地方(新石器居民定居在此),以及南伊庇鲁斯(阿梭斯和波拉恩太斯山),这个早期青铜时代居民渗入之地。相反地,印欧语的地名在北希腊（如埃阿斯或阿欧斯河、阿齐隆河、阿齐洛斯河、茵阿霍斯河、阿法斯河、阿普梭斯河、阿克希欧斯河、哈利亚克蒙）最多，而在东希腊半岛和爱琴诸岛较少。很可能，这类地名在早期青铜时代的最后阶段就存在了。

无论这种印欧语系的语言起源于何处，从现在可利用的证据来看，显然，公元前2500—前2000年，大群的印欧民族已移出本都地区。① 他们的社会，如许多关于男系亲属亲缘关系的词所显示的，是家长制社会。他们组织在血亲氏族的部落中，每一部落有自己的王、议会和自由民会议。这些特点与赫梯人、希腊人、马其顿人和罗马人相同。他们善于畜牧和农耕，但对海上活动却完全外行。他们崇拜男性的天神，而不是诸如母神和动物的女王等女性神。从乌克兰迁出的那些人在战争中使用战斧和马匹，以长形坟（kurgan）埋葬首领，用坑墓处置平民。这种民族到达希腊半岛邻近地区的最早迹象见于中马其顿佩戴的战斧和马尸骨。后者属于早期希拉底Ⅲ时期之初，约公元前2200年。人们已经注意到，这一拥有中马其顿文化的民族，在早期希拉底Ⅲ时已经开始散布到伊庇鲁斯内陆。那里之所以比较晚才有人居住，是由于在较湿润的气候条件下，到处是繁盛的原生林，而且缺少可耕地。它仅仅对逐水草而居的游牧部落才有魅力。

赫西奥德所具体形象化了的希腊民间传说采取了家系的形式。治理整个帖撒利的丢卡利翁和皮拉，生了希伦和图亚。希伦就是讲希腊语的这一民族由此命名的先祖，"希伦这位尚武的国王

---

① 同样的迁徙还出现在公元前400—前350年。

又生下了多鲁斯、克苏托斯和埃奥鲁斯,他们都是爱马的人;图亚也生二子,马格涅斯和马其顿,他们也酷爱马匹。大家都绕皮里亚和奥林匹斯山而居"①。希腊诸神,尤其是天神宙斯,也家居奥林匹斯山和皮里亚。多东纳的宙斯自青铜时代起就取得了重要地位,他取代了一位母亲女神,并将她同化为宙斯与笛欧奈②之女阿芙洛笛蒂。希腊人神的传说和地方化表明他们的远祖在马其顿和伊庇鲁斯定居了很长时期,那里还是大陆性气候,以游牧生活为主。据现存资料看,这些远祖是在早期青铜时代末之前就到达那里的。在随后的1000纪里,三个讲希腊语的民族对希腊半岛提出了要求。人们根据他们有着明显区别的方言——爱奥尼亚语、埃奥利亚语和西希腊语(包括多利亚语和西北希腊语)——而分别称之为伊翁(克苏托斯之子)、埃奥鲁斯和多鲁斯的后裔。很可能在早期青铜时代的最后阶段,马其顿或北帖撒利居民开始南移之前,这些方言即已出现差异。

中期青铜时代(公元前1900—前1600年)一开始,东希腊自马利斯往南的许多遗址就遭到剧烈的破坏,其他遗址也被放弃了。继之而起的文化以一新的房屋形式和小箱形墓、米尼亚式陶器为其特征(米尼亚陶器取名于最初发现地奥科美努斯,它是米尼亚人的一个城市)。其新的房屋形式在彼奥提亚的欧特列西斯有很好的例证。在这里,原来的早青铜时代的密集的平顶方形屋的村落被烧掉了,代之而起的是分得很散的开阔的村庄。这个村庄包括

---

① 赫西奥德,《断片》,5及7。
② 《伊里亚特》,5.370。

一些半圆形的和长方形的"礼厅"式房子。其中半圆形者较早。房中有一圆形炉灶和盛灰的浅坑,这是用来烤面包的、较晚出现的长方形房子,有一圆形炉灶和一凸起的劣土平台,这平台可能是烤炉的基座。半圆形的房子和米尼亚陶器及石制战斧早在早期希拉底Ⅲ时期就在勒尔那出现过。现在,当中希拉底时期,在勒尔那又发现了马骨。与欧特列西斯同样的房子也见于同时期东希腊的梯林斯、科拉郭(列哈依昂附近)和西希腊的德尔蒙及奥林匹亚。

中期青铜时代的陶器主要有两种形制:一为"无光陶",它可能是从早期青铜时代自然发展而来;另一种即"米尼亚陶",是一新发明,因为它用陶轮制作,而且形状明显地仿照金属器皿。灰色的米尼亚陶器是接着焦土层的那一文化层的典型陶器,例如欧特列西斯的情况就是这样。它也是特洛伊第六文化层开始时的典型器物,在此地,它是与新来的居民一同出现的。在整个中期青铜时代,灰色和黄色的米尼亚陶器遍布于希腊半岛的绝大多数地区,它也用于卡尔西狄斯沿岸各地,在特洛伊第六文化层中也大量使用。曾在马其顿发现了一种陶器(米尼亚陶器可能就是从这种陶器发展出来的),它的时代约当早期青铜时代的最后阶段。

虽然中期希拉底文化中的某些新因素可能要归功于北方来的讲希腊语的移民,但必须记住,这些移民,尽管超群出众,人数却很少,而且这些人在进入他们所到达的地方时,那地方的居民就已非常混杂了。这样,中期希拉底文化的特质就不仅是由于希腊人的领导,也是由于这片土地上许多更早、更文明的民族的活力。随着时间的进程,这些特质由于海外贸易的不断增多而更加丰富。同夕克拉底斯的贸易增长得很快,这些岛屿成了东方大陆与克里特之间的交换中心。与特洛伊的贸易尤其兴隆，活跃了帖撒利与马其顿，特别是卡尔西狄斯的沿岸地区。在叙拉库斯附近的蒲莱米里乌姆、在东南意大利、在阿尔巴尼亚的马蒂河和德沃林河谷地区、在奥里空湾的瓦耶再内陆、在爱奥尼亚诸岛，出土了中期米诺斯和中期希拉底型武器，主要由于这些发掘，我们得知了同西北地区的贸易情况。当中部和南部希腊文明发展之时，落后的马其顿和帖撒利内陆及伊庇鲁斯、阿卡奈尼亚、埃托利亚，还可能包括科尔西拉，都由游牧民族所居住。他们仍保持着马其顿文化的粗糙的形式，同向西、向南散布的器物一样，以还愿骨式把柄为标志，民族的盛衰带来了地方习惯的痕迹，某些葬式习惯是特别有趣的。

前面已提到在勒尔那，当早期希拉底Ⅲ早期，新来者于原遗址彻底毁灭之后，建起了直径为19米、周围环以石头的墓作为圣区。这类实际例子仅见于琥卡斯早期希拉底Ⅱ时的"王墓"，墓更小，直径从2.70米到9.60米不等，墓上覆石头平顶。但到中期青铜时代，同样的墓出现在希腊的一些地方，在琥卡斯的"家族墓"是圆形的，直径为12.10米，用石墙围绕并包括11个石头排成的箱（盒式的）墓及两个坑葬，墓里有陶器、珠宝和武器陪葬死者，可能为"王墓"古冢所特有，在马尔希及西美塞尼亚和亚该亚的其他地方已经发掘到定期为中期希拉底的古冢，但常常埋葬在陶瓮（pithoi）中，并且没有见到随葬品。在东希腊，发现了两个大的中期希拉底时的古冢，在弗西斯的埃拉蒂有贵重的供品，在阿提卡的阿菲德那的另一个没有供品。这些古冢的年代及其分布指向西北地区，暗示海上交往到达了西岸，而在伊庇鲁斯和阿尔巴尼亚北部大量这类古冢葬最近已确实观察到了，它们的发掘报告①却没有得到注意。马蒂河谷的古冢最多，1952—1960年发掘了35个。冢的规模，直径从12—30米，有的围有一石圈。死者随葬许多物品，既用土葬也用火葬。大部分随葬品是早期铁器时代的，但也有少数中期希拉底型的武器。再往南，在德沃林河爱尔巴桑附近，有25个高5米、直径45米的古冢。该些古冢的中部埋葬有许多中期希拉底时的武器和供品，其他部分的埋葬中有晚期希拉底时的武器和陶器。在奥里空湾内陆瓦耶再发掘了四个直径在18—20米、高2.30米的古冢，其中之一的进行火葬的累石堆上有中期希拉底和中期米诺斯型的武器和中期希拉底型的陶器。在德沃林河上游谷地、在伊庇鲁斯内地的卡卡维、波德里思太和沃迪奈都发掘到了古冢。在最后地点的一个冢直径17米，高3米多，中心埋葬伴有一累石堆，其旁有中期希拉底和中期米诺斯的武器及中期希拉底陶器。除中部累石堆外，近冢围处有一石圈，在冢现存的顶部稍低处有一单层石穹隆顶盖，其他埋葬定期为晚期希拉底。显然，在琉卡斯、亚该亚和美塞尼亚建造了古冢的这些人是从阿尔巴尼亚和北伊庇鲁斯经海路而来的；很可能同一种族的人由陆路而来，占据了埃拉蒂，那里的冢中死者随葬武器。在勒尔那，属早期希拉底Ⅲ的古冢和阿提卡的阿菲德那的古冢，可能是为埋葬同样起源的领导者而构筑的。这些古冢是王族的墓葬而非平民的墓葬，这不仅因其随葬品和土地的神圣化，而且因荷马史诗中对为帕特罗克鲁斯建的

---

① 发表在阿尔巴尼亚期刊 *Buletin Përshoqërore* (Tiranë)，1956，180以次，1957，276以下，等等。

冢的描绘而显而易见。

第二节 迈锡尼文明的兴起

"迈锡尼"文明的命名,取自迈锡尼。因为舍利曼,这位考古发掘的先驱,是在迈锡尼首先发现了这一文明的;但这也确实是一个正确的称谓,因为迈锡尼是许多新发展的源头和中心。当这一文明从土生民族与侵入的讲希腊语民族的思想与技艺的融合中产生时,无疑,居领导地位的是来自后者,他们不仅对于战争,而且对于行政管理,都有异常的技能。所以迈锡尼早期统治者的墓地曾以其非凡的侈奢与近乎野蛮的豪华(详见下文)而吸引了很多人的注意。有两个墓圈(较早的"B",在后来的城堡之外;较晚的"A",在城内),二者的葬式是相同的。墓圈 B 上的地面在晚些时候被夷平。发掘者猜测,这个直径为 27.50 米的墓圈中有 24 个墓,每个墓上面可能原来都有一个小土堆。但更可能的是,有一个大冢把所有这些小墓覆盖起来。墓圈的特征是,一种用未加工的石头垒成的约两米宽的石垣,有似伊庇鲁斯内地沃迪奈所见的情况。墓圈 A 直径也约有 27 米,是在约 1300 年重修成现在遗址形式的,而它最初的样子很可能与墓圈 B 类似。两个墓圈中的最早埋葬属于中期希拉底后期,其他的墓葬属公元前 1600—前 1500 年这一世纪。一些墓葬是切入岩石中的箱形墓,另一些则是坑墓,掘到现在的地表以下 1—5 米深,有的还在近地表处以石碑做标志。箱形墓在琉卡斯通常有早期希拉底 II 时期和中期希拉底时期的古冢,而在伊庇鲁斯内地则以晚希拉底时期的古冢较常见。显然,最初坑墓是埋在一个 3—5 米高的古冢中,然后用一个木质的或石头的碑做标志。在勒尔那,两个中期希拉底时期的坑墓,一个埋在古冢中,而其旁的另一个恰恰也是用这同一葬法。公元前 1500 年以后建成的迈锡尼圆顶墓,有的是建在直径 20—25 米的圆墙上覆盖着的古冢,而这种在墓上置一圆顶的概念,甚至也是从伊庇鲁斯沃迪奈的古冢石圆顶传袭来的。这些坑墓的内容同样令人惊异。虽则它们比遥远而落后的阿尔巴尼亚和北伊庇鲁斯地区的古冢富丽得多,但仍然与中期米诺斯时期和中期希拉底时期的混和的武器(例如在瓦耶再和沃迪奈所见的)十分相似。在这些地方发现了轻巧细长的剑、匕首、矛头和标枪头。因此,就现存的证据所表明的,迈锡尼以及可能还有勒尔那和埃拉蒂的统治者最后都是来自中部阿尔巴尼亚所在的地区。如众所周知,这是在早期希拉底时期和中期希拉底时期,可能有讲希腊语的印欧语民族居住过的地区。

　　在较早的墓圈 B 中,有些坑墓相当狭小,并且每个墓中只有一具骨骼。其他坑墓下挖至软砾石层约三米深,坑底的墓穴用木材、芦苇和黏土等覆盖其上,其中仅有一穴用石板为盖。死者的随葬品有小刀、匕首、矛头、剑(有的带有象牙柄头和金柄把)、金、银和合金首饰,银瓶及青铜和陶制器皿。在一个有器具遗骸的家族合葬墓中,曾发现一合金面具(遗容面具)。金属器具的工艺水平甚为高超,远远超出在大陆出土的前一时期的所有文物。某些墓穴中曾发现,在长方形的基石上竖立着石碑,上面刻着战争和狩猎的情景。有一块后来被用作基石的墓碑,上面刻有"向倒下的敌人挥舞着大剑的战士和仅用后腿站立的两只狮子"。这些坑墓及其葬品完全不同于此时期克里特的任何文物,而死者遗骸高达5.5—6英尺,从而表明其属于比米诺斯人更为高大的种族。

44　　墓圈A显然是为约在公元前1600年左右掌权的新王朝而建。死者分别葬于六个很深的坑墓中。从时间上看,墓圈A中最早的墓葬相当或早于墓圈B的最后墓葬,而其中最晚墓葬在约公元前1500年左右。这些墓都有雕刻的墓碑,其中有些刻着马拉战车的形象。遗体取屈肢葬式。男子的陪葬品有金面具和胸甲、剑、匕首、金银饮器(酒杯)、金指环、金属和石制的器皿及陶器等;妇女随葬品有金额带、化妆盒、碟盘以及珠宝等物;还有两个用金叶包裹的小孩儿。这些葬品艺术上之精美和工艺上之卓越,大概受米诺斯金属匠人技艺的影响,也可能就是出自他们之手。然而,镶嵌器皿上用马拉战车与狩猎和战争场面进行装潢。金面具上的唇须,嗜用琥珀和使用野猪牙头盔等,表明这些统治者像他们的先行者一样,是起源于大陆的。因为这些特征在同一时期的克里特无迹可寻。琥珀来自欧特列西斯。迈锡尼第二王朝诸统治者可能也是中期青铜时代侵入民族的后裔。他们侵占科林斯和阿尔戈利斯之后,就成为迈锡尼和勒尔那的统治者。迈锡尼王室居住在一设防的宫殿,即迈锡尼城堡。他们的领地大约包括阿尔戈利斯和科林斯地区。他们的财富可能基于对贸易的控制,在科林斯湾列哈依昂附近的科拉郭港接待西部和北部来的商旅,梯林斯和阿西涅的港口则直接与克里特贸易。此外,他们还控制了伯罗奔尼撒到中希腊的陆路。在底比斯、古拉斯和奥科美努斯等地也建立了类似的王朝;他们同样受到米诺斯艺术的影响。例如,在底比斯的一幅壁画上,就绘有穿着米诺斯服装的妇女。他们的疆域包括彼奥提亚和优卑亚的列兰廷平原,而其财富是通过优卑奥提亚的陆路和经攸利普斯海峡与东北地区的贸易而获得的。

继迈锡尼第二坑墓王朝之后的,是所谓"圆顶墓"王朝的第一时期(约公元前 1500—前 1400 年)。墓葬有一凿开或砖砌的露天通道("德罗莫斯"[dromos]),通道尽头就是一座宏伟的大门,它位于大圆顶墙上。里边的墓穴呈圆形,顶则为圆锥形,此墓挖掘于山脚下,用石料砌墙,最后把全部墓室覆盖成一坟丘。圆顶墙上的大石块上面的刻制技术很精巧,并且墙砌得很坚固,足以承受大量土石的压力。在公元前 15 世纪,迈锡尼一共有两组各按其建造技术的特点而相互区别的圆顶墓。在美塞尼亚的派罗斯附近发现了圆顶墓和德罗莫斯通道的原始形式,其年代属中青铜时代之末,它是实行坟葬的少数地区之一。

在这一时期中,迈锡尼文化向四外传播。在其他一些地区也发现了相当数量的圆顶墓。如阿尔戈利斯和科林斯;西部的美塞尼亚、特里非利亚和爱奥尼亚诸岛;南方的拉哥尼亚;北边的阿提卡、彼奥提亚和优卑亚、帖撒利等地。大陆的兴隆发展主要还仰仗于克诺索斯的力量,因为那时它一直是爱琴海贸易圈的主宰。从发现于拉哥尼亚华丽的瓦孚金杯以及因其雄浑绚丽而获所谓宫廷风格陶之称的陶器上,可以看出大陆王朝之富。王朝臣僚(在迈锡尼,他们住在城堡的下面)的箱形墓也反映了这个时代财富的增长。这些墓开凿在岩石之中,并有一露天的德罗莫斯通道;在墓内,一个家族的成员往往几代人都合葬一处,并陪葬有许多珍贵财物。

约公元前 1450 年,希腊人在克诺索斯建立了王朝,并统治着整个克里特岛。迈锡尼线形文字 B 种可能就是米诺斯籍的书吏为了表达希腊语言而在这里发明出来的。这种文字只用于登录财物和交接账目,并很快遍及大陆各宫廷之中。迈锡尼或底比斯的国王,组成一有效的官僚机构,统辖着众多的贵族,并向他们的臣属收取什一税。墓葬中的器具表明他们也从事海外贸易,在公元前 1450—前 1400 年,堪与克诺索斯及米诺斯的克里特统治者们相匹敌。在约公元前 1450 年,希腊人在罗得斯岛建立了一个居民点;公元前 1425 年左右,又在科斯岛建了一个。在米利都,经营迈锡尼货物的商人同米诺斯商贾比邻相伴;在埃及,迈锡尼产品的数量从这时起逐渐超过了米诺斯。在西方,于意大利的利巴里群岛发现了和米诺斯同时期的陶器并存的迈锡尼陶器。这样看来,大陆诸国已摆脱了学徒阶段,而在繁荣兴旺的诸国中间独霸一方了。

克里特和希腊大陆在公元前 15 世纪的繁荣,很大程度上受益于贸易的普遍发展,这是近东地区青铜时代文明臻于成熟的一大特色。在这种贸易中,金属交换占有很重要地位,无论是成批出售或是以武器、工具、首饰等形式的零售都是如此。埃及因努比亚地区盛产黄金而特别富庶,她将黄金外销到巴比伦等地区,主要从小亚细亚进口白银。她在西奈半岛虽有铜矿,还从塞浦路斯和叙利亚进口铜。在更东的地区,美索不达米亚诸文明中心则从阿拉伯半岛及外高加索和小亚细亚取得其所需的铜。从很早的时代起,克里特就在铜制武器的发展中起着重要作用。她发明的三棱匕首,早在青铜时代初期就流行于西班牙、意大利和多瑙河流域。在这些地方又依次开发了西班牙、厄尔巴岛、伊达拉里亚、匈牙利和特朗斯拉瓦尼亚的铜矿。因此,欧、亚、非三大洲之间的金属和武器的交换日益增长,而米诺斯的克里特及特洛伊就从中获得大量的金银和铜。

作为铜与锡合金的青铜,可能首先在叙利亚或小亚细亚得到普遍的使用和发展。它在其他地方的推广使欧洲地区的重要性大大增加,因为在康瓦尔、西班牙、伊达拉里亚和匈牙利等地有着最富的锡矿矿藏。从东地中海带入欧洲的最早的青铜武器沿着以下三条主要路线传播:从特洛伊到达多瑙河下游;从希腊和亚得里亚海到达意大利和中欧;从西班牙到达西欧北部。例如,有一种轻巧的青铜细剑,最初是公元前 2000 年左右在克里特生产出来的,经希腊和意大利而传至多瑙河中游一带。几百年后,这种细剑在匈牙利发展为宽大的砍剑,又逐渐在意大利被采用,大约在公元前 1375 年后,首次出现于希腊。虽然贸易的周转速度不快,它所遍及的区域却扩展到从产琥珀的波罗的海一直到两河流域平原的广大地区。最富裕的交换中心是埃及、叙利亚和小亚细亚。况且,在公元前 15 世纪时,埃及正处于其政治势力的顶点,统治着巴勒斯坦和叙利亚并与巴比伦以及东北叙利亚的米坦尼结盟,塞浦路斯自认为其附庸,小亚细亚中部的赫梯王国拜倒在它的武力面前。在这个世纪里,埃及成了文明世界的中心。它的船队和军旅控制了各条商路,通过这些商路可达埃塞俄比亚和非洲、红海与印度洋、南部地中海及巴勒斯坦与叙利亚的内地。

在公元前 15 世纪,克里特和希腊大陆却不是因它自己的矿产资源而致富的。在德尔斐附近的西尔拉,锡可能已被开采,但克里特的铜矿和阿提卡的银矿可能还没有开发。因此,那些通过地中海到达埃及和近东的商业贸易的中介人和受惠者主要是米诺斯人和迈锡尼人,本地的工匠则精于制造武器和珍宝首饰。它们也向埃及出口皮革、木材、酒、橄榄油和紫色染料以换回贵金属、麻布、纸草和绳索。在这时期,克里特在地中海的贸易路线处于特别有利的位置,因为埃及和叙利亚在当时是主要的交换中心。克里特及其附庸控制着进入南部爱琴海的门户和由叙利亚、塞浦路斯和罗得斯通向西方的航道。这种情况一直到迈锡尼势力发展壮大,并在约公元前1450年开始要求自己的地盘时才起了变化。这样到约公元前1400年,克诺索斯的海上霸权终于遭到毁灭。克里特的王宫和财物都被洗劫一空,它的政权组织也土崩瓦解。这场灾难并未触及它的财富由来的资源,但它却为别人提供了篡夺克里特已具有好几百年的中心位置的时机。

第三节 公元前1400—前1200年的迈锡尼世界

大陆上的希腊诸国正好有资格继承克诺索斯在南爱琴海的领导地位。它们在和米诺斯文明接触达两个世纪之后,大大加快了发展速度,它们已制造出一种精美的迈锡尼风格的陶器,使大陆的图案形式和精工技巧的传统与米诺斯的善于装潢和造型结合起来了。在克诺索斯还未被攻破之前,这种陶器已大量出口,而在其后迈锡尼的出口浪潮更大有增加,并不断地流经米洛斯岛、塞拉岛和罗得斯岛这些中继站而达于近东各地。罗得斯岛由于更多的希腊人移居,日益强大,成为一个重要的交易中心。希腊人移民也到达塞浦路斯的南岸和东岸,并逐渐及于岛上其他地区。在西里西亚,迈锡尼人的遗迹曾发现于塔尔苏斯、卡扎里和麦尔辛；在卡利亚，迈锡尼人的遗迹曾发现于雅苏斯。乌加里特曾接纳希腊商人，这些商人的陶器传布于奥伦特河流域一直上溯到叙利亚高原各城市，近来还在叙利亚的波赛迪昂发现了迈锡尼文物。迈锡尼陶器还从阿斯卡隆传到南部巴勒斯坦内陆，并在较小程度上从海法传入北部巴勒斯坦。埃及的泰勒埃尔阿马尔奈（它在约公元前1374—前1362年代替底比斯而成为埃及首都）曾大量进口迈锡尼陶器，在三角洲附近的古罗布也有少量进口。整个公元前14世纪，迈锡尼陶器始终保持普遍的一致性，而很少有地区特色，罗得斯岛和塞浦路斯则作为主要的贸易中心，特别繁荣并可能是陶器生产的中心。在这个世纪的后期，有相当多的大陆人移居到克里特。他们建筑礼厅式的房屋，用有拱顶的墓穴和露天墓道的坟墓埋葬死者。他们可能统治着岛上原有的米诺斯人，这些人在当时已经恢复了元气并和埃及大做其生意了。

在爱琴海北部地区，希腊诸国进一步发展了它们和富裕的城市特洛伊已建立起来的贸易。在公元前14世纪末，特洛伊第六层的城市被地震毁坏，但它的后继者，特洛伊ⅦA，仍是照样地富有并照样地和希腊大陆展开贸易。这一贸易可能沿着帖撒利、马其顿和色雷斯的海岸商路进行，它使得迈锡尼文化在帖撒利和下马其顿得以很快传播开。在夕克拉底斯群岛（除米洛斯和塞拉两岛外）和在北斯波拉德斯群岛都有少量迈锡尼陶器出土，主要是在提洛岛；这些群岛以及西部小亚细亚的沿岸（除米利都外）居民可能处在迈锡尼贸易和文化的中心范围之外。

虽然米诺斯和迈锡尼的陶器曾达到利巴纳和伊斯奇亚等岛

屿,利巴里群岛出产的利色里石也曾运销克里特,但向西方最早的移民迹象是在公元前 14 世纪。这时期的迈锡尼陶器和圆顶墓曾在西西里的阿克拉加斯和拉库斯发现,在南意大利的奥里亚和塔拉斯则有大量的迈锡尼陶器出土。显然,在这两地都有希腊移民,他们是沿着通往利巴纳和伊斯奇亚的商路中便利之点而定居下来,就像六百年后他们的后继者所做的一样。

迈锡尼世界的扩展,以及它和埃及、叙利亚、特洛伊、意大利和西西里的直接联系,给希腊大陆各族带来不断增长的财源。公元前 1600—前 1400 年,在王宫所在地发现的那种高度的文化仅仅缓慢地扩及于各附属地,但从公元前 1400 年以后,一个统一的迈锡尼文化迅速成长起来,囊括全希腊,仅伊庇鲁斯和马其顿内地除外,并扩及于除科尔西拉外的爱奥尼亚各岛以及爱琴海的一些岛屿。但从公元前 1300 年起形势又改变了,此时希腊和埃及的贸易急剧下降。塞浦路斯成为一独立的中心,把它自己的产品外销于叙利亚和巴勒斯坦,位于恩科密的都城筑起堡垒以保护它的铜器制作业。清一色的文化也出现了分裂,例如,塞浦路斯就发展了自己地方风格的迈锡尼陶器。因此,希腊大陆在东方丧失了许多市场,而其对手可能是毕布勒的腓尼基人,它从公元前 15 世纪开始就不再从希腊进口陶器并可能在中转贸易中与迈锡尼展开了竞争。特洛伊也同样地从公元前 1300 年以后减少迈锡尼陶器的进口,在西方,和西西里、利巴纳和伊斯奇亚的联系也在约公元前 1300 年左右断绝(但和南意大利的希腊移民点仍保持联系)。希腊大陆的财富逐渐随着海外贸易状况的恶化而趋于衰竭,在迈锡尼文明极盛时期得以保持的比较太平的局面,也开始让位于一个动乱的时代,这时的城堡要比以前建造得更为坚牢以保护王宫的统治者。

在迈锡尼文明时期,各地的王宫始终是希腊文化的一大特色,它们中尤以迈锡尼王宫为最精美,公元前1350年以后不久,此王宫所在的城堡面积又有扩大并建造了厚实的"赛克罗普式"①围墙,这种厚墙用石灰岩和砾岩的大石块砌筑,厚达20英尺。主要入口由一坚固的棱堡卫护。入口本身是一个宽达九英尺的大门,用四块极大的石料筑成,门楣石上的三角形石块刻以具有迈锡尼王徽和宗教图谶意义的浮雕:双狮伸其前肢并立于一神圣石柱的基座上。在城堡北面还有一较小的双扉的后门以供出入。在城堡内有一宽阔的斜道从上述"狮门"达于王宫。

王宫的中心是宽敞的庭院。庭院东边有一柱廊,地面铺以石膏石板,由此经一过道达宫中主殿,即所谓"礼厅"式的建筑,它的彩绘灰泥地面用石膏石板镶边。在礼厅中央有四根木柱,柱面邻近基座部分包以青铜,四柱之中有一圆形的高灶。房间的墙面绘有表现车战、马及马夫、妇女游于宫外等画面。在庭院西边有门通达作为接待室的前厅,它使宝殿和宫旁的大梯道分隔开,这梯道下连于供宾客出入的宫门。王宫的后院在庭院之北,并包括各建筑的上层;它大约借礼厅的过道作为出入口。它的各个房间用和庭院的南、北面墙平行的长廊相连。在王宫北面的高坡上有一神祠建筑,中有彩绘的圆形祭台;在它附近发现了一些象牙雕像。王宫

---

① 赛克罗普为希腊神话中之独眼巨人,赛克罗普式围墙用巨石砌成,以厚实著称。——译者

的平屋顶用泥土加苇秆铺筑，下承椽子和横梁。在屋顶之上可遍览直达于阿尔戈利斯海湾的辽阔平原，以及远处的阿尔卡狄亚和拉哥尼亚的群山。

在城堡之下有广阔的市区，富商大贾居住其间；还有王室的圆顶墓和各条通往阿尔戈利斯平原上的堡垒的道路，以及北通科林斯的大道，它们都筑有赛克罗普式巨石的暗渠和堤道。在圆顶墓中最精美的是称为"阿特留斯宝库"[①]的陵墓，其圆顶高达 40 英尺，气魄的宏伟和比例的匀称皆足称颂。它大约建于公元前 1330 年左右，是那位加固了城堡并设计了庭院、礼厅、宝殿等工程的国王的安息之地。最后一个大圆顶墓大约建于公元前 1300 年。在公元前 13 世纪，建造了大梯道，赛克罗普式围墙扩展到东北面，并修筑了一条地道，通往一个由城堡外的小溪灌注的暗泉。在梯林斯，也是在公元前 13 世纪完成了加固工程并在厚厚的围墙中安置了贮藏库。

在阿尔戈利斯之外的最强大的一些迈锡尼势力中心位于彼奥提亚境内。此地是由迈锡尼人排干的科巴依湖周围肥沃的土地冲积成平原，归强大的戈拉斯堡控制。称为"科德美亚"的底比斯城堡则屹立于平分彼奥提亚主要平原的山脊之上，而奥科美努斯的统治者则葬于称为"米纳斯的宝库"的庞大圆顶墓中。阿提卡则不甚重要。雅典卫城的赛克罗普式工程约在公元前 1250—前 1200 年完成，并修建了一个地下梯道深入地底 100 英尺以求水。其他迈锡尼势力的大中心也以精美的圆顶墓、城堡和繁荣的市镇为其

[①] 阿特留斯宝库在古希腊时代即传为阿特留斯王墓。——译者

特色,这些都可在帖撒利的约尔库斯、拉哥尼亚的拉斯和阿美克莱依、美塞尼亚的派罗斯、特里菲利亚的卡科瓦托斯和埃托利亚的德尔蒙等地的发掘中看到。在爱琴海的一些岛屿和赛法伦尼亚、琉卡斯岛上也有一些中心点。

迈锡尼王宫的防御工程以及对战事、狩猎情景的爱好等证明了这时希腊人的尚武精神。当克诺索斯陷落后,迈锡尼及其同伙靠其武力而得以繁荣,迈锡尼海外扩张的得以实现也有赖于武力,因为在这动乱的时代刀剑才是商业的保镖。

希腊商人和移民也在各地面临着强敌:在西方是西赛勒人,在爱琴海是夕克拉底斯的岛民,在东方是小亚细亚沿岸各族和叙利亚海岸的腓尼基人。希腊的战船,也像米诺斯时期的克里特战船一样,有一伸长的"龙骨梁",以作为撞击战术之冲角,而在米诺斯和迈锡尼的艺术中都有海战的描写。在此以前,大陆人的武器也和克里特人一样,是轻巧的长剑、投枪和盾,这种盾用绳系于肩上,以腾出双手作战。这种笨重的盾曾用于个对个的决斗,但其主要价值恐仍在于保护身体免受击伤——投枪①、箭以及投石带扔出的石丸。大陆人一般佩戴圆锥形的传统的"猪牙盔",稀有的绳系青铜头盔也曾见用于克里特和大陆。到公元前14世纪末,起源于中欧的砍剑开始在爱琴地区出现。这一凶器又导致一种小型圆盾的采用,这种盾是系在手上的,另外还用了一种有前后啄或角形物的头盔,以防砍伤。这种装备在公元前13世纪也遍及于近东各地。

在战争中使用战车也得到了推广。虽然从远古时起希腊大陆

---

① 《伊里亚特》,15.646。

就已把马作为驮运牲口,但在战车使用之前马一直没在战争中起任何作用,而战车大约是在公元前 16 世纪时由近东地区传来的。在埃及和叙利亚是用密集的车队列阵冲杀,但我们不知道希腊人是否一开始就采用了同类的战术,还是用战车作为射箭投枪的一个活动平台。

迈锡尼时代的希腊人,只是东部地中海地区的许多强大民族中的一个,他们和邻近各民族在贸易和战争方面必然有过直接接触。保存有外交和军事文献记载的赫梯人和埃及人,自然会提到这些经常访问特洛伊并控制了南部爱琴海的希腊人。以后时期的希腊人在自己的史诗传说中曾用"亚该亚人"、"达纳亚人"、"阿尔戈斯人"等名字称呼他们迈锡尼时代的祖先,因此也就完全有理由推断这类名字会在赫梯和埃及文献中出现。

在公元前 14 世纪,当赫梯王国控制了从美索不达米亚经北部叙利亚达地中海的商路时,赫梯王穆尔西里二世(约公元前 1350—前 1320 年)曾祈求赫梯诸神以及"亚恰耶伐"(Ahhiyava)和"拉兹巴"(Lazpa)国诸神的保佑。在下一个国王时期的一封信函中,当提到祈求诸神驱逐入侵敌人时,有一个赫梯王的"兄弟"(亦即有同等身份的国王),名叫"达伐卡伐那"(Tavakavalas),被称为"亚耶伐那什"(Ayavalash)之王,并且是"亚恰耶伐"王的"兄弟"。另一较后时期(约公元前 1300 年)的信札提到"亚恰耶伐"的国王,以及埃及、巴比伦和亚述的国王。[①] "亚恰耶伐"这个词(或者用其

---

① 索墨:《亚恰耶伐文献》,1932 年版,283 页以下,9 页以下,243 页以下(德文)。BCH,70(1946),58 页以下(法文)。

较古的写法"亚赫伊伐"[Ahhayiva])显然是希腊语"亚该亚"一词的转译(音译),正像"亚耶伐那什"(这里用了赫梯语的词尾)是"亚该亚人"的转译一样。① 从较早的那封信中我们可以清楚看到有两类亚该亚人的国王:其一是"最优越"②的亚该亚王,正如后一封信中把这类国王和埃及王相比那样;其二是小亚细亚当地的亚该亚王。前一类显然是希腊大陆的国王。对于后一类,希罗多德可能提供了一些线索,他提到潘菲利亚或西里西亚的居民一度曾被称为"准亚该亚人"(Hyp-Akhaioi)。③ "拉兹巴"显然是指列斯堡岛,而"塔罗伊萨"(Taroisa,见于另一赫梯文献)即特洛伊。

埃及人在公元前14世纪和前13世纪的记载中也提到爱琴各族的许多名字。他们当时或者是作为埃及的雇佣兵,或者是赫梯帝国的同盟。在其中有沙尔塔纳(Shardana)、卢卡或卢奇(Luka、Lukki)、皮达萨(Pidasa)、穆萨(Musa)、卡利奇萨(Kalikisha)、达尔地努(Dardenui)和伊利昂纳(Iliunna)等。最后两个名字可判定为"达纳亚人"和"伊利昂人",在荷马史诗中它们是特洛伊居民的名称。从这些记载中可以明显地看到特洛伊在公元前13世纪是站在赫梯帝国一边对埃及作战的。

下一类有关爱琴各族的记载是处于公元前13世纪后期情况愈益恶化之际。在希腊大陆有迹象表明战事频繁,损失严重,由大陆外销于叙利亚、巴勒斯坦和埃及的陶器约在公元前1230年后突

---

① 此处"亚该亚人"的希腊语经变化后的音译是"亚该亚俄伊"(其他名词亦同),亚该亚是国名或地名,亚该亚俄伊即民族或部族名。——译者
② 原文用法语 Par Excellence。——译者
③ 希罗多德,7.91。

然停止,新的迈锡尼移民点也约在同时以武力强夺的方式在塞浦路斯的恩科密和西里西亚的塔尔苏斯建立起来。在近东地区有大规模掠劫的记载。赫梯文献提到在公元前 1250 年后卡利亚多次遭到袭击,约公元前 1225 年则有"亚恰耶伐人阿塔列西亚斯(Attarissyas)"蹂躏塞浦路斯。这个阿塔列西亚斯可能就是阿特留斯,迈锡尼的国王,那个在公元前 1200 年左右攻陷特洛伊的阿加门农的父亲。在公元前 1221 年,一大群入侵者从利比亚进入尼罗河三角洲,但被埃及法老[①]所败,在法老的记胜铭文中有如下的字句[②]:"他们多次侵袭埃及田园直至大河之滨;他们成年累月逗留此地……他们专攻战事,每天都四出掠劫以饱肚皮。他们来到埃及专为满足口腹之饥。"这些从各地来的北方人被称为沙克尔萨(Shakalsha)、亚凯侬伐萨(Akaiwasha)、图尔萨(Tursha)、卢卡和沙尔塔纳。字尾的"萨"音属语尾变化,这些入侵者可被认为就是沙甘拉苏人(Sagalassus,巴勒斯坦沿岸的民族)、亚该亚人、图尔西诺人[③]、黎西亚人和撒丁岛人。

在公元前 12 世纪的第一个十年中,有一次大规模的海陆两面的入侵,在三角洲东西入口处展开激战。公元前 1194 年埃及人击退了来自利比亚的攻势,在此参战的有辟列赛特或普列萨特人(Peleset、Pulesat 即巴勒斯坦人)、铁克勒人(Thekel)、登尼恩人(Denyen 即达纳亚人)、西尔旦人(Sherden 即撒丁人)、威夕什人

---

① 法老是古代埃及国王的称呼。——译者
② 布莱斯太德:《埃及古代文献》(1906 年版),卷 3,306、309、312、349、574、579、588、601 等节。
③ 即伊达拉里亚人,立国于意大利。——译者

(Weshesh),以及夕克列什人(Shekelesh 即沙甘拉苏人)。埃及人又于公元前 1192 年靠其弓箭手和雇佣兵(包括图尔萨人和西尔旦人)打退了来自东面的入侵。这批人有的是由陆路挈家带小坐着双轮大牛车而来,有的则从海路而来,他们数量庞大的船队早先曾骚扰塞浦路斯的阿拉萨和叙利亚沿岸。埃及文献中记载说①:"由海中诸岛而来的各国,向埃及进逼,他们唯靠武力","他们的主要支持者是辟列赛特人、铁克勒人、登尼恩人和威夕什人"。在公元前 1187 年另一次由利比亚进袭三角洲的入侵又受挫。但陆上和海上的劫掠始终不绝,直到此世纪之末,埃及王国终于被割断了和地中海的联系。

在爱琴地区另一繁荣的枢纽就是特洛伊。特洛伊Ⅶ(约公元前 1900—前 1300 年)这个伟大的城市是由一个可能和中部希腊讲希腊语的居民有亲缘关系的民族建立的;他们建筑一种略加修改的礼厅式房屋以及设防的城堡,并把马带到亚洲。当该城市被一次地震毁损后,它又按照和迈锡尼的堡垒相似的形式重建起来,使国王及其近侍都生活于厚实的城堡围墙之内。特洛伊Ⅵ的最后阶段特别富庶,商业联系,甚至可能还有个人接触在特洛伊Ⅵ和迈锡尼的希腊之间都是非常密切的。特洛伊地区包括良好的农业地带,而普罗彭蒂斯海②又是优良的金枪鱼的渔场,但特洛伊Ⅵ和特洛伊ⅦA 的财富主要来源于它对欧亚两洲间商路的控制和掌握。该城位于赫勒斯滂海峡③的入口,古代船舶在此处航行非常困难。

---

① 布莱斯太德《埃及古代文献》,卷 4,77、64 节。
② 位于博斯普鲁斯海峡和赫勒斯滂海峡之间的小海,今名马尔马拉海。——译者
③ 今名达达尼尔海峡。——译者

它们不能顶着夏天强劲的北风沿海峡上行,也难以在流速达 2.5 海里的急流中北上。为了进入普罗彭蒂斯海,古代简陋的小船只能从陆上拖行,它们的货物大概也得靠驮运。但海峡欧洲沿岸不适宜做这种用途,只有平坦而带浅滩的亚洲沿岸(海流在此较缓),为拖行和驮运提供了较大的便利。但是,这里也有一石灰岩的断崖给沿亚洲海岸的驮运造成了唯一的障碍,而特洛伊城就位于断崖的西南面。该城的优越位置极有利于控制赫勒斯滂的通道。普罗彭蒂斯海岸边有陆路通往多瑙河流域和西方,是亚洲到欧洲的最好渡口。北经博斯普鲁斯海峡进入黑海的航道由于流速达 4 海里的海流以及夏天强大的北风,对于青铜时代的商船仍是非常困难。特洛伊Ⅶ城的势力和财富意味着它同时控制了赫勒斯滂和普罗彭蒂斯。从这个中心向四面八方伸展出海陆商路,遍及多瑙河下游盆地,经色雷斯海岸达中希腊,沿亚洲海岸达塞浦路斯和南部爱琴地区,或连接于中央小亚细亚的赫梯帝国,此地有亚述商人展开了活跃的贸易。

考古发掘表明特洛伊ⅦA 和列斯堡岛的特尔米居民点约在公元前 1200 年被毁;大约与此同时小亚细亚南部的麦尔辛和塔尔苏斯也遭到同样命运;而赫梯帝国也在此时被一蛮族彻底推翻,这个蛮族可能就是历史上的弗里吉亚族。下一个特洛伊城市(ⅦB)已呈穷竭,它的遗物最初有一些迈锡尼陶器,随后就是多瑙河流域形制的陶器,表明从欧洲来的入侵者已占领了特洛伊。因此,特洛伊的繁荣也和赫梯帝国那样突然结束了。

在迈锡尼和派罗斯的被焚遗物中发现的、用迈锡尼线形文字B种书写的泥版可能属于紧接着特洛伊陷落后的年代。虽然目前释读了的文字中有一半是人名,但其中没有一个是荷马记述的英雄的名字。甚至在派罗斯也没见有涅留斯和涅斯特之名。被读为"普罗"的可能是指派罗斯的词却常见于该地的泥版中。但这是很令人迷惑不解的,因为在克诺索斯的泥版中只有两次用形容词形式提到克诺索斯之名。假若这个读派罗斯的词不是指考古学家认为是涅斯特的王宫的阿诺-英格利亚诺斯王宫,而是指别的什么地方,倒比较容易理解一些。但这些泥版反映了武器的蓄积,在一个类似封建制的社会中下属呈交的贡物和税金,大量的女奴和王室家臣的专门职守等。人们向之奉献祭品的诸神有宙斯、赫拉、波赛冬、赫尔姆斯和波特尼亚的雅典娜。还提到拉犁的名叫"黑丑"之类的牲口(牛),有一次派出了包括30名桨手的远征队,可能是到埃托利亚的普勒隆。所有这些,都可看作是荷马史诗所叙的那些社会情况的一鳞半爪,而这史诗谈的正是特洛伊战争和其后各英雄归国的故事。在塔尔苏斯发现的、当地陶片上可能属于迈锡尼线形文字 B 种的刻文,又把我们引向黎西亚,据荷马所说,从那里曾发出一封是在泥版上刻写文字的信函。然而这些泥版只是派罗斯和迈锡尼的财物清单,记载了库藏的收支物品,却难以指望它们能提供相当于埃及和赫梯文献所反映的那种国际关系的史实——诸如特洛伊战争、民族迁移等①。

---

① *DMG*,6—16;《伊里亚特》,6,168,类似的迈锡尼线形文字的刻文也在利巴拉群岛上发现过。

第四节　迈锡尼世界的语言和传说

　　古典时期的希腊方言分布图可以告诉我们一些有关迈锡尼世界的情况。当迈锡尼各居民点被毁后,中希腊和伯罗奔尼撒为说多利亚方言的各族占据。然而,在一些孤立点仍保存了前一时期的方言,从而为了解多利亚人进来以前的情况提供了线索。

　　在帖撒利和彼奥提亚都有一部分地区保存了埃奥利亚的方言。由此可见,在晚期青铜时代,中部希腊从帖撒利到彼奥提亚的居民可能是说埃奥利亚方言的,这是说多利亚方言各族来到以前的情形。这种可能性可从希罗多德和修昔底德的记述中得到佐证,他们都说帖撒利和彼奥提亚在以前是属于埃奥利亚族的。科林斯和埃托利亚的一部分,据修昔底德所说,是在以前属于埃奥利亚的,而据斯特拉波,则优卑亚也属埃奥利亚。①

　　在伯罗奔尼撒中部保存了一些阿尔卡狄亚方言,在伊利斯和拉哥尼亚西南地区的方言中还具有一些阿尔卡狄亚语的形式。我们因此可以推断伯罗奔尼撒在晚期青铜时代的居民,在说多利亚方言的各族到来以前,至少有一部分是说阿尔卡狄亚方言的。更有甚者,在塞浦路斯也有一种阿尔卡狄亚语。这个岛显然是在大陆海岸边仍有阿尔卡狄亚族居住时被殖民的。这样一个时代只能处于青铜时代之内,据考古材料则这事件大约发生于青铜时代晚

---

　　①　希罗多德,7.176,4;修昔底德,7.57,5、4.42,2、3,102,5;斯特拉波,465;Plu. GQ,22。

期的公元前1350年。由此又可推断,在这个年代前后阿尔卡狄亚语是一富有变化而又成熟的方言。而在公元前14世纪时,东伯罗奔尼撒部分地区(至少是埃奥利亚的科林斯以南)也很可能是说阿尔卡狄亚方言的。

亚该亚各族的方言又再分为埃奥利亚语和阿尔卡狄亚语这一事实,表明亚该亚族的两支曾在相隔离的地理区域分别定居,但又在相当一段时间内彼此间保持一定的接触。促使分离发生的条件是在晚期青铜时代形成的。此时迈锡尼文明的两大中心分别位于说埃奥利亚语的彼奥提亚和阿尔戈利斯两地,阿尔戈利斯要么是说阿尔卡狄亚语,要么就是紧靠着阿尔卡狄亚语地区。这两种方言彼此之间的近似可能要比日后为甚,但它们已有明显区别则可从以下事例看出。在古典时期,潘菲利亚地区曾说着一种埃奥利亚-阿尔卡狄亚的混合方言。从西里西亚的麦尔辛和塔尔苏斯得到的考古材料表明,迈锡尼和小亚细亚南岸一带的接触约开始于公元前1230年。[①] 迈锡尼的移民可能来自一个说着这两种方言的地区——大约就是迈锡尼王国境内,因为它的版图包括了说埃奥利亚语的科林斯,并可能包括说阿尔卡狄亚语的地区。在塔尔苏斯发现的迈锡尼的"谷仓式"陶器有一半可能来自阿尔戈利斯,也是一值得注意之处。

假若我们把这些结论和考古物证相对照,下述图景便出现眼前了。大约在公元前2500年,第一批说希腊语的民族定居于马其

[①] 潘菲利亚和西里西亚都位于小亚细亚南部沿海地带,潘菲利亚又在西里西亚之西。——译者

顿、帖撒利和伊庇鲁斯等地，他们在这些地区发展了不同的方言。在公元前1900年以后进入彼奥提亚、科林斯和阿尔戈利斯的希腊语各族，可能说的是爱奥尼亚方言。在中期青铜时代的较晚阶段，进入希腊的希腊语各族的主体，则是说亚该亚各支方言的。其中说埃奥利亚语的一支，占据中希腊由马利斯到科林斯一带地区，把较早时期到来的说爱奥尼亚语的各族驱逐到阿提卡境内，与此同时，说阿尔卡狄亚语的一支占据了伯罗奔尼撒的绝大部分，把说爱奥尼亚语的人驱入亚该亚和西鲁里亚，并在各地压倒了他们。

现在还很难说，迈锡尼线形文字的不完全的释读（参看本书边码第34页）能大大增加有关希腊方言的知识。克诺索斯的泥版的年代在约公元前1400年，迈锡尼的泥版为公元前1230年左右，而派罗斯的则为公元前1200年前后；另外还有底比斯的卡德美亚出土的约30片刻有文字的陶瓶碎片，约为公元前1360年。奥科美努斯、埃利乌西斯、梯林斯和塔尔苏斯也有一些残片出土。其方言既非西希腊语也非多利亚语，但可能与阿尔卡狄亚-塞浦路斯语有联系，也可能和埃奥利亚语或者以上两者都有关。这就是我们可以参照其他根据而得出的一般结论。但是，从迈锡尼陶器地方风格的歧异、古典时期的类比以及荷马史诗在语言上的例证（这一点我们将在下文讨论）等看来，很难相信公元前1450—前1200年在克诺索斯、底比斯、迈锡尼和派罗斯之间会说同一种方言，甚至就在宫廷的小圈子中仅由书记使用也不可能。当更多泥版得以出土而文字的诠释更为精确之时，才有可能对迈锡尼方言（或多种方言）的性质给予更多的说明。

这些根据古典时期方言分布情况而得出的推论，可以从对最早的希腊文学中的方言形式的研究中得到佐证。荷马史诗和赫西奥德的诗篇是用一种人为加工的语言写定的，这种语言通过几百年传用中的各种不同方言的积聚而形成。其最年轻的方言层是阿提卡方言，其主干则是爱奥尼亚方言，反映了史诗发展臻于成熟是在爱奥尼亚地区，而其时间则是在迈锡尼世界已经瓦解后的若干世纪。其最古老的层次则是属于埃奥利亚方言以及更稀有的阿尔卡狄亚方言，这类方言主要残留于性质形容词和分词形式中，因为它们不能简单地转写为爱奥尼亚方言而不损害其韵律。由此我们可得如下结论：史诗语言发端于迈锡尼时代，其时埃奥利亚方言和阿尔卡狄亚方言还是希腊世界的主要方言。

最早的希腊语方言是爱奥尼亚方言。在古典时期，它在大陆上只有阿提卡一地使用。在后希拉底第三期，则用于阿提卡，至少在亚加伊亚、西鲁尼亚和彼奥提亚[①]。这几个使用爱奥尼亚方言的据点可能是为第一批希腊语族的后裔所居。此外，在古典时期，希腊境内仍有一些非希腊语被人说用。皮拉斯基语在阿托斯山的内陆、列斯堡岛、英布罗斯岛、萨摩色雷斯岛以及夕奇库斯和特洛伊附近都有人使用。这些说皮拉斯基语的人可能就是前希腊居民的残余，他们在希腊语各族到来之前占据了爱琴海北部地区。在荷马史诗中，在克里特和特洛伊地区都出现过皮拉斯基人，他们的名字和伊庇鲁斯的多东纳以及帖撒利的两个州区——"皮拉斯基奥提斯"和"皮拉斯基科·阿尔戈斯"都有关系。另一非希腊语是

---

① 希罗多德，1.145、5.58、8.73。他在讲卡德莫斯来到彼奥提亚时提到了"爱奥尼亚人"（约公元前1350年；见附录2）。现代人认为，爱奥尼亚方言是在公元前1100年以后发展起来的。这正和希腊传说相悖。

58 提尔赛尼人所用,他们居留于爱琴海西北地区;其语言保存于一个6世纪的铭文中,该铭文是在列姆诺斯岛出土的,被认为和伊达里亚文相似。在克里特的普拉依苏斯的公元前4世纪铭文中又出现过另一种非希腊语,这些犹未诠释的语言,像米诺斯线形文字和菲斯托斯圆盘上的文字一样,可以认为是在新石器和早期青铜时代进入希腊的那些前希腊民族的遗物。

现在,考古发现已经可以为希腊传说的确实性提供一个试金石。有关克诺索斯、迈锡尼和特洛伊的神话故事,一度认为怪诞不可信的,已被发现是有其史实根据的。虽然就程度论,考古发现至今犹属有限,但它的所得已在若干方面肯定了希罗多德和修昔底德的假设,即希腊传说自有其史实的结构而绝非诗意的虚构。正如修昔底德所观察的那样[①],并非所有希腊传说都属可信。在远古时期,民间传闻已掺杂其间,而在近古时期又被加以各种理性主义的解释。[②] 但是,当荷马和赫西奥德把各种希腊传说以文学形式写定之时,他们仍很接近于口头传说的本源,他们自己也是以真正的希腊人的态度把传说看作实事而非虚构。此外,口头传说也并未随文学的发展而告断绝。在公元前5世纪时它仍能为希罗多德充分利用,而修昔底德对于希腊远古历史所做的令人信服的分析,更表明口头传说在具有历史洞察力的学者手中所具的价值。

有关各族迁移的传说,并不仅仅在希腊语民族中有其留存,在其他于青铜时代曾与爱琴地区有过接触的民族的后裔中也有类似

---

① 修昔底德,1.20.1。
② 指后人对各种传说人物和故事情节凭推理而添加的解释。——译者

的传说。因此修昔底德很有信心地说皮拉斯基人①一度曾是希腊大陆上分布最广的居民,而提尔赛尼人曾一度占据雅典和列姆诺斯②;当米诺斯时期,卡利亚人和腓尼基人则占据了大部分爱琴海中各岛③。希罗多德由于想把"希腊"一词专用于希腊人当中多利亚这一支,确实把皮拉斯基的名字扩充使用于其他希腊语各民族。可是,假若我们撇开希罗多德这一方法上的错误,那么他仍然保留了许多重要的民间传说。卡利亚人自称他们是小亚细亚西南的土著并由此而移居各岛,他们和小亚细亚的吕底亚人和麦西亚人都有亲缘关系。④ 勒尼格人则是卡利亚人的别名或者各岛上的邻族。在晚期的希腊传说中这两种人都被认为曾在希腊大陆居住过。高尼亚人自称是从克里特岛移居小亚细亚的,吕底亚人也有类似说法。腓尼基人则是从厄律提拉海(亦即南部阿拉伯)移居叙利亚沿岸,并从此扩及于爱琴诸岛⑤;他们曾占据塞拉岛达八代之久,其中有五代是在特洛伊战争之前。这些传说和根据考古材料得出的大致的推论并不矛盾。因此我们可以把皮拉斯基人看作是帖撒利新石器文化的代表,而卡利亚人、提尔赛尼人和勒尼格人等则可以早期希拉底文化和早期夕克拉底斯文化各族为其代表。高尼亚人和吕底亚人则是在克诺索斯被攻陷后逃离克里特的那些流散者。近年的发掘表明在叙利亚海岸的毕布罗斯和乌加里特都出

---

① 修昔底德,1.3.2。
② 修昔底德,4.109.4。
③ 修昔底德,1.8.1。
④ 希罗多德,1.171以下。
⑤ 希罗多德,1.1、7.89.1。

现过在文化上和日后的腓尼基文化相近的移民。从考古上看,腓尼基人最早到达叙利亚海岸是在公元前3000纪中期,和腓尼基人自称其到达推罗①在公元前2700年左右相符。腓尼基人到达塞拉岛和卡德莫斯人到达底比斯(约公元前1350年),这种说法从底比斯王宫发现的布拉布里阿斯二世的圆筒印中得到了证明。

有关希腊语各族移民运动的传说现存者主要谈及特洛伊战后的时期。但希罗多德也留下了一个有关早期移民的有趣的例证②。多利亚人在一系列迁移中,定居于南部帖撒利的弗提奥迪斯地区,后又移居于奥萨山和奥林匹斯山之下的希斯提埃奥提斯地区,后又居于他们称为"马奇德诺伊"的品都斯山。从此地他们迁入马利斯和弗西斯之间的德律奥皮斯。在特洛伊战争之后,他们就进入了伯罗奔尼撒。在最后第二阶段,即在德律奥皮斯或其附近,他们曾和一个亚该亚氏族"赫拉克雷代"③,结成同盟,准备在特洛伊战前一代的时候就侵入伯罗奔尼撒。这个打算失败了,因为他们的首领希鲁斯在决斗中被杀,而对手即当时居于伯罗奔尼撒的亚该亚、爱奥尼亚和阿尔卡狄亚族的首领厄奇姆斯。

这个记述是可信的,它表明多利亚本支这一个部落曾从帖撒利外迁而在马其顿西南部、伊庇鲁斯和德律奥皮斯等地过着游牧生活。当迈锡尼势力衰微时,他们开始在特洛伊战前一代就向南进逼。他们的早期迁移活动是被希罗多德用世代记述法表述的,其第一阶段是在丢卡利翁在位时期,第二阶段则为希伦之子多鲁

---

① 推罗是腓尼基最大城市之一。——译者
② 希罗多德,1.56、9.26。
③ 意为"赫拉克勒斯之子"。——译者

斯时期。但传说中的世代表实际上包括两种名字,一为确指个人的人名,一为部落或家族的始祖名,后者虽可能一度为个人的人名,但它们已被当作部落形成之标志而处于年代记范围之外了。这类世代纪年法由于其涉及各部落间的联系和有关地名,仍有其历史价值。例如,据赫西奥德记述的传说①,则丢卡利翁之子希伦是在帖撒利生了多鲁斯、豪修斯(爱奥之父)和埃奥鲁斯,从而把希腊语各族的发源地放在帖撒利,并认为多利亚、爱奥尼亚和埃奥利亚这三个希腊族的分支是互相关连的。

同样地,在特洛伊这方面,荷马②也保存了一个世代表,其中把达尔丹努斯、特洛斯和伊劳斯作为在拉奥米东修建并加固特洛伊之前(可能是特洛伊ⅦA,约公元前1300年)的达纳亚、特洛伊和伊利昂的始祖名。这一世代表把特洛伊和公元前14世纪时赫梯文献中出现的"达尔地努"、"伊利昂纳"等民族联系起来,并使人相信他们就是"塔罗伊萨"的居民。

虽然位于世系表开头的始祖名或神名标志着族谱传说的追溯无稽,但在朝代世系中相连续的人名却很有其历史背景。最长的世系出自阿尔戈斯、雅典、底比斯和奥科美努斯,也就是考古发掘表明有早期希腊语民族的定居点的地方。这些世系有两个来自海外,依帕扶斯在特洛伊战前第九代从埃及来到阿尔戈斯,建立了一个王朝,而卡德莫斯则在特洛伊战前第六代从腓尼基来到底比斯立国。假若我们用平均30年为一世代的算法,这些王朝便大约建

---

① 赫西奥德,《断片》,7。
② 《伊里亚特》,20,215。

于公元前1470年和公元前1380年左右,前者是处于克诺索斯陷落以前的定居时期,后者则属于克里特海上霸权瓦解之后。虽然依帕扶斯和卡德莫斯出身外国,但他们似乎没把外族人带入希腊,他们自己反而希腊化了。阿尔戈斯的王朝包括了梯林斯和迈锡尼的建立者普罗托斯(约公元前1350年)和伯尔修斯(约公元前1290年)。雅典的王朝由本地人建立,奥科美努斯、科林斯和派罗斯的祖先(米尼亚斯、西夕扶斯、涅留斯)则来自帖撒利,时间分别在公元前1380年、前1320年和前1280年左右。这些王朝世系只是作为荷马史诗的背景而被留存下来,因此它们仅仅反映了特洛伊战前时代的片断的情况。当公元前1200年之际,这些王朝差不多全都衰微了。

另一方面,荷马史诗却包括了一些代表特洛伊战争时当权王朝的较短的世系。由于王朝间的联姻,它们形成了一个前后连贯的谱表,从而显示其史实的根据。它们表明公元前13世纪是个动荡的时代,新的王朝夺得了各迈锡尼文明中心的政权,它们又往往和前一个王朝有姻亲关系。例如太迪乌斯取得了阿尔戈斯的王位,他是由埃托利亚来的;阿特留斯得到了迈锡尼的王位,而他的父亲伯罗普斯是从亚洲来的,他的儿子曼涅劳斯则做了斯巴达王;涅留斯是从帖撒利来的,做了派罗斯王;而阿溪里斯、阿甲克斯、伊多门尼乌斯和奥德修斯等的王朝世系只能上推特洛伊战前两代。正是在这些建立于约公元前1280—前1230年的王朝中,荷马史诗所叙的那个"英雄时代"得以发源。这些人物的形象是鲜明而又确定的,但他们的先驱——伯尔修斯、米诺斯、西夕扶斯则形象很模糊,被笼罩在民谣的迷雾中了。

第五节　荷马史诗和迈锡尼的背景

赫西奥德在青铜时代和铁器时代之间安置了"一批英雄的神明种族,他们中的一部分为邪恶的战争和凶猛的战斗所毁,有的人在为奥狄普斯的子嗣作战时,死于卡德莫斯国内七门之都底比斯的墙下,有的人乘船横渡大海而战死于特洛伊"①。他们的事迹(约在公元前1250—前1150年),构成了史诗文学和阿提卡戏剧创作的主要题材,前者约成熟在公元前9世纪及其后,后者则在公元前5世纪。史诗一共有三套各有其始末的故事:底比斯套,包括特洛伊战前两代;赫拉克利斯套;特洛伊套,包括特洛伊战后的余绪。对比其他文明中的英雄时代的类似情况,就可以知道:这种时代是很短暂的,只延续三四代之久,它的发端是由于在一个发达但衰落了的文明中引进了一些落后但强健的战士,因此其特色是入侵和掠夺战争,而在战争中武士贵族阶级终于打破了传统的民族和部落关系的束缚。在希腊,英雄时代标志着爱琴世界伟大的青铜文明的最后阶段。因此,它在面貌上可能跟考古发现已获大量精美文物的前一时期大不相同。例如,荷马史诗中的英雄们大都目不识丁,而在英雄时代之前和其间的迈锡尼王宫却用文字记录财物清单;再者,英雄们都用火葬,而青铜时代定居各族则用土葬。在有些场合中,英雄们使用着在晚期迈锡尼时代已不时兴的武器。此外,他们的精力旺盛和放荡不羁也表明他们是新来者而非一个

---

① 赫西奥德,《工作与时日》,161以下。

烂熟文明的首领。

有关各英雄时代的比较研究也有助于阐明史诗的发生和发展过程。它大约是作为口头诗歌而产生于英雄时代的动荡环境，即使当时有较早时期的文明残留下来的文字，它也是由民间歌手口头创作和传诵的。早期的史诗作品都比较短而且以叙述一两个英雄事迹为主。晚期史诗则较长、技巧也更精，作为宫廷诗篇而传咏，所叙也兼及显贵阶级中的男女头领。在这后期阶段史诗作者的兴趣已从铺叙英雄事迹转移到探究英雄个性上面，一些和英雄无关的题材如宗教、巫祝、超出个人范围的普遍事态等，也杂糅其间。希腊史诗中的那些较短的专篇，除了《赫拉克勒斯之盾》而外，仅靠后人的摘录流传于今。《伊里亚特》和《奥德赛》则是晚期形式的巨作，在史诗的长期发展过程中已处于结尾阶段，而赫西奥德一派的史诗作品则绝大部分是吟咏非英雄的题材。虽然，这些或者全部或者仅以摘要形式传世的长短篇史诗都是写作于英雄时代完结以后的若干世纪，但它们却可能来源于英雄时代当时的同类歌篇（有如在伊达卡宫廷中菲米乌斯诵诗的那段描写中所见的情况）[①]；因为不仅如上文所述，史诗语言中的方言有一部分是从迈锡尼世界而来，而且史诗所谈的环境也确实是属于迈锡尼世界而非日后时期所能有的。

显然，《伊里亚特》和《奥德赛》都有些部分是非历史的，例如其中谈到超人的业绩、神明的干预、民间传奇以及诗人幻想的旅游等。但诗中刻画的一般情景和文明事物则属史实。有些史诗中谈

---

① 《奥德赛》，1.325 以下、8.62 以下。

到的器物已被考古发掘证实为迈锡尼时期所特有而不见于早期铁器时代。例如,诗中提到的墨里翁斯的野猪牙盔[1]、阿溪里斯盾牌上的金属镶嵌、涅斯特的酒杯、阿尔西诺斯宫殿上的青蓝壁画以及用青铜片打制而套以铜环的矛枪头等[2]。类似的例证还有诗中作为日常惯例而提到的青铜武器的统治地位、住房和宫廷的布局、黄金象牙的丰富、塔盾的使用等。虽然这些器物中许多是晚期青铜时代的典型文物,但诗中的某些描述则特别适用于公元前1250—前1150年:铁制工具的出现和各种不同的锻铁法的知识,扣针的使用,圆盾胸甲、头盔的普遍,用剑进行砍杀和劈刺等。另一方面,有少数诗中谈到的器物一般说来(虽然不是绝对地)只能见之于公元前1250—前1150之后,它们中包括奥德修斯用的大扣、塞浦路斯王送的胸甲上的蛇形图案、赫拉克勒斯肩带上的野猪纹章,以及克里西斯和瑙西多斯所建的神庙等[3]。这些可能是诗人添加的时代错误之笔,然而也要看到特洛伊战争的参加者来自爱琴世界的四面八方,而考古材料仍是远不完备的。

在荷马史诗中大地被认为是漂浮于水上的平板,它由大洋的水流所环绕,太阳出没之处也在其中。在地之极北有辛墨里亚人居住于迷雾和幽暗之间,而赖斯特列哥尼亚人则当白日长在之时牧放其羊群;在地之极南有皮古米人住于大洋之滨,那里也是鹤鹳

---

[1] 《伊里亚特》,10.261。
[2] 《伊里亚特》,6.320。
[3] 《奥德赛》,19.226;《伊里亚特》,11.20;《奥德赛》,11.610;《伊里亚特》,1.39;《奥德赛》,6.10。

为避冬天的狂风而移居之处。① 这种世界的观念不可能来源于早期铁器时代局限于东部地中海的一隅之见,它应来自对地中海以外的各海洋的接触——大西洋、黑海、红海等,这种接触很可能是由处于青铜时代顶峰之际的米诺斯和迈锡尼的海员获得的。

在《奥德赛》中,已知世界的范围已被减缩了。虽然它也提到西夕罗伊和西卡尼(西西里)人,但伊达卡和琉卡斯以西的地中海已属臆想之域,在南方曼涅劳斯游览了塞浦路斯、腓尼基、西顿、埃及、埃塞俄比亚和利比亚,埃及首都底比斯的豪华尚在记忆之中。但埃及沿岸实际上只是掠劫之地而非和平游览的场所,岸边发罗岛的位置也说得不正确②,这些相当有限的知识和更为动荡的环境很符合公元前 13 世纪晚期的情况,当时和西西里的迈锡尼移民的联系已被割断,尼罗河三角洲也一再遭到掠劫。荷马史诗中的英雄其实就是武士和强盗,因此当奥德修斯听说他被看作像是一个商人"只知贩货追逐微利"③时,他认为是受到奇耻大辱。商运贸易是在腓尼基人手中。他们和列姆诺斯岛有交通来往,航运及于伊达卡和利比亚(经克里特),并和从西方来的、与意大利的铁美斯人做贵金属贸易的塔菲亚人有联系。④ 腓尼基人在诗中通常被称为"西顿人",从西顿是在约公元前 1190 年被毁而日后是推罗代之而起的情况看,荷马史诗所叙显然是根据公元前 1190 年以前的情况。

---

① 《奥德赛》,11.14、10.82;《伊里亚特》,3.3;赫西奥德,《断片》,43a、45。
② 《奥德赛》,4.83。
③ 《奥德赛》,8.163。
④ 《伊里亚特》,23.744;《奥德赛》,14.295 以下、1.184。

虽然《伊里亚特》的开头是在特洛伊战争的第九年,在战争开始时就列入军阵的亚该亚族的各船长和其特洛伊对手的名单却插在诗篇的第二卷中。在那里它们并没起什么戏剧性的作用。显而易见,这些名单是史诗中一个重要的传统章节,因而诗人和听众都必须把它包容于篇目中。由此我们可以断定这些名单是被人信以为真的。

在特洛伊名单中,特洛伊王普里安统治着赫勒斯滂海峡的两岸,以及从伊达山达于普罗彭蒂斯海东南角的亚洲沿岸。他的欧洲同盟者一直扩展到马其顿的阿克希乌斯河流域,他的亚洲同盟者则是远及于东北面的哈里松斯和南面的萨尔迪斯、米利都和黎西亚等地区的一些独立部族。普里安版图与同盟之辽阔是和特洛伊ⅦA(约公元前1300—前1200年)发掘显示的繁荣相符的,而下一个特洛伊城之贫穷则正好与之相反。更有甚者,特洛伊名单中的一些名字也见于公元前14、前13世纪的赫梯与埃及文献:伊利昂人(伊利昂那)、达纳亚人(达尔地努)、卢奇人(卢卡)、皮达索人(俾达萨)、亚西阿斯人(亚苏伐)、木索人(穆萨),而在《伊里亚特》的其他地方提到的则有特洛伊(塔罗伊萨)、列斯堡(拉兹巴)和启里奇斯(启里启萨)。甚至遥远的哈里松斯也在一个公元前7世纪的铭文中以"卡里图"的名字出现过。据说普里安之父拉奥米东建造了特洛伊的城墙,显然这是指约建于公元前1300年的特洛伊ⅦA。在特洛伊地区内,列斯堡的陷落和其后的特洛伊的陷落也被两地的考古发掘证实其时间约在公元前1200年(列斯堡的德美和特洛伊本地的发掘)。在南面则在米利都和西里西亚的一些地点有迈锡尼人的居留,但也都毁于公元前1200年左右。黎西亚首领沙尔皮东和格劳库斯头领被描述为亚该亚人,因为他们的祖父贝利罗丰是从伯罗奔尼撒来的。① 亚该亚人在南部小亚细亚活动的踪迹可见之于潘菲利亚的埃奥利亚-阿尔卡狄亚方言中;希罗多德所记的传说则称西里西亚的人一度有"准亚该亚人"的别名;这些踪迹还可见于赫梯和埃及的公元前14、前13世纪文献中的"亚恰耶伐"和"亚凯伐萨"等名字,以及西里西亚公元前8世纪时在卡拉铁佩的铭文中出现的"达努纳"等字。

由此而得出的必然结论就是:特洛伊名单记述了一个存在于公元前13世纪而非其后的历史情况,也就是说,荷马是根据一个在特洛伊战争期间或其后不久写定的名单来编撰诗中的特洛伊名单的,这是一个有关青铜时代情况的真实的记录。

有关亚该亚名单的情况也是同样肯定的。名单中提到各强国的分布都和日后的古典初期、盛期大不相同。迈锡尼、梯林斯和派罗斯被称为大国之都,而在后代它们变成了茅舍小村。由此可见它反映的不是铁器时代的情况。但它这种说法绝非虚构,因为考古发现已确凿无疑地证明它完全符合晚期青铜时代的史实。如果我们进而探究名单的具体内容,那么就可断定史诗所据原本也是作于特洛伊战争当代人之手。例如,诗中提到底比斯时是用其下城之名(下底比斯),而这个下城是在特洛伊战前一代的后辈英雄们远征中被毁的②;带领其所属船只到特洛伊的特列波勒姆斯,他本人就是罗得斯的新王朝的建立者。由此可见,《伊里亚特》的亚

---

① 《伊里亚特》,6.150以下。
② 关于考古学上的定年,见 AAA,1970.3.327。

该亚名单也是根据在特洛伊战争当时或其后不久创作的诗篇而记述了的当代实况。

有些学者认为名单中的有些部分曾在古典初期和盛期被有关的集团增删篡改。这类篡改的动机无须争论。当日后的希腊政治家对其邻国提出领土要求时,他们极有信心地援引名单,就像已为最高当局登录在案一样。① 然而,正是这种信心表明希腊人并不相信名单曾被篡改而不可信赖。更有甚者,名单与考古发现的符合表明其在日后并未被人做大改动,而爱奥尼亚族的雅典、多利亚族甚至埃奥利亚族在其中未占任何重要地位也证明它没遭到任何重大的篡改。人们往往忽略了以下事实:在古典时代,从青铜时代残留下来的史诗和地方传说仍然为数不少,它们实际上就起着防止篡改者插手名单的作用,而这名单在《伊里亚特》中也几乎已被奉若神明。雅典就是一个很好的例子。以其政治和文学上的显赫地位而论,雅典是最有可能玩这类篡改把戏的。但它的本地传说认为它的昌盛是在提秀斯的年代而非特洛伊战争之时。只有当这些传说丧失其权威的时候,欧里庇得斯才能在《奥利德的伊菲吉妮亚》一剧中把荷马史诗中所说的雅典人头领门尼斯迪乌斯换成提秀斯的一个儿子,并插入一些符合雅典利益的议论;即使如此,这类新改动也从未及于荷马史诗中的名单。日后被亚历山大里亚的学者们移动了位置的那些句子,并不具有政治意义,而唯一的一行据说是被梭伦或庇西特拉图改动的诗文,说到和雅典并列的萨拉

---

① 此句原文为"犹如末日审判书一样",末日审判书是英王威廉1086年对英国全境例行土地调查所作清册的别名。——译者

密斯船队的①,在亚历山大里亚学者们的文本中又完全未被提到。显而易见,这一行以及特洛伊名单中的另外三行②都是后人所篡改的。

作为一个晚期青铜时代的文献,亚该亚名单包括一些很有意义的材料。各分舰队在组织和规模上都有很大差别,反映了当时政治单位的情况。那些由阿加门农一人统领但来自11个城镇的分舰队,显然是来自组织严密的国家;但是布普拉西昂和伊利斯的分舰队,由四个头目带领,则来自一松散的政治组织。雅典只提供了一个50只船的分舰队,而帖撒利却提供了九个分舰队,船只总数达280只。在雅典和帖撒利之间如此悬殊的力量对比,即使就陆战力量而论,也只有在拉米亚战役③以后才能再次看见,而这时雅典已是元气大伤、今非昔比。提供分舰队的各族的名字也表明它们处于不同的政治发展阶段。"雅典人"、"克里特人"、"罗得斯人"等,是用一城和一岛为名,说明他们长期以来已惯用住地为名并成为单一的民族。而有些人则根本没有共同的名称,例如阿加门农、狄奥米地和普罗铁西劳的部下显然就只凭对王朝的私属关系而联结在一起,这种关系太短暂而不能产生一通用的名称。其他人则被称为部落,他们的联合仅凭族缘而与地缘无关。

这些差异表明迈锡尼世界的复杂情况,这种复杂性也同样表现于《伊里亚特》所叙的亚该亚军队及其首领在世系和装备的驳杂上。

---

① 《伊里亚特》,2.558。
② 《伊里亚特》,2.853—855。
③ 发生于公元前323年。——译者

各部落的分舰队代表着文化上最落后的集团。彼奥提亚人、弗西斯人、罗克里人、阿般提人、亚伊托利亚人、恩尼恩人、波拉依波人、马格涅特人、麦尔米东人、希伦人和亚卡伊亚人位于中部和北部希腊;除了彼奥提亚人晚近时期占据了彼奥提亚平原外,他们都盘踞于丘陵山岳地带。在伯罗奔尼撒则有以阿尔卡狄亚山区为名的阿尔卡代人,占据伊利斯的伊泼奥人,南部爱奥尼亚各岛及其相邻大陆上则有铎利克翁人(琉卡斯)和赛法伦尼亚人。较为先进的部分则见于帖撒利平原及那些具有最充分的地中海气候的地区,此地各族都用城镇岛屿命名而不用部落名,例如雅典人、阿尔戈斯人、派罗斯人、克里特人、罗得斯人等,其中提到的众多城镇也表明定居生活有了进一步的发展(帖撒利平原有城 23 座,彼奥提亚平原有 31 城,伯罗奔尼撒东北部有 20 城,南部 18 城,而克里特则被称为百城之岛)。正如考古发掘所示,阿提卡在迈锡尼时代已有一些城镇;但诗中却只提到雅典,"好心肠的攸利斯特尼的公社",这个攸利斯特尼从世系上看约为公元前 1350 年左右的人。这个记载表明雅典对邻近各城镇早就建立了统治,而且其规模之广远非迈锡尼和阿尔戈斯所能及。

虽然各分遣舰队既驳杂而又各自为政,远征军本身却有三个通称:亚该亚、达纳亚和阿尔戈斯。其中用得最普遍的是"亚该亚"一词,阿溪里斯带领的三个部落中有一个叫作"亚卡伊亚人"[1](在《奥德赛》中克里特有一部落也叫此名)[2],但这样一个微不足道的

---

① 《伊里亚特》,2.684;《奥德赛》,19.175。
② 此处之亚卡伊亚与亚该亚原文中同一词,实指两族,译文中略做区别。——译者

部落不足以当全军之名，"亚该亚"一词可能是一个传统的称呼，可以追溯到赫梯国王曾和"亚恰耶伐"王有外交往来的那个时候。名单中所用达纳亚一词可能来源于该族的始祖达纳乌斯，他在公元前15世纪时在阿尔戈斯建立了王朝。阿尔戈斯一词可能也是从达纳乌斯的王朝传用而来，或者与阿尔戈斯的阿德拉斯图斯率领后辈英雄远征底比斯这一晚近战事有关。名单叙述的次序可能也是一传统惯例。按先后是中部希腊（彼奥提亚为首）、伯罗奔尼撒（阿尔戈斯为首），西部诸岛和埃托利亚（杜利其昂为首）、东南各岛（克里特为首），以及东北部希腊（阿溪里斯之国为首）。这种分组和每组为首者的确定并不符合于名单上所列的各地区的力量对比与重要性的大小；它们可能反映了迈锡尼文明分布的次序，或者是按更早时期而非晚期，公元前13世纪各地区的重要性，例如奥狄普斯覆亡前的拉布达西德时期的情况。

在阿加门农为总头领的军队中有一定程度的统一性。他自称有世袭的宗主权"统治全部阿尔戈斯和许多岛屿"①，这一宗主权由伯罗普斯的王权标作为象征，而这个神圣的王权标是由伯罗普斯传授于底斯提斯、阿特留斯，最后及于阿加门农的。不管这一广阔的宗主权是来自伯罗普斯（伯罗奔尼撒即以他为名）还是来自阿特留斯（他可能是赫梯文献中提到的那个侵犯了卡利亚和塞浦路斯的"阿塔里西亚斯"），阿加门农实际统治区仅包括迈锡尼、科林斯和亚该亚②，因为在他前一代阿德拉斯图斯和太迪乌斯曾是独

---

① 《伊里亚特》，2.101以下。
② 此处之"亚该亚"一词同于亚该亚族名。——译者

立的阿尔戈斯的统治者①。阿加门农的优势主要还在阿尔卡狄亚的分舰队（他为之提供舰只）和他那个统治拉西第蒙的兄弟曼涅劳斯，即使如此，他仍不能命令其他王国派出分舰队，而只能通过友好国王做使节去请求援助或亲自提出请援。② 由此可见，《伊里亚特》所叙的希腊人的统一是很弱的。一度为底比斯、迈锡尼、阿尔戈斯行使的传统的宗主权已被打破，新的、处于变动中的王朝出现于希腊世界各地，像彼奥提亚人这样的入侵部落占据了大陆的肥沃地区。亚该亚名单描述的是一个已处于薄暮之中的世界：一方面是青铜时代文明的白昼已告消歇，一方面则是移民时代的黑夜即将来临。

史诗所关照者主要是显贵阶级中人物。他们有显明的个性，不受当时社会常规惯例的约束。在夺取权势的斗争中，他们不惜弑父杀兄，多数人对"胞族"或"部落"的呼吁也无动于衷。但是，他们生活于其间的社会显然是由一更为保守的体系组织起来的。涅斯特，作为老一代人的代表，劝告阿加门农把进逼特洛伊城下的部队按胞族和部落编制，"使胞族援助胞族，部落援助部落"。普通士兵较之那些王族显得更为忠实于这种"胞族关系"（aphretor），由胞族而组成部落和王权的基础。任何人若不属于一个胞族，便等于被逐于社会之外，他就不能成为部落成员，也不能参加人民大会。

任何外人进入这个社会，都不能在其中享受荣誉与权利，除非

---

① 《伊里亚特》，4.376。
② 《伊里亚特》，11.781 以下、4.376。

他是一个"手艺人"(demiourgos),"为公众做手工的人",例如巫师、大夫、造船匠、歌手等。① 没有任何有关社会上存在农奴阶级的暗示;"佣工"(thetes)一词是指一种职业,即在他人田地上做工取酬的人。奴隶则用于家务,他们或则从战争中掳获或则从市场上买来;在奥德修斯宫中男女奴隶达50名以上。家庭祭祀围绕于灶火四周,这种炉灶在迈锡尼和各地的礼厅中占据中心位置;家族的权利集于老人之手,他们极受尊重。流浪者被说成是"没有胞族、灶火和权利"的人。② 在荷马史诗中并未提到家族中有英雄崇拜;然而迈锡尼的竖井墓王朝看来却被其后人崇奉。

城镇只作为社会中心而非政治实体。各组城镇及其领土都可能成为国王的赠礼,用以赏赐于忠诚的下属,③甚至有点儿像日后的波斯大帝那样赐城于地米斯托克利。城邦(polis)一词用于上城和城堡者,此地是王宫所在,而市区则称为下城(asty),有时城邦也用以通称全城。一切政治权力都集中于国王之手。他是议事会和民众会的召集者和首领;他可以和其成员商议国事,但由他单独决定。在战争中他征集兵员,发布军令,享有战利品的绝大部分;在和平时期他主持祭祀和节日庆典,并得享有圣地的特权。虽然他的判决无人能持异议,他对其子民却负有一定的义务。作为民众的牧者,他应该保障其福利。当国王已死而其子尚幼时,王位就通过王后而由她的后夫继承。作为宴会的主席,国王要对组成议事会的各位长老敬酒,也要向他的侍从、士绅和使节敬酒。

---

① 《伊里亚特》,9.648;《奥德赛》,17.383以下。
② 《伊里亚特》,9.63。
③ 《伊里亚特》,9.144以下、480以下;《奥德赛》,4.174以下。

议事会成员也有其权利。他们享有"长老"或"咨议王"的称号,当他们在国王的礼厅中召开议事会时,他们的意见很受尊重,他们还和国王一起接见使节和向民众会致辞。他们用"长老誓言"的形式批准条约,有关血亲复仇的案件由他们审理,他们还在民众会的会场处理司法事务。① 长老们由于多半是胞族和家族的族长,往往具有王者的资格和权力。民众(demos)由国王召集参加民众会,有固定的会场(agora),战时组成军旅;他们听国王和长老有关国事——瘟疫、争端、战利品的分配、政务、条约等的讲话,但无表决权,只能以沉默和鼓掌表示自己的意愿。② 像特尔西提这样一个普通百姓,在会上发言是不正常的。由于民众之无权,暴乱是经常存在的危险。③ 这种政治制度见之于特洛伊城下之军队中,也见之于特洛伊国内和伊达卡、派罗斯。

在《奥德赛》中对菲依亚西亚人的国家有详尽的描写,它可能代表着一个理想的爱奥尼亚国家。国王由12个副王伴随,他们有"执笏王"、"咨议王"等名称,在宝座大厅集会。在民众大会的会场上,国王向"长老们"或"菲依亚西亚人民的头领和统治者们"致辞,而民众在旁观看。这12个"执笏王"很可能就是12个胞族的族长,而爱奥尼亚国的四大部落就分别由这12个胞族组成(一部落三胞族),至于长老则是组成胞族的各氏族或家族的头领。在《伊里亚特》中,雅典人以雅典城为其政治中心,雅典国之统一也较阿加门农或狄奥米地的部族为高。他们被称为"长袍拖地的爱奥尼

---

① 《伊里亚特》,22.119、18.497、1.238、16.385 以下。
② 《奥德赛》,2.6 以下。
③ 《伊里亚特》,2.198、12.212;《奥德赛》,9.137 以下、24.420 以下。

亚人"，代表着特洛伊战争时期的爱奥尼亚国家的典型。① 此外，古典时期的雅典人也保存着可追溯到青铜时代的地方传说。这类传说之留存是很自然的；因为雅典人避免了特洛伊陷落后绝大多数青铜时代国家遭受的大变动的厄运。修昔底德谈到阿提卡在远古诸王时期只有分散的居民点，各有其会议厅和行政官，除非在危难时，它们都是各自独立甚至互相争斗的。这种迈锡尼时代的居民点已有发现，例如，在埃利乌西斯、阿菲德纳、布劳翁和陶里库等地。在提秀斯统治年代(约公元前 1250 年)，分散的各地会议厅和行政官都被取消了，建立了在单一的会议厅和行政官管辖下的会社，从提秀斯的时代起，就有一个固定节日以敬奉雅典娜女神的名义纪念这一"共同生活"的盛事②。阿提卡在一个政府之下统一起来，并没有把乡间居民大批移入雅典，在各乡村他们还可照旧保存他们的神祠、墓地和庄园；但阿提卡确实成为一个城邦了，也就是说，它变成了一个政府集权于雅典而全体公民以雅典为名的国家。

　　亚里士多德的《雅典政制》也保存了一些早期的阿提卡传说③。在提秀斯时期前后阿提卡的居民划分为四个部落，各有其部落王；各部落又分为三个胞族，每胞族再分为 30 个氏族(gene)④，氏族成员称为"氏族之子"(gennetai)。这个社会(公社)由"农民"("田耕之民"[georgoi])和"手艺人"("为公众做工的人"[demiourgos])两个依职业而划分的集团组成。确实，提秀斯的雅

---

① 《伊里亚特》，2.546 以下、13.685。
② 修昔底德，2.15。
③ 亚里士多德，《雅典政制》，41，2；断片，5。
④ 此处原文为"家族集团"。——译者

典国家和菲依亚西亚的国家很相似；12个胞族长相等于12个"执笏王"，氏族长则等于"长老"。由此也很有理由相信雅典之崇奉雅典娜不仅在于卫城的神话①，而且也由于阿提卡的统一，因为从青铜时代以来就一直在"共同生活"的节日中大事庆祝这一盛事了。

另一极古老的传说是说克里特的米诺斯是第一个立法者或宪法编定者。② 早期的古典作家都追随荷马而把米诺斯看作历史人物，他在特洛伊战前两代在克诺索斯建立了一个王朝。希罗多德明确地把米诺斯看作那个世代的人，并谈到他的多次攻掠和死于西西里岛，修昔底德则含蓄地提到这同一个米诺斯，说他建立了海上霸权和统治了海中诸岛。③ 有一个传说，提到雅典每年要向米诺斯进贡七男七女，只是在提秀斯杀死牛头人身怪物米诺妥之后，才从这一压迫中解放出来。从提秀斯的参与看，这传说也把米诺斯看作是那个世代的人。有人把米诺斯看作是一个公元前15世纪的克里特王而把杀死米诺妥和克诺索斯在公元前1400年左右被攻陷一事等同起来，但是希腊传说中没有留下有关这样遥远的年代的具体记忆，从这一传说所有有关方面看它肯定是属于公元前13世纪。米诺斯这名字可能是从远古传下的世袭头衔。而荷马、修昔底德和希罗多德所说的米诺斯则是一个统治了克里特的希腊国王。他没有祖宗系谱，说明了他是从别处来到此地建立了王朝，在《奥德赛》中克里特岛被形容为位于浓酒般的大海之中："语言众多，有说亚卡伊亚语的人，有好心的埃提奥克里特人、库东

---

① 卫城为雅典娜女神崇拜的中心。——译者
② *Archilochus*, fr. 见 Heraclid. Pont. 3(2)；亚里士多德，《政治学》，1271^b。
③ 修昔底德，1.4；希罗多德，1.171、7.170。

尼人、特里卡提的多利亚人、神圣的皮拉斯基人；岛上有大城克诺索斯，归米诺斯王统治，他每九年会见宙斯神一次，米诺斯也就是那好心的丢卡利翁之父，我们都是他的子嗣。"① 在克里特这些民族中埃提奥克里特可能是米诺斯原居民的后裔，就像库东尼人和皮拉斯基人那样属于前希腊族。亚卡伊亚人可能是第一批来到克里特的希腊人的后代，而多利亚人可能是和那米诺斯王（希腊的米诺斯王）一起在公元前13世纪进入克里特的，特里卡提这个别名，在这里据赫西奥德的解释有"三倍"之义，指他们三分耕地之习俗②。这可能和多利亚族习惯上分为三个部落（希莱斯、迪马尼斯、潘菲洛依）一事有关。另一分为三部落的例子见于罗得斯。那个被宙斯所眷顾的特列波勒姆斯作为赫拉克勒斯的子孙而统治了该岛③，他的部下，像其他赫拉克雷代族一样，可能也是多利亚人，像克里特的情形那样，他们在罗得斯也压倒了原有的亚该亚居民。在黑暗时代多利亚人一直控制着克里特岛，就像爱奥尼亚人一直占据阿提卡一样。这种连续性使得它有可能把青铜时代的某些统治者如米诺斯、提秀斯的传说一直保留到古典时代。

在《伊里亚特》中，神的等第实为人间世态的一个反映。天王宙斯也像阿加门农对其下属那样，对众神行使着并不牢靠的宗主权。众神也都有其个人权利，他们参加会议，在宙斯的大殿会聚。众神，也如王族阶级中的英雄一样，是国际性的（超民族界限的）甚至是非民族的（无族籍的）。他们以祭祀献礼（牺牲）的手法向人类

---

① 《奥德赛》，19.175。
② 赫西奥德，断片，191。
③ 《伊里亚特》，2.668。

索取报酬,他们为别人决定成败时凭个人好恶和一时任性并不亚于凭正义和公理。他们的神人同形同性论是完全彻底的。他们也像凡人一样恋爱、争吵和殴斗,他们和人间妇女通婚生育子女,他们也不能免于人类血肉之躯所受的羞辱,他们的力量大于人间所能,他们的意愿能控制人的优劣,他们的干预也能驱策人的活动。但众神的活动并不协调,他们的力量也不是无往不胜的。命运在暗地里决定着神和人的生活,决定着人的生死和寿命,这甚至是神也无法扭转的。

荷马史诗中的英雄并没有什么神明昭示的行为准则。他知道他必须尊敬众神,善待父母、下属和宾客,这些是宙斯自己也加以保护的。其他诸事他就凭自己男子汉大丈夫的气概去对付,其中智、勇两者是最大的美德,而他的最高奖赏就是能在人间留下美名。当阿溪里斯胜利地站在赫克托耳的尸体上时,他却哭道:"死亡呵!我也要遇到我的命运,不管什么时候,只要它使宙斯和别的不朽之神下了决心。"[①]死是人间荣耀生命的终结。当遗体被火葬和掩埋后,灵魂只能进入阴间。这些有关神和人的本质的观念,看来是在英雄时代的条件下形成的,它们和日后的以神怪信仰和巫祝活动为主的宗教思想及其礼仪大有区别。而且,不管荷马在史诗中添加多少细腻的情感和复杂的性格描写,他仍极可能是忠实地转述了英雄时代的基本信仰。

要想发现可能埋藏在荷马史诗所述的文明之下的更早时期的宗教信仰,是极其困难的。在英雄时代之内,宗教活动可能随不同

[①] 《伊里亚特》,22.365。

的社会阶级而不同,在爱琴地区各地也会各有差异。虽然较早期的活动可能残存在荷马史诗中,但对一些非英雄的题材,例如奥德修斯游阴间之类,也不能排除它是后人加入史诗中的可能性。无论如何,某些初步的结论还是可以得出的。像"牛眼的"、"猫头鹰眼的"这类常见的绰号用于赫拉女神和雅典娜女神身上,可能暗示这两个女神在较早时期的宗教信仰中是和母牛、猫头鹰有关或者以之为象征的。这种情况也见之于早期希腊神话,它在很大程度上来源于米诺斯和迈锡尼世界。在多东纳和特洛伊都有的宙斯的橡树,可能反映了一种认神为树形的信仰,太阳崇拜的迹象可能残留于荷马史诗中所叙的供奉于太阳神赫尼欧斯的牛群。有一节诗文提到向赫尼欧斯、盖伊和宙斯神供献牺牲,这可能是反映了一种对太阳、土地和天的原始崇拜。[①]

有些神还和地区有关;例如赫拉神与阿尔戈斯、斯巴达和迈锡尼、雅典娜与雅典和特洛伊、波赛冬与阿盖依、赫伏斯托斯与列姆诺斯、阿芙洛笛蒂与塞浦路斯的帕扶斯、阿列斯与色雷斯等。地方性的崇拜也有提到者,例如在多东纳有皮拉斯基的宙斯崇拜,其祭师睡在地上用未洗的脚宣示神谶,[②]这些都反映了在荷马史诗中已被公认的神的地方性的起源。宙斯在希腊之特别和奥林匹斯和多东纳两地有关,在特洛伊地区又特与伊达山有关,可能意味着这个主神是由来自中欧的入侵民族引进的。在荷马史诗中的英雄行火葬礼时包括烧掉他的武器、烧头发和礼物、哭哀、竞技、宴会等习

---

① 《奥德赛》,12.127 以下;《伊里亚特》,3.103。
② 《伊里亚特》,16.233。

俗。在诗中这些都意味着向死者致敬,但它们实为古风的残余,在那较早时期人们相信死者在阴间生活还需这些物品,其魂灵还可能因用人殉而得到慰藉(在帕特罗克鲁斯的葬礼中就有这种情况)[1]。这些残余告诉我们,英雄时代的宗教就像大多数宗教那样,是早先各种信仰的综合。就其人本主义和普遍性而论,它要比青铜时代的远古宗教信仰优越。而且,由于它在精神上已基本带有希腊的特点,当希腊民族摆脱了早期铁器时代的黑暗世纪之时,就变成了激励民族文化的重大因素。在所有青铜时代文明留下的遗产中,史诗传说当是最为优美最有意义的了。

---

[1] 《伊里亚特》,23.175。

第三章 大移民运动

第一节 对大陆地区的入侵

移民运动在特洛伊陷落以前一个多世纪就以一种较小的规模开始了。特洛伊人和亚该亚人自己就用武力冲破了地中海文明各国的防线,而他们又不是安分守己的和平保卫者。他们自己的领土接着也被别人入侵:弗里吉亚人在赫勒斯滂地区,多利亚人进入克里特和罗得斯,彼奥提亚人进入中部希腊。在大陆各地,特洛伊战争那一代始终以战乱著名,例如迈锡尼的外城曾被焚,派罗斯王宫也被毁。特洛伊的陷落带来了无穷的灾难和深远的影响。虽然在普里安的都城的废墟上确实再建了一个较贫困的新城,但是他所建立的那个军事同盟却一去不复返,而这个同盟却曾经在桑加利斯河驱逐了入侵的亚马孙人。[①] 现在,这条欧亚之间的狭窄通道无人防卫,成群的蛮族如潮水般汹涌而至。来自色雷斯的弗里吉亚人的一支深入小亚细亚,毁灭了古老的赫梯帝国[②],并占据小

---

① 《伊里亚特》,3.184 以下。
② 即赫梯古王国,以别于日后在小亚西南部残存的赫梯新王国。——译者

亚细亚中部平原地区①。吕底亚也被侵，一个自称赫拉克勒斯后裔的新王朝在那里建立起来。侵入的蛮族迫使沿岸和岛屿上的居民四散逃生，他们在沿途又劫掠了像麦尔辛、塔尔苏斯、乌加里特和西顿等富裕城市，并骚扰塞浦路斯岛；菲利斯汀人占据了巴勒斯坦沿岸。不断的劫掠一再波及埃及的尼罗河三角洲，在公元前12世纪末，埃及王国遂与地中海沿岸隔绝。

在特洛伊陷落之后数十年间，近东地区的被毁也给爱琴诸岛和希腊大陆带来恶劣影响。这些地区同样是战乱频仍②，甚至在大移民各族于公元前1150年左右冲进半岛以前，已是天下大乱了。以前曾由普里安同盟西翼所保卫的中部马其顿，现在为渗入到伊庇鲁斯和帖撒利的蛮族侵入。他们的冲击引起更大的移民浪潮，结果是希腊半岛绝大部分地区居民大变换，许多原有居民被逐。于是，在爱琴地区各处都开始了修昔底德曾恰切叙述的过程："移民经常发生；各部落在对方优势压力之下，总是宁肯放弃家园而外迁。"③这一过程摧毁了青铜时代的文明。其结果是三百多年的大动乱，在这期间希腊大陆甚至连文字也告灭绝。

在动乱的年月里，商旅断绝，爱琴诸岛和亚细亚沿岸备受灾荒折磨。④ 在这些自然资源贫乏而专靠商运谋生的地方，居民只得外出掠劫和迁移。在特洛伊战争时期，亚该亚人和他们的邻族占有优卑亚、埃伊纳和延伸于小亚细亚西南海岸的最南面的一串岛

---

① 希罗多德，7.73。
② 修昔底德，1.12.2。
③ 修昔底德，1.2.1。
④ 希罗多德，1.94.3、7.171.2。

屿。其他的爱琴岛屿,既未在亚该亚名单中提到也未见于远古希腊传说者,大约是为卡利亚人、腓尼基人、勒尼格人、图尔萨人和皮拉斯基人占据。这些民族也据有小亚细亚沿岸一些地区,和黎西亚人、麦西亚人、亚该亚人(在潘菲利亚),可能还有菲利斯汀人杂居。这些人中有不少见之于尼罗河三角洲的掠劫者:图尔萨(图尔西诺人)、卢卡(黎西亚人)、普列依特(菲利斯汀人)、亚凯萨伐萨(亚该亚人)和登尼恩(达那亚人)。东部地中海的骚乱大约也波及西部,因为梅斯维希人(一个利比亚民族)也参与了对三角洲的掠劫。

海上掠劫往往伴之于移民。有些图尔西诺人可能移民于西北意大利①,在那里他们被翁布雷亚人②称之为伊达拉里亚人。有的人越过直布罗陀海峡而建立了塔尔西斯城(塔尔铁苏斯),它位于西班牙的大西洋海岸。推罗城的腓尼基人在非洲沿岸建立了乌提卡、哈德鲁门顿和迦太基,在西班牙沿岸建立了盖德斯;在非洲沿岸的一些地名还暗示着加卡亚人和麦西亚人也参加了移民。特洛伊人也可能移居于西西里的查奥尼亚③、厄利克司和赛吉斯塔④,并登陆于伊达拉里亚南面的拉丁姆沿岸。这些民族随身带来了航海业、商业和艺术。当他们在新家园中最后定居下来以后,就为西部地中海带来了新的文化繁荣。

史诗传说中叙述了亚该亚人从特洛伊班师回国的情况。在一

---

① 希罗多德,1.94。
② 翁布雷亚人是古意大利居民之一。——译者
③ *FGrH*,4(希腊)F31 和 F84;见哈蒙德,《伊庇鲁斯》,412 页以下。
④ 修昔底德,6.2.3。

系列海外掠劫中，许多头领及其杂牌队伍各自建立了不少新的王国。他们在塞浦路斯的帕扶斯、萨拉密斯、库里昂、拉帕图斯和索里等地建立王朝，自称是迈锡尼时期的阿尔卡狄亚、萨拉密斯①，阿尔戈斯、拉哥尼亚和阿提卡的名门望族的后代②。在塞浦路斯中部的辛达，近年曾发掘到青铜时代最后阶段有入侵发生的考古材料。入侵者在此地参加到先前的迈锡尼居民中去，并加强其力量，而这些较早到来的居民在特洛伊战争时则是处在辛尼拉王统治之下。代表这两种移民浪潮的王朝世系都一直留存到古典时代，例如，在帕扶斯有辛尼拉系，在萨拉密斯则有修克里达系。③在小亚细亚的南岸，从特洛伊来的亚该亚人、西里西亚人和潘菲利亚人都建立了新的定居点。包括阿尔戈斯的安菲罗丘斯、迈锡尼的卡尔齐斯和底比斯的莫普苏斯在内的亚该亚头领们，在法赛利斯、奥尔比亚、阿斯品都斯、塞尔格、索里、塔尔苏斯、马鲁斯以及叙利亚海岸的波赛迪昂等建立了定居点。④ 考古材料证明这时塔尔苏斯曾被迈锡尼人占领，卡拉铁佩在公元前8世纪时的"阿细塔旺达"王朝也自认为是莫普苏斯的后代。在潘菲利亚，除了原有的埃奥利亚-阿尔卡狄亚方言而外，一种多利亚方言的混入可能表明此地在特洛伊战后不久就从罗得斯移入了一批多利亚人。⑤ 亚该亚人的其他队伍可能也进入西部地中海，例如后代传说中提到在南

---

① 此处之萨拉密斯是阿提卡附近的一个海岛。——译者
② 希罗多德，7.90；斯特拉波，683。
③ 《伊里亚特》，11.20；Hsch. *Tamiradae*；Isoc. 3.28。
④ 希罗多德，7.91；*FGrH*，115 F 59,103（提奥庞普斯）；斯特拉波，667（卡利努斯）、672以下、676（赫西奥德）；希罗多德，3.91。
⑤ 斯特拉波，671。

部伊利里亚的安菲罗齐亚-阿尔戈斯建立定居点,以及在南部意大利的移民等。①

在希腊半岛的这一系列入侵带来的灾难也在考古材料上留下烙印。中部马其顿的各个居民点都为入侵者所毁,他们沿阿克希乌斯河而下远及伊庇鲁斯的多东纳和帖撒利的奥萨山麓。他们所带来的粗劣陶器有点类似多瑙河流域的"劳西芝"(Lausitz)文化的陶器。② 它也见之于同时期的特洛伊。无论这些入侵者由欧洲还是由亚洲(这方面可能性不大)而来,他们都打破了迈锡尼文明的北部防线并为南迁的其他部族大开方便之门。绝大多数迈锡尼文明的中心也都被掠劫和毁灭。在迈锡尼,城堡内的所有建筑都被抢劫和焚毁。在梯林斯,市区被夷为平地后又作为墓地。迈锡尼人在伊达卡的培利卡塔居民点也变成了墓地。

这种"劳西芝"文化的侵入和许多迈锡尼中心的被毁约发生于公元前12世纪的后半期,其标志是在焚土层中出现的被称为"谷仓"式的陶器。但移民各部族的活动不能用考古材料确定其年代。只有它的后果是明显的。除了在雅典和在南部克里特、塞浦路斯这些希腊世界边缘地区而外,文明生活的水准一扫无遗。几百年来人烟不断的城镇突然变成废墟。一些小居民点,像在克里特所见的情况那样,却匆匆忙忙建立起来,在许多膏沃之区,考古材料上出现了一大段空白。作为迈锡尼文明一大特征的交通贸易完全破坏,各地区更陷于老死不相往来的孤立境地。

---

① 修昔底德,2.68.3;波桑尼亚,5.22.4;斯特拉波,263以下。
② 劳西芝文化是指公元前2000纪后期分布于德国南部和奥地利的早期铁器时代文化。——译者

对于这些移民的来源和民族成分,考古材料还很难给予什么线索。随着第一批入侵者,希腊史上的黑暗时代就到来了,在这整个时代中,新的文化和历史特征的出现是零散而又错乱的。在武器中铁制武器,特别是砍剑和长矛(用于投掷的矛枪),最早在雅典和克里特流行起来。在史诗中还未出现的骑兵(史诗只把骑术作为和平时期的一种技艺①),在早期希腊城邦中却变得很重要了。希腊各地中最早表现骑兵的图像来自公元前10世纪的克里特。75 火葬在青铜时代的希腊是罕见的(偶或出现,例如琉卡斯地方在中期青铜时代有火葬,奥艾塔亚当赫拉克勒斯死时以及在特洛伊的亚该亚英雄行葬礼时就用过火葬),但在早期铁器时代有些地方则通用火葬,又有些地方全然不用。雅典和克里特提供了最早用火葬的实例。装束衣服的新式样也出现了。② 在雅典大量出土的长形扣针,是用来系束多利亚式大袍的(所谓大袍[peplos],是用一块方形厚呢料将周身裹起来,双肩上用扣针束住),希罗多德曾指出这种大袍在古时是全希腊特别是雅典的妇女都穿戴的。③ 另一种束衣的用具是"花式别针"(Spectacle-fibula),它来自中欧,在铁器时代初期就已通用。在陶器方面,用圆规画出的同心圆圈为装饰特色的陶器最早见于侵入马其顿的"劳西芝"文化堆积层中,其后又见于伊达卡和赛法伦尼亚各被毁遗址中。

从这些新文物中得不出什么积极的结论,材料很零碎,年代又摇摆于五十年甚至更长的差异之间。某些消极的结论却不难看

---

① 《伊里亚特》,15.679。
② 关于伊庇鲁斯北部的早期例子见哈蒙德,《伊庇鲁斯》,359页。
③ 希罗多德,5.87.3。

出。入侵者并未带来什么特色彩陶或其他发达文明的标志,他们不过城市生活。他们最初可能还处于游牧阶段,住在帐篷和茅屋中,用木制器皿,崇拜木质神像。① 他们的早期村落是很小的。他们看来并不景慕迈锡尼文明的各项成就,由此可推想他们大概来自迈锡尼地区范围之外。他们必然是体力比较强悍并且在推翻迈锡尼势力中心时有恰当领导的。他们可能有一些较精良的武器,但在艺术方面要比被征服者低。

希腊传说认为主要的移民者是多利亚族,一个说希腊语的部族,而其头领则是赫拉克勒斯的后代——赫拉克雷代,这是一个自称为赫拉克勒斯的后裔而过着流放生活的亚该亚氏族。他们的第一次入侵曾以失败告终,那时其头领希鲁斯——赫拉克勒斯的一个儿子,于公元前1220年左右在科林斯地峡的一次单人决斗中被杀,但是彼奥提亚人却从帖撒利西南移居于"卡德莫斯之国"②。在这个时期,多利亚人曾移居于克里特,可能还有罗得斯和相邻诸岛;他们也是由赫拉克雷代的成员率领来到这些地方。这些成员有特列波勒姆斯,他是从厄菲拉(可能在铁斯普罗提亚)被放逐出来的,还有那个曾给帖撒利命名的帖撒鲁斯的几个儿子。③ 在特洛伊陷落六十年后,即约公元前1140年,帖撒鲁斯一族又在赫拉克雷代率领下,从铁斯普罗提亚(南部伊庇鲁斯)迁入帖撒利的西南各州区,它们从此也就称为帖撒利奥提斯。他们驱逐了一些

---

① 普鲁塔克,《道德论丛》,478a。
② 卡德莫斯是希腊神话中的英雄,其地即日后之彼奥提亚。——译者
③ 希罗多德,9.26;修昔底德,1.12.3;《奥德赛》,19.177;《伊里亚特》,2.653以下、676以下。

彼奥提亚人，使这些彼奥提亚人南下和在卡德莫斯地方定居的另一支同族人汇合起来，从而使卡德莫斯地方以后就称为彼奥提亚。二十年以后（约公元前1120年），在赫拉克雷代率领下的多利亚人，又从多利斯地区的德律奥皮斯南迁，到达科林斯湾的北岸。由此渡船而下，他们发起了对说埃托利亚语的科林斯人的进攻，占领了科林斯地峡，从而攻入伯罗奔尼撒。① 多利亚人还和从更西面侵入伯罗奔尼撒的其他移民部落互相勾结，这些人是从埃托利亚渡海而在伯罗奔尼撒立足的。在取得初步成功后，这两群人分途南进，多利亚人侵入阿尔戈利斯，而其他部族侵入西北部伯罗奔尼撒。到此为止的过程在传说中都是很清楚、一致的，一旦侵占了伯罗奔尼撒，传说就失掉了概括性而局限于各地区的特点了。传说中的这种变化也标志着从青铜时代的更为广阔的世界转向铁器时代的地方狭隘观念的转化。

　　在我们进入随之而来的黑暗时代的迷雾之前，还必须谈一下入侵各族的来源和民族成分。帖撒鲁斯族和彼奥提亚族是带着他们自己的族名来的。前者的老家是铁斯普罗提亚，后者则来自西南帖撒利。侵入伯罗奔尼撒的多利亚族的名字则可能是那些被侵受害者给取的。在此以前他们被称为"马奇德诺伊"，这是他们在品都斯山北一带居留时得到的名字。② 他们现在被人叫作"多利亚人"，可能因为最早入侵的一支是从多利斯地区出发的，这是一个很小的、但处于迈锡尼世界边缘的地区。另一方面，西部的一群

---

① 修昔底德，1.12.3；希罗多德，7.176.4、1.56.3；Tyrt. 2；Pi. P. 1.66；波桑尼亚，8.5.6以下。
② 希罗多德，1.56.3。

入侵者却一直没有共同的名称,他们不是由赫拉克雷代率领,而是由青铜时代的埃托利亚地方的埃托利亚人率领,他们在日后是以其定居地的名字为名的。这些以及日后的入侵浪潮显然是从西北希腊的高原地区涌来,这片地区处于多利斯、帖撒利奥提斯、西部马其顿和铁斯普罗提亚之间。然而他们的头领却是熟谙海事的,这可从他们早期移居克里特、罗得斯、尼西罗斯和其他岛屿上看出,也可从亚该亚舰队名单中提到彼奥提亚人拥有比亚该亚人还要大的船只看出。他们的航海术可能是在安布拉西亚湾或铁斯普罗提亚西部海岸学到的,这使他们可能进行一次对伯罗奔尼撒的渡海入侵。

在荷马史诗中对科林斯地峡以南的半岛还没有共同的名称。伯罗奔尼撒这个名字意为"伯罗普斯之岛",可能是由入侵者给取的。假若他们渡海而至,他们会把这个半岛称为岛;他们的头领赫拉克雷代也认为他们回来是为了夺得伯罗普斯的国家,而他们正是被伯罗普斯的后代从这个国家驱逐出去的。"希伦人"(亦即"希腊人")一词后来变成所有入侵各族的通称,使他们和原先各族分别开来。在亚该亚名单中,只有三个部落是以"恩"(enes)音结尾的,即多东纳附近的恩尼恩人(Enienes),西部各岛和相邻大陆上的赛法伦尼亚人(Kephallenes),以及奥艾塔亚附近的希伦人(Hellenes)。这三个部落位于或邻近西北希腊,在入侵以后的年代中有这种族名语尾的部落在这个地方是分布得很广的。由此可推想奥艾塔亚附近的希伦人,像卡德莫斯的彼奥提亚人一样,可能是在大移民主流之前就从西北希腊来到其地,因此他们的名字后来就用于所有同类的后继者——无论他们侵入于地峡北面还是南面的希腊。最后希伦人——希腊人就被作为说希腊语的所有各族的通称。希腊这个地名也有同样的历史。希伦人的老家就叫希腊(Hellas),据亚里士多德所说,它是伊庇鲁斯的多东纳周围地区。在《伊里亚特》中希腊是指阿溪里斯的希伦人的家乡;在《奥德赛》中它指地峡以北的希腊,最后则用以指整个希腊半岛。①

迈锡尼势力中心一旦被毁,入侵者就在最佳的农业地区定居下来。帖撒利人把他们的统治从帖撒利奥提斯扩展到帖撒利平原本部。他们用四个大头领的辖地取代了原来的九个亚该亚人的国家,这四大辖地分别以拉利萨、克拉隆、法尔萨鲁斯和菲拉依为中心(只有菲拉依在亚该亚名单中称为城市)。帖撒利的最有势力的统治者日后是属于拉利萨的阿留阿代族,他们自称是入侵的原头领赫拉克雷代的后裔。② 从帖撒利奥提斯向南侵入彼奥提亚的那些彼奥提亚人,可能把罗克里人一冲为二,因而在日后有了两个分隔开的叫罗克里的地方:奥朋提亚的罗克里和奥佐利亚的罗克里。在彼奥提亚北部,入侵者首先占据了恰龙尼亚和科洛尼亚,后者变成了所有彼奥提亚人共同举行节庆的一大中心,在这里的"泛彼提亚节"中敬奉伊东尼亚的雅典娜女神。对彼奥提亚的征服和移居是一个缓慢的过程;普拉提亚的移居较晚,而米尼亚的奥科美努斯则到古典时期还保留着分立的传统。③ 在这里,新来者也像在帖撒利那样是由一些强大的氏族率领的,其中有恰龙尼亚的欧菲尔

---

① 亚里士多德,《气象学》,1.14(352a);《伊里亚特》,2.683;《奥德赛》,1.344(athetized)。
② Pi,P.10.1 以下。
③ 普鲁塔克,《西蒙传》,1;斯特拉波,411;修昔底德,3.61.2。

提亚代和底比斯的埃盖代氏族等。

在伯罗奔尼撒,西部的入侵者是由埃托利亚的奥希鲁斯率领的,占据了"空旷的依利斯"的肥沃平野。奥希鲁斯的子孙——奥希利代,始终是依利斯的领袖氏族,日后在奥林匹亚运动会中他们身居"希腊族裁判官"(Hellanodikai)的要职,正是他们在奥林匹亚创立了对宙斯和赫拉的崇拜。① 东部的入侵者是赫拉克雷代率领的多利亚人,他们占据了东部和南部伯罗奔尼撒最富庶的地区。古代传说提到,当约公元前1120年作为首领的赫拉克雷代一族抽签分配战利品时,阿尔戈利斯为长子铁美努斯所得,美塞尼亚归克列斯封提斯,拉西第蒙则归阿里斯托德木斯或其孪生的二子:欧律斯特尼和普罗克列斯。最初,在摧毁还有能力协同防卫的各个迈锡尼要塞时,他们可能是联合行动的。但此后,征服和定居于这三大地区则要经历好几代人的努力。

在铁美努斯的各个孙子把阿尔戈利斯作为家园继承下来之时,就把阿尔戈利斯平原上的城镇削减了。在依庇道鲁,铁美努斯的一个名叫代封提斯的女婿,有一度曾摆脱铁美努斯族而独立。特罗曾和赫尔米翁接受了从阿尔戈斯来的多利亚移民。萨隆尼克湾中的埃伊纳岛被从依庇道鲁来的多利亚人移居。在科林斯湾,铁美努斯的一个儿子建立了多利亚族的西夕温,他的儿子又建立了多利亚族的福里攸斯。科林斯本地却是为赫拉克雷代的另一成员阿列铁斯所率领的多利亚人占领,这个阿列铁斯不属于铁美努

---

① 斯特拉波,357;Pi. O. 3. 12。

斯家族。科林斯的占领大约要比征服西夕温和福里攸斯为晚。①最后的是麦加里斯，移居其地的多利亚人是来自科林斯、美塞尼亚和伯罗奔尼撒的其他地区的。②

侵入拉西第蒙是在攸利斯特尼和普罗克列斯的率领下进行的，征服的时间则延续好几代人。斯巴达南面的阿末克莱只是在召来了底比斯的埃盖代的援军后才被攻陷。由多利亚人入侵所造成的动乱在拉西第蒙要比别的地方延续得更长。③ 在美塞尼亚，赫拉克雷代和多利亚人占领了滨海的派罗斯。但斯帖尼克拉努斯的内陆平原则为埃庇提代族统治，这个族的非多利亚来源曾在后代的传说中间提到，④由此可见，在闯入伯罗奔尼撒之后，还有一段相当长的战斗和混乱时期，在这期间半岛的一些地方仍然保持独立。

当多利亚人的主力攻击阿尔戈利斯、拉西第蒙和美塞尼亚各个迈锡尼要塞时，其他队伍则渡海而侵入各岛屿，在这方面他们和原先已进入克里特、罗得斯、尼西罗斯和其他岛屿的同族人联合起来。基德拉、米洛斯和塞拉被来自拉西第蒙的多利亚人占领。侵入者在一个名叫德拉斯的埃盖代族人率领下，在攸利斯特尼和普罗克列斯那一代时进入塞拉岛；位于大陆和塞拉之间的米洛斯，大约也是在这时被占的，据修昔底德的说法则约在公元前1116年

---

① 波桑尼亚，2.26.2、30.10；希罗多德，8.46.1；Pi. *I. Fr.* 1；斯特拉波，389。
② 斯特拉波，393；希罗多德，5.76；Scymn，502。
③ *FGrH*，4F 116(希腊)；Pi. *I.* 7.15；修昔底德，1.18.1。
④ Pi. *P.* 5.70；E. *Er. P.* 497，*S. Crespontes*。

间①。从拉西第蒙和阿尔戈斯出发的多利亚人,在铁美努斯的一个孙子阿尔达门尼斯(其鼎盛年约在公元前 1050 年)率领下,占据了中部克里特的肥沃平原,后又扩及于该岛的其余部分。从阿尔戈利斯地区来的多利亚人占领了阿那非、阿斯蒂帕莱亚、卡索斯和卡尔帕卓斯等岛。其他人则和罗得斯先已移居的多利亚人相汇合。在此地,对原先移民的头领、赫拉克利斯之子特列波列姆斯的崇拜,在公元前 5 世纪时犹可看到。阿尔戈利斯人的影响,则使特列波列姆斯从厄非拉(可能在铁斯普罗提亚)改成了阿尔戈利斯地区的梯林斯。尼西罗斯、科斯和卡尼德奈各岛接受了从侬庇道鲁来的移民。② 在相邻的小亚细亚沿岸,哈利卡纳苏斯由特罗曾来的多利亚人和爱奥尼亚人建立,雅苏斯由阿尔戈利斯地区来的多利亚人建立,克尼都斯则由来自阿尔戈利斯和拉西第蒙的多利亚人建立。这些就是多利亚人入侵的最远分支。他们在克尼都斯海岸举行一种对特里奥匹亚的阿波罗神的崇拜,只准许克尼都斯、哈利卡纳苏斯、科斯和罗得斯的三个城镇(林都斯、雅里苏斯、卡美努斯)的多利亚人参加。多利亚人就这样把亚该亚名单上的所有岛屿再加米洛斯、德拉和基德拉岛全都占领了。他们凭其武力而取得成功,使亚该亚人、卡利亚人、腓尼基人和其他爱琴各族蒙受牺牲。③ 这些岛屿一度组成了由希腊大陆通达东方的商道,但在黑暗时代商旅流通却断绝了。

---

① 修昔底德,7.57.6、5.112.2;希罗多德,4.147。
② 斯特拉波,481;修昔底德,7.57.6;Pi. O. 7.18 以下。
③ 希罗多德,7.99.3、1.144、1.117.5、1.174.2;Plb,16.12;斯特拉波,653;D. S. 5.53。

第二节　入侵者的特点

入侵各族把希腊语中很接近的两种方言，多利亚方言和西北希腊方言，带入被征服地区。在古典时代，多利亚方言在埃伊纳麦加那和从西夕温直到拉西第蒙的东部伯罗奔尼撒通行；也通行于美塞尼亚，它在此地的广泛散布可能是由于日后斯巴达征服了美塞尼亚；也通行于南爱琴海各岛和相邻的小亚细亚沿岸（但哈利卡纳苏斯除外，那里的居民是各族混合而通用爱奥尼亚方言）。西北希腊方言通行于伊利斯和亚该亚、伊达卡、赛法伦尼亚和扎西恩多斯，以及从阿卡奈尼亚和安菲罗奇亚内陆直到南部帖撒利及部分彼奥提亚的整个中部希腊。

这些方言的分布是和传说记载中描写的入侵各族相符合的。多利亚方言的分布和多利亚移民的各个传说几乎完全一致。西北希腊方言的分布范围则较现今残存的其他入侵各族的模糊的传说大一些。它表明帖撒利人、彼奥提亚人和奥希鲁斯属下各族都说同一方言，因此是从一共同的发源地进入西南帖撒利、彼奥提亚和伊利斯的。这个共同的发源地，除了南部伊庇鲁斯外，不大可能还有别的地方。西北希腊方言的分布还表明：尾随于帖撒利、彼奥提亚和伊利斯的入侵者之后，还有更多的说同一方言的部族移居于中部希腊各地以及爱奥尼亚海的南部各岛和伯罗奔尼撒的亚该亚。其他从西方侵入的民族定居于哈利亚克蒙谷地的佛吉那，他们是用坟来埋葬死者的。西北方言和多利亚方言很接近，这个事实只能用下述推论才能解释，那就是说，在入侵以前，该区说这两种方言的人生活在相邻的地区。这些地区可能就是西马其顿和伊庇鲁斯。因为,从记载下来的传说看,多利亚人最初是住在西南马其顿,随后才住于多利斯,而帖撒利人则来自伊庇鲁斯境内的铁斯普罗提亚。

多利亚族和其他入侵各族大有区别,这一点可从日后的历史发展明显看出。多利亚人取得并保持了希腊世界的领导地位。他们的早期城邦较别人更为强大,他们的殖民事业也较其他希腊城邦更为野心勃勃。另一方面,说西北希腊方言各族在文化和政治发展上却相当落后,他们从事农业而不谙航海,在殖民运动中几乎毫无作为,对希腊文明的发展也极少贡献。

单单多利亚人就可分为三个部落:希莱斯、迪马尼斯和潘非洛依。这种部落制度既存在于第一批移居罗得斯和克里特的移民,又存在于日后的多利亚国家,这个事实说明这种分组法大约早在多利亚入侵(约公元前1120年)以前就已存在。它的起源可能是种族性的,但它的长久持续则多半是由于世袭制度和种姓制(caste occupation)①。入侵的多利亚人分部落作战,土地也按部落划分。伯罗奔尼撒的多利亚人遵守卡尔涅奥斯斋月的习俗并供奉卡尔涅奥斯的阿波罗神;从卡尔诺(karnos)意为公羊这一点看,这个多利亚人崇拜的神可能来源于一游牧民族的神,但后来和阿波罗神结合为一了。崇奉皮塔攸斯的阿波罗神在伯罗奔尼撒的多利亚国家中也是普遍的;它可能在入侵以前就已流行,那时多利亚人生活于阿波罗神崇拜中心德尔斐以北一带。其他入侵各

---

① 希罗多德,6.60。

族并无此类崇拜。帖撒利人和彼奥提亚人在崇奉伊东尼亚雅典娜神方面有共同的信仰,这种崇拜大约也是在入侵开始时流行起来的。

入侵各族都是按部落组织起来的,部落由胞族组成,胞族又下分为氏族或家族集团。在占有平原的最佳土地之后,他们就生活在不设防的小村落中,在多利亚地区称之为科迈(komai),伊利斯则称之为达莫(damoi)。每一村落组成一家庭单位①,公社的头领有"王"(巴西琉斯[basieus])的头衔。每一家族可得一块份地(klaros),它是不能转让的,占有份地才有资格成为公社的全权成员。在非多利亚人的国家中,这种份地大小差别很大,例如在帖撒利、彼奥提亚和伊利斯,占有大份地者组成骑兵,在政治上居统治地位。在多利亚国家中,份地的差别似乎要小一些。在帖撒利和多利亚地区,份地皆由农奴耕种,他们隶属于公社,只有有限的权利。这种制度大约是由赫拉克雷代带来的,因为他们领导了帖撒利人和多利亚人,而在伊利斯、彼奥提亚和说西北希腊方言的其他地区则没有这种制度。这种份地划分并不意味着动乱情况的结束,因为村与村之间经常冲突,人们出入做事都得随身携带武器。②

多利亚人和帖撒利人对被征服人民都很严厉。在平原地区他们把被征服者降为农奴,在山区则把他们降为纳贡的皮里阿西人(periokoi)。在这两种情况下原有居民都被当作凭刀枪赢得的战

---

① 这里所说家族实为氏族或大家族公社。——译者
② 修昔底德,1.6.1;普鲁塔克,295^b(*GQ*17)。

利品,原有居民的语言有时也影响了这些征服者。因此阿尔卡狄亚方言残存于庇萨提斯和南部拉哥尼亚,而埃奥利亚方言的残余则见之于伊利斯和科林斯的某些殖民城邦(可能是反映了早期科林斯的语言情况)。在特罗曾,爱奥尼亚方言的留存有相当基础,以至于在它的殖民城邦哈利卡纳苏斯仍继续用爱奥尼亚语,但在昔努里亚则完全让位于多利亚方言。在亚该亚,虽然此地下层居民中可能混有爱奥尼亚和亚该亚族的成分,在古典时期却是说西北希腊方言。在克里特,被称为埃提奥克里特人的原有居民的语言仍有留存,在卡尔帕卓斯岛上的埃提奥卡尔帕卓斯人却采用了多利亚方言。

彼奥提亚人以及中部希腊其他入侵各族并没把原有居民降为农奴和纳贡人。结果是弗西斯人、奥朋提亚罗克里人和在很大程度上的彼奥提亚人的西北希腊方言都受到埃奥利亚方言的影响。另一方面,侵入者也没有必要把原有居民排除于自己公社之外。赫拉克雷代和他们的后裔,组成了阿尔戈斯和斯巴达的王族,但他们是亚该亚人;那个据有卡尔涅奥斯阿波罗神的祭司职位的,在底比斯、斯巴达和塞拉都属名门的埃盖代氏族,却是"卡德莫斯人"[①]。在有些多利亚国家,原有居民的首领被作为第四个部落而纳入全权公社之内。他们由于背离自己的同乡而得以享有特权。

---

① 卡德美斯原为底比斯王朝的创立者,此处指其为卡德美斯族的后代。——译者

第三节 埃奥利亚和爱奥尼亚的移民

入侵的灾难使许多部族弃家外迁。埃奥利亚人从帖撒利、弗西斯、罗克里和彼奥提亚渡海往东,以求新居。第一批移民,由奥累斯提之子平提鲁斯率领,最初是在色雷斯海岸找到立足点,在其后两代人的时间内他们的后裔又在小亚细亚西北沿岸一带和相邻的铁尼都斯和列斯堡等岛上建立了居民点。库美是由第二批移民建立的,在小亚细亚大陆一边的移民点总数达到了12个,从库美和列斯堡又有移民在特洛伊地区建立了一些城镇。

埃奥利亚移民进展缓慢,反映了它遭遇抵抗的程度。移居者是一批批到来的,主要由平提利代的成员率领,这一族的后裔拥有"君王"的世袭称号,例如在列斯堡的密提林就有这种情况①。其老家来自各地的移民并不各自另组公社。他们往往混合于一个公社之中;例如,列斯堡的梅弟姆那就是由厄律提拉、弗西斯和斯夕洛斯来的移民组成的。他们保持各自的方言和宗教信仰,选择他们习惯了的风土地区,即肥沃的农业地区而又具有冬寒夏热的气候。随着希腊文学的复兴,这些埃奥利亚移民在诗歌和音乐方面的才能再度焕发出来,但他们在古典时代的政治历史上只扮演了很小的角色。假若按平提利代的世系计算其年代,则埃奥尼亚移民开始于公元前1130年左右,持续到公元前1000年前后或者更晚一些。

---

① 希罗多德,1.149以下;斯特拉波,582,622;Tz. ad Lyc. 1374.

83　对入侵者的抵抗在伯罗奔尼撒山区持续了几代人之久。有关这个时期的记忆是混乱而有时又互相矛盾的，它们以口头传说留存下来并靠波桑尼亚的简略记述传至今日，在细节方面并不可信；但它们反映了抵抗的坚决和斗争的激烈，这种特点和日后中世纪甚至近代希腊历史中各个抵抗时期不相上下。① 抵抗运动的据点位于阿尔卡狄亚境内，这地方一直保持其阿尔卡狄亚方言而从未屈服。在伊利斯和美塞尼亚的山区（包括特利菲里亚和列普律阿提斯两地），为阿尔卡狄亚人、高孔尼人、米尼亚人固守达数百年之久。在公元前4世纪时阿尔卡狄亚人还对这些已被伊利斯控制的地区提出主权要求，此地固有的对萨米亚的波赛冬神和高孔神的崇拜一直未断。② 泰吉图山的峻岭绝壁和山麓丘壑为抵抗者提供了绝妙的潜伏所和进击拉西第蒙和美塞尼亚的多利亚人的根据地。希罗多德所告诉我们的、逃亡的米尼亚人在泰吉图山上点起营火的故事，可以看作是当时的游击战术的一个典型。③

亚该亚也一样，以其内陆山区和深沟峡谷而成为夹在伊利斯的奥希鲁斯部属和西夕温的多利亚人之间的孤岛。据传说，从阿尔戈斯和拉西第蒙逃出的亚该亚人把此地作为避难所，因而得名为亚该亚。他们移居此地后就排挤了原有的爱奥尼亚居民，这些爱奥尼亚人原称这地方为"埃吉亚鲁斯"，并在海里斯崇奉波赛冬神。他们不得不逃入阿提卡，而美塞尼亚的派罗斯的王族——涅

---

① 波桑尼亚，3.2；4.3。
② 色诺芬，《希腊史》，7.1.26；希罗多德，4.148；斯特拉波，343、345。
③ 希罗多德，4.145。

尼依代也在多利亚人驱逐下来到阿提卡避难。① 从亚该亚地方的语言在古典时期是西北希腊方言看，原有的亚该亚人后来可能又在伯罗奔尼撒内部移民动荡不断的时期被说西北希腊方言的部族征服。另一方面，伯罗奔尼撒的非多利亚各族渡海外迁的迹象却不多。在克里特的哥尔亭附近有"阿尔卡代斯"和"阿米克莱昂"等地名，可能来源于阿尔卡狄亚和亚该亚的移民，他们大约是在多利亚移民之前或者伴之而来的。爱奥尼亚血统的依庇道鲁人在代封提斯时期移居于萨摩斯岛，在那里倡立对赫拉神的崇拜，这是他们在阿尔戈斯地区就已习惯了的。从克列奥奈和福里攸斯来的移民在小亚细亚海岸建立了克拉佐美尼②。这类传说的稀少暗示着多利亚人的打击彻底摧毁了迈锡尼势力的主要中心，以致使残存者几乎完全无力在海外寻求新地盘了。

在入侵的早期阶段，阿提卡没受攻击。彼奥提亚人的南进是缓慢的，而多利亚人又已深入伯罗奔尼撒和海外各地。因此阿提卡变成了逃亡各族的避居地，其中包括来自派罗斯的涅尼依代和从亚该亚外迁的爱奥尼亚人。文学传说提到，涅尼依代族的米兰图斯，以前曾做派罗斯之王，后来代表雅典人在一场决斗中打败了彼奥提亚人而成为雅典国王。在雅典王表和涅尼依代家族的世系表中，米兰图斯属于特洛伊战后的第四代；他的鼎盛期可推算为贴近于公元前1080年。当多利亚人占据了麦加拉地区而进攻雅典人时，阿提卡是由米兰图斯之子哥德鲁斯防卫的，其鼎盛期大约紧

---

① 希罗多德，1.145；波桑尼亚，7.1；*FGrH*，4F 125(希腊)；希罗多德，5.65。
② 波桑尼亚，7.4.2、7.3.9；斯特拉波，633。

靠着公元前1050年左右。哥德鲁斯的幼子涅留斯,成为所谓的爱奥尼亚移民的领袖。从这些情况看,移民的开始大约可定在1020年前后。这个年代符合于下述两种传说:一为爱奥尼亚移民据说发生于埃奥利亚移民之后四代,而后者是在约公元前1130年;一为据说多利亚人的那支入侵部队在被哥德鲁斯击退后,在阿尔塔门尼斯率领下迁入克里特,而阿尔塔门尼斯是铁美努斯的孙子,后者的鼎盛期又在公元前1050年左右。①

雅典有能力抗击入侵的最后浪潮而又发起像爱奥尼亚移民那样大规模的运动,说明它当时是一个织织严密的国家。修昔底德以爱奥尼亚移民作为随多利亚入侵后而来的大陆动乱时期结束的标志。"经过了许多年代,遭遇了各种困难以后,希腊才终于得以享受安定生活而不再颠沛流离;然后它就开始殖民。雅典人移居于爱奥尼亚"②和大多数岛屿。主要是伯罗奔尼撒人,也包括希腊其他地方的一些人,殖民于意大利和西西里的部分地区。修昔底德还分析了雅典实力的来源:"它没有内部纷争,它给予最有才能的避难者以公民权,它得以进一步增加了本来就比较多的人口。"③

在这方面考古学也提供了不少帮助。雅典陶区墓地的发掘已提供一系列其年代可大致确定的陶器形制的发展顺序,即次迈锡尼期,公元前1125—前1075年;原始几何形风格期,公元前

---

① *FGrH*,4F 125(希腊)、3F 155(菲利西德斯);希罗多德,5.76。
② 此处之爱奥尼亚系指小亚细亚西部沿岸,因爱奥尼亚移民定居其地,故称之为爱奥尼亚。——译者
③ 修昔底德,1.12.4、1.2.6。

1075—前950年，以及几何形风格期，公元前950—前710年。和陶器一同出土的文物表明这时期有新的风俗传入阿提卡。在次迈锡尼期的文化层中发现了三个火葬墓和一些长形衣针（可以用以扣束多利亚大袍）。在萨拉密斯，发现了两个火葬墓和一种新式样的扣针，其年代可能较上述雅典出土者还早一点儿。在原始几何形风格初期，陶区墓地已几乎尽是奉行火葬，从此一直到约公元前800年时，它一直占统治地位。公元前800年以后埋葬才又流行起来。在原始几何形风格初期，铁剑和匕首也和骨灰一起下葬，而在前一时期雅典并无以武器陪葬之例。被称为原始几何形的陶器新形制在雅典要比大陆其余地区开始得早（约公元前1075年）。这种陶器最完善时期是在公元前1000年左右，其特点是装饰与形式之和谐以及一种优美的匀称感。在这同一时期（约公元前1000年），墓地扩大了一倍，陪葬陶器数量大增。武器普遍用铁制，铁砍剑大为流行。

这种墓葬、衣饰、陶器风格的转变极可能是由于雅典有新的居民移来；这种转变的逐渐发展的性质，表明新移民是在公元前1100—前1000年逐渐增加的。从当地并无来自东方的影响这一点看，新来者显然是来自大陆并无疑就是那些逃难者，例如上述由派罗斯和亚该亚来的人。雅典陶区就是他们的墓地。因为雅典本地人是在乡间的家族（氏族）坟墓中埋葬死者，他们继续这种习俗一直到伯罗奔尼撒战争时期。逃难者由于背井离乡脱离了自己传统的墓地，就只能在外乡实行火葬，像亚该亚人在特洛伊以及日后雅典人在叙拉库斯的情况下都做了同样的事。在彼奥提亚、厄律特利亚、克里特、塞拉以及罗得斯出现的早期火葬的例证，可能也是由于有了移民部族。逃难者的最大量的涌入是公元前1050—前1000年，当时雅典陶区墓地大有扩展而原始几何形风格陶器也臻于完善。毫无疑问，迁入者在发展雅典这种风格的陶器达到最高水平方面做出了自己的贡献，就像日后公元前530—前490年科林斯来的外邦人对雅典陶艺大有促进一样。

在整个公元前10世纪并可能就在它的最初一二十年间，在雅典大为发展并达到完善的原始几何形风格，很快就散布到爱琴世界的大部分地区。这种散布显然不是由于陶器和它所装的货物的买卖贸易（因为没有任何有关雅典和其他中心交换陶器的迹象），而是由于爱琴地区各地重新恢复了接触，从而使雅典艺术的卓越风格远近闻名。这一重新接触的中心地带是夕克拉底斯群岛，其边缘，就目前已知而论，则达于北部克里特、卡利亚的阿萨尔利克、爱奥尼亚的斯迈尔纳、列斯堡和多德坎尼斯，以及斯夕诺斯和帖撒利。带头进行这种接触并在一些情况下带来这些陶器的人，毫无疑问就是那些从雅典东迁的爱奥尼亚人。因为他们占据了夕克拉底斯群岛并使海路向希腊特别是雅典的海员们开放。原始几何形风格对科林斯地峡附近的大陆地区的影响不大，最远及于弗西斯、拉哥尼亚和伊达卡，但这些地区在有些情况下可能不是出于直接的接触。雅典的制陶工人在公元前11世纪—前8世纪后期创造了原始几何形和几何形陶器的最美风格一事，实属雅典艺术的一大成就。

移民者侵入的夕克拉底斯群岛和小亚细亚沿岸，原来是被文明而好武的民族占据着的，其中最突出的是卡利亚人，他们以航海和好战著名，他们的同宗亲族麦西亚人和吕底亚人也差不多。此外还有勒尼格人、皮拉斯基人、腓尼基人和提尔赛尼人等,以及那些从希腊半岛和克里特来的移民,他们已在各岛屿和小亚细亚沿岸立足多年。要把这些善于航海的民族从其据点赶走确非易事。爱奥尼亚移民在这方面所取得的成功必然在很大程度上得力于雅典海军及其指挥之支援。移民非雅典本地人但是取得雅典公民权的避难者和来自希腊各地的志愿者有:由亚该亚来的爱奥尼亚人,优卑亚来的阿般提人,奥科美努斯来的米尼亚人,彼奥提亚来的卡德莫斯人,德律奥皮人、弗西斯人、莫罗西亚人、阿尔卡狄亚人,来自依庇道鲁的多利亚人以及其他各族人等①。由于雅典的支持和涅尼依代的率领,使这个五花八门的队伍多少有了点统一和谐。它的进展是缓慢的,横渡爱琴海的移民浪潮持续不断达一个世纪之久。移民者的精神在明纳尔姆斯的诗中有很好的描述:"我们是离别了涅留斯之城派罗斯的一群,乘船而至亚细亚;以雷霆万钧之势我们迁居于可爱的科罗丰,那暴风骤雨般强力的先锋,从这里……靠神的恩惠我们又占领了埃奥利亚人的斯迈尔纳。"②

有关科罗丰的传说恰切地反映了移民的性质。由涅尼依代的两个成员率领的第一批移民,和先到该地的克里特人、卡德莫斯人订了条约,而这些克里特人和卡德莫斯人早先又曾驱逐了原有的卡利亚人。由一个派罗斯人安德雷蒙率领的第二批移民却征服了科罗丰,后来又涉入占据斯迈尔纳的争端中,最后又排挤了当地的埃奥利亚移民。③ 在开始建立其定居点的艰苦战斗中,第一批来

---

① 希罗多德,1.171、1.146;修昔底德,1.12.4;*FGrH*,3F 155(菲利西德利)。
② Mimn. ,*Fr.* ,9。
③ 波桑尼亚,7.3;斯特拉波,633—634;希罗多德,1.150。

到米利都的爱奥尼亚征服者没有带家眷而是从卡利亚人当中娶妻,①这些卡利亚人又是霸占了原先的米诺斯和迈锡尼居民的较早的征服者。在公元前10世纪的动乱中,爱奥尼亚人终于胜利地占有了亚细亚海岸和相邻岛屿上的12个城市,此即日后著名的"爱奥尼亚十二城":米利都、迈攸斯和普里恩尼,控制着迈安德河流域及其出海口;以弗所,濒临凯依斯特河,科罗丰则在其北,此外还有列比都斯、太攸斯、克拉佐美尼和厄利克斯。赫尔木斯河故道西岸的弗卡亚及两大岛——奇奥斯和萨摩斯。

每个城市都崇奉一个传说的创立人,正是他率领第一批移民冒险而至;他的坟墓经常为人祭扫,他的后裔保有世袭头衔和官职,例如,在以弗所,哥德鲁斯之子安德罗克列斯的后裔就一直拥有"国王"的头衔及全副王权仪杖,并担任埃利乌西斯的德米特女神祭司之职,日后直到公元初年还据有运动会主席的权位。② 由于移民往往来自希腊大陆各个地区,每个城市都保留着组成其公民整体的各地各族特有的方言、信仰、习俗和传统。例如,米利都由于主要由阿提卡来的爱奥尼亚族移居,就保留了阿提卡原有的四个爱奥尼亚部落的名称;从其他希腊地区来的移民组成另外两个部落,波莱斯和奥诺皮斯,它们由以命名的始祖则和帖撒利、彼奥提亚有关。米利都人的重要神祠是亚西苏斯的雅典娜庙和迪底玛的阿波罗神签所,它是由布兰奇代这一世袭祭司家族管理的③。在萨摩斯,由于移民主要是在普罗克列斯率领下来自依庇道鲁地

---

① 希罗多德,1.146.2。
② 斯特拉波,633。
③ 希罗多德,1.19.3、1.157.3。

方，因此保持着对阿尔戈斯的赫拉女神的崇拜，而在奇奥斯则因其移民是先有阿提卡来的爱奥尼亚人，随后又有从优卑亚、彼奥提亚和帖撒利来的人，故该岛的方言是以爱奥尼亚为主而杂有埃奥利亚成分。然而，无论移民祖籍何族何地，他们都有一些共同的制度：按部落、胞族、氏族组成的氏族制度（在萨摩斯，则习惯用"千人"、"百人"等词分别称呼胞族、氏族等），世袭的王权和祭司，以及族籍世系表的保持等。这最后一种——世系表，曾使得米利都的赫卡太攸斯声称他的第十六世先祖是一个神。①

爱奥尼亚人占据了小亚细亚沿岸的最好地带。曲折的海岸为他们提供了充分的地中海气候和优良的海港，而奇奥斯和萨摩斯又控制了沿海的南北通道。同时，大陆上的各城市，特别是以弗所和米利都，又控制着由内地到凯依斯特河和迈安德河的主要陆路。另一方面，爱奥尼亚各城防御小亚细亚陆上强国的条件却较差。由于被各支山脉彼此分割开，它们甚至连一条海岸连续地带也掌握不了，更不用说深入内陆。它们的共同危险促使它们在崇奉赫里孔尼努斯波赛冬的信仰中联合起来，这种崇拜是在麦卡列海角的帕尼奥尼昂祭台举行的。虽然在族籍上各不相同，这些移民却采用"雅奥尼"（日后的"爱奥尼"）作为共同的名称，这名字传到亚洲各民族中就成为"雅凡"（Javan）或"亚宛"（Yawan），被扩展为对一切希腊语民族的称呼了。联系各爱奥尼亚城市的主要纽带是它们的贵族阶级。由于都是在哥德鲁斯的子孙率领下从阿提卡出发而来，各城的贵族都奉行雅典的"阿帕托里亚"节庆仪式，在其间

---

① 希罗多德，2.143.4。

各胞族接受其新成员。① 在公元前8世纪时可能"爱奥尼亚十二城"的全体成员都举行这一节庆，它不仅保留了社会的氏族组织，同时也强调了爱奥尼亚和雅典的联系。更有甚者，爱奥尼亚族的阿提卡是没有遭到入侵的。因此，海外的爱奥尼亚人自然把阿提卡当作他们的故国，而雅典在德尔斐的安菲克蒂翁联盟②投票时也就代表着爱奥尼亚族。然而这种联系主要是宗教感情上的；现实的联系，例如日后存在于希腊各殖民城邦及母邦之间的那种联系，则从未在爱奥尼亚各城和雅典之间形成过。

爱奥尼亚移民也排挤了非希腊的民族，特别是卡利亚人，把他们从中部爱琴海各岛逐走，而代之以从希腊大陆来的移民。在西奥斯、塞里孚斯、夕弗诺斯、纳胡斯、铁诺斯和安德鲁斯等岛，移民主要是来自阿提卡的爱奥尼亚人，但从族名和宗教信仰上也可看出有来自帖撒利、彼奥提亚和罗克里的人。雅典为提洛的爱奥尼亚人提供了四个部落名称，为帕罗斯岛移民提供了两个领袖，而在迈孔诺斯岛则有一个涅尼依代族成员成为其创立人。夕特诺斯岛被德律奥皮斯人占领，他们原先是从斯伯切攸斯河流域③迁来的。虽然他们来源各异，各岛居民很快就把他们自己视为一体。从公元前8世纪甚至可能更早一些时候起，他们在每年圣月期间就携妻带子汇聚于提洛，用舞蹈向阿波罗神顶礼朝拜并以敬神的名义举办音乐、诗歌和体育比赛。在选择提洛作为宗教中心这一点上，岛民是遵照青铜时代居民的传统的。他们可能从此地继承了阿尼

---

① 希罗多德，1.143.3、1.147.2。
② 安菲克提翁联盟是一种宗教同盟。——译者
③ 在北部希腊。——译者

乌斯信仰和对爱雷蒂亚、赫卡特和布里佐的崇拜。在大陆各国中，雅典特别和提洛这个神圣之岛有密切联系，例如它的提秀斯和马拉松三城等传说都和提洛有关；在梭伦之时，假若不是更早的话，雅典就以爱奥尼亚最古地区的资格，派代表参加了提洛的节庆活动。[1]

第四节 爱奥尼亚人和荷马史诗

爱奥尼亚人在公元前10—前9世纪通过不断的作战而在亚洲海岸和各岛屿上取得并保持了立足点。物质财富的兴旺则在较后阶段。因此，在精美的陶器方面，它们较希腊大陆先进各族要落后一些。另一方面，由于爱奥尼亚人来自希腊大陆的许多地区，他们具有收集和流传青铜时代的史诗素材的良好条件；甚至从环境的影响看，他们也确实还继续过着产生史诗的那种掠劫和漂流的生活。雅典和塞浦路斯也享受着传统没有断绝之惠；但它俩谁也不是英雄时代的主要国家，而在公元前9世纪时却又都已获得了定居的生活。埃奥利亚的移民也同样是青铜时代的幸存者，但他们偏重于农业生计，可能使他们减弱了对史诗传说的兴趣。由此可见，在移民过程中，在那些爱奥尼亚的王族和显贵的宫廷里，史诗可能仍继续被人传诵，这些王族显贵，当其逗留于阿提卡和移民于爱奥尼亚之际，显然缅怀往昔的繁华和故国的威权。

---

[1] 希罗多德，8.46以下；修昔底德，7.57；h. Ap. 146以下；修昔底德，3.104.3以下 FGrH，328 F 75（菲罗库汝斯）。

正是在这种情况下,《伊里亚特》被创作出来。诗篇所据以发展起来的传统歌谣,早就已经用爱奥尼亚方言抒唱了。一般认为荷马是其作者。他的后裔——荷马里代,一直生活于奇奥斯岛,至于他的出生地则有该岛或斯迈尔纳两说。关于创作年代,各家争论得很厉害。希罗多德判定的年代——公元前850年左右,可以认为是比较接近于正确的,因为它处于爱奥尼亚的移民时期结束之际,而又在新的时代破晓之前——在这个新时代中,爱奥尼亚各城邦已转向殖民事业了。①

《伊里亚特》的一大特色是它对于所描述的晚期青铜时代的环境力求如实保留。其中史实颠倒之处确实少得令人惊奇。这种忠实性应归功于史诗传统的威力而非荷马个人的天才。然而,《伊里亚特》和成套的史诗歌谣之间却有根本的差别,它们无论在篇幅长短、性格描写和艺术技巧上都很不相同。最能表现作者诗才卓越之处是其情节的一致,他使一首需要五个晚上朗诵的长诗始终围绕着阿溪里斯发怒这个主题。他的善于编排材料可与他的精于刻画个性媲美。他笔下的各个人物都是轮廓鲜明、印象深刻的,对他们情意转变的微妙刻画则说明作者对人性了解得透彻。在遣词用韵的艺术上,他的灵敏和威力是无与伦比的;虽然六步韵的诗格和史诗的词法在先前的发展中已有数百年的基础,荷马却运用它们到如此完善的地步,不仅希腊史诗的其他任何作者不能望其项背,也非其他语文中同类创作所能及。荷马诗才的这些特点,再加上运用了积累有数百年传统的史诗体裁和一个很有天赋的民族的语

---

① Pi. *N*. 2.1;希罗多德,2.53.2。

言形式，就产生了世界文学中最优美的史诗创作。《伊里亚特》作为希腊文学的杰作，除了具有一切希腊诗作固有的坦率、优雅的特点而外，还有一些在爱奥尼亚族中特别发展而非其他希腊族所能及的特点，例如感情的细腻、个性的突出、语言的流畅等。这些特点大概更多地和荷马个人的禀赋与爱奥尼亚的环境有关，而不像是史诗传说的最早阶段所能有的。如果问《伊里亚特》中哪些情景最能道出荷马和爱奥尼亚的心声，那就是在阿溪里斯之盾的章节中有关战争的毫无意义的残暴性的刻画。

这诗篇的影响极其深远。它对希腊民族观点的无比完美的表述启发着城邦初期的诗人。它对情节冲突的杰出安排和生活真实的关注，指导着阿提卡戏剧繁荣期的悲剧作家。在希腊化时期史诗文学的复兴中它更起着主导的作用。这诗篇还是希腊一切城邦的教育中的基本教材，它确立了有关人的理想和宗教信念的标准，这在希腊城邦分立的局面中是一个有力的统一因素。甚至当哲学的思维和世俗的逸乐使得荷马有关神的观点显得过时之际，他塑造的英雄气质仍为千秋万代的人所敬佩与景慕。

古人把荷马也当作《奥德赛》的作者。《奥德赛》在构思的宏伟、情节的巧妙、性格的突出和切合晚期青铜时代的史实方面与《伊里亚特》很相似。但主题完全不同。它不是谈战争和战士，而是叙述奥德修斯的个人冒险和归国历程。确实，这样一种题材在史诗传说中也早已有之，两篇史诗都可看作是长期传诵过程的登峰造极之作。然而，这一题材本身的特点却容许了较多的不定时限的表现手法，从而可以较自由地处理传统的素材，因此，在《奥德赛》中没有类似于兵船名单那样的历史材料，也没有《伊里亚特》那种关于葬礼运动会和显贵精神的描写,却包含了像奥德修斯的长途漂流和下到阴间之类的非英雄的话题。虽然《奥德赛》在细节描写上也恪守故实,但比起《伊里亚特》来更富于迎合人意的现代精神。即使那些相信两诗同属一个作者的人,也把《奥德赛》看作是晚期作品,把它的创作归于荷马的晚年,例如古罗马的文艺批评家隆奇鲁斯就把写作《奥德赛》的荷马比喻为西下的夕阳,虽然仍有雄浑之美却无灼眼的强光。[①]

虽然仍有把两部史诗归于一个天才的想法,但它们语言上的具体差别和观点的新旧对比是如此明显,使我们不得不把《奥德赛》归于另一位作者,他是属于另一诗歌流派并生活于希腊世界的另一地区的人。有关《奥德赛》的创作年代也是争论不休的。有的学者认为它是在公元前7世纪,但更为可能的是在公元前8世纪的前半期,在爱奥尼亚的抒情诗犹未兴起和希腊城邦还没到西部地中海殖民之前。在《奥德赛》中,希腊民族精神的另外一些方面得到了不朽的表现:好奇的禀性、才能的器重、冒险的癖好以及人际关系的直率等。假若说《伊里亚特》预示着斯巴达人的尚武精神,那么《奥德赛》就预示着古典雅典人优美悦人的气质。它在文学方面一直影响到希罗多德、米南德、鲁西安和各希腊小说家,而他对于那有如浊酒般的海洋的千姿百态的描绘和对人的忠诚勇敢的歌咏则永远激动着后人的想象。

《伊里亚特》和《奥德赛》是史诗体裁的两大杰作,但它们并不意味着这一传统的终结。和这两篇史诗相伴,其他的小诗小歌和

[①] Longin. 9. 13.

诗歌的断片仍起着陪衬作用而附加在一起,还有许多独立的成套歌谣也得到了加工和写定。其中如《塞普雷亚》、《埃提奥皮斯》、《依诺·伯尔西斯》等,是《伊里亚特》的序曲和尾声,可能创作于公元前8世纪;另一名叫《依里亚伯尔伐》的诗篇则作于公元前7世纪。和《奥德赛》的题材相同的《归国》以及可作《奥德赛》续篇的《帖利哥尼亚》和《铁斯普罗提斯》则可能分别作于公元前7世纪和公元前6世纪。其他的长诗,专叙底比斯的神话的《底比斯人》、《奥迪普底代》和《后辈英雄》等,则可能分别作于公元前8世纪和公元前7世纪;另外一些以赫拉克勒斯和其他地方传说为题材的诗篇则作于城邦初期阶段。这样大量的诗篇反映了荷马作品的影响和史诗传统的生命力。从这些传奇故事的丰富宝藏中,古典时期的希腊诗人们得以汲取他们绝大部分的素材,从而表明他们从前人的文明中承继了何等珍贵的遗产。

第 二 卷

希腊的复兴
(约公元前850—前546年)

史料来源

在约公元前850—前546年这段时期内,各希腊国家和宗教中心开始保存文献记录。奥林匹克运动会的优胜者从公元前776年起列表记铭,可能从更早一些时候起,各地各代国王、祭司的名单也已登记保存。德尔斐的神谕要用皮卷记下其答案以便安全保存,在斯巴达以及其他一些地方这种答案由国家官员负责保管。在斯巴达保存有一年一度的行政官员的名单,例如,从公元前757年起以后每年都有记录。但也不能把这一年当作有年代记载的第一个日期,因为按年纪事就像每年的日历那样,在一个社会的最原始的纪事法中就已是必不可少的了。从公元前750年开始,许多希腊城邦都位居地中海地区商业贸易的前列,它们使用文字也就日益普遍,到公元前700年时,人们甚至在破陶片上刻画书写。立法档案的汇编从公元前660年开始(如果不是更早一些的话),公布法案的方法也很快发展起来了。这时期的文学作品和那些成套的史诗作品相配合,对当时的生活和思想做了及时反映,这类文学作品也有相当数量流传至今。把这些素材用于历史研究,是由科林斯的攸美鲁斯在约公元前725年时开始的,篇幅相当长的史书也从公元前6世纪后期开始编写。耐久材料也逐渐在公共事业中使用。从约公元前750年起一些神庙已用石建造。在此以前多用皮革和木板记录的法案、法令、献词等文献,现在铭刻于青铜和石板上;雕像也用青铜或大理石制作,铸币上印有国徽和城邦的标志。这些发展大约开始于公元前7世纪。它们不仅为古代作家、也为今日的考古学家和历史学者提供了史料。

在希罗多德、修昔底德和亚里士多德以及那些不太出众的作者的著作中,上述史料的富藏有相当部分保存了下来。约公元前850—前546年产生的诗文以及日后的历史著作之所以能传到今日,还有赖于中世纪的学者和僧侣的辛勤抄录和细心保管,他们对古典时期文化遗产保存的热心有点类似于地中海世界黑暗时代的史诗歌手。这些著作是我们研究希腊历史的基础。现代考古学家、碑铭学家、钱币学家和古文字学家等则在补充和考核这些文献史料方面给我们很大帮助,他们为了解从古代遗留下来的各种实物史料提供了高度专门的技术。

第一章 文化和政治的复苏时期
　　　　（约公元前 850—前 730 年）

第一节　东方的影响和赫西奥德的宗教思想

　　在移民时期，爱琴地区的商业联系断绝，物质文化水平下降，但在近东地区却有一系列小国家保存和发展了青铜时代文明的遗产。直到这些小国在公元前 8 世纪被亚述帝国灭亡以前，它们之间一直保持着势力均衡。埃及虽然已失掉附属领地，仍然是文明的中心。在巴勒斯坦，独立的菲利斯汀国家在公元前 11 世纪达到鼎盛，以色列国在公元前 10 世纪大卫和所罗门统治下也达到其繁荣的顶点。腓尼基在这整个时期始终在航海和商业方面领先，其商船队不仅在东部、也在西部地中海扬帆活动。在腓尼基和叙利亚内陆有哈马和大马士革王国兴起，在其北则有小亚细亚东南部的新赫梯国家及其文化的复兴。有希腊和腓尼基移民的塞浦路斯，也属于这批独立小国之列；它像在晚期青铜时代那样继续和西里西亚沿岸、腓尼基以及巴勒斯坦进行贸易。

　　在这个文化绿洲之中，腓尼基字母得以从青铜时代以来使用的象形文字和线形文字中演变出来。字母的发明必然引起了沟通手段上的大革命,并使西方今日所用的文字书写法得以成形,因为现代欧洲的罗马字母、斯拉夫字母和希腊字母都是从腓尼基字母衍生出来的,腓尼基人和叙利亚的古代民族还精于编织、印染绣花挂毡以及青铜、象牙、釉陶、印章和甲虫形宝石等的制作。当近东文化开始再一次传播到爱琴地区时,塞浦路斯自然会成为中介而起着重大作用。虽然在黑暗时代,这里和爱琴地区的往来已告断绝,但塞浦路斯内部的希腊居民仍保留了许多米诺斯和迈锡尼文明的特色。一种稍加改进的米诺斯线形文字,大约在公元前1500年左右便被采用,约公元前700—前200年还有人使用(约公元前1050—前700年没有这种文字的踪迹流传下来,可能此时是在易毁材料上写字)。陶器中的迈锡尼风格有很长久的影响,史诗文学传统则在公元前8世纪间创作的《塞普雷亚》上达到其发展的顶峰,而希腊语中的阿尔卡狄亚-塞浦路斯方言则一直流传。这一个希腊民族的前哨据点充分吸收了东方艺术的影响,却又没有丧失自己固有的特色。在这方面它确实是希腊各城邦的先驱。

在公元前9世纪,近东和爱琴地区之间的接触逐渐重新开放了。主要的交通线是由塞浦路斯经克里特、塞拉、米洛斯以达希腊大陆的东南沿岸,追随着在中期青铜时代东方文化传入的故道。一条次要的路线经过罗得斯,这些接触最初是零散而不经常的,但它们结下了文明思想传布之果,从而促进了一百年后希腊文化的复兴。

腓尼基字母是最早传入的文明成果,它被接受过来用于表现希腊的语言。最初的字母中没有表示"xi"、"phi"、"chi"和"psi"的符号,属于这一发展阶段的字母曾在克里特、塞拉和米洛斯发现过。字母传入希腊的时间是很有争论的,它可能是在公元前825年左右。在这一年代之前的最早断限不能超过公元前850年,因为该时在塞浦路斯已有充分发展了的腓尼基字母;在它之后的最晚断限则有以下几项:公元前750—前700年阿提卡已用表示"chi"的符号,埃伊纳在约公元前720年有在陶片上书写得完全成熟的文字,在来自伊斯奇亚的一个陶碗(时间可能更早一些)上有长篇铭文。也可以用公元前850—前750年这样的年代范围表明一个早期年代,因为和希腊最早字母非常相似的符号已见于摩甲地方①出土的约公元前850年的腓尼基铭文。字母的用法传播很快。每一国家随后都发明若干自己独有的符号以表示那些在腓尼基字母中没有的元音和辅音。在公元前825—前725年有好几种希腊字母并存,它们的特点也复现于各殖民城邦,那可能是在公元前8世纪后半期及以后传于海外的。

来自近东的珍奇货物在公元前850—前750年稀疏地出现于希腊各地。年代约在公元前9、8世纪的,出自腓尼基和叙利亚工匠之手的象牙雕刻品,在克里特、罗得斯、萨摩斯、斯巴达和雅典都有发现。来源于小亚细亚内陆的另一种风格的象牙制品则经爱奥尼亚而达于科林斯。在斯巴达,腓尼基的影响则见之于陶土面具的制作和一种用在眼睑上涂抹眼圈墨(kohl)②的象牙签针。这些物品相当珍贵,在大陆各地仍属罕见,但它们开启了一种重要的贸易。

---

① 在巴勒斯坦以东,今约旦境内。——译者
② 原为埃及妇女用以涂眼的深色香料。——译者

这类发展之所以可能，显然是由于克里特、罗得斯、斯巴达、科林斯和雅典等地的生活状况已渐趋平定。从铁器时代留存下来的最早的神庙建筑是在克里特的德列攸斯、斯巴达和伯拉可拉（在麦加拉西南）修建的，年代在约公元前850—前750年。在公元前9世纪时，国家之间的相互影响是很缓慢的。例如，雅典的几何形风格陶器在公元前900年以后就已经传入诸如彼奥提亚、科林斯和阿尔戈斯等地区，但要过相当长时间才影响到斯巴达、克里特和罗得斯。因此每一城邦都发展了有自己特殊风格的几何纹陶器，例如，雅典和彼奥提亚就有显著的区别。科林斯影响所及的地区最广，它东达埃伊纳，西及伯拉可拉、安蒂西亚和伊达卡；它的海运也早已开始，有些科林斯人在约公元前800年可能已定居于伊达卡。阿尔戈斯的陶器风格扩及于阿尔卡狄亚的提吉亚，斯巴达的陶器则和克里特、塞拉的陶器有些相似。

在公元前8世纪后半期出现的海外接触的大扩展，使希腊的陶器艺术也发生了深刻的变化。近东地区的华美挂毡，以其鲜艳的色彩和富丽的图案启示了希腊艺匠发展一种"东方化"的风格，用彩绘和富于幻想的图案取代了原来的严整的几何线形纹样。这一新风格最早出现于克里特、科林斯和拉哥尼亚，在雅典和爱奥尼亚则较晚。它们不仅代表了希腊艺术的复兴，而且反映了和东方联系的全面开展，它们的兴旺期则和殖民运动的开始同时，这一殖民就其成就说将超过米诺斯和迈锡尼时期。

这一希腊艺术中的新风格主要得力于多利亚各城邦——克里特、科林斯和斯巴达的天才，而在随后的一段时期，科林斯一直是占领导地位的。爱奥尼亚人虽然在陶器方面落后，在文学成就上却是先驱。《伊里亚特》和《奥德赛》确实是日后所有各种体裁的希腊诗歌的创作源泉。但对于公元前9世纪后期和公元前8世纪来说,更重要的还在于它向大陆各族人展现了晚期迈锡尼文明的全部美景:它的物质成就、宗教信仰、个人品性和宇宙观念。这些爱奥尼亚史诗对于大陆各族的影响比东方艺术的影响更为深刻而持久。在公元前9世纪末,这种爱奥尼亚观点和大陆固有传统之间的差别,可从赫西奥德的《工作与时日》中见到一些;据希罗多德所述,这位彼奥提亚诗人几乎是和荷马同时的。赫西奥德以一种近似散文的格调袭用荷马的词汇和六步韵脚,他关心的是在贫苦的阿斯克拉农村生活中面临的现实问题。那些靠一套犁具和一两个奴隶耕作的小农为生计而终生辛劳。他必须知道季节,并按日历上的吉、凶时日行事,这里面充满着各种迷信禁忌。诗篇之作多属个人兴趣,而其目的则在劝诫诱导。赫西奥德对他那位想勾结"贪赃的头人"而侵夺祖传份地的不义之兄进行劝诫。他强调人间万事皆由宙斯神掌管,因此,正义终将胜利而好事必有好报。因此,在社会生活中情况也是一样的,正义之邦得免于天灾人祸,而不义之邦必遭覆灭①。这种简单而真挚的信念是用寓言、神话和民谚加以论证的,它们对于那些村野农夫确实是肺腑之言,但和爱奥尼亚史诗的精于世故却有天渊之别。

赫西奥德在《神谱》②中记述天神的各代世系和他(她)们与人间男女的婚配(神与凡女的婚配特别列为《埃奥雅衣③》[Eoiae]

---

① 《工作与时日》,212—247。
② 《工作与时日 神谱》,1991年商务印书馆已出版中译本。——译者
③ Eoiae,意为"再说"。——译者

篇);在《名人表》中则列举希腊族从其先祖丢卡利翁和皮拉以来的世系。在这些诗篇中赫西奥德表现的是有关希腊民族和诸天神的普遍的而非地区性的图画。因此我们必须假定,赫西奥德是亲自收集了希腊各族信奉的各种关于神明和先祖世系的材料的;而只有在希腊世界内部已普遍恢复交通旅行之后,他才能做到这一点。赫西奥德可能对那些互相矛盾分歧的民间记诵的地方传说加以系统整理,但他自己的忠厚老实的性格以及世人对他著作的肯定与信任表明他正确记述了民间传说。在这些诗篇中他为希腊神话和史学奠定了基础。

《神谱》所表现的世界观比荷马史诗更为原始(例如它包括了许多粗俗的传说和宣扬宙斯神主宰一切的简单信仰),但它关于天地起源的看法却是了解希腊宗教思想的一个不可或缺的背景。天地之初是一片混沌,混沌之中分出了尘世和阴间(Tartarus,或称地狱),又从它们派生出宇宙间的万物。于是天与地交配而生诸神,黑夜生出了死神和命运之神,命运神的使者——莫伊来(Moirae)神"必报人间和诸神之罪仇"。于是诸神创造了人类。[①]根据这种天地起源说,宇宙中物质为先,其后才有诸天神灵和阴间的神力,除了后者(例如死神和命运)在代表物质宇宙的内在条件方面不可抗拒而外,这两类神灵并无高下强弱之分。

物质宇宙的主导规则是尊重秩序。如果各种成分互相侵犯,宇宙就要重归于混沌。诸神的世界也要遵守这一准则:"他们瓜分财富,共享权力。"每个神都有他的或她的专责和名分(莫伊拉

---

① 《神谱》,116以下。

Moira,源自莫伊来神),如有侵夺就会得到莫如来神的保护。诸神也在一世袭的神王制度统治之下,最初的神王是克罗努斯,其后则是宙斯。在他们统治时期人类有四个民族相继兴亡,第五个民族就是当今的希腊族——铁一般刚毅的人,他们"白天辛勤劳累,黑夜也不闭目长眠"①。人类本身受制于物质宇宙的各种条件,也受制于诸天神灵和阴间神灵;如果他胆敢违抗宙斯的正义则必为宙斯所灭。

在赫西奥德的诗中,宙斯的正义与世人自己的正义感之间并无矛盾。赫西奥德坚信正人君子必得好报,正义之邦必免灾祸。他认为这就是宙斯的意志,而宙斯主宰人间的一切。对于后代的希腊思想家,这种观点不能完全接受。当他们试图把宙斯的正义和人的正义感相统一时,他们就不得不对赫西奥德的观点予以修正。

赫西奥德的诗作以及日后的赫西奥德派诗作可能从管理德尔斐阿波罗神庙的祭司那里吸取了一些题材。由皮提攸斯女祭司作为阿波罗神的代言人而发出的神谕,有些实际上是以祭司们在宗教和世俗事务方面积累的智慧为根据的。这种德尔斐阿波罗的神谕由于它在入侵时期支持了多利亚人而得以大大提高其威信,在多利亚各城邦中对皮提攸斯阿波罗神的崇拜也就极其重要。特别是斯巴达,它认为它的双王制以及它之得埃盖代族之助征服阿末克莱、甚至它的国法宪体都来自德尔斐的神谕;每位斯巴达国王还可选两名斯巴达人担任名叫"皮提依"的官员(亦即皮提攸斯使者

---

① 《工作与时日》,109 以下;《神谱》,176。

之意），他们的职责是到德尔斐请示神谕和保存女祭司做的口头答复。① 早在公元前8世纪时，这神谕在大陆就已天下闻名。它提供了宗教和道德观念的正统论述，并且在秩序日益稳定以后促进了希腊各城邦之间的往来和交流。

奥林匹亚这个宙斯神的主要圣域，作为另一宗教中心，兴起于伯罗奔尼撒西部。在多利亚入侵以后的一段时间内，这一圣域的礼拜还只具有地区性的重要意义，但自从奥林匹克节庆在公元前776年倡立以后，立即吸引了来自希腊许多城邦的代表。这个每四年举行一次的运动会是为了崇奉奥林匹亚的宙斯神的。一种宗教性的停止一切械斗的习惯保证了参加人员在来往旅途中的安全。从公元前776年开始登录的优胜者名单，是大陆上最早的具有全希腊意义的文献。各地区在这时期可能还有一些区域性的重要崇拜，例如安菲克蒂翁的北希腊各部落在温泉关附近的安弟拉的集会，在科洛尼亚的泛彼奥提亚节的庆祝，以及在卡鲁里亚的波赛冬神的崇拜（有萨隆尼克湾的许多相邻城邦和奥科美努斯参加）。

在海外，爱奥尼亚人在提洛举行阿波罗节庆。美塞尼亚人在约公元前750年第一次派遣了合唱队参加，科林斯的诗人攸美鲁斯为之写了歌词。在《阿波罗颂歌》中，提洛和德尔斐之间的竞争是很明显的。这诗篇分为两部，原来独自成篇，大约在公元前8世纪创作完成。这诗篇的两部以及一些荷马派的诗篇可能都是在节庆中参加竞赛之作，而不大像是吟诵史诗的一种序曲。在优卑亚的加尔西

---

① 希罗多德，6.57.2。

斯举行的一次这类竞赛中,赫西奥德曾经参加并赢得了奖品。①

第二节 城邦的兴起

随着交通的逐渐恢复,一种新的政治形势开始从移民运动的黑暗时代中展现出来。除了阿提卡而外,迈锡尼时代的各国已被涤荡无余。在移民过程中以及其后,埃奥利亚人和爱奥尼亚人都无力恢复特洛伊战争时期在希腊大陆盛行的那种辽阔的附属国和广大的、包括许多居民点的部落国家的制度。在亚细亚沿岸,各居民点是孤立的,因此它的居民只能形成单一而自成体制的政治实体;它们自卫的唯一方法就是集中避居于设防城市之内而使攻城之敌陷于饥馁。

在这种情况下,一系列小城邦就在小亚细亚出现了,一开始它们就无力互相联合起来,日后的事态发展也表明它们无力征服内陆以组成更大的统一国家。在每一个居民点上,设防的城堡——史诗中的市镇(polis)具有了全新的意义:它变成了社会和政治生活的中心。正是在这种意义上,"阿溪里斯之盾"②描写了市镇的情况,这里有歌舞欢庆婚礼的场面,也有长老在公民集会上出庭判案的情景。这样的描写更适合于荷马当代的情况而不大可能是阿溪里斯的宫廷中所见。因为在公元前9世纪时,亚细亚沿岸的爱奥尼亚和埃奥利亚的城邦已牢固地建立起来了。在各岛屿上也同

---

① 《工作与时日》,650以下;波桑尼亚,4.4.10。
② 荷马史诗《伊里亚特》中之著名章节,见该书18卷478行以下。——译者

样地建立了城邦,由于面积甚小,往往是一岛一邦。少数大岛有好几个城邦:例如埃奥利亚的列斯堡岛有五个,爱奥尼亚的奇奥斯则有四个。这些城邦作为独立国家一直存在到古典时期,由此可见成为希腊各族一大特点的地方主义精神之强烈。

埃奥利亚和爱奥尼亚形式的城邦就是这样起源的。它首先是由于迈锡尼各国的瓦解,其后又受到移民定居各地的地理条件的影响。然而,这些城邦和迈锡尼时代仍有很多相似之处。它们在民族上是兼容并蓄的,各个城邦的公民都由来自各地各族的移民混合组成。各城公民都保持其祖先在晚期青铜时代已在大陆发展起来的各种宗教信仰、方言和部落制度。虽然他们在进取精神和生动活泼方面相当出众,但他们缺乏克里特和伯罗奔尼撒的多利亚城邦在不同情况下取得的严密和排外的团结一致。

如前所述,希腊大陆和南部爱琴地区在约公元前850—前750年的特点是恢复了和东方文明的接触,以及随着秩序的安定而日益发展的各希腊城邦间的交通往来。在这些有利条件下,多利亚各城邦形成了自己的政治制度,使它们在城邦初期甚至在某些情况下,在古典时期一直居全希腊的领导地位。克里特,这个处于近东和大陆之间的海岛,在古希腊时期拥有最早组织公民团的美名,所谓"公民团"(politeia),既指一种享有全权的公民社会团体,也指与它有关的政权组织形式和宪法制度。克里特人自称,那些征服了李图斯的多利亚人在该地袭用了原由米诺斯王创立的宪法,这一宪法又由李图斯传到岛上的其他多利亚共同体。[①] 在这里,

---

① 亚里士多德,《政治学》,1271^b20。

也像在其他地方一样,多利亚入侵者最初都定居在村庄(komai)里,他们把原有居民降为农奴,他们自己则保持了多利亚族分为三大部落的制度,部落下又分为胞族和氏族。在黑暗时代之末,克里特岛上所有的多利亚人社会共同的那种宪法制度就牢固地建立起来了,并一直保持到公元前3世纪。这些克里特宪法制度的特点就是公民只知为国不知为家。① 显贵家族的年满17岁的男孩都应征入伍(agelai),在部队中要受严格训练,如从事体育锻炼、狩猎、配合音乐进行战斗演习等;每队都由应征入伍的孩子的父亲加以管束。凡未能入伍的人政治地位要受影响,法律上也不能享受充分权利。在队伍中表现良好的人,在19岁时可参加男子的聚餐会(andreion 或 hetairia);每一聚餐会的成员在一起吃饭,因此也在一起作战。男子在19岁时结婚,新娘成年后可与丈夫同居,共理家务;但是男孩从小就习惯随其父参加聚餐会,在未入伍前就随着大人从事刻苦锻炼。

部队和聚餐会都用国家公款维持。每个聚餐会的成员由国家供给足够的土地、资财以养家,他们自己则全力以赴从事政治活动或作战。家庭生活减到最低限度,妇女常年与男子隔离。原先的按部落、胞族、氏族划分的氏族制度,在这种公民社会中也完全失掉其政治作用;但它仍是一种保证公民权父子相传的世袭制的形式。各家的子嗣共同继承家宅,当女继承人无近亲可供归属时②,

---

① 斯特拉波,480以下。
② 此处系指氏族制度中死者之妻室不得和氏族外人再婚,只能归属于近亲的习惯。——译者

则可与同部落的人结婚。但任何具有政治意义的族籍事务,例如在全权公民家庭接受养子等,都要征求聚餐会和民众会的承认。

和被称为"军士阶级"(to machimon)的全权公民相反,那些被称为"耕作阶级"(to georgoun)的无权居民则由各种等级的农奴和奴隶组成。农奴被固着于土地上,其中称为"克拉洛特"(klaroitai)的可能是全权公民家的份地(克拉洛[klaros])或他们最初的庄园土地上的农奴,"姆诺伊特"(mnoitai)是公有或国有土地上的农奴,而"阿发米奥特"(aphamiotai)则是其他家族庄园土地上的农奴。此外,在多利亚人定居后,征服的居民则被称为"皮里阿西人",他们要向征服者缴纳贡税。这一阶级的人有部分政治权利,例如可拥有或继承财产等。他们比买来的奴隶(chrysonetoi)要高一等,后者只不过是主人的私产。① 在一般城邦中,服役期公民只有数百,而农奴和奴隶则为数众多。因此公民必须独占地把武器兵甲、军事训练和政治权力完全掌握在自己手中,他们还得集中居住于形成他们的"城市"的街坊住宅之内。在希比里亚斯的克里特饮酒歌中,曾对他们的地位做如下美妙的描绘:"我的财富就是矛枪长剑和护身铠甲,我用它耕作,我用它收获,我用它从葡萄中取得甜酒,我用它使我变成奴仆之主。"②

这类少数特权公民社会自然需要一种稳定而保守的政治制度。在入侵时期,每支多利亚人都由一世袭国王统领,有组成议事会(boule 或 gerousia)的长老或氏族长为辅。王权衰微后,公民们

---

① 亚里士多德,《政治学》,1264^a21、1272^a17、1329^b1。
② Ath. 695 以下。

从一定胞族(startoi)中选 10 名行政官(kosmoi),执掌军权和其他属于国王的行政权力。这些行政官一年一选,以他们的名字作为该年之名,在任期终了时如不称职要受责问。这 10 名行政官加上一名秘书组成一委员会,负责维持聚餐会和军队的社会体系,公民们从担任过行政官的人中选出"三十长老议事会",当选者终身任职,有发号施令之权而不受质询检查。人民大会在中心市场(agora)召开,选举行政官和议事会成员,作为咨询机关,人民大会只能简单地承认行政官和议事会员共同裁定的决议;只有在行政官和议事会员间有不同意见时,人民大会才可在不同的提议前有所选择。

在这种体制中,行政当局和议事会掌握大权。人民大会无权制定政策,选举制度则是为了让少数有行政管理能力的人垄断职位。行政官和议事会的选举一直为几个胞族世袭的情况表明这种体制大约在政治发展的较早阶段就已形成。这类政治制度和社会组织通行于所有克里特的多利亚城邦(它们的数目约有 100 以上),其采用可能是逐步的,在克里特至少有一个城邦在公元前 7 世纪时仍有国王。克里特就这样组成了一个分为许多微小而独立的多利亚公社的社会,它们彼此之间经常交战,但绝不鼓动敌方农奴起义,他们的共同利益使得他们避免了曾使大陆上的多利亚城邦终于覆灭的那种危险。①

黑暗时代的各种情况可能是导致克里特和其他地方的多利亚城邦产生的原因。在征服之时,各多利亚入侵者还保有和他们占

---

① 亚里士多德,《政治学》,1272^a、1273^a、1269^{a}39。

领地原居民相似的、比较大的部落组织。但是,随着情况的恶化和交通的断绝,征服时的远大眼界也告消失。各支征服者以亲缘家族聚合为村落定居下来后,变成了只顾统治压榨所属农奴的独立而闭塞的政治单位。当情况改善以后,各独立单位由共同利益而进一步联合时,就不再按原先的部落组织而是由相邻村落形成一些小的组合。这样一个小组合就是城邦(polis)的雏形。用亚里士多德的话说:"各村落的结合即成长为城邦,它已经包含那实际上完全可以自给自足的地域。"①

城邦的这种起源使它具有显著的特点。它保有从它由之组成的各村落(komai)传下来的强烈的亲缘关系,因此公民权一般规定由父母双方世袭继承而来。它使主人和农奴之间的区分永久化并保持社会上的公民阶级的特权。它鼓励作为自立之源的农业经济,并使其公民阶级享有相当程度的闲暇以习武艺或其他技艺。

这些特点在许多城邦中都保持了好几个世纪之久,在公元前4世纪的政治学说中它们也一直是最吸引人的话题。当各有关村落终于组合为一完整的城邦之时,就形成了一个严密而牢不可摧的社会。更有甚者,它能激励强烈的爱国主义和充沛的活力。假若把这种多利亚城邦和那些犹未联合而分立的村落以及那些松散的爱奥尼亚和埃奥利亚城邦做个比较,就可立即看出多利亚城邦的实力优越得多。这一点最突出的例证就是斯巴达城邦的形成和扩张。

公元前5世纪的斯巴达人相信,他们的制度来自克里特的公

---

① 亚里士多德,《政治学》,$1252^b 28$。

民团。它们两者确实极其相似,因此这种说法是很有道理的。斯巴达的教育制度也同样是着眼于使儿童从属于国家而不归于家庭。① 从七岁起男孩就离开家庭。他们被组织在连队里(ilai、bouai 和 agelai),由国家监督官(paidonomos)统领并由孩童长(bouagor)带队,养成不怕饥寒困苦、遵守严格纪律的习惯,并通过和其他连队的竞赛而培养对自己连队的忠诚。18—20 岁他们接受军训并对农奴搞侦缉暗探(crypteia)活动。以后就在营垒里过纪律严明的军事生活一直到 30 岁,这样才算完全结束了教育(agoge)的过程。

　　超过上述年龄的人可被接纳为聚餐会(andreion 或 syssition)的成员,对他的加入若无人反对便可通过。获通过者即为全权公民或"平等人"(homoios),未获通过者或"次等人"(hypomeion)则无选举权,在法律上也低人一等。婚姻在 20 岁时缔结,但男子要到 30 岁以后才能自成家庭。甚至成家后他也要在聚餐会吃饭一直到 60 岁。女孩子也组织在连队里。虽然她们在家中吃饭过日,却要接受同样的体育训练和学歌练舞,②她们可以自由地和男青年一道混合受训学习,直到订婚以后才闭居家中。通过这样的生活方式使斯巴达人具有非常强健的体魄。新生婴儿由族中长老仔细查验,若病弱者则弃之于泰吉图山的幽谷。未来的公民,在他长期受训过程中,每一阶段都要受到严格的检查和考试。在训练完毕时,他必然深深刻下了斯巴达人的气质、勇敢、遵纪和忠诚的烙印。

---

① 希罗多德,1.65.4;亚里士多德,《政治学》,1271^{b}23;普鲁塔克,《吕库古传》,16以下。
② 这种歌舞具有军事训练意义。——译者

原先的部落、胞族、氏族的血缘关系只残留在像崇拜卡尔奈奥斯阿波罗之类的宗教信仰中,已毫无政治意义。世袭制仍是取得公民权的原则,只有公民之子才能成为公民。有关家产可随遗嘱割让和子嗣可随意废置的国家规定,削弱了家庭的稳固。因为斯巴达国家不能容忍把家庭置于国家之上。"平等人"的特权集团必须联合一致,以镇压臣属阶级。每一家庭占有一个世袭的庄园(克拉洛),不得转卖(视转卖为耻)[1],庄园完全由希洛人耕种,他们作为国有农奴固着于土地上,只有经过国家命令才能予以释放或处死。希洛人每年按固定份额向主人缴租,其余归己。尽管他们生活极苦,又毫无权利,希洛人却必须服役当兵,如果表现良好,就可获解放。然而,起义的危险经常存在。为了镇压起义,城邦政府每年都向希洛人宣战,并大搞"特务活动"以消灭嫌疑分子,而无须担当杀人的罪名。

这种社会制度不是在入侵时期形成的。多利亚人在斯巴达的早期历史是以残酷的斗争为其特色的,这种斗争可能是在各种族集团之间进行的;在这过程中为了加强自由民公社的力量,有些非多利亚族人也得到了公民权。[2] 考古学也提供了有关这时期的一些情况。在阿末克莱,从晚期迈锡尼时期以来这里就建有一个阿波罗的神祠,这种崇拜在以后时期一直没见有何重大破坏,这里的迈锡尼陶器向原始几何形陶器的过渡也是逐步渐进的。在斯巴达本地,有新的定居点和神祠建立;在这些地点,最早的陶器没有一

---

[1] *Ath.*,141 以下;亚里士多德,《政治学》,1270^{a}20。
[2] 希罗多德,1.65.2;修昔底德,1.18.1;希罗多德,4.145.5;亚里士多德,《政治学》,1270^{a}35。

致的风格,对外则和阿末克莱有联系。但在公元前9世纪中期,奥尔提亚阿尔蒂美斯神祠却成为拥有一种持续不断的陶器风格的重要中心,这种风格也普遍见于卫城、卡尔西奥库斯雅典娜神祠、赫隆、梅尼莱伊翁和阿末克莱等地。由此可见,形势安定下来大约是在公元前9世纪中期。与此同时,斯巴达也和克里特与近东开始接触。

在整个古代,人们都把斯巴达由内部纷争转为安定社会之功归于吕库古,他是所谓"欧诺米亚"(Eunomia)改革的倡立者,这一改革既包括社会制度也包括政治体制。改革的时间在过去和目前都有争论。几乎所有古典作家都把它放在公元前10世纪或前9世纪;现代学者则众说纷纭,从公元前9世纪末到前6世纪,都有人主张。如果确信吕库古生活在公元前757年启用的按年记时法以前,那么他的年代只能用国王在位朝代来确定,可是我们的最古资料却提到好几个不同的在位朝代。对于这个难解之谜,修昔底德的下述论断最有分量:"拉西第蒙人享有这种'公民团'制度从战争结束时上溯已达四百年之久",用公元计则在公元前9世纪末。①

对改革的一般性质或基本特点,古人并无异说。社会制度和政治体制都受其影响,这两方面几乎是处处都密切结合交互作用的。吕库古这个人却差不多和荷马一样地难以捉摸。除了改革本身而外,我们关于他就只知道斯巴达曾奉行一种纪念他的宗教崇

---

① 修昔底德,1.18.1;希罗多德,1.65.4;普鲁塔克,《吕库古传》,1;亚里士多德,《政治学》,1271^{b}25;吕库古改革的较早年代论见 JHS,70.42,较晚年代见 CQ,37.62 和 38,1 及 115。

拜,以及他在德尔斐神谕中被尊为圣贤。有些学者曾怀疑吕库古是否真有其人,但这一点其实是无关紧要的。另有一些学者怀疑以个人之力能否推行这类改革,然而,在一个小城邦中一个政治家能够实现某种根本的改革却有不少实例,其中如梭伦、克利斯提尼、提摩列昂等人就是著名的代表。根据这些理由,我们觉得还是接受古人的主要论断为宜。它以斯巴达的本地传说为基础,认为一个名叫吕库古的人在约公元前825—前800年间推行了彻底的改革。

其宪制改革的目的是削减两个国王的权力(据斯巴达传说,双王制是来自攸利斯特尼和普罗克列斯这一对双生子),改变议事会("吉罗西亚会"[gerousia])的成员以及确定人民大会的权力。两个国王在战时仍有统领军队之职责,也保留了原先在宗教祭祀中的重要地位,但在议事会中他们在所有政治事务上都是普通一员,无丝毫王权可言。议事会成员过去可能是由27个胞族的族长组成,现在增加为30人(包括两个国王在内)。议事会成员在人民大会由欢呼法[1]产生,只有60岁以上的"平等人"才能当选,任期终身。[2] 只有议事会才有权在人民大会提出议案及解散大会。所有"平等人"都参加人民大会,该会以后即在固定地点按时召开。它有确定的选举权,按议事会提议而做的决议有约束力。吕库古还创设了监察官(Ephorate),五名监察官每年由人民大会用欢呼法

---

[1] 欢呼法是指人民大会集会时,与会公民对议事会的候选人只能以欢呼表示赞同,对其他议案也是如此。——译者

[2] 普鲁塔克,《吕库古传》,5。

从"平等人"中选出。① 在这一阶段监察官还没在政治体制中占领导地位。他们监督社会制度的保持,视察男孩们的体质情况,判处违纪案件,在运动会(Gymnopaediae,斯巴达全国性的音乐和体育节庆会)上做各代表队的领队。监察官就职时向人民宣誓:"刮净胡子、遵从法律"——不失为真实反映斯巴达社会和公民职责的誓言。② 通过这些改革,吕库古把公民阶层内部一切族籍特权和成见的框框一扫而空。在军训(agoge)和人民大会中,所有斯巴达公民在国法面前一律平等而无论其家庭谱系和物质财富如何;在宪制中,尽管议事会有极大权力,公民们的呼声在选举和评议等重大问题上仍有决定作用。

在被称为《大瑞特拉》的经典中保存了这一宪法改革的一个概要,亚里士多德曾把它抄录下来,以后又为普鲁塔克转抄而传世。所谓瑞特拉就是德尔斐神谕的口头答案,它对改革表示支持,在日后据说就为斯巴达的皮提攸斯官员保存。如果把普鲁塔克记述的亚里士多德的有关注释考虑进去,我们就可把这一最早的希腊文献翻译如下:"要为夕兰尼库斯宙斯神和夕兰尼亚雅典娜神建立神殿,组成(新的)部落和各选区(obes),建立包括两位国王在内的30人的吉罗西亚会,按季节在巴比卡(Babyka)和克奈基温(Knakion)二河之间召开人民大会;在这些条件下(吉罗西亚会向大会)提出建议和宣布休会;公民们都参加人民大会而有决定之权。"③开头两句可能涉及改革的最重要的方面。在日后时期宙斯

---

① 希罗多德.1.65.5。
② Arist. *Fr.*, 539.
③ 普鲁塔克,《吕库古传》,6。

和雅典娜的崇拜和斯巴达城邦联系得极其紧密。例如,这两个神被尊奉为议事会和人民大会的主持。带有"夕兰尼库斯"的崇拜头衔的新神殿可能是供奉作为新建立的国家的保护者的宙斯和雅典娜的。新部落与选区之组成显然也是改革的新创,它们在政治上代替了原先的三个氏族制的部落及其属区。在古典时期斯巴达城邦分为五部落和五选区,包括四个平原上的村落和一个阿末克莱的村落。由于这种部落和选区都是同一个名字,可见新部落的最初成员是按照住在选区的户籍编定的,因而它的资格是根据户籍。他们的后代就都世袭为该部落的成员,不论是否住在原选区内了。这几句大约记述了斯巴达国家形成时是由五个村落的全权居民组成的情况,这些人后来就按其住地被列为五大部落内的斯巴达公民。斯巴达陆军的五个团队也是按这种划分从五个地区征集的,五个监察官大约也从其中选出。①

通过这一根本改革,希腊大陆上第一个古典形式的城邦就由此诞生了。它正如亚里士多德简明概述的那样,是"几乎完全自给自足的若干村落的一个联合"②。这是政治上而非地理上的联合。虽名城邦,却无城市之义,因为各村落仍保持其原有的性质。但是一全新而全权的城邦公民体制却已创立,各村落各自为政的情况再也不能存在。其结果是有了一坚强而严密的公民组织,他们对国家竭其忠诚并高踞于被统治的农奴、奴隶之上而成为特权阶级。公民权是一世袭特权。从这一角度看国家不过是家族的扩大,自

---

① *IG*, 5. 1. 564. 4、480. 9; Hsch, s. v. *Pitantes Stratos*; St. Byz. s. v. *Messoa*; Arist. *Fr.*, 541.

② 亚里士多德,《政治学》,1252^{b}28。

傲而排斥异己,除了靠出生率提高而外不能自行扩张。

斯巴达不仅仅是大陆上这类城邦的第一个,它还一举而达到了政治上的成熟,这是别的城邦在以后几世纪间尽力追赶和仿效的。吕库古通过军训制度和按户籍组成的新部落,把原来部落、胞族、氏族的血缘关系一扫而光。别的城邦保存了这些血缘关系,等于在政治机体内养痈贻患。它们因此就命定要经历内部纷争和僭主统治等阶段,然后才能把对国家的效忠置于氏族之上并给全体公民以同等权利。由此可见,斯巴达是在很早的时期就获得了一个秩序井然的宪制,它由此而得以避免了僭主统治,形成了强大的军事实力和对希腊世界的影响。①

第三节 斯巴达的扩张

据说,拉哥尼亚的多利亚居民原居住在100个独立的村庄中,分为六个王国。② 但是,斯巴达国王作为首先征服拉哥尼亚的赫拉克雷代的后裔,对他们所有人——即拉西第蒙人有传统的宗主权。当斯巴达由五个村庄组成为国家以后,它就在约公元前800—前730年征服了其余的村落而把其居民降为臣属的皮里阿西人。从此附属各村在一斯巴达驻节官(harmostes)的监督下管理其内政,把土地出产的十分之一贡纳于斯巴达国王,听从斯巴达的外交政策。他们在斯巴达既无政治代表又无公民权,但要应征

---

① 修昔底德,1.18.1。
② 斯特拉波,362、364。

入伍并在战时服从斯巴达的军法。这样整个拉哥尼亚就变成了一个拉西第蒙人的国家,完全受斯巴达的控制。斯巴达现在由一圈附属村社环卫着,它的军队也由各附属村社提供的分队而得以扩大。

下一步就是征服美塞尼亚。这一战争约发生在公元前740—前720年,延续了二十年,以吞并这个几乎和拉哥尼亚一样大的国家而告终。"辽阔的美塞尼亚,好耕田来又好种庄稼",它的土地被分成份地(klaroi)归斯巴达人占有,皮里阿西人则在山地建立村落。美塞尼亚人的据点依托木遭到彻底毁灭,残存的美塞尼亚人则被降为农奴,"像压着重担的牲口般劳累,还得把耕地所产的一半极痛心地交给主家。"通过这一征服,斯巴达城邦的农业资源和劳动力增加了一倍。斯巴达现在就其潜力而言已是公元前8世纪时希腊最富最强之国——之所以说潜力,是因为巩固对拉哥尼亚和美塞尼亚的征服是一个缓慢的过程。综上所述,可见这个在大陆上的第一个多利亚城邦在其存在的第一个世纪已显示了可畏的力量。①

斯巴达的宪制由于扩张的紧迫与耗费而做了一些改动。在波利多鲁斯和提奥庞普斯在位时期(约公元前757年),根据德尔斐的祝词而在《大瑞特拉》中添加了一些条文:"假若民众的宣告有误,长老和国王可将它们解散。"由于这一句话,可知吕库古原来给予人民大会的决定权已受到剥夺,因为只要它的意见和吉罗西亚会相左,它就会被解散。自此以后,就像在克里特那样,人民大会

---

① Tyrt. 4. 5;波桑尼亚,4. 4. 3;E. Fr. ,1083。

的作用就只是赞同吉罗西亚会已取得一致的提议。当然,假若吉罗西亚内部有分歧,人民大会还可以在吉罗西亚两派对立的提案中做出选择,而其决定是有约束力的。① 宪法的这一修改加强了吉罗西亚的权力。当其成员意见分歧时,它可以预先布置大会的批准,从而采取秘密的但是合法的决定,例如,在第二次伯罗奔尼撒战争开始前就有类似的做法。

宪法中民主一面的削弱在一定程度上由于监察官被提高到国家根本体制的重要地位而有所弥补。作为民选代表,监察官每月都监督国王宣誓守法,他们自己也宣誓尊重国王的权力。在出征时,每两名监察官陪伴一位国王,他们拥有在国王归国时将其逮捕和审讯之权。国王的司法权,除了在收养子嗣和遗产继承方面,都转归监察官。监察官还有权命令下级官员停职或受审,他们也可以对任何斯巴达公民下令立即进行惩罚。他们每年履行对希洛人的正式宣战,也可下令逮捕皮里阿西人。他们有权参加吉罗西亚会并主持人民大会。他们的权力确实如此之大以至于在日后王权衰微时就可"像暴君那样"主宰国家。②

第四节 其他多利亚城邦

斯巴达的成功引起其他多利亚人纷起学其榜样。在麦加拉,原按通例分为三个部落的多利亚人,把非多利亚人降为农奴后组

---

① 普鲁塔克,《吕库古传》,6;亚里士多德,《政治学》,1272^{a}12、1273^{a}6 以下。
② 亚里士多德,《政治学》,1270^b、1313^{a}250。

成了五个独立的村落(komai)。在公元前8世纪,约公元前750年时,这些村落在政治上而不是在地理上结合起来,形成一个城邦,亦即麦加拉城邦。公民按五个村庄之分组成五个部落;他们指定五个将军和五个行政官(demiourgoi),每一部落为城邦军队提供一个分队。各村庄只保留有一些地区行政权力,其政治生活完全为更大的"麦加拉人的"国家所左右,这一国家形成后立即在与科林斯的战争和海外殖民运动中显示了它的威力。①

科林斯的多利亚人曾给一些非多利亚人的贵族成员以公民权,他们在惯有的多利亚三大部落之外另组一名叫夕诺发利(Cynophali)②的部落。多利亚人最初可能居住在独立的村庄里,因为在日后属科林斯的地区现已发掘到三个居民点,其年代约在公元前9世纪和公元前8世纪,属于小村落的遗址。有一古代传说认为:"阿列铁斯遵循神谕把科林斯人联合为一国,建立了八个部落并将国家分为八部分。"由于阿列铁斯是统率最初对科林斯入侵的人,他不可能和这些后期发展相连,但我们可把这一传说看作是科林斯城邦由八个村庄组成的事实的反映,这八村也就是八部落人员的由来。这一步骤大约在公元前8世纪进行,应在名年行政官表于公元前747年开始以前。科林斯,也像斯巴达一样,以有自己的"欧诺米亚"改革自豪,有两位科林斯人获得立法者的荣誉。腓冬,被尊为最早的希腊立法者之一,制定了使科林斯的城居家宅数目(也就是公民人数)保持固定的法律,虽然公民原有份地大小

---

① Plu. *GQ*,17;最早提到麦加拉见赫西奥德,《断片》,96.8 以及公元前720年奥尔西普斯人记胜碑铭中提到的麦加拉人(*IG*,7.52)。

② 意为"狗头人"。——译者

并不一致。他在这里显然也碰到了吕库古在斯巴达所解决的问题。另一立法者菲罗拉乌斯,约在公元前728年离开科林斯到底比斯,在那里制定了保持份地数目亦即公民数目的法令,底比斯在当时大约也已组成了城邦。①

麦加拉和科林斯等新城邦的活力不仅耗用于建立强大殖民城邦之上,也耗用于彼此间的交战。引起争端的缘由可能是争夺包括伯拉可拉在内的南部麦加拉地区。科林斯在公元前725年吞并了这一地区并把居民降为农奴,但是,有一名叫奥尔西普斯的麦加拉人(他曾在公元前720年的奥林匹克赛跑中获奖)又成功地进行了一次解放之战。后来在公元前8世纪末科林斯终于统治了伯拉可拉和南部麦加拉一带。②

在克里特、斯巴达、麦加拉和科林斯(可能还有底比斯)兴起的这些多利亚类型的城邦,是迈锡尼世界中未曾见的。它是多利亚人的独创,而非那些迈锡尼传统的后继者爱奥尼亚人、埃奥利亚人和阿尔卡狄亚人所能为。它使多利亚各国一开始就据有实力的优势,它也将成为希腊文明的一大标志。

---

① Suid. s. v. *Panta Okto*;亚里士多德,《政治学》,1265^{b}12、1274^{a}32;*Pi. O.* 13.6。
② Scholia to PL. *Euthyd.* 292e 和 Pi. *N.* 7.105;参考文献见本书156页注①(原书107页注①);见 *BSA*49。

第二章 希腊城邦的殖民扩张

第一节 希腊的资源

在现实生活领域中,希腊城邦的成就没有比殖民运动更为影响深远和持久的了。它提供通道使得希腊文明能够传播到南欧各族人民、黑海沿岸各国以及非洲的利比亚海岸一带。建立殖民城邦,不仅是希腊文明而且也是欧洲文明发展中的一个决定性的步骤。殖民运动的推行者是城邦,殖民运动造成的结果也是城邦。不管是科林斯还是科罗丰创建了殖民点,这殖民点自身就是一个新的城邦。如前所述,城邦从世界大国的角度看,只是极微小的单位,但无论在殖民活动上,还是在抵抗波斯帝国上,都证明了它的活力是惊人的。

希腊的殖民运动是依靠航海的。它的范围受到腓尼基、伊达拉里亚、埃及等海上敌对势力的限制。殖民点靠着战胜了还未组成强国的土著居民而在岛屿或沿海岸的地带建立起来。当殖民点自己也要扩张时,它们就在相似的地方建立更多的殖民点,很少深入内陆。它们的成功专靠航海术。商船就像在青铜时代一样,仍是一种宽腹帆船,吃水深、曲线形的船身,有高翘的船头和船尾;这种船既不大又不快,但能经风浪。然而,战船在公元前9世纪后期—公元前8世纪却有了新发展。它从此改用低而直的船身,龙骨前伸形成冲角,两侧甲板为水兵提供作战场地。它航行时可用帆,但作战时靠一列划手摇桨推动。在公元前8世纪末的科林斯陶器上还绘有另一种类型的战船:船身长而低,有尖的冲角,每边有21个桨眼,但无甲板。这两类战船(有甲板的与无甲板的)在公元前7世纪都很流行。但在公元前6世纪时则以后一类为主;到这时它的标准形制分为两级:即30名划手的三十桨船(triaconter)和90英尺的50名划手的五十桨船(penteconter)。造船的这一发展是和海战之由甲板上对刺转为冲角撞击有关。因为三十桨船和五十桨船显然都是用于撞毁敌船的快速而灵活的武器。和它们相比,那些约公元前705—前686年的腓尼基战船(有双层桨座和突出的冲角)就显得笨拙而头重脚轻了。

在公元前8世纪的绝大部分时间中,爱奥尼亚各城邦大约总是居领先地位,因为这时他们是探险和殖民的先驱。但那种标准样式为三十桨船和五十桨船(后来更多的是三层桨座船)的新式战船却是由一个多利亚城邦科林斯建造的。大约在公元前705年左右,科林斯的造船家阿美诺克利斯为萨摩斯造了四艘这种样式的船。在公元前7世纪初,米利都和帕罗斯也有了五十桨船。[①]这一新发展使科林斯和它的殖民城邦在希腊和西西里之间的海域握有持久的优势。但这种优势并没有导致对海外航运的垄断。这些无舱盖的小船在晚间都得拖上陆地并且不像商船那样能在坏天气中

---

① 修昔底德,1.13.2—3;Archil.51.10 及 117。

航行，因此要实行海上封锁是不可能的。况且，城邦本身的微小使它拥有的战船也就只能以十计而难得以百计。例如，约在公元前535年，弗卡亚人在阿拉利亚的舰队就只有60艘五十桨船。因此在殖民时代，没有一个城邦能独自主宰海洋和建立公元前5世纪时所谓的"海上霸权"。①

根据上述理由以及其他原因看来，由西西里的狄奥多罗斯流传下来的所谓"海上霸权名单"至少在早期阶段是很难相信的。这份名单想列举从特洛伊陷落以后不久一直到亚历山大（有时又校勘为"薛西斯"）远征之间的各个海上霸权国及其霸权持续时间。② 实际上，从在西部地中海殖民的城邦为数众多一事就可明显看出，科林斯的舰队最多也不过是"同侪中为首"而已。

各殖民点或早或晚都必须为了建立或巩固其地盘而与原有居民交战，并且经常和相邻的殖民者交战。作战技巧是最重要的，在公元前7世纪中期，爱奥尼亚人和卡利亚人曾作为近东地区最好的步兵而在埃及法老浦萨美提克一世手下当雇佣军。他们被称为"青铜人"，因为他们穿戴着青铜的护身铠甲——头盔、胸甲和胫甲。③ 这种铠甲是专用于近战对击的。步兵交战时用长矛投刺而用圆盾护身，这盾是用金属鞘片固着于左前臂上的。这套装备的发明，再加上希腊重装步兵的勇敢善战，就使希腊人一直到马其顿陆军兴起以前始终掌握军事优势（这种重装步兵又称为"hoplite"——圆盾兵，因其使用的圆盾"hoplon"而得名）。这种装备采用的时间

---

① 希罗多德，1.166，3.122.2。
② D.S.，7.11。
③ 希罗多德，2.152.4。

可从反映其特征的瓶画和雕像上大致算出：在斯巴达、科林斯、雅典和克里特、奇奥斯岛等地，约公元前700—前675年；在彼奥提亚、优卑亚和夕克拉底斯，约公元前700—前650年；在小亚细亚各城邦则较晚一些。由于这些考古材料只能提供一个最晚年限，因此很可能在大陆各地特别是在多利亚城邦中，重装武备的发展大约在公元前700年之前不久。例如，科林斯的殖民者就不仅靠其战舰而且靠重装步兵而得以大建其殖民点。当然，殖民时期的希腊人也不只是以其重装步兵称雄，因为他们同样善于使用剑、弓、投石器和标枪。①

希腊殖民的成功也不单靠这些航海术和武器的发展。正如修昔底德所见，殖民运动的基础还在于母国之能享有和平定居的生活。只有那样，各城邦、特别是多利亚城邦才得以形成，并拥有充足的资源和组织技能，以战胜那些未发达民族而建立殖民点。在这个时期，希腊城邦世界也还没有陷入公元前5世纪和公元前4世纪时那种敌对同盟之间的大混战并因此使大规模的殖民告终。当然，在公元前7世纪和公元前6世纪时，城邦与城邦还是不断有交战之事的，但它们只具有地方性质而且灾难性的影响也不大。②

第二节 殖民的性质

希腊人的殖民点就是"一个远离家乡的居处（apoikia）"。殖民者有"殖民长"（oikistes）率领，并从母邦祭台上分取圣火以便在

---

① Collin. 1；Archil. 2 及 3.
② 修昔底德，1.12 4、1.15.2.

行新城邦奠基礼时应用。他们还从母邦承袭一整套宗教、政治体制,如宪法、历法、方言、字母等。新城邦变成了母邦的翻版。例如,米利都的殖民城邦就以阿波罗祭司①为其名年官,首席行政官就称为"普林塔尼斯"(Prytaneis);例如夕奇库斯城邦就保存了母邦米利都的特殊的阿波罗神崇拜、六部落的划分、历法以及字母。奥朋提亚罗克里的殖民城邦依庇色菲利亚罗克里②,和母邦一样,受原来的显贵"一百家族"的后裔组成的千人议事会统治。塔拉斯,斯巴达的殖民城邦之一,崇拜希亚辛迪斯阿波罗,最初也由国王统治。当最早的殖民点自己又建立第二代殖民点时,往往请母邦的一位公民当殖民长而移植同样的制度。科尔西拉人在来自科林斯的一位赫拉克雷代族人领导下建立了依庇丹努;塔拉斯建立的赫拉克利亚也有其监察官制度;昔兰尼建立的第二代殖民城邦欧依斯佩里德斯兼有监察官和吉罗西亚会。由此可见,母邦和殖民城邦之间的感情联系是非常强烈的。它来自殖民者对组织和发起这一运动的母国的感激之情,并由于两者在家族、宗教和政治组织方面的极其亲密的关系而得到加强。

然而,当殖民城邦一旦牢固建立以后,母国和殖民邦的母子关系就不复存在了。殖民邦只崇拜它自己的"殖民长"而不崇奉母邦,就是其完全独立的一个象征,即使这殖民长是一个外地人也没有关系。③ 一般地说,母邦不会对其殖民邦要求什么政治统治权。但也有少数例外。科林斯在和殖民各邦共同集会或举行庆典时要

---

① 这种祭司名为 Stephanephoros。——译者
② 在意大利南部。——译者
③ 希罗多德,1.168。

求优先权,并且向波蒂代亚一年一度派行政官;占克列对美赖保有政治控制权而西诺普在公元前 4 世纪时还对其殖民各邦索取贡纳。① 现在还不能肯定这类例外是在殖民时期就有还是日后才发生。殖民城邦可能自愿地对母邦给予某些优惠的特权,例如奥尔比亚曾给予在该地居留的米利都公民以免税优待。有时母邦也会被邀裁决其殖民邦之间的纷争。但这类特权和邀请也会给予非母邦的其他城邦。殖民时期以前就建有关系的城邦也会被邀做裁决者,例如,阿尔戈斯之裁决帝力苏斯和克诺索斯的争端,后两地是阿尔戈斯人在移民时期建立的。② 一般而言,殖民以后的各殖民邦是完全独立而不受约束的。

像在故乡一样,殖民城邦对其公民握有绝对权威。在琉卡斯和罗克里,城邦创立时划定并分配给各家世袭的份地,或者完全禁止买卖,或者只在特殊例外情况下才准出卖。母邦还采取步骤保证殖民者待在殖民点上。在塞拉,凡经抽签决定派到昔兰尼的人只准在殖民失败的情况下回归故乡和取得公民权;在厄律特利亚,当殖民者在科尔西拉被科林斯人赶走而回到故乡时,他们又被拳石交加地逐出而在马其顿建立了米冬城。当接受补助的殖民者被派往海外殖民时,这些规定尤其必要,因为这些人往往有一部分是从母邦以外的各城征集来的,因此严令他们居留于殖民点上就非常重要。③

殖民之派遣是母邦的一项审慎的政治决策。它以正式祈求神

---

① 修昔底德,1. 38.3,56.2;Scholia ibid. X. Ar. 5.5.7—10。
② GH,133。
③ 亚里士多德,《政治学》,1266ᵇ;Plu. GQ,11,293ᵃ;修昔底德,1.26.2 及 27。

恩的仪式而获得神圣意义。亚细亚沿岸的爱奥尼亚人在迪底玛祈求阿波罗神谕，大陆各地的人则在德尔斐祈求阿波罗神谕，有时也到多东纳向宙斯祈求。神自身也被当作殖民城邦的神明领袖（archegetes）。例如迪底玛的阿波罗就在雷恩达西亚的阿波罗尼亚建立时起了这样的作用，德尔斐的阿波罗在西西里的那克索斯也是如此。在殖民城邦，纪念阿波罗作为神明的创业者和纪念殖民长率领殖民的宗教仪式遵守得很严格，并指定了专门官员担任圣使（theoroi），不断保持和神谕所的联系。德尔斐阿波罗神谕的一些具体条文曾被保存下来。帕罗斯在约公元前710年派往塔索斯的殖民长曾得到如下神谕："铁列西克利斯听着！请去告知帕罗斯人，我要你在厄依利亚的岛屿上建立一座名城。"克里特和罗得斯的殖民城邦盖拉的殖民长则得到如下指示："恩提姆斯以及出名的克拉东的狡猾的儿子们，你们一起去西西里并在那肥美土地上定居吧，你们可傍依神圣的盖拉河口建立一座克里特人和罗得斯人共同居住的城市，并以此河为名。"从这些例子可以明显地看出，殖民者希望他们所选定的殖民长和殖民地点得到神的应允。

一旦获得神允，他们就出发创建新城邦。居民有时分几批到达（后来者习惯地称为 epoikoi），然而，由于他们一开始就着眼于建立完全独立和自给自足的国家，因此在他们的人员中总是包括各个阶级和各个行业。叙拉库斯这个殖民城邦的居民中就有许多来自科林斯内陆的铁尼亚，其中无疑有些是农民，他们来殖民就是为了获得一块份地。在塞拉岛，由于在全岛各地居民的兄弟中普遍抽签决定殖民者，就使殖民包括了居民的各阶层，并可能由此而减轻人口众多之家的土地问题。① 当估计到土著居民会有抵抗时,第一批移民就由武装战士组成。首批人数不多,例如,在伊利里亚的阿波罗尼亚,第一批从科林斯来的是两百人,派到利比亚海边的普拉提亚的两艘五十桨船也不可能有更多的人。为了对付更强大的土著居民,科林斯派了1 000人到琉卡斯,米利都则派了30条船到埃及建立米利西翁·特可斯②。许多殖民地一开始就很小,以后扩展也不大。例如,安那克托利昂就位于一狭小的海角上,公元前433年它只能向科林斯舰队提供一条船。

在选择地点时,殖民者需要足够的耕地以便粮食自给。但是,由于他们自身人数很少,又要占据防守地势,这种选择常常受到限制。小岛是最受欢迎的,由此还可外出另建新点。在西部地中海,殖民者先占伊斯奇亚岛,然后在意大利岸边占据库美;在南方,先占普拉提亚岛,然后才是利比亚海岸的昔兰尼;在黑海西岸也是先取伊斯特鲁斯岛。其他典型的殖民点位于半岛的狭颈部,例如西诺普、琉卡斯和美赖;或者是大河三角洲上的高地,例如奥尼阿代、提拉斯和奥尔比亚。只有像强大的多利亚城邦斯巴达、科林斯、麦加拉派出的那样人多势众的殖民队伍,才能占据大的广阔地点。由于这个原因,拜占庭在较晚时期才被占据,却并不是因为加尔西顿的殖民者没有认识到这地点的优越性。③

---

① 斯特拉波,380;希罗多德,4.153;*SEG* 9.3(昔兰尼法令)。
② 意为"米利都人的堡垒"。见 St. Byz. *Apollonia*;希罗多德,4.153和156.2;Scyl. 24。
③ 希罗多德,4.144。

第三节 东北方的殖民城邦

最早的殖民城邦是米利都在公元前8世纪前半期在黑海南岸一带建立的,其中有西诺普、特拉皮祖等,还有阿米苏斯,它是在弗卡亚人协助下建立的。① 它们打开了和内陆交易的生财之道,尤以经营银、铁、雄黄、造船木材等项得利丰厚;西诺普还是驶往俄国克里米亚的船舶在这一带海岸的主要停泊港。由于受到游牧民族的多次掠劫,西诺普和阿米苏斯后来都经过重建,西诺普还在沿岸一带新建一些殖民子邦。黑海其余部分在公元前7世纪时由米利都开发利用。最早的殖民城邦建于各大河口——多瑙河口的伊斯特鲁斯、德聂斯特河口的提拉斯、布格河口的奥尔比亚和第聂伯河口的波利斯提尼斯;它们拥有优秀的渔场,经营内陆货物的出口。这一带在公元前6世纪时建有更多的殖民城邦,其中著名者有奥德萨和托米斯,这时米利都商业已扩展到克里米亚和黑海东岸,但这些地方气候较差。此地有潘提卡佩和它的子邦迪奥多西亚,其财源靠鱼类产品特别是经辛墨尼亚的博斯普鲁斯运来的小麦。在博斯普鲁斯,又有法奇斯和犹奥斯库利斯控制着通往里海的商路。

米利都的殖民城邦及其子邦,为数可能在100个以上,是开展黑海贸易的主力。其他在黑海建立殖民城邦的爱奥尼亚城邦有弗卡亚,它在公元前609年左右和米利都合作建立朋提卡的阿波罗

---

① 这个较早的年代有些学者表示怀疑,考古证据在这方面也还不够;但近年来在夕奇库斯的发掘表明它建立于公元前8世纪时(见 Arch. Reports,1962—1963,34)。

尼亚,太攸斯约在公元前540年在潘提卡佩对面建法纳哥里亚。多利亚人的殖民城邦是在公元前6世纪期间由麦加拉在朋提卡赫拉克利亚和梅辛布利亚建立的,它们据有靠近黑海出口的战略地位。朋提卡赫拉克利亚后来又把当地的爱奥尼亚人驱逐,使他们在加拉蒂斯和刻索尼苏斯建立了自己的殖民城邦。

米利都还是第一个在普罗彭蒂斯海殖民的城邦,这个小海富于渔产并且是亚欧之间和黑海地中海之间商道的枢纽。建于公元前756年的夕奇库斯以白金和羊毛著名,它在公元前7世纪初被辛墨尼亚人攻破后,又于公元前676年重建。麦加拉的多利亚人随即和米利都展开了激烈的竞争。他们在普罗彭蒂斯建立了加尔西顿(公元前676年)、拜占庭(公元前660年)和色林布利亚。这些殖民点专为控制博斯普鲁斯海峡而设,在这海峡中,强大的海流使进入黑海相当困难,但却是亚欧之间最好的渡口。爱奥尼亚人的对策是在普罗彭蒂斯南岸和赫勒斯滂大搞殖民。此地在公元前710年已有帕罗斯和厄律提拉建立了帕里昂。米利都在公元前675年建立了阿比多斯,它拥有金矿并控制着横渡赫勒斯滂最短的通道,米利都还在普罗彭蒂斯南岸建立了一些殖民点。弗卡亚在公元前654年在赫勒斯滂建立了朗普萨库斯。普罗科涅苏斯岛在公元前675年由米利都占据,可能还有萨摩斯的协助。萨摩斯人则在普罗彭蒂斯的色雷斯沿岸建了佩林托斯和其他殖民城邦。科罗丰也在迈尔列亚建了一个殖民城邦。

在赫勒斯滂的欧洲沿岸,列斯堡的埃奥利亚人建立了一些专营农业的小殖民城邦,其较著名者有阿比多斯对面的塞斯都斯。米利都在西岸建有利姆纳,科罗丰则建卡尔迪亚于刻尔索尼斯。[116]

黑海的开发吸引了来自希腊大陆的贸易,沿色雷斯海岸的商道也就日显重要。此地最早的殖民城邦是帕罗斯人建立的(约公元前710年),他们在盛产黄金、造船木材和酒的塔索斯岛立足。塔索斯岛上的殖民城邦受到大陆上好战的色雷斯人的威胁,帕罗斯又于约公元前670年再派一些人增援,其中就有诗人阿奇罗库斯,他当时率领了一支雇佣军。于是塔索斯又在大陆对岸建立了一些盛产金、银、小麦的子邦。

在塔索斯和刻尔索尼斯之间,奇奥斯建立了马隆涅亚,它和母邦一样以酒著名。克拉佐美尼在公元前654年建立了阿布德拉,但它被色雷斯人毁灭了,以后又由太攸斯再来殖民,埃奥利亚人则在赫布鲁斯河口建立了埃努斯。在塔索斯之西,像三个手指般伸出来的卡尔西狄斯半岛则出产橄榄、葡萄、谷物和造船用材,在它的西边可经营马其顿的物产,在东边则联于斯特累蒙河流域,这两个地方都有金银矿藏。① 在卡尔西狄斯的最早的殖民城邦是厄律特利亚在约公元前730年建立的曼德,同时在马其顿厄律特利亚则建了米冬和迪凯亚。约公元前710年时加尔西斯又在卡尔西迪斯建立托隆。后来加尔西斯在这地区建立了大约30个殖民城邦,它们都相当小,显然把非希腊人也吸收为公民了。斯奇温则是由伯罗奔尼撒佩伦尼来的亚该亚人建立的,安德鲁斯则建有沙尼、阿堪图斯、斯塔基鲁斯和阿尔基鲁斯。但最强大的殖民城邦波蒂代亚则属多利亚人,它在公元前600年左右由科林斯建立。它位居半岛西岸的地峡处,据有和马其顿贸易的便利位置。在它建立之

---

① 希罗多德,5.23,6.46,7.112。

时,科林斯在伊利里亚的殖民城邦已控制了从马其顿横穿巴尔干到伊利里亚商道的西端。

第四节 西方和南方的殖民城邦

进入意大利和西西里的最早殖民者是从加尔西斯和厄律特利亚来的。在通往西方的路途上,厄律特利亚人在科尔西拉建立了一个殖民城邦,在对面大陆上也建有据点,使他们能控制科尔西拉海峡。① 当他们被科林斯人由此地驱走以后,其中一些人又在奥里空和名叫阿般提斯的南部伊利里亚地区定居下来,在这里罗克里人也来与他们合作。在科尔西拉岛于公元前733年建立的科林斯殖民城邦,是科林斯人为了控制西方通道而建立的好几个殖民城邦中最大也最早的一个。可能在公元前700年左右,科林斯在莫力克利昂、马辛尼亚、加尔西斯(大约在打败加尔西斯人的更早的殖民点以后)和奥尼阿代等地建立了殖民城邦,所有这些地点都扼制进入科林斯湾的要道。在此之外。科林斯还在琉卡斯和安布拉西亚,并与科尔西拉合作在安布拉西亚湾出口附近的安那克托利昂(约公元前625年)建立殖民城邦。在伊利里亚更北方,科尔西拉于公元前672年建立了依庇丹努,科林斯则于公元前600年左右建阿波罗尼亚。这一组殖民城邦的设立,反映了科林斯从事殖民事业的智慧与才能。它选择了具有战略重要性的地点,并控制了银、造船木材和牧畜产品的出口。与之相对照,伊利斯的殖民

---

① Scholia A. R. 4.1175;修昔底德,3.85.2;有关陶器见 *Arch. Rep*,1968—1969.22。

城邦如波切塔、厄拉特利亚和潘多西亚等（它们于一未知年代建于南伊庇鲁斯）则无足轻重。公元前6世纪初，当弗卡亚人乘其战船扬帆于亚得里亚海北部时，他们却没有建立什么殖民地，只有克尼都斯在科尔西拉协助下建立了尼格拉科尔西拉。

在西部地中海区域，最早的殖民点是由加尔西斯、厄律特利亚和库美在肥沃的小岛皮提库萨（伊斯奇亚，位于意大利那不勒斯附近）上建立的，此岛还有少量的金矿。后来，在公元前757年，库美（一般又称库马）这个殖民城邦又在对岸的大陆上建立起来，此地既便于防守又有良好的耕地和可供战船拖曳上岸的沙滩。① 皮提库萨和库美的位置，可以和厄律特利亚人在科尔西拉和其相邻大陆上的殖民点相比，也是很便于堵劫和勒索来往客商的，因这两地扼制着由南往北通向伊达拉里亚或由北往南运来厄尔巴和坎佩尼亚的铜、铁矿产的商道。库美殖民城邦的居民来自皮提库萨、加尔西斯、厄律特利亚和亚洲的库美，和他们一道的可能还有来自彼奥提亚的"格雷伊人"（Graioi），这个名字后来以"格雷斯人"（Graeci）的字样保存在拉丁语中，这也就是我们现在称希腊人为"Greeks"的由来。萨摩斯在约公元前531年建立了迪卡依阿其亚，库美在其后又建立了那不勒斯。

加尔西斯人还在意大利半岛的最南端建立了最早的殖民城邦列其昂（约公元前730—前720年）。其居民包括了在和斯巴达进行的美塞尼亚战争中逃出来的美塞尼亚人，他们在这个殖民城邦组成了统治阶级。亚该亚的殖民城邦也是较早的，其中有于公元

---

① 此时的战船，晚间都要拖上岸，以防风浪破坏。——译者

前720年与特罗曾合作建立的夕巴利斯，还有克罗顿、米塔朋提昂和考隆尼亚，它们自己又建了一些子邦。它们都拥有肥沃土地，但缺少良港。南部意大利最优良的港口是塔拉斯，由斯巴达于公元前706年建立。塔拉斯自己又在意大利半岛的"脚尖"建立了卡里波利斯和希德隆通，从而表明它要比其亚该亚邻邦更为强大。在塔拉斯湾，科罗丰在约公元前680—前670年建立了西利斯，从而在此地得一立足点。在通往西西里的航路上的最后一个停泊港是依庇色菲利亚的罗克里，它是罗克里人在叙拉库斯协助下于公元前673年建立的。

西西里的最早殖民城邦是公元前734年在那克索斯建立的，这是从意大利渡海而至的第一个停泊港，但耕地不多。殖民者是从加尔西斯来的爱奥尼亚人（加尔西斯是其母邦），也有从其他岛屿，特别是那克索斯岛来的爱奥尼亚人。虽然这殖民邦始终很小，却是所有西西里的希腊城邦的圣使离开西西里时必来献祭之处，他们在此向作为神圣殖民长（Archegetes）的阿波罗神致敬。那克索斯的殖民长建立了列翁提尼和加塔纳，它们据有岛上最肥美之地（公元前729年）。它们还采取同样办法建立了占克列，它的土地不多，但这个缺点由于在美赖建了一个子邦而得到弥补。占克列地处麦赛纳海峡的西西里岸边，它最初是由从意大利的库美来的海盗占据，在公元前730年才由库美和加尔西斯正式殖民，居民来自加尔西斯和优卑亚各地。当占克列发起在意大利对岸建立列其昂时，这两个加尔西斯人建立的殖民城邦就得以控制海峡的通道了。在公元前649年占克列又在叙拉库斯流亡者的帮助下于希墨拉建一子邦，它有优良土地并可以跟西部西西里的腓尼基城市开展商业贸易。

当加尔西斯人在东北西西里立足之时,多利亚人则占据了该岛的东南角。在公元前733年由科林斯并有其他多利亚城邦参与建立的叙拉库斯拥有东海岸最优良的港口,它从一开始就是一个很大的殖民城邦,占据奥尔提西亚岛以及对面的陆地。把这地方占领下来需要强大的队伍,但实际上这支队伍只是原来的远征部队的一部分,因为有些人在旅途中分兵去逐走厄律特利亚人而建立了科尔西拉。后来叙拉库斯又建立了阿克拉衣、卡斯美拉衣和卡马利纳。在建立叙拉库斯时,科林斯人吸收了一些原属麦加拉领导的多利亚人在南部意大利活动的队伍。这支队伍在获得永久立足点方面曾遇到很大困难。他们先是占据特罗提隆这个便于搞海盗活动的地点,后又移到列奥提尼,但被逐走了。这些麦加拉人后来又在塔普苏斯小岛待了短时期,才在西西里岛土著民族西赛勒人的邀请下到附近地区建立了希布莱亚麦加拉(公元前728年)。由于被夹在加尔西斯和叙拉库斯的势力范围之间,他们又不得不西行另求扩张,遂于公元前628年在赛利努斯建一殖民城邦,它在西西里西南部与腓尼基居民点相邻近。在赛利努斯和叙拉库斯人的各殖民点之间,克里特人和罗得斯人于公元前688年在盖拉建立了又一个多利亚殖民城邦,它富有耕地和牧场。盖拉自己后来又在公元前580年于阿克拉加斯建一子邦。

更远的西部地区的发现最初纯属偶然。公元前638年,萨摩斯的科拉攸斯曾驶一商船进入利比亚沿岸的普拉提亚岛,但后来这只船却被暴风一直吹出了直布罗陀海峡,到了西班牙大西洋沿岸的塔尔铁苏斯。他回来时带了满满一船的珍奇货物,引起了其他探险家的惊羡与贪心。① 到约公元前 600 年时,已在法国南部海岸开展贸易的弗卡亚人便建立了马赛这个重要殖民城邦,它以其港口的优良和橄榄、葡萄著名。马赛后来又在当时已不断有希腊商人来往的法国南部沿岸和西班牙建立一些殖民点,其中著名者有尼斯(尼卡亚)、安提波利斯、奥尔比亚、恩波利昂和美奈斯。在从麦赛纳海峡直达西班牙的路途上,弗卡亚人于约公元前 560 年在科西嘉岛建立了阿拉利亚,弗卡亚人可能还在萨丁尼亚岛建了一些寿命不长的殖民点,罗得斯人也可能在巴列利群岛建了一些类似的殖民点。最后,克尼都斯于公元前 580—前 576 年在麦赛纳海峡西面的小群岛上建立了名为利巴拉的殖民城邦。它的居民由原属克尼都斯人和罗得斯人的一支远征队伍的残余组成,这支队伍是由平达支鲁斯率领的,他们在西部西西里被腓尼基人和依利米亚人打败,并从此地被赶了出来。

腓尼基人对希腊人在西方活动的抵抗由于伊达拉里亚人的附和而得到加强。阿拉利亚的弗卡亚人在获得其母邦弗卡亚陷落时西迁的队伍增援后,于约公元前 535 年打败了迦太基和伊达拉里亚的舰队,但他们自己也损失惨重,不得不离开科西嘉,最后在意大利南部的厄利亚居留。在放弃阿拉利亚以后,希腊人在西方的商业活动范围收缩了。因为迦太基人立即封锁了直布罗陀海峡并摧毁了塔尔铁苏斯。

塞拉岛的多利亚人通过在普拉提亚岛上居留而打开了通向利比亚海岸的道路,当时他们由一克里特人当向导。他们在大陆上

---

① 希罗多德,4.152。

占据阿基里斯六年以后,得到利比亚人的指引而来到昔兰尼,在此于约公元前630年建立殖民城邦。① 昔兰尼盛产谷物、羊毛、椰枣和名叫"西菲草"(Silphium)的药材,它在公元前570年左右吸引了大批伯罗奔尼撒和各岛屿的人民前来居留,遂在沿岸建了一些子邦,其中最著名的有巴尔卡和欧依斯佩里德斯。虽然埃及人在很久以前就已招募爱奥尼亚人做雇佣军,但第一个在埃及的希腊殖民城邦却到公元前7世纪末趁埃及内战之际才在三角洲建立起来,它就是米利都建立的米利西翁·特可斯。

此后不久(约公元前610年),为了便利希腊商人,又在尼罗河西支流建了瑙克剌提斯。确实,就希腊用语说,瑙克剌提斯不是一个殖民城邦,而只是一个"交易中心"(emporium),一个进行商业贸易的市场,这里居住着经埃及政府批准居留的外国人。② 叙利亚在奥伦特河口的波赛迪昂也为希腊商人开设了一个类似的市场。此地的希腊商业从公元前750年左右到公元前600年相当兴旺,后来一度衰败,在约公元前520年再度兴起。在小亚细亚南岸,从移民时代就有希腊人在这一带定居,可能当公元前690年左右又有罗得斯人前来加强了法赛利斯城邦,而从库美来的埃奥利亚人则于约公元前750年间建立了西迪,萨摩斯在约公元前6世纪时建立了纳季都斯和锡林德里斯。在爱琴海,阿摩尔戈斯小岛有那克索斯、萨摩斯和米利都的移民。萨摩斯人的居民点大约是在公元前7世纪建立的,以后这小岛长期是萨摩斯的属地。

---

① 希罗多德,4.150。
② 斯特拉波,801;希罗多德,2.178。

第五节 殖民运动的目的、原因和后果

希腊城邦建立殖民城邦的目的各有不同。举例说,在西方,在第一批殖民者到来之前,希腊货物就已运销于西西里、伊达拉里亚和法国各地。从科拉攸斯和弗卡亚人远航到西班牙的塔尔铁苏斯的事迹看,上述货物有一部分可能是由希腊商人经手的。毫无疑问,这些殖民城邦的建立是为了商业贸易,特别是金属的贩运,如黑海的西诺普和特拉皮祖、意大利的伊斯奇亚[①]和库美、西西里的叙拉库斯和那克索斯。和商业贸易紧密相伴的还有对商旅的海盗掠劫和抽税勒索。麦加拉人在西西里、克尼都斯人在利巴拉选的地点都是适于搞海盗活动的,弗卡亚人的舰队在亚得里亚海和西部地中海的那段著名的航行,可说是既有探险之意,也有行劫之心。对往来商旅抽税勒索的念头,可能是使麦加拉人在博斯普鲁斯海峡立足的原因,它也驱使厄律特利亚人以及日后的科林斯人占据科尔西拉和大陆对岸地点,使加尔西斯人看中了皮提库萨和库美、占克列和列其昂;因为在老家麦加拉和科林斯就因扼住科林斯地峡的往来贸易而大获其利,加尔西斯和厄律特利亚也控制了攸里普斯海峡的狭道。当然,所有的殖民城邦都要有少许肥美之地以供衣食。有些城邦在找殖民点时却为优异的耕地和良好的渔场。在刻尔索尼斯的埃奥利亚人、在伊庇鲁斯的厄利亚人以及在意大利的亚该亚人都继续过着以农业为主的生活。米利都人和弗

---

① *Arch. Rep*,1970—1971,66 以下。

卡亚人在黑海、普罗彭蒂斯海和里昂湾的一些较小的殖民点,则可能是受到当地丰富的金枪鱼渔场资源的吸引。

在母邦,某些普遍的境况或个人的遭遇也会使人们外迁。贫困驱使阿奇罗库斯来到塔索斯。塞拉遭旱灾而后殖民于昔兰尼,加尔西斯遭饥馑而后有列其昂的建立。① 耕地的缺少在任何时代都是尖锐的问题,特别当生活安定、出生率大增之时就更是如此,过剩人口这样就不仅在殖民中,而且也在当雇佣兵和后来的侵略扩张中求出路。因此,分给土地的允诺肯定诱使了那些受资助者(epoikoi)参加殖民城邦的建立,他们不仅从种田的角度要土地,也把土地看作一份大财产。② 人为的灾祸同样也起了促使殖民的作用。由于美塞尼亚战争的结果,美塞尼亚人来到了列其昂,那些"私生子"(Pourthenai)③也来到了塔拉斯。在弗卡亚被毁灭后,弗卡亚人才西迁而加强了阿拉利亚。④ 但这些对殖民运动说来只是具体的诱因;在别的时代这些诱因也不断出现,但没有殖民运动。

殖民运动的伟大时代是基于更普遍的而非这些个别的原因。如前所述,希腊世界当时不仅已获得安定状况,而且形成了丰富多彩的城邦政治体制,这就培育出非同小可的活力和组织才干。正是由于这一原因,科林斯、麦加拉、米利都、弗卡亚才取得了绝不亚于斯巴达城邦在南部伯罗奔尼撒的扩张那样巨大的成就。这些城邦在建立其殖民点时无疑吸收了别的城邦的人力,但它们却有发

---

① 希罗多德,4.151;斯特拉波,257。
② 修昔底德,1.15.1;希罗多德,4.159,2—4。
③ 斯巴达妇女和希洛人生的孩子,原意为"处女之子"。——译者
④ 斯特拉波,257、278;亚里士多德,《政治学》,1306^b30。

起、组织之功,并控制了新的殖民城邦的发展。正是多利亚人的城邦建立了像叙拉库斯、塔拉斯、科尔西拉、拜占庭和昔兰尼这些最强大的殖民城邦,这个事实也是表征多利亚城邦国家力量超群的一个尺度。其他重要原因则非希腊城邦自身所能控制。和希腊城邦的社会状况比较起来,它以外的地中海世界在公元前750—前550年这段时间内是组织得很差的。西方和北方的土著部族在政治发展上是落后的。只有腓尼基人和伊达拉里亚人还可和希腊人有所较量,当他们联合起来时,就可遏制希腊扩张的步伐。在东方那些青铜时代的传统未受多大干扰而继续发展的地方,例如南部小亚细亚、叙利亚、塞浦路斯、巴勒斯坦和埃及,希腊殖民点就绝难建立。在这里希腊人被邀请而居留于瑙克剌提斯和波赛迪昂,因为他们精于商业和军事这两大活动;其实这也是希腊人远航四海得以建立其殖民城邦的两大本领。

殖民的先头部队有时受到土著居民的欢迎并得娶当地妇女为妻。但是,当殖民城邦一旦建立,它就靠武力增加领土而在民族关系上则是很不宽容的。人力的补充一般都从母邦得来。希腊人和土著居民的混合殖民城邦则极为罕见。它们只产生于爱奥尼亚殖民的边缘地区,如南部俄罗斯的克罗尼和比仲尼,以及卡尔西狄斯的一些小殖民点上。多利亚的殖民者往往把土著居民降为农奴或皮里阿西人;叙拉库斯、拜占庭、朋提卡赫拉克利亚都有农奴,列其昂和昔兰尼则有其皮里阿西制度。[①] 随着财富的增长,各殖民城邦的希腊人拥有愈来愈多的私人奴隶,他们部分来自当地的土著

---

① 希罗多德,7.155.2、4.159.4;斯特拉波,542、257。

居民。无论在什么地方,希腊殖民城邦对其周围各民族的生活和文化都产生了深远的影响。希腊艺术和希腊的发明逐渐普及于从西班牙直到南部俄罗斯的南半个欧洲,甚至对伊达拉里亚的已趋成熟的文明也起着师友的作用。例如,意大利各部族接受了加尔西斯形式的字母,法国各族则学到了橄榄和葡萄的种植。这些影响借商业的渠道,从靠近海岸的各希腊殖民城邦而远远扩散于内陆。

希腊人自己从各地土著居民中间吸收的东西很少。在西西里和意大利,当地的度量衡制度确实为希腊殖民者所采用,色雷斯人和西徐亚人的宗教信仰也可能加强了对阿列斯和宙斯的崇拜,例如在托米斯和奥尔比亚两地。但是,一般而论,与各蛮族密切接触加强了希腊人对自身制度的自信心;这种自信心使分散于天涯海角的各城邦产生了某种统一的感情。更为重要的是,通过和这些五光十色的文化的直接接触,给希腊人特别是爱奥尼亚人的思想带来了激励。这在希罗多德的《历史》一书中最为明显,他承继并传下了殖民时期的经验。而一切之中最重要的是贸易的扩张,这为地中海地区第二次文明的繁荣奠定了经济基础。就像在晚期青铜时代那样,于今爱琴海的商人也从英国贩来锡,从波罗的海运来琥珀,从乌拉尔山脉得到黄金。[①] 但现在和过去有很大的差别。黑海的开发和在法国、西班牙的进展,弥补了埃及在南方的相对的衰落。现在,商业贸易的主流是沿北部地中海的海岸和各海岛运行了。因此,直到希腊-马其顿征服东方以前,商业活动的中枢始终固定在希腊半岛,特别是集中在其焦点——那分隔萨隆尼克湾和科林斯湾的狭窄的地峡之上。

---

① 希罗多德,3.115、4.23—24。

第三章 公元前750—前550年希腊城邦的商业发展

第一节 东方贸易

原来存在于从埃及到西里西亚广大地区各小国间的平衡和谐状况,到公元前8世纪末就被亚述势力的扩张所粉碎。从此直到波斯在公元前550年巩固其霸权时止,一系列的战争和劫掠把叙利亚和巴勒斯坦的繁荣化为乌有。腓尼基人损失惨重。西顿于公元前677年被亚述攻陷,推罗则于公元前573年被巴比伦人攻陷。塞浦路斯于公元前709年被亚述征服,又在亚美西斯当政时期(公元前569—前526年)臣属于埃及。在叙利亚,公元前750—前600年,波赛迪昂的希腊人居住点保持着一个活跃的交易市场,主要的进口货物最初来自夕克拉底斯群岛,其后来自"东希腊"(包括小亚细亚和近邻各岛上的希腊城邦)。但公元前600—前520年,这个居住点停止了活动。

埃及从晚期青铜时代起就和希腊商业断绝联系。当浦萨美提克一世(公元前663—前609年)招募爱奥尼亚人和卡利亚人雇佣兵充实其海、陆军时,和希腊的交通往来也就得以恢复。这些雇佣兵的固定驻处设在尼罗河三角洲东部的斯特拉托庇塔,他们防守的边界哨所则有达芙奈等处①。阿普利斯(公元前588—前566年)继续了他的政策并将30 000雇佣兵集中于三角洲西部的赛斯。亚美西斯也跟着这样做,甚至抽调这些雇佣兵组成其宫廷卫队。②一支希腊雇佣兵的远征队曾于公元前590年左右到达尼罗河第二瀑布,在阿布·辛姆贝勒的拉美西斯二世巨像腿部,刻有落款为"阿莫依比库斯之子阿尔洪与无名氏之子阿克希刻"的铭文,记述了这一事件。③铭文中提到从太攸斯、雅利苏斯和科罗丰来的爱奥尼亚雇佣兵的名字。在浦萨美提克在位时,一支30艘的米利都舰队在尼罗河西支流成功地建立了一个设防的商站,命名为"米利都人的堡垒"(米利西翁·特可斯),后来在约公元前610年左右他们又趁埃及内部爆发起义之时占据了河上游的瑙克剌提斯。在尼科(公元前609—前593年)时期,埃及和米利都的关系甚为友好;因为尼科曾在米利都人领土上建一供奉阿波罗的神庙。④

从一开始瑙克剌提斯就大量进口希腊陶器。大量依靠卡利亚人和爱奥尼亚人雇佣军,阿普利斯可能给予瑙克剌提斯唯一从事海外贸易港口的垄断权。亚美西斯(公元前569—前526年)也采取亲希腊政策,他给予希腊侨民以永久居留于瑙克剌提斯之权并转让一些土地给希腊商人作建造神祠之用。在他统治时期埃及经

---

① 达芙奈现名孔姆·达法纳,位于苏伊士运河坎塔腊城附近。——译者
② 希罗多德,2.154、163。
③ GH1,4。
④ 斯特拉波,801;希罗多德,2.591。

济达到了高度的繁荣，把塞浦路斯作为附属国并与昔兰尼结成同盟，只是没有进入叙利亚或巴勒斯坦的打算。埃及现在把它的出口贸易转向东部地中海而和各希腊城邦建立了密切联系。亚美西斯本人娶一昔兰尼的希腊妇女为妻，在昔兰尼、罗得斯和萨摩斯等地奉献敬神雕像，并为重修德尔斐神庙捐献 1 000 塔连特①明矾。在埃及的希腊商人和侨民主要来自"东希腊"，希罗多德提到他们的主要神祠希伦尼翁是由奇奥斯、太攸斯、弗卡亚、克拉佐美尼、罗得斯、克尼都斯、哈利卡纳苏斯、法赛利斯和密提林等城邦修建的；其他的神祠则由萨摩斯、米利都和西部爱琴海的埃伊纳分别修建。希罗多德的记载得到埃及当地发现的陶器证实，它们在瑙克剌提斯和太尔·迪菲奈②都有出土，后者是一个边防兵站，可能即达芙奈。这些陶器主要是东希腊的，并可看出当时和以产酒著名的奇奥斯联系特别密切。由于这时叙利亚海岸的波赛迪昂已停止活动，从东希腊到埃及的主要商道便经过塞浦路斯、法赛利斯和罗得斯。另一次要的商道则经过昔兰尼到达塞拉、拉哥尼亚和萨隆尼克湾；年代在公元前 610 年以后的阿提卡和科林斯陶和公元前 590 年以后的拉哥尼亚陶器曾在瑙克剌提斯出土，公元前 560 年以后的阿提卡陶器则见于太尔·迪菲奈。通过和埃及的这种联系，希腊人学到了几何、化学的基本知识和奥尔菲斯宗教的一些教义。③

在公元前 8 世纪，小亚细亚的政治势力中心远处于内陆。但

---

① 1 塔连特约合 26.26 千克。——译者
② 在今苏伊士运河坎达腊城附近。——译者
③ 希罗多德，2.177—82。

从公元前705年以后，辛墨尼亚人的攻掠摧毁了米达斯和弗里吉亚帝国，吕底亚王国就成为紧靠着希腊城邦的一个强国了。盖革斯在刺杀了吕底亚王坎都莱斯之后建立一新王朝，对希腊各邦采取了侵略政策。在盖革斯当政时（约公元前687—前652年），他单个地攻击一些城邦，例如斯迈尔纳、科罗丰、米利都等，并对希腊领土大搞劫掠。他的后继者和游牧的辛墨尼亚人继续这种劫掠一直到公元前590年左右。以后阿尔亚塔王和米利都结盟，开始了一个和希腊城邦和平相处的时期。在公元前590年以前，爱奥尼亚人已在吕底亚充当雇佣兵，希腊商业也进入萨尔迪斯。公元前590年以后，希腊商业更深入内陆，东希腊各邦大为繁荣。阿尔亚塔的继位者克罗索斯虽然在政治上剥夺了亚洲希腊人的独立，经济上的兴旺时期却一直继续到波斯于公元前546年灭吕底亚之前。

在公元前8世纪和前7世纪，东希腊各邦开发了普罗彭蒂斯海和黑海的资源，此地以米利都为首的爱奥尼亚商业贸易一直都很兴旺。在别的地方，东希腊的商业进展却较缓慢。在叙利亚的波赛迪昂，夕克拉底斯的陶器直到公元前7世纪才被东希腊的陶器取而代之；在埃及，除了为爱奥尼亚雇佣兵做供应品外，希腊商品也找不到多大的市场。在西部地中海也是如此，在公元前7世纪末以前，只有科罗丰和罗得斯在西部建立过殖民点。因此，直到大约公元前610年左右，东希腊只是在地中海地区希腊商业活动的边缘地带起作用，它对希腊半岛的影响不大。

约公元前610年以后，情况就急剧改变了。东希腊在埃及、在吕底亚，在远达塔尔铁苏斯的西方，都取得了贸易市场。爱奥尼亚各城邦，特别是米利都，如今已位居各重要商道的中心枢纽。一个非常兴旺繁荣的时代到来了。我们可用奇奥斯岛的产品为例,说明当时东希腊各爱奥尼亚城邦商业活动所及的一个大致范围:它们曾大量发现于瑙克剌提斯、黑海地区、马赛,但除了埃伊纳(它参与埃及贸易)外却罕见于希腊半岛、西西里和意大利。米利都和科罗丰特别和夕巴利斯、西利斯这两个南意大利最富的城市有密切的商业联系。弗卡亚则和控制麦赛纳海峡的列其昂关系密切。通过这些联系,公元前6世纪东希腊出产的日用粗陶器远销于意大利和西西里土著居民的市集,爱奥尼亚海员则经营伊达拉里亚、法国、西班牙的商业。当弗卡亚人于阿拉利亚被战败(公元前535年),以及那曾使米利都公民伤心痛哭的夕巴利斯失陷(公元前510年)以后,西方市场就大大减缩了。因此,在公元前610—前540年,爱奥尼亚达到其繁荣的顶点。爱奥尼亚雇佣兵被各国广泛招募,爱奥尼亚舰队,特别是弗卡亚、米利都和萨摩斯的舰队则控制了小亚细亚沿岸水域和东南地中海地区(这里亚美西斯曾给予他们特权)。随着其商业的扩张,东希腊的政治、哲学、诗歌也发展起来,铸币也采用了,对爱奥尼亚人的故国——阿提卡以及多利亚人的岛屿罗得斯也给予了强烈的影响。[①]

第二节 居间诸岛

在东希腊的多利亚城邦占有双倍的便宜。它们既控制了从东南面进入爱琴海的入口,又据有从西方经各多利亚岛屿东来的商

---

① 修昔底德,1.13.6;16。

道的终点。在这些岛屿中最初是以克里特为最重要。充分吸收了经塞浦路斯和罗得斯传来的近东文化影响之后，克里特发展了最早的东方风格精美陶器并开始了称为"代达罗斯"时代①的艺术发展阶段，在这段公元前 750 年—前 650 年的时期中，克里特成了一个重要的艺术中心。自此以后，就逐渐呈现衰微，到公元前 600 年以后就急剧衰落，科林斯和罗得斯则跃居前列。克里特和多利亚各岛控制了伯罗奔尼撒之南通向西部地中海的商道。在西部地中海地区，到公元前 700 年以前一直有克里特陶器进口，以后就被科林斯陶器代替，但在盖拉这个克里特和罗得斯于公元前 688 年共同建立的殖民城邦则属例外。与此同时，克里特和罗得斯又在通往叙利亚的路上建立了殖民地法赛利斯，从而将它们的影响扩展到东南方。

公元前 650 年以后，罗得斯压倒了克里特的影响，在西方它仅次于科林斯，它的彩绘陶器自公元前 610 年以后在整个希腊世界流传甚广。在由盖拉建立的阿克拉加斯（公元前 580 年），罗得斯的影响居统治地位，罗得斯自身还在巴列利群岛建了罗迪这个短命的殖民城邦，在意大利亚得里亚海沿岸一带也建有一些类似的殖民点。在这个远征中，克尼都斯参与了合作。克尼都斯的一个赫拉克雷代族成员平达支鲁斯，曾率领一支克尼都斯人与罗得斯人组合成的远征队在约公元前 580 年去征服西西里岛的西南角。被打败后，克尼都斯人就建立了利巴拉，他们在此地过着一种近似

---

① 代达罗斯（Daedalus），神话传说中克里特工艺特高的艺术家，并且被认为是第一个做雕像的人。——译者

共产的生活。对外则搞海盗劫掠。土地是公有的，公民都生活在称为夕西蒂亚(syssitia)的团体之内，劳动力一半务农，一半对伊达拉里亚来往客商进行海盗劫掠。① 他们也进入亚得里亚海，在科尔西拉协助下于科尔西拉尼格拉建一殖民城邦。与此同时，他们与南方贸易也发展起来了，南方一带早就有了像昔兰尼和瑙克刺提斯这样的据点。这一贸易使罗得斯作为埃及和爱奥尼亚的中介而大获其利。这样罗得斯就占据了南北商道还加东西商道的中心位置。此外它还和科林斯有良好关系，在公元前640—前580年不断从科林斯进口陶器，虽然事实上它通往西方的商道并不经过科林斯地峡而是从伯罗奔尼撒之南通过。它的很有多利亚族特点的艺术在公元前6世纪时也逐渐融汇了爱奥尼亚的影响。

穿过爱琴海通往西方的多利亚商道促进了斯巴达和塞拉的发展。拉哥尼亚风格的优美陶器在公元前700—前550年很流行，在某些方面它仅次于科林斯。虽然斯巴达在约公元前710年就建立了塔拉斯，拉哥尼亚商业的扩展却从约公元前630年开始，也就是当塞拉建立了昔兰尼而罗得斯正处繁荣之际。以后，拉哥尼亚陶器相当大量地运销于希腊大陆大部分地区、萨摩斯和罗得斯、昔兰尼、瑙克刺提斯和伊达拉里亚。在南部意大利，拉哥尼亚陶器和彩陶及青铜器在公元前600年后出口到塔拉斯。因此拉哥尼亚，在较小程度上还有塞拉，都从昔兰尼与埃及的贸易大得好处，也从克尼都斯人和罗得斯人在西方的活动中受益。拉哥尼亚艺术从公元前550年以后逐渐衰落，到公元前500年后则急剧下降。

---

① D.S.,5.9;波桑尼亚,10.11.3。

由于考古学者目前还不能鉴别加尔西斯的早期产品，因此有关加尔西斯人商业活动范围的证据较少。但是，我们可以从夕克拉底斯陶器在公元前8世纪时已见于意大利和西西里推测到，优卑亚也和夕克拉底斯一样在和西方开始进行商业贸易时已是克里特的劲敌了。更有甚者，加尔西斯和厄律特利亚是跟夕克拉底斯最富之岛那克索斯合作，创建了它们在西方的重要的殖民城邦，而那克索斯人可能早在公元前700年以前就已开发了非洲沿岸，他们的殖民城邦此后就控制了麦赛纳海峡以及通往重要的伊达拉里亚市场的通道。在公元前8世纪，加尔西斯和厄律特利亚在卡尔西狄斯和马其顿地区殖民；帕罗斯在塔索斯和帕里昂殖民，夕克拉底斯的陶器则在叙利亚的波赛迪昂蒸蒸日上。因此到公元前8世纪末，夕克拉底斯和优卑亚的主要贸易带包括北部爱琴海和西部各海。优卑亚是这一贸易带的中心点。公元前700年以后，色雷斯沿岸的贸易增加了，塔索斯和安德鲁斯还建立了更多的殖民点。据传，加尔西斯的陶器在公元前550—前500年在西部地中海各地都有大量发现，可能是以列其昂为转运中心。帕罗斯的大理石也经常外销于西方市场。这些地区和它们传统的商业联系相隔甚远，大约是夕克拉底斯的水手像在别的时期那样也做了全部爱琴贸易的中介人。

第三节 地峡地区的市场

希腊商业的关键地区是科林斯地峡。在这里，从爱琴海和黑海来的货物汇聚于萨隆尼克湾，从西方来的货物则会集于科林斯湾，彼此在科林斯的大市场上交换而后又经海、陆路分销于各地。兵船和较小的商船以及货物都可经一条石道（diolkos）拖运，这条石道横穿地峡最狭之处。在公元前735年，科林斯已经是一个强大的城邦，足以举办最强的殖民远征活动。它在大陆地区发展了最为完美的"东方化的"陶器风格，并立即在海军舰艇建造方面执希腊世界之牛耳。公元前725年—前550年，科林斯在西方贸易中具绝对优势。当科林斯人把厄律特利亚人从科尔西拉驱走从而第一次显出其实力后，加尔西斯人在意大利和西西里的各个殖民点便好像是转而与科林斯及其殖民城邦叙拉库斯合作了。加尔西斯人可能从这方面换得了在地峡转运中的便利与优惠，以及在西北希腊的各科林斯殖民城邦中停泊的权利。公元前700年以后，科林斯还是中希腊和伯罗奔尼撒之间货运的枢纽，它的陶器在这两个地区都流传极广。科林斯陶器还横渡爱琴海而远销于东希腊和叙利亚的波赛迪昂（公元前700年以后），也远销于黑海各殖民地、叙利亚、巴勒斯坦和埃及（公元前630年以后）。与此同时，还系统地开发了伊利里亚和伊庇鲁斯，在公元前600年建立波蒂代亚以后还发展了和马其顿的贸易。迦太基在公元前7—前6世纪大概经伊达拉里亚转运也进口了科林斯的陶器。于是科林斯成为希腊世界占统治地位的商业城邦，它的货物销售于每个市场。只是在约公元前550年雅典的优秀陶器渗入西方并开始在那里以及其他地方排挤科林斯陶器时，科林斯的商业垄断才稍许有所放松。

麦加拉这个科林斯的邻邦，在两个海湾都有港口，但它没有像科林斯那样便利的穿越地峡的货运道路。然而，它的殖民城邦也是很早就分别在西方和东方建立了的。虽然在西西里，希布莱亚麦加拉被夹在科林斯和加尔西斯的势力范围之间,它建立的下一个城邦赛利努斯却富有小麦并有利于开展和远运各地、伊达拉里亚、迦太基和罗得斯的贸易,但麦加拉商业的主要财源是来自黑海,在这个地区,它的强大的殖民城邦逐步扩展而控制了博斯普鲁斯海峡及其通道。尽管它的领土比较贫瘠,它却在科林斯之外保持了自己的独立。这部分地要归功于它凭靠地峡的位势和殖民体系而获得的经济实力。

濒临科林斯湾和攸利普斯海峡的其他城邦也从殖民和商业的大发展中获益不少。亚该亚向南部意大利和卡尔西狄斯遣送它的过剩人口,伊利斯则在伊庇鲁斯建立殖民城邦。奥朋提亚的罗克里与厄律特利亚合作进行远征,奥佐利亚的罗克里在建立它的殖民城邦——依庇色菲利亚罗克里时,得到了科林斯的照顾。然而,这些地区却不如西夕温那样重视商业。西夕温没有建立殖民城邦,但是,由于它邻近科林斯这个特点,它得以分享西部殖民后所带来的商业兴旺的果实。在德尔斐的阿波罗神谕所,作为从极西部到利比亚的昔兰尼以及赫勒斯滂的帕罗斯殖民城邦这样一个广阔范围的殖民运动的保护主,其影响是很大的。它的神坛由于大量的感恩贡品而富有起来,克里萨和德尔斐这两个城邦也从朝圣者的交通中获利。

希腊本土的其他城邦没有建立殖民点,但它们公民中的个别集团曾加入海外殖民的洪流。可是,同样地,它们也从海外贸易的急速增长中得到好处。埃伊纳成为萨隆尼克湾的交易中心,并在埃及建有自用的神庙(公元前610年以后),阿尔戈利斯地区和科林斯联系密切,艺术中的阿尔戈利斯流派可能对一些西部的殖民城邦有所影响。阿提卡在艺术发展上不如科林斯迅速。虽然它制作了最完美的后期几何形风格陶器,但在公元前750—前700年的阿提卡陶器却只有少量在西部各地出土。在公元前7世纪末,有些阿提卡器皿开始在远达叙利亚、埃及和伊达拉里亚这样的地区出现,埃及的甲虫形首饰作为水手的贡物也发现于阿提卡的苏尼昂海角。在公元前600—前550年,出口的范围和数量都逐渐增加,到公元前550年以后阿提卡就取代科林斯成为希腊世界陶器生产的第一中心。在西部地中海地区,阿提卡贸易在公元前580年以后的迅速扩展应归功于雅典和科林斯的亲密关系,它使得科林斯陶艺工人移居雅典,并使雅典货物经科林斯湾的伯拉可拉而外销于西部各市场。在叙拉库斯,雅典货物的渗入是很晚的(约公元前530年),这就说明直到雅典在精制陶器的生产上最后超过科林斯以后,科林斯商船才把阿提卡器皿运入叙拉库斯。

第四节 交易的中心

综上所述,大致可以说在公元前750—前550年地中海地区的海运贸易有惊人的扩展。我们对主要商道所经路线的了解,主要靠那些精制陶器的分布情况,这些陶器多为希腊本土生产而很少在殖民城邦制作。其中的大多数绝不会是空肚子贩运各地,它必装有药膏、香水、酒、油等奢侈品。例如,科林斯的陶钵就是装香料和药膏的,在这些货物上科林斯可能享有外销于西部的专利,其他易毁货物和来源不易断定的什物也是从希腊本土出口的。科林斯的青铜制品,特别是铠甲,流行很广,加尔西斯的剑更有极高的名气。科林斯的造船工匠可能为殖民地区和萨摩斯等建造船只。米利都出口毛织品,麦加拉也外销类似产品。一般而言,虽然我们手中材料还比较零碎,我们可以断定殖民各地区是出口原料和粮食——贵金属、木材、羊毛、皮革、小麦和干鱼等,而从母邦进口各种制成品。沿着交通要道往来的商业贸易的洪流,给那些拥有交易中心的城邦带来巨大利益。主要的受益者是多利亚城邦和多利亚人的殖民城邦。通过地峡的商运使科林斯、麦加拉、埃伊纳和西夕温富裕起来,在殖民地区则有科尔西拉、叙拉库斯、波蒂代亚、拜占庭和加尔西顿。南部商道上的贸易则养肥了罗得斯、克里特、塞拉和拉哥尼亚,以及它们的殖民城邦法赛利斯、盖拉、昔兰尼和塔拉斯。爱奥尼亚城邦和它们比起来,虽然在开发和殖民方面最早开始,并且在发展黑海地区方面贡献很大,但直到公元前6世纪时却远不如它们走运;公元前6世纪后,随着亚洲内陆和埃及市场的开放,爱奥尼亚城邦才达到其兴旺的顶点。那些富裕的交易中心同时也生产精美的陶器——科林斯、拉哥尼亚、克里特、罗得斯都是如此,一直到公元前6世纪以后,情况才起了变化,那时爱奥尼亚艺术特别是雅典的艺术已开始和多利亚艺术争雄了。

第五节 铸币的发明和散布

在青铜时代和早期铁器时代,交易方式是以物易物,交易物中最贵重者则为大如锭状或小如豆状的贵金属。正是从这种豆状金属块中分三个阶段发展出铸币。第一步,金属块表面被金属棍的一端打出深痕印记,标明它的成色。第二步,金属块的背面被刻以浅沟状条纹，使人易于辨认其使用受损的程度。第三步，是在块上印以标记或徽章，保证其真价或来源，这就是最初的真正的铸币，也就是约定俗成、专用于交易的金属块（nomisma）。当更小的单位也被用于铸造时，原先那个具有特定重量的钱币就被作为标定的"本位币"（stater）。这一发展于公元前7世纪期间出现于吕底亚，因为此地有特殊的需要。它富有的白金矿是一种黄金和白银的天然合金，但金与银的成分，也就是其价值，却因地矿质而异。吕底亚王盖革斯（约公元前687—前652年在位）便按金色浓淡的不同等级发行了标准化的白金通货，保证其白金铸币的实价。它们在吕底亚版图内是官方发行的，大币值的钱币上印有狮头标志，小币值者则印狮脚掌。各不同发行期钱币的重量，可能既通过其内含黄金成色，也通过与纯金锭交兑的价值而予以较准。

盖革斯的发明立即被跟吕底亚有密切联系的米利都和以弗所采用；它们发行了印有各自城邦徽记的白金铸币，其一为回首的狮子，另一则为雄鹿或蜜蜂。弗卡亚、奇奥斯和萨摩斯也跟着仿效。奇奥斯和萨摩斯还接着发行了银币。盖革斯的白金币，或者如希罗多德所称的"金币"，在整个希腊世界都出了名。但它的美名却为吕底亚王克罗索斯（公元前561—前546年在位）的双重币制超过了。克罗索斯发行了纯金和纯银两种本位币；其中的纯金可能是从当地出产的白金矿砂中提炼的。他的本位币可能是日后波斯金币和银毫（夕克勒[sigloi]）的前身，而波斯的金币银毫直到马其顿的腓力普之时，则是古代世界最纯最精的货币。

希腊半岛既无金矿也无白金矿。有若干地方出铁，特别是优卑亚和拉哥尼亚；优卑亚还出铜；阿提卡则出银。希腊半岛上钱币的首创者是阿尔戈斯王腓冬，他的银质铸币是和一种新的度量衡制的引进相并行的，这种制度很快就为大陆上的绝大多数城邦采用。这新币制是以铁的比值为准，因为大陆各地无疑曾用并继续用铁作为交换物，这种铁或采取焊条（奥波尔[oboloi]）计量，或用成束的焊条（德拉克马[drakhmai]），也有大的锭块。因此新的铸币也袭用了旧名称，奥波尔和德拉克马，六个奥波尔等于一个德拉克马。币制的创立是阿尔戈斯城邦的正式行政措施，一如在吕底亚的情况。因此腓冬为此将铁焊条献于赫拉女神——城邦之神，这种铁焊条和一块大铁锭都曾在阿尔戈斯的赫拉庙中被发现。银币铸造厂是由埃伊纳建立的，它是一个可能从西弗诺斯进口银的交易中心。银币上面即有海龟徽章和深沟纹。我们在吕底亚所见的铸币发展过程中的过渡阶段，在这里皆已不见。由此可知埃伊纳是仿效吕底亚的已成熟的铸币，其首次发行当在较晚年代，约公元前670—前660年。埃伊纳的龟币作为伯罗奔尼撒（奥林匹亚除外）的标准货币有两个多世纪之久，在以后很长时期仍在流通。在吕底亚和埃伊纳的币制的起源都阐明了亚里士多德下述一段著名的论断："为了交换的目的，人们相约以一种在日常生活中有使用价值而又易于携带的物质，例如铁、银和其他金属等，彼此授受进行交易；最初它只是简单地按大小和轻重定量，最后就印有标志以免称量的麻烦，因为标志本身即是金额记号。"[①]

吕底亚和埃伊纳的币制都根据不同的重量衡制度并且是以不同的金属比价定值的。为了在它们之间起联络的桥梁作用，又发

---

① 亚里士多德，《政治学》，1257^{a}35；GC，24以下；大部分学者将铸币之始期定得较晚。

行了一种既和埃伊纳制又和吕底亚制有联系的重量的银币。它最初是由萨摩斯和科林斯发行的,在科林斯,它的发行可能在夕普赛鲁斯当政时期(公元前657—前625年)的初期。可能涉及这一新创的一个铭文,曾发现于伯拉可拉附近的列米尼亚赫拉庙中,文中说:"白臂的赫拉呵!我,一个德拉克马(为敬献于您而被置在您的前庭之中)。"这一新的重量标准被称为"优卑亚衡制",科林斯的优卑亚制本位币在西方流传很广,也在大陆和爱琴区域广泛流行;因为科林斯在当时是地中海地区最大的交易中心。① 随着其他城邦也纷纷发行铸币,每城就按其地方条件而采取了不同的重衡制。因为所有这些钱币都是按其金、银或白金成色的实价来定值的,但是,例如银的价格在各地区和各时期就很不一致。因此,在吕底亚和波斯金银比价一般保持在 $13\frac{1}{3}$: 1,但在金银都有出产的色雷斯,则摇摆于15:1到10:1之间,那些本地无金银矿藏的城邦必然也是同样情况。所以各城邦钱币的精确重量是各个不同的。

但是,一直到公元前550年为止,有两大主要币制是普遍流行的,即埃伊纳制和优卑亚制。属于前一系统的有为伯罗奔尼撒通用的埃伊纳币,以及麦加拉、雅典(一直到约公元前593年),彼奥提亚(最初用铸币约在公元前550年),从西起埃伊纳东达罗得斯的南部爱琴诸岛,还有克尼都斯和邻近大陆上的考努斯。属于优卑亚制系统的则有科林斯,公元前593年以后的雅典、加尔西斯(公元前约550年始有铸币),萨摩斯和昔兰尼(公元前约560年始

---

① *GC*, 38; *Perachora*, 1.258.

有铸币);这一系统和吕底亚、米利都、以弗所、弗卡亚和奇奥斯的关系要比它们和埃伊纳制系统的关系密切。这两大系统反映了不同的贸易范围,而雅典之于公元前593年间从埃伊纳制转为优卑亚制,也表明其金融和商业政策的转变。

在西部地中海地区,公元前6世纪时采用铸币。在此以前,以物交易始终盛行,可能是因为科林斯几乎垄断了交易市场,包括银锭的出口。这种情况到爱奥尼亚商业打开向西部边远地区的贸易后就改变了,同时,西班牙产的银也流入市场。从此希墨拉、赛利努斯和占克列获得了银的供应。他们按自己的独立的重量衡制铸币,后来那克索斯也参加进来。到公元前550年,在意大利的塔拉斯、夕巴利斯、米塔朋提昂、考隆尼亚、克罗顿和列其昂等都按科林斯衡制用科林斯银铸造钱币。在通往意大利的航线上,科尔西拉却采用另一套独立币制铸币,似乎有标榜摆脱科林斯控制的用意。但叙拉库斯和西西里东南各城邦却直到很晚才开始发行铸币,可能因为它们始终是与科林斯的贸易为主。币制和海外贸易之间的关系在西部地区表现得很明显。早期的钱币几乎都是大金额的,它们显然是专为大宗交易而不是为内部零售服务的。①

希腊钱币制度是由那些位于主要国际交易中心的城邦首先发展起来的,这些城邦从商业取得主要的收入。它组成三大集团:爱奥尼亚集团,以米利都和以弗所为首;埃伊纳集团,由埃伊纳和它的金融上的附属地区构成;科林斯集团,以科林斯和萨摩斯为首,后来包括了雅典和优卑亚。随着铸币的使用日益扩展,第二流的

---

① GC,71以下。

交易中心也开始铸造钱币,它们中有希墨拉、塔拉斯和科尔西拉(公元前550年以前),以及叙拉库斯、昔兰尼、波蒂代亚和塔索斯(公元前550年以后)。希腊城邦在币制方面也像在其他方面一样,远不是清一色的,而且从一开始不同的钱币标准和型制就展开了竞争。铸币的首要作用就是加速商品交易的活动和以流动资金的积累为城邦增加财富。铸币还有其深远的影响,因为它促进了国内零售贸易的发展,并在各个城邦内部引进了一种新的财产形式。有些城邦抵制货币的使用,著名的有斯巴达、克里特和拜占庭。它们以在金融势力的竞赛中甘居落后的代价保持了自己的社会和政治制度。

希腊的各种铸币都可列入希腊艺术的最佳代表之林。甚至在早期铸币上,线条之纯净和细部的精美就已是其特色了,其中可举以弗所的"蜂币"、埃伊纳的"龟币"、科林斯的"马驹币"和雅典的"鸱币"为例。这些图样都是城邦的徽志,有的从宗教崇拜而来(如蜂在以弗所被视为圣物),有的则来自某一商品(例如雅典的大型油罐之用于标志)。某一统治者或统治氏族的纹章,或者某一国王、城邦名字的开首字母也时常印于钱币上(例如,吕底亚王阿尔亚塔斯的开首字母,以及雅典、加尔西斯城邦的开首字母等)。但在钱币上印统治者本人的肖像则只在希腊化时期才开始流行,在此以前,它是罕见的。

第四章 公元前750—前550年的战争

第一节 边境战争和争霸战争

修昔底德在叙述城邦成立初期——古风时期各地方的战争时称之为"邻国之间的地方事件",一般地说,没有小国在强国领导之下组织起来的强大同盟(帝国),也没有小国在平等基础上组织起来的联盟。① 他的叙述是正确的,但并不全面。随着新城邦在本土日益发展并殖民于海外,它们彼此必挤在一处肩摩毂击而互相扯皮,也就必用其扩张所获的资源于对抗的战争。其结果在有些情况下是清楚的,例如确定了对有争议的领土的归属,这对失败者当然是沉重的打击,但很少有一方被彻底毁损而对方据此日益逞强的情况。然而,通过这些战争,各城邦的边界划定了,因而每一城邦来日实力的大小也就被限定了。

这些地方战事中最大也是灾难性最重的一次就是前已述及的斯巴达的美塞尼亚战争。斯巴达这个多利亚人在大陆上的首邦,

---

① 修昔底德,1.15.2。

经过二十年的战争（约公元前740—前720年），降伏了美塞尼亚族，吞并其领土，奴役其人民，从而大大加强了斯巴达国力的基础。科林斯，商业扩张的领袖和受益者，在一次战争中夺取了麦加拉的南部领土（当这场战争大约在公元前700年结束时，麦加拉方面曾出现了奥尔西普斯这个公元前720年的奥林匹克冠军的英雄事迹①）。这样一来，科林斯作为整个希腊世界贸易的中央市场的前途就确定下来了，因为从此以后它就控制了横越地峡的最短的海陆通道。麦加拉，在被夺去其富于林、牧出产的领土以后，为了减轻人口过剩的压力，首先是搞海外殖民，其后又占了萨拉密斯岛，自公元前600年麦加拉人定居这岛以后，就把这岛的占领巩固下来了。然而麦加拉人在萨拉密斯的定居却威胁了埃琉西斯和雅典的出海通道。雅典人便在梭伦的战歌激励之下，逐走了麦加拉人而占领了该岛。以后这两个城邦争战不绝，但是到公元前560年时，庇西特拉图终于获得了长久占领该岛的胜利，这一点对于雅典将来的发展极端重要，可以和科林斯之占有麦加拉南部地区相比。② 从此以后，麦加拉变成了一个微小但很勇敢的城邦，不断靠其机灵的外交以保独立。类似这种相邻城邦间的战事也见之于爱奥尼亚和埃奥利亚地区，有时也有较大的伤亡，例如斯迈尔纳和阿里斯比的战事。③ 在殖民地区，各城邦不像本土那样靠得紧并可借侵略土著居民而扩张地盘，因而虽有摩擦但灾难性的后果不大；例如，当米利斯人被麦加拉人在公元前560年左右从朋提卡赫拉

---

① HH.*GHI*,1；麦加拉被侵的年代是有争论的，参看*BSA*,49.93。
② 波桑尼亚,1.40.5；亚里士多德,《雅典政制》,17.2、14.1。
③ 希罗多德,1.150—151。

克利亚逐出时，就可另建新殖民点，因为新地点总是可以找到的。对将来更为重要的是在西部地中海地区为争夺海上霸权和商业利益的斗争；在这里，科林斯和科尔西拉于公元前660年左右被卷入，而科尔西拉又和安布拉西亚在约公元前620年被卷入这种纷争。① 最后是科林斯取得了对它的各个殖民城邦的控制权，但在西希腊沿岸却和科尔西拉结下了不解之仇。

当各城邦牵涉到彼此之间更为广泛的利益时，也会结成联盟。可举列兰丁战争为例。战争开始时（约在公元前700年前后）是加尔西斯和厄律特利亚为了占有夹于两地之间的列兰丁平原的地区性争端，可是，结果却成为对爱琴地区的商业和殖民大国都有普遍重要意义的大事了。因为厄律特利亚统治着安德鲁斯、奇奥斯、铁诺斯和其他岛屿，而加尔西斯控制着攸里普斯海峡；它们还分享了对卡尔西狄斯的占领和对伊达拉里亚商路的控制。修昔底德提到似乎所有希腊城邦都参加了列兰丁战争。我们所知则只有萨摩斯帮助了加尔西斯，米利都则站在厄律特利亚一边；我们还可猜到科林斯会帮助前者，麦加拉则支援后者。决定性的战役是陆战，加尔西斯由于有帖撒利的骑兵而获胜。厄律特利亚，虽然自夸有3 000名步兵、600名骑兵和60辆战车，却被降为二等城邦而不再是为首的强国了。安德鲁斯通过在公元前655年左右在卡尔西狄斯建立殖民点而庆祝了它的独立。此地现在已为加尔西斯势力所主宰，它并且和科林斯合作进行对西部地区的商业开发。②

---

① 修昔底德，1.13.4；GHI，2。
② 斯特拉波，448；修昔底德，1.15.3、1.13.3；希罗多德，5.99；Arist. Fr，98。

在伯罗奔尼撒,斗争是以争夺军事优势开始的。阿尔戈斯要求占有优势的理由是从征服时期以来它就为首,其标志就是它的铁美努斯王朝是多利亚各王朝之长。在建立西夕温、埃伊纳、麦加拉时它起了主要作用,在麦加拉反抗科林斯时它曾在一次成功的战役中提供援助。斯巴达则以下述行动向阿尔戈斯挑战:当阿尔戈斯吞并它那一地区中的阿西涅城之后,斯巴达把从阿西涅逃出的流亡者移居到美塞尼亚海岸。阿尔戈斯接受了这个挑战,并在公元前669年的希西埃战役中使斯巴达遭到决定性的失败①。斯巴达威望的下降和阿尔戈斯的成功,可能激励了伊利斯的皮萨在公元前668年起义脱离伊利斯,并到公元前660年时取得了对奥林匹亚圣地的控制权。在公元前659年,斯巴达出师讨伐曾支援美塞尼亚的菲加利亚(一个阿尔卡狄亚州区)时,菲加利亚人和阿尔卡狄亚的奥瑞斯塔西亚人却把斯巴达人打败驱逐了。于是,约在公元前640年,美塞尼亚人在皮萨、阿尔卡狄亚、阿尔戈斯和西夕温援助下起义,斯巴达人为自己的生存苦斗了十九年之久,科林斯、萨摩斯和列普律阿提斯对之进行了支援。② 结果是斯巴达取得决定性胜利。它对美塞尼亚的占领大大巩固了,它的制度经受了考验,它的军事威力也树立起来了。在公元前546年,斯巴达就进一步打败了阿尔戈斯,这次战役是从每边出"三百冠军"进行决斗而发展起来的。斯巴达的胜利使它永远地把提列阿提斯地区并入自己的领土,并使它成为伯罗奔尼撒的最大军事强国。③

---

① 波桑尼亚,6.19.9,2.24.7;*FGrH*,115 F 383。
② 波桑尼亚,4.14—24;斯特拉波,362;希罗多德,3.47。
③ 希罗多德,1.82。

第二节 中部希腊的军事强国

在伯罗奔尼撒以北,弗西斯人城邦德尔斐和克里萨之间的地方争端发展为第一次圣战(公元前595—前586年)。德尔斐这个有阿波罗圣地在它境内的城邦,早已就是所谓"德尔斐的安菲克提翁"联盟的中心。安菲克提翁(Amphictyones)意为"比邻"或"邻居",德尔斐的这一联盟由12个东北希腊的部落组成,即帖撒利人、皮拉黑波人、马格尼特人、弗提奥迪人、多罗普人、马里人、埃尼亚人、罗克里人、多利依斯人、弗西斯人、伊奥涅人和彼奥提亚人。安菲克提翁原来的中心地是温泉关,邻近安弟拉的德米特神的圣域。每个部落在联盟会议中有两票的投票权,它原来主要是处理宗教礼仪事务的,但也能用于政治目的。克里萨控制了从北方和海岸到达德尔斐的通道;它要比德尔斐强大,可能靠对来往朝圣进香的旅客进行勒索而致富。不管争端的起因是什么,德尔斐终于以此求助于安菲克提翁同盟。同盟议会从皮提亚神谕中得到支持,便对克里萨宣布一次圣战,正式把克里萨列为全体绝交的对象并判以毁灭的惩罚。在这个决定后面的实际鼓动者可能是帖撒利,它现在靠进行战争而统一起来,很有扩张势力的野心。在帖撒利人欧律罗库斯的总指挥之下,安菲提克翁的部队取得胜利,西夕温和雅典也支援了他们(公元前591年)。他们把残存居民变为奴隶,把克里萨的领土献给阿波罗神,并在公元前582年举行首次皮提亚运动会以庆祝这一胜利。① 这些事都由欧律罗库斯主持,因此帖撒利人也就在安菲克提翁联盟中取得统治地位。神的震怒和世俗武装的实力都得到了卫护。克里萨不再存在。德尔斐作为一个政权,管理着圣地,德尔斐的祭司则经办神庙的祭祀礼仪。安菲克提翁联盟议事会给自己确定了保护神坛、办理圣地金融事务和监督有关人员遵守清规等职责。这一圣战加强了阿波罗神和德尔斐的威信,表明安菲克提翁这个机构是能适用于政治目的的,并加强了帖撒利在地峡以北的各个城邦中的军事优势。

这一优势在圣战之后就很起作用了。帖撒利的军队打败了弗西斯和罗克里,深入于彼奥提亚,直到大约在公元前575年他们受挫为止。在这个世纪后期,弗西斯人也进行反抗而取得了独立,他们在一次夜袭中打败了帖撒利的步兵,又引诱帖撒利的骑兵误入许多空酒罐组成的陷阱。② 这样一来,在波斯入侵以前,帖撒利的势力已开始衰微了。

第三节 早期战事的特点

在城邦成立初期,武艺高强被认为是一个公民最可贵的品质。提尔太攸斯和梭伦,作为诗人和政治家,都以其节奏铿锵的军歌鼓励公民同胞勇于作战。"一个勇敢的人为他的祖国冲在前面战死于疆场,那是多么光荣;但若背弃自己的城市和良田沃野而像一个

---

① Marm. Par. 37;Aeschia, 3. 107;Schol. Vet, Pi. P. Hypothesis.
② 普鲁塔克,《卡美努斯传》,19;希罗多德,8.27。

乞丐般苟且偷生,则必得最大的悲伤。""我们向萨拉密斯进军,为了那可爱的岛屿而战,为了抹掉耻辱的烙印。"绝大多数战争都是生死存亡之战。美塞尼亚、克里萨、斯迈尔纳和阿里斯比都不再作为城邦而存在,残存居民遭受奴役也是当然之事。他们作为奴隶,有的被卖于国外,有的留在胜利者的领土上世代为奴。斯巴达人和科林斯人强迫美塞尼亚人和麦加拉人派出男女参加主人葬礼哭哀致敬,斯巴达人还要美塞尼亚人做神圣宣誓决不造反,这样就可在他们造反时剥夺其逃入圣地神坛的宗教避难权。当把征服地区并入版图难以实施时,则用其他办法。帖撒利人就是这样不从人道而从霸道着眼,在弗西斯各城派驻官员或僭主。他们有警卫部队以防起义,他们还把居民当作人质,并以无条件战争(aspondos polemas)威胁起义者,这种战争可以对所有居民进行屠杀而不仅仅是奴役。①

在黑暗时代,战争可用挑选代表进行决斗来分胜负,因此大约有一种个人比武的规矩可供遵守,例如,在麦加拉境内就有过这样一次战斗。那时,大约在德尔斐的安菲克提翁联盟成员间也有一种相互保证,即在世俗战争(以区别于圣战)中不得夷平他人之城,也不得切断他人之水源②。但是,在城邦初期的战争中,参加人数愈来愈众,许多惯例规矩也被抛在一边了。在战斗中,受伤或被缴武器者立即处决,被战败者只能收回其武装全被得胜者剥走的尸体。有一些带有宗教清规和宗教性起源的条例逐渐得到接受。不犯传令官和来使,不得肢解战死者,不得拒绝掩埋,为掩埋下葬而

---

① Tyrt. 6;Sol. ,2;波桑尼亚,4.14.4;Schol. Pi. N. 7. 155。
② Plu. 244^b、295^b(GQ17);Aeschin. 2.115。

做的停战受宗教保护,条约的誓言具有约束力,神的祭台给予求助者以庇护和避难所。这些规则在城邦初期一般还是遵守的。

城邦军旅中的"骄子"是骑兵。英雄时代的战车可能在列兰丁战争中仍有使用,但除此而外,它在希腊就只用于游行和赛跑了。骑兵在列兰丁战争中是进击武力,骑兵之参战对战果有决定作用;在爱奥尼亚,骑兵始终在希腊城邦中占重要地位,在吕底亚王国也是如此。① 但是,在伯罗奔尼撒,骑兵的声誉虽然保存,决定性的武装力量却是步兵,公元前 700 年后两军对阵之正式战役是以步兵队列交锋,这种队列已非骑兵所能攻破。重装步兵都经过良好训练。他用六英尺长的矛枪和对手决斗,保持自己在队列中的位置并以盾掩护邻伴身体无掩护的部位,在他身后一列列步兵也按阵势排好,用他们的声势和刀枪为后盾。这种形式的战斗要求高度的体力、枪术和纪律,这些素质起初是阿尔戈斯人后来是斯巴达人最为优异。大约在公元前 7 世纪初期的阿尔戈斯的威名,曾表现于德尔斐神谕的答案之中。爱其昂人在从埃托利亚人手中抢得一艘五十桨船后,曾向阿波罗神求示谁还比他们更好,他就回答说:"更好的有皮拉斯基空·阿尔戈斯的田地、帖撒利的母马和斯巴达的妇女,还有那饮用美丽的阿律杜莎河水的男子②。但更好的还有那住在梯恩斯和富于羊群的阿尔卡狄亚之间的阿尔戈斯人,穿着麻织的胸甲,他们是战争之尖刺。"那些有能力为自己装备头盔、胴甲、胫甲、长矛、佩剑并受过专门训练的人,在每个城邦中

---

① 斯特拉波,448;Polyaen.7.2.2;希罗多德,1.79。
② 即加尔西斯的男人;AP1,4.73。

自然也是"骄子"。当重装步兵战术普遍运用以后，这一批"骄子"的重要性就日益增加；因为一次战争往往以重装步兵的对阵交锋为决定之役，而这次战争所能决定的后果也只有在边界争端这样的狭窄范围内才被接受。但是，在城邦初期，除了在阿尔戈斯和斯巴达之间而外，正式的战争是很少见的。能够拥有充足的重装步兵的城邦寥寥无几，孤注一掷的后果则是更主要的。在美塞尼亚的"对垒战"和克里萨被攻陷之后，战争犹未结束，在美塞尼亚还继续了十一年而在克里萨则是五年在帕尔纳苏斯山上的游击战。战争时间拖长了，生命和财产的毁损有时也更为严重，因为这对每一个能活动的男子都可作为用剑、投枪、投石器和弓的轻装伏击手加入战斗。这些武器，当然也是重要的，有些城邦还特别善于使用它们。虽然这些战争的代价是昂贵的，希腊人却从其中学到了高强的武艺，使他们能在海外殖民中取胜，后来又打退了波斯的入侵。

第五章　雅典以外各城邦的宪制发展

第一节　王制的衰落

在英雄时代和移民时期流行的王制是一种特殊形式的王制。它像立宪君主制那样，国王的权力有限，它由宗教与习惯而得到神圣意义，王位父子相传。就国王在政治、司法、宗教和军事上几乎有绝对权力而言，它又像是专制君主。① 这种类型的王制是为了适应当时各族的军事活动和移民活动的需要而兴起的。国王（巴西列斯[Basileus]）的职责就是使若干种族集团结合在一起，每一集团内部可能靠族籍亲缘关系而组成，但各集团之间不一定有亲缘关系。他必须用自己的人格力量把它们结合在一起，并按他握有的宪制权力进行统治。对王制的需要是存在的，但各国王作用的大小则看时代的需要而有所伸缩。有的著名王族，例如赫拉克雷代、平提利代、哥德利代等，留下了一种影响于后代希腊思想的王制传统。

随着情况的变化，王制愈来愈少。东部爱琴地区出现的新城

---

① 亚里士多德，《政治学》，1284^{b}35。

邦在发展了一种内部统一后不久就废除了王制。当雅典人巩固了他们抵御多利亚人的边界并引导其爱奥尼亚同胞海外移民以后，也取消了王制而变成了一个共和国。在大陆其余地区，继多利亚入侵之后是一个分崩离析的时代。入侵者的大集团原各有一王在起组合作用，现在却分成许多独立的政治小单位，定居在村落公社之中，每一个都是原部族组织的缩小的核心。地区性的王国现在让位于各个地方集团，传统的王制势力所及很难超出昔日首邑范围之外。假若在黑暗时代之末各村落又重复结合为原来的地区性的王国，王制可能继续存在下去。但是，各村落一般都是结合成为较小的集团——城邦（poleis），例如，在克里特，代替了伊多门尼乌斯的王国的是 100 个城邦。这一过程敲响了王制的丧钟，因为多利亚城邦也保有不下于海外的爱奥尼亚和埃奥利亚城邦的那种内部统一性。早在埃伊纳和麦加拉建立之时，就已是阿波罗神而不是一个王成为其创立者（oikistes）和领袖（archegetes）了。因此，同样地，当殖民城邦建立时，其创立者一般也不是一个王。

141　　王制保持最久的地方往往是这种传统根深蒂固之处（例如阿尔戈斯、斯巴达、塞拉及它们的殖民城邦塔拉斯、昔兰尼），或者是落后的条件有利于王制存在（例如西北希腊和马其顿）。从阿尔戈斯，赫拉克雷代的长房（铁美努斯的儿子们）在统治了阿尔戈斯地区之后，又建立了西夕温、福里攸斯和依庇道鲁。在黑暗时期，分离继续发展，新城邦陆续建立，例如梯林斯、瑙普利亚和阿西涅等，它们拼死抵抗铁美努斯后裔要把它们并入王国的企图。只有腓冬一人达到了把它们归并的目的。大约在公元前 7 世纪前半期他重建了传统的铁美尼代的王国，通过在公元前 669 年的希西埃战役中打败斯巴达,以及在皮萨的顺从支持下主持奥林匹克庆典等加强了自己的威望。[①] 他的唯一持久的成就是发行了希腊半岛上第一种钱币并制定了称为"腓冬系"的度量衡制度。所以说"唯一持久",就是因为在他死后铁美尼代的王国又瓦解了,而在这世纪之末阿尔戈斯的王制也告寿终。无论是作为一个王国还是作为一个共和国,阿尔戈斯都再也无力把这一地区的各个城邦结合在一种更为繁密和持久的统一体中。它们已在一种硬邦邦的政治形式中顽固地僵化了。

在斯巴达,王制以一种持久的形式残存下来,因为它还起着一极重要的作用,正如我们已见到的那样,斯巴达是大陆上第一个从各自为政的村落形成为一个城邦的国家,此外,斯巴达还和阿尔戈斯相似,是一个赫拉克雷代王国的传统首都。它因此有理由也有权力将分立的各村落逐一降伏并把赫拉克雷代国王的宗主权再施之于整个拉哥尼亚。斯巴达的双王制是拉西第蒙人这个新国家的根源(fons et origo),它包括了斯巴达人、皮里阿西人、拉哥尼亚以及后来的美塞尼亚的希洛人。一个斯巴达国王的国葬强迫这些人员参加,即代表拉西第蒙人口的所有各个部分:斯巴达人、皮里阿西人、希洛人的男女,并在全国各地实行十天的官方服丧哀悼。国王代表拉西第蒙国家宣战,统率由斯巴达人、皮里阿西人和希洛人组成的军队,当率师出国时在拉哥尼亚边境献牺牲敬神。两位国王还担任拉西第蒙宙斯和乌兰尼乌斯宙斯的祭司,主持所有代表全社会的献牲礼并指定派往德尔斐求阿波罗神谕的国家使节。他

---

① 斯特拉波,358;波桑尼亚,6.22.2;希罗多德,6.127。

们的名字列在拉西第蒙国家文件的开头,在一切国家祭祀和礼仪中居首,并有骑兵卫队护从。① 确实,斯巴达的王制有点像现代英国王室。它不仅使斯巴达本土,也使拉哥尼亚和美塞尼亚的领土结合起来。斯巴达自身是一个城邦,是由各个村落公社的政治联合而形成,在城邦宪制之中王的权力是有限制的,例如,在吉罗西亚会②上,国王和其他成员处于平等地位。在拉西第蒙国家之内,斯巴达却居统治地位,垄断了宪制权力。而且在拉西第蒙国家内,王权是无限制的,因为他们构成了斯巴达国家和拉西第蒙国家之间的桥梁,他们是两方面的国王。

在帖撒利,王权借最高军事统帅(tagos)的形式而恢复起来,它像原先征服时期的赫拉克雷代各王一样,要求对全帖撒利的统治权。这种最高统帅中的第一人大概是阿留亚斯,他是公元前7世纪后半期的拉利萨的赫拉克雷代族首领,他从其臣属中每一大份地征集40名骑兵和80名步兵。③ 军队总数据后代人估计当有6 000名骑兵和10 000多名步兵,从列兰丁战争中厄律特利亚的军队情况看,这数目并不是不可能的。骑兵是第一流的,但步兵由于装备山羊革和绵羊革的轻盾却不是希腊重装步兵的对手。将近一个世纪左右,这种国王军事权力的恢复使帖撒利成为地峡以北的居领导地位的国家。在此之后,由于各军事单位内部政治集团之间的争吵削弱了其权力,统帅的职位在任何一个贵族家族手中

---

① 修昔底德,5.24。

② 即斯巴达长老会,由28名年纪在60岁以上的长老和二王组成。长老为终身职。——译者

③ Arist. Fr. 497—498;色诺芬,《希腊史》,6.1.8。

也难以牢固保存，因为各家族之间一直不断地处于明争暗斗之中。

第二节　贵族

一般而言，王制的结束并非由于暴力而是通过将国王吸收到下一层权贵，即氏族首领组成的贵族阶层之中，而这些氏族首领长期以来就已是王的议事会或王的宫廷的成员。国王的尊称一般都还予以保留，在阿尔戈斯、雅典和科林斯，"王"变成了一个行政长官，在以弗所、米利都和那克索斯则是一位祭师，这时的"王"作为几个行政官之一的"王名官"（archon basileus），已受制于长老议事会。贵族议事会的权力，比之王权在城邦的社会结构中更为根深蒂固，因为贵族都是各种族集团（部落、胞族、氏族）的首领，而城邦最初正是由这些组织或团体联合组成的。在像伊利斯那样的不太发达的地区，各个小村社（damoi）还没有联合，王就直接被各胞族（patriai）和氏族（geneai）首领组成的贵族政体所代替[①]。他们在宗教、司法和政治事务中的名正言顺的权力从未动摇，因为他们有几百年的氏族制度传统为其后盾。

在城邦中贵族政府的中央机构是议事会（boule 或 gerousia），其成员要到一定的成熟年龄才可当选，例如，在斯巴达是 60 岁，加尔西斯是 50 岁，当选后任职终身，行为不受监督检查。议事会本身得到胞族和氏族结构的支持，它们也是按同样的系统和原则行事的。各行政长官，作为议事会的执行机构，受到议事会的严格控

[①] 《奥林匹亚铭文集》第二号；亚里士多德，《政治学》，1306ᵃ17。

制,例如,在有些城邦,只有一定家族的成员才能担任官职,在别的一些城邦,则议事会有权审查(dokimasia)和拒绝候选人。官员的任期一般只有一年,行政官员的品行在任满后要受议事会的复查。官府的权力在很多情况下都分散于好几个行政长官,他们组成一个集体,采取少数服从多数的原则议事决断。

一切贵族政体都是政权为少数几个人掌握的寡头政体,但其"寡"的程度各有不同。在最狭小的贵族政治中,官职完全为原来世袭王位的那个家族垄断。例如,在科林斯,垄断一切官职的巴齐阿代氏族[①],就是赫拉克雷代王族的后裔,特别是科林斯王巴齐斯的子孙。巴齐斯的几个直接继承人还做了王,但从公元前747年左右起,巴齐阿代氏族就作为一个集体进行统治,从自己成员中选每年的名年官(该年即以他的名字为名),这个官职可能仍用"王"(basileus)的尊称;巴齐阿代还实行只在本族内婚配的制度[②],在这个氏族内,年龄50岁以上的成员大约有两百人。类似这样独占官职的还有密提林的平提利代和厄律拉、以弗所的巴西利代等。[③] 一个较宽泛一点的统治形式是把官职局限于某几个胞族内,例如,在克里特的一些城邦和罗克里地区,100个家族的成员握有全权;或者把官职局限于某些从征服时期或建城时期就握有特权的集团,例如加尔西斯的希波巴塔依和萨摩斯,叙拉库斯的加莫罗依。[④]

---

① 此处之氏族,实际上是同宗的大家族。——译者
② 希罗多德,5,92^b;斯特拉波,378;D. 9.7.9。
③ 亚里士多德,《政治学》,1311^{b}27、1305^{b}19;*FGrH*,268 F 3(巴顿)。
④ Plb. 12,5,7。

贵族的权势不仅由于其具有宗教和社会的传统基础,而且也在于它的经济和军事实力。正如希波巴塔依(养马人)和加莫罗依(地主)的含意所示,贵族拥有最好的土地;从他们世袭的份地上,他们在当时海外商业犹未发达、商业利润较小的时候就可以积聚巨大的财富。在军事上,同样地只有贵族能装备骑兵,这在当时各主要城邦中直到公元前700年仍是最高等的武装,在那些落后地区,公元前700年以后还是如此。① 他们的威信和实力使得他们也在殖民活动中握有领导权,因为他们组织了建立殖民点的远征队,他们提供了担任建城者的人物,例如,叙拉库斯的阿尔齐亚斯和科尔西拉的泽尔西克拉特斯都是巴齐利代族的成员。他们不愧为城邦形成初期那些重大成就的首创者,其中包括城邦的组成,希腊艺术的兴起和殖民的扩张等。

在绝大多数城邦,贵族政府是高度稳定的。它建立在公民会社的应许之上,因为这个社会本身也是按氏族制度组织起来并遵从同样的宗教和社会原则的。虽然决定政策和掌握行政之权在贵族手中,却没有证据表明公民大会或人民大会被禁止了。这些大会在涉及外交、殖民政策、土地所有权等重大问题上大概只能以呼喊表示意见,并选举从限定阶级中指定的候选人。但是,在这些事情上,严重的冲突看来是不常见的。因为在多利亚城邦中,公民大会也像贵族一样关心保持公民对农奴和皮里阿西人的特权,而在海外各城邦中则关心对奴隶和蛮族的统治。当贵族阶级团结一致并能使自己适应逐渐变化的形势时,它就可以一直继续统治到公

---

① 亚里士多德,《政治学》,1289^{b}34。

元前5世纪或公元前4世纪。

早期的立法者们往往能成功地使贵族政府的稳定统治持续下去,科林斯的立法者腓冬和菲罗拉乌斯在科林斯和底比斯两地用修改继承法和收留养子法等手段,保持了特权阶级的数目及其份地制度。① 在依庇色菲利亚罗克里,佐留库斯在约公元前660年规定了对各种犯罪的刑事处分和确立了诉讼程序,他也可能制定了禁止买卖原有份地的法律以及限制买卖自垦或自置土地的法律。在加塔纳,恰隆达斯推行了司法行政方面的改革,而在卡尔西狄斯,则有安德罗达马斯(列其昂人),可能在恰隆达斯事迹的影响下,改革了有关谋杀审判和继承的法律。② 这些立法者关心的主要有三大问题。由于公民资格依存于对份地的所有权,因此份地的变卖和转让势必减少公民数目而使富有公民的地产增加。为了防止这种倾向,份地数目就得予以保障;还制定了允许收留养子和保护女继承人的法律。第二个问题则是在胞族和氏族法庭中的司法行政方面产生的,特别是"昏王的糊涂审判"③引起了普遍的民愤,这些"昏王"其实就是那些独占法庭的贵族,因而也必须加以约束。第三个问题则是谋杀和凶杀会引起被害者氏族的血族复仇,并使城邦遭受宗教上的亵渎,这种后果只能用建立城邦法庭的办法加以限制。只要立法者能解决这些问题,革命的危险就可避免。

许多有贵族政府的城邦和平地修改了自己的制度:例如,在朋提卡赫拉克利亚和马赛,若父亲已为议事会成员,则其长子不得再

---

① 亚里士多德,《政治学》,1265^{b}12,1274^{a}31。
② 亚里士多德,《政治学》,1266^{b}18,1274^{b}6及23。
③ 赫西奥德,《工作与时日》,221,264;Thgn.51。

任。同样地,如果长兄已任议事会成员,则诸弟不得再任。这种禁例后来松弛了,朋提卡赫拉克利亚的议事会成员增加到 600 人,在马赛可能也有同样情况。① 有的地方则把统治集团成员的资格从只凭出身改变为按财产和军功。这样的转变可以说是把贵族政体改为单纯的寡头政体了,如果这两个专业名词可以代替那比较啰唆的称呼"贵族寡头政体"和"金融寡头政体"的话。例如,在列其昂,统治阶段是由美塞尼亚移民的后裔组成的,他们可能原是按出身选任官职,但后来就变成按财产资格了。② 列其昂的议事会成员有 1 000 人,依庇色菲利亚罗克里、加塔那、克罗顿、依庇克奈米底亚罗克里的奥普斯等也有这数目。在这些地方可能还有全体公民大会存在,虽然它的权力仍像在贵族统治时那样是有限的。在埃奥利斯的库美和爱奥尼亚的科罗丰,统治集团也是 1 000 人,却可能根本没有什么公民大会。③ 在其他城邦,一个封闭的寡头集团既不按法律也不顾民意进行统治。这样的寡头政体(dynasteia)在底比斯、拉利萨、法尔萨鲁斯和克拉隆掌了权,这些地方大量财富和高级显贵都集中在个别家族之中。④

---

① 亚里士多德,《政治学》,1305^b5。
② FHG,2.219.
③ FHG,2.217.
④ 修昔底德,3.62.3;希罗多德,5.79.2(此处提到的公民大会可能为寡头控制);修昔底德,4.78.3。

第三节 大陆的僭主政治

在那些没能解决上述问题的城邦，往往就发生政体被个别人夺取的情况，这掌权的个人由于他的不合法的统治就被称为"专制"（monarchia，个人统治）或"僭主"（tyrannis，亦译暴君），后一个名字是吕底亚文，但已普遍使用。僭主的起源由于原因众多而难究其尽。僭主本人总是拼命表白自己，而其政敌又极力将其兴起夺权之事抹黑丑化。僭主掌权后的各种措施更容易加剧城邦内部的分裂而使拥护者和反对者都走向极端。在公元前4世纪时，又有第二批僭主由于种种缘由而兴起，那个时期的政治思想家就倾向于把这些原因也用来说明公元前6世纪的情况，特别是把僭主看作是来自职业的"民主政治家"（demagogos），即民主派的头领。因此，我们有必要着重借鉴公元前7世纪和公元前6世纪间避免了僭主统治的那些城邦的经验来说明这一问题，此外，像梭伦、提奥吉尼斯、希罗多德和修昔底德这些早期作家的意见也是很重要的。

修昔底德认为："一般而言，随着城邦收入增加，希腊势力壮大，取得金钱财富的形势日有进展，各城邦也就普遍建立了僭主统治。"① 他的这种看法得到如下史实的证实：正是在西夕温、科林斯和麦加拉这些商业扩展的中心最早产生僭主政治。财富的迅速增长使公元前7世纪时许多城邦已面临的问题日趋恶化。与地产相

---

① 修昔底德，1.13.1。

对抗的动产财富的竞争可能使份地制度土崩瓦解,而这种制度正是贵族和多利亚族普通成员所凭靠的基础。它也加深了贫富之间的鸿沟和公民与非公民之间的对抗,并在政治生活中导入一新的因素——重资财的新倾向已在和旧的重出身的倾向相争。诗人阿尔凯奥斯和提奥尼斯就曾以警句谈到这一点:"有钱就是人上人,没有一个穷人是高贵可敬的,不穷即是好出身。""财富已和出身混同。"①更有甚者,动产财富在收买政治支持和雇佣兵方面为夺权提供了新工具。居民中显然有许多不满分子,例如日趋贫困的公民、无特权的公民、皮里阿西人、农奴、奴隶等,他们能够被煽动起来支持一个成功的僭主。然而这些人是无组织的,假若贵族阶级本身团结的话,他们也还无力把它推翻。正如亚里士多德所指明并为那些贵族立法者所表明的那样:"一个和谐的寡头政体不容易招致自身的毁灭。"②当贵族寡头政权分裂而那些夺权的新手段又大起作用之时,僭主上台的时机就成熟了。希罗多德简明地叙述了这一过程,他在谈到寡头政体内部的纷争和敌对之后,接着就指出:"这结果便引起激烈的倾轧,相互之间的倾轧产生派系,派系产生流血事件,而流血事件的结果就是一人统治。"梭伦和提奥尼斯也有同样的词句谈到他们自己那个时代的僭主政治的起源:"君子遭殃,国家接着受难;无知的民众陷于个人统治者的奴役。""从腐化的法官中产生派系和公民流血事件,接着就是那些个人统治者。"③

---

① Alc. 49;Thgn. 190.
② 亚里士多德,《政治学》,$1306^{a}10$.
③ 希罗多德,3.82;Sol. 9;Thgn. 51.

在科林斯,夕普赛路斯于公元前657年前后从巴齐阿代族手中夺得政权。他母亲出自巴齐阿代族,但嫁给了科林斯的另一贵族家庭。夕普赛路斯可能担任了城邦军队的司令官(polemarchos),他把巴齐阿代族的首领杀了,其余成员则被放逐,他们的土地被分配给他的支持者。他统治科林斯达三十年之久,为了得到神的恩惠,他在德尔斐和奥林匹亚都做了丰厚的献礼。德尔斐的神谕可能曾承认他为科林斯之"王",这原是巴齐阿代族的首领拥有的尊称。关于他的内政措施,我们只知道他按照和萨摩斯的衡制相似而和阿尔戈斯、埃伊纳不同的标准铸造了一种精美的科林斯钱币。在他的外交政策中,他以在琉卡斯、安那克托利昂和安布拉西亚由他的三个庶子带头建立三个重要殖民城邦的办法,包围了逃避于科尔西拉的巴齐阿代族人。在叙拉库斯,他的影响可能使该地的一个统治氏族米列提代遭到放逐。在他统治的后期,他可能和科尔西拉的巴齐代阿族人有所妥协。①

夕普赛路斯由其嫡子波里安德继承。波里安德招募了一支卫队以保其安全。他力求通过给德尔斐和奥林匹亚丰厚献赠的办法使自己的统治得到神圣意义,为此他还创立了迪奥尼修斯神的崇拜,大建神庙,在地峡组织大规模的运动会。他的收入靠科林斯各市场和口岸繁荣的商运课税提供。他制定了限制人口流入城市的法律,以及有关控制地方用款,反对奢华腐化和买卖奴隶的法令。② 在他统治期间(约公元前627—前586年),科林斯达到了繁

---

① 希罗多德,5.92;*FGrH*,90 F 57;Polyaen.5.31。
② *FHG*,2.213。

荣强盛的顶峰。他铺设了一条专供拖运船只越过地峡的石槽（称为 dialkos），并打算开凿一条运河。① 科林斯的船队航行于东西海面。通过制伏科尔西拉和在伊利里亚的阿波罗尼亚、波蒂代亚建立殖民城邦，科林斯的殖民帝国全面形成了，波里安德和依庀道鲁的僭主普罗克列斯联姻，又和米利都的僭主特拉夕比罗建立了政治联盟，并且与雅典、吕底亚，可能还有埃及都建立了友好关系。诗人阿里昂为他的宫廷增添光彩，科林斯的工艺品流行于整个希腊世界。但波里安德也发展了僭主那种成为笑柄的邪恶。他杀了妻子，又把儿子黎可夫隆撵出家门。当科尔西拉人杀掉黎可夫隆以后，他为了平息众怒又遣送 300 个贵族世家子弟到吕底亚的阿尔亚塔斯王的宫廷中做太监。②

他的侄子和继承人浦萨美提克斯于公元前 582 年被暗杀。他一门先祖的遗骸都被抛掷于科林斯国界之外，夕普赛路斯族的家宅全被夷为平地。③ 这个压制了人身权利和政治自由的被憎恨的僭主的任何痕迹全被铲除，甚至德尔斐的祭司们也散布了马后炮似的"预言"，说什么过去曾警告巴齐阿代家有关夕普赛路斯父母生子必致大灾的话果然应验了。在浦萨美提克斯的一个兄弟当权的安布拉西亚，人民也起来造反，建立了民主政治。④ 在科林斯，政权归寡头政体执掌，有关它的宪制细节还很不明确。可能有一个掌握大权的行政长官会议的小班子（probouloi），一个议事会

----

① 有关石槽的发掘可参看《泰晤士报》，1957 年 8 月 20 日；FGrH，90 F 58。
② 希罗多德，3.48。
③ FGrH，90 F 60。
④ 亚里士多德，《政治学》，1304ª31。

(可能即 Gerousia)和一个公民大会(halia)。城邦的八个区在行政班子和议事会中都有代表,可能是一个区轮流选出行政班子成员,其他区则选出议事会成员。① 科林斯的这一值得注意的特点是僭主政治推翻后并没带来民主政治。僭主并不鼓励公民集中于城市,也没给皮里阿西人以公民权。② 手工业和零售商业可能都是由外邦人经营的,他们是被科林斯兴旺的市场和港口吸引来的。富有的公民肯定拥有商船,科林斯海员则既能驶战船也善驶商船,③但公民的大多数靠地产为生,他们保留了多利亚城邦的传统的排外性和偏向于有秩序的寡头政治。品达在日后曾把科林斯歌颂为秩序、正义与和平诸女神安居之乡,和她们相伴的还有歌喉婉转的文艺女神,而在科林斯青年的枪矛上,战神也赐予强力之光。④

在科林斯的邻邦西夕温,奥尔塔哥拉斯于公元前 655 年做了僭主,他的王朝持续了一百年。僭主们都努力通过向奥林匹亚奉献厚礼的办法为自己的统治取得宗教上的赞许。他们还在圣战时支持德尔斐的安菲克提翁同盟以求同样的宗教上的赞助。但是,在他们倒台后,德尔斐的祭司们仍发出一个神谕说,神早就警告西夕温人要遭受一百年的"灾厄";从这个神谕还引申出奥尔塔哥拉斯的父亲是厨师等细节,但不可尽信。奥尔塔哥拉斯是在一次边

---

① *FGrH*,90 F 60,有关铭文已受蚀损。
② *FGrH*,59。
③ D. H. ,3.46;希罗多德,1.24。
④ Pi,*O*. 13。

界战事中表现突出被任为将军后才夺得政权的。① 最初,僭主的统治是温和的,但在米隆二世统治时期它的压迫加强了,米隆二世后为其弟伊索达木斯刺杀;在克利斯提尼(约公元前600—前570年当政)和埃斯奇尼时期,压迫也是同样严重。僭主们都拥有首席祭司(basileus)的尊位,并代表国家向神献祭。米隆一世曾在公元前648年奥林匹亚车赛中获冠军,他就在奥林匹亚献建了一座礼物库,用的是"米隆和西夕温人民"的名义。由此可见,僭主们力求为他们的统治披上合法的外衣。② 在城邦内部,他们并未对社会制度采取革命措施;因为在他们统治期间,有一种农奴阶级(katonakophoroi)曾被从有其多利亚族主人居住的市镇中驱逐出去。在克利斯提尼的宫廷中,艺术家多被招聘而至,其中尤以从克里特来的第波厄努斯和斯夕利斯二人为著名,他们创立了一个居领导地位的用帕罗斯大理石进行创作的雕刻流派,而在公元前6世纪前半期,西夕温的陶器绘画师和塑型师也只有科林斯可与之相比。克利斯提尼在西夕温建造了一座以他的名字命名的柱廊,并在那里创办了纪念皮提亚阿波罗的运动会,为他的家族增添了光彩,也为他的城邦吸引了世人的注意。

在外交政策上,克利斯提尼是西夕温各僭主中最突出的一个。运用了一支相当有力的军队,他就可借提供军事援助而获得盟友,因此他在圣战中也起了显著的作用。他的花费是极其豪华的,他举办了自己的皮提亚运动会,在奥林匹亚和德尔斐的车赛中都取

---

① *FGrH*,105 F 2;对于这个有争议的年,可参看 *CQ*,6.45 以下。
② 亚里士多德,《政治学》,1315^{b}13;*FGrH*,90 F 61;波桑尼亚,6.19.3。

得胜利,并为其女儿阿加里斯帖的婚事大张旗鼓地收罗求婚者。在公元前576年奥林匹克节日结束时,他邀请从希腊各地来的求婚者都到西夕温以待其女儿的挑选。竞争是激烈的。意大利和希腊大陆各城邦都有其代表。最后,阿加里斯帖嫁给了麦加克列斯,他后来成为雅典的阿尔克美奥尼德氏族的领袖,他们的儿子就是雅典政治家克利斯提尼,他们的孙女阿加里斯帖又是伯里克利的母亲。克利斯提尼曾对之作战的一个城邦就是阿尔戈斯。他对之损毁之余又加凌辱,禁止了在西夕温的阿尔戈斯英雄阿德拉斯图斯的崇拜,把阿德拉斯图斯的死敌底比斯英雄美兰尼普斯的遗物引入西夕温,并把唱歌舞节转变为新的迪奥尼修斯节庆会。可能是由于和清除阿德拉斯图斯崇拜的残余有关,克利斯提尼还给原来的三个部落希莱斯、迪马尼斯和潘菲洛依加上了"猪人、驴人、野猪人"的绰号,这种做法因此不大可能具有西夕温的政治区划的含义。这些绰号在克利斯提尼死后还继续存在了六十年之久;它们的留存表明西夕温的政治区划早就不是按传统的三大氏族制的部落再加上一个非多利亚族部落的旧划分法了。(三大部落名称见上述,那个非多利亚族部落名为埃基亚莱斯,克利斯提尼曾给它重新命名为"主人"。)①

尽管克利斯提尼极尽笼络之能事,他仍不能赢得德尔斐祭师持久的支持。当他向神请求对压制阿德拉斯图斯的赞助时,他却得到一个尖酸的回答:阿德拉斯图斯乃西夕温之王,克利斯提尼却不过是个掷石小卒。在多利亚城邦中,僭主的寿命已指日可数了。

---

① 希罗多德,6.126,5.67;Schol. Pi. *N*. 9. 20。

波里安德已被依庇道鲁的僭主推翻,他自己的后继者也被从科林斯逐走。到公元前555年,僭主埃斯奇尼和克利斯提尼家族的其他成员都被驱逐。西夕温重获自由,德尔斐则痛斥僭主之族类为国家的灾祸。

从依庇道鲁的僭主普罗克列斯曾为波里安德岳父一事看来,普罗克列斯在位时期当在公元前625年前后一段时间。我们所知的有关依庇道鲁宪制的情况应该是在这早期僭主之后而非其前。它的行政权归180人的紧密的寡头集团掌握。他们显然组成了一个议事会,公民们从其中选出各指导者(artynoi),这是和阿尔戈斯的官制(artynai)相似的一种行政长官之职。对于大多数生活在城外乡间的普通人民则称之为"泥脚汉"(konipodes)。[①] 他们可能和那些皮里阿西人的无权利的后裔或者农奴处于同等地位,相似于阿尔戈斯的皮里阿西人和吉木尼西阿人(Gymnesioi)。由此可见,在依庇道鲁,僭主政治也同样地没有改变社会制度。

在科林斯的北部邻邦麦加拉,提亚吉尼斯在公元前7世纪后半期做了僭主。他保有一支卫队,杀掉了富人的牛群(可能只是其政敌的牛群,因为全面的屠杀牲口是难以相信的),建造了一条著名的引水道,把他的女儿嫁给一个有影响的贵族——雅典的基伦,他曾经企图借麦加拉之力使自己也成为雅典的僭主,但失败了。[②] 在随着到来的雅典的混乱时期中,麦加拉人占领了萨拉密斯,并赶走了提亚吉尼斯。一个贵族寡头政体重获政权,但不久就被城邦

---

① 普鲁塔克,291^e=GQ,1。
② 亚里士多德,《修辞学》,1357^{b}32 和《政治学》,1305^{a}25;波桑尼亚,1.40.1;修昔底德,1.126.3。

中更为穷苦的阶级将其推翻。在它们的民主政治之下,通过了一条法律,规定债主要把已收的债务利息退还借贷人,这条法律无疑企图减轻债务并废除了原有的保护债主的法令。这些民主派曾与安菲克提翁同盟引起冲突,因为他们没有处分一批袭击了前往德尔斐朝圣的香客们的麦加拉人,安菲克提翁同盟为此强迫它处死了几个犯人并惩罚了其余党。①

麦加拉贵族派和民主派的内战可能演变为富人与穷人的斗争,持续了半个世纪之久,直到公元前555年左右为止。对于这个内部斗争激烈的时代,有一部诗作专集反映了其中一些情况,它的作者一般传为麦加拉的提奥吉尼斯,但其中包括好几个人的作品。他们都偏袒贵族和寡头政治,代表着那些在政治舞台上失势的出身显贵的人物,他们恨那些富有的"暴发户"的程度,和他们仇视无权的农奴阶级不相上下,这些农奴过去是匿居城外的村夫田奴,现在却耕种着贵族的田地。从这些诗篇之末提到提亚吉尼斯的僭主统治的事实看,可知这一僭主确未触动多利亚社会原有的贵族特权。革命随着民主派的兴起而到来。在这些诗篇中,我们第一次看到了那些从贫富间的内战中产生的货真价实的罪恶。"至高无上的信义女神一去不复返了,中庸适度的美德之神也已离开人间,我的朋友呵!那些秀美女神也抛弃了我们的国土。人们当中再也不信守神圣的誓言,谁也不信永生的神灵。虔信宗教的一代人被毁得干干净净;他们现今既不安分守法也不怜惜众生。"仇恨、

---

① Thgn. 41 以下和 Plu. 295^e=$GQ$18;304^e=$GQ$59。

叛变和穷困随处可见，人完全受他不能预见其意志的诸神的摆布。①

科林斯、西夕温、麦加拉和依庇道鲁的僭主统治是和商业大扩展的世纪相并的。僭主们都是有所作为之士，他们曾把自己家族的安全放在第一位，但他们执行的却是一种开明的自利政策。②一旦他们打破了贵族政治紧扣的环节，他们就不再对社会秩序进行革命化的改革而和多利亚的旧制度妥协了，因为这个多利亚社会仍是其军事力量依靠的基础。他们鼓励艺术和贸易，由此而增益其收入，夕普赛路斯家族继续扩展了巴齐阿代家族的殖民体系。他们的措施是贵族式的：他们拥护宗教，参加并组织体育节庆会，他们还力求与贵族联姻。他们并非民主派：他们没有解放皮里阿西人或农奴，也不愿训练人民掌权。他们的统治毋宁是贵族政治到寡头政治的演变中的插曲，事实上，寡头政治也正是紧接着他们的倒台而在科林斯、西夕温、麦加拉和依庇道鲁兴起的。很难把他们的成就和商业繁荣的背景分开，虽然他们并未创造这一繁荣，却也没阻碍它。通过自然选择的过程，他们成了贵族中最能干的人，也是其中最无所顾忌的人。在科林斯和西夕温，他们在一个处于转化和扩张的世纪中为自己的城邦带来了长时期的稳定的政府。但他们的贡献也就到此为止，他们的损害却更大，因为他们压制了人民中的自由，而这个人民正是历史上培育着自由的民族；他们的压迫使得城邦分裂为两派：合作派和自由派，因而促使地下政治活

---

① Thgn. 185、53、1200、1137、133.
② 修昔底德,1.7.

151 动组织的发展,最后导致革命。僭主政治的后果最充分地表现在麦加拉,从那里,运用政治结社(hetaireia)的手法也由基伦而传入雅典。① 它的效果是这样坏,使僭主在希腊世界终于成为一个令人憎恶的字眼了。

第四节 西部和东部地区的僭主

在西西里和意大利的希腊殖民城邦原由贵族寡头政体统治,它们保持其牢固统治直到公元前 6 世纪末。在公元前 550 年以前,只出现过两个僭主。他们可能是贵族,在他们统治之后仍然恢复了贵族寡头政治。列翁提尼的帕那依提乌斯利用了他在一次和希布莱亚麦加拉的战争中担任将军的机会,使自己在约公元前 609 年成为僭主。阿克拉加斯的法拉利斯更是用尽了各种骇人听闻的僭主手法。他在铁斯莫非利亚节庆会上,把全城显要公民都杀害了,并靠一支雇佣军占领了卫城,解除了人民的武装;对外方面他在和西卡人以及腓尼基人的战事中取得成功,对内则以恐怖手段大肆镇压反对派。他用来活活烤死被害者的青铜牛,品达在世时期还是很著名的。这两个僭主都没有使社会结构革命化。他们的统治不过是继续使殖民事业更为繁荣兴旺的贵族政治时代的一个插曲而已。②

公元前 7 世纪末为东部爱琴海地区的各主要城邦带来了日益

---

① Thgn,91 以下;希罗多德,5.71;Sol. 3.22。
② 亚里士多德,《政治学》,1310^{b}29,1316^{a}36;Polyaen.5.47,5.1.1—2,Pi. P. I.95。

增长的繁荣和政治运动的勃兴。一些狭隘的贵族政体被出身贵族的个别人士推翻了,这类贵族人士利用了他们占据高官职位的机会,或者与肇事的军事集团共谋,或者通过一次普遍的人民起义而得以取得政权。① 其中有一些解放者就变成了僭主。例如,在以弗所,毕达哥拉斯剥夺了富人,救济了穷人,触犯了圣法和国法。他想求得德尔斐的支持而没有成功。在他之后,米拉斯做了僭主,他娶了(吕底亚王)阿尔亚塔的女儿为妻,继米拉斯之位的是其子平达努斯,他曾以自己引退为条件使以弗所免遭克罗索斯王的奴役。② 在别的城邦,有时为了裁决党派纷争而赋予个别人士以独裁之权。例如,在优卑亚的丁农达斯和密提林的毕塔库斯就是这样。毕塔库斯被任为仲裁官(aisymnetes)以平息在他刺杀了僭主美兰克汝斯之后引起的内战。这是一场三大派之间的纷争——一个贵族集团,一个由迈尔西鲁斯领导的民主派,以及由贵族克来亚纳克蒂代领导的一派。毕塔库斯以惩罚第一派即贵族集团而平息了内争,在这集团中就有诗人阿尔凯奥斯。他的诗反映了斗争的酷烈。假若说,提奥吉尼斯只是一般的哀叹,那么阿尔凯奥斯的怨愤就直指着具体的人物了。"出身低贱的毕塔库斯在一阵捧场的尖叫中被众人推为这个没脊梁骨的倒霉的城邦的僭主。""现在迈尔西鲁斯死了,让人大乐大喝一顿吧!"③在米利都,当暴虐的僭主特拉夕比罗被推翻后,国家陷于内战达数十年之久(约公元前580—前520

---

① 亚里士多德,《政治学》,1305^{a}17,1305^{b}19;普鲁塔克,303^e=$GQ$57。
② $FGrH$,268 F 3(巴顿)。
③ 亚里士多德,《政治学》,1285^{a}31;普鲁塔克,《梭伦传》,14.4;斯特拉波,617;Alc,87;39。

年)。在这段时间内可能有两个极端的政治会社兴起,分别称为富人社和手艺人社(Hetaireia Ploutis 和 Hetaireia Cheiromacha),正是这两派的激烈争斗使人了解到米利都诗人弗奇利德斯之所以发出如下的哀叹:"一个秩序井然的小国,要比疯狂的大邦好得多!"①

一般而言,爱奥尼亚的各僭主摧毁了旧秩序,但他们自己却未能建立一个稳定的政府;就这一点而论,他们要比大陆上的多利亚城邦的僭主为害更大。僭主以后的情况往往也是更坏,因为爱奥尼亚人缺乏那种多利亚人公社的自我克制精神和对于一个人数众多的无权阶级的警惕。在爱奥尼亚人当中,对氏族制度的忠守较大陆为弱,而个人主义却较强,因此斗争更直接地表现为寡头对民主,富人对穷人之争。派别斗争在政治上削弱了城邦,它们逐个地落入吕底亚王国之手,其后又为波斯统治。但它们经济上的繁荣却未受严重损害,一方面是爱奥尼亚在希腊商业日益扩展的园地里还占据着并利用着其优越的位置,一方面则可能是由于政治斗争还只局限于各派社团成员之内。只有在经济条件日趋恶化的情况下,派别斗争的后果在希腊城邦内部才会充分表现出来,但这类日子尚属遥远。

在那些以经营海外贸易为主的爱奥尼亚城邦中,经济的迅速繁荣使各中、小阶级力量增强。在公元前 6 世纪初期的奇奥斯就是这样的一个城邦。此地的狭隘贵族政体已被推翻,建立了一个带有若干民主色彩的温和政府。可能由在人民大会中投票的人民群众颁布国家法令。公民有权向一个人民议事会上诉,这个会由

---

① 希罗多德,1.23;普鲁塔克,298^e = $GQ32$;Phoc. 4。

各部落选50人组成,它每月开一次全会,审理人民的各项事务和听取上诉,它的执行机构组成人民行政官(demarchoi)。在人民行政官、议事会和人民大会之外,还有国家官吏(basileus),也可能还有第二个原来的议事会,这些则是城邦的贵族宪制的残余,并且是植根于氏族部落制度的。这些情况得自现代发现的一篇石刻铭文(它是在今日的奇奥斯城的一条道路旁出土的),其中记载了人民议定的有关司法行政的条例。这篇铭文使我们看到了那种爱奥尼亚人民的才智特别善于处理的宪制改革的第一道闪光。①

---

① 亚里士多德,《政治学》,1306^{b}5;*GHI*,1。

第六章 雅典的宪制发展和斯巴达同盟

第一节 公元前600年以前的雅典国家

在公元前10世纪时,雅典是希腊本土最强大的国家。它抵抗了来自伯罗奔尼撒的多利亚人的联合进攻,其后又发起了对爱奥尼亚的移民。它的后期几何形风格的陶器在全希腊是最精美的,其影响也远及各地。没有一个多利亚国家能和这些成就相比。但自此以后,雅典却从其领导地位退居后列,在公元前735—前625年,它的陶器虽有艺术上的优美,影响却仅限于近邻。① 它现在明显地被科林斯、斯巴达甚至麦加拉这些多利亚城邦超过了。其所以如此,倒不在于它本身的衰落,而是别人大为发展了。多利亚人在海军建设、重装武备、殖民事业、商业扩张、铸币,甚至陶器的"东方化"风格上都领先。对此要从政治领域求其解释。各多利亚国家已从公元前10世纪的解体了的部落制王国转变为新的城邦,它们虽微小却组织得更为严密,行动较为有力。雅典却仍然基本上是一个部落制国家,其公民人口远较科林斯和底比斯为多,但结构

---

① BSA,35.165.

松散，行动无力。使雅典具有相应的政治形式并充分发挥其居民之才华，便成为雅典两位政治家——梭伦和克利斯提尼的事业。

就国土之广袤而言，阿提卡近似于彼奥提亚。然而，彼奥提亚一地曾出现过几十个城邦，阿提卡几百年来却始终是一个单一的国家。麦加拉在面积上较阿提卡小得多，公民人口更少；因为麦加拉人靠剥削农奴阶级为生，而雅典却像彼奥提亚一样，没有农奴制度。阿提卡有三大地区："平原地区"（pediake），即环绕雅典城和埃琉西斯的地区；"海岸地区"（paralia），即直到苏尼昂海角的为海水萦绕的地带；"山岳地区"（diacria），即帕尔尼斯山和彭提利库斯山所在的北部地区。① 全体居民归属于四个部落，部落名称是和许多海外的爱奥尼亚城邦中的部落名称相同的。每一"爱奥尼亚的"部落下分为三个胞族（phratriai）；由于每一胞族成员拥有土地（份地）是特定而不可转让的，因此每个胞族又按其地理上的意义称为"三一区"（trittys，即三分之一地区之意）。因此，在阿提卡就有12个胞族和12个三一区。直到克利斯提尼在公元前508年进行改革以前，雅典宪制就一直建立在这种组织划分之上。胞族的成员由两部分人组成，一为氏族成员（gene），一为归化民组织（orgeones）成员。就职业看，他们之间的最基本的区别就是：氏族成员耕种（并拥有）土地，归化民则经营工商各业。②

一个氏族是包括许多家庭的大家族，其中有的家庭（oikoi）较别家更为高贵。例如，地米斯托克利就是里可美代氏族中人，但属

---

① 亚里士多德，《雅典政制》（在本章中以下简称《政制》），13.4—5。
② 《政制》，断片5。

于非显贵家庭的成员,而伯里克利则从父系看是布乞盖氏族的首要家族的一员,从母亲看又属于阿尔克美奥尼德氏族的首要家族。① 当部落制国家最初形成时,氏族的数目已固定下来了,自此以后,族籍世代相传,氏族数目却不再增加。在梭伦时期以前,家族份地只传于家内,若家族绝嗣,则留于氏族内。② 土地,这一最重要的财产形式,却是不能转让的。归化民组织是后来发展起来的。当外地人避难逃到阿提卡时,他们往往能取得公民权。最初他们被接纳入氏族之内,后来,可能在爱奥尼亚移民前的时代,他们组成归化民组织,这种组织可用接收新会员的方法以壮大其人数,也可随新组织的出现而增加其数目。③ 归化民组织与氏族制度无关,也无涉于原先按家庭分配土地的制度,因此可推想其成员的财产是可以通过买卖和遗赠等方式转手的。

当一个雅典人成年时,他就以一个氏族成员或者一个归化民的身份加入一个胞族,从而取得公民权;以后他就按其胞族、氏族或归化民组织登记入公民册。办完这些手续后,若对一个新公民的合法性有争议,则要从他的胞族、氏族或归化民组织中找证明人。④ 氏族和归化民组织不仅在社会和政治方面有其作用,它们还深深植根于城邦的宗教生活中,新成员入会仪式就是一个宗教集会并有其宗教义务。同族和同组织要遵奉本团体的宗教崇拜活动。氏族成员则受到更强有力的宗教纽带的约束,他们在阿提卡

---

① 普鲁塔克,《地米斯托克利传》,1;《伯里克利传》,3。
② 《政制》,断片5;普鲁塔克,《梭伦传》(本章以下简称《梭伦》),21,2。
③ 修昔底德,1.2.6;FGrH,328F35[a](菲罗库汝斯)。
④ Isoc. 2.14;7.13;德谟斯提尼,57.67。

乡间有自己氏族的神祠和墓地，公元前7世纪初的阿提卡陶瓶上就经常画有在这些墓地上举行葬礼的情景，他们对本族古老的神祠和墓地的乡土之情比对雅典城的感情还要强烈。氏族在社会和政治生活方面较归化民组织更为有力。他们在血统上是嫡派，在人口上居多数，并且是阿提卡所有肥沃土地的主人。国家从氏族中挑选世袭的祭司，例如欧美尔彼代、色尔西斯、厄提奥布达代等。在胞族内部可能有一个氏族长老（gennetai）组成的核心，管理宗教、司法和接纳新成员等事务。因此，每个胞族和每个氏族本身又形成为国中之国，自理政务。①

　　国王职位废除后，原由王室履行的宗教职务归王名执政官（archon basileus），军事职务归军事长官（polemarchos），民政职务则归名年官（archon），他从公元前683年起第一次以其名为当年之名，从这一年起三大官职也定为一年一选一任。在日后的时代，王名执政官仍主持节庆会和城邦的宗教仪式，审理氏族与氏族和祭师与祭师之间的纠纷，并处理某些血仇案件。军事长官管军事也管宗教，在有关侨居的外邦人事务上还兼管司法。名年官则为举办城邦节庆会筹集经费和人员，并裁决有关继承权和家庭权利的案件。② 在司法事务方面，各长官只做最后裁决但不参与预备裁决。在世俗事务方面他们的作用主要是解决氏族之间和祭司之间的纠纷。日后又创设了一个由六名司法执政官（thesmothetai）组成的班子，他们记录但不公布法律。这样就总共有了九名高级

---

① 修昔底德，2.16.2；《政制》，断片，5。
② 《政制》，3，56—57。

官职,称为九执政。每位长官在卸任后就成为那个在阿雷乌泊果斯山上开会的议事会的终身成员。

阿雷乌泊果斯议事会检查各长官的收入,监督他们的品行,在其离职时听取有关他们政绩的报告;它还控制着城邦的行政管理,保护宪法和法律;它判定的惩处不准上诉;它还经管缴入国库的罚金。因此它是整个宪制的中枢与核心。一切公民都参加的人民大会(ekklesia)拥有基本的但是重要的权力。它选举九执政,因而也就是选定进入阿雷乌泊果斯议事会的候补人员。但候选人是按"出身兼资财"的双重标准决定的,这就把归化民排除在外。人民大会无疑对某些国家大事进行讨论和议决,但它的权限可能是有限的,动议权也完全属于阿雷乌泊果斯议事会。每一公民都有权向阿雷乌泊果斯议事会申诉,指出他认为错误的有违于宪制的法令。①

这一宪制是得到几百年的传统支持的。在公元前7世纪时,它和其他城邦的宪制同样利弊兼备。它的政府也面临着同样的问题,由于它统治的是一个很大的部落制国家,其内部的氏族的权力还没有触动过,所以它的任务也就更为艰巨。在公元前632年,一个年轻贵族基伦在雅典同党和麦加拉军队的协同下,夺取了卫城,企图使自己成为雅典的僭主。人民却在各长官身边组织起来,包围了卫城。当基伦逃脱后,他的余党进入雅典娜祭坛避难,但许多人却被当场杀死。对这一渎神之罪,阿尔克美奥尼德氏族要负其咎。这一族的首领麦加克列斯是当年的名年官,他负责指挥包围

---

① 《政制》,3、4.4、8、2、8.4;*FGrH*,324 F 4(安德罗提翁)。

卫城,并可能主要是从他自己氏族中征集了进行包围的兵勇。这一渎神罪使整个城邦感到不洁。在随后的动乱时期使民众的良心蒙受深重的内疚。大约在这个世纪末,他们设立一个法庭专门处理这一案件,完全按出身选出了 300 个审判员。阿尔克美奥尼德氏族被判有罪;全族成员活着的被终身流放,死去的尸骨被掘出掷于阿提卡境外。① 从这事件中我们可以看到宗教信仰和对城邦不洁的恐惧是如何强烈有力,而对于个人行为要由氏族负责的观念以及组成法庭的贵族制原则等,也在其中明显地表现出来了。

在公元前 621 年,阿尔克美奥尼德族的审判以前,德拉古被任命为"司法执政官",负有特殊的颁布法律的大权。像佐留库斯和恰隆达斯那样,他关心的不是制定宪法②而是司法行政的问题。在后人眼中他的法典以严酷著称。例如,债务法规定债主在一定情况下可以把无力偿还的债务人及其家族充作奴隶,或将其卖为奴隶。德拉古处理的最紧迫的问题是有关血仇案件的审理程序。在此以前,这类案件大约是归有关各方的胞族或部落法庭审理的,如果双方属于不同的部落,则由部落间的联合法庭处理。这种部落间的联合法庭以其开庭地点而名为普理塔尼昂,当其开庭时,法官称为"王",即四个部落长——"部落王"(phylobasileis),可能还有五名行政官在内。但血仇也可能使整个城邦不洁。德拉古因此设立了一个上诉法庭以加强城邦在处理这类案件中的地位,各部落和胞族法庭可以向其申求上诉。它的 51 名法官称为"上诉法

---

① 修昔底德,1.126;希罗多德,5.71;《政制》,1;《梭伦》,12。
② 亚里士多德,《政治学》,1274^{b}15;《政制》,4.1—3 时代有误。

官"(ephetai),他们之选任尤其专凭出身资格,亦即贵族身份。

普理塔尼昂法庭和上诉法庭只审理由于血仇和凶杀而引起的案件。阿雷乌泊果斯的最高法庭则审理危害城邦特别是叛国的罪行。梭伦在他的"大赦法"中提到这些法庭时说:"凡在梭伦任执政官以前被剥夺选举权者,除因被控谋杀罪或杀人罪,或因被控叛国罪,而在阿雷乌泊果斯法庭、上诉法庭或诸王审理的普理塔尼昂法庭定罪,并于本法律公布时仍放逐国外者外,一律恢复其公民权及选举权。"①

德拉古的有关杀人罪的法律,在一份刻于公元前 5 世纪末的精确的摹本上部分地保存下来了,也使我们了解到一些久已不为人知的细节。这一份流传到我们手中的最早的希腊法律文献,非常值得注意。其中说若某人无意杀人,则将被放逐国外。诸"王"审理这一案件,51 位上诉法官则做出预审裁决。若需赦免罪犯,则只有在以下各组逐步扩大的人员中征得一致同意才有可能:(1)直系各男性亲属,(2)若无此,则各侄表男性亲属,(3)若无此,而上诉法官已审定为杀人罪,则由法官按出身资格选定 10 位胞族成员。这些有关赦罪的条文表明家族和氏族组织的力量,它们必须一致同意给予赦免然后才能取消原定的终身流放的判决。有关(3)组人员的规定也适用于死者不是氏族成员而是归化民的情况。在这里,他的权益不由他胞族内的归化民来代表而由氏族成员来代表,因为胞族代表是只按出身资格选定的。法典中还有涉及惩

---

① Poll. 8. 125;《政制》,57 以下;*FGrH*,324 F 3;《梭伦》,18(希腊字次序表明阿雷乌泊果斯审理叛国案件)。

处的条文,也是按同样的组成人员议决的,但铭文在此已断缺。①

在这里,以及在阿尔克美奥尼德族的审判中,贵族制的原则都居至高无上的重要地位。各法庭的法官和胞族代表的选定都明文规定"按出身资格"(aristinden),因此归化民都被排斥在外了,因为他们入选只能是"按财产资格"(ploutinden)。惩罚权和赦免权都属于各氏族组织——家族、氏族或血亲胞族之内。国家的控制权仅是初步的。国家规定了审理程序,设立判定杀人罪或谋杀罪的法庭,但国家并未专有惩处、判罪和赦免的全权(如今日那样)。组成国家的氏族制的各单位的特权和势力,受到国家的尊重却不受其控制;作为国家平等公民的归化民,却被排斥在国家新近制定的这些司法程序之外而无权参与。

第二节 梭伦的立法和经济改革

尽管有德拉古的立法和对阿尔克美奥尼德族的处分,派别斗争仍然日趋恶化,面临着内战爆发毁灭城邦的危险。在国家内部,紧张和紧迫的形势表现在许多方面:各首要氏族间的争雄斗胜,各地区之间利益的倾轧,寡头派和民主派的政治野心,贫富之间和氏族成员与归化民之间的鸿沟,等等。② 最为凶恶的弊端是由德拉古的债务法引起的。这些法令的真相和实施情况长期以来一直是有争论的问题。下文的阐述主要是根据梭伦的诗篇以及其最好的

---

① *GHI*,87.
② Sol,4.5—10;《梭伦》,12.2;13;《政制》,2.

注释材料——普鲁塔克的《梭伦传》。

德拉古的法律对氏族成员和归化民分别对待,前者的份地是属于氏族而不可转让的,后者的财产则属私人而可以转手。当一个氏族成员立约借债时,他拿来做抵押的不是他名下那块不能转让的份地,而只是份地上的收获物。假若他破了产而不能还债,依法他和他的家庭不得和份地分离因而必须将收获的六分之一无限期地交付债主。这样一个破产的氏族成员就被称为"六一汉"(hectemoroi)①,他们的田地上也就立有债权碑(horos)以做标志。但他们的土地不能归债主所有。在田地和其主家已不再享有自由的意义上说,它是被债主"奴役"了,债权碑就标志着这种奴役的束缚。另一方面,归化民却可以将他的家产和家属作为抵押,因为并无法律禁止他出卖妻儿,假若他破了产,债主就可依法将他本人和家属随意在国内或国外卖为奴隶。

这些残酷的债务法律特别为统治阶级用以自肥。由于货币财富的引入、商业的扩张、内部的纷争等提供了机会,这些人就大放其债,对氏族成员和归化民都大肆剥削。在一个短时期内,"所有穷人都向富人负了债。他们或则背着'六一汉'和'佣工'(thetes)的名义在自己田地上劳作,而向富人交收获物的六分之一,或则以人身抵押债务,而被债主押收,有的在阿提卡为奴,有的则被卖于国外。"梭伦自己则对此做如下的描述:"国家多么快就陷入卑贱的

---

① 《梭伦》,13.2。《政制》,2 的解释是混乱不清的且时代有误,它似乎表明公元前 6 世纪时土地已可转让,但近来的研究表明这只见于公元前 5 世纪末或公元前 4 世纪初。《梭伦》21.2 在继承问题上对此有正确的阐述。另见我在 JHS(81.76 以下)上发表的论文。

奴役中呵！它引起了生死的斗争和毁灭了许多好人的内战……这就是我们国内的灾难……多少穷人被卖为奴，带着羞辱的镣铐而远赴异国。"①

梭伦，作为公元前594—前593年的名年执政官，为了解决这一危机而被授以"仲裁者"的立法大权。中产阶级无疑地支持他。极端分子想当权，富人想得到更大的利益，穷人则要求土地与自由。②后来，当所有各派都感到失望时，梭伦为自己做如下的辩解："假若我有朝一日站到时间之神的案前，黑土的大地女神将会为我的行为做出最好的见证：奥林普斯诸神的伟大母亲呵！是我从她的胸脯上拔除了到处都竖着的债权碑，以前她是被束缚着的，现在她自由了。我使那许多卖在异乡——无论卖得合法与否——和因躲债而逃避国外的人复归雅典，他们的神造的祖国，而他们中不少人已不再说阿提卡的语言；还有那些留在阿提卡而陷入可耻的奴役地位，在主人淫威下战栗的人，我也把他们解放了。"③这些诗句反映了他的改革的广阔范围。他废除了"六一汉"制度，把记刻着必须向债主缴纳出产的债权碑拔掉了，因而也就使田地本身及其主家都得到解放。他使那些在国内外被卖为奴的人获得自由。他不仅废除了过去那些曾使人降为"六一汉"和奴隶的债务契约，也取消了现欠的一切债务。

这一改革被称为"解除负担"（seisachtheia）；被解除负担的被

---

① 《梭伦》，13.2—3；Sol,3.5以下及18—25。
② 《梭伦》，14；Sol,23.13—21。
③ Sol,24.3-15；Poll.3.85.

称为"断债人"(chreokopidai),在有些情况下债主是受损致穷了。① 实施梭伦的改革需要时间,因为要对被卖到国外为奴的人进行调访、赎买和安置工作,契约和债务的解除也要进行登记。为将来计,他制定了新的债务法,其中禁止用能使人降为"六一汉"和人身抵押等条件借债立约。从此以后,氏族成员和归化民在债务法中都处平等地位。这一"人身保护"(habeas corpus)是同等照顾他们两者的。"我以出身贵贱一视同仁的精神制定法律,对每一方都只以正义为准。"②

为这一势不可挡的改革做好准备,梭伦请了克里特的预言家埃庇门尼德来,使城邦祛除了污渎而变为圣洁,他还请示了德尔斐的神谕,得到如下回答:"坐在船中驶直线,许多雅典人将站在你一边。"为了缓和派系的意气之争,他颁布大赦法,为一切被剥夺公民权的人恢复了权利,只把那些犯有"人命、凶杀、图谋建立僭主统治"罪行的人除外。③ 在这里,他树立了把国家利益置于党派利益之上的榜样,对于处在公元前403年的黑暗时日中的雅典人,它曾发挥巨大的作用。在当时,阿尔克美奥尼德族是被排除在大赦之外的,因为他们正是由于"凶杀"而被惩处,除非有另一特别法庭(不属于我们现今所知的法律断片所提到的那些法庭)对此做了裁决。为了减轻由于解除债约和安置解放奴隶而引起的各种困难,梭伦还暂时禁止任何农产品的出口,只有橄榄油除外,因为它甚至在这危机时期也有剩余。他还制定了照顾孤儿寡妇的法律,以及

---

① 《梭伦》,15.3.5,及7;《政制》13.3及5。
② 《政制》,6.1;Sol,24.18—20。
③ 《梭伦》,14.4;19.3。

有关谋杀罪的法令,这些显然都是一次内战结束后急需解决的问题。预谋杀人犯的审判现在从上诉法庭转移到阿雷乌泊果斯的最高法庭;由此我们可以推想,国家机构的权力对比于部落和胞族法庭已有加强。①

梭伦在有关债务方面已把形势恢复到德拉古以前的情况,但他还没有采取任何措施去消除贫困——这一使借债必不可免的根源。有鉴于此,他深谋远虑地想把阿提卡的经济政策从纯属农业转为以商业为主。雅典当时在币制和度量衡制方面都属于"腓冬制"的体系(它在公元前7世纪末开始发行铸币)。在这一体系范围之内,埃伊纳是主要的进出口港,它在萨隆尼克湾的位置正好对雅典进行控制。梭伦因此决定转变到"优卑亚制"体系中去,使雅典参加到科林斯和萨摩斯的活动领域中,以便它更易于向东西方遥远的市场出口,而不局限于埃伊纳、彼奥提亚、麦加拉和阿尔戈斯的范围内。由于国家拥有劳立昂的银矿,就取其白银按新制铸造钱币,而旧通货则按固定兑换率予以回收②。梭伦铸造的钱币用雅典的橄榄油大瓶代替了原来的牛形图案,它的银质优异,为雅典商人打入各地市场开辟了道路,小额的辅币也有铸造,以便利内部零售市场。从这些商业的发展中,梭伦希望那些回归故乡的归化民能找到谋生之路。梭伦对将来是如此充满信心,他在当时及日后第二任期间(公元前592—前591年)都不仅鼓励雅典人经营手工作坊和限令父亲教育儿子习手艺,而且还允许任何经营手工

---

① 《梭伦》,24.1;Harp. *sitos*;Poll. 8.125。
② 《政制》,10;《梭伦》,15.4;*FGrH*,328 F 200(菲罗库汝斯)。

业而在阿提卡安家的人获得公民资格,对那些被自己城邦永远放逐的人也给予同样待遇。① 给予公民权是一个大胆的措施。由此雅典无疑从科林斯和埃伊纳吸收了许多手工艺人,他们在那些地方曾因多利亚族的排外政策而得不到公民权。通过这些改革,梭伦奠定了雅典将来繁荣昌盛的基础。

第三节 梭伦的宪制改革

当梭伦在债务、法律、货币方面的改革逐步推行之时,批评再起而又再伏。大约是在公元前592—前591的阿提卡年时他又被任命为具有立法全权的"宪制改革官"②。他的第一个步骤是改变官职候选人的资格,把原来的"出身与资财"并重改为全凭"资财"。以前曾把富户按其财产多寡分为"骑士"(hippeis)和"步兵"(zeugitai)两级,现在梭伦又在这两级富户之上加一更富的"五百麦斗"(pentakosiomedimnoi)级和更穷的"佣工"(thetes)级。财产调查并非根据资本而是根据按农产品计算的每年收入量,这些农产品包括谷物、油和酒,其他收入则综括于其中。最上三个等级的资产下限划在500、300、200麦斗数额上。梭伦可能对这三个等级征课一种特别税(eisphora)以应付他的改革所需的国家开支,这一特别税可能采取6∶3∶1的比例征收,其最高金额分别为一塔连特、半塔连特和十个明那。第四等级不纳税。这是公平的,因为

---

① 《梭伦》,24.2。
② 《梭伦》,16;《政制》,10;14.1。日期有争论,参考 *JHS*,60.71、68.93。

一个穷苦佣工一年工资只及五百麦斗级年收入的六十分之一。

第一等级成员有资格担任国家财政官(tamias)，第一、二等级成员都可任九执政和其他高级官职，一、二、三级可任下级官职，第四等级成员不得选任官职。① 官职资格的改变基本上只具有原则性的意义，因为它使氏族成员和归化民处于平等地位了，但在当时它的实效是有限的，因为贵族地主一般地说都是阿提卡最富有的人。

选举方法仍如以前，按多数在人民大会直接选举。九执政现在组成为一个班子，在司法执政官署办公，以便协调他们的行政措施。他们的权力只在即决执行方面受到限制，因为梭伦创立了可不受执政长官命令管制的向人民法庭提出的上诉权（即公民对执政官的即决执行命令不服时可向人民法庭上诉，这一命令对公民可暂停生效）。这一点下文还将谈及。有一些较低的行政官职，是我们从这时才知道其名目的，可能在以前就已经存在。它们中有：诺克拉里(naukraroi)，是12个三一区下面分设的48个小区的财政官员②；波列特(poletai)，掌管城邦公共工程的承包和出售没收的财产；"十一名官"，是管理城邦警察的官员；科拉克雷太(kolakretai)，主要经营城邦的祭祀。③

阿雷乌泊果斯议事会像以前一样仍由卸任的执政官补充其成员，并继续是国家的核心机关。以保护法律和宪法，指导行政官吏，全面掌管国家行政事务。它有权立即执行惩罚而不准上诉。作为法庭，它现在处理预谋杀人案，对叛国案的审理程序也更新了。

---

① 《政制》，7.3—4；《梭伦》，18.1—2。
② 洛克拉里意为造船区，即每区出资建一船的意思。——译者
③ 亚里士多德，《政治学》，1274ᵃ16（比《政制》8.1 更可取）；《政制》，8.3。

在阿雷乌泊果斯议事会之外,梭伦又创立一个"四百人议事会",由他从每个部落中提名100人组成,可能是终身职。这个议事会的主要作用是为人民大会准备议案。它不仅事先讨论提交大会的任何问题,并将它的推荐意见记录在案,由于这些推荐是必不可少的,因此议事会在理论上可以将某一意见推荐给大会讨论,也可以阻挠某一问题的讨论。这两个议事会对人民大会的影响记述在下面一段诗句里(可能是从梭伦诗作中摘出来的):"城邦之舟在双锚护持下驶行,在风浪中将减少颠簸,将使人民减少烦难。"①

梭伦通过用法律手续恢复最下层各阶级的人身自由权利以及加强他们在国家的经济生活中的地位和给予移居手工艺人、避难者以公民权等办法,大大提高了这些最下层阶级的地位。但他不愿使人民大会,这个最下层各阶级可能在其中占绝大多数的机构,掌握国家的命运。作为审议机构,它的权力是有限的。阿雷乌泊果斯议事会有解释宪法之权。四百人议事会选编供大会讨论的条款,并为每一条款附上决议的草案。人民大会只能以赞同或反对某一决议的方式做出决定,但它不能自拟新的决议,这属于四百人议事会的特权。即使一个革命性的决议经人民大会认可而成为法律,阿雷乌泊果斯议事会若认为它违反宪法,也可以将它取消。因此,人民大会是被夹在两道保护墙之间的。在这两道保护墙范围之内,它有做主之权,在它之中,所有公民无论出身与资财如何,都处于平等地位。作为一个选举机构,它按候选人名单选举各行政长官,候选人是有其财产资格的限制的,并且要受到可能是由阿雷

---

① 《政制》,8.4;《梭伦》,19.1—2。

乌泊果斯议事会主持的审查。

梭伦使人民大会在陪审法庭的称呼下变成一个司法机关。这是一个重大的革新。人民，或者说抽签选出的人民的一部分，首次当上了陪审员和法官。最初，陪审法庭可能只审理上诉案件和处以附加判决，但它也能受理针对行政长官的上诉，后来则变成在行政官员任期届满时听审他们政绩的报告；在梭伦时期，这种审查可能仍然是由阿雷乌泊果斯议事会经手的。这样，行政官员要对人民负责的原则就树立起来了。① 但是，阿雷乌泊果斯议事会仍不受陪审法庭的干预。它的成员不受听审，这些成员做出的立即执行惩罚的命令以及他们的司法判决都不得上诉。

梭伦的宪法后来被寡头派称为寡头政治的，被民主派称为民主的，亚里士多德则称之为"混合的"，他以阿雷乌泊果斯议事会为寡头政体的标志，而行政长官的选举则为贵族政体的标志，陪审法庭则为民主政体的标志。② 和以前的宪制相比，它的革新很少，但却是意义重大的。以阿雷乌泊果斯议事会和行政长官们组成的贵族政治的纽带，过去曾被授予对所有制定政策、执行和司法各部门的管理大权，现在却被第二个议事会和陪审法庭的设立打破了。即使他们仍有权势，贵族阶级要想使人民大会无权和把穷人再降到经济上和人身上的奴役地位，却再也不可能了。这些就是梭伦要达到的目的。他既不是一个革命家，也不是一个卫道士，只不过是一个在激烈的政治派别斗争之时做出不偏不倚的仲裁的人。他

---

① 亚里士多德，《政治学》，1274ᵃ2 及 18；《政制》，7.3；9.1；《梭伦》，18.2；Lys. 10. 16；德谟斯提尼，24.105。

② 《政制》，29.3、41.2；亚里士多德，《政治学》，1273ᵇ36。

把自己的成就总结为如下的诗句:"我给予人民以对其说来足够的特权,既不少也不多,我也没给那些有权有势的殷富之家以有失观瞻的待遇。我在两派之间紧握坚盾而立,决不让任何人不公正地占了上风。"①梭伦在他的宪法中造就的平衡,是那种他认为对于国家各不同阶级的能力和经验来说是适当的平衡。在这些阶级中我们绝不能忽略中产阶级,他曾给这个阶级担任行政长官以及在第二个议事会、人民大会和陪审法庭中相当的地位。正是在这个阶级中寄托着将来国家稳定的希望。

梭伦第一次建立了任何公民都可为自己或为受损之党派亲自进行检举之权。因此,他在这一问题上使所有公民从氏族或归化民组织的控制中解放出来。对人民法庭提出的上诉权包括从部落、胞族和氏族法庭做出的上诉,人民法庭可对原判附加惩处。例如,梭伦的一条法律规定,如果陪审法庭做出更进一步的惩处,此犯要课以五天足枷之刑。梭伦还审查了国家的法典。他废除了德拉古的全部立法,只有那些有关谋杀案审理的除外。对于他的新法典,我们只从后代法学家和其他人的一些摘录中知道少许条款。②他规定了一些有关保护女继承人和孤儿的法律,那是照顾到氏族利益的,在这方面,他解放"六一汉"的方法也保护了氏族的土地。他规定了有关嫁妆和葬礼的程序和费用,并只允许在特殊情况和收养入族的条件下才能对氏族以外人进行馈赠。在照顾归化民组织的利益方面,他使它们的契约合同具有法律约束力,只要

---

① Sol,5.1-6.
② 例如,《梭伦》20—21。

这些合同不违背国家的法律;他没有对利率做固定限制,罚款则既可用货币也可用实物缴付。有一些社会法令也为我们所知,例如禁止买卖妇女(除不贞而外),以及禁止诽谤死者等。法典刻在石柱上而竖立于王家柱廊之中。

第四节 梭伦的原则和庇西特拉图的崛起

梭伦改革的各项原则较其细节更为重要。他把国家置于党派或氏族之上,他要求一切公民都参与国家事务。他甚至订立一条法律要求每一公民在政治派争之时必须站在这一派或那一派之中而不得袖手旁观。他的法律经宗教仪节而赋有神圣之意:每一公民都宣誓遵从,每一执政官和议事会成员都宣誓假若他触犯了梭伦的法律则向德尔斐奉献一座金像。[①] 对城邦内每一个阶级他都适度地给予责任,他倡导阶级与阶级之间的社会公正的理想。他诉之于理性、自由、温和与人道。雅典时常不能达到梭伦的标准,但它承认这些标准是其永恒的遗产。

梭伦在他的时代的宗教思想中是一个重要人物。他相信神道无处不在并确信最高之神宙斯的天理公义,而不逊之举必受惩罚。但是,他认为神的正义和人的正义仍有区别。宙斯的震怒降临到一群人身上,就像春天的雷雨一样。在家庭之内有无辜的童稚受难,在城邦之中则有无辜的公民遭灾。[②] 人只能在自己内部事务

---

① 《政制》,8.5;《梭伦》,20.1、25。
② Sol. 1.16—32.

中做主。个人可控制自己的言行,集体则可调理其内部的关系。个人的职责就在于了解自身,集体的职责则在于了解它各部分的和谐关系,这就是"正义",或者如我们所谓的"社会正义"。如果一个社会侵犯了这一内部的正义,混乱就会发生,这是符合宙斯的天意的,它将使社会中的每一个成员都深受其影响。① 但无论城邦还是个人都不是其外部环境的主宰。诸如康健或疫病,繁荣或灾祸等,对之他们都不能做主。不管一个人的期望如何殷切,他的才干和努力并不一定能带来成功,时常是勤者无功而惰者得逞。才干只能自赏,成功不可预期。梭伦自己就被讥笑为不善利用职权发大财。他回答说:"许多坏人富有,许多好人贫穷;但我们不能拿荣誉去换取财富,因为金钱转手迅速,荣誉却长存身边。"②他像他所倡导的那样,按照自己的理性和理想生活。他洞察人间生活的悲欢荣辱。梭伦的诗篇,和荷马的《伊里亚特》、《奥德赛》一起,给予并确实给予了爱奥尼亚人的雅典以巨大的鼓舞。

在要求他的法律有效一百年和催促每个雅典人履行他的法令之后,梭伦离开雅典有十年之久。以后,党派之争又重新抬头了。阿尔克美奥尼德族回到了雅典,阿尔克美昂则统率雅典分遣军攻陷了克里萨。在公元前590—前586年,宪制政府被破坏了,在公元前581年名年执政官达马西亚斯甚至把任期延长超过法定期限。当他于公元前580年被驱逐后,十名执政官被选出代表城邦的各派从而恢复了政府的权力。贵族(eupatridai)选十名执政官

---

① Sol. 3. 26 以下。
② Sol. 1. 67、4. 9-12。

中的五名,他们统率着最强有力的氏族,在平原有许多份地庄园,在雅典城有家宅。"村民"(agroikoi)选十名执政官中的三名,他们务农而居于山区,和平原上的农夫(georgoi)有别。"手工艺人"(demiourgoi)选两名执政官,他们靠手艺为生,以别于靠田地为生的人。这些党派无疑也是在梭伦以前闹得国家四分五裂的派系。他们在一般用语中还按地理划分而称为"平原"、"山地"、"海岸"三派。贵族的支柱是那些富有的氏族,"村民"则部分靠穷苦氏族,部分靠独立的"佣工"(thetes);手工艺人则依靠归化民组织。贵族要求寡头政体,用梭伦改革前的宪制实现其统治。"村民"希望民主政体,这种民主政体将会重新分配土地并使穷人富裕;"手工艺人"则支持"中间的"或梭伦的宪制,因为在其中归化民的公民权和其他权利都得到了保障。① 这三派合组成的十名执政班子的领导可能是贵族派,他们是极力想占有和利用名年执政官的职位的。

达马西亚斯的短暂的成功在公元前561年由庇西特拉图仿效起来,他是一个贵族,他的家庭拥有位于海岸地区菲拉依代的庄园份地。在一次反抗麦加拉的战争中,庇西特拉图表现突出而被选为军事长官。根据流行的传说,他把自己和坐驴都弄伤了闯入雅典的中央市场,声称他刚刚从政敌的袭击中侥幸逃生;在人民大会上开会的民众因此投票决定让他拥有一支卫队,而他就以这支军队夺取了卫城。在此以前他已组织了一个民主党派,他就从其中征集了被称为"曲柄杖(牧羊棍)队伍"(korynephoroi)的卫队。他的支持者主要是山区的"村民"(diakria),此外还有两个集团:因取

---

① 《政制》,13.2—5;《梭伦》,29.1。

消债约而变穷的人以及那些在梭伦法律下新近获得公民权的人。他的反对者包括以厄提奥布塔代氏族首领吕库古为首的平原派和以阿尔克美奥尼德族首领麦加克列斯为首的海岸派,他们联合起来一度把他逐走,但接着他们之间又起争吵。在麦加克列斯默许之下,庇西特拉图布置了回归阿提卡的妙计:在他的马车上站着一个扮为雅典娜女神的高大俊美的少女,雅典人在她面前鞠躬致敬从而允许庇西特拉图进入雅典卫城。麦加克列斯和庇西特拉图之间的联盟条件是麦加克列斯的女儿和庇西特拉图结婚,但庇西特拉图又不好好完婚,使麦加克列斯和他破裂,他自己也就自立为僭主。不到几个月,他又于公元前555年初被从阿提卡赶走而在色雷斯建立了一个据点,从这里他准备着再搞一次政变。①

在这些党派纷争的年代里,梭伦回到了雅典,并对公民们的"狡黠手法和愚昧行径"严加咎责。他写道:"云下雪雹电生雷;就这样带头的人们毁灭了城邦,无知的民众落入独裁统治的奴役之中。扬帆远游的人很难再回到海岸,人们及时地考虑一切。"梭伦的宪制改革不能终止政治上的党派之争是不足为怪的。贵族以及其势力所凭借的氏族,非用革命力量不能打破,而梭伦却反对这样做。贵族间的派系之争导向内战和僭主政治,已是大陆上其他城邦的普遍经验,雅典人对此本该早有警觉。但雅典在公元前600—前550年的发展仍得直接或间接地大大归功于梭伦。他从麦加拉手中夺回了萨拉密斯,在圣战中他曾对安菲克提翁同盟给

---

① 希罗多德,1.59—61;《政制》,13.4.15.3;《梭伦》,29—30。庇西特拉图生平年代是有争论的,此处所用者可参看 *CQ*,60.51(1956)。

予指导,大约在公元前590年,雅典在赫勒斯滂的西吉昂获得了第一个殖民据点。① 在公元前566年创立纪念雅典娜女神的泛雅典娜节庆会后,城邦的权力得到加强,与此同时创立的埃利乌西斯运动会也有同样意义。尽管政治纷争,他的经济改革仍结下了硕果。到公元前550年左右阿提卡陶器开始把科林斯陶器排出希腊世界的领袖地位,便利了雅典货物的出口。雅典的钱币继续保持其质地纯净的高标准。虽然钱币上的图样还不代表国家而只是代表各时期当权的氏族,但这并不影响它的流通。各地的手工艺人由于有取得公民权的希望而纷纷进入雅典,使城邦的劳力和财源都大为增加。到这个世纪中期,雅典在日益扩展的希腊商业世界中已赢得一个可以和它的面积、传统相匹配的地位了。

第五节 斯巴达同盟

城邦之间的关系最初是在宗教方面开展的。神谕与神祠,节庆会与运动会,朝圣进香与各地的安菲克提翁同盟,这一切都被所有各邦一致承认并保证其免受攻击。公元前6世纪初,又在这一发展中出现了新的进展。地峡运动会具有了更大的规模,皮提亚运动会和涅米亚运动会也建立起来了。德尔斐的安菲克提翁同盟发动了一次宗教战争,可能是以阿尔戈斯的赫拉庙为中心的另一个安菲克提翁同盟为阿尔戈斯和斯巴达的300名冠军决斗议定了

---

① 《梭伦》,8—11;希罗多德,5.95。

有关规程并评定其结果,①在商业方面城邦间的联系也加强了。在埃及的瑙克剌提斯,参加建立希腊依昂的一共有九个城邦——埃奥利亚人的、多利亚人的、爱奥尼亚人的都有,而其市场是由他们的商业代表团(prostatai)管理的。② 在雅典,无疑还有其他地方,都为侨民和旅游的外邦人提供了设备和便利,并指定了"护侨官"(proxenoi)欢迎、接待有关人员和代理其他城邦的利益。在政治上,城邦间的调停可以约公元前 650 年在卡尔西狄斯的会商为例,当时安德鲁斯和加尔西斯在此发生争端,从厄律提拉、帕罗斯和萨摩斯请来的调停人员便经过会商而解决了争端。波里安德对雅典和密提林在占据西吉昂的问题上做了调停,斯巴达曾派出五名斯巴达人为雅典和麦加拉争占萨拉密斯一事做出仲裁,曼丁尼亚的德莫纳克斯则调解了昔兰尼的内部纷争。两个城邦间的永久性的协议则表现在公元前 6 世纪初期伊利斯和赫雷亚缔结的同盟条约之中:"他们彼此要在一切方面特别在战争上合作……达一百年之久。"③

当斯巴达在第二次美塞尼亚战争(约公元前 640—前 620 年)中获胜以后,它的实力和影响都日益增加。在艺术上它达到了其历史上的顶峰。提尔太攸斯的军歌和阿尔克曼的抒情合唱曲都是杰出之作,而拉哥尼亚的陶器、塑像、面具等在公元前 625—前 550 年都达到了高度水平。奥尔提亚的阿尔蒂美斯神庙约建于公元前 600 年;斯奇亚庙在公元前 576 年前后由萨摩斯的狄奥多汝斯做

---

① *FGrH*,287 F 2(克吕色谟斯)。
② 希罗多德,2.178。
③ 希罗多德,5.95.2。

了雕刻装饰,在阿末克莱的阿波罗神宝座则在公元前550年后由马格涅西亚的巴第克列斯进行了雕刻装饰。它和海外、特别是和昔兰尼及塔拉斯进行贸易。由于在第二次美塞尼亚战争期间分配了土地,原来比较喧嚣的重分土地的要求平息了,斯巴达的宪制巩固了其保守性的稳定。对外政策方面,它在公元前582年左右推翻了科林斯的最后一个僭主,可能在公元前570年前后帮助伊利斯取得了对奥林匹克节庆会的控制。除了对阿尔卡狄亚的提吉亚外,它的边界战争总是成功的。斯巴达人为继续对付提吉亚,乃往德尔斐请示神谕,得到的回答是如果他们能取得奥累斯提的遗骨,他们就能打败提吉亚。在一次停战期间,一个斯巴达人成功地完成了这件事,他偷来了新近从提吉亚出土的一副巨人的遗骨,声称这就是奥累斯提的遗骨。此后斯巴达就打败了提吉亚,但斯巴达没有把提吉亚的领土并入自己的版图,而是和它订立了一个基于防守同盟的永久性的协议。这一条约中可能包括提吉亚保证从其领土中驱逐一切美塞西尼亚人的条款。[①]

这一同盟是在公元前560年后立即缔结的,标志着斯巴达在外交方面转向了一个新的政策,即宣称其目的在于使对方从僭主统治下解放出来并保护其免遭阿尔戈斯的侵凌。这一目的是希腊各城邦欢迎的,它的宣布也很及时。僭主们已受到德尔斐的痛斥,其在阿尔戈斯的地位已摇摇欲坠,像瑙普利亚的僭主的倒台[②]等更为此拉响了警报。另一方面,斯巴达却受到德尔斐的青睐。它

---

① 希罗多德,1.65—68;Plu,292^b=GQ5。
② 波桑尼亚,4.35.2。

已把科林斯从僭主统治下解放出来,和阿尔戈斯的多利亚族统治一切的政策相反,它已和提吉亚的阿尔卡狄亚人缔结永久性的同盟并以它敬奉非多利亚族的英雄奥累斯提表明它自己是非多利亚各族人的护卫者。它的意图是想以永久性的同盟对付阿尔戈斯或任何其他城市的侵略。这样一种同盟能给对方带来很大好处,何况斯巴达的军事实力更不可侮。

斯巴达的政策,可能最初是由它的著名政治家奇伦倡导的,取得了辉煌的成功。许多中部和北部伯罗奔尼撒的城市接受了缔盟的提议。在公元前555年春天,斯巴达王阿那克山德里德和监察官奇伦使西夕温从僭主统治下解放出来,可能还有福里攸斯和麦加拉也得到了同样的解放,其军队之出现于地峡地区可能还引起僭主庇西特拉图在雅典的倒台。① 通过这些方法,斯巴达建立了一个强有力的军事同盟。现代历史家很不恰当地称之为"伯罗奔尼撒联盟",而其古名"拉西第蒙人及其盟友",无论在字面上和实质上却比较正确,因此我们将称之为斯巴达同盟。它根据斯巴达和各个城邦分别单独缔结的一系列防守同盟条约组成,因此完全有赖于斯巴达的领导。虽然从条文上看它只是一个在战时才起作用的纯军事性的同盟,其存在却有明显的政治影响。通过在一些城邦中推翻僭主统治和对其余城邦施加稳妥适当的影响,斯巴达就这样为各邦"安排内务"而使亲斯巴达的寡头派上台掌权。② 在多利亚城邦,寡头派统治能持久而政局平稳。它们一般都维护斯巴达的利益,把美塞尼亚人逐出伯罗奔尼撒之外,和阿尔戈斯地区

---

① *FGrH*,105 F 1(参见 *CQ*,6.49)。
② 修昔底德,1.18.1 及 9。

不相来往。斯巴达则通过其同盟体系使自己的领土不受外来干涉而确保安全,并且在伯罗奔尼撒之内建立了一道军事警卫线。 168

在公元前555年,吕底亚王克罗索斯遣使到德尔斐请示神谕,使节回国后他得知斯巴达是伯罗奔尼撒绝大部分的主人。克罗索斯在神谕的劝说下(德尔斐方面已事先把有关内容透露给斯巴达),给斯巴达人致送如下的信息:"神已命令我和希腊人做朋友,既然我已得知你们是希腊人之领袖,我就诚恳而老实地邀请你们和我结成同盟并成为朋友。"① 吕底亚和斯巴达于是便缔结了一个友好同盟条约。但是,直到斯巴达已取得对阿尔戈斯的优势以后,它的领导权才得以巩固。它于公元前546年侵入阿尔戈斯。经阿尔戈斯的赫拉庙的安菲克提翁同盟的安排,300名阿尔戈斯人和300名斯巴达人举行决斗。到傍晚时有两个阿尔戈斯人还没有死,他们便跑回阿尔戈斯报告他们胜利了,但斯巴达人也还有一个没有死,他带着从阿尔戈斯死者身上剥下的铠甲回到了斯巴达营地。双方都说自己获胜,结果战事复起,双方伤亡都很大。最后是斯巴达人获胜。这一胜利确立了它的军事优势,并使它永远占有提列阿提斯和基德拉。为了纪念这次战争的胜利,斯巴达人留长发以示庆祝,阿尔戈斯人则剪短发以志哀。② 这是希腊史上一次决定性的战役。从此以后,"拉西第蒙人及其盟友"在希腊事务中就一直起着领导作用,并且在希腊人打败那个就在同一年灭掉吕底亚的克罗索斯王而威胁整个爱琴世界的强大帝国时,它也起着数一数二的作用。

---

① *FGrH*, 239 A 41;希罗多德,1.69。
② 希罗多德,1.82;*FGrH*, 287 F 2(克吕色谟斯)。

第七章 公元前850—前546年的宗教与文化

在这个时期,社会组织与宗教信仰密切接近,异常一致。每一家庭崇拜其灶神——希斯蒂亚女神,还有赫尔凯奥斯宙斯神,家园的保护神,以及各家族的神和英雄。如果各家庭成员对其亲人彼此保持恰当合理的关系,如照顾老年双亲等,便可得到诸神的保佑;若违反这些关系,便要全家受神明之罚。同样地,每一城邦也崇奉希斯蒂亚女神,还有作为它的创建者的神明(例如,雅典的雅典娜女神、斯巴达的宙斯神、麦加拉的阿波罗神等)。① 还有那些和其地区、历史有关的神与英雄。假若城邦各成员相安无事,便得神的保佑;可是,如果有内战内乱或渎神之罪,城邦全体成员都蒙受污秽和报应。各种家庭生活大事,如生、丧等,都要用宗教仪礼使其圣洁,每一后代成年之人都得恪尽安葬死者,报复血仇以及崇敬先祖等职责。同样地,在城邦生活中,议事会和人民大会每次开幕时都要以宗教仪式开始,改革的活动,例如斯巴达的"欧诺米亚"和雅典的"解除负担",也要举行公众的崇拜和感恩仪式。② 在家

---

① Sol. 3. 1-4;Tyrt. 2.
② 普鲁塔克,《吕库古传》,6. 1;Sol. 16. 3.

庭和国家之间的各个社会组织——亦即部落、胞族、氏族、归化民组织等——同时也是宗教意义的组织，各有其独自的宗教活动。当一个雅典人申请担任官职而听候公众审议时，他必须历数其先祖所奉的阿波罗神，家园所供的宙斯神以及这些神祠的位置、他的家族墓地所在、他对双亲的服侍情况等。因为只有一个恪尽其家庭的宗教义务的人才能有资格担任和履行国家官职的宗教义务。①

虽然宗教在家庭和国家之内都有其纽带联结作用，在城邦与城邦之间它起的作用却较松。宗教性的安菲克提翁同盟在德尔斐、阿尔戈斯、提洛、特里奥皮昂以及其他地方曾形成一共同崇拜的中心地点。德尔斐的神谕影响很广，多东纳和迪底马的神谕也有同样的影响，而像奥林匹亚、德尔斐、地峡和涅米亚的节庆会等，其影响也很广大。随着希腊世界日益扩展，神谕变成了一种提供宗教和政治智慧的来源，而节庆会则提供了联合行动的园地。但它们在城邦之间的关系方面影响并不大，因为每一城邦在宗教和世俗事务方面都完全是独立自主的。当伊利斯和赫雷亚缔结同盟时，它们同意向奥林匹亚的宙斯神庙缴付因违反条款而规定的罚金，但同盟本身却不是奥林匹亚的祭司所发起，也不受其监督的。然而，这些祭司在宗教思想方面却有相当的影响。他们对有关地区性的宗教问题上提供指导。他们还把那些普遍见于每个城邦的宗教信仰中的因素突出起来。于是各希腊城邦逐渐承认了诸天神明中有一批显贵的主神，它们的数目一般是12个，对这"十二神"

---

① Poll. 8.107；亚里士多德，《雅典政制》，55.3。

的崇拜便见之于城邦中和像奥林匹亚①之类的节庆会上。但"十二"之神却还没有固定,各个城邦都可有自己的选择。

  从这些节庆会上产生了一种新体裁的诗作,即六步韵格的颂歌,古人便认为这些颂歌是出自奥林、荷马和木沙依攸斯②等早期吟诵诗人③之手。颂歌是为赞美某一天神而创造出来专供背诵的,获奖的颂歌在日后的各次节庆会上便反复诵读,流传极广。可能在公元前8世纪末和前7世纪初由奇奥斯的基纳依修斯创作的阿波罗颂歌,欢呼了"从牧放牛群的大陆直到各个海岛"对阿波罗神的普遍的崇拜,但集中抒写两个主题,即阿波罗在提洛的诞生和他之来到德尔斐——这个"上有悬崖下临深谷"的地方。在这一颂歌中,以及在其他有关赫尔美斯、阿芙洛笛蒂、迪奥斯库利斯等的颂歌(约作于公元前7世纪)中,神的地区性的起源已经和对它的普遍崇拜交织起来了。这些诗篇以铺陈的细密和思想的淳朴见称,它们还把一种浸透着神人同形同性论思想并彻底地拟人化的宗教信仰推崇到至高无上的神圣境地。因为,无论是阿波罗这个呱呱坠地的婴儿的洗濯和包以襁褓,还是金发的阿芙洛笛蒂女神的癖好与诡计、善偷窃的赫尔美斯神的狡猾与奇巧,都是按照人间生活的常态而被当作神明生活必有的事物了。在这些可能是出于爱奥尼亚诗人之手的颂歌中,我们还可从那些对光明和美神的虔敬的感恩赞美诗词里看到一种对生活的热情洋溢的爱好,以及对自然的亲近的情感。

---

① *GHI*,5,8.
② 希罗多德,4.35;修昔底德,3.104;波桑尼亚,10.5.4。
③ 吟诵诗人(rhapsodes)是指以吟诵史诗为职业的诗人。——译者

家族和国家的社会性的宗教以及对奥林匹斯诸天神的普遍崇拜相并行,还有一种从德米特和迪奥尼修斯崇拜中发展起来的秘密的、私人的宗教。德米特的崇拜流行于埃琉西斯,它起源于青铜时代,在公元前8世纪末和公元前7世纪大为发展,德米特女神的祭台和圣域重新修复,德米特颂歌可能作于公元前7世纪时,它以优美的文笔叙述了德米特女神带来四季变化的神圣而优美的故事。女神的闺女帕赛丰为冥王哈德斯神所夺,德米特便带着深沉的哀怨而移居人间,以痛饮表证其悲愁,并抚养了一个人间的小孩。她的哀怨无以平复,遂为大地带来灾患,一直到春天之际,宙斯神把帕赛丰从阴间送回,大地才能复苏。但帕赛丰回来时吃了哈德斯给她的石榴果,因此她还得每年在阴间度过三分之一的岁月。在这个神圣故事里,季节变换的秘密以及丰歉生死等的因果都包含其中了。这些教义构成了阿提卡妇女所奉行的一种集体崇拜的核心,并形成了一种在德米特颂歌中提到的私人的宗教。"那曾经亲眼见到这些事物的人有福了;但那些没有入会的人,没有参加神圣仪式的人,却不能享受这种命运,虽然他也在阴湿的黑暗中枵坏。"① 这种私人崇拜的秘密只让入会者知道。我们不明其细节,但可以肯定的是,在这种埃琉西斯人的秘密宗教中,个人死后生活被看得和一般信仰中的情景截然不同,这一般信仰则是可从荷马史诗和正统宗教对阴间亡灵的刻画中看到的。

另一种秘密宗教,奥尔菲斯教,其起源更为昏暗不明。它可能发端于一种失神的痴疯,欧里庇得斯曾在《酒神节》一剧中对它做

---

① *h. Cer.* 480.

了出色的描写。这种痴疯曾使一群妇女浸染上荒蛮狂野的精神，撕扯野兽而生啖其肉。迪奥尼修斯曾是激起这一痴疯的神灵，他自己也被这群妇女吃掉了。这个传说从其性质看不是希腊的，但迪奥尼修斯教义的其他方面还有许多和希腊宗教的一般观念相近的特色，他是野兽和菜蔬之神，自然的丰腴力之神，在他的随从的行列中，萨蒂尔和西伦尼等神怪捧着阳物①的象征。② 对迪奥尼修斯的崇拜大约是在黑暗时代由色雷斯传入希腊的，德尔斐的祭师们对其狂野的色彩略加修饰，使它在希腊宗教中间同化了。它还被采用于奥尔菲斯的教义中，这个奥尔菲斯也像迪奥尼修斯一样，被认为是给色雷斯妇女撕成了碎片。在奥尔菲斯教的神话中，提坦诸神曾吃了迪奥尼修斯的四肢，为宙斯的闪电击灭。在提坦诸神的灰烬中生出人类，因此人受提坦神的行为而犯有污渎，但从被吃掉的迪奥尼修斯的肢体中，人又有神明的成分。由此产生人的分成污渎的肉体和圣洁的灵魂。只有按礼仪斋戒生活，人类才能克制本身固有的不洁，而且只有死亡才能使永生的灵魂从肉体的坟墓中脱出。在死后的生活中，善人的灵魂受福，未经洁净的灵魂则受重罚。这个宗教同样有其特殊的各种清规，并且有些部分和埃琉西斯秘密宗教同化在一起了。③

在神的崇拜中，音乐舞蹈起着重要作用。主要的乐器是双簧管或笛(aulos)，还有七弦琴或三角竖琴，据传它们是阿波罗和赫

---

① 代表对生殖力的崇拜。——译者
② 希罗多德，2.48—49；*Vorsokr*. 22B15。
③ 波桑尼亚，9.30.3—6。

尔美斯发明的,①实际上可能从小亚细亚传入。音乐的类型或调子(nomoi)是按其道德气质而分的,例如,多利亚调子以勇毅为主,吕底亚调子则为柔和。音乐比赛会,可伴以声乐或无声乐,常在城邦的节庆会上和皮提亚运动会上举行,舞蹈是和音乐密切配合的,舞蹈的节奏也总是赋有道德的含义。特别是配以合唱的舞蹈(可能跟现代希腊民间舞蹈相近),在敬神和各种仪式中占有必不可少的重要地位。舞者模仿神圣故事中的情节,表现各种宗教的激情。音乐舞蹈和诗歌密切相伴,在这个抒情诗的伟大时代,它们之间的这种配合关系尤为紧密。②

在希腊本土,科林斯和斯巴达是这一时期音乐、舞蹈和诗歌发展的中心。游行歌曲(prosodia)的著名作者有科林斯的攸美鲁斯,在波里安德的宫廷中生活的列斯堡的阿里昂则为赞美迪奥尼修斯的合唱歌曲(dithyramboi)确立了艺术的形式。③ 在斯巴达,埃奥利亚、多利亚和爱奥尼亚的诗人和音乐家在此都有影响,其中著名者如列斯堡的特尔潘德、哥尔亭的太列塔斯、科罗丰的波利木涅斯图斯等,这些影响在阿尔克曼的合唱抒情诗歌中达到了顶峰。阿尔克曼的作品,现存唯一较长的断片是一首少女之歌(partheneion),可能是为十个少女组成的合唱队而作,这些少女在月落和日出之间的朦胧之中向奥尔提亚的阿尔蒂美斯神祠敬献圣袍。这首诗韵律的抑扬、措辞的优雅、情调的亲切使我们对这一宗教仪式的美丽情景犹如亲历其境。阿尔克曼还按照他的前辈诗人确定的各种体

---

① h. Ap. 131;h. Merc. 47.
② 《伊里亚特》,18.491、590;《奥德赛》,8.260;Alcm. 67。
③ Pi,Q. 13.19;希罗多德,1.23、2.48。

裁进行创作,其中有舞歌(hypochema)、凯旋歌(paian)、饮酒歌(skolion)和颂歌等。公元前6世纪早期斯特西可汝斯在海外的希墨拉发展了合唱抒情歌的艺术,他用抒情诗来叙述史诗特别是赫西奥德诗派的故事,其作品以丰富多彩的幻想和高雅的格调著名。他曾创作一部《奥累斯提亚》,可能准备在斯巴达这个多利亚诗派的中心表演,他显然从斯巴达得到不少诗作上的启发。

爱奥尼亚和列斯堡是抒写个人感情诗的故乡。最早的体裁——挽歌体,是用笛伴唱的,用以抒写各种主题:饮酒歌、军营歌、爱情歌和政治轮唱歌(stasiotika)等,日后又用作记述、献词和墓志铭。在公元前7世纪时,帕罗斯的阿奇罗库斯、以弗所的卡里努斯和斯迈尔纳的明纳尔姆斯善于用挽歌体创作。和挽歌体很接近的还有短长格诗体,它的韵脚类似口语的节奏。阿奇罗库斯曾用短长格作诗,其后,阿摩尔戈斯的西蒙尼德斯用之作讽喻诗和论辩诗。在抒写怨愤苦恼之情方面,阿奇罗库斯是无与伦比的。"但愿那些头发打结的色雷斯人把他从亲密的朋友之中夺走,愿他在那蛮荒之地饱尝奴役之餐,痛饮悲愁之酒。愿他冻得半死被人从海里捞起,身缠海草,牙齿打战,口吐海卤,他的身体像狗一样趴在海滨澎湃之浪边。这就是我愿意看到的场面,因为他冤枉了我、背弃了他指天发咒立下的做我亲友的誓言。"[①]

由列斯堡的特尔潘德和阿里昂创立的埃奥利亚诗派,在公元前7世纪与公元前6世纪之交以阿尔凯奥斯和萨福的个人抒情诗代表了它的顶峰。阿尔凯奥斯在其抒情诗中歌咏政治、爱情和酒

---

① Archil. 79.

宴三乐,率直之处不下于阿奇罗库斯,但更为优美。他的贵族气质的讥讽和激情是针对这一派系纷争的时代,而他以列斯堡的方言把它们表现得很有生动鲜明的乡土特色。萨福崇拜阿芙洛笛蒂女神和她的随侍诸女神——优美女神和文艺女神(缪斯女神),从中吸取其诗作的灵感,为这些女神的崇拜,萨福和列斯堡的一群少女专门组织为一个小团体。她对其女伴们的美貌的倾慕和她对阿芙洛笛蒂的激动而神秘的赞美同样强烈。她的情感的锐敏和心志的淳朴,在她同时代的抒情诗作中,以至于日后各时代中,都是难以比拟的。当她心爱的女友安娜克托利亚离开了这个团体而去结婚时,她表述了自己的悲伤情绪。

> 有人说,在人间黑土之上,最美好之物是一旅骑兵,一队士兵或一列舰队,我却要说那是'所爱的人'。对每个人,说明这点都非常容易。为什么像海伦这个人间最美的妇女,却离开了英雄的丈夫、抛弃了双亲与孩儿,并使特洛伊的全部荣耀繁华化为灰烬,就只因爱的女神使她在一见钟情之下就堕入了情网。一个新娘的心多么容易为情感所左右和惹恼——即使在现在它也使我想起安娜克托利亚,她的可爱的步态和闪烁的眼睛,我愿看到她远胜过什么吕底亚的战车和武装的士兵。①

这一时期的诗作只有断片残卷遗留至今,但它们足以使我们

---

① Sapph. 27ᵃ.

洞察到这遍及埃奥利亚、爱奥尼亚和多利亚各族，盛开于从西西里直到小亚细亚沿岸各城邦的诗艺才华之花的卓越程度。抒情诗从生活的荣华富丽中吸取其灵感，这一倾向使人的思想感情和英雄的往昔脱离而注意于现时的欢愉。宗教的信仰和宗教活动也不从敬畏出发而更多地出于感恩和谢神，在它的神人同性同形论的神话中固有的美感是和像阿尔克曼和萨福这样的诗人的精神和谐一致的。在这个诗学成就的共同模式里，各希腊城邦的个性也有其表现。东部希腊的蓬兴的个人主义已明显地见之于阿奇罗库斯和阿尔凯奥斯的诗篇。希腊本土的集体精神和宗教感的严肃则在提尔太攸斯、梭伦和提奥尼斯所写的挽歌体和短长格的诗篇中表述了不同的意境。虽然各希腊城邦的诗人在性格和观点上各有不同，但他们也有一共同之点。他们都是贵族。这个贵族时代的成就，表现在诗学领域者也像在战争和政治领域中同样的杰出。

在艺术方面，各希腊城邦表现出同样地丰富多彩的才能。"东方化"风格陶器的富丽装饰在科林斯、斯巴达、雅典、彼奥提亚、罗得斯、奇奥斯和其他地方都达到了成熟的光辉程度。各希腊城邦铸造的多种多样的钱币，反映了刻制这些钱币印模的雕刻家掌握技艺的迅速和志趣的高雅。在木雕、泥塑、石刻和青铜雕刻方面，在本时期结束以前就有不少城邦已产生了杰出的作品。最初在公元前7世纪中叶开始创作的着色石雕像，是以着色木雕像为范本的。希腊本土以及克里特、夕克拉底斯的雕刻风格在力求表现人体和动物的突出特点方面是大胆而雄壮的。这些雕刻的宏大代表作品已发现于科尔西拉、伯拉可拉、德尔斐、彼奥提亚的普托亚祭台，提吉亚、提洛、塞拉和克里特的普里尼亚等地。在雅典，这种雄劲的表现还伴之以更为精美的细部刻画。在东部希腊，雕刻风格在意象方面没有这样强劲，但其线条更为柔和。[①] 到公元前550年时，最早期雕像的那种图案似的呆笨已转化为对人体结构更为深刻的了解和完美体形更为逼真的表现[②]。在从赛利努斯到米利都的广阔地带上，几乎每一个有雕像出土的地点都提供了具有高度创作能力和艺术情趣的代表作品，它们一方面共同具有城邦初期的普遍风格——古朴风格，另一方面又具有每一城邦的个性特点。在题材方面，各地的艺术家们也是相当一致的。神话故事和动物形象是绘画和浮雕中最常见的题材，而雕像，无论大与小，陶土金石或象牙，都作敬神之用。对于神明形象的神人同形同性论的思想，是艺术上的最强有力的启示。

这个时代的思想基本上是宗教性的，人们只从宗教方面力求了解指挥自然世界的神明力量。梭伦、萨福和阿尔戈斯的雕刻家波利美地斯都各不相上下地致力于了解国家、爱情和美感内在具有的原理与规律。在米利都，哲学的起源同样标志着类似的智能上的努力，在这里，太利斯在公元前585年第一次预告了日全食，而阿那克西曼德则写了我们所知的最早的一篇散文（约公元前546年）。虽然太利斯可能从埃及和巴比伦学到天文学的知识，但他对宇宙原理的探讨是从希腊宗教思想中的假定开始的。

赫西奥德的宇宙起源说，认为太初混沌分化为一组有其内在均衡与和谐的元素，曾被奥尔菲斯教派按它自己的目的加以采纳

---

① 参看 Richeter, *AGA*. 图 19—23、27、32、39、47、51、52、53、56、10—11、62、67、69。
② 参看 Richeter, *AGA*, 图 92、93、141、145、149。

利用。奥尔菲斯的有关教义如下：太初是一团水和硬物交互溶混形成的黏泥，从其中诞生出时间和生命。时间生空气、鸿荒与黑暗，于是在空气中又生一大蛋，蛋一分为二，生阴阳两性的法尼斯神，法尼斯从他自身和在其女儿夜神的帮助下创造了宇宙，夜神后来继之成为宇宙的统治者。当第六代统治者宙斯神把法尼斯吞吃掉以后，宇宙创造的第二阶段开始了。宙斯此后成为更新世界的创造主，特别是提坦族的创造者，而从提坦的灰烬中人类才得以诞生。

我们除了知道太利斯认为水是宇宙的本原和水在其自身具有生命和动力等观点而外，其他则知之极少。阿那克西曼德则认为最初是"无限"(to apeiron)，亦即在其成分的数量与质量上都属无限无差异的混沌非分之物。从"无限"中生出世界或诸种世界，它们又随着时间的规律瓦解而复归于无形无限。① 世界和诸世界是由无限内部各对立元素的运动创造出来的（例如冷与热、干与湿的对立与运动等）。其中冷、湿元素结合而生雾气笼罩的大地，干、热元素结合而生火焰的外层天球，当其旋转时，透过雾气我们就看到它表现为日月星辰。这一外层火球使大地日渐干燥，从而使陆地与海洋分离，生命从温湿的黏泥中产生。最初的生物像鱼，从其中才发展出动物与人类。大地在旋转的天球内部，其形状是圆筒形的，位置则居于中央，因此它能在重力平衡的状态中站得稳稳的。

阿那克西曼德的体系是人类理性的一个胜利，它以地理、生物和物理的观察为基础，进行了对太初原理的探讨。他的理论经阿

---

① Vorsokr. 12 A 9, B 1.

那克西米尼又向前发展了重要的一步,阿那克西米尼认为空气是最初的元素,由它而生雾、水和硬物,这些都是由空气的凝聚而产生的,水蒸气和火则由空气稀薄化而产生。空气在其最纯净状态下就等于生命的呼吸。这种气的一部分为动物和人的身体包裹于其内,从而使其拥有生命,当它完全从体内释放出来时便是死亡。[①] 因此,在米利都的哲学中,宇宙被解释为一组受其内在规律或元素管制的集合物,就像国家在梭伦看来是一个受其内在原理——欧诺米亚管制的集体一样。

[①] *Vorsokr*. 13B1、2.

第 三 卷

希腊的凯旋

(公元前546—前466年)

第一章 波斯的扩张和雅典的成长

第一节 波斯的霸权

公元前546年冬天,吕底亚王克罗索斯,这个斯巴达、巴比伦和埃及的盟友,小亚细亚的许多希腊城邦的主人,却被波斯王居鲁士(公元前559—前529年在位)的军事力量推翻了。各希腊城邦原先曾拒绝了居鲁士提出的起义反抗克罗索斯的请求,现在表示愿意按他们接受吕底亚统治的那种条件来接受波斯的统治。除了米利都一地外,居鲁士没有答应。其他的爱奥尼亚城邦,还有小亚细亚沿岸的埃奥利亚城邦,都向斯巴达求助。斯巴达由于与克罗索斯结盟,早已惹起波斯的敌视;它现在派出了使节,声称它有权保卫所有希腊城邦的自由并警告波斯不要干预,但它没有派军队到亚洲去。同时,各希腊城邦和小亚细亚的土著民族,在没有任何联合行动的情况下,迅速地为居鲁士的代理人所征服,并把相邻的一些海岛也置于波斯势力之下。对亚洲的希腊人说来,只能在臣服和撤走之间做出抉择。后一条路是普里恩尼的比亚斯向爱奥尼亚人极力推荐的,弗卡亚和太攸斯的人民选定了它,他们登上自己的五十桨大船,扬帆海外,另建新地。臣服于波斯的那些希腊城邦则要缴纳贡款和服兵役,受亲波斯的僭主统治,并一度丧失了发行钱币的权利。随着波斯向黎西亚和卡利亚等地扩展,爱奥尼亚和埃奥利亚的军队也曾服役于波斯的大军中。在公元前539年,巴比伦为波斯攻灭,腓尼基沿岸各城也并入波斯帝国的版图,塞浦路斯也脱离埃及而转过来与波斯结盟。在公元前525年,居鲁士的继承者冈比西斯征服了埃及。在这里,希腊人与希腊人作战。因为埃及部分地倚靠希腊人和卡利亚人雇佣军的力量,而冈比西斯的海陆军也包括来自爱奥尼亚、塞浦路斯以及卡利亚和腓尼基的船只与部队;在埃及以外,冈比西斯的宗主权还得到昔兰尼和巴尔卡的承认,从此它们向波斯纳贡。①

居鲁士和冈比西斯的征服由大流士(公元前522—前486年在位)加以巩固。其帝国从昔兰尼直达印度河,从高加索南及波斯湾。行政中心在苏萨,这是阿黑门尼德王朝的首都,波斯大帝——"四方万族之王"的宫廷所在之处。大流士的领土共分为20个行省(或称郡)。每一行省由波斯总督统治,他握有军事内政的全权,每省都要向波斯国王缴纳贡款和贡物。帝国的军事实力由两部分构成——一为波斯的贵族化的骑兵和重装步兵,一为各臣属民族提供的分遣队,由波斯总督或土著王公指挥。为使这庞杂的队伍行动比较灵活,大流士修筑了从苏萨呈放射状通往各地的驿道网,其中的一条称为"王家大道"者,一直通达以弗所的爱琴海岸。地中海区域的海军由各臣属民族特别是腓尼基人提供兵员给养,他们在征服埃及时曾起首要的作用。

---

① 希罗多德,1.76—81、84—85、141;151—3、161—4、168—76、3.1、13、19。

大流士在其金融政策中采用了克罗苏斯的货币制度,铸造了金币(大流克金币)和银塞克勒,币上刻有大帝手持弓、矛的图像。这些按原先的巴比伦衡制(此后也称为波斯衡制)铸造的钱币,以其质量的纯净而甚受欢迎,在从西西里直到印度的广大地区都作为国际交易的中介而起作用。存放着帝国岁入盈余的王家府库,其中贮备的各种贵金属数目极其庞大。波斯人自己并不经商,但大流士以开辟尼罗河三角洲到红海的运河和派遣远征队从印度河口航达红海等而推动了海外贸易的发展。对这个庞大帝国的控制操诸大帝一人之手,他是波斯、米底亚以及所有各地的世袭君主,握有一切世俗权力,经神明的授权而登帝位,由波斯神阿胡拉马兹达的恩赐而为波斯王,由巴比伦神马尔都克之选而任巴比伦王,由埃及神拉的接纳而成为埃及国王。在希腊人眼中,他是出类超群的"君王",在宗教、政治、军事方面都是绝对专制的君主,正好和希腊城邦的自由主义完全相反,也是希腊宗教信仰咒逐的邪物。①

波斯帝国的扩展大大影响了那些已被征服或可能被征服的希腊城邦。在居鲁士和冈比西斯的历次战争期间,亚洲的希腊人经济上受到一些损害,在公元前 520 年以后逐渐恢复了一定程度的繁荣。但东希腊贸易的黄金时代已一去不返。在克罗索斯和亚美西斯时期,由于它们曾与希腊城邦通商并从希腊征集雇佣军、请示神谕,吕底亚和埃及的金银曾涌流入爱琴地区。在居鲁士和大流士时期,由于它们只关心波斯统治的扩张和巩固,帝国的经济实力建立于波斯和巴比伦尼亚。于是商路集于叙利亚海岸,这里的希

---

① 希罗多德,3.89—96、4.44、5.52—54。GC,62。

腊商业据点波赛迪昂虽于公元前520年以后有所复苏,但主要口岸是在腓尼基人手中。塞浦路斯也比任何东希腊城邦在这样的贸易中处于更有利的地位,塞浦路斯的萨拉密斯国王便按波斯币制铸造钱币。在埃及,亚美西斯曾赠授给瑙克刺提斯和昔兰尼的希腊人的特权,在波斯统治下就不再存在了,结果是希腊贸易额大减。然而,各希腊城邦对波斯帝国统治的政治方面比对其经济方面更为关切。对波斯的宽容政策说来,被其统治的各城邦难以有所怨言,因为一般说来波斯并不干涉地方上的宗教、习惯和商业贸易,尤其对希腊城邦还很快就允许它们自铸钱币。但波斯的宽容是以接受其统治为前提的,对不忠不顺的国家居民,那就是奴役和流放,例如对普里恩尼城邦就是这样。实际上,波斯的统治对希腊城邦就意味着丧失了它最宝贵的东西——政治上的独立。此外,它也意味着国内政治自由的丧失,因为波斯往往支持亲波斯的僭主政治的建立。还保有自由的城邦生怕波斯的进一步扩张。然而,只要这一扩张还不是迫在眉睫,个别人物和党派就还准备在政治角逐中利用这一新因素。他们并不把巴尔卡和萨摩斯的经验教训牢记在心。在昔兰尼,昔兰尼女王费律蒂马和昔兰尼的殖民城邦巴尔卡之间的宿仇,招致了波斯的插手,结果是巴尔卡被夷为平地,昔兰尼和欧依斯佩里德斯变成波斯统治地区(约公元前518年)。萨摩斯人西罗松请求波斯帮助而在萨摩斯建立了僭主统治;后来这个岛屿终落入波斯的奥塔尼斯总督之手,并且惨遭一场普遍的屠杀(约公元前518年)。①

---

① 希罗多德,1.161、4.165—167、200—204、3.139—149。

波斯人随其征服而对各地进行探察。在进行了从印度到红海的试航之后,接着又合并了阿拉伯。欧洲是大流士的下一个目标。他派遣了一支由两艘三十桨战舰和一艘商船组成的探险队,在腓尼基的西顿完成装备,但由克罗顿的一个希腊医生德莫西德斯率领,前往希腊沿岸和意大利考察,同时他还命令卡帕多西亚的总督派船横渡黑海去攻掠欧洲的西徐亚人。① 他决定以强大的兵力进攻西徐亚人,因为他们和那些在亚洲进逼其帝国的游牧民族有联系,所以在他看来这些西徐亚人当前比欧洲的希腊人更危险。当大流士召集了从亚洲的萨加人直到希腊人的所有各附属民族的分遣队之后,一位萨摩斯的工程师便在博斯普鲁斯海峡上架设了一座浮桥,还有一支主要由希腊人组成的舰队也从多瑙河口上驶两天行程而在那里搭了一座浮桥。他的军队在打败格太人和接受了东部色雷斯人的归顺之后,于公元前 513 年渡过多瑙河,追击游牧的西徐亚人一直深入到乌克兰境内。在这里,他不能逼使对方进入决战。西徐亚人在他进军沿途推行了坚壁清野的对策,并以骑兵昼夜侵扰他的军阵,直到他和供应线越离越远而被迫后撤,放弃了军中病弱和伤残人员。这一撤退直到多瑙河边才转危为安。当地的希腊军统领拒绝了西徐亚人支助其起义的号召,掩护渡河的波斯军进入色雷斯。但是,在博斯普鲁斯和赫勒斯滂的一些希腊城邦曾举行起义,威胁了波斯人横渡海峡退回亚洲。大流士对起义者立即予以严厉的处置,烧毁了加尔西顿和阿比多斯,然后回到

---

① 希罗多德,3.135—138;Ctes.16。

其首都苏萨。①

在西徐亚的失败意味着大流士征服欧洲的计划推迟了，但并没有结束。现在看来，在进行另一次大战之前，必须取得对各海峡的牢固控制并把波斯总督的辖区扩及于欧洲。因此，大流士在欧洲留下了一支强大的军队，由墨加巴佐率领，其后又由其继任人奥塔尼斯指挥。西徐亚人了解他们面临的危险，各部落联合起来，谒见了作为在欧洲的希腊城邦之领袖的斯巴达，请求结盟。他们还侵扰波斯统治地区一直南下到刻尔索尼斯（大约在公元前511年）。有些邻近海峡的希腊城邦，以拜占庭和加尔西顿为首，曾起义响应，但斯巴达及其同盟却按兵不动。波斯军头领通过惩罚希腊起义城邦和征服英布罗斯和列姆诺斯两岛（约公元前509年）而巩固了对海峡的控制，并使其统辖地区一直延伸到斯特累蒙河流域，该地一个顽强反抗的派奥尼亚人部落被流放于亚洲。在斯特累蒙河以外，大流士还接受了马其顿王阿门塔斯的归顺，该王将其女儿嫁给墨加巴佐的儿子。现在，波斯帝国远伸之手臂已威迫希腊半岛和南部西徐亚，而波斯海军则统治了利比亚海岸和东部爱琴海。在公元前500年，当波斯应邀干预夕克拉底斯那克索斯的事务时，侵入那个各城邦纷争不和出了名的希腊半岛的时机看来已经成熟了。②

---

① 希罗多德，4.1、83—144。
② 希罗多德，5.1、12—32、6.84；斯特拉波，591；有关本段各年代参看 CQ, 6.119 以下。

第二节 雅典的僭主政治

当庇西特拉图带其党羽和资财从雅典逃出后,便定居于马其顿和色雷斯之间的肥沃地区,先是在莱西卢斯(邻近埃尼亚),在此地他建立了一个居民点,其后又移至潘加昂山附近。在此之前,曾统治刻尔索尼斯的雅典贵族米尔提亚德斯(约公元前556年),和建立斯特累蒙河流域的墨尔西努斯城的米利都僭主希斯太攸斯(约公元前510年)①都曾聚敛大量财富,庇西特拉图也和他们一样,从经营当地的木材和银矿中发了大财。在色雷斯,他铸造了雅典的两德拉克马鸥纹币(和他在公元前561—前556年发行的货币相似),并大建船只和运输工具,以适应来日复归雅典的需要。现在,他可以用钱买得政治支持和招募雇佣军了。他从各友好城邦,特别是底比斯的寡头政权收集金钱,得到厄律特利亚的寡头派的支持,从阿尔戈斯招来了1000名雇佣军(他和阿尔戈斯有联姻关系),并从那克索斯的探险家莱格达米斯那里得到人和钱。他把进攻的时间聪明地定在公元前546年秋天,当时他的同盟者阿尔戈斯正和一切僭主之敌斯巴达作战,而吕底亚和波斯的大冲突也尚在未定之天。庇西特拉图先在马拉松登陆,他的党羽从城乡赶来此地聚合,然后在帕伦尼打败雅典军,力劝败兵各回家园。这样他终于占领了卫城,解散了公民的武装,搜取各显要家族的儿子为

---

① 希罗多德,6.34—38、5.43。

人质,在金钱,雇佣军和同盟者的基础上牢固地建立了他的僭主统治。① 事实说明,庇西特拉图发现了一条新的夺权之路。在此之前,像夕普赛路斯、奥尔塔哥拉斯和提亚吉尼斯等人是利用内部形势以夺权,而庇西特拉图则是用外邦军队和雇佣军以完成其政变。假若斯巴达可以搞掉僭主,别的城邦就可以帮助僭主东山再起,而庇西特拉图并不惮于利用这些外来帮助。

直到庇西特拉图于公元前528或前527年去世时,他始终以杰出的才能保持了他的僭主统治地位。由于他对全部阿提卡出产都征什一税并可能还对一切进出口货物征税,他的家财随城邦生产的增加而大增。幸好这时雅典在精制陶器方面超过了科林斯,贸易额蒸蒸日上。庇西特拉图的外交政策便利了贸易的增长。在通往赫勒斯滂的东北商道上,现在有许多友好口岸可供雅典人使用:在优卑亚有厄律特利亚,在特尔马海湾有莱西卢斯,还有庇西特拉图在潘加昂山附近搞的据点,以及米尔提亚德斯小王朝统治的刻尔索尼斯全境。此外,庇西特拉图还添加了特洛伊地区的西吉昂,他在这地方驱逐了密提林人而把自己的儿子赫格西斯特拉图立为僭主,显然还取得了波斯总督的正式承认。在中部爱琴海,庇西特拉图也结交了强有力的盟友。他帮助莱格达米斯在那克索斯立为僭主,并让其看管他的雅典人质。莱格达米斯又使波利克拉特成为萨摩斯的僭主(约公元前533年)。庇西特拉图还应一神谕之请为提洛行圣洁仪式,希望以此来取得提洛的安菲克提翁同

---

① 亚里士多德,《雅典政制》15、17.1及4;希罗多德,1.61—64。

盟的保护者的名望。① 这些活动肯定促进了雅典的商业贸易。阿提卡陶器在东北地区,在爱奥尼亚、塞浦路斯和叙利亚,都传入新的地点;为雅典、科林斯和萨摩斯通用的优卑亚衡制,到公元前550—前540年也为波蒂代亚、加尔西斯、提洛等地发行首批钱币时采用。雅典在爱琴海作为逐鹿各邦之一的地位,趁着波斯的扩张削弱了许多东希腊城邦之便,而变为相当有利了。即使这样,萨摩斯的波利克拉特在征服各岛和在德尔斐献厚礼方面仍使庇西特拉图有所逊色,而莱格达米斯在那克索斯的作为也奠下了来日那克索斯勃兴的基础。在爱琴海区域,埃伊纳仍然比雅典更为强大,它的腓冬系币制在彼奥提亚、伯罗奔尼撒绝大多数地区、那克索斯、帕罗斯、铁诺斯和南部爱琴海诸岛上通用。但雅典处于有利地位,因为它和科林斯关系很好,它的陶器可以大量运销于西部地中海一直远及西班牙。② 而且,作为"爱奥尼亚最古之邦",它为从遭受蹂躏的小亚细亚城邦逃出来的有才之士提供了住处。

希庇亚斯和庇西特拉图的其他儿子,总称为"庇西特拉代",却要面临一个条件日益恶化的时期(公元前528—前510年),因为斯巴达和波斯的力量在这时都不断扩张。到公元前522年,那克索斯和萨摩斯的僭主都被推翻了,到公元前519年萨摩斯建立了波斯的代理人西罗松的僭主统治。③ 在公元前514—前513年,波斯吞并了北部爱琴海沿岸地区;此后墨加巴佐的活动和西徐亚人

---

① 希罗多德.5.94.1、1.64;修昔底德.3.104.1;Polyaen.1.23。
② 修昔底德,1.13.6、3.104.2;希罗多德,5.28;JHS,60.66;有关钱币可参看GC,48以下。
③ 希罗多德,3.44、125。

的侵袭必然使通过博斯普鲁斯和赫勒斯滂海峡的商运减缩。当乌云日渐迫近之时,庇西特拉代采取了一个冒险行动。原刻尔索尼斯的米尔提亚德斯一世及其后继者曾被接受为当地土著民族多龙西人的统治者。当西蒙之子米尔提亚德斯为接替其兄的王位而准备力量时(约公元前516年),庇西特拉代便提供了一支装备精良的小部队。米尔提亚德斯终于用背信手段诱捕了当地各部落首领,并组织了500名雇佣兵,征服了全部刻尔索尼斯,在许多地点建立了雅典的移民点。他还和一支雅典军队占领了列姆诺斯。这是雅典人企图夺取和占领通往黑海入口要地的一系列活动中的第一个,但是它由于波斯在公元前514—前513年侵入欧洲的活动而告吹。在公元前511年左右,米尔提亚德斯离开了刻尔索尼斯,许多雅典移民可能在此以前就离开了刻尔索尼斯和列姆诺斯。①

在希腊本土,庇西特拉代继续执行和底比斯、阿尔戈斯、帖撒利、厄律特利亚和斯巴达修好的政策。但这些关系网并未能长久。在靠近阿提卡边界,有一个彼奥提亚的小城邦普拉提亚,受到底比斯的很大压力,要它加入强大的彼奥提亚同盟。在公元前519年,当一支斯巴达军队正在中希腊活动时,普拉提亚人转向斯巴达请求帮助;斯巴达人却劝说普拉提亚转向雅典,于是雅典人立即与之结成同盟。斯巴达挑起雅典和底比斯卷入纷争的目的终于达到了。雅典和底比斯打了一仗,雅典得胜;它于是把普拉提亚和其邻邦希西埃与底比斯的边界做了有利于普拉提亚和希西埃的推

---

① 希罗多德,6.39—40、137—140;Nep. Milt,1—2;年代见 *CQ*,6.118以下。

进。① 这一胜利使庇西特拉代成为底比斯的仇人,而它们以前却是朋友。德尔斐的神谕开始怂恿心领神会的斯巴达去推翻僭主;在这些神谕后面,还有雅典的阿尔克美奥尼德族的头领,他们准备依靠外援于公元前511年凭武力返回雅典,就像庇西特拉图曾于公元前546年所做的那样。庇西特拉代只能期望从阿尔戈斯、帖撒利、普拉提亚和希西埃得到帮助;当事态发生时,帖撒利给了他们一些支援。

庇西特拉图控制了国内一切可形成政治权力的工具和手段——雇佣兵、武器、舰队、卫城、行政官职、税收等。他们的许多政敌都在帕伦尼之役被杀了。有些随米尔提亚德斯到刻尔索尼斯去了(公元前556年),还有些则于公元前546年随阿尔克美奥尼德族外逃。庇西特拉图劝说那些残存的政敌回到自己的家园,这些家产他并未没收而是留着诱降其政敌,②有些情况下那些政敌的儿子们也被当作人质。可能在他于公元前528或前527年死去之前,他曾和一些流亡者——例如菲莱代族的西蒙等取得谅解,使他们终于按约回到雅典。他的主要目的是求得公民群众各阶层的好感。他因此表示了对国家民法和宪政的尊重,甚至不惜屈尊听取阿雷乌泊果斯法庭的审讯。③ 但是他在幕后仍紧握实权。他不能容忍党派活动和非他制定的任何其他政策;主要官职的候选人是由他挑选的,这些人当选后按他的政策行事,然后又侧身为阿雷乌泊果斯的成员。

---

① 希罗多德,6.108;修昔底德,3.55、68.5;年代见 *Historia*,4.393 以下。
② 希罗多德,1.63—64。
③ 亚里士多德,《政治学》,1315^{b}22。

他对普通民众的态度是和善的。在他的政策中,加强了民众的地位,因为他给他们贷款,保护归化民成员的权利,并保证所有公民充分就业。他的公共工程——道路、神庙建造、供水设备等——增添了他的统治的光彩。① 他的保护政策吸引了手工艺人,特别是处于波斯奴役下的各城邦的手工艺人来到雅典。在服装和艺术方面爱奥尼亚的影响日益显著,从公元前535年以后,在阿提卡的红像式精制陶器上表现爱奥尼亚神话的图画也越来越多。城邦的宗教节庆会——泛雅典娜节、迪奥尼修斯祭、埃琉西斯节等,都以更为豪华的仪式来庆祝,并从公元前534年开始在迪奥尼修斯祭中举办悲剧作品比赛。② 通过这些方法,庇西特拉图向居民的各个阶级加强了城邦宗教的号召力量,而他和他的党羽都担任传统的祭司职务。在司法领域内,他建立专为乡间各区设立的法官,可能受理较小的案件和听取越氏族法庭的上诉。他的统治使雅典人的国家享有和平、繁荣和声望。他赢得了日后居于统治地位的那个阶级的爱戴,他的时代甚至被许多人追思为黄金时代——"克罗努斯之时"③。

　　修昔底德曾经指出:"庇西特拉图的诸子作为僭主,在举止上有最高度的体面而在政策上也极为精明;他们美化了雅典的市容,在战争中取得胜利,举行了各种宗教祭祀。"这一赞词并不是绝对的,只是和其他僭主的行为比较而言。一般地说,庇西特拉图诸子是奉行他们父亲的政策的。他们依靠雇佣兵,控制武器供应。由

---

① 亚里士多德,《雅典政制》,16;Polyaen.5.14。
② *FGrH*,239 A 43(Marm. Par.)。
③ 克罗努斯(Cronus)之时,意为太古极乐盛世。——译者

于财政收入大增,他们得以把阿提卡农产品的直接税减为二十分之一。艺术事业特别受到希帕尔库斯的关照。① 他本人创作诗文和短歌,并令人将它们刻在"赫尔美斯碑"和里程碑上,竖立于雅典全境。他可能设法把已处于波斯统治下的奇奥斯岛上的荷马史诗原本转移到雅典,这部史诗原本是在以前很早时期就已抄写成文并由荷马家族保存的。他并使背诵荷马史诗成为泛雅典娜节庆会的一个不可少的组成部分。他还指定一个名叫奥诺马克里图斯的人担任卫城所藏神谕的记录官,邀请诗人阿那克里昂和西蒙尼德斯访问他的宫廷。② 僭主们还力图保持宪制的外衣,希庇亚斯曾任公元前 526 年的名年执政官,其子庇西特拉图又于公元前 522 年任此官职。敬奉十二天神和阿波罗神的祭台是在这个小庇西特拉图任执政时建立的,公元前 514 年的泛雅典娜节庆会则由希庇亚斯和希帕尔库斯主持。庇西特拉代还把其父犹未召回的显要氏族的一些成员从放逐中召回。克利斯提尼,一个阿尔克美奥尼德族的首领,于公元前 525 年担任了名年执政官,另一菲莱代族的首领米尔提亚德斯则担任了公元前 524 年的名年执政官。③ 但是,和这些豪族取得的谅解显然是不稳定的,因此克利斯提尼很快又遭放逐而回到德尔斐去了,而在公元前 524 年,当米尔提亚德斯的父亲西蒙在奥林匹亚车赛中连续三次赢得胜利时,庇西特拉代畏于他的声望而把他暗杀了。④ 他们的串谋一直没被发觉,到公元

---

① 修昔底德,6.54、5—6;亚里士多德,《雅典政制》,18。
② 希罗多德,7.6。
③ 希罗多德,6.108.4;修昔底德,6.54;*Hesp.* 8(1939)59;*GHI*,8。
④ Iosc.15.232;*FGrH*,328 F 115;希罗多德,6.103.2。

前516年时,他们又派米尔提亚德斯去夺取刻尔索尼斯,以后又占列姆诺斯,米氏的成功曾使雅典人得一移民海外的好机会。但在公元前514—前513年,许多殖民者又被逐回雅典,而北部爱琴地区的雅典据点的进一步丧失和难民的涌入却加剧了雅典本身保持秩序的困难。大约也就在这时制定了限制农村人口流入城市的措施。①

庇西特拉代对于阿尔克美奥尼德、厄提奥布达代等显要家族是很有戒心的,他们的父亲正是以牺牲这些家族才能建立僭主统治;这些显要家族,除了上述两家外,还有其他几家,其中包括庇西特拉代自家的亲戚菲莱代族。古代作家都没提到庇西特拉图和他的儿子们曾对其政敌没收家产,这倒是很足惊奇之事。西蒙当被从放逐中召回时,确实是"按协议回到了他自己的份地花园中",这就表明他的家产一直未被充公。② 就像日后一个被陶片放逐法判定放逐的政治家并不丧失其财产一样,当时那些当权的显贵似乎也尊重家庭份地不可转让的特点而不破坏其对手的份地庄园。不管怎样,那些被放逐的显贵家族们保有其财产,就像庇西特拉图被放逐时的情况一样。阿尔克美奥尼德族在德尔斐得到安身之处。他们纠集了其他流放者,几度企图打回老家,并在邻近雅典边界的雷皮西得里昂建造一个特别牢固的堡垒,在此和从城里来的党羽聚议。然而僭主却把他们再一次逐出阿提卡。在城内的政治俱乐部中,曾用饮酒歌对这一事件表示庆贺:"天啊!出卖了同党的雷

---

① Poll. 7. 68;*FGrH*,115 F 311.
② 希罗多德,6.103.3。

皮西得里昂，你把那些血统高贵坚守沙场的英雄害得好苦！他们在那一天的表现倒没有辜负他们的先祖！"这一强大的反对派不仅在阿提卡境内，也在其他城邦有其暗探和同谋。阿尔克美奥尼德族特别荣幸地得以承包重修德尔斐神庙的工程，因此不仅大获实利，还赢得了祭司们的好感，这些德尔斐祭司开始力促每一不来求神谕的斯巴达人反对庇西特拉代。①

在雷皮西得里昂被逐事件和定约承包德尔斐工程之间，在公元前514年的泛雅典娜节庆会上又发生了一件惊人的事——希帕尔库斯被哈尔莫迪攸斯和阿里斯托盖通刺杀。他们两人之所以刺杀这个僭主，却是出于个人的动机而非政治原因。此后这两位"弑暴君者"在雅典人民眼中却成为自由解放的象征，因为雅典人愿意把从僭主统治下解放一事看作是这两位同乡的壮举，而不大愿意把它说成是由于斯巴达和以阿尔克美奥尼德族为首的贵族联合行动的结果。在反对贵族的群众中，曾用饮酒歌对这两人加以赞颂："我要像哈尔莫迪攸斯和阿里斯托盖通那样，佩戴宝剑挂上石榴枝，那时他们就这样刺杀了暴君，使雅典成为平权的国土。"②

在希帕尔库斯被杀之后，庇西特拉代处决了许多政敌，他们的统治也变得更为暴虐了。希庇亚斯认识到他的地位已濒危，便把一个女儿嫁给拉姆普萨库斯僭主的儿子，因这僭主和波斯宫廷有联系。公元前511—前510年，斯巴达对僭主发动了进攻，它本来就对德尔斐所号召而为阿尔克美奥尼德族所促进的这一政策极表

---

① 希罗多德，5.62—63；亚里士多德，《雅典政制》19和20,5；Ar. *Lys.* 665cum Schol.
② 希罗多德，5.55（原文误为6.55，现据原书改正）；修昔底德，6.54。

赞成。第一批斯巴达军队企图在法列隆岸边突袭登陆，但庇西特拉代早有发觉，并靠从帖撒利来的1 000骑兵之助，打败了斯巴达人。第二批斯巴达军队由克列奥明尼率领，并有流亡贵族和其阿提卡同党之助，终于打败了帖撒利骑兵而把庇西特拉代团团围困于卫城之内。恰好庇家有一幼子被俘，便在公元前510年6月签订了投降条约。庇西特拉代平安无损地撤离雅典而迁居于特洛伊地区的西吉昂。雅典经三十六年的僭主统治后终获自由。①

虽然各僭主并未没收贵族土地，也没有用暴力或借助立法来损害氏族制度，但他们的强权统治仍使国家组织的发展迈了一大步。由于贵族多被流放，他们对部属的权力受到削弱，政治特权也被停止了。当这些传统惯例被打破而鼓励人们探求新制度的时候，僭主统治还大大加强了阿提卡社会中的另一势力，即归化民，他们的数目由于移民的到来而大有增加，他们的地位也随着雅典海外贸易的开展和财富的增加而日益重要。各僭主总是把国家的利益——因为国家是在他们控制之下——置于氏族之上，而僭主兴办的公共建筑、节庆会、钱币等也强调这一事实。他们还保护了普通老百姓这一人民群众的典型成员的利益，而他们本人也树立了重视个性和个人利益的榜样。这样，由于各僭主的开明和时代的大趋势是改革，雅典国家在公元前510年就具有一种统一的气氛和重视政治思想的潮流，那是公元前591—前546年派系纷争之时所欠缺的。

---

① 希罗多德，5.63；修昔底德，6.59.3；亚里士多德，《雅典政制》，19；时代见 Historia，4.389。

僭主统治燃起了雅典人在爱琴海称雄的野心,他们曾暂时把提洛、刻尔索尼斯、列姆诺斯和西吉昂纳入掌中或置于影响之下,他们也曾在打败底比斯之后把普拉提亚和希西埃归入雅典的版图。雅典威望也大为增加。它成为爱奥尼亚艺术的一大中心,爱奥尼亚诗人的聚集之地。把荷马史诗原本移入雅典也有其政治意义,表明雅典是爱奥尼亚诗歌的保护人,从此,在泛雅典娜节庆会上,对爱奥尼亚的诗人致以敬意。雅典城在僭主统治之下大为改观。统治的安稳和居民的免除武装以及普遍的繁荣使得生活变得越来越优雅闲适了。① 在艺术和雕刻上有了更大的发展。正是在这样一个集体权益受到个人权利的抗争的时候,阿提卡戏剧开始诞生了,它是雅典日后能够独步千古的唯一的诗文体裁。

第三节　克利斯提尼的改革

在雅典于公元前510年解放后,克列奥明尼的斯巴达军即撤回本国。雅典可能加入了斯巴达同盟,贵族准备组织政府。他们把许多血统上不是雅典人的人的公民权剥夺了,然后便为个人的最高权力而展开争夺。为首者有两个人:伊萨哥拉斯,可能是一个菲莱代族成员,和庇西特拉代有亲戚关系而且是克列奥明尼的朋友;克利斯提尼,阿尔克美奥尼德族的首领,他组织了流亡者并唆使了斯巴达进行干预。伊萨哥拉斯在各政治俱乐部中很得人心,被选为公元前508年的执政官。克利斯提尼采取的对策是在那些

---

① 修昔底德,6.3;参看 $Ath.$ 553^e。

处在氏族制度以外的公民中奔走游说,允诺他将在宪法中改善他们的地位。这一阶级在僭主统治下已得到加强,现在害怕他们将受到进一步被剥夺公民权的危害,因而对克利斯提尼大力支持。而在克利斯提尼一边,原来就包括了阿尔克美奥尼德族的成员和有关系的其他氏族的成员。伊萨哥拉斯便向克列奥明尼求援,他派了一个使者来到雅典,宣布克利斯提尼和他的许多同党由于其家族在基伦骚动时期犯了渎神罪而应遭流放。

当克利斯提尼和其同党离开后,克列奥明尼带领一支小部队来到雅典。他按伊萨哥拉斯的提示,以犯有渎神罪名义放逐了700家公民,他还力促解散"议事会"——此处可能是指阿雷乌泊果斯议事会——建立一个以伊萨哥拉斯为主席的三百人的狭隘寡头政治。议事会进行了反抗。它发动人民起来反对克列奥明尼和伊萨哥拉斯,后者躲入卫城,但被人民包围起来。两天以后,允许克列奥明尼和他的军队以及伊萨哥拉斯和他的一些支持者安全离开,但其他人被擒处决了。雅典人召回了克利斯提尼和被放逐的各家,以后又遣使波斯请求结盟以便在斯巴达进行报复时得到保护。波斯要求雅典呈交归顺物证。雅典使节把归顺物证呈献了,但雅典人没有承认他们的作为。①

与此同时,克利斯提尼被授以权力实践其诺言而改革宪法。他对阿提卡的选举制度做了根本的改变。在此之前,阿提卡的地理分区和各级氏族制组织的划分是彼此密切相连的。一个胞族所占地区主要就在一个"三一区"之内,而在胞族内部,若干氏族所在

---

① 希罗多德,5.66,69—74.1;亚里士多德,《雅典政制》,13.5.20。

地区也就组成"三一区"之内的一个"造船区"(诺克拉里[naucraria])。土地所有权只归胞族内的氏族成员所有,归化民则不能拥有土地,他们只能在胞族一级参加选举,可能和"造船区"或"三一区"没有固定的地域上的联系。一个显贵家族,例如阿尔克美奥尼德族,既在氏族制组织(氏族和胞族)中,也在地域分区各级("造船区"与"三一区",因为他们的份地庄园位于其内)中有强大的影响。由于雅典的四个部落仍是氏族制部落,是由有亲缘关系的各胞族组成的,显贵家族的影响就可以从胞族而达到部落之内,而城邦正是由部落组成。因此,贵族可以在氏族制组织和地区各级的广阔范围形成豪强势力,而这两种彼此密切相连的组织,又主要是由氏族成员而不是那些取得公民权的归化民构成其核心力量。克利斯提尼的目的,就是摧毁氏族在地区选举和全国普选中的影响,并使归化民和氏族成员取得平等地位。他在全阿提卡实行一种新的选区制度而成功地达到了这一目的。

克利斯提尼把村社(demos)作为基层单位,一个村社就是一个小村庄,类似于英国的自治村。有许多村社早就已经存在,克利斯提尼又通过把人口密集的村社特别是雅典城区中的村社一分为二(或更多)的办法,增加了村社的总数。这些村社大约达到了170个之多,是原有造船区的三倍。公民权就按改革那年居住于某一村社而定,一个公民从此也就正式登记为"某一村社人氏"。氏族成员和归化民也就完全平等地进行登记,在登记表格中不再注明该公民是世代长住还是新近移入。这样就使一个村社的各成员无差别地混合起来,而按居住地亦即按户籍给予公民权一举也可能使克利斯提尼得以让那些被剥夺公民权的人恢复权利,这些人曾被反对他们的人视为"外邦人"或"奴隶"。①

现在,村社就代造船区而成为地方行政的单位,凡税收、选举、宗教祭祀都按村社举行。村长是这一新单位的主席,就像以前的造船区长一样,村社同人有自己的村民大会和宗教礼仪。为了使村社具有集体的精神,克利斯提尼还使村社的籍贯或成员资格从公元前 507 年以后成为世袭而不再随居处决定;从此若某户迁往他处,它的村社籍贯仍然按它在公元前 508—前 507 年所居地点而定。②

克利斯提尼把阿提卡分为三个地区——城区(asty),包括雅典城及其郊区;海岸区(paralia),包括沿海一带直至苏尼昂海角;其余则为内陆区(mesogeion)——每一地区的居民人数大抵相等。这三大地区粗略而言各代表了阿提卡的不同行业和利益——工商业、渔业与矿业、牧畜与林业——但它们都有一共同的基础,即农业。它们并不能等同于过去的平原、海岸、山区的划分,因为城区和内陆的差别已代替了平原和山区之间的对立。克利斯提尼把每一地区内的村社组成为十个"三一区",但用特殊的组合法以使每个"三一区"内的村社在绝大多数情况下都不互相邻接;这样,一个"三一区"虽是几个村社的集合,在地域上却不像过去那样是连成一片的。他于是用抽签的办法把每一地区的"三一区"合在一起(即三大地区各出一个),从而使三个"三一区"合而为一大区,即部落(phyle)。这样就有了十个部落,各部落成员的籍贯按其村社和

---

① 亚里士多德,《政治学》,1275^{b}36。
② 希罗多德,5.69;亚里士多德,《雅典政制》,21;EMs. v. *Eleeis*;斯特拉波,396。

新的"三一区"的籍贯定，而不再问原有的胞族的族籍和与之相连的旧的"三一区"的籍贯。假若一个雅典人查阅他在公元前507年登记的部落籍贯表，便可见到"某某，某部落，某'三一区'，某村社人氏"①的登录，但这一登录完全没有标明他本人是一个氏族成员或是一个归化民。

每一部落都有阿提卡三大地区的同等的代表；但每一部落内都没有连成一片的可以使地方利益产生影响的大块地域。因此，假若在过去一个造船区可以为一显贵家族控制的话，现在这旧造船区的各村社却被分散安置到好几个新部落中了。例如，我们发现欧美尔彼代的成员在日后被分属于至少十个村社和好几个部落。部落籍贯从公元前507年以后也是世代相传的。各部落有其民众大会和管理选举、宗教、财政和军事的官员。十部落的命名英雄（arkhegetai）是由皮提亚祭司从各部落自选的100个姓氏中挑定的。因此新的部落制度得到了德尔斐神庙的赐福，而部落的名祖也是"从当选者选定"（klerotoi ek prokritoi）的，在这里，祭司的意见是起了在其他情况下用抽签（kleros）所起的作用。② 这一新的部落体系彻头彻尾地把旧的氏族部落和其下属的12个氏族制胞族、12个地域性"三一区"统统打乱了。

新的选举制度的功能最明显地见之于五百人议事会的组成上。每一村社选出一定数目的代表，其资格是年过30岁，财产在牛轭级或其上各级；代表数按村社人口而定，因而各村社各有不

---

① 有时为了使同名的人有所区别起见，还加上"某人之子"的名称，这种用法后来变成了惯例。
② 希罗多德，5.69；亚里士多德，《雅典政制》，21。

同。从村社所选代表中每个部落又用抽签办法选出50名代表。这样,一共500名代表也是"从当选者选定"地产生出来,避免了任何集团的影响和操纵。被选的500名代表此后还要经过一番审查,其中包括要问他"从哪个村社来?"等问题。这种审查是在提斯摩提代任主席时提出而开始执行的,它由现任的议事会负责审理;如果一位候选人被取消,他无权上诉,他的空缺由那些未抽中签的人补上。当500名代表齐备以后,他们宣誓"为国竭忠尽智",然后在每一阿提卡年初就任为议事会成员。第一届议事会就这样于公元前507年的阿提卡年初开始,宣誓的条文则是在公元前503年才固定下来,日后好几百年都一直袭用不变。到公元前501年这一选举制度又被用于军事。每一部落选一名将军,该部落征集的分队即由他指挥。这十名将军受总司令(即军事执政官)的统领。新的地区部落可能还负责分摊海军的一定数目的舰只。①

  这个选举制度,不问出身和财产,给予所有雅典公民在选举地方和国家官员方面以平等的政治权利,这些官员包括村长、部落将军和全国议事会成员等。克利斯提尼的改革是在选举权的领域内应用了平权(isonomia),就像梭伦是在个人自由和司法程序方面树立了平权一样。雅典公民们从此在投票权和发言权上都是平等的了(isonomoi)。雅典国家,和僭主统治的狭隘的寡头统治相反,已被形容为一个在权利、言论或掌权方面都是平等之国(isonomia,

---

① 《雅典政制》,21、22.2、55、59.4;*FGrH*,323 F 8(克莱德谟斯)。公元前四世纪时,议事会成员仍按原出身的村社计其籍贯,因此阿卡奈曾有22名成员,其他村社有的只有一名。

isegoria,或 isokratia)。①

这一基本的改革,较之克利斯提尼在宪制方面的任何改动,具有更为重大的意义;因为它使每一公民确保其个人的投票权,不受外来压力。在宪制中,阿雷乌泊果斯议事会仍然保留,并像以前一样,仍是最有权威的一个机构。它的成员仍从卸任的执政官中选取,而执政官的选举也仍旧像以前一样在大会中产生而不按新的选举区制度。阿雷乌泊果斯议事会和执政官职的选举仍有其贵族性质,事实上投票者也几乎总是投贵族的票。五百人议事会起着梭伦的四百人议事会一度所起的那些作用,为了使它的议事持续不断并使它能管理日常政务,五百人议事会还按部落分为十个五十人委员会,每个委员会按抽签依次轮流担任一年的十分之一时间的主席团(prytaneia)。从其委员(prytaneis)中又按抽签每天选一人担任主席(epistates),并选一秘书(grammateus)在主席团任期内任书记工作。主席团决定诸如是否召开议事会全体特别会议之类的大事,并在任期内驻在国家大厦(the Tholos),由国家供给膳食。② 通过这些办法,克利斯提尼为五百人议事会在宪制中预备了一个更为重要的位置。由于一个公民在他 30—60 岁只能担任五百人议事会代表两次,担任主席一次,这就使公民中相当大一部分人能在日后的岁月中由此受到行政管理和政治责任方面的训练,人民群众整个而言也就获得了经验和增进了了解。但五百人议事会的这一更为重要的作用要到公元前 462 年以后才具备。克

---

① 希罗多德,3.80.6,参见 142.3、5.78、5.92ª;亚里士多德,《雅典政制》,695b1。
② 亚里士多德,《雅典政制》,43—44.54.3。

利斯提尼在宪法方面基本上保留了庇西特拉图上台时的原样,但他给予五百人议事会以充分的职权并使人民大会获得选举的自由。这些在日后就为群众的多数掌握政权——民主政治(demokratia)提供了可能。

　　克利斯提尼还通过了其他法案,但我们知之甚少。他可能改革了梭伦的历法,以适应主席团轮流任职的体制。他可能制定了禁止名年执政官连任的法律,以防止僭主独裁的危险,有一些古代作家还认为他以同样意图制定了陶片放逐法(参看本书边码第300页)。在古代,对克利斯提尼的宪法曾有各种不同的说法。它在公元前462年被称为"贵族式的",在公元前411年又称为"非民主的但同梭伦相似"。对希罗多德和伊索格拉底说来,它是"民主的",但属于一种近乎空想的类型。[①] 对一个没有偏见的观察家说来,克利斯提尼的宪法是一种折中均衡的宪法,在其中给予阿雷乌泊果斯、行政官员、议事会和人民大会的权力,是符合于一个长期僭主统治后的国家的各个阶级的经验的。克利斯提尼的才智可与梭伦相比,他以适当分摊权力的办法联合了各个阶级而建立了一个名副其实的联合的国家,要求每一个公民都负责的合作。正如普鲁塔克所说:"(克利斯提尼)宪法在消除分歧,保存国家方面确实令人钦佩。"但克利斯提尼的目光也看到未来。他深知雅典人民的才智。他以其选举制度的改革和五百人议事会、主席团的设立而预先决定了民主在雅典政治中的地位。[②] 同时,他对社会的宗

[①] 普鲁塔克,《西蒙传》,15.2;亚里士多德,《雅典政制》,29.3;希罗多德,6.131;Isoc. 7.16。

[②] 普鲁塔克,《伯里克利传》,3;亚里士多德,《政治学》,1319^b22;《雅典政制》,21.1。

教与道德结构却无所触动,这两者对于城邦国家的稳定是极关重要的。原有的四个氏族制部落、12个"三一区"和胞族,氏族和祭司继续在城邦的宗教、道德和社会生活中起作用,培植着集体的精神和爱国的感情,而这种精神和感情在自由而进步的宪法上也获得政治的表现——所有这些,就使得克利斯提尼时代的雅典人有能力对抗敌人的联合战线,一次是对付斯巴达,一次是对付波斯。

第四节 雅典的成功

在庇西特拉代统治下,雅典取得了对埃利乌提莱、普拉提亚和希西埃等处于雅典和底比斯之间的边界小城邦的控制。它们由于不愿卷入彼奥提亚同盟而投靠雅典。雅典和它们结成军事同盟并给予一定形式的公民权——可能是一种有限制的"城邦同享权"(isopolity),即一些公民权利在各城邦间的彼此共享或互换。① 埃利乌提莱可能在公元前519年之前即为雅典所得,而普拉提亚和希西埃则是在公元前519年。由于这三地并不见于雅典选举区域内,因而它们也没有比萨拉密斯的和日后的奥罗普斯的本地人更进一步地成为阿提卡的有同等公民权的单位(奥罗普斯后来成为一附属城邦)。②

在公元前506年,克列奥明尼组织了一个对雅典的三方面联合进攻。他本人以盟主资格率领伯罗奔尼撒同盟攻入埃琉西斯;

---

① 希罗多德,6.108;修昔底德,3.55;波桑尼亚,1.38.8。
② 波桑尼亚,1.35.2;修昔底德,2.23.3。

彼奥提亚军队占领奥诺依和希西埃；加尔西斯的军队则蹂躏北部阿提卡。雅典军队集结于埃琉西斯境内。当伯罗奔尼撒军撤退后，雅典人转过身来决定性地打败了彼奥提亚军，在同一天也打败了在优卑亚的加尔西斯军。彼奥提亚人和加尔西斯人后来赎回了数目众多的战俘，但他们的脚镣和一具青铜战车却陈列于卫城以纪念雅典这一双重的胜利。① 雅典人的英勇取得了光辉的成功，而且，伯罗奔尼撒人也并未回师再战。雅典的转危为安进一步巩固了克利斯提尼的宪法并给其部队树立了巨大的信心，同时，它也带来更多的任务和负担。由于并入了加尔西斯的部分领土并在其地驻军，雅典就威胁了彼奥提亚的侧翼而对它形成两面包围之势。底比斯使用和埃伊纳联盟的办法相对抗，埃伊纳当时并未公开宣战，但以优势海军骚扰法列隆港和阿提卡沿岸。雅典现在面对着埃伊纳、彼奥提亚和斯巴达三大敌人，它再次求援于波斯。然而，当波斯人提出要以希庇亚斯复辟为条件时，雅典取消了结盟的谈判。② 在爱琴地区各城邦的关系中，雅典现在是以一独立自主的强国出现于舞台了。

在加尔西斯最肥沃的地带，雅典以分配小块份地形式移居了4 000名服兵役的适龄公民，他们便称为"小份地所有者"(kleroukhoi)。这些移民仍保有雅典公民的全权，缴纳税款，仍按村社籍贯投票，在部落分队服役。但他们不能把份地出售，除在特殊情况外也不得出租，因而事实上他们成了在优卑亚地区的常驻

---

① 希罗多德，5.74—78；*GHI*，12。
② 希罗多德，5.79—81、89—90、96。

部队。这样做实属必要,因为加尔西斯人无疑地也像被占领的奥罗普斯那样,是受到雅典在税收和政治上的统治的。这样一来,雅典就把这种军事移民组成为自己国家政权的一个延伸部分,而不再是分离的一个实体——殖民城邦。这种做法首先是一种实行帝国控制的手段。其次则有利于安置过剩人口;像从刻尔索尼斯和列姆诺斯回来的难民,于此也就可获得新的田地。他们此后可获得牛轭级的地位,国家也可获得一重装步兵的可靠后备。① 军事移民并非从此开始。这一制度可能起源于萨拉密斯,在此地雅典和麦加拉都搞过这种小份地所有者形式的移民(公元前6世纪时两城邦曾为争夺此地而战)。由于和本城非常接近,这些移民自然继续参加本城的政治活动。在可能是庇西特拉代或较后时期的一个铭文的残片中,曾记有领取份地及其军事义务的规定。雅典还在萨拉密斯派驻行政长官,可能是为了处理军事移民和当地居民之间的事务。② 另一方面,公元前516—前513年左右在刻尔索尼斯和列姆诺斯的雅典移民则可能没有采用小份地所有者这种军事移民的方式,而只是一般的殖民活动。③ 把邻国降为附属城邦,以及搞军事移民等,实是雅典开始奉行帝国主义政策的最初征兆。

---

① 希罗多德,5.77、6.100。
② 波桑尼亚,1.40.4;*GHI*,11;*SEG*,10.1;Schol. Pi. *N*. 2.19;亚里士多德,《雅典政制》,548。
③ 希罗多德,6.140;Nep. *Milt*. 2。

第二章　斯巴达同盟和希腊城邦的动乱

第一节　斯巴达的政策

斯巴达是波斯的世仇。它总是站在波斯的敌人一边,例如克罗索斯、亚美西斯和西徐亚人等,它又不断攻击像萨摩斯和雅典的僭主之类的波斯的友人。随着波斯之极力支持在其控制下的希腊城邦的各个僭主,斯巴达对僭主的仇恨又和对波斯的敌意交织在一起了。斯巴达的目的在于制止波斯的扩张和加强斯巴达同盟在希腊的地位。约公元前524年,斯巴达发动了对亲波斯的僭主,萨摩斯的波利克拉特的进攻,而波利克拉特这时正拥有东爱琴地区最强大的舰队,并曾乐于支援波斯征服埃及。斯巴达的海军,在科林斯协助之下,控制了爱琴海。他们先后推翻了那克索斯和塔索斯的僭主,至于波利克拉特,虽然被围攻了一个多月,却没有被打倒。这次行动虽然短促,却可能使冈比西斯决定暂缓西进。当公元前518年左右波利克拉特倒台,萨摩斯舰队为波斯俘获时,斯巴达拒绝了避难的僭主迈安德留斯的求援。[①] 在中希腊,斯巴达曾

---

① 希罗多德,3.46—48、54—56、148;Plu. 859^d。

于公元前519年出兵其地，并劝说普拉提亚投靠雅典；而在公元前511—前510年，斯巴达曾两次出兵推翻亲波斯的庇西特拉代；又于公元前508—前506年进军雅典，当时是企图逐走正和波斯谈判结盟的克利斯提尼及其政府。大约在公元前519年或公元前510年，斯巴达曾推翻一个弗西斯地区奥利斯的僭主，它在公元前510年打败帖撒利骑兵一事更使它在中希腊威名大振。到公元前510年，它的同盟可能包括了彼奥提亚、弗西斯、雅典，可能还有加尔西斯，它在德尔斐的影响也达到顶点。在伯罗奔尼撒半岛内，斯巴达同盟也一直拥有统治地位迄于本世纪的最后十年。

斯巴达的强有力的政策是由吉罗西亚议事会制定的，它是其宪制中最有经验也最有影响的机构。而国王和监察官不过是其执行者而已。但是，由于国王在统兵出征时有随机处置的全权，因而在战时对政策仍可起很大的影响。大约在公元前520年，克列奥明尼继阿那克山德里德为王，他是一个很有野心的强有力的国王，其才智激越以至于接近疯狂的程度。① 他的外交手腕可见之于公元前519年，当时他借普拉提亚来挑起雅典和底比斯之间的仇隙，而他于公元前510年一举解放雅典也显示了他之善于用兵和富于政治谋略。在公元前508年，克列奥明尼作为伊萨哥拉斯的私人朋友，大力促成了吉罗西亚议事会关于干涉雅典的决定。然而，克列奥明尼此后在雅典采取的措施——使节的宣告、大规模的流放、取消雅典议事会——就当时情况而言却是愚蠢和蛮横的，因为这表现了他对雅典的自由精神毫无所知，对军事形势也做了错误的

---

① 希罗多德，5.42。

估计。公元前506年,斯巴达再度出兵企图挽救它已受损的威望并制伏雅典,两位国王,克列奥明尼和德马拉图斯都率兵出征,兵员则从除阿尔戈斯外所有的伯罗奔尼撒城邦中募集。克列奥明尼居然能使他的军队在接近埃琉西斯之前一直没有暴露其远征的秘密。但是,当科林斯人得知克列奥明尼的主意是扶持伊萨哥拉斯上台成为僭主的时候,他们就从阵地后撤了。德马拉图斯接着也带其部众退出战线,其他同盟军跟着效尤,整个军队也就在混乱中撤退了。我们不知斯巴达对此事做何处分,但从此以后却有法律禁止在同一次出征中让两位有同等权力的国王统率军队。①

对斯巴达说来,更为严重的是其同盟的破裂。在这次以及大约以前几次出征开始时,斯巴达可能都是向同盟的每个盟友分别提出按约出兵,而从不把全盟作为整体进行会商。在公元前506年时,这种做法不再生效,部分原因可能是由于克列奥明尼的倨傲态度。大约在公元前505年,它就为一个具有重大意义的新做法代替了。斯巴达召集所有盟邦代表在斯巴达开会,听取斯巴达代表有关政策问题的报告。在这个会议上,斯巴达人无疑提出了按防守同盟义务给予协助的要求,因为雅典人在公元前508年逐走了克列奥明尼,又在公元前506年进攻彼奥提亚和加尔西斯;他们还提出了扶持希庇亚斯复辟以控制雅典的政策。科林斯代表发表了反对意见,抗议这种做法违反了斯巴达的使各邦从僭主统治下解放出来的政策,这一反对意见得到同盟各邦一致赞同。② 从此

---

① 希罗多德,5.74—75。
② 希罗多德,5.91—93。

以后，斯巴达就放弃了这一进攻雅典的政策，它这样做不仅由于同盟的宗旨，也出于它自己和彼奥提亚及埃伊纳的要求，而它们的联合力量原是可以打败雅典的。

从这次会议产生了斯巴达同盟的议事规程。此后有关"拉西第蒙及同盟"的政策须由两个平等而独立的单位共同决定：斯巴达的人民大会，代表拉西第蒙国家而成为同盟的行政首脑；同盟大会，由入盟城邦各派一名或数名代表，每邦只有一票之权。这两个单位一切事情都是以少数服从多数决定。假若双方都对一个政策问题投赞成票，全同盟都须执行这一政策，若其中一方执异议，则政策无效。这种办法是切实可行的。它能协调双方行事：没有斯巴达的领导，同盟将难存在；而没有同盟的支持，斯巴达也难以行动。斯巴达在公元前505年服从会议决定一事，也表明它的诚意，保证了斯巴达同盟的成功。更有甚者，在波斯入侵的阴影笼罩之下，斯巴达却以此而筹划出一种公平解决有关希腊本土大多数城市共同重大事项的办法。在公元前505年实已播下公元前481年全希腊会议的种子。

在公元前6世纪的最后十年间，阿尔戈斯的影响一度恢复起来。在西夕温，那些对阿尔戈斯很不友好的部落诨名被取消了。①在阿尔戈斯，公元前546年战败的后果也逐渐消失，而斯巴达同盟拒绝进攻雅典一事也鼓动了阿尔戈斯的野心。波斯可能也提供了援助。当公元前495年，波斯准备镇压爱奥尼亚起义之时，斯巴达先下手对付阿尔戈斯。它以劝说或威胁的方法从埃伊纳和西夕温

---

① 希罗多德，5.68。

得到了舰只水手,以克列奥明尼率领的一支拉西第蒙军队登陆于梯林斯附近的阿尔戈斯海岸。随后在赛皮亚展开大战,6 000 名阿尔戈斯人阵亡。这是斯巴达和阿尔戈斯之间一系列战争中伤亡最大也最有决定性的一役。它巩固了斯巴达的霸权,使得阿尔戈斯在整个波斯战争中严守中立地位。此后一段时间,阿尔戈斯的部分皮里阿西人和农奴都获得了公民权以充实城邦军队,直到阿尔戈斯原公民的孩子们成长以后才把他们逐走。[1] 被驱走的人夺取了梯林斯,这个城邦和迈锡尼一道摆脱了阿尔戈斯的统治,在公元前479 年的普拉提亚战役中以独立身份参战。

第二节 城邦联盟的开始

帖撒利各地的军队统一在一个军事首领(tagos)之下,主要是出于军事的而非政治的动机,并只在战时生效。各邦政治上的联合首先开始于中希腊,那里各地区有地理上的联系并同属于一混合的西北希腊族与埃奥利亚族的居民。在弗西斯,各城邦和那些不在独立城邦之内的各部落组成了一个联盟国家,他们自称为"弗西斯国民",共同采取军事行动,发行一种联盟货币(公元前 6 世纪后半期的牛头币)。这一联盟使他们能对抗各强邻和帖撒利而自存。[2] 然而,在希腊提倡联邦主义最得力的却要算彼奥提亚。在这里,加入联盟的都是城邦,这一城邦联盟或联邦国便名为"彼奥

---

[1] 希罗多德,6.76—83、92.7.148;亚里士多德,《政治学》,1303^{a}7;波桑尼亚,3.4.1.264。

[2] 希罗多德,8.27;*GC*,159。

提亚人之国"。在公元前550年以前,联盟发行以盾为图徽的货币。盾牌在这里不仅有军事防御的意思,也有宗教统一的含义;因为它使人想起伊东尼亚的雅典娜女神,而这位女神则是科洛尼亚召开的泛彼奥提亚节庆会的主席。约在公元前550年时,联盟货币上又镌有"BOI"字样,代表联盟的名称,同时在有些货币上还有"THEBA"的字样(即底比斯),以突出底比斯作为联盟的行政中心的地位。在联盟货币之外,还有六七个入盟城邦发行自己的钱币,印有联盟的标志并加上自己城邦的首写字母。所有这些钱币都按腓冬衡制计量,反映了并促进了各城邦的经济利益。彼奥提亚联盟不仅是基于共同的宗教、经济和政治利益,也出于对抗帖撒利和雅典的共同防御的需要。每一盟员出一分遣队,由各自的指挥官统率,这些指挥官又有一联盟的官职名称——"彼奥提亚将军"(Boeotarch)。当这个联盟和加尔西斯于公元前507年联合起来对抗雅典时,它以发行新币纪念这一事件,钱币上以彼奥提亚的盾牌和加尔西斯的车轮为徽记,轮中又刻以"BOI"字样。①

从一开始,彼奥提亚联盟就以底比斯为首,它无论在疆域或人口上早就比任何其他盟邦为多。最初它曾把较小的邻邦,例如斯科鲁斯,当作平等成员吸收于底比斯国家之内,但在波斯战争前一段时间它又把这些小邻邦当作纳贡的附属国了。② 底比斯对它的近邻的这些做法不能使彼奥提亚的其他国家放心。例如,奥科美努斯始终不与联盟交往而独自发行货币;在公元前519年,普拉提

————————

① 希罗多德,9.15;*GC*,54。
② *Hell. Oxy*,11.3;希罗多德,9.15.2。

亚和希西埃也宁愿投奔雅典而不愿受底比斯的合并和加入联盟。但是,假若说底比斯的统治使联盟扩展有限,它却提供了强有力的领导并最后使彼奥提亚联盟在希腊取得了霸主地位。底比斯有多么伟大,也就等于彼奥提亚同盟有多大分量。

在希腊世界的边缘地区,新城邦以围绕一政治中心联合各小村社而组成。这一过程有时发展为建立一地区的中心城镇,例如庇西特拉图建立的莱西卢斯和希斯太攸斯建立的墨尔西努斯,①有时则只建立了一种政治控制权,例如在当地的希腊统治者控制下的刻尔索尼斯。这些城邦反映了希腊人在思想和政治领导方面的活力,因为居民中有许多都不是希腊人,但被结合在一个虽小却较坚强的国家中了,它们能够不断扩展领土,并能抵抗较大的力量,例如色雷斯的各个部落王国等。在刻尔索尼斯,米尔提亚德斯二世建立了一个名为"刻尔索尼斯邦"的国家,包括了土著的多隆西人、爱奥尼亚和埃奥利亚移民所建立的各个殖民城邦,以及米尔提亚德斯一世建立的各殖民点等。在这个混合体之上,米尔提亚德斯二世及其后继者既作为国王也作为僭主统治着,按不同的角度而改变其名分。他们的国家相当强大,足以抵抗各强邻而自存;国库收入使统治者大为富有,他们赢得了奥林匹亚的马车比赛,并在雅典的政治生活中有一定影响。对米尔提亚德斯二世,刻尔索尼斯邦还为他留下死后的荣誉,创立了纪念他的体育比赛和马车比赛。在这个国家中,多隆西族大概是占统治地位的民族,因为在公元前496年正是这个族邀请了西蒙之子米尔提亚德斯三世回归

---

① 亚里士多德,《雅典政制》,15.2;希罗多德,5.11和23。

刻尔索尼斯。[①]

第三节　爱琴诸岛和波斯

庇西特拉图树立了巧妙地运用雇佣兵和金钱以夺取政权的榜样。莱格达米斯在那克索斯，波利克拉特在萨摩斯，米尔提亚德斯三世在刻尔索尼斯也都用了同样办法，并以监禁、放逐、杀害国内政治头领和没收其财产的方法巩固了他们的地位。莱格达米斯原为贵族，但他在政治纷争时期以领导民主派而推翻了寡头政体并被选为将军；在得到庇西特拉图支持后，他夺取了政权而逐走了政敌。[②] 他的僭主统治在约公元前545—前524年，它摧毁了那克索斯的贵族政治的根基；此地于公元前500年左右便建立了民主政体，富有的贵族皆被放逐。波利克拉特也是在屠杀了许多重装兵等级[③]的公民并得到莱格达米斯的雇佣兵的支援之后，建立起自己的统治的（公元前535年左右）。此后他就征募了一支雇佣军，作为他的1000名萨摩斯弓箭手的友邻部队，降伏了近邻的一些城邦，装备了一支拥有100艘五十桨船和40艘三桨座船（triemes）的舰队。当亚洲沿岸的希腊城邦和埃及王国为波斯的征服所碎裂以后，波利克拉特的舰队和水兵就统治了东部爱琴海，大肆进行海盗劫掠而发了横财。他进攻了米利都并打败了列斯堡的舰队并和埃及，然后是和波斯都相处得很好，他还经历了斯巴达

---

① 希罗多德，6.34—41。
② 亚里士多德，《政治学》，1305ᵃ41；希罗多德，1.61和64。
③ 修昔底德，1.13.6、14.1。

和科林斯的进攻而幸存下来。像庇西特拉图那样,他以对提洛的阿波罗神献厚礼的方法表明他在爱奥尼亚人中的领袖地位,并邀请爱奥尼亚诗人访问他的宫廷。他修造了一条著名的地下水道,为保护港口而造了一条防浪石堤,完成了赫拉神庙的最后部分——这三大工程在规模宏大上为其他希腊城邦所难以企及。这些以及其他一些工程可能是用强迫劳役、奴隶、战俘或者自由工匠等建造的。①

波利克拉特使用各种强硬手段来保持他的权势。他杀了一个兄弟并将另一个名叫叙罗松的兄弟加以流放。当他派遣 40 艘三桨座船去支援冈比西斯时,他专挑不满其统治的人做水手,并请求冈比西斯把他们留下。当这些人返回而攻击他时,他就把他们的妻子儿女集中在船棚之内,若他们起事就将棚子焚毁,用这方法终于使这些萨摩斯人平伏了。他的野心永无止境,他计划建立一海上帝国,把各岛屿和爱奥尼亚都包括在内,与波斯总督奥洛伊提狼狈为奸。但野心也使他丧身。奥洛伊提把他诱到宫中肢解处死,并将尸首吊在一个十字架上。②

波利克拉特使希罗多德印象深刻,他在其《历史》中描述波利克拉特的"宏伟气派是其他希腊僭主难以望其项背的"。他的一生表明一个残忍的人利用一个繁荣的海国所积累起来的资财能够取得什么样的成就。他之所以能成事还由于波斯的势力已将其竞争者的大多数予以消灭,而波斯最后也消灭了他本人。他靠海盗劫

---

① 希罗多德,3.60;亚里士多德,《政治学》,1313^{b}24。
② 希罗多德,3.120—125。

掠行为以自肥，而他的受害者也以海盗劫掠行为作为报复。他的对外政策是搞分裂瓦解，但他对内也没能组织好一个新政权来代替旧体制。由于许多萨摩斯人都被杀或被流放，波利克拉特只能从五花八门的人员中——雇佣军、公民、外邦人或奴隶——征集部属以组成他的"左右侍从班子"，这些人只知道他们的雇主——僭主，而对国家则无所谓关系。有一大批萨摩斯人，以那些40艘三桨座大船上的水手为首，是在流放之中。他们到处为害。他们掠劫了西弗诺斯，勒索了100塔连特赎金，占领了阿尔戈斯半岛外的希德律亚，并攻陷了克里特西北部的基冬尼亚。在搞了五年海盗行径之后，他们最后为埃伊纳和克里特的海军击败而沦为奴隶。①

波利克拉特死后，萨摩斯的势力瓦解了。他的对手迈安德留斯，宣称实行"平等权利"（isonomia），邀请萨摩斯的显要公民来听取他过去担任波利克拉特的财务官时的账目汇报。那些接受邀请而来的人却被投入监狱，最后被他的兄弟莱卡里图斯残酷处死。恰好在这时候，波利克拉特的被流放的兄弟叙罗松靠波斯总督之助复辟，萨摩斯人对此没有任何抵抗。迈安德留斯从宫中的一条暗道安全地离开了萨摩斯而航抵斯巴达，但他留下了一个兄弟率领雇佣兵抵抗波斯人，结果使全岛惨遭大屠杀。虽然迈安德留斯有意在萨摩斯布置的祸害完全实现了，但他求援于斯巴达的计划却完全失败，终被逐出拉哥尼亚。在萨摩斯，波斯人的大屠杀和叙罗松的统治便引出如下的讥讽民谚："谢谢叙罗松，人亡国也空。"这个岛屿后来按波斯总督奥塔尼斯之命重新移民，为此奴隶也被

---

① 希罗多德，3.45—46、54—59。

给予公民权。像萨摩斯这样的事并不是独一无二的。列姆诺斯原有的土著居民也被莱卡里图斯剿灭殆尽，他是在公元前509年左右被波斯人立为该地僭主的。①

当波斯在各地的控制较有眉目而商业也恢复之后，东爱琴地区特别是米利都和那克索斯从公元前6世纪最后十年起也就得以重享繁荣。米利都由于早就得到居鲁士的收降而获利不少，现在则以调停帕罗斯的争端而树立了权威，帕罗斯的党派之争最后是以大小土地所有者垄断政治全权的办法而消弭的。② 那克索斯在一种民主政体之下成功地上升到了萨摩斯一度拥有的重要地位。到本世纪末时，那克索斯及其附属所拥有的兵力达到8000名重装步兵，并有一支庞大的舰队，该岛还特别富有金银和奴隶。那克索斯因此成为米利都和波斯野心垂涎的对象。在公元前500年，那克索斯的流亡者勾结上了阿里斯塔哥拉斯，他当时正做米利都的僭主，他得到波斯总督的照顾并有一支波斯军队的支持，这支波斯军包括200艘三桨座战舰，归波斯皇亲贵族墨加巴提率领。在公元前499年，米利都和波斯奇袭那克索斯的军事行动没有成功。在围攻四个月仍未破城后，波斯军便撤走了；阿里斯塔哥拉斯不仅没有做上那克索斯的波斯长官，反而发现他自己变成了波斯人的厌物。③ 波斯军的失败和阿里斯塔哥拉斯的懊丧日后就成为导致爱奥尼亚起义的因素之一。

---

① 希罗多德，3.142—9，5.27。
② 希罗多德，5.29。
③ 希罗多德，5.28—35。

第四节 西部的战争

在西部地中海地区,希腊人也面临着日益增长的对抗。迦太基人已占有西部西西里、萨丁尼亚和巴列利群岛,而伊达拉里亚人也在公元前535年左右的阿拉利亚战役后控制了科西嘉。在意大利本土,伊达拉里亚人和土著的意大利部族于公元前524年进攻库美,他们人数众多,虽然军队的素质不高。库美人在狭小的防御地带坚守以后,就能使敌军遭受重大的伤亡。在公元前509年,罗马起义脱离伊达拉里亚后,和迦太基结盟,库美人也于公元前505年左右联合阿里西亚对坎佩尼亚的伊达拉里亚人发动一次进攻。① 在非洲海岸,斯巴达王克列奥明尼的异母兄弟多利攸斯在特里波里塔尼亚的西尼普斯建立殖民城邦(约公元前514年),有塞拉和普兰尼人给予援助;但迦太基人和土著居民联合起来驱逐了殖民者。多利攸斯于是率其部众驶向西西里(公元前511年),在那里,德尔斐神谕曾预言他将获得成功。他试图在西部西西里的厄利克司山附近建一殖民点,但腓尼基人和赛吉斯塔人联合起来杀掉了他以及他的绝大部分随从。② 但迦太基人的成功并未促使希腊人联合起来。就像在波斯人那边的情况一样,各个希腊城邦及其派系反而毫不犹豫地请求迦太基人、伊达拉里亚人和坎佩尼亚人的帮助。

---

① D. H. 7.3;Polyb. 3.22.
② 希罗多德,5.42—48.

随着希腊殖民城邦的扩张，他们彼此也日益接近，他们的野心也使彼此争执起来。叙拉库斯把它的子邦卡马利纳摧毁了（约公元前 550 年）；在意大利，克罗顿、夕巴利斯和麦塔朋提昂的一个联盟在约公元前 530 年灭了西利斯；克罗顿后来曾大败于罗克里和列其昂手下，但它又于公元前 510 年前后灭了夕巴利斯，这是西部最富的城邦，全部居民人口达 50 万之众。这些灾难的程度还不足以使希腊城邦停止为追逐私利而进行的混战。纷乱的局面使这一世纪之末出现了一大批僭主。在盖拉，约公元前 505 年之际，克列安德推翻了统治该城的寡头政体，他的兄弟希波克拉底继之立为僭主（约公元前 498 年），还把那胡斯、卡里波利斯、占克列、列翁提尼等城邦置于统治和奴役之下。他靠大规模的雇佣兵作战和扶植各地僭主当统治者的办法，建立了第一个独霸一方的高踞于各希腊城邦之上的帝国。他的手段残酷，当公元前 493 年，一批萨摩斯的流亡者趁占克列的僭主西提斯出征在外而夺取该地时，希波克拉底承认了萨摩斯人的夺权而把西提斯关入监牢；他把 300 名显要公民交给萨摩斯人处死，又把其余居民降为奴隶。他在打败叙拉库斯后，从其领土中分出一部分而恢复了卡马利纳；叙拉库斯自身也全靠科林斯和科尔西拉的斡旋而幸免于毁灭，当他于公元前 491 年前后在和土著的西赛勒人作战阵亡之际，他已是西部最有势力的统治者了。①

在西西里和意大利，其他僭主也同时兴起。欧律列翁，原为多列攸斯的军官，于公元前 505 年左右做了赛利努斯的僭主。同时，

---

① 希罗多德，7.154—155。

阿那克希拉斯，一个美塞尼亚贵族，也在公元前494年前后夺取列其昂的政权，并帮助萨摩斯人攻取了占克列。在希波克拉底死后，他把萨摩斯人从占克列逐走，修复了占克列城，取名麦赛那，从而使海峡的控制权牢牢掌握在他手中。① 在库美，阿里斯托德木斯于公元前505年左右立为僭主。在支援阿里西亚于坎佩尼亚地区对伊达拉里亚作战而获胜以后，他指使部下和战俘夺取了政权，把贵族都处死。他以宣称建立平等权利的民主政治来赢得群众的支持；但是，一旦把群众武装解散以后，他就只靠由释放奴隶和蛮族雇佣军加强的亲兵卫队来保持权力，并寻求伊达拉里亚人的好感与照顾。他给高傲者塔克文以避难权并用塔克文继承人也就是罗马主人的名义扣留了罗马的商船。但在公元前490年以后不久，他和他的家族就被贵族流亡者全部消灭，这些流亡者是依靠坎佩尼亚人的雇佣军而复辟了寡头政体的。② 这些僭主类似东部的波利克拉特和其他同类。他们的手腕是残暴的；他们主要依靠大规模的雇佣军并有建立帝国的野心。和他们比起来，雅典的僭主们确实是够温和的了。

第五节　军事力量的发展

希腊的雇佣军，过去是由埃及、巴比伦尼亚和吕底亚等地招募的，当波斯帝国扩展至地中海沿岸时，他们就失业了。他们转而为

---

① 修昔底德，6.4.6。
② D. H. 7.4-11；Liv. 2.34.4。

各地的僭主和小王朝服务,或者如波利克拉特和米尔提亚德斯这类独立的统治者,或者像希斯太攸斯和莱卡里图斯这类波斯的附从。希腊雇佣军使希腊本土的人对波斯的步兵、骑兵和围城战术都有了详细的了解。大流士的西徐亚远征使希腊政治家认识到波斯军的水陆两栖作战的经验和其力量的规模。从西部地中海地区,他们能够学习的东西很少,因为希腊重装步兵要比意大利兵优越。在希腊本土的战事中,重装步兵被证明为超过其他一切武装,而拉西第蒙的重装步兵也超过其他一切对手。克列奥明尼在公元前495年前后的赛皮亚战役中取得胜利是靠突袭而不是靠通常的阵地战,而弗西斯之全歼帖撒利也是用一次勇敢的夜战。① 因此希腊战事越来越不拘形式而灵活运用了。例如,克列奥明尼在公元前506年同时对雅典形成三面围攻之势时,就显示了高度的将才。战争也越来越无所顾忌。在公元前506年,埃伊纳开始了一次"不宣而战"或无间歇停战的战争,而克列奥明尼则在赛皮亚附近的阿尔戈斯人的神祠焚烧其士兵。

在希腊人手中,筑城技术发展很快,米尔提亚德斯一世修筑了一条横贯刻尔索尼斯的城墙以防止阿普辛提亚人的骚扰(约公元前555年)。而波利克拉特的城堡则围以深壕,在公元前524年围攻之前还用高塔加固防卫工事。一般而言,防守技术强于攻城术。甚至在赛皮亚的胜利以后,斯巴达人也不能攻下阿尔戈斯的城堡,波斯人虽精于挖地洞和筑登道,在公元前499年也未能粉碎那克索斯人的防御工事,当他们撤退时,便给那些留下的逃亡者构筑了

---

① 希罗多德,6.78、8.27。

一些小堡垒，让他们自卫。① 城镇或城堡的墙垣一般都厚达六英尺，两边都砌以磨石，中间填以碎石；石块不用灰浆砌合，最初是取不规则的曲线形，有凹凸不等的厚度，因此咬接处相当紧扣。希腊人这些城防工程的宏伟与精巧可和后来的十字军在近东修筑的堡垒相比。

在海军方面，希腊人和腓尼基人的明争暗斗，由于波斯国王用腓尼基海军作为其舰队的主力而变得异常尖锐。在造船方面，除了短时期曾试用过两层的"双桨座船"而外，在公元前550—前500年的竞争主要转移到"三桨座船"的发展上。在这种船上，每一桨位有三个人各用三桨，和50人的五十桨船比，这种三桨座船就有150人或更多，速度更快，冲力更大。由于它的建造需要更高的技术，水手也要更专门的训练，三桨座船在公元前6世纪时仍远不能完全取代五十桨大船而成为希腊战船的标准样式。波利克拉特的舰队在公元前525年左右包括100艘五十桨大船和40艘三桨座船，而像雅典在庇西特拉代时拥有的那种第二流的海军中，三桨座船就寥寥无几。在东希腊，腓尼基人曾出动200艘三桨座船进攻那克索斯（公元前499年）；而在西部，则科尔西拉和西西里的各僭主也拥有大量的三桨座船的舰队。② 看来，那些靠近波斯和迦太基海军的城邦采用三桨座船要比希腊本土的城邦快得多。

一个首要的军事强国在这时期大约拥有重装步兵10 000名左右，这是我们根据当时几次大战中损失惨重的数字——昔兰尼

---

① 希罗多德，6.36.2、3.39、54、5.34.3；Polyaen，7.11.5、8.33。
② 希罗多德，3.39、44、6.39；Ael.VH，8.2；希罗多德，5.32.修昔底德，1.14。

在利比亚被歼达 7 000 名重装步兵,阿尔戈斯在赛皮亚损失 6 000 名,帖撒利在弗西斯损失 4 000 名——加以推算而得出的。包括轻装步兵的全部步兵数目,可能要大一些。例如,意大利的库美在公元前 524 年召集了约 13 000 名步兵和 1 800 名骑兵,而夕巴利斯在公元前 510 年可能有更多的数目。重装步兵的多寡主要反映国家富足的程度,而较少和全国人口的比例相关。当那克索斯及其附属地处于繁荣的顶点时,他们拥有 8 000 名重装步兵和一支相当大的海军,在日后时期那克索斯从未能派出如此规模的军队。一个首要的海军强国,例如波利克拉特在公元前 525 年时拥有 100 艘五十桨船和 40 艘三桨座船的规模者,约需水兵总数达 10 000 名,而在阿拉利亚的弗西卡亚人则可能需有 4 000 水兵才能开动其 60 艘五十桨船。雅典在公元前 500 年夸耀它有男性成年公民 30 000 名,而斯巴达则只能从其公民中征集 5 000 人的重装步兵。① 和波斯帝国或者仅仅一个波斯省总督所能掌握的兵源相比,即使首要的希腊城邦也显得孱弱不足道。但这表面现象并非真理。因为希腊的重装步兵方阵和希腊战船已是精选的战争武器,经过高度训练和熟娴掌握了的。

---

① 希罗多德,5.97.2、9.10。

第三章 爱奥尼亚起义和波斯对雅典和厄律特利亚的远征

第一节 爱奥尼亚起义

希斯太攸斯为他在波斯宫廷中被软禁而恼火,决意在爱奥尼亚煽动一次起义。① 他把自己信任的一个奴隶的头剃光,然后在他头皮上刺刻他的暗号②,并把他送回米利都。在米利都,希斯太攸斯的女婿兼代理人、僭主阿里斯塔哥拉斯读到了这个起事的暗号指令,当时他正好从那克索斯远征败回。希斯太攸斯的指令和阿里斯塔哥拉斯的心思不谋而合,因为阿里斯塔哥拉斯知道他作为波斯代理人的日子也不长久了。这两个人的动机都是出于私利,希斯太攸斯猜想大流士会派他出来镇压乱事,而阿里斯塔哥拉斯则把起义看作维持自己领导地位的一个手段,必要时也可借此在别处发展地盘。

阿里斯塔哥拉斯在米利都找到了一批共谋者,其中之一就是

---

① 关于起义的年代,历来是有争论的,可参看 *Historia*, 4.385。
② 头发长起来后,暗号就被掩盖而难以发觉了。——译者

历史学家赫卡泰奥斯,他是衷心维护爱奥尼亚的利益的,他不主张起事。但他劝诫这些谋叛者:如果他们一定要起义,就得尽全力取得海上优势。① 这一劝告是很有道理的。亚洲大陆上的爱奥尼亚各城邦完全暴露在波斯军的强大威力之下,他们的领土无纵深可资防御。假若他们能取得爱琴海各国海军的支援,他们的联合舰队倒可以匹敌波斯舰队(其中以腓尼基人的分舰队为主)。海上的胜利可以切断在欧洲的波斯军队,并使波斯不可能侵入希腊本土。它甚至可以逼使大流士接受和议而承认沿岸一带的爱奥尼亚城邦的自由。但是,支持这样一个规模的海战需要有希腊城邦的联合组织和一大笔财政后备金。在当时,希腊的统一犹未形成,赫卡泰奥斯提出的、为自由之故而动用迪底马的阿波罗神庙的财库的劝告也被拒绝了。

谋叛者以擒捕从那克索斯归来的战船上的爱奥尼亚船长开始起事,接着又驱逐了各个爱奥尼亚城邦的亲波斯的僭主。阿里斯塔哥拉斯在米利都树立了一个宣布平权和组织宪政的样板,其他领袖也跟着仿效,从而为起义取得了群众的支持。② 各个爱奥尼亚小邦敢于普遍起义反抗波斯强权,确是希腊人酷爱自由、为此奋不顾身的极好证明,而这正是希腊城邦最优秀的特质之一。因为事情很清楚:要么就是屈服于波斯的统治而为城邦带来经济上的繁荣;要么在这样无把握情况下奋起一战,必然遭致生命财产的巨大损失,倘若失败则极可能遭到屠杀或流徙异域。

---

① 希罗多德,5.35—36。
② 希罗多德,5.37—38。

在公元前499—前498年的冬天,阿里斯塔哥拉斯驶往希腊。他首先求援于斯巴达,这个城邦过去曾要求居鲁士尊重爱奥尼亚各邦的自由,最近也曾被西徐亚人请求作为抵抗波斯的盟友。但他没能说服斯巴达王克列奥明尼出兵相助。其理由,据希罗多德说,是因为阿里斯塔哥拉斯告诉克列奥明尼,波斯首都远在离海岸达三个月路途之遥。① 这故事反映了斯巴达之所以拒绝出兵的道理。克列奥明尼看到(在这一点上他要比一百年后的阿基斯劳看得更清楚),斯巴达首先是一个陆军强国。而在亚洲的广阔土地上,它的军队将会烟消云散。

在斯巴达碰了钉子之后,阿里斯塔哥拉斯又访问了爱奥尼亚人的故乡雅典,该城邦这时已经和波斯闹纠纷,因为它否决了它的使节在公元前508—前507年跟波斯议定的归顺条约,而在公元前505年又拒绝让希庇亚斯复辟也进一步惹起波斯的敌视。雅典人民大会在阿里斯塔哥拉斯求援后,决定派一支20艘战船的分舰队到爱奥尼亚去,这是其舰队的相当大一部分力量,而当时雅典舰队在家还得应付埃伊纳的敌对力量。这一勇敢的决定使雅典和波斯开战,并在爱奥尼亚人中间大得人心。厄律特利亚,出于对米利都的感恩之情,也派遣了一支五艘三桨座船来支援。②

除了把那些被波斯人掳掠逼迁到小亚细亚的派奥尼亚人救出并送他们回色雷斯而外,爱奥尼亚人在希腊船队到来之前没采取别的行动。船队到来后组成的联合部队,利用其海上行动之便,首

---

① 希罗多德,5.49—51。
② 希罗多德,5.97。

先驶向以弗所，又沿凯依斯特河而上，对萨尔迪斯发动突袭。全城建筑，包括著名的吕底亚女神库比勒的神庙，都被付之一炬；但在波斯总督阿塔弗涅斯率领下的波斯驻军却坚守城堡，并和吕底亚的市民一道，把爱奥尼亚军逐走了。在公元前498年的秋天，从小亚细亚各地征集军队的波斯人，在以弗所给爱奥尼亚军以重创，以后爱奥尼亚军便逃散各地去过冬。爱奥尼亚人这一次出征的政治影响大大超过其战略上的意义。因为攻焚萨尔迪斯一事，虽然增加了吕底亚人的敌意，却在希腊各地带来声势浩大的响应。因而起义很快就遍及于博斯普鲁斯和赫勒斯滂的各个希腊城邦，从而危及在色雷斯的波斯军的运输和给养，又为起义各邦保住了至关紧要的黑海的粮食供应；起义也传播到大多数卡利亚人中间，他们的步兵是很有战斗力的；起义还波及卡利亚海岸的多利亚城邦考努斯以及塞浦路斯的希腊城邦，这些塞浦路斯的起义者围攻了腓尼基人在该岛的最大城市阿马图斯。①

起义现在规模巨大，在波斯人看来也是局势严重了。大流士派遣了狡猾的希斯太攸斯到沿岸地区，但在这里他的诡计未能瞒过阿塔弗涅斯；②另一方面，大流士还准备了三支军队，分别由道里西斯、希米亚斯和阿尔提比攸斯统率。与此同时，雅典人却撤回了他们的援军，厄律特利亚可能也跟着仿效了。爱奥尼亚人没能巩固其同盟和保持海上的主动权；例如，他们没有采取措施确保塞浦路斯这个前沿据点，因此也就难以防止腓尼基舰队由此进入爱

---

① 希罗多德，5.98—104（可参照普鲁塔克，《道德论丛》，861）。
② 希罗多德，5.105—7.6.1。

琴海。在公元前497年初夏,道里西斯和希米亚斯夺取和攻陷了一些小亚细亚沿岸的爱奥尼亚城市。① 在仲夏时节,由阿尔提比攸斯统率的波斯军和腓尼基舰队发动了对塞浦路斯的主要攻势,此时爱奥尼亚舰队已来到战地,但它们没有力阻敌军从西里西亚渡海在塞浦路斯北岸登陆。波斯军进击萨拉密斯,腓尼基舰队则从东北面绕航以为配合。在此,希腊人从海陆两面迎战。爱奥尼亚舰队打败了腓尼基舰队。但是,在陆战方面,由于希腊人一方的库里昂部队和萨拉密斯的战车临阵投敌,塞浦路斯军终于溃败。塞浦路斯的陷落终不可免;到公元前496年初,最后的一个要塞索里在历经五个月围攻后降服。②

当阿尔提比攸斯在塞浦路斯作战时,道里西斯开始征讨赫勒斯滂海峡亚洲沿岸的希腊城邦,而希米亚斯则进攻普罗彭蒂斯沿岸的西攸斯。到了公元前497年秋,道里西斯向南进军于卡利亚,在两次战斗中打败了卡利亚人;其中第二次战斗爱奥尼亚人曾经参与,也受到重大损失。在赫勒斯滂,希米亚斯接管了道里西斯扫荡过的地区,并收降了特洛伊地区各族。到公元前496年,对爱奥尼亚海岸的包围圈就日渐收紧了,在特洛伊地区作战的波斯军南下而夺取了库美和克拉佐美尼,但这时卡利亚人突袭了在一次夜行军中的道里西斯部队并全歼了他们,这一胜利逼使波斯军南攻卡利亚。③ 爱奥尼亚人得到暂时喘息之机。阿里斯塔哥拉斯预见到起义的可能结局之后,扬帆而去色雷斯,但在墨尔西努斯附近被

---
① 希罗多德,5.116。
② 希罗多德,5.108—115。
③ 希罗多德,5.117—123。

人杀害。① 希斯太攸斯此时也从阿塔弗涅斯手下逃离,他在米利都试图取得指挥权而没有成功,然后,在得到列斯堡给予八艘三桨座船的支援后,便在赫勒斯滂海峡一带大搞海盗活动。② 在这地区,另一个探险家也早已在此立足,那就是西蒙之子米尔提亚德斯三世,他于公元前496年重建其家族在刻尔索尼斯的僭主统治。③

为进行小亚细亚战役的最后阶段,波斯下令从腓尼基、塞浦路斯和埃及征集一支舰队,指挥全军进攻起义的领导城邦米利都。在察觉波斯人的准备以后,爱奥尼亚各邦派出代表召开一次在帕尼奥尼昂举行的会议。他们决议不出兵在米利都作战而让米利都卫戍部队自守其城,但把所有船只集中停靠于米利都附近的拉德岛。由九个城邦征集的爱奥尼亚舰队共有353艘三桨座船,其中由奇奥斯、米利都、列斯堡和萨摩斯提供者占大部分。波斯舰队为数更多,但质量参差不齐,集结在米利都沿岸的波斯陆军可为其舰队提供安全的停泊港。当双方军队都在集合时,波斯司令官派遣那些希腊流亡者回到爱奥尼亚各国,宣称如果投降可得宽容,同时威胁说如果继续抵抗将受到降为奴隶和流徙的严惩。但是爱奥尼亚各国不为所动,其舰队指挥官是弗卡亚人狄奥尼修斯。他在烈日下训练水手和水兵,并使舰队熟悉冲击战术。一个星期后,水手拒绝服从命令,不满也遍及于同盟舰队。此后不久波斯舰队即发动进攻。当爱奥尼亚舰队摆开阵势迎敌时,大多数萨摩斯人的船只却扬帆而逃,列斯堡的船队也跟着逃走。留下的船舰,特别是奇

---

① 希罗多德,5.124—126。
② 希罗多德,6.2—5。
③ 希罗多德,6.40—2;有关日期可参看 CQ,6.119。

奥斯的 100 艘战船,战斗得很英勇,但已无济于事。当其分舰队损失一半以后,奇奥斯人也逃散了。弗卡亚人狄奥尼修斯在俘获三艘敌船之后,驶往腓尼基海面,在那里继续击沉了一些商船,然后驶往西西里。① 这次进行于公元前 495 年仲夏的拉德战役决定了爱奥尼亚起义的命运。米利都,在公元前 494 年被封锁和围困后,经短期的围攻即失陷,卡利亚的各城也相继被攻陷或降服。② 到公元前 493 年夏,亚洲海岸直到赫勒斯滂南部的所有希腊城邦都已平服。希斯太攸斯,在一次不成功的进袭塔索斯之后,便在波斯辖区的一次掠劫中被擒。这个起义的制造者被阿塔弗涅斯以刺刑处死,其首级被送交大流士。③

第二节 起义的余波

起义的失败是由于波斯武力的强大,也由于波斯人善于用兵,这可从其围攻米利都时步步进逼、逐渐缩小包围圈之做法中看出。腓尼基舰队,无支援时可能敌不过爱奥尼亚海军,但它总能得到一支强大的陆军的支援;而对夺取作为海军进击基地的塞浦路斯,波斯人也给予了高度的优先注意。爱奥尼亚人表现了优良的战斗品质,一般而言,他们的政府也是坚定的,在塞浦路斯和卡利亚,他们都能克尽同盟的义务。但他们缺乏领导,以及好领导不可缺的纪律。特别是在焚烧萨尔迪斯之后,他们放弃了主动权。在塞浦路

---

① 希罗多德,6.6—17。
② 希罗多德,6.18,25.2。
③ 希罗多德,6.26—30。

斯的萨拉密斯和拉德岛附近的决战中,他们完全没能取得博斯普鲁斯和赫勒斯滂等地的希腊城邦的合作。在爱奥尼亚各国之间,确实曾尽力争取建立统一的指挥。阿里斯塔哥拉斯率领了第一次出征,但他的人品难以令人信服。狄奥尼修斯在拉德战役前受命指挥海军,但他的任命为时太晚。战略问题是由在帕尼奥尼昂开会的各爱奥尼亚城邦的代表们议决的,它可能由于众说纷纭而结果是采用一种过分小心谨慎的决策,这就便于波斯的司令官来左右战争的进程了。

然而,拥有主权的爱奥尼亚诸城邦所达到的那种统一的程度,却不应低估。"爱奥尼亚人之国"变成了一个政治单位,为战争所迫而结合在一起。成员各国提供了船只、兵员,还可能有金钱,归一个联合的爱奥尼亚议事会(to koinom tom Ionom)来支配。它们委托本邦在议事会的代表发表本国的意见,并将本国军旅置于受议事会指挥的将军统率之下。① 它们承认议事会的多数意见具有约束力,直到拉德之战失败以后为止,没有一个城邦曾犯"米太主义"的错误——叛投波斯。爱奥尼亚作为一个政治单位在其白金钱币上留下了永不磨灭的纪念。② 这些钱币按吕底亚-米利都币制发行,用以支持战争,它们为本土的希腊各邦树立了一个很好的榜样。

波斯人用以下办法惩罚造反的臣民:摧毁和焚烧城镇、神庙,挑选少男少女送到大流士宫中做太监和宫女。对米利都还有更严

---

① 希罗多德,5.38.2、109.1 及 3、6.7。
② GC,87。

厉的惩罚。许多男人被屠杀,妇女小孩都降为奴隶,其余众人被流放到波斯湾沿岸,①只有萨摩斯得以幸免,因为大部分萨摩斯舰队在拉德之战时临阵脱逃,也因为亲波斯的僭主埃赛斯没遭抵制就被接了回去;而那些爱国的萨摩斯人(其中大多是殷实之家)早就接受了占克列的邀请而驶往西西里去了。②当惩罚措施付诸实施之后,波斯人又为其日后的统治采取了聪明的政策。爱奥尼亚各城邦的代表被召集到阿塔弗涅斯的宫中,遵命签署了一个互不侵犯条约,所有城邦之间的纠纷都得听候调解仲裁。各城邦财源予以估定,他们的贡纳基本上按起义前的份额重新评定。在公元前492年夏,波斯扶植僭主在各邦进行统治的政策也取消了,民主政体又取而代之。③

在平服爱奥尼亚乱事期间,波斯军和腓尼基舰队曾占领亚洲沿岸各岛以及刻尔索尼斯、普罗彭蒂斯和博斯普鲁斯的各个希腊城邦。米尔提亚德斯在公元前493年波斯腓尼基舰队逼近时逃走了;在他作为统治刻尔索尼斯的僭主的短暂时期,曾发行过一些钱币,其中刻有米利都的狮子纹样,表现其对爱奥尼亚起义首邦的同情。④到公元前492年,大流士任命女婿马尔冬尼斯为新的司令官,并配置一支庞大的海陆军。他的急务是重建欧洲的各个总督辖区。在其征途中唯一挡道的海军力量是塔索斯的舰队,这个岛在公元前494年为希斯太攸斯攻掠后,曾倾其金矿的赢余以建造

① 希罗多德,6.19—20,32。
② 希罗多德,6.22—25。
③ 希罗多德,6.42—43。
④ 希罗多德,6.33、41;GC,87。

战船。但塔索斯人不战而降，波斯舰队便于公元前492年进抵阿堪图斯。在绕过阿托斯山的悬崖时，波斯舰队遇到了灾难：一阵强劲的北风把船和人都猛撞向多石的海岸，残存者已无法继续前进。与此同时，一个名叫布里该的色雷斯部落对波斯军进行了成功的夜袭，马尔冬尼斯并不气馁。他制伏了布里该人，把波斯的宗主权加之于远达马其顿的沿岸各族。但其目的达到后，他便将主力于公元前491年撤回亚洲。①

　　欧洲辖区既已平定，大流士便准备入侵希腊。其第一步是惩罚雅典和厄律特利亚，因为它们参加了爱奥尼亚起义。在公元前491年夏天，他命令地中海沿岸各属地装备一支战舰大队和准备好步、骑兵的运输工具，并任命总督阿塔弗涅斯之子达提斯和阿塔弗涅斯为远征军司令。由于想进行海上入侵，因此尽可能使许多希腊城邦的海军保持中立是很重要的。塔索斯人受命拆毁他们的防御工事并把其舰队派往色雷斯海岸的阿布德拉，他们立即照办了。波斯国王的使节还分别派往爱琴诸岛和希腊本土的各城邦，要求"土和水"，亦即降服的表征。不少城邦答允了这一要求，其中重要者有海岛上的一些城邦以及拥有强大海军的城邦埃伊纳，当时它正与雅典作战。② 在公元前491年仲夏，对雅典和厄律特利亚说来形势已很明显：在爱琴海由于新得到许多归顺者而大为加强的波斯舰队，将于明年向它们奔袭而来，并将在它们被孤立的情况下发动攻击。

---

① 希罗多德，6.43—45。
② 希罗多德，6.46—49。

第三节 希腊的形势

在公元前498年,雅典人曾经全心全意地支持爱奥尼亚起义,他们的军队也参与了焚毁萨尔迪斯之役。他们此后的撤回,无论其理由如何,却反映了政策的一个急剧转变。公元前496—前495年的名年执政官是希帕尔库斯;他可能和庇西特拉代家族有联系,而这些人当时正在大流士宫廷中受到礼遇,因此他的当选可能是在一种想讨好波斯的情绪中促成的。在米利都于公元前494年夏天陷落以后,雅典人却深深为其爱奥尼亚同胞的遭遇感到悲痛。菲律尼库斯曾以这事件为题材写了一出悲剧,并把它放在迪奥尼西亚节上演(可能在公元前493年),结果听众触动如此之深,竟至被禁止演出,作者也被课以罚金。在公元前493年夏,米尔提亚德斯从刻尔索尼斯回到雅典。他受到政敌的弹劾,公开的罪名是有关他在刻尔索尼斯建立的那套僭主统治,但在这种性质的政治审判中,他对波斯的仇视和他给予爱奥尼亚起义的支援却绝非无关紧要的问题。他的彻底申雪和开释是那些反对波斯人士的一大胜利。公元前493—前492年的名年执政官是地米斯托克利,在他当年任期中,他开始修建比雷埃夫斯港口的防御工事,这一包括三个自然港的港口较之法列隆的海滩是更为优良的海军基地。他之坚持雅典应着重海军的政策,对未来具有极为重大的意义,而在当时则加强了雅典对埃伊纳作战以及可能对波斯作战的力量。这些断片的材料①使我们对这十年间雅典的国内政治情况知之甚少,但它们足以表明,虽然在爱奥尼亚起义期间雅典对波斯的政策曾有所动摇,但雅典人民已经决意不以求和而以战争回敬波斯的威胁。

在希腊本土,雅典却为过去十年留下的积怨而受到束缚。彼奥提亚各邦,特别是底比斯,对雅典深怀敌意。在优卑亚,雅典人的加尔西斯军事移民虽有助于军事,却失去了人心;厄律特利亚只是因为参加了爱奥尼亚起义才变成了雅典的盟友,但却非出于本意。埃伊纳更是一个死敌:虽然从公元前505年以来,两国之间未有大交锋,这个"不宣而战"的战争却仍在酝酿着强烈的仇恨并且随时可爆发为大火烈焰。斯巴达和它的精力充沛的国王克列奥明尼在雅典从僭主统治下解放出来时感到丢了面子,也怀着厌恶之心看待雅典宪政的发展。不管怎么说,波斯的威胁还多少使雅典和斯巴达接近了一些,虽然两方在传统和观点上仍是大相径庭的。自从公元前546年以来,斯巴达总是一贯地并毫不妥协地反对波斯。近年来的日益增加的危险只有使它的主意更为坚决,何况波斯使节之来访于希腊各邦更有危及它在斯巴达同盟中的领导权之虞。公元前491年夏天,当埃伊纳承认了大流士的宗主权而不言自明地放弃了其斯巴达同盟的盟员资格时(因为不可能承认两个盟主),雅典立即以希腊自由的名义求援于斯巴达。斯巴达的反应是值得称道的。克列奥明尼亲自跑去逮捕埃伊纳的寡头政府头目,因为这些人要为其投降波斯的"米太主义"行为负责。当他被拒绝后,他就和列奥提齐达共同带兵向埃伊纳进攻(可能在9月),

---

① 狄奥尼修斯,6.1.1、6.34.1;希罗多德,6.21、104;修昔底德,1.93.3。

逮捕了十名首要的埃伊纳头领,将他们交给雅典人看管。① 这一迅雷不及掩耳之举,不仅加强了雅典并使埃伊纳暂时中立化,而且也重新巩固了斯巴达对其同盟的控制,对正处在波斯使节到处游说之时的各希腊城邦,这也是一个有益的警告。

与此同时,在斯巴达却发生了一场严重的宪制危机。两位国王,克列奥明尼和德马拉图斯自从公元前506年在不得手的阿提卡入侵之后就闹翻了。这时,有关拉西第蒙军队出征时两王平权共同指挥的古法已被废除,但这两位国王的不和在国家的各个部门不断引起纠纷。在吉罗西亚议事会和民众大会上,有关重大政事两王都各持己见;例如,在埃伊纳事件和更大的对波斯关系问题上,德马拉图斯都反对克列奥明尼。甚至在执行国家决议时,他们的反目也是一大阻力。当克列奥明尼只身前往埃伊纳时,他被人家用合法的理由拒绝了,因为这样一个外交行动必须双王同行才属有效。这就需要斯巴达对其国内政局危机速做处置,否则就会跟着发生更大的丢脸的失败,它反对波斯的政策也会葬送无遗。在克列奥明尼从埃伊纳回到斯巴达后,他就怂恿列奥提齐达控告德马拉图斯,说德马拉图斯本是私生子,无权继承王位,而列奥提齐达在争取王位时则得到克列奥明尼的支持。这样在斯巴达就闹得满城风雨、群情激昂了。这案件的解决最后经克列奥明尼提议请皮提亚的阿波罗神来做决断。当求神谕的使者来到德尔斐时,克列奥明尼通过一位德尔斐友人之助,已买通了宣示神谕的皮提亚女祭司。德马拉图斯因此被宣判为不合法而遭到废黜。列奥提

---

① 希罗多德,6.49—50、73。

齐达代之为王,他和克列奥明尼一道出征埃伊纳而实现了他们的目的。① 可是此后不久克列奥明尼在德尔斐玩弄诡计的秘密却被揭穿了。他于是逃往帖撒利,又从此地转往阿尔卡狄亚,在那里开始组织一个阿尔卡狄亚各族反对斯巴达的同盟。斯巴达政府此后又请他回国,他可能于公元前491年11月回到斯巴达,仍做国王。但他的神经已经由于过度紧张而错乱发狂。他被家人置于禁闭之中并加以足枷,他却向看守的奴仆要了一把小刀,对自己身体割裂致死。他的兄弟列奥尼达继承了他的王位。②

克列奥明尼的有失体面给列奥提齐达的威信和对抗波斯的政策带来阴影,而这一政策是他们两人协力鼓吹的。当克列奥明尼的死讯一传开,埃伊纳人立即派使者到斯巴达就列奥提齐达逮捕他们的十位头领提出控告,他被传讯、谴责,并陪同埃伊纳使者被派往雅典请求释放这十个人。雅典人采用了不久前埃伊纳人用过的论据,以双王没有同行为理由拒绝释放有关人员。列奥提齐达回到斯巴达报告了他的失败和屈辱。③ 然而,不管列奥提齐达的威信如何扫地,抵抗波斯的政策在斯巴达仍占上风。公元前490年7月,德马拉图斯在一次城邦节庆会上备受列奥提齐达加给他的嘲弄之后,终于逃往大流士宫廷以求容身。④ 此后,列奥提齐达乃将克列奥明尼的开明政策贯彻执行。

当列奥提齐达从雅典返回时,埃伊纳人干了一桩荒谬之事。

---

① 希罗多德,6.51—66。
② 希罗多德,6.74—75。
③ 希罗多德,6.85—86。
④ 希罗多德,6.67—70。

在雅典苏尼昂海角举行纪念波赛冬的节庆会时,埃伊纳人伏击了圣船并绑架了一批显要的雅典公民。这一触犯国际惯例的蠢事,使雅典对埃伊纳兴问罪之师振振有词,而斯巴达也没有必要再应埃伊纳的请求进行干预了。雅典人在促使民主派在埃伊纳国内起事失败后,便从科林斯方面以象征性的价格租用20艘船,组成了一支总数70艘的舰队在海上打败了埃伊纳。战事接着在岛上进行,当时已投向波斯的阿尔戈斯派到埃伊纳来的一支志愿部队,也被雅典人打败。在公元前490年的春天或初夏,雅典人在一次海战中损失四艘船之后撤退。① 这一"不宣而战"的阶段,由于正好处于波斯入侵的前夕,产生了有益的后果。它提高了雅典的斗志。它使埃伊纳人不敢把它的舰队和港口供波斯人使用。它还使科林斯和斯巴达公开同情雅典。在公元前491—前490年的执政任期中的那些佚名的雅典领导人表现了智慧、勇气和决心。

第四节　对厄律特利亚和雅典的远征

公元前490年初夏,达提斯和阿塔弗涅斯统率的远征军从西里西亚海岸扬帆启程。舰队由各属领提供的分舰队组成,其中包括爱奥尼亚人和埃奥利亚人;战船的数目,虽然要比那个照例套用的老数目600艘稍少,却也足够用于步、骑兵运输的护航和对付雅典与厄律特利亚的联合舰队(600艘之数,希罗多德不仅在此次行军中袭用,也用于攻击西徐亚和米利都之役,故知其为俗套)。陆

---

① 希罗多德,6.87—93。

军据希罗多德所叙,则"数目众多,装备精良"。它是步、骑两兵种的精选部队,从帝国内陆各族中募集,训练有素,经验丰富。希罗多德没提到它们的具体数目,后人所举之数则过于夸大;但其运输的急迫可能限制了战斗部队的数目最多不过 25 000 人。远征军有希庇亚斯相随,他是庇西特拉代的首领,自以为在雅典和阿提卡有人支持。①

大流士当前的意图是想控制夕克拉底斯群岛和以参加爱奥尼亚起义的罪名惩罚雅典与厄律特利亚,但他的终极目标,早已从其索求"土与水"中表明了的,是征服和吞并希腊本土;因为,如果不吞并,则波斯对色雷斯、马其顿和夕克拉底斯甚至小亚细亚各希腊城邦的控制都绝不会安全稳固。在他的征服计划中,达提斯和阿塔弗涅斯的远征有其重要地位,其成功将削弱反抗意志并鼓动那些已有投降倾向的城邦和党派。不仅是雅典和厄律特利亚的命运,整个希腊世界的前途也取决于此役的结果。

波斯军从萨摩斯顺利地横渡爱琴海而抵达优卑亚。那克索斯,由于在公元前 499 年曾英勇自卫,而受到焚毁城市和神庙的惩罚,所有未逃进山里的居民也被流放异地。在其他岛屿上,波斯人征男丁服役而把小孩作为人质带走。在提洛,达提斯在阿波罗神台前献了礼品,并要求逃往铁诺斯避难的提洛人回返家园;他希望以此安抚那些已降伏波斯的各岛民众的宗教感情。当进抵优卑亚南端时,波斯军向卡利斯都斯城邦要求民丁和人质,卡利斯都斯人以非凡的勇气予以拒绝。他们的田地大受蹂躏,城市亦被围困,直

---

① 希罗多德,6.94—95;Nep. Milt. 4;Just. 2.9。

到他们屈服为止。这一耽误使波斯舰队停于厄律特利亚和雅典之间的优卑亚海峡的入口,从而给厄律特利亚以可能的机会向雅典求援。雅典立即命令它在加尔西斯的 4 000 名移民军增援厄律特利亚。但他们到达后,又发现公民分成了主战和主降两派,在一个厄律拉利亚领导人的劝告下,他们遂渡海而回到了阿提卡。波斯舰队于是向前挺进而在厄律特利亚岸边下锚,未受抵抗即将步、骑兵运出登陆。厄律特利亚人决意凭城固守。他们顶住猛攻达六天之久,到第七天时,由于内部出卖而城陷。神庙被劫后又被焚毁,居民则按大流士命令流放异地。①

几天以后,波斯舰队扬帆直取阿提卡。雅典人可能预计波斯军会在法列隆登陆,但波斯司令官认识到此地在海陆两面都有防卫的开阔海岸,用小船登陆困难。因此,波斯军在马拉松湾未遭抵抗地使其部队登陆,这里离他们在优卑亚的供应基地较近,又有便于骑兵作战的极好场地。希庇亚斯在选择这地点时可能起了一些作用,因为他曾有一次在法列隆湾击退过斯巴达人的登陆,他的父亲又是于公元前 546 年在马拉松登陆成功而取得雅典的。波斯人现在估计到假若雅典军由雅典进击于此,这里的平原会有利于他们自己的骑兵。可是,假若雅典人守城以战——波斯司令官从厄律特利亚的例子会推想雅典人选择这种战术——那么波斯军将进入雅典平原,而其舰队在卸下运输的重累之后,将可能绕过苏尼昂海角而迎击任何一支在萨隆尼克湾等待它的海军。在雅典,人民大会开了会并决定立刻进军马拉松。与此同时,长跑家菲力皮德

---

① 希罗多德,6.96—101;*AP*,7.256(厄律特利亚人的墓志铭)。

斯被派去送信给斯巴达。他在第二天就将请求援助的要求信送到了,共计奔跑了140余英里。可是,斯巴达人当时正在庆祝卡尔尼攸斯阿波罗节,有一神圣戒律禁止一切军事行动一直到满月以后(当时是在六天以后)。斯巴达人因此答复说他们将在此以后从拉哥尼亚出兵,但不能在其前。①

当雅典军从宾提利库山脚的丘陵地下行而进入马拉松平原时,他们看到波斯部队沿奥诺依河岸扎营驻守。时在无雨的9月,小河已干涸,他们的阵地北临大沼泽,其地泉水丰富。波斯的舰只密集于马拉松湾的东部。波斯骑兵主力控制着平原。只要它在那里,任何步兵横队,无论如何勇猛,也没希望在空地上穿越平原,因为这些步兵横队的两侧和后翼将立刻暴露在波斯骑兵密集分队的攻击之下。波斯步兵也已经展开了。他们阵势之长,表明他们在数目上远超过雅典人,他们还有众多的训练精良的弓箭手的支持。雅典军驻在西部平原以保卫马拉松城,其右翼延展到奉祀赫拉克勒斯的圣林,有一小块沼泽地成为其天然防卫。他们的人数大约是10 000名重装步兵,自带口粮;如需进一步的供应则可由轻装部队带来。骑兵、搜索兵、弓箭手都没有伴随他们而来;因为在这些兵种中波斯无论从哪方面看都要强得多。因此,雅典军纯粹是一支重装步兵的突击部队。摆在雅典司令官面前的问题就是如何最佳出击。②

但是,事实上雅典方面并无最高司令官。决定由十将军委员

---

① 希罗多德,6.102—3、105—6。
② 波桑尼亚,10.20.2;希罗多德,6.112.2。

会会议讨论做出。当时恰好十将军中因不同意见而平分为两派。五个人极力主张不要立即开战,以雅典寡不敌众为由,并认为若稍作等待,斯巴达部队可能到来,况且战地已由波斯人选好而波斯骑兵又是可畏的对手。另外五人则主张立即作战,他们以米尔提亚德斯为首,就是他在雅典人民大会上提出进军马拉松的动议。他在西徐亚战役和其后两次统治刻尔索尼斯期间对波斯军旅有亲身接触的经验,并且生性坚决勇猛。在他的支持者中有亚里斯提德,一个以勇毅忠直而令人信服的人。由于十将军中平分为二,相持不下,只好决定把本来不出席会议的军事执政官卡利马库斯召来,并根据以往惯例,给了他投一票之权。米尔提亚德斯找他谈了话,劝说他投了主战的票,开战决议得以通过。以前,作战司令由十将军轮流担任,每人一天,亚里斯提德现在决定把他轮值作战司令的职权让给米尔提亚德斯,其他三名主战的将军也照样做了。于是,米尔提亚德斯事实上就变成了最高司令,但仍有个限制:十天中他只能有五天任作战司令。现在,米尔提亚德斯待机而动,他希望波斯骑兵出个岔子,或者出现其他机会使他便于出击。时机终于来到了,那正好是他本人轮班担任司令的那天。当时普拉提亚全军出援的部队,计共 1 000 名全副武装的战士,来到了雅典军中。①

同时,波斯军继续保持他们的阵势。他们完全有能力做到这点,因为从优卑亚很容易把供应物资运渡过来,而马匹在夜间可以从平原北部得到水草放牧,那一带有丰富的水泉和草泽。

---

① 希罗多德,6.109—10;普鲁塔克,《亚里斯提德传》,5;希罗多德,6.108.1。

在白天，骑兵、步兵和弓手都严阵以待，准备迎接耐不住性子的希腊人发动一次有利于波斯的袭击。当他们等待着的时候，希腊人却以在平原砍树设栅的办法把自己的阵地推进到距波斯军只有一英里多一点的距离。有天晚上，在破晓之前，一些在波斯军中服役的爱奥尼亚战士跑到木栅边给雅典人送了一个口信："骑兵走了。"①

米尔提亚德斯立即行动起来。希腊军露宿待令，雅典人在右翼和中央，普拉提亚人则在左翼。当人员到齐之后，米尔提亚德斯把横队阵形拉开，一直展宽到和波斯军阵同样宽，然后多置兵员以加强左右两侧，中央则人数较薄弱。卡利马库斯向众神献了牺牲、占的卦是吉利的。当阳光初露以后，希腊军横队急速前进，穿越平原。当他们进入波斯弓箭所及的范围以后，战士成对配合进击，直扑波斯步兵。在两翼，希腊军以其阵容深厚、甲坚矛长，击溃了对方。在中央，较薄的阵势为波斯人顶回而后退，波斯人接着就追击。然而，希腊人的两翼却包抄过来，形成了从背后攻击波斯中军之势。结果是混战一团，波斯骑兵无所用其技。战斗延续很久，但在最后波斯人逃向大沼泽，希腊人则紧追不舍。波斯舰队损失战舰七艘，但把兵将一个不落都接上了船，旋即向海外驶去。他们把因于爱吉拉小岛上的厄律特利亚俘虏带上船后，便扬帆而南，向苏尼昂和雅典驶去。②

当波斯舰队往海上驶去时，在战场上的雅典人看到内陆某处

---

① 希罗多德，6.108.1；Nep. *Milt.* 5；Suid. *Khoris Hippeis*。
② 希罗多德，6.111—15；Just. 2.9。

有人用反射着阳光的盾牌向波斯军打暗号。这样的暗号意味着雅典有叛徒。米尔提亚德斯留下一部分兵力保守战地,立即率领军队驰赴雅典。① 当波斯舰队到达法列隆海滩外边时,他们看到雅典军已在工事墙外的夕诺萨尔吉的赫拉克勒斯圣林里扎下营盘。眼下,登陆和偷袭城市都已经是不可能的了。波斯船上的桨手歇了一会儿,接着就扬帆回航亚洲。第二天,拉西第蒙军的前锋到达雅典,他们约有2 000人左右;他们是一等到满月后立即从斯巴达动身赶来的,在三天内行军140余英里。他们到马拉松参观了战场。在那里他们看到战死者人数,雅典一边为192人,波斯一边则为6 400人,并注意到波斯步兵矛短盾薄,没有青铜头盔和胸甲、胫甲等希腊步兵的装备,只戴着软帽、穿着套衣(可能有铁鳞甲护身)和紧身长裤。他们也研究了战地的形势和米尔提亚德斯的战术。然后,他们回到雅典,向雅典军的战斗表示祝贺,随即南返拉哥尼亚。在古代,没有人对他们之所以未能参加战斗的宗教虔诚表示怀疑。②

对研究古代战争的人说来,未能答复的问题总是始终存在的。马拉松之战也不例外。例如,我们手中的材料都未提到波斯骑兵

---

① 普鲁塔克,《亚里斯提德传》,5。本书作者曾直接翻越宾提利库山的捷径从雅典疾行至马拉松战场,用了六小时,在同一天回到雅典,用了七小时。由此可见。雅典军这段急行军和在夕诺萨尔吉扎营至少得花八到九小时。他们是在9月的下午日落前(六点半钟)到达扎营地的,因此他们离开马拉松时应在早晨九到十点钟左右。当时太阳正在东南方,正是盾牌暗号打给停在东岸的波斯舰队所需的角度。由于战斗持续较久,上船也需一番奋斗,战斗开始时可能是在黎明时分,即9月的早上五点半钟左右。爱奥尼亚人也必然是在黑夜越过平原送信的,这样才不易为波斯人发觉;而他们情报要说的事如果在大白天就会明显无遗了。

② 希罗多德,6.115—120;Pl. *Lg.* 698c;*Mx*,240c。

没有出战的原委,而正是骑兵没有出战使得雅典步兵能进军穿越平原。有一记载提到达提斯和骑兵一道没有在场,另一记载则说他在战斗进行时曾在场,可能是在战斗末尾、大局已定之时。① 但我们所知材料已足够使我们认识到米尔提亚德斯在战斗的每一步骤都表现了卓越的将才:从他之决定进军马拉松、坚决出击、恰好掌握时机以及巧妙地配置步兵阵势等,无不可见其指挥才智的光辉。步兵的进击在整个横队阵势中毫无漏洞,在两翼包抄支援中,军队回转自如,这些都表示了雅典重装步兵的高度技能与严密纪律。在肉搏战中,他们能以寡敌众,就得靠他们的勇气、枪法和厚甲。在存亡所系的这个危难时刻,雅典产生了它整个历史中最能干的将领和最精良的步兵。

波斯军在马拉松之败,正如西班牙无敌舰队的被逐一样,被隆重地用文艺作品进行公开的纪念。在雅典市场的画廊上,有一幅名画表现了战争的三大阶段:雅典人和普拉提亚人全速进击和首次肉搏战,随后是敌人的逃跑和向沼泽地溃散,最后是希腊人截击那些向腓尼基舰队逃命的波斯人。在希腊人一边的肖像有卡利马库斯,他在战斗中阵亡;有米尔提亚德斯,表现他正在鼓舞士兵前

---

① Suid. *Khoris Hippeis*; Ctes. 18. 后人对骑兵的缺席有过不少推测。例如,有人认为骑兵上了船以待运走;但是假若波斯军真准备撤走,他们应留下骑兵保住平原而让步兵上船,然后再调离骑兵的机动部队。有人猜测波斯军当时已拔营南进,故骑兵已走在前面;此说也不能成立,因为骑兵在这种情况下本应作为后卫以保护平原和波斯军的侧翼与后殿。可能性比较大的是骑兵正利用月落和日出之间的黑夜时辰喂饮马匹于北面的水泉地带,并且由于某些我们未知的原因而耽搁了或迟到了。在这种情况下,骑兵是在战斗的最后阶段才回到战场的,当时已是混战一场而波斯步兵已经溃败了。在雅典《画廊》有关这场战役的图画上确实是画出了骑兵司令的,而传闻的战场鬼灵故事中也包括马的啸鸣和刀剑的砍劈声。

进；有夕尼吉汝斯，他在紧拖着一支敌船的尾舳时手被砍伤；有厄皮泽鲁斯，他在战斗中双目受伤失明；此外还有悲剧作家埃斯库罗斯。在波斯人一边的肖像有达提斯和阿塔弗涅斯。但画中最尊荣的位置是给诸神和英雄占据的，他们就是那些据信为亲自参与了这场战斗并给希腊人带来胜利的神灵——马拉松、提秀斯、雅典娜和赫拉克勒斯。①

马拉松的胜利并未能阻止波斯入侵希腊，但它振奋雅典士气达到了最高的程度。它也向斯巴达表明在何种情况下希腊步兵能打败波斯步兵。它鼓舞了那些准备抵抗的希腊城邦。这三个结果对于日后拯救希腊关系极大。就这一点而论，马拉松之战不失为世界历史上的决定性事件。

波斯军把那克索斯和厄律特利亚的俘虏带回国去。大流士把厄律特利亚人安置在苏萨附近，他们仍然保留了自己的语言和习俗；他还听取了波斯司令官有关马拉松失利的汇报。显而易见，征服希腊不能以海运部队远征的办法实现。他因此计划一次全军规模的海陆并进大入侵。为此目的他下令训练骑兵、步兵和水兵，从帝国各地征集这些兵员，并下令准备战船和运输工具，充实军需物资。计划和准备工作用了三年时间，但入侵被延期了。因为在公元前487年埃及发生起义。大流士准备以征集的大军同时对付埃及和希腊，可是到第二年他就死去了。他的继位人薛西斯被庇西特拉代催促他入侵希腊，帖撒利的阿留阿代还提出了援助。可是，他那时仍转向埃及，到公元前485年才把埃及平定。次年，薛西斯

---

① 波桑尼亚，1.15.4。

准备入侵希腊。他当时已占有许多希腊岛屿和整个北部爱琴海沿岸地带,他企图沿着这海岸地带进军。有鉴于公元前492年波斯舰队在阿托斯山遭到的灾难,他下令在这半岛最狭处挖一运河,约有一英里长、半英里宽,其最高处距海平面达50英尺左右。这条运河大约在公元前483—前481年由征集的劳役开凿,以刻尔索尼斯的厄拉攸斯为活动基地的波斯舰队则担任海防护卫。在这些年中,希腊各城邦已充分警悟到薛西斯的意图了。①

---

① 希罗多德,7.20—23。

第四章 薛西斯对希腊的入侵

第一节 雅典在海军和政治方面的准备

可能在公元前489年,米尔提亚德斯受命统领雅典海军,其时大约有70艘船舰,活动于夕克拉底斯群岛一带。穿过这些岛屿,达提斯和阿塔弗涅斯由萨摩斯渡海西航而至希腊;它们中绝大多数为波斯所降伏,多少有点儿勉强地参加了对卡利斯都斯、厄律特利亚和雅典的进攻。雅典人民大会的意图无疑是要惩办那些投降波斯的城邦,可能对之课以罚金,同时把波斯人在爱琴海中央区域的海军基地一一拔掉。帕罗斯,这个在那克索斯被毁后堪称夕克拉底斯最富和最强的岛,对雅典舰队进行了反抗而受到围攻。米尔提亚德斯提出付罚金100塔连特的和议条件,但帕罗斯人拒绝了。在围攻到第26天时,米尔提亚德斯放弃了攻城而撤回雅典。在雅典,他受到审判并定了罪。不久之后他就因在帕罗斯受的伤发作而死。① 在马拉松胜利后采取的这些坚决措施(尽管波斯海军未受损失并控制着爱琴海),理应归功于米尔提亚德斯。他死

---

① 希罗多德,6.132—136;*Nep. Milt.* 7—8。

之后，这一政策肯定也就告终了。此后，雅典又让波斯掌握了主动。

对米尔提亚德斯的审判是政治性的。在雅典，政治斗争并不像现代那样是在有组织的政党和明细的纲领之间，而是在头领人物之间进行的，这些人彼此之间的关系又每每随当前的问题和形势而时分时合。除了像地米斯托克利这样一个杰出人物而外，这些头领一般都是富有的贵族氏族的成员，他们从公元前6世纪以来就一直主宰着雅典的政治。[①] 因为执政官和将军都是由公民直接选举的[②]，前者全城邦选，后者每部落选一人，虽然克利斯提尼的选举改革已经使国家机构的许多方面免除了氏族的影响，但当上述两种选举范围仍如此巨大时，氏族的压力就仍有用武之地，而氏族头领仍能被选任官职。选举这些人任国家要职，这件事本身倒也不是什么坏事。因为这些贵族很有行政能力和经验。他们在政治和军事方面的领导受人敬重，而他们也不仅仅听取本阶层的机构——阿雷乌泊果斯的呼声，也得听取人民的呼声。但当这些贵族头领为其个人权势而彼此倾轧时，国家就受害了。他们之间竞争的派系并无长久的组合，个人的政策也是时有变更的。克利斯提尼就是一个显著的例子。他的家族，阿尔克美奥尼德，和庇西特拉图联姻而在公元前556年支持了他，后来他们又反对他，把他在公元前546年流放。克利斯提尼后来又和庇西特拉代和好而在公元前525年任执政官。被庇西特拉代流放后，他又求助于斯巴

---

① 亚里士多德，《雅典政制》，28。
② *StGH*，353以下。

达。当伊萨哥拉斯排挤他时，他又反对斯巴达而和波斯议和。在公元前510年他是从贵族派系中寻求支持的，当公元前508年在这方面失败后，他才转向人民。这样摆来摆去对城邦自然不利，而某一贵族野心家的政变阴谋则是常见的危险。在克利斯提尼改革之后，权力之争仍在继续。但斗争的舞台——条件已经变化了。因为，虽然争夺权势的仍是那些显贵家族的成员，掌握了人民大会和陪审法庭的人民却成了一股强大而有决定权的力量，他们能给这些头领以严峻的责罚和惩处。

米尔提亚德斯的生平几乎和克利斯提尼一样起伏多变。他在庇西特拉代统治时期曾任公元前524年的执政官并在其后又转而反对他们，因为那时他们被认为是暗杀其父西蒙的主谋。他曾经两次做刻尔索尼斯的僭主，他曾为波斯人服务后来又反对他们。到现在，当他在帕罗斯失败后，他的政敌就在人民大会的全体公民面前攻击他。给他定的罪名是"欺骗人民"，属于叛国之列。对这罪的处分应判死刑，而当时的陪审员和法官都是人民。主罚的一派由克山提甫斯带头，他是一个布乞盖氏族的贵族，和阿尔克美奥尼德族的阿加里斯特结婚。布乞盖和阿尔克美奥尼德可能在马拉松战役的前后都是反对米尔提亚德斯所属的那个氏族菲莱代的。米尔提亚德斯在公元前493—前492年因僭主罪名受审一事，可能就是出于克利斯提尼家族之手，他们是以僭主之敌自命的。当在马拉松战前各将军平分两派争执不下之时，米尔提亚德斯就强调耽搁会导致雅典的纷争和分裂，而他这种看法后来得到群众普遍相信的如下事实的支持,即那个盾牌暗号是他的政敌阿尔克美奥尼德族搞的。① 他这种看法和群众所信之事是否确实,我们无从判定;但它反映了在米尔提亚德斯审判之前的政治气氛。

被告本人已因伤卧床,不能为自己出庭辩解了。他的朋友们为他辩护,这些人可能是他所属的以及其他的显贵氏族的头领。因为米尔提亚德斯是以"贵族领袖"著名,而克山提甫斯则相反,以"人民派领袖"见称。辩护者强调米尔提亚德斯作为马拉松的胜利者和列姆诺斯的征服者为雅典服务之功劳。可能正是由于承认这些功劳,对米尔提亚德斯最后没定死罪而只课以 50 塔连特的罚金,这在当时是一笔巨款,是由他的儿子西蒙付清的。② 他是那些雅典人民曾对之判罪黜革、流放或者处死的伟大政治家中的第一人。

当一度主宰政治舞台的米尔提亚德斯被搬掉后,就为各个政治头领之间的斗争大开门路了。但是,先是大流士后是薛西斯的侵略的威胁,仍使人民的权威做出了明确的选择。公元前 488 年,开始采用了名叫陶片放逐法的特别审判程序。在行此法时,人民对他们愿意放逐的任何政客都可投票定罪,只要把他的名字写在一块陶片(ostrakon)上就行,谁的名字在陶片上出现最多,就要被放逐十年。究竟是克利斯提尼在约公元前 507 年制定了陶片放逐法,还是一位不知名的政治家在公元前 488 年发明了它,仍弄不清楚。两者之中以后者论据较强也更适合于它第一次采用时的情

---

① 希罗多德,6.109.5、115;关于米氏生平的争论,可看 CQ,6.113。
② 希罗多德,6.136;亚里士多德,《雅典政制》,28.2;Nep. Milt. 8—9;Pl. G, 516d。

况。无论如何,在公元前488—前481年采用陶片放逐法的目的和效果是明确无疑的。那些提议用此法的人总是想要以此放逐庇西特拉代的同党头目或跟他们在血统和婚姻方面有联系的氏族的头领。这些人就是在公元前488—前486年被判罪的人:希帕尔库斯,恰尔姆斯之子,他是雅典的庇西特拉代首领;麦加克列斯,希波克拉底之子;可能还有卡利辛努斯,阿里斯通尼姆斯之子,他们是阿尔克美奥尼德族的首领。其后陶片放逐的范围日渐扩大:克山提甫斯,检举米尔提亚德斯的著名人物,于公元前485年被放逐,还有亚里斯提德,米尔提亚德斯在马拉松的战友,也在公元前483年或前482年遭放逐。

雅典的发掘获得了数百片属于这十年间的陶片。其中可见到我们上面已提到的所有人名;此外,也有人投陶片票反对希波克拉底(阿那克西留斯之子)和卡利辛努斯(克利斯提尼之子),此两人可能都属阿尔克美奥尼德族,还反对马拉松的包塔来翁和菲列阿里的地米斯托克利。雅典人民就以这种排除的方法把菲列阿里的地米斯托克利选为与波斯作战的领袖。当侵略已成燃眉之急而取舍已很明显的时候,就实行了大赦而把被陶片放逐判罪的人统统召回。① 在公元前480年时,雅典要比公元前490年时更为团结一致,而它所选的领袖地米斯托克利也不比米尔提亚德斯差。

公元前487年,任命九执政官的方法又做了改革。在此以前

---

① *FGrH*,324 F 6(安德罗提翁);亚里士多德,《雅典政制》,22;Pi. *P*. 7(麦加克列斯);And. 1. 77、107;*Hesp*. Suppl. 8(1949),394;*Hesp*. 19(1950),376、21(1952),1,关于陶片放逐法见357—358页。

他们是由人民选举。现在他们从500名候选人中抽签产生,这500名候选人则由其村社的同胞选出,每一村社按其面积大小在这500个名额中占一定的比例。① 候选人的资格却没有变更,他们仍必须是属于最高两等级中之一级,而九名抽中签者仍须受五百人议事会的审查。这一改革有其重要的后果。它使显贵大家族和氏族的影响大减;因为抽签选法对它们无所偏袒。它也使执政官职的威信下降;因为以前一个执政官的当选须靠全国人民多数的支持,而现在他只须靠一个村社的选票即可。它使将军(strategia)的职位增加了政治上的重要性,因为将军仍是普选产生的。那些想取得具有政治影响的公众支持的政治家现在就不做执政官的候选人而争将军候选人的位置。结果将军就不仅是军事首领也成了政治领袖。久而久之,这一改革也影响了阿雷乌泊果斯议事会的成员和威望,因为议事会是从卸任执政官中补充其成员的。当然,九执政官仍然是最富有的两个阶级的有为之士和有经验的代表,但他们已不像过去经常出现的那样是大氏族的头领,这些氏族不仅在城邦的政治生活中,也在其宗教生活中占有核心的地位。在公元前487年实行时,这一改革的直接目标是和陶片放逐法一样的。它限制了氏族之间的竞争场地,它还对以下一事给予了额外的强调:如果雅典要在波斯的侵略下幸免于难,它就必须集中精力选出一位最高司令。

到公元前483年,波斯人开始挖凿阿托斯半岛颈部的运河。

---

① 亚里士多德,《雅典政制》,22.5;在55.1中的后来的程序不是公元前487年的准则。

它表明在入侵时将有一支大舰队和陆军为伴。在公元前483年年末或公元前482年年初，在劳利昂的雅典国有银矿中找到了一支富脉，使城邦手中掌握了一笔总数达100塔连特银子的收入。这笔巨款的使用问题在人民大会上进行了讨论，有的人主张分配给全体公民，而地米斯托克利则力主用之于增建战船，使舰队达到200艘的总数。特别使雅典人动心的论点是雅典以其过时而又弱小的舰队将不能打败埃伊纳。因为，虽然埃伊纳在达提斯和阿塔弗涅斯的远征中没有乘机出动，但这两个城邦仍处于交战状态，对彼此的海运无疑仍在互相攻掠。雅典对其邻邦埃伊纳的仇恨要比它对波斯侵略的恐惧还要大，这一侵略过去已经由于大流士之死而被一度延搁，现在也可能再度被耽搁的。当然，与此同时，在提议者和人民群众心目中，波斯入侵的危险是始终存在的。雅典人到底将在陆上还是海上遭到入侵，或者两者俱来，当时还难预见；不过，假若侵略者由南而来，埃伊纳又降于波斯，那么雅典只有一支比埃伊纳还差的海军就会在海上束手无策。

因此，雅典人赞同地米斯托克利的建议。公元前482—前481年，100艘三桨座船的龙骨已铺造停当。木材可能是由马其顿国王亚历山大供应的，因为在刻尔索尼斯和阿托斯山之间活动的波斯舰队会阻挠任何色雷斯或塔索斯的木材运往雅典；这个马其顿王当时却能把对波斯的名义上的归顺和对雅典的友谊结合起来。同时，训练一支雅典从未有过的大舰队的水兵的工作，也在这些年间着手进行。地米斯托克利的建议是和他在公元前493—前492年加固比雷埃夫斯的防御工事的措施相配合的，这一年正是他任执政官之年。他的一贯政策是使雅典在海陆两方面都成为军事强国。在这一点上他遭到可能以亚里斯提德为首的一派的反对。大约就在此时,亚里斯提德遭陶片法判罪流放,地米斯托克利的优势就更巩固了。当此之际,这一事态发展确实起了拯救希腊的作用。①

第二节 斯巴达和希腊会议

希腊本土的各个城邦虽然对雅典在马拉松的胜利表示赞赏,但它们不向雅典而向斯巴达企求领导。雅典没有追随者,它的邻邦都对它有敌意。斯巴达则是一强大同盟的领袖;在它的追随者中包括雅典的邻邦——麦加拉、埃伊纳、底比斯——而它自己也和雅典实际上并可能是正式地结成了同盟。它的影响在希腊各邦中因此是最高最大的。与此同时,它作为一个军事强国和一个军事同盟首领的威望自从赛皮亚一战摧毁阿尔戈斯以来就一直很高。就希腊本土各国而论,它们看待军事就总是把陆军置于海军之上;因此,假若波斯侵入希腊,很可能只有一个陆军的联盟才能挽救它们的领土免受蹂躏。由此可见,一切有关对波斯组织任何抵抗的问题必然集中于斯巴达身上。在这方面,它的立场是鲜明的。它一贯反对波斯,它在公元前490年援助雅典是出于真心;也没有人怀疑它在这事情上遵从宗教清规的虔诚。当薛西斯向希腊各国要求归顺的时候,他不派人去雅典和斯巴达。这两个国家显然是他

---

① 希罗多德,7.144、8.79、136.1;修昔底德,1.14.3;亚里士多德,《雅典政制》,22.7;普鲁塔克,《地米斯托克利传》,4。

的打击对象。①

就精神上的领导而言,希腊各邦则企求于德尔斐的阿波罗神谕。从这里它们却得不到鼓励。斯巴达被公然告知宙斯的意旨是倒向波斯一边,若与波斯战或者斯巴达城要失陷,或者斯巴达王要丧命。阿尔戈斯则被嘱咐执矛静坐以保头颅。雅典使节刚一进入神殿,皮提亚女祭司就吩咐他们逃向大地的尽头。"你们的命运真是无可嫉羡,因为烈火和驾着叙利亚战车飞奔的凶猛的战神阿列斯,已压在你们城市的上空。"雅典使节不敢带着如此可怕的预言回国,就以请求庇护的人的身份再次进入神殿而得到第二个神谕,其中仍然提到城市将被毁,但接上了一段不那么令人丧气的暧昧之词:

> 那座木墙将攻不破,它将继续保护你们和你们的子孙。
> 不要呆坐着等待骑兵的践踏,也不要等到那些会越过陆地而来的步兵,
> 倒应该把背向着敌人而撤退。
> 终有一天会到来,那时你们将面向敌人。
> 神圣的萨拉密斯呵,当人们播下了种子,或者当他们收割庄稼的时候,
> 你将毁灭掉妇女生育的子嗣。

这些神谕表明了一个固执的态度。雅典城将被毁,假若雅典人留

---

① 修昔底德,1.102.4、1.18.2;希罗多德,7.133。

意于第一个神谕,他们应像过去的弗卡亚人那样举国西迁。斯巴达城也将毁灭,或者国家将在战争中受重创。既然薛西斯只把雅典和斯巴达当作攻战目标,阿尔戈斯就被劝告保持中立。① 从那些根据克列奥明尼曾收买皮提亚女祭司一事而认为神谕有时也为世俗利益所左右的人看来,德尔斐显然想保守中立。而在这种情况下,中立和投降也很难区别。

公元前481年秋,准备抵抗波斯的希腊各邦的代表们来到斯巴达,在一个后来叫作希腊尼昂的地方开会。他们可能是应斯巴达发起而得到雅典支持的邀请而来的。在此,他们庄严地保证他们将与波斯作战并加入抵抗波斯的同盟。他们讨论了军事问题,决定把海陆军的指挥权都委之于斯巴达。雅典要求指挥海军的意见也被讨论过,但入盟者拒绝在其指挥下作战。② 他们于是同意结束他们之间的一切仇隙和战事。这样,雅典和埃伊纳之间的战争就终于结束了。接着他们就派遣侦探到小亚细亚,其中有些曾被波斯人抓去;可是,按薛西斯的命令,给他们看了波斯军的整个雄强阵容后,又把他们送回到希腊。同盟各邦还决定派使节到阿尔戈斯、克里特、科尔西拉和叙拉库斯。"既然所有希腊人都同样地受到危险,因此他们希望整个希腊世界结成一体,采用同一政策而同心协力一致行动。"③

在阿尔戈斯,使节被议事会接纳。尽管德尔斐早已发出了神谕,阿尔戈斯仍愿在以下两个条件下加入同盟:其一是斯巴达对阿

---

① 希罗多德,7.220、148、140。
② 波桑尼亚,3.12.5;希罗多德,7.132.2、139.5、145.1、148.1、157.1、161.2、8.2.2。
③ 希罗多德,7.145。

尔戈斯允诺持续三十年的停战,另一是阿尔戈斯和斯巴达同享盟军的指挥权。使节中的斯巴达代表允诺将第一个条件交给斯巴达人民大会按多数票决定,对第二个条件,则按斯巴达早已估计到因而决定了的方案提出给阿尔戈斯以三分之一的领导权。阿尔戈斯议事会拒绝了斯巴达的方案,并命令使节在日落之前必须离开阿尔戈斯领土。至于阿尔戈斯到底和波斯结盟与否,则是古人争论不休的一个问题;但是,同盟起码已估计到,假若薛西斯越过了科林斯地峡,他就可能和阿尔戈斯军并肩作战。在克里特,各邦原来都有同情的倾向,但它们首先是向德尔斐请示神谕。可是,神谕的回答是那样可怕,它们就再也不提援助本土的希腊人了。在科尔西拉,使节得到了给予援助的许诺。但是,当危机来临时,科尔西拉60艘船的分遣舰队还没有绕过伯罗奔尼撒半岛;这一耽搁使人怀疑他们是有意延宕,用这方法来使他们不至与波斯对阵。

使节从科尔西拉走到叙拉库斯的统治者盖隆那里请求援助。他愿意提供大部队,但是要斯巴达把领导权让给他作为条件。当斯巴达使者拒绝时,盖隆又提出只要求海军领导权,然而雅典使节也拒绝了这一要求。使节的理由是假若斯巴达要让出海军领导权的话,应该是让给雅典。盖隆于是收回了他出援的许诺,使节也就回国去了。作为一个中立者,盖隆派遣了卡德莫斯当观察员前往希腊,把一大笔钱放在中立派的中心地德尔斐。在这里,如果波斯胜利了,卡德莫斯就可以把钱献给薛西斯,并呈上表示归顺的土与水。①

---

① 希罗多德,7.148—171。

公元前480年春,希腊同盟各国在地峡开会。它们的组织已具雏形。其核心势力是斯巴达同盟,即"拉西第蒙人及其同盟"。希罗多德曾两次提到这一核心:一次是当使节们会见盖隆并和他谈及同盟的指挥事宜的时候,另一次则是在雅典准备单独议和的时候,斯巴达以其同盟的名义保证给予雅典公民以庇护所。① 既然斯巴达掌握发起召集之权,它可以把它自己的同盟组织规程用之于此。但它没有这样做,因为这个它在起领导作用的同盟无论在结构方面还是在范围方面都和斯巴达同盟大不相同。例如斯巴达同盟有两个协议机构,即斯巴达城邦和斯巴达各盟友的议事会,而抵抗波斯的希腊同盟只有一个会议。在这个会议中,每个希腊盟邦,包括斯巴达在内,都以它所选出的委员(probuloi)为本邦的代表,一邦一票,少数服从多数。在会议的预备会开过之后,会议即不再在斯巴达而在地峡召开。指挥权并不像在斯巴达同盟中那样自动地归于斯巴达,而是按会议中委员们的决议而定。② 斯巴达没有把它的同盟规程强加于此而坚持其优越地位,反而愿意和其他国家平等相处并让它们自择领导,这一事实是眼光远大的政治家风度的杰出表现。在拯救希腊的事业中,自由的领袖也尊重同俦的充分自由。

这一新组织的称呼是"希腊人"③。组成联盟后它就有一个集合名称——"希腊人联盟"或希腊联盟。在会议中也设了一个行政

---

① 希罗多德,7.157.1、8.142.4。
② 希罗多德,7.172.1、8.2—3;D. S. Ⅱ.1。
③ 希罗多德,7.173,1及全节;修昔底德,1.132.2;普鲁塔克,《亚里斯提德传》,21.1和《地米斯托克利传》,23节末。

机构。所有希腊人都可能成为其成员,事实上则只有那些宣誓抵抗波斯保护希腊的城邦才算盟员。联盟会议的职权甚大。它决定希腊盟军的基本战略,指派司令,分配兵员和钱粮的摊派任务。①它宣誓与投降波斯的各邦为敌,要对它们惩处或课以罚金,并将投降的个人交付审判。它任命和其他城邦谈判的使节,它以"希腊人"的名义从胜利品中选出献神的礼物和贡品。因此这一组织在军事、外交、财政、司法和宗教方面都有其作用。假若希腊世界理应结为一体的话,这个希腊联盟及其会议可以作为希腊统一的理想的楷模。②

在普拉提亚战役以后,得到承认其盟员资格的城邦数目达31个,它们的名字曾刻在置于德尔斐的一个青铜蛇形三脚架之上,冠以"下列各邦曾参与此战"的铭文。这个三脚架原来承托一个黄金三脚鼎,这个金鼎则是希腊联盟把它作为从波斯得到的第一个胜利品而奉献给神灵的。③ 铭文所刻各邦的次序可能按入盟先后次序。④ 表列如下:拉西第蒙人、雅典人、科林斯人、提吉亚人、西夕温人、埃伊纳人、麦加拉人、依庇道鲁人、奥科美努人、菲利亚西亚人、特罗曾人、赫尔米翁人、梯林斯人、普拉提亚人、提斯皮亚人、迈锡尼人、西奥斯人、米洛斯人、铁诺斯人、那胡斯人、厄律特利亚人、加尔西斯人、斯梯利亚人、厄列亚人、波蒂代亚人、琉卡斯人、安那

---

① 波桑尼亚,3.12.5;希罗多德,7.173;普鲁塔克,《亚里斯提德传》,24.1。
② 希罗多德,7.132、9.86。
③ 修昔底德,1.132,2—3;希罗多德,9.81;波桑尼亚,10.13.5;普鲁塔克,《地米斯托克利传》,20;*GHI* 19。
④ 铁诺斯人是后来插入的(希罗多德,8.82);波蒂代亚人可能是在他们举义反抗波斯统治之前加入的(希罗多德,8.126)。

克托利昂人、夕特诺斯人、西弗诺斯人、安布那西亚人、列帕利人。这些城邦中有的加入较晚，也有别的城邦实际参了战，但在公元前479年还没有被正式接纳因而没有列入。

　　最有影响的城邦是斯巴达同盟之首的斯巴达；还有雅典，和它在一起的有它在加尔西斯的军事移民以及紧跟随它的普拉提亚和提斯皮亚；科林斯也是强邦之一，和它在一起的有它的一些殖民子邦，波蒂代亚、琉卡斯、安那克托里昂和安布拉西亚等。陆军主力来自伯罗奔尼撒内部诸邦，海军主力则来自萨隆尼克湾各邦。随着战争的开展，上述这些事实对希腊联盟的战略有一定关系。希腊人所能推出的最大陆军力量是将近 40 000 名重装步兵和 70 000 名轻装步兵；但是，只要帖撒利站在投降派一边，希腊之骑兵就无足轻重。相应的海军大约是 400 艘三桨座船和少数五十桨船，从一开始希腊人就知道在海陆两军方面他们都是寡不敌众的。因此他们力求占据险要地形，使敌军的优势兵力不能立即发挥实效；此外，他们还特意选择那些能够在形势不利时也不让波斯骑兵大队包抄围攻的地形。

　　在筹划它的基本结构时，希腊联盟会议吸取了近年以来的种种经验。在安排指挥系统时，它从爱奥尼亚起义和马拉松之战学到不少东西。海陆两方的最高司令都委之于斯巴达，在每一方都有一个斯巴达人的司令官。在希腊联盟会议制定的总的战略方案的范围内，斯巴达司令官有执行作战和临机应变之权。他的命令分发向各盟邦的分遣队。每一分遣队由该邦本国司令官一人指挥，像雅典那种十将军轮流指挥的土风陋俗已予革除。最高司令，依情况或为斯巴达陆军大将或为斯巴达海军大将,一般都与盟邦各分遣队的司令官共同议事;但他在按照本人意见决策时不必受其同事的多数票所左右。① 这种指挥系统有很大实利。它使水陆配合作战能够协同一致,也使得始终一贯的战略指导和迅速决策成为可能。30个城邦都同意把它们的分遣队无保留地置于斯巴达人推举的一个最高司令统领,说明了它们相当明智,也说明斯巴达威信之高。

当会议在科林斯进行时,薛西斯已由萨尔迪斯进至赫勒斯滂。那些反对拉利萨的阿留阿代族统治者投降政策的帖撒利城邦派遣使节到希腊联盟会议,要求联盟保卫扼马其顿进入帖撒利要道的坦佩谷。这些帖撒利人愿意提供援助共同守卫;但是,假若不派一支劲旅北上,他们就不能支持而不得不与波斯议和。会议同意帖撒利人的请求。一支10 000名重装步兵的队伍,由斯巴达人欧恩图斯率领,其分遣队司令官中包括地米斯托克利,经海路运至帖撒利南部的哈鲁斯。它由此地穿过平原进驻坦佩峡谷。在这里它得到帖撒利骑兵的配合,这支骑兵是希腊最强的骑兵部队。但是,他们在此了解到坦佩谷可以从伯尔哈比亚的一个山口后面包抄,而海岸也不宜于支援陆军的海军作战,因为水面太开阔,靠南的海岸又是岩石峥嵘且无港口。从马其顿王亚历山大那里也派来了使者,警告希腊人从速撤退,否则在波斯陆军大批部队到达而海军包围海岸之后,希腊人将全军覆没。几天以后,希腊部队便回返

---

① 希罗多德,8.2、74—75、79—81、9.21、46、51。

地峡。①

从军事上看,这一决定是明智的。希腊人还没有足够的兵力去扼守三个或四个可资敌用的关口,他们的海军也不能阻止波斯军在坦佩谷以南登陆。帖撒利的平原是敌人骑兵的理想战场,这支骑兵要比帖撒利的骑兵多得多,它能切断希腊人的退路。从政治上看,这一决定却是不幸的。当薛西斯进抵马其顿南部之后,他派出去的使节就向他回报了帖撒利人和他们附近的邻国向波斯投降的消息(这些邻国包括多罗甫人、埃尼安尼亚人、伯尔哈比亚人、马格涅特人、亚该亚弗提奥蒂斯人和马利斯人),还有罗克里人、除去普拉提亚和提斯皮亚以外的彼奥提亚人也都投降了。阿提卡以北唯一没有投降的地区就是弗西斯。由此可见,希腊人的这一首次出师是失败的一着。假若他们一开始就固守他们以后才选定的温泉关,他们就可能保住中希腊一些城邦的支持,并可避免不战而退的沮丧。而现在联盟各邦能做的就只是在德尔斐宣誓要把这些并非受迫而投降波斯的希腊城邦十分之一的人丁献神以作为牺牲。②

第三节 波斯军力逼温泉关

薛西斯带入希腊的兵员总数,据希罗多德所述,超过了500万人,因而几次把河水饮干。实际数目不可能这么大。无论如何,陆

---

① 希罗多德,7.172—174。在特罗曾发现的地米斯托克利的命令似乎没有历史根据。(见 C. 希格尼特.《薛西斯对希腊之入侵》,458 页以下)。

② 希罗多德,7.132;D.S.11.3。

海军全体战斗员和非战斗员总数当在 50 万左右。这样一支大队伍的供应问题，自然非同小可。粮食已在色雷斯和马其顿各进军据点囤积，进一步的供应则由小亚细亚渡海运来。① 当全军进抵阿提卡时，其兵员的大多数必已担任运输线的守卫以及为人马准备粮草的工作。在这方面，舰队也起了应有的作用。在战舰护航之下，货船输送供应品要比用牲口在山间小道中驮运快得多。由于陆军依赖于海军，他们从一个主要地点行进至下一个主要地点时，便总想同时并进。另一个严重问题是行军速度。在爱奥尼亚起义期间，波斯的三支军队是各自为战、动作迅速的，薛西斯的大军——海陆军都同样——则是整体行动。由于它使用役夫和牲口搬运军需什物，全军的一般速度便只能按最慢的驮运牲口的速度。虽然赫勒斯滂和斯特累蒙河上都架了桥，而且被催促着紧走快行，从阿比多斯到侵入阿提卡仍花了五个月之久。在这整个期间只有三天用于作战。波斯军旅本身的庞大和迂缓就已为其失败埋下祸根。因为，当 9 月来临而冬季在望的时候，这样一支大军就明显地不能在资源贫乏的中希腊长久待下去。②

希罗多德曾在两处谈到波斯军队的组成。③ 在第一次叙述中，是指波斯军在萨尔迪斯出发的情况，其材料的来源可能取自一可靠的目击者。大军行进的次序是驮运辎重的队伍在最先，其次

---

① 希罗多德，7.184—18.6、7.25；波斯陆军战斗部队的最低数字是在温泉关时的 50 万(Ctes. 23 末；Just. 2.1)，全军的最低数字则是在多利斯库斯时的 80 万(Ctes. 23 始；D. S. 11.3.7)，海军的 1 200 艘战舰需水手约 24 万名。

② 希罗多德，7.56；A. *Pers*. 790—794。

③ 希罗多德，7.40—41、60—87。

是各民族的混合部队,中间隔一段距离,再后就是一支精选部队,他们行进在波斯最高主神阿胡拉-马兹达的战车和诸王之王薛西斯的御辇的前后。这一精选部队由 2 000 名骑兵和 2 000 名长枪兵组成。在他们后面是 10 000 名骑兵和 10 000 名步兵,后者有"不死军"的美名。这些部队都是波斯兵。再隔一段距离,就是剩下的杂牌军了。在各族的混合部队中,肯定有从米底、巴克特利亚、印度和里海草原一带以及帝国其他地区征集的英勇善战的兵旅。希罗多德第二次叙述则是在薛西斯于多利斯库斯阅兵之际,他的最后依据可能是一份波斯陆军总表,开列的并非这次出征的兵旅而是波斯帝国全部兵力。这一叙述对我们说来用处不大,最多只能在军事装备方面提供一些情况。轻装的波斯骑兵的主要武器是投枪和弓箭,使他们可以在远距离就能扰敌步兵。重装骑兵则以长矛为武器,用于近战,他们穿着青铜或铁的头盔及鱼鳞胸甲,能御刀箭。前者大约骑小种马,与希腊各地所产差不多,后者则骑大种战马,这些马产于米底,超过希腊最快的骏马。重装骑兵有能力在近战中与希腊的重装步兵相抗。① 作战的步兵用短矛、匕首和柳条编的盾牌;他们一般戴一顶软帽或裹以头巾,穿以充棉或带鳞甲片的大褂以及长裤。此外,他们还带一只比希腊武器长得多的弓。这种步兵在马拉松之战中已被希腊重装步兵在近战中打得落花流水了。但薛西斯也在小亚细亚和北部、中部希腊征集步兵,他们就装备着和希腊重装步兵同样的长矛短剑并有金属制的盾牌、头盔、铠甲、腿甲等护身。其他步兵,例如萨加族步兵,还

---

① 希罗多德,7.40、196、9.20—23。

用战斧和大刀从事近战,还有许多作为弓箭手、投枪手和投石手的步兵。战车部队有掘壕兵和开路兵等工程部队支援,他们善于修路和架设浮桥,另外还有一支组织良好的后勤部队。

希罗多德所叙的海军舰队,①可能是指集合于多利斯库斯的舰队而言。它有1 200艘三桨座船,其中用桨或用帆驶行最快者都是腓尼基人的。最大的分舰队来自腓尼基、埃及和塞浦路斯;但有300艘船只来自在爱奥尼亚起义中及其后投降的希腊城邦。水兵用于甲板上的争夺战,其中不少人是用希腊式武器装备的,但是腓尼基人、埃及人和塞浦路斯人护身甲胄较差。海运陆战队伍在每个三桨座船上都有,他们属波斯人、米底人或萨加人,其装备与步兵同。腓尼基的三桨座船可能比希腊人的大而且快,但它们灵活性较差,也经不起冲撞。它们主要是为甲板上战斗的目的而设计建造的。② 三桨座船有较小的战船和供应船伴随,它们包括50桨船、30桨船和轻型船只等,还有数目众多的运输舰和供应舰。不算三桨座船在内,在多利斯库斯纠集的船只总数大约有3 000艘左右。它们的数量如此巨大,港口确实经常不敷应用,而在海上,舰队阵列则很难保持。

波斯大军海陆方面的指挥权皆集中于国王之手。他在战略上指挥又对作战进行督促。他的陆军参谋部包括六位将军(每人指挥一个步兵集团军),另外还有希达尔尼斯(指挥10 000名"不死军")和三位各指挥一骑兵集团军的将军。他的海军参谋部包括四

---

① 希罗多德,7.89—96;D.S.11.3.7—9。
② 希罗多德,8.10.1;60a;普鲁塔克,《地米斯托克利传》,14。

位各指挥一支分舰队的海军司令。所有这些官员都是出身显贵的波斯人,有的是王室成员。各族的步兵分遣队是由波斯军官指挥的,但海军的小分队由各族自己的军官统领。这就是波斯军的指挥系统,它在很大程度上依赖于作为总司令的国王个人的判断和其参谋人员的能力。波斯军官一般都有和各民族作战的广泛经验,特别是在爱奥尼亚和马拉松跟希腊人作战的经验。波斯的几位海军司令不熟悉希腊半岛沿岸水情,他们在海战方面经验也比较少;因此他们在更大程度上依赖于各作战舰队中的本族人司令官。①

波斯军从多利斯库斯海陆兼程顺利到达特尔马,即现今的萨隆尼奇,位于特尔马海湾的顶部。从此隔岸远眺,薛西斯可望见奥林匹斯山和奥萨山的巍峨峰峦,它们有如希腊的铜墙铁壁,矗立天际。他带领着一支装备齐全的队伍侦察巡视了皮涅乌斯河口和坦佩谷向海的一面。虽然希腊人早已由帖撒利撤退,他的使节也向他汇报了帖撒利人及其邻邦投降的消息,薛西斯仍决定不从坦佩谷而从奥林匹斯山西面的山口进入希腊。这一决定使进军停顿十天左右,利用这段时间波斯军在森林中修了一条道路,但海军则白白地待在特尔马湾。② 薛西斯可能想修筑一条不像坦佩谷那样受到敌军侵扰的运输线,但他竟为此而延搁全军的推进却是令人难解的。一支装备精良的机动部队本来可以很容易派去前沿抢占更南面行军路上的险要地点的。

---

① 希罗多德,7.81—83、88、97—99。
② 希罗多德,7.128—132。

当薛西斯在马其顿耽搁的时候,希腊联盟会议正讨论战略问题。多数人同意扼守比坦佩谷更狭的温泉关的隘口,并把舰队放在挟制优卑亚海峡的阿尔提米西昂。这两个地点相距不远,便于海陆军彼此间用烽火和船只进行联络。每个地点都是形势险要的兵家必争之地。据信,温泉关天险没有任何捷径可以包抄。对它若从正面攻击而希腊人万一失利的话,他们也可从波斯骑兵不能接近的山路后撤。假若波斯人攻而不克,那么薛西斯只有引兵西向绕过关口而进入多利斯的夕丁尼昂,他由此而重新与其舰队会合之前,必得遭遇弗西斯和彼奥提亚等地的抵抗。在阿尔提米昂的希腊舰队据有优卑亚岛上的友军基地,其后又经过优卑亚海峡的有保障的供应线。假若希腊舰队要后撤,它也可经两岸都属友好盟邦的海峡而过。假若波斯舰队要包围希腊舰队,它就得绕行优卑亚岛从而远离波斯陆军独立作战。因此,这两个地点只要同时固守,就可割裂波斯军南进之锐势。但是,如果两者之一失陷,则全军都得后撤。

温泉关和阿尔提米西昂的联合布阵选得很巧,但决策的时机已经太迟。受命阻敌的部队海陆兼程急速前往指定阵地。当薛西斯在特拉奇斯平原扎营的时候,温泉关的守军是 6 000—7 000 名重装步兵。全体守军的司令是斯巴达王列奥尼达,它包括 4 100 名伯罗奔尼撒兵(300 名斯巴达人、1 000 名拉西第蒙人),700 名提斯皮亚兵和 400 名底比斯兵,以及应列奥尼达求援之请而从弗西斯和奥普斯的罗克里来的部队。这支守军实际上是当作主力大军的前锋,①而这批大部队准备在斯巴达和奥林匹亚举行宗教节庆后才开赴前线。然而,不管薛西斯行动多么迟缓,希腊人的行动甚至比他还慢。这支前锋部队是注定了要孤立无援地打公元前480年的第一仗,同时也是这一年的唯一大仗。

希腊舰队进入阵地较快。斯巴达人欧利比阿德斯统率着在他指挥下的271艘三桨座船和少数五十桨船。其中有147艘三桨座船是由雅典人、普拉提亚人和雅典在加尔西斯的军事移民驾驶的;因此,雅典海军司令地米斯托克利是欧利比阿德斯同僚中最有影响的一位。在希腊舰队前进之际,德尔斐人民向神殿请示神谕并给希腊人送来了及时的回答:"向风神祈祷吧,他们会是希腊的可靠盟友。"这时,波斯舰队还在特尔马的基地停留,它派出十艘快速三桨座船的小队前行侦察。在斯夕亚多斯岛上,有三艘希腊三桨三座船担任守望。当他们看到敌人时就逃走了。但是,他们虽然带头逃走,特罗曾和埃伊纳的船却被追及而截俘了;雅典人的那只船却向北驶而得以逃出,但它的水手们在抵达皮涅乌斯河口后便弃船而走,穿山越岭回到故乡。波斯人于是在斯夕亚多斯和赛比亚斯海角之间的暗礁上立一石柱以为标记,向后面的主力舰队标明了航道。同时,希腊舰队也从斯夕亚多斯打来的烽火信号得知和敌人有了第一次接触。它于是在优卑亚北部高地上设了一个瞭望哨而后撤到加尔西斯的海峡最狭地段。这一后撤使波斯舰队得以通行无阻地进入帕加塞海湾。更有甚者,假若希腊舰队继续待在加尔西斯,那么连温泉关也将守不住,因为敌方舰队可在其后方

---

① 希罗多德,7.175—177、202—206、228.1;D. S. II. 4.5—6;Isoc. 4.90、6.99。

增兵登陆。①

在这关键时刻,向风祈祷果然奏效了。波斯舰队从特尔马带其辎重出航之时,在马格涅西亚的多石的海岸过夜。整夜都风平浪静,全舰队就船头朝海,排成八列,靠近窄岸抛锚停泊,但只有很少几只船有安全的停泊处。破晓以后,当地人称为赫勒斯滂底斯的东风猛烈刮了起来,海中涌起轩然大波,狂风巨浪顿时把舰队冲得七零八落,许多船只被沸腾的大海卷向险峻的岩岸而碰得粉碎。第四天,当风暴平息以后,波斯人损失计达400艘战舰和更多的供应运输舰。而这时希腊舰队却安全地待在加尔西斯的避风港内。当知道了波斯人的损失以后,雅典人向北风之神波里亚斯献礼敬谢,而全体希腊人则向他们的救命恩人海神波赛冬奉献牺牲,顶礼祈祷。希腊舰队以后就回返阿尔提米西昂。波斯舰队也在风浪平息后另行集合而绕航赛皮亚角,驶进帕加塞海湾。在阿尔提米西昂的希腊人远望着敌人扬帆而过,为其舰船的众多而深感惊恐。但是,一个意外的好运却使他们长了士气。因为有15艘迟到的波斯船绕航赛皮亚海角时,误把希腊舰队当作自己一方,于是就落入希腊人之手。希腊人对这些俘虏进行审讯以后,就把他们捆绑起来押送地峡的希腊军总部。②

现在,敌对双方都已进入阵地,薛西斯原想要他的陆军和舰队同时到达。但风暴和在帕加塞湾进行的修复工作使海军延误了四

---

① 希罗多德,7.178—183。
② 希罗多德,7.183.2、188—195。

天。① 在这几天里,他的陆军待在特拉奇斯平原无所作为;因为,虽然他把温泉关的希腊守军看得无足轻重,他却没着手进攻。他在第五天下达的命令才暴露了他的目的。一个包括200艘三桨座船的分队将受命驶向斯夕亚多斯岛北面,然后秘密地通过优卑亚岛外,在次日逼近优卑亚海峡的南端。这个分队要避开敌方在优卑亚北部的监视哨的耳目,在下一天的黎明完成近130海里的航程而达吉拉伊斯托斯海角,为此它必须在黑夜起航。在同一天中午,波斯舰队主力也应移动而停泊于阿尔提米西昂对面的阿佩太,但不开战。同一天里,波斯陆军开始对温泉关攻击。到次日,也就是200艘三桨座船的分队预计抵达目的地时,主力舰队向希腊舰队开战,同时对温泉关继续攻击。薛西斯的目的显然是想把整个希腊舰队困死于阿佩太和攸利普斯峡道之间,同时攻破温泉关而占领希腊本土一面的海岸,然后水陆夹击希腊舰队,必使其全军覆没无一生还。这一胜利将是决定性的。因为自此以后大获全胜的波斯舰队可以包抄任何希腊陆军能采用的防守阵地。②

在波斯按兵不动的这些日子里,温泉关的希腊陆军和阿尔提米西昂的海军通过海路保持着密切联系。看到波斯海陆军阵容如此浩大,希腊军中大感恐慌,多数人都主张立即从海陆两面后撤。但列奥尼达和欧利比阿德斯意志很坚定,后者还有多智多谋的地

---

① 事件顺序据希罗多德。在温泉关和阿尔提米西昂的三天战斗是同时进行的(8.15)。在进攻温泉关之前,薛西斯在平原上等了四天(7.210)。他进入平原是在舰队绕过赛皮亚湾两天以前(7.196)。因此,舰队在帕加塞的修复用了两天时间。潜水员斯夕里亚斯的打捞工作也说明要用这些时日,而打捞只能在风平浪静时进行(8.8.1)。

② 希罗多德,8.6—7。

米斯托克利为其后盾。关于这个地米斯托克利,后人还相信他既为希腊利益也为其个人利益而收买了有关人员。在第五天,希腊籍而在波斯军服役的潜水员斯夕里亚斯投奔希腊一边,后人传说他为此曾创水底潜泳10海里的不可能的奇迹。但他的功绩具有极其重大的意义。因为他报告了波斯舰队受风暴损害的全部详情和200艘三桨座船分队的绕航计划。当时这一分队已在优卑亚岛外驶航途中。在希腊海军的军事会议上做出的第一个作战计划是舰队原地不动直至午夜,然后驶进海峡在次日于攸利普斯附近迎击那200艇三桨座船的分队。这个计划会使温泉关失其屏障而让波斯舰队主力将其包抄围击。但是,当到午后已进至阿佩太的波斯舰队仍无动静时,希腊舰队便决定在傍晚向阿佩太的敌舰进攻。①

与此同时,对温泉关的攻击开始了。列奥尼达坚守悬崖和海岸间只有50英尺宽的狭窄通道。此地原有一石垒的古墙,被守军修复以卫护其营盘。此段墙的前沿,通道一度展宽了些,后来又缩小,最后狭到只有六英尺宽。就在这墙和最狭通道之间,列奥尼达准备用作拼战之地,这段狭长地带大约有一英里多长,便于守军战士进退攻战。在墙的后面约一英里左右,通道又逐渐收狭,最后通达一名叫阿尔卑尼的小村,那是守军的供应基地。列奥尼达到达温泉关以后,知道其地尚有一条山路可包抄至关后将其阵地从后堵围,因此他就派了自愿担任这一任务的弗西斯人的部队去守住这条山路。薛西斯首先派出一个骑兵侦察员至关口窥探。这人进

① 希罗多德,8.4—5、8—9。

抵温泉关通道最狭之处,远望墙后,只见有 300 名斯巴达人,有的在做体操,有的在梳头,因为自从在赛皮亚打败阿尔戈斯之后,有人就留发表示庆祝,现在头发已很长了。他们对这骑马的探子毫不在意,他便回返波斯军中,将所见情况报告给薛西斯。薛西斯对流亡到波斯宫廷中的斯巴达废王德马拉图斯表明了自己的惊讶,而德氏则警告他说,这些人是世界上最勇敢的人。

这个警告果然应验。整天之中,一批一批波斯陆军部队——米底兵、卡西亚兵以及波斯人自己的"不死军"——冲进隘口时都被成队地斩杀刺倒。他们完全不能抵挡希腊重装步兵的长矛和厚甲,特别在斯巴达人施展其训练有素的先退后进、合围歼击的精确战术之下,波斯军只好甘拜下风。薛西斯在这里完全不能使用骑兵作战,但他希望以步兵的不断出击压垮守军。第二天,波斯军又继续攻了整整一天,仍是毫无进展,希腊守军的各邦分遣队轮流在前沿阻击敌人。到傍晚时,一个马利斯地方的希腊人厄菲阿尔提斯向薛西斯透露了那条山间小径。在他导引下,希达尔尼斯率其不死军在掌灯时分离开波斯营地而上路了。①

在这两天中,舰队也一直在交战。当希腊军于黄昏出击波斯舰队时,后者移至海峡中段海面。在敌方优势兵力面前,希腊舰队围拢摆成圆圈阵,各船以尾部面向中心,而以船首向外迎敌,这样它们就可避免遭受敌舰从后面攻击。当波斯舰队把希腊舰队团团围住时,希腊人便划桨猛冲,与敌方交锋,战斗极其激烈。当夜幕降临时,犹未分出胜负,于是双方脱离接触,各回原地待战。前半

---

① 希罗多德,7.175,2、217.2、208—215;D. S. 11.7.2—3。

夜,从皮利翁山巅刮来狂风暴雨,伴随着激烈的雷鸣和闪电。又从南方刮起一阵大风,把海峡中的破船和尸首统统吹到波斯舰队的停泊处。同一场暴风雨还摧毁了那支200艘三桨座船的波斯分队,当时它已绕过吉拉伊斯托斯海角而驶入优卑亚洼地外围海面。风狂雨暴,黑夜沉沉,这些船只被冲向怪石狰狞的优卑亚岸边,全部沉没。次日,波斯人遭难的消息和53艘雅典舰只组成的支援部队同时达到希腊舰队。这批雅典舰只大概是用尽了雅典所有后备兵员装备起来的,它在驶进优卑亚海峡时还不知道波斯那支分队正尾随其后,在整个夜晚它也躲避在风浪较小的加尔西斯附近。当天傍晚,希腊舰队再度出击,在夜幕降临前击沉了一些西里西亚人的船只。然而,波斯舰只在数量上仍比希腊多得多,薛西斯于是下令在次日中午出战。①

第三天清晨,破晓的阳光刚刚照在温泉关山上的小道时,防守的弗西斯人就听到了践踏橡树叶的阵阵脚步声,他们立即拿起枪矛准备战斗。但是,在敌军如雨的箭矢之下,他们后退到山麓较高处,待敌军追上来时一决雌雄。可是,希达尔尼斯及其不死军却顺着山路穿行而过并向山脚下的阿尔卑尼疾奔而去。在山下的平地上,列奥尼达在天未亮时就已从波斯方面投诚过来的兵士口中知道了波斯军已走上山路的消息。当他召集各分遣队的司令开会时,这消息已被黎明从山顶上跑下来的哨兵的报告所证实。在会议上意见纷纷。列奥尼达命令其他分遣队立即撤退,因为温泉关阵地被围已属不可挽救,但斯巴达人和底比斯人的分遣队却要留

① 希罗多德,8.10—14;D.S.11.12.4—13.2。

下。提斯皮亚人和占卜师阿卡奈尼亚人麦吉斯提亚斯也不愿从命而留下了。他们都和列奥尼达共存亡。其他兵众及时地从山上安全后撤。①

列奥尼达知道他可能受到不死军从后面攻击，便将部众引至路口最狭之处。在午前一两个时辰，当薛西斯的军队已经集合准备进击时，列奥尼达便将部队带至山崖前的开阔地上和敌军决一死战，而那些波斯兵也在其长官的鞭赶笞责之下驱入战场。那些没有被希腊人当场杀死的波斯兵，就被随后而至的列队践踏致死，他们是整队整队地被斩尽杀绝的。希腊人的长矛很快撞碎折断了，他们就改用短剑作战。当列奥尼达倒下时，为争夺他的尸体双方反复搏斗了三次，最后是希腊人把它带回后阵。然而，这时希达尔尼斯和他的不死军已包抄而至，希腊人便全部从狭口退回，越过古墙，在一座小山头摆开最后死战的阵地。在这里，底比斯人逃跑了，他们举起双手表示对波斯人诚意投降。其余的人都在四面被围和遮天蔽日的枪矛箭矢之下血战至死。

薛西斯命令把列奥尼达的尸体斩下首级，吊在一个十字架上。其他战死者被埋掉，底比斯人则被刺上波斯王室印记。战后，德尔斐的安菲克提翁同盟为斯巴达人在此建立了一个纪念碑，铭文如下："过客呵！去告知拉西第蒙人，我们遵从着他们的嘱托而长眠于此。"②

在同一天中午，波斯舰队也扬帆出击。由于希腊舰队在阿尔

---

① 希罗多德，7.216—222。
② 希罗多德，7.223—228。

提米西昂原地不动,波斯人便采取了半月形阵势,想把敌方两翼包揽。这时希腊舰队便前进迎战。在船只拥塞杂沓之中,波斯舰队经常互相冲撞;但在近战时两方的人员和船只的损失都很大。在波斯一方,埃及人表现突出,在希腊一方则雅典人作战英勇;后者最勇敢的船长是有钱的克里尼亚斯,阿尔西比亚德之父。到黄昏时,双方脱离接触,雅典战船已有半数受损而失去战斗力,而温泉关失守的消息也传给了欧利比阿德斯。舰队将官在海岸上召开了会议,决定撤退。炊火照常,水兵们凭火烤烧优卑亚村民的牛肉。在黑夜中舰队起锚而退,最先走的是科林斯人,雅典人在最后。当太阳升起时,波斯人渡海而至,却只见阿尔提米西昂已空无一人。当这些波斯舰只沿海峡扬帆而下、沿途洗劫村镇之时,他们可见到岩石上刻了许多按地米斯托克利命令写下的口号,号召爱奥尼亚人和卡利亚人起义投诚,若起义不成,则不要积极为波斯卖命。用这样巧妙的宣传,地米斯托克利为下一次交战准备了条件。①

当薛西斯重整旗鼓率军前进时,他的最精锐的步兵已有两万人死于温泉关战场。在大风暴和三次海战中,他的战舰也有一半受损或沉没。在人对人和舰对舰的搏斗中,希腊人已表明他们能占上风。在温泉关,他们阵亡了 4 000 人,其中可能有一半是希洛人,即斯巴达重装兵的仆役。从阿尔提米西昂,希腊人拖回了那些受伤的战船和俘获的敌船,其中有 30 艘是在第一天俘获的。希腊全军士气高涨。因为他们知道海神风神都站在他们一边,并且他们仅以自己海军力量的一部分就顶住了波斯舰队。他们把英勇作

---

① 希罗多德,8.15—22。

战的荣誉给予雅典人,用诗人品达的话说,雅典人在阿尔提米西昂"奠下了自由的光辉基石"①。

第四节 萨拉密斯之战

波斯陆军由内陆的一条道路前进,通过多利斯而达弗西斯,沿途烧掠甚广,居民都逃避于帕尔纳苏斯山的高处。波斯军下达彼奥提亚后,受到那些投降城邦的欢迎。普拉提亚人事先得到在加尔西斯上岸而在陆路行军的水兵的警告,做好了疏散的工作。但普拉提亚和提斯皮亚的城镇悉被烧毁。波斯军的一个分队向德尔斐圣地进军。有见于弗西斯的神庙曾遭劫掠焚毁,德尔斐人曾向神请示,得到的答复是神会照顾自己。当他们刚好避开,波斯兵就到达了。可能对波斯兵下达了保护神庙的命令,因为从波斯立场看,神谕是中立的,甚至比中立还要更好一些,而波斯的政策,从达提斯在提洛岛的所为就可看出,对崇拜阿波罗的主要中心是采取安抚态度的。当波斯兵行进在绝壁之下而接近死寂的神殿时,突然雷电交加,霹雳轰顶。在地摇山动、闪电划破长空之际,两座山头从悬崖上震塌崩裂,压死了一些波斯兵。其余的人逃跑了。②因为他们也像希腊人一样相信雷电是神力所致,众神早已把他们的不少船只和水手葬身海底了。

与此同时,希腊舰队下锚于萨拉密斯湾。希腊会议决定不守

---

① 希罗多德,8.24—25、8.11.2;Pi. *Fr* 77;参见普鲁塔克,《地米斯托克利传》,8。
② 希罗多德,8.31—38、50。

帕拉波坦米和恰龙尼亚的关口，因为这些彼奥提亚地区都已宣布投降波斯，也决定不再进入阿提卡各口设防固守，因为那些地方很容易被从海上登陆的敌军包围；他们决定在地峡险隘之处筑墙阻敌，以全军之力死守。这一任务交给了拉西第蒙人、阿尔卡狄亚人、伊利斯人、科林斯人、西夕温人、依庇道鲁人、福里攸斯人、特罗曾人和赫尔米翁人；阿尔戈斯地区和亚该亚地区由于持暧昧的中立态度而不能参与其事。和固守地峡相配合，会议决定把全部舰队布置在萨拉密斯海湾。这一阵地较之阿尔提米西昂有一大优越之处，因为进入湾内的海口非常狭窄，若波斯人在此交战，其舰队的大多数将难以充分发挥作用。其他方面情况则和阿尔提米西昂差不多。舰队在希腊人掌握的小岛上有其基地，它的位置正好挡住前往地峡的通道，因此希腊陆军可得到它的保护而没有任何被敌军从海上登陆包围的危险。后备舰队原集合于特罗曾境内，现在也到萨拉密斯湾和主力舰队汇合。在地峡的陆军指挥官是克列奥布罗图斯，列奥尼达之弟。萨拉密斯的海军指挥官仍是斯巴达人欧利比阿德斯，他继续担任指挥，显然因为他在阿尔提米西昂显示的品质才干在萨拉密斯也是很需要的——那就是作战的坚强意志和统率各分队司令官的能力。①

地米斯托克利是雅典在希腊会议中的一个代表。毫无疑问，他认识到：在阿提卡撤退、疏散以及集中希腊舰队于萨拉密斯湾至属必要。在此以前，他就极力为雅典人民对此万一事变做好思想准备。例如，他曾指出德尔斐神谕中要求雅典人撤退和寄希望于

---

① 希罗多德，8.71—72，40—42。

"木墙"等,就是指舰队和萨拉密斯湾中必有的一场大战而言。现在,这个时候终于到来了。地米斯托克利向人民大会提出自己的建议:把雅典交给雅典娜女神,每一个在服役年龄的公民都上舰队作战,将其余人口全部疏散。阿雷乌泊果斯议事会负责执行这一紧急任务。它把准备向埃伊纳、萨拉密斯、特罗曾疏散的雅典居民集中组织起来,并为军人家属分发了一笔补助金。疏散人员的运送则由在萨拉密湾周围各港口活动的雅典舰队负责。①

放弃神祠、家园而流亡异乡,使雅典人悲痛欲绝而又爱心如焚;因为他们的宗教以及他们的思想感情都是深深植根于雅典本地的山水风土之中的。只有阿雷乌泊果斯议事会所代表的那种宗教威信多少减轻了他们的恐惧与担心。它的权威性不仅靠德尔斐的神谕而得到加强,而且由于雅典娜神庙女祭司的一个报告而使人心大为安定。这个报告说在卫城雅典娜神庙中的蟒蛇不再出来吃奉献的蜜饼,也就是说,雅典娜女神自己也离开雅典了。既然在斯巴达和埃伊纳军中都把他们的英雄先祖丁达里代和埃阿西代的雕像带着出征,那么雅典娜女神一定会亲自出来拯救她在萨拉密斯湾的公民。

当薛西斯进军阿提卡,其舰队也在阿尔提米西昂海战结束后九天前来汇合时,雅典四郊已疏散完毕。在雅典卫城内,却有神庙的保管人员和少数坚持守城的公民留下,这些公民在卫城上筑起一道木栅工事,坚信它就是神谕所指的"木墙"。波斯军在阿雷乌

---

① 希罗多德,7.141—143,8.40—41;德谟斯提尼,19.303;亚里士多德,《雅典政制》,23.1;普鲁塔克,《地米斯托克利传》,10 和《西蒙传》,5。

泊果斯山丘上扎了营,用着火的箭把这些木栅点着了。后来他们派了一些庇西特拉代族人去谈判投降,却遭到守城者的断然拒绝。他们坚持战斗,直到波斯兵爬上了悬崖,接近到卫城的最高处。守城者有些人跳崖自尽,有些人避入神庙,但被拖出来杀掉了。神庙也遭劫掠,整个卫城被付之一炬。薛西斯于是遣使回苏萨宣告他胜利的消息。①

但希腊犹待用武力征服,并且刻不容缓;因为时序已届9月,中秋后雨暴风狂的天气将使舰队不能出海并危及整个波斯军旅的供应。然而立即作战又风险很大,因为薛西斯已觉察敌方军阵之强。假若他进攻希腊陆军,他就得在与地峡的敌军主力作战之前打通格拉尼亚山东侧的险峻的西夕温道,或者从西面通过一大片艰难的地区。另一方面,假若他攻击萨拉密斯湾的希腊舰队,他在那片狭窄的水域又难以施展其多数兵力的优势。面对这些难题,薛西斯终于决定攻击舰队,因为他认为这样一来可能较快地取得胜利。他这一决定得到海军将官一致支持,只有哈利卡纳苏斯的女王阿尔铁美西亚表示异议。但薛西斯首先得修补自己的舰队,并从那些投降的希腊岛屿上征集物资和人员以弥补损失。在这段备战期间,他还对希腊联盟各成员间可能闹翻寄托着一些希望。②

雅典卫城被烧毁时升起的烟柱可以被萨拉密斯湾的希腊人看到。舰队里人心惶惶。在一次海军舰长的会议上,多数人希望撤回地峡,有些舰长甚至会还没开完就走了,为的是忙着回去扬帆快

---

① 希罗多德,8.51—54。
② 希罗多德,8.67—69。

跑。欧利比阿德斯最后被迫做出撤退的命令,但黑夜到来的时候命令还没能执行,当天夜里,地米斯托克利又说服了欧利比阿德斯,要他再召开一次会议。在会上他说明了希腊舰队的有利条件和在萨拉密斯战斗与希腊存亡的关系,当科林斯的司令官奚落他是"无城之人"时,他就愤而提出:若不在此决战,他就和200艘雅典舰队西航,另谋新居。他的辩论战胜了那些反对派。欧利比阿德斯收回了撤退令。黎明以后舰队仍在萨拉密斯海峡阵地原封不动。从此一共经历了三周左右的备战时期。在这期间波斯舰队在法列隆海面停泊,不断得到补充加强;希腊舰队内部的牢骚不满却与日俱增。①

9月末的一天,波斯舰队从法列隆出海在比雷埃夫斯与萨拉密斯之间布下了作战的阵势。由于敌方没有行动,波斯舰队便在傍晚时靠岸过夜。与此同时,在希腊舰队内部,牢骚不满已发展到高潮。他们担心会被包围和被切断与岛上的联系,特别当傍晚时分见到波斯陆军沿海岸向伯罗奔尼撒方面开走时,更增加了他们这种恐惧。伯罗奔尼撒各城邦的水兵立即要后撤到地峡去援助其同乡;雅典人、埃伊纳人和麦加拉人则坚持留下。欧利比阿德斯又召开了一次会议。地米斯托克利看到欧利比阿德斯可能再次被伯罗奔尼撒人争取过去,便派了一个亲信奴仆西夕努斯秘密地跑到波斯方面,通知波斯司令官说希腊人军心已乱,黎明即撤走,并说地米斯托克利准备助波斯人一臂之力。② 波斯海军司令官相信了

---

① 希罗多德,8.56-63。战斗的过程,说法不一,此说参见 JHS,76.32。
② 希罗多德,8.70—75。

西夕努斯的话。他们于是从阿提卡派了一支步兵劲旅登陆于海峡中的朴西塔利亚岛,并在半夜出动舰队,悄悄地将其右翼向前推进到接近萨拉密斯海湾的东口,同时派出一支分舰队绕过萨拉密斯岛以封锁萨拉密斯和麦加拉之间的西口。①

西夕努斯之行成功的消息是由亚里斯提德带来的。当他由埃伊纳渡海来到萨拉密斯时,黑暗中正好从敌方驶离麦加拉的分舰队身旁穿过。他到会场外把地米斯托克利叫了出来,告知了有关消息。而在会场中,那种希腊人习以为常的激烈而尖酸刻薄的论战仍在深夜持续不绝。地米斯托克利便请亚里斯提德进入会场做了情况汇报。后来,又有一只在黑夜掩护下起义的铁诺斯的三桨座船带来了波斯人的全部作战计划,这就使人不能有任何怀疑了。当前一战已不可免。三桨座船都收帆准备出击。在破晓的时刻,水兵们上船之前急忙在岸边集合听舰长的战斗动员,其中尤以地米斯托克利的演说慷慨激昂。②

希腊舰队总数 380 只船。其中有一些组成了一个分队,由科林斯人率领,布置在海峡北面以防敌军分舰队从后面袭击。它们在战斗后期参加了主力作战。310 艘三桨座船组成的舰队主力则要迎击比它们多三倍的敌人,③但它们在划船技术和冲撞、甲板战斗等战术上是相当精明的。因为船身低平的希腊三桨座船结构坚牢,足以承受敌舰的撞击,它的重装水兵或舰载步兵又能及时登上受伤的敌舰用长矛和刀剑作战。但是,为了冲撞敌舰,希腊的三桨

---

① 希罗多德,8.76;埃斯库罗斯,《波斯人》,361—383;D. S. 11. 17. 2。
② 希罗多德,8.78—83。
③ 埃斯库罗斯,《波斯人》,338—343;希罗多德,8.43—48、82、94;GHI,16。

座船必须从敌舰两侧攻击。希腊司令官面临的问题就是如何布置一个阵势使得希腊舰只有一些活动余地而敌舰的船舷又正好暴露在外。这个问题似乎是由地米斯托克利解决的。

晨光破晓之际,希腊舰队全体出动,在敌方未能察见之下进入海峡的北部。在这里它们排成数列纵队,面向南方,以最快的十艘埃伊纳船为前锋。在其后是拉西第蒙人的船以及麦加拉和在欧利比阿德斯率领下的其他城邦的分队,最后是雅典人和加尔西斯人的 200 艘船的大队,由地米斯托克利指挥。这种配置是在充分掌握了薛西斯的计划和海战命令之后的精心之作。

波斯舰队有近 1 200 艘船只,其中有一分遣队已被派去防堵麦加拉外边的出口。腓尼基人的三桨座船是最优秀的,它们跑得快,又比希腊三桨座船更高更大。它们也是用于冲撞战术的,但结构不如希腊船牢固。它们因此偏重于以高大众多的压倒优势取胜,并用箭矢投枪等从高甲板处射击较少遮挡物的希腊船。其他分队的设备也大致如此,但爱奥尼亚人的舰只则在结构和装备上类似希腊。薛西斯的计划由于他相信希腊军心已乱因而变得简单了(过去在塞浦路斯的拉德海战,希腊方面就出现过这种军无斗志的情况)。他估计,假若希腊人逃入埃琉西斯海湾,他将前进而控制两边出口,令陆军在萨拉密斯镇登陆,占领敌方海军在陆上的基地,迫使希腊人投降。假若希腊舰队迎战而雅典分队拒不出动,他的海军将官的任务也就会很容易了。早已排成密集队列的波斯舰队就可像潮水般涌入海峡,将希腊人的小船席卷而去。前列舰只将组成密不透风的坚实阵势,船头对准敌人,使敌人的冲角无计可施,波斯船上的弓箭手和投枪手则投出火箭以摧毁敌方的抵抗。他坚信战斗(假若真有一场战斗的话)将会在海峡北部进行。带着这种想法他派人去占领了朴西塔利亚小岛,他还命令侍从在朴西塔利亚对面的阿提卡海岸高处安放他的黄金宝座。①

薛西斯在黎明时分登上他的宝座浏览全景。在海峡的东口,他的舰船的密集队列已遍布于阿提卡海岸直到对面的夕诺索拉海角尽头的波光粼粼的海面。前列舰只每列大约有90艘,密密排列,腓尼基人在右,爱奥尼亚人在左,其他人在中,在它们后面,支援舰列按民族分队,大约十船一队,鱼贯相续,一直伸展到远处。全部波斯舰队是按民族分成三大集团纵队,彼此紧密联结,而各由一位波斯海军司令指挥。② 正当舰队全军击水猛进之际,其左翼却混乱起来,因为它在通过阿太兰特岛和夕诺索拉海角之间并绕过海角尖端时过于拥挤而舰只自相冲撞。③ 结果是腓尼基人的右翼比爱奥尼亚人的左翼走得快得多。

腓尼基人在行进中未见有敌人在前,就一直放胆猛进,突然,一声号角响彻长空,萨拉密斯岸边悬崖也回响起一片喊杀声,使他们惊慌失措,大感狼狈。从海峡北面,希腊舰队分成数列纵队破浪而来,埃伊纳人在前,雅典人殿后。④ 埃伊纳人全速直指特罗佩亚海角。长列纵队于是便稍向左弯布成战阵,各船皆以舰首转向波

---

① Ctes.26;斯特拉波,395;希罗多德,8.90.4;埃斯库罗斯,《波斯人》,466;D.S.11.18.3;普鲁塔克,《地米斯托克利传》,13;"加尔西斯人"可能是指雅典的从加尔西斯来的小土地所有者。
② 埃斯库罗斯,《波斯人》,364—367;希罗多德,8.85,1;D.S.11.17.2—3。
③ D.S.11.8.4。
④ 埃斯库罗斯,《波斯人》,384—401。

斯舰队。随着腓尼基人的分队在国王眼下划水急进,雅典分队便逐渐后退一些,把腓尼基舰只引导到朴西塔利亚和大陆之间的狭口。①

雅典人这一大胆的动作决定了这场战斗的策略。希腊人的阵势现在展开为新月状。它的前锋由75艘舰只组成,可能排成纵深四列;其左翼有开阔的海面可供调运自如。而在波斯舰队方面,腓尼基分队却被迫按梯列阵形拥入狭窄的海面,以致整个右翼的后援舰只和中军右侧都不能展开活动。波斯舰队的基干部分,大约有1000艘舰只,现在就挤在一起而相互缠住了。② 希腊人进击的时刻看来已经到来。但是,指挥180只舰船的雅典分队的地米斯托克利却仍等待着最佳时机。直到一阵风穿峡而过,把甲板高耸的腓尼基船吹得东颠西倒、阵形大乱时,他才发出战斗号令。趁着腓尼基船在风浪中打圈子之际,低身而较少受风浪影响的雅典三桨座船便划桨进攻,猛冲敌船,将敌船桨橹冲碎折断,或在船身撞出大洞。③ 双方船只既已靠紧,重装的雅典水兵和船载步兵便冲上敌船,将敌船上的轻装水兵赶进舱洞或驱入大海。这是为希腊人全线奋勇出击而发出的信号。

在左翼的鏖战期间,在萨拉密斯岸边的希腊人首先注意到朴西塔利亚岛已被波斯兵占领。亚里斯提德马上在萨拉密斯镇上召集了一支重装步兵队伍,坐着辅助船只渡海而攻入朴西塔利亚岛,

---

① 希罗多德,8.84;船只后退见修昔底德,3.78.3。
② 埃斯库罗斯,《波斯人》,421—416。
③ 普鲁塔克,《地米斯托克利传》,14。

把它从波斯人手中夺回,使它成为希腊破损舰只的一个停泊港。①腓尼基分队战斗得很英勇,但最后陷于溃散。许多船只在阿提卡岸边沉没。有一些腓尼基船长跑到薛西斯面前汇报,却因触犯军法而被斩首。其他人企图从海峡后撤,却被他们自己的舰队堵住。雅典分舰队便转舵进援希腊的中军和右翼,那里面对着数目更多的敌舰。在此,希腊人也粉碎了敌人的抵抗。随着波斯的七零八落的舰队逐渐退缩之际,一阵西风又沿海峡吹了下来,波斯人便赶紧扬帆逃入外海,向法列隆方向驶去。在希腊右翼的埃伊纳人现在却坚守峡口,向着这些由腓尼基分舰队残余组成的逃命者的最后队列猛杀猛冲。②

希腊人大获全胜,这是他们善用战术和船头冲击,以及凭其水兵的战斗品质而取得的。最英勇作战的荣誉归于埃伊纳人,他们在希腊全线的右侧处于最暴露的地位;其次则是雅典人,他们最先把战局扭向胜利一面。在萨拉密斯镇和朴西塔利亚岛,可能还有夕诺索拉海角都建立了纪念碑,以纪念这次胜利的战地。

然而,危险并未消失。希腊舰队损失很重,人员阵亡倒不算多,因为水手可以游泳渡过萨拉密斯湾,但多数舰只都受损而难以修复使用。许多敌人的空船都被西风吹得老远,非希腊人力所能及,因此他们也不能靠俘获敌船补充自己的损失。力量大减的舰队重整阵容准备再战。波斯舰队仍然在数量上占优势。但薛西斯已经厌于督战。他重新采用先前已提出过的一个计划,要在海峡间筑

---

① 普鲁塔克,《亚里斯提德传》,9;埃斯库罗斯,《波斯人》,447—467。
② D.S.11.19.1—3;希罗多德,8.90.1;90;埃斯库罗斯,《波斯人》,480—1。

一道土堤,并把货船堆在堤旁以作防波护堤之用。当这一工程上的大难题正在着手准备之际,季节却已不饶人了。薛西斯遂命令舰队黑夜开拔,驶往赫勒斯滂。他随后率领全军退入帖撒利,此地有一支大部队留下过冬,归马尔冬尼斯指挥,他则和其余军旅(大约仍有全军的多半数)用45天时间行抵赫勒斯滂,这次行军之中,波斯军因冻馁疾病而沿途死者甚众。由于赫勒斯滂上的浮桥已被风暴刮跑,大军在海峡乘船渡过,并在阿比多斯略事修整。然后,波斯大军的生还部众终于回返萨尔迪斯。入城之时薛西斯仍高坐于金辇之上,前呼后拥,威风不减,但阿胡拉-马兹达的圣车,这位波斯最高主神的座辇却已不见。它已被丢落于欧洲了。①

希腊舰队一直追到安德鲁斯岛,仍不见波斯舰队的影踪。欧利比阿德斯和伯罗奔尼撒的船长都主张不再往远处追赶,地米斯托克利先曾代表雅典众舰长发表了直驶赫勒斯滂毁其浮桥的意见,现在也终于表示服从伯罗奔尼撒人的主张。但他极力利用了这一事态发展。他把西夕努斯和其他信使又派到薛西斯那里,向他说正是雅典司令官地米斯托克利使得希腊人没有去摧毁赫勒斯滂的浮桥。希腊舰队对安德鲁斯和其他曾资助波斯的岛屿索取了罚金与赔款。安德鲁斯拒绝了,受到希腊舰队围攻,但没有被攻下。其他各岛都应允照付,也有人认为有些岛屿曾向地米斯托克利交钱以求他保护它们的利益。后来,胜利各邦在萨拉密斯集合感谢希腊众神的恩佑。他们用战利品中的金银铸了一尊阿波罗神巨像献于德尔斐,在神的手上拿着一艘三桨座船的船头;并从战利

---

① 希罗多德,8.97—117;埃斯库罗斯,《波斯人》,482—512。

品中各拿出一艘三桨座船分别献给萨拉密斯的阿甲克斯、地峡地区的波赛冬和苏尼昂海角的雅典娜。①

第五节 希腊人在普拉提亚和麦卡利的胜利

公元前480年之战并未最后决定胜负。波斯陆军犹未败北。马尔冬尼斯在帖撒利还统率一支波斯帝国最强的骑兵和步兵,后来又得到护送薛西斯到赫勒斯滂后返回的部队的加强。他的军队确实比薛西斯的大军还要危险,因为,在卸掉了大批杂牌部队的包袱之后,它更为机动灵活,也更易于解决供应问题。马其顿、帖撒利和彼奥提亚不仅提供粮食草料,还提供了兵员,特别是骑兵装备。希腊陆军从整体看还未受到波斯军力的考验,而且几乎是没有骑兵可言的。伯罗奔尼撒的司令官们自然愿意据守地峡上业已构筑好的阵地,在这种地方波斯骑兵是难以活动的。在另一方面,波斯海军在萨拉密斯则败得很惨。水兵的伤亡甚大,因为绝大多数亚洲兵都不会游泳。舰只的损失,却只是把数量优势相对降低。但经过一冬,水兵和舰只都可得到征集补充。然而,薛西斯却一直待在萨尔迪斯达仲夏之际,他的舰队也灰心丧气地待在库美和萨摩斯一直没有出动。这样就把海上的主动权让给了希腊人。但是,希腊人的注意力始终集中在马尔冬尼斯的陆军上面,他们只在公元前479年春在埃伊纳集合了110艘船,最远活动点也不出提

----

① 希罗多德,8.108—112、121—123。

洛岛。① 希腊的命运仍然要在本土陆地上决定。

在冬天期间,波斯人就其处置起义者的方法做了一次示范。当波蒂代亚举行起义并坚持了三个月的围城战时,波斯将领阿塔巴卓斯把他以为不可靠的奥林图斯攻了下来,把全城居民在城市旁边的沼泽斩尽杀绝。这种恐怖行动制止了起义的发展。抵抗缩小为弗西斯人进行的那种游击活动,他们是在帕尔那苏斯山的高地一带出没的。马尔冬尼斯在公元前479年春的第一个计划是想使雅典和希腊联盟分离。他的使者,马其顿王亚历山大,代表波斯向雅典人提出了独立、联盟和给予赔偿的条件,但雅典人拒绝了。② 到7月初,当庄稼已经收割供应也很充足之时,马尔冬尼斯侵入阿提卡。他又派了一个使者带着同样条件到雅典人那里,当时他们已再度疏散,在其海军保护之下避居萨拉密斯。甚至在雅典人再次拒绝以后,马尔冬尼斯也没有立即行动,他还希望雅典人会回心转意。后来,阿尔戈斯人前来报告说希腊军已从伯罗奔尼撒开拔,马尔冬尼斯便把雅典还存留的一切建筑物夷平烧毁,并对四郊大肆蹂躏,然后经狄开利亚撤回彼奥提亚,这里地势更便于骑兵活动,其居民也是倾向波斯一边的。③ 虽然他还没能动摇雅典人的决心,但他已逼使伯罗奔尼撒人从其地峡的防地出动,他也给希腊联盟制造了一些不和;他希望在自己选定的恰当时机跟希腊人展开决战。

希腊联盟从内部分裂的危险,在萨拉密斯之战以前就有所显

---

① 希罗多德,8.130—131。
② 希罗多德,8.126—129、9.31.5、8.136、140—144。
③ 希罗多德,9.1—5、12—15。

示,当时地米斯托克利就曾以撤出雅典舰队相威胁,假若伯罗奔尼撒人固执其死守地峡的计划的话。在胜利之后,斯巴达人曾对地米斯托克利殷勤款待,送给他一顶桂冠和一驾马车,并用一支卫队迎送护从。① 但是,现在雅典人却选中了亚里斯提德和克山提甫斯为他们的领袖。当斯巴达人知道马其顿的亚历山大出使雅典时,他们也派使者到雅典表示愿意接受和协助雅典居民在斯巴达避难——这一建议显然表明斯巴达并不准备防守阿提卡。在波斯使节和斯巴达使节面前,雅典人都表明了他们的抉择。亚里斯提德宣称,只要太阳照常东起西落,雅典人就要与波斯交战,受波斯人侵扰其神殿的希腊诸神和英雄必将赐予保佑和援助;但雅典人所求者并非保全性命,而是要求希腊联军在彼奥提亚作战来保卫雅典。当第二个波斯使节来到雅典议事会时(当时正在萨拉密斯),唯一的、提议将波斯的条件交付人民讨论的议事会成员就被当场砸死。在亚里斯提德请求下,雅典派了特使赴斯巴达。他们威胁说,如果斯巴达不立即援助雅典,它就和波斯单独议和。麦加拉和普拉提亚的使者也支持雅典人。斯巴达人当时正在过希亚辛迪节,这是他们例行的庆典。到了最后,绝望的特使已声言要离开斯巴达而回去和波斯结盟,监察官们才答复说斯巴达步兵已出动,离雅典只有一夜行程。斯巴达如此延宕可能是有用心的。当他们的步兵在7月底出动时,地峡的防御阵地可能已经完工,万一前线失败也可在此抵挡敌军。但这一耽搁的代价却是阿提卡再次遭兵

---

① 希罗多德,8.124;普鲁塔克,《地米斯托克利传》,17。

劫掠之祸,而雅典人的不满也与日俱增。①

　　马尔冬尼斯在彼奥提亚平原南部沿阿索普斯河扎营,面对着西达隆山麓。他清除了营地周围的树木,并在营房四周筑了一道木栏。他的骑兵可在平原扫荡并保证从底比斯通达营地的供应线。他统率的军队据希腊人估计约有 30 万人。骑兵包括装甲重骑兵(由马西斯提乌斯指挥),以及 1 000 名宫廷卫队,原先是国王的侍从;由波斯、米底、萨加西徐亚、巴克特利亚和印度征来的轻骑兵;马其顿、帖撒利和彼奥提亚的希腊骑兵。步兵则包括 10 000 名不死军,这是薛西斯从帝国境内召集的最精锐部队,以及中希腊的重装步兵。弗西斯人没派部队进入阿提卡,但是现在被迫提供 1 000 名重装步兵。他们的到来给马尔冬尼斯一个夸耀其骑兵的机会。当被奔驰而来的骑兵团团围住时,重装步兵只得停步而组成一个方阵,准备挨骑兵的箭矢枪矛刺射。马尔冬尼斯这时就派人到弗西斯人那里表示欢迎,并以效忠波斯相勉。他现在等待着希腊人在他的占优势的阵地上向他进攻,或者,如果他们不攻,则会由于他们自己的不和而分崩离析。因为他的希腊伙伴和他曾请示过的神谕都说,希腊人的抵抗最后都会因为意见分歧而完蛋。②

　　希腊陆军由波桑尼亚指挥,他是列奥尼达的侄子,斯巴达幼王普雷斯达库斯的摄政。最大最精的一支部队来自拉哥尼亚:斯巴达人 5 000 名、拉西第蒙的皮里阿西人 5 000 名、希洛人 35 000 名,后者是装备精良的搜索兵。下一个最大的分队就是雅典人的部

---

① 希罗多德,8.143—144、9.6—11;普鲁塔克,《亚里斯提德传》,10。
② 希罗多德,8.113、9.15、17—18。

队，共 8 000 名，由亚里斯提德指挥，负责战线的左翼，再次则为 5 000 名科林斯兵，他们排在 1 500 名提吉亚兵和斯巴达兵旁边，组成右翼。其他城邦的分队组成中军，靠着雅典人的左翼的是 600 名普拉提亚兵、3 000 名麦加拉兵和 500 名埃伊纳兵。全部重装步兵由 24 个城邦征集，总数达 38 700 名；轻装步兵总数约有 70 000，其中希洛人占了一半。骑兵则无足轻重。当这支大军在普拉提亚集结时，供应问题立刻就变得非常尖锐，因为全部粮食要翻越西达隆山运来。在大军到来八天以后，情况更加恶化，这时波斯骑兵袭击了一个山口，把一支 500 匹骡马卫护人员的运粮队屠杀了。此后只得走一些更为迂远偏僻的山道。仅仅为此，波桑尼亚及其参谋人员就希望立即开战。但他遇到的形势和米尔提亚德斯在马拉松时相仿——这种态势是斯巴达人在马拉松战后曾研究过的。当前，同样是希腊步兵不能在平原上和波斯骑兵交锋，因此也就不能攻击其步兵。波桑尼亚于是把他的待命作战的陆军布置在山麓一带等候时机。①

  双方统帅现在都是待机而动。希腊人不断地为波斯骑兵的活动、时断时续的供应和短缺的水源而苦恼。当一支 300 人的雅典精干部队在射手配合下巧取波斯重骑兵，杀其头领马西斯提乌斯之后，希腊军的士气高涨了一两天。马氏的尸首被放在车上绕遍希腊部队全线；在晚间，平原上回响着波斯人的哀号之声，他们剃掉了战马和驮畜的毛鬃以志哀。但这事的效果并不长久，骑兵的攻扰仍继续了三周时间，在此期间双方统帅都做了一些劳而无功

---

① 希罗多德，9.19，28—30，39；关于行军路线见 BSA，49.112。

的调兵换阵之事,并从占卜师那里得到一些不吉的兆头。

后来,有一天夜深人静之际,一个骑马的人来到雅典哨所,后又转到雅典司令部。他就是马其顿王亚历山大。他报告了马尔冬尼斯明早即将出击的消息,他可能还透露了这样一个情况:最精锐的波斯步兵已从正对斯巴达人的位置转移到正对雅典人的位置。说完之后亚历山大就走了。到黎明时,波桑尼亚就把斯巴达和雅典的阵位互相掉换过来。马尔冬尼斯于是放弃原来的作战计划,双方又回复原位。波斯骑兵后来又向斯巴达人出击,把他们从主要的水源处赶走,这地方名叫加尔加菲亚泉,波斯人得手后就把它堵塞和彻底弄污了。这一来就使得希腊人几乎难以立足。波桑尼亚召集了一个会议,大家一致同意在明晚转移到普拉提亚附近的一个新阵地去。①

薄暮时分,当波斯骑兵又不停地骚扰了希腊人一整天,使希腊步兵精神更为紧张以后,全体大军开始夜行。中军的各分队已经人心惶惶,在害怕波斯骑兵的情绪中他们急忙奔向普拉提亚。同时,波桑尼亚却和一个固执的斯巴达军官阿蒙法列图斯起了纠纷,因为他没有参加会议,他把转移看作无异于在敌军面前逃跑而拒不从命。雅典人在得到波桑尼亚传来的斯巴达人和提吉亚人都未开动的消息后,也就留在原地不动。破晓以后,军帅下令开拔,把阿蒙法列图斯及其部属留在后面。当雅典人通过平原时,波桑尼亚率领他的军队沿山麓行进。阿蒙法列图斯和他的部队则不慌不忙地跟在后面走,波桑尼亚于是又停下来以便和他们会合一块儿

---

① 希罗多德,9.20—25、36—37、40—51。

前进。

波斯骑兵在清晨跃马出击,却发现希腊全线已空无一人,于是他们掉转马头攻击波桑尼亚和阿蒙法列图斯的部队。在马尔冬尼斯看来,眼下希腊军已是土崩瓦解了,他立即下令全体步兵以最快速度追击。他的希腊伙伴在右翼堵击应波桑尼亚之召而来的雅典人,波斯步兵则对现已孤立无援的拉西第蒙人和提吉亚人发动总攻击。波斯兵并未立即逼近。他们用其柳条大盾构筑一堵战垒以避希腊搜索兵投来的长矛,并靠此壁垒的掩护用箭向重装步兵的列队射击。波桑尼亚坚定地率领其重装步兵严阵以待,直到敌方队列密集挤在一起之时。这时占卜又得到了大吉的预兆。于是,趁在山坡上居高临下的优势,重装步兵井然有序地向敌军冲去,摧垮了柳条盾的战垒,和敌军硬拼起来。他们以其尖矛、厚盾与铁甲压倒了波斯人。波斯兵虽然战斗得很英勇,甚至徒手夺矛,但终因没有盾、甲、长枪等利器而不支。当肉搏战逼近骑着白马的马尔冬尼斯率领的1 000名王家步兵卫队时,战斗尤其激烈。但这些波斯兵也同样被打败了,马尔冬尼斯当场被杀。波斯步兵终于溃不成军,其他米底兵、巴克特利亚兵等也乱成一团,四散逃命。希腊人追击得如此勇猛,甚至骑兵也难以挽救那些向有栅栏的营地奔跑的逃命者。

在肉搏战之际,希腊的中军各分队也从普拉提亚赶来参战,有的沿山麓而来,有的穿过平原。后者曾被底比斯骑兵的一支分队袭击,死亡约600人,并被赶回到西达隆山的斜坡之上。在右翼的雅典人则和彼奥提亚人打了一场对阵战;当底比斯约300人的精锐部队被消灭后,这些彼奥提亚人才撤回底比斯。在波斯兵中,有一些由阿尔塔巴卓斯率领的位于军阵中部的步兵和一些骑兵分队得以安全地从容北撤。雅典人于是和拉西第蒙人会合,后者正对栅栏围攻而没有奏效。最后是雅典人勇猛而机智地打开了一个缺口,希腊军便蜂拥而入,对栅栏内的亚洲人大肆屠杀,因为波桑尼亚担心敌兵人数之多,也可能想到敌军曾犯下的屠城之罪,曾下令部属莫留俘虏。当屠杀结束之后,波斯军中的步兵主力也就扫地以尽。被波斯陆军征服的危险烟消云散了,以后它也永难再起,这该归功于斯巴达重装步兵的超群的毅力与武艺,他们不仅是希腊也是整个文明世界最优良的步兵。[①]

普拉提亚之战是希腊统一行动的最佳成果。10万以上的希腊兵同心协力,坚决抵御波斯骑兵达三周之久。他们始终忠于希腊的宙斯这位全希腊的主神,雅典人曾在一次联盟会议上向他祈求恩佑。他们实践了自己的誓言,那是在翻越西达隆之前全军庄严宣誓了的:"我将战斗到最后一息,我要把自由看得重于生命,我要和队长、将官同生共死,我将遵守军帅一切指令,我要在战友们阵亡时收葬遗体,绝不弃置一人。"[②]为了信守德尔斐的一个允诺在阿提卡土地上取胜的神谕,普拉提亚人在战斗之前把他们的国界碑挖了出来,置于阿提卡境内。在战斗之后,胜利者们给予普拉提亚人特殊的荣誉,把全体希腊阵亡将士都葬于普拉提亚境内。

[①] 希罗多德,9.52—70;普鲁塔克,《亚里斯提德传》,17—19;D. S. 11.31—32。
[②] 希罗多德,9.7^{a}2;*GHI*,204.23以下;Lycurg. 1.81;D. S. 11.29.3;*FGrH*,115 F 153(提奥庞普斯)。最后这位作者认为雅典人曾修改了誓言的说法是错的,雅典人曾对原来的誓言有所补充的说法大概也是不对的。铭文中包括有一些斯巴达式的措辞,而雅典人是不可能将它们放在誓言里的。这一誓言在当时就和今日的 Rhigas 歌一样出名:"宁愿一日自由死,勿要苟活四十载。"

加入希腊联盟的各个城邦立下圣约:每年胜利日,希腊联盟各邦的政治和宗教代表将到普拉提亚集会,对救主宙斯神谢恩献礼,并举行纪念解放的运动会;普拉提亚人将作为神圣不可侵犯的人民以表征对宙斯神的专诚;普拉提亚人将作为全体希腊阵亡将士的代表向宙斯神和赫尔美斯神奉献牺牲。这一纪念祭祀活动在希腊一直保持了好几百年,每当祭神结束之际,普拉提亚的首席执政官便做如下的致辞:"我为那些为希腊人的自由而死难的烈士干杯!"①

由于希腊地区还有不少地方仍处于波斯奴役之下,胜利各邦在希腊联盟的约束之下仍有义务继续奋斗,便征集了一支 10 000 名重步兵、1 000 名骑兵和 100 艘战船的常备部队。胜利也为希腊一方带来了更多的盟友。萨摩斯早就起义反抗波斯而加入了联盟。在年底以前,爱奥尼亚和埃奥利亚各岛也都宣誓入盟而派遣代表参加希腊会议。在普拉提亚之战以前所做的宣誓可能重复了原先的盟邦誓约,即要对投降各邦行"什一"之罚。联盟大军于是决意进军底比斯而要求其投降派服罪。底比斯人在受到围攻 20 天之后终于交出了所有未逃的投降派。他们被押解到地峡的联盟总部,听候希腊联盟法庭的审判。但是波桑尼亚解散了联盟军队,并把这些投降派立即处死了。②

在取得普拉提亚胜利的同一天,希腊人在小亚细亚的麦卡利海角上也取得了另一个胜利。这后一胜利在希腊本土各邦和波斯帝国的关系方面开辟了新的一章。因为,除了雅典和厄律特利亚

---

① 普鲁塔克,《亚里斯提德传》,11;希罗多德,9.85;普鲁塔克,《亚里斯提德传》,19 和 21(此提议只是意释,非逐字引证);修昔底德,3.58。D.S.11.29.1。

② 关于招募 10 000 名重装步兵,可参看希罗多德,7.173、9.86—88。

在爱奥尼亚起义期间有短期干预外，希腊人还一直没有在波斯大帝统辖区域内打过仗。希腊海军是在公元前479年着手进行这次进攻战的，其目的首先是阻止波斯军队从海路与马尔冬尼斯会合，从而保护希腊免遭头年那样规模的再度入侵，其次才是解放小亚细亚的希腊人。道理很明显：只要希腊舰队能打败波斯舰队而控制爱琴海地区，薛西斯就难以在欧洲保持一支比他在公元前480年冬天留下的更大的部队。

当101艘舰只的希腊舰队于公元前479年春在埃伊纳集合时，从奇奥斯那边来了六位亡命者，谒见海军司令、斯巴达王列奥提齐达于其司令部。在谋刺奇奥斯的亲波斯的僭主失败以后，他们曾访问了斯巴达而吁请斯巴达当局解放爱奥尼亚人。现在他们又把这一请求提交于希腊舰队司令。在这两个场合下，他们的请求都被拒绝了。到8月间，希腊舰队总数已增至约250艘战船。从敌方舰队基地萨摩斯岛又来了三位当地城邦派出的代表。他们报告说波斯舰队景况不佳，萨摩斯人民即将起义反抗新波斯的僭主迪奥米斯特，只要一看到联盟舰队在海上出现就可使爱奥尼亚人立刻起事。列奥提齐达要求使节宣誓与希腊结盟以后即率领希腊舰队前往萨摩斯作战。敌方却解散了快速的腓尼基舰只，而将其余众渡到小亚细亚本土上的麦卡利，把船只拖上岸，四周筑木栅保护起来。在那里，有一支在爱奥尼亚担任卫戍任务的60 000人的波斯陆军已扎下了营盘，因此，在麦卡利的全部波斯军，包括舰上步兵和水手在内，共达100 000余人。其中有相当部分是由希腊人及其他并不诚心归顺的各族人组成的。希腊舰队也是用舰上交锋的战术装备起来的，它有5 000名重装的舰上步兵和45 000名水手，都配置有近战武器。列奥提齐达于是又航向麦卡利，促敌方在海上交战,但波斯人按兵不动。①

列奥提齐达决意利用敌方营垒中大闹矛盾的可能性。他把旗舰靠近岸边行驶,向在波斯军中服役的人大搞宣传攻势,要他们惦记着自由并把"赫拉"这个交战口令在他们的友人中传播。他然后就让全部军队登陆上岸。波斯司令官为希腊人的宣告所骇,就果然如列奥提齐达所料的那样把萨摩斯人的武装解除了,又把米利都人调到防守内陆通道的位置。他的步兵于是将其柳条长盾筑成一道垒墙,引弓待战。当列奥提齐达率领希腊人进击时,不知从哪里来的一条消息在全军传开,说什么他们在希腊本土的亲人已取得一次大胜利。希腊士气大振,奋勇向前,雅典人领其一翼越过平坦的海岸而直逼柳条盾构筑的垒墙。密集成队的重装步兵把波斯步兵打得节节后退,逃向木栅,而雅典人、科林斯人、西夕温人和特罗曾人的部队追赶逃跑的波斯步兵如此逼近,以致他们紧跟在这些逃命者后面一起冲进了木栅。其余的希腊部队,在列奥提齐达率领下,由于地形崎岖而进展较慢,但也在最后决战时刻赶上来了,同时,在波斯军中服役的爱奥尼亚人也奋起反抗其主人。分割成小股的波斯步兵血战至死,但各从属部队都逃跑了,他们在逃向内陆的道路上又受到米利都人的堵击。当战斗结束时,敌军被歼死者达 40 000 人,船只在岸上全被烧光。这一决定性胜利使希腊人彻底控制了爱琴海区域。假若薛西斯还要卷土重来,他就只能依靠腓尼基、塞浦路斯和埃及

---

① 希罗多德,8.132;D.S.11.34;希罗多德,9.90—97。关于这些事件,参见我在 *JHS*,86 的文章。

的舰队了,因为爱奥尼亚和埃奥利亚地区如今又再度燃起了起义的烈火。①

胜利使希腊人面临着一个重大的政治和军事问题。希腊联盟在科林斯的会议无疑地曾命令列奥提齐达在攻打波斯舰队的同时尽量利用爱奥尼亚人提供的任何援助。会议可能派了全权代表随军同行,他们有权接受新成员加入和决定在东爱琴地区的政策。在麦卡利之战以前,他们已接纳萨摩斯为联盟成员,也就多少承担了保卫萨摩斯,抵御波斯入侵该岛的责任。联盟是否也要为亚洲大陆上的爱奥尼亚人和埃奥利亚人负起同样的责任呢?斯巴达对此有其一贯的明确回答:它将提供外交上的保护但不出军队支援。它作为一个没有骑兵的陆军强国,认为自己难以和波斯帝国的军力相比而保卫住小亚细亚沿岸地区。当列奥提齐达的参谋部讨论这一问题时,斯巴达人的意见就是这样的,其他伯罗奔尼撒同盟成员也同意。他们因此就劝说爱奥尼亚人和埃奥利亚人撤离亚洲沿岸——这是普里恩尼的比亚斯曾经建议而有些城邦也一度执行了的办法——他们还准备让这些撤出的居民定居在从投降过波斯的城邦中划出来的沿海商业地区。

可是,雅典代表却强烈反对斯巴达人和伯罗奔尼撒人的这个提案。他们不希望爱奥尼亚被放弃,由于他们的坚持,斯巴达人和伯罗奔尼撒人遂取消原议。希腊联盟于是接受了奇奥斯、列斯堡和其他与希腊人合作的岛屿上的城邦为盟员,但没有吸收亚洲大

---

① 希罗多德,9.98—106;D. S. 11.34-36。

陆上的希腊城邦。① 这样的安排可能使斯巴达人和伯罗奔尼撒人有所满足,因为它和几乎一百年后斯巴达与波斯谈判的临时协定中的要求基本一致。与此同时,小亚细亚的各个希腊城邦却被甩在一边而没能得到任何条约的保护。

在麦卡利的胜利之后,联盟舰队随即驶往阿比多斯。列奥提齐达想去摧毁赫勒斯滂海峡上的浮桥,但它早就被风刮走了。由于季节已晚,他便回航希腊而将舰队解散。但是,克山提甫斯和雅典的海军司令们却决定进行一次单独行动。在一些已经起义的爱奥尼亚和赫勒斯滂的希腊城邦支援下,他们包围了塞斯都斯——波斯军在刻尔索尼斯的主要基地。当围攻延续到冬天时,雅典部队中的不满越来越大,但他们的长官拒绝撤回,除非接到雅典政府的命令;因为他们现在不是受联盟会议统领而是受命于雅典城邦了。在冬季结束之前,波斯人从塞斯都斯安全撤退了,但其后卫部队,包括一些显要的波斯人却被俘虏。波斯司令阿尔塔依特斯也被俘,他及其儿子都根据克山提甫斯的命令被处死,其他显贵则由其亲属以重金赎取。到公元前478年春,克山提甫斯带着丰富的战利品和薛西斯浮桥的缆绳返回雅典,这些缆绳索具可能由雅典城邦奉献给了德尔斐的阿波罗神和雅典的雅典娜神。②

希罗多德以此役作为其记述波斯战事的《历史》的终篇。的确,缴获浮桥索具一事有一定的象征意义,但真正使薛西斯不能再

---

① 希罗多德,1.152、5.49—51、1.170、9.106;D.S.11.37。
② 希罗多德,9.106末段、114—121;修昔底德,1.89.2。

搞另一次大规模入侵的原因仍是普拉提亚和麦卡利之战。然而，即使如此，和波斯的战争并未在公元前478年结束。波斯驻军在欧洲土地上一直保持到公元前465年，波斯海军的进攻则直到公元前448年波斯与雅典最后缔结和约以前始终有其可能。在公元前478年，第二次入侵的阴影仍很逼人，使得不少希腊城邦准备着手进一步的陆海军行动以抵抗波斯。

第五章 雅典同盟的发展

第一节 雅典与斯巴达的关系

修昔底德以公元前479—前478年间的塞斯都斯之围开始其有关雅典兴起成为强国的记述。从公元前491年以来,斯巴达与雅典始终协调行动,尽管意见并不一致。他们的战士和水兵在阿尔提米西昂、萨拉密斯、普拉提亚、麦卡利都并肩作战,使希腊打败波斯而获得胜利。斯巴达在海陆军中的领导权是无人怀疑的。雅典虽然深受领土被敌人蹂躏之苦,却仍然忠于斯巴达和希腊联盟。但在围攻塞斯都斯之役,它却置斯巴达与伯罗奔尼撒人于不顾而与一些爱奥尼亚人及赫勒斯滂希腊人一致行动,它利用这些人狂热的忠诚为自己服务。它的行动也鼓舞了亚洲沿岸的埃奥利亚人和爱奥尼亚人。无论在感情上还是在利益上,它与这些人都有特殊的联系。它自称是他们的创始人和保护者,有了他们的帮助,它就可以加强它在爱琴海的海军和商业地位。更有甚者,战争已给予雅典单独行动的手段。它现在已是希腊第一位的海军强国和第二位的陆军大国;它的勇敢和坚韧不屈使其公民充满信心,也使别人心悦诚服。它的为自由而战使爱奥尼亚紧紧团结在它身边。

雅典的单独行动对斯巴达的领导权说来实为无言的挑战。但它仍无违于联盟的利益,因为一个强有力的海上攻势可以最有效地阻止敌方再次发动陆上进攻。斯巴达因此并不想去阻难它。但在塞斯都斯被围的同一个冬天,又发生了一个引起斯巴达和雅典进一步摩擦的事件。普拉提亚的胜利,使雅典人得以回返深受破坏的家园,并重新修筑其防御工事。可是,斯巴达却要求雅典政府别这样做。它强调说,在中希腊和北希腊的一切防御工事都该拆毁,这样就可以使波斯人一旦再度入侵希腊后无坚固工事可作为活动基地,而伯罗奔尼撒才是一切希腊人的真正避难所和根据地。但斯巴达的要求实际上是一种微加掩饰的对雅典独立的威胁,因为这正是在雅典由于领土破败而财尽民穷、城池荡然、无险可守的时刻提出来的。雅典对这一挑战立即给予回击,它训令克山提甫斯继续围攻塞斯都斯,并派了它最有才能的外交家地米斯托克利前往斯巴达。

在这样一个有关雅典前途的关键时刻,地米斯托克利成竹在胸。他促使政府给克山提甫斯发出训令后,就设法使自己比雅典派赴斯巴达的使团中其他成员早一些到达。在斯巴达,他利用自己的声望延宕谈判并以故作姿态的保证冲淡和平息了斯巴达人的疑虑。其他使者是在城墙已达可供防御的高度以后才启程的。与此同时,在斯巴达已传开了正在重修城墙的消息。地米斯托克利佯装不信。他请求斯巴达人自派一使团到雅典去调查,私下又告诉雅典人把斯巴达使团人员扣为人质。当雅典的其他使者来到斯巴达后,地米斯托克利才全部摊牌。他宣称雅典现在已有其防御之道,它将从事自卫。在战争危急之时,它能自己决定何去何从,因而选定了一条既符合它自己的也符合全体联盟利益的道路。现在雅典人认为重修城墙同样也是这样一条道路,对己对人都有好处。因此它请求斯巴达人承认这是一个平等的主权城邦应有的选择。这一既成事实被接受了,双方使团也就各自回国。后来,当地米斯托克利要在比雷埃夫斯港修筑城堡时,他就宣称比雷埃夫斯是反抗波斯海军任何攻势的希腊舰队的基地,以此为理由先发制人地堵住了斯巴达的任何抗议。①

雅典和斯巴达的分歧被共同面临的危险——波斯入侵的阴影盖住了。在公元前478年夏天,当伯罗奔尼撒人已收获庄稼以后,希腊议会派遣了希腊联盟的两支远征军出发。第一支部队仍由斯巴达王列奥提齐达率领,其任务是惩罚北希腊的各个投降城邦,特别是帖撒利的阿留阿代族统治者;同时,确保这些地区免受波斯的阴谋煽动。陆军和舰队都前进到了帕加塞地区,但没能把阿留阿代族驱逐出拉利萨。在这一失败以后,列奥提齐达在斯巴达受到审判,以腐化罪受到处分。这位麦卡利的胜利者被判处终身流放逐出斯巴达。可能也在同一年,斯巴达向安菲克提翁联盟议事会建议开除一切在战争中守中立的成员。这一建议由于地米斯托克利的影响而未能成功,因为他警告其余成员:如果斯巴达之议通过,则议事会将为斯巴达同盟所左右。② 第二支部队是由斯巴达摄政、普拉提亚的胜利者波桑尼亚指挥的,它进一步发展了麦卡利胜利的成果,占领了塞浦路斯的大部分地区,还从波斯人手中夺回

---

① 修昔底德,1.89.3—92、D. S,11.39—40、43.2;普鲁塔克,《地米斯托克利传》,19。
② 希罗多德,6.72;普鲁塔克,《地米斯托克利传》,20。

了拜占庭。这一重大成就使腓尼基舰队受到封锁,又切断了亚欧之间的第二条交通线。但在此时,斯巴达又遭到另一次屈辱。波桑尼亚的独断专行引起希腊各部分队长官很大不满,促使一些爱奥尼亚人和埃奥利亚人,以奇奥斯人、列斯堡人和萨摩斯人为首,倒向亚里斯提德及其指挥官员一边,提出了要雅典人掌握指挥权的要求,因为他们是爱奥尼亚的创建者。

察觉这一密谋之后,斯巴达召回了波桑尼亚,对之进行审判。有关他在担任最高司令时滥用职权的指控大多数得到了昭雪,但他和波斯人有勾结的证据看来却是毋庸置疑的。因此斯巴达政府免去波桑尼亚的司令职位而让多尔西斯接任,他带了一批参谋人员和一小支军队前往。可是,在赫勒斯滂的所有盟邦这时却自愿接受了雅典的领导,只有从伯罗奔尼撒来的水手和舰上步兵除外。到公元前478年末尾,多尔西斯和他的部属也都撤离,斯巴达就再也没有统率舰队的企图了。①

第二节 雅典同盟的组织及其成就

在公元前478—前477年冬,雅典根据自己的意愿组织了一套指挥系统。它得到各岛屿和沿海城邦心悦诚服的支持。它的舰队骁勇善战,它的行踪也证实它自称"自由之友"并非虚言。这些城邦特别需要保护;因为,如果波斯卷土重来,首当其冲的就是赫勒斯滂、爱奥尼亚和岛上各邦。它们因此愿意为雅典的领导提供

---

① 修昔底德,1.94—95;D.S.11.44;普鲁塔克,《亚里斯提德传》,23。

优异的条件,但此时雅典还不欲与斯巴达闹翻,也不愿和希腊联盟分庭抗礼,因为它和许多岛上城邦都受到入盟时的神圣誓言的约束。因此,作为希腊联盟基石的结盟誓约并未触动,实际上它直到公元前462—前461年时仍然有效,直到公元前457年才正式废除。与此同时,在希腊联盟内部,雅典却建立了一个同盟,称为"雅典人及其盟友",它在名称和体制上都是跟斯巴达同盟一样的。第一步是雅典人和爱奥尼亚人结盟,他们彼此交换了"同友共仇"的誓言,将烧红的铁块投入海中,相约除非铁浮海面,誓言就永不改悔。这一"同友共仇"的条款,意味着这是一个针对任何侵略者的攻守同盟。然后,雅典又分别同密提林及其他城邦结盟。最后,亚里斯提德代表雅典与各结盟城邦的代表们交换了誓言,雅典和"希腊人"同盟正式诞生。同盟目的之一肯定是报波斯入侵之仇并从波斯人的桎梏下解放出来。①

雅典同盟的体制是两院制的,雅典城邦为一方,同盟各邦理事会(最初称为"希腊人各邦")为另一方。雅典成为其他希腊人所谓的"霸主":它指挥同盟海军,评定各邦出船出钱的份额,指定"希腊金库保管官"(Hellentamiai)收纳同盟基金。它提供同盟舰队中相当大的一部分舰只,为此它可从战利品中取其一半以作补偿。同盟各邦自主,它们的独立得到雅典的保证。每一入盟城邦,无论其在理事会中代表多寡,只有一票之权,少数服从多数做出决定,对全体盟员都有约束力。理事会的职责是审议性的,它考虑和战问

---

① 修昔底德,1.102.4、96.1、3.10.3;希罗多德,8.143.2;亚里士多德,《雅典政制》,23.5;普鲁塔克,《亚里斯提德传》,25。

题以及接纳新盟员等事务。会议地点在提洛岛的阿波罗和阿尔蒂美斯神庙,它是爱奥尼亚传统的宗教中心,同盟金库也放在这里以托诸神保护。① 雅典在理事会中无投票权,但为了讨论和联系之便,它可派代表列席会议。这两方——雅典城邦和同盟理事会权力平等:任一方都可提出或拒绝讨论议案,只有双方都同意之事才属有效。就走向联邦方面而言,这一体制还不如希腊联盟,但就作战而言,它则和斯巴达同盟有同样的威力,在其中盟主据有一种恒定的强国的主位。它一方面根据希腊本土的经验,另一方面也根据爱奥尼亚人在公元前499—前493年间起义的经验。当时他们曾建立一个"爱奥尼亚联盟"的政治组织,有代表会议,规定了提供资财的比例,甚至发行了同盟货币;但当时他们没有盟主,这个弱点现在已得到弥补了。

从一开始,雅典同盟就行动迅速而坚决。雅典城邦主动而又勇敢,爱奥尼亚人则通过其指定的代表取得了同盟议事的经验。在最初的核心成员之外,又有新邦加入,先是埃奥利亚人,后是多利亚人,都宣誓入盟。第一次评定提供资财的份额是在公元前478—前477年。同盟理事会许诺次年提供460塔连特并请亚里斯提德决定各邦应交数额。他如此不偏不倚因而得到"公正的亚里斯提德"的美誉。由雅典决定(只此一次)何邦供船、何邦出钱。船与钱一起构成了第一次的"phoros"即"贡献",这在当时只意味着拿出的份额而不含政治从属纳贡金钱之意。雅典被派定出船。

---

① 关于雅典同盟的组织,有很多争论,见作者在 JHS,87.41 页以下的文章。修昔底德,1.96—97;有关自主问题,参看修昔底德98.4 及 3.10.4;普鲁塔克,《西蒙传》,9 有关胜利品问题。

在有300艘三桨座船的联合舰队中,雅典船为数一半。在金钱贡献方面,雅典可能未出一文,因其受战争破坏亏损很重。关于贡金总数,说法不一。许多学者持这样一种不同的观点,即460塔连特仅仅是钱币贡纳的总数。反对这种观点的人认为:公元前454年以后,缴纳贡金的城邦要多得多,但一年的贡金总额还不到400塔连特。因而在公元前477年交钱的国家的负担可能是太大了。但这一点并不重要。因为在公元前477年,热情与必要是结合在一起的,仅雅典一邦在公元前483—前482年之际就在海军建设上用了100塔连特。这一情况正利于理解此处所采用的这种解释。在公元前477年及其后,每一入盟城邦除了提供船或钱外,还有义务提供军队,由盟主雅典指挥。这些军队有别于出船城邦所提供的水手。① 这样雅典同盟就有了自己的庞大舰队、装备精良、训练有素,又有希腊世界最强大的海军强国雅典的得力领导。

有关雅典同盟初期的活动,我们只知道很少的几件事。修昔底德首先提到的是从波斯手下夺取了埃翁,并把其居民卖为奴隶,其次则是夺取斯夕洛斯岛,岛上以海盗为生的居民多罗普人也都被逐或卖为奴。在斯夕洛斯,雅典人和爱奥尼亚人的伟大英雄提秀斯的遗骨被发现了,并被庄严隆重地送回雅典;因为正像斯巴达人那样用获得奥累斯特的遗骨一事表明他们有权做伯罗奔尼撒各族的领导,雅典人也因为得到了提秀斯的遗骨而强调他们有权领导爱奥尼亚人。埃翁和斯夕洛斯都由雅典移民占领,前者旋即失

258

---

① 修昔底德,1.96.2、99.1;普鲁塔克,《亚里斯提德传》,24;狄奥多罗斯(D. S. 11.47)提到的数目是560塔连特;Eupolis, fr. 232。

掉，后者则成了一个雅典的军事移民地。这些在爱琴海西北部的活动大约是在公元前476—前475年的执政任期内进行的。在它们之前大约还有第二次夺取拜占庭的战事，这第二次之役是波桑尼亚以私人身份从斯巴达来到这里进行的，他自立为僭主而与波斯进一步勾结起来。塞斯都斯可能也再次从波斯军手中夺过来，当时波斯人仍想尽一切办法要恢复与欧洲驻军的联系。在公元前476—前475年以后某个时期，优卑亚的卡利斯都斯被迫入盟，曾一度脱盟的那克索斯，在受围攻屈服后又被迫在更不利的条件下入盟。① 这两个城邦都曾抵抗过波斯，又曾支持过波斯。至于它们是否干了任何使雅典有理由对之干预的事情，我们就不清楚了。

修昔底德依次表述埃翁、斯夕洛斯、卡利斯都斯和那克索斯事件，其用意是说明雅典在逐步走向霸权地位，而不是要列举雅典同盟的功绩。他认识到雅典日后用降伏其盟邦和建立军事移民地的方法达到的强国地位实质上是一种霸权，因此他也把这一意义加于上述这些事件；但在当时情况下，这一点还是不明显的。在当时人看来，雅典是在奉行一种既符合它自己的利益也符合各盟邦利益的政策，它使用了但并未滥用它作为盟主被授予的权力。因为在战时，中立和投降波斯相距并不甚远，而且还可能起传染作用；无论如何，那克索斯的脱盟总可构成背弃入盟誓言之罪。在这些事件之上，我们还必须提到其他为数不少的雅典同盟的成就，对于它们我们不知其详，但可从公元前约467年的欧利美冬之役的胜

---

① 修昔底德，1.98；希罗多德，7.107、9.105；*FGrH*，70 F 191。

利上想见其存在。

在约公元前467年,波斯人在潘菲利亚集结了一大支陆军和约300艘船舰的舰队,可能企图侵入爱琴地区。但是,雅典司令西蒙却率领雅典同盟大军抢先发动攻势。他的舰队约有战舰300艘,其中200艘由雅典提供并由雅典人充任兵员;这些战舰在运转敏捷方面不下于萨拉密斯取胜时的程度,但船身更宽,两侧甲板联结处有过道可供舰上步兵在屏栏之间穿行。这一结构设计上的变化反映了由地米斯托克利时期到西蒙时期的特点,它是和从防御转到进攻的变化相联系的。在萨拉密斯,冲撞战术是重要的,但西蒙指挥的却是一支进攻的部队,既要在海上又要在陆上作战,因此要配备较多的舰上步兵——海军陆战队。他的雅典分舰队可能有5 000名重装步兵。雅典同盟的100艘战舰也载有陆战队和弓箭手。

西蒙的舰队先在克尼多斯集结,然后沿海航行,一路上以外交或实力取得了沿海各城邦的支持。在面对波斯军的欧利美冬河基地的法赛利斯,西蒙最初是攻其城防,但他的奇奥斯盟友说服了法赛利斯公民投诚,他们献出了10塔连特并提供了兵员。西蒙便以法赛利斯为基地,对波斯发动进攻。波斯舰队犹未集结完毕,还有80艘腓尼基战舰准备从塞浦路斯赶来。但即使这样,波斯人的船舰仍居多数,又有大量陆军支援。然而,他们却把舰队撤回欧利美冬河口一带,避免在海上作战。西蒙不顾一切直捣河口。波斯舰队列阵迎战,但仍紧靠岸边。首战之后,波斯舰只即向岸边逃散。有的被击沉,有的被俘,其余则在沙滩上冲碎。波斯海军一败涂地。在这次战斗和其后追击塞浦路斯海外的腓尼基舰队的战斗中,有200艘波斯舰只被击沉和被俘。

当波斯陆军赶到沙滩营救逃生者时,西蒙大胆地下令军队登陆,他的重装步兵直逼波斯步兵。战斗很激烈,许多著名的雅典人阵亡了,最后才击败敌军,攻破其营地。西蒙接着又立即扬帆突袭塞浦路斯海上的腓尼基舰队,将其歼灭。这一杰出的胜利再次证实了麦卡利之役已判明的结论:希腊战舰和水兵较波斯帝国的海防部队优越,同时也表明雅典在公元前479—前478年间鼓励爱奥尼亚人留在小亚细亚的果敢政策是正确的。作为雅典同盟前锋的雅典步兵和水兵,在这一战役中以其二比一的多数构成希腊军主力,确实保护了东部希腊人免受波斯帝国的侵略,起了保卫自由的作用。在此役之后不久,西蒙又赶走了在刻尔索尼斯的波斯军,为雅典夺得这个半岛。这一行动可能标志着大流士在公元前513年建立的波斯行省的结束。欧洲对亚洲的胜利,或者说弱小的希腊城邦对波斯大帝国的胜利,终于完全实现了。那些在欧利美冬阵亡的人保住了希腊人的自由。他们纪念碑上的悼词令人肃然起敬:"此地长眠着把他们光辉的生命放在欧利美冬河边的战士,他们无论在陆地上,还是在飞驰的船舰上,都用其长矛对抗着米底弓箭手的最优部队。他们已一去不返,但他们留下了永不磨灭的英名。"①

---

① 修昔底德,1.100.1;普鲁塔克,《西蒙传》,12—14;D. S. 11. 60—62;*AP*,7.528。

第三节 斯巴达的烦恼

波斯战争提高了斯巴达的威信，但其制度却陷于紧张疲惫之中。它的军队，无论是斯巴达人、皮里阿西人还是希洛人，都战斗得非常出色，它的将官担任了希腊陆军和海军最高司令之职，诸如列奥尼达、欧利比阿德斯、波桑尼亚、列奥提齐达等人，在管理许多城邦将领组成的参谋机构和组织胜利方面都取得了光辉的成就。它的坚毅使别人敬佩；甚至它行动迟缓有时也起了稳定军心的功效，它在普拉提亚之役参战的军队总人数达 45 000 人，远远超过任何其他希腊城市。另一方面，它的损失也大于除雅典而外的任何城邦，特别是斯巴达人的伤亡——约 500 人阵亡，许多人受伤——更是严重的问题，因为这个特权阶级的人数本来就已被它所统治的无权居民大大超过了。斯巴达的制度是为了在拉哥尼亚和美塞尼亚保持其传统秩序而精心设计出来的，它的居民极少走出国境。在波斯战中，斯巴达人、皮里阿西人和希洛人却出征国外，同具有五花八门的观点与经历的希腊人杂然相处；他们为财富奢华所引诱，特别是当胜利部队瓜分胜利品时这种引诱简直难以回避。它的高级军官也为不受文官监督的军事指挥权所惑。这种影响在两支王室家族上表现得特别明显。克列奥明尼、德马拉图斯、列奥提齐达和波桑尼亚的一生都是以不同程度的腐化或野心告终，他们甚至堕落到不惜叛国投敌的程度，而他们的事例必然在许多斯巴达人的效忠思想上留下恶劣的影响。他们的独断专横也使入盟各邦特别是爱奥尼亚人离心；其结果是在公元前 478 年斯巴达丧失了海军统帅权,并使斯巴达政府无可奈何地让出其海上盟主地位。①

这些事件影响了斯巴达的内部稳定和它在斯巴达同盟中的领导地位。在斯巴达宪制中,两位国王一般都受到监察官的节制。随着王族威信的下降,再加上继位的两位国王——普雷斯塔库斯和阿尔基达姆斯都还年幼,监察官的权势就此大增,其结果是执行了一种更为内向的政策。与此同时,吉罗西亚会议也摆脱了国王的影响而掌管了国家政务。其成员除了两位年幼的国王外,都是60岁以上的老人,他们以保守的眼光看待斯巴达的制度,力求压制任何出征国外受到感染而产生的个人主义倾向。其结果是进一步强化斯巴达体制,对皮里阿西人和希洛人更加严厉镇压,封锁边境,杜绝一切商业和文艺的自由化影响。作为斯巴达同盟的领袖,斯巴达本享有比它在希腊联盟中做盟主的更大的权力。在战争期间,斯巴达同盟成员在希腊联盟中形成一多数派,他们就有更多机会挟制斯巴达,观察其领导的毛病。至少从表面上看,斯巴达是被雅典逼着在萨拉密斯作战和进军彼奥提亚,而那时斯巴达同盟中的伯罗奔尼撒各邦却是主张在伯罗奔尼撒防守的。斯巴达的领导人丢了脸;它的政府被地米斯托克利牵着鼻子走;在雅典和它的同盟身上,又兴起了一股新的可畏的力量。斯巴达为了全希腊的利益而取得的胜利又恰巧有损于埃伊纳、科林斯和底比斯的利益,并引起伊利斯和曼丁尼亚的反对,这两邦都姗姗来迟地派出分遣队

---

① 希罗多德,9.80—82;修昔底德,1.95.7、130.2。

参加普拉提亚战役。①

在公元前478年,斯巴达又在北希腊和爱琴海地区因雅典之插手而大受困扰。大约在公元前475年,吉罗西亚会议和人民大会讨论了它们将来和雅典的关系。在两个会议上都有不少人主张诉诸一战,打败雅典而恢复斯巴达在希腊联盟的海上领导地位。但有一吉罗西亚会议成员赫托马里达斯却以海权凤非斯巴达的上策为理由说服了这些人。② 就海权和斯巴达传统体制不相容这一意义而言,他无疑是正确的。后来果然出现了一段双重领导的时期,其间斯巴达和雅典各自为其同盟的领袖,两大同盟又彼此依存共处(homaikhmia)于联盟之中,因而在希腊世界形成了一种均势的局面。

斯巴达同盟和雅典同盟都和希腊联盟共同发展,因为它们都效忠于联盟的原则。当波桑尼亚从拜占庭逃跑而至特洛伊地区的科龙奈和波斯勾结时,可能是雅典把他的活动告诉了斯巴达,斯巴达的监察官便把波桑尼亚召回,并将他投入监狱。波桑尼亚设法使自己获释,并表示愿出庭接受审讯,监察官没有确凿证据定他的罪,甚至当有人报告说他打算组织希洛人暴动时,政府仍犹豫不决。最后,波桑尼亚的一个仆人向监察官交出了波桑尼亚托他送给波斯国王的信,于是才设下了圈套,让波桑尼亚和仆人对话,监察官在旁室偷听了有关内容而得到了定罪的铁证。当逮捕波桑尼亚时,他逃入雅典娜神庙的铜殿,企图被封闭于殿内几乎饿死。在

---

① 希罗多德,9.77。
② D. S. 11.50.

他快断气时,监察官把他抬出了神庙。为了这一渎神之罪,德尔斐神谕声言斯巴达要受神的诅咒。与此同时,斯巴达也要求雅典协作逮捕地米斯托克利,因为波桑尼亚信中也提到他,雅典人答应了。在这一年(可能是公元前471年),地米斯托克利已经遭到陶片放逐之罚而流亡于阿尔戈斯。他设法躲开了斯巴达和雅典派来逮捕他的密使,没有让他们把他带到希腊联盟法庭去受审。①

斯巴达一方面和雅典保持联盟关系,一方面却极力巩固其在斯巴达同盟中的领导地位,可能是在它的提示之下,伊利斯和曼丁尼亚在它们的分遣队从普拉提亚回国时惩办了其将官。公元前472年,当斯巴达受到阿尔戈斯的挑战而它的力量再次受到考验时,这些城邦的政府都效忠于斯巴达。此时斯巴达已在波斯战中蒙受巨创,阿尔戈斯却从约公元前495年赛皮亚战败之后恢复过来了。阿尔戈斯现在还得到提吉亚的支持,提吉亚的重装步兵是以勇猛著称的。在提吉亚,双方打了一场决战,斯巴达获胜。在公元前471年,可能是在当时活动于伯罗奔尼撒的地米斯托克利的影响下,伊利斯的各个小村社联合起来,形成了一个城市(synoikismos),它成为一个中央集权程度较大的城邦的首都,大约也实行民主政治。斯巴达用不信任的目光看待这一发展,因为它在伯罗奔尼撒素来是提倡推行寡头政治的。

公元前469年,美塞尼亚人揭竿而起,在依托木山区坚持斗争,一直到公元前460年。在这一被称为第三次美塞尼亚战争的

---

① 修昔底德,1.18.2—3、128—135;D. S. 11.55.4;普鲁塔克,《地米斯托克利传》,23。

最初几年,斯巴达被一系列地震弄得人心惶惶;他们把这些地震看成是海神波赛冬的报复,因为斯巴达的监察官最近曾从达那隆的波赛冬神殿抓走了在那里避难的人并把他们杀害了。斯巴达的困境为其敌人提供了大好时机。在公元前468年,阿尔戈斯、克列奥奈和提吉亚彻底摧毁了著名的迈锡尼城。提吉亚脱离斯巴达联盟的行动还得到除曼丁尼亚而外所有阿尔卡狄亚城邦的支持。大约在公元前466年,在迪帕亚打了一场决战,斯巴达人当时要留下后备力量以防依托木山的美塞尼亚人,因而在战场上兵力远不及阿尔卡狄亚人,只能以稀疏的队形应战。然而,斯巴达重装步兵以其英勇善战再次夺得胜利。在日后的困难岁月中,阿尔卡狄亚人不再和斯巴达闹事,而阿尔戈斯在失掉阿尔卡狄亚人的支持之后,影响也开始衰减。赫托马里达斯当年劝告斯巴达人勿与雅典争夺海权,从这些事件上看确是真知灼见。因为这几年间,斯巴达的全部精力都花在对付美塞尼亚和伯罗奔尼撒各邦①的起义以保持其陆地上的地位了。

第四节 公元前479—前466年的雅典政治

雅典经历波斯战争以后,对其制度更是充满信心。克利斯提尼开倡的权利平等(isonomia)的原则,为国家带来了统一与和谐的局面,它能历经举国疏散的考验而不败,更由于军事上的胜利而

---

① D. S.,11.63,65;斯特拉波,377;Isoc. 6.99。第三次美塞尼亚战争、迈锡尼之毁灭和迪帕亚之战的年代是有争议的。参见 *Historia*,4.371页以下,所用年代即此本。

得到加强。在其中城邦公民的所有阶级都有自己的地位，无论是战于马拉松和普拉提亚的重装步兵所属的第三级，还是奋斗于阿尔提米西昂、萨拉密斯和麦卡利的水兵所属的第四级。在为国服务这一点上，第三级和第四级并无多大冲突，因为在海上作战中第三级的重装步兵作为舰载步兵或海军陆战队仍起重大作用，登上敌舰和登陆冲锋的就是他们。因此，双方自信心的增加都是好事。在波斯战争刚告结束之时，他们也没有因派别利益而分裂。他们共同行动，修筑了阿提卡的城防工事；在欧利美冬之役，他们并肩作战取得胜利，一致发展雅典同盟。然而，日后国家内部分裂的种子却是在这时播下的。上层和中等阶级都普遍地在阿提卡占有土地，为保卫家园他们以骑兵和重装步兵参战并掌握了国家的外交大权；对他们说来，与斯巴达及其同盟保持联系和对抗波斯同等重要。下层阶级没有土地。他们在舰队身上找到了一个新的、意气相投的谋生之路，正是他们亲手建造和驾驶着三桨座船。他们的前途和海军的扩张密不可分，也就和雅典海上同盟事业密不可分。地米斯托克利强调发展雅典海军，以及在必要时举国从比雷埃夫斯港出击以战舰迎击一切敌人的战略，都是向他们发出的呼吁。

在战争紧急时期，各行政长官被授予较大的权力。公元前487年以后，将军委员会的影响就越来越比执政官会议大，特别是将军中被城邦指定为参加希腊联盟参谋部的司令官的权势最高。像米尔提亚德斯、地米斯托克利、亚里斯提德、克山提甫斯和西蒙等担任将军的人，都是既凭其政治才干也靠其军事本领的。在这方面他们实是伯里克利和阿尔西比德的先驱。但是，他们权力越大，城邦的人民大会施加于他们的控制也就越严。陶片放逐法是比每年一度的卸任官员听审(euthyne)还要厉害的武器;因为遭陶片放逐法判罪的人是无权上诉的。在每一年的正月,人民大会就讨论是否今年要实行陶片投票。如果决定实行,则在下一次会议时不经讨论立即以陶片投票表决,一个雅典公民若有 6 000 张或更多票数表示对他不满,他就依法遭陶片判罪而被流放于国外十年,但不丧失其财产;在十年之内,他若回国,则不受法律保护,将其杀害亦不必负咎。在公元前 480 年以后,一个遭陶片放逐的人可以住在萨隆尼克湾的最北和最南两点"之内"(也就是说住于不能从海外与雅典敌人沟通之地),或者作为无政治权利的"弃民"而住于其他地区。正是用这种手段人民大会对许多政治领导人使用了它的权力,而遭陶片放逐定罪者中就有地米斯托克利、亚里斯提德、克山提甫斯和西蒙。①

在公元前 480—前 479 年的十个多月中,雅典全城疏散,所有丁壮都在军旅服役,组织这首次疏散工作的阿雷乌泊果斯议事会便成为国家最有权力的机关。它掌握此独裁大权相当机巧,因而能在日后直到公元前 463 年都在国家行政事务中占有中心位置,并获得崇高的政治和宗教威信。我们可以把此期间城邦所推行的稳健政策归因于它的影响。当人民在公元前 479 年回返阿提卡以后,立即出现了反映贫苦阶级要求的政治运动。例如,亚里斯提德

---

① 亚里士多德,《雅典政制》,22.8、43.5;*FGrH*,328 F 30(菲罗库汝斯);普鲁塔克,《亚里斯提德传》,7。菲罗库汝斯和普鲁塔克关于投票程序的叙述各有不同。按前者则需 6 000 票才能使被反对者遭陶片法放逐;据后者则投票总数达 6 000 以上才唱票表决,不足 6 000 则投票无效(若满 6 000,则以多数定罪)。陶片流放的时间有的说十年,有的也说五年。这些差异可能反映了陶片放逐法在其使用的七十年间是在不断修改的。

就曾提议废除担任官职的财产资格限制和使每一公民都有被选举担任官职之权。地米斯托克利则提倡发展海外商业,主张让外邦人免税以便工艺匠人汇聚于比雷埃夫斯港,为雅典成为海上强国打下经济基础。这两项建议均未被采用,这些建议都在一定程度上与外交政策有关,因为这两位政治家都想让雅典取得爱琴海的海上盟主地位,地米斯托克利还准备和斯巴达决裂。他们的外交才干对城邦大有贡献。因为地米斯托克利曾设法让斯巴达不能干预雅典修筑城防工事,并使斯巴达在安菲克提翁同盟的影响无害于雅典,亚里斯提德则赢得了爱奥尼亚人的信任,开创了雅典同盟。但是,地米斯托克利关于反对斯巴达的同时又对抗波斯的政策却未被雅典人民采纳,若用这一政策必然导致雅典在两条战线作战。和斯巴达的联盟关系一直受到遵守,而在公元前475年前后,斯巴达也决定不干预爱琴海事务。此后不久,大约在公元前472年,地米斯托克利就被判陶片流放。当他得知已被牵涉到波桑尼亚的罪案以后,他就从阿尔戈斯逃跑了。[①]

在雅典和斯巴达侦缉人员搜捕之下,地米斯托克利从科尔西拉渡海逃到伊庇鲁斯,在那里,莫罗西人的国王阿德米图斯准许他的请求,让其避难于国内,后来又转到马其顿王亚历山大处。当他乘一商船横渡爱琴海时,风暴却把他吹向了正在围攻那克索斯的一支雅典舰队。他把自己的身份明告船长,并说假若他能抵达亚洲,可为船长送一大笔酬金,否则他在被雅典捕获后就要反告船长受贿窝藏。船长愿得其钱,地米斯托克利便在约公元前465年安

---

① 亚里士多德,《政治学》,1304^{a}20 和《雅典政制》,23、25.1。D.S.11.43.3。

然抵达薛西斯的继位者、波斯国王阿塔薛西斯的宫廷。在那里他为国王服务甚殷,并得以享受马格涅西亚、朗普萨库斯和迈攸斯三地的贡款。他在波斯宫廷寿终正寝,遗骨曾被秘密带回阿提卡,并埋于故国领土之上;但由于他曾以叛国罪被雅典视为弃民,因而葬仪不能公开进行。①

地米斯托克利缺乏道德的素质,或者至少是缺少对道德品质的重视,而这却是雅典人民在此时期寄望于他们的最伟大政治家的。有一些贪污腐化的传闻与他有关,无论在阿尔提米西昂、帕罗斯、卡利斯都斯或雅利苏斯等地,人们都曾谣传他有受贿之事;他的盛气凌人和好大喜功使人担心他要搞政变夺权;他和敌人的秘密通讯也给人留下了他在脚踏两只船的可疑印象,由于他的朋友波桑尼亚勾结波斯的罪行,这种可疑就大大加强了。他的智慧才干得到修昔底德最高的赞赏。在战略决策、战术运用和政治策略方面,他的预见、机智和敏捷都属超群。他曾把他的意志图谋加之于薛西斯入侵前后期间的雅典,也加之于萨拉密斯之战中的希腊和波斯双方的司令官,甚至也加之于斯巴达的监察官(公元前479年他在斯巴达时)。他洞察雅典在强权角逐舞台上的能力和弱点,诸如雅典公民和居留的外邦人的能力与作用,港口在发挥爱琴海的军事与商业优势上的活力,雅典在爱奥尼亚人中间的威望与其取得盟主地位、组织同盟的关系,斯巴达进攻和雅典陆上被围的危险等,他都有所远虑。在修昔底德生活之时已证明了地米斯托克

---

① 修昔底德,1.135—138。

利的预见是正确的。① 雅典的发展正如其所料。结果它是同时和斯巴达、波斯交战,而且不止一次,而是三次。在别的政治家掌权的情况下,雅典未能免予灾祸。如果地米斯托克利掌权,那就可能会有不同的结果。

地米斯托克利失势以后,雅典便把希望寄于西蒙,他是马拉松的英雄并一度做过刻尔索尼斯僭主的米尔提亚德斯的儿子,他父亲在雅典临死时濒于破产、受责并被送进了监牢。西蒙付清了他父亲被课的罚金,通过将其姐嫁于富有的色尔西斯族首领卡利亚斯,他自己也和阿尔克美奥尼德族联姻等方法,加强了自己个人的地位。但他的兴起与掌权主要还不是由于这两大豪族可能给予他的任何支持,而是靠他自己的才干与秉性。他勇敢、坦率而又和善。当大家还不敢离开雅典前往萨拉密斯时,西蒙却把他的马辔头献于雅典娜神庙,从庙中拿起了重装步兵的盾牌,高兴地带头领着众人上路。他赢得了雅典人和盟邦的信任。他坚持一个坦率的反对波斯而与斯巴达友好的政策。他是城邦政治中保守势力的领袖,拥护克利斯提尼的权势均等的宪制,在当时这一宪制是由阿雷乌泊果斯议事会有力地领导着的。他是能干的外交家和勇敢的将领,多次受命指挥同盟作战。他鼓励盟邦提供金钱以代船只,从而促进了雅典在雅典同盟中的领导地位。到公元前466年之际,他的政策达到了在希腊世界中斯巴达与雅典同为盟主而又和好相处的情况下所能取得的最高成就。②

---

① 修昔底德,1.93、138.3。
② 亚里士多德,《雅典政制》,28.2;普鲁塔克,《西蒙传》,4—16。

这样,在希腊历史上就出现了一个新因素,在爱琴海建立了一个完全的、无容争论的海上霸权。起初它还是由一个希腊各城邦的同盟掌握的。它镇压海盗,保护盟员,推动了海上贸易。亲波斯的统治者被逐走,内政外交的自由得到保障,被波斯焚毁劫掠的城市现在恢复了繁荣。到公元前466年,这个海上霸权实质上已由雅典一个城邦执掌,它在这二三十年间已大大发展,远远超过其同伙。现在,雅典面前摆着两种政策,一为西蒙所推行,一为地米斯托克利过去所提倡。假若和斯巴达能继续保持均势,雅典及其盟友将和其他希腊城邦同享和平与繁荣,但这样雅典就不能进一步从波斯那里夺得更多胜利与征服;因为腓尼基海军仍是可畏的,并得到波斯强大的支持。假若雅典和斯巴达闹翻,不顾其他希腊城邦的利益而自行扩张,它就得把它的同盟引导向新的目标,结果也就要改变原有盟约的基本原则。①

---

① 修昔底德,1.18.2。

第六章　公元前 490—前 466 年的西部希腊人

第一节　迦太基的入侵和希墨拉之战

希波克拉底所建立的僭主政权由盖隆加以扩展,后者是一贵族出身的能干的司令官,他最初辅助希波克拉底的幼子当政,后来自立为盖拉的僭主。在公元前 490 年—前 485 年,他和阿克拉加斯的僭主德隆联盟,娶了德隆的女儿德玛累特,并将自己的侄女嫁给了德隆。现在他控制了西西里南海岸的绝大部分,而和西部地区的迦太基人大起冲突。他向希腊本土各邦求援,以对抗迦太基。他可能向斯巴达请求过,并希望能像多利攸斯那样把希腊人在北非沿岸占有的地区扩张到恩波利亚。然而无人提供援助。他于是在公元前 485 年左右在城内的贵族加莫罗伊人协助下,进攻叙拉库斯,这些加莫罗伊人已被一次民主派起义驱逐。起义群众曾让称为基里尼人的农奴阶级获得公民权,但后来又陷于内争,他们对盖隆没有进行什么抵抗。盖隆于是让其兄弟希也隆统治盖拉,自己则将其宫廷搬到叙拉库斯,此地拥有远较盖拉为优的港口。

盖隆把盖拉原有居民的一半,全部的卡马利纳人,以及麦加拉希布莱亚和西西里的优卑亚的上层阶级都迁移到叙拉库斯,使叙拉库斯成为希腊世界人口最多的城市。麦加拉·希布莱亚和西西里的优卑亚的下层阶级则被卖到国外为奴,因为盖隆对贫民甚为蔑视。叙拉库斯城修造得非常牢固,使它在以后三百年内一直能抵御敌人的攻击而不破;盖隆的军事实力包括200艘三桨座船,20 000名重装步兵,和几队重装骑兵、轻骑兵、弓箭手和投石手(每队约2 000人)。他的舰队以叙拉库斯平民充当桨手,可能不会为他拼命效忠。但他的陆军是强大的。骑兵是由盖隆多方照顾的富有贵族阶层组成,他们拥有在西西里特别在盖拉驯养的优良马匹。步兵由于有大量雇佣兵而显得不够顽强,这些雇佣兵为数当在10 000人以上。为了支持这样庞大的陆军和海军,盖隆靠的是从麦加拉希布莱亚和西西里的优卑亚掳掠所得,以及叙拉库斯的税款,它是当时西西里最富裕的商业城市。

与此同时,阿克拉加斯的德隆也把他的势力扩展到北面的希墨拉,在那里驱逐了僭主特利鲁斯,此人便逃到他的女婿、列其昂的僭主阿纳克希拉斯处。特利鲁斯却是和迦太基友好的,阿纳克希拉斯也感到他对麦赛纳和列其昂之间的海峡的控制受到盖隆的威胁。他们俩便请求迦太基侵入西西里。①

在公元前481年年末,希腊联盟的使者请求盖隆合作共抗波斯的侵略。盖隆提出的要当总司令的条件可能是预料到会被拒绝才故意这样做的,因为他必定知道迦太基人这时已准备了一支大

---

① 希罗多德,7.153—156;修昔底德,1.14.2;亚里士多德,《政治学》,$1302^{b}32$;D. S. 11.72.3。

军,他当然不能离开叙拉库斯让它毫无防备。他把卡德莫斯派到德尔斐去也是为了留一后路而又不致蒙受倒向波斯之咎。迦太基人也从他们的老家同胞——亚洲的腓尼基人那里得知薛西斯准备入侵希腊,因而认为在公元前480年应特利鲁斯和阿纳克希拉斯之请共同入侵西西里的时机已经成熟。后世的人曾相信迦太基和波斯是约好互相配合行动;但波斯当时显然并不担心希腊人会从西西里得到任何加强,而迦太基也不愿看到波斯征服希腊后将会对西西里采取的进攻。①

迦太基人包括200艘战舰和众多运输船只的舰队,在从非洲渡海而来时遭风暴袭击,受到一些损失,以后便在北部西西里海岸的帕诺尔姆斯集中。迦太基的海、陆军由此兼程并进合攻希墨拉,运输船只则分赴萨丁尼亚和利比亚筹备供应物资。迦太基司令哈密尔卡的意图是沿北海岸前进,在麦赛纳和阿那克希拉斯的军队会合,然后进攻叙拉库斯。他的全部军力可能超过100 000人。西部西西里和迦太基的腓尼基军队实际上是由大量的雇佣兵部队伴随,是由利比亚、伊比利亚、利古里亚、萨丁尼亚和科西嘉的占领地征募来的。他们反映了西部地中海军事实力的特点,步兵强而骑兵弱。这是一支入侵西西里的空前强大的军队,其目的是要征服全岛。②

希墨拉由德隆和他的阿克拉加斯军队防守,哈密尔卡到此后便扎下营盘,准备围攻。他把舰船拖上岸,设栅防护;在城的西边

---

① 希罗多德,7.157—64;亚里士多德,《诗学》,1459ᵃ25;D.S.11.1。
② 希罗多德,7.165(提到的是30万人);D.S.11.20。

则修筑了设防营地,供陆军使用。盖隆机智地决定在希墨拉进攻哈密尔卡,以免他和列其昂的阿那克希拉斯会师。他于是率领5 000名骑兵和全副武装的50 000名步兵从陆路进抵希墨拉,解了该城之围并在城东边设下营地。然后他用其优势的骑兵攻击迦太基的筹粮队,反而把哈密尔卡围困起来。其后,由于一次巧遇,他得到了攻入哈密尔卡营垒的机会。麦加拉人在西南西西里的殖民城邦赛利努斯曾和迦太基结盟,它接到命令在某日派一队骑兵到哈密尔卡处。带着回信的通讯员却被截获,于是在指定的那天,盖隆的骑兵装扮成赛利努斯人而进入迦太基营地。骑兵们立即把岸上的船舰点火烧光。在随后而来的混乱中,哈密尔卡被杀,盖隆的步兵长驱直入。战斗很残酷,双方都不留俘虏。迦太基人最后被赶到营垒中心的强固阵地,但因缺水而在傍晚时投降了。迦太基全部军队非死即降。它的损失极其惨重,不得不以2 000塔连特赔款乞和,并向盖隆之妻德玛累特献一金冠。七十年以后,迦太基才有能力再度尝试征服西西里。①

第二节 西西里僭主政治的后果

希墨拉之战具有如此重大的决定性意义,使盖隆在整个希腊世界声名远扬,在叙拉库斯他也大得人心。胜利者在希墨拉修建了神庙,也在阿克拉加斯和叙拉库斯建庙谢神并在奥林匹亚敬献了一尊宙斯神像。盖隆还可能仿效纪念普拉提亚的三脚祭台的形

---

① 希罗多德,7 166—167;D.S. 11.21—22、26.2—3。

状,为他自己向德尔斐的阿波罗神献了一个黄金的三脚台和一尊胜利女神像,附有如下的铭文:"叙拉库斯人迪诺米尼斯之子盖隆敬献于阿波罗神;此三脚台及胜利神像皆为米利都人迪奥多汝斯之子比翁所制。"在叙拉库斯和列翁提尼的精美的钱币上也表述了这种谢神之意,叙拉库斯的双德拉克马大银币则以纪念德玛累特而被称为"德玛累特币"。作为胜利的一个成果,阿克拉加斯把腓尼基城市莫提亚和厄利克司纳入自己的势力范围,它们用阿克拉加斯的鹰徽和蟹徽作为钱币的纹章,但腓尼基人并未被逐出西西里,他们仍起着与迦太基帝国贸易的中介人的作用。赛利努斯和列其昂都与胜利者议和,阿那克希拉斯把女儿嫁给希也隆,并按叙拉库斯之制采用了阿提卡衡制铸造列其昂的钱币。在公元前478年盖隆去世之时,他的威望正处高峰,而他的胜利和他得到妥善巩固的和平则为一个最繁荣的时期揭开了序幕。①

虽然盖隆去世之时很得人心,但他始终是作为一个依靠雇佣兵攻城略地奴役居民的僭主而夺取和保持其政权的。在他建立的新的叙拉库斯城邦中,他的权力并无宪法保证,虽然他和他的亲属拥有各种选任的官衔。他的廷臣称他为叙拉库斯国王或西西里之主,而他自己则可能简单地自称为"一个叙拉库斯人";但他的家族——迪诺米尼代却和庇西特拉代一样,仍然是政治上的篡权者而面临人民反抗起义的狂潮。希也隆,盖隆之弟与继承者,在才干和野心方面都和他不相上下。他毁灭了西西里岛上的那克索斯和加塔纳城,把其居民部分迁于列翁提尼,部分移居他新建的埃特纳

---

① 波桑尼亚,6.19.7;*GHI*,17;*GC*,102。

城。这个新城位于埃特纳山之南,选择这个位置是为了控制该地肥沃大平原的北部。它的统治者是希也隆之子迪诺米尼斯,移民中以5 000名伯罗奔尼撒人和5 000名叙拉库斯人为首。希也隆在德隆这位阿克拉加斯、希墨拉和西西里西部大部分的统治者于公元前472年死去以前,一直和他保持密切联系。他在北面也有了扩张的机会,因为他岳父阿那克希拉斯不得不放松了对麦赛纳海峡的控制,而他在罗克里和库美又有忠实的盟友。为了应后者之请,他的舰队曾北驶意大利而在那不勒斯海湾对伊达拉里亚人取得了一大胜利(约公元前474年)。此后的一些战利品曾献于奥林匹亚,其中有一青铜头盔,刻有"迪诺米尼斯之子希也隆以及全体叙拉库斯人谨以此在库美缴获的伊达拉里亚战利品敬献于宙斯神"的铭文。在皮提库萨岛上,他建立了一个叙拉库斯的殖民点,但殖民者在一次地震后逃跑了。在这些力求把叙拉库斯势力扩及于意大利的尝试上,希也隆不愧为狄奥尼修斯的先驱。①

　　反对僭主统治的第一次起义在希墨拉掀起,此地由德隆之子特拉夕达攸斯统治,他是一个暴虐的独裁者。起义人民于公元前476年左右起事后,就向希也隆呼吁。希也隆背叛了起义者,让阿克拉加斯的德隆在希墨拉把反对派统统杀光,然后又用多利亚族的移民补充该城的居民。当德隆于公元前472年去世以后,特拉夕达攸斯又和希也隆开战而失败,双方损失各达6 000人之多。阿克拉加斯于是加入了希也隆的联盟,现在希也隆的势力从库美一直延伸到西西里西部。到公元前467年,希也隆去世,其弟特拉

---

① D. S. 11, 48-49.

夕比罗继之，他试图以严厉镇压手段平息反抗。公元前466年，叙拉库斯爆发人民起义。他们得到盖拉、阿克拉加斯、希墨拉和赛利努斯等地深受僭主暴政之苦的人民的支持，西西里的土著西赛勒人也予以赞助。特拉夕比罗把他的雇佣军和从埃特纳以及别地调来的党羽集中在叙拉库斯城的东部，准备从他仍占据着的阿哈尔迪纳与奥尔提西亚两区突围。但他在陆、海军方面都遭到失败，最后被逐于意大利南部的罗克里。在叙拉库斯，民主和自由重新得到恢复，在西西里，除了麦赛纳而外，也都摆脱了僭主的统治，麦赛纳则在阿那克希拉斯诸子统治下直到公元前461年才获解放。①

西西里岛上历时四十年的僭主统治加强了西部希腊人的势力和文化。僭主们的扩张政策和组织才能使西赛勒人、迦太基人和伊达拉里亚人屡遭败北，从而为商业的扩展奠定基础。他们的合作与联盟为希腊各邦带来了统一的方向，这是在城邦分立的一般条件下难以出现的。为了这些作用，僭主中最伟大者——盖隆、希也隆、德隆——理应得到诗人品达、巴奇利德和西蒙尼德斯等人的称颂，而后代公民也为此而给予他们以"创建者"的尊号。他们用保持和平、促进城市化和发行精美钱币等方法促进了商业发展；特别是叙拉库斯在西西里经济中的首要地位得到加强和巩固，叙拉库斯币制所采用的阿提卡衡制在整个地中海西部地区通行无阻。这些僭主从其出身和爱好都属贵族阶级，其统治也照顾贵族而压制民主，甚至把大批贫民卖为奴隶。盖隆的名言"普通群众是最不知好歹的比邻"，代表了他们的典型观点。他们因自己属于多利亚

---

① D. S. 11.53、66—68；亚里士多德，《政治学》，1312^{b}10。

族，便从希腊引入大批多利亚移民，摧毁了许多西西里岛上的加尔西斯人的城邦。但他们的所作所为实际上堵死了贵族阶级的前程。因为，通过迁移调换全部居民以及对大批雇佣军给予公民权（例如，盖隆就曾经让 10 000 名雇佣兵在叙拉库斯取得公民权），这些僭主已完全切断了各地的传统政治联系，而贵族之能得人民拥戴主要就是靠这些传统联系。在这几十年中，实际上发生了一个社会和经济上的大变动，它使较贫穷的阶级得到解放而最终会使他们取得政权。

第三节　意大利的希腊城邦

在意大利，希腊各城邦并未组成一个共同的战线以对抗意大利各族。它们自身的竞争使它们陷于分裂。夕巴利斯于公元前510 年被灭后，克罗顿主宰了从考隆尼亚到米塔朋提昂之间的地区有三十年之久。列其昂寻求塔拉斯的援助，罗克里则求助于叙拉库斯，而亚该亚人的各个殖民城邦，虽然彼此结成同盟却由于夕巴利斯之毁灭而大受削弱，只能勉强保持独立。库美在受到伊达拉里亚海上势力威胁时，不是向邻邦求助而是求援于叙拉库斯的希也隆。这些城邦都受贵族政府统治，毕达哥拉斯及其门徒在这方面大大帮了贵族的忙。当波利克拉特在萨摩斯做了僭主以后，毕达哥拉斯就在公元前 530 年前后逃到克罗顿，把他的哲学与宗教方面的教学活动和政治活动结合起来；他和他的门徒在导致夕巴利斯灭亡的战争中起了很大作用。他的门徒都是贵族，组织在兄弟会和俱乐部（hetairetai）之中，在克罗顿称霸一方的日子里，他们在意大利各个希腊城邦都很有影响,追随者很多。塔拉斯约在公元前473年建立了第一个牢固的民主政府。此地的雅比基人和相邻各族曾联合起来反对塔拉斯及其盟友列其昂,在一次大获全胜的战斗中,塔拉斯的贵族阶级几乎被杀光了。塔拉斯人民起而自卫其城,他们成功地进行了防卫战,最后夺得了城邦的政权。[①]

虽然希腊城邦在意大利并未扩展他们的政治统治,希腊文化和商业的影响却深入到内陆,特别在坎佩尼亚地区影响深远。伊达拉里亚发行的钱币近似于库美和叙拉库斯的衡制,在亚得里亚海的伊达拉里亚城市则采用近似于科尔西拉的衡制。希腊军队对伊达拉里亚的胜利有利于罗马在拉丁姆的兴起。在此地,一个希腊各邦欠缺的政治联盟却在罗马和拉丁同盟之间以"卡西亚同盟"(foedus Cassianum)的名义在公元前493年左右创立起来了。

[①] 亚里士多德,《政治学》,1303ª 3;D. S. 11.52。

第七章　文学、思想与艺术
　　（公元前 546—前 466 年）

第一节　品达与色诺芬尼之间的对比

　　公元前 546—前 466 年,希腊世界各国在军事实力、经济繁荣和文化发展方面皆臻成熟。在此以前,一个一个城邦曾经成功地跟组织极差的侵扰作斗争。现在则是以斯巴达、盖隆、希也隆和雅典为首的城邦联盟抵抗了波斯、迦太基和伊达拉里亚这些组织严密的帝国。他们对外部压力的挑战做了胜利的反应。这些联盟不仅抵消了城邦小国寡民的内在弱点,并且为伯罗奔尼撒、西西里,较后则是为爱琴地区带来了更为稳定的局面。有幸的是在这一时期的末尾阶段,希腊世界的一大特点是出现了各大邦之间的均势和平衡。各联盟并立共处:雅典和爱奥尼亚人,斯巴达和伯罗奔尼撒人,科林斯和它的殖民城邦,叙拉库斯和阿克拉加斯。在每一联盟的内部,首邦和盟友几乎是平权的。在这种情况下,经济繁荣,发展迅速。除了在南部伯罗奔尼撒和西北部希腊外,货币经济普遍建立,它推动了贸易并有利于资本的积累。叙拉库斯、科尔西拉、雅典和奇奥斯的成长兴旺以及它们能够建立强大舰队的实力象征着希腊各城邦资财的普遍增加。在这一发展中,滨海各邦走在农业城邦前面。雅典、埃伊纳和科林斯的钱币以大金额发行,流通极广,而伯罗奔尼撒各邦只发行小额货币,供本地使用。实力和财富使人们信心大增。这个时代的历次胜利既被当作军事胜利,也被看作希腊文化的胜利,的确是很有道理的。希腊世界数以百计的独立自主之邦愈来愈意识到它们共同的文化传统,对它们的制度也更加充满信心。

在繁荣的高潮中,贵族政治仍占据优越地位,但已经面临不稳。贵族分子也同样面对着时代的挑战。他们在一些城邦中执政,或者在一些城邦居政治和宗教生活中的显要地位。几乎在每一个城邦,他们的理想仍标志着社会和宗教生活的楷模。他们比其先辈能够更自由地在自己城邦之外周游;因为无论何处他们都能碰到意气相投的贵族传统,在这种传统中,无论是毕达哥拉斯的教导还是品达的吟咏都能获得普遍的、众口同声的响应。在政治上他们的确是民族主义者,但他们承认全希腊有一种共同的事业心。例如,克列奥明尼、盖隆和西蒙都有一定程度的泛希腊主义,这却是日后的政治家中很少见的。他们不仅崇拜自己的城邦之神,而且也崇拜全希腊族的众神,而在奥林匹亚、德尔斐、科林斯、涅米亚举行的盛大节庆正是敬奉这些全希腊族的众神的。各地贵族从希腊世界四面八方来参加这些节庆会,并进行各种比赛。他们共同信仰的中心是奥林匹亚的宙斯这位诸神之王和自由的捍卫者。

贵族政治的理想是由合唱抒情诗的最伟大的天才品达予以表述的,他现存的诗篇大约作于公元前498—前446年。在他和他的许多同时代人看来,神话的往昔是真实的存在。诸神和英雄绝非诗人幻想的产物。他们活动于现实世界之中。神和人都是同一个母亲——大地母神的后裔,神有超人之力,但人和神在智慧和禀赋上是相通的。过去的英雄参加当今现实的人的活动。提秀斯参加了马拉松之战;菲拉库斯和奥通努斯保卫了德尔斐而赶走了波斯人;在埃伊纳和斯巴达军队前带头引路的埃阿西代和丁达里代的雕像,不过是那不可见的参加者的一个可见的象征。① 贵族家系的英雄先祖为其后代唤起超群的力量。神和人的接近在每一世代都可凭人的最高贵的活动而得以再现,并不只限于波斯战争那英雄的一代中。个人的才智——完美的体魄、诗意的悟性、辉煌的言辞——都是神明所赐而由祖先世代相传的,而他本人必须将这些才能尽力发挥以求达到优异的境地(arete)。但众神同样也对傲慢不逊施加惩罚。人贵有自知之明,他决不应妄求达到登天成神之境。他的野心应该用自制(sophrosyne)的品德加以限制或冲淡;所谓自制,并不意味着被动消极或谨小慎微,而是平衡和明辨是非。他的最高努力应该是为他所属的集体而发。在运动比赛和疆场作战所取得的胜利都出于为国为家之心。假若他为其集体所做的贡献可和英雄的先祖相比,集体就可以在他死后把他当作英雄来崇拜。正因为这样,英雄的荣誉曾给予刻尔索尼斯的米尔提亚德斯、叙拉库斯的盖隆、埃特纳的希也隆以及普拉提亚战场上阵亡的希腊将士。

这些观念在多利亚城邦中最为强烈。品达本人就是一个底比

---

① 普鲁塔克,《提秀斯传》,35.8;希罗多德,8.39、64、5.75.2。

斯的多利亚人,他的合唱凯歌诗篇的绝大部分都是为比赛优胜的多利亚人写作的。他的先驱,塔那格拉的女诗人科利娜以类似的热诚抒写了彼奥提亚的本地神话传说。各海岛和东希腊的爱奥尼亚人心思却比较复杂,看问题也更多地带有个人主义的色彩。他们继承了个人抒情诗的传统。他们主要是从优美动人的角度看重过去的传说,而不是尊重其宗教内容。例如,夕欧斯的西蒙尼德斯描写达娜依及其婴儿的故事就非常优雅动人,他写的纪念温泉关阵亡将士的诗句则极其简洁坦率。假若西蒙尼德斯有一种哲学的话,那就是认为环境变化极快,人的品质也随之而变,因此在灾患之中人会变坏。他和他的同乡巴齐利德也创作了许多合唱凯歌诗篇,文辞优美动人,但缺乏品达的道德和宗教力量。太攸斯的阿那克里昂是一个直率的个人主义者。他唱道:"孩子,把水拿来,把酒拿来,把花环戴上,让我们和爱神辩论!"他以彻底的不可知论的勇气对生命、老年和死亡加以嘲笑。在西部地区写合唱抒情诗歌的列其昂的依比库斯,也追随着这种个人抒情诗派。他来到萨摩斯僭主波利克拉特的宫廷中。他的爱情诗是活泼而美丽的,他开创了那种宫廷诗的体裁,他在一首歌谣中把在世的波利克拉特列入特洛伊战争的英雄之林。①

在爱奥尼亚诗人中,最大胆的思想家就是色诺芬尼,他约在公元前545年从科罗丰出走,在希腊世界各处往来漫游,最后在西部地区的厄利亚去世。他用悲壮有力的挽歌攻击当代的传统观念。奥林匹克的胜利对于国家无功可言,奥林匹克的胜利者也不值得

————————
① Simon. 13;5、11、4;Anacr. 27;Ibyc. 6、7、5、3.

在公众中享有荣誉。往昔的传说纯属人为的虚构,神是人按照自己的模样创造出来的,荷马和赫西奥德还把世人的卑劣品性赋予众神——偷盗、通奸、欺骗等;假若牛会作画,则它们画出来的神必具牛形。在摒绝这些传统观念以后,他教导说神是单一的实体,常在不移,无形无状,既不像人的模样,也不具人的心理,而神的所见、所听与所知是无所不在,无所不能的,其动力则为神的不需费力的思想。和神相反,所有物质的东西都是由水和土所产生——例如,云、风、河川等都是从大海中产生的——而人作为物质的存在,对神不可能有真知而只能有对神明事物的看法。色诺芬尼的同时代人受其苛评的影响甚多,而对其思想则较少接受,因为这种思想看来会使神人之间的任何个人接触濒于断绝。①

第二节　埃斯库罗斯、毕达哥拉斯和爱奥尼亚哲学家

综上所述,可见多利亚人和爱奥尼亚人在观点上差别甚大。因为宗教保守主义和自由思想当然格格不入,集体责任感和个人主义要求也相差十万八千里。雅典在这两者之间却占有一个中间地位。在过去它只产生了一位大诗人,即梭伦,他既提倡个人权利,又重视国家利益。公元前 534 年,第一个阿提卡悲剧问世,雅典立即成为希腊诗艺的中心。阿提卡戏剧艺术的要旨是宗教。戏剧在由国家举办的迪奥尼修斯神节庆会上演出,主题则和城邦、公

---

① *Vorsokr.* 21 B 1. 21 以下;2、11、15、23—30、34。

民的宗教生活密切相关。最初,合唱队占有主要地位,它以城邦宗教团体的代言人身份发言,采用的主要是在多利亚影响下发展起来的合唱抒情歌形式。随着城邦或家族集体的宗教逐渐衰落,个人问题日渐尖锐,演员开始代替合唱队起主要作用,爱奥尼亚影响也就日益加强。从阿提卡悲剧的演变之中,我们可以更多地看到雅典生活和雅典思想的内在历史。悲剧作家自己就是雅典人,雅典人民则是剧本的评判者和发奖人。因此,现存的那些剧本都是最伟大的雅典诗人的代表作,同时也是雅典人民思想感情的表征。

埃斯库罗斯的一生(约公元前525—前456年)包括了波斯战争的整个世代,他本人曾在马拉松和萨拉密斯作过战。这一亲身经历对他的宗教观点有极深的影响。在《波斯人》(作于公元前472年)一剧中,他把波斯的失败不归于希腊人的优秀品质而归于神明的意志。薛西斯因两桩不敬之罪而犯神咎。首先是他想把希腊置于波斯奴役之下从而违反了天下各族安分守己、均分权势(moira)的局面;其次则是他的倨傲激起了正义神宙斯的恼怒。头一桩罪过使天下各族(波斯、希腊皆在其内)同受灾难,后一桩罪过则为薛西斯统治的各族——波斯及其从属带来祸殃。因此,当代的事件表明了神明左右人类历史的两大基本原则:秩序的原则,它源自权势均分的原理;正义的原则,它由宙斯执掌。当这些原则被违犯时,同族众人都受其难。① 同样的观念也表现在其他一些用传说题材抒演人和神的往昔历史的现存剧本之中。

在两组三部曲——三个剧本一组的作品,可以表现几个世代

---

① 埃斯库罗斯,《波斯人》,93、181、827。关于这些见解,见作者 JHS,85 上的文章。

的历史——中,埃斯库罗斯探讨了家族之内的秩序原则,而由于每一家族统治一个城邦,也就等于是探讨城邦本身的内部秩序原则。在拉布达西代家族中,当奥狄普斯弑父娶母以后,伦常的破坏使家族遭难,国家受污。在阿特雷代家族中,当阿特留斯杀掉其兄底斯提斯之子时,也发生同样的结果。由这些罪行带来的灾难既及于犯罪者也殃及无辜之人。也就是说,正义者和非正义者同样遭殃,无论他是埃提奥克利还是奥累斯特,也无论是波利尼斯还是阿加门农;此外,同样受难的还有他们城邦的公民群众。意义不太清楚的是第三组三部曲,其中只有一剧——《祈求》流传至今。当50位少女拒绝结婚而50位求婚者以暴力相威胁时,少女的合唱谈到了妇女命定的本分——婚姻和做母亲。① 这当然也是一个秩序的原则,而对它的违犯同样可使正义者和非正义者共罹灾患。在这些三部曲中,秩序的原则和正义的原则各有其特点,它们有时甚至互相冲突。埃斯库罗斯因此把超自然的力量带上了舞台。他企图说明差异的起源并最后用这两大原则在人类中的作用来使它们调和起来。

  秩序的原则在希腊宗教思想的较早阶段就已被接受。这个原则反映了太初之道,当时宇宙初生,天、地、冥间三大界平分世界。它是原始的,没有个性的。它由大地母神和她的儿女——冥间的神灵执掌和卫护。它产生在天神出世以前,既管着神的社会,也管着人的社会。假若这个秩序的原则被违反,就由大地及其子女罚以祸灾。他们没有个人性格,一无所见而又无时无处不在,他们的

---

① 《祈求》,1047。

意见既不受神也不受人的阻难。在《被缚的普罗米修斯》中,埃斯库罗斯叙述了天神的演化,他们有个人性格、无所不见而且长生不死。正像他们是以出生而获得存在,他们的生命也就包含在"教导一切的"时间之神的范围内。神灵的第三代统治者宙斯,最初是一个凶残的暴主,但后来懂得了节制的道理而建立了正义的统治。普罗米修斯为同情心所激励,企图把人提高到宇宙秩序所派定的地位之上;由于这一错误,他和人类都要受苦。到最后宙斯和普罗米修斯和解了,宙斯便派赫拉克勒斯去为人类造福。从此以后,宙斯对人和神就是公正而仁爱的了。但他并不是无所不能的,他不能改变普罗米修斯的长生不死的本性,也不能改动人在宇宙秩序中的地位;因为这些都是由原始之力派定了的。

在埃斯库罗斯最后一组三部曲《奥累斯特》中,他的宗教思想发展到完成阶段。这组三部曲是在公元前458年创作的。在较早的一组三部曲(其中只有《七雄攻打底比斯》流传下来),已谈到底比斯统治家族拉布达西代内部残杀的后果。当死亡相继之时,底比斯少女的合唱就对依林尼诸神的力量满怀恐惧,这些女神就是该家族的摧毁者,和众天神并非一类。[①] 因为依林尼诸神是冥间的神灵,原始法则的天然执事,与宙斯为之激动的仁慈的正义原则无关。《奥累斯特》的结局就描述了依林尼神的意志和宙斯神的意志之间的冲突。奥累斯特依照阿波罗的命令,为他的父亲阿加门农被暗杀复仇雪恨,从而杀掉了他的母亲。在这种情况下,原始法则要求奥累斯特受罚,因为受罚是他命中注定,不管他是否为父报

---

① 埃斯库罗斯,《七雄攻打底比斯》,702。

了仇还是杀了母亲。宙斯的原则却与此不同。按正义法则,奥累斯特无论在动机和行为上都是无罪的;因为他的行动是由宙斯之子阿波罗神指使的,奥累斯特的案件被送到阿雷乌泊果斯法庭审理,主持者是雅典娜女神,奥累斯特终获无罪开释。但是,冲突并未结束。因为雅典娜的意志并不能强加于依林尼诸神之上。然而,宙斯却通过雅典娜女神苦口婆心的说服工作,使依林尼诸神接受了无罪的判决,并被宙斯仁爱之心所感染。于是,她们也变成"和善女神"——攸闵尼德神了,她们也以仁慈正义的原则执掌原始之法。从此以后,命运的分派(moira)和宙斯就协同一致地对待人类了。①

在这些剧作中,埃斯库罗斯摆出了他有关人类生存根本问题的信念——苦难、精神错乱和战争在神明计划中的地位以及神明干预人世事务的实质。他认为在一个集体之内所犯的暴行可以使所有成员遭殃,父亲的罪孽也及于儿孙。这些都是生活中不可避免之事,是由自然的原始法则决定的。他相信它们是由一位仁慈的天神有目的地行使着,其正义将体现在城邦、家族和人类的命运之中,而不体现在个人的命运之中。这样的信念,在一个把集体的命运看得高于个人命运的社会,是能够被接受的。

与此同时,埃斯库罗斯并不漠视个人的问题。他相信,在绝大多数情况下,个人可以自由选择其行动的途径,但不能控制其行为的后果。因此,薛西斯和阿加门农都是自由而主动的人,他们由于

---

① 埃斯库罗斯,《奥累斯提》,161—180 和《复仇女神》,299—346,1045—1046。

自己的倨傲而选了一条自毁其身而且亡国灭家的道路。① 当个人能够劫后逃生，他或许可能从苦难中有所收获，懂得节制的道理。但在有些情况下，个人的选择局限在左右为难、反正都灾难临头的困境里，这样他就确实陷于绝望之中。这就是卡山德拉、埃提奥克利和奥累斯特遇到的境况。那时他们的自由只限于保持自己动机的纯正、自尊心和荣誉。在埃提奥克利临死时，他仰天大喊："众神早就不再关心我们了！"② 当奥累斯特因神的干预而获得昭雪时，他对雅典娜女神致谢，也感谢开明的城邦雅典，它的法庭是众神中意的。在以后的日子里，情况却并不总是如此。埃提奥克利的呼喊声变得越来越强大了，在欧里庇得斯的剧作中，这种声音已笼罩整个希腊舞台。因为，对于剧作家和他的许多同时代人说来，个人已比集体更为重要了。

埃斯库罗斯的宗教思想是如此深刻，初看起来它似乎远远走在当时信仰形式之前。但实际并不如此。他相信先知、占卜、梦兆，认为这些都是神意的显示；他也信诅咒和渎神之罪，认为这会带来神的干预；他还信神谕的告诫作用，虽然它们常是含义不清、模棱两可的。天上诸神具人的形象和性格，而且数目众多，阴间的神灵则像中世纪的地狱魔鬼一样狰狞可怕，所不同者是他们并非歹恶之鬼而仅仅是难以和解而已。在这一当代宗教信仰的感情的、而非学究气的总环境里，埃斯库罗斯形成了自己的至高无上、仁慈之神的概念，这一主神治理着其他的光明诸神，使黑暗诸神服

---

① 埃斯库罗斯，《波斯人》，739—752 和《奥累斯提》A.218—227。
② 埃斯库罗斯，《七雄攻打底比斯》，702。

从其意志,并把人类引导到更高度的文明与开化。

当埃斯库罗斯在传统的宗教信仰中找到更深的含义时,其他人却跟随色诺芬尼的榜样而抛弃了它,另立新的宗教哲理。这些先驱中为首者当推毕达哥拉斯,他在约公元前 530—前 510 年在克罗顿建立了一个宗教性的兄弟会,受到奥尔菲斯教义的影响。他的教义是一有争议的问题,因为他自己没留下文章,他的思想只见于门徒的著作。毕达哥拉斯学派把宇宙看成一个球体;中心是火,地则绕火而动。这火是宇宙由以生长的种子,地壳在火的四周逐渐硬化,大地则从外层空气中吸气;这样,整个宇宙也像任何动植物一样,是有生命的机体。那火烈的种子是太初之元,呼吸于空气之中,本身是一个不可分的东西或"原子"。从这一初元派生万物,正像从"一"生出无限之数一样,由此而使宇宙获得稳定,每一物体都靠空气的罅隙而跟别的物体分隔开来。

在这一宇宙起源说之中,毕达哥拉斯学派最关注的是作为人的内部和谐(harmonia)原则的灵魂。它和有生命的宇宙之精魂相合,它在世间生命中的最高功能就是沉思宇宙所启示的秩序,特别是天体所显示者。因为这种对真知(philosophia)的沉思默察将使人和神交接。人死之后灵魂犹存。它重新移入人或动物的机体之中。在这一连串的转生中,灵魂可能既从善又作恶,但随着时间的推移,它可以使自己净化而回复到本初之元,亦即它由以出生之处,在此它将合一而归于静寂。灵魂是和谐原则这种信仰是以数学、几何和音乐的研究为基础的,也是以下面这种信念为基础的,即灵魂与数、形等都是物质的实体而非理智的抽象。

毕达哥拉斯的哲学因此是研究物质实体的。他为其门徒制定了一个行为清规，其中以斋戒和沉思为主要的但并非压倒一切的内容。因为一个人要追求的境界就是身心和谐或均衡。这样一种调谐包括正统的节制（sophrosyne）这种理想。他的门徒组成了一个严密的教派，他们遵行入会仪式，保持秘密，进行政治活动，提倡贵族寡头统治。在毕达哥拉斯派看来，神秘主义者、哲学家同时也应是积极的活动家。

毕达哥拉斯主义在公元前5世纪初遭到以弗所的赫拉克利特的痛斥，他坚决反对有关静止和统一的成见。对他说来唯一不变之物就是变化。就像季节的变换一样，万物皆在时间的周而复始中流动，在永恒变化着；例如，像夏天变为冬天，生命也变为死亡，死亡又变为生命；火变为气，气变为水，一直变下去。但在变化的运行中也有一致的东西，因为各种变化是彼此平衡的。世界就是对立面合而为一的无间断之连续。就这一意义说，神就是白昼和黑夜、严冬和炎夏、战争和和平、满足和饥饿，宇宙则是永不停息的火，自燃自存而又自变。赫拉克利特的哲学抨击现存的各种信仰，反对荷马和毕达哥拉斯的教导。他认为善恶之别是人所自造的，自制的原则并无现实的基础，而灵魂则是可灭的。赫拉克利特的教义具有贵族气派和教条主义的色彩，他自认为已凭内心的反思而获得了终极的真理，洞察了驾驭万事万物于永恒变化中的法则。他用从感性证据推出逻辑结论的方法形成了自己对宇宙的看法。这一看法把前此所有哲学家的见解熔于一炉。另一方面，他对公式或模式（logos）加以神化，也就是把它作为结合万物组成宇宙的根本，却完全是他个人的主观之见。①

他的观点又受到厄利亚的巴门尼德的攻击（约公元前485—前450年），巴门尼德也不同意毕达哥拉斯的大多数看法。巴门尼德公然认为感性论据不真实、容易导致误解而将其排斥于哲理探讨之外。他以抽象的推理（noema）代之而为探讨真实的工具，他自称曾以此而体验到真实的启示。真理是一个球形体，坚实稳定而完全，不动不移，无生无息，无复数、无时间、无止境。为了认识真理，巴门尼德被引导到超越于昼夜的门限之外，也就是超越于世界的范围之外；因为真理只能为理性所知而不是感性所能得。由感性所知的世界是一个表象的世界，它缺乏真实性。然而，巴门尼德却又从昼夜之门返回而描述此表象的世界。真理的球体现在变成了宇宙的球体。它开始运转而分为一对对的对立面，例如光与暗、热与冷、软与硬、阴与阳等，它们靠原生之力爱罗斯（爱神）的作用而彼此和谐。由此而产生万物表象上的丰富多彩。在巴门尼德的信条中，真理和表象是互相排斥而不能调和的。后代哲学家的任务就是在推理和观察之间求得和解。②

第三节　历史、地理、医学与喜剧

上述三大哲学家，像他们的米利都的先驱和科罗丰的色诺芬尼一样，都是爱奥尼亚人，并生活于殖民地区，这些地方显然较希

---

① *Vorsokr.* 22 B 76、67、30、64、42、102、41、72。
② *Vorsokr.* 28 B 1-8、12-13。

腊本土更多地摆脱了传统信仰和地区习俗的约束。他们的理性探索不受宗教的羁绊,虽然他们使用了引自宗教的思想术语。他们的研究范围,像埃斯库罗斯一样,是宇宙与人类,但他们的讨论不涉及国家和家庭。阿那克西曼德、阿那克西米尼和赫拉克利特用散文写作,这在当时已日益成为学理表述的工具。爱奥尼亚人还把他们的批判和探讨精神施之于历史研究,将其成果写成散文。往昔事迹(特别是城邦的建立)或当代史实都曾被荷马、欧美鲁斯、卡里努斯、明纳尔姆斯、提尔泰奥斯和梭伦这类诗人用诗词记述过:这一传统在诗词方面由色诺芬尼继承下来。希罗多德的一个叔父,名叫帕尼亚西斯的,也曾用诗记述了爱奥尼亚的建立这一题材。公元前546—前466年,爱奥尼亚人也曾用散文记述了过去和当代的事迹,其中有米利都的卡德莫斯,居住于雅典的列罗斯人菲利西德斯,以及阿尔戈斯的阿库西劳斯。波斯战争曾经被好几位散文作家记述过,但他们的著作皆已失传。

  这些作家中不少人在编撰史书时对其材料未做批判考核。有些人则有所批判。其中最主要者是米利都的赫卡太攸斯,他在其《历史》(或称《世谱》)开篇写了如下的话:"米利都人赫卡太攸斯谨声言:我所叙述的都是我信以为真的史迹,至于希腊人流传的各种传说在我看来则是驳杂而又可笑的。"他们的注意力仍主要(虽不是全部)集中于远古时期,那时富于伟人和传说中男女英雄的世系。他们的名称"史传家",即传说记述者,对他们的作用是一个确切的表述。①

---

① *FGrH*,1 F 1;修昔底德,1.21。

在公元前6世纪期间,地中海各族对人所居住的世界有了更为广阔的了解。腓尼基海员是最勇敢的探险家。大约在公元前600年,他们在三年之内绕航了非洲大陆。他们从苏伊士出发,而自直布罗陀海峡返回,报告说当他们向西行驶时太阳是在他们右手边。[1] 这次绕航有些学者认为不可信,持这种见解的不仅今日有,古代也早已有之,但他们理由不足。迦太基的腓尼基人沿欧洲的大西洋海岸远航直至康瓦尔(英国),在非洲的大西洋岸则达塞拉利昂,其时约在公元前5世纪初。在希腊海员中,马赛的欧地门尼曾于公元前550年左右航抵西非的塞内加尔河口,弗卡亚人则达西班牙西海岸一带,而卡利安达的斯夕拉克斯则于公元前510年自印度河沿波斯、阿拉伯海岸抵达苏伊士。至于内陆地区,他们知之不多,甚至对巴尔干半岛也是如此。但他们曾溯可行船的河流而上,经罗讷河以达其源头,在多瑙河上则达铁门关地区;他们对非洲中部和欧洲内陆有一知半解,对俄罗斯草原、高加索、里海和波斯帝国的东部行省也有一些含糊的报道。在这样的知识基础之上,米利都的阿那克西曼德制作了一幅"有人居住的世界"地图,阐明了他的有关大地是圆柱体而人类居住在其圆形顶部的学说。当阿里斯塔哥拉斯于公元前499年访问斯巴达时,他带有一幅刻在青铜板上的世界地图,其中表现了欧洲、亚洲和利比亚(即非洲)的大陆,以及所有的大河、海洋和环绕陆地的洋流,阿里斯塔哥拉斯能历数亚洲各地的民族及其资源。

有关地理和人种的消息在史诗歌谣中已经有所传送,其来源

---

[1] 在右手即意味着他们已在赤道以南;参看希罗多德,4.42。

可追溯到青铜时代；那些推行殖民运动的城邦特别是德尔斐也注意收集了这些消息。因此，最初的地理知识就在史诗的形象描绘中、在德尔斐的神谕中、在以诗和散文写成的地区历史中保存下来了。当时也编辑了给旅行者使用的手册，一般都记述有旅程的各段以及周围地区。最早的对世界的一般描述是米利都的赫卡太攸斯在公元前500年左右写的，他记述了地区、民族、动、植物，出产，港口，以及对地方传说和地名的古物学注解。他还画了一幅仿阿那克西曼德的地图，有洋流围绕大地四周。按现代标准，赫卡太攸斯当然是不精确的，因为他计算距离是按一天的航程和路程，方向则按太阳。然而，他却奠定了地理学的基础，他的著作指导了亚历山大大帝的印度远征。[①]

在这个时期，医学的理论与实践都发展得很快。哲学的和社会的观点在医学理论的发展中起着重要作用。按毕达哥拉斯学派的见解，人体由精子产生，而灵魂或和谐化的原则统治着身体。阿尔克美昂，一个较毕达哥拉斯略晚一些的克罗顿人，认为健康就是热与冷、干与湿等的适当的平衡(isonomia)。阿尔克美昂解剖了动物，对胚胎学和生理学略知一二。他推断头脑而非心脏是知觉的中枢，感觉靠导管传入头脑，成为推理和记忆的素材；这样，当头脑休息时，推理和记忆就升华成为"知识"，因而知识有其物理的而非形而上学的来源。一个克罗顿的医生德莫西德斯以医术高明著称，他被埃伊纳和雅典等城邦延聘，还在萨摩斯僭主波利克拉特、

---

① *GGM*,2.241(阿加泰米罗斯1.1—2);希罗多德,5,36、49—50;*FGrH*,1 F 36以下。

大流士国王等处行医。在昔兰尼和科斯岛也有一些著名的医学流派。为全希腊各种运动会服务的医师和教练对肌肉系统有专门研究,但还没实行人体解剖,因为宗教上禁止肢解死者。①

西部地区在文化上的勃兴也使喜剧作为一种艺术形式发展起来。从远古以来,对丰收之神特别是迪奥尼修斯就盛行崇拜,这在多利亚人和阿提卡农村中都很普遍,人们在节庆会上穿着奇装异服,高歌狂舞,饮酒作乐。喜剧即来源于这种酒神的狂欢会,其戏剧程式和情节结构最初由依庇卡尔姆斯发展起来,他可能是希布莱亚的麦加拉人,后移居叙拉库斯,当时在僧主盖隆和希也隆统治下是一个各种人杂处的大都市。他的喜剧作品的题目和某些断片表明他对神和人都加以戏谑嘲笑,随便地把荷马和哲学家的作品改成游戏文章,这些东西是只能为那些有文化素养和熟悉世故人情的观众品尝的。依庇卡尔姆斯本人也算得上是个哲学家,他的作品中既反映了赫拉克利特,也反映了巴门尼德的观点。他最早的剧作约于公元前486年间用多利亚的文学语言写成,他的最晚剧作则是在叙拉库斯民主政治时期创作的。在希腊本土,城市生活和民主政治在雅典要比在多利亚诸城邦中更为发达。在这里,喜剧是在正月间,在城邦举办的迪奥尼修斯节庆会上上演,其最初出现可能是在公元前486年。假若说叙拉库斯的喜剧主要以风土世故和思想信仰为题材,那么,阿提卡喜剧从一开始就可说是以个人的和政治上的猛烈攻击为其特色,②这种特色在后来的发展中

---

① *Vorsokr*. 24A5 及 11、B1,2 及 4;希罗多德,3.129—137。
② 亚里士多德,《诗学》,1448^a、1449^{a}30。

非常突出。

陶绘艺术由于科林斯、雅典、拉哥尼亚、东部希腊及其他地区的竞争而得到促进。随着雅典成为繁荣的贸易中心，它就吸引各城邦的陶器师和画家集中到雅典来。到公元前6世纪中期它已制作了诸如克利提亚斯的法兰西斯瓶这样的杰作。在其后五十年内，它超过了所有的竞争者。在公元前530年以后不久，它开始采用一种新的陶绘技术。在原有的传统技法——我们称之为"黑像式"——中，画师把形象和花纹以黑釉画于陶器的浅红底地上，再以刻线勾出轮廓和细部。现在的新技法——"红像式"则正好相反，形象和花纹不上釉（除了偶尔以白釉勾画轮廓细部外），其余画面却涂以光亮的黑釉；因此形象保留原浅红底地色调，背衬着一片黑亮的背景。到公元前500年，红像式已占据统治地位，除了在泛雅典娜节运动会的奖瓶上仍采用黑像式画法外，红像式画法遍地开花，而雅典也变成精美陶器的主要产地和输出港了。

在这段竞争激烈的时期，像雅典的埃克西吉亚和亚美西斯那样的画家制作了许多新奇隽永的陶绘艺术杰作。它们以希腊的传说故事为题材，用连环画带和单幅描绘的形式表现出来。强力激烈的动作表现得生动而富有表情，衣褶和服饰则有优雅的线条之美，特别在刻画僭主政治时流行起来的爱奥尼亚装束的时候最为突出。公元前500年以后，当红像式技法炉火纯青之时，艺术家更多地以现实生活情景为题材，诸如舞蹈、宴饮、摔跤等，刻画得栩栩如生，神话中的传统形象也被表现得更为真实生动，富有幽默感。公元前5世纪前半期，从黑像式陶绘中继承下来的严谨画法和更为精确的透视画法相结合，使希腊瓶画达到其发展的最高峰。与此同时,壁画也成长为完善的艺术,它在表现英雄传说和城邦史迹方面能为艺术家提供更为广阔的视野。可能由于这个道理,或者是由于缺乏其他中心的相互竞争激励,雅典的陶绘艺术在公元前5世纪后半期却衰落了,秀美与雅致已代替了强劲与创新。

公元前6世纪时,神庙建筑的悠久传统发展到一个更高的水平。在埃托利亚的德尔蒙的发掘显示了其中的一个重要阶段。在这里,最初有一远古的神庙建筑物,被称为"B礼厅"(因为它是按迈锡尼礼厅形式建造的),曾用一列有石柱基础的木柱围绕起来,它可能是一个阿波罗神庙。到公元前7世纪时,它就被一座按同样形式建造的更大的神庙代替了,这座神庙已有环绕全庙的柱廊,或称"环柱式"。它的柱子仍为木制,上层墙壁仍用土砖,檐部间版用彩陶,但多利亚建筑柱式在此已成形了。在奥林匹亚的赫拉庙也用了类似的材料和石制墙基,同样的还有昔兰尼公元前7世纪末的阿波罗庙。可是公元前6世纪中期建造的雅典的波利亚斯雅典娜庙,赛利努斯的"C"号庙以及波赛冬尼亚(佩斯腾)的各座神庙却全部用石造了。各庙的比例也有所改变:因为柱廊立于其上的基石(即石条构成的房基)现在已展宽很多。爱奥尼亚柱式由东希腊的两个"双环柱式"(即柱廊是双列柱子)神庙为代表:以弗所的阿尔蒂美斯庙和萨摩斯的赫拉庙,后者可能是在公元前6世纪下半期由波利克拉特设计的。两庙规模巨大,石基宽达180英尺,长360英尺。它们以其博大精美反映了希腊人对其天神信仰的真挚,足可以和中世纪欧洲的大教堂比美。

在这一探索试验的时期,古典建筑的两大柱式逐渐成长起来了。科林斯的阿波罗庙(其中有七根柱子至今犹存),是早期的多利亚柱式的代表,它取两端六柱两侧15柱的环柱式形制,基石宽70英尺、长175英尺,全庙分为两个厅堂,内有两列柱子,每个厅堂的前端形成"端柱式"(inantis),即两墙前端当作方柱,中间列以圆柱两根。石柱用整块石料刻制,高21英尺,浑厚粗壮,顶上冠以伸展甚广的圆颈石,即多利亚式柱顶。德尔斐的阿波罗庙,形制和规模与之相近,是在公元前505年建成而由阿尔克美奥尼德族负责其大理石装修。一个完全成熟的古典风格的多利亚神庙建筑则是在约公元前490年建成的埃伊纳阿菲亚庙。带有更为秀美的柱身和柱顶的爱奥尼亚柱式的家乡是东希腊,在希腊本土和西希腊则很罕见。由庇西特拉图之子希帕尔库斯设计的雅典的奥林匹斯宙斯庙,有爱奥尼亚柱式的双环柱廊,在德尔斐的克尼都斯和西弗诺斯的礼物库则以女像柱代替圆柱。这两大柱式的一些成分曾在斯巴达附近的阿末克莱阿波罗神殿上结合起来。它约建于公元前6世纪后期,但这一尝试并未受到重视。在公元前5世纪时,多利亚柱式统治了西部希腊和希腊本土。

　　这时期的神庙绝大多数都用石灰岩建造。表面施以垩灰以呈光润之状,彩带和檐边则用重色涂绘,一般多用红、蓝二色。用色的痕迹至今犹可找见,例如,雅典的雅典娜庙,被称为百柱庙者,其山墙上的三个水怪的头像便留有彩绘的颜色,它们是用石灰石雕成的,表现为正在观看赫拉克勒斯和特利顿搏斗。神庙建筑的平直线条由于这些立体的雕像或浮雕而得以增其秀丽。山墙上的雕像最初是孤立而呆板地排列着的,像在一个徽章图案上那样严整。例如,科尔西拉的阿尔蒂美斯神庙山墙上的可怖的哥尔贡怪物和狮子的雕像,德尔斐的西弗诺斯礼物库上的阿波罗和赫拉克勒斯的雕像就是如此。其后,各个雕像成为一完整的构图中的成员,例如奥林匹亚的麦加拉礼物库的山墙以神和巨人之战为其题材,就形成了一完整的构图(约作于公元前520—前510年)。在公元前5世纪时,埃伊纳的阿菲亚庙的山墙在其女神和战士的各个形象上就表现了杰出的协调动作。山墙之下的间板最初也同样是装饰以相当呆板的形象,彼此之间在构图上毫无联系;但是,约作于公元前510—前500年的德尔斐的雅典礼物库的间板却已有了统一的构图和丰富的变化。赛利努斯的"E"号神庙上的间板达到了完全的和谐,其中表现的神和英雄,或动或静,皆能曲尽其妙。神庙建筑中的彩带装饰也有同样的要求,其成功的代表可举德尔斐的西弗诺斯礼物库上的彩带,它表现神和巨人之战的故事。①

独立的神和人的雕像一般都用大理石雕制,这种材料偶尔也用于山墙上的雕像(例如阿菲亚庙)。许多雕像都涂以重彩,和中世纪的法国木雕像上所见者相似。在公元前550—前525年,对以前的那种呆板姿态做了改进。发现于雅典卫城的"披肩短衫女郎像"已将坚实与秀美结合为一,同样的还有一表现青年头像的阿提卡墓碑。在公元前6世纪末期创作的雅典供奉女郎雕像(ko-rai),表情就更为丰富,服饰也更为华丽。在斯巴达、彼奥提亚、埃伊纳等地创作的多利亚艺术的代表作都有一种坚毅的、甚至近乎严酷的力量和对细部的程式化处理,与雅典及爱奥尼亚风格之富丽与生动形成鲜明的对照。② 在雅典的最晚一批女郎像(约

---

① Richter, Sc,图378—379、76、374、382—383、388—389、406—409、410—413、418—419。

② Richter, AGA,图123—125、142、151、153、236、150。

作于公元前500—前480年）则把多利亚和爱奥尼亚两大风格的优点熔于一炉，具有了古典时期庄严的静穆。神和英雄的雕像，以及那些体育比赛优胜者的雕像开始摆脱其古风式的呆滞，而在表现肌肉和体形上也更为自然生动，例如"斯特朗福特的阿波罗像"（约作于公元前510—前500年）就是著名的代表。同样的还有公元前5世纪初期的一个发现于雅典卫城的青年雕像，它已采取半身支持体重的悠闲姿态。① 虽然雕刻家当时已经能够现实主义地表现人体，他们却更喜欢保持人体完美的比例和静穆脱俗的理想美。

　　风格和技巧方面的成熟也同样地表现于希腊城邦钱币铸模的雕刻上。从公元前530年以后开始铸币的叙拉库斯制作了一些这方面的最优美的代表。当公元前550年左右青铜铸造技术达到完善境地以后，金属铸像艺术就得到了新的推进。用青铜铸造的大小雕像要比石灰石和大理石的雕像保存得完好一些，它们也同样地表现了由姿势呆板到自然生动的发展过程。公元前5世纪初期的多东纳战士铜像已表现为攻击敌人的姿态。完成于公元前477年的雅典弑暴君者群像（传世者有石刻仿制品），也把哈尔莫迪攸斯和阿里斯托盖通表现为跨步前进的雄姿。德尔斐的御车者像则肃然而立，具有胜利者的威仪，长衫衣褶简练有力而又优美；它是叙拉库斯的一组战车群像的残存者。② 这个时代的最典型的杰作则是阿尔提米西昂的宙斯像。宙斯在这里被表现为神力至高无上的天神之主，姿态威严壮美，正在挥动武器保卫希腊。

---

① Richter, *Sc*, 图 28—30。
② Richter, *Sc*. 图 100、565-566、571-577、162、285。

第 四 卷

雅典与斯巴达的大战
(公元前466—前404年)

第一章　雅典对波斯和斯巴达之战

第一节　民主改革和雅典与斯巴达之决裂

波斯入侵的危险由于欧利美冬之役的胜利和薛西斯于公元前465年被刺死后波斯的内乱而消失了。薛西斯的继位者阿塔薛西斯刺杀了他的长兄以后,忙于应付帝国各地的起义特别是巴克特利亚起义和后来的埃及起义。在以前,这一危险的存在曾使希腊世界内部分立的因素团结在一起——它们包括在雅典的人民大会和阿雷乌泊果斯议事会,在爱琴海地区的雅典同盟和雅典本国,在希腊本土的则是希腊联盟的两大支柱——雅典和斯巴达。现在出现了新形势。在雅典,民主派首领取得了主动。在短短数年之内,他们剥夺了阿雷乌泊果斯议事会的权力,以雅典的意志统治了雅典同盟,终于和斯巴达完全闹翻。他们的政策在以后六十年间主宰着希腊各国的历史。

在萨拉密斯之战以后阿雷乌泊果斯议事会权势的增长,并非由于宪法上的特权而主要是靠其古老的声望和目前对国家的服务。随着战争年代的消逝,它的上升之势也就逐渐削弱。有关它的功绩的记忆黯淡下来了,它的成员的个人威信也日渐降低。在公元前487年，执政官之职已不经人民直接选举而用抽签选定，二十年后，由于是卸任各执政官被选入阿雷乌泊果斯议事会，这样就使这时的议事会成员的大多数是那些靠抽签任职的人，结果是他们的威信和影响比起从前就差得多了。他们非常大的权力使人们怀疑有腐化受贿之事——这是在希腊政治生活中常见的谴责，它大概多半是有根据的——而他们权势的上升也被看成是对公民个人自由的威胁。反对阿雷乌泊果斯的民主派起初由地米斯托克利和亚里斯提德领导，到公元前466年后则由厄菲阿尔提斯和伯里克利领导。厄菲阿尔提斯和伯里克利两人的廉洁名声是无懈可击的，这使他们深得人民的信任。厄菲阿尔提斯是一个有才干的宪制改革家和优秀的演说家；克山提甫斯的儿子伯里克利则是一个才华出众很有前途的青年贵族。他们最初是攻击个别的阿雷乌泊果斯成员，在陪审法庭以腐化或滥用职权之罪对他们控诉和弹劾，并在大多数案件中对他们定了罪。至少在公元前465—前463年，厄菲阿尔提斯和伯里克利曾一度选任将军之职，这说明他们的支持者在日益强大。在公元前462年夏天，他们攻击了当时城邦中一个最有影响的知名之士西蒙，说他犯有腐化之罪。但这个西蒙也是以廉洁著名的，他获得无罪开释。① 不久以后，恰逢西蒙不在雅典之际，厄菲阿尔提斯和伯里克利断定阿雷乌泊果斯议事会的地位已经相当削弱，遂通过人民大会推行了一套民主改革。

这一改革的细节我们不知道，但它的效果是很明显的。阿雷乌泊果斯议事会被剥夺了一切政治权力，这些权力按史家的偏见

---

① 亚里士多德，《雅典政制》，25；普鲁塔克，《西蒙传》，10—14 和《伯里克利传》，10。

曾分别称之为"传统的"或"后来取得的"。它作为法庭的司法权在这时已被减少许多，后来伯里克利又加以削减，直到它只剩下对宗教案件的审理，例如对神圣橄榄林的毁损破坏罪之类。[①] 通过这一步，人民大会和陪审法庭就摆脱了由克利斯提尼的"平权"（isonomia）均势所造成的挟制，为完全的"民主"（demokratia）开辟了道路，也就是说，为城邦公民的大多数、为人民（demos）掌握最高权力开辟了道路。阿雷乌泊果斯议事会的权力，一方面分给了五百人议事会，另一方面则分给了人民大会的陪审法庭。对行政长官的监督、叛国案（eisangelia）的审讯，以及在特定情况下的即席逮捕、课处罚金或处决的权力被转交给五百人议事会，它现在已成为人民的最高行政机关。从此以后，所有国家法令都是按"议事会和人民"的决议而生效的。[②] 阿雷乌泊果斯议事会作为法庭而受理的一些有关"渎神""不敬"的案件以及上诉案等，都转交给陪审法庭。后代的宪制学者，例如亚里士多德，把陪审法庭看作人民得权的秘密所在和人民最高主权的关键。[③] 阿雷乌泊果斯的监督权和裁夺权已被革除，人民大会从此就只受其自身规定的权限所制。这些规定中重要者有对已定法律的尊重，而保护现存法律之权原来是由阿雷乌泊果斯行使的，可能从公元前462年以后实行了如下规定：假若某提案或法令被指控为非法，人民大会可予制止而其倡议者要以非法罪（graphe paranomon）受陪审法庭审判。因

---

① 亚里士多德，《政治学》1274^{a}5 和《雅典政制》，25.2；27.1、35.2；D. S. 11.77.6。有关伯里克利的进一步改革活动，参看本书边码第301页。

② 亚里士多德，《雅典政制》，25.2、45.1—2。

③ 亚里士多德，《雅典政制》，9.1；《政治学》，1274^{a}5。

289 此,用喜剧诗人柏拉图的话说,厄菲阿尔提斯是"给公民们斟了满满一杯纯正香醇的自由之酒"。①

对厄菲阿尔提斯和伯里克利的改革,各派看法不一。有的人认为改革使人民从一个"专横而寡头"的议事会的统治下解放出来,另外一些人(包括亚里士多德在内)则认为他俩"像僭主那样",是以此来取悦于群众。当西蒙从海外回来时,他力图废止改革但没有成功,他想恢复普鲁塔克称之为克利斯提尼的"井然有序的贵族宪法"也是徒劳无功。不久以后,厄菲阿尔提斯被一个来自塔那格拉的彼奥提亚人刺杀,但其幕后教唆者却一直没有揭露。② 埃斯库罗斯在他于公元前458年创作的《奥累斯特》中,强调了阿雷乌泊果斯议事会的忠直和威望,并警告雅典人勿陷于无政府状态和激烈的纷争。③ 正如事实所证明,人民当时是稳坐于权力之巅,他们不仅掌管了内政,还以其勇气、力量和充分的自信转而注意外交政策问题。

作为雅典同盟的领袖,雅典从公元前477年以来已大大增强了它的势力。在地米斯托克利和西蒙劝说之下,它以每年建造20艘战舰的办法,使其舰队保持在200艘的作战水平之上。同盟所取得的庞大战利品使它这个盟主空前富有,而且,随着越来越多的盟邦出钱以代替出船,雅典舰队的花费也越来越少由雅典国库负

---

① 普鲁塔克,《伯里克利传》,7。
② 普鲁塔克,805d;亚里士多德,《政治学》,1274ª6 和《雅典政制》,25.4、29.3;普鲁塔克,《西蒙传》,15 和《伯里克利传》,10.6。
③ A. Eu,526、699、977。

担。① 当波斯入侵的威胁消失以后,雅典和其盟邦的利益就冲突起来了。雅典城邦和雅典人自己,特别是第四级公民,从雅典同盟的继续活动中大获财利与势力。另一方面各入盟城邦现在已经获得免受波斯侵略的独立与安全,也就是说,它们之所以加入同盟的原因现在已不存在了,而入盟的代价——提供舰只和贡金,服役的义务和保养费用等——对它们说来也日益繁重可厌了。现在主动权在雅典之手,它可以用改订入盟负担和分享战利品的办法使同盟各邦的利益和它自己的利益比较合拍,也可以用固守原有规程而不顾情况已有改变的方法使它和同盟各邦裂痕加深。在公元前465年,一次考验来临了。北爱琴海最富的岛屿塔索斯(它还拥有一支强大的舰队),由于不同意雅典提出的分享塔索斯和色雷斯海岸的商业和矿藏利益的要求而脱离了雅典同盟。现在只有两条路可走:或者雅典允许一个同盟成员退盟,或者雅典将要求其他盟邦加入它和塔索斯之间的争端。

西蒙率领的雅典舰队攻击和打败了塔索斯舰队,俘获33艘战舰,随即在岛上登陆。大约就在登陆的同时——公元前465年年末——从雅典和各盟邦抽调的10 000名移民也进入色雷斯的斯特累蒙河流域。在那里,他们牢固地占领了名为"九道口"(恩尼亚何多依)的战略要地,亦即日后的安菲波利斯,从而控制了横渡斯特累蒙的东西通道和沿河进入内陆的要道。这样一来,雅典力图控制色雷斯沿岸富有的矿产、森林和粮食资源的私心已昭然若揭。

---

① D. S. 11. 43. 3;普鲁塔克,《西蒙传》,9末尾、13末尾;修昔底德,1.99.3;亚里士多德,《雅典政制》,24.1。

色雷斯人警觉团结起来,在公元前464年年初他们歼灭了在德拉贝斯库斯的一支雅典军队,这支军队原是准备由此地出发去保护恩尼亚何多依的移民地的。经此失败,整个移民活动也就告吹,色雷斯人还对刻尔索尼斯发动进攻,使在其地的雅典人及其盟邦遭受伤亡。但雅典军在塔索斯获得胜利,于公元前464年初夏围其城,塔索斯人则暗中遣使到斯巴达,请它侵入阿提卡以为救援。①

斯巴达和塔索斯之间并无条约义务。但作为斯巴达同盟的领袖,它有充分理由担忧雅典的势力和野心有朝一日会威胁到斯巴达同盟中的滨海各邦。由于斯巴达在波斯战争中一贯以自由的捍卫者自诩,别人也都这样看待它,它就可能用帝国主义行为的罪名谴责雅典而出兵帮助塔索斯保其独立。可是,当时美塞尼亚的起义仍在继续。可能是由于这个原因,塔索斯的请求没有在人民大会上讨论,只由负责官员向塔索斯人私下承担了斯巴达将入侵阿提卡的保证。这个秘密保持了好多年,但入侵却由于公元前464年夏天的一场自然灾难而受阻。一次强烈地震毁灭了斯巴达城,死亡达20 000人。斯巴达公民的死伤尤其惨重,因为他们一般都住在城内,大部分在室内操练的年轻人由于屋顶塌落而死。攸罗塔河平原上的希洛人群起攻击其主人。斯巴达王阿尔奇达姆斯令号手吹响警报,斯巴达公民不得不丢下营救亲属财物的工作而拿起武器驱赶起义的希洛人。不久以后,美塞尼亚裔的希洛人团结一致掀起暴动,并得到两个皮里阿西人集团的支持,他们和已经起义的美塞尼亚人联合起来(这些人从公元前469年以来就一直据

---

① 修昔底德,1.100—101,4.102.2;D.S.11.70.1和5;希罗多德,6.45—47、9.75。

守依托木山和斯巴达对抗)。他们的联合力量在拉哥尼亚所向无敌,斯巴达濒临灭亡。①

在它生死存亡的紧急关头,斯巴达转向其盟友求援。一个名叫伯里克来德斯的斯巴达人来到雅典,他穿着红衣,脸色苍白,在城邦的神殿前以请求庇护的身份苦苦哀求。② 雅典公民们在人民大会开会讨论对乞请的答复。厄菲阿尔提斯从斯巴达是雅典宿敌的角度,劝说众人不要答应斯巴达的要求,让它威信扫地,自取灭亡。提倡两大盟主共处的西蒙却劝人不要使希腊面临断肢瘸足的危险,也不要使雅典失其并肩的战友。人民大会采取了慷慨的政策,西蒙便带着一支 4 000 名重装步兵的队伍出发支援斯巴达去了。作为雅典和斯巴达的忠实盟友的普拉提亚,派出了其陆军的三分之一,埃伊纳、曼丁尼亚和其他城邦也答应了斯巴达的要求。它们的援助拯救了斯巴达。在公元前 463 年斯巴达转入进攻,开始把起义的美塞尼亚人长期围困于依托木山区。③

斯巴达的灾难搅乱了希腊世界的权力均势。阿尔戈斯对阿尔戈斯地区的小邦扩充了自己的控制,科林斯开始压迫它的邻邦克列奥奈和麦加拉。当西蒙从拉哥尼亚返回时,受到科林斯的非难,说他未经允许擅入国境。雅典同盟的成员已认识到它们对斯巴达的保护已不能再存幻想,而雅典也力图对它们加紧控制。在对斯巴达的关系和对雅典同盟成员国的关系这两大问题上,阿雷乌泊果斯议事会和它的首席将军西蒙是持温和政策的。民主派的领袖

---

① 修昔底德,1.101;普鲁塔克,《西蒙传》,16.4;D. S. 11.63。
② 波桑尼亚,4.24.5—6;Ar. *Lys.* 1137—1144 及斯库利亚。
③ 普鲁塔克,《西蒙传》,16;修昔底德,2.27.2、3.54.5;色诺芬,《希腊史》,5.2.3。

厄菲阿尔提斯和伯里克利则把斯巴达看作有待摧毁的敌人,同盟各邦则应看作雅典的属国。在公元前462年夏末,塔索斯投降了。它的城墙被拆毁,舰队被没收,造币厂也被关闭。它在斯卡彼希来的金矿和在大陆上的其他财产都被割让给雅典,它当前和日后对雅典同盟的供献都规定要缴纳现金。从此以后,塔索斯在被剥夺生存条件之下,只能是雅典的一个附庸,唯雅典马首是瞻了。它的命运是对同盟各邦的一个警告。①

雅典人民大会加之于塔索斯的苛酷条款可能是受到民主派头领的指使。当西蒙从塔索斯凯旋而归时,他曾受到伯里克利和其他人的弹劾,但这事没有成功。对他弹劾的罪名是说他受贿于马其顿王亚历山大,因而没有对马其顿进攻。这一指责表明民主派有吞并马其顿部分领土的野心。西蒙的开释证明他是个有影响的人,而他的廉洁也是令人信服的。这一审讯是政治性的。因为在这时(公元前462年夏末),民主派领袖对阿雷乌泊果斯的压力正达到高峰,而西蒙作为阿雷乌泊果斯的顽强支持者却无罪开释,对他们的事业无疑是一大挫折。公元前462年秋,斯巴达提出了再次求援的请求,人民大会决定派一贯提倡和斯巴达联盟的西蒙率一支远征军赴援。正当西蒙离开雅典之时,厄菲阿尔提斯和伯里克利推行了剥夺阿雷乌泊果斯权力而让人民大会执掌全权的改革。

斯巴达人在向各盟邦发出请求之前,已对依托木山进行长期围困封锁,现在他们希望在盟邦支援下粉碎被围的美塞尼亚人。

---

① 普鲁塔克,《西蒙传》,17;修昔底德,1.101.3。

西蒙的到来特别受到欢迎,因为雅典人是以善于攻坚著名的。但在这时雅典人却表现得不像往常那样锐不可当。原来他们在美塞尼亚时已听到民主派头领在雅典大获全胜的消息,他们感到自己的司令官以及他这次出征的使命在人民大会中都是要遭冷遇的了。斯巴达当局也同样知道了这个消息。他们疑心雅典这样激进的改革会改变对斯巴达的政策,而眼前在场的这些雅典人作为革命思想的传播者和爱奥尼亚人的代表,也是难以信任的,他们甚至会左袒美塞尼亚人和希洛人的起义事业。斯巴达人于是以毫不掩饰其疑虑的鲁莽态度通知雅典人:他们的支援已无必要而应立即离开。雅典人没有其他选择,他们在斯巴达和伯罗奔尼撒军众目睽睽之下撤走,愤而回归雅典。在雅典,处于新的民主制度下的公民反斯巴达的怒火立即烈焰冲天,而西蒙这个提倡和斯巴达友好的人自然难辞其咎。在同年冬天,雅典和阿尔戈斯、帖撒利结成了反斯巴达的三角同盟,公元前461年春,西蒙遭陶片放逐。希腊两大领袖城邦合作的时代就一去不复返了。①

第二节 雅典在两条战线上的攻势

现在,雅典民主政府开始推行野心勃勃的对外政策,想同时利用斯巴达和波斯都处衰弱的时机以行扩张。公元前460年夏天,依托木的起义者以美塞尼亚人安全撤离为条件向斯巴达投降。雅典从其新政策出发,给这些人以避难居留权。不久以后,受科林斯

---

① 修昔底德,1.102;普鲁塔克,《西蒙传》,14—16;波桑尼亚,4.24.6—7。

重压的麦加拉背离斯巴达同盟而和雅典结盟,雅典则派兵保护麦加拉和皮加依,并在麦加拉和尼撒亚之间筑了一条长城。通过这些手段,雅典在科林斯湾获得了一个易守难攻的港口,并能从萨隆尼克湾为麦加拉的防守提供援助;此外,它现在也开始有部队驻在地峡险要地带,足以阻止别人从此进军中希腊。雅典和麦加拉的结盟使雅典和科林斯结下深仇。因为科林斯,还有埃伊纳和依庇道鲁,现在都被夹在阿尔戈斯和雅典同盟之间,而当时斯巴达又已精疲力竭完全无力保护斯巴达同盟的成员。①

利用波斯衰弱的机会却更不容易。因为雅典及其盟友仍然没有能力和波斯的全部强大兵力挑战。但是,他们可以用攻占塞浦路斯的基地和在黎巴嫩、巴勒斯坦海面作战的方法使腓尼基舰队受损。前一种策略在公元前460年就开始实行了,当时有200艘雅典同盟的战舰在塞浦路斯作战。与之同时,在下埃及爆发了起义,当地有一利比亚王伊纳罗斯率领一支埃及军队和雇佣兵在海陆两面都打败了波斯人。伊纳罗斯转向雅典及其同盟求援,许诺如果埃及得到解放便给他们大量特权。雅典同盟的舰队便奉命从塞浦路斯启程。它沿尼罗河而上,和伊纳罗斯的军队会合并获得显著的战绩。波斯司令、大流士的一个儿子阿凯门尼被杀,其船舰有50艘被击沉或俘获。在希腊人和埃及人一边,最高奖赏归于同盟舰队中雅典分舰队司令卡利提米德斯率领的40条船,萨摩斯的分舰队也夺取了15艘腓尼基战船。这次战役的胜利可和欧利美

---

① 修昔底德,1.103;关于斯巴达的损失,参看希罗多德,9.64.2,有关其后果可参看菲罗库汝斯(*FGrH*,328 F 117)"斯巴达蒙受的损失使得雅典能取得盟主的霸权"。

冬之役相比。但它不是决定性的。波斯军的余部和其埃及支持者仍据守在留空·特可斯要塞。这场战争在埃及持续了六年，使雅典及其同盟耗费了大量资财和兵员。例如，在公元前458年，在埃及的雅典人以及沿塞浦路斯和腓尼基海岸前往埃及的雅典人都遭杀死。①

同一年（公元前458年）里，雅典开始在萨隆尼克湾采取攻势。由海上在哈里埃登陆的行动被科林斯和依庇道鲁打败了，但在埃伊纳附近的西克律法莱亚岛外面的海战中，雅典人却打败了伯罗奔尼撒的舰队。在这个阶段上，战争便在雅典和埃伊纳之间全面展开了。接着就是每个盟邦都参加进来的一场大战，雅典人俘获了70艘战船，在埃伊纳岛上登陆，把埃伊纳城围困起来。科林斯和依庇道鲁为支援埃伊纳派了300名重装步兵到岛上。科林斯及其盟友的军队接着又侵入麦加拉，想以此逼雅典抽回其登陆岛上的部队以解埃伊纳之围，或者就攻占麦加拉而进军阿提卡。但是，一位名叫米隆尼达斯的雅典将军却率后备部队（由服役的最老和最幼兵员组成）在麦加拉地区顶住了对方，相持不下达12天之久，其后，他们又对一支科林斯军队进行突击，这支军队受科林斯国内年长一代的嘲笑后，决定进入麦加拉地区竖一纪念碑以雪恨。当科林斯军队被赶跑时，其重装步兵的一个分队进入雅典人的埋伏圈——一个无路可通的死巷，而雅典人又将其口封住，这样这个分队就被雅典轻装步兵的投枪全部刺死了。在西部西西里，雅典人也和赛吉斯塔于公元前458年或公元前457年结盟。大约是在公

---

① 修昔底德，1.104、109；希罗多德，3.12、15、7.7；Ctes. Fr. 32；D. S. 11.71。

元前457年3月间,雅典军队在12个月内的阵亡将士曾由政府正式登录纪念。现存的一份铭文记载了伊利其提斯部落的117位壮丁的名字,他们"死于塞浦路斯、埃及、腓尼基、哈里埃、埃伊纳和麦加拉等地在过去12个月的军事行动中"。这些损失确实是惨重的。可是,这时的雅典还没有面对波斯和斯巴达本身的军威呢!①

公元前475年,由1 500名拉西第蒙人和10 000名盟邦人组成的斯巴达联盟军开始在中希腊作战。这时的雅典和斯巴达可能还没正式宣战。斯巴达人向北进军时避免了和雅典军队的任何冲突,可能希望用这样一支大军靠近阿提卡就会使雅典城邦接受谈判而签订一个和平协定。斯巴达军可能通过麦加拉地区而进入中立的彼奥提亚,制止了多利斯人和弗西斯人之间的一场战事,但偏袒多利斯一方。正当斯巴达军在彼奥提亚之际,雅典人派了一支50艘船的分舰队绕航伯罗奔尼撒而到达皮加依。它的任务是攻击运输船只以防止它们在夕尔拉湾集结,从而使伯罗奔尼撒军不能从海路回国。更有甚者,由于雅典部队同时占据皮加依和麦加拉,扼制着经格拉尼亚山口通地峡的要道,并有在皮加依的分舰队为后援,伯罗奔尼撒军要从陆路后撤也很危险。斯巴达司令官尼可米底斯决定驻军于彼奥提亚。在此他得以征募一些彼奥提亚人入伍,并和一些雅典人搞阴谋,这些雅典人请求他推翻民主政府,停止长墙的建造;因为长墙的最后一段,即在法列隆和比雷埃夫斯连接到海边的工程,已接近完成,而雅典城不久就会成为最难从陆

---

① 修昔底德,1.105—106;IGA5"由海战胜利后从伯罗奔尼撒回来的雅典人所献",可能是指在登陆埃伊纳之前的胜利。D. S. 11. 70. 2—3、78;GH,126. 31 及 IG, i²20 及 TAPA,75. 10。

上攻破的设防城市了。

当事实表明雅典无意议和之后,尼可米底斯便准备打一场阵地战,抢在被围的埃伊纳失守和长墙完工以前进行。与此同时,雅典人也召集了一支重装步兵大军,还有1000名阿尔戈斯人和各盟邦的分遣队以及帖撒利的骑兵配合。仅重装步兵便有14000名之多。他们和斯巴达在彼奥提亚土地上的塔那格拉打了一仗。斯巴达得胜,帖撒利骑兵在斯巴达人面前逃跑了,但双方的损失都很惨重。精疲力竭的伯罗奔尼撒军已无足够力量进攻雅典。它进入了麦加拉地区,在大肆劫掠后,没遇见任何阻挠地回返伯罗奔尼撒。这是他们在公元前464年地震以后第一次在拉哥尼亚和美塞尼亚以外的军事行动,而斯巴达及其同盟的重装步兵的威名又一次得到了证明。①

两个月以后,大约在公元前457年8月间,米隆尼达斯率领一支雅典军进入彼奥提亚,在奥诺菲塔打败了彼奥提亚人的部队,把靠近阿提卡边界的塔那格拉的城墙拆毁了,控制了大多数彼奥提亚和弗西斯地区。在此以前,尼可米底斯曾把彼奥提亚同盟改组而置于底比斯寡头政府的领导下,现在米隆尼达斯则解散了这个同盟,把寡头首领赶走,除了底比斯外所有城邦都建立了民主政府。在底比斯,曾有一些民主派在不靠米隆尼达斯支持下起而夺权,但很快就被推翻了。在弗西斯和奥朋提亚罗克里,他从富有阶级中抽取民事人质,从而有利于民主派领袖的勃起。可能就是在这次进军中,瑙帕克图斯被从奥佐利的罗克里手中夺取过来,而交

---

① 修昔底德,1.107—8;D. S. 11.79—80;波桑尼亚,1.29.7—9;GHI,27、28。

给从奥朋提亚罗克里的亲雅典派把它作为一个移民地占领了。在公元前457年年底以前,雅典长墙全部完工,埃伊纳也归降。埃伊纳的城墙被拆毁、舰队被交出、铸币厂被封闭。它被迫成为雅典同盟的一员,按雅典规定缴纳贡金。雅典在埃伊纳派驻军队以保证其归顺。中希腊大半地区自此已归雅典控制。①

在公元前456年,雅典展开了对伯罗奔尼撒沿岸的强有力的攻势。托尔米德斯率领了一支50艘三桨座船的舰队和1000精选的海军陆战士兵,攻掠了基德拉岛和南岸的波依镇、米冬镇,烧毁了拉西第蒙舰队在吉提昂的船坞,在扎西恩多斯岛和赛法伦尼亚岛都取得胜利,最后驶入科林斯湾。在此地,他占领了科林斯的殖民城邦加尔西斯(位于吕昂海峡外沿),又让随舰出征的美塞尼亚部队移居到海峡内的瑙帕克图斯,这个移民点在雅典战略上有其重要作用。因为美塞尼亚人和瑙帕克图斯人将在这靠山临海的险要地带保持独立,并为雅典舰队在西部海面提供安全的基地。从瑙帕克图斯东航,托尔米德斯便在伯罗奔尼撒海岸登陆并打败了西夕温的部队。他的舰队可能是在瑙帕克图斯和皮加依过冬。

公元前455年,托尔米德斯进军于彼奥提亚,伯里克利被任命为西海舰队司令,有1000名海上陆战兵再度征集加入,他攻掠了伯罗奔尼撒北岸一带,取得了阿卡奈尼亚的所有城市,只有阿基罗

---

① 修昔底德,1.108;IG, i^2.18;D. S. 11. 78. 4、81—83;亚里士多德,《政治学》,1302^b29。奥朋提亚罗克里在瑙帕克图斯的殖民地(GHI,24)可能建于雅典从奥佐利的罗克里手中夺得瑙帕克图斯之前数年(修昔底德,1.103.3)或是在公元前457—前456年。如果是后一种情况,则与美塞尼亚人一起在奥林匹亚(GHI,348)献祭的"瑙帕克图斯人",就是来自奥朋提亚罗克里的殖民者。

斯河口的奥尼阿代除外,它扼守着科林斯湾的西北入口。托尔米德斯和伯里克利在西部的军事活动,再加上雅典之控制萨隆尼克湾,使伯罗奔尼撒沿岸城邦,特别是科林斯和西夕温大为恐慌,而在拉哥尼亚和美塞尼亚希洛人起义的危险也加甚了。现在,雅典海军在希腊海面唯我独尊的位置已无人敢与挑战,它之作为进攻武器的价值也得到了证实。①

这些年间,雅典同盟在埃及一直保持着相当大的部队。波斯可能在公元前459年派墨加巴佐出使希腊。他准备为一次入侵雅典的活动提供补助金,希望这样一来雅典或许会抽回其派驻埃及的军队。然而斯巴达拒绝与波斯人合作。阿塔薛西斯于是装备了一支庞大的陆军和海军于公元前455年春侵入埃及,打败了埃及和希腊的联军,把希腊部队围困于普罗索皮提斯岛上,它位于尼罗河的一条运河和两条支流之间。在这里希腊人处境危殆。因为所有埃及人,除了伊纳罗斯自己而外,都分别向波斯议和了,而希腊人的一切给养现在必须用船沿尼罗河运来。被围的远征军极力挣扎,坚守达18个月之久,直到公元前454年仲夏,波斯人决堤灌城展开猛攻为止。激战之下只有少数希腊人逃生,越过沙漠到达了昔兰民的殖民点;6 000名希腊人投降,其余则被杀。有一支50艘船的分舰队,不知阵地已失,由新选的将军率领运送兵员想解普罗索皮提斯之围,在尼罗河的一个东部河口遭到了波斯军和腓尼基分舰队的伏击。绝大多数舰只被歼。在这两次失败中,舰只损失总数当在100艘以上。这就是雅典及其同盟在埃及的伟大远征的

---

① 修昔底德,1.108.5;D.S.11.84—85;School. Aeschin 2.75;波桑尼亚,1.27.5。

结局。①

这时,在希腊,一支雅典军队在得到彼奥提亚和弗西斯这两个盟邦的分遣队的增援以后,进入了帖撒利,要求重新建立一些亲雅典的政权,让支持雅典的人复位。原来,帖撒利在塔那格拉战役之后曾放逐了这些亲雅典派。法萨鲁斯城邦拒绝了雅典人的要求。但由于雅典军的行动受到帖撒利骑兵的牵制,它没能突击攻克法萨鲁斯。在这支部队回国不久,伯里克利又率1 000名海上陆战兵赴皮加依,他从那里指挥100艘三桨座船的西海舰队航返雅典。当他从科林斯湾驶出时,一路耀武扬威显示雅典的军力。他蹂躏了西夕温的领土,打败了西夕温的军队,把一些亚该亚军运送到阿卡奈尼亚,并攻掠了奥尼阿代地区。在公元前454—前453年的冬天,当雅典舰队在爱琴海集合时,雅典又采取了一个和它的盟邦关系中的决定性步骤。它把原藏于提洛岛的同盟金库中的大量金银移往雅典卫城,在此托庇于雅典娜女神的保护而归雅典人民大会掌握。在埃及的遇难逼使雅典采取守势②,它也需要金钱来再次获得主动。

在这里,我们可以回顾一下雅典在公元前461—前454年的政策。它是根据拥有比任何希腊城邦都更为巨大的资源而决定的。它的公民总数,在波斯战争期间可能有30 000名男性成年人,在这几年兴旺时期大约已上长到40 000名左右,当时城邦仍

---

① 修昔底德,1.109—110;D. S. 11. 74. 5、75、77,12. 3;Ctes. 33—34;Isoc. 8. 86.(提到希腊损失200艘舰只)。

② 修昔底德,1.111;D. S. 11. 83. 3—4、88. 1—2;普鲁塔克,《伯里克利传》,19(提到100艘三桨座船,可能50艘造于公元前457年,另50艘为公元前456年所造)。

比较自由地给外人以公民权。定居的外邦人同样也在军队中服役,军事移民则驻防海外。作为前线部队,它大约有重装步兵10 000 名到12 000 名,骑兵约有 300 名,另外还有众多的轻装步兵——射手、投石手和搜索兵等。① 以轻装步兵做桨手和海上陆战士兵,它可以装备一支近 200 艘三桨座船的舰队。这些兵源都可在雅典召集,因为阿提卡的居民是自由民。在绝大多数多利亚城邦则农奴制盛行,在战争中服军役的公民就只是社会特权阶层和少数富裕户,因此他们的兵源有限,人丁较少,海军士兵和重装步兵的比例也比雅典低。科林斯,一个极其繁荣的商业城邦,在萨拉密斯战役却只提供了 40 艘舰只,在普拉提亚也只提供了 5 000 名重装步兵;西夕温也只提供了 15 艘船和 3 000 名重装步兵,斯巴达则是 16 艘船和 5 000 斯巴达人的重装步兵。② 作为海上强国,雅典无论在兵员和船只上比起伯罗奔尼撒各国来都要占压倒优势,因此在公元前 460 年时,它的海军舰队超过斯巴达、科林斯和西夕温舰队的总和。作为陆军强国,它的公民重装步兵也在数目上超过任何一个伯罗奔尼撒城邦。

　　雅典准备把其敌手的舰队消灭。它抢在敌方还未联合行动起来之前出击,取得了光辉的胜利,塔索斯和埃伊纳投降了。科林斯、西夕温和斯巴达的分舰队也在公元前 455 年被打溃或被歼。它成了科林斯湾和萨隆尼克湾的主人,它攻掠伯罗奔尼撒沿岸而

---

　　① And. 3.5;*IG*,i². 400;关于雅典在萨拉密斯、普拉提亚、欧利美冬和塔那格拉的人数参见上文;希罗多德,197,8. 65. 1。

　　② 希罗多德,8. 1、9. 28。

得到亚该亚可能还有特罗曾的归附。① 假若它和波斯和平相处，它有可能分裂斯巴达联盟而使伯罗奔尼撒人俯首听命。但它选择了另一条路，即同时向波斯发动一场强大的攻势。

在爱琴海，雅典拥有丰厚的海军实力。拉德之战时，仅仅爱奥尼亚各邦就集结了近350艘三桨座船。公元前460年，雅典不但有爱奥尼亚人，而且还有许多盟邦。它对其中绝大多数城邦的要求，宁愿它们出钱而不必出船，以便用这些钱维持自己的舰队；但奇奥斯、列斯堡和萨摩斯在过去曾拥有230艘三桨座船，其他城邦则提供了大量的桨手。② 在公元前460—前455年，雅典同盟的爱琴海舰队是针对波斯海军而展开活动的，这些波斯海军则是在过去几年中从西里西亚、塞浦路斯、腓尼基和埃及征集起来的。当雅典及其同盟接受了伊纳罗斯的请求时，它们早已向塞浦路斯派去200艘船只了，现在它们则进一步得到了埃及舰队的配合。它们希望这样一来就可以歼灭波斯舰队的余部。在这次大规模的海上活动中，雅典同盟战果辉煌。到公元前455年它们的舰队已控制通往埃及和尼罗河三角洲的要道。在这一战场上，雅典的分舰队大约有40余艘战舰，③因为它的舰队主力当时担当着摧毁伯罗奔尼撒海军的任务。无论如何，只要各盟邦始终忠于雅典，波斯舰队就难以对希腊人的海上优势提出严重的挑战。

雅典是在以下情况同时开展两线作战的：当时它已和三大军事强国阿尔戈斯、帖撒利和麦加拉结盟，而斯巴达已因地震及其后

---

① 修昔底德，1.115.1.
② 希罗多德，6.8.
③ Ctes.32.

的骚乱而一蹶不振。然而,雅典却没有侵入伯罗奔尼撒进行一场决战的打算。它自己的重装步兵有一部分在舰队上作战,有一部分用于驻防麦加拉;它可能对其盟邦是否会拿出全部力量反抗斯巴达同盟也没有充分的把握。就它本身而言,它以修建雅典和麦加拉的长墙而改进了自己的防务。另一方面,斯巴达最初是取守势。它的斯巴达公民组成的军队可能只有3 000余人,而在美塞尼亚仍是怨声载道,很不稳定。斯巴达迟迟不予宣战。埃伊纳学着它的样子,也拖延宣战,让科林斯和依庇道鲁先孤军苦战,打得精疲力竭。在公元前457年,斯巴达人的攻势并不起决定性作用。在斯巴达撤退后,雅典的防务仍完整无损,它还可以继续侵扰伯罗奔尼撒。它的军事策略是成功的,虽然它在陆上的盟友终于证明没有多大价值。

在东方,直到它和伊纳罗斯结成军事同盟以前,它没在陆上向波斯挑战;此后,伊纳罗斯的陆军和希腊舰队以及希腊海上陆战队并肩作战,打败了一支波斯大军,在五年期间眼看即可全部解放埃及。在完成于公元前472年的《波斯人》一剧中,埃斯库罗斯曾描绘行将摧毁波斯帝国的各种灾难;日后的欧利美冬的胜利和埃及在公元前460年的起义似乎已经使人有理由指望帝国的瓦解。然而这一希望终于落空。在最后考验中,埃及军队终于溃败,埃及人和波斯单独议和。雅典,当时作为雅典同盟的领袖,并未及时撤回舰队制止损失。这跟日后在叙拉库斯的情况一样,继续坚持给它带来极大损害。

在进行战事之际,雅典并不仅仅依靠它的海陆军的兵力。它的民主制度是能使它和其他城邦形成共同利益纽带的政治武器。

在起初,它是很有效的。阿尔戈斯在约公元前461年和它结盟时就从贵族政治转而采用了一个民主的宪法。阿尔戈斯的民众大会、议事会(和原有的"八十人议事会"并行)、人民法庭以及它的五个地区部落(和原有的四个氏族制部落并行)、陶片放逐法等,都带有非常接近于雅典宪制的特色。很可能麦加拉也转变成了民主政治,也采用了陶片放逐法。在绝大多数彼奥提亚地区,可能还有弗西斯和罗克里,都在雅典军队的干预下而不是自由选择地建立起民主政府来了。① 在底比斯,民主派也掌了权。当托尔米德斯在公元前455年作战于彼奥提亚时,组成民主政府几乎成了各邦必须履行的义务。

到公元前454年,雅典认识到它无力继续在两线作战。它的损失已很严重,特别在重装步兵方面,无论是希腊还是埃及之战都受下了重创。② 希腊本土的形势仍很危险。帖撒利已转为敌对,阿尔戈斯不再紧跟,那些所谓的盟邦如麦加拉、彼奥提亚、弗西斯等也是动摇不定。对雅典说来,侥幸的是斯巴达同盟仍采取守势。在爱琴海,形势却更为险恶。在这里,不满情绪随着战争的进行而日益高涨。雅典的领导权不外是强取苛求,它对盟邦的需求有增无减,日益沉重。各盟邦在德拉斯库斯和埃及战场上的损失特别严重,在这些地方它们提供了舰队的大部分船只,它们的部队则在埃伊纳和塔那格拉作战。虽然希腊本土的战争被称之为"爱奥尼亚人和伯罗奔尼撒人"之战,为的是在雅典和斯巴达的裁定下瓜分

---

① 修昔底德,5.47.9;*FGrH*,306 F 3(第尼阿斯);亚里士多德,《政治学》,1302^{b}29;Schol. Ar. *Eq.* 855.

② 亚里士多德,《雅典政制》,26,1;《政治学》,1303^{a}9;Isoc. 8.27.

战利品,但实际上雅典同盟的成员在摧毁埃伊纳、科林斯、西夕温和斯巴达舰队后一无所得,在雅典势力于中希腊的扩展中也无利可图。① 塔索斯的命运揭示了雅典野心的实质,各盟邦终于认识到,一个胜利的雅典可能把雅典同盟建立时所力求保持的独立自主原则抛于九霄云外。埃及的溃败使雅典领导的威信受损,而波斯人以一支胜利大军出现于东南地中海,也鼓舞了一些盟邦开展争取自由的斗争。在公元前454—前453年的冬天,其中有不少在波斯支持下于东希腊掀起叛乱。

第三节　伯里克利的领导与雅典帝国

在那胜利和扩张的年代(公元前460—前455年),军事指挥的荣誉归于米隆尼达斯、托尔米德斯、列奥克拉提斯、卡利提米德斯和其他人。伯里克利作为司令官并不是第一流的,当他于公元前455年接任指挥时可能是代理托尔米德斯的职位。但另一方面,他继厄菲阿尔提斯而成为民主派的领袖。他进一步剥夺了阿雷乌泊果斯的权力。他监督了长墙的修建。可能在公元前458年他发布了那道著名的命令:"除掉埃伊纳这颗比雷埃夫斯的眼中钉。"民主派蒸蒸日上。在公元前458—前457年他们通过把执政职位候选资格向第三等级即牛轭级开放的办法招徕中产阶级的支持,这个等级也是重装步兵所由征集的主要等级。② 在公元前

---

① 修昔底德,1.99,105.2;*GHI*,27;*IGA*,5。
② Ar. *Lys*. 801;*Ec*. 303;普鲁塔克,《伯里克利传》,13、16;亚里士多德,《雅典政制》,26.2。

457—前456年,当寡头派勾结斯巴达的阴谋失败,民主政治盛行于中希腊时,伯里克利提议并执行了蠲免西蒙陶片放逐罪而把他召回。他可能估计到假若西蒙在雅典,斯巴达将愿意缔结和约而西蒙也有利于约束雅典的那些极端分子。然而,不管他打算什么,他对自己的压倒优势已有充分信心,因而敢于让他以前的对手回到雅典。当埃及遭到败北而雅典同盟开始离心时,伯里克利接受了在西部地区显示雅典威力的重大任务,随后又率领雅典舰队主力回国。在随后的年代里,伯里克利可能是雅典城邦的那些一贯而精明的政策的制定者。①

伯里克利的贵族出身为其初露头角带来优越条件,从而使他得以进入雅典政治的最高阶层。他的父亲克山提甫斯可能是布乞盖氏族的成员,在麦卡利之役曾指挥过一支分舰队,遗下一笔可观的财产;他的母亲阿加里斯帖是阿尔克美奥尼德族的克利斯提尼的女儿,克利斯提尼是僭主和斯巴达的对头和人民自由的旗手。伯里克利约生于公元前495年,成年之际正好是雅典同盟兴起的时候,同时,那个在希腊联盟中雅典与斯巴达和衷共济的伟大日子却已消退了。在他一生中他始终毫无保留地反对斯巴达,并把雅典同盟当作雅典自身伟大昌盛的基石。他坚持把自己城邦的利益放在第一位,这种坚持大得人心。在内政方面,他对民主事业的忠贞不渝已从他之攻击阿雷乌泊果斯、反对西蒙与斯巴达方面得到证实。他从未遭受像地米斯托克利曾遇到的那种被认为想做僭主

---

① 普鲁塔克,《伯里克利传》,16、13、8、10 和《西蒙传》,17;*FGrH*,115 F 88(提奥庞普斯)。

的嫌疑,因为他秉性的忠正刚直和他经管公款时的廉洁美名使他远离开这些政治家常常遇到的指责。他才能出众。他是一个勇敢的士兵、一个能干的将军、一个感人的演说家。他的精确的辞令鲜明有力,特别以其判断的准确而左右听众。在这些判断中,他对军事或外交形势的各种因素都有确切而全面的估价,并预见到雅典将来的发展。他的判断是靠教养和亲身阅历而得。他是他那个时代的主要思想家的学生和助手,这些思想家中有达蒙、芝诺、阿那克萨戈拉斯等人。他的见识不受任何成见和俗套迷信所蒙蔽,而他的经历则培育了他那种极令下属安心的自信和镇定。他无论在政治活动和私人交谊中都是可信赖的;不管是作为一个将军还是作为一个政治家,他想到的第一件事就是他的公民的安全。他让公民们首先认识到的头等大事就是他们的伟大使命,而他也尽力于实现这一使命。①

在政治舞台上,伯里克利面对着一强大的反对派,它是由西蒙和其后继者、梅列西亚斯之子修昔底德率领的,此人最后于公元前443年遭陶片放逐。内政外交的政策问题都紧密相连。假若民主政治要进一步发展下去,它必须资助城邦的下层阶级。为此目的而发放的金钱又只能靠雅典的盟主资格向其盟邦索取;而这样的搜刮又必须反对斯巴达,使斯巴达不敢在不满的盟邦中搞鬼。假若民主政治有所收敛,则那种曾导致欧利美冬的胜利、各盟邦与斯巴达的合作关系可能会再度建立。

在这两者中的选择是于公元前454—前451年决定的。公元

---

① 普鲁塔克,《伯里克利传》,3—8;Schol. Ael. Arist. (Dind. 3. 473)。

前454年的灾难加强了西蒙的力量。他的与盟邦合作、与斯巴达亲近的政策令人缅怀。他在从事公务时的平易近人和对邻居的帮助关怀使他在城邦各阶级中的声望都与日俱增。① 然而,伯里克利却推行了两个改革,使雅典的民主政治更加民主了:阿雷乌泊果斯被进一步剥夺权力,其司法权被转交给陪审法庭,为陪审员发放国家补助金,因为他们处理的案件日益增多。陪审法庭下分好几个庭,各庭的陪审员由当选的 6 000 名公民中抽签担任,这6 000 人则是从所有公民中自愿选任,每部落 600 人,任期一年。民主派认为国家补助金有两大好处:它使每一公民,无论贫富,都有同等机会服务于人民法庭;它还为补助最穷阶级的许多成员提供了一条渠道。同时,它加强了民主派领袖的地位。因为 6 000名陪审员中的大多数会为其物质利益而支持发放薪金的民主制度这种情况在战时尤为突出,因为当时老年而贫困者占陪审员的绝大多数。更有甚者,这个原则一旦建立,补助金也得发给其他公职人员,愈来愈多的公民也就会对继续保持民主政治感到有切身的利益。在公元前 454—前 440 年,从各种形式的国家补助金中得到收益的人数达到 20 000 左右。② 陪审法庭的改革可能导致在公元前 453—前 452 年重建巡回法官,他们共有 300 人,周游于各村社之间。国家薪金的采用为伯里克利在公元前 451—前 450 年建议的一个重要法案提供了理由。在以前,一个雅典公民和外籍妇

---

① 亚里士多德,《雅典政制》,27.3;普鲁塔克,《西蒙传》,10;《伯里克利传》,9;FGrH,115 F 89(提奥庞普斯);Nep. Cim. 4。
② 亚里士多德,《政治学》,1274ª8 和《雅典政制》,27.3—4;普鲁塔克,《西蒙传》,10;亚里士多德,《雅典政制》,24。

女所生的儿子仍可取得公民权。从公元前451—前450年以后，公民权就只限于父母双方都是出身公民的人。这样一来，城邦就能够控制住有权支取国家补助金的人数了。①

　　伯里克利有关采用国家补助金和限制公民权的法律受到后人尖锐的批评。例如，柏拉图就认为国家薪金使雅典人"游手好闲，怯弱而空谈，贪鄙而好财"，现代史学家则认为公民法阻止雅典发展成更大的国家。头一种批评在伯里克利在世时是不正确的，后一种批评则很有道理。但这两项法律不可孤立评论。它们是和雅典的外交政策密切联系的；因为雅典只有不断向盟邦抽税才有钱可供发薪，而对非雅典籍母亲的歧视看来也主要是针对各盟邦的妇女的。伯里克利是想把雅典同盟变成雅典帝国。帝国岁入用于两个目的——雅典民主的运转和雅典军队的保持。这样一来，雅典又变成了一个更近似于多利亚式的城邦而非爱奥尼亚的模式了。公民变成了特权的成员，由归附的人民供养，一些适于服役的男子就可以摆脱家务而致力于军训和作战，这样最后就可使雅典强过斯巴达。伯里克利的政策还可从他的格言中看出，他曾声称他将引导国家专搞海军从而使全部宪制紧握于民主派领袖之手。他的政策，也像任何政策一样，有其内在弱点；但从其后果看，它却在保持帝国和使雅典达其兴盛的顶点上取得成功，虽然它没能粉碎斯巴达和统一全希腊。②

---

① 亚里士多德，《雅典政制》，26.3；Harp. *nautodikai*。
② Pl. *Grg*, 515e；亚里士多德，《雅典政制》，24.3、27.1、41.2和《政治学》，1275^{b}21、1278^{a}34。

公元前454—前451年，伯里克利无疑审视过雅典发展的前程，但他当时面临着三件急务——战胜西蒙、抵抗斯巴达、制伏造反的盟邦。他的民主改革解决了第一个问题。斯巴达和雅典有三年之久并未在陆上交锋，以后又缔结了五年休战协定（公元前451—前446年）；与此同时，阿尔戈斯和斯巴达缔结了三十年的休战协定，它和雅典的同盟也就此告终。这些条约使第二个问题得以暂缓搁置。在这方面伯里克利和西蒙可能有所合作；因为西蒙出席了休战谈判并在公元前450年受命率兵抵抗波斯，但伯里克利及其党徒在雅典内政方面始终占居上风。雅典军队现在可以腾出手来整顿爱琴海的秩序了。它们很快就取得成功。公元前454—前449年，缴付贡金的盟邦数目由135个增加到155至173个左右，到公元前450年，雅典及其盟邦的舰队就能够向波斯展开攻势了。西蒙指挥200艘三桨座船的目的是在东部地中海重申雅典的海上霸权。波斯人在公元前454年的胜利之后，曾占领塞浦路斯，把伊纳罗斯的后继者阿美尔塔攸斯围于三角洲的沼泽地带，在公元前450年又以大军进驻塞浦路斯和西里西亚前线。西蒙在对波斯舰队取得一次大胜之后，即派一个60艘船只的分舰队支援尼罗河三角洲上的阿美尔塔攸斯，并包围了塞浦路斯的腓尼基人的基地西提昂。在冬天，西蒙罹疾而死，缺粮又使雅典人放弃了围攻，但他们的部队仍在塞浦路斯的萨拉密斯附近，可能还有西里西亚海岸等地，取得了对波斯陆、海军的胜利。在公元前449年下半年，波斯开始议和谈判，希腊军队也从塞浦路斯和埃及撤出。在谈判中，原在公元前454年于埃及被俘的6 000名希腊人的残存者可能被遣返故国。①

可能在公元前448年初缔结的和平条约以卡列亚斯命名，他是希腊军盟主雅典的首席全权代表。他在苏萨可能还得到一些阿尔戈斯使者的协助，这些阿尔戈斯人前来与阿塔薛西斯重温了它们的友好关系。条约是以波斯为一方，雅典及其盟邦为一方缔结的。我们所知的条款只有主要条文中的一段话："亚细亚的所有希腊城市将获得自治，波斯总督辖区不能进入海岸三天行程地区之内，波斯战舰不能驶入法赛利斯和夕阿尼埃之间的海面。雅典不得侵入波斯大帝的领土。"②通过这一条约，亚洲的希腊人取得了保护，免受波斯的干涉，与波斯的战争也就结束，这个成就标志着雅典和爱奥尼亚人于公元前477年缔结的盟约的胜利，它所宣称的意图终于得以实现。波斯对塞浦路斯和埃及的统治得到承认并防止雅典再来干涉。雅典的海上霸权也得到承认，它在潘菲利亚的法赛利斯到博斯普鲁斯海峡口的夕阿尼埃之间的帝国范围也防止了波斯的干涉；各个海域则向双方各国的商船开放，现在它们都是和平之海了。这个条约标志着希腊反抗波斯之战已告结束，巩固雅典帝国的一个阶段亦已完成。③

---

① 修昔底德，1.112—114；D. S 12.3—4；普鲁塔克，《西蒙传》，18—19；在 D. S. 11.62.3 的讽刺诗中，认为这次胜利是在塞浦路斯；Ctes.34—37。

② D.S.12.4.5；普鲁塔克，《西蒙传》，13、19（在条约中的条款上可能是标明 400 斯塔德的距离，而狄奥多罗斯称之为三天行程）；*FGrH*，104 F 13（阿里斯托德木斯）；Isoc,4.120；希罗多德，7.151；*FGrH*，115 F 153—4（提奥庞普斯，提到条约副本曾被伪造）；波桑尼亚，1.8.2。

③ 修昔底德，3.10.4。

雅典同盟之转变为一个雅典帝国是逐步渐进的,因是之故,就有愈来愈多的城邦丧失其行动的自由而变成雅典的俯首听命的附庸。到公元前454年,一些城邦已沦落到这种境地;因为卡利斯都斯、那克索斯、塔索斯、埃伊纳,可能还有别的城邦都被罚以撤销防务而被迫接受雅典的命令。第二类的城邦数目更多一些,它们由于只向同盟金库缴纳贡金而代替了用自己的舰只参加同盟舰队,也就被剥夺了反抗的武器;它们也是早就被威迫恫吓过了,因此它们在同盟理事会上一贯看雅典脸色行事。第三类城邦则是仍然保有一些自主权,在舰队中也有它们的一些舰只,但这一类的数目日渐减少;它们也还能拂雅典之意而稍作反对,但是,正如塔索斯的例子所示,它们这样做以后能逃脱的机会却不多。公元前460—前454年的事态表明了从同盟转为帝国的重要的一步。现在,盟邦各分遣队之与埃伊纳作战或在塔那格拉与其他陆军强国作战,都不是为了同盟的利益而只是为了雅典的利益;它们的参加本身就证明同盟理事会也为雅典政策所左右。这些年中人们还看到了雅典海军实力的增长和各盟邦海军的衰落。当雅典正在歼灭或俘获埃伊纳和伯罗奔尼撒的舰队时,同盟各邦却在埃及战场受创并在最后失败中承受了大部分损失。正如修昔底德所说:"雅典人不再在共同作战中承担同等的份额,但可随便制伏那些造反的盟邦。"①

公元前454—前453年冬天,同盟金库由提洛的阿波罗神的祐护转归雅典的雅典娜女神的保护。在雅典同盟的早期阶段,这

---

① 修昔底德,3.10.5、1.99.2。

样一种做法可能受到萨摩斯和同盟理事会的反对,但现在却是雅典自行斟酌而一意孤行的。提洛易于遭到敌人袭击,可能是转移的一个理由,因为这时的腓尼基舰队在埃及胜利后已得壮胆助势。而分离出去的城邦为它可提供作战的前沿基地。但转移的真正意义是政治性的。从此以后雅典就篡夺了同盟金库的管理大权,并且凭此一跃而使它的财政资源大大优越于那些仍有自主权的少数盟邦。"同盟金库"不再是独立的基金;它成为一个雅典的金融机关,可能在公元前450—前449年有一笔5 000塔连特的巨款被提取出来,日后被用于补助雅典的建筑计划。① 同盟理事会不再开会。有关"雅典及其同盟"事务的指令从此由雅典城邦颁发。现在雅典既已全权在握,它也就把这虚有其表的征求盟邦意见的官方礼仪抛掉了。

在这些年间,斯巴达的无所作为给了雅典一个重申其在整个爱琴海的统领地位的机会。在公元前454—前449年缴纳贡金的盟邦数目由135增加到155—173个左右。新增的城邦可能有两大类:一类是被迫或被劝说而把它们的出船义务改为出钱,这样它们就失去了造反分离的武器,另一类则是分离出去而又被强迫重新加入的。头一类的城邦为数不多,可能位于优卑亚和夕克拉底斯一带。到公元前448年,出船的城邦仅有奇奥斯、列斯堡和萨摩斯,它们起着东部爱琴地区海军要塞的作用,得到雅典的另眼看待。② 第二类城邦为数就多得多了,它们主要位于东南爱琴地区,

---

① 普鲁塔克,《伯里克利传》,12;《亚里斯提德传》,25;*ATL*,2.61.DB(其年代可疑)。

② 亚里士多德,《雅典政制》,24.2。

包括米利都、厄律提拉,可能还有科罗丰这些爱奥尼亚沿海城邦。保证它们归附的各种办法曾在好几种铭文中提及,其年代大约在公元前 453—前 449 年。

在厄律提拉和米利都,雅典都派兵驻防。驻兵一事在战时可能真有其军事需要,但它们同时也有政治目的。雅典还向这些城邦和科罗丰派遣"委员"(episkopoi)或"执政",他们的活动有驻军做保证和后盾。他们的使命是建立傀儡政府或者至少是一个对雅典城邦命令顺从的政府。在厄律提拉,雅典委员和驻军司令用抽签法建立了新时期的第一届议事会成员,一年任期届满后,再由卸任的议事会成员和驻军司令选立下一度的接任者。在此地以及在科罗丰的政府被赐以民主的美名。议事会成员必须宣誓效忠于厄律提位的民主政府及雅典同盟;不得反对雅典民主政府及其盟友;除非得到雅典及厄律提拉民主政府的同意,不得驱逐任何公民,也不召回那些流亡波斯的人;若有违反,则自己及儿子甘受斩决重罚。通过这一誓言的条款,雅典和厄律提拉的民主制度就联为一体,雅典既代表它自己也代表各盟邦,在厄律提拉决定政治放逐和召回之权已操之于雅典。在米利都,一个五名雅典行政长官组成的班子和米利都政府的行政官员"合作办公",这个政府最初还是寡头制的,但可能在公元前 447 年变成了民主制,也采用了同样的效忠宣誓。①

驻军、委员和谨守宣誓效忠的政府可能加之于一切分离出去

---

① GHI,29,IG,$i.^2$11(厄律提拉);IG,$i.^2$22,及 TAPA,66.177(米利都);14—15(科罗丰)。

后又被降服的城邦。在个别情况下也采取了特殊的步骤。最初是临时性的雅典委员,有时也变成了常驻的政治代表机构,也就是"执政会",有时不仅议事会要做效忠宣誓,人民也要做这种服从雅典意旨的宣誓。在米利都,可能由于雅典的要求,有两个家族及其后裔以僭主罪被宣布为非法,有些案件的审理则参考雅典法庭的判例,在厄律提拉,任何以谋杀罪遭放逐的人同样被放逐于雅典及其盟邦之外,任何人犯叛卖城邦与僭主之罪则连同其儿子一块儿处决。雅典还规定厄律提拉必须派使节参加四年一次在雅典举行的大泛雅典娜节,并且必须携带和供奉在规定的最低限额以上的礼物①。

在由同盟转变为帝国之际,那些在爱琴地区战略要地移民的雅典人起了重要的作用。例如,那些在西吉昂的雅典人就于公元前451—前450年受命服役,并得到雅典的保护使其免于遭受任何亚洲敌人的侵犯。其他移民则驻于斯夕洛斯、英布罗斯和列姆诺斯,以及刻尔索尼斯。在公元前450—前446年,雅典首次在其盟邦中间建立移民点——在安德鲁斯、那克索斯,可能还有优卑亚的希斯提埃亚。在列姆诺斯和英布罗斯可能还加强了原有移民点,在刻尔索尼斯则肯定加强了移民点。这些移民点有如帝国的哨兵,因为所有移民都有重装步兵的身份,起着震慑邻邦造反的作用,而在作战时则能为雅典舰队提供立脚之地。当一个移民点必须建立时,雅典就没收其最肥沃的耕地,分成份地发放给每一移民,这样他就被称为"份地占有者"(kleroukhos),亦即军事移民。

---

① *IG*, i.^{2} 12, 13a; *GHI*, 35 及 [X.] *Ath*. 3. 11; *GHI*, 29。

这类移民在安德鲁斯、那克索斯、希斯提埃亚的数目各为250、500、500(可能是)，而他们强夺原主之数当三四倍于此。不少被夺走土地的居民陷于贫困之境，在这些耕地沃土很缺乏的国家，他们面临着饥饿的威胁，要不就得逃荒。那些最好耕地被抽走的城邦还得按其资源减少重新估定的份额缴纳贡金。这种在盟邦领土上安置军事移民的措施，在雅典的所作所为中最遭附属各邦的愤怒，也是套在它们身上的最重的枷锁。①

在公元前450—前447年，雅典把雅典银币和雅典度量衡制强行推广于全帝国。所有各地自铸银币都从流通中收回而熔铸成阿提卡货币，但接受者在兑换时要稍受一些损失。各盟邦的铸币厂都关闭了，雅典的铸币厂当然大得其利。整个爱琴地区而不仅仅是雅典及其属邦之间的贸易往来得到很大促进。但在这一措施中，以及在公元前454年以后的其他措施中，各盟邦的独立自主却被公开侵犯了。②

那位使得帝国得以建立起来的政治家就是伯里克利。当同盟金库转移到雅典之时，他被委为有关事宜的监督，经他建议，分拨了5000塔连特作为建筑基金。他拥护建立军事移民地的政策，并亲自率领对刻尔索尼斯的远征。他可能在城邦的外交政策上起着决定性的影响。显然，在建立帝国的危险过程中，使雅典的其他敌人无法插足是至关重要的。

在极西部，雅典可能在公元前454—前453年和哈利西埃、列

---

① $IG, i.^2 32$ 及 $Hesp.$ 5.360；普鲁塔克，《伯里克利传》，11,19.23；D.S.11,83.3 及波桑尼亚，1.27.5(可能是希斯提埃亚)。

② ATL,2.61.D14；$Hesp.$ 补遗,8.324。

翁提尼、列其昂结成同盟。这些结盟是雅典外交的一大成功:它们在西西里可以形成针对叙拉库斯海军势力的一股挟制力量,能使叙拉库斯不敢贸然支持科林斯。但这一成就由于埃及之败的影响而被勾销了。在伯罗奔尼撒,雅典保持了它在亚该亚和特罗曾的立脚点,并和赫尔米翁结成同盟,但是,当阿尔戈斯和斯巴达于公元前451年缔结三十年和约而废除其与雅典的同盟时,雅典在伯罗奔尼撒便失掉了一个主要的支柱。① 在中希腊,公元前454—前453年雅典和弗西斯结盟,后者是作为斯巴达、底比斯和帖撒利的一个敌人,可能会继续效忠于雅典。它帮助弗西斯获得对德尔斐的控制,希望从此可利用德尔斐的安菲克提翁同盟的宗教影响来帮助它对彼奥提亚和罗克里的政治统治。然而,斯巴达却于公元前449年秋推翻了这一安排。它宣布了一次圣战,取消了弗西斯对德尔斐的控制,使德尔斐这个小城邦成了独立自主之国。斯巴达以此再度标榜为宗教和政治自由之维护者;它的作为并未破坏和雅典的五年休战协议,但同时它却构成了对雅典在中希腊地位的挑战。雅典于公元前447年夏天接受了这个挑战,又把弗西斯对德尔斐的控制予以恢复,重申了它和弗西斯的同盟。在这一系列无结果的拉锯战期间,斯巴达和雅典双方都在德尔斐圣域内的一只青铜狼雕像上刻下铭文,声称它们在请示神谕上享有优先权。②

可能在公元前448年,在斯巴达干预德尔斐之后而又在雅典

---

① *GHI*,57,58(早期条约的重订);*Hesp.*2.494(赫尔米翁);修昔底德,5.28.2。
② 修昔底德,1.112.5;*GHI*,39;*FGrH*,328 F 34(菲罗库汝斯);普鲁塔克,《伯里克利传》,21。

反击之前,伯里克利曾对斯巴达展开一次外交攻势。20位雅典使节被派赴所有希腊城邦:从北面的帖撒利和安布拉西亚直到南面的斯巴达,以及从列斯堡到罗得斯的爱琴诸岛,色雷斯和赫勒斯滂沿岸的城市(一直远及于拜占庭),还有亚细亚沿岸的多利亚和爱奥尼亚城邦。他们邀请这些城邦参加一个在雅典举行的泛希腊会议,讨论以下有关事宜:重建被波斯焚毁的神庙,奉献在波斯战争危机期间对诸神许下的还愿礼品,确保大家的海运自由,在希腊世界建立和平。

这时机选得很合适,因为当时正值波斯承认亚洲的希腊城邦的独立自由而希波战争也以缔结和约而宣告结束。但这时要雅典装扮成希腊世界的和平仲裁却也有点儿驴唇不对马嘴之讥。在组成雅典同盟时接受其领导的爱琴各城邦,现在却只见它驻军派使、强行民主化、大建军事移民地,所作所为有如霸主国家,而希腊本土各邦从公元前458年起不断受到雅典侵略之苦。伯里克利本人近年来的政策也和邀请书上的冠冕堂皇之词自相矛盾,甚至他是否期望得到广泛的响应也是值得怀疑的。当然,在这提议之中有其秘密的动机。雅典反抗波斯而取得的巨大成就已大加宣扬,强调它是为希腊诸神服务和为希腊人民增光的。雅典的军力在希腊各邦面前耀武扬威。海上的自由确实是它所赐,许多希腊城邦得享和平与否也直接取决于它的意愿。假若有一些伯罗奔尼撒城邦会屈服于雅典的威力和主张,雅典就可以决定性地扩展其影响而陷斯巴达于孤立。但是,当使节们发出邀请书时,从伯罗奔尼撒没得到任何回答。斯巴达同盟坚决挺立,对其他城邦的邀请也就取消了。①

到公元前447年秋天,雅典和斯巴达的五年休战协定只剩一年期限之时,伯里克利却取得了在雅典战胜其政敌和在爱琴海战胜波斯的成就。帝国已经形成,哨兵已布置在战略要地。在希腊本土,他既没失掉盟邦,也未失去财富,雅典军队还随时准备对付斯巴达同盟。但是,公元前447—前446年冬天,形势却开始改变,奥科美努斯、恰龙尼亚和其他的彼奥提亚城邦,被那些雅典在建立民主政府时加以驱逐的人夺回。公元前446年年初,托尔米德斯率领1 000名雅典军和从其他盟邦征集的分队占领了恰龙尼亚,并在其城驻军,将男子变卖为奴。当他回师时,他在科洛尼亚被一支彼奥提亚、罗克里和优卑亚的流亡者的联合部队击败。雅典将士,包括托尔米德斯在内,死亡甚众,余者皆被俘。雅典遂和对方议和。所有雅典俘虏皆被释,雅典军也撤出彼奥提亚。②寡头派重回彼奥提亚各邦掌权,并切断了雅典和弗西斯、罗克里的联系。不久以后,所有优卑亚的城邦也起而叛离雅典。伯里克利便率领一支军队渡海侵入优卑亚。在那里他又得到了麦加拉造反的消息,麦加拉在科林斯、西夕温和依庇道鲁支持下杀了所有的雅典驻军,只有那些逃到尼撒亚的人才得以逃生;同时,还有消息说伯罗奔尼撒人也将侵入阿提卡。伯里克利急忙带兵回到雅典以自卫,这时的雅典几乎处于敌人的四面包围之中了。

---

① 普鲁塔克,《伯里克利传》,17(据原始法令),有人认为这事发生在公元前446—前445年。
② 修昔底德,1.113;D.S.12.6;普鲁塔克,《伯里克利传》,18;*CQ*,32.8(铭文);波桑尼亚,1.27.5、1.29.14。

在公元前446年秋天,斯巴达同盟军队在斯巴达幼王普雷斯托纳克斯率领下进入麦加拉地区,可能还有一支彼奥提亚军与之会合。侵入者随即占领了埃琉西斯平原。雅典军甘拜下风。它的十个兵团中有三个在麦加拉地区的皮加依被切断联系,不得不迁回彼奥提亚而回返阿提卡。同时,敌军又蹂躏了特利亚西亚平原。可是,普雷斯托纳克斯不但没有迎击雅典军或翻越埃加列奥斯山进攻雅典城,反而突然后撤而去。伯里克利马上利用这机会渡海侵入优卑亚,以5 000名重装步兵和50艘战船的力量攻掠全岛,所向无敌。他的迅速成功阻止了爱琴地区进一步叛离的危险,加强了雅典和斯巴达谈判的地位,这次谈判是由雅典的全权代表在公元前446—前445年冬举行的。①

三十年和约使战争在公元前446—前445年仲冬宣告结束,根据和约条款,雅典放弃了亚该亚、特罗曾和麦加拉,但保留了瑙帕克图斯的基地。埃伊纳继续是雅典同盟中一名缴纳贡金的成员,但它获得雅典尊重其自主权利的保证。德尔斐大概被宣布为一独立国家。三十年和约是为保证三十年和平而缔结的。缔约一方为雅典(其盟邦包括普拉提亚在内都被提名,但不作为缔约者),一方为"斯巴达及其盟友"。这样,雅典便单独出面代表它控制下的集团,而斯巴达及其盟邦则都以主权国家身份出面,有时它们也笼统地称为"伯罗奔尼撒人",但包括了麦加拉和重建的彼奥提亚同盟以及除阿尔戈斯和亚该亚以外的所有伯罗奔尼撒城邦。缔约

---

① 修昔底德,1.114;D. S. 12.7;普鲁塔克,《伯里克利传》,22.3;CHI,41及BSA,49.113;And. 3.9。

双方——雅典和斯巴达同盟——保证在三十年内互不侵犯。凡在条约中没提及为雅典或斯巴达盟友的城邦可以自由地跟它们之一结盟,只是阿尔戈斯除外,它不得与任何一方结盟但可和双方都保持友好关系。在缔约结束后这样加入雅典或斯巴达同盟的城邦也成为这个不侵犯对方集团条约的一员。

条约的原文细节我们犹不得知,但我们可从日后事件的进程中察知一些梗概。所有参与缔约者皆享有海上贸易的自由,虽然这可能是笼统提及而非专款说明的。假若有任何关于守约的纠纷出现,则雅典为一方、斯巴达及其盟友为另一方同意将争端交付公断。缔约各邦做了宗教宣誓以约束自身遵守条文,誓言副本既保存于雅典和斯巴达,也刻于奥林匹亚,可能还有德尔斐和地峡。[①]

结果是希腊各国又回到两大集团之间的均势平衡之中了,两大集团各以雅典和斯巴达为首,这种均势平衡早在公元前461年它们采取一种隐蔽的敌视政策以前就已存在了。然而,战争的年代也带来了巨大的变化。在此以前,权力均势是由两个领导城邦(homaikhmia)之间的联盟和它们反波斯战争的共同利益保障着的。现在它却立足于互不侵犯条约之上,这不过是暂停敌对行为和一时无力打败对方形势下的产物。雅典和斯巴达、彼奥提亚、科林斯、麦加拉之间并无坚定的善意存在,更不消说那些雅典为之代表谈判缔约的"盟邦"了,过去的深仇已为未来造成偏见。

这两大领导城邦和它们结为同盟时期相比,也有了剧烈的变

[①] 修昔底德,1.115.1(雅典单独在公元前421年做此事);参见同书5.18—19斯巴达人与其盟邦共同行动、1.23.4(伯罗奔尼撒人);1.35.2、44.1、67.2和4、78.4;波桑尼亚、5.23.4;*IG*,i.^{2}18及 *BSA*,49.21。

化。雅典不再是一个由自愿联合结成的欣然协作的同盟之首。现在,作为帝国的领袖,它靠实力统治。它自身在财富、船只、海军兵员方面的资源比以前更为雄厚,它的陆军实力也并未因战争中的损失而严重削弱。然而,它向外扩张的能力却受到损伤。它的种种做法已引起中希腊陆上强国的疏远和离异,也破坏了它在爱琴地区的盟友的信心。它在抵抗波斯之战中高涨的士气已在反对希腊人的战争中耗尽,它的民主的美名也被帝国侵略行径所玷污。当最后决战之际,所谓雅典同盟的实力现在就只是雅典一邦的实力了。

斯巴达从公元前550年作为斯巴达同盟领袖以来所享有的威信,现在已丧失了很多。它的盟邦曾经备受雅典蹂躏和重创,尤以埃伊纳、彼奥提亚、科林斯湾的临海各邦受害最甚,而它的陆军在中希腊只取得微小的战绩。在公元前446年,斯巴达未能侵入阿提卡一事很使同盟各邦失望。斯巴达王普雷斯托纳克斯被课以罚金,他的顾问克利安德律达,被缺席宣判死刑,他们的罪名是接受雅典的贿赂。斯巴达自此以后选择了和谈而不再大举入侵,对此可能有各种解释。可能它对斯巴达公民军队之威力已缺乏信心,因为他们在地震和希洛人起义的打击下已精疲力竭;或者它对冲破雅典城墙感到绝望。也可以设想,斯巴达从其自身利益出发也宁愿不去摧毁雅典。因为雅典海军实力的压力,会使斯巴达同盟团结一致,而雅典的重装步兵也可以对中希腊出现的任何一个陆上野心强国起到抵销作用。无论如何,这一条约大大恢复了斯巴达的威望。在希腊本土以及扎西恩多斯和赛法伦尼亚岛上的每一城邦都得以决定自己对这两大同盟的态度。有的继续保持中立,有不少先后加入斯巴达一方，但只有普拉提亚和瑙帕克图斯选择了保持与雅典结盟的道路。就最后估计而言，斯巴达同盟的实力却不仅仅是斯巴达一邦而是坚决反对雅典侵略的许多城邦的联合力量。尽管斯巴达作为军事领袖短处甚多，它却并不靠其实力来确保领导权。在政治方面它倾向于寡头政体，但它并没用驻兵和派出政治使团的办法把寡头政府强加于盟邦。在一个尊重独立自主的世界中，斯巴达的反抗雅典使它的领导保有强大的道义力量。

第二章 十五年和平

第一节 帝国的加强

修昔底德以事后之明的眼光把公元前445—前431年描写成一个雅典和斯巴达都在巩固其地位准备战争的时期。① 在公元前445年,战争续起一事并不是意料中的结局。假若三十年和约悉被遵守,这一互不侵犯条约就可能成为持久和平的基础。它的条款是现实的,而规定是开明的。那个被认为有可能破坏实力均势的国家阿尔戈斯,不仅是在三十年和约中明文规定不得插手,在阿尔戈斯和斯巴达的三十年休战协议中也有类似的规定。在爱琴地区雅典可以自由行动,它可以按自己的意愿对待其盟邦,善恶皆可,只有埃伊纳除外,它是受到条约保护的。在希腊本土,它的活动范围已被划定;因为它不能在不破坏条约的情况下使一个斯巴达同盟成员分离出来,而它可以吸引过来使其加入雅典同盟的中立城邦也为数甚少。在西部,它唯一的基地就是瑙帕克图斯,而在那个地区,科林斯的各个殖民地却占据着商业贸易和海军实力上

---

① 修昔底德,1.18.3。

的战略要点。不过,条约也给予雅典及其盟邦在西部各海上的自由行动之权。伯罗奔尼撒人的利益也是以同样方式保证的。斯巴达同盟得到保证不受雅典干预,斯巴达还可以自由地吸纳任何中立城邦加入它的同盟。伯罗奔尼撒各邦的海外贸易不仅在西部也在爱琴海上得到保护,例如科林斯可与波蒂代亚贸易,麦加拉可与拜占庭做买卖,而埃伊纳则可恢复其作为伯罗奔尼撒各邦的贸易中心的位置。甚至在海军方面,虽然伯罗奔尼撒人前此曾在战争中受创甚巨,他们却可以自由地恢复和重建其舰队,并在西部发展一个可以和雅典在东部所有者相平衡的海上霸权。

三十年和约被双方忠实遵守达十四年之久。当彼奥提亚、罗克里、弗西斯加入斯巴达同盟时,雅典未在希腊本土有所干涉,这大约是在缔约以后不久就发生了的。当萨摩斯和拜占庭叛离雅典时,伯罗奔尼撒各邦也未在东部进行干涉。同样地,当阿卡奈尼亚在和安布拉齐亚作战时接受雅典支援并加入雅典同盟时,伯罗奔尼撒人也未在西部进行干涉。这和平的年代为双方带来富强与繁荣。斯巴达从地震和希洛人起义的影响下恢复了元气。只要它的殖民城邦继续对它效忠,科林斯和斯巴达同盟的其他海军国家就可以立即集合一支总数达 300 艘三桨座船的舰队,以应在西部作战之用,而叙拉库斯的舰队还不计算在内。雅典对它的帝国抓得更紧,而且在黑海赢得了新的盟邦。它的财力、人力的资源和舰船的数目都大踏步地增长,帝国可以课税抽份的资源也同样地发展起来。到公元前 435 年,雅典为一方,伯罗奔尼撒人为另一方的作战潜力,都比它们在公元前 461 年[①]以前联盟盛期的共同实力还

[①] 修昔底德,1.19。

要强大。这一事实本身并不会使它们之间的开战可能性更大。作为和平的现实基础的实力均势仍然如常,它只能由于缔约者之一或双方都采取故意的破坏政策才会化为乌有。

虽然雅典在战争时期受惠极大,但是最后几年的事态发展和条约的条文却摧毁了雅典人在中希腊建立陆上帝国和在西部扩展势力的希望。西蒙的政策,在他死后由他的亲戚、梅莱西亚之子修昔底德倡导,已重现为伯里克利的反对派并变成了一支强大的力量。当伯里克利以建立军事移民地和动用同盟基金重建雅典神庙的方法而打动雅典人民的帝国野心和物质利益要求时,修昔底德却倾向于一种和斯巴达友好、与盟邦和睦的政策。他诉诸雅典人民的良心。他批评把同盟金库转移到雅典和动用盟邦金钱来美化雅典城市,说雅典"像是一个拥有价值1 000塔连特的珍宝、神像和神庙的妓女";他还批评跟波斯的和议,由于这种和议,雅典现在已无权要求对盟邦的领导,也没有正当理由把金库从提洛岛搬来。他在人民大会上提出自己的反对意见,并在大会中把拥护他的人——主要是出身贵族的知名之士——组成一个集团,广为宣传他们对他的政策的支持。他的个人威信很高并以忠诚爱国著名。只要凭良心做事还无人反对,他的号召就是难以回击的。伯里克利则列举各项使广大民众享受帝国利益的实际措施——巨大的建筑计划,国家节庆的改进,对每年八个月的60艘三桨座船水手薪饷的支付,以及派出军事移民建立移民点等,以此来争取民心和回击政敌的攻击。为了宽慰雅典人民的良心,伯里克利坚持说同盟贡金属于雅典人民所有,因为盟邦贡纳是为了买到安全,而雅典给了他们安全——这是一种把城邦之间的道义关系下降到现实的物质利益水平的论点。到公元前443年,双方对国家政策的分歧用陶片放逐法来解决了。修昔底德遭放逐,他的支持者被解散,伯里克利进入了一个不受挑战的大权在握时期。①

伯里克利的外交政策是巩固和扩大帝国并坚持反对斯巴达。他在公元前445年推行了对优卑亚的移民。他对待希斯提埃亚特别严厉,因为它可能逐出了雅典的军事移民并把一艘雅典船上的桨手杀掉了。这城的全部居民都被赶走,其他被作为一个雅典移民点,由1 000名军事移民占领。加尔西斯的富裕阶级,名叫希波巴塔侬的,也全被驱走,他们的土地——优卑亚最好的土地——被雅典没收,分成了2 000块份地。其中有一些变成了供奉雅典娜女神的国家财产,其余可能租给非雅典人,他们要向雅典缴纳地租,也要缴纳地税。从加尔西斯、厄律特利亚,可能还有别的城邦,还抽取了男人和男孩作为人质,在雅典拘留了好些年。在加尔西斯和厄律特利亚,每一成年公民都被迫做一效忠雅典民主的宣誓,若违反誓言就要受剥夺公民权和没收财产的处分。就加尔西斯而言,假若它遵守雅典的各项命令,雅典人民就保证按和平时期的情况和司法程序跟它相处,但只有一点例外:任何加尔西斯人若被本邦判处死刑、流放和剥夺公民权可向雅典法庭提出上诉。此外,雅典将军在防止叛乱时有军事处置之权。这样一来,优卑亚确实是

---

① 普鲁塔克,《伯里克利传》,11—12、14—15;亚里士多德,《雅典政制》,28.2及5;*GHI*,45。

"被伯里克利和雅典人捆在老虎凳上了"①。

在色雷斯,雅典和奥德律西亚人的强大王国的创立者铁留斯维持着友好关系,并于公元前 445 年左右在布律亚建立一个军事移民点,帝国的各个邻邦按条约有义务保障这个移民点的安全。在这一带海岸上,雅典还建立了由 1 000 名雅典人和土著的比萨勒太人联合组成的移民点,伯里克利主持其事,时间大约和布律亚建立移民点同时。在地中海南岸,雅典和自封的埃及国王蒲萨美提克保持友好,他已叛离波斯,并在公元前 445—前 444 年向雅典送了一批当作厚礼的谷物。② 在缔结了三十年和约不久,南部意大利夕巴利斯城的幸存者曾向雅典和斯巴达发出呼吁,请求它们帮助重建夕巴利斯。斯巴达拒绝了,雅典却接受了这一邀请而从雅典和伯罗奔尼撒派出志愿人员予以协助。不久以后,这些人员就逐走了原来的夕巴利斯人而建立了一个名叫图里的新城市,时间可能在公元前 443 年。为这一新建城邦雅典从希腊各地征召志愿人员。图里的居民分为十个部落(地区),其中三个来自阿尔卡狄亚、依利斯和亚该亚,三个来自中希腊的东部地区,四个来自包括雅典人在内的爱琴地区的爱奥尼亚人,雅典则提供了它的创立者朗朋和塞诺克利图斯。图里很快就成为一个繁荣之邦;它经受了来自塔拉斯的侵扰,并在公元前 433 年又和塔拉斯联合建立了

---

① 修昔底德,1.114.3;普鲁塔克,《伯里克利传》,23;D. S. 12. 22 (1 000 名移民);FGrH,115 F 387(提奥庞普斯提到 2000 名移民,可能是两次移民的总数);GHI,42;IG, i² 17。

② GHI,44;普鲁塔克,《伯里克利传》,11(联合移民点与布律亚不同);FGrH, 328 F 119(菲罗库汝斯);普鲁塔克,《伯里克利传》,37。

在赫拉克利亚的移民地。与此同时,在移民内部展开了激烈的斗争,在斗争期间雅典的领导地位被取消了,德尔斐的阿波罗神被欢呼为图里的创立者。这一伟大的事业是由伯里克利首先发起的。起初,它表明了雅典有能力领导希腊各邦从事一件斯巴达拒绝发起的联合事业。雅典提供了海军保护和财政支援。创业的领袖是雅典人,第一个宪法是民主宪法,而雅典是城邦的保护主。那些为新邦制定模范规范的希腊思想家都带有或浸染着阿提卡的文化色彩——雅典的朗朋是一个著名的圣法解释家,米利都的希波达姆斯则是一个城市规划专家,阿布德拉的普罗塔戈拉斯为新邦制定了民法法典,此外还有史学家希罗多德,他是哈利卡纳苏斯人,他日后写的历史赞美了雅典在波斯战争中表现的泛希腊精神。但图里随后的事件却表明雅典的领导权是难以接受的,一方面是由于希腊人总是分裂为对立的派系,但主要的是因为雅典在爱琴海的所作所为使人难以相信它的泛希腊精神的表白。①

到公元前441年年末,雅典影响的网点已散布得很广了。列其昂和列翁提尼都和它结盟,在图里的移民点兴旺发达,优卑亚已牢牢在握,色雷斯海岸也建立了移民地。雅典和伯罗奔尼撒人和平相处,在建立图里时它还和他们合作,从而益增其信用。在东方,它和波斯也是和平相处,虽然它和蒲萨美提克的友好关系可能已经引起了波斯大帝的疑心。在公元前441—前440年,萨摩斯和米利都之间爆发了一场争夺普里恩尼的战争,这个地方位于米

---

① D.S. 12 10—23;斯特拉波,263;Suid. "Thouriomanteis"条;普鲁塔克,812d;*GHI*,49。

利都的领土和萨摩斯在大陆上的领土之间。当米利都遭到失败之后,他们就在雅典控告萨摩斯,他们还得到一些想推翻萨摩斯现存宪制的萨摩斯人的支持。

雅典对此事将做什么反应,这被雅典同盟各成员看作一个考验。按公元前478—前477年订立的最初盟约,雅典的盟邦是自主自治的;因此它们有权彼此交战,雅典作为盟主则无权对此进行干涉。萨摩斯合法而正确地凭靠原有盟约赋予它的权利,因为它一直提供船只并支持雅典。米利都的身份却比较低,因为它被迫做了效忠宣誓而建立了民主政府,但在当时它至少名义上还是自主的。然而,雅典却毫不尊重公元前478—前477年的条约。它命令萨摩斯停止敌对行动而接受它的仲裁。萨摩斯面临着放弃自主权而接受一个它有充分理由认为是不公正的仲裁的命运。它以惊人的勇气对此予以拒绝。雅典显然也估计到它会拒绝。在公元前440年春天,伯里克利看到萨摩斯叛离并不感到吃惊,因为雅典这时和波斯、伯罗奔尼撒都维持着和平关系,他于是立即对萨摩斯宣战并率领40艘战船出发。他以奇袭攻下这个岛屿,派驻了雅典使节和雅典驻军,建立了一个民主政府,征收了80塔连特的罚金,抓走了100名人质——上层阶级的男子和男孩——并把他们拘留于列姆诺斯。于是他就撤走了舰队,他已经对一个擅敢坚持其作为雅典的自治伙伴权利的城邦做出了杀鸡儆猴的好榜样。①

---

① 修昔底德,1.115;D.S.12.27;普鲁塔克,《伯里克利传》,24 init,25;Ar. V. 281 和 Schol。

但是萨摩斯人并非怯懦之辈,他们的一些领袖逃到了大陆上,在那里他们和波斯总督皮苏迪尼结成同盟,招募了一支700人的雇佣军。他们在夜晚回返萨摩斯,推翻了民主派政权,解放了在列姆诺斯的人质,准备进攻米利都。他们把雅典俘虏转交给了皮苏迪尼。与此同时,拜占庭发生暴乱,控制了博斯普鲁斯海峡。假若其他城邦效法他们而波斯又支持皮苏迪尼的话,帝国的东半部就真有分裂出去的危险。伯里克利立即带领60艘战船出发。他把其中16条船派往别处执行任务,其中有些到卡利亚以防腓尼基舰队出动,另外一些赶在萨摩斯人之前到奇奥斯和列斯堡去征集船舰;他带着其余船舰抵达特累吉亚小岛,在这里阻击并打败了从米利都返回的55艘萨摩斯战舰和20艘萨摩斯运输船只。他的大胆行动阻止了起义的蔓延。当雅典又增派来40艘舰船,而奇奥斯和列斯堡也派来25艘时,伯里克利就在萨摩斯岛登陆,打败了敌军,围困了城市。后来,伯里克利得到了腓尼基舰队已应萨摩斯之请前来助战的报告,立即率领60艘船舰向南迎击。这时,萨摩斯人趁机突围,打败了雅典的围城部队。萨摩斯人控制了他们岛屿四周的海面达14天之久。其后伯里克利又回来了,当他进一步得到从雅典来增援的60艘船和从奇奥斯、列斯堡来的30艘船的时候,萨摩斯人在海上就再度遭到失败,城市又被围困。从公元前440年8月到公完前439年5月,萨摩斯人在被围九个月后接受了雅典提出的条件:他们将拆毁自己的城墙,交出人质,交出他们的舰队,分期缴付总数达1 276塔连特的赔款。拜占庭随后也被降伏而回复其原来的贡纳金钱的附庸身份。①

　　萨摩斯之战使希腊各邦印象深刻。它们比以前更清楚地认识到,雅典帝国确实是个暴君,雅典为了满足其权势欲会冒各种大风险而在所不惜(这种风险之大可能超出伯里克利的估计)。雅典的所谓盟邦都看到萨摩斯的命运等于判定了它们自己的隶属地位;因为萨摩斯的海军实力再加上皮苏迪尼的支持都没能打败雅典舰队。既然萨摩斯尚且不敌,其他各邦就更难有取胜的希望。雅典也被战争所骇。萨摩斯人在海上和被围期间的勇猛善战,结合着波斯干涉的可能性,确实对雅典的海上霸权构成了一个极大的威胁。它的惊骇表现于一个残酷行动中,他们给被俘的萨摩斯人刺上萨摩斯城邦的标记,后来萨摩斯人也照样回报于被俘的雅典人。雅典所以能取得成功必须归功于它常备不懈地保有60艘战船的分舰队,而伯里克利又能以闪电般的速度使用它。萨摩斯人在波斯人(假若他们愿意干预的话)和伯罗奔尼撒人能做出行动决定或集合、出动一支舰队以前就被击败了,他们的突围也被制止。即使如此,雅典还是用了200艘船舰,包括奇奥斯和列斯堡的在内,围城达九个月之久,再加上新的攻城设备,才降伏了萨摩斯。在这次围攻期间,伯罗奔尼撒各邦可以从陆海两面进攻雅典。事实上他们也在一次伯罗奔尼撒同盟大会上讨论了这个问题。他们的投票对是否进行干涉双方分歧很大,而多数票则追随科林斯不采取行

---

① 修昔底德,1.116—117;D.S.12,27—28;普鲁塔克,《伯里克利传》,25—28;Isoc,15.111。

动的建议。①

公元前 440 年,伯里克利面临着萨摩斯、拜占庭、波斯和斯巴达同盟联合进攻雅典的危险。这一危险的消失部分是由于与波斯及斯巴达缔约的约束力,部分则由于他本人的将才与备战有素。后来,这些条约可能无人遵守。在这两大强敌之中,伯里克利有更多的理由害怕斯巴达及其同盟。在其后的几年中,他加强了对帝国的控制,改进了雅典的备战工作,以扩大雅典同盟网的办法力求使实力均势的局面有利于雅典。他的这种政策得到雅典人民的全力支持。他们对他诸事放心;让他自由处理各邦的贡金,对待各邦的宽严,城墙的修建或拆毁,以及条约、行政、和平、繁荣等。他被选去发表阵亡将士葬礼演说,他把那些可能就是牺牲在萨摩斯、拜占庭和刻尔索尼斯的雅典青年比喻为一年四季中春天的消逝。他和他的人民仍然处于主动地位,而他们利用这一主动地位时充满了勇气。②

公元前 439 年,和萨摩斯的条约终于缔结了,萨摩斯人受到了宣誓效忠于雅典的约束并开始缴付总数达 1 276 塔连特的大笔赔款。在公元前 437 年或其后不久,伯里克利率领一支装备精良的舰队进入黑海。在那里他支持了希腊各国的利益,可能取得了一个名叫尼姆法龙姆的良港,并和克里米亚的一个强大王朝的创立者斯巴托库斯订立了商业协定,这一王朝控制了内陆小麦的出口。

---

① 修昔底德,2.63、8.76.4;普鲁塔克,《伯里克利传》,26、12;修昔底德,1.40.5、41.2;*GHI*,50 以及 *SEG*,10.221。

② Teleclides,Fr,42,在普鲁塔克,《伯里克利传》,16 中;亚里士多德,《修辞学》,1365ᵃ31,参见普鲁塔克,《伯里克利传》,8;*IG*,i² 943。

在黑海南岸的西诺普,他留下13艘船舰以帮助该城公民驱走他们的僭主;后来他建议雅典人民大会派出600名"志愿人员"去占领僭主的土地。另一个建立在阿米苏斯的移民地,这时已改名为比雷埃夫斯,位于西诺普和特拉皮祖之间。后来,在公元前435—前434年,雅典移民又占领了阿斯塔库斯,它原为麦加拉在普罗彭蒂斯的一个殖民城邦,曾因内陆民族的侵扰而衰落。这次雅典海上势力的大扩张使雅典和其帝国内的各邦获益匪浅,它也加强了位于黑海沿岸各地的希腊殖民城邦。在西诺普和阿米苏斯,雅典可能触犯了波斯名义上的宗主权,但黑海海域在卡列亚斯和约中则是向双方开放的。阿塔薛西斯对此无所反应。①

公元前436年,雅典在恩尼亚何多依打败了伊冬尼亚人,建立了安菲波利斯这个重要的殖民城邦,它位于三面环绕斯特累蒙河的一座小山上。创立者哈格农在向大陆的一面修造城墙加固了城市的防卫,其后不久又在河上架设一道桥梁。安菲波利斯迅速发展成为一个繁荣富庶人口众多的城市,它扼制着从马其顿到色雷斯的要道和从邻近地区运来的粮食、金属矿产和造船用材的出口。雅典人在城市人口中为数甚少,但雅典的统治地位得到其舰队的保障,这支舰队在河下游出海口的埃翁有一海军基地。通过这个城邦的建立,雅典对北部爱琴海的控制大大加强。同时,它惊动了它的盟友、马其顿王帕尔狄卡斯,也使科林斯的殖民城邦波蒂代亚感到惊恐,在此之前,它一直是西北爱琴地区最强大的希腊城邦。②

---

① IG,i^2 65 和 DAT,35;IG,i^2 50 和 AFD,54;普鲁塔克,《伯里克利传》,20;Luc. 19. 6;$FGrH$,115 F 389(提奥庞普斯)、434 F 12(梅隆)。

② 修昔底德,4.102.3、106.1、108.1;D.S.12.32.3。

第二节　雅典和若干斯巴达盟邦的争端

在公元前439—前436年,雅典曾派遣过一支海军远征队到西部各海域活动。它们是应阿卡奈尼亚和安菲罗奇亚的请求,到那里去帮助把安菲罗奇亚的阿尔戈斯从一些安布拉齐亚人手中解放出来,这些安布拉西亚人原是由安菲罗奇亚人当作联合移民欢迎过来的,但他们以后却篡夺了城邦的控制权。由佛尔米翁率领的雅典分舰队驶进了安布拉西亚湾。城市被夺取过来了,一批安菲罗奇亚人和阿卡奈尼亚人随即占领了它,把被俘的安布拉西亚人降为奴隶。雅典和阿卡奈尼亚结成同盟。① 由于安布拉西亚、安菲罗齐亚和阿卡奈尼亚都不是斯巴达的盟邦,因此雅典的行动仍符合三十年和约的规定。同时,安布拉西亚又是科林斯的一个殖民城邦,雅典舰队在西部的任何活动显然会引起科林斯的疑惧。不过,就当时情况论,科林斯和它的殖民城邦的舰队对它们控制爱奥尼亚海倒是充满信心的。但是,当科林斯于公元前435年和它的强大殖民城邦科尔西拉发生冲突的时候,一个全新的形势就形成了。

科林斯和科尔西拉之间的争吵起因于它们共同建立的殖民城邦依庇丹努的一次内战,依庇丹努位于伊利里亚海岸而在科尔西拉之北。该城的民主派在控制城镇以后遭到寡头派的进逼,便向科尔西拉求援,科尔西拉置之不理,他们便转向科林斯而得到了它

---

① 修昔底德,2.68.6—8。

的支持。科林斯派了一些移民和一支由科林斯及其殖民城邦琉卡斯和安布拉西亚提供的卫队由陆上进抵依庇丹努。科尔西拉于是垂青于寡头派而派军包围了依庇丹努城。在这时,科林斯又答应为任何志愿人员在依庇丹努提供居处,并请求其他城邦帮助运送志愿人员,这样一来就把冲突范围进一步扩大了。它不仅从琉卡斯和安布拉西亚那里接受了提供船只、军队和金钱的许诺,还从麦加拉、底比斯、依庇道鲁、赫尔米翁、特罗曾、福里攸斯、伊利斯和凯法伦尼亚的帕列接受了类似的许诺,这些城邦关心重建爱奥尼亚海上的海军控制权比关心志愿人员的命运要强得多。正当科林斯备战之际,科尔西拉征求了斯巴达和西夕温的意见。它们想防止一场冲突。它们于是支持科尔西拉向科林斯提出的通过调停解决争端的建议。科林斯拒绝了。在公元前435年夏天,一支75艘科林斯及其盟友船只的舰队扬帆出发,和80艘船的科尔西拉舰队打了一仗,结果却遭到惨败。同一天,依庇丹努投降了。总数达120艘三桨座船的科尔西拉舰队于是往南攻掠一直达到伊利斯地区。科林斯俘虏在科尔西拉被套上足枷示众,所有海战中的俘虏皆被斩首,由科林斯派往依庇丹努的移民全被卖为奴隶。科尔西拉和一系列伯罗奔尼撒城邦处于全面交战状态。①

科林斯为报仇雪恨用两年时间集中全力建造一支强大的舰队。在公元前435年之战中,它只能为同盟舰队提供30艘船舰而在作战中损失了15艘,与此相比,现在(公元前433年8月)它拥有90艘战舰,从伯罗奔尼撒和爱琴各邦雇来桨手。同时,科尔西

---

① 修昔底德1.24—30;D.S.12.30—31。

拉也被孤立了。斯巴达和西夕温不愿再插手,它们和伯罗奔尼撒各邦有共同利益。在公元前433年,可能是6月间,科尔西拉派遣使节到雅典请求结盟,而科林斯也派使者去说服雅典不要与之结盟。就三十年条约的条文而言,雅典完全可以和科尔西拉订立防御性的而非进攻性的同盟,因为科尔西拉并非斯巴达的盟邦,而雅典和科尔西拉的防守同盟并不违反雅典和科林斯(斯巴达同盟成员之一)的互不侵犯条约。在另一方面,雅典对科尔西拉并未负有任何义务,也没有什么需要在西部保卫的直接利益(因为阿卡奈尼亚和瑙帕克图斯没有牵涉其中)。假若雅典有意保持三十年和约,它的对策是清楚的:它会拒绝科尔西拉的请求。诸如此类的理由都由科林斯和科尔西拉两方面的使节阐述过了。人民大会对此问题讨论了两天。第一天,意见倾向于拒绝。第二天,当受到伯里克利的劝告所左右时,民众便决定和科尔西拉缔结防守同盟。①

雅典和科尔西拉的防守同盟打开了两个可能性。假若雅典充分履行盟约义务而用一支强大的雅典舰队加强科尔西拉的已有120艘船舰的舰队,科林斯及其伯罗奔尼撒的支持者或者将在进攻科尔西拉时失败,或者需用其他方式去进攻雅典。在这种形势下,它们很可能得到斯巴达同盟首领斯巴达的帮助,因为作为三十年和约的现实基础的雅典和伯罗奔尼撒之间的海军实力均势将被彻底推翻。另一方面,假若雅典只给予名义上的援助而坐视科尔西拉和科林斯的舰队火并得精疲力竭,海军实力均势将向有利于雅典方面转化,而斯巴达作为斯巴达同盟首领将不会感到它的安

---

① 修昔底德,1.31—44;D.S.12.32—33.2。

全已立即受到威胁。伯里克利决定派遣十艘船舰去科尔西拉,这当然只是雅典实力的一个象征,司令官受命只在科林斯人已准备在科尔西拉或科尔西拉所拥有的领土上登陆时才投入战斗。①

公元前433年8月或9月,一支90艘科林斯船和60艘盟邦船的舰队(这些提供船只的盟邦包括麦加拉、伊利斯、琉卡斯、安布拉西亚和安那克托利昂),和110艘船的科尔西拉舰队在夕波塔附近海面交战,有70艘船被毁。在战斗中,雅典人并未与科林斯人交锋,但当科尔西拉大败而科林斯人眼看就要在科尔西拉登陆时,他们就开战了。科林斯人随后撤出战斗而去屠杀掉在水里的科尔西拉人和收拾破船。直到傍晚时他们才重新列阵准备交战。当他们正要向余下的科尔西拉船舰及其雅典盟友动手时,却看到南方有许多船扬帆而来,他们知道这必然是雅典的增援部队。科林斯人划船倒退而撤走了。当夜幕降临时,20艘雅典战船(是在事后考虑增派的)和先来的雅典舰队会合。第二天早晨,雅典人和科尔西拉人向对方挑战,科林斯人现在却更关心如何逃跑。双方随即举行谈判,科林斯人责难雅典人进行侵略,雅典人则炫耀他们和科尔西拉的防守同盟;他们说,只要不与雅典盟友为敌,科林斯人尽可不受阻碍地扬帆四海。科林斯人绝望而去。他们一度稳操胜算的海上现在散布着100艘三桨座船的残骸和好几千海员、水兵的尸体——这是希腊人与希腊人、母邦和殖民城邦之间空前未有的最大海战的结果。由于聪明的预见和幸运的巧合,伯里克利取得了一次出色的战绩。雅典海军丝毫无损。假若战事再起,雅典在

---

① 修昔底德,1.45;普鲁塔克,《伯里克利传》,29;*GHI*,55。

西部不需畏惧任何对手。它在科尔西拉已有一反抗伯罗奔尼撒人的强大基地和进入意大利与西西里的跳板。①

伯里克利的胜利是冒着触发一次大战的危险而取得的。在科尔西拉要求结盟而雅典答允时，双方都已想到有此万一。科尔西拉坚持说它的舰队和基地对于反抗伯罗奔尼撒人很有用处，伯里克利则可能在那次起决定作用的第二天辩论中声称，他已看到伯罗奔尼撒战云密布，而雅典人民也被说得相信这样一次战争可能随时会发生。伯罗奔尼撒人的态度却与此不同。科林斯人曾指出，假若三十年和约的双方继续尊重各自的势力范围，战争的危险就很遥远。甚至在战争以后，当雅典从科尔西拉调回其舰队时，科林斯和它的盟友仍无所动作。斯巴达曾利用其影响使科尔西拉和科林斯不诉诸一战。它没有对雅典采取行动，甚至在战后好几个月中，它也是默然不动。伯罗奔尼撒人仍然据守着三十年和约的文句和精神。②

在夕波塔之战以后的12个月中，雅典颁布了两个使局势恶化的法令。当时它处于主动，时机也考虑得相当周到。其中之一是所谓的"麦加拉法案"，由伯里克利提出而于公元前432年夏天付诸实施，它加强了对麦加拉这个科尔西拉战争中科林斯盟邦的经济制裁。可能在公元前433年年末对麦加拉贸易已实行了一些限制和歧视性措施，但现在它进一步从雅典和雅典帝国的每一港口

---

① 修昔底德，1.46—54；D. S. 12.33.3—4；有关战役可参看 *JHS*，65，26。
② 修昔底德，1.33.3、36、44.2；普鲁塔克，《伯里克利传》，29；修昔底德，1.42.2、43.1—2。

和市场上被排斥了。① 第二个法令是对科林斯的殖民城邦波蒂代亚的一个最后通牒。波蒂代亚根据长期形成的传统,一直每年一度接受从其母邦科林斯派来的行政长官。雅典的这个通牒要求波蒂代亚在公元前433—前432年的冬天拆毁其滨海一面的防御工事,向雅典提交人质,斥免科林斯的行政长官并在以后不再接受。波蒂代亚人遣使到雅典请求再议有关事项,讨论一再延长。到当年夏天,雅典便秘密命令其派往马其顿的海军部队的司令官阿尔齐斯特拉图斯在波蒂代亚搜捕人质,夷平城市南面的防御工事。与此同时,对雅典人的计划已有所臆测的波蒂代亚人也派了使节到伯罗奔尼撒,他们在科林斯使节的支持下和斯巴达的吉罗西亚议事会和监察官达成了一个秘密协定:假若雅典进攻波蒂代亚,斯巴达就侵入阿提卡。

在这些谈判进行期间,波蒂代亚内陆却风云骤变,马其顿王帕尔狄卡斯已由于雅典支持与他争夺王位的两位对手腓力普和德尔达斯而与雅典疏远了。他的密谋牵涉更广:他力促斯巴达用斯巴达同盟反对雅典,要求科林斯煽动波蒂代亚起义,并促使卡尔西狄斯和波提亚艾的人民联合波蒂代亚掀起大规模的起义。在公元前432年夏天,当阿尔齐斯特拉图斯到达德尔马湾时,他发现波蒂代亚人、波提亚艾人和卡尔西狄斯人已经造反叛乱,卡尔西狄斯人已从沿海城镇疏散而移居靠近波蒂代亚的奥林修斯。只有30艘船和1 000名重装步兵的阿尔齐斯特拉图斯和腓力普、德尔达斯的

---

① 修昔底德,1.67.4;Ar. Ach. 515—539;*Pax*,609;*FGrH*,328 F 121(菲罗库汝斯);普鲁塔克,《伯里克利传》,30—31;D. S. 12.39.4。

部队会合,共同进攻帕尔狄卡斯,在得到第二支雅典部队增援后,就迫使帕尔迪卡斯跟雅典签订了盟约。同时,有2 000名"志愿人员"进入了波蒂代亚,其中部分是科林斯人、部分是伯罗奔尼撒雇佣兵。他们的司令官阿里斯提乌斯代表科林斯和波提亚艾、卡尔西狄斯各城邦缔结了一个秘密同盟。他随后被任命负责波蒂代亚和奥林修斯的联合防务。在公元前432年9月底,他的军队在这两城之间的地峡上被从北面围攻波蒂代亚的雅典军打败。波蒂代亚后来又在南面被雅典人筑墙围困,并被从海上封锁了。①

第三节 导致战争的各项谈判

一旦科林斯人知道了波蒂代亚的失败之后,他们便和他们的盟友在斯巴达掀起活动,谴责雅典侵略和由此而破坏了三十年条约,埃伊纳人同样派了秘密使节到斯巴达,控诉雅典没有尊重条约保证给予他们的自治权。斯巴达当局于是邀请所有城邦,无论和它结盟与否,来控诉雅典的所作所为。他们在斯巴达人民大会上召开了一次会议,科林斯、麦加拉和其他城邦的代表向与会公众发表谈话,谴责雅典的侵略,希望能激起斯巴达人投入行动。大会上也有一些雅典使节发言,他们来斯巴达是为了别的事情,但得到斯巴达当局允许前来参加会议。他们强调了雅典的反应力和实力,要求斯巴达不要用宣战撕毁条约,而应对通过调停解决任何纠纷

---

① 修昔底德.1.56—65、5.30.2;D.S.12.34、37;关于这些事件的年代是有争论的,可看修昔底德,2.2.1及本书附录5。

抱有信心。代表和使节们退席后,斯巴达人民大会讨论了这一问题,特别在其中有重大影响的是富有经验的斯巴达王阿尔齐达姆斯和强有力的监察官斯弟奈赖达斯。前者劝说民众把纠纷先诉之于停处,同时却要积极备战,因为如果打了起来这将是一场旷日持久的战争。后者则认为雅典已明显地进行侵略和破坏了条约,诸神将站在斯巴达一方,因斯巴达是恪尽对盟邦的义务和反击侵略者的。斯弟奈赖达斯于是把问题付诸表决,这次没用以"是"或"否"的呼声表决的惯例,而是让公民分站会场的两边。斯巴达公民绝大多数投票决定条约受到破坏、雅典犯有侵略之罪。表决结果告诉了各盟邦代表,并通知说斯巴达将召开全体盟邦大会。它的第一个行动依然是请示德尔斐神谕。神回答说:如果他们以全力作战则将得胜,无论他们是否向神请示,神将站在他们一边。①

虽然斯巴达公民并未表决宣战,他们却已经决意投入战争,只要同盟大会做出相应的宣战决议就行。导致做出这一决定的步骤是周到的。吉罗西亚议事会和监察官在波蒂代亚使节来请求支援时早已决定和雅典交战,其理由是雅典侵略成性故必须予以遏制。但他们并不能独断专行。斯巴达人民,还有同盟大会都必须就此自行裁度。因此吉罗西亚议事会和监察官把科林斯代表以及其他盟邦代表请到大会上说明原委,从而使斯巴达公众自发而起,一致主战。使得吉罗西亚议事会以及后来的人民大会做出这一决定的主要原因是惧怕雅典日益增大的势力,雅典的壮大不仅表现于其武备的增强,也表现于它对科尔西拉的支持,对麦加拉的压迫以及

---

① 修昔底德,1.67—87、118.3。

对波蒂代亚的最后通牒。通过这些活动雅典已打乱了海军的实力均势并威胁到斯巴达同盟的团结,而这种团结却是斯巴达在国际事务中力量的来源。雅典人这样做蓄谋已久,这是可从其三十年来的政策中明显看出的。斯弟奈赖达斯列举的其他理由——威信、宿怨、愤慨、正义感和对盟友的义务心等,也打动了斯巴达公民,但压倒一切的原因仍是恐惧——如果现在不进行一战则最后会被人打败。①

在公元前 432 年 10 月和 11 月,召开了同盟大会。在会前已预先向别人展开游说的科林斯代表团是最为激烈的。他们声称雅典想用侵略手段将伯罗奔尼撒城邦各个击破,从而将其统治加于所有城邦;他们呼吁各邦团结起来反抗侵略而实践德尔斐的神意。斯巴达人把问题提交表决,大多数投票主战。当战事在公元前 431 年开始时,斯巴达城邦和斯巴达同盟的成员都一致献身于他们中绝大多数人认为是捍卫自由和正义的事业。②

伯罗奔尼撒人利用冬季备战并对雅典展开了外交攻势。假若这一攻势得逞,战争可以避免;假若不行,他们就有更好的宣战理由。斯巴达作为斯巴达同盟的盟主,命令雅典驱逐阿尔克美奥尼德族人,因为雅典娜女神在基伦暴动被镇压后曾对这一族加以诅咒。伯里克利和这族关系密切。斯巴达人并不抱这样一来就会使伯里克利遭到放逐的奢望,但想借此破坏这个处处与斯巴达为敌的政治家的影响。雅典则做出了机敏的回报,它命令斯巴达撤除

---

① 修昔底德,1.23.6、88、118.2。
② 修昔底德,1.119—125.1。

两个神的"诅咒",其一是由于他们曾对避居波赛冬神殿的希洛人进行屠杀而受到波赛冬的诅咒,另一是由于波桑尼亚的死于雅典娜神殿而使他们受到雅典娜的诅咒。随后,斯巴达提出了防止战争的条款:取消麦加拉法令,解除波蒂代亚之围,恢复埃伊纳的自治。当雅典人拒绝按这些条件谈判时,三名斯巴达使节便代表斯巴达同盟提出了一个主要是着眼于宣传而非谈判的最后通牒:"斯巴达希望和平持续下去。如果你们愿意尊重希腊各国的独立,和平将会常在。"①

雅典人接到这个最后通牒后便召开人民大会来做最后决定。他们可以列举出伯罗奔尼撒人犯有侵略之罪的理由是科林斯人曾进攻夕波塔,科林斯曾怂恿波蒂代亚反叛,伯罗奔尼撒"志愿人员"在那里进行活动和最近的麦加拉人收容雅典逃亡奴隶等。但同时,雅典人也聪明地认识到这些行动都是他们自己招惹出来的。在大会上有些人劝说公众取消麦加拉法案,这是斯巴达曾暗示可以避免战争的条件。在那些力主趁机宣战的人中最有影响的是伯里克利。他并不为雅典过去不诉诸战争而足以改进其地位的种种活动辩护。他集中谈论斯巴达人当前咄咄逼人的气势,并像他一贯所做的那样坚持说,雅典绝不能对伯罗奔尼撒人让步。雅典曾把所有争论交付仲裁调停,现在也仍然这样;假若斯巴达拒绝,那么它应负挑起战争的责任。眼前若屈服于斯巴达的任何要求,必会招来更多的要求。另一条可走的路就是战争,而在战争中雅典对伯罗奔尼撒具有巨大的优势。由于信任伯里克利的智慧,雅典

---

① 修昔底德,1.126—139。

人民的大多数投票主战。他们中有些人可能真的相信斯巴达和斯巴达同盟是侵略者。他们中绝大多数人却都认识到只有粉碎斯巴达同盟(这是雅典在公元前461—前446年未成之事),雅典才能保住现在已经获得的财富并继续有所增加。对这样一个曾经剥夺许多城邦的自由并残酷惩处反抗者的国家来说,道义上的考虑已无足轻重。但是,仍有一小部分有影响的人士,他们人数虽少却坚持西蒙及其后继者梅莱西亚之子修昔底德的失败了的原则,他们的队伍随着战争的苦难将大大扩大。从一开始,雅典在精神上就不如斯巴达那么一致,而它的盟邦也是被迫从命而非出于自愿。①

雅典人民依照伯里克利所劝说的那样回复了斯巴达的最后通牒。雅典不能按斯巴达之命令行事,但是愿意依照三十年条约的规定将所有指控和争执交付调解。对这一回答没有任何回音,外交关系已经断绝。双方都在不安地等待着,直到第一次交战行动撕裂了和平。

第四节　伯里克利时期的雅典及其帝国

当同盟金库由提洛移至雅典之际,雅典同盟金融组织的一个新时代就开始了。在过去,同盟大会管理金库,但从公元前454—前453年冬以后,雅典就篡夺了管理权,而同盟大会作为金融上一个独立的机构既已不起作用,也就再也不召开了。此后雅典就成为一个帝国的金融首都。雅典人民大会不须与所谓的"盟邦"商议

---

① 修昔底德,1.139.3—144。

就可自行决定钱款如何支付，有时还借贷款给雅典城邦。雅典的五百人议事会以如下方式管理和核查每年的岁入。每一缴纳贡款的城邦将其钱款放入密封的容器内，外加漆印送至雅典，另一使者则带来类似的印章和标志。在雅典当着议事会成员的面验印启封，钱数由议事会的出纳官(apodektai)点清。贡金全部交给"希腊金库保管官"(这一职务还保留原同盟金库的头衔)，他们从贡金中拿出六十分之一的钱（一塔连特抽一明纳）给雅典娜的圣钱金库，它的司库称为女神金库管理官(tamiai)。这些转手事项都由30位城邦查账员(logistai)监督核查。账目通常都刻在木板上公布。但公元前454—前453年到公元前415—前414年的抽分账目是刻在石板上的，它们的许多断片流传了下来，被简略称为"抽分账目"或不太确切的"贡金表"。记录中可能缺了一年，不是公元前449—前448年，就是公元前447—前446年，但即使如此，也很难相信贡金会有一年停缴。因为雅典绝不会忘记每年进入其手的岁贡，更不消说会计的精确要求了。①

公元前454年之后，议事会评估了每一城邦应缴贡金的数额。它这样做是根据对各个城邦资源财源的考察，这种考察首先是在亚里斯提德领导下进行的。② 评估结果在泛雅典娜节正式公布，是时各邦代表都出席节庆会，每次评估可以在每四年一次的泛雅

---

① *GHI*,30(绪言)、51及*ATL*,2.46(卡列亚斯的第一道法令)；(X.)*Ath*,3.2及5；Telecides. *Fr* 42,见普鲁塔克,《伯里克利传》,16；*Poll*,8.97,*GHI*,30、38、46、56。

② 修昔底德,5.18.5；亚里士多德,《雅典政制》,23.5；普鲁塔克,《亚里斯提德传》,24。

典娜节期间继续有效。① 对于评估的不同意见可在雅典上诉,由一特别法庭或陪审法庭的专业组受理,必要时也可移交议事会审理。贡金由缴纳城邦自行征集,如果周围邻邦都很小时,可由一个城邦作为一组的代表(synteleia)负责有关事宜。这些事情的调整按议事会的决议办理。例如,在公元前453—前449年,刻尔隆尼苏斯代表刻尔索尼斯地区的一组城邦缴纳了18塔连特,但在日后当伯里克利在这些地方建立了移民地时,金额为适应各邦财源减少的情况而做了削减,每一邦各自按重新评估的数目缴纳。所有涉及贡金的案件,无论是由雅典官员提出还是由私人告密者(可能是纳贡城邦的一个公民)提出,都归雅典这个帝国总管来审判。

每年缴纳贡金的期限是在3月间雅典举行迪奥尼修斯节庆的那一天。随后就把已缴纳的城邦的名字和未缴纳者一并记下。在节庆会上,雅典青年每人抬着装有一塔连特银币的陶瓶列队游行他们的数目标志着扣除去年的支出后的贡金结余数。他们身后跟着一些雇用的随员,每人举着写有供做评估贡金数额的每一城邦资源的数字或表目。在节庆以后的夏天,每一欠交者都由雅典战舰去催索,这些战舰就被称为"贡金收集者"(argyrologoi)。②

雅典还从帝国各地索取其他钱款。它从叛乱城邦接受赔偿金,例如萨摩斯就付过赔款。它还收受各盟邦在雅典受审案件中

---

① 在 *GHI*,56 中,于公元前434—前433年,几个小城邦可能自估贡金数。而另一些国家则以个人名义登记缴付贡品,大概以托付或订约服役的形式进行注册。没有一定的专门条件和手续。

② Isoc,8.82.

判处的罚金以及没收的财产。从没收外邦土地中可收取地租,有时达到其产量的十分之一,例如加尔西斯的希波巴塔依的土地被没收后租给耕者时就收这种地租。雅典的殖民城邦,例如安菲波利斯,也向雅典缴纳钱款,但并不计入各盟邦贡金项内。战利品,包括俘虏卖为奴隶或赎取的钱款,也是一个很大的数目,在反波斯战争中特别多。在公元前434年以后,甚至在这一年以前,提洛的阿波罗和阿尔蒂美斯神庙基金就由雅典官员掌管,他们称为安菲克提翁,这些基金在雅典需要之时可能被挪用。①

古代史料曾提及雅典每年收入的具体数字。对"抽分账目"及其他有关财政的铭文的研究使一些学者对这些数字提出了疑问,但并不能推翻它们。整个说来,我们最好还是接受这些数字,同时我们也必须承认确实无法做到毫厘分明。从提洛转移到雅典的金额总数为8 000塔连特,等于二十三年贡金的结余,其中第一年估定数为460塔连特,另加上日后历次战争的缴获。②这笔钱款(日后实际上被纳入雅典的国家储备)构成雅典在伯里克利时期储藏于卫城上的、历史上空前的9 700塔连特巨款的大部分,它大约是在三十年和约缔结那年凑齐的。雅典政府曾从这笔储备中借支几次,可能在公元前434年偿还3 000塔连特。到公元前431年储备金有6 000塔连特;因为建造卫城门厅用了2 012塔连特(可能

---

① 修昔底德,4.108.1(安菲波利斯);有关战利品可看普鲁塔克,《西蒙传》,9;13.6;《伯里克利传》,9;D.S,11.88.2;修昔底德2.13.4(参看 D.S.12.40.2)提到从波斯军获得的战利品中抽出奉献诸神(大约抽全数十分之一)及举行节庆费用的总数是500塔连特;修昔底德6.62,提到四种卖俘虏为奴的价格;GHI,53 和 IG,i² 365 中的"从作战所得"钱款可能指战利品的结余;GHI,54。

② D.S.12.38.2.可能引用了厄弗鲁斯的记载,这大概是引用错了。

还包括帕台农神庙在内的其他建筑物),另有1 000塔连特左右用于波蒂代亚之围的初次战役。从公元前454年以后,每年贡金总数将近400塔连特,但这不是帝国收入的唯一来源;而在公元前431年从全"同盟"收集的收入总数则是每年600塔连特。按当时物价计,一塔连特在公元前483年可购一艘三桨座船的船身,在公元前5世纪中期,一艘用于作战的三桨座船则大约需费三塔连特。①

雅典作为帝国领袖需支领钱款用于以下各项事务:建造和维持战舰与防御工事,支付军旅和官员的薪饷,抚养在迪奥尼修斯节参加游行的阵亡将士的孤儿。在和平时期,收入抵销这些开支以后仍绰绰有余,但在规模很大而无利可图的战争中就没有多余了。当伯里克利在世之际,雅典人无论作为一个民族或作为个人都从帝国开支的财源中获得很大好处。政府机构的花销、舰队和防务、神庙和宗教节庆等无不主要仰赖帝国的岁入和积蓄。雅典城邦确实也还有其他收入,例如出租劳立昂银矿和阿提卡的圣田,向定居的外邦人收税,向取得雅典公民权的非雅典人收款,以及对奴隶买

---

① 修昔底德,2.13.3(对希腊人来说,这一文献比之 Schot. Ar. *Pl.* 1193 中条文所记的数字是较高的)。9700 这个数字见于其他地方;Isoc. 15. 234(公元前 436 年)10 000 塔连特,见于伯里克利执政期间的文字中;Isoc. 8. 126"没有神庙" 8 000 塔连特,当伯里克利执政时期末("神庙"似乎另见于 15. 234);D. 3. 24〔D.〕13. 26 和见于后来的作家们的笔下的最常见的数字 10 000 塔连特,如 D. S. 12. 40. 2、12. 54. 3、13. 21. 3。这些数字与 Athenian Tribute Lists 3. 118 以下中的不一致。那里记从提洛转移走的是约 5 000 塔连特,最大的数字从没接近 9 700 塔连特。关于建卫城门厅等的费用事见 Harp 和 Said. S. V. , D. S. 12. 40. 2 和 *SEG*, 10. 257(雅典帕台农神庙用款约 700 塔连特)。从这些基金中抽出的借款可能有利息(*GHI*, 54, 64;参见修昔底德,2. 13. 5 末段)。

卖、进口货物和其他一些买卖抽税等。但伯里克利并未把这些国内收入包括在他于公元前431年总计的雅典财政资源之内,而阿里斯托芬在公元前422年也把它们看得远不如帝国收入那样重要;但它们可能每年有400塔连特。作为个人,雅典的第三级和第四级公民有机会在海外当军事移民而获得优良的耕地,他们的军事装备是由国家供给的。在国内,甚至在公元前440年以前,享受国家公职津贴和军饷的公民就有20 000人,他们有的是全年,更多的是在一年中有部分时间支领薪饷,而这些钱皆由帝国岁入和对非公民收税来提供。一年中有八个月,60艘三桨座船的水手总数约10 000人要支领薪饷,另外还有700名雅典军官和数目不等的海外驻军。在国内,有6 000名陪审员,500名议事会成员,550名卫队,700名国家官吏和一支包括射手、骑兵、海军卫队的常备军也要支领薪饷。此外,在建造帕台农神庙和卫城门厅的工程(公元前447年—前432年)中,在造船厂和手工作坊中,也容易找到就业机会,因此在雅典和阿提卡对日益增多的外邦人和奴隶都有充分吸收的余地。在这个时期中,雅典公民不向国家缴直接税,而在日后比较萧条时期则寄希望于帝国的扩张来取得更富裕的收益。①

　　帝国之内的附属城邦总数约有300个。在公元前454—前431年,约180个城邦被登录于"抽分账目"中,其中有一些是作为一组城邦的代表或领头而付款的。在公元前425年,当黑海的本

---

① 修昔底德,2.13.3;Ar.V.656以下、706以下;X.An.7.1.27(400塔连特);亚里士多德,《雅典政制》,24.3;普鲁塔克,《伯里克利传》,11—12;〔X〕Ath 1.19;修昔底德,6.24.3。

都地区加入以后,有300个以上的城邦被提到是向雅典纳贡的。为了简化计算手续,各城邦按地区分组列表,有爱奥尼亚、赫勒斯滂、色雷斯、卡利亚、爱琴诸岛,到公元前425年又有本都和阿克泰等地区,最后一个地区是指列斯堡岛对面大陆迤北赫勒斯滂海峡口一带。各城邦大小不一,利益和亲近的程度也不同;它们和雅典的政治、法律、商业关系是各自分别缔约决定的。列斯堡和奇奥斯仍提供船只,按它们自己的宪法调节有关事务,并保持了在大陆上的土地财产。遥远的城邦,例如法塞利斯,缴纳贡金并在商业方面得到优待,可能在其他方面也有所优待。一般而言,雅典对小亚细亚各邦比较温和,除非它们叛离而投靠邻近的波斯人。在它们的领土上没有雅典的军事移民,贡金的比率也比其他地区为低。雅典对爱琴诸岛统治甚严,这里是帝国的中心,而在爱琴海北岸一带又是雅典取得造船木材和贵金属的主要来源。①

帝国的存在,使各附属城邦获得相当大的利益。它们受到保护免遭波斯和海盗的侵扰,在和平时期它们的商业贸易得以繁荣兴旺。在和平盛世,雅典放松了对货币的控制,例如,允许塔索斯和萨摩斯自铸银币,并让萨摩斯收回了它在大陆上的一些土地。但在绝大多数希腊城邦看来,经济利益远没有政治独立重要。伯里克利强调雅典在文化上高踞各邦的领导地位——所谓雅典是"希腊的学府"。盟邦的代表们都参加迪奥尼修斯节和其他节庆会,并参观卫城上辉煌的神庙。但他们的赞赏由于本身遭受的屈

---

① Ar.V.707夸张的说法讲到附属国家的数字为1 000个;*GHI*,46;66;亚里士多德,《雅典政制》,24.2.,*GHI*,32。

辱而黯然失色。对雅典的主要谴责是说它已成为一大霸主,凭借暴力统治其他城邦而剥夺了它们的自治自主之权。附属各邦的公民愤愤不满,雅典的支持民主政体、鼓励告密、搞效忠宣誓、把谋杀案和政治案件移交雅典法庭审理,更不消说那些派驻军队、委员和索取人质等非常措施了。作为盟邦国家,它们还要按规定份额在泛雅典娜节向雅典娜女神献供礼,以及在埃琉西斯向德米特女神献供。它们的公民在进入雅典时要缴税,在被迫到雅典法庭打官司之前要交一笔押金,而这押金往往不能收回。伯里克利对盟邦敌视雅典一事不存幻想。要雅典放松它的控制已为时太晚。①

随着帝国的发展,雅典不仅成为爱琴地区的政治中心,也是它的商业中心,因而也是东西方贸易的主要市场,西西里、意大利、塞浦路斯、埃及、吕底亚、本都和伯罗奔尼撒的货物皆汇聚到它这里来。雅典国家管制了造船木材、铁、铜和锡的交易,这些是和军备有关的物资,其他则自由贸易,无所限制,发展也就很快。在公元前446—前431年,整个地中海地区太平无事,希腊商货到处畅销,需求甚殷。雅典无论在国家和私人财富方面,都达到了足可和青铜时代的两个巨大中心克诺索斯和迈锡尼极盛时媲美的地步,并远远超过它当代的希腊同侪。②

在伯里克利的精明治理之下,国家财富储备甚多。公职薪饷、城邦节庆、公共建筑等的开支远低于财政岁入之数,而公民中的贫穷阶级从法庭和舰队服务所得也只是微薄的薪金。私人财富的积

---

① 修昔底德,2.41.1 和 3;IG,i^2 66;〔X.〕Ath.1.14、16、17;Ar.V.659。
② 〔X.〕Ath.2.7;2.11;D.S.12.26;修昔底德,1.80.3、2.38.2、2.64.3。

累在贵族家庭和"新贵"中最为显著,前者在阿提卡拥有优质的耕地,并有资本高利率的投资,后者则专营商业、矿业和承包工程等投机生意。从这一最富有阶级中征集了 1 000 名骑士和 400 名三桨座船司令官,以及其他的不拿薪饷的公职官员——"lei tourgiai"。具有更大意义的是三级公民或牛轭级这一中间阶级的发展壮大,它们在公元前 431 年提供了大约 23 000 名重装步兵,而在公元前490 年则只有 10 000 名。在他们中主要的有阿提卡乡村的小农——小土地所有者,例如阿卡奈村社的成员就是这类人,他们中曾提供了 3 000 名重装步兵,其中有的仍定居于农村,有的则在雅典和比雷埃夫斯做小买卖;此外同样重要的还有商店、旅店和作坊的小业主、高级手工艺人、造船工匠、瓦工、建筑师、铁匠等。再下一级,即第四级的公民在公元前 455—前 444 年约有 14 240 人,这是根据免费粮发放时所得的数字;假若发放界限是算在第三级和第四级之间,那么第四级在公元前 431 年时应不超过 16 000 人。他们有很多机会从国家挣得微薄的薪金,同时还从事做小贩、采橄榄、割麦、摆渡、捕鱼等零活儿。① 他们很少用固定的工作获得补充收入。

上层和中间各阶级靠一大批富有的外邦人而得以扩大军队,这批外邦人提供了 6 000 名重装步兵。这些定居的外邦人不能在阿提卡拥有土地,他们要缴外邦人税(逃税的罚为奴隶),没有政治权利。但在经济和社会生活方面他们享有和公民平等的机会,并

---

① 修昔底德,2.13.6、19.2、20.4(3000 这个数字可能不可靠,但它可能是"国家大部分");31.2;〔X.〕*Ath*.1.4;*FGrH*,328 F 119(菲罗库汝斯);普鲁塔克,《伯里克利传》,37。

被看作城邦社会的一个重要部分。他们中不少人为雅典带来大量财富,而他们中大多数是从事手工业和海外贸易,很有利于雅典贸易的发展。也有些外邦人并不富有,其中大约有 3 000 人服役于舰队之中。此外还有一批流动的外邦人口,希腊人和非希腊人都有,他们作为"盟邦人"、商人、海员等访问雅典。①

随着城邦的繁荣,奴隶数目也成比例地日益增加。奴隶被用于技术性的和非技术性的劳动中,并且作为私有财产可当作投资牟利的一个对象,可以从他们挣的工钱(apophora)中剥夺一部分充当回收利息。劳立昂银矿是用奴隶开采的。例如,富豪尼西亚斯就拥有 1 000 名奴隶,他把他们租给一个色雷斯监工而得到每人一奥波尔的赚头。奴隶用于家务、农业、技巧工艺和各种粗工杂活儿。国家也拥有奴隶,他们被用作警察、文书、职员、信使、差役等。除了矿场(雅典和其他地方的矿场一样,奴隶生活条件极差)而外,对待奴隶一般而言是人道的。奴隶也有合法的权利,从衣着上看不出多大差别,和公民、外邦人等自由民一道劳动。但是,假若他要出庭做证,他必须先遭一顿笞打。希腊人很少做奴隶;在公元前 414 年间,一个外邦人在雅典的家庭拥有 16 个奴隶,他们来自色雷斯、科尔齐斯、吕底亚、卡利亚、叙利亚、伊利里亚、西徐亚和马尔他岛。解放奴隶并不罕见,被释奴隶(apeleutheroi)也不遭到隔离。逃亡奴隶也很普遍。卫城之加固防卫就是为了不让逃亡奴

---

① 修昔底德,2.31.2 提到重装步兵与外邦人军队的比率;Ar. Ach. 508;〔X.〕Ath. I. 12。

隶轻易得以求神庇护,①而雅典对麦加拉的责难之一就是它曾窝藏雅典逃奴。在狄开利亚战役中,20 000名雅典奴隶逃亡,其中多是有技艺的工匠。在阿提卡的奴隶大约在20万名之数,包括成年男、女及小孩儿,这数目大致相当于拉哥尼亚和美塞尼亚的农奴人口。②

阿提卡的全部人口在公元前431年大约有40万,雅典人约16.8万,定居外邦人约30 000,非定居外邦人2 000,奴隶则为20万。在雅典人中大约有4 000名属于最上层的一、二级,10万名属于中间阶级,即第三等级,64 000人属于下层阶级,即第四等级。城邦的财富以及外邦人和奴隶的劳作使得公民们可以有很多时间从事城邦公务,而不至于严重影响雅典的生产能力和商业繁荣,和平时期与战争时期都一样。公民们仍深深地和他们祖籍所在的村社有联系,他们在这里埋葬死者,举行家族祭祀与崇拜,富人则在自己村社中大兴土木以荣宗耀祖。公民中约有一半以上生活在雅典和比雷埃夫斯港这两个城区之外,而城里和港口则是所有外邦人和大约一半奴隶人口所居之处。假若拿斯巴达和其他内陆城邦相比,则雅典城确实不小,而公民人口的规模和全部人口的众多也是罕见的。就这一点而论,雅典已大大超出那种一国之内人人相熟的城邦的限度。为了制止这种进展,伯里克利限制公民权,只让

---

① 按希腊习俗,进入神庙或神殿、神域之内的人有求神庇护之权,奴隶逃亡进入神庙主人即不得搜捕。

② 〔X.〕 *Ath.* 1.10—12;18;X. *Vect.* 4.15;*GHI*,79;*IG*,i²44;修昔底德,1.139.2、7.27.5。重装步兵和水兵都有奴隶随从,参看波桑尼亚,1.29.3、32.3(马拉松);修昔底德,3.17.4;〔X.〕 *Ath.* 1.19。戈姆,《雅典人口》认为奴隶总数为115 000人。

双亲都是雅典人的才得为雅典公民,并把相当数目的公民作为移民派赴海外。①

繁荣兴旺是雅典民主政治取得成功的最好标志。甚至一个敌对的批评家,所谓"老寡头",在他的小册子中也承认民主政治在理论和实践上都有其颠扑不破的地位(这本小册子可能写于公元前431—前430年)。社会中较贫困的成员掌握着舰队并控制着帝国,他们是雅典的实力和繁荣的主要依靠,他们左右着国家的政策。在实现使人民成为国家之主、使雅典成为盟邦之主这两大目的上,民主制度的设计大可赞赏。长期的经验使民主政府运转自如,成效辉煌。五百人议事会每年换一次并且由抽签选任,能够处理头绪纷繁的众多政务:为人民大会准备议事日程;对所有行政官吏进行考查、指导和预先听检;管理国家财政、建筑、节庆、堤岸码头、海军和陆军设施;挑选公民担任社会公务;评估和收集贡金;在战时则对军事外交的紧急事项做出预备决议。② 他们以全会或委员会的形式进行工作,有各种行政官员和一个精干的秘书班子协助。在国内和海外共有1 400名行政官吏,绝大部分也是每年一换,并用抽签法选出,他们在一个相当广泛复杂的领域里执行着各种具体的行政任务。他们经常以委员会形式工作,但每人在离职时都要为任职时的行为负责并接受当局的审查。6 000名陪审员用抽签选出,一般都常年出席法庭,审理雅典人和盟邦人提出的种类繁多的案件。因此,雅典公民拥有相当丰富的行政和司法公务

---

① 修昔底德,2.14—16、65.2、1.80.3、8.66.3;普鲁塔克,《伯里克利传》,11.5。
② 〔X.〕Ath.,1.1—2、3.1—6、3.9。

的经验，那是古代和现代的任何国家都不能相比的。更有甚者，这个通过抽签、公职的轮换和取消了财产资格（除个别行政官职而外）的经验，已普及于公民社会的所有阶级。

正是这一广泛而日积月累的经验使得人民大会能够对战争、和平、国内外的各方面的政策实行确实的控制。有关提出议案、讨论决议和审理政治案件等的议程都有严格的规定。做出某些重大决议的最低人数是 6 000 人，执行主席——按抽签选出每天一人的议事会主席团的成员——若认为出席人数太少不足就重大问题进行投票时，可自行宣布休会或延期。人民大会中的公民一般都担任过诸如议事会员、陪审员、行政官等公职，并亲自到海外当过长官、兵士或水手。他们熟悉政务和领导人的特性。他们能把雅典提高到公元前 431 年时那样繁荣富强的水平，这证明了他们政治上的明智与机敏。

在这一民主制度中有一明显的破格之事。实际上那些最负责的行政长官都是由出身贵族的知名人士担任，军事官员用直接选举法产生，财政官员则限于最富有阶级的成员；更有甚者，这方面没有限制连选连任。这些破格使得政治家能够树立个人威信并对人民实行领导。在一切官职中最重要者——将军，最初用代表制原则予以限制，即十名将军应各由其部落选出，组成十将军会议。但伯里克利的至高的声望使得人民修改了这一原则。当其余九名将军仍由各自部落选出时（其中有一部落缺额），第十将军却由全国人民选举因而成为当年最杰出之人。伯里克利多次享有这一公众拥戴的荣衔，最后一次竟达十五年之久。他一次又一次地被委任执行特殊任务，例如管理帝国金库和雅典娜巨像基金、对萨摩斯

331

作战的全军总司令、代表国家发表葬仪演说等。①

伯里克利极孚众望的领导使雅典人的政策稳定而一贯。他在他们胜利时戒其骄躁，在逆境时鼓其意志。他对自己的地位充满信心，敢于遏制他们的任性和控制他们的激情，行事决策唯依自己的爱国心、正义感和意志力而独立自持。他的威信如此之高以至于危机之时他实际统治着城邦。他的统治达到这种程度，似乎"民主"——这个多数人当家做主的政治也形同虚设了。② 在这方面他并非独一无二。在他之前，有地米斯托克利和西蒙，在他之后有德谟斯提尼和吕库古，都以他们的意志主宰了雅典人并赢得他们的顺从。他们几个人都是被人民自由选出的，而且，如有必要，也是自由地被罢免的，人民对他们的顺从也是自愿的。伯里克利所以能保持领导达这么多年之久，实有赖于他个人的品德和雅典人民的坚定，这种坚定又是和中间阶级在城邦中居统治地位和普遍繁荣带来的生活条件的安适分不开的。他的最亲密的朋友和顾问却不能从人民中得到这样的尊敬。他们被戏称为新庇西特拉代。达蒙遭陶片放逐；阿那克萨戈拉斯以不敬神受责难，菲迪亚斯以盗用公款负咎，两人都逃离雅典。他们的丢脸并没影响伯里克利在大战爆发前几年的地位。在公元前431年时，他正站在人民拥戴的极顶。③

---

① 普鲁塔克，《伯里克利传》，16；D. S. 12. 38. 2；FGrH，328 F 121（菲罗库汝斯）；普鲁塔克，《伯里克利传》，8；修昔底德，2. 34. 6。见 StGH，372 以下。
② 修昔底德，2. 65. 8—9。
③ 普鲁塔克，《伯里克利传》，18；31—32；亚里士多德，《雅典政制》，27. 4；D. S. 12. 38—39；FGrH，328 F 121；有人把对阿那克萨戈拉斯和菲迪亚斯的审判放在公元前430年。

伯里克利的影响不仅来自他的行政才干,也来自他的政治理想。公元前430年春,他被选在伯罗奔尼撒战争头一年阵亡的将士葬仪上发表演说。在沉默致哀的雅典公众面前,他谈到雅典的伟大。它的宪法不是为保持某一阶级的特权而设,而是让所有公民在法庭上和国家管理方面有平等的权利。它的原则是避免偏见。对人的评价是看他的品德而不是看他的境遇。言论、思想和教育的自由是普遍享有的。因为从个人和社会的自由中才能滋长真正的幸福、独立和勇毅。一个自由的社会能自制而又自觉。它尊重它选出的官员,遵守它制定的法律并敬守那不成文的荣誉之法。在行政管理上民主政府信任普通公民的良知,它行事前先做讨论,执行也根据人民的意志。在外交关系方面民主政治没有任何壁障。它向世界一切思想开放,因为它相信人民的精神力量,他们爱好美丽而不至于奢侈,他们追求知识而不至于柔弱。在雅典公民身上,智慧与行动、深思与勇毅、私人利益与公共责任是和谐一致的,正是从他的丰富性中诞生出雅典文明丰富多彩的成果。这些就是伯里克利引导他的同胞目光所向的理想。只要他们看看城市本身,他们心中就会充满对它的热爱。生活的最大荣光就是为自己的城邦服务,为它而死是最值得的。[①]

[①] 修昔底德,2.34—46;参见 E. *Suppl*. 404。

第三章 艺术、文学与思想
（公元前 466—前 431 年）

在公元前 5 世纪中期三十余年间，希腊文明在志趣爱好上和是非判断上达到的自信程度，在智力发展方面勇于进取的精神，都是后人难以企及的。这是一个充满信心的时代，它的信心基于希腊人对各蛮族的胜利，基于地中海地区的实力均势，也基于日益增长的物质财富。这是一个宗教信仰的时代，特别是在希腊本土各城邦中，地方信仰根深蒂固，泛希腊崇拜的中心也遍布各方。这是一个理智启蒙的时代，启蒙之花先由爱奥尼亚人的思辨播其种，继而由和平繁荣时期的思想交流为它的加速成长提供了有利条件。在数以百计的城邦中，希腊天才极其丰富多彩地发展成长起来。每个城邦都有自己的特色，都对自己的制度充满信心，它产生的天才表现在可和欧洲的大教堂媲美的神庙建筑，表现在认为宇宙起源于原子相互作用的学说，表现在与莎士比亚同样富于诗意的戏剧，也表现在艺术、思想、政治各方面的试验，从初步的探索一直到达逻辑的结论。

在这个时代，大艺术家也和大思想家一样，彼此互相影响；像阿尔戈斯的波利克里特和雅典的菲迪亚斯这样的艺术大师，在希腊艺术中是具有全民族的普遍意义的。在波利克里特的青铜雕像中,伯罗奔尼撒学派强劲有力的传统风格被用于表现胜利的运动员的形象,他们不是取活动的姿态而专重宁静安详。持矛者像(一个拿着标枪的青年人的雕像)的雄武有力的体态是以其一足支持体重、一足自然放松的柔顺舒展的突出形象而令人难忘的。他的亚马孙女雕像和少年运动员像,各自都取左臂倚靠在短柱上的姿态,是静态的完美体格的绝妙典范。在这三尊雕像中,都有一种超越日常生活琐事的沉静与安稳的神情。波利克里特写了一篇论文,专门分析人体比例和雕像构图的法则,但他的门徒始终未能达到那种强劲与放松、雄健与轻柔、体格的完美与精神的优雅之间的和谐平衡,而这些和谐平衡正是他对于男性英雄的理想表现的主要标志。①

虽然波利克里特在阿尔戈斯的赫拉神庙雕刻了一尊著名的黄金象牙赫拉像,但菲迪亚斯却是公认的雕刻神像的最伟大的艺术家。他的杰作是几尊极大的巨像,高 30 或 40 英尺,置于神殿中供人礼拜:奥林匹亚的黄金象牙宙斯巨像,卫城上的雅典娜守护主青铜像,以及帕台农庙中的黄金象牙雅典娜贞女像(帕台农意即贞女)。这些雕像的威严堂皇,特别是其中那两尊黄金象牙像的超凡入圣,我们主要是从后来的作家的记载中得知一二,他们都认为在这些雕像中可看到神性的最高表现。菲迪亚斯的宙斯像被形容为把神表现得像"和平的神,当希腊万众一心而不为内战分裂时的希腊各族的保卫者,无处不在的天父,人类的佑主和救星"。雕像的雄伟使得人们对神的头部产生了如下的印象:"仿佛真神在此。"雅

---

① Lichter, *Sc*, 图 645—649、655 图; *Vorsokr*. 40。

典娜守护主青铜像,是竖立在卫城的山坡上的,它的长矛尖头和头盔可以被萨隆尼克湾上的水手看见,它表现雅典娜女神威风凛凛地作为城邦的守护主昂然而立,就像女神曾亲临马拉松战场那样地抵挡任何敌人的攻击。雅典娜贞女像则竖立在帕台农庙的大厅深处,在她手上站着胜利女神,她正在接受她的公民和盟邦的供奉和祈祷。这些无可比拟的雕像在以后好几百年都始终是希腊人的主神和雅典女神最完美的表现。[①]

这个时代最完美的神庙是献给奥林匹亚的宙斯神和雅典的雅典娜的。多利亚柱式的肃穆雄伟较之秀美绮丽的爱奥尼亚柱式,无论在伯罗奔尼撒还是在雅典都更符合于这个时代的艺术和宗教感情。奥林匹亚的宙斯神庙是在公元前468—前456年用本地的砾岩修筑成的,表面涂以白垩,形制取正规的环柱廊式,前后门面六根柱,两侧各13根柱。柱子立于其上的基石分为三阶。全庙面积,按最低一阶基石算,几乎有100英尺宽和220英尺长,庙原高60英尺,而且是建筑在一个较高的平台地基之上,可能在圣域内形成了极为显著的凌驾一切之势。于今该庙已荡然无存,对它的比例尺寸已无法探寻,但它的精美仍可从山墙和间板的大理石雕刻残片上窥知一斑。

在东面山墙上(这是庙宇主要入口处之上的山墙),表现着伯罗普斯与奥诺冒斯准备车赛的情景,宙斯神无上威严地站在中央。西面山墙则表现在培里图斯和希波达美亚婚礼宴会上的拉皮斯人与山道族的搏斗,阿波罗神亲临战场主持正义。12块间板表现多

[①] D. Chr. 12.74;波桑尼亚,5.11、1.28、24.5;昆体良,《修辞学教程》,12.10.9。

利亚人的英雄赫拉克勒斯的劳作。西面山墙的雕刻辉煌地表现了强力与勇猛的动作,那里的人物都处在生死搏斗之中,在间板的雕刻中也可见到同样高超的表现,例如其中一只粗颈强腱的牡牛的形象;但东面山墙的雕刻在布局上过于对称,在表现雄伟与庄重的结合上也过于呆板。每个人物形象都雕刻极精,气态雄伟,刀法简练,同时有些细部也表现得很美妙,例如那穿着厚重的多利亚大褂的雅典娜女神的形象。这些雕刻不愧为菲迪亚斯雕刻的先驱,正如奥林匹亚宙斯庙在建筑上是帕台农的先驱。①

菲迪亚斯最伟大的雕像只靠后人记述才为我们所知,但他的风格精神却可从帕台农庙的大理石雕刻上为我们所见到,这些雕刻是在他指导下由一批雕刻家于公元前447—前433年制作的。两个山墙雕刻现存已寥寥无几,原是表现雅典娜的诞生和雅典娜与波赛冬争夺阿提卡的故事;各个间板表现神和巨人的战斗,以及雅典人和亚马孙人,拉皮斯人和山道族之战和特洛伊的陷落;爱奥尼亚式的彩带则表现雅典人民在泛雅典娜节的游行以及诸神的参与这一盛典。这里是将过去与现在结合起来,共同称颂雅典娜的荣耀。这些题材的构图把动与静结合得很好,透视方面有惊人的技巧,刻制刀法又奔放而大胆。另一方面,构图的宏伟绝不为任何细部的精致而受到削弱,这些细部在表现精确上简直达到了最高可能的程度,例如在彩带浮雕中对于马匹的皮毛和肌肉的刻画。人物衣褶的表现专重线条的流畅,在骑马人的衣褶上线条走如游

---

① 波桑尼亚,5.10;Lichter,Sc,图390—393、414、355、66、115、2、113—114、163、191、319。

龙,而在静坐的命运女神的衣褶上则凝重而从容。若拿它们和其他雕刻相比,那么奥林匹亚的雕刻就失之于静止,而另外一些作品就只能说是抓住了一个动作而非行动的延续。在这个无论就题材、姿态还是细部看都是极其丰富的大作中(彩带环绕全庙,长达523英尺),人们能感到一种明显的统一,它得力于菲迪亚斯艺术风格的"高大宏伟与精细确切"的特色,也来自各位艺术家自己对城邦的雅典娜女神的敬爱,而帕台农庙就是奉献给她的。①

帕台农,它的名称来源于竖立着雅典娜贞女像的神殿,是由伊克蒂诺和卡利克拉特设计而于公元前447—前438年建成的,雕刻则在随后数年完成。这庙建于石灰石的平台之上,巍然俯视卫城和雅典全城,就像今日所见的情况一样,游人乘船一进入阿提卡海面或走过一个山口进入中央平原就会为它所吸引。建造神庙所用的彭提利山大理石,虽然于今已不如当年那样光洁,在阳光下依然光彩照人,在月光下则莹润柔和,因此,它的这种容光焕发的特点已多少冲淡、缓和了多利亚柱式固有的沉重感。神庙建筑上的彩色现在早已不见,只在少许石面上依稀可察其痕迹,原来却起着丰富视觉印象和区分建筑细部的作用。在柱廊上。这些色彩不施于柱冠以下部位,唯以金、赤、青蓝三色饰于檐部的环缘、三椴板和额坊线脚等建筑细部上,彩色也施于间板上的精巧浮雕和山墙上的宏大雕像,使它们更为富丽。在刻于柱廊内壁因而不太显眼的表现泛雅典娜游行的彩带浮雕上,人物形象施以彩色,背景则涂以

---

① 波桑尼亚,1.24.5;普鲁塔克,《伯里克利传》,13;Demetr. *Eloc*. 14. Lichter, *Sc*, 图394—396、69—71、91、292、351、622(山间)、415—416、105、131、192(间墙)、486、488—489、356、291、247(中楣)。

青蓝。

由于年代久远,这神庙建筑的许多精美细部已不能为我们所见,然而即使如此,它的宏伟仍给人极其深刻的印象。它的规模庞大,长达237英尺,宽达110英尺(按基石最低阶算),这一庞大的规模却被它的各种比例关系和谐地包容起来,令人觉得大而不显。它设计的精审入微可用以下一些细心斟酌之处来说明:它注意到对这高大建筑物要尽量避免任何视觉上的垂悬倾危的错觉,并用人们对曲线的直观爱好来弥补直线的呆板。基石上层阶段的表面有一凸起的曲线,在两侧为 $4\frac{5}{16}$ 英寸,两端为 $2\frac{3}{8}$ 英寸,这一曲线也运用到基石下层各阶、庙的地基和檐部、檐边、山墙等之上。各柱也向内倾斜 $2\frac{3}{8}$ 英寸,墙的外部表面也以同样比例内倾;同样地,建筑的上层结构也有轻微的内倾或前倾。逐渐向上缩小的柱子也不是直线而是微凸的曲线,最大凸起处是 $\frac{11}{16}$ 英寸。上举几点不过是使得这一建筑成为世界最著名最完美建筑物的超凡设计与精深技艺的少许例子而已。①

卫城的门厅由木尼西克利斯设计,于公元前437年开始兴建,但一直未完工。它和帕台农同样用彭提利山的大理石建造,配上木制的门和梁,有些地方为节省木材也间或使用埃琉西斯产的黑石灰石。门厅扼制着卫城的唯一进口。大道不分阶而取斜坡式,以便于游行队伍的彩车行驶。大道穿过的中央大门高24英尺,宽

---

① Vitr. 3. 3. 13、3. 4. 13。

约13英尺,在它的两边还有两个较小的门道开于厅中大墙之上。和这两个门道相连的基石砌成四阶,上有三个多利亚式柱子,它们支撑着外面的或西面的檐部结构,组成门厅的外部门面。在门厅内,又有五个台阶引向这两个较小的门洞。由于外廊进深较大,门厅的大理石屋顶还用六根爱奥尼亚式柱子支撑,沿中央大道每边三根,立于道边的基石上。进门以后的内廊进深较浅,就不再用爱奥尼亚柱子,而是和外廊门面一样每边用三根多利亚柱子组成东门面。这内廊的白大理石天花板一气呵成,被誉为"无论就石料的庞大和雕饰的精美都属无与伦比"。门厅的西面两边原有厢房拱卫,但原设计始终未能完工。即使在今天这样残破的情况下,门厅看来仍不失为雄伟宽敞的入口,在其中多利亚柱式的强力和爱奥尼亚柱式的秀丽和谐地结合在一起。它给人总的印象是那样威严壮伟,以至于人们往往忽略了它在利用地形方面的巧妙和它的可跟帕台农庙比美的技艺的精审。①

公元前449—前432年,有四座由佚名建筑家设计的大理石神庙建造起来,它们是在市场(阿戈拉)西面山丘上的奉献给雅典娜和赫伏斯托斯的神庙、市场中的奉献给阿雷斯的神庙、苏尼昂海角上供献于波赛冬的神庙和在拉木努斯的奉献于涅美西斯的神庙。这四座神庙在设计上有一些共同的特色,例如两侧第三柱与殿堂两边墙的端柱对齐等。这些庙宇建筑无一可与帕台农庙门厅相比,但它们也同样是属于建筑设计和工艺的最上乘的作品。赫伏斯托斯神庙通过近年对市场的发掘而恢复了它的壮伟与秀美,

---

① 波桑尼亚,1.22.4。

而在过去一度是"林木葱郁,海浪汹涌"的苏尼昂海角之巅巍然独立的古庙柱廊遗迹,仍然对每一个进入萨隆尼克湾前往雅典的水手深致欢迎之意。①

在奥林匹亚和帕台农庙的一些间板浮雕上,建筑师选择了希腊宗教中家喻户晓的题材。这些题材也被第一个希腊大画家,塔索斯的波利格诺特选作他的画题,他的壁画曾被波桑尼亚在雅典、普拉提亚、德尔斐等地观赏过,它们表现了《伊里亚特》到《奥德赛》的各种故事场面。他用色只限于白、红、赭、黑四种,少施晕染而长于动作与表情。根据亚里士多德的意见,波利格诺特在绘画上和索福克勒斯在戏剧上都是把人表现得高于实际;而在雕像中波利克里特也可说是和他们同样的。②

希腊人是如此普遍地对英雄事迹感兴趣,并对他们国土上许多城邦共有的特色深为珍爱,因此在希腊撰写的第一部伟大历史就以这两者作为主题。哈里卡尔纳苏斯的希罗多德写了一部波斯战争的历史,其中就把希腊文化和其他非希腊世界的文化对立看待而强调其区别。希罗多德生于希腊人和亚洲人交往密切的小亚细亚海岸地带,游踪遍及当时已知的天下各地。他的好奇好学使他对所见所闻的每一件事都感到极大的兴趣——西徐亚国王的葬仪、阿拉伯的肥尾大羊、腓尼基人的起源、绕航非洲的事迹、利比亚的彩色盐等,他都予以记述。他把他的丰富多彩的材料用传统的"故事"(logoi)形式记述,这些"故事"在爱奥尼亚已由他的前

---

① 波桑尼亚,1.8.4、1.14.6;S. Aj. 1218。
② 波桑尼亚,1.18.1、1.22.6、9.4.2、10.25—31;亚里士多德,《诗学》,1448^a、1450^a。

辈——"故事史家"写过不少。正像荷马在他的创作伟大史诗作品方面超过了他的前辈史诗歌谣作者一样，希罗多德在编织他的"故事"成为历史巨著方面也大大超过他的前辈。他的流畅的散文甚至经过翻译后也不失其难以比拟的透彻与迷人，这是最适于高声朗读的长篇故事的文体。他把他涉猎的范围扩及人类记忆之所及和已知世界的边缘，他撰写了自己搜寻所得的"故事"，也采用了前辈所写的有关个别地区的"故事"，然后把所有这些熔于一炉，这统一的结构不仅来自他自己的构思，也因为它们都围绕着一个中心主题——西方和东方的冲突抗争。

他的智慧与学历使他获得了"史学之父"的荣名。在别人简单记述之处，他却深入探究，追本溯源：为什么多东纳的女祭师称为"鸽子"，为什么尼罗河会泛滥，为什么西徐亚人过着游牧生活，为什么希腊和波斯会发生战争，如此等等，他都要问一个为什么。"历史"（historia）的本意就是探询，一部写就的历史也就是探询的结果。正是在这个意义上，希罗多德开宗明义以如下几句话作为其史书的开端："在这里发表的，乃是哈利卡纳苏斯人希罗多德探究所得，他所以要把这些公之于众，是为了使希腊民族和非希腊各族完成的丰功伟绩，特别是他们彼此之间发生大战的原委能传之后世，不致因年深日久和天灾人祸而湮没无闻。"但是探询也还不够，还需要有评判的标准以估量答案正确与否。希罗多德愿意多做亲眼观察，但他时常只能凭靠耳闻。在这种情况下他可能留下各种不同的记载，注明其中某种记载看来更有可能，但他也没有错误地假定最有可能者就必然最为真实。有时他对洪荒远古、异域绝国的事过分相信；有时他也为夸张的数字报导所吸引而不太冷静,但一般而言,他总是由于见多识广、阅历丰富而能对事物做出合乎常理的杰出评断。

他把两大文明间的冲突,或者更确切地说,两大组文明——希腊人和非希腊人的文明之间的冲突作为希波战争的主题,也就是他的史书的主题。这一广博的观点丰富了他对史实的记述和他对历史的理解。在政治方面,他把这一冲突看成是自由精神和专制统治之间的冲突,并充分认识到其结果对世界未来的意义。他最后探究到历史事件的终极原因。在个人的生活中,他看到机遇起着如此巨大的作用,因而某人是否幸福非至盖棺不能定论。而在国家的兴衰中、在影响国家民族命运的伟人的生涯中,希罗多德认为天神之手在起作用——惩罚狂妄的野心、邪恶的行径和虚荣的骄矜。当神干预人间事务时,他是嫉妒而震怒的,帝王的宝座会顷刻颠覆,贫苦无辜的民众也会遭殃而同归于尽。同样地,神的意旨也使自然界相克相争的物种保持一种平衡。信仰和观察都没有使希罗多德走得更远一些。他并不像埃斯库罗斯那样力求用人间正义来评价神的功绩。①

当然,他的历史中也有缺点。像他的同代人一样,他笃信神谕的灵验、梦的意义、"英雄"的显灵等。作为一个漫游者和长期失掉自己城邦的人,他对人类的看法广阔多了,但他未能集中注意于城邦政治。因此,他称颂雅典民主政治的伟大,但不能理解克利斯提尼改革的动机与实质。② 同样地,他不是一个将才。他能描绘军

---

① 希罗多德,1.32、34、3.40.2、3.108.2。
② 希罗多德,5.69、78。

事装备和了解军事原则,但他不能掌握和重现海陆战斗中运用的策略。以当时的习语,他使用了各种人物的语言来加强叙述的生动和表达对人物的评价,但他没有注明这些语言是否真是克罗索斯和薛西斯确实说过的原话。从现代眼光看来,这些是缺点和偏颇,但是,只要我们想到他的志趣如此宽阔,观点如此新颖,对人和生活的评价如此确切和明达,那么这些不足之处确实是微不足道的。

从希罗多德身上我们可以看到,旅行在那时确实比以前任何时候都更为容易了。普遍的和平、海上的安全、贸易的发达,都使人勇于交换商货和思想,特别是在雅典这个海运商业的中心。希罗多德就是一个好例子。他在哈利卡纳苏斯和萨摩斯住过,他在雅典停留过(可能在公元前445年),在那里朗诵自己的作品,公元前443年他作为一个公民定居图里。这样旅游和来往交际对于各种哲学学派也是特别有利的。阿那克萨戈拉斯、恩培多克利和芝诺这些希罗多德和索福克勒斯的同代人,都知道并互相批评各自的哲学观点。当时阿那克萨戈拉斯影响最大,因为他居住于雅典,在那里教学,并且成了伯里克利的密友和老师。

阿那克萨戈拉斯是克拉佐美尼人(约公元前500—前428年),他对物质和意识有创新的学说。他认为物质的分子是无限可分并有无限差异的,因此它们在数量、规模和质量上也是无限的。一种物质实体是由许多各种各样的分子组成的;它的个性是由其构成中的某种分子占了优势而决定的。所以在任何物质实体中具有一切分子,"万物中有万物","各物中之部分存于各物之中"。他因此能把"生"、"成长"、"死"解释成仅仅是分子的组合和再组合过程中的不同的阶段而已。但是,他认为有一例外。最完美最纯洁的实体——精神(nous)是独立不羁、自存自为的。某些物种能拥有精神,特别是人和其他具有"灵魂"(psyche)的生物,但精神并不普遍存在于万物。凡精神所在,它就要起支配作用。①

从这些定义出发,阿那克萨戈拉斯描述了他的宇宙起源学说。物质最初是无自动力的混沌体,被无限的大气上下包裹。精神是最初的原动力,精神首先在物质的某些小点上开始运动,然后逐渐扩展,速度加快,范围加大。运动是圆形的,因此离心力迫使分子向外抛甩,随着它们的分合,于是形成万物及其变化。这一过程持续不断,至今未停,因为精神总是诱发运动,使运动遍及于宇宙的无限延伸之中(或者遍及于无数的宇宙之中)。由于精神在它所出现的每一物种中起着支配作用,精神也就支配着无限的宇宙。因此精神是原动力和支配力,能自知其创造的结果。②

阿那克萨戈拉斯未把任何宗教观念引入他的宇宙起源学说中。他关心的是一种对世界的唯物主义的解释,因而他可能把精神也看作是物质的一种特殊形式,虽然这无从证明。在他说来,冷热、干湿、稀密、光暗等不是抽象概念而是万物本身固有的物理特性,因此一个物质实体包含有热分子、冷分子、干分子、湿分子,如此等等。他根据感觉实证,准确地记录了感觉对体积、冷热等的感知按比例逐渐消失而至于无的情况。他从万物皆属物质的观点出发,说明日、月、星辰也都是物质,而由精神发动它们按圆形运动;

---

① *Vorsokr.* 59B 3,4,6,17,11,12.
② *Vorsokr.* 59B 1,12,13,14,4.

他认为太阳给光予月亮,日月之蚀和雨后彩虹都是由于物理的原因(他对这些的解释都是正确的)[①]。

阿那克萨戈拉斯可能是和阿克拉加斯的恩培多克利(约公元前493—前433年)唱对台戏而在哲学理论上展开争论的。恩培多克利改进了巴门尼德和毕达哥拉斯的一些论点。他把有限量的土、水、火、气作为万物由以构成的四大元素或"根因",而爱、憎则是其永不停息的两大动力,其动作有如水之涌流。此外,还存在着命运(aisa)的"强力法规"——用现代术语则可称之为自然规律——爱与憎就按其规定起伏流动。[②]

在时间长流中的某一点,可能是在太初之际,爱占统治地位而憎处于最低潮。于是,包容于有限球体中的四大元素就在流动于它们之中的爱的推动下完全混合起来,其结果是这一均质的混合体集结为一个统一体。到这个万有皆归于一的时刻,憎是处于宇宙球体的边缘。然后憎渗流入球体之内,瓦解爱所结合的东西,分解统一体而变为不统一,使一变成多,直到憎占统治地位而爱陷落至最低潮。这样就出现了兴衰起伏的两极,一为爱占统治地位而形成均质的混合体,一为憎占统治地位而使四大元素分解成四个互不相干的部分。除了在极点的位置(它们可认为是一个周期循环的两个瞬息阶段),爱与憎这两大动力总是流贯于杂然混处的元素之间,起其分合、聚散的作用,就像画家摆弄他的调色板一样,而爱与憎之使万物生成或消灭也就像画家用其彩笔画成或涂掉树

[①] Vorsokr. 59B 21、18、19.
[②] Vorsokr. 31B 6、38-39、16、26、1.2、30.

木、人物、天神等一样。①

恩培多克利的宇宙论可能是为了一个天启宗教流派的说教之用,他本人就是这一教派的先知。当被造的万物第一次创造出来之时,爱比憎更有力量,因而那时人类天真无邪,动物和善可亲,大地无流血之祸。现在则憎逐渐抬头,到处可见邪恶、野蛮与屠杀。在太初造物之际,人只崇拜爱,他们用没药香脂和蜂蜜供奉牺牲,不像今日之以血为牺牲,神也不具人形而只是"和快捷的思想一同流射于宇宙的纯洁而不可名状的心灵"。某种形式的智能(phronesis 或 noema),我们可称之为"灵魂"的,为万物所固有,大约在太初创造时就被栽育于万物之中,而恩培多克利相信这些灵魂在再创造的长期过程中可以由一被造物转入另一被造物。他写道:"我已经一度生为男、女、鸟、木以及咸海的鱼。"②

移转的灵魂遍及于一切被造物的全部范围,包括诸神。因此一个手沾鲜血或违犯正义的神要在 30 000 个寒暑之中被罚流放而游荡于一切众生体内,经历艰难困苦。恩培多克利写道:"我就是这样的神,被逐放于天府之外而游荡四方。只信任憎的力量。"作为一个下凡的神,他把世界的本质启示给他的男女门徒,他们在那黄水之滨的阿克拉加斯大城向他献花圈致敬。③

关于他的宇宙论和他的宗教思想,只有两首诗的残片流传于世,因而许多情况很不清楚。但是它们史诗般的韵律传达了感情的力量,而他就像一位大诗人那样运用这种诗的形式克服了某些

---

① *Vorsokr*. 31B 17、13、27、21、26、35、71、23.
② *Vorsokr*. 31B 130、121、128、134、110、117.
③ *Vorsokr*. 31B 115、112.

自然哲学家的冷冰冰的逻辑,他的强有力的理论——特别是以善恶形式表现的爱憎两大动力的二元论和灵魂转移的学说——在爱奥尼亚物理学家的学说早已不为人知之时仍有长期的回响。作为一个生物学家和生理学家,恩培多克利也有很大成就,因为他研究过眼睛和心脏,并建立了有关概念、呼吸和血液循环的理论。

关于运动的种种问题,关于有限无限的种种概念,使阿那克萨戈拉斯和恩培多克利感到如此大的兴趣,但在他们的同代人芝诺那里却遭到挑衅性的嘲弄。芝诺是厄利亚人,他的学说流传至今的只是一些自相矛盾的命题。例如,他提出了在阿溪里斯和乌龟的障碍赛跑中,阿溪里斯将永远追不上乌龟,因为一当他达到乌龟刚刚走到的地方时,乌龟已经又向前移动了一点儿;他还提出箭射出去时也是静止而非运动的,因为它在一确定的瞬间只能占据等于它本身的空间。芝诺的前一命题接触到了有限线距的无限划分问题,后一命题则接触到不可分割的时间瞬息问题,这些命题可能启发了米利都的留基普,他大约在公元前450年左右访问了厄利亚,形成了一种在无限空间和无限数量中的最终不可分的单位的观点。他把这种不可分的单位称为"原子"(atomon),而空间则称为"虚空"(kenon)。①

把留基普的原子假说发展为宇宙原子论的功绩应归于他的学生——阿布德拉的德谟克利特(约公元前460—前370年)。他认为原子在形状上、数量上都是无限的,而且处在无限空间里,受旋涡力猛冲而互相碰撞凝聚而形成万物。原子是自然(physis)唯一

---

① Vorsokr. 67A 15.

的客观实在(aletheia),原子本身的特性只有数量、形状和不可入性。物质的其他特性,如色彩、味道和温度是由于人的想象(doxa),它们是靠感觉而得到的,因此只是知觉的一种偶然而模糊的形式,立足于习惯(nomos)而非实在本身。人类唯一的真正的理解靠理智(dianoia),只有它才能认识到不可见和不可触及的原子。

在这样一种宇宙学之中,不可能有什么爱憎善恶的容身之地。最接近于创造世界的原动力的东西可说就是那虚空中的旋涡。地球上人类生活的机遇变幻的调整者可以说是"机会"或"必然",但它不可能是任何超自然的人或物。留基普在谈到"事必有其目的性与必然性(logos 与 ananke)①,绝非偶然发生"时,他是着重必然性的,但在他之后多数学者却更多偏重于"机会",即无目的巧合。在评价留基普和德谟克利特的重要意义时,应该强调他们并非科学家,他们并不是通过观察和实验而得出这种结论的,也不将其理论付之实际的检验;他们只不过是些哲学家,他们的思辨重视人类思维的性质,正如重视宇宙的性质一样。因此,他们的学说对于道德和宗教的影响要远远超过对于当时仍在萌芽时期的工程技术的影响。

在这一理智大发现的时代,雅典成为艺术和哲学的中心。它是新世界的开路先锋。它把自由和平等的原则在它可为大家楷模的宪法中发展到合理的高峰。但同时它也是一个宗教中心,在这里人人崇拜雅典的雅典娜女神以及各村社的英雄,一如以往的世世代代。新和旧在雅典戏剧文学中被熔于一炉,而其火焰则是宗

---

① *Vorsokr.* 67 B 2.

教，因为宗教正是生命之火。在公元前458年，雅典人民围坐于卫城之下的山坡上观看了埃斯库罗斯的伟大三部曲，作者在其中肯定了诸神之王、克罗努斯之子宙斯的威严。可能这时第一次使用了布景，由画家阿加塔尔库斯绘制，而这一布景引导了阿那克萨戈拉斯和德谟克利特去探究透视法则。宗教和理性主义很快就发生冲突。当这一冲突发生时，一位比埃斯库罗斯更伟大的作家已在山坡上不断演出其剧本，并且在教导公民说：宗教的最伟大之处即在于理解。①

索福克勒斯（约公元前496—前406年）是西蒙的一个朋友，在西蒙后继者被罚陶片流放的那年（公元前443年）担任了"希腊金库保管官"，并和伯里克利及日后的尼西亚斯同届担任将军之职，在西西里灾难后任政府顾问（probolous）。他接受任命为国家、民主及其帝国效力，就像他接受并效力于当时的正统宗教一样，都不是由于传统势力所致，而是出于他的信念。他的突出特点是宁静从容，这是他的勇毅和敏感所产生的结果，使他对生死的问题能够保持不忧不惧的态度。对他说来，神的真实性是毋庸怀疑的；神力统治一切生命、控制一切祸福，任何人不能回避神的旨意。② 索福克勒斯和他交谊甚笃的希罗多德一样，并不想去解释和探究神在宇宙方面的作为；对他说来，看到神跟国家、家庭与个人的关系就已经够了。他在这方面接受了传统的信仰，即认为如果国家和家庭之内的既定秩序遭到破坏，神就会立即进行报复，例

---

① Vitr. 7 praef. 11；索福克勒斯，《安提戈涅》1348。
② Ar. Ra 82；索福克勒斯，《特拉喀斯少女》，1276，《俄狄浦斯王》，883，《菲罗克忒忒斯》，1467。

如他在《俄狄浦斯王》、《俄狄浦斯在科罗诺斯》和《安提戈涅》中所写的底比斯和拉布达西德家族就是如此;同时,神的报应还以人为其工具,例如《特拉喀斯少女》中的迪雅奈娜和《厄利克特拉》中的奥律斯特和厄利克特拉。

索福克勒斯悲剧的中心是人,既作为公民也作为个人。在神的无所不及的安排之下,人没有控制自己命运的自由而只有如何面对自己命运的自由。俄狄浦斯都是在毫不知情的情况下弑父娶母的。但在知道以后,他就通过自己自由的动作挖出了自己的眼睛。阿甲克斯、安蒂戈涅、厄利克特拉和菲罗克提特斯所遇到的也是同样的不由自主的境况,但他们每人也都以自由意志对这些境况做出反应。他们的最崇高的反应是以安蒂戈涅下面一句话所表述的不成文法律指引的:"这种法律是不可改变、不见之于文字而且永恒持久的。它既不在今天也不在昨天制定,它的起源无人知晓。"这是神的法律,而不是克里昂的赦令;我们可以称之为良心的法律,但索福克勒斯则称之为谅解的法律。它同时代表着神为人建立的理想以及伯里克利时代的雅典人所接受的理想。[①] 索福克勒斯剧作中的人物是最高尚境界中的人,因为他们属于历史中的一个高尚的时代,这时的人分析了生活中的各种现实问题并以清醒的勇气直面现实。

索福克勒斯对作为个人和公民的人的兴趣不同于埃斯库罗斯,后者主要关心的是人的集团。虽然索福克勒斯在公元前468

---

① 索福克勒斯,《俄狄浦斯王》,1329—1333;《俄狄浦斯在科罗诺斯》,521—525、548;《安提戈涅》,369、454、1348。

年就首次赢得了剧作的胜利,他现存的最早剧作《阿甲克斯》和《安蒂戈涅》(约公元前441年)却属于他剧作生涯较迟的一个阶段,那时他已经放弃了三部曲的程式,增加了第三角,减少了合唱诗的分量,加强了对话的重要性。这一转变是从注重集体转到注重个人的结果,也是从注重神的法律转到注重人情味、从注重宗教启示转到注重讨论各项原理的结果。在某些危急关头,良心的法律可作人的引导——去帮助被压迫者、埋葬死者、消除怯懦等——但在大多数情况下,一个人必须用理智做出他的行动方针,自己决定哪些东西应属于国家、哪些东西应属于家庭、哪些东西应属于他本人的。用正确的东西平衡正确的东西,用错误的东西抵销错误的东西。索福克勒斯式的对话总是首先关注这样一些决断:阿甲克斯有没有权利自杀,阿加门农有没有权利拒绝埋葬他,克里昂驱逐叛徒波利涅西斯是否正当,安蒂戈涅葬其兄弟是否应该,以及俄狄浦斯之为王,退莱西亚斯之为司祭,约卡斯塔之为母又为妻,应如何评价等,再不就是像雅典王提秀斯所面临的那些问题;当被亵渎并还在亵渎的俄狄浦斯请求他的保护以免遭底比斯王之害时,他应怎么办。

由索福克勒斯发展了的雅典戏剧是表达他的思想的完美工具。合唱对具有宗教和社会后果的行动提出了宗教性和社会性的评论。它优美的抒情诗包含着荣辱成败的人生哲学,对剧中人物的刻画不是用工笔写实而是用大笔写意,显示了促使他们做出决定的各种品性——阿甲克斯的骄矜、安蒂戈涅的爱心、俄狄浦斯的轻率和迪雅奈娜的温柔等。在对话中,也在信使的台词中用来追述过去的事件,用的都是抑扬格诗体,其韵律与词汇都接近于口语,这样就可以将动作与情景更写实地灌输给观众。当亚里士多德写《诗学》时,他认为索福克勒斯在表现人所熟知的阿提卡悲剧题材方面是无与伦比的。索福克勒斯比任何人更能使观众充满怜悯之心和惊恐之感,当他们眼看着悲剧一幕一幕展现在眼前,重新体验到那些比他们更高贵的男女如何由于自己的决定被带向灾祸。当剧中主角从不知底细到洞悉隐情、从昌隆顺利急转到苦难不幸之时,观众紧张的心情就发展到最高点。在《俄狄浦斯王》一剧中,索福克勒斯运用这种方法达到了艺术上完美之境。①

在索福克勒斯以九十高龄去世以后,才演出了他的最后剧作《俄狄浦斯在科罗诺斯》。年老的俄狄浦斯,一度是精明勇敢的著名人物,现在却沦为双目失明的乞丐、底比斯的流浪人、人世间的无赖汉。但他的勇气与敏感并未消失。他已经坦然接受了生活和神加在他身上的命运;这是他从受苦受难和岁月流逝中学到的,也是他通过自尊心学到的,他深知自己犯弑父乱伦之罪在动机上是清白无辜的,深知自己弄瞎眼睛的突然举动是合乎情理的。俄狄浦斯王的高贵在俄狄浦斯老人身上得到净化了。

剧本的结尾转到老人的最后归宿地。雅典王提秀斯由于伯里克利时代的雅典那条要保护颠沛无告者的不成文法律,为俄狄浦斯提供了避难所。在这里,由于一个神的奇迹,他从生转到死,他的使命终于完成了。因为他已揭示出:他的坟墓将会保护雅典不受底比斯的征服。

生活同样也为年老的索福克勒斯带来了悲伤。他所热爱的雅

---

① 亚里士多德,《诗学》,1452^{a}32。

典面临崩溃,它的公民在战争的激情中既破坏了成文法也破坏了不成文法,在大多数人眼中,神已播下了瘟疫并造成了叙拉库斯的月食,他似乎已对科罗诺斯(即雅典)扭头不顾了。在《俄狄浦斯在科罗诺斯》中,合唱队唱了如下的抒情诗:"不出生最好,如果一个人出生了,越回去得早也越好。因为一旦他度过了那充满多情蠢事的青年,人就会遇到困苦不幸的打击和各种各样的厌烦——妒忌、骚扰、倾轧、战争和残杀。最后到头的命运就是老年:受人轻蔑、体衰力弱、无人接近、无亲无故,与之为伴的只有千愁百病。"①这就是索福克勒斯面对着生命的终结时发出的痛苦呼唤。但他并未失望。因为,在《俄狄浦斯在科罗诺斯》中,他宣称他对于人、对于雅典、对于神都有着永久的信心。

---

① 索福克勒斯,《俄狄浦斯在科罗诺斯》,1225。

第四章　伯罗奔尼撒战争的第一阶段（公元前431—前421年）①

第一节　雅典在公元前431—前429年的灾厄

斯巴达及其同盟各邦在和平的年代中达到了前所未有的高度繁荣，到公元前431年它们已成为可畏的劲敌。它们的重装步兵远远超过雅典及其同盟各邦。斯巴达本身拥有一支质量超群的陆军，它在地震和希洛人起义后已经恢复成长，它同时还掌握着各盟邦的步兵，这些盟邦包括所有伯罗奔尼撒同盟各国（除了中立的阿尔戈斯和亚该亚大部分地区而外），安布拉西亚、琉卡斯和阿那克托利昂（科林斯的殖民城邦）、麦加拉、彼奥提亚、罗克里和弗西斯。最后这三个城邦还提供骑兵，它们的总兵力包括约50 000名重装步兵和更多的轻装步兵，但这些兵员只能短期服役，因为他们必得务农力田、生产粮食。斯巴达同盟的海军力量由于科尔西拉之败

---

① 在本章及下章中所有引自修昔底德的注文一律省略"修昔底德"字样。只列卷、章序号。

和科林斯在夕波塔战役的损失而受创甚重。斯巴达、科林斯连同它的那些殖民城邦、麦加拉、西夕温、亚该亚的佩伦尼和伊利斯总共拥有100艘或者更多一点儿的三桨座船,它们也还有一些金钱储备可供建造和装配一支更大一些的舰队。它们在战时的困难是取得所需的造船木材和训练有素的水手,因为雅典在这两方面都控制了爱琴地区的有关供应。斯巴达同盟的财源远远不及雅典,即使它们可从德尔斐和奥林匹亚的神庙中取得贷款,也不能与雅典相比。这在短期作战或正规战中并不重要,只有围城战和海军装备才是耗费巨大的。假若年岁丰登,伯罗奔尼撒各邦和中希腊各邦在基本粮食方面可以自给自足,而伯罗奔尼撒人还有希望取得从西西里、克里特、昔兰尼和埃及来的进口粮食。然而,它们的海外贸易整个而言在战争中一定要受损失,这可能会逐渐削弱它们的财源与物力。①

在斯巴达同盟中,斯巴达是最大强国,它无敌的重装步兵由于希洛人的劳动而得以专门致力于军务,足以保证伯罗奔尼撒各盟邦不会在陆上遭到致命的打击。它在战时的优点曾被修昔底德总结如下:它的宪制稳定,人民强韧,他们胜而不骄,败而不馁,始终保有健全的判断力,由于过去的成就而非常自信。他们引以自傲的不是聪明才智而是平凡的常识。他们守纪律、服从命令,勇敢而又忠实于他们自己的宗教和道德标准。虽然他们由于拒绝了雅典提出的将争执交付谈判仲裁的建议而感到不安,他们却认为德尔斐之神是站在他们一边的,为自由而战是正义的。希腊各国对他

---

① 1.19、80.3—4、121.3、141.2、2.9、3.86.4、4.53.3;普鲁塔克,《伯里克利传》,33.4.

们普遍的亲善态度加强了他们的决心,而他们的一些盟邦也是强有力的国家。①

科林斯在海军和商业方面是最有力量的。除了科尔西拉之外,它掌握着希腊西北部一带的殖民城邦。加尔西斯、阿斯塔库斯、琉卡斯、阿那克托利昂、安布拉西亚以及伊利里亚的阿波罗尼亚都按时给科林斯的节庆会送礼致敬,它们中的一些城邦可能像波蒂代亚那样接受科林斯派来的政治官员。这个殖民集团的团结一致表现于它们优美的货币上,其中都有作为全族象征的飞马纹样。当埃伊纳于公元前457年丧失其独立时,科林斯及其殖民城邦的钱币是仅次于雅典的国际通货,特别流行于意大利及西西里。科林斯从伊庇鲁斯和伊利里亚内陆各殖民城邦进口银、木材、皮革,这一重要的财源现在由于和科尔西拉的战争而受到威胁。在西方,科林斯还有忠实而强大的殖民城邦叙拉库斯,它可以使除了卡马里纳而外的一切西西里的多利亚城邦都站在斯巴达同盟一边。②

在中希腊,彼奥提亚联盟是斯巴达的最大盟友。联盟的地理中心是底比斯,其联盟议事会和联盟金库都设在底比斯卫城卡德美亚。联盟领土分为11个区,每一区选一将军或"彼奥提亚长官",为联盟政府选出顾问和法官,在联盟军队中各提供一个分遣队,向联盟金库缴纳基金。在联盟内各区是平等的单位,但它们各自包含着不同的政治组织。有些区由几个小城邦组成,有的区,例

---

① 1.84—85,7.18.2,8.4.
② D.S.12.30.4;修昔底德,1.38.2—4,3.86.2;GC,117以下。

如塔那格拉,只有一个城邦构成。当战争爆发时,有一批自己没设城防的小城邦请求底比斯的保护而取得了"合并城邦"之权,他们此后仍保留自己城邦的公民权,但又接受了底比斯的公民权。这一组底比斯的城邦组成了两个区,因而在公元前431年底比斯可以在这两个区中操纵其彼奥提亚长官的选举。底比斯自身组成两个区,选两个彼奥提亚长官。这样一来,它的联盟中就拥有占统治地位的影响了。联盟议事会下分为四个会议,其中有一个准备议事日程然后和其他三个会同时开会议事。由全体会议以多数票做出的决议对入盟各邦都有约束力。有关联盟的司法、财政部门的情况,我们只知道它的钱币——镌有自卫的徽志,彼奥提亚之盾——是在底比斯铸造的,从公元前446年起即刻着底比斯之名。各个入盟城邦都由寡头政府统治,只有经审定为重装步兵级或以上等级的人才有平等权,只有他们才有政治选举权。联盟所以结而不散就是因为畏惧强邻雅典,同时寡头政府也忠于斯巴达。它们的国土盛产谷物,它们的骑兵和步兵也较斯巴达的任何其他盟友为大。①

斯巴达同盟的目的是打败雅典和解散雅典帝国。斯巴达的战略计划是逼雅典进行一场决战,若决战被拒绝,则入侵、蹂躏阿提卡。在海上它还无力发动进攻。它训令其盟邦建造船只并筹集海军装备的特殊用款。但实现这个海军计划还得经过好几年,因此它目前只能避免跟雅典舰队做任何交锋。一旦它们的舰队建成

---

① 4.91、5.38、3.62.3-5;*Hell. Oxy.* 11-12;*GC*,156.

了，它们就会以优势兵力进入爱琴海，发动雅典各附属国起来造反。①

雅典在阿提卡有一支由 1 200 名骑兵和骑射手、13 000 名前线重装步兵、16 000 名后备重装步兵以及连同 1 600 名射手在内的数千轻装步兵组成的部队。它还可从它的军事移民地、殖民城邦和盟邦中征集重装步兵与轻装步兵。此外还可以加上帖撒利的优良骑兵。然而，伯里克利的战略却是不跟伯罗奔尼撒人打阵地战。他提议退出阿提卡，把人畜都转移到海岛上。后备重装步兵将守卫环绕雅典和比雷埃夫斯的城墙和连接雅典、比雷埃夫斯和法列隆的三道长墙，这些城墙使得城市本身和城郊一带合成一座大城堡，并有自己的出海口。前线重装步兵将能抽出来配合海军向敌人进攻。在公元前 431 年，雅典有 300 艘服现役的三桨座船，此外还可以加上列斯堡、奇奥斯和科尔西拉的舰队。它自己的舰船是由雅典和各属邦的有经验的水手驾驶的，它在海战中的战术也远远优于伯罗奔尼撒人。海军将像在公元前 458—前 454 年的情况那样在海上逼对方应战并从海上向伯罗奔尼撒沿岸进击、登陆；假若情况允许，则在敌人领土上建立设防的据点。为了达到范围广阔的攻势，伯里克利需要各种海军基地，这些基地在西方可由瑙帕克图斯、阿卡奈尼亚和扎西恩多斯等提供，在东方则有夕克拉底斯群岛，只有中立的米洛斯和塞拉除外。伯里克利还需要金钱，因为保养船舰需花大量钱财，水手都要支付薪饷，更不消说在雅典进口大量粮食的费用。但是，在这方面他有巨额的储备——7 000

---

① 1.118.2、2.7.2（500 这个数字可能有争议）、2.22.3。

塔连特现款,或者更多一些,此外还有女神雕像上的黄金——以及每年约 1 000 塔连特的收入(帝国贡金约 600 塔连特、国内税收约 400 塔连特),更不消说对富有的公民征收特别税的数目。①

伯里克利是根据过去的经验而采用这一战略的。雅典陆军可能在一次战斗中顶住强敌,例如在塔那格拉之战那样,但它不能应付一连串的战斗,因为雅典兵源不足,敌方则有取之不竭的兵源。更有甚者,雅典不能倾其全力专攻伯罗奔尼撒人。它还得控制它的帝国以及防御波斯和任何滨海的陆上强国。公元前 454 年在埃及的失败使他认识到把雅典兵力用于任何第三战场都是愚蠢的。经验证明:对伯罗奔尼撒进行一次海上攻势可能会搞垮敌人而迫使斯巴达求和。假若议和条款不利于斯巴达盟邦,斯巴达同盟就会由于利害分歧而瓦解,斯巴达便会陷入孤立无援的困境。雅典帝国可以吸收伯罗奔尼撒的滨海城邦,而给斯巴达以致命的"最后一拳"。假若说伯里克利的战略在阿提卡是防御性的,那么它在海上则是进攻性的。他的目标是对斯巴达同盟和斯巴达本身取得彻底的胜利,而斯巴达这个城邦正是他的政策一贯针对的敌人。

伯里克利的战略是现实主义的。它承认雅典在陆军方面的劣势和雅典在财源和海军方面的优势。在打一场双方都不能施加决定性打击的消耗战的前景下,伯里克利的战略可以使雅典免遭严重的危险而有最后胜利的把握。在修昔底德的评述中,它也被认为是正确的战略,尽管在日后有不可预见的灾难降临到城邦头上。

---

① 1.143.4—5、2.13.2—9、2.7.3、2.9.4—5、X.*An.*7.1.27;参见前 506 页,注 1(原书 326 页注 1)。

这一战略在公元前431年却不得人心。对占公民总数一半以上的人(也是其中比较富裕的一半)说来,这战略意味着损失他们在乡间的财产。对年青一代说来,它几乎等于过去和伯罗奔尼撒人打的那场大战的重演:既无冒险意义又无决定作用。对于重装步兵说来,它变成了一件招羞蒙耻的事情,数量上的悬殊逐渐被人看作战斗素质的差异。反对派以克里昂为首,他主张更为激进的战略,对老一辈的伯里克利大肆攻击。但在公元前431年,伯里克利的权威仍在,他的战略被人民大会接受。它的继续推行不仅取决于战事的演变,也取决于雅典政治领导权的演变。①

公元前431年3月一个漆黑的夜晚,普拉提亚的城门被该城的一个公民打开了,放进了来自底比斯的300名重装步兵。他们要普拉提亚加入彼奥提亚联盟的要求被接受了;可是,随着夜幕的消逝,底比斯人势孤的情况被普拉提亚人摸清楚了,他们中绝大多数是想保持和雅典结盟的。破晓之前,普拉提亚人发起进攻。底比斯人及其支持者有180人被俘,其余战死。底比斯军的主力,原拟在黎明抵达但因大雨受阻,到达普拉提亚城墙外就遇到了普方派来的使节。他提出假若底比斯军撤退,两城邦仍可和平相处,在普拉提亚的底比斯俘虏也可获释,否则他们将被处死。底比斯军队于是就撤退了。普拉提亚人却处死了俘虏,他们后来坚持说协议并未得到正式批准,并派使往雅典请求相助。雅典派来一支军队驻防该城,非战斗人员都予疏散,城内运入粮食军需,这样就使

---

① 1.143.5,144.1,2.13.2,65.5,7和13;普鲁塔克,《伯里克利传》,33以下(赫尔米普斯);〔X〕*Ath*.2.1(参见1.2.1.15,2.2—5,2.14和2.16,反映了伯里克利的思想)。

普拉提亚做好了对付围城战的准备。①

　　双方都把普拉提亚事件看作是开战的行动,因为三十年和约的两个参加者已互相采取敌对行动。雅典和斯巴达都在做最后的准备工作。它们纷纷遣使到各中立的希腊城邦、波斯以及其他非希腊人的强国,谈判结盟条款。到 5 月,斯巴达王阿尔奇达姆斯率领斯巴达同盟大军从地峡北上。他的重装步兵达到全同盟总兵力的三分之二,远远超过雅典的步兵。然而,他故意行动得非常缓慢,想以此延长雅典国内的人心紧张,勾引雅典人出来应战。他在接近阿提卡边界以前派了一位使节到雅典城去,但雅典人不许他进城,因为根据伯里克利预先提出的一个法令,只要斯巴达军队进入地峡以北就不跟它做任何谈判。当使节离开之时,他说了一句人们将长期记得的话:"今天是希腊大灾难开始之日。"阿尔奇达姆斯于是在边境的奥诺依附近展开进攻,但他未能攻克这个要塞,便在 6 月中旬从此地进入埃琉西斯,让士兵在这里大肆毁坏田中已成熟的庄稼和果树。在这同时,雅典人根据伯里克利的命令,把妇孺家财都带入城内,牲畜都赶到优卑亚岛上。当阿尔奇达姆斯进入富庶的阿卡奈村社,并在雅典人众目可及的地方扎营时,城里的愤激情绪便达到了高潮,伯里克利的战略遭到猛烈的抨击,特别是那些一心想向敌军交战的青年人对他极其不满。然而,被委任独自主持作战的伯里克利却不再召开人民大会。他把所有雅典部队,除了一支担任游击的雅典和帖撒利骑兵队以外,全部都驻守在城墙以内,直到伯罗奔尼撒人已经蹂躏了帕尔涅和宾提利库山之

---

① 2.2—7,参看附录 5。

间的平原而向北撤入彼奥提亚的时候。当敌军还在阿提卡之际,伯里克利已转入早已准备多时的海上进攻。①

从 6 月末直到初秋,一支 100 艘的三桨座船舰队,载有 1 000 名重装步兵和 400 名射手,并有 50 艘科尔西拉和其他西部盟邦的船舰支援,不断地沿伯罗奔尼撒海岸和科林斯湾的入口展开进攻。他们攻占科林斯的两个属地——索利昂和阿卡奈尼亚的阿斯塔库斯——取得了赛法伦尼亚这个大岛,开始了对科林斯一带地区的封锁;除了在拉哥尼亚的米东而外,它们对伯罗奔尼撒沿岸的突袭也是成功的。在米东,一位名叫布拉西达的斯巴达青年军官带领 100 名拉西第蒙重装步兵,冲破雅典军的防线而进入了该城,终于使它免遭攻陷。另一支 30 艘船的舰队攻掠了罗克里沿岸,占领了提洛尼翁,打败了罗克里的部队。在优卑亚海峡中的阿太兰特岛这时也修了城防工事,驻了军,变成了一个海军基地,因为这海峡是通往卡尔西狄斯的护航运输船队必经之路。在卡尔西狄斯,海军又补充了 3 000 名封锁波蒂代亚的重装步兵,他们还担负着抵御得到马其顿王帕尔狄卡斯支援的奥林图斯的卡尔西狄斯人的任务。后来,雅典人通过和色雷斯帝国奥德律西亚王西塔尔奇斯结盟而在这地区赢得了一个外交上的胜利,并经他的斡旋而和马其顿王帕尔狄卡斯结盟,为此雅典人把特尔马湾口的特尔马归还马其顿。这样一来,他们就使卡尔西狄斯半岛陷入孤立了。在夏季期间,埃伊纳的全部居民都被逐出,另派雅典移民占据该岛。在秋季,当伯罗奔尼撒军已撤回国之后,约 13 000 名重装步兵和许多

---

① 2.7-23;Ar. Ach. 65.

轻装步兵的雅典大军蹂躏了麦加拉地区,对该地农村破坏尤甚。①

在战争的最初几个月,雅典的充分备战表明对它极为有利。早在公元前 433—前 432 年,卫城的建筑工程已经停止,款项都用来充实军备和防御。在公元前 431 年,当伯罗奔尼撒人从阿提卡撤退以后,雅典又拨出 1 000 塔连特和 100 艘三桨座船作为专用于对付敌军从海上进攻阿提卡的后备,而常规的保卫岗哨仍由陆军和海军主持。此外,雅典在海上派出了它自己的重装步兵约 17 000 余名,还有 250 艘雅典和盟邦的三桨座船,其水手约达 45 000 名。对于这样一个海军实力的配置,伯罗奔尼撒无计可施,因为他们的准备工作还在进行中;只有在冬天,当雅典舰队撤走以后,科林斯的一支舰队才驶出海湾。它大约有 40 艘船和 1 500 重装步兵,重新占据了阿斯塔库斯,但在攻掠赛法伦尼亚时败北。在陆上,伯罗奔尼撒没有能使雅典出来应战,在侵入阿提卡后就没有什么作为;斯巴达除了把埃伊纳难民安置于拉哥尼亚而外,无他事可做。主动权牢牢掌握在雅典手中。公元前 430 年 3 月,雅典人民选择他们认为最有威信最有智谋的政治家发表纪念阵亡将士的葬仪演说。他们选中了伯里克利,他发表的演说词被修昔底德记录下来了,这位历史家当时已开始为他的战史做笔记。②

到公元前 430 年初夏,伯罗奔尼撒军又侵入和破坏阿提卡地区达 40 天之久。与之同时,拥挤不堪的雅典和比雷埃夫斯城内爆

---

① 2.25—32;普鲁塔克,《伯里克利传》,34;Ar. Ach. 141;SEG,10.223。
② 2.24、3.17(无论这一章是否伪造,它提到的数目大概是正确的)、1.1;GHI,51。

发了可怕的瘟疫。在城里，那些从乡间逃来的难民或在空地的窝棚中，或在神庙的檐下和堡垒的墙边蹲坐卧伏，景况凄惨，又无充分的饮水供应，特别在比雷埃夫斯，原来接雨水的小池很快就被弄污了。在这种情况下，瘟疫传染极快，又缺乏医治之方。那些照看病人的人很快就被感染。在令人沮丧的忧郁症之后，接着就是眼、喉、肺部发炎高烧，后来又是咳嗽、干呕、不可抑制的干渴。到这个阶段，亦即发病七八天以后，多数患者都不治而死，剩下的人还可拖到最后阶段，病入肠胃，产生胃溃烂和腹泻。死人如麻，尸首堆积如山，随便火葬了事。幸存者也有后遗症：失明、健忘或者手足残废。无论是个人的体力、虔诚和财富都不能使人免于瘟疫，只有患过这种病的幸存者有希望保留残生。无法无天，作恶行凶，遍地皆是，因为人们很快就丧失了对任何宗教和社会约束的尊重。在瘟疫的恐怖中，人们回忆起阿波罗的神谕，其中说如果斯巴达人以全力作战，神将站在他们一边。现在，公民们眼看着田舍成墟，城内尸首狼藉，自然对嗾使他们作战的伯里克利怒目而视。他们试图与斯巴达以适当条款议和，但没有成功。

  在这些黑暗日子里，伯里克利号召人民把效忠国家置于个人苦难之上。雅典的伟大不仅属于它的过去和现在，而且属于将来。它的精神将再一次战胜危难和祸患，它的未受损伤的海军将征服全世界。人民响应了他的号召，勇敢地投入战斗，但他们仍弄到把他交付审判并罚款才算解了恨。后来他们又再度选他担任将军，让他再次负责战事指挥。到公元前429年秋，他也传染上瘟疫而死。仅他一人的死亡对国家的损害可能比公元前430—前429年瘟疫猖獗时期人力的总损失还要巨大。因为他有能力使人民坚定地采用他的谨慎而精明的战略,按修昔底德的意见,甚至在瘟疫之后雅典仍有力量对抗伯罗奔尼撒人而取得胜利。瘟疫在公元前427—前426年冬天再次猖獗起来,闹了整整一年。当它结束以后,雅典前线部队的三分之一死掉了,许多人变成残废,在其余居民中的伤亡还没有计算在内。这一灾难,只有斯巴达在公元前464年的大地震可以相比,它使雅典人心转向冷酷,败坏了它的社会风纪,也大大损害了它的军事实力。①

当瘟疫在雅典开始传播而伯罗奔尼撒人正侵入阿提卡之际,一支100艘雅典三桨座船和50艘列斯堡、奇奥斯三桨座船的大舰队以及一批骑兵运输船,突袭了伯罗奔尼撒半岛的东海岸,以4 000名重装步兵和300名骑兵的突袭队在农村大肆蹂躏。同一支部队还进攻波蒂代亚,但一切攻城的企图都未成功;更有甚者,由于它们转攻波蒂代亚时曾在雅典停泊,使部队染上了瘟疫,在到达后40天就有四分之一士兵丧命。在公元前430—前429年冬天,波蒂代亚弹尽粮绝,守城者在请求议和前甚至以人为食。结果他们被允许离城他去,男子只准带一套衣服,妇女两套,以及少许旅途所需的钱银,逃生者都逃避在他们的盟友卡尔西狄斯人和波提亚艾人那里。波蒂代亚之围花费了雅典2 000塔连特,在两年多时间中蒙受了重大伤亡。

叛乱仍在卡尔西狄斯半岛继续。雅典移民占据了波蒂代亚,为公元前429年的作战提供了一个坚强的基地,这次作战是靠从

---

① 2.17、47—54、59—65、3.87;普鲁塔克,《伯里克利传》,34—38;这场瘟疫可能是斑疹伤寒或麻疹,前者的可能性更大。GK. Lit. Pap. 注38(可能指对伯里克利的审判)。

雅典来的2 000名重装步兵、200名骑兵和一支轻装步兵进攻设防牢固的斯巴托鲁斯城。但雅典军在开阔地带被卡尔西狄斯人的精锐骑兵和配备有长矛皮盾的轻装步兵所阻。在他们的不断袭击下,行动迟缓的雅典重装步兵无计可施,惊惶地撤回波蒂代亚,在战场上留下了400名士兵和所有带兵将军的尸体。在公元前429年秋,西塔尔奇斯以一支大军支援雅典,据估计兵员达15万,包括他统治下的一些最勇悍的部族。雅典人原答应派遣船只和步兵与他配合,但他们没有行动,害怕西塔尔奇斯会将每一征服之地据为己有。这支色雷斯大军在卡尔西狄斯、波提亚艾和马其顿一带蹂躏了一个多月,只有马其顿的重装骑兵能与他们相抗,这种骑兵对于这些奥德律西亚人和格太人显然据有优势。西塔尔奇斯后来撤走了,对当地情况无所改变,只是让其侄子及将军塞乌提斯和马其顿王帕尔狄卡斯结成姻亲。在以后四年之内雅典没有对卡尔西狄斯作过战。[①]

公元前430—前429年,当雅典正受瘟疫之灾并致力于卡尔西狄斯战事之际,伯罗奔尼撒人趁机掌握了主动。他们主要关心的是动摇雅典对西部的控制。公元前430年,他们做了两次不成功的尝试,其一是以100艘伯罗奔尼撒船舰和1 000名重装步兵进攻扎西恩多斯,另一是以安布拉西亚进攻安菲罗奇亚的阿尔戈斯。雅典的回报是于公元前430—前429年派遣20艘三桨座船在佛尔米翁率领下进驻瑙帕克图斯,他们在那里可以对通过吕昂

---

① 2.56、58、70、95—101,D. S. 12.46.7(雅典向波蒂代亚派出1 000名殖民者);SEG,10。

海峡的商船进行袭击。公元前429年,安布拉西亚和斯巴达在这个战场上策划了共同的作战。他们准备征服阿卡奈尼亚、赛法伦尼亚和扎西恩多斯,可能还有璐帕克图斯,这样就使雅典失去它在西部的中介基地,也使雅典的盟邦科尔西拉陷于孤立。斯巴达司令官纳谟斯怀着这种打算率领1000名伯罗奔尼撒重装步兵渡过了科林斯湾,进入了安布拉西亚地区。在这里他统领安布拉西亚、琉卡斯、阿那克托利昂的重装步兵,以及从内陆征集的一大批轻装部队,包括1000名查奥尼亚人和其他伊庇鲁斯部落的人,1000名来自品都斯山马其顿地区的奥律斯提亚人。马其顿王帕尔狄卡斯也瞒着盟友雅典秘密派来1000名马其顿步兵,但到来太迟,纳谟斯没等到他们来就开拔了。安布拉西亚、琉卡斯和阿那克托利昂的分舰队早已在琉卡斯集合准备海战;他们等着从科林斯、西夕温和科林斯湾其他地方来的伯罗奔尼撒舰队主力的到来。纳谟斯却贸然决定立即开战。他向阿卡奈尼亚人的首都斯特拉图斯进军,这是一个设防的城市。他的大军分三列纵队行进,彼此时常隔得很远,不能互相望见。查奥尼亚人和其他伊庇鲁斯部族人鲁莽急进,孤军陷入埋伏而败退。他们的溃败使纳谟斯的其他部队无心恋战,这些部队留在营地里,受到阿卡奈尼亚投石手弹如雨下的攻击,最后退回其盟邦奥尼阿代城内,四散回国。①

与此同时,佛尔米翁在拒绝了对阿卡奈尼亚人支援以后,一直等着伯罗奔尼撒主力舰队的到来。当47艘敌方的三桨座船和许多较小舰只沿海湾南岸破浪而来时,佛尔米翁就率其20艘三桨座

---

① 2.66、68、80-82.

船靠北岸列阵,阻止敌方通往阿卡奈尼亚。这天晚上,伯罗奔尼撒人从帕特雷起锚出海,想偷偷越过,但在吕昂西部海面被发觉。他们在黎明前的昏暗中把战舰围成圆圈,船头向外,船尾向内,在平静的海面上停桨静泊;在圆圈内,有五艘最佳战舰排列在当中,准备随时支援任何外围船舰,其他较小舰只则密聚于中心。佛尔米翁不愿按伯罗奔尼撒惯用的甲板搏斗的战术和对方交锋,这种战术雅典人在夕波塔战役已见识过了;因为他知道自己舰只在数量上处于劣势,敌舰还满载着武装步兵。他命令他的战舰非到他自己亲自发出作战命令时不得开战,同时要它们列成单行纵队绕敌舰的圆圈行进,一圈一圈地越靠越近,并佯作正要向敌方撞击的样子,因而使伯罗奔尼撒人逐渐向后缩,船舰的圆圈也越缩越小。当佛尔米翁期待的风从海湾刮起时,初升的太阳使海面波光耀眼。伯罗奔尼撒的船舶因拥挤而纠缠在一起,他们的秩序马上就混乱了。船舰互相碰撞,必须用篙竿才能互相推开,呼唤声、叫喊声、诅咒声乱成一片,水手长的命令无人听见;即使水手能坐上桨位,他在风浪中也摇不开桨,他们的船随风浪摆布,完全不能用当作舵橹的船边长桨控制航向。在这关键时刻佛尔米翁发出作战号令,雅典人奋起猛冲,船头直撞在敌舰舷侧。他们锋芒所向,敌舰纷纷破毁;他们把剩下的敌舰一直追到帕特雷和岱米。雅典人毫无损失,却在追击中俘获了12艘三桨座船而返回瑙帕克图斯,伯罗奔尼撒舰队的残余船舶也立即西航逃向伊利斯的西伦尼。

在西伦尼,他们和纳谟斯及其伯罗奔尼撒军队会合了,纳谟斯一行是乘琉卡斯集合的船只来到此地的。斯巴达当局知道这次丢脸的海上失败以后,派了三名代表前来,其中之一是布拉西达,他们担负着集合更多船只进攻佛尔米翁的使命。同时,佛尔米翁也派人去雅典要求增援,但援军未到之前,77艘伯罗奔尼撒的三桨座船已席卷而至,它们下帆解索,摆开了决战的架势,挺进到吕昂角狭窄的海面,靠着伯罗奔尼撒岸边停泊,那里还有陆军可以依托。佛尔米翁则把他的20艘三桨座船靠对岸停泊,那里有来自瑙帕克图斯的美塞尼亚重装步兵列阵以待,他的舰队略偏向吕昂海峡的西面,以便在开阔的海面上作战。

几天以后,伯罗奔尼撒司令官制定了他们的作战计划。由于他们比雅典舰队更靠近现在没有防卫的瑙帕克图斯海军基地,他们决定北驶直向瑙帕克图斯,这样就有希望使佛尔米翁为保卫瑙帕克图斯而随之进入海峡的狭处。黎明时分,伯罗奔尼撒舰队列成纵队驶向瑙帕克图斯,四舰并排,以20艘最快战舰为前锋。佛尔米翁也急忙下令开船出发,以单列纵队靠岸向瑙帕克图斯急驶,通过了海峡的最狭处。这时伯罗奔尼撒船舰就向左急转列成横队全速越过狭处海面向雅典人猛扑,想把雅典船舰困在岸边使它们无活动余地。它们攻击并撞坏了9艘雅典船,其余11艘却逃到了开阔海面,但仍受到20艘最快的伯罗奔尼撒船的追击。在这11艘中有10艘到达了瑙帕克图斯港,于是掉转船头准备迎击追敌。但第11艘却被一只打前锋的属于琉卡斯的伯罗奔尼撒船紧紧盯住,这只打前锋的船已远远抢在它的同伴之前。当这只雅典船快到瑙帕克图斯时,正好有一条商船停泊在海上,它就绕这条商船转一急弯,突然撞向追来的琉卡斯船,把它中腹撞裂,立即沉没。这一出色的动作制止了伯罗奔尼撒人的追击,他们惊惶失措,队形零乱,有的冲到浅滩而搁浅,有的迷航停桨,因而在这种近战情况下陷入极其愚蠢的险境。雅典船舰立即把它们追逐得溃不成军，逃向吕昂海口。雅典人俘获了六艘敌船，夺回了他们自己在战斗开始时就被打坏了的九艘船。伯罗奔尼撒舰队于是作鸟兽散。佛尔米翁得胜后不久又迎来了一支由20艘船组成的增援分舰队。①

佛尔米翁的辉煌胜利挽救并加强了雅典在西北希腊的地位。他在冬季巡游了阿卡奈尼亚各地，逐走了那些有亲伯罗奔尼撒之嫌的人，在公元前428年春凯旋回返雅典。他的胜利鼓舞了被瘟疫吓坏了的雅典人，使斯巴达人在海上称雄的希望破灭了；因为，假若伯罗奔尼撒连在它们家门口的海上都无法搞一支精干的舰队，它们要在爱琴海立足就无从谈起了。在第二次被佛尔米翁打败之后，纳谟斯、布拉西达等为了恢复其部队的士气，计划了一次对比雷埃夫斯港的袭击。水手们步行越过地峡，每人带着自己的桨、桨架索和座垫，在晚上他们就把原已放在干船坞中两年之久的40艘麦加拉人的三桨座船下水出航。可是，船漏了水，伯罗奔尼撒人的勇气就下降了。他们转而攻萨拉密斯岛。当岛上发出火光报警时，惊慌笼罩了比雷埃夫斯和雅典。但袭击并没有发生。黎明时伯罗奔尼撒人带着掳获品和俘虏回到麦加拉，雅典人则在比雷埃夫斯港口外加了水栅铁索，并增强了防备偷袭的卫队。直到这时之前，伯罗奔尼撒人除了在卡利亚海岸外截击雅典个别商船和处死在伯罗奔尼撒岸边抓到的任何敌方和中立国的水手外，还从未在爱琴海上有任何活动。当在爱琴海展开海战的时机到来

---

① 2.83-92.

时,他们还是准备不周,他们的做法又挫伤了各海岛人民的同情。①

　　公元前429年夏天,斯巴达利用其陆上优势进取普拉提亚,这个小城邦在希波战争中曾如此英勇奋战,各希腊联盟城邦都一致确认今后要永远保护它免遭任何侵略。阿尔齐达姆斯提出:如果普拉提亚放弃和雅典结盟并退出战争,斯巴达将尊重普拉提亚的中立。普拉提亚被允许去和雅典人协商,雅典人则劝他们保持同盟并答应尽力所能及帮助他们。普拉提亚人于是拒绝了阿尔齐达姆斯的提议,阿尔齐达姆斯便认为这样一来他就有理由下令攻城了。但斯巴达人的每次进攻都被打退,负责守城的是400名普拉提亚人和80名雅典人的卫戍部队,还有110名普拉提亚妇女为他们做饭。攻城之举既归无效,斯巴达人便在普拉提亚城外筑墙围困,墙凡两层,两墙之间驻防一支强大的伯罗奔尼撒和彼奥提亚的部队,这是公元前429年秋天的事。雅典没有采取步骤解普拉提亚之围。假若它不能保它自己的农村不遭敌人蹂躏,它当然也没有希望能保住普拉提亚。另一方面,延续达两年之久的围城战却耗费了伯罗奔尼撒方面大量人力和资金,这却是和这个城邦的不很重要的战略地位很不相称的。②

　　到公元前428年,伯罗奔尼撒人还没有能重新开始在西部作战。一支30艘船的雅典舰队蹂躏了拉哥尼亚海岸以后,派出了12艘船前往瑙帕克图斯,配合阿卡奈尼亚人对奥尼阿代做了一次不成功的进攻,并在琉卡斯附近的奈里库斯进行掠劫时遭到重大

---

① 2.102-103、93-94、69、67.4。
② 2.71-78。

损失。在这个战场上,双方都已达到束手无策的僵持困境:伯罗奔尼撒人击不退雅典人,雅典人只有 12 艘船舰,没有扎西恩多斯、凯法伦尼亚和科尔西拉的支援也无力对任何驶往伯罗奔尼撒的商船实行有效的封锁。公元前 428 年,伯罗奔尼撒人再次蹂躏了阿提卡并继续围困普拉提亚,这两者对雅典人心士气的损伤都要比对军事实力的损伤为大。雅典本身也仍过于虚弱而无力采取主动。在南爱琴海,它强迫塞拉缴纳贡金,但没能攻取克里特西北部的基冬尼亚。因此,南部航线仍对伯罗奔尼撒的截击舰只和通往伯罗奔尼撒的商船开放。在卡尔西狄斯,雅典在攻陷波蒂代亚以后进展甚微,双方都没有争取到波斯的支持。公元前 430 年派到波斯大帝宫廷去的伯罗奔尼撒使节,半路上被色雷斯王西塔尔奇斯逮捕了,送到雅典,在那里未经审判即被处决。①

第二节 雅典胜利在望
（公元前 428—前 424 年）

公元前 428 年 6 月,列斯堡发生了起义,从而打破了战事的普遍僵持局面。这是东部爱琴海最大最富的岛,起义的组织者是岛上的密提林城邦。它打算把列斯堡各城邦在它控制下统一起来,建造更多船舰,加固防御工事,引入大量小麦和佣兵射手等。但它的计划被雅典人知道了。雅典人有鉴于过去的萨摩斯起义,立刻行动起来,谨慎地保住了梅弟姆娜——岛上唯一仍忠于它的城

---

① 3.7、3.1、2.85.5—6、67;希罗多德,7.137;IG, i^2 216—217。

357 邦——并封锁了密提林的两个港口,在城市的每一边雅典人都修筑了壁垒森严的海军基地。与此同时,密提林两次派使节至斯巴达,紧急请求结盟并力陈密提林舰队实力之强。在公元前428年8月的奥林匹克节庆会上,他们向斯巴达同盟的代表讲了话。他们说,眼下是伯罗奔尼撒人千载难逢的良机。列斯堡和奇奥斯是雅典帝国中唯一拥有舰队的城邦。假若伯罗奔尼撒人派兵援助密提林同时又从海陆两面进攻雅典,他们就能在爱琴地区普遍掀起起义,并能趁雅典在长年累月饱受瘟疫之苦和大量财政支出以后的虚弱,稳操胜券。斯巴达同盟接受了列斯堡为其盟员,并按密提林使节的意见行动起来。斯巴达下令同盟集合其三分之二的总兵力再次入侵阿提卡,开始准备从科林斯湾经陆路把战舰拖运到萨隆尼克湾。但它的盟邦并没有跟上它这样紧张积极的活动。伯罗奔尼撒的山区还在进行收割,这些盟邦没有希洛人可供驱使,公民都得下田劳动,而且年年出征也使他们感到厌烦。因此他们集合得很慢,也很勉强。同时,雅典却采取了一个漂亮的勇敢行动。他们已经有70艘船在海上作战——30艘沿伯罗奔尼撒海岸活动,40艘封锁密提林港口——他们又动员了骑士级以下的所有公民,装备了100艘战舰,进行对伯罗奔尼撒东海岸的掠劫。斯巴达于是放弃了其入侵阿提卡的计划。他们命令各盟邦为公元前427年的航行季节准备好40艘战舰。

斯巴达同盟的拖沓和雅典的敏捷决定了密提林的命运。因为在斯巴达人放弃其计划时,雅典却派了1 000名重装步兵到这岛上,从海陆两面包围了密提林城。随着粮食渐少,而伯罗奔尼撒援兵又未至,密提林的寡头派陷入了绝望的境地,在一个冬天潜入该城的拉西第蒙人萨莱修斯劝告之下，他们把普通群众武装起来准备突围。但是人民有了武器以后就团结起来威胁当局向雅典投降。寡头派于是向雅典司令官帕齐斯请降，双方同意让密提林使节到雅典去由雅典人民决定投降条款。

一个星期以后，42艘伯罗奔尼撒船只在斯巴达人阿尔西达斯指挥下，到达了亚细亚岸边的恩巴敦，帕齐斯对此却毫无知觉。伯罗奔尼撒在5月已侵入阿提卡并留在那里，使得雅典部队忙于守城防务。这时，阿尔西达斯就缓慢而胆小地率其分舰队自达那隆海角出发，绕提洛、伊卡利亚和迈孔诺斯而达恩巴敦。他从那里没有攻击在密提林的帕齐斯舰队，也没有夺取一个爱奥尼亚的基地以便掀起当地普遍的叛乱，也没有争取波斯总督皮苏迪尼的支持，而这些都是他的谋士向他建议过的；相反，阿尔西达斯却撤退到以弗所，随后又向西南逃跑，返回伯罗奔尼撒，这时他已被帕齐斯紧紧追赶着。他的畏敌撤退丑行的最高峰则是屠杀每一个被俘的水手，直到萨摩斯人不得不警告他，这样的蠢事已使得所有同情伯罗奔尼撒的人转向了敌方。当阿尔西达斯逃走后，帕齐斯赶走了那些占领诺丁姆的亲波斯党徒，而让科罗丰的流亡者，后来还有雅典的移民占据了这个地方。随后他又逮捕了煽动和组织列斯堡起义的那批人，连同萨莱修斯一道押送雅典。在雅典，密提林的使节则正在听候审议条款。

伯罗奔尼撒舰队进入爱琴海的消息使雅典人民大为震动。危险过去以后，他们更怒不可遏。萨莱修斯立即被处死，人民大会开会决定列斯堡的命运。自从伯里克利去世以后，还没有一个政治家能做到大权独揽，有意于掌权者还得看群众情绪行事。在这一时刻,克里昂,一个勇敢而近乎残暴的人物,提出并设法通过了如下的决议:处死密提林的一切男性成年人,把其余的人降为奴隶。一艘三桨座船带着立即执行不得延误的命令送给帕齐斯。第二天,群众的心理又变了,他们觉得这个决定过于残酷而有点儿后悔。人民大会再度开会讨论。克里昂为前一天的决议辩护,其理由是在战争中一个统治的大国绝不能对叛乱宽容而必须把叛乱者处死。他的主要反对者迪奥多都斯则认为,这样的恐怖手段并不能阻止属国叛乱,而只会使它们的反抗更为顽强,况且对密提林的灭绝也会使雅典的收入减少。投票结果双方几乎相等,但迪奥多都斯撤销前令的提议获得微弱多数。于是又一艘三桨座船火速开航,水手吃饭时不停船,轮班划桨,日夜兼程,赶到密提林港,正好在帕齐斯读过了第一艘三桨座船带来的命令即将着手屠杀的时候。密提林虽免于屠杀,其城墙却全被拆毁,船舰被没收,亚细亚对岸的土地财产也都丧失了。岛上所有的土地,除了梅弟姆娜的领土而外,被分为3 000份,其中300份献给众神,其余用来资助雅典移民,列斯堡人在土地上劳动,每年缴纳100塔连特的租金。在克里昂提议下,所有被押送雅典的起义鼓动者全部处死,他们人数约有1 000多名。①

镇压密提林后不久,普拉提亚又告粮绝。守军这时大约有200多名普拉提亚人和25名雅典人,另外还有一些妇女,因为其他人都在严冬的一个风雪之夜越城逃出来了。在无力抵抗的情形

---

① 3.2—6、8—16、18、25—50;*GHI*,63 和 *ATL*,2.76;亚里士多德,《政治学》,1304^{a}4。有人认为1 000 的数目不确。

下，守军向斯巴达司令官投降，以他们将接受斯巴达法庭公平审判为条件。斯巴达派来了五位审判官。他们把普拉提亚人叫了出来，只问一个问题：是否在当前的战争中做过任何一件帮助斯巴达同盟的事。普拉提亚人抗议这种审问方式，他们终于得到了陈述的机会，于是便慷慨指出了他们反抗波斯的功绩和他们对盟邦雅典所负的义务。底比斯代表随即向审判官提出：普拉提亚在战争开始时屠杀了被俘的底比斯公民，现在要为这事报仇。斯巴达审判官于是便把普拉提亚人一个一个地带到他们面前，以上述的那个问题审问他们每一个人。当每个人都回答说没有做过这类事时，他就立即被推出去斩首。雅典俘虏同样都被处死，妇女则变为奴隶。城市后来被夷为平地，土地则归并入底比斯。①

在列斯堡和普拉提亚投降后仍大杀俘虏，这是有违于希腊战争的通例的。过去，对被征服的国家有不同的处置方法：斯巴达除了在美塞尼亚战争而外并不奴役敌方人民，阿尔戈斯和雅典也在好几个场合下这样做（即不奴役敌方人民）。战俘一般是互相交换、赎取和拘留到和约缔结之时。伯罗奔尼撒战争却从一开始就以残酷的措施为其特色。普拉提亚人杀其战俘，斯巴达人屠杀雅典同盟和中立城邦的水手，雅典人则杀掉了西塔尔奇斯押送给他们的伯罗奔尼撒使节。对密提林和普拉提亚俘虏的处决，由于蒙着一层法律审判和冷酷裁决的外衣，就更显得罪恶昭著。这次战争的另一丑恶面是寡头派和民主派内争的残酷无情，它们并且总是引向大国的干涉。依庇道鲁、普拉提亚、密提林和诺丁姆都是

---

① 3.20-24、52-68.

例子。

到公元前427年,在科尔西拉爆发了一场更为可怕的内争,这个城邦在决定西部地区海军实力均势方面有举足轻重的地位,因此对雅典和斯巴达说来都是极其重要的。流血斗争的开场是寡头派冲入议事会屠杀了60名民主派,这些寡头派在原先曾有五人被民主派判罪课以巨额罚金。当一艘科林斯的六桨座船把一些斯巴达使节送到科尔西拉时,寡头派已掌了权。他们因斯巴达人的到来而变得更为胆大,立即向民主派展开猛攻。在战斗中两派都开始武装其奴隶,城市部分被焚,最后民主派占了上风。恰当其时,雅典人带了12艘船和500名美塞尼亚重装步兵赶来了,他们试图制止内战。几天以后,一支53艘船的伯罗奔尼撒舰队也来了,司令官是阿尔西达斯,布拉西达为其顾问。这支舰队先进抵伊庇鲁斯岸边的夕波塔,当它们在黎明时分向科尔西拉前进时,科尔西拉人派出60艘船仓促应战。立刻就有两艘船逃亡,在其余船上水手自相残杀,有13艘船被伯罗奔尼撒人俘获。但雅典船舰阵容未乱,它们攻击伯罗奔尼撒舰队的侧翼,后者被打乱队形后,就缩成一个圆圈,雅典人便成单行绕圈作战,一如上次在科林斯湾那样。后来,当其余的伯罗奔尼撒战舰冲过来时,雅典舰队便向后划水,严阵以待,伯罗奔尼撒人就没有再逼近它们。第二天,阿尔西达斯攻掠了岛上南部一带农村。在科尔西拉内部,民主派和寡头派达成一项协议,共同装备了30艘战舰。但在当天晚上,阿尔西达斯从琉卡斯传来的烽火信号知道雅典的一支舰队已从南方驶来。他便在夜间沿夕波塔岸边驶向琉卡斯,偷偷地溜走了。当60艘船的雅典舰队到达科尔西拉时,民主派已开始屠杀寡头派及其支持者,其中不少人不愿落入对方之手而自杀。在屠杀之中,宗教庇护已不起作用,亲属关系也在所不顾。屠杀进行了一周之久,其时雅典舰队就停泊在港口之内。即使这样,仍有一些寡头派逃脱了。他们后来又回来搞了两年的游击战,直到雅典舰队再次进行干预为止。①

到公元前427年,交战国都深受战争之苦。在伯罗奔尼撒,物资供应日益短缺。公元前428年秋天对阿提卡的第二次入侵之所以延搁,部分原因就是因为贮藏秋粮至关紧要;而这时斯巴达的好心人就是既能送钱又能送小麦和葡萄干的人了。阿提卡和雅典的生产也由于土地屡遭践踏和瘟疫的肆虐而衰落。公元前428年,它对富有公民和外邦人征收一笔财产特别税(eiphora),总额达200塔连特,也开始增加各属邦的贡金。②

雅典的财政储备虽然已在下降,它仍进一步发动海上攻势,切断任何敌方的供应来源和对它的支援。公元前427年夏天,尼西亚斯夺取了迈诺亚岛并在其上驻军,这样就把麦加拉的港口尼撒亚严密封锁起来了。到公元前426年夏天他又攻掠了彼奥提亚的塔那格拉和罗克里沿海一带。他在这个夏天的主要活动是进攻米洛斯岛,这是斯巴达的一个盟友,雅典军共有60艘船和2 000名重装步兵。但米洛斯人拒绝加入雅典帝国。在公元前427年年末,雅典还派了20艘船舰到西西里,去支援它的盟邦列翁提尼和列其昂,这两邦当时正跟叙拉库斯和多利亚各邦作战,后者在名义

---

① 2.103、3.70.1、69—85;有关屠杀俘虏之事可参看 E. Heracl. 962 以下。
② 3.13.3、19;普鲁塔克,《亚里斯提德传》,24;Ar., *Eq.* 313、924。

上则是和斯巴达结盟的。到公元前 426 年夏,雅典在西西里的部队已占领美赖和麦赛纳,也就控制了意大利和西西里之间的海峡。在希腊西北部,进一步的军事行动是由一位有胆略的将军德谟斯提尼发动的,他率领一支 30 艘船的舰队于公元前 426 年夏天来到此地。他在阿卡奈尼亚、扎西恩多斯、赛法伦尼亚和科尔西拉等地召集了一支大军,蹂躏了琉卡斯的领土,并准备从向大陆的一面围攻琉卡斯城,后因接到瑙帕克图斯的美塞尼亚人请求他进军埃托利亚而作罢。①

361　　德谟斯提尼怀有一个野心勃勃的计划,想征服直到彼奥提亚边界的所有中希腊城邦或把它们争取过来。这个计划标志着和伯里克利的战略分道扬镳。因为德谟斯提尼意在陆上有所作为,而这是敌方占优势的领域,他无疑已预见到雅典陆军会对彼奥提亚发动进攻。在这方面他可能得到在雅典的一些人的支持,因为大约与此同时(公元前 426 年夏),尼西亚斯已率军从海上登陆攻掠塔那格拉,雅典陆军主力也开拔出境,准备和他在彼奥提亚会合。德谟斯提尼的计划在埃托利亚遭到惨败。阿卡奈尼亚人和科尔西拉人拒绝合作,他的盟邦、奥佐利亚罗克里的轻装步兵集结得很慢,而埃托利亚各部落却出乎意料地团结一致。德谟斯提尼的部队在夺取了一些未设防的村落以后,在荒野之地被蜂拥而至的埃托利亚山民重重包围起来,这时他的以重装步兵和射手为主的军队还没有和罗克里人会合。这些埃托利亚山民以投枪和投石器作为武装,等到对方射手发完箭矢以后,立即猛冲而上,用投枪石弹

---

① 3.51、91、86、90、94;*GHI*,62(米洛斯献给斯巴达的礼物)。

痛歼已劳累不堪的重装步兵。雅典人及其盟邦军便四散溃逃,大约有一半到达了海边,爬上了等待着他们的舰队。雅典军的逃生者回返雅典,但德谟斯提尼却待在瑙帕克图斯,他害怕向公众报告自己的失败。他至少已学到一个教训:一个没有其他兵种支援的重装步兵部队,在山区是难以对付领导有方的散兵游击的。这个教训还有一个必然的后果:即使他能把这些埃托利亚部落争取过来进入彼奥提亚,这些埃托利亚轻装部队在彼奥提亚平原上却又不是彼奥提亚骑兵及其重装步兵的对手。①

　　德谟斯提尼的失败鼓舞了斯巴达人,他们和埃托利亚人联合起来,在西北地区对雅典占领地及其盟邦展开进攻。就在公元前426年的夏天,斯巴达人在特拉奇斯的赫拉克利亚建立了一个强大的殖民城邦,他们在此地得到特拉奇斯各部落和多利斯人的支持。它在赫拉克利亚的军队可以封锁温泉关的通道,在多利斯的盟邦则可以扼制两股大道,一条从科林斯湾经安菲萨,另一条从彼奥提亚经弗西斯,两路都会合于多利斯的夕丁尼昂,然后走坡路到马利斯平原。假若斯巴达同时有力地控制了赫拉克利亚和夕丁尼昂,它就能割断雅典盟邦帖撒利向南的交通联系,它自己或许还可以北上与卡尔西狄斯人、波提亚艾人会合。赫拉克利亚也靠近优卑亚海峡。斯巴达殖民者已开始建造船坞,准备侵扰雅典通过海峡的航运和攻掠优卑亚。在公元前426年秋季,他们派了500名重装步兵到德尔斐,在那里已有一支由斯巴达将军欧律罗库斯指挥的2500名伯罗奔尼撒重装步兵的部队入境。奥佐利亚的罗克

---

①　3.94—98.

里人在这样吓人的大军面前没敢反抗,只有伊尼昂和攸帕利昂两镇不肯屈服而被攻陷。埃托利亚人于是便协助欧律罗库斯夺取了莫利克利昂并占据了瑙帕克图斯的郊区。但瑙帕克图斯城本身却由于德谟斯提尼迅速果断的行动而得救。因为他说服了阿卡奈尼亚人,让他带着他们的1 000名重装步兵及时渡海而至,加强了城防。由于冬季逼近,欧律罗库斯便进入西埃托利亚,扎营休整。与此同时,安布拉西亚为了和欧律罗库斯合作进攻安菲罗奇亚的阿尔戈斯及阿卡奈尼亚,也武装起来了。①

阿卡奈尼亚人知悉对方这些备战情况以后,就向游弋于伯罗奔尼撒海边的20艘雅典船舰的指挥官,以及在瑙帕克图斯的德谟斯提尼求援。在冬季,来自安布拉西亚的3 000名重装步兵占领了奥尔匹,阿卡奈尼亚人加强了阿尔戈斯的守军,并占据克勒尼,希望在这两点之间截击欧律罗库斯从南面大道过来的军队。但是欧律罗库斯却另取迂回路线,在夜间通过阿卡奈尼亚人的阵地而和安布拉西亚人会师。会合以后,军队达到6 000名重装步兵和少量的轻装部队,在阿尔戈斯北面的麦特罗波利扎营,并期待从安布拉西亚召来的一些增援部队。不久以后,20艘雅典船也驶入安布拉西亚湾,同来的有德谟斯提尼率领的200名美塞尼亚重装步兵和60名雅典弓箭手。德谟斯提尼被推举为总指挥官,他扎营于靠近麦特罗波利的奥尔匹。他的军队人数远少于敌方,重装步兵和轻装步兵的比例也少于欧律罗库斯的军队。但是,假若他再等待下去,欧律罗库斯就会进一步得到安布拉西亚的增援。所以他

---

① 3.100-102;D. S. 12.59.5.

决定一战。到第六天，欧律罗库斯就发动进攻，他自己指挥左翼。他不知道阿卡奈尼亚的 300 名重装步兵和一些轻装部队已经埋伏在他这一翼前进的地点。一当他和德谟斯提尼直接指挥的美塞尼亚兵和雅典兵交锋时，已处在他背后的阿卡奈亚人立即冲出来，从背后向他们进攻，欧律罗库斯及其许多部下被杀身死。这时，在右翼的安布拉西亚人和伯罗奔尼撒人已打败对方而正向阿尔戈斯推进，但他们却被大获全胜的德谟斯提尼的部队切断，最后溃不成军，败退到海边的奥尔匹。

继欧律罗库斯担任斯巴达司令官的门尼达攸斯开始和德谟斯提尼及阿卡奈尼亚将领谈判。他的处境是绝望的，他的残存部众据有一座没有水源的小山，无论从陆上和海上都已被团团围困。他和对方搞了一个秘密协定，允许他和他的伯罗奔尼撒部队通过敌方防线，而让安布拉西亚人和雇佣军自谋生路。在这同时，德谟斯提尼得知安布拉西亚援军已经开拔，他便派部队北上占据各山口，并在爱多美尼设了埋伏。门尼达攸斯那时把他的军队三三两两地遣散潜入平原，可是他的盟军和雇佣军也跟在他们后面跑了。阿卡奈尼亚士兵不知上头已和门尼达攸斯订有秘密协议，便向他们追击，结果是一场大混战。门尼达攸斯和他的伯罗奔尼撒部队最后终于越过防线，但他的盟军和雇佣兵却四散逃入荒山。德谟斯提尼连夜率军北上，在黎明时分接近了安布拉西亚增援部队的宿营地。他把敌军岗哨消灭后，就进入营地几乎一个不剩地歼灭了所有敌军。因为这些安布拉西亚人对麦特罗波利及其后的战事一无所知，最初他们还把说多利亚语的美塞尼亚人误认为自己人而没有反抗；此外，由于他们主要是重装步兵，在这深山老林之中更不是德谟斯提尼的轻装部队的对手。经这一战,安布拉西亚的步兵几乎扫地以尽,德谟斯提尼便倡议直扑安布拉西亚城。可是阿卡奈尼亚人却不同意。他们不愿在这样靠近他们的地方给雅典取得一个重要据点。当雅典船舰离开以后,阿卡奈尼亚、安菲罗奇亚就和安布拉西亚结成了为期一百年的防御同盟。这一带地区从此不再成为兵戈相向的战场。在冬天,科林斯又成功地派了300名重装步兵经陆路进入安布拉西亚,保卫它免遭雅典人的攻击。[①]

这些事件使斯巴达威信大损,却加强了德谟斯提尼的声望。他领导下的一支以轻装步兵为主的军队已在战争中第一次使伯罗奔尼撒和安布拉西亚的重装步兵大遭失败。斯巴达放弃了在中希腊的主动进攻,在那里,它的殖民城邦赫拉克利亚由于斯巴达长官的苛政和帖撒利人的攻击而陷于困境。斯巴达只好以公元前425年春的一次入侵阿提卡为自慰之计,同时,它还派遣了60艘伯罗奔尼撒船到科尔西拉,希望能推翻当地的民主派。在雅典,人民决定降低付给雅典娜神庙的战争借款的利息,提高各属邦的贡金每年达1 000塔连特,另外还有总数达200塔连特的赔款不计算在内。[②]

雅典决定用这笔钱装备40艘船舰,然后绕航而至科尔西拉,加强在西西里海域的舰队,因为它在那里进展极小。在当时还没有担任官职的德谟斯提尼被人民授权随同出征,在他认为合适时可以利用这支舰队攻击伯罗奔尼撒人。当舰队航行在美塞尼亚海

---

① 3,105—14;Polyaen. 3.1.2;SiG,81(参见 GHI,65)和 IG,2^2.403.9。

② 42;GHI,74,66;普鲁塔克,《亚里斯提德传》,24;Ar. $Eq.$ 839。总数有争议,一些学者估计贡赋总数约为1 460塔连特。

岸时遇到了风暴，船只停泊在派罗斯，它是一个多岩的海角，位于一个可避风暴的港湾出口的向海的一面。德谟斯提尼想在海角尖端筑堡设防，遭到舰队指挥官的拒绝。随着坏天气继续不断，士兵感到无事可做便随手用石头、泥浆筑起一道墙，这些石头都是他们弯着腰、两手放在背后抓着它背过来的。六天以后，天气晴朗了，舰队便驶向科尔西拉和西西里，留下德谟斯提尼和五艘船在这个设防工事上。当40艘船都在派罗斯时，斯巴达人没采取什么行动，因为他们正在国内举行节庆会，他们的军队也还留在阿提卡。但是，当德谟斯提尼带着五条船留下来以后，他们就把军队从阿提卡调回，也把舰队从科尔西拉调回，在扼制港湾两边出口的斯法克特利亚岛上派驻了一些步兵，并计划把港口用破船堵塞起来。但他们在完成这一计划之前，就想用突击把德谟斯提尼的阵地夺下来。

德谟斯提尼从他的五艘舰船派出两艘去把雅典舰队从扎西恩多斯叫回，他还把偶然碰到的两艘美塞尼亚船留下作为增援力量，其中一艘船是30桨的武装船，另一条较小，它们是在这一带担负截击掠劫任务的。德谟斯提尼占据很有利的地势，他的兵士——总数约1 000名，包括重装步兵、弓箭手、带着临时准备的盾的水兵——拼命作战，非常勇敢，因此在和斯巴达人作战时打伤了斯巴达最著名的军官布拉西达，后来还把他的盾牌连同其他战利品奉献给神庙以纪念雅典人的胜利。到第三天雅典舰队也赶来了。次日清晨它们就从斯巴达人还来不及封锁的两个入口驶进内港，冷不防地捉获敌舰，使之再也不能起作用了。接着它们又在斯法克特利亚岛四周布置巡逻，把岛上的420名斯巴达兵及其希洛人随从困在山林里了。

斯巴达当局到战地视察了情况,和雅典人订立了停战协议,主要条件是雅典人允许斯巴达向岛上人员提供粮食,斯巴达舰队则全部交雅典支配。斯巴达使节立即奔赴雅典,请求议和、结盟以交换岛上人员使其获得自由。假若雅典予以接受,它的帝国将安全无恙而斯巴达的地位则将被削弱。因为,斯巴达并未与盟邦协商,它已准备牺牲它们的利益,放弃它为自由而战的宗旨,并使自己与称霸的敌国为伍。在这样一个同盟中雅典是远为强大的一方,而且只要它愿意,还可以从外交方面大肆利用德谟斯提尼已勇敢地为它取得的优势。假若伯里克利在世的话,他会说服人民大会接受这些条件的。但是,在六年苦战以后,人民希望更为丰厚的胜利成果,而克里昂也煽动他们要求更多的东西。在他的倡议下,人民大会做了如下的答复:假若斯巴达把斯法克特利亚的人员交给雅典,并交出尼萨亚、皮加依、特罗曾和亚该亚,雅典就延长停战状态而讨论具体的和约条款。当斯巴达使节要求和雅典代表举行机密会谈时,克里昂却坚持要搞公开讨论。斯巴达使节于是启程回国。

在派罗斯,雅典司令官断言斯巴达有一次违犯停战协定,因而把60艘斯巴达船舰全部拘留。敌对行动再度开始,雅典军队面临着巨大困难,既无停泊船舰的滩头,又在海角上短缺水源。白天有少数船舰在斯法克特利亚岛四周巡逻,但在晚间,由于不断增援总数已达70艘的舰队则驶离岛外。虽然雅典人并不麻痹轻敌,斯巴达人仍能用小船和皮囊等让人带着粮食偷运给岛上的重装步兵及其随从。同时,雅典也面临着为这遥远地点上的14 000名士兵和水手供应粮食军需的问题。假若封锁一直延续到冬天,雅典舰队将不能驶离岛外,漫长的供应线也难以维持。

在雅典,人民大会已为克里昂要公众对斯巴达使节采取的那种不妥协态度感到后悔。当有人提议让克里昂连同其他人去视察战地时,克里昂批驳了这一建议,认为视察没有必要;他的理由是假若在职的雅典将军们是真正的大丈夫的话,他们将轻而易举地俘获那些斯巴达人,而且,假若他自己身为指挥官,他一定会做到这一点。克里昂的嘲弄意有所指,那就是他的政敌尼西亚斯,即当时列席人民大会的首席将军。然而他的话也应到自己身上,因为尼西亚斯立即提出辞职而要把指挥权让给他。克里昂于是想推脱掉。可是,他越是推,会上要他出航的呼声就越高。最后他不得不受命出航,把德谟斯提尼任命为他唯一的同僚,并带上了一批重装步兵、轻装兵和弓箭手。他扬言要在20天之内把斯巴达人活活地捉过来,否则他自己就死,这引起了大会哄堂的笑声。由于雅典人对几百个斯巴达重装步兵的勇敢极其敬佩,因而对他们在战地上的14 000人是否能进行一次攻击大有怀疑。

当克里昂抵达派罗斯时,德谟斯提尼已做好准备。凑巧当时岛上发生一场大火,风助火势,几乎把岛上林木全烧光了,德谟斯提尼因而对岛上敌人的隐藏地点和斯巴达兵的数目、分布情况有更清楚的了解。他在黎明时分命令士兵登陆并逐步散开,先以轻装步兵去袭扰斯巴达人,重装步兵则退居后阵。斯巴达人在灰烟尘雾中晕头转向,而投枪、箭矢和石弹又从四面八方向他们射来,终于被驱赶到一个简陋的小堡中拼死苦斗,最后,美塞尼亚人从后面爬上了悬崖,他们就陷入腹背受敌的绝境了。斯巴达人于是聚在一起,自料死期已到。但克里昂和德谟斯提尼却调开了雅典军,要求斯巴达人投降。这些斯巴达人在接到大陆上的斯巴达司令部的"只要不做出有伤名誉的事即可自行决定"的指令后,就向雅典人投降了。在出发20天之内,克里昂果然带着292名俘虏,其中有120名是斯巴达人,回到了雅典。他取得这一成功得力于他自己的政治勇气,也得力于德谟斯提尼的将才。①

雅典人的胜利使斯巴达士气大为低落。当雅典人威胁说如果斯巴达军插足于阿提卡土地,雅典人就要处死他们的俘虏时,斯巴达于是停止入侵阿提卡。斯巴达人甚至已在一定程度上丧失了陆上的主动权,海军则全被夺走,他们不得不转向防御。雅典人则步步进逼。他们把美塞尼亚人从瑙帕克图斯移到派罗斯,这些美塞尼亚人可以从这里侵扰内陆并鼓动希洛人起义或逃跑。雅典舰队从派罗斯驶往科尔西拉,在民主派的帮助下打败了寡头派。残存的寡头派在由雅典人民决定其命运的条件下投降。但是,雅典司令官却以在手续上违反协定条款为理由②把这些人交给了民主派,结果他们全部被极其残酷地处死。在爱琴海,尼西亚斯以80艘船舰和一些马匹运输船发动了大规模的对科林斯沿岸的海上攻击。在夜间,2 000名雅典重装步兵和200名雅典骑兵完成登陆,伴同他们的还有从米利都、安德鲁斯和卡利斯都斯召集来的步兵部队。科林斯人事先已得警报,但他们的兵力已经分散。激战之后,雅典获胜。他们于是蹂躏了科林斯的其他地区和依庇道鲁

---

① 4.3—6、8—23、26—40、Ar. *Eq.* 54、742;斯巴达人的盾奉献于雅典,参见波桑尼亚,1.15.4;Hesp. 6.347。

② 条款规定如有一人逃跑,全体投降人员即违约而全归无效。民主派故意诱使他们逃走,而在逃上船时把他们全部抓住,休战条约因而立即失效。——译者

沿岸一带，占领了梅得纳海角，在它的窄处筑了一道墙，驻军留守，并可由此攻掠邻近的依庇道鲁、哈里埃斯和特罗曾的领土。公元前425—前424年的冬天，他们好几次拒绝了斯巴达和谈的请求，他们还从被俘获的一个波斯密探及其情报中得知波斯仍坚持中立的政策。他们也派了使节到波斯宫廷。在东部爱琴海，他们的船舰按新增税率催交贡金，帝国中唯一独立的盟邦奇奥斯也服从雅典指令而拆除了新近筑成的工事。①

　　公元前424年夏天，尼西亚斯在拉哥尼亚打了一个胜仗。他占领了拉西第蒙人的岛屿基德拉，并派军驻防。从这个海军基地雅典人可以截击从埃及和利比亚到拉哥尼亚的商船，尼西亚斯还攻掠拉哥尼亚沿岸达一周之久，没遇到什么抵抗。在夏末，雅典企图占领麦加拉以切断伯罗奔尼撒跟彼奥提亚和中希腊的联系。自开战以来，麦加拉每年都有两次遭兵灾蹂躏，尼萨亚此时已由一斯巴达军官指挥的伯罗奔尼撒军队驻守，在皮加依立足的寡头派流亡者则攻击田间劳动的麦加拉人。在这种紧张情况下，麦加拉人准备允许寡头派流亡者返国。民主派首领则准备让雅典占领城市。雅典军队在夜间从迈诺亚到来，德谟斯提尼率领轻装步兵，希波克拉底则带领600名重装步兵，他们在连结麦加拉和尼萨亚的长墙下隐蔽起来。天刚亮，密谋者便把长墙的一个大门打开，德谟斯提尼及其部下立即冲入墙内，割断了麦加拉和尼萨亚的联系。但是计划的下一步——打开麦加拉城门——却没有实现，雅典军（在清晨还得到来自埃琉西斯的4 000名重装步兵和600名骑兵

①　4.41-48、50-51、Ar. *Eq.* 604.

的增援)便转而围攻尼萨亚的伯罗奔尼撒驻军。次日傍晚驻军投降。雅典军遂占领尼萨亚,拆毁了长墙内陆的一端,并准备封锁麦加拉。

当雅典进攻的消息传来时,斯巴达军官布拉西达凑巧在科林斯附近征集了一支部队,他立刻派一使者往彼奥提亚,要他们派兵在第二天破晓前到麦加拉地区的特利波弟卡斯和他会合。他率领将近4 000名重装步兵,首先到达会合地点,那是在尼萨亚驻军投降的当晚行军赶到的,在夜间他们临近麦加拉城时,城里人没让他们进去。黎明时分,包括2 200名重装步兵和600名骑兵的彼奥提亚部队也到达了,布拉西达便按他选定的阵地向雅典人请战。雅典的将军们却决定不交锋。他们军队人数较少,也不敢冒重大损失的危险,因为雅典步兵兵源短缺,而敌方则拥有几乎是无限的兵源。当雅典人退回到尼萨亚以后,麦加拉便开城迎入布拉西达。寡头派逮捕了约100名民主派人士,以叛国罪对他们进行公开审判并把他们全部处死。这个城邦终于被保存于斯巴达同盟之内,布拉西达随即撤回科林斯。①

在战争期间的这个时刻,雅典达到了其成就的顶峰。斯巴达的军事与政治威望都可悲地动摇了。斯巴达人已在斯法克特利亚屈膝投降了。斯巴达本身已被美塞尼亚和拉哥尼亚的起义所削弱。它未能保护其盟邦。科林斯失掉了除琉卡斯和安布拉西亚之外的所有爱奥尼亚海和爱琴海的殖民城邦,即使对琉卡斯和安布拉西亚,也是靠派驻军队才得以保住的。从公元前433年以来,它

---

① 4.53—57、66—74;有关麦加拉地区的道路可参看 BSA,49.112。

不断耗费了大量人力、财力和船舰,但都无成效。麦加拉弄得一贫如洗,它本身的存在也由于雅典驻军于尼萨亚而变得岌岌可危了。所有城邦都由于遭到攻掠、蹂躏和截击商船而大受损失。伯罗奔尼撒舰队不再活动。封锁的圈子越缩越紧;因为雅典现在已在派罗斯、基德拉、梅达纳、尼萨亚、迈诺亚、普特列昂和阿太兰特拥有坚固的阵地,它的舰队在西部地区也在扎西恩多斯、赛法伦尼亚、科尔西拉、瑙帕克图斯和阿卡奈尼亚等地拥有基地,而阿卡奈尼亚还控制了奥尼阿代和安那克托利昂。长期战争的消耗与苦难还使一些城邦内部陷于分裂,削弱了它们的抵抗能力。甚至在彼奥提亚各邦内(虽然它们受害最少),也有一些民主派首领愿意让雅典进行干预。①

　　雅典为它的成就付出了高昂的代价。瘟疫夺去了它三分之一的人口。血战消磨了它的军事实力:如果说它在公元前431年能投入13 000名前线重装步兵的话,那么在公元前424年它能否投入8 000名都值得怀疑。从它肩负的使命看,这一重装步兵的数目已经低到危险程度。另一方面,舰队却极其强大。它只损失了很少的船舰,而这些船舰上的水手有一部分还来自各属邦。战争已把雅典国内的阶级平衡改变了。上层和中层各阶级现在已居少数,民主宪政的控制权已落入贫苦阶级之手。战争也使各阶级的利益日趋分歧。骑兵和重装步兵伤亡最重,因为他们领头向海外登陆、作战、围攻等主要军事活动。他们所出身的阶级在阿提卡遭蹂躏时也受害最大,他们还以宗教捐献和资产特别税等形式缴纳

---

① 4.40-41、55、42.3、49、77.2、76.2。

大量税金。他们虽然也是爱国者,却愿意接受斯巴达提出的有利条件而结束战争。第四级——雇工级在战争中却很少伤亡。他们也不纳税。他们接受国家的补助和薪饷就像为帝国服务而得到酒钱一样,因此他们自然会从爱国和自身利益出发而坚持继续作战以扩张帝国。① 国内这两大集团之间的利益分歧为雅典政治喜剧作家提供了素材。公元前426年3月举行迪奥尼修斯节庆时,当着许多盟邦代表的面,阿里斯多芬在他的喜剧中把雅典属邦表现为磨坊中的奴隶,并提到给萨摩斯俘虏刺字烙印的事。公元前425年2月,在城邦迪奥尼修斯节庆会上,他嘲笑了雅典人对于战争起因的说法,强调了农民们对阿提卡乡间生活的向往,抨击了主战派的头领。公元前424年2月,他把克里昂讥讽为臭名远扬的战争贩子,他拒绝斯巴达的和平倡议只是为了使他自己在城邦中飞黄腾达。② 这些都是阿提卡剧场中的笑谈,但它们是带刺的笑谈,是有意刺痛那些坚持延长战争的人的。

国内意见分歧日趋严重的一个结果就是对执政官员的不信任感日益发展,这些官员主要是从上层阶级选出的。佛尔米翁可能在这时被课罚金,其罪名是擅用公款。德谟斯提尼在埃托利亚打了败仗后不敢回国面对人民。公元前424年夏天,西西里的各个希腊城邦经叙拉库斯能干的政治家赫尔莫克拉特劝说后,在它们之间缔结了和平而摆脱了雅典的干涉。当雅典军队回国后,两位将军被判流放,第三位被罚款,理由是他们本来可以征服整个西西

---

① Ar.,*Eq*,595;*Ach*.,225—232;*Eq*.,912、924;*V*.1303.

② Ar. *Babylonians*(参看 Schol. Ar. *Ach*.,378);*Ach*.,509—56;*Eq*.,44—79、795—809。这些剧本都相继在公元前426年、前425年和前424年上演。

里,反而因为受贿而回师。由此可见雅典在许多战场上的成功已使其人民野心大增,妄自尊大。可是,无论如何他们在两个地区仍未得手:一是卡尔西狄斯和波提亚艾,那里的造反者仍在凭险固守;另一则是小亚细亚沿岸,那里有萨摩斯和列斯堡的流亡者组成了两个抵抗中心。在陆上,他们的重装步兵仍难以对敌人赢得一场决定性的胜利。①

第三节 雅典的失败和尼西亚斯和约（公元前424—前421年）

公元前424年夏天,当雅典军从麦加拉返国时,将军们接到彼奥提亚城邦中一些民主派的提议,请他们帮助在全部彼奥提亚建立民主政治。于是他们制定了一个三面进攻的计划。北彼奥提亚的奥科美努斯的流亡者,在一些弗西斯支持者帮助下,将夺取在弗西斯和彼奥提亚边境的恰龙尼亚。德谟斯提尼将率领40艘船舰抵瑙帕克图斯,然后将去占领彼奥提亚西南海岸上的西法依,那里将有密谋者为其内应。雅典军主力则去彼奥提亚东南的弟力安的阿波罗神殿,并在那里为彼奥提亚的造反者建立一设防基地。三面进攻要在同一天进行,这样就把彼奥提亚军力分散了。当11月初这个计划付诸实行时,雅典人并不知道它已被敌人知道了。德谟斯提尼到达得太早,那是因为时间计算有误,结果在西法依没有

---

① Schol. Ar. *Pax*.347;波桑尼亚,1.23.10;修昔底德,3.98.5、4.58—65、4.7、52、75。

得手。在恰龙尼亚也一事无成。与此同时,希波克拉底带着由雅典公民、定居的外邦人和盟邦队伍组成的大军正逼近弟力安。在抵达后,他用了两天时间建造了围绕神殿的临时碉堡工事,到第三天,便把雅典大军遣回雅典,他自己则留在那里安排驻军和加固阵地的最后事宜。这一天,彼奥提亚人的全部军队,包括从西法依和恰龙尼亚返回的分遣队,在塔那格拉附近集结起来。当他们知道雅典军已向雅典撤回时,十位彼奥提亚长官都主张不去跟雅典人作战,但第十一位彼奥提亚长官,底比斯的巴公达斯,在当天是值班司令官,却决定出击,并鼓动部属跟着他干。巴公达斯率军行动之时,天色已晚,他派了一个分队去牵制在弟力安的雅典军,同时又把出击的主力布置在小山后背,使敌方看不见。在他的 7 000 名重装步兵中,位于右翼的底比斯军列成纵深 25 人的队形,其余则按正规的八人纵深列队。他的两翼还有 1 000 名骑兵、500 名轻盾兵和 10 000 多名轻装步兵护卫。

希波克拉底在得知敌军临近以后,留下一支守军和 300 名骑兵在弟力安,自己则前去与雅典大军会合。在雅典军中,轻装部队已在回国路上走得很远,但骑兵和重装步兵还和彼奥提亚兵的数目相等。当巴公达斯把自己部队带上山顶时,他看到希波克拉底已把他的重装步兵按正规的八人一列摆好队形,两翼有骑兵,他本人沿着行列走了一半,还在不断鼓舞催促部属上阵。巴公达斯立即率领彼奥提亚人沿着斜坡的有利地形猛冲而下,并且为他的人数较少的队列选择了一条两边有山溪掩护的地带作战。为了抵抗敌军的冲劲,希波克拉底命令雅典军双人为伍准备肉搏。但右翼的底比斯军的雄厚阵容仍压垮了雅典军,他们的阵势终被攻破。

同时,彼奥提亚的左翼和中军则被雅典人打败,损失很大,但巴公达斯从其右翼中抽出两队骑兵,偷偷地从山背绕到正在得手的雅典军后面突然攻击,使雅典人惊慌失措,一片混乱。结果是雅典军全线溃败,四散逃生。他们被彼奥提亚骑兵和一些正赶到战场上来的罗克里骑兵紧紧追赶。全靠夜幕降临,才使雅典免予全军覆没。即使如此,希波克拉底和1 000名重装步兵,以及大量的轻装步兵和随从却陈尸于战场了。其后,雅典仍加强了它在弟力安的守军。但这里也立即被彼奥提亚、科林斯、麦加拉、马利斯和伯罗奔尼撒的大军攻陷了。200名雅典人成了战俘,很多人死于战场,其余的人则逃到船上。①

这是在伯罗奔尼撒战争中唯一的一次雅典陆军全部投入的对阵战。就战役本身而论,它似乎不那么有决定意义,因为彼奥提亚人也损失了500名重装步兵,而且他们的胜利主要得归功于巴公达斯出色的将才,而不意味着在战斗素养上比雅典步兵有任何优势。但弟力安之役的失败在战略意义上却有其决定性的作用。雅典由此认识到伯里克利关于它不能将国力耗于陆战的劝告实属至理。它的力量在于海上,它必须在海上制敌死命。对彼奥提亚人和伯罗奔尼撒人说来,这些重装步兵的损失并不严重,因为他们在这方面还有很大的优势。对雅典人说来,1 200多名重装步兵的损失却是等于手断脚残,因为它的兵源已全部挖尽,难以补充了。同时,斯巴达人布拉西达又已在卡尔西狄斯和波提亚艾展开攻势,这

---

① 4.76—77、89—101;D.S.12.70.5(战利品);SEG,10.81.84(彼奥提亚人的合作者)。

两个地方正是雅典难以控制其属邦的多事之地。

当马其顿王帕尔狄卡斯和卡尔西狄斯的叛乱者惧怕雅典的攻击而向斯巴达求援时,为雅典在弟力安战役以前的成就所苦恼的斯巴达就立即于公元前424年夏派出了布拉西达。斯巴达也确是急于搞这么一个牵制攻势。因为拉哥尼亚和美塞尼亚起义的危险仍如此严重,斯巴达当局已组织了一次对2 000名希洛人头领的大屠杀,征募了骑兵和弓箭手来加强内部治安,并尽一切力量阻止敌方在他们领土上再搞破坏和进攻。斯巴达当局因此在布拉西达提出率军到马其顿时对他很是支持。他们给了他700名解放奴隶——希洛人,训练成重装步兵,还拨了足够的款项让他在伯罗奔尼撒征集1 000名重装步兵。他带着这支队伍到达特拉齐斯的赫拉克利亚以后,就由一些帖撒利的朋友伴同和护送,以最快速度穿越了帖撒利地方,当时它是雅典的盟国,但并未正式向斯巴达宣战,因此,当帖撒利人尚不及征集部队堵截他时,他已抵达皮里亚的弟安。在那里他和马其顿王帕尔狄卡斯的军队会合,后者答应担负伯罗奔尼撒部队一半的军需供应。布拉西达拒绝参与帕尔狄卡斯及其西部邻国林卡斯王阿拉拜攸斯的战事,却和卡尔西狄斯人一起进入了阿堪图斯的国土,这是卡尔西狄斯西部的一个重要城镇。他并没破坏城郊的葡萄园,却劝说阿堪图斯人反叛雅典。他保证尊重阿堪图斯在每一方面的自由,并且代表斯巴达政府和他们宣誓结盟。不久以后,斯塔基鲁斯也跟着起来反抗雅典,布拉西达还和阿尔基鲁斯人开始了谈判,这族人有许多住在安菲波利斯城内,他们和布拉西达搞了一个里应外合夺取安菲波利斯的阴谋。

由于布拉西达的首次胜利是和雅典在彼奥提亚征战是同时发生的,因此对色雷斯的雅典军队没派援军,这些雅典军队当时是由两位雅典将军率领的。一位是欧克列斯,驻守安菲波利斯,一位是史学家修昔底德,他当时在海军基地塔索斯。在一个大雪纷飞的冬夜,布拉西达从卡尔西狄斯边境出发,与那些跟他勾结的阿尔基鲁斯人会合,夺取了斯特累蒙河上的桥梁而进逼安菲波利斯城下。天亮以后,他的军队占据了城南的郊区,但城内的密谋者未能把城门打开。欧克列斯立即派出一条船通知修昔底德火速来援。同时,布拉西达利用安菲波利斯城里乱成一团的局势,宣布释放他手中的俘虏,尊重公民财产,并保证愿意离开城市的任何人生命财产的安全。这些条件被接受了。布拉西达于是进入安菲波利斯,正好在修昔底德带着七艘船舰到达斯特累蒙河口的埃翁几小时之前。布拉西达后来进攻埃翁但未成功,可是斯特累蒙河以东的三个城邦——墨尔西努斯、伽利普苏斯和奥西密——都转到他这边来了。

安菲波利斯的陷落影响甚大。雅典从这一地区取得的财源和木材现在都落到布拉西达手里,他开始用来建设一个舰队。雅典在爱琴海北岸和邻近岛屿上的属邦开始准备起义。布拉西达的温和与诚意被视为典型的斯巴达风度,因为正是斯巴达一贯自诩为自由和独立的拥护者。雅典人民却把修昔底德当作替罪羊。他以丢失一城的罪名遭到放逐,而这个城市正是他竭尽全力去挽救过的。在整个冬天,只要气候允许,雅典一直在加强守军。但布拉西达降伏了埃翁和卡尔西狄斯之间的许多小城镇,占领了托隆,驱逐了雅典驻军。与此同时,布拉西达向斯巴达要求的援军却没有来,因为当时斯巴达的意图是达成和议,并且对一个常胜的司令官也很有猜忌。公元前423年3月,斯巴达及其盟邦和雅典缔结了一年停战协定,条款规定双方保持现状,并为缔结和约举行谈判。①

在签署停战协定两天以后,位于卡尔西狄斯的帕伦尼海角上的斯奇温转到了布拉西达一边,他由于不知道停战协定之事,就接受这个城邦成了同盟,他本人被该城公民加冕为希腊的解放者。几天以后,停战协定传下来了,但雅典代表不肯把斯奇温按协定条款包括在受惠国之内。在斯奇温已布置驻军的布拉西达坚决不同意,于是斯巴达政府提出把这问题按协定条款提交仲裁。雅典对此拒绝。克里昂建议要把斯奇温的公民处以死刑,准备出征。因为雅典在卡尔西狄斯的主要据点波蒂代亚这时已受到布拉西达的威胁,他们也害怕他会在各岛屿上煽动起义。与此同时,曼德城也倒向布拉西达,而布拉西达接受曼德的理由则是雅典拒绝仲裁以及在其他地方都有违约的事。雅典于是也把曼德公民判入应被处死之列。布拉西达随即把斯奇温和曼德的妇女及儿童迁移别处,派了800名士兵协助两城的防守。这样一来,虽然其他各地已经停战,卡尔西狄斯仍然是一个战场。

在公元前423年整个夏天,马其顿王帕尔狄卡斯(他在布拉西达的胜利中一无所获),不断劝说布拉西达和他一道去与阿拉巴攸斯作战。在取得一些初步胜利之后,马其顿军队却在一个夜晚突然惊慌起来,四散逃跑,把布拉西达留在内陆,让他单独面对阿拉巴攸斯和他的同盟者伊利里亚人的大军。布拉西达以卓越的指挥

―――――――――
① 4.78—88、102—119.

挽救了希腊军。他把士兵列成方阵行进,自己则亲率一支精选部队伺机出击。在逃出敌军重围以后,布拉西达的军队对马其顿农村大肆劫掠以泄愤,一贯两面讨好的帕尔狄卡斯转向雅典,并把一些波提亚艾人城池转交给了雅典。这样布拉西达就在南面被切断联系了。一支从斯巴达派来的部队由于帕尔狄卡斯的影响而受阻于帖撒利,在无法通过之后便折回国了。少数斯巴达人到达了布拉西达军中,他们是来视察形势和担任同盟各邦长官的。同时,雅典将军尼西亚斯也率领一支大军从波蒂代亚出击,夺取了曼德并围攻斯奇温。在冬末,布拉西达企图偷袭波蒂代亚,但没有得手。现在他已无法解斯奇温之围。

公元前422年春天,一年停战期限届满。雅典已无意讨论和平。在克里昂的严峻监督下,雅典从贡金、资产特别税、关税等取得的收入当年已接近2000塔连特[1],仍然可以凭此干一番惊天动地的事业。克里昂说服人民任命他为一支大军的司令官,这支军队包括300名骑兵、1200名重装步兵和由各属邦提供的大量部队。他从海上急速前进,夺取了托隆。他是从海陆两面夹攻这个城市,恰好在布拉西达援军赶来之前攻陷了它。此后他立即航向埃翁,突袭占领了斯塔基鲁斯和伽利普苏斯,并通知帕尔狄卡斯和一个色雷斯国王波来斯,派出军队联合进攻安菲波利斯。当他在埃翁无所作为地等援军到来时,他的部下就把机敏而经验丰富的布拉西达和他们自己的迟缓而缺乏经验的司令官做了对比,因此不满与日俱增。在这以前,克里昂在海上确实是以海军力所能及

---

[1] Ar. V. 656-664.

的速度急进的，在这方面他绝不会感到有任何低人一等之处。但现在他部下的不满和他本人的莽撞就使他丧失了清醒的判断而决定带兵到安菲波利斯城下做一侦察。这时，布拉西达却在斯特累蒙河西边的山上瞭望哨观察克里昂军队的一举一动。当他看到军队开拔时，他已料想到克里昂的意图，于是把他的军队都带入城内。他的军队在数量上和对方差不多，但第一线的重装步兵略少一些。

当克里昂从南面来到城墙边时，一切都是静悄悄的，墙上既无守兵，城门也紧闭着。他的行军纵队便停下来向左转，面对城的东墙，而克里昂自己则走在前头瞭望。在城内，布拉西达把他的军队大量集结在东墙后面，主力部队由斯巴达军官克利里达指挥，布置在东墙靠北面的城门附近，他自己则率领 150 名精选的重装步兵伏于靠南面的城门内。雅典人可以清楚看到城内的动静。他们注意到布拉西达正做牺牲祭神——这往往是出战前必须做的事——他们中一些人还从城门的叶扇下面依稀看到大量的人脚和马蹄。克里昂得到这些情报后又亲自察看了一番。他立即下令撤退，想在敌人出击以前退走。最初他是叫全军左翼变为纵队开始向南朝埃翁方向行进。后来，感到这样全部撤完将为时太晚，他就叫全军都变为纵队往南走，这样就把他的士兵没有盾牌防卫的右侧朝向敌人一边。当雅典兵急急忙忙走过他的城门口时，布拉西达向部下精兵指出敌军枪矛摆撞，阵容混乱，已处于不堪一击的境地，于是他打开城门，带头冲向敌军纵队的中腰。与此同时，克利里达也从另一城门冲出，攻击敌军纵队的后方。绝大多数雅典兵都溃散逃跑，克里昂也跑开了，但被敌兵杀死。雅典纵队殿军部分是最精锐的部队,他们退守到一个小山上,顽强战斗到被敌方骑兵和轻盾兵围攻击溃为止。大约有 600 多名雅典兵被杀。布拉西达的军队只有七人阵亡,但七人之中有一个就是布拉西达本人。他在安菲波利斯城内被以国葬之礼安葬,并被尊为该城的真正创立者。从此以后每年都在此举行祭祀和运动会,把他作为英雄来纪念。①

在安菲波利斯的失败之后,雅典于公元前 422 年夏末停止军事活动,开始和平谈判。它的重装步兵几乎有四分之一丧身于弟力安和卡尔西狄斯。它的财政资源也消耗殆尽。各属邦把斯巴达在安菲波利斯的成功看作是对他们起义造反的一大鼓舞。斯巴达确实也愿意,甚至比雅典更愿意谈判和平。斯巴达当局把卡尔西狄斯之役与其看作争取自由之战,不如说是当作惊动雅典的一个手段。斯巴达需要它的军队在新的危险犹未到来之前赶快回国。因为它的领导人预见到斯巴达同盟内部的离心离德,他们也为阿尔戈斯不愿再延长将于公元前 421 年到期的三十年和约而吃惊(阿尔戈斯当时提出了要把夕努里亚让给它作为延长的条件)。他们的意图是,如果可能的话,要在斯巴达同盟瓦解和阿尔戈斯参战之前与雅典和解而取得和平。死神已经搬掉了两个主战的领袖——克里昂和布拉西达。他们受到国人器重的继任者尼西亚斯和普雷斯那克斯则都主张和平。

在一系列会谈之后,被称为尼西亚斯和约的条文终于写定。雅典为一方,斯巴达及其盟邦为一方,都宣誓在十五年内互不兵戈相向,也不向雅典盟邦作战,它们的任何争端都付诸仲裁。和议在

---

① 4.120-132、135、5.2-3、6-11;*IG*,i.42-43;*GHI*,68.

十五年内每年重订一次。它们共同保证对全民族神殿圣地的自由往来和德尔斐阿波罗神庙及德尔斐城邦的独立。战俘皆予释放。双方都将战时占领地区归还原主。最后一条是,假若雅典与斯巴达双方一致同意,可以对条文做任何修改。有关恢复失地的问题争论最多,最后确定了如下的处置办法:雅典放弃对波蒂代亚的占领,但保留尼萨亚。斯巴达同意撤出卡尔西狄斯和波提亚艾人各城,但以雅典及其盟邦尊重它们的独立和中立为条件,它们则继续缴纳原由亚里斯提德评定的贡金。斯奇温、托隆和色尔米力昂三城不包括在内,雅典可对它们随意处置。恢复的地区——列举,雅典退出派罗斯、基德拉、梅特纳、普提列昂、阿太兰特,斯巴达则退出安菲波利斯和帕纳克同,后者是底比斯新近占领的一个边境城镇。和约条款由斯巴达提交斯巴达同盟大会讨论。大多数城邦赞成,斯巴达及其同盟各邦便逐个宣誓而缔结和约。但彼奥提亚联盟、麦加拉、科林斯和伊利斯拒绝服从多数而反对和约。它们的行动几乎等于退出斯巴达同盟。①

斯巴达在这一叛离行动震惊之下,又和雅典商定一同盟条约。不久以后,斯巴达和雅典就宣誓缔结盟约,以五十年为期,每年重订一次,双方共同反对任何对它们任一方的入侵,也不单独媾和;此外,雅典还有义务在希洛人起义时援助斯巴达。这一同盟为尼西亚斯和约最后一款增加了意义,因为那里规定雅典和斯巴达在双方同意时可以修改条约。现在很明显,这两大强国在重建各自

---

① 5.14—22.1、30.1。

势力范围内的秩序的多事之秋已经互相支持起来了。①

从现实结果看,十年战争是告结束了。但和平的前景并不光明。雅典和斯巴达的同盟只是权宜之计而非心甘情愿。每一方都深知对手的破绽,只是无力再做进一步的打击罢了。很可能的是,一旦它们元气恢复,盟邦也俯首听命,它们彼此就会重开战端。无论如何,彼奥提亚联盟、麦加拉、科林斯和伊利斯的拒绝和议以及阿尔戈斯的不再保守中立,在雅典和斯巴达都受创深重、易受攻击的这个时候,始终是对普遍和平的威胁。

第四节 公元前466—前421年的西部希腊世界以及雅典的干涉

在西部希腊世界(南意大利及西西里),随着僭主的倒台,希腊各城邦有一番普遍复苏的景象。现任的和以前的雇佣兵都被驱逐(往往是在武力胁逼下逐走),这些人大都逃到麦赛纳城。僭主强行迁移的居民又都回到各自的故乡,重新分配了土地。为了防止别的僭主再起,叙拉库斯以"树叶放逐法"的名称采用了雅典的陶片放逐法,被罚人名写在橄榄叶上,流放期为五年。大多数城邦建立了民主宪制。但最初建城各家族的特权仍有保留,在分配土地的时候他们能得到优待。

西西里各城邦的繁荣发展在海上受到伊达拉里亚海军的威胁,在陆上则受到顽强的土著民族西赛勒人的阻挠。大约公元前

---

① 5.22.2-24、29.2-3;D.S.12.75.1-5.

453年,叙拉库斯挫败了伊达拉里亚人。它以60艘三桨座船的舰队征服了埃塔利亚(厄尔巴岛),攻掠了夕尔努斯(科西嘉岛),并从对伊达拉里亚沿岸的掠劫中获得不少战利品。西赛勒人的领袖都齐提乌斯则仿效多种希腊制度,将人民组织起来。在公元前459—前451年,他建立了一系列西赛勒城市,其中城防最强固的是帕利斯,有些城市还开始按希腊模式发行铸币。作为"西赛勒人之王",他把西赛勒各族结成一个联盟,向除希布拉以外的所有西赛勒城市收税,建立了一支西赛勒陆军。起初他和叙拉库斯合作。但在公元前451年当他开始占领埃特纳、进攻莫提昂而侵吞希腊人地盘时,叙拉库斯就和阿克拉加斯联合起来反对他了。它们最初遭到失败,都齐提乌斯夺得了莫提昂。但在公元前450年叙拉库斯军打败了西赛勒人,双方损失惨重,阿克拉加斯遂占领莫提昂。都齐提乌斯深夜逃入叙拉库斯,跑到城邦祭庙中请求托庇保护。尊奉祭庙的民众没有加害于他,把他送到科林斯并给予照顾。在他出走之后,西赛勒联盟也就瓦解了。①

叙拉库斯对伊达拉里亚和都齐提乌斯的胜利刺激了民主政权的野心。到公元前446年,叙拉库斯进攻阿克拉加斯这个西西里第二大城,并在斗争过程中把都齐提乌斯请了回来,让他在加列,阿克太建立了一个希腊人和西赛勒人的殖民城邦,这里有适于造船的优良木材。叙拉库斯及其盟邦随即大败阿克拉加斯及其盟友,阿克拉加斯兵死于战场者有1 000多名。都齐提乌斯力图重振西赛勒人的势力,但他于公元前440年病死。叙拉库斯及其盟

---

① D. S. 11. 72、76、78. 5、86—87(树叶放逐法)、88. 4—6、90—92;*Poxy*,4. 665。

邦便逐渐征服了西赛勒人,把他们在平原上最后据守要塞中的残存者全部变为奴隶。现在叙拉库斯成了西西里最大的国家。它对许多希腊城邦以盟主自居,对西赛勒城镇则收取贡金。它的财富使它能把骑兵增加一倍,保持了一支100艘三桨座船的舰队,并建立了雄厚的财政储备。它的目的是赢得整个西西里岛。它的手法类似雅典,由于雅典的野心,西部希腊人对这些手法早就很熟悉了。①

通过在公元前458—前457年和赛吉斯塔结盟,公元前454—前453年和哈利西埃、列翁提尼及列其昂结盟,雅典已把自己置于叙拉库斯这个为首的多利亚城邦的对立面。雅典在南部意大利的殖民城邦图里就是有意抵消斯巴达的子邦塔拉斯的势力。当伯罗奔尼撒战争爆发后,叙拉库斯、塔拉斯和它们的卫星国都宣布站在斯巴达同盟一边,为向伯罗奔尼撒运送谷物提供各种方便。它们很快就卷入战争之中。因为叙拉库斯及其盟邦进攻了列翁提尼和它的盟友,其中包括卡马利纳和列其昂,雅典便派了20艘船于公元前427年去支援它们,并想利用西赛勒人的力量。最初,叙拉库斯及其邻邦——特别是南意大利的罗克里和海峡上位于西西里一边的麦赛纳——遭到一系列败仗,但叙拉库斯很快就渡过了难关。它用引诱敌舰靠岸然后掷铁钩困住敌舰的办法战胜了雅典人。当雅典再派来40艘船舰的援军时(公元前425年),甚至它的盟邦也开始害怕它是要来征服这整个地区了。当公元前424年在盖拉召开各邦代表会议时,叙拉库斯的赫尔莫克拉特就说服了西西里人

---

① D. S. 12.8,29-30.

彼此和好而把雅典排除于岛外。叙拉库斯再一次在外来势力威胁西西里独立时显示了它的领导能力。①

但是,西西里并未实现统一。各邦之间的敌对情绪太根深蒂固了。战争也使贫富之间的分歧日益恶化,往往导致内战。在列翁提尼,民主派提出重分土地,寡头派则求助于叙拉库斯人,于是,列翁提尼也像科尔西拉那样分裂为两大派,打得非常激烈。麦赛纳也同样为内战所苦,其中一派曾一度把城市归到罗克里名下。在公元前422年,雅典派菲雅克斯作为外交使团首领,率团遍访意大利和西西里,想搞一个反对叙拉库斯的同盟。他在阿克拉加斯、卡马利纳和罗克里受到礼遇,也为西赛勒人所欢迎,但在其他地方则未获成功。他在尼西亚斯和约正在谈判时回到了雅典。这时,各希腊城邦的争吵已为其强邻提供可乘之机。公元前421年,希腊文化在意大利最北面的据点库美被摧毁了,这地方已为坎佩尼亚人占领。②

---

① GHI,31 及 IG,i²20 和 TAPA,75.10;GHI,57;58;修昔底德,2.7.2、3.86、88、90、99、103、115.4.1—2、24—25、58—65。

② 5.4-5;D.S.12.76.4。

第五章 伯罗奔尼撒战争的第二阶段（公元前421—前404年）

第一节 不稳定的和平（公元前421—前416年）

斯巴达同盟中许多成员都心怀不满，科林斯便首先发难。它和阿尔戈斯接触，阿尔戈斯这个强大的民主城邦由于享有中立之利而在战争期间没有遭到封锁。科林斯使者开完斯巴达同盟大会回来后就前往阿尔戈斯，在他们的建议下，阿尔戈斯人民大会选出了12位代表，有全权和除雅典与斯巴达外的任何希腊城邦缔结秘密同盟。假若他们要和雅典或斯巴达修好，则须事先与阿尔戈斯人民大会协商。阿尔戈斯代表们便邀约各希腊城邦与阿尔戈斯结盟。他们的希望是趁斯巴达同盟之危而建立一个阿尔戈斯联盟。民主城邦例如曼丁尼亚和伊利斯最先予以接受，因为他们在战时曾对邻邦进攻，现在则可能受到斯巴达的报复。接着科林斯以及它的盟邦卡尔西狄斯各国也和阿尔戈斯合作了。科林斯和阿尔戈斯于是向提吉亚提出邀请。但提吉亚拒绝了，因为提吉亚和曼丁尼亚最近还互相交战。麦加拉和彼奥提亚联盟也回绝了一切邀请,因为它们的寡头派政府对阿尔戈斯的民主政府很不信任。这样一来,阿尔戈斯联盟只凑集了曼丁尼亚、伊利斯、科林斯以及曼丁尼亚的盟邦和科林斯的卡尔西狄斯盟邦。它们的力量看来不足以向斯巴达和雅典的联合力量挑战。这个联盟因此始终保持秘密而不是正式的。①

然而,斯巴达仍探知其事。它在公元前 421 年夏天侵入并解放了帕尔哈西亚,这是阿尔卡狄亚南部一个地区,曼丁尼亚曾对它加以统治。阿尔戈斯除了在曼丁尼亚派驻军队外,由于害怕斯巴达和雅典的同盟而没做更多反应。斯巴达则尽力保持与雅典的同盟。它释放了雅典战俘,从安菲波利斯、卡尔西狄斯和波提亚艾撒出了它的军队,并且试图说服那些难驾驭的盟邦接受和约。雅典也释放了斯巴达战俘,但它在安菲波利斯和帕那克同按约得到恢复期间一直保留着派罗斯,在斯巴达再派代表请求之下,雅典才把派罗斯的美塞尼亚人和逃亡的希洛人撤走而代之以一队雅典驻军。但它不愿再做让步,除非斯巴达迫使它那些不听话的盟邦签署尼西亚斯和约。它暗示说,斯巴达可以用雅典和斯巴达对它们的敌对活动去威吓它们就范。这样一种做法会毁灭斯巴达同盟,斯巴达当局并不准备这样做。②

公元前 421—前 420 年冬天,当与雅典的联盟眼看就要破裂时,斯巴达新上任的监察官和科林斯以及彼奥提亚的一些行政长官缔结了一个秘密协定。他们相约采取以下配合行动。彼奥提亚

---

① 5.27-31、32.3-7、4.134;D. S. 12.75.6-7.
② 5.33、35.2-8.

把帕那克同转给斯巴达,斯巴达则以此和雅典交换派罗斯,然后彼奥提亚联盟和阿尔戈斯合作;最后,科林斯和彼奥提亚联盟要把阿尔戈斯同盟拉到斯巴达同盟一边而共同对抗雅典。但这个计划破产了,因为行政官员没办法把这一秘密目的向彼奥提亚联盟的掌权集团透露。斯巴达于是开始了第二个计划。为了回报彼奥提亚交出帕那克同和它控制的雅典战俘,斯巴达和彼奥提亚联盟于公元前 420 年 2 月缔结一个盟约。既然彼奥提亚事实上仍和雅典处于交战状态(它们之间的关系是由十天重订一次的停战维持着的),而斯巴达又和雅典有约共同缔结和平,斯巴达的行为就有破坏斯巴达和雅典之间的同盟的危险。但斯巴达希望用帕那克同和雅典战俘交换派罗斯一事而挽救这一同盟。这个计划同样流产了。因为彼奥提亚联盟在把帕那克同交给斯巴达之前就将它破坏得一无所有。而斯巴达自身也被阿尔戈斯弄得转移了注意力。因为阿尔戈斯由于害怕斯巴达、雅典和彼奥提亚联盟搞到一起,现在派了使节到斯巴达谈判一个五十年停战协定。①

在这个阶段上,雅典也参加进来了。从公元前 421 年春天开始,雅典就在卡尔西狄斯作战。斯奇温经过两年围攻之后,终于在公元前 421 年夏天陷落,成年男子都被处死,其余的卖为奴隶。这一残酷的行为(正如迪奥多都斯在公元前 427 年已预见到的那样)只不过使别的起义城邦反抗得更为顽强。卡尔西狄斯人甚至取得了进展,夺取了两个雅典盟邦,俘获了一支雅典驻军;安菲波利斯

---

① 5.36-41.

则坚决捍卫其独立。① 雅典人民曾欢天喜地般接受了尼西亚斯和约,希望从此能卸脱战争重担而平安耕作于田畴,因此他们曾把尼西亚斯称为带来幸福佳运的人。但他们的希望没有实现。彼奥提亚、麦加拉和科林斯在名义上仍跟雅典处于交战状态,它们威胁着它的边界。一些雅典人仍在敌人手中做俘虏。帕那克同、安菲波利斯和卡尔西狄斯、波提亚艾的叛乱者仍未投降,斯巴达因为和彼奥提亚单独缔结盟约而破坏了与雅典的同盟。尼西亚斯现在发觉他自己也有点儿不孚众望了。但他仍坚持他的保持和平和与斯巴达结盟的政策:只有这样雅典才能免于受到进攻;它可以逐渐恢复元气而让斯巴达在其盟邦的不满和阿尔戈斯的捣乱中折腾。他的政策有其精明慎重之处。他认为斯巴达将不能重振斯巴达同盟而同时又避免与阿尔戈斯开战等,都是很有道理的;而且,假若两者真的开战,雅典就可凭自己的喜好而决定参加哪一边。

尼西亚斯仍然得到雅典人民的爱戴。他具有那种老成正派的个人品质。在战场上他是一个值得信任的将军;因为他有才干、坚定并且屡建战功。他的忠诚爱国是毫无疑问的。但作为一个政治家,他却难以获得那些心眼灵巧而又反复无常的雅典人的敬佩。另一方面,激进民主派却由于克里昂侵略政策的失败和他的可耻下场而丢了脸。像克里昂、莱西克列斯和欧克拉提斯这类人物在性格和手法上和传统的政治家都是很不相同的。他们来自人民,在人民大会上总是以粗俗强劲的语言渲染事实。他们的道德品质和在财政事务方面的廉洁可能难免令人怀疑,但他们却是精通演

---

① 5.32.1,35.1,39.1.

说术和巧于答辩的大师。假若说克利斯提尼、地米斯托克利和伯里克利是既善于辞令又极有干才的话,那么克里昂及其同伙就只是靠耍嘴皮而掌了权。在雅典民主政治之下,战争有利于他们上台。因为战争有如一个狂暴的教师,总是按自己的形象来培养学生,它创造了那种使通俗演讲家能够大得人心的骚乱情绪和刻骨怨仇。但当和平到来时,对这些头领就有一种反感。他们的地位被一个才华洋溢的富家子弟、克莱尼亚之子亚基比德取代了,他出身贵族,多才多艺,能说会道,雄心勃勃。他的政策是放弃和斯巴达的同盟而争取与阿尔戈斯结盟,即使和斯巴达开战也在所不惜。这样,他就是跟着公元前462年的民主派领袖厄菲阿尔提斯和伯里克利的脚印走了。①

正当阿尔戈斯使节在斯巴达谈判五十年停战协定时,在雅典的斯巴达使节却受到了冷冰冰的欢迎。因为他们不只是带来了被彼奥提亚联盟开释的雅典俘虏,也带来了帕那克同惨遭破坏的消息并力求解释他们单方面跟彼奥提亚同盟缔约的原委。亚基比德于是秘密派人到阿尔戈斯,要求阿尔戈斯、曼丁尼亚和伊利斯立即派使节到雅典商谈结盟事宜。阿尔戈斯准备这样做,停止了和斯巴达的谈判。但是,在阿尔戈斯的使节还未到来之前,三名斯巴达使节却急忙来到了雅典,向议事会通知说他们被授予全权来解决任何争端。亚基比德担心如果斯巴达使节出席了人民大会,他们

---

① 关于尼西亚斯,可看修昔底德,5.16.1、7.86.5;普鲁塔克,《尼西亚斯传》,2及9。关于克里昂,可看修昔底德,3.36.6、3.82.2、5.16.1;关于亚基比德,可看修昔底德,5.43.2;普鲁塔克,《亚基比德传》,1及10。有关领袖的变换,见修昔底德,2.65.10;亚里士多德,《雅典政制》,28。

可能说服人民固守和斯巴达的同盟。他于是向使节保证他将设法使派罗斯归还斯巴达,只要他们不向人民大会提到他们握有全权就行。在人民大会召开时,他们果然不说他们有全权行事,这时亚基比德就转而攻击他们,带头大叫斯巴达人前后矛盾和两面派,因为他们对议事会说的是一套,对人民说的却是另一套。用这种地米斯托克利式的诡计他几乎大获全胜,假若不是突然发生地震而使大会解散的话。第二天,大会再度召开。尼西亚斯(在头一天曾和斯巴达使节连带上当受窘)仍然坚持与斯巴达和解的政策,并终于得到了人民的赞同。他和其他几个人被派到斯巴达去,要求对方解除与彼奥提亚的同盟,除非彼奥提亚签署了尼西亚斯和约;他们还要求归还安菲波利斯,重建和归还帕那克同。这些要求遭到斯巴达拒绝。它宁肯冒与雅典交战的危险,也不愿取消和彼奥提亚的结盟。①

当尼西亚斯回到雅典汇报斯巴达的拒绝之后,雅典人怒不可遏。在公元前420年7月雅典便与阿尔戈斯、曼丁尼亚和伊利斯结成同盟。同盟条款是防御性的。它们保证在遭到入侵时互相援助并且不单独媾和。此外,它们还约定除了所有各方一致同意以外,不准任何军队通过它们控制的领土。这样一来,四个民主城邦就组成了一个集团。但是,那个能够封锁地峡通道的城邦科林斯却没有参加进来,虽然它和阿尔戈斯订有防御同盟。斯巴达和雅典也都没有宣布废除它们之间的同盟。斯巴达还保有斯巴达同盟在伯罗奔尼撒的剩余成员以及和彼奥提亚的同盟。阿尔戈斯却已

① 5.42—46.

领导着一个相当有势力的集团。它和雅典结了盟,又和波斯保持良好关系。在阿尔戈斯联盟的掩护下,雅典已可免遭斯巴达的进攻。这样它就完全可以静待斯巴达或阿尔戈斯两方谁首先开启战机。①

斯巴达尽管时发怒气,在公元前420年7月—前418年7月却始终没有什么大行动。它两度陈兵于拉哥尼亚边境,但每次都发现牺牲占卜结果不祥而告吹。在公元前419—前418年冬天,它只派了300人去加强依庇道鲁的驻军,这地方是位于阿尔戈斯的侧翼。甚至它的盟友彼奥提亚也趁它无所作为的机会夺取了特拉奇斯的赫拉克利亚,撤销了斯巴达长官。阿尔戈斯联盟也没有采取什么行动,只是在公元前420年的奥林匹克运动会上抵制了斯巴达。在公元前419年被选立将军的亚基比德力求使斯巴达和阿尔戈斯互相交恶。他两次带军进入伯罗奔尼撒,劝说阿尔戈斯进攻依庇道鲁,因这地方位于雅典和阿尔戈斯的交通捷径上。在公元前419—前418年冬天,当斯巴达派去300人由海上而至依庇道鲁时,阿尔戈斯就埋怨雅典未能侦察截击他们。亚基比德于是鼓动雅典人民把斯巴达的这一行动看作是对雅典同盟的一个破坏,并用逃亡的希洛人加强了派罗斯的驻军。

公元前418年仲夏,斯巴达开始行动。在过去三年里,它主要是处理内部问题。当布拉西达军中的被释希洛人(原数约有700多名),从卡尔西狄斯回到斯巴达后,那些做重装部兵随从的希洛人也获得了政治权利,他们联合组成一支军队驻扎在列伯利,这是

---

① 5.46.5—48.

一个伊利斯曾提出领土要求的地方。在斯法克特利亚岛上投降的斯巴达人被雅典释放归来后曾因投降而被剥夺公民权,但不久以后又恢复了。这样斯巴达政府就逐渐重振了士气,恢复了军队的实力。它还把麦加拉和科林斯重新拉入斯巴达同盟,因为这些城邦都和雅典、阿尔戈斯不和,又由于阿尔戈斯对依庇道鲁的交恶而感到焦虑,它们自然要寻求它们传统的保护者。从彼奥提亚到伯罗奔尼撒的道路又重新打通了,斯巴达王阿基斯命令斯巴达同盟各分队跟他在夫里攸斯会师。①

公元前418年仲夏,在夫里攸斯集结的军队被修昔底德认为是他生平所见最精良的部队。拉西第蒙军的斯巴达人、皮里阿西人、被释希洛人和希洛人全数出齐,大约有6 000名重装步兵,数以千计的轻装部队和400多名骑兵,其中正规军大约5 000名重装步兵是只由斯巴达人和皮里阿西人组成的。斯巴达人(其数目不为我们所知)全是精选部队,因为他们都经过专门训练,并由国家供养,专用于战备。正规军按营、连、排编制,其满员人数分别为600名、150名和35名左右,斯巴达公民和其他人员混合编队。指挥系统由国王及其军事长官参谋部直到各营、连长和排长,都经过专门训练。有一个营是从赛克里提斯征集的,这是靠近阿尔卡狄亚边境的一个地区,它被专门训练用于左翼。正规军还得到"布拉西达兵"的支援,这些兵就是由布拉西达训练的那些被释希洛人。彼奥提亚同盟军包括5 000名重装步兵(由300名底比斯精兵任前锋)、5 000名轻装步兵、500名骑兵和500名骑马的步兵。科林

---

① 5.34、49-57.

斯派出了 2 000 名重装步兵。还有从麦加拉、西夕温、亚该亚的佩伦尼、夫里攸斯、依庇道鲁和阿尔卡狄亚来的大量部队,其中阿尔卡狄亚军是由提吉亚的优秀步兵打前锋的。最高司令官阿基斯于是就有了一支约 20 000 名重装步兵、甚至更多一些的轻装步兵和少量骑兵组成的大军供他调遣。

阿尔戈斯联盟拥有约 6 000 名阿尔戈斯重装步兵,以 1 000 名精兵为前锋;3 000 名来自伊利斯的重装步兵,从曼丁尼亚也调来几乎相等的兵力;另外还有从克列奥奈和奥尔尼埃调来的小部队。它们的总兵力约有 16 000 名重装步兵和大量轻装步兵,但没有骑兵。假若雅典能派出 6 000 名重装步兵和 1 000 骑兵的野战部队,那么阿尔戈斯联盟和雅典的联合力量就可以在数量上跟斯巴达同盟相比。但是,当阿基斯从斯巴达出发前往夫里攸斯时,并无雅典军到达阿尔戈斯。①

当斯巴达军正向夫里攸斯开拔以便和盟军会集的时候,它遭到了阿尔戈斯、伊利斯和曼丁尼亚的优势兵力的阻挡。但阿尔戈斯的司令官坐失良机,没有在两军扎营后立即出兵作战,阿基斯就在半夜偷偷溜走而抵达夫里攸斯。阿尔戈斯司令官随即抢占涅米亚正东面的峡谷,封锁了从夫里攸斯到阿尔戈斯的主要通道。他们据有不怕侧面受击的很有利的地势,并且指望着雅典的援兵。可是阿基斯并不如他们所料地行动。他把他的军队分为三个纵

---

① 5.57-58、64.3、66.3-67.1、68.2-3、4.55.2。布拉西达兵和被释希洛人大约没有统计在修昔底德 5.68.3 所统计的车队数目之内;它们的数目可从阿基斯在曼丁尼亚之投的命令中看出,其中调出了 1 200 人以加强他的左翼使其与敌方相等,另见 D.S. 12.76.1。

队。他率领第一纵队在晚上从一条位于涅米亚-阿尔戈斯大道西边的艰难的小道,绕过阿尔戈斯军而进入阿尔戈斯平原,并在天亮以后大肆破坏这一地区。第二纵队以科林斯人为首,从另一条路于黎明前进抵大道南边,切断了阿尔戈斯军南进的道路。第三纵队以彼奥提亚人为首,最后出发(届时天已大亮),和骑兵并行,沿大道直逼涅米亚。阿尔戈斯司令官在清晨就接到了敌军在平原大肆破坏的消息。他们于是向南开拔,冲破了斯巴达军第二纵队的防线,进入了阿尔戈斯平原的北部。这时,第三纵队仍未和敌军接触,但它也随即进入阿尔戈斯平原,正在阿尔戈斯军的背后。现在,阿尔戈斯司令官们发现他们被三个敌方纵队隔断了:在他们军队和阿尔戈斯城之间有阿基斯的部队,在山脚下有科林斯的纵队(当时大约分布在平原西边),而在他们背后有彼奥提亚的纵队。他们的军队数量远不及敌方。他们已被切断和基地的任何联系,也切断了任何可从海上到来的雅典军队的联系。假若两军对阵大打,阿尔戈斯军在平地上很容易就会被敌方的骑兵和轻装步兵包围。

阿尔戈斯的一位将军与另一位曾任斯巴达驻阿尔戈斯领事的阿尔戈斯人结伴,穿越平原而来到阿基斯军中要求谈判。他们自作主张,要着手与斯巴达谈判和平条约,要一切争端付诸仲裁。阿基斯和他的参谋部中的一个斯巴达官员商议了一下就同意接受了。他就在当地缔结了一个四个月休战协定。他的大军随即后撤至涅米亚而告解散,他的盟军都为白白放走已在囊中的敌人而怨气冲天。然而,阿基斯心中不但有军事上的目的,而且还有政治上的打算。他的目标是瓦解阿尔戈斯联盟,取得与阿尔戈斯的休战,孤立雅典。假若阿尔戈斯将军及阿尔戈斯议事会履行了有关建议,伊利斯和曼丁尼亚就不得不重新归属于斯巴达同盟,它们的实力仍然无损而人民也未遭受任何损失。但事与愿违。阿尔戈斯人对他们将军的作为很恼火,但他们仍没有公开撕毁协定。不久以后,1 000名雅典重装步兵和300名骑兵到来了。阿尔戈斯司令官想要他们回去,但伊利斯和曼丁尼亚的将军由于害怕再陷孤立而受斯巴达挟制,再加上作为大使而来到阿尔戈斯的亚基比德的活动,终于使阿尔戈斯司令官改变了主意而决定围攻阿尔卡狄亚的奥科美努斯。当奥科美努斯被攻陷后,伊利斯人想去进攻列伯利。其他盟军则坚持要进攻提吉亚。伊利斯人愤而回国,阿尔戈斯、雅典和曼丁尼亚的部队则转向提吉亚进击。①

与此同时,阿基斯在斯巴达因允许缔结休战协定而遭批评,但知道奥科美努斯陷落以后,更是民情鼎沸。他被再度授命率军抵抗阿尔戈斯,但有十名斯巴达人做顾问以控制他的行动。于是他就带着除老弱幼小者外的所有斯巴达兵员出发。在提吉亚,他和阿尔卡狄亚盟军会合。斯巴达使者也火速前往各国,要求科林斯、彼奥提亚、弗西斯和罗克里派出援军。斯巴达人和阿尔卡狄亚人从提吉亚进军,进入曼丁尼亚领土,阿尔戈斯司令官则为全军在坡地上选择了一个易守难攻的阵地。阿基斯把他的军队带到了和敌方只有一箭之隔的地点,但立刻又后撤了,因为这里地势不利,他的盟军也还未从地峡赶来。这时阿尔戈斯司令官才意识到他们自取守势就失掉了趁斯巴达和阿尔卡狄亚孤军无援时一举歼敌的良

---

① 5.58-62.

机。因此他们在第二天就下到平原地带,行军时就已把军队摆成作战队列,曼丁尼亚人在右翼,1 000名阿尔戈斯精兵紧靠着他们,然后是阿尔戈斯人组成的中军,克列奥奈人、奥尔尼埃人和雅典人构成左翼,雅典人还有骑兵做支援。他们的重装步兵总数约10 000名。当他们行列严整而又冷不防地出现时,正在以纵队行军并无戒备的敌军大惊失色。但是阿基斯立即发布了战令。纵队立即转为战斗队形,赛克里提斯人和被释希洛人在左翼,斯巴达人在中间,提吉亚人和斯巴达人的一个支队在右翼。在他们列阵的时候,部队高唱提尔泰奥斯的战歌,彼此鼓气,自信他们的优秀军纪将保证胜利。随后,全军在军笛的节奏中齐步行进,队列严密,重盾紧靠,以八人纵深的阵势从容向敌军紧逼。阿尔戈斯军及其盟军曾略停一下听长官的战斗动员,现在也急忙向敌军猛扑过去。

在双方交手大打之前,也出现了那种重装步兵战斗时经常见到的情况,重装步兵是把盾牌放在左前方的,因为盾是用铁条扣在左臂肘下和手腕处。当他行进时,他就力求靠紧队列中右边的同伴以保护他无遮蔽的右半身。这样一来,整个队列在进击时就有越来越向右边靠紧、延伸的情况。这时双方队列都这样行进,每方的右翼都要比对方伸展得远。在斯巴达一边,由于它的右翼本来人就比较多,这时已大大伸展出它对面的作为阿尔戈斯军左翼的雅典人的队列;而在阿尔戈斯一边,右翼的曼丁尼亚人也远远超过了对面的赛克里提斯人。这时阿基斯就命令赛克里提斯人和被释希洛人尽量往左移动以便和曼丁尼亚人对齐,留下的缺口再调右翼的两营斯巴达兵补上。当赛克里提斯人和被释希洛人执行命令以后,那两营斯巴达兵却没有赶来。于是斯巴达阵线就分裂为两大半。在他们没会合前,曼丁尼亚人和1 000名阿尔戈斯精兵把赛克里提斯人和被释希洛人打得落花流水,节节败退。但是,就像在普拉提亚之役那样,战术上的混乱却由于斯巴达部队超群的战斗素质而得以挽救。因为他们的中军和右翼,特别是300名在国王身边的斯巴达精兵却稳如泰山,以无与匹敌的勇毅粉碎了敌方的一切抵抗。确实,许多阿尔戈斯人、克列奥奈人、奥尔尼埃人和雅典人不敢面对斯巴达人的进攻就惊惶逃跑,甚至自相践踏。阿基斯在掉转他的右翼侧击雅典人之后,就把全军转向左翼,进攻在那里一度取得胜利的曼丁尼亚人和阿尔戈斯人,结果他们也都溃败了。斯巴达人并不穷追。当时打仗仍主要是求名声上分胜负而不重歼灭的多寡,斯巴达的威名已毫无疑问地得到了证实。他们留下来占守战场,他们自己损失极少,敌人则死亡超过1 000名。①

斯巴达军事上天下无敌既得证明,也就立即产生了影响。斯巴达和阿尔戈斯缔结了五十年停战协定,它们双方的盟邦,包括伯罗奔尼撒内外各国,都邀为条约参加国。条款中约定要在伯罗奔尼撒境内确立和平,排除雅典对伯罗奔尼撒事务的干涉,将所有争端提交仲裁调停。曼丁尼亚于是重入斯巴达同盟,恢复了它降为属邦的各国的自由。公元前417年年初,斯巴达人加强了在西夕温和亚该亚的寡头政府。后来,他们又和阿尔戈斯1 000名重装步兵的"精锐集团"勾结起来,推翻了阿尔戈斯的民主政府而建立

---

① 5.63-74.

了寡头政府。马其顿王帕尔狄卡斯和卡尔西狄斯也接受了斯巴达和阿尔戈斯的邀请而加入联盟。这样,在这个不稳定的和平时代,取得最后胜利的仍是斯巴达。因为,虽然阿尔戈斯民主派随后又重新上台,在亚基比德帮助下把寡头派的一些人推翻了,而且有倾向雅典之势,但大陆上的其他军事强国仍坚定地站在斯巴达一边。①

雅典没能利用尼西亚斯和约的机会取得利益,作为伯罗奔尼撒战争历史上的一个转折点。伯里克利曾预见到他在一开始就倡议的那种战略的效果。雅典已赢得消耗战的胜利。它通过外交已把斯巴达同盟闹得鸡犬不宁。但它没有能实现最后一步而达到战争的目的,即摧毁斯巴达而在大陆上扩张雅典势力。雅典现在转而向别处扩张它的帝国。这样做的时候,它就放弃了伯里克利的战略,不知道实际上公元前416年的形势和公元前431年并无太大差别。斯巴达同盟仍归完整,它在西边有西西里支持,北边有马其顿和卡尔西狄斯支持。雅典拥有已被削弱的阿尔戈斯的友谊,在派罗斯还留下一块立足之地;但它的资源已经减少,它军队的威望已经下降,国家的领导也分歧而难以一致。伯里克利的劝告——只要斯巴达同盟仍未打败,切莫把国家资源耗于海外远征——仍然是金玉良言,他下面的那席话更是在历史家修昔底德脑海中记忆犹新:"我担心雅典人的错误甚于敌人的计谋。"②

---

① 5.75-84.1.
② 1.144.1、2.65.7、5.69.1.

第二节　西西里远征

雅典的战略在伯罗奔尼撒碰壁之后，它的提倡者亚基比德丢了脸，而反对者尼西亚斯却提高了声望。这两人在城邦的基本政策上分歧更大。亚基比德要和斯巴达打仗，要扩大帝国、对盟邦属国加强控制，他对人民的野心和他自己的野心都不加节制。对他的支持主要来自下层阶级，这些阶级喜欢冒险，追求物质利益，和他同辈的年轻人也是他的支持者，这些人讨厌像伯里克利和尼西亚斯一流人的审慎战略。但是，亚基比德极有吸引力的个人品德——他的英俊和善于辞令，勇猛和才思焕发——却能取悦于所有各阶级，无论他们是否同意他的策略。尼西亚斯却愿意和斯巴达保持和平，保住帝国的完整，温和地对待各属邦；而当前的现状正合他心意并符合他为雅典设计的蓝图。他的政策特别为那些殷实之家所赏识，他们关心田产的保存和在阿提卡土地上耕作；支持他的还有那些缅怀公元前431年以前和平岁月的老一代人。由于人民大会本身已陷于分裂，便在公元前417年春启用陶片放逐法。可是尼西亚斯和亚基比德却联合起来要求他们的支持者都投票反对希伯波鲁斯，这是一个曾对他们两人都进行过诬蔑攻击的民主派煽动家。当人民进行陶片投票以后，希伯波鲁斯就被放逐了。从此以后，陶片放逐法就弃而不用了，因为它已不能恪尽在政策不同而相争不休的政治家之间决定取舍的职能了。①

---

① 普鲁塔克，《尼西亚斯传》，11 和《亚基比德传》，13；修昔底德，8.73.3；*FGrH*，115 F 966（提奥庞普斯）；Ar. *Eq.* 1304。

雅典议事会内部的分歧也带来很大危害。在亚基比德领导下,它曾公开宣布要与斯巴达作战并组织了对伯罗奔尼撒的出征。和阿尔戈斯及其邻邦的结盟,在帕特雷和吕昂修建长墙,鼓励阿尔戈斯进攻依庇道鲁,占领依庇道鲁的一个要塞,安置希洛人于派罗斯等,都是在这一总的意图下做出的。但是,这一战略受到考验时,雅典却不能把它彻底实行。在公元前418—前417年,亚基比德在这关键时刻却没被选为将军,因此雅典连派一支小部队支援阿尔戈斯都是拖沓迟疑的。由于它的狐疑不决,它既招来了和斯巴达开战的危险,又损失了可能为它在这样一场战争中取得胜利的盟友。在公元前417年它同时选亚基比德和尼西亚斯担任将军。尼西亚斯将率领一支军队在马其顿王帕尔狄卡斯帮助下进取卡尔西狄斯和安菲波利斯,但在帕尔狄卡斯改变主意后放弃了这一计划。在公元前417—前416年冬天雅典舰队封锁了马其顿。亚基比德在公元前416年年初抵达阿尔戈斯,在那里抓了一些政治犯而让民主派上了台。在同一年中,雅典和科林斯开了战,在派罗斯的雅典人和希洛人也从掠夺斯巴达方面取得很多战利品。另一支军队出征米洛斯,这是斯巴达的一个殖民城邦,雅典要求它加入雅典帝国。这些活动使得雅典与斯巴达及其同盟的战机更为逼近。①

雅典处置米洛斯的经过,对希腊世界不啻一声警钟。这个小岛在战争开始时曾宣布中立,它曾给斯巴达送一些礼物但不曾派部队。公元前426年,雅典用一支大部队蹂躏了它的领土,并在公

---

① 5.52.2、53、56.3、80.3、83.4、84.1、115.2,参见6.85.1。

元前425年评定它要交15塔连特的贡金。但米洛斯仍保持它的中立。公元前416年,雅典军队不经通知就来到米洛斯,它们包括30艘雅典船舰,六艘奇奥斯和两艘列斯堡的船舰,3 000多名士兵,其中雅典人约占一半,各盟邦占一半。在登陆以后,雅典将军派了使节去和米洛斯的寡头政府谈判。使节声称雅典未曾允诺米洛斯保持中立,这个小岛必须加入雅典帝国,否则后果自负。米洛斯人祈请遵守国际正义的呼吁都被驳回。所谓国际正义,按雅典使节的意见,只能存在于实力相等的强国之间,而强国的特权就是可以按一条不同的原则对待弱国,即权衡利弊、不问是非的原则。米洛斯人坚决不肯屈服,他们在围攻之下英勇战斗,坚持了好几个月,最后于公元前416—前415年冬季投降,把他们的身家性命委诸雅典人民的公断。当人民大会开会讨论这问题时,亚基比德发言支持如下建议:米洛斯的成年男子一律处死,妇女和小孩变为奴隶,该岛由500名雅典人占领,这个建议终被通过而全部执行。米洛斯的命运显示了雅典当前的政策。在这专横的城邦手下,弱国和中立国必会遭到毁灭。①

在同一个冬天,雅典使节在其盟国赛吉斯塔请求下前往西西里。赛吉斯塔当时与叙拉库斯的盟邦、麦加拉的殖民城邦赛利努斯交战而境况危急。当使节们在公元前415年春天回国时,他们带来60塔连特银子,并错误地报告说赛吉斯塔有足够的金钱支付雅典远征军的费用。人民大会决定由亚基比德、尼西亚斯和拉马卡斯率领60艘船舰去支援赛吉斯塔,并召开第二次大会讨论有关

---

① 5.84-144、115.4、116.2-4;*GHI*,76.

装备的问题。尼西亚斯便利用第二次会议的机会重新讨论了整个问题，因为他是反对远征的，他也不愿担任远征军的司令官。

尼西亚斯强调说，派出雅典大军在战略上是不妥当的。伯罗奔尼撒人和彼奥提亚人都已准备进攻雅典，卡尔西狄斯人仍在叛乱，科林斯和帕尔狄卡斯都已经和雅典开战，阿尔戈斯急需支援，雅典的财政资源也耗损甚大。西西里却并不威胁雅典。即使雅典征服了西西里，也没法保有它，因为相隔太远，岛上居民众多，要完全控制是很不容易的。尼西亚斯还批评了亚基比德这个远征的主要倡导者，认为他野心太大，为着他自己要过辉煌的生活而危害国家。亚基比德答辩说，野心和远征无论对国家和个人都是光荣的事，正是这两者给雅典赢得了帝国，它们还要继续给雅典开疆扩土。通过这次远征，雅典将征服西西里而迫使整个希腊世界屈服，或则至少可以打击、削减叙拉库斯的势力。当尼西亚斯看到亚基比德迎合雅典人的冒险精神而占了上风时，他就想以大大提高远征军所需人数而吓退雅典人。然而人民大会已完全为好大喜功的狂热所支配。大多数群众想到远征会为他们带来薪饷补给，若征服了西西里则补给更是不断的了。年青一代为未来的冒险和刺激而欢迎远征，甚至老年人和更为谨慎的人也认为如此大规模的远征即使不能保证其成功，至少也是够安全的。那些真正心怀疑虑的人，在这样一种狂热情况下也不敢说话了。尼西亚斯弄巧成拙，不得不列举他所需军力的具体数目。这些都在原则上被接受了，亚基比德、尼西亚斯和拉马卡斯被授权着手准备工作。①

在这段不稳定的和平期间，雅典已以惊人的速度恢复了它的

---

① 6.6、8—26；参见 6.90。

经济。帝国收入确实比公元前425—前421年的高水平有所下降，但仍然大于战争开始时的数额。随着贸易的复苏，间接税收入增加了，阿提卡耕作的恢复和采矿的发展也增加了私人财富。一个相当规模的公共建筑计划也付诸实施了，国家支付的工资仍保持原水平，例如陪审员的补助金仍如克里昂规定的那样是每天三个奥波尔。因此，雅典当时有钱可供大会做出花费3000塔连特以装备远征大军的决定，富有的公民也不惜工本完成他们的三桨座船长官的任务（即自己出钱准备船只）。公元前415年6月下旬，60艘三桨座船和40艘运兵船的全部水手、1500名重装步兵、700名担任舰上步兵的四级公民和30名骑兵都在比雷埃夫斯港集合，他们的亲友也云集港口观看并送行。在船上、陆上都做了祈祝后，舰队就拔锚启程，用桨划过埃伊纳海面，然后扬帆驶向科尔西拉，在那里，由雅典属邦征集或从友好国家招募的兵员的大多数已经集结起来，它们包括34艘三桨座船，2900名重装步兵，1300名弓箭手、投石手和轻装步兵等。整个远征大军从科尔西拉分三个舰队出发。它有30艘带有粮食和工艺匠人的供应船只和100艘小型辅助船，另外还跟随着许多与远征军做生意的商船。自从薛西斯的舰队以来，地中海还未见过这样大的一支远征军。①

---

① 雅典在公元前421—前415年的财政金融问题是有争论的。Andoc.3.8提到每年贡金超过1200塔连特，在卫城中储备有7000塔连特。现存的贡金抽分表则指明这数目若仅指贡金一项则太大了，但它可能是指由帝国各地全年所得的收入。许多研究者都认为7000塔连特为数太大。但是，在公元前415年雅典为西西里远征军就耗费了3000塔连特；它至少还有1000塔连特的储备；它可能还有其他储备而使总金额达到7000塔连特。有关它经济恢复情况可参看修昔底德，6.26.2；有关3000塔连特见GHI，77 B 29；西西里所用军力见修昔底德，6.30—32、2、42—43、7.16.2、20.2、31.5、35.1、42.1、57、75.5。

早在远征军还留在比雷埃夫斯之际，在雅典就发生了一件触犯众怒的渎神行为。那些放在神庙和家宅门口的赫尔美斯石雕像，有许多突然在一个晚上被人捣毁了。它被普遍地当作远征的一个不吉之兆，可能是某些革命派的活动。为此悬巨赏给任何能对这件或其他渎神行为提供消息的人。对于赫尔美斯石像被毁一事始终未得到任何消息，但告密者提到两桩以前发生的渎神行为：有人曾捣毁了别的雕像，并在举行神圣的秘密祭祀时肆行戏谑，亚基比德被人提到，说他是这些事件的魁首。亚基比德和他年轻同伙的放纵狂妄是众所周知的，这可能为这一指控提供某些依据，因为他确实有轻佻淫逸、不信宗教之处。更有甚者，他的超人才干和无限野心使人怀疑他要夺取政权而自立为僭主。他的政敌立刻利用这些猜疑大做文章，当亚基比德请求在他出航前审清有关问题时，他的政敌们就极力阻挠。因为他们想以后再把他召回来受审，到那时，支持他的人多半都已参加了西西里远征，他在雅典能指望的支持者就不会多了。亚基比德因此是在群众深深疑虑之下出航的，对于他们心头的疑云，他无法予以驱散。①

这些事件反映了雅典民主政治的许多缺陷。人民大会对西西里的面积和军事实力都知之甚少。尽管西西里在前一阶段战争（阿尔齐达姆斯战争）期间已出现了叙拉库斯及其盟邦的大胜和形成了赫尔莫克拉特倡导的联合局面，亚基比德却居然宣称西西里的希腊人是乌合之众，既不能协同行动，打起仗来也是低人一等的。当人民大会在斯巴达还未被打败之前就决定进攻叙拉库斯，

---

① 6.27-29、15.3-4.

它显然是在不清醒的狂热冲动下做出这一决定的。不顾尼西亚斯本人的意愿而硬要他和亚基比德共事,这种对国内政治分歧的妥协办法,在军事上却是一大蠢事,因为军事行动最重明确干脆的决断。不给亚基比德澄清自己的机会,对他是不公平的,也为远征军的指挥带来偏见。当时雅典的各种政治领导人物,除了可敬的尼西亚斯不在其内而外,都是出于私心,有时甚至是贪枉的动机,他们都关心自己的飞黄腾达而不顾国家的利益。那些选举他们的人民也不见得比他们稍好一些。公元前415年的雅典民主政治实以精力旺盛、机会主义、不讲信义、摇摆无常为其特色。①

叙拉库斯的公民们并不相信有关雅典已在准备进攻的传闻。赫尔莫克拉特徒劳无功地催促他们争取主动,他提出的联合西赛勒人和希腊人,在意大利南部迎击雅典远征军的建议都没能付诸实施。与此同时,雅典的大舰队却从科尔西拉抵意大利南端。这里的希腊城邦对它们闭门不纳,大军一路行来直到列其昂都未得到一个盟友。雅典将军们的沮丧到赛吉斯塔以后达到了高峰,因为他们发现过去所说赛吉斯塔富有金银全是假的,这个城邦最多只能提供30塔连特。将军们于是开了一次作战会议。尼西亚斯提议在调解了赛吉斯塔和赛利努斯的争端,显示了雅典军威之后,全军就回返雅典。亚基比德意欲和西赛勒人及西西里的希腊人搞些外交活动,以便能为雅典取得一个基地——最好是在麦赛纳——和物资供应,然后在有必要时再进攻叙拉库斯。拉马卡斯则要求立即进攻叙拉库斯;供应都从劫夺中解决,要把叙拉库斯孤

---

① 6.1.1、17.2—5、12;15.2—3、2.65.7.10.11.

立起来，使它的居民丧失斗志。他的计划可能是最好的上策，但他不能说服同僚中的任何人。三方争执不下，最后是拉马卡斯赞同亚基比德的计划而定案。采取了一个混合的行动计划。亚基比德去谋取麦赛纳，但没有成功，舰队的一半沿西西里东岸行进，侦察了叙拉库斯港口和沿岸的地势，并夺取了加塔纳作为西西里岛上的一个基地。①

不久以后，雅典政府快船萨拉明尼亚号来到军中，奉命召回亚基比德以及其他人员进行审讯。因为赫尔美斯石像被捣毁一事，在雅典一直闹得满城风雨，最后，有一个被捕者招供了作案人的名单。虽然名单中没有亚基比德，人民却从许多方面怀疑他而要判他死刑。在回国途中，他和同党在图里潜逃，最后渡海而进入伯罗奔尼撒。现在是尼西亚斯和拉马卡斯担负军事指挥了。他们同意沿西西里北岸行进，占领了土著的西卡人的一个小城堡，将战俘变卖而获得 120 塔连特。这种海盗行径使雅典威信大受损害，使得叙拉库斯人借此扩张了它的联盟。②

当冬天到来时，叙拉库斯军队在得到赛利努斯、盖拉和卡马利纳的援军加强后，出发进攻雅典在卡塔那的基地。有一个在卡塔那的雅典人伪装成叙拉库斯方面的间谍，取得了叙拉库斯军方的信任，从而一方面挑唆他们进攻，一方面又把他们的作战计划密告雅典军。雅典军便在夜间全部出动，未遇抵抗就进入叙拉库斯的大港。他们在岸边选了一个前缘狭窄的地方安营扎寨，以抵御叙

---

① 6.32.3—41、44.2—52、7.42.3。
② 6.53、60—62。

拉库斯骑兵的攻击。叙拉库斯军接近卡塔那以后才知道雅典舰队已经扬帆出海。他们赶快回到叙拉库斯,把重装步兵列成16人纵深的队形,把1 200名骑兵和投枪手置于右翼。尼西亚斯和拉马卡斯则将他们半数的重装步兵排成纵深八人的队列,另外一半组成方阵,以便他们在必要时支援前锋,在敌方骑兵冲破防线后便进攻敌军。在随后的战斗中,阿尔戈斯人和曼丁尼亚人在右翼,雅典人在中军前锋都打退了敌军,但受阻于叙拉库斯骑兵而不能进击敌人。雅典人的胜利提高了全军的士气,但它没取得战略上的成效。因为将军们为了过冬仍把部队撤回那克索斯和卡塔那,他们想争取麦赛纳和卡马利纳站到他们一边,也遭到了失败。①

在这个作战季节中,尼西亚斯和拉马卡斯收获不大。他们缺乏骑兵、盟友和金钱;没有这些东西,他们不能在陆上自由行动,也不能组织正常的供应。在冬季期间,他们派人向雅典要求增援,特别是骑兵和金钱,也极力在这一地区的非希腊民族(例如西赛勒人、迦太基人和伊达拉里亚人)中寻找同盟者。到公元前414年初夏,他们已用外交和强迫手段与大多数西赛勒人结成同盟。由雅典运来了300塔连特金钱和280名骑手,马匹则要在西西里搜取。为再度在叙拉库斯登陆、封锁或攻击城市的准备工作已告完成。与此同时,叙拉库斯人也从战斗中取得了有益的经验。在冬季期间他们装备和训练了重装步兵,取消了原来的15位将军领导体制而代之以三位将军的小组,其中包括多谋而坚决的赫尔莫克拉特,这三人班子握有指挥全权。他们还向伯罗奔尼撒派去使节。科林

---

① 6.63-71、74、75.3-88.2。

斯应允给予援助并派人到斯巴达支持叙拉库斯使节的要求。在斯巴达,他们看到亚基比德也在那里,他在斯巴达人民大会上的发言激起大会采取行动。他把雅典在西西里的目标如他自己所想的那样描绘出来:他要征服西西里和南部意大利,以及迦太基,要在西部建设一支大舰队和召集土著雇佣军,然后封锁并攻击伯罗奔尼撒。他劝告斯巴达派一名能干的军官去指导叙拉库斯的防御,斯巴达自身则可在阿提卡的狄开利亚筑堡驻兵,因为从那里可以切断雅典人的供应和陆上交通。斯巴达人随后就派了吉利普斯去指导叙拉库斯的防御,并准备入侵阿提卡和在狄开利亚筑堡。①

公元前414年初夏,尼西亚斯和拉马卡斯开始进攻叙拉库斯城。城防工事相当牢固。新市区和旧市区(前者位于陆上,后者则位于奥提吉亚岛上)都有城墙保护,城墙互相连接,形成一完整的城堡系统。奥提吉亚当时是一个有土堤和大陆连接的小岛,扼制着两个港口的入口,其北的小港有一列木桩,可供叙拉库斯舰队在其后停泊,其南的大港则在海滩上满布木桩以阻挠敌人登陆。陆上的设防地带称为阿克拉丁那,在冬天已扩展到特门尼替斯一带,现在则接近厄庇波利高地,这是一个可以俯视全城而又由悬崖环绕的险要地区。雅典人只能从西边围城,为此他们必须占有厄庇波利。赫尔莫克拉特因此准备派人防守通往厄庇波利的路口。一天清晨,当他正在厄庇波利南面草地上检阅军队的时候,雅典人却已偷偷地在厄庇波利北面的列昂登陆,因而抢先占了上风。雅典人飞快奔向厄庇波利,从西面的攸利依拉斯爬上了高地,打败了匆

---

① 6.88.3—6、72—73、88.7—10、89—94。

忙赶来而又没有秩序的叙拉库斯军。

雅典人在占领厄庇波利之后,立即在上面修筑了一个圆形堡,由这堡向北筑一道围墙通向特罗基鲁斯,又向南筑一墙通向大港。叙拉库斯人为了阻止南墙的进展,便在半路当中筑一对抗墙来截断它。雅典人用一支300名精选部队攻下了这道对抗墙,于是叙拉库斯人就从城边筑了一条木栅和壕沟通向更南面的沼泽地,以防阻雅典军的围墙达到大港。后来,拉马卡斯率领雅典军向这道木栅和壕沟发动进攻,厄庇波利的圆堡则由正在病中的尼西亚斯带着少数随营商人看守。这次进攻发展为两军的大战,结果拉马卡斯阵亡,圆堡也仅以尼西亚斯火烧寨前的木材和机械吓退敌军才得以幸免。正在激战的危急关头,受命从塔普苏斯基地开拔的雅典舰队驶近大港,叙拉库斯人才退入城内。现在,完成围城工事和封锁城市就只是时间问题了。雅典人还得到了从伊达拉里亚来的三艘50桨船和来自意大利的供应物资,许多西赛勒人也归附到他们一边,因而更加信心倍增。①

北边的围墙已接近完工而南边的双层围墙也达到海岸,叙拉库斯人垂头丧气,罢免了他们的将军,开始和尼西亚斯谈判。当时,一个名叫龚基拉斯的科林斯人却乘一艘三桨座船到来了,这就使叙拉库斯人大受鼓舞。他带来了科林斯、琉卡斯和安布拉西亚的船舰已在途中的消息,并说斯巴达人吉利普斯也已到达西西里。与此同时,带着四艘船渡海先至塔拉斯然后航向希墨拉的吉利普斯,这时已率领着一支3000多人的军队从陆路赶来了,他的军队

---

① 6.75.1、96-103.2。

包括伯罗奔尼撒人,以及赛利努斯、希墨拉和盖拉等盟邦部队,以及一些西赛勒人。他在攸利伊拉斯登上厄庇波利,就像原先雅典人所做的那样,然后从雅典军北边围墙未完工部分穿过,和冲出来迎他的叙拉库斯军会师。雅典人在没有预先侦知龚基拉斯和吉利普斯上犯了一个大错,而尼西亚斯也低估了他们的重要性。①

吉利普斯给叙拉库斯的防御带来了新的力量。他开始从特门尼替斯向雅典北墙未完成部分修筑一条横断墙,并向雅典人发动进攻以保护筑墙工程。第二天夜晚,他的横断墙已穿过北墙,从而使叙拉库斯免除了被包围的危险。吉利普斯还成功地占领了拉布达隆要塞,这是雅典人在厄庇波利北边的一个供应基地。尼西亚斯于是决定把他的主要基地搬到南面的普莱姆里乌姆,它位于大港的入口。在那里他修筑了三个寨堡以保护船只和辎重。但水手们对这搬迁很有牢骚,淡水要到很远去取,当他们离开营寨取水时就时常遭到敌方骑兵的攻击。尼西亚斯现在控制着圆堡、从圆堡到大港的双层墙以及大港本身。叙拉库斯人守着圆堡北面的出口,他们的骑兵控制着内陆。吉利普斯巡行西西里各地以获取增援,有12艘增援船只躲过了尼西亚斯舰队的截击而驶入叙拉库斯小港。叙拉库斯海军开始当着雅典舰队的面展开训练,雅典舰队却由于兵员耗损和无法检修船只而难以行动。

尼西亚斯现在看到了围攻者有被围的危险。他于是写了一封告急信,在初冬时节送到雅典。他坦率陈述了形势的恶化和雅典军的弱点。他手下的雅典水兵牢骚满腹,外籍水手大量逃亡,他的

---

① 6.103.4、104、7.1-2.

舰队已失掉了超过敌方的优势。他依赖意大利各城邦的供应,而这些城邦随时都可转向敌方。在即将到来的春天,叙拉库斯人会从西西里和伯罗奔尼撒来增援,他们将可能左右局势。尼西亚斯劝说雅典人或则召回远征军,或则再派一支同样强大和携带巨额金钱的远征军来;无论在哪项行动中,他都请求因病而免除他的指挥职务。人民大会决定再派一支军队而不同意免除尼西亚斯的指挥。他们委派两位将军与他共事,其一为欧利美冬,他带着十条船于仲冬出发;另一为德谟斯提尼,他将于公元前413年率领主力军。这样一来,雅典人民就使自己更深地陷入西西里事务中而不顾战火已越来越可能在自家门前烧起。①

当雅典主力已在西西里之际,雅典仍从它在马其顿的基地、雅典帝国成员之一米冬向马其顿开战。对于米冬,雅典曾给予较好的待遇。公元前416—前415年冬天,雅典部队蹂躏了马其顿地区,迫使帕尔狄卡斯和它结盟。在公元前414年,帕尔狄卡斯和一支色雷斯大部队与雅典共同行动,进攻安菲波利斯而未得手。雅典实力更多用于支持盟邦阿尔戈斯,当时阿尔戈斯正与斯巴达同盟交战。双方都用攻掠破坏战术,在公元前414年,阿尔戈斯人说服了雅典人派出一支30艘船的舰队攻掠拉哥尼亚海岸。这是一种战争行动,并不能用阿尔戈斯和雅典有防守同盟来解释。雅典人要撕毁和斯巴达的同盟、破坏和平的用心至此已昭然若揭,除此而外,雅典又进一步拒绝了斯巴达的把分歧交付仲裁的要求。科林斯和它的殖民城邦叙拉库斯早就压斯巴达入侵雅典。雅典对米

---

① 7.3-8,10-16.

洛斯和西西里的侵略也使斯巴达的盟邦大为震惊。于是斯巴达及其盟邦都决定重新进行解放战争。现在已有可能采取更有成效的战略。在公元前432—前431年以及422—前421年,都曾经有过在阿提卡占领一个设防寨堡的念头;但是,假若要成年累月保持这样一个据点并在阿提卡经常作战的话,那么伯罗奔尼撒人和彼奥提亚人就要拥有比雅典的野战军力大得多的军事优势。这样一个大得多的态势第一次出现是在公元前422年,当雅典深深陷入西西里战争的时候,它又再度出现了。斯巴达人根据亚基比德的介绍,命令各盟邦提供生铁、工具和石匠准备在狄开利亚筑堡固守,同时又征召兵员支援西西里。战争将要在两条战线上展开了。①

阿基斯在公元前413年年初春率领侵略军进入阿提卡,蹂躏了平原地区,在狄开利亚修筑了寨堡,这里位于雅典视界之内,差不多正好处在雅典到彼奥提亚边界的中心点,并且位于通向优卑亚的要道上。与此同时,有相当数量的重装步兵乘商船横渡大海运往西西里,斯巴达派出600名被释希洛人和希洛人,彼奥提亚派出300人,科林斯派出500人,西夕温派出200人。他们的出发由25艘科林斯三桨座船掩护,这支舰队佯攻了瑙帕克图斯的雅典分舰队基地。在雅典,也派出了两支舰队,一为30艘船舰,准备运载阿尔戈斯重装步兵以攻掠拉哥尼亚海岸,一为德谟斯提尼率领的65艘船只的舰队,运载着1 200名雅典重装步兵以及尽可能从盟邦中强抽来的步兵。这两支舰队一同驶往拉哥尼亚作战。德谟斯提尼帮助雅典舰队选择在基德拉对面的海峡上筑堡设防,然后就

---

① *GHI*,61;修昔底德,6.7、95、105、7.9、18、1.142.2、5.17.2、7.66.2。

率其部众直驶西西里。现在雅典已把它的全部资源投入战争；因为它至少已有225艘船舰出海并有45 000人领取军饷。①

即使这样，它的援军来到西西里时也似乎太晚了。吉利普斯和赫尔莫克拉特已促使叙拉库斯人装备好战舰向敌人进攻。吉利普斯亲自率领陆军黑夜进抵普莱姆里乌姆附近。叙拉库斯舰队分成两队于黎明时出击，一队35艘三桨座船，在大港作战；另一队45艘三桨座船则从小港包抄。雅典人立即出动60艘战舰向敌分舰队进攻，以免它们得以会合。战斗非常激烈，岸上的雅典人都跑到海边观战，这时吉利普斯突然发动猛攻，一举夺下三个寨堡，使雅典人大量伤亡。在海上，叙拉库斯人起初得利，但他们的船只很快就互相挤撞而让雅典人占了上风。当双方舰队脱离接触后，叙拉库斯损失11艘船，雅典损失三艘。然而，普莱姆里乌姆海军基地的丧失更为重要。40艘三桨座船的装备、小麦和其他重要物资的储备都落入叙拉库斯人之手。由于他们现已控制了普莱姆里乌姆的寨堡，其船舰就能从南面挟制大港入口。为了加强对雅典人的封锁，叙拉库斯派出12艘船舰到意大利阻截雅典人的粮食和木料供应。②

叙拉库斯人的胜利为它从西西里许多城邦争取到各种援助，吉利普斯于是决定在6月再度进攻，抢在雅典的援军来到之前。叙拉库斯人把他们的船头斫短，用支索横梁加固，以便用船头直撞雅典船。原来雅典人是靠他们的速度来挟制敌船，然后猛冲它

---

① 7.19-20、26.
② 7.21-25.

的船身，因此雅典船都有细长的船头。在开阔海面他们这种战术很奏效，但目前作战却要在大港内的有限水域内进行，叙拉库斯人这样改造就很有见地。叙拉库斯陆军首先向雅典人的双层堡墙进逼，一支军队从城里冲出，另一支军队则从奥林匹昂（在城外西南面）冲出。随后他们的80艘船的舰队就开出来和75艘船的雅典舰队对抗。但是，在当天和第二天，双方却没有打起来。到第三天，雅典舰队展开攻势，叙拉库斯人就迎头相撞，他们的船头撞入敌舰前半部，使敌舰七艘沉没，许多艘受伤，他们船上的投枪手还利用紧靠的机会杀伤不少雅典水手。幸亏尼西亚斯的远见，雅典舰队才免于全军覆没，原来尼西亚斯曾用许多商船来保护他残缺的港口，它们停泊在入口处，横桁上吊着大铁块，在敌舰从商船间挤入港口时，这些铁块就可以掉下来砸沉敌舰。因此，躲在这些商船背后，雅典舰队就得以和敌舰隔开而保存下来了。当叙拉库斯人准备再度进攻时，德谟斯提尼已率领大军驶入大港，他的部队一共包括73艘三桨座船，5 000名重装步兵和一大批希腊人和蛮族人组成的轻装部队。①

　　德谟斯提尼决定利用敌人看见了这样大的援军而惊惶失措的机会扩大战果。他的目的是占领厄庇波利和完成围攻的围墙。然而他失败了，他未能冲破吉利普斯在厄庇波利西边修筑的长墙。他于是在夜间发动一次从西面向攸利依拉斯的狭窄进口的攻击。他的庞大而混杂的部队的前锋偷袭成功，占领了入口的寨堡并向高原上的三个城堡进攻。得胜的大军随即一哄而上，各队之间秩

---

① 7.36-42.1.

序很乱,而这时敌军首先由彼奥提亚人、随后由叙拉库斯的各分队发动了反击。雅典军由于初来乍到对地形很不熟悉,在昏暗的月色中也分不清敌友,于是就由混乱而发展为溃逃。这时,更多的雅典军正好从狭口上阵,反而阻塞了往后溃逃的部队,全军就乱成一团。叙拉库斯军却是另一种情况,他们在比较开阔的前沿作战,阵容整齐,能很好地利用口令联络,彼此都知道自己的方法和路径。他们的战斗呼喊声也增加了雅典人的混乱。因为对于一个雅典人说来,他们分不清叙拉库斯人的多利亚口音和雅典自己方面的盟友阿尔戈斯人、科尔西拉人和罗得斯人的多利亚口音有何区别,结果就更是敌我莫辨。最后,德谟斯提尼的军队全被从高原上撵走,许多人从悬崖上跌下而死,不少人迷了路在平原上乱窜,天明时被叙拉库斯骑兵杀死。①

在这次失利以后,德谟斯提尼建议全军由海上撤退。雅典军实力已经耗竭,军营中还有时疫传染,许多士兵都病了。德谟斯提尼认为,把这支陆军运回国内,待进攻狄开利亚时可能更有好处。舰队仍然控制着西西里海,由它们负责撤离万无一失。尼西亚斯却反对撤退。他说叙拉库斯人可能已面临崩溃的边缘,他们的财政已经枯竭,市民不满日增。尼西亚斯心中还在犹疑不决,而只要他还在犹疑之中,他就宁愿在西西里冒生命危险而不愿在雅典人民法庭中受审讯。德谟斯提尼和第三位将军欧利美冬随后建议撤到塔普苏斯或卡塔那,那里陆军可搜取粮草而海军则可在开阔海面作战,并可在这期间等候来自雅典的决定,假若尼西亚斯仍不愿

---

① 7.42.2-44.

负责定夺的话。但尼西亚斯顽固坚持他的不撤不动的意见,于是雅典军就原地不动地待了下去。这时,8月已将过去,吉利普斯因在西西里征兵和集结由伯罗奔尼撒渡海经非洲海岸而达赛利努斯的部队而大大加强了他的军队。尼西亚斯也知道了这个消息,现在他不再反对撤退了,但要求不将此事公开付诸表决,于是撤退的命令就发下去了。公元前413年8月27日,准备出航的前夕,满月之夜突然发生月食。占卜师宣称全军必须等待"三九"二十七天以后才能移动。军营中的雅典人绝大多数接受了这个意见,尼西亚斯也正好丢掉自己的犹疑不决而表示顺从公众之意,就公开拒绝撤离。①

这27天还未过完,叙拉库斯人就转向进攻了。他们打败了雅典薄弱的骑兵,随后就在浅海的一次战斗中俘获了18艘船舰。当叙拉库斯人开始用商船和其他船舶在大港入口组成一道封港栅栏之时,雅典将军就看到他们将成瓮中之鳖,供应也将断绝。于是他们把每一艘能浮动的船都装配上兵员武器,总数约达110艘,把每一个能上船的士兵都赶上船,号召他们为自己的生命和拯救雅典而战,要所有的船都以全力摇桨尽快冲向栅栏的缺口。叙拉库斯人则把他们75艘船中的一部分布置在缺口之前,另一部分则沿港内海岸停靠,这样他们就可以用所有的船舰对着雅典舰队的正面和侧面同时进攻的办法,弥补数量上的劣势。起初,雅典船舰猛冲,打进了栅栏之中,但水手们无法使连接在一起的船舶分开,这时叙拉库斯船舰就从四面八方靠近、聚拢,船与船相撞,水兵长声

---

① 7.45—50.

嘶力竭发布号令.狙击兵投射枪矛弹石,重装步兵则爬上纠结在一起无法活动的敌舰互相厮杀。双方的陆军则在岸边观看这场变幻莫测的生死决战。雅典人由于生死未卜,一时狂欢,一时痛哭,随大港之中他们所见的每一具体战况而时喜时忧。最后,雅典舰队不支而败,逃走的雅典船被叙拉库斯人穷追猛打,直到拖上岸后得到陆军保护才幸免于难。这天傍晚,当叙拉库斯人驶回城去之后,德谟斯提尼力劝尼西亚斯最好是在明早重新在海上交战,因为他们仍然拥有比敌人多的船舰。然而全军惶惶已如惊弓之鸟,水手们不肯再上船摇桨,剩下的唯一办法就是从陆上逃命。①

　　在叙拉库斯,这场大捷正好发生在赫拉克勒斯的祭日,群众便大开酒宴热烈庆祝。赫尔莫克拉特看到当夜召集部队作战已不可能,便派人向雅典方面假装递送情报,说什么叙拉库斯人已占据各道口,雅典人当夜已不能突围,使尼西亚斯信以为真。天亮以后,雅典将军们等了一天,才命令约 40 000 人的大军开拔,死者遗尸旷野,伤者病者则被遗弃在后面。叙拉库斯人现在已守着通往卡塔那的路口,他们的骑兵和轻装部队则在突围穿越平野的过程中不断侵扰雅典军。五天过去了,雅典军进展缓慢。他们的给养已经耗尽。那天晚上他们离开烧着的火堆而按相反方向前进。德谟斯提尼的部队留在后面被围,于次日投降。他投降时以保护所有人员生命为条件。尼西亚斯的部队也被追上而于次日被围,但他们还接着在第二天突围冲到了阿西那努斯河边。雅典人饥渴已极,到河边就乱成一团,一切纪律都不顾地抢着喝水和渡河逃命,

---

① 7.51—72.

敌军又赶到了河边,把他们团团围住,互相践踏,不少人被他们自己的刀矛刺死。河对岸的陡坡上也布满了敌军,他们把枪矛向在河床中挤成一团拼命喝水的雅典人猛刺猛杀。"伯罗奔尼撒人跑下来屠杀他们,特别是那些在河里的人。河水马上变得污秽了;河水虽然浑浊,又有血水沾污,但他们还是继续地喝,甚至于拼命抢着喝。"当尸体堆积的时候,尼西亚斯向吉利普斯投降了,恳求他制止这场屠杀。吉利普斯下令把残存者全部生俘。他原想把德谟斯提尼和尼西亚斯拘留起来,但叙拉库斯人和科林斯人却把他俩杀掉了。剩下约7 000人被囚禁在叙拉库斯的采石矿穴中,不少人死于日晒雨淋、营养不良和疾病。70天以后,雅典盟邦的俘虏被卖为奴隶,雅典人和西西里、意大利的希腊人则留下待决。①

与此同时,雅典人在国内也尝到了战争的苦头。斯巴达在狄开利亚的常驻部队和彼奥提亚的抢劫伙帮把阿提卡的牲畜财物掳掠一空。雅典骑兵在丘陵地带不起作用,城市的长墙整年都要昼夜派兵守护。城市现在已被封锁,只能从海上高价进口一切物资给养。为了使枯竭的财源有所弥补,雅典人决定不再向各盟邦要求贡金而向帝国各地所有进出口货物征收百分之五的税,从而从属邦人民身上榨取更多的钱。由于各属邦不满情绪日益增涨,他们不敢依赖盟邦人而宁愿使用蛮族雇佣军,这些蛮族人嗜杀成性,例如在彼奥提亚的密卡利苏斯,就曾把男女老幼全部屠杀,婴儿也不能幸免,这就使雅典更遭人痛恨。雅典人甚至在海上也遭到失败:在科林斯湾,他们被科林斯的一支较小的、但船头经过改装加

---

① 7.73—87;普鲁塔克,《尼西亚斯传》,28—29。

固便于直撞的舰队打败。在叙拉库斯的大败对于雅典的实力和威信更有如巨雷轰顶。它损失了约 200 艘以上的船舰（绝大部分是雅典城邦的），以及舰上全部满员的水兵，总数约 40 000 人，大多数是从各属邦征集的，还有 4 000 名雅典骑兵、重装步兵和轻装部队，以及数量大得多的从各属邦、盟邦、蛮族部落征集来的军队；还有数量庞大的金钱、武器和物资。一切扩张的希望如今都成了泡影。雅典现在不得不为自己的生存而战，为它从中掠取大部分资源的帝国的生存而战。它还有勇气和恢复的能力，但是，那曾使它在波斯战争中高奏凯歌的公民间的团结一致却一去不复返了。①

第三节　波斯参战

公元前 413—前 412 年冬天，斯巴达着手准备那大多数人认为将使战争结束的战役。阿基斯从狄开利亚出发，向中希腊的盟邦和中立国搜取金钱，斯巴达政府则下令建造一支 100 艘三桨座船的同盟舰队。优卑亚、列斯堡、奇奥斯和厄律提拉要以起义响应，小亚细亚沿岸的两个波斯总督——南面的替萨斐尼和北面的法那培萨斯都愿提供援助。斯巴达人决定支持奇奥斯人，他们有 60 艘船的海军，同时准备和替萨斐尼谈判；但他们和他们的盟邦行动极其迟缓，使雅典人得以知悉他们的计划并阻截了第一支 20 艘三桨座船的伯罗奔尼撒分舰队，使他们不敢离开依庇道鲁海岸一带。同时，力促斯巴达监察官行动的亚基比德也和一个斯巴

---

① 7.27-30.34；*Hell. Oxy.* 12.4-5.

达司令官卡尔西迪乌斯率五艘船渡海而至东部各岛,鼓动奇奥斯、厄律提拉和克拉佐美尼,随后还有米利都举行起义。卡尔西迪乌斯还代表斯巴达同盟和波斯国王大流士缔结同盟,承认"波斯大帝原有领土"仍归大流士,双方则共同合作对抗雅典。起义随后又蔓延到列斯堡,又有四艘三桨座船从伯罗奔尼撒抵达奇奥斯。这些三桨座船是属于冲破雅典在依庇道鲁封锁的那支分舰队的。它们带来了另一位斯巴达军官——阿斯提奥库斯,他就任最高司令并宣称伯罗奔尼撒舰队主力也即将到来。①

在伯罗奔尼撒人行动缓慢未占主动之际,雅典人却加紧备战,赶快建造船舰,精简民主政治的行政机构,加固了苏尼昂海角的工事以保护其供应运输船队。十位年迈的政治家组成了一个班子,其中包括哈格农和诗人索福克勒斯,他们受命在危机时期担任顾问官(probouloi)。公元前412年春天,雅典有27艘三桨座船驻防瑙帕克图斯,21艘三桨座船在本国海域,其中又有七艘是来自奇奥斯的。它的主要目的是防止敌方把所有分舰队集结于一处;它成功地把其中一队封锁在依庇道鲁沿岸,但它未能阻止其他分队从西西里到达科林斯。当奇奥斯起义后,雅典把1 000塔连特储备金拿出来应急并尽可能快地造船下水。

在东部爱琴海,具有最大战略意义的岛屿是萨摩斯,它位于从希腊到爱奥尼亚的最短航路上,也处在斯巴达到奇奥斯航路之间,而当米利都起义之后,它又正好处在两大起义地之间。第一支雅典分舰队(只有八艘舰艇),占领了这个岛屿。当船舰增加到30艘

---

① 8.2-3、5-20、23-26.

以后,其中的一些水兵就支持了萨摩斯城邦内部一次激烈的革命,推翻了上层阶级的统治而使民主派掌了权。雅典允许萨摩斯保有充分的独立自主,希望借此鼓舞其他属邦的民主派继续对它效忠。随后,雅典人就封锁了米利都,重新占领了密提林和克拉佐美尼,劫掠了奇奥斯岛。在夏末,有一支包括运输船在内的48艘船的舰队和1 000名雅典人,1 500名阿尔戈斯人以及1 000名盟邦人的重装步兵从雅典出航,在米利都附近登陆。米利都人和伯罗奔尼撒人的一个分遣队,由此突围而出去和波斯军会合,这些波斯军是由替萨斐尼率领的一支土著骑兵和雇佣步兵的队伍,但他们被准备围攻米利都城的雅典军打败了。①

在这关键时刻,伯罗奔尼撒舰队主力赶来了。它包括33艘从伯罗奔尼撒来的船和22艘从叙拉库斯和赛利努斯来的船。雅典司令官菲律尼库斯小心地从米利都撤回萨摩斯,那里雅典分舰队可以集结起来度过公元前412—前411年的冬天,因为季节已到。阿尔戈斯的部队在米利都曾遭到重大损失,现在则怀着一肚子怨气回国了,从此阿尔戈斯在战争中不再起任何积极作用。在冬天,双方舰队都得到加强。伯罗奔尼撒从波斯领取其水兵的薪饷,还用攻陷雅苏斯以后把居民卖给替萨斐尼得到的钱加强了他们的储备。现在,伯罗奔尼撒人觉得自己比先前多少强大了一些,他们就和波斯人订了第二个条约,其中波斯的要求稍微降低了些,并确定波斯必须支付全部军费。但是,这个条约却被用来劝告阿斯提奥

---

① 8.1、4、10、13、15—17、19—21、23—26;亚里士多德,《政治学》,$1299^b 30—38$;FGrH,328 F 138(菲罗库汝斯)。

库斯的斯巴达十一人使节团的领队利卡斯拒绝。结果是斯巴达和替萨斐尼公开闹翻,这期间斯巴达却取得了罗得斯这个重要岛屿,从而切断了埃及到雅典的航路。雅典人此时正竭尽全力镇压奇奥斯的起义,但没有得手。与此同时,他们占领了赫勒斯滂海峡,这是雅典从黑海取得其绝大多数进口粮食的必经之地。现在,双方的海军实力相当平衡,伯罗奔尼撒人只有再一次和波斯搞同盟才能改善自己的地位。①

亚基比德以前在开辟东爱琴海战事方面是起了很大作用的,现在却受到斯巴达人的猜疑和阿基斯的仇恨(他在斯巴达曾与阿基斯的妻子私通)。他于是转而为波斯人服务。在他和波斯国王以及替萨斐尼会见之际,他怂恿他们坐山观虎斗,让希腊人自相残杀;应该用少量的金钱维持伯罗奔尼撒舰队,以免斯巴达在它的陆军优势之上又获得海军的优势。亚基比德利用他在波斯宫廷中取得的影响,使希腊人双方都觉得他确实有举足轻重之势,因为雅典和斯巴达现在都认识到:谁能得到波斯金钱和腓尼基舰队,谁就能赢得战争。因此,当亚基比德向雅典在萨摩斯的三桨座船舰长和头领传话说,只要在雅典建立了寡头政府,他就愿意回国而利用他与替萨斐尼的交情给雅典谋取大利,雅典人听了立即欣然接受,并派了代表来与他商量具体计划。他们回去后,一个阴谋集团就形成了;当有关计划透露给所有士兵时,也没有人表示反对,因为大家都认为有了波斯资助前途就大有可为。但是,在一次秘密会议上,位居将军之职的菲律尼库斯却表示对亚基比德难以信任,并对

---

① 8.27-44.

他许诺的东西表示怀疑。其他的人仍然决定按计划行事,就派遣了皮山大和其他一些人回到雅典,安排建立寡头政体和召回亚基比德事宜。在雅典,皮山大受到激烈的反对,但他以国家存亡比任何宪制问题更为重要,而雅典的存在只有靠与波斯结盟才有保证等理由使反对者低头了。他和其余十个人便被指定为与亚基比德和替萨斐尼谈判结盟的代表。他们提出的如下条件被人民大会默认了:雅典将建立一个寡头政府,对亚基比德的死刑判决将予撤销。皮山大还说服人民大会罢免了菲律尼库斯,因为他对亚基比德的敌意可能破坏即将举行的谈判。①

　　皮山大和他的同僚出使到替萨斐尼处,但在那里他们极为失望。已经成为替萨斐尼代言人的亚基比德发觉替萨斐尼并不想把波斯的资助从斯巴达转向雅典。他于是把波斯的要价提得极高,终于使雅典使节不得不停止谈判。替萨斐尼随后即跟斯巴达同盟缔结第三个也是最后一个条约(公元前411年4月)。两大强国在对雅典交战和媾和上都将采取共同行动。在腓尼基舰队开始作战之前,伯罗奔尼撒舰队的开销由替萨斐尼提供,但在此之后,任何由替萨斐尼提供的款项都是借支,要在战争结束时偿还。"国王在亚细亚的全部领土将为国王所有;他对于自己的土地得采取任何措施。"直到战争结束时止,这条约始终有效。由于它完全出于权宜之计的考虑,双方对这条约的尊重也就无意超过权宜之计的限度。斯巴达确实是答应了出卖亚洲各希腊城邦的自由(雅典使节甚至愿做更多让步以取得波斯的资助),但这出卖只是名义上的,

---

① 8.45-54.

只在战争继续进行时才有效;另一方面,伯罗奔尼撒人立即开始领取波斯人的补助。①

公元前411年初夏,暴乱扩及赫勒斯滂各地。一个名叫德西利达的斯巴达军官在法那培萨斯配合之下,侵入并占领了阿比多斯。尽管雅典人不断镇压,奇奥斯的起义仍在坚持,从米利都到罗得斯,这片地区绝大部分也处在斯巴达控制之下。但是,由胆小的阿斯提奥库斯指挥的伯罗奔尼撒舰队却没有迫使雅典舰队与之交战。与此同时,萨摩斯和雅典的阴谋者们极力让寡头政府上台,虽然他们搞政变的表面上的目标——和波斯结盟——现在已不能达到。他们在萨摩斯驻军中的支持者是组织得很好的,并且控制着局势。这些头领对波斯金钱已经失望,但他们拿出自己的家产来维持战争,搞了一个让寡头政府在萨摩斯上台的阴谋,并派使团到各属邦去推行寡头政治。皮山大和其他人向雅典进发,在他们回国途中把沿途各邦也换成了寡头政府。②

第四节 雅典的寡头政府

民主政府的一连串失败和在叙拉库斯无比惨重的损失,使得雅典公众各阶层都对民主政体提出责难。民主政治的积极反对派主要来自上层和中层各阶级,这些人担负着全部税收重担,而在叙拉库斯失利以前的伤亡人数中大多数也在他们中间,他们自然会

---

① 8.56—59;雅典的谈判见8.56.4。
② 8.55、61-64。

反对这样一个他们在其军事外交活动中没有什么发言权的制度。他们分为两大集团。一个集团人数较多,想要建立一个温和的政府,以便富裕的人能有效地管理城邦而且有力地继续作战。这个集团不是一种正式的政治派别组织,它对于建立一个"温和的寡头政府"也没有详细的计划。另一个集团最希望的是要作为寡头派首领夺取政权;其中一些人甚至不惜在最后关头和敌人合作用暴力建立极端的寡头政府。他们拥有搞政治集会的组织和手段。在此以前他们的组织是秘密的,现在准备公开活动。一开始,这两大集团就以其对民主政治的不满和渴望争取波斯结盟而结合在一起。但是,人口的大多数仍然支持民主政治的理想,他们只能从争取波斯结盟的权宜之计来容忍对宪制做暂时的修改。①

以前,当皮山大劝说人民大会接受修改宪法的意见时,他已让那些政治派别组织协调他们的计划,着手搞一些推翻民主政府的初步活动。当皮山大离开雅典而在亚洲和萨摩斯时,他那一派中的一些年轻人就在雅典暗杀了民主派首领安得洛克利以及他的一些同党。议事会和人民大会的一切讨论现在都操之于阴谋集团之手,由他们提供发言人及发言内容。他们宣扬的纲领是一种温和寡头政府的纲领:除现役军人以外,一律不支薪金;国家应由最能打仗和在财政上支持战争的人来管理,他们的数目不应超过5 000人。任何人发言反对这个计划就会遭到与安得洛克利同样的命运,休想得到正式的平反,因为在一片恐怖之下民主政府的机构已经瘫痪了。在这样一个人多口杂的城市里,很难估计阴谋者究竟

---

① 8.48.1;亚里士多德,《政治学》,1303^{a}9 和《雅典政制》,26.1;Isoc.,8.87。

有多少,也很不容易推测谁是阴谋者。确实,有许多公开拥护寡头政治的人正是人民从没想到会是寡头派分子或同情者的;不管他们是否是寡头派成员,他们都出力推动了变革,他们使人们彼此互不信任,甚至怀疑最亲密的朋友。这就是皮山大及其同党于5月末来到雅典时的局势,他们来时还带了一些亲信的重装步兵,这些人是在已经建立寡头政府的属邦中经过训练的。①

　　皮山大和其同党马上召集人民大会开会。他们不说与波斯结盟已告失败,却建议选出一个十人委员会来修改宪法,并在指定日期向人民大会提出报告。最后,人民大会委任了20个40岁以上的人,配合原有的十名老年政治家"顾问官",即在西西里失败后即已选出的那个班子,组成了委员会。他们被嘱咐要在制定新宪法时特别注意克利斯提尼的"祖传法律",这意味着一种和皮山大及其同党的目的不相符的温和调子;因为,起草人完全受着他们一派的握有全权的十人的控制。在指定日期,人民大会在雅典城外的科罗诺斯召开了,那里容易遭到敌军袭击,许多胆小的人不敢出席。在握有全权的十人委员会的劝告下,宪法中所有关于保障民主的条文都正式宣告取消。在皮山大提议下,当年的行政长官全部罢免,另行指派临时政府成员。任免权属于一个统治班子:先选出五位主席,这五人再选择100人,100人中每人又推举三人。这样组成一个"四百人议事会",有全权管理国家和在他们选定的任何时候召开"五千人会议"。这个五千人会议尚未正名,但它却以战时宪法中新的选举机构和握有主权的团体而得到认可。没有反

---

① 8.54.4,65-66.

对的呼声,于是,人民大会休会,而那一伙阴谋者的头领却在筹划政变。自斯巴达人占据了狄开利亚时起,雅典人就派武装兵士加强城墙防卫,白日站岗,夜晚撤回。因而,有一天晚上,阴谋者和皮山大从岛上带回来的重装步兵携带武装在市场附近停留下来,而四百人会议的成员则进入会议大厅,每人佩一短剑并由 120 名指定的年轻刽子手伴随。没有任何抵抗行动,民主派的议会成员就离去了,该给他们的薪金也没付。①

四百人议事会自身仍为阴谋组织者所控制,这大约是一个握有特别权力的十人小集团。其中最有影响但并不是最惹人注目的人物是安替芬,一个出色的诉讼师,他是阴谋的组织者和指挥者。他的主要助手是皮山大,阴谋者的发言人,还有担任过将军的菲律尼库斯,他表现得最为冒险勇敢。这一集团的其他成员有特拉门尼,哈格农的儿子,一个杰出的演说家和罕有的计划人才,他的想法不像其他核心分子那样极端。四百人会议首先罢免了他们的反对者,杀了一些人,把其余的关押和流放,随后即和驻扎在狄开利亚的阿基斯开始和平谈判。但他们对伯罗奔尼撒人并不示弱。当阿基斯率军南下接近雅典时,那些太靠近雅典长墙的人就被他们乱箭射死。后来他们另派使团到斯巴达开始正式谈判,并派使团到萨摩斯陈诉,以争取驻扎在那里的雅典军队的好感。②

---

① 8.67、69;亚里士多德,《雅典政制》,29.2—5、32.1;Rh,1419^a28;$Lys.$ 12.65;$FGrH$,324 F 43(安德罗提翁)、328 F 136(菲罗库汝斯);Schol. Ar. $Lys.$ 421;Suid. $Probouloi$。

② 8.68、70—72;亚里士多德,《雅典政制》,32.2—3 和《政治学》,1305^b27;$Lys.$,12,62—68。

与此同时,那个要在萨摩斯建立寡头政府的寡头派阴谋却无从下手。由特拉夕布鲁斯和特拉夕鲁斯指挥的雅典军队站到了萨摩斯民主派一边,随后又听到了夸大的四百人会议在雅典的暴行的报道。他们于是自行建立了一个民主政府,选举特拉夕布鲁斯、特拉夕鲁斯和其他人为将军,公然对抗四百人会议。当四百人会议的使节来到提洛时,就听到了这一反叛的消息,于是决定暂缓萨摩斯之行。同时,萨摩斯的民主派召回了亚基比德,这是根据特拉夕布鲁斯的提议,因为他仍然相信亚基比德可以设法弄到替萨斐尼的钱。当四百人会议的使节从提洛来到萨摩斯时,亚基比德已被任命为将军并来到了萨摩斯。这些使节们还企图在已对"四百人"恨之入骨的士兵中争取好感,说萨摩斯的部队到时候可以列入五千人会议的成员之中。这些士兵怒不可遏,假若亚基比德不加劝阻,他们就要把这些使节逮捕而向雅典大兴问罪之师。亚基比德阻止他们航海去进攻雅典之后,就以自己个人的名义让使节给雅典带去一个回信:四百人议事会应该取消而代之以民主的五百人议事会,但他并不反对"五千人会议"的建立,只要他们能厉行节约而为军队提供金钱就行。现在,雅典城邦分裂成了两个国家:四百人会议占有首都,民主派则占有主力舰队。在防止两派大打内战方面,亚基比德为他的祖国做出了最大的贡献。①

当四百人会议的使节把亚基比德的回信带到雅典时,果然产生了预期的效果。以特拉门尼和亚里士多克拉底为首的温和派,受到鼓舞而坚持召开五千人会议,他们这样做倒不是出于政治信

---

① 8.73—77、81—82、86.1—7。

念而是认识到寡头派已经来日无多,而那些推翻四百人会议的人可能会成为未来的民主派头领。极端分子们现在则决定按他们能争取到的任何条件把斯巴达人请入首都。他们的第一批使节没有到达斯巴达;因为国家专用船帕拉鲁斯号上的水兵起义,把他们抓了起来,押送到阿尔戈斯的民主派那里去了。但是他们还派了别的人去,现在则把他们的首领——安替芬、皮山大、菲律尼库斯等都派往斯巴达。在他们离开雅典以后,极端分子加紧修筑亚提翁尼亚的城墙,它位于一道防波堤上,由此一小支兵力就可以扼制比雷埃夫斯港的入口。在安替芬等人由斯巴达回来时,菲律尼库斯在雅典市场被人刺死,随后,在公元前411年9月,亚里士多克拉底和特拉门尼设法拆毁了亚提翁尼亚的城墙,他们这样做是得到大多数重装步兵支持的,但还没有和四百人会议公开闹翻。①

  雅典城和比雷埃夫斯的长墙堡垒系统现在是由两支军队控制着,一为极端派控制的雅典,一为温和派控制的比雷埃夫斯。随着敌军从海陆两面逼进,双方就指定了"召集人"公布了五千人的名单,并同意在迪奥尼修斯剧场召开人民大会,解决纠纷,缔结协议。但在指定开会那天,却传来了伯罗奔尼撒舰队已从麦加拉沿萨拉密斯开进的消息,人民都奔向比雷埃夫斯抵抗敌军登陆。当伯罗奔尼撒舰队向苏尼昂驶去时,雅典人也赶忙上船去和他们在优卑亚的巡逻舰会合御敌。他们一共凑成了两支舰队,一支有42艘船舰,另一支有36艘船舰,分别停泊在奥罗普斯和厄律特利亚,相互

---

① 8.89—92.

间隔有七英里,这时,仇恨雅典人的厄律特利亚人向伯罗奔尼撒人发了信号,因为他们知道雅典水手已四处找食物去了。伯罗奔尼撒人抓住这机会取得大胜,摧毁了22艘雅典船舰,使优卑亚起义脱离了雅典控制。①

　　这次大败使雅典在敌人进攻面前毫无屏障可守了。伯罗奔尼撒人可以轻而易举地占领比雷埃夫斯或者迫使雅典在东爱琴海的舰队弃其基地而回国。但他们放过了这个机会。在雅典,人民撤销了四百人会议而建立了五千人会议。极端派头领都跑到狄开利亚投奔阿基斯去了,他们中有一个人夺取了边境小镇奥诺依,把它交给了彼奥提亚人。从公元前411年9月直到公元前410年6月,五千人会议一直管理着首都。他们通过决议召回亚基比德等被放逐的人,和萨摩斯的民主派合作,勇敢地坚持作战。这种动乱时期,对许多城邦的自由曾造成巨大灾难和损失,但在雅典却比较平安地度过了,既没有严重的流血事件,也没有敌人的武装干涉。这不仅应归功于像特拉夕布鲁斯、亚基比德和特拉门尼等一类政治家,也应归功于雅典的重装步兵阶级的温和持重以及在萨摩斯的海军士兵的顾全大局。②

　　在四百人会议当政时期,已草拟了一个为四百人议事会确定权限的宪制法案,但可能从未付诸实施。当然,它表明了极端派寡头分子的宗旨。依据这一草案,只是在理论上存在的把握选举权的五千人会议要从他们中年满30岁以上者按部落选出这个议事

---

① 8.93-95。
② 8.96—98;亚里士多德,《雅典政制》,33;[Lys.],20.13。

会成员的候选人；从这些候选人中每部落再选定40人（可能是用抽签法），以组成"符合祖传做法"的四百人议事会，此处所谓"祖传做法"大约是指梭伦改革中的四百人议事会。这个议事会的权力很广泛：它可选定十将军，任命行政长官，检查财务开支，管理除民法案以外的司法事务。议事会成员和将军都可连任，其他行政长官则不能连任。这个方案大约是在政变后四百人议事会已作为临时政府掌权时制定的，它在公元前411年9月的危机时期曾被提到过。有一个地方提到当时在职的将军是五千人会议选定的官员，另两处则提到设想中的五千人会议的宪法。①

为五千人会议草拟的宪制法案大约也是同时着手的，它曾经被派往萨摩斯的使节提到过。这个草案可能形成了四百人会议倒台后正式掌权的五千人会议所实施的宪制的基础。这5000人是由100名官员（每部落10人）登记公布的，他们都从一、二、三等级中年满30岁者选出。这5000人再编为四个分会，其中有一个是握有立法权的执行会，其他三个起协议作用，执行会的选举每年用抽签法举行。这5000人先对候选人进行初选，最后从中选出主要的军事、金融和行政官员，他们都是从当年执行会的人中选出的。低级官员可以从另外三个分会的成员中用抽签法选定。执行会五天开会一次。九位行政官要和他们碰头议政，九人中除非得

---

① 在亚里士多德《雅典政制》29.5—31中提到有关法案或法令的意义是有争论的。它们插入正文之中可能是为了让人们对寡头派有较好的印象。有关原文的解释可看亚里士多德《雅典政制》，31；修昔底德，8.72.1、92.11、93.2；GHI，81。伪吕西亚（[Lys.]）20.1—2提到四百人议事会是由各部落同人选出的；如果是这样，它是发生在夺得政权以后；但由于这篇演说词是有所偏袒的，它这种含义也可能是有意引起误解的不实之词。

会议允许缺席，否则就要罚款，一次一个德拉克马。执行会的议程有明细的规定。将军们有优先权将军国大事付诸讨论，五位主席投票决定。预见到战争时期三个分会难以同时召开全体会议，在必要时执行会的成员每人可互选一人以做咨询。执行会对财政问题给予特别注意，会员不接受薪金。①

这个方案可能参考了治理彼奥提亚联盟的"平权寡头政治"的四分会方法。在战争时期它有很大好处，修昔底德和亚里士多德对之评价甚高。它控制了财务，集中了行政管理，把决定政策之权交给了社会中最负责任的成员，节约了用于战争的人力。5 000 人之数只是雅典上层各阶级适龄人数的一半而已，该方案考虑到了让那些不包括在其中的海外服役人员定期轮换回国参加管理国家。有这样一个宪法，雅典本来是可以避免那终于打垮它的最后灾难的。但公元前 411—前 410 年，萨摩斯的民主派仍然是一个独立王国，而且，正如其结果所示那样，控制着舰队的下层阶级仍在要求对国家大事的决定权，从而把国家推向了彻底民主政治的道路。②

---

① 亚里士多德，《雅典政制》，29.5、30、33.1；修昔底德，8.86.3、97.1。登记名单中的 5 000 人多半是能在雅典出席会议的人（参看修昔底德，8.72.1、97.1），另一批 4 000 人则是不合格和在海外的，他们的名字虽被提到，但实际上未能参加会议（见 [Lys.]，20.13）。IG, ii,²12（参见 IG, i², 297）可能提到 35 位主席和五千人会议的执行会；参看 [Plu.]，833d—e。

② 8.72.1、86.3、97.2；亚里士多德，《雅典政制》，33.2；关于彼奥提亚联盟参见本书边码 346 页。

第五节 争取海上优势的斗争

当寡头派统治着雅典时,在萨摩斯的民主派却在保卫着雅典帝国。在两派倾轧的危急时期,在萨摩斯的雅典舰队却没受到伯罗奔尼撒人的攻击。这是由于伯罗奔尼撒海军司令阿斯提奥库斯软弱无能,而他的这种胆小怕事也正是许多斯巴达海军司令所共有的特色;此外,替萨斐尼的口是心非在这方面也起了作用,他扣发了军饷,并假装要把147艘腓尼基船舰从潘菲利亚的阿斯品都斯港调出来;同时,斯巴达的盟邦水兵和米利都的公民在舰队没有活动时也是牢骚满腹,经常哗变。最后,阿斯提奥库斯被明达拉斯换下来了。公元前411年9月,明达拉斯决定把他的舰队调到另一个答应给钱的波斯总督法那培萨斯那里去。当时,伯罗奔尼撒人已有16艘船在赫勒斯滂的阿比多斯;在北爱琴海,拜占庭已经起义反对雅典,塔索斯也在准备起义。雅典人的主力舰队在萨摩斯(有13艘随亚基比德访问替萨斐尼而离开了这里),还有少数船舰留在列斯堡,在赫勒斯滂的塞斯都斯则有18艘船的分舰队。当明达拉斯抵达奇奥斯时,雅典舰队也从萨摩斯移往列斯堡;但明达拉斯偷偷地从列斯堡和大陆间穿过去而抵达赫勒斯滂海峡,俘虏了四艘由塞斯都斯航向大海的雅典船舰。明达拉斯就这样把86艘船舰的伯罗奔尼撒舰队都集中到赫勒斯滂。雅典司令官特拉夕布鲁斯和特拉夕鲁斯于是把雅典主力舰队和塞斯都斯分舰队余下船只都停泊在厄拉攸斯,总共有76艘。①

---

① 8.64.3—5,78,80—81,83—85,87,96.5,99—103;关于塔索斯可以参看 J. 波诺克斯的《色雷斯研究》,卷3,139—162页。

由于明达拉斯现在控制了通过赫勒斯滂的航道，特拉夕布鲁斯和特拉夕鲁斯便决定向他进攻。当他们的舰队排成单行沿刻尔索尼斯岸边向塞斯都斯上驶时，伯罗奔尼撒舰队则以同样队形向达尔丹努斯下行。在明达拉斯指挥下的伯罗奔尼撒舰队的领头几艘船已走过了特拉夕布鲁斯指挥的雅典船舰的最后一艘时，整个伯罗奔尼撒舰队便转成横队越过海峡狭窄的水面向雅典人进攻。因为明达拉斯的船已和特拉夕布鲁斯的船对齐并要截断雅典人逃入大海的退路而从侧面进攻，特拉夕布鲁斯便把他的队形往下水伸展，但这样做的时候却使中央部分的船只隔得很远，力量薄弱了。这时，雅典方面走在前头的由特拉夕鲁斯指挥的船舰已经绕过了突出于海峡中的塞诺西马海角，看不见也就不知道特拉夕布鲁斯这一新的调动。伯罗奔尼撒舰队的中军便攻击雅典的中央部分，把许多雅典船赶到岸边；与此同时，双方舰队的左右翼也在徘徊观望，伺机出击；但是，当伯罗奔尼撒的中军由于在胜利的狂喜中追击敌人而队形错乱时，特拉夕布鲁斯却突然向他们进攻，打败了明达拉斯指挥的船舰，然后逆水而上，打败了伯罗奔尼撒舰队阵形已乱的中军。在雅典的左翼，特拉夕鲁斯的船舰也已经打败和他们对阵的叙拉库斯舰队，这时叙拉库斯人就看到他们的同伴已在溃逃，于是也就飞快逃走了。由于伯罗奔尼撒陆军还控制着亚洲沿岸地带，雅典人还不能取得敌人全军覆没的彻底胜利，但他们已显示了在面对一支比他们更大的舰队时，他们的作战力量仍可以居优势。这次塞诺西马海战双方损失几乎相等，伯罗奔尼撒毁船21艘，雅典毁船15艘，但雅典人现在已可在赫勒斯滂自由通行，他们并在这地区占领了曾进行起义的夕奇库斯并俘获了八艘拜占庭的船。①

　　这个自叙拉库斯失败以来第一次大胜的消息使雅典全城欢腾,特别是又传来了优卑亚的50艘伯罗奔尼撒分舰队在驰援赫勒斯滂的明达拉斯时又触礁遇难。亚基比德也报告说,他已劝阻替萨斐尼不把腓尼基舰队投入爱琴海,并在南爱琴海的科斯岛上修筑了设防的基地,还用22艘船防守着萨摩斯。在冬天,亚基比德和特拉夕布鲁斯及特拉夕鲁斯会合了。他们取得了又一次胜利,俘敌船30艘,特拉夕鲁斯回到雅典去报告胜利的喜讯并要求增援,后来这支援军就在特拉门尼率领下到来了。在公元前410年4月或5月,数量上已超过伯罗奔尼撒人的雅典舰队在夕奇库斯海战中取得了一个决定性的胜利。亚基比德在风雨不断的气候中率领船舰出战,在港口外打败了伯罗奔尼撒的60艘船的舰队,把它们赶向岸边,最后俘获了它们。随后他命令陆军登陆,打败了伯罗奔尼撒和波斯部队,占领了夕奇库斯。雅典人海上无敌已再次得到证明,而伯罗奔尼撒的海上攻势则彻底瓦解了。斯巴达的失败在一封信中说得很清楚,它是由已在战斗中死亡的明达拉斯的一位副官写回国的,信中说:"我方船舰皆毁,明达拉斯阵亡;士兵挨饿;全军不知所措。"伯罗奔尼撒人要在三年以后才能再纠集一支大舰队。②

　　雅典在赫勒斯滂的胜利使得民主政治的恢复成为不可避免的了。五千人会议的政府确实作战很勇敢,并根据特拉门尼的意见

---

① 8.104—107;伯罗奔尼撒舰队船只数目可能经过校正,参看 D.S.13.45。
② 8.106.5、108;D.S.13.41、45—47.1;色诺芬,《希腊史》,1.1.1—23,他对于夕奇库斯海战的记述比 D.S.13.49—51 中所记为优。

召回了亚基比德和其他被流放的人，支持了亚基比德和在萨摩斯的舰队。它还抗击了狄开利亚的阿基斯，并在驻守优卑亚的伯罗奔尼撒船队撤走以前跟它作战，和那些企图从加尔西斯到大陆修一道土堤以封锁优卑亚海峡的彼奥提亚人和优卑亚人不断进行斗争。一支在特拉门尼指挥下的舰队活动在爱琴海上，攻掠敌方领土以搜集钱财，推翻了四百人会议在各属邦建立的极端派寡头政府，并对寡头首领索取罚金。另一支舰队则在哥农率领下航向科尔西拉，它是应当地民主派要求而去的，准备在内战进一步爆发时站在他们一边进行干预。后来，特拉门尼支持了马其顿王阿尔齐劳斯（他于公元前413年继位为王）进攻皮德那，随后就和特拉夕布鲁斯会师，并自愿让特拉夕布鲁斯优先指挥。在夕奇库斯大海战中，特拉门尼和特拉夕布鲁斯各自指挥一支分舰队，亚基比德则是最高司令。实际上，在公元前410年甚至在夕奇库斯胜利之前，雅典五千人会议政府的军官士兵和在萨摩斯的民主派舰队官兵已经联合作战了，那时特拉门尼已在北爱琴海活动，而特拉夕鲁斯则到雅典请援。同样地，两派政府都需要向属邦搜取税款，支持各属邦的民主派，从马其顿取得木材，也从共同的来源取得粮食。五千人会议领袖们早已预见到民主政治会在雅典恢复，他们也希望参加到民主政府的领导中去。公元前410年6月间，雅典的五千人会议的政府和在萨摩斯的民主派政府都任期届满。民主政府随即在雅典恢复，国家遂告统一。为了坚持作战到底，各项准备工作加紧进行，组织了一支精锐的1000名重装步兵和100名骑兵的部队以担任特殊作战任务。两派的领袖在公元前410—前409年都选入像"希腊金库管理官"之类的班子。特拉夕鲁斯在雅典担任将军,特拉夕布鲁斯则被派在国外统率一支骑兵和重装步兵部队,亚基比德则在赫勒斯滂继续与特拉夕布鲁斯和特拉门尼共同指挥作战。①

不过,仇恨与敌对的余毒仍然存在,特别在雅典的下层阶级中为甚,他们有一年之久被剥夺了政治权利和扣发了各种补助。民主政治恢复后的第一届主席团实行了著名的由全体公民参加的宣誓:"我将亲手杀掉任何在雅典推翻民主政治或在非民主制度下担任官职的人,以及想建立僭主政治,或与僭主同谋的分子。做了任何这类事情的人将被我看作圣洁,就像神灵所见的一样。"刺杀菲律尼库斯的人受到公开表扬,成了一个雅典公民。对亚基比德,仍然有人怀疑他要做僭主,有的人还念念不忘有关他不敬神道的严正斥责。亚基比德本人也没回到雅典。他不再能为雅典人带来替萨斐尼的钱财与好感了,因为他在公元前410年年初被替萨斐尼逮捕,好容易才在一个月后避开了看守逃脱出来。但他每年都被选为官员,因为大家都认为他的将才和外交才能是无人可比的。战争的艰苦使得各阶级在外交政策上的利害冲突越来越尖锐。温和派准备在有利条件下媾和,民主派则仍然对胜利紧追不放。他们这种狂热表现于拒绝斯巴达在夕奇库斯战役后提出的按现状媾和的建议。在促成这一拒绝中特别卖力的是克里奥芬,一个像克里昂那样的极端民主派,他在民主派议事会于公元前410年7月上台之前就向人民大会提出了他的建议。他和别人一道在法庭上对

---

① 8.97.3;D.S.13.38、42;普鲁塔克,《亚基比德传》,27、33;D.S.13.47.3—49;2;And.2.11—12;修昔底德,8.89.3—4;*GHI*,83.35;D.S.13.52.1、64.1—3。

四百人会议的成员大肆攻击,例如克里提亚就是这些受攻击者之一(他被判流放帖撒利),他们也同样攻击其余一些陷入不深的人。当国家正需要善意团结以抗强敌的时候,他们的这些怨恨只能起到削弱国家的作用。①

在爱琴海,斯巴达和雅典双方都苦于无钱备战或交锋。雅典把神庙中的金银器物都熔作钱币以供急需。雅典和斯巴达都在盟邦或属国驻军、派官以勒索钱财物资。亚基比德对通过博斯普鲁斯海峡的货物征百分之十的税金。特拉夕鲁斯率领一支由雅典装备的50艘船的舰队,在公元前409年间攻掠亚洲海岸以搜刮钱财,结果损失400人。在公元前408年,亚基比德从加尔西顿和法那培萨斯处取得不少财物,在公元前407年他又从卡利亚沿岸搜刮到100塔连特。② 这些苛刻的做法增加了波斯政府对它们的敌视。与之同时,雅典恢复了过去实行的津贴薪给制度,克里奥芬还制定了给穷苦公民两奥波尔补助金(diobelia)的法令。伯罗奔尼撒人从法那培萨斯那里得到了足够的补助以驻守爱奥尼亚和赫勒斯滂,并从公元前410年直到前408—前407年冬天在拜占庭保持一支驻军,后来这个城市是在晚上被人叛卖而被亚基比德的军队攻下来了。在希腊本土,斯巴达占领了派罗斯,麦加拉也于公元前409—前408年占领了尼萨亚。雅典人接着以打败一次麦加拉

---

① And.,1.96—98;*GHI*,86;修昔底德,6.15.3—4;色诺芬,《希腊史》,1.1.9—10;D. S.,13.52—53;普鲁塔克,《亚基比德传》,27—28;*FGrH*,328 F 139(菲罗库汝斯,411/10);亚里士多德,《雅典政制》,28.4;Lys.,30.7;亚里士多德,《修辞学》,1375ᵇ;And.,1.75—76。

② Ar. *Ra.* 720 和 Schol;色诺芬,《希腊史》,1.1.22、1.2.1—13、1.3.2—4、8;1.4.8;D. S. 13.64.2—4、66.3—4.6。

人作为报复,这些麦加拉人原是有斯巴达军支援的,但因限于城邦财源枯竭,雅典没有进行更多的陆上战斗。这种无决定意义的消耗战是波斯人故意延长的,法那培萨斯在公元前408年和亚基比德搞了一个地区性的停战协议,波斯宫廷同时接受双方的使节。公元前407年3月,大流士派了他的幼子居鲁士以副统帅的名义管理所有沿岸地区和支援斯巴达。在路途中他遇见了一些雅典使节。为了保持新使命的秘密,居鲁士把这些雅典人拘押了三年,然后才放他们回国。①

公元前407年春天,亚基比德达到了他成功的顶峰,开始撤回雅典,他一路上收集了约100塔连特的战利品,并视察了斯巴达在拉哥尼亚的海军基地吉提昂。在他离开故国八年以后回来之时,他获知他已被选为公元前407—406年的将军,同任的有特拉夕布鲁斯,当时刚收复塔拉斯,还有哥农,他曾在五千人政府时任将军之职。在5月末的一个喜庆的日子,他带头率领他的分舰队驶进比雷埃夫斯港。群众都争先恐后挤在岸边争看这位当代最能干的雅典人,有的人钦佩而爱慕,有的人疑虑而厌恶。亚基比德最初是站在他的船长舱前静观而不动,直到他看到他的朋友已在岸边准备护送他时,才上岸进城。在议事会和人民大会上,他那富有吸引力的演说再次赢得听众的悦服。对他的一切谴责和处分都得到了赦免。他被任命为雅典军队的最高司令。他的分舰队从拜占庭出发

---

① 亚里士多德,《雅典政制》,28.3;CHI,83、92;色诺芬,《希腊史》,1.3.14—22 和 D.S.13.65.5—67(拜占庭);色诺芬,《希腊史》,1.2.18 和 D.S.13.64.5—7(派罗斯);D.S.13.65.1—2 和 PSI,1304ᵃ(麦加拉);色诺芬,《希腊史》,1.3.8—9;12—13;1.4.1—7(居鲁士)。

环绕爱琴海的凯旋般的航行,已在公民心目中重新唤起了大帝国的美梦;现在,公民们则让他荣幸地担任节日游行队伍的领队,从圣道一直走到埃琉西斯,这是自从狄开利亚被占领以来第一次举行这样的游行。到公元前407年秋天,他便率领了100艘船舰、150名骑兵和1500名重装步兵出发,心想全部恢复帝国的声势。①

居鲁士使命的秘密保守得很严密。在亚基比德出发之前,一位新的斯巴达司令官莱山得已取道罗得斯渡海而至以弗所。他在那里集合了70艘船舰,取得了居鲁士的信任,接受大量金钱,以比雅典高的薪饷发给那些雇佣水兵。他后来又得到了奇奥斯的增援,配齐了90艘船舰,伺机发动攻势。雅典的主力舰队位于诺丁姆,归亚基比德的副手安提阿库斯指挥,亚基比德本人则在进攻安德鲁斯失利之后,现在正想集中雅典各分舰队,因而带着他的重装步兵精锐部队去弗卡亚和特拉夕布鲁斯会合。他曾嘱咐安提阿库斯不要去攻击莱山得的舰队。可是,安提阿库斯却挑起了一场战斗。他带着10艘快舰驶过伯罗奔尼撒人的阵地,但他自己的船却被敌人追上而沉没了。莱山得这时已从叛变者中探听到亚基比德离开的情况,立即派出全部舰队穷追其他雅典船只,并在雅典主力舰队仓促从诺丁姆驶出时给予痛击。结果雅典人损失22艘船舰。这一战发生于公元前406年年初。此后,莱山得有意避开了亚基比德集合的强大舰队,但他占领了德尔菲尼昂,这是雅典人经营了

---

① 色诺芬,《希腊史》,1.4.8—21;D.S.13.68.2—69.3;普鲁塔克,《亚基比德传》,33。色诺芬在《希腊史》,1.4.10中听说亚基比德"仍在流放中"一语,虽然从修辞上看是真实的,但若根据本书642页注①(原书412页注1)所引资料看则是不确的。亚基比德提出的法令见 GHI,88、89。

五年之久的一个在奇奥斯岛上的重要基地。亚基比德所部水兵的不满，以及受他蹂躏的各盟邦的怨气，使得他在雅典又越来越受攻击了。在公元前406—前405年（阿提卡历的春天）的十将军选举中，亚基比德没有当选。通过了一道要他立刻将指挥权交给哥农的特别法令。亚基比德不愿出席雅典法庭受审，便跑到刻尔索尼斯的私人城堡中去过自愿流放的生活了。①

　　哥农把现役舰只减少到70艘，希望以此增加它的效能。不久以后，他就和一位新的斯巴达海军大将卡利克拉底达斯打交道了。卡利克拉底达斯不愿讨好居鲁士以乞求资助，便主要从亚洲的各个希腊城邦征取军需。他在公元前406年6月以一支140艘船的舰队和哥农的舰队在海上交战，把它一直追逐到密提林港内，俘获了30艘船舰，水兵则从岸上逃跑。其余船舰都被封锁于港内，幸亏有一艘三桨座船得以从敌舰中脱逃，才把消息送到了雅典。不久之后，另一位来救援哥农的将军迪奥米冬，在卡利克拉底达斯突击之下，又损失了他的12艘船中的10艘。现在危机严重了。雅典人民大会决定发行一种应急的金币，并给一批外邦人和奴隶以公民权；也可能在此时雅典寻求正入侵西西里的迦太基人的援助。在一个月内，城邦装备了110艘战船，为了补足兵员，许多骑兵都充当了水兵桨手，总共凑足了22 000人。萨摩斯人随后也提供了10艘船，各属邦则被迫以其他舰船供应。同年8月，卡利克拉底达斯得到了约150多艘三桨座船的雅典舰队已经临近的消息。他

---

① 色诺芬，《希腊史》；1.5.1—17；D. S. 13.69.4—72.2，73.3—74；PSI, 1304^{b}2（诺丁姆之战）；普鲁塔克，《莱山得传》.4。

留下埃提奥尼库斯和50艘船继续在密提林封锁敌舰,自己则率领120艘船驶往马列亚海角、在那里他看到了雅典舰队在约12英里远的阿吉努萨岛上生起的炊烟。他大胆地决定半夜起锚出航,以便在拂晓前突击敌人,但一阵大雷雨打乱了舰队阵形,到天亮时他仍然在航向该岛途中。于是,经过一夜休息精神振奋的雅典水兵便驶出舰队在大海上和斯巴达人交战,这是夕波塔海战以来希腊人和希腊人之间最大的一场血战。①

在雅典舰队中任指挥的八位将军认识到,在当时情况下敌方舰队在航海技术和战术方面都占着上风。为了避免单只敌舰穿过他们的队形,再转过来冲撞船舷,他们便把两翼的船舰排为双列,中央的船舰则为单列,并以阿吉鲁萨岛群中的一个小岛作为屏障。卡利克拉底达斯则把他的舰队分为两个分队,每队成单列,都向雅典的两翼进攻。他本人在右翼亲自指挥一组十艘的斯巴达船。他在战斗打响不久就阵亡了,九艘斯巴达船沉没,整个右翼也被攻破而向南溃逃。左翼则是在底比斯将军色雷松达斯指挥下作战。最后,这个分队也溃逃了。雅典舰队有13艘船沉没,12艘受损不能使用,伯罗奔尼撒舰队则有75艘船沉没。雅典司令官们于是决定分出47艘船由海军将领特拉门尼和特拉夕布鲁斯率领航往密提林,准备抓住埃提奥尼库斯和他的50艘船,其他将军则在战场救捞落水士兵和死亡将士。但从北方刮来一场暴风雨,出航的船舰都退了回来,当晚埃提奥尼库斯就逃往奇奥斯去了。同时,在大风

---

① 色诺芬,《希腊史》,1.5.18—1.6.28;D. S. 13—76—79.7;97;*FGrH*,328 F 141(菲罗克汝斯);Ar.,*Ra*.720。

大浪中也没能把落水士兵和那12艘受损的船救起来。据估计,这次大战中约有两万希腊人丢了性命。①

卡利克拉底达斯在海上的竞争活力被狄开利亚的阿基斯效法。他在公元前406年年初打算攻进雅典城内。他带着14 000名重装步兵、14 000名轻装步兵和1 200名骑兵发动了一次夜袭。外围岗哨被偷袭失守了,但长墙仍及时得到守卫。雅典士兵跑出墙外倚墙而战,这样他们可借墙上守兵的火攻而得到保护。阿基斯不愿在这种情况下和敌人交锋,雅典人也不往前冲。双方相持一阵之后就各自回营。这个事件使雅典人民精神更为紧张,要求军队派出更多夜哨。

雅典在阿吉努萨的胜利由于死亡5 000人而被冲淡了。死亡的消息引起深深的怨恨,民主派领袖和贫民补助金的管理人阿基德木斯充分利用了这一点。他在人民法庭上告发了一位名叫厄拉西尼德的将军,罪名是在赫勒斯滂侵吞公款和指挥失策。厄拉西尼德被捕入狱,议事会还准备逮捕其他几位将军。有两位将军逃跑了。其他五位皆被捕,他们是亚里斯多克拉底、迪奥米冬、吕西亚斯、伯里克利(政治家伯里克利之子)和特拉夕鲁斯(他曾于公元前411年领导萨摩斯的民主政府),并被交付人民大会审判。那些没有能救出落水水兵的船长们——特拉门尼、特拉夕布鲁斯和其他人——对这些将军们谴责得很厉害,但将军们为自己的行为也辩护得很有力,一些见证人的支持甚至差不多可使他们无罪开释,假若能在当天夜晚以前举行投票的话。然而,投票却拖了好几天,

---

① 色诺芬,《希腊史》,1.6.29—38;D.S.13.98—100.6。

其间雅典人庆祝了阿帕托里亚节,这是一个胞族的节日,使得亲戚们都为族中死亡将士服丧志哀。当人民大会再次召开时,群众对这些将军的仇恨大大增加了,他们不少人穿着黑色的丧服进入会场,头发剃得光光的,表示哀悼。

这次会上,议事会安排了投票表决这一案件的议程。卡利辛努斯在其友人特拉门尼的怂恿下,提出了立即对是否集体处死这些将军进行表决的动议。有人指出这一动议不合法,也提到当那个救捞水兵的命令发布时,将军中至少有一人也同样掉在海中,可是,这种反对的意见却被群众的吆喝压倒了;因为许多人哭喊着说:阻挠人民按自己的意愿行事就是大逆不道!议事会主席团也有一些成员认为这种投票不合法而拒绝唱票,但他们也被吓退了,只有苏格拉底仍坚持要按法律行事。另一个要求对各位将军逐个审判的反建议,也在第二次表决时被推翻。卡利辛努斯的动议便立即付诸实施。六位将军被投票表决集体处死,并且当场执行了。

在人山人海的人民大会中开会,并被狂热的激情和假公济私的行为所蒙蔽和控制的雅典人民,在这个时刻已把那些伯里克利称赞为使雅典民主政治成为世界楷模的法律——无论是成文法还是习惯法,都统统抛诸脑后了。战争的恐怖和失败的可能性已经败坏了雅典公民的正直品质,并使他们的心变得冷酷无情了。后来他们又后悔他们所做的事,制定了一些法律惩处那些欺骗他们的人。然而,补救为时已晚。一贯批评民主政治的人现在振振有词。他们得到那些坚持原则的人的赞同,这些人已不愿和这个日益退化的政局同流合污。雅典的各种法庭也被认为不再是不偏不倚的了,富人经常受到歧视,法官和陪审员大批地被一位名叫阿尼图斯的将军收买,他对公元前409—前408年派罗斯的失守是负有责任的。①

在阿吉努萨之战以后,斯巴达建议媾和。他们提出从狄开利亚撤退,然后按现状恢复和平。但是,在克里奥芬领导下,雅典仍拒绝媾和,除非斯巴达从雅典帝国的所有城镇撤出。斯巴达只得转向进攻,这时,在各盟邦压力下,他们任命了莱山得指挥伯罗奔尼撒舰队。由于他们的法律禁止再次任命同一人为最高司令,他们便借助于一种合法的手腕任命阿拉库斯为海军大将,莱山得为第二司令,共同统率海军舰队。莱山得从他的朋友居鲁士那里取得大量资助,纠集了一支约200艘船的舰队,从海陆两面进军赫勒斯滂,在那里攻下了朗普萨库斯,仿效卡利克拉底达斯的做法释放了所有自由民战俘。一支180艘船的雅典舰队在哥农和菲罗克利率领下于8月进抵埃哥斯玻达米这个面对朗普萨库斯的海滩,两地之间的海峡约有两英里宽。雅典人为了打通从黑海开往雅典的运粮船的航道,急于和斯巴达开战。接连四天他们都在黎明时分驶船渡过海峡,在面对朗普萨库斯的海面求战,但莱山得的舰只却躲在港内不出。每天午后,当雅典舰队已返回埃哥斯波达米,水兵也上岸生火做饭时,莱山得就派他最快的船舰去窥视动静,并命令其他舰只都保持戒备,一直到快船回来才罢。在第四天,亚基比德从他的私人城堡中来到雅典舰队,劝告将军们把舰队移往塞斯都斯;但他们不听,他就走开了。到第五天,双方舰队都像前几天那

---

① D.S.13.72.3—73.2;色诺芬,《希腊史》,1.7.1—35;D.S.13.101—3;柏拉图,《申辩篇》,32b;X.*Mem*.1.1.18、4.4.2;亚里士多德,《雅典政制》,34.1;27.5;*FGrH*,328 F 142(菲罗克汝斯)。

样行动；但这一次在雅典水手上岸走散以后，在海峡中的莱山得的快船立即挂上一个当暗号的盾牌。莱山得于是令舰队全速横渡海峡猛攻。雅典人措手不及，败得比公元前 411 年在奥罗普斯之战还要惨。由哥农指挥的八艘船和城邦专用船帕拉鲁斯号幸而逃脱，其余 171 艘船舰全部被俘，它们多半是在空无一人和只有半数兵员的情况下被敌人拿下的，整个营地则被伯罗奔尼撒的步兵扫荡无遗。①

当莱山得把成千上万的俘虏集合起来时，他邀请各盟邦的司令官来共同商议如何处置这些战俘。人们回顾了雅典城邦历来对战俘的残酷暴行。就在最近，从科林斯、安德罗斯开来的两艘三桨座船的水手被雅典俘获后，由菲罗克利下令从悬崖上摔死；每个被俘水兵的右手被雅典人民大会已经下令的司令官们砍掉。莱山得接受了他的盟友们的决议。他处死了总数多达 3 000 人左右的全部雅典战俘，只有一位名叫阿代曼图斯的将军除外，因为他曾在人民大会上发言反对上述命令。其他非雅典人的战俘都获得释放。从那时开始，莱山得在爱琴海所向披靡，无人抵挡，他把那地区的所有雅典俘虏和军事移民都赶回雅典，使被围城中人口大增；他还把被雅典逼得流浪四方的米洛斯人、埃伊纳人和其他城邦的人送回原籍安居。到公元前 405 年 11 月，他的舰队已封锁比雷埃夫斯，在斯巴达国王阿基斯和波桑尼亚指挥下的伯罗奔尼撒陆军也在城市外围扎下营寨。②

---

① 亚里士多德，《雅典政制》，34.1；色诺芬，《希腊史》，2.1.1—29；D. S. 13.104—6。
② 色诺芬，《希腊史》，2.1.30—32、2.2.1—2、5—9；普鲁塔克，《亚基比德传》，37。

色诺芬记述雅典在埃哥斯波达米战役以后的情况说:"帕拉鲁斯号在晚上到达,带来了惨败的消息,随着人们相互转告,哀哭声便由比雷埃夫斯沿着长墙一直传到城内。当晚无人成眠,他们不仅痛悼死者,也为自身悲愁,因为他们想到过去他们对米洛斯、希斯提埃亚、西夕温、托隆、埃伊纳和许多其他地方的人民所干的事,现在也要降临到他们自己身上了。"第二天,他们在人民大会开会,决定为保卫城市做好准备。当敌方封锁开始时,大赦了一切被剥夺政治权利的公民,并给予唯一没有参加到斯巴达一边去的盟邦萨摩斯的民主派以雅典公民权。

到了12月间,粮食供应开始短缺。雅典人民以保持长墙和跟斯巴达结盟为条件向敌方求和,斯巴达的监察官则坚持要拆毁长墙的一部分。克里奥芬于是制定了一条法令,规定任何人如果提议接受这一媾和条件即应被处死。人民后来又任命特拉门尼去和莱山得谈判。他一去就拖了三个月,这期间城中有不少人饿死,克里奥芬也在一寡头派成员告发他企图逃跑后被处死。特拉门尼回国后,就和另外九人被任命为全权代表谈判投降条件。他们出席了斯巴达同盟会议。①

科林斯、底比斯和其他城邦的代表要求按灭族法(andrapodismos)处置雅典人,即把成年男子全部杀死,妇女儿童变为奴隶,这是雅典曾在米洛斯等地干过的歹事。但是斯巴达不愿毁灭这个曾在希波战争中做过伟大贡献的城市。使节们终于带着使雅典人宽心的投降条件回去,即拆毁长墙和比雷埃夫斯的防御工事,除保留12艘

---

① 色诺芬,《希腊史》,2.2.3—4、10—18;And. 1.73—79;*GHI*,96。

船外其余全部舰队交出,从帝国各地撤退,召回流亡者,在所有外交政策上听命于斯巴达。到公元前 404 年 4 月,莱山得扬帆驶入比雷埃夫斯港,他的士兵开始拆毁长墙,他们拆墙时兴高采烈,军笛高奏,"相信这一天开辟了希腊的自由时代"①。

  这样,战争就以雅典的全盘失败而告终。按修昔底德的评论,它的失败归因于雅典人民的错误和他们选择的领袖们的失策,这是由于人民自身、各派和各头领的自私自利而造成的错误。他们并不缺少力量、勇气和独创性,但他们失掉了能把他们引向胜利的团结一致、自我牺牲和组织纪律。斯巴达同盟获胜也不仅仅因为雅典人犯了错误。它的成员无论大小都能同仇敌忾,为了自由宁死不屈,这种为自由而战的精神主要来自爱国的情操而非出于自私的物质利益。它的领袖斯巴达往往是行动迟缓,谋略笨拙,但它很少犯那些修昔底德一再指出的战争中的决定性错误。最重要的是,它能胜而不骄,败而不馁,使它能够领导一群任性而刚愎的城邦并始终保持军事上的优势。希腊世界从伯罗奔尼撒战争中除了灾难外一无所得。它的抵抗外部强敌的力量极其严重地、甚至难以弥补地被削弱了。它的前途被城邦与城邦之间的仇隙弄得暗淡无光,因为这些仇隙被战争大大加深了;此外,在战争中越闹越凶的城邦内派别之争,已发展到只讲报复而不知爱国的程度,这也同样使希腊世界的未来充满阴影。但是,在公元前 4 世纪,希腊的各个城邦,其中雅典并非最差,仍能振作起来以惊人的活力面对他们那个时代的种种政治与文化问题。②

---

① 色诺芬,《希腊史》,2.2.19—23。
② 修昔底德,1.144.1、2.65.7,10—12、1.68.1、84、2.64.6 末。

第六章　伯罗奔尼撒战争期间的
　　　　　文化危机

当一个民主国家作战的时候,演说成为意义重大的事务,因为有比平时更为紧迫的问题需要讨论,也要求有更能激励人心的领导。在雅典,这种情况更是加倍地明显。因为在群众性的大会场上,人民不仅决定政策而且审议所有官员,因此一个缺乏口才的从政人员就失掉了说服别人或避免指责的工具。西蒙和伯里克利都是伟大的演说家,他们是在祖传家风的基础上训练起来的,并无专人教授,但是,在伯罗奔尼撒战争开始之际,演说术就变成了一门商品艺术,可以兜售给许多想做政治家和鼓动者的人。阿布德拉的普罗塔戈拉斯这个约在公元前450年游学雅典的人,就以讲授演说术来收取学费,接着就有别的人,例如西奥斯的普罗迪库斯和伊利斯的希庇亚斯等,跟着他的样子也开起演说学校来。在西西里的民主城邦中,科拉克斯最先把演说术当作一门技艺研究,当提西亚斯和高尔吉亚作为列翁提尼的使团成员于公元前427年来到雅典时,他们已经是精于这门技艺的著名代表了。他们的雄辩使雅典人民惊服。提西亚斯便在雅典讲授演说术,伊索克拉底就是他的高足之一,高尔吉亚则由于在德尔斐和奥林匹亚发表得奖演说而在希腊世界誉满天下,他的讲课也以学费特别高而出名。①

科拉克斯、普罗塔戈拉斯和高尔吉亚革新了希腊的散文。假若说希罗多德和他的前辈们是力求叙说流畅,而那个被称为"老寡头"的政治小册子的作者则文风简朴的话,那么这些革新者却力求雄伟精确,和当时的建筑、雕刻与绘画风格有异曲同工之妙。他们的散文是着意推敲而八面玲珑的。它运用了诗学中激发热情和感人心腑的各种手法:诗意的措辞、节奏、押韵、隐喻和文思的华采。当它和真知灼见相结合时,它的力量雄厚而壮伟,这可以从修昔底德的史书中看到,有时也可以在雅典人民大会和法庭上听到。尽管由于过分追求效果和新奇而产生各种瑕疵,这个风格一直到罗马帝国灭亡时始终是散文的楷模。

当然,只有堂皇的风格是不够的,还需要词意的精确。普罗迪库斯讲授文法和语言的精密与确切,普罗塔戈拉斯则讲授语义学。词语的分类与顺序,论辩的形式和说理的方法都得到了细心的研究。② 当语义变成注意的中心时,语意的真义问题就日益迫切了。普罗迪库斯、安替芬和其他人都感到自己有能力处理这些问题。因为他们既是修辞学家也是哲学家,他们对阿那克萨戈拉斯、芝诺、恩培多克利、留基普和德谟克利特所倡导的各种学说了如指掌。因此,他们不仅成了演说术的传授者,而且也是智慧的传授者或"智者"——是当时人对他们的称呼。他们的学识和才智的特色就是由这样一批学者形成的,这些人在方法论上是唯理派,在信仰

---

① D.S.12,53;高尔吉亚的授奖演说有断片传世。
② Vorsokr. 84. A19;这类情况受到挖苦嘲笑的例子可见柏拉图,《斐多篇》,266—267。

上是不可知论。

在战时的雅典,智者学派找到了一个现成的市场。因为城邦不管教育,在以前,儿童都是在自己家里——无论是村社的家屋还是城市的住宅——读书,更高一级的教育就没有专门机构了。现在,年青一代由于离开了农村而拥挤在城里,就很自然地跟着智者学习,对父老一辈的不懂修辞学和新学问很看不起。智者的多才多艺有助于掩盖他们的危险影响。他们中不少人是博学之士,就像他们效法的那些著名哲学家一样。普罗塔戈拉斯讲授伦理学、政治学、形而上学和数学,在建立图里城时为它制定了法典,和德谟克利特展开了关于知识本质的论战。希庇亚斯曾研究古代历史,编纂了历届奥林匹克优胜者的名单,研讨过数学、天文、诗学和音乐。同样地,哲学家中如德谟克利特不仅写过物理学、数学和天文学的论著,而且精于心理学、逻辑、音乐和诗艺。丰富多彩的新思想涌进了这个本来就爱好新奇的城市。

正如哲学家们曾指出过的,"学问多了不一定更聪明"。一般人总是惯于看人的短处、对于智者只抓住他们的消极的怀疑主义而不领会其建设性的思想。高尔吉亚曾强调存在本身不可知也不能相通,普罗塔戈拉斯则认为感觉是真实性的标准,因而"人是万物的尺度"。这样,真理就随各人的观点而异。普罗塔戈拉斯自己就曾说过他不能知道神究竟存在不存在。从这种论证中只差一步就可达到不可知论的享乐主义的见解,但并不是所有智者都走了这一步。在批判了道德的神明准则后,普罗塔戈拉斯以贤明立法者制定城邦法律的形式树立了道德的世俗准则,认为城邦可以教导人们保持私人品德。然而,那些对神明制裁丧失了信仰的人事实上也不会把他们的信仰转向人造的法律。确实,希庇亚斯和安替芬都认为人造法律同样也是暴君而希望所有人都是同胞,同为宇宙的公民。色雷夕马库斯宣称"法律乃强者的意志",因此,民主政治保护的是多数人的利益而寡头政治保护的是少数人的利益。有两个智者学派的高足弟子走得更远。卡利克列斯宣称强权即公理,克里提亚则认为宗教不过是聪明人的发明。① 聪明人懂得如果别人信仰了宗教就对自己有利。

那些智者派的论辩已在瓦解传统信仰的地方,战争的影响更直接起了推波助澜的作用。阿提卡的疏散,瘟疫的恐怖和叙拉库斯的惨败都使宗教信仰涣散,战争的苦难和失败的惨痛更使得一些人怀疑城邦是否有权要人们忍受这样巨大的牺牲。哲学也同样地转向人伦问题,它现在已弄清楚了它的宇宙起源说并推翻了任何神性,转而把人看作一个小宇宙而研究他的性格心理了。研究兴趣从集体转向个人,就打破了国家与公民间的传统关系,需要为信仰找一个新的基础。像德谟克利特那样的哲学家或许可以为他在阿布德拉的信徒们提供这样一个新基础:他教导说善良只是一种心灵状态,发自内心的自尊而不受社会习俗左右;还说做坏事的人比那受损害的人会更不幸福;幸福的来源不是财富而是心地正直等。② 但是普通的雅典人却需要一种更有实效的论证,他们中有些人觉得那位第一次在哲学和智辩方面崭露头角的雅典人(即

---

① Vorsokr. 68 A 114、80 B 1、4、82 B 3、88 B 25 末;87 B 44,fr. A2. 26,fr. B 2. 10;PL. *Prt*. 326c-e、328b-c、337c;*R*. 338c;*Grg*. 483c.

② Vorsokr. 68 B 34、40、45、62、264(他的教谕活动大约发生在公元前 430—前 390 年)。

苏格拉底)可能已做出这种论证。

雅典的苏格拉底(公元前469—前399年)在研究了宇宙的宏观世界以后,转而研究人的微观世界;在他开始教育同乡子弟之前,他已经把论辩的艺术发展得相当完善。严格说来,苏格拉底不能算是一个智者,因为智者是收费授课并且标榜传授成功秘诀的。作为一个善于反问和嘲讽的大师,他远远超过一切智者。但他的哲学方法是和他们相似的,例如他也总是对他的听众在宗教、伦理、信仰等所有各方面的基本信条提出疑问。他宣称他所知道的就是自己一无所知;但他知道自己终生探索的目的所在,这就是按真、善和心灵完美的透彻领悟的要求,轻视一切物质条件,甚至生命本身,一心为神服务并劝导他人为神服务。他的教导影响了人们的思想。但他的人格和行止更为深刻地影响了一些人的看法。他是如此旗帜鲜明地按原则生活,并非为他自己而是为了别人。因为雅典养育了他,他就在战斗中勇敢地为它服务,在阿吉努萨战役之后,他面对人民的大吵大闹而坚决维护雅典的国法。但他服从的终极对象并不是雅典,而是他的内心灵魂、他的理智所了解的绝对的善的原则,以及他的理智所不及的时候神在他心中宣示的声音。在苏格拉底身上,对神的更高一级的效忠并不和对他所热爱的雅典的效忠相冲突,不过这主要是爱好和平的雅典而非爱好战争的雅典。①

苏格拉底的使命在某些方面类似于雅典的欧里庇得斯(约公元前485—前406年),他用阿提卡戏剧这一工具来抨击社会和宗

---

① P. Ap. 29d-30b; Cri. 50ᵃ; X. Mem. 1.1.4.

教方面的正统信条。他的最早创作是在公元前455年。在他现存的19部剧本中,《阿尔西斯蒂》(公元前438年)、《美狄亚》(公元前431年)和《希波吕托斯》(公元前428年)表明他早在战争恶果充分暴露之前已经注意到妇女的心理问题。

在希腊城邦中,婚姻并不在一段恋爱求婚时期之后才缔结,而是由双方家长商定的;而且,由于女方有嫁妆陪送,双方家长考虑的主要是家产而非男女的心愿。结婚以后,在大多数情况下无疑会产生感情,但强调的仍是家庭伦理之情而非男女之间的热烈爱情。这样的激情,希腊人把它看作是和"温情"(soph rosyne)相对立的,因而称之为"痴情"(aphrosyne),就是阿芙洛笛蒂女神使人陷入疯狂状况的那种感情。在索福克勒斯的剧作中,安蒂戈涅是受家庭伦理之爱所驱使,同样地,她的未婚夫海蒙也是如此,直到克利翁嘲弄了他以后才变了;而同剧的合唱则把爱情(eros)形容为使人发狂的激情。在《特拉喀斯少女》一剧中,狄亚奈娜在获知赫拉克勒斯找了一个淫妇时,仍然保持理智,因为她明白他已丧失了理智而成了一个病人。在希腊文明中男子对妇女的看法并不比任何其他文明为低,这一点最明显地表现在索福克勒斯所刻画的妇女形象身上,例如安蒂戈涅、厄律克特拉、特克美萨和狄亚奈娜。但是她们之受人敬佩主要是由于她们的忠贞坚毅而非任何情欲之爱。①

《阿尔西斯蒂》原是用来代替一个讽刺剧本而在戏剧节时由作者随同悲剧三部曲一起拿来参加竞赛的。因此,它写得比悲剧轻

---

① S. Ant, 791; Tr, 543.

松幽默,但是,像在欧里庇得斯的剧作中常见的那样,这种幽默有点尖酸刻薄。阿德米图斯获知如有人肯为他而死他就可以延寿时,先要求他的双亲这样做,遭拒绝后,又要求他的妻子阿尔西斯蒂,她答应了。该剧开始时是她命定死亡的那天,以阿波罗和死神的对话为开场。阿尔西斯蒂这个天下第一的最忠于丈夫的妇女已在垂危之中,一个女奴隶向老年人的合唱队讲述了阿尔西斯蒂临死的情况,她如何为儿女祈祷,如何为夫妇永别而痛哭,如何向奴隶们告别。接着就是阿尔西斯蒂、阿德米图斯和他们的两个幼儿上场,她在把孩子托付给丈夫并得到他永不再娶的允诺后就死去了。剧中的其他场面显示了阿德米图斯的自私自利:他和他的老年父亲在阿尔西斯蒂遗体旁大吵大闹,双方都卑鄙不堪,父亲骂他的儿子是凶手而阿尔西斯蒂是傻瓜,儿子则诅咒父母并要和父母断绝关系。当葬礼完毕,阿德米图斯回家以后,他才认识到自己的错误而为阿尔西斯蒂和他自己悲痛起来。在剧终时,赫拉克勒斯又把阿尔西斯蒂从阴间带了回来。欧里庇得斯是用新的、现实主义的手法表现了一个传统的故事,小孩儿、奴隶、葬礼和粗鄙的吵架都如实刻画;崇高的妻子和自私的丈夫形成鲜明对比;但仍然有一个宗教传统提供的、靠神灵奇迹取得的大团圆的结局。

在《美狄亚》一剧中,美狄亚对雅松的热爱是在全剧中贯穿她的一切行为的动机,这种爱情早先已使她的兄弟为之丧命。现在,雅松却抛弃她而和克列翁的女儿结婚,美狄亚的爱就变成了恨。雅松的辩解是伪善的,而克列翁狠毒地放逐了美狄亚和她的孩子们。他们的无情和美狄亚的深情对比如此强烈,使我们对她自然感到同情,尽管她后来发展到杀子的地步。整个剧本都是完全写实的,只有美狄亚坐神车逃命的奇迹是唯一的例外。奴隶们都害怕美狄亚,孩子们在舞台上的生与死都真实地表现出来,信使的台词更刻画了死亡的令人毛骨悚然的细节。在《希波吕托斯》一剧中,我们的同情不再偏向一方。在斐德娜和希波吕托斯身上都有崇高的情操。她由于对丈夫与前妻生的儿子有情而感到羞愧,准备自杀。他则对她以及对一切妇女的爱情都感到厌恶,但由于信守为她的爱情保守秘密的誓言而不将有关事情告诉他父亲提秀斯。两个人物的性格都刻画得很出色。斐德娜内心的纯洁使得她愤不欲生,但在她死之前,她的爱又变为恨,使她去告发希波吕托斯犯了暴行罪而决定了他的死亡。希波吕托斯也是对他的洁身自好坚持不渝,他对独身的女神阿尔蒂美斯崇奉最深,对洪荒的自然也有一种神秘的喜爱,因此他对斐德娜冷若冰霜和坚守誓言始终不变都是令人信服的。为了这个剧本以及和它同时演出的其他作品,欧里庇得斯赢得了头奖,这是他一生五次获胜中的一次。①

在这些剧作中,注意的中心不再是任何神明的干预,也不是什么正直行为的原则,而只是具体人物的性格,他们是在日常生活的现实背景中活动的,按"他们的本来面目"而不是按"他们应该如此"表现的人。欧里庇得斯像普罗塔戈拉斯一样,把人作为生活的尺度,而发现悲剧源泉在于具体的男女人物的本性。当斐德娜做针线时,合唱队唱"妇女的苦命和艰辛,因为两大不可避免的痛苦的根源,母爱和爱情,在她们身上常常交织在一起。"在阿尔西斯蒂、美狄亚和斐德娜身上,作为带着幼子的年轻母亲,她们的痛苦

---

① T.*Hipp*,1296-1309、1390.

之所以强烈正是由于对儿女的爱,母亲的这种爱要比父亲的强烈得多,她们的痛苦也由于她们对一个男子的钟情,无论是丈夫还是别人。美狄亚和斐德娜所受痛苦的折磨最后使她们的性格分裂了。《美狄亚》的悲剧就是在美狄亚的情感和意志之间发展的,一种极强烈的爱终于扭曲为一种凶杀残忍的恨。①

随着战争的发展,欧里庇得斯把人类苦难的后果不再表现为俄狄浦斯那样的升华净化,而是奥累斯提那样的堕落退化了;《特洛伊妇女》刻画了特洛伊陷落后奸淫掳掠和举族为奴的现实;还有特洛伊王后赫克芭绝望的苦命,她没有像波利辛娜那样一死了之,却自己变成了一个杀人者。然而,无论奥累斯提,还是特洛伊的妇女和赫克芭,都曾经一度是有崇高人性的。假若她们处在另一种情况下,她们也会像埃提奥克利、波利辛娜或马卡利亚那样英雄地死去。其他比她们幸福得多的男男女女却是平庸而卑贱的,她们正是由于资质过人,对荣誉和痛苦也就更为敏感。她们的性格不论大善大恶,都出于她们自身,而不在于任何特定时代的宗教信仰和社会习性。因为欧里庇得斯深究到人类心理的内蕴,所以他的剧作具有一种不受时代局限的特质,它对昔尼加影响甚大,又通过昔尼加而影响莎士比亚和拉辛。

在日后的批评家眼中,欧里庇得斯善于在舞台上表现"激情与痴狂",他是一切悲剧作家中最富悲剧性的,因为他的剧终结局都是惨绝人寰的灾难。对他的同时代人说来,他是一个引起争论的人物,因为他的艺术演出的场所不是日后的世俗剧场而是迪奥尼

---

① 亚里士多德,《诗学》,1460^{b}32;E. *Hipp*,161.

修斯宗教节庆会的舞台。他的现实主义可能比索福克勒斯的作品更为尖锐地揭示了生活中可怕的细节。然而,他的宗教含义又何在呢?对于这个问题,他的态度和苏格拉底一样,是一种开玩笑的挖苦。如果说,索福克勒斯在剧本中而希罗多德在历史著作中把神明当作几乎是抽象的力量,有时也显灵而且被世人取了种种名字,那么欧里庇得斯又回到荷马时代的那种诸天神道无所不有的老套中去了,他把天神引导到人间生活的舞台中来,有时甚至是吵吵闹闹。在《阿尔西斯蒂》中有阿波罗和塔纳图斯,在《希波吕托斯》中有阿芙洛笛蒂和阿尔蒂美斯,在《特洛伊妇女》中有波赛冬和雅典娜,在《爱奥》中有赫尔美斯和雅典娜,如是等等。这种复古主义倒不是出于宗教信仰的虔诚,而是戏剧创作技巧的一种权宜之计,因为这样一来,用世俗场面来表现宗教故事就不致背离宗教的传统。有时候,在世俗场面和宗教传统之间故意制造出矛盾和冲突,剧作者对宗教的怀疑态度也就显露无遗。①

在《厄利克特拉》一剧中,欧里庇得斯表现某种性格类型的两兄妹,他们会为了个人的原因而非出于宗教动机杀了他们的母亲。奥累斯提,虽然他已堕落了,但在最后时刻仍不愿做杀母之事,他哭喊着说要他去杀母的阿波罗是下了一道愚蠢的命令。厄利克特拉就插话说:"如果阿波罗是蠢人,谁还是聪明人?"他们杀死了母亲之后,都感到犯了罪而对阿波罗命令的后果毛骨悚然。人难道能比他们所信仰的神更聪明吗?双子神狄奥斯库里来到舞台上,

---

① E. *Hec.* 547(波吕克塞娜);*Heracl.* 591(玛卡里亚);*Longin.* 15.3;亚里士多德,《政治学》,1453ᵃ26。

预言未来的事态而结束了这场戏,关于他们的主子阿波罗,他们说了一句隐秘的评语:他是聪明的,但他给奥累斯提的命令则是不聪明的。在《奥累斯提》一剧中,谋杀早已发生,奥累斯提认识到没有任何人,甚至连阿加门农在内,会想到杀母有任何道理;然而阿波罗却这样说,于是奥累斯提责骂了阿波罗。类似的指责在其他剧中也出现过:"神应该比人聪明",然而"阿芙洛笛蒂却毁了她和我以及我们全家;她确实不是神,但却是比神更厉害的东西"。"宙斯把海伦这个鬼东西送到特洛伊来,就是为了使人类兵祸不断、血流成河!""但愿人们的咒骂能把诸神打翻!"[①]

这些字句表明欧里庇得斯不信正统宗教。他是否信仰某个"比神更厉害的东西"或者某种藏在命运后面的东西,那是难以弄清楚的;因为在《希波吕托斯》和《酒神》剧中起作用的基本力量并未具有任何明白可懂的形式。他肯定相信人性可以比正统宗教所说的那些神灵具有更完美的理想。当他的合唱队能在迪奥尼修斯的剧场乐池里唱出"我对这个传奇不怎么相信……吓人的故事对确保人对神的信仰却是有用的"这样的歌词时,宗教和戏剧相脱离而阿提卡戏剧文学的伟大时代也告终结的日子就不远了。[②]

智者学派的先进观点、苏格拉底的嘲笑手法和欧里庇得斯的写实态度都给阿提卡喜剧最伟大的作家提供了笑料,这位作家就是雅典的阿里斯托芬(约公元前450—约公元前385年)。他在战争期间写的喜剧反映了雅典人无穷的精力和无比的活泼,而他对

---

① E. *El.* 971、1245、1302;*Hipp.* 120、359、1415;*El.* 1282.
② E. *El*,743.

那些政治头领坦率的攻击又表明了雅典人对言论自由是何等的重视。他的幽默千姿百态——机智的俏皮话、土俗的俚语、绝妙的双关语、异想天开的幻境、含蓄的暗示、智慧的表白、淫猥的言辞、孩子气的腔调……无不应有尽有；他还把雅典街头和节庆会上的无穷无尽的各色典型人物搬上舞台——演说家、奴隶、将军、妓女、哲学家、政客、卖鱼妇、拦路贼等，他的笑话来自生活本身的乐趣，这使他能写出一些最动人的抒情诗——云之歌、鸟之歌、神秘主义者之歌等，并在尽情笑乐之中展现变化无穷的万花筒般的人生。由于这些原因，他的幽默在今天比莎士比亚以前的任何剧作家都更令人觉得清新，也比莎翁以后的许多作家更有生气。①

阿提卡的喜剧是为庆祝迪奥尼修斯神而演出的，因而和城邦的宗教有很密切的联系。阿里斯托芬也和其他作者一样肩负着教育的使命。他的幽默与讽刺都是为此而作，在《巴拉巴西斯》一剧中，他还用坦率的语言进行教育。诗人借合唱歌词告诉听众："德米特这神圣祭典的女主，启示我说话诙谐逗趣，但更要真挚诚恳。"在《蛙》剧中，合唱队唱道："但愿我的笑乐能为节庆服务而赢得胜利的锦带。"作为人民良心的代言人，阿里斯托芬带着憎恶之情斥责一切不利于城邦的东西。在有残片流传的《巴比伦人》中（演出于公元前426年），雅典人对属邦的残暴被比喻为大流士对巴比伦人的暴行，合唱队的歌唱形容雅典盟邦是推磨的奴隶，其中的萨摩斯人还"刺了字"——因为在公元前440年雅典曾对萨摩斯俘虏刺字。为了这一暴行，阿里斯托芬抨击了行政长官特别是克里昂，他

---

① Ar. Nu. 275; Av. 209; Ra. 324.

当时是倡议搞密提林大屠杀的人,克里昂在以后就施行报复,控告诗人有叛国之罪,但没有取得成功。在《阿卡奈人》(公元前 425 年)和《骑士》(公元前 424 年)中(这两剧都获头奖),他把民主派煽动家,包括伯里克利和克里昂在内,都作为战争贩子进行谴责,并且用介绍敌人关于战争起因的说法戳穿主战派自吹自擂的肥皂泡,也嘲笑人民选了像"卖牛贩"(指欧克拉提斯)和"皮革商"(指克里昂)这样的无赖做领袖,终于被他们引入迷途而备感畏惧。①

他以同等的坦率抨击人民的腐化、爱好争吵和忘恩负义。在《云》中(公元前 423 年),他揭露了智者之流搞的欺人之术,把他们中最伟大的但却是最少代表性的苏格拉底当作他的靶子。他无情地嘲笑欧里庇得斯,讽刺他笔下的衣不蔽体的王子、又长又臭的序言、放荡的女人、模棱两可的诡辩、单纯幼稚的抒情诗等,但他滑稽地模仿欧里庇得斯的剧作,因此也可以说对他有所恭维。他对雅典妇女也开了不少玩笑,但在《公民大会妇女》中,他把她们拉到自己一边共同向和平进军——为雅典,为各盟邦,为全希腊的和平。在《鸟》中(公元前 414 年),由于战事已经再起,剧中主角就到别处寻求和平而建立了一个鸟的城邦——"云中鹧鸪之国",但在《公民大会妇女》中(公元前 411 年),他直接要求在雅典为时未晚之际建立和平。

在一位喜剧诗人的幽默后面寻找严肃的目的往往是困难的。但在阿里斯托芬身上则不然,因为他遵守着老喜剧中为诗人确定的传统任务——给人民以最好的劝告。他宣称:"我是为了你们和

---

① Ar. *Ra.* 386;*Ach*,509;*Eq.* 125.

这些海岛"才坚持与克里昂斗的。他在《蛙》中以同样的尺度评价埃斯库罗斯和欧里庇得斯，把他们当作是"教育群众，并且是用好东西而非令为羞愧的东西教育群众"的悲剧家。作为一个艺术家，他可能看重欧里庇得斯，但作为一个公民他却看重埃斯库罗斯，因为他的题材更为体面，他的劝谕对城邦更为有利。他对苏格拉底也是这样看的。他们两人可能是好朋友，但作为一个诗人，阿里斯托芬是按照对城邦的利益来评价这位哲学家的。《云》中的苏格拉底有意写得和真的苏格拉底一模一样，对他作为教师采用的教学法的嘲笑倒不是有意掩盖他的教学的实际效果，据阿里斯托芬的意见，这种效果已使年青一代的雅典人包括青年贵族在内都丧失了对城邦和希腊诸神的信仰，并且由于大搞辩证法而成为颠倒黑白、混淆是非的诡辩家了。当公元前405年雅典正为生死存亡作斗争时，阿里斯托芬给予埃斯库罗斯以最高的评价，并附带着说："最好是不要和苏格拉底坐而论道，因而牺牲悲剧的华采和放弃缪斯的艺术。"阿里斯托芬作为雅典的忠告者谴责苏格拉底和欧里庇得斯，倒不是对他们的为人进行攻击，而是把他们当作破坏了城邦的团结一致的个人主义宣扬者。到公元前405年时，欧里庇得斯已离开雅典而死于马其顿，亚基比德和其他一些苏格拉底的学生已遭放逐。公元前399年，阿里斯托芬对苏格拉底的谴责本来应该得到正确的解释了，但它们却被变本加厉地用来对付苏格拉底本人，[1]这种做法是阿里斯托芬不可能宽恕的。

---

[1] Ar. *Pax* 759；*Ra.* 1053、1078、1435、1501、1530；Pl. *Smp.* 221B；Ar. *Nu.* 101、112、423、818、1477；*Ra.* 1491；Pl. *Ap.* 18B、19C。

阿里斯托芬喜爱的雅典是那个战时的雅典,那个优劣互见、欢悦而激昂的雅典。他有时也梦想一个更好的雅典,由于对波斯的胜利而戴上紫金冠,成为全希腊自愿归服的主人;但他是一个现实的人,对当代的雅典肩负着现实的使命。他要求雅典人按正义原则(to dikaion)去对待盟邦和希腊各国,也按此对待国内老弱同胞,公民相处也应该如此。索福克勒斯在悲剧中教导的也就是阿里斯托芬在喜剧中教导的东西——遵循那些伯里克利在葬仪演说中提到的不成文法律。在现实政治生活中,他并不是那种学究式的和平主义者,但他按雅典和希腊的真正利益倡导和平;他并不想要解散帝国,但他希望宽大对待各盟邦;他并非民主之敌,但他要求民主政治摆脱好战黩武、无信无义和残酷无情。随着战争越来越接近尾声,阿里斯托芬也像索福克勒斯一样,坚守着他对雅典的信念,并在他的最佳剧作《蛙》之中表述了他对雅典的热爱(上演于公元前405年)。此后他还继续写剧本,但他对雅典的信念不再如此光辉灿烂了。①

如果说,城邦在索福克勒斯的悲剧和阿里斯托芬的喜剧中得到了最完美的表现,那么,在史学中,那就是修昔底德的史书。雅典的修昔底德(约公元前460年—约公元前400年)终生都生活在城邦之中,并在战争中对城邦研究极透。作为一个人,他热爱雅典,为它在战火中服务,直到公元前424年,当时他任将军之职却未能救援安菲波利斯于布拉西达之手而遭放逐。作为历史家,他把自己对雅典的热爱寄托在那篇葬仪演说之中,但他的史笔也是

---

① Ar. *Eq.*,1325—1334;*Ach.*,500;有关他的后期剧作可见本书边码584页。

不偏不倚的典范。在他的书中,艺术与科学比任何一位记述当代史实的史家都结合得更好。他曾经透彻观察的那种小国寡民的城邦世界,在人类经历的长河中确实已属过去,甚至可能是一去不返的了;但他从中得出的有关政治和战事的结论在今天看来仍像他下笔时那样真实。

作为一位艺术家,修昔底德使自己的文风达到了高尔吉亚所向往的那种雄浑与精炼。他运用了一些高尔吉亚的辞藻与手法,例如音韵的铿锵、对偶的节奏和平衡对应的结构等。但他运用这些是为了使文义鲜明,加强其叙事的色彩与力量。在叙述文体方面,他是完全句法的首创者,这种句法要求一个句子中对所述事态的各阶段有统一的观点,彼此间有合理的联系。与此同时,他的叙述又快速而流畅,把读者在各个主要段落都牢牢抓住,用生动的时态将动作刻画得栩栩如生。在回顾和分析方面,他的文句却质朴而严谨,因为在这方面他力求简明扼要而又有力,例如下面一段著名的论述:"由于希腊各国的派别纷争,各种腐败邪恶都发展起来,贵族的主要品质由于嘲弄而毁,信义的丧失也主要是由于人们在政治中互相敌对这一事实。"

同样的特点也表现在他记述的各种演说词中,特别是当他力求探讨深意时更为突出。例如下面一段话:"如果有人作恶,惩办作恶者的正义企图不一定就能成功;同样地,仅靠相信自己的正义,正义也不一定就靠得住。未来不可预测的因素在绝大多数情况下都有其决定作用。然而,正因为这种因素是最难捉摸、最靠不住的,它反而对于我们最有用处,因为我们大家都同样害怕它,我们在彼此敌对时就不得不慎重考虑。"他的文句的精神很难确切转译。只要举出以下一点就足够了：他不仅专门研究了各个单字之间的元音重复的效果，并注意到相邻两字之间字首字尾的辅音在"清"、"浊"方面的并列。他笔下的每一个字，就像帕台农神庙建筑上的每块石头一样，都经过仔细推敲而在语义语音上有其精确的效果。①

批评家哈利卡纳苏斯的狄奥尼修斯在论述修昔底德的风格时，除了指出他的"坚实严谨、紧凑精深、沉着庄重"等技法上的特点而外，还强调了"他的惊人的激情，特别是他触动读者心弦的能力"。因为修昔底德不仅有艺术家的技巧铺演远征叙拉库斯部队出发的盛况，也有艺术家的情感抒写那些冲进阿西那努斯河中和在采石矿等死的残存者的苦难。狄奥尼修斯用了亚里士多德说明阿提卡悲剧、特别是索福克勒斯的悲剧的那些字眼来形容修昔底德的威力。他们的相似点是惊人的。这种相似点植根于他们作为艺术家的共同观点，而不是指袭用了任何文学技法。索福克勒斯没有为克列翁虐待安蒂戈涅多加讨伐之笔，同样地修昔底德也不为科尔西拉的民主派对其同乡的暴行评判罪责，他们都让我们这些读者自己去体验它，从而谴责它。同样在叙述事态的急变时，或者如亚里士多德所说那种命运的逆转时，修昔底德也是亲身多做观察，把事件发生时的戏剧性激情传达给我们，例如他所记述的安布拉西亚之败、雅典军在派罗斯的坚持、雅典海军在大港的覆

---

① Longin,25；修昔底德,3.83.1、4.62.4；D. H. Comp. 22(106—110)，参见 20(90 以下)；Demetr. 2.72。

没等。①

科学要求正确记载事实,选择与研究有关的细节,决定它们的互相关系,如果可能的话,找出其原因。修昔底德就用这种科学方法来研究历史。他写道:"我以为下述方法记载战争史实最为确当:既不靠偶然听到的消息,也不单凭我个人的印象。我所记述的史实,若非我亲眼所见,就是我从那些亲历其境的人打听到的,并且都经过我仔细考核以求尽可能正确无误。"与之同时,他尽量排除任何党派偏见,无论是别人的还是他自己的。当他考察希腊以往的历史时,他挑选与他的研究有关的史实极其严格精简。他剥去了往昔英雄传说中一切浪漫传奇的成分,然后从滤过的史实的遗存中得出如下结论:没有任何希腊城邦或城邦集团,一直包括到僭主政治没落的时期,能够比得上伯罗奔尼撒战争交战双方那样的强大和富有进取心。更有甚者,在总结雅典从波斯战争以来的成长时,他指出了走向霸权的每一步骤,以及直到战争爆发前为止的每一政治策划的实例。他就是以这种科学方法在以上两方面都精选出与研究希腊城邦的政治和军事本质有关的史实。②

除记述战争事实而外,修昔底德还记载了一些政治家、外交家和将军们的演说,它们反映了各强国的心理状况和政治动机。由于不可能再现原先演讲时的确实词句,他就提醒读者们这些演说词不仅包括实际上所说词句的一般意义,也包括他自己认为演说者当场最适于或最需要说出的话。这样一来,在演说词中我们就

---

① D. H. *Th*,24;(= Ep. Amm. 2.2 末);修昔底德,6.32、7.84.2、7.87、3.113、4.12.3、7.55—56。

② 修昔底德,1.22,2—3(参看 1.1.3、1.20.3—21.1)、1.17 末、19 末。

可找到两种成分,一是演说者的论点,一是修昔底德补充的论点。两者的比例在每篇演说中各有不同,在有些演说中只有一种论点。这些演说的佳例,我们可举科尔西拉人在雅典发表的赞成科尔西拉和雅典结盟的演说,以及科林斯人反对这一结盟的演说,每一篇演说都分析了他们的主张对雅典有利的各点,它们合在一起就使我们更清楚地了解到当时的军事和政治问题。另外还可举斯巴达人在斯法克特利亚被围后请求媾和的演说词,其中包括了雅典在有利时机缔结和平能获得的各种利益的分析。这里我们也可看到对问题探讨极深。不管这些分析究竟出自修昔底德之手,还是属于科尔西拉人、科林斯人、斯巴达人的原话,它们都加深了我们的了解,并且以其戏剧性的、艺术性的高度手法感人至深。有谁能读了米洛斯人的对话而无动于衷?在这样一个弱小而无辜的城邦面临着如此残暴横蛮的侵略者的问题上,修昔底德无论在理智上还是情感上都把读者紧紧抓住了。①

在记述了事件的相互关系后,修昔底德有时也发表他自己对于它们的原因的看法。他在列举战争爆发前各次事件的经过和政策后,还记述了科林斯人、雅典人、斯巴达人的各种演说,其中揭示了这些事件对主要城邦的影响和它们的反应。他刻画了各个城邦在危急关头的国民心理,就像索福克勒斯和欧里庇得斯刻画每一主角的心理一样。他以同样方法在葬仪演说中反映了雅典的政治家与人民的关系,在阿尔齐达姆斯和斯提奈赖达斯的话中反映了政策与政策间的争论,而克里昂和迪奥多都斯、尼西亚斯和亚基比

---

① 修昔底德,1.22.1、1.32—43、4.17—20、5.85—113。

德的对立更是如此。在他的叙事中也揭示了瘟疫、道德和国力之间的相互关系，党争、士气和团结瓦解的关联、国外战事的胜败与国内政局变化的息息相关等。一个医生在如此详尽地分析了一个人的气血亏盈、体质心境以后，还可能没注意到某一具体病症的确切起因。但修昔底德不是这样。

历史学家们曾为战争找出各种原因，经济实力、地理因素、意识形态的对立、宗教和种族的对抗等。修昔底德认为这些都是附随状况（tychai）或者是可变的偶然因素（syntychiai），就像时间、潮流或气候那样，超出人的控制之外，并往往不是决定性的。有些历史学家把战争归于神明的意志，无论是好是坏，驱使人们走向战场。修昔底德则把战争的责任断然放在人类肩上。他写道："依我看来，战争的真正原因是雅典势力的增长和因而引起的斯巴达的恐惧，这两者逼使它们走向战争。"两个各自有其心理特点的国家已发展到一种必然互相冲突的局势，就如克列翁和安蒂戈涅、雅松和美狄亚必不可免要发生冲突一样。这种局势是人造成的。聪明的政治家和国家，如果有意避免冲突，应该在形势还没有发展到决定阶段就防患于未然。他相信人类可以互相实行其自由意志而创造历史。因此，对人类本性的理解具有极其重要的意义。修昔底德认为人类本性在一些基本方面是永恒不变的，其中有种种本能：统治屈服者，抵抗侵袭保卫自己，为了威信、私利和恐惧等理由而保有用暴力取得的东西。聪明的政治家和国家要善于利用这些本能，无论是自己的还是别人的，并相应地行使自己的权力和决定自己的政策。特别重要的是他们应该深知战争的本质与后果。假若人们能运用自己的理智（grome），他们就会看到：无论是强权还是公理都不能保证胜利;在对历史的理智考察中,相信神明的干预是没有根据的;卷入战争的牵扯和战争的风险都是不可预知的;战争失败与其说取决于实力的差别,毋宁说决定于判断的错误;战争的延长和残酷必然会引起民情激昂、暴虐兽行和团结瓦解。①

修昔底德指出:"如果那些想要了解过去所发生的事件以及根据同样的人类本性将来也会发生的类似事件的人,认为我的著作还有一点用处的话,我就很满足了。"他的这个预测完全正确。人类本性的基本素质仍然不变,战争的附随状况也是同样的,旷日持久的战争对文明民族的影响一如既往。"只有鉴往才能知来",这是丘吉尔在总结另一次大战时说的话。他和修昔底德一样,都相信人类的理智能够主宰历史从而使整个世界"安全而清洁"。这是一个希望的使命,就像索福克勒斯在《俄狄浦斯在科罗诺斯》中所写的那样。修昔底德曾经看到人们在伯里克利统治下的城邦所取得的胜利,那时一个有眼力、聪明而坚定的伟大政治家领导着心胸宽阔的人民;他也看到了人在战前那种政治状况中的幸福与繁荣,那时权力与正义是在协调的和平状况中结合在一起的。他一直活到目睹胜利变成惨败、希腊世界心神错乱、雅典一蹶不振。这一亲身经验的历史是用清晰的理智和动人的感情写下来的,这是记述以往史实的史家绝难望其项背的。②

---

① 修昔底德,4.64.1、3.82.2;Livy,*caelestes ita vella*;Tacitus,*ira deum*;修昔底德,1.23.6、1.76.2—3、4.61.5、5.105.2、4.62.4、5.104—105、1.78.1—2、4.18.4、2.65.11—13、82.2。

② 修昔底德,1.22.4;丘吉尔对世界广播演说,1945年5月13日;修昔底德,2.65.5—8、1.144.4、1.76.3。

雅典的安替芬(约公元前480—前411年)奠定了作为一种文学体裁的演讲学的基础。他传授撰写演说词和诉讼词的艺术,这些东西都是为了在人民大会和法庭上用来说服他人的(但安替芬本人为他在寡头派政变中担任领导而作的辩护词却没使他赢得胜诉,结果仍遭处决)。他按照提西亚斯的方法,不是从确切的凭据上而是从可能性、意图等上研究论辩的原理。他以四人一组进行示范发言练习,假设两人为拟定案中的原告,两人为被告,按他的论辩原理训练学生。有三篇这种小组的《四人对话》流传于世,它们都冠以安替芬的名字,但可能是由他同时的一个非雅典人写下来的。他对于下一世纪的讲演体散文有很大影响。①

就像德漠克利特和修昔底德之考察物理和政治现象不带宗教和哲学成见一样,科斯岛的希波克拉底研究人体也不受任何成见的支配,从而奠定了医学的基础。他是约公元前460—前400年的人,在传世的以他名字命名的希波克拉底文集中,有少数几篇从观点和风格看可认为是属于他在世时期的作品,其中有一篇名叫《神圣的疾病》,是谈癫痫症的论文,包括如下一段话:"这种病,据我看来,和其他疾病相比并无丝毫神圣之处,它和其他疾病同样性质,也属同样起因。它同样是可以治疗的,并不比别的病更难治……只要患者还未中毒到难以医治的程度就行。他的病因,像其他疾病一样,在于遗传……它的病根则在头脑之中,就像所有最严重的疾病一样。"这种摆脱了宗教和哲学成见的疾病观,和克尼都斯医学派的精于观察和科斯学派的重视预测相结合,就有可能

---

① Antiph. *Fr*.1(他的自辩词);修昔底德,8.68.1—2。

在了解疾病的性质、起因和疗法方面取得相当大的进展。①

在这个时期,几何、数学、天文学方面也取得重大发展。毕达哥拉斯和他的门徒在这方面起了奠基的作用,他们研究了平行线的性质,运用几何面积表现数学的加减法,发展了一种数的理论,详究了一些立方体,接近了"2"的平方根。德谟克利特这个"原子论"的集大成者,开创了立体几何学的研究,成功地计算了三角锥体和圆锥体的体积。他的"大年"可能把太阴年和太阳年结合成一体,而在自然地理方面他主张地面并非圆形而是一个长度约及宽度一倍半的椭圆形。在这方面最有影响的是和苏格拉底同时的奇奥斯人希波克拉底,他一生大部分时间在雅典度过。他的《元素之书》总结了并大大推动了几何学的研究,特别是有关圆形的问题。他得出结论说,圆形是与和它同直径的正方形彼此相等,并探讨了方形的圆积法。智者、伊利斯的希庇亚斯发现了运用矩形求边弧以三等分角的方法,另一个与苏格拉底同时的昔兰尼人提奥多汝斯则用几何方法证明了3、5、7以至17的平方根的不合理性。虽然这些数学家和几何学家的理论对建筑师和勘测师有所贡献,他们在公众眼中却仍是那些探讨超自然事物的"玄学家",就像《云》中的苏格拉底一样。②

除了以"不敬神"罪迫害阿那克萨戈拉斯而外(此事发生时间犹无定论),民主政治和理性主义发生冲突的危险已由于伯里克利的天才领导而得以避免。在公元前430年,他实事求是地夸耀雅

---

① 希波克拉底,《神圣的疾病》,1.1。
② Heath,*MGM*及Thomas,*GMW*,1.228。

典人热爱智慧,容忍别人的观点,遵守民主的法律。这种可喜的局面得力于他身兼民主政治领导和理性主义旗手的角色,也得力于他的使公民享有繁荣与自信的政策的成功。在他死后,民主政治和理性主义之间的裂罅出现了,并随着局势的恶化而日益扩大,直到双方终于水火不相容。这种使双方都深受其害的敌对情绪植根于当时的宗教信仰和教育条件。

摩擦点并不在于遵守城邦宗教的问题上。甚至像普罗塔戈拉斯这样的不可知论者也赞同按例向雅典娜交费献礼。在战争期间城邦宗教大为兴旺。一个奉祀雅典娜尼克(胜利女神)的爱奥尼亚柱式的秀美的小神庙,在公元前427—前424年修建于卫城上,在该世纪末年又为它安装了一道雕刻极美的石栏杆。在卫城山丘下面,尼西亚斯在靠近迪奥尼修斯剧场的地方又建了一个迪奥尼修斯小神庙,并在那里竖立了一尊黄金象牙的神像。在赫伏斯图神庙中,阿尔卡美涅斯制作了雅典娜和赫伏斯托斯的青铜像,时间是在尼西亚斯和约时期。战争年代的主要建筑则是卫城上的伊利其特庙,虽然工程在西西里远征时一度停顿,它仍在公元前406—前405年完工。这神庙的地基图案为了要适应崎岖的地势而分为两个高低不同的平面,其宏伟的效果因此不如卫城的门厅。但另一方面它却具有爱奥尼亚传统的许多优美秀雅的特点:大理石的门框雕刻极为精美,女像柱的细部很是秀丽悦人。在海外,尼西亚斯在提洛于公元前417年奉献了一座多利亚柱式的阿波罗神庙。在这一大批卓越的神像、神庙和类似伊利其特的金灯这样的工艺品上花的工夫和技巧,雄辩地证明了在战时雅典人信神的虔诚。

家庭宗教却受到了损害。几百年来,它的祭祀都是在村社的神祠中举行的，但自从农村人口被迁移到城市以避敌军以后，这些祭祀也就长期停止了。它的影响非常严重，因为一般的雅典人主要是从这方面的私人宗教中获得心神的平安，它所起的作用远超过埃琉西斯的秘仪和奥尔菲斯祭礼。家庭的传统，例如尊重双亲和信守婚约等，也同样地被削弱了。家庭份地，在以前是不能转让的，现在也在经济需要的压力下拿到市场上买卖了。年青一代的道德标准由于瘟疫、革命、和长期战争的苦难而受到动摇、震撼。在这一点上新的学问也起了破坏性影响，因为它也怀疑传统的信条。欧里庇得斯的一个角色就曾说过："想出这些条条的人真不知羞耻。"这样的思想，在一个上层阶级生活放荡并习惯于和非雅典人的妓女厮混的城市里传播得很普遍，威胁到传统的道德风范，引起民愤特别是雅典妇女们的憎恶。①

　　宗教信仰的第三个层次，也就是通常所谓的"迷信"，不大容易确知其究竟。它的表面形式是信神谕、占卜和兆应，例如日月食和怪异事物、星象或禽兽内脏的神示等。它的内在力量是由于害怕冒犯那些不可见、不可知的幽神暗鬼，它们在灾难时期最容易出现，这种害怕的最明显的例子就是"怯被"（Miasma），即担心由于某一渎神行为而使全城不洁和受灾，一直要等到渎神者献过牺牲祓除不洁以后全城才得安宁，索福克勒斯有关俄狄浦斯的那套著名悲剧就说的是这么一次"怯被"的灾难，它使当地人遭受一年之久的瘟疫，在传为安替芬所作的《四人对话》中也提到这种信仰在当时还是很流行的。具有同样原始性质的外来宗教，例如马其顿

---

① 修昔底德，2.16；E.，*Fr*，19。

的迪奥尼修斯祭仪(戏剧性地表现为酒神祭[Bacchae]),或者对色雷斯女神本迪斯和科吉多的淫猥的崇拜,是由奴隶和外邦人带进来的,这时也在公民中赢得不少信徒。对于这一层次的信仰,理性主义者是毫不妥协的。对理性主义者说来,太阳不过是一个比伯罗奔尼撒大一点儿的火球,月亮不过是有山有谷的陆地,但对迷信者说来,日月却是神的眼睛,它的闭合就使叙拉库斯军队在那关键的月份惨遭失败。在理性主义者看来,独角的羊说明它头脑有病,但对迷信者说来,它的畸形却暗示着一位政治家的倒台。在理性主义者眼中,疾病是可以解释的生理现象,在迷信者眼中疾病却是天神所降,正如一个城邦受灾受难是由于还未被除的渎神之罪仍在作祟一样。①

在现代民主国家内,理性主义和宗教的隔阂可通过普及教育而予以弥补。在雅典,国民教育却是缺乏的,家庭教育在战时也削弱了,特别是在道德方面。所有的公民都识字,他们或者是在家里,或者是在私人学校上过识字启蒙的课,但只有富裕人家才有钱提供由智者讲授的那种高等教育。但是所有公民都受到新思潮的熏陶。他们在欧里庇得斯的戏剧里听到它,也在安替芬的辩护词里,或者在高尔吉亚的演说中接触到它,他们并且在人多口杂的城市里带着贪奇好胜的机智对之大发议论。由于需求日益增加,书籍的买卖也兴旺起来,在公元前405年时阿里斯托芬坚信他的观众都熟悉最近流行的论著。他们的记忆力也由于参加评选剧作、选举行政官员、听审囚犯等而高度发展起来。被俘的雅典人在西

---

① D.L.2.8(阿那克萨戈拉);普鲁塔克,《伯里克利传》,6.

西里以背诵大段大段的欧里庇得斯悲剧取悦于他们的主人。但是,机智滑巧却不能代替普及教育,特别是在这样一个要使古老的宗教信仰和新的世俗思想相适应的时期。结果是敌对情绪发展起来了,它又在瘟疫、战败和革命的恐惧之下日益加剧。①

最为危险的是,政治家大肆利用了这种敌对情绪。那些更为原始的信仰是由贫苦阶级的公民信奉的,这些人的物质和政治利益都得到民主政府和民主派政治家的保护。雅典人中新思潮的提倡者,基于财力和时髦的原因,大都是富有的年轻人,他们以出身高贵又有知识自豪,因他们的高傲感而要求于政治上的就不是民主制而是寡头制。假若有第二个像伯里克利这样伟大的政治家,或许可以将这两大派集合在一起,共同效忠于国而又互相容让。尼西亚斯,这个属于伯里克利那一阶级的杰出人物,却缺乏智巧以领导那些青年贵族派,也缺乏能力和威望以激励全体人民。伯里克利政治上的继承者,像克里昂和后来的克里奥芬一流人物,却是另一种类型。他们的演说是慷慨激昂的,但不够严肃,也不够聪明,而且他们主要是向他们所出身的那些较贫苦阶级的更为原始的感情和信仰发出呼吁。

阿里斯托芬说克里昂上台之路是靠神谕铺成的,这个戏谑是有几分道理的。确实,兜售神谕不久就成了一种必不可少的技巧。尼西亚斯夸耀他的虔信神谕和占卜,他有自己的占卜师,把他的军事胜利归因于福星高照。亚基比德也利用卜师来推翻城邦所赞成

---

① A. *Ra.* 1114(关于书目参见 A. *Av.* 1288; Eupolis *Fr.* 304; D. L. 9. 527; 普鲁塔克,《尼西亚斯传》, 29)。

的意见而推销他自己的主张。克里昂把利用神谕作为自己反对新思潮和搞臭政治对手的政治计划的一部分。他本人曾以"不信神"的罪名告发欧里庇得斯(可能在公元前426年),他的助手们可能鼓动妇女在铁斯莫非利亚搞了一次反对欧里庇得斯的示威。当时,欧里庇得斯是雅典人中反对信卜求神这一套的代表人物,而他的朋友、无神论哲学家迪亚戈拉斯和普罗塔戈拉斯则是外邦人。在瘟疫后的年代里,阿里斯托芬对两方面的代表人物都加以嘲笑,他既嘲弄像克里昂和欧克拉提斯这类民主派煽动家,也取笑那些类似欧里庇得斯和苏格拉底的思想家。①

当雅典远征军出发航向西西里时,一个大危机就爆发了。那时亚基比德成为过激民主派所厌恶的一切事物的集中体现,他是由青年贵族派转为民主派煽动家的人;在运用群众场合下的演说、兜售神谕和搞陶片放逐法这些煽动手法上甚至更为圆滑精到;他可能是那种把民主和开明结合起来的政治家。然而他在一个致命的关键问题上有能被政敌利用的"辫子",因为他曾是苏格拉底的学生并且曾经因滑稽仿效秘仪宗教而受人注意。赫尔美斯神像的捣毁给过激民主派以可乘之机。他们宣称这一渎神行为是远征的恶兆,犯罪者就在那些不满宗教和民主、想要以暴力建立寡头政府和僭主统治的人中。他们点了亚基比德的名字,后来他终被以"不敬神"的罪名判处死刑。迪亚戈拉斯这位"无神论者"也被加以同样罪名,他逃走了,他的书被当众烧毁,还悬赏要他的首级。许多

---

① A. *EP*,61、107、997;普鲁塔克,《尼西亚斯传》,4、13.1;*Pap. Oxyr.* 9, pp. 152—153(=Satyrus);D. L. ,9。

领头人物被抓被杀。普罗塔戈拉斯可能也在这时逃走。对这次搜捕异端的回报就是公元前411的政变。搞政变的极端寡头派都是有学识的人,不少人和苏格拉底相好,他们对民主派煽动家大肆报复。当民主政治恢复以后,欧里庇得斯迁居到马其顿去了。亚基比德在公元前407年的第一个行动就是宣布过去任何渎神罪都属无效,并亲自护送埃琉西斯秘仪的游行。但他回国的那一天却被占卜定为对他不吉之日,他的政敌立即确信他必然会倒台而终于推翻了他。阿里斯托芬在公元前405年劝告雅典人要利用"狮子"亚基比德之才的温和语言已没人听了。①

因此,在战争的黑暗日子里,裂罅变成了深渊。一方的极端分子以知识领袖自居,用政变的方法夺了权。另一方的极端分子则以民主政治的旗子为招牌,利用了人民的迷信恐惧。双方都是招摇撞骗。真正的开明思想和真正的民主精神都应坚持原则而又宽大温和,这些都在战争的暴烈环境和派别纷争的旋涡中化为乌有了。除非和平到来时能在这深渊之上架设桥梁,否则民主与开明将始终分道扬镳,而城邦也将永远不会再度成为伯里克利治下那种理智和民主进步的中心。

---

① 修昔底德,6.27.3、29.3、60,1—2;D.S.,13.6.7(参看修昔底德,7.60.4及 A. *Av.* 1073 关于年代,D. S. 关于迪亚戈拉斯逃走);D. L.,9.52;色诺芬,《希腊史》,1.4.12;普鲁塔克,《亚基比德传》,36.1—4;A. *Ra.* 1432。

第 五 卷

霸权转移时期
（公元前 404—前 354 年）

第一章 斯巴达的霸权
（公元前 404—前 386 年）

第一节 这时期的种种政治问题

斯巴达在两次大战中都是胜利者，它现在握有牢固的主动权和领导权。在理论上它已可以摆脱过去由于雅典的强大而强加于它的那种无所作为和孤立主义的政策，在实际上它已被引向胜者统治败者的原则，就像日后雅典和底比斯也不得不被引上这条路一样。这样一个胜骄败、强凌弱的原则，也就是修昔底德认为是人类本性固有的一个原则。

在公元前 404 年，胜利者面临着一些极其严重的问题。绝大多数希腊城邦都被党争和仇恨而弄得四分五裂，不少城邦像科尔西拉那样竟陷入了精神上、经济上彻底破产的境地。重建希腊城邦内的信心和稳定确实需要真正的领导才能。修昔底德曾表示希望斯巴达在打败雅典后能提供这样的领导，他说："此后斯巴达自身将免于恐惧而自由生活，整个希腊也将接受它的不凭强权而只重友善的领导。"同样地对叙拉库斯也寄有希望，愿它能领导西西里的希腊人走向统一。① 但是,希腊世界不再是自成一体的了,它已不再能免于受外部侵略和干涉。波斯和迦太基都在逼近希腊人,日后还有马其顿和罗马。作为领导,也必须目光向外而领导希腊各邦共御外敌。斯巴达已干过把爱奥尼亚的希腊人出卖给波斯的勾当,它这样做是为了得到波斯金钱打赢战争。投靠波斯——米底主义,确实被一些城邦出于私利而自由采用过,但是,一个领袖城邦竟把波斯友谊置于爱奥尼亚的希腊人的自由之上,这是不能得到人们衷心信服的。因此斯巴达面临着双重的问题,既要使希腊世界恢复秩序,又要抗拒波斯。

假若斯巴达及其后继者未能解决这些问题,对它们加以恶评是容易的。它们中最恶劣者所陷入的那种米底主义和帝国主义的结果,甚至在当时就遭人痛骂。② 但过错并不全在它们身上,其他城邦既没有追随它们的有价值的政策,也没有认真地试验联邦之类的政治思想。希腊城邦的世界正在为一种政治瘟疫所苦,这种疫病使它们既不能领导别人也不能接受别人的领导。在这个时期,城邦作为一个政治制度已受到极为艰难的考验。它的公民已达到一种知识上自由解放的阶段,经济上则资本③大为发展,这时传统的城邦制度已不能满足他们知识上和物质上的要求,因而也就难以要求他们全心全意的效忠。在政治学说中,柏拉图和亚里士多德曾试图修改城邦制度,而叙拉库斯、底比斯和奥林图斯等城邦则试图在实践上做一些改变。假若希腊各邦是自成天下、与外

---

① 修昔底德,6.92.5 末、8.2.4、4.64.5。
② Isoc.,4.128.
③ 原文 Capitalist,有资本家、资本主义之意。——译者

界隔绝,它们或许可能走联邦的路子而得救,这种联邦确已取得过一些重大的进展。但外部世界在向它们逼来。比它们在性质上更为原始但更崇武好强的国家,例如马其顿和罗马,却独立于城邦体系之外兴盛起来,并在滋长军事和经济实力方面被证明为比它们优越。

我们将要研究的这个时代有时被称为衰落时期。这是完全不符合实际的。希腊文明像过去一样浩荡奔流。这是一个在政治、哲学、文学和艺术上大胆试验的时期。那个使马其顿和罗马人迷并最后同化于其中、又通过它们传给现代世界的文明就主要是公元前4世纪的文明。确实,这一文明的传统包容者,独立自主的城邦国家,已开始在内部新思想的酝酿和外部强敌的压迫下走向崩溃。同样的话也可以用来说明我们欧洲文明的传统包容者——独立自主的民族国家的现状。这两者都一样,包容者都不如它的内容那么重要,在公元前4世纪的文明中,将孕育出许多人类历史上极有成果的理想。

第二节 斯巴达的问题与资源

斯巴达以自由的名义从事伯罗奔尼撒战争,它的最后胜利之日被欢呼为希腊自由的黎明。[1] 自由确实是一个简单而容易接受的口号。但是,政治上的自由,无论是在城邦之内还是城邦之间,却是一种实际上极少做到的复杂的关系。这一点在战争临近尾声

---

[1] 修昔底德,1.139.3、4.85.1;色诺芬:《希腊史》(在本卷以下简称"希史"),2.2.23。

的那几年已表现得很明显。那时斯巴达为了换取波斯的资助而订约出卖了小亚细亚希腊人的自由,因为只有波斯的资助才能保住它自己的自由并使其盟邦不受雅典的控制。当战争胜利结束时,斯巴达遇到了它的第一个难题。如果它实行和波斯订的条约,它就会给自己标榜的自由解放者的招牌抹黑而丧失希腊人的尊敬;假若它不践约,它就得准备与波斯交战并为备战而保持它在爱琴海的海军部队和小亚细亚的军事基地。最初,它还有时间可供喘息,因为居鲁士并未对爱奥尼亚的希腊城邦采取什么行动。然而这种喘息的时间是很短的。它的第二个难题是怎样决定那些能在和波斯作战时对它最有用的爱琴海城邦的政治命运,也就是它们的自由的性质。其中不少城邦已帮助斯巴达推翻了雅典的傀儡政府,它们的头领在军政府期间也稳固地掌了权。因此像塔索斯、拜占庭、奇奥斯、米利都这些城邦都是在战争结束前就建立了极端形式的寡头政府,当地的斯巴达长官,称为"调解官"(harmosts)的,也运用他们的部队帮助寡头派向民主派勒索"赔偿"①。当完全胜利时,斯巴达又该怎样做呢?假若它从爱琴海撤回部队,随之而起的必然是日益蔓延的党争和混乱。假若它继续在这一带保持驻军,它就必须支持它自己那一派并继续收取贡款以维持服役的舰队。

斯巴达于公元前404年在小亚细亚和爱琴海面临的各种问题,是由它的老练的司令官莱山得予以处理的。他是一个能干而有野心的人,把能够获胜的手段都紧握在自己手里:他得到了居鲁

---

① 修昔底德,8.64.5;希史,1.1.32、1.3.15、2.2.1—2;D.S.13.65.3—4。

士的好感与金钱,赢得了同盟舰队广大水兵的拥戴,以及他亲手组织起来的那些爱琴城邦寡头派的效忠。① 当他取得战争胜利之后,他的威望和权势举世无双。在德尔斐修建了一个纪念埃哥斯波达米战役的门廊,其中有一尊由海神波赛冬为他加冕的莱山得像被放在其他司令官雕像之前,和神像并列;这是莱山得自己奉献的,刻有如下的铭文:"敬献人谨以胜利的花环献给他的祖国、希腊的堡垒、轻歌曼舞之乡、永不被攻克的斯巴达。"② 在萨摩斯,当他于公元前404年9月驱逐了民主派之后,复辟的寡头派把"赫拉节"③改名为"莱山得节"以纪念他。在10月,他把胜利果实带回斯巴达——200艘战舰的船头,这是投降的雅典舰队的表征,470塔连特的银子,大量的战利品,以及各解放城邦献给他的冠冕。他在公元前404年年末衣锦还乡的盛况,甚至超过了亚基比德于公元前407年回雅典时的程度。尽管斯巴达有法律规定最高司令不得连任,他仍以公元前404—前403年海军指挥的名义被授予最高司令的职权。在这一年中,当莱山得对监察官有支配影响之时,斯巴达的政策向希腊各邦摆得很清楚:在爱琴海支持极端寡头派(往往是"十人专制",即10个头领握全权),派驻斯巴达的"和解官"和军队征收每年约达1 000塔连特的贡款;在西西里支持叙拉库斯的僭主狄奥尼修斯;在亚洲和居鲁士合作;并借法那培萨斯之手把亚基比德杀掉。作为海上霸主,斯巴达已经跟着雅典的脚印

---

① D. S. 13.70.4;希史,1.6.4、2.1.6—7。
② GHI,94、95;波桑尼亚,10.9.7—10。
③ 此节日是供奉赫拉女神的,改节名是表示对莱山得的极大崇敬。

走了。①

与此同时，斯巴达还得调整它和它的盟邦的关系。彼奥提亚、科林斯、麦加拉、叙拉库斯以及其他盟邦在战争中提供了大量的兵员和船舰，而且损失很重。严格地说，是斯巴达同盟，而非斯巴达一国，打败了雅典。它们之团结在一起，既由于斯巴达的领导有方，同样也是由于它们都惧怕或仇恨雅典。紧随着和平在公元前404年的到来，这个同盟就面临着散伙的危险，就像公元前421年的情况那样。在公元前404年，斯巴达对雅典的处置可能是出于一种想法：对敌人宽大，和平就能比较持久。但这却是斯巴达同盟各主要城邦不愿同意的一种处置；并且它们看到雅典和它以前的属邦现在都在外交上听命于斯巴达，向斯巴达交贡金，并在亲斯巴达政府控制之下。战利品也是送到斯巴达而没在得胜的盟邦中分享。这种种不满更由于对像阿斯提奥库斯这样的斯巴达领头人物的记忆和对斯巴达未来意图的恐惧而火上加油，越来越厉害。底比斯和科林斯都收容那些被亲斯巴达政府放逐的人物，以此表示它们的独立性，并且在斯巴达于公元前403年要求派兵入侵阿提卡时拒不从命。因此，在胜利后一年之内，斯巴达的陆上霸权就不再依靠各盟邦的友善之情了。②

胜利把陆上和海上的霸权都送到斯巴达手上，这两大霸权它在波斯战争期间曾拥有过，但在公元前474年左右，却因赫托马里达斯"这样同时掌管陆海霸权并非斯巴达之福"的劝说而放弃了。

---

① 普鲁塔克，《莱山得传》，18；D. S.，14.10—11、14.13.1；亚里士多德，《政治学》，1271ᵃ38。

② 修昔底德，4.19.2—3；希史，2.4.30；D. S.，14.6.3；Justin. 5.10。

第五卷 第一章 斯巴达的霸权（公元前404—前386年）

难道它现在的资源能够使它保持海陆两方的霸权了吗？在公元前404年，斯巴达作为陆军强国的声望是极高的。它的重装步兵从未在正规战场上失败过；它的将领——布拉西达、阿基斯、吉利普斯、克列库斯、卡利克拉底达斯和莱山得——在战场上赢得了英名；而它在海外的驻军（主要由皮里阿西人和被释希洛人充任），也显示了良好的战斗素质。它的舰队小而精，在历次海战中享有英名，能勇猛击敌。它的宪制的名声也是了不起的。斯巴达是罕有的没有苦于内部党争的交战国之一。它的稳定和有效不仅受到仿效斯巴达制度的寡头派的羡慕，也得到不同意其政策的人们的首肯。演说家吕西亚斯在奥林匹克节庆会上所说的下面一席话确非过誉："斯巴达以其内政的完善和军事的技巧而被公正地称为希腊的领袖，从古至今它能避免外敌入侵、内部党争和军事失利，天下罕有匹敌，但它赖以自卫的不是城壕，而是它从不改变的制度。"①

但是长期的战争已使斯巴达精疲力尽。斯巴达公民的重装步兵在公元前404年可能只有3 000人左右，但在公元前479年他们曾达到过5 000人；在拉西第蒙军队中斯巴达人所占的比例，原来有重装步兵的一半，到公元前371年降为三分之一；军队本身的补充一再地依靠建立被释希洛人的分队来解决。在战时和战后都经常发生将领在突然接受大权后滥用职权的现象。吉利普斯因侵吞公款被罚；克列库斯在拜占庭的统治极为残暴；卡利比乌斯在街头随便打杀雅典公民；许多驻外邦的和解官在其同党同伙的捧场下，所作所为完全像一个小僭主。当他们多半是勉强地回国以后，

---

① D. S. 11. 50. 6；Lys. ,33. 7.

他们对斯巴达的简朴而风纪严厉的生活大为不满。莱山得本人就被怀疑有推翻斯巴达双王制的企图。当斯巴达着手统治一个帝国时，它宪制中的某些缺点和弱点就表现得更明显了。一切政治的、经济的权力都集中在两个国王控制的吉罗西亚会议（它的成员需年过60岁）和一年一换的五位监察官手中。王与王之间，王与监察官之间的摩擦使国家的政策出现不稳。吉罗西亚会议的控制能力有时由于其成员的衰老而出现缺陷，因为，正如亚里士多德所见，衰老不仅表现在生理上也表现在思想感情上。迟缓、保守和缺乏想象力，对于一个掌握帝国的城邦比对一个防守同盟的领袖的损害要大得多。①

在所有这些缺陷中最严重的是斯巴达制度的逐渐腐化变质。战争和帝国的经历说明德尔斐神谕的话是言之有理的："不是别的，正是爱好钱财，将摧毁斯巴达。"在理论上，斯巴达制度是奠基于农业经济上的，它以铁通货和外界贸易隔绝，并靠农奴劳动维持国内经济生活。理论上，每个斯巴达公民是大致均等地富裕的，只要他们保持原有的份地。实际上，尽管有禁止私有钱币的法律，金银仍然通过各种渠道流入斯巴达私人手中。这种情况很快就推翻了斯巴达公民的基本平等状况，并使那些负债而无力提供经费参加聚餐会②的人丧失了公民权。在公元前398年年末，由基拉东领导，组织了一次大起义，基拉东本人就是这样一个丧失公民权的斯巴达人，或称"次等公民"（hypomeion）。他计划掀起次等人、皮

---

① 修昔底德，4.81.2—3；D. S.，13.106.8—9、66.6；普鲁塔克，《莱山得传》，15；色诺芬，《拉西第蒙政制》，14；D. S.，14.13；亚里士多德，《政治学》，1270^{b}35.
② 斯巴达男性成年公民参加集体军训的一种仪式，是公民权利的象征。——译者

里阿西人、被释希洛人和希洛人的联合起义,共同反对他们的主人——斯巴达的平等公民(homoioi)。人数上他拥有二十比一的优势,但监察官以逮捕基拉东和他的同谋伙伴而镇压了这次起义。但是,监察官和斯巴达当局都无法阻止失掉公民权的人数的增长率。许多斯巴达的全权公民在战场上牺牲了,结果是份地庄园有五分之二按斯巴达的继承法掌握在妇女手里,男性公民的短缺非常严重。因此,事情就变成这样一种局面:斯巴达的担子越来越重,它的全权公民人数却越来越少。在公元前4世纪,把斯巴达人派往国外变得越来越危险,因为他们必须留在国内以镇压臣属的居民。不过,当他们被外敌入侵的时候,除了一些希洛人外,所有各阶级还能联合起来保卫拉哥尼亚。①

尽管它有不少缺点、弱点,但斯巴达在希腊作为起支配作用的城邦几乎长达四十年之久。它的权势有一种维持稳定的作用,即使只从它阻止了其他城邦扰乱和平这一点来说。它的手段越来越咄咄逼人。它在一个摸索着走向联邦的时代鼓励分离主义,在一个经济上越来越商品化和货币化的社会中支持农业的寡头政治。它的文化在这样一个理智开化和个人主义盛行的时代是非常落后的,因此它从来也不能像伯里克利称颂雅典那样大言不惭地宣称:它的属邦可以不必忸怩不安地接受它的统治。当它的帝国瓦解时,伊索克拉底可以不无理由地断言:斯巴达只是继承了一种虚假的领导传统。但是,当公元前338年其他希腊城邦都屈服于马其

---

① 亚里士多德,《断片》,544;希史,3.3.5—11;亚里士多德,《政治学》,1270^{a}23、1271^{a}29。

顿铁蹄之下时，斯巴达却孤军苦战，以希腊堡垒的姿态保卫希腊的独立，从而表明它不愧是多利亚城邦中最完美并最具古风的代表。①

第三节 阿提卡的寡头政治和内战

在斯巴达取得胜利时，它针对敌方的各项措施反其道而行之。埃伊纳、米洛斯、西夕温和其他雅典暴行的受害者都恢复成为独立国家，被雅典吞并的领土都物归原主，被亲雅典的民主政府放逐的人都重返祖国。阿波罗的神圣岛屿提洛，也从雅典占领下解放，神庙转归提洛人管理。由雅典安排到瑙帕克图斯和凯法伦尼亚定居的美塞尼亚人被逐走，他们逃到西西里和昔兰尼去了。在获解放的城邦中，自然有一种转向寡头政府的倾向，它部分地是由那些反对亲雅典的民主政府的人鼓吹起来，部分地也是由于知道莱山得喜欢这类政府。这种倾向却很快就被极端寡头派的暴行葬送了，这些极端寡头派或"十人寡头专制"是得到斯巴达官员与驻军支持的。例如，在米利都，约有 800 名"民主派"在莱山得默许之下被屠杀。斯巴达驻各地军政官员的所作所为也导致人心的逆转与激变，因为他们粗暴残酷，有时像暴君那样对待他们自称为被他们解放的人民。在拜占庭，斯巴达"和解官"克列库斯被派去支持当地寡头派政府，他却自己搞了一队雇佣兵武装，自立为僭主；他拒绝服从来自斯巴达的指令，当斯巴达军队把他逐走后，他又在居鲁士

---

① 修昔底德，2.41.3；Isoc.4.18。

手下做了一个雇佣兵的指挥官。在斯巴达获得最后胜利一年之内,斯巴达的政治手段就已引起深深的埋怨和愤慨。对它的政策的第一个挑战来自雅典。①

在雅典,最初也出现了转向寡头政治的倾向。当时在雅典最有影响的政界人物特拉门尼,是谈判和约的负责人,也是一个深孚众望的温和寡头派。以特拉门尼的朋友克里提亚为首的回国的流放者,已和斯巴达特别是和莱山得建立起友善关系。雅典人民在失败的痛苦中也愿意接受一个寡头政府来和胜利者暂时妥协,当为首的五个人自封为"监察官"的寡头派骨干唆使人们逮捕民主派领袖时,群众也无动于衷。在公元前404年夏天,大约是在阿提卡历的7月初,正式建立了一个临时政府。在有莱山得出席并致辞的大会上,德拉孔提德斯提出的议案得到批准,该议案确定任命30人按"祖宗古法"起草一部永久宪法同时由他们管理行政事务。随后就组成三十人政府,该成员10人由特拉门尼提名,10人由监察官提名,另外10人则从大会出席人员中选出。三十人政府再指定五百人为议事会会员,并从一个"千人大会"的提名会议所选出的候选人名单中指定行政官员,特别是10名比雷埃夫斯的长官和11名管理城邦监狱的典狱官。为了保持合乎宪制的面貌,三十人政府废除了厄菲阿尔提斯制定的剥夺阿雷乌泊果斯议事会权力的法律,取消了人民法庭,着手修订法典。三十人政府则大权独揽,并指使300名"执鞭者"推行自己的命令和旨意,控制了全部行政

---

① 普鲁塔克,《莱山得传》,14、19;*GHI*,99;希史,2.2.9;D.S. 14.34。

机构,完全正确地被人称为"三十僭主"。①

就像公元前411年的情形那样,公元前404年的寡头派也来自两个阵营。极端分子,无论是回国的流放者还是政治团体的秘密成员,都拥克里提亚为首,他以四百人会议的成员著名,并在流放期间在帖撒利一带以民主派煽动家身份活动。这一派的观点和方法都体现在克里提亚的两句口号里:"最好的宪法是斯巴达的宪法。""对宪法的所有一切改动都意味着流血。"他们无疑地把党派利益置于国家之上。温和派则以特拉门尼为首,他们是参加五千人会议并在民主政治恢复以后仍然担任公职的人,特拉门尼则在公元前411年驱逐过极端分子而让五千人会议掌权。但在公元前404年,由于有莱山得的武力为后盾,极端分子控制着局势。他们把民主派领袖交付五百人议事会审判并要求议事会公开投票定罪,从而把民主派头目都杀光了。② 随着他们的统治日益残暴,反抗也日益增加,三十人政府就请来了一位斯巴达"和解官"卡利比乌斯以及一支斯巴达军队,居然不经正式审讯就可以杀掉反对者。在特拉门尼的压力下,他们把骑士级以外的能保有政治权利的公民人数扩大到3000人,组成三千人会议。随后他们就将所有其余公民的武器收缴一空,并否认了他们的上诉权,剥夺了他们的公民资格。

公元前404年10月,当特拉门尼对处死人数不断增加表示不

---

① Lys. 12.43、12.71;亚里士多德,《雅典政制》,34.3、3.35.1—2("从'千人大会'"可能不确);希史,2.3.2 和 11;D.S.,14.3—4;普鲁塔克,《莱山得传》,15. 年代有争议;参见本书699页注②(原书446页注3),提供的定期资料。

② 亚里士多德:《雅典政制》,34.3;希史,2.3.32,34;Lys. 13.35—37。

满时,他在五百人议事会上受到克里提亚的弹劾,开会时他带了一帮年轻打手进入会场,又在会场前院安置了斯巴达的驻军。特拉门尼有力地驳倒了对他的指控(主要说他是两面派——诨名"大统靴",即左右两脚都可穿的套靴,以及他要再一次出卖寡头政府),他的雄辩使议事会成员公开表示他们赞成和支持他。克里提亚于是叫他那些打手上台,硬把特拉门尼从3 000公民的名册上除名,然后以三十人政府的名义判他死刑。在吓得目瞪口呆的议事会面前,特拉门尼被警务官头领萨提汝斯从祭台神祠中拖了出来,然后又拖过市场去饮处死囚犯的毒汁。当特拉门尼一口喝干毒汁之时,他嘲讽地说道:"为克里提亚的幸运干杯。"他死时的风度表明他确实不是一个随波逐流的政客。他的死也证实了下述的名言:在急变的时代,温和爱国的公民只有死路一条。①

在以后的八个月左右期间,三十人政府处死了1 500名公民并放逐了5 000名雅典同胞。他们的残暴招致了自身的灭亡。流放者和逃避迫害的人在底比斯、麦加拉、伊利斯和阿尔戈斯等地都受到欢迎,他们在那里开始策划回国推翻暴政的活动,并得到底比斯的领导人伊斯梅尼亚和安德罗克列代斯的支持。在冬天,可能是公元前403年1月,斯底里亚的特拉夕布鲁斯,即在公元前411年领导过雅典在萨摩斯的民主政府的人,带着70名流放者从底比斯出发,占领了帕尔涅山荒坡上的菲赖要塞,此地靠近彼奥提亚的边界但位于阿提卡一边。在这里,他一直坚守到人员增加达700

---

① 希史,2.3.13—56;亚里士多德,《雅典政制》,28.4、32.2、33.2、34.3、36—37;修昔底德,3.82.8。

人,然后就率队下山进入平原,并且在一次黎明前的突袭中打败了雅典军和斯巴达军的巡逻队。大约在公元前403年5月,他率队夜袭比雷埃夫斯,那里已先有大量流亡者集结做内应。克里提亚立即带着斯巴达驻军、雅典骑兵和他列为公民的3 000人中的重装步兵出击,向民主派已占领了的木尼奇亚山丘进攻。他愚蠢地以密集队形在一条狭路上向山顶行进,结果他和他的前锋都被石块枪矛打死。胜利的民主派让对方把死者尸体收了回去,民主派头领还大声宣读了一篇庄严的文告,号召所有雅典人团结起来,避免同室操戈,互相杀戮。

这个号召被寡头派拒绝了,他们希望斯巴达能应他们之请进行干涉。但这样一来他们自己也分裂了。极端分子撤到埃琉西斯和萨拉密斯。他们的执拗顽固表现在他们为克里提亚及其部下所立的墓志铭上:"这里长眠着一度顿挫了雅典民主劣政骄横霸道的勇士。"温和派把他们的军队集中在城市内,卫城则由斯巴达驻军防守。他们选出了他们自己的头领,由10名头领组成10人小组,和骑兵队共同负责防守事宜。与此同时,特拉夕布鲁斯和民主派则加强了他们在比雷埃夫斯的阵地。①

公元前403年夏天已届,斯巴达军队仍无活动迹象,特拉夕布鲁斯和他的同党便使用攻城机准备攻打城墙。他们在其他城邦的同情者甚至帮助他们建立了一支雇佣军。埃琉西斯的30人和雅典城内的十人小组都一再向斯巴达求助。在斯巴达,莱山得也遇

---

① 希史,2.4.1—24;普鲁塔克,《莱山得传》,27末;Hell. Oxy. 12.1;亚里士多德,《雅典政制》,37—38.1(此处诸事件的先后次序有争议);D. S. 14.32—33.5;Schol. Aeschin. 1.39(墓志铭)。

到了困难。他那些支持极端寡头派的政策受到抨击,他的亲信副官克列库斯和陶拉克斯都被告发犯有叛国罪和侵吞公款罪,他本人也成了来自希腊和波斯双方的指控目标。这一两个月来斯巴达对雅典寡头派的支持只限于提供一些金钱,因为十人小组至少还保护着斯巴达在卫城的驻军。最后,在公元前403年8月,莱山得又占了上风。给三十人和十人小组送去了100塔连特的借款。莱山得被任命为陆军司令,他的兄弟利比斯担任海军统帅,率军驶入萨隆尼克湾。在聚集了一支伯罗奔尼撒的雇佣军队之后,莱山得从埃琉西斯出发包围了比雷埃夫斯的民主派。特拉夕布鲁斯从菲赖要塞开始的奋不顾身的壮举看来现在要面临失败的下场了。①

当莱山得离开斯巴达以后,斯巴达的两个国王,阿基斯和波桑尼亚又联合起来反对他。他们说服了新选出的监察官的大多数,召集了一支斯巴达同盟的军队。波桑尼亚亲自率领这支军队出发,陪伴他的还有两名同情他的监察官。在进入阿提卡后,他就夺了莱山得的兵权,并在雅典骑兵配合下对民主派取得一次小胜利。随后他就派人秘密通告在比雷埃夫斯的特拉夕布鲁斯及其同党,要他们求和,同时又劝说在雅典的公民,要他们跟比雷埃夫斯的民主派和解。他的打算得到可喜的成就,和解如期实现。他把比雷埃夫斯民主派中选出的一个使者和雅典的两个温和派分子一起派往斯巴达,他自己也随即来到斯巴达并报告说:取代了第一个十人小组的比较和解的第二个十人小组已把城市交给斯巴达人,并已要求民主派交出比雷埃夫斯的要塞。斯巴达人民大会为这些温和

---

① 希史,2.4.25—29;普鲁塔克,《莱山得传》,19—21;D.S.14.33.5。

的表现所悦，便委派了一个15人的代表团到雅典，奉命帮助波桑尼亚结束战争。他们在阿提卡建立了两个政权，一个在埃琉西斯，仍由三十人政府执政，所以同情他们的人可到那里参加这个政权，另一个则在雅典，波桑尼亚尽了一切力量务使温和派与民主派彼此合作。当两个政权都宣誓互相保持和平、偿清了斯巴达的借款并在外交上听命于斯巴达之后，波桑尼亚就解散了伯罗奔尼撒同盟的部队。在外交方面他已胜过莱山得，他已经阻止了再一次扶植那些使斯巴达名声扫地的残暴寡头政府；他又赢得了雅典温和派的一些感激。①

当波桑尼亚在公元前403年9月离开雅典后，民主派全副武装从比雷埃夫斯进入卫城。在这里，他们向雅典娜奉献牺牲以庆贺城市的得救和他们自己得以回返家园。② 这三大派的内战，再加上斯巴达的插手，已使家庭和城邦都被仇怨分裂了，从狄开利亚战争的黑暗日子就开始结下深仇大恨，发展到今天已是难以收拾。裂痕的界限基本上依据阶级的划分：极端寡头派主要在骑士级中

---

① 亚里士多德，《政治学》，1271ª38和《雅典政制》，38；希史，2.4.29—39；普鲁塔克，《莱山得传》，21；D. S.，14.33.6。

② 民主派的进军是在波得罗米翁月12日，也就是公元前403—前402年的9月末（普鲁塔克，349ᵈ；亚里士多德，《雅典政制》，39.1）。波桑尼亚在9月出征，利比斯继莱山得为海军统帅在公元前403年8月（D.S. 14.10记莱山得为公元前404—前403年为海军统帅）。木尼齐亚之战在公元前403年5月16日（希史2.4.25记载了"结果"）。30人在前8个月中的暴行（即从约公元前404年9月起），可能包括有特拉门尼之死（希史2.4.21和2.4.1,参见《雅典政制》，37.2)关于"在公元前404—前403年冬已实现了"对菲赖的占领，是在公元前约403年1—2月《雅典政制》，37.1)。30僭主及其包括名年官在内的官员们的建立，可能在阿提卡历公元前404—前403年之初即公元前404年7月《雅典政制》，351；希史，2.3.1，所记虽有窜改之嫌，却可能正确无误，又见 D. S. 14.3.1.）。

取得支持，温和派主要是在3 000公民的有资格任重装步兵的等级中取得支持，民主派则是在那些无产业的和被剥夺公民权的群众中取得支持。公元前403年9月，雅典已面临曾使科尔西拉和许多其他城邦堕入的万丈深渊。但它已由于温和派和民主派的有力领导而避免了大难，更重要的是人民的自我克制，使他们没有走向那本来可以搞的运用革命手段重分财产的地步。①

温和派和民主派立即联合起来共同信守波桑尼亚把它们结合在一起时所同意的原则：尊重私有财产权以及对谋杀罪等刑事案的法定审讯程序，完全大赦内战中的其他一切作为。每一个居住在雅典的城邦公民都宣誓遵行这一大赦。特拉夕布鲁斯力劝他的同党奉公守法，温和派的一个头领阿尔奇努斯也处决了那第一个胆敢破坏大赦的人。由在雅典的温和派和民主派联合召开的大会选出了一个二十人委员会，授权草拟宪法条款，并按梭伦的法律和德拉古法典指导行政事务，因这两位伟大的立法者都曾经历过内战的罪恶。

在欧克利德斯任执政官之年（公元前403—前402年），厄菲阿尔提斯和伯里克利的民主政治基本上全面恢复。人民法庭过去有关财产权和债务的裁决继续有效。伯里克利时期制定的只有双亲都是雅典人才有公民权的法律再度实施，特拉夕布鲁斯关于授给在内战中支持他的外邦人和奴隶以公民权的建议被阿尔奇努斯击败了。另一方面，福尔米西乌斯关于剥夺5 000名没有地产的

---

① 希史，2.4.2.4、8.10、26—27、31和3.1.4，及亚里士多德《雅典政制》，38.2（关于骑士）；希史，2.4.2、10、23和亚里士多德《雅典政制》，36.1、38.1和39.6（关于3 000人）；亚里士多德《雅典政制》，40.3末（关于重分财产）。

人的公民权——他们绝大多数可能是丧失了军事移民份地的人——的企图也没有成功,因此雇工级的权利得到了保障。原先任雅典第二批十人小组头目的黎农被选为公元前403—前402年的将军之一,民主派也协助清偿第一批十人小组从斯巴达借来的钱款。在经历了一段发行薄版钱币的短时期以后,雅典开始从经济困难中恢复,感到它的实力已在振作起来。①

埃琉西斯政权是得到波桑尼亚的协议条款保障的,但它面临的困难更大。它的头领们都被明白无误地排除在温和派和民主派之间确定的大赦之外。他们作为三十僭主、十一人会议、比雷埃夫斯十人长官和第一批雅典十人小组的成员,都要为他们过去的所作所为负责,除非他们自首投案经过审理清查,他们没有可能重返雅典。起初,任何人都可以在20天内登记自愿迁往埃琉西斯,但是阿尔奇努斯提前结束了这个期限,从而防止了许多人跑到寡头派一边。这两个政权互相严密封锁,严禁往来,除了在埃琉西斯举行秘仪游行节庆时,才允许来自雅典的公民进入。埃琉西斯政权也要向斯巴达交还借款,它主要靠它自己成员的财富,但它保有这些财产的希望却是渺茫的。当民主派于公元前401年重新武装起来以后,他们就全力向埃琉西斯进军。埃琉西斯部队的将军被请去参加会议,但被背信弃义地杀害了。他们的部下同意解散自己的政权,参加到雅典一方去。他们获得了大赦。雅典于是重新成为统一的城邦。②

---

① 亚里士多德,《雅典政制》,39;40.1—2;希史,2.4.40—42;And. 1. 81、87、90;Schol. Aeschin. 1. 39;D. H. *Lys*. 32。

② 希史,2.4.43;亚里士多德,《雅典政制》,40.4。

这些年代的苦难留下了它们的烙印。政治上的和解并不能消除私人间的仇怨。在恢复的民主政治之下，各色各样对"寡头政府"的憎恨和恐惧是如此强烈，以至于"寡头"一词变成了律师和演说家骂人的套语。法庭忙于审理各种牵涉到内战时期个人间行为的案件，穷苦阶级感到的恐惧不安逐渐破坏了民主政治恢复时期的温和气氛。憎恨极端寡头派的偏见也扩展到他们所出身的那个社会和知识圈子人士身上——那些出身贵族、思想自由而又直言不讳的人。他们和智者学派的思想上的联系，更不消说雅典的苏格拉底和他们的联系，是一般群众家喻户晓但却不见得充分理解的，这些群众信奉传统宗教，对精深的哲学讨论并没有什么兴趣。

公元前399年，苏格拉底以"不信城邦敬奉的诸天神道，倡导宗教革新和腐蚀青年"的渎神罪被控告。告发者米列图斯得到温和民主派阿尼图斯的支持。他建议判处死刑。在一个有501名陪审官的法庭上，有超过60票的多数判苏格拉底有罪。随后让苏格拉底自请一个代替死刑的处分。他在宣称有权终身在主席会堂免费用膳以后，讽刺性地提出以一笔极小的罚金代替死刑。法庭必须在这两个提议中做出决定。结果有比先前更多的票数判决他死刑。一个月以后，苏格拉底以轻视肉身之死而坚信精神长存的态度，在太阳隐没其最后一道光线于希米图山之际吞服了死刑毒液。作为一个人，他在正直、思想诚实、行为清廉方面确属千古独步。作为一个公民，他遵奉法律但不服当权者的指令，不管这当权者是阿吉努萨之役以后审判将军们的人民还是要他去抓一个公民同胞的三十僭主。平心而论，苏格拉底是无辜的。按阿提卡法律，他犯有那些被人控告之罪，但他顽固地拒绝了法律许给他的从轻判决。

他为殉道而死，为他的个人在人间万事中应完全依从自己理智行事的信仰而死。他的殉道壮举鼓舞着古代各位最伟大的哲学家。在他们眼中，这一殉道使雅典恢复后的民主政治声望扫地。然而，他的死与其归咎于任何哪一个国家的制度，毋宁归咎于社会中人造法律的普遍缺陷。①

第四节 斯巴达与波斯交战

公元前403年9月，斯巴达修改了莱山得的政策。它现在宣称支持"祖宗旧制"②，但此处所谓"祖宗旧制"主要是指温和的而非民主的宪制。这是程度的改变，而不是原则的修改，因为它并未从所有雅典前属邦中撤军和撤回管理长官。它的目的仍然如旧，即保持雅典的分裂和使爱琴各邦依附自己。埃琉西斯和雅典都必须偿还斯巴达的借款，爱琴各邦则要缴纳贡款；作为斯巴达的附庸，它们不能取得斯巴达同盟成员的资格，却要在一切外交事务中听命于斯巴达。它们的地位和公元前5世纪后半期的雅典"盟邦"相似。它们实际上是斯巴达帝国的属邦。

斯巴达同盟的成员在理论上却是主权国家。它们和斯巴达结盟是出于自愿，共同防御，彼此支持。每一盟邦在同盟大会中可投一票，有权反对斯巴达政府（人民大会）的任何提案，也有权随时提出自己的动议。在过去，当斯巴达在同盟大会中拥有多数票并能

---

① PL.,*Ap.*；*Phd.*116e；*Ep.*7.324e；X. *Ap.*
② 希史，3.4.2及7。

第五卷　第一章　斯巴达的霸权（公元前 404—前 386 年）

取得主要盟邦支持时，它倒是小心行事的。可是，它在公元前 404 年和雅典订立和约时却不顾底比斯、科林斯及其他盟邦的反对。在公元前 403 年波桑尼亚入侵阿提卡时，再一次不顾底比斯和科林斯的反对派兵而一意孤行。在这两件事上，斯巴达可能在同盟大会得到了多数票赞助它的政策，但它这样做付出了疏远最强大的几个盟邦的代价。在三十人统治雅典期间，斯巴达严禁任何希腊城邦接受雅典流亡者；这一禁令可能得到了同盟大会多数票的首肯，但遭到底比斯、科林斯和麦加拉的拒绝和抵制。即使斯巴达在这些事件中的措施从字面上看仍未违背同盟宪制，它却肯定地不符合同盟的保护盟友利益的目的。因为斯巴达只顾加强对它刚刚组成的帝国各属邦的控制，而底比斯、科林斯和麦加拉却不愿为此出力卖命。

假若斯巴达宁肯求得同盟大会的多数票而不想使它的政策和同盟中的实力派相调和，它通常可以用威逼利诱小邦来达到目的。它的政策日益走向帝国主义，它就日益愿意把任何一个大盟邦分化为几个小邦，即使削弱整个同盟的力量也在所不惜。公元前 400 年年初，当它的势力已因控制了雅典及其属邦而大增之时，它就拿伊利斯开刀来树立一个榜样。斯巴达主动提出要求伊利斯给它早先降伏到皮里阿西人地位的小城邦恢复自由，并为伯罗奔尼撒战争的花费缴纳贡款。当伊利斯拒绝以后，斯巴达就对之宣战，阿基斯率军侵入了它的领土。但恰巧发生了一次地震，这地震后来又被当作不吉之兆，阿基斯于是就撤回来了。伊利斯却继续奔走游说于对斯巴达不满的城邦，并取得了它们的支持，于是斯巴达在公元前 399 年再度宣战。这一次同盟大会同意宣战，但彼奥提亚和科林斯仍拒绝出兵。斯巴达连同其他盟邦的军队以及一支雅典的分遣队大肆掳掠,蹂躏了伊利斯的富庶地区,但没有进攻那座无城墙的城市。斯巴达原来指望伊利斯富有的寡头派起而夺权,他们尝试了一下,但没有成功,到公元前398年初夏,伊利斯的民主派接受了斯巴达的条件而投降,交出了它的舰队,拆毁了两个城防要塞,恢复了八个小城邦的自由,并和斯巴达缔结盟约。这场战争很像雅典在公元前465—前463年对塔索斯的战争。它使位于伯罗奔尼撒境内的同盟成员大为恐惧,也使那些离得远一些的盟邦生了戒心。①

在中希腊,彼奥提亚一直反对斯巴达的帝国主义政策,而且在公元前399年埃托利亚还派了1 000名精锐的重装步兵去相助伊利斯。斯巴达在中希腊指望得到的是雅典和弗西斯的支持,还可依靠它在特拉奇斯的赫拉克利亚的设防基地。公元前399年,它派了一支部队北上,处死了500名赫拉克利亚公民,把奥伊塔山周围的部落都驱逐出去了。在更北的地区它有卡尔西狄斯联盟作为盟友,联盟据有通往小亚细亚陆路上的险要地点,现在这条大路对斯巴达已变得极其重要。②

当大流士于公元前405—前404年死去后,阿塔薛西斯·木涅蒙继承了王位,让他的兄弟居鲁士做小亚细亚的副王(总督)。可是,居鲁士却有登位的野心。由于他想利用希腊人,他并不要求

---

① 希史,3.2.21—31;D.S.,14.17.4—12、34.1(公元前402—前401年和公元前401—前400年)。色诺芬的年表在文献中当首取;狄奥多罗斯所提供的战争始末及关于阿吉斯之死日期太早。

② D.S.14.17.9、38.4—5。

斯巴达履行公元前412年的协定,其中斯巴达曾承认波斯对小亚细亚各希腊城邦的宗主权;公元前401年春天,当他带着一支军队南下时,他通知斯巴达政府说他将进攻阿塔薛西斯,要求它们给予合作。这一要求的含义是明显的。假若斯巴达死心塌地要履行公元前412年协定而把希腊各邦让给波斯,它去支持居鲁士就没有必要。假若是另一种情况,斯巴达愿意保卫爱奥尼亚而和波斯交战,那么它支持居鲁士就只会有利而无害。监察官决定支持合作,在公元前401年夏天,斯巴达海军司令就带着35艘船的分舰队出现于西里西亚,在那里帮助居鲁士通过沿海山口进入叙利亚。现在,斯巴达是和波斯非正式地交战了。①

居鲁士手下有一支土著军队和一支13 000名希腊人雇佣军,主要是从伯罗奔尼撒招募的,由斯巴达人克列库斯任司令官。在幼发拉底河与底格里斯河最接近处的库那哈,双方在此进行了一场决定性的战役。希腊人打败了整个波斯军的左翼而没有一人阵亡,但在中军居鲁士却死去了,他的土著军队也逃散了。叛乱完全失败,希腊人却发现他们孤军深陷于一个敌对帝国的心脏地区。在公开战斗方面他们已再一次表明希腊军优于东方部队,因为尽管他们的司令官们被背信弃义地抓了起来,士兵们却英勇善战,在泽西雷、库尔迪斯坦、亚美尼亚杀出了一条血路,进抵厄尔泽隆高原,然后又在深雪中进军黑海沿岸。他们被一个本地向导引入歧路,在亚美尼亚的荒山野岭中艰苦行进,并不断和敌对的部落交战,最后才爬上了希腊城邦特拉皮祖附近的圣山。当全军接近山

① 希史,3.1.1;色诺芬,《远征记》,1.4.2。

顶路口时，指挥着后卫部队的色诺芬，听到前面人声鼎沸，赶忙骑马上前察看。他以为遭到了敌人的又一次袭击，其实却是他自己的部下在喊："海啊！海啊！"在那地点他们垒了一个大石堆作为纪念，一星期以后，他们在特拉皮祖举行牺牲敬神和举办运动会，庆祝他们的死里逃生。在公元前399年春天，他们加入了斯巴达军队，因为这时斯巴达正在正式和波斯作战。①

这"万人大军"的冒险壮举借色诺芬的记述而名满天下，它使希腊人更瞧不起野蛮人的武装，也传播了一种对波斯帝国实力估计过低的虚假印象。希腊的重装步兵确实在重步兵的对阵战中是无敌的，阿塔薛西斯也没有忘记希腊部队在库那哈战役中的猛冲；但波斯的实力在于它的骑兵、财富和海军（在它需要制海权的地方）。斯巴达也同样被这种虚假印象迷惑了。当阿塔薛西斯命令他的总督替萨斐尼占领希腊各城时，斯巴达接受了这一挑战而派出了一支远征军去保卫爱奥尼亚。它的司令官迪布隆在公元前400年带着4 000名斯巴达同盟的步兵，1 000名拉哥尼亚的被释希洛人和300名雅典骑兵到达小亚细亚，这些雅典骑兵是当时的雅典民主派领袖很乐意派出来的；在这些兵力之外，它还从当地各希腊城邦征集兵员，到公元前399年它招集了6 000名老兵，即那10 000名远征军的残存者。在海上，斯巴达有一支大舰队，它对爱琴海的控制未受到干扰。在公元前397年，它和埃及联盟，当时埃及已起兵反对波斯，答应为斯巴达舰队提供小麦和船具。自从雅典在埃及冒险以来，希腊人还一直没敢在这里搞如此大规模的活

---

① 色诺芬，《远征记》；JHS，83，16；希史，3.1.6；D.S.14.19—31。

动。然而其规模之大也正是招惹麻烦的一个弱点,因为波斯再也不能把斯巴达的活动看作是另一个边境小事件了。

远征军的基本战略是由监察官在斯巴达制定的。他们命令迪布隆和他的后继者德西利达侵入卡利亚;而对卡利亚的一次成功的入侵可能会把卡利亚人争取到斯巴达一边来,从而把波斯舰队要进入爱琴海时必须使用的一些港口转入斯巴达手中。这样一种战略是每一个研究了爱奥尼亚、西蒙和居鲁士的战例的人都能明显学到的。但是监察官们,可能出于猜忌之心,却没有给迪布隆和德西利达执行这一战略的工具和手段。假若陆军沿卡利亚海岸行进时需要海军舰队运输兵员和给养的话,自然要有统一的指挥;但监察官却把陆军和舰队分别置于独立的司令官手下。陆军司令在对舰队毫无指挥权的情况下,便率军北上掳掠法那培萨斯的辖区。由于他们不能逼波斯骑兵交战,又因缺乏攻城器械而不能攻占任何大城市,他们除了抢掠烧杀并招致原有的或可能的盟友的敌意而外实际一无所得。德西利达于公元前399—前398年打败比提尼亚人而在刻尔索尼斯地峡设防筑堡,算是对希腊世界做了一件好事,但他的这些活动和战争的主要方面毫不相干。

公元前397年,监察官对德西利达和海军司令法拉克斯发布联合命令,要他们进攻卡利亚。法那培萨斯和南面的总督替萨斐尼立即把他们的陆军联合起来以便保护只有40艘船的波斯小舰队,当时它停泊在卡利亚的考努斯,由雅典流亡者哥农指挥。即使这样,德西利达和法拉克斯也没能发动一个水陆两栖攻势。在德西利达进入卡利亚不久,替萨斐尼和法那培萨斯便向爱奥尼亚进发,从而把他从卡利亚引了回来。两军终于面对面地碰在一起了,但德西利达害怕波斯骑兵也和波斯人害怕希腊步兵差不多。结果缔结了停战协定,让更高一级官员谈判和约。同时,法拉克斯率领120艘船把哥农封锁在考努斯,但他没有足够部队迎战支持哥农的波斯陆军。在上了几次当以后,他就撤回罗得斯去了。①

随着公元前397—前396年的冬季将届,斯巴达希望能按德西利达和替萨斐尼谈妥的条件与波斯订约,这些条件是波斯承认亚洲各希腊城邦的独立,斯巴达则从它们中撤走它的和解官和驻军。斯巴达的海军毫无损失,波斯的海军在数量上远不及它。特拉奇斯的赫拉克利亚加强了防卫,在伯罗奔尼撒的伊利斯受到了惩罚,拉哥尼亚内部的基拉东起义密谋也被镇压下去了。在西方,斯巴达得到叙拉库斯强有力的僭主狄奥尼修斯的联盟。它的势力似乎从来没有像现在这样引人注目。但它却因普遍的不满而有所削弱。彼奥提亚和科林斯都是顽固而难以驾驭的。由雅典派往波斯的密使在公元前397年曾被发觉而遭处决。爱琴诸岛和亚洲的希腊城邦的希腊人对斯巴达的事业极不热心,许多人在德西利达向卡利亚进军途中开了小差。在斯巴达本国,阿基斯于公元前398年夏死后又引起了王位继承的问题。阿基斯的儿子列奥提齐达由于被指控为亚基比德的私生子而失掉资格,阿基斯的兄弟、瘸腿的阿基斯劳在希望重新上台的莱山得的恶意影响下被选为王。②

公元前397—前396年的冬天,一艘开进一个腓尼基港口的商船上的叙拉库斯水手看到了战船集结的情况,并注意到还有不

---

① 希史,3.1.1—3、2.20;D.S.14.35—36—37.4,38.2—3 及 6—7、39、79.4—5。
② 希史,3.3.1—4;普鲁塔克,《莱山得传》,22;*Hell. Oxy.* 2.1。

少正在修建。他立刻回返希腊,向斯巴达报告了所见情况。斯巴达人断定波斯国王将要把舰队开进爱琴海并把他们赶出亚洲,因为国王已中断了替萨斐尼开了头的谈判,并任命希腊船长哥农为舰队司令。斯巴达及其同盟于是决定大大加强前方军力,在新的波斯舰队还未准备出动之前,就赶快打败在亚洲的波斯军。他们的决定主要受到莱山得的鼓动,他在赫勒斯滂和爱奥尼亚的水陆作战方面都有他人难以比拟的丰富经验。他相信希腊舰队确实稳操胜券,特别由于波斯已不再能取得埃及方面的支援,而希腊陆军则会取得超过万人大军远征的业绩。① 假若斯巴达仿效西蒙的战略而把海陆军主力都投入卡利亚和西里西亚,它可能打败波斯舰队,或者把它困于腓尼基海域内。在他的估计中,把握不定的因素并非波斯的弱点而是希腊人自身的团结。因为在最近七年来,斯巴达的所作所为已失去人心,它所标榜的为亚洲希腊人自由而战的口号,虽然确有其事,但在爱琴各邦听来仍只是一片空话。

这次远征的重要性表现于任命一位斯巴达国王阿基斯劳为陆军司令。他有一个由30名斯巴达军官组成的参谋部,为首的就是莱山得,还有一支在希腊本土征集的军队,包括 2 000 名拉哥尼亚的被释希洛人和 6 000 名来自斯巴达各盟邦的重装步兵。此外还可加上德西利达的 10 000 多名老兵和亚洲希腊各邦的资源,这样他的全部步兵力量并不比日后马其顿的亚历山大远征波斯的兵力少得很多。阿基斯劳只有一小队骑兵,而亚历山大的优势却在于骑兵;但是,加上一支至少有 100 艘三桨座船服役的舰队和爱琴各

---

① 希史,3.4.1—2;普鲁塔克,《莱山得传》,23。

邦的后备力量，阿基斯劳便拥有一种使他可能在敌人后方任何海岸地点登陆的海军优势。事实上也是如此，例如，当替萨斐尼的骑兵占据着阿基斯劳在以弗所的基地和卡利亚之间的梅安德河平原之时，这种局势并不能阻止阿基斯劳从海上进入卡利亚这个不适于骑兵活动的地区。①

公元前 396 年春天，当远征军正在优卑亚的吉拉伊斯托斯集结时，阿基斯劳像阿加门农那样在奥利斯献了牺牲，其时有一批彼奥提亚骑兵来到了献祭地点，以彼奥提亚当局的名义劝他打消远征的念头。当阿基斯劳扬帆远去以后，这些彼奥提亚人气得把他的献祭品都扔到海里。事实上彼奥提亚、雅典和科林斯都没派兵参加远征，表明希腊内部在支持阿基斯劳方面远不是团结一致的。在亚洲，阿基斯劳和管辖卡利亚的波斯总督替萨斐尼搞了个停战协定，把莱山得从参谋长职位上撤了下来，并派他到赫勒斯滂一带作战，他在那儿拿出本领取得了一位波斯贵族斯皮得利达提斯的帮助，攻占了法那培萨斯辖区北部的不少地方，但终因缺乏骑兵而被迫后撤。公元前 396—前 395 年的冬天，阿基斯劳从亚洲的希腊各邦征集骑兵，训练了一支重装步兵、轻装步兵、投枪手和弓箭手的劲旅，取得很好的效果，使他在公元前 395 年初于帕克托鲁斯河附近对波斯骑兵取得了一次著名的胜利，在敌军营地夺得了 70 塔连特的战利品。这个胜利使替萨斐尼丢了脑袋；但是他的后继者提特拉斯蒂斯却是一个更精明的外交家，他付给阿基斯劳 30 塔连特，买的他不在卡利亚作战而代之以向法那培萨斯进攻。

① 希史，3.4.2，12；D. S. 14.79.1—2。

当阿基斯劳向北进军接近库美时,他接到了斯巴达政府新的指令。他被授权同时指挥海陆两军,并可自行任命一个海军司令,以便在有重大战略意义的卡利亚和西里西亚进行海陆夹攻。阿基斯劳任命自己的内弟皮山大为海军司令,并要求海岛和沿海城邦提供海军增援部队。不久他就得到了120艘新的三桨座船,和那些已服现役的舰只配合在一起。在其后的作战季节以及整个冬天阿基斯劳都在法那培萨斯的省区内大肆掳掠,纵横驰骋,夺得了大量战利品。但没能把法那培萨斯彻底打败,并因分赃不均而和他的盟友斯皮得利达提斯闹翻了。①

　　阿基斯劳在公元前396年和前395年的战略得到军中将士的拥护,但对战争结局有致命的后果。因为,当他和平地离开卡利亚和西里西亚时,波斯舰队却转弱为强。在公元前396年波斯舰队可能由于其内部各族分队之间的不和而受到削弱。这些民族包括希腊人、西里西亚人、塞浦路斯人、腓尼基人等,特别是腓尼基人对任命哥农为最高司令感到恼火。公元前395年夏天哥农取得一个辉煌的胜利。他把他的基地前移到大陆东南靠近罗得斯岛一带,鼓动罗得斯岛上的民主派起来夺权。这些民主派杀掉了亲斯巴达的寡头派,把他们的港口供哥农的舰队使用。在这里站稳脚跟以后,他拦截了一队从埃及来的运输船,并从腓尼基和西里西亚征集了新的分舰队。然而,他仍然缺钱支付军饷,在他前往蒂特拉斯蒂斯处或可能往巴比伦催钱时,塞浦路斯分舰队哗变,另在考努斯选

---

① 希史,3.4.3—4、3.5.5;波桑尼亚,3.9.1—3;希史,3.4.5—28、4.1.1—41;Hell. Oxy. 6—8、16—17;D. S. 14.79.2—3、80。

立一个司令官。到公元前395年年底哥农回来时,考努斯和罗得斯已互相打起来了,他后来处死了100名左右的首谋分子,并补发欠饷而巩固了自己的权位。到公元前394年春,当阿基斯劳计划深入内陆搞一次大规模掳掠时,哥农的舰队已做好准备在爱琴海展开攻势。①

与此同时,希腊本土上底比斯的反斯巴达领袖伊斯梅尼亚和安德罗克列代斯已在底比斯组织起强有力的党派,在彼奥提亚联盟的一些城邦也同样这么做,并于公元前395年夏在弗西斯和罗克里之间挑起一场战争,然后说服了彼奥提亚联盟接受罗克里求援的要求。当弗西斯人向斯巴达求援时,监察官命令彼奥提亚不要入侵弗西斯,但可将有关争端交斯巴达同盟调解。在伊斯梅尼亚和安德罗克列代斯鼓动下,彼奥提亚联盟拒绝照办,反而侵入弗西斯,在公元前395年夏末大掠弗西斯领土。斯巴达及其同盟于是向彼奥提亚宣战,集结军队准备入侵彼奥提亚。可能在斯巴达和彼奥提亚联盟还在谈判之际,一个做了波斯间谍的名叫提摩克

---

① Hell. Oxy. 4、10、14、15;D. S. 14.79.6—8、81.4—6。海军活动的年月根据斯巴达海军司令的任职顺序,他们的指挥期大约从8月到来年8月:法ать克斯是公元前398—前397年(Hell. Oxy. 2.1;D. S. 14.79.4;希史,3.2.12—14);阿尔齐赖达斯是公元前397—前396年(Hell. Oxy. 4.2;Polyaen. 2.8);波利斯是公元前396—前395年(Hell. Oxy. 4.2;14.1);齐里克拉底是公元前395年(Hell. Oxy. 14.1.17.4);皮山大在公元前395年秋继齐里克拉底之位(希史,3.4.29)。哥农的舰队在公元前398—前397里已经活跃起来(Hell. Oxy. 2.1;希史,3.2.12—14;D. S. 14.39和79提到有关交战的两个年代:公元前399—前398年与公元前396—前395年);Hell. Oxy. 断片4.2所能定年为公元前约396年8月,到罗得斯进行煽动是在公元前约395年8月之前,时值齐里克拉底继波利斯之位,弗西斯与彼奥提亚之战也在此年(Hell. Oxy. 10和14.1)。

拉底的罗得斯人便给在底比斯、科林斯和阿尔戈斯的反斯巴达头领送了大量礼物和金钱,并向雅典的反斯巴达领袖(他们没有接受他的钱)透露说波斯舰队即将发动进攻。他的游说增加了底比斯和雅典的希望,而在公元前395年夏末或秋天,雅典和彼奥提亚联盟缔结了一个"永久的"防守同盟,并单独和罗克里结盟。①

这些同盟缔结不久以后,斯巴达就进攻了。策划了几处同时入侵。莱山得从弗西斯出发作战,波桑尼亚由伯罗奔尼撒带兵北上。然而,莱山得到达敌军前线较早,他带头率领一支从赫拉克利亚及其特拉奇斯地区的邻邦、弗西斯、奥科美努斯(因为奥科美努斯已脱离彼奥提亚联盟)征集的军队。先到以后,他不等波桑尼亚来到就向哈利阿图斯进攻,结果被夹在城内守军和一支底比斯军队之间,他本人和不少部属都在城墙之下阵亡了。军队主力随即退到一个险要阵地才打退了彼奥提亚的进击。但是,许多斯巴达盟邦士兵却在夜间逃掉了。当波桑尼亚从普拉提亚带兵赶到时,他发现一支雅典军已经到来增援彼奥提亚部队,而他自己则在骑兵方面远远不及敌军。他召开了高级军官会议。他们急于收回莱山得及其士兵的遗体,对打一场硬仗却不那么热心。当彼奥提亚人表示除非波桑尼亚撤军才能交还死者时,波桑尼亚表示同意,于是斯巴达军离开了彼奥提亚。②

波桑尼亚回国后,他因对战役指挥不力而受到弹劾。并被判

---

① Hell. Oxy,11.1、12.1—2、13;参见 2.2—3;希史,3.5.1—5;D.S.14.81.1;普鲁塔克,《阿基斯劳传》,15;波桑尼亚,3.9.8 记着雅典的赛法鲁斯和依庇克拉底接受了波斯的黄金;GHI,101、102。

② 希史,3.5.17—25;普鲁塔克,《莱山得传》,28—29;D.S.14.81。

以死刑,但他逃跑到提吉亚,在那里过着流放生活。他没有任何挣扎就拱手让出了斯巴达在中希腊的权威,他的愚蠢造成的后果立即就表现出来了。科林斯(原先就已拒绝派兵配合波桑尼亚)、阿尔戈斯、阿卡奈尼亚、琉卡斯、安布拉西亚、优卑亚和卡尔西狄斯联盟在冬天都加入了造反者的行列。斯巴达在帖撒利的法尔萨鲁斯的一支驻军全部被歼,特拉奇斯的赫拉克利亚也被出卖给彼奥提亚人,他们杀掉了斯巴达俘虏,把城市交给相邻各部落。彼奥提亚人在这些部落协助下,打败了一支斯巴达和弗西斯的军队。斯巴达眼看伯罗奔尼撒即将遭联军的入侵,便在公元前394年初召回了阿基斯劳和他的主力部队。这样一来,为在亚洲的希腊城邦的自由而进行的战争就被放弃了。这次失败的一些主要原因是缺乏海陆军的联合指挥,迪布隆、德西利达、阿基斯劳等人的无能,斯巴达在政治上的咄咄逼人,波斯使用金钱的巧妙,以及底比斯、科林斯、雅典和阿尔戈斯的甘愿投靠波斯。①

在这件事上,那些喜欢声讨投靠波斯的人有一切理由痛斥底比斯、科林斯、雅典和阿尔戈斯。确实,当斯巴达和雅典在伯罗奔尼撒战争中拼命挣扎相持不下时,双方都同样想投靠波斯,但在公元前395年,却是斯巴达在为保持爱奥尼亚的独立而奋战,遭到了投靠波斯各邦的背后一击。它们没有效法斯巴达在公元前459年左右拒绝墨加巴佐之请的榜样,对它们来说,实是一大羞辱。

---

① D.S.14.82—83.1;希史,4.2;1—2;普鲁塔克,《西蒙传》,19。

第五节 科林斯战争与大王和约

公元前394年初夏,反斯巴达的联军开始了"科林斯战争"。他们本来有一极好机会痛击斯巴达,即趁阿基斯劳的军队从亚洲启程回国正在途中的时候。但他们却在科林斯集会时浪费宝贵光阴去争论一些毫无意义的问题,结果让斯巴达做好了战斗准备。斯巴达人征集了曼丁尼亚和提吉亚的分队,在西夕温集结了大军,联军则仍然停留于科林斯地区,争论着指挥的先后次序和战阵的摆布。斯巴达军大约有20 000名重装步兵,是从福里攸斯以外的伯罗奔尼撒各地征集来的(福里攸斯因在节庆期间请求免战);其中有6 000名是在阿里斯托德木斯指挥下的斯巴达人,他同时也是整个军队的最高司令,此外还有600名斯巴达骑兵、300名作为雇佣军的克里特弓箭手,以及大量的轻装步兵。联军方面则集结了约24 000名重装步兵(阿尔戈斯提供了7 000名、雅典6 000名、彼奥提亚5 000名、科林斯3 000名、优卑亚3 000名),他们还有1 500名骑兵和比敌人为多的轻装步兵。在最初的接触中,斯巴达人就逼使联军退入靠近涅米亚河边的防守阵地,这地点是不宜于骑兵作战的,斯巴达则据守着重装步兵打对阵仗时做战场的平原地带。联军没有一个总司令,司令官和军中最有利的右翼阵列都轮流由各分遣队每天担任一次。在6月或7月的一天,当彼奥提亚人值班任司令并占据右翼,而雅典人却在左翼面对厉害的斯巴达人时,彼奥提亚人发出了作战令。①

---

① 希史,4.2.9—18。

所有重装步兵在交锋时总是越来越紧地向右翼横靠,每个人都想尽可能地把他的没有盾牌保护的右半身靠在邻伴身边。在这次战斗中,这种趋势还特别由于彼奥提亚人的调度而加剧了。他们把自己的队形加强为少见的纵深 16 人,这样就使右翼前沿大大领先,整个队形变斜了。在左翼的雅典人害怕出现缺口,就被迫跟着往右斜靠。斯巴达人马上抓住了这个机会,从他们的阵势右翼领先突破,从而最右边的队伍超过了雅典人的队列,并立即包抄过来从侧面和后面攻击敌人。斯巴达阵列的其他队伍,除了亚该亚的佩伦尼人的分队外,都被对方的优势兵力所压垮而溃散了,联军方面立即对它们穷追猛赶。可是斯巴达人自己却占着上风,他们虽在包抄时被雅典的六个部落团队打击得很重,却把整个分队阵容整齐地从后侧冲向敌军,挨个儿地向每一追击后回师的敌军分队进攻,最初是攻阿尔戈斯人,然后是科林斯人,最后是彼奥提亚人。在战斗打响时斯巴达盟军约损失了 1 000 人,战斗结尾时联军损失了 3 000 人。斯巴达人却自称他们只损失了八人。这次战役的结果再度证明斯巴达重装步兵在指挥得当时的显著优势。①

联军方面现在不得不转入守势(因为他们固守着科林斯地区),并准备在阿基斯劳行军于中希腊时向他进攻。阿基斯劳这时已渡过赫勒斯滂(他留下 4 000 人来保卫亚洲的希腊城邦),并为穿越色雷斯和马其顿的进军检阅了军队。他在安菲波利斯听到了斯巴达在涅米亚的胜利。在帖撒利他有一次打败了和彼奥提亚结盟的帖撒利骑兵。在特拉奇斯和弗西斯他从盟邦中征集了分队,

---

① 希史,4.2.18—23、4.3.1;D. S.,14.83.2;Lys,16.15;*GHI*,104—105。

并把担任奥科美努斯驻军的半个斯巴达旅和西夕温从海道运来的一整个斯巴达旅补充到他自己的被释希洛人部队中。

公元前394年8月14日,当他准备入侵彼奥提亚时,太阳却出现偏食。在这一天阿基斯劳接到了皮山大的舰队在克尼都斯战败的消息,皮山大本人阵亡。阿基斯劳却通告全军皮山大的舰队大获全胜,随即率领他们进入彼奥提亚。那里,在科洛尼亚平原上,他们打退并击败了彼奥提亚、阿尔戈斯、雅典、科林斯、优卑亚、罗克里和埃尼安尼亚的军队。只有底比斯人打得很出色。因为就在战斗刚开始他们就大败奥科美努斯部队并追逐他们直到营地。在底比斯人开始回师的时候,阿基斯劳却不像阿里斯托德木斯在涅米尼战役所做的那样,待他们走到面前才从侧面向他们攻击,反而以密集队形向他们迎面对战。这些重装步兵以紧靠的圆盾组成一堵铜墙,"向前推进、战斗、刺杀又被人刺杀"。底比斯人在他们纵深队列时比在固守阵地时更有力、更勇猛也更精明。他们的主力冲出了斯巴达的阵列而进入了联军在赫里空山的防守阵地。除了这一出色的插曲而外,科洛尼亚之战又一次证明了斯巴达军的优势。要再过二十三年才有敌人敢于在对阵战中和它的正规军交锋。①

在随后而来的长期战争中,阿基斯劳一直是斯巴达方面卓越的军事指挥官。他在公民和雇佣军中都同样受人欢迎。他在战斗中身先士卒,并于科洛尼亚之役受伤。他诡计多端,精于打埋伏和

---

① 希史,4.3.1—19(日食为作战日期给予了确定的根据);普鲁塔克,《阿基斯劳传》,16—19;D.S.14.83,3—4,84,1—2。

快速掳掠,在他最后一次出征亚洲回国时带了价值1 000塔连特的战利品。由于另一位国王阿基西波利斯(波桑尼亚之子)年轻而又无名望,阿基斯劳便多年统率斯巴达军队,获得了一定程度的经验和威望,那是其他城邦一年一度选任的将军们难以企望的。当他带着他的部队从中希腊经海路回国以后,他宣称要在科林斯地峡打开一条通道。在希腊军事技术中,防御远比攻城为优。科林斯及其上城的坚固厚墙是极难攻陷的。有两道并行的长墙从科林斯连接到科林斯湾的列哈依昂,封锁了通向地峡的道路,但这堵墙可能在公元前392年被一些科林斯的寡头派同情者出卖给斯巴达人了。斯巴达人进入墙内后,打退了敌军的反攻,在墙上打出缺口,并在科林斯地区北部的西都斯和克罗米翁驻军防守。这堵墙后来又被雅典军夺了回来并加以修复,但在公元前391年再度被阿基斯劳攻破,他在公元前390年蹂躏了科林斯地区的西北部,夺得大量战利品,并在奥诺伊驻军。即使这样,科林斯和阿尔戈斯仍威胁着他的供应线,就在他在西北科林斯地区大耍威风的时候,一个斯巴达旅(mora)却几乎被全歼于列哈依昂。阿基斯劳终于后撤,他在奥诺伊、西都斯和克里米翁的驻军随即被赶绝。虽然列哈依昂仍未失守,他却放弃了打通地峡的计划。在公元前389年他渡过海湾大掠阿卡奈尼亚,这地区为了避免再遭蹂躏便于公元前388年和斯巴达媾和结盟。陆上战事遂进入僵持局面。①

在这些军事活动中,斯巴达大量使用雇佣军,部分原因在于想

---

① 希史,4.3.20—21、44.1—18、4.5—6、4.7.1;D.S.14.86、91.2.有关战争的年代不甚精确。

保存它自己的公民军队,但主要原因则是雇佣军更便于使用。在野战中,重装步兵的重甲厚盾是行动迟缓而笨拙的,雇佣兵却是轻装步兵,使用薄盾、长矛和短剑,比重装步兵灵活得多。这套装备是在公元前4世纪由一个雅典雇佣兵队长伊菲克拉底改进的,他加长了枪矛,又把短剑改成特别适用于肉搏战的小匕首。在过去,一支重装步兵部队,假若没有其他步兵陪伴而受到敌方轻兵和狙击手攻击时,往往损失惨重,例如在埃托利亚、斯法克特利亚和阿提卡各次战役中所见到的。现在,伊菲克拉底的轻装步兵队在列哈依昂附近的战斗中证明了它们的价值。斯巴达重装步兵的一个旅在返回到列哈依昂时,远远走在它的骑兵前面,这时,伊菲克拉底的轻装步兵立即把这个旅团团围住,从侧面进攻,受到敌方冲刺时就跑,但不停地把枪矛投向重装步兵阵列中,直到250名斯巴达人都告阵亡为止。在阿卡奈尼亚,阿基斯劳率领的一支部队也同样遭到阿卡奈尼亚轻装兵的困扰。自此以后,斯巴达主要在重要战役时使用它的公民重装步兵。公元前391年在阿基斯劳率领下大掠阿尔戈斯地区和公元前388年在阿基西波利斯率领下大掠阿尔戈斯时,他们表现得最为优异。①

在联军方面,科林斯和阿尔戈斯首当其冲,损失最重。彼奥提亚人在涅米亚和科洛尼亚战役后就极少行动。雅典人在其重装步兵于涅米亚之役遭重创以后,只提供了伊菲克拉底指挥的雇佣军。这批雇佣军在战胜斯巴达一个旅以后,又接着抢掠了阿尔卡狄亚

---

① 希史,4.4.14、4.5.11—17、D. S. 15.44;Nep. *Iph.* 1;Arr. *Tact*. 3;希史 4.6.7—11、4.4.19、4.7;D. S. 14.97.5。

部分地区,攻击了西夕温和福里攸斯;但公元前390年后(这时雅典已修好新的长墙),他们就被派到海外服役了。战争的紧张很快就把科林斯分裂为两派。在公元前392年,在阿尔戈斯、雅典和彼奥提亚的默许下,科林斯的民主派在一次神圣节庆中袭击了他们的对手,在神庙和祭台内杀掉了对方120人。这一渎神罪行引起公愤,使得寡头派的其他残存者免遭同样命运。科林斯的民主派头领接着就使他们的城邦和阿尔戈斯联合起来,可能是通过一道"合邦"的法令,即让科林斯和阿尔戈斯的公民们在彼此的城邦里都有同样的公民权。但由于阿尔戈斯幅员大得多,因此是阿尔戈斯占着主位。科林斯的寡头派首领于是把长墙出卖给斯巴达,从科林斯逃跑,并在列哈依昂参加了斯巴达的驻军。可能在公元前389年,阿尔戈斯进一步吞并了科林斯,它就不再成为一个独立城邦了。阿尔戈斯自己也受到很大损失。它在多次战役中失利,它的领土也受到了践踏。但它的民主政府仍很巩固,整个城邦也由于年久日深的对斯巴达的仇恨而团结得更紧密。彼奥提亚联盟在陆上有阿尔戈斯和科林斯为其屏障,在海上又有雅典做掩护,因而可以自由地在中希腊加强它的力量。由于它直到那时还没能强迫奥科美努斯回到联盟中来,因此彼奥提亚在公元前387年比其他联军中的城邦更不急于媾和。①

在海战方面,波斯的金钱起了主要作用。充足的钱使得哥农能够用希腊的流亡者和雇佣水兵装备了一支大舰队。在公元前394年8月的克尼都斯决定性战役中,这支希腊人分舰队在波斯

---

① 希史,4.4.1—6、4.5.1、4.8.34;D.S.14.86.1、91.3、92.1;And.,3.26—27。

海军中是打前锋的,也正是它打败了斯巴达舰队。当皮山大在他的旗舰上阵亡后,他的盟邦的舰船就从克尼都斯逃掉了。在85艘三桨座船中,只有35艘被击沉和俘虏。正如卡利克拉底达斯在狄开利亚战争时所说的那样,波斯再一次帮助希腊同室操戈,自相残杀。自从迈卡列海角之战以来,波斯舰队第一次得以安全驶入爱琴海。法那培萨斯和哥农巡游了各海岛和东爱琴的沿海城邦,驱逐了斯巴达的和解官和驻军,并在哥农的说服下答允尊重希腊各邦的自治权。利用了这种政治宣传和巧妙使用它的金钱,波斯想以此对希腊各邦进行遥控而防止任何可能统一希腊、进攻波斯的大国兴起。波斯满足于这样一种不算积极的目标,因为它并不想亲自统辖这些难以驾驭的希腊城邦。①

阿基斯劳在回返希腊时,曾派德西利达从安菲波利斯前往赫勒斯滂保护斯巴达的利益。德西利达把所有斯巴达及盟邦的部队都集中到塞斯都斯和阿比多斯,这两地控制着横渡赫勒斯滂的最短航道;他还在保卫海峡方面赢得了公民们的支持,打败了敌方的一次进攻(这次进攻由哥农带40艘船在海上配合法那培萨斯从以弗所入侵阿比多斯领土的陆军)。由于法那培萨斯的目的不在于搞一次横渡海峡的入侵,而是要损害斯巴达的势力,所以他就把进攻矛头转向西爱琴海去了(公元前393年春)。他和哥农用希腊雇佣水兵装备了一支很大的舰队,扬帆驶过夕克拉底斯而达米洛斯岛,占领了它,把它作为进一步前进的基地。在蹂躏了拉哥尼亚和

---

① 希史,4.3.10—12、4.8.1—2;D. S. 14.83.4—7;Nep. *Con.* 4;普鲁塔克,《莱山得传》,6末。

美塞尼亚海岸以后,法那培萨斯又占领了基德拉,让一个雅典人担任该岛总督,然后驶向地峡,敦促联军方面向波斯大帝表忠,又给了联军首领们不少赏金。在取得已回国的法那培萨斯同意之后,哥农打着波斯的国旗进入比雷埃夫斯港。他以慷慨散发波斯金钱和让手下80艘三桨座船水手参加劳动的方法加强了比雷埃夫斯的防御工事和长墙的重建工程。这项大工程是在克尼都斯战役之前于公元前394年开始的,大约在公元前391年在彼奥提亚和其他盟友帮助下最后完工。①

公元前392年,波斯的资助起了作用。底比斯发行了一种金银合金的钱币,一面刻赫拉克勒斯杀蛇的图案,另一面刻彼奥提亚之盾。这种纹样表示了自由之战和联邦的宗旨。它们被罗得斯、克尼都斯、雅苏斯、萨摩斯、以弗所和拜占庭采用,这几个城邦组成一个同盟发行同样的货币,日后又有朗普萨库斯、夕奇库斯、扎西恩多斯和克罗顿采用了它。在底比斯领导下的彼奥提亚联盟威信很高,联邦的宗旨还可能鼓舞了一些爱琴城邦抵制了卷土重来的雅典霸权。科林斯依靠波斯金钱搞了一支舰队,和斯巴达争夺海湾的控制权。但斯巴达仍可从贡金和阿基斯劳的战利品中取得财政资源。它保持了在西部海域的舰队,在科林斯湾的险要狭口占领了吕昂。它的能干的海军大将提留蒂亚斯,阿基斯劳的一位兄弟,把科林斯人赶出了海湾(约公元前391年年初),他的成功还使得阿基斯劳能够在科林斯地区和阿卡奈尼亚转入进攻。然而,从波斯援助中获利最多的还是雅典。因为哥农大量雇用雅典水手在

---

① 希史,4.8.3—10;D.S.14.84.3—5、85.2—4;*GHI*,107。

波斯舰队服役并给他们丰厚的军饷,实际上等于重建了雅典舰队并使雅典在爱琴海的利益大有扩展。它力求通过外交途径加强它在海外的地位。公元前393年,它对叙拉库斯僭主狄奥尼修斯表示友好,也拉拢了塞浦路斯的萨拉密斯王厄瓦哥拉斯和东南爱琴海的卡尔帕托斯,并以平等条件和厄律特利亚在公元前394—前393年结盟。在公元前392年间,列姆诺斯、英布罗斯和斯夕洛斯等岛重新布置了雅典军事移民,它在提洛的影响可能也恢复了。①

公元前392年年末,斯巴达派了一位名叫安塔尔西达的使者开始和蒂特拉斯蒂斯的继任者蒂里巴左斯谈判,以缔结一项希腊波斯和约。安塔尔西达提出的条件是把亚洲的希腊各邦让给波斯大帝,但要保证其他所有希腊城邦的独立自主。雅典也派了使者,在它请求下彼奥提亚、科林斯、阿尔戈斯也都照样做了。蒂里巴左斯主持了一个群情激昂的会谈,因为除了斯巴达外所有与会各邦都强烈反对自主原则,因为,若谈自主则雅典又将丧失其三个军事移民地,底比斯则要解散彼奥提亚联盟,阿尔戈斯也得放松对科林斯的控制。蒂里巴左斯倾向于斯巴达一边,给了安塔尔西达很多钱以便斯巴达在海上反对雅典。但他的政策没能得到波斯国王的首肯,国王另派了一位亲雅典的总督斯特罗塔斯督领海军。但是,被蒂里巴左斯扣留的哥农却被波斯国王囚禁并死于塞浦路斯。波斯当局对哥农个人权势的增长和两面讨好的做法自然猜疑。哥农像他之前的亚基比德和莱山得一样,以散布波斯大帝的恩宠和金

---

① GC,157(有关罗得斯等的联邦铸币是有争论的);希史,4.8.10—12、15;GHI,103、108—110。

钱大树个人威信,从而招致杀身之祸。例如,在厄律提拉、萨摩斯、以弗所和雅典都为他建立了纪念像,他还帮助已解放的城邦的民主派上台取代寡头派的统治。①

斯巴达在未能争取波斯同意之后,便于公元前 392—前 391 年冬搞了一个把波斯排除在外的全面和约。它提出所有城邦都应该独立自主,但有一项条件:雅典应保有列姆诺斯、英布罗斯和斯夕诺斯;彼奥提亚联盟应得到承认,科美努斯继续保持独立。这是一个拆散敌方联盟的狡猾打算;因为,假若雅典和底比斯同意了,阿尔戈斯就得交出科林斯,否则它就得孤军苦战。然而,雅典拒绝按这个条件谈判。它的希望现在已是谋取海上霸权了。②

自从在公元前 403 年恢复了民主政治以后,雅典的温和派领袖在人民大会中一直有强大的影响。例如,阿尼图斯等人曾经阻止民主派头领要在公元前 397 年左右跟斯巴达作战的不合时宜的举动。公元前 395 年和彼奥提亚联盟结盟的果断行动是由斯梯里亚的特拉夕布鲁斯发起的,他是底比斯人的朋友,公元前 403 年的民主派领袖,他在摆脱斯巴达的解放之战中可能得到所有党派的支持,至少在公元前 392 年年底以前是如此。在爱琴海,雅典的政策也是温和的,它以平等条件和厄律特利亚结盟,也只有它最适于在列姆诺斯、英布罗斯和斯夕诺斯搞军事移民。当斯巴达在公元前 392—前 391 年提议媾和时,雅典各有产阶级一般而论是支持温和派领袖接受斯巴达的条件的。但较贫苦的公民们(他们在城

---

① 希史,4.8.12—17;D. S. 14.85.4;德谟斯提尼,20.70;GHI,106;波桑尼亚,6.3.16。

② And. 3;FGrH,328 F 149^b(菲罗克汝斯)。

邦中占大多数)却支持民主派领袖特拉夕布鲁斯、赛法鲁斯和依庇克拉底的政策,他们提出要以重新取得刻尔索尼斯、军事移民地和在伯罗奔尼撒战争中失去的海外资产为条件。在当时,爱琴海的形势对雅典很有利。无论斯巴达还是波斯都没在那里派有舰队。波斯确实对雅典很友好,而厄瓦哥拉斯、斯特罗塔斯和法那培萨斯也愿意帮助它。民主派在罗得斯、萨摩斯、以弗所和密提林都掌了权,其他城邦也都对雅典有好感。假若它能对这些城邦提供海军保护,它就能赢得它们的积极合作。但建设一支海军至少还需要一年时间,更重要的是需要金钱,为了筹集钱款,它已尝试向它的富有阶级征收财产特别捐。①

斯巴达在知道它的危险处境以后,很好利用了公元前391年这段时间。趁着德西利达还占有赫勒斯滂,它重新执行在爱奥尼亚向波斯进攻的战略,因而得到许多东部希腊城邦的援助。它的将领迪布隆和弟夫里达斯再度占领以弗所,把它当作一个作战基地,并通过对内陆的掠劫补充了军需和钱款;它的海军将领提留蒂亚斯夺取了萨摩斯,推翻了罗得斯的民主派,俘获了10艘航向塞浦路斯王厄瓦哥拉斯处的雅典船舰。②

到公元前390年春天,雅典派出了由特拉夕布鲁斯指挥的40艘船舰,从而开始了它的海上攻势。特拉夕布鲁斯在北部爱琴海取得引人注目的成就,他在那一带实际上是所向无敌的。由于彼奥提亚、优卑亚和帖撒利都是友邦,他的供应线毫无问题,他还

---

① Hell. Oxy. 1—2;希史,3.5.16;Andoc. 3.15;Ar. Ec. 197(公元前392年生产的);Lys. 28.2—5;希史,4.8.4末。

② 希史,4.8.17—24;D.S.,14.97.1—4、99.1—3。

取得了塔索斯、色雷斯的两个国王(阿马多库斯和赛乌提斯)、萨摩色雷斯的结盟,再加上雅典在列姆诺斯、英布罗斯和斯夕洛斯的军事移民地,他就有力地控制了通往赫勒斯滂的东北航道。他把在阿比多斯的德西利达抛在一侧,直取拜占庭,这个城市经城内民主派之手出卖给了他,加尔西顿也和他建立了友好关系。他现在变成了博斯普鲁斯和普罗彭蒂斯的主人,因为欧洲一边的色雷斯诸王和亚洲一边的法那培萨斯都是他的盟友。但他还是没能把顽强的德西利达从赫勒斯滂的基地塞斯都斯和阿比多斯赶走。①

然而,雅典既不能也不愿用它自己的资源供应特拉夕布鲁斯的舰队。他于是对所有从黑海来的货物收百分之十的税,又对一切进出口货物收百分之五的关税,那是在雅典帝国后期就已征收过的。与此同时,雅典人民开始用国家收入做公民薪给或补助。特拉夕布鲁斯在一些盟邦派了驻军,总的说来他支持各邦的民主政府。这些措施使得波斯和爱琴各邦清楚看到雅典人又在搞第二个雅典帝国了。公元前 390 年年底或公元前 389 年年初,特拉夕布鲁斯从赫勒斯滂南下。在列斯堡岛上,那里除了密提林而外其他各城都控制在斯巴达手下,他夺取了一些城市,又从其他城市搜取了足够他的部队军费的战利品。在从密提林和奇奥斯得到增援后,他又用威胁和掠劫的手段搜罗了大量金钱,掠劫所至远达欧利美冬河的阿斯品都斯。在那里,他却在掠劫中被反抗,被报仇的对方所杀(公元前 389 年)。他在这几年的活动为雅典取得了最伟大的成功;他的做法也疏远了一些可能的盟友;他没能集中全力打击

---

① 希史,4.8.25—27、5.1.7;D.S.,14.94.2;德谟斯提尼,20.59—60;*GHI*,114。

德西利达却是战略上的一个大错。①

在整个公元前389年和公元前388年,雅典和斯巴达的小舰队在赫勒斯滂、罗得斯、萨隆尼克湾等地打了一些无关紧要的战役。其中萨隆尼克湾之战,斯巴达以埃伊纳为基地,曾对雅典航运业造成很大损失。双方都用了雇佣兵做水手或陆战队,双方都极端缺钱,都靠掠劫和勒索取得军费。雅典人没有表现出他们以前那种海上优势,甚至分散了他们的兵力,把一些船舰派到阿卡奈尼亚的奥尼阿代夫。斯巴达人则较为勇猛,例如,哥尔戈帕斯和提留蒂亚斯都分别指挥过对比雷埃夫斯的夜袭和拂晓前的攻击。

随着海陆方面的战斗都进入僵持状态,斯巴达再一次争取把波斯拉到它这一边。斯巴达派出海军司令安塔尔西达在公元前388—前387年冬天和波斯进行谈判。阿塔薛西斯对此欣然接受。因为在公元前391年,塞浦路斯王厄瓦哥拉斯在征服该岛大部地区以后,已经起义反抗波斯,它和埃及结盟,封锁了亚洲沿岸。同一年,波斯支持的雅典还派了10艘船支援厄瓦哥拉斯,而这些船又被作战的斯巴达截住了。公元前388年,雅典人允许厄瓦哥拉斯雇用雅典雇佣军队长恰布里亚斯和一批轻步兵,并添加了一些雅典重装步兵和三桨座船供他指挥。他们在反对波斯方面做得相当出色。显而易见,阿塔薛西斯支持错了。假若他能在希腊媾和,他就能阻止雅典对塞浦路斯的插手和斯巴达在亚洲的进攻,并从希腊的市场上收买到雇佣兵和水手,也就能集中全力镇压厄瓦哥

---

① Ar. Ec. 815、825;希史,4.8.28—30;D. S. 14.94.3—4、99.4—5;亚里士多德,《雅典政制》,41.3。

拉斯了。①

公元前387年春天,安塔尔西达汇报说他趁雅典及其盟友拒绝阿塔薛西斯的媾和条件时,已和波斯缔结同盟。他在蒂里巴左斯的支持和资助之下从陆路进军达到阿比多斯,骗过了那些在赫勒斯滂驻防的雅典将领,然后集结了一支80艘船的舰队,其中有20艘是由狄奥尼修斯从西西里和意大利送来的,其余则靠波斯总督的援助凑齐。他现在控制了赫勒斯滂,就像莱山得在公元前405年那样,第二支斯巴达舰队又从埃伊纳对雅典进行了封锁。公元前387年秋天,蒂里巴左斯邀集希腊各邦代表听取阿塔薛西斯为解决希腊问题而提出的条约:所有在亚洲的希腊城邦,包括克拉佐美尼和塞浦路斯两岛在内,都臣属于波斯,所有在希腊本土的城邦,无论大小,都保持独立自主,除了列姆诺斯、英布罗斯和斯夕洛斯仍归雅典所有而外。蒂里巴左斯随后又宣读了阿塔薛西斯的最后通牒:波斯将在任何同意这些条件的城邦的帮助下,向一切不同意的城邦展开"海与陆、舰与钱"的夹攻。②

代表们回到希腊向各自的城邦汇报了有关条款。除了底比斯提出要求代表彼奥提亚联盟签字而外,所有城邦都表示全盘接受。阿基斯劳不愿照底比斯所请办理,他在公元前386年春召集了一支同盟部队准备讨伐。底比斯勉强同意了。于是所有希腊城邦都宣誓缔结这一大王和约,包括科林斯和彼奥提亚的各个城邦都单独缔约,科林斯并重新接受了流亡的寡头派而再次加入斯巴达同

---

① 希史,4.6.14、4.8.31—39、5.1.24;D. S. 14.98。
② 希史,5.1.25—31;D. S. 14.110;Polyaen. 2.24;*GHI*,116。

盟。第三场大战于是告终。雅典再次失败,斯巴达又得成功。它的统治已扩展到希腊半岛和各海岛上的希腊城邦,而这些城邦又都深受好几代的战火和内争之苦。斯巴达的成功并不靠它自身的实力优势而是仰仗波斯的支持。波斯大帝才是这场战争中的真正胜利者。①

---

① 希史,5.1.32—36。

第二章 狄奥尼修斯和斯巴达的专制措施(公元前386—前368年)

第一节 斯巴达帝国的鼎盛

当希腊各国建立和平以后，许多雇佣兵和水手到阿塔薛西斯或者厄瓦哥拉斯手下谋生去了。波斯几乎已经完全被排除在东南部地中海的水域之外。从塞浦路斯的希腊城邦那里，厄瓦哥拉斯装备了 70 艘三桨座船，以及他的包括 6 000 名公民和许多雇佣兵的陆军部队。从推罗和其他腓尼基城市中他征集了 20 艘三桨座船，从埃及他取得了钱粮和部队，并从那些波斯帝国内的心怀不满者，例如卡利亚统治者赫卡托木斯，得到增援部队。波斯的司令官奥伦特斯和蒂里巴左斯则选择爱奥尼亚为他们的基地。他们在这里集结了陆军和舰队(船舰可能大部分由希腊水手驾驶)，然后向西里西亚进军，再从此渡海进攻塞浦路斯。经过两年的战争，厄瓦哥拉斯把他的舰队增加到约 200 艘船只，其中有埃及提供的 50 艘。他用切断敌军海路供应的办法几乎使入侵部队失败，但在西提昂的一次大战中，厄瓦哥拉斯被波斯海军大将格罗斯击溃，他的首都萨拉密斯也被包围。在被围期间，厄瓦哥拉斯得到埃及的进一步援助，并派使节到斯巴达请求结盟，共抗波斯。不久以后，大约在公元前382年，他和波斯司令官奥伦特斯议和。但波斯海军大将格罗斯却转而向其主人造反。他凭靠他掌握的大舰队和大量波斯军需物资，赢得了埃及和斯巴达的结盟，在他被暗杀以前，他短期内成了诸海的主人。他的后继者塔可斯在库美和克拉佐美尼之间的海岸创建了一个城市，但他的早死使这一事业也告终了。跟随格罗斯和塔可斯的人来自爱奥尼亚、皮西迪亚和卡利亚以及其他滨海国家或地区，这些地方从来都是在战乱时产生海盗和雇佣兵的。波斯在海上的军力和它在希腊的军力有一共同之处，即都依赖希腊士兵、水手和政治家愿意接受波斯的薪饷却又彼此争战不休。①

在科林斯战争期间，希腊本土的每个主要城邦都投靠了波斯。联军利用波斯的援助强迫斯巴达放弃了在爱奥尼亚的解放之战，斯巴达又利用波斯的援助来强迫联军服从它的意旨而牺牲爱奥尼亚人的利益（这个利益它不再能保了）。像伊索克拉底那样的政治理论家和一般群众深为希腊的分崩离析忧伤，特别为斯巴达这样的领头城邦的背信弃义伤心，它居然弄得希腊人自相残杀而让波斯坐收渔翁之利。那些重实际的、处理着城邦的日常需要和扩张野心的政治家都认为投靠波斯没什么危险；他们感到，波斯大帝的金钱和别人的金钱并无区别，只不过更多，更有价值（都是硬通货）而已。这两种见解反映在普鲁塔克记述的一则轶话中，当有一

---

① *FGrH*, 115 F 103（提奥庞普斯）；D. S. 14. 110. 5，15. 2—4、8—9；18；Isoc. 4. 134。

个希腊人为安塔尔西达的和约哀叹说:"天可怜希腊!现在连斯巴达也波斯化了。"这时阿基斯劳就反驳道:"不对,应该说是波斯人正在斯巴达化了。"然而,斯巴达正在自诩许为独立自主的旗手和希腊城邦的领袖之时却把爱奥尼亚出卖给了波斯,这一事实肯定已成为它不孚众望的原因之一。但主要的原因还在于它对希腊各邦普遍表现出来的那种咄咄逼人的帝国主义态度。①

大王和约给予斯巴达一个转变政策的机会。阿基西波利斯主张对条款做温和而公正的解释,这样就可以保持希腊的全面和平以及恢复斯巴达的威信。阿基斯劳却想统治希腊。他的政策是一种明目张胆的帝国主义政策,他心中对底比斯有深刻的仇恨而对民主政治则极不信任。他像克列奥明尼那样野心勃勃,像莱山得那样残忍无情,但他却比这两人在斯巴达民众心中得到更多的爱戴。十年的战争表明他是一个真诚的爱国者、勇猛的战士和受人敬佩的司令官。现在,他的好战和朴直正投合了斯巴达人崇武的性格,他就带着斯巴达人民沿着他的政策向前冲,阿基西波利斯和他的年轻的后继者克列奥布罗图斯对这一政策的反对自然无济于事。②

斯巴达之统治希腊,依靠着军事力量和政治干预两手。当它的军事任务日益加重以后,它可能是在公元前 382 年加强了旨在镇压的军事机器。它向同盟大会提出以出钱代替出人的办法(标准是骑兵每天一个埃伊纳德拉克马,重装步兵半个德拉克马),如果盟邦坚持出人,则在发生任何逃亡时按此罚款。斯巴达用这笔

---

① Isoc.,4.120—5;希史,4.2.5;普鲁塔克,《阿塔薛西斯传》,22。
② D.S.15.19.4,15.5.1,15.31.3;*FGrH*,115 F 321(提奥庞普斯);希史,5.1.33;普鲁塔克,《阿基斯劳传》,20。

钱大招雇佣兵,这些人都由它直接控制,无须有任何政治上的顾虑。至于政治干预,当时也存在着不少的机会。斯巴达以大王和约的名义,使科林斯和其他城邦的流亡寡头派复归家园,这些人很快就上台掌权而把对手打倒驱逐了。这样一来,这些寡头派就可以城邦的名义按斯巴达意旨在同盟大会上投票。当然,这些手法并不总是见效的。有一些城邦始终是顽强反抗的,斯巴达决定要在它们能够团结起来反对它之前,把它们一个一个地解决掉。①

在伯罗奔尼撒各邦中,曼丁尼亚和福里攸斯是坚持民主政治的。斯巴达在公元前385年要求曼丁尼亚拆掉它的城墙,借口是它在伯罗奔尼撒战争中行动怠慢。曼丁尼亚拒绝了。它向民主派的阿尔戈斯和雅典发出的求援呼吁没得到回答。经过一段长期围攻之后,斯巴达人终于用使河流改道冲垮土砖城墙的办法在公元前384年逼曼丁尼亚人就范。他们同意了斯巴达提出的条件:把曼丁尼亚分成五个原来组成这个城邦的村社,拆毁一切防御工事,并让这五个村社以城邦的资格加入斯巴达同盟。经过流亡的斯巴达旧王波桑尼亚的调解(他的儿子阿基西波利斯是这次围攻的司令官),民主派领袖被允许离开国境。寡头派随即掌握了各村社的政权。在福里攸斯,斯巴达则要求复辟寡头派的政权。这个要求得到了满足,寡头派的财产退还给了他们,所有争端都交付仲裁。但是,在公元前381年秋天,寡头派又跑回斯巴达,他们的一些同情者也抱怨受到虐待。这些人中有一些是阿基斯劳的朋友,他知道后怒不可遏,不顾福里攸斯民主派提出的任何建议,径直要求他

---

① 希史,5.2.20—22;D.S.15.31.2—3;希史,5.2.9末;D.S.15.5.2—3。

们交出卫城。这个要求被拒绝后,他就围攻城市,把寡头派及其同情者都武装起来对付其同胞。城市在公元前379年由于遭瘟疫而被攻陷,阿基斯劳自己请求授予处置全权,他把城市置于驻军管制下六个月,选定50名寡头派和50名同情者为法官,给他们全权审判和处死任何福里攸斯公民。于是,一个极端的寡头政府统治了这个残破不堪的城邦。①

在中希腊,底比斯和雅典是斯巴达最危险的对手。在底比斯,伊斯梅尼亚和安德罗克列代斯这两个民主派领袖仍然大权在握,防止了阿尔齐亚和列翁提亚达领导的寡头派的复辟。在雅典,温和派再度获得了影响。这两个城邦都小心防备着,不让斯巴达有借口进行干预。但斯巴达却处心积虑要削弱在科林斯战争中支持过底比斯和雅典的城邦,到公元前382年,它找到了对其中的一个——卡尔西狄斯联盟下手的机会。这个联盟是在伯罗奔尼撒战争初期建立的,后来在反对雅典和马其顿的过程中逐渐巩固,到公元前4世纪时更有所扩展,并由奥林图斯主动带头,发展出一种进步的宪制。奥林图斯也像曼丁尼亚一样,自身是一个"结合邦",即原先独立的一些居民点结合为一个城邦,都拥有奥林图斯的公民权。奥林图斯同时又是一个更大的"结合邦"的行政中心,由拥有共同的卡尔西狄斯公民权的大多数卡尔西狄斯城市结合而成,有时也称为"卡尔西狄斯国家"(to koinon ton khalkideon)。这个国家有一个拥有主权的联邦政府和联邦货币,但各成员邦保有它们各自的公民权和自行处理各自的内政。公元前382年,奥林图斯,

---

① 希史,5.2.1—10、5.3.10—17和21—25;D.S.15.5.3—5、12。

可能还有其他成员邦,都是民主政体,它们还想通过至少在某些方面彼此给予"合邦权"的方法增进这种"结合邦"的体制,所谓合邦权,即互相平等的通婚权,婚后子女都有公民权,在财产上也在彼此对方城邦有同等权利。假若这些想法充分实现,卡尔西狄斯联盟就会向比其他中希腊联盟更进一步的完全的联邦发展,这些中希腊联盟,特别是彼奥提亚联盟,原来是它最初当作榜样仿效的。①

在外交政策方面,卡尔西狄斯联盟和马其顿王阿门塔斯曾订有防守同盟。当阿门塔斯的王国被伊利里亚人蹂躏时,他把他的一些城市交给联盟保护。这些城市,包括培拉城,都变成了联盟成员,它们后来就拒绝回到阿门塔斯统治下。阿门塔斯于是向斯巴达求助。与此同时,联盟还想强迫两个希腊城邦——阿堪图斯和阿波罗尼亚入盟而变为成员邦。这两个城邦也向斯巴达求助。卡尔西狄斯联盟和底比斯、雅典都有友好关系,它还富有对雅典说来极其重要的造船木材。当阿堪图斯和阿波罗尼亚的使者访问了斯巴达并说卡尔西狄斯联盟已决定和底比斯、雅典结盟时,监察官们极感惊慌。他们把使者带到斯巴达人民大会和同盟大会上报告情况,这两个大会都投票赞成对奥林图斯这个卡尔西狄斯联盟最有影响的城邦作战。当召集各邦兵员时,底比斯政府禁止任何底比斯公民去与奥林图斯作战。第一批远征军,总数超过 10 000 人,却被奥林图斯的骑兵、轻装和重装步兵打得大败。第二批远征军人数较多,是在阿基西波利斯率领下于公元前 381 年出发的,同行

---

① 希史,5.2.12 及 18—19;*GC*,198。

者有30名斯巴达军官组成参谋部。在帖撒利和马其顿骑兵的帮助下,阿基西波利斯孤立了奥林图斯,终于把它包围。在围攻期间,阿基西波利斯死于热病,但他的继任司令官终以饿困而迫使奥林图斯投降。公元前379年,卡尔西狄斯同盟解散了。各个城邦都与斯巴达分别立约,就像雅典在公元前404年的情形那样,被迫在斯巴达可能进行的任何战争中始终追随着它。①

在公元前382年,当上述第一批远征军北上途中在底比斯城外扎营时,远征军司令官浮比达斯会见了底比斯寡头派领袖列翁提亚达,后者提议做内应把底比斯卫城交给斯巴达军。浮比达斯接受了这建议,占领了卫城(卡德美亚),逮捕了伊斯梅尼亚。亲斯巴达的寡头派掌了权。300名伊斯梅尼亚的支持者逃往雅典。在斯巴达,监察官和人民大会对浮比达斯表现的主动性都很不满意,阿基斯劳却以对国家有利为理由替这种在和平时期攻击盟邦的行为辩护。浮比达斯被一个斯巴达法庭判处罚款但没有革职。伊斯梅尼亚则受到斯巴达同盟法庭审判,以投靠波斯的罪名被判处死。②

公元前379年,斯巴达帝国甚至显得比它在公元前395年科林斯战争前夕还要强大。现在唯斯巴达之命是听的同盟大会已被撇在一边,极少向它征求意见。绝大多数城邦都受到亲斯巴达的

---

① *GHI*,111 D.S.14.92.3、15.19.2—3;*POxy*.1.36 nr.13(底比斯与卡尔西狄斯 v.阿门塔斯结盟,可能在科林斯战争期间);希史,5.2.11—24、37—43、3.1—9、18—19、26;D.S.15.19.19、20.3、21—23.3。

② 希史,5.2.25—36;D.S.15.20.1—3;普鲁塔克,《伯罗庇达传》,6 和《阿基斯劳传》,24。

寡头派统治。伊利斯、曼丁尼亚、福里攸斯都被削弱了,彼奥提亚联盟和卡尔西狄斯联盟也被彻底解散了。在伯罗奔尼撒,阿尔戈斯已陷于孤立。在中希腊,斯巴达军队派驻于普拉提亚、底比斯、提斯皮亚和赫拉克利亚,在更北一些的地区,斯巴达又有帖撒利、马其顿和伊庇鲁斯的莫罗西亚为同盟(莫罗西亚在防止一次伊利里亚人的侵略时曾得到斯巴达的帮助)。在海上,斯巴达及其同盟更是没有敌手。在西方,叙拉库斯的狄奥尼修斯是它的盟友,而在东方它至少名义上是得到波斯支持的。但它的统治只建立在恐惧之上。它的唯利是图的市侩政策已使人心丧尽。它对于"希腊城邦的独立自主"这个它在大王和约中宣誓尊重的东西的解释,用莱山得的名言来说,就是"与小孩打赌,与大人立誓"——纯属权宜之计。帝国的结构只建立在动摇不稳的基石上。它所支持的寡头派政府自身也是少数派的政府。斯巴达同盟的军队已不可依靠。雇佣兵的使用有利有弊,因为它们可以为任何出钱的雇主卖命。就其根本而论,斯巴达的实力现在已不是斯巴达同盟的实力而只是斯巴达一国之力,但它自身又由于战争的损耗和制度的败坏而日益亏竭了。①

第二节 狄奥尼修斯一世的业绩

公元前413年,雅典远征的失败提高了叙拉库斯的威望,加强了它在西西里的影响。然而,战争的急需耗损了它的物资财源,也

---

① 希史,5.3.27;D.S.15.23.3—5、15.1.3—4。

使它的政治局面趋于紧张。当得胜之后叙拉库斯人民大会讨论如何处理雅典战俘时,就很有点像雅典人民大会讨论密提林俘虏的情况。胜利的指挥者赫尔莫克拉特要求按温和的原则办事,因为"胜而宽厚比胜利本身还要伟大";但极端民主派的领袖迪奥克列斯却提议将俘虏送到采石坑去,他的提议得到通过。在那时,温和派仍掌权,他们尊重与斯巴达的联盟,并派出由赫尔莫克拉特率领的分舰队继续在爱琴海作战。在他出征以后,他的政敌上了台。他们按雅典的模样搞了一个极端民主政府,行政长官的选举用抽签法,一年一任的将军由三人增加到十人,制定了以迪奥克列斯命名的新法典,这个法典后来为大多数西西里城邦仿效。叙拉库斯的政治发展类似雅典并不足奇。它和雅典同样是一个拥有海上强权和帝国收入的富裕大国,它的人民也富于首创精神、有韧性和侵略野心。但叙拉库斯缺乏使雅典臻于伟大的一个重要素质——稳健与温和。极端民主政府的最初措施之一就是放逐赫尔莫克拉特和他的主要幕僚。另一个措施就是和它的加尔西斯邻邦交战。①

在赛吉斯塔的邀请下(当时赛吉斯塔和叙拉库斯盟邦赛利努斯作战),迦太基派了一队雇佣兵去防守该城。当这些部队使赛利努斯吃了败仗之后,叙拉库斯就被请去(它也决定去)在必要时攻击迦太基。大约在公元前409年,迦太基召集了一支由公民部队、土著利比亚人和欧洲雇佣军组成的军队,归汉尼拔指挥,他是公元前480年希墨拉之战中被杀死的迦太基将军哈密尔卡的孙子。公

---

① D.S. 13. 19 4、33、34.6;普鲁塔克,《尼西亚斯传》,28;修昔底德,6. 20. 3—4、7. 55. 2、8. 96. 5;希史,1. 1. 27。

元前408年春,汉尼拔在利利比昂登陆,集合了希腊城邦和西西里土著盟邦的军队,攻陷了赛利努斯,屠杀了该城居民。他后来又战胜了迪奥克列斯指挥下的叙拉库斯和盟邦的援军,占领了希墨拉,虐杀3 000名俘虏为哈密尔卡之死报了仇。公元前408年秋,他凯旋回返迦太基,留下雇佣军驻守迦太基在西西里扩张的领土。公元前408—前407年冬天,赫尔莫克拉特带着五艘三桨座船和1 000名雇佣兵来到西西里,他还收容了一些赛利努斯和希墨拉的逃生者。他从攻掠迦太基领土获得战利品,也扬了名声;在希墨拉城下他找到了一些被迪奥克列斯遗弃的叙拉库斯士兵的尸骨,他把这些遗骨送给叙拉库斯人,希望借此可将他从流放中召回。叙拉库斯人为此放逐了迪奥克列斯,但没有召回赫尔莫克拉特,他于是决定攻进城去。在一次和民主派的纷争中赫尔莫克拉特被杀死。他的追随者或被杀或被流放,只有少数几个假称死亡或被报为死亡者才隐匿下来。这后一类人中就有一个名叫狄奥尼修斯的23岁的年轻军官。①

当此之时,迦太基由于在赛利努斯和希墨拉轻易得胜而受到鼓舞,决意征服整个西西里。它的将军汉尼拔和希密尔可已经和雅典有联系,有希望靠雅典阻止斯巴达和科林斯来救援叙拉库斯。它在西班牙、巴列利群岛和坎佩尼亚征募了大量雇佣军以加强迦太基人和非洲人的部队。在荒废了的希墨拉城址附近它建了一个名叫德尔美的新城,作为将来作战的基地。公元前406年,一支约12 000人的军队在西西里登陆并向阿克拉加斯这个仅次于叙拉库

---

① D. S. 13. 43-44、54-63、75。

斯的富庶大城进军。阿克拉加斯人得到在一名斯巴达军官迪克西普斯指挥下的希腊雇佣军的支持,又有坎佩尼亚人雇佣军的支援,顶住了迦太基人的进攻,后来又靠一支 30 000 名步兵、5 000 名骑兵和 30 艘船的盟军的救援而解围。这支大军是从叙拉库斯、盖拉、卡马利纳、麦赛纳和南意大利等地征集的,由一位叙拉库斯将军达芬奈乌斯指挥。汉尼拔染瘟疫而死,希密尔可的军队倒反而被围了。但是,由于希腊司令官们的疏忽大意,希密尔可得以截击一批运粮船队,并把坎佩尼亚人雇佣军拉了过来,封锁了阿克拉加斯,从南意大利来的部队抱恨回师。公元前 406 年 12 月,达芬奈乌斯和他的同僚突然下令阿克拉加斯在夜晚疏散,次日黎明迦太基人即入城,把他们碰见的每个人都杀掉,并不受干扰地在这里度过冬天。公元前 405 年春,希密尔可把阿克拉加斯夷为平地,然后向盖拉进军。①

大量的难民现在麇集于列翁提尼的废墟和叙拉库斯及其他城市的郊区,他们在这些地方散布着前线叛变的丑闻和迦太基人暴行的消息。在这一片绝望和猜疑的气氛中,曾于阿克拉加斯战斗中显示出英勇和将才的狄奥尼修斯看到了自己的机会。现在他装扮成一个民主派煽动家四处活动,激起人民对将军们的愤怒,把他们罢免,并选了他自己为其中一个继任者。但他聪明地知道不能指望人民始终不渝的拥护。他争取到把他以前的同事,那些赫尔莫克拉特的支持者召回来,然后就和他们以及一队精选的雇佣军

---

① D. S. 13.79.8、80—81、85—91;另见《哈佛古典语言学研究集刊》增补卷 1,(1940 年),247 页。

一道出发,向正陷于一片恐慌和倾轧纷争之中的盖拉城进军。他在盖拉也扮演了民主派头领的角色,把富人的财产没收了,用这些钱财收买雇佣军,而这些雇佣军也把他看作可靠的雇主而对他效忠。

在他回到叙拉库斯的时候,他斥责同事们叛国不忠,以他自己的作为和他们的消极相对照。人民于是选他为拥有绝对权力的独裁将军(strategos autokrator)。这时,迦太基人的攻击迫在眉睫,人们记起往昔是盖隆①这个独裁将军在希墨拉之战拯救了西西里。狄奥尼修斯立即把雇佣兵的薪饷提高一倍,召募了1 000人作为他的私人卫队,军队司令官全部换成他的亲信和支持者,把斯巴达军官迪克西普斯罢免并遣送回国。然后他就和赫尔莫克拉特的女儿结婚,因他们两人都出自名门望族,同时他还说服人民把达芬奈乌斯和其他民主派头领都处死了。公元前405年4月,当希密尔可围攻盖拉时,狄奥尼修斯已是叙拉库斯的主人了。②

狄奥尼修斯的第一次战斗以失败告终。一开始他就放弃了在盖拉城外包围迦太基人的计划,反而向他们设防的营地发动一次多面配合进攻,但他的各支部队未能在战斗中很好配合。来自南意的盟军分队、叙拉库斯军和盖拉军都已上阵之后,狄奥尼修斯和他的雇佣军却还没有动身。结果是被打散的部队纷纷退入城内,他又命令部下于夜间从盖拉撤退。老百姓也逃走了,意大利地区的希腊人退向麦赛纳海峡,叙拉库斯骑兵则准备在从叙拉库斯撤

---

① 此处原文有误,本应为Gelon,原文写成Gelo。——译者
② D. S. 13. 91—96;亚里士多德《政治学》,1305^{a}27。

退时杀掉狄奥尼修斯。但是,当他们看到狄奥尼修斯有一大队雇佣军保护时,他们就转而驶向叙拉库斯城,占领了他在城内的总部,虐待他的妻子,号召人民起来反对他。这时,狄奥尼修斯正在布置卡马利纳的疏散事宜。当他得知有关消息之后,便带领精选的700名雇佣军从45英里外赶回,深夜火烧阿拉丁那城门,进城后把大多数政敌都杀掉了。天亮以后,他的雇佣军主力和西西里的希腊部队也赶来了。他们发现狄奥尼修斯仍然大权在握。他的叙拉库斯城邦的反对者都逃往埃特纳去了。盖拉和卡马利纳的希腊军也开向列翁提尼,和狄奥尼修斯闹翻了。只有他和叙拉库斯城单独留下面对着希密尔可的进攻。但这时狄奥尼修斯却交了好运。敌军中瘟疫大作,战斗力减少一半。迦太基的一位使者来到叙拉库斯向狄奥尼修斯提出了他求之不得的和约。西部西西里,包括土著的伊利米西人和西卡人将归属迦太基;赛利努斯、希墨拉、阿克拉加斯、盖拉和卡马利纳则不予设防而向迦太基纳贡;列翁提尼、麦赛纳和所有西赛勒人村镇皆保持独立自主。这样一来,迦太基在公元前405年已使绝大部分西西里受它控制并对其余地区有很大影响。但它只有靠暴力才能保住这一统治,而暴力也正是狄奥尼修斯着手积累起来反对它的武器。①

狄奥尼修斯统治叙拉库斯凡三十八年。在战争时期他握有作为独裁将军的无限权力。他、他的兄弟列甫提尼和锡阿里德,以及他的内弟波利辛诺,日后则是他和他的儿子们,是国家首脑,外国

---

① And. 13. 108—14;在迦太基人的条款中有一条说叙拉库斯将归属狄奥尼修斯(D. S. 11. 114. 1),可能是伪造。

也只跟他们交涉谈判。叙拉库斯原有的行政长官、议事会、军队长官等在外交条约上附加宣誓,但他们只是僭主意旨的执行者而已。在叙拉库斯,他的权力是奠基在驻守奥提吉亚城堡的雇佣军队之上;他在这里积聚了大量军需物资和武器,还在密闭的港口内保持着60艘船舰。他雇用大量的希腊人和异族人的步兵和水手,让他们肆行掳掠。他把老兵安置在像卡塔纳这样的希腊城市的土地上,这些城市都是属于他的。由于他最危险的敌人就是迦太基的雇佣军,他就想以高薪饷把他们拉过来,而对他抓到的每一个为迦太基卖命的希腊雇佣兵处以酷刑——钉在十字架上处死。只有在面临选择迦太基的暴政或者狄奥尼修斯的统治这样的问题上,他才信得过叙拉库斯的群众,其他情况下他们肯定是反对他的。公元前404年,当人民起来支持麦赛纳和列其昂而把他包围在奥提吉亚时,他以假装撤走而骗得人民的信赖,结果他却收买了一支坎佩尼亚的骑兵,打败了公民的军队。此后他就收缴大多数人民的武装,并实行严格的管制。他力求用重新分配大部分叙拉库斯土地和对贫苦公民、被释奴隶施加恩惠的办法造成一个支持他的党派;但是,这些被他的政敌戏称为"新公民"的人在城邦中仍占少数。因此他的权力归根到底还得依靠雇佣军。为了保持这支军队,他需要大量的钱,远远超出叙拉库斯一城所能提供。因此他的外交政策的首要目标之一就是搜求贡款和战利品。①

---

① *CHI*,108、133、136;D. S. 14. 7—9、10. 4、15. 3、53. 4、65. 2—3、66. 5;Polyaen. 5. 2. 11、14;Cic. *Rep.* 3. 43 "*nihil popoli et unius erat populus*"。

迦太基和约的条款是打算孤立叙拉库斯的；因此迦太基有意给予西赛勒人、列翁提尼的难民和扼守海峡的麦赛纳以自主之权。当非洲仍在流行瘟疫之际，狄奥尼修斯可以置迦太基于不顾。他攻击了西赛勒人的城镇赫尔伯苏斯和赫尔比塔，靠内应外合夺取了两个联合起来反对他的加尔西斯城邦那克索斯和加塔纳，并威胁列翁提尼，向他投降。他对被征服人民的政策各有不同。西赛勒人一般都成为缴纳贡款的属邦或盟国，因为他们很能打仗。加尔西斯人则被卖为奴隶。列翁提尼混合的居民被迁往叙拉库斯并给予公民权。日益扩大的叙拉库斯城则用其 60 000 名公民的劳动力加固和扩建了它的防御工事；厄庇波利已被圈入城墙之内，在攸利依拉斯修建了一座坚固的堡垒，这样一来，叙拉库斯已有雅典两倍那样大而且更加难以攻克了。为了把叙拉库斯的流亡者赶得更远并控制对叙拉库斯海军有重大意义的海峡，狄奥尼修斯用赠送一些领土的方法取得了麦赛纳的联盟，又通过和意大利罗克里城头领女儿联姻而和这个城邦建立了友善关系。然而，罗克里附近的列其昂却拒绝了他的和亲政策而成为他的一个死敌。在希腊，他有斯巴达的友谊可资利用。在他上台初期他就靠一位名叫阿里斯图斯的斯巴达使节的帮助抓捕了他的政敌，并通过斯巴达的机构不断从伯罗奔尼撒征募雇佣兵。①

在和迦太基和平相处的年头，狄奥尼修斯大造军需武器和大事扩军。他的野战部队以希腊人和异族人的雇佣兵为核心，按情况总数在 10 000—20 000 名左右，他们组成骑兵、重装步兵、轻装

---

① D. S. 14. 7. 6、14—16、1、18、44. 2—7、10. 2—3.

步兵、工兵、技术兵等兵种单位。在战时他还征召东部西西里的希腊人和西赛勒人城邦的兵员。他的兵器厂生产军中各种武器和适于各族人使用的装备,并在奥提吉亚建有军火库。他的工匠发明了弹射机(katapeltes),或者叫大型机弩,可以在200步远的距离洞穿皮盾和革障等物。他们还采用和发展了各种攻城器械。军队不再由每年改选的官员指挥而置于狄奥尼修斯和他的雇佣兵队长统率之下。狄奥尼修斯有鉴于水陆两栖作战在与迦太基对抗时的重要性,便在埃特纳山砍伐木材,或从意大利进口木材,把它们捆成木筏运往叙拉库斯的船坞,然后命令他的造船厂用这些木材修造一支舰队。他的战舰总数约有200艘,还有100艘左右空船以供后备。最大的战舰是"五桨座船"(quinqueremes,因为五人上下排座同划一支长桨),它是狄奥尼修斯的造船技师发明的,然后是四桨座船、三桨座船或其他小船。船舰水手一半由雇佣兵担任,一半从公民中征集,舰队则由狄奥尼修斯的兄弟列甫提尼指挥。这样一来,狄奥尼修斯的军队便在骑兵、攻城器械和战舰方面较斯巴达用来和波斯作战的军队更为强大。然而,他们却缺乏经验、纪律和配合能力。①

  迦太基虽然遭受瘟疫而被削弱,却仍然是不可小看的敌人。它的精锐部队是迦太基及非洲属地的骑兵;此外它还有从西班牙和萨丁尼亚属地征集大量兵员以及主要在西部地中海招募的雇佣兵。它的舰队有悠久的历史传统,如果全部动用的话,在数量上还可超过狄奥尼修斯。它的财政收入主要依靠税收和贸易,使得它

---

① D. S. 14. 41. 2-6、42-43、44. 1-2、58. 2.

可以保持一支庞大的陆军和舰队而不致危害其国民经济。它的士气由于汉尼拔和希密尔可的胜利而高涨，它的公民也较狄奥尼修斯的臣属有更大的韧性。

公元前398年，狄奥尼修斯向迦太基下了一个最后通牒，声明如果迦太基不从西西里的所有希腊城市撤走，叙拉库斯就向它宣战。迦太基拒绝了这个最后通牒，着手备战。狄奥尼修斯估计到对方没有准备，这个情况大可利用；他至少有一年时间去解放西西里和占有西部港口。他的宣传大得在迦太基统治下的希腊人的欢迎，他们群起反对他们的主人，以屠杀报复屠杀。在他向西进军时，狄奥尼修斯武装了希腊人和西赛勒人，当他抵达莫提亚时，已率领着一支80 000名步兵、3 000名骑兵和将近200艘船舰的大军。莫提亚是位于一个小岛上的城防坚固的城镇，和西西里的西海岸仅有一水之隔。狄奥尼修斯把他的舰队和供应船只停泊在莫提亚湾内，着手修建一条堤道直达岛上。与此同时，他向仍忠于迦太基的五个城市发动进攻，但都未能把它们攻下来。在通向莫提亚的堤道尚未完工之际，希密尔可却从迦太基发动了两次海上攻势。他的目的是摧毁货船；因为狄奥尼修斯依靠这些货船供应他的远离基地达200英里的大军。一支10艘快速三桨座船的迦太基分舰队在黑夜潜入叙拉库斯港，击沉了几乎所有的货船。希密尔可本人则率100艘船舰在黎明时对莫提亚湾突袭；他击沉和烧毁了一些货船，但他进攻已拖上岸的希腊战舰的打算落了空，因为狄奥尼修斯的弩炮手、弓箭手和投石手的枪林弹雨组成了一道难以逾越的屏障。希腊人随后就将他们的船舰用滑木拖运翻过半岛而进入大海，希密尔可退回迦太基。莫提亚现在就没有什么解围的希望了。①

　　堤道很快就告完工。狄奥尼修斯运来了冲城槌——由兵士们扛在肩上,一端装着青铜冲击器的长木——并在用它撞毁城墙工事时,出动了用轮车载运的达六层楼高的攻城木塔,弩炮手、弓箭手和投石手就从塔中孔眼向外射出枪箭弹丸,把守城军民从女儿墙下驱走。守城者则从城墙上伸出木梁,梁上吊着兵士,拿着火把、燃木等,放火烧攻城木塔。城墙终于被攻破了,但它只不过是第一道防线。迦太基人在楼房顶上坚持战斗,封锁了狭窄的街巷,一再打退从木塔跳板上出击的敌军。到晚上,希腊军的精锐部队在倒塌房屋的废墟上架起云梯,终于攻入内城,以绝对优势打败了迦太基人。接着是一场大屠杀,狄奥尼修斯想加以遏止也未见效,因为他知道大屠杀至少会减少他能从俘虏身上索取的赎金和卖价。城镇被抢劫一空,残存者卖为奴隶。但莫提亚的英勇抵抗对迦太基极有意义。寒冬季节将至,而狄奥尼修斯在失掉他的货船运输队以后,再也不能在战地维持他的大军了。他留下一支主要由西赛勒人组成的驻军,留守莫提亚,命令列甫提尼围攻赛吉斯塔和恩铁拉以后,就把他的剩余部队全部解散。他在莫提亚取得了一个出色的胜利。这次是不同于传统打法的战术攻下了一个坚固的城寨,传统打法如雅典围攻波蒂代亚和斯巴达进攻曼丁尼亚及福里攸斯都是依靠围困和封锁,这次却是靠器械之助进行猛攻硬打。但他仍未能在西西里拔掉迦太基这个桥头堡。②

---

① D. S. 14. 46. 1-5、47-50;Polyaen. 5. 2. 6.
② D. S. 14. 51-53.

公元前397年,迦太基精心策划了一次海陆反攻,使狄奥尼修斯好容易才赢得的战绩顿成泡影。希密尔可再度占领厄利克司和莫提亚,并派出他的强大舰队去夺取麦赛纳,这时他已争取西卡人站到他一边,并进军到北部海岸一带了。狄奥尼修斯这时则已从他在赛吉斯塔附近的前线后撤,因为他的供应线已陷于危殆境地。随着他向叙拉库斯后退,西赛勒人也叛离而投靠迦太基去了。狄奥尼修斯凭其本土资源只凑足30 000名步兵、3 000名骑兵和180艘船舰,其中三分之一的人是被释奴隶。随后他便率领这支军队由叙拉库斯开往卡塔那。在那里,由于埃特纳火山正在爆发,希密尔可只好靠内陆行军,希腊舰队便向在马哥指挥下的无陆军支援的迦太基舰队开战,而狄奥尼修斯的陆军则列阵于岸边。他的海军司令列甫提尼愚蠢地把各支希腊分舰队分散作战。他自己的分舰队很快就被包围,迦太基人随即以其数量优势的有利条件勇猛出击。结果希腊人损失船舰超过100艘,20 000多人丧命。希密尔可立即向叙拉库斯推进。他的舰队——250艘战舰和大量货船——帆樯如云,挤满了整个大港的海面,他的陆军占领了阿拉丁那的郊野。叙拉库斯城门坚闭,既无人也无船出来应战。希密尔可于是便在大港岸边的低地扎营过冬。他的货船派到萨丁尼亚和利比亚去运输军需给养,他的士兵则在波利齐那、达斯孔和浦莱米里乌姆修建了三个要塞。①

公元前396年,狄奥尼修斯求援的呼吁得到了斯巴达的响应。它的海军将领法拉西达带领30艘从伯罗奔尼撒和南意大利征集

---

① D.S. 14.54-63.

的三桨座船到来了。在叙拉库斯，公民们对僭主的不满情绪日益增涨，他们准备搞起义，但雇佣军仍站在僭主一边。法拉西达宣告他的任务是来援助狄奥尼修斯反对迦太基，并非帮助叙拉库斯反对狄奥尼修斯。用这办法，使大家的目标多少统一起来了。正在这时，猖獗的瘟疫在迦太基军营中引起恐慌；犯病的人往往医治无效，第六天就痛苦地死去。希腊人却认为这场瘟疫是神降给敌人的，因为希密尔可破坏了这些神的庙宇；这样一来，希腊军士气大振。他们在黎明时发动了一次海陆夹攻，这是根据狄奥尼修斯的计划进行的，他们取得了显著的战绩。迦太基舰队主力被毁，达斯孔和波利齐那的要塞被攻陷。但希密尔可的营地有坚固的工事，浦莱米里乌姆仍在他的手中，这要塞扼守着大港的出口。几天过去了，希腊人仍未准备强攻营地，希密尔可率领由他的公民部队装备的 40 艘三桨座船连夜潜走，他军队中的西赛勒人逃入山区。余剩部队或投降或被狄奥尼修斯俘虏，他把其中的伊比利亚人雇佣军收留下来，其他人则被卖为奴隶。①

狄奥尼修斯的政敌断言希密尔可曾付给狄奥尼修斯 300 塔连特，来买通他让迦太基人逃走。这个说法极难令人相信。因为仍控制着大港出口的希密尔可随时可以在黑夜掩护下潜逃，况且他有一切理由不相信狡猾的狄奥尼修斯，而他的逃跑计划也应当尽量保密，绝不能透露给对方。狄奥尼修斯的政敌认为，他会如此做的理由是因为他相信叙拉库斯人民所以能容忍他的僭主统治，就是由于害怕迦太基人，因此他不愿把迦太基人赶出西西里。这种

---

① D. S. 14. 63. 4、64-75.

推理也不能成立。因为正是迦太基人在公元前405年、前404年和前396年的逼近才使叙拉库斯人想发动起义而且确实发动了反对狄奥尼修斯的起义。更有甚者,狄奥尼修斯本人在公元前398年就曾竭尽全力要把迦太基人逐出西西里,他也不能把希密尔可的逃走看作战争的结束。①

迦太基因在叙拉库斯的失败和利比亚地区广泛的起义而暂时受挫,这些利比亚人由于希密尔可抛弃了他们的部队而非常愤怒,起义者取了突尼斯并包围了迦太基,但起义者没有得到希腊人的支持,不久就失败了。另一方面,狄奥尼修斯的势力却由于他这几次作战而亏损极重。船只、装备和兵员的损失最为致命,因为他已用光了他的资财,又缺乏一个大国规模的财政储备。他的雇佣军已经不满,他还用大量的他所解放和武装的奴隶代替雇佣兵(这样可省下一大笔钱)。他没能保卫那些响应他的号召而起义的希腊人,也使他大失人心。西赛勒人转而投靠迦太基一事,也改变了军事力量的对比,因为他们英勇善战,他们山区中的城镇控制着穿越西西里的要道。在最近几次战役中,双方都试图在它们的供应线上建立几个坚固的设防基地。迦太基在莫提亚附近建立了利里俾昂,在希墨拉附近建德尔美,在那克索斯附近建陶罗美尼昂,最后一个还是西赛勒人抵抗希腊人的中心。狄奥尼修斯现在也安排了恩铁拉、阿德拉努姆和埃特那等移民点,并在列翁提尼安置了10 000名雇佣兵,在麦赛纳移入罗克里人,又在附近的丁达里为来自希腊的美塞尼亚难民建立居留地。他随后进行了反对西赛勒人

---

① D. S. 14. 75. 1-4、15. 74. 3.

的几次作战,强迫其中一些人归顺,又和其余的人结盟(例如著名的阿基里昂的僭主阿基里斯),但他没有能够在仲冬进行的一次进攻中夺取陶罗美尼昂。公元前393年,马哥在西西里登陆,他带有大量金钱足以召募一支大军,并想把西赛勒人重新拉回来。他向麦赛纳进军,但被打败并被赶了回去。公元前392年他又带了一支80 000人的部队从内陆进军,但在狄奥尼修斯和阿基里斯联合攻击下断绝了供应,于是双方媾和,迦太基从此放弃西赛勒各邦,特别是陶罗美尼昂,让它们归狄奥尼修斯统治。中部西西里沿岸的希腊城邦可能得到双方承认其独立自主。①

狄奥尼修斯现在可以腾出手来对付他的死敌列其昂了,这个城邦收容了叙拉库斯的流亡者并和他争夺对海峡的控制。早在公元前393年他就进攻了列其昂,但没有成功,于是在意大利的希腊城邦就结成同盟以保自由;在公元前390年狄奥尼修斯重新发动进攻,但被意大利的希腊城邦打退,因而狄奥尼修斯就和内陆的卢卡尼亚人结盟,派出舰队支持他们。在前后夹攻之下,意大利希腊各邦损失很重;他们在和卢卡尼亚人作战时有10 000人丧生,并在公元前389年被狄奥尼修斯打败,他以宽大的条件和他们议和,并释放了10 000名战俘以示友好。现在,位于意大利靴尖的希腊各邦就孤立了。狄奥尼修斯决心把它们并入自己的版图。他和列其昂人订立和约,要他们付出300塔连特并交出他们的70艘船的舰队,然后就摧毁了考隆尼亚和希波尼昂,把它们的居民迁入叙拉库斯,领土则交给罗克里人。到公元前388年,他又故意和列其昂

---

① D. S. 14. 76-78、88、90. 2-4、95-96。

挑起一场争吵，然后包围了这个城市。10个月以后，在公元前387年，残存的6 000名列其昂人为饥饿所迫而投降了。他们中除了能拿出一明那银子赎身者外，全部被卖为奴隶。他们的司令菲冬备受鞭笞，直到狄奥尼修斯自己的部队提出抗议才罢；但菲冬及其一家仍被淹死。狄奥尼修斯的野心终于实现了。他在列其昂半岛狭处修了一道两端通到海岸的围墙，以此为他的征服圈定界限。①

狄奥尼修斯现在已控制着海峡的两岸，在爱奥尼亚海上他的舰队是无敌的。在他的宫廷中避难的莫罗西亚人国王阿尔赛塔怂恿他入侵本国，于是他就给伊利里亚人提供了武器和2 000人的部队，让这些伊利里亚人冲入伊庇鲁斯，屠杀了15 000名莫罗西亚人。斯巴达进行了干预，伊利里亚人被赶跑了，但阿尔赛塔仍得以重登王位而把伊庇鲁斯的港口都向狄奥尼修斯的舰队开放。在更北的地区，狄奥尼修斯有伊利里亚人作为盟友，因而能在大陆上建立里苏斯的殖民点，又和帕罗斯人合作在发罗岛和伊萨岛上殖民，并向哈德里亚派遣了移民，这个地方可能是位于波河入海口的一个城市，那些仍然对僭主抱有不共戴天之仇的叙拉库斯流亡者，就在意大利海岸的一个优良港口安科纳建立了殖民城邦。狄奥尼修斯的目的是要对从希腊到意大利、从地中海到亚得里亚海的商道有所控制，这在过去是由科林斯的殖民城邦特别是由科尔西拉控制的。他的移民点虽然很小，但却可能从类似海盗的活动中勒索到一些钱财，并同时起着保护进入亚得里亚海的西西里商人的作用。在对面的意大利半岛上，他在公元前384年攻掠了伊达拉

---

① D. S. 14, 87, 90.4—7、91.1, 100—8、111—12；斯特拉波, 261。

里亚的阿吉拉城,抢劫了一座神庙,抓了俘虏,掳掠所得总数达1 500塔连特——这就是他利用海军作生财之道的一个实例。①

公元前383年,他的财政金融情况已好转,他就试图挑起西部西西里希腊各邦的起义,招惹迦太基宣战。迦太基将领马哥在西西里和意大利同时展开攻势。在意大利,那些意大利希腊城邦变成了他的同盟者。但是,狄奥尼修斯却在卡巴拉(此地究在西西里何处,现在犹未搞清楚)打了一个大胜仗,要求迦太基全部撤出西西里和赔偿战争费用。迦太基人却搞了个反攻,使西西里的希腊各邦蒙受了一次决定性的失败,14 000多人阵亡(包括列甫提尼在内)。在这次战斗中迦太基人不留战俘。可能在公元前378年,双方终于议和,狄奥尼修斯交出了1 000塔连特的赔款,迦太基还把它的势力范围扩及哈利库斯河,这样就使德尔美和阿克拉加斯的部分领土归迦太基统治了。与此同时,狄奥尼修斯在意大利的第二战线又和高卢人结盟,这些高卢人这时正在中部和南部意大利四处攻掠,他们还为狄奥尼修斯提供了勇悍的雇佣兵。大约是在与迦太基媾和之后,狄奥尼修斯占领了克罗顿,但攻占图里的企图没有实现。这一系列范围广阔的战争之后,是一个长期的复原时期。直到公元前368年他才进行了他最后的一次出征。在这次出征中,他带领着300艘三桨座船、30 000名步兵和3 000名骑兵,进攻迦太基人。像在公元前398年的情况那样,迦太基这时也因为瘟疫猖獗和利比亚、萨丁尼亚的起义而削弱了。狄奥尼修斯出师之初没遇到什么反抗,占领了赛利努斯、恩铁拉和厄利克司等

---

① D.S.15.13—14;*FGrH*,115 F 128c(提奥庞普斯);斯特拉波,226、241;*SIG*.141。

地,包围了利利比昂。但这地方的迦太基守军战斗得很顽强,狄奥尼修斯又受骗误信了迦太基船坞起了大火的谣传,把他的舰队主力调回叙拉库斯。随后敌方舰队就出其不意地攻入他的海军基地德里帕努姆,几乎把他留在西部的 130 艘三桨座船全部俘获。在冬天,双方缔结了停战协定,狄奥尼修斯就在公元前 367 年寿终正寝了。他的继位者狄奥尼修斯二世最后按以前的条件和迦太基议和,即以哈利库斯河为希腊人的西西里和迦太基人的西西里的边界。①

狄奥尼修斯的生平事迹第一次表明了在一个资本发达②的时代,一个专制君主能达到何种成就。用彻底抄没家产和对东部西西里富裕城邦积累的财富征收重税的方法,他在六年之内聚积了可观的军需物资和兵器,后来,当这财源几乎花光的时候,他又以同样方法在南意大利开辟了供他榨取的新园地。在危机时期他抢夺神庙财库、征收特重的资产税(eisphorai),甚至使他的钱币贬值;③但是,一旦他权力恢复,他就鼓励商业发展并把叙拉库斯提高到西西里和南意大利商业上无人匹敌的优越地位。在他生平的最后阶段,当叙拉库斯达到其物质繁荣的鼎盛之时,叙拉库斯在西部希腊据有像雅典在公元前 5 世纪的爱琴海区域那样的领导地位,不过规模较小而已。它是一个帝国的首都,这个帝国包括三分之二的西西里岛和意大利的脚尖部,扼制着通向西部地中海的商

---

① D. S. 15. 15-17、24、73;Justin. 20. 5;Ael. *VH*,12. 61.
② 原文 developed capitalism,亦可直译为"发达的资本主义"。——译者
③ D. S. 13. 81. 4—84(阿克拉加斯的财富)、14. 53. 2、65. 2;Ael. *VH*,1. 20;亚里士多德,《政治学》,1313^{b}26;〔Arist〕Dec. 2. 20.

业要道。它是希腊、意大利和迦太基之间的商业交易中心,它的钱币是西部最硬的通货,无论是银币还是公元前387年以后发行的琥珀金币。它成为希腊各地最大的设防城市,拥有50万以上人口,保持一支300—400艘船舰的海军,足以控制西西里海域和保卫它在爱奥尼亚和亚得里亚海的商人。①

然而,叙拉库斯的繁荣昌盛并没能改变狄奥尼修斯之上台和掌权都是搞军事专制这一事实,他是一个雇佣兵司令,而不是一个政治党派和统一城邦的领袖。公元前4世纪时俯拾即是的雇佣兵,在僭主手下不仅当作进攻部队和海军水手,而且也是警察和卫队。他们是他的统治必不可少之物。为了保证他们服役,他在公元前406年左右发行了一种金币,以后又发行一种两德拉克马的精美银币;为了和迦太基竞争,他在钱币上采用了流行的迦太基图案(即棕榈和跃马纹样),后来迦太基又反过来仿效他的两德拉克马币纹样。② 在战争中,他善于发挥雇佣兵之所长。他带领他们时勇猛直前,多次负伤。作为一个将军,他有毅力并富于智谋,但非卓越的将才。他是一个水陆两栖作战的出色的组织者,希腊人中搞攻城器械的先驱,并且在海军建设、多兵种协同配合上有开创之功。在这个战争频繁的世纪中,他大大超过希腊本土那些雇佣兵的大头领。

虽然狄奥尼修斯创建了一座伟大的城市、一支强大的海陆军和一个相当规模的帝国,他却未能建立起统一的国家。由于把大

---

① *GC*,188;Isoc.3.23;D.S.2.5.6、14.42.5;普鲁塔克,《狄奥尼修斯传》,14。
② *GC*,128、186。

量混合人口注入叙拉库斯国内，他就使它失掉了作为一个城邦的那种内聚力与结合力，他以一般的政治服从的约束力代替了同族同乡的亲缘关系的纽带。尽管他用了各种办法使他的地位合法化，例如宣称他是解放者，保持一些宪政形式，把叙拉库斯的名字和西西里的标志——三足花纹刻在钱币上等，叙拉库斯和各属邦的希腊人仍不能不为他们所失掉的政治自由惋惜和悲痛。他的帝国只是靠他作为人和金钱的操纵者所铸成的铁链捆在一起。他的成功只是一种个人的成功。他没有什么共事者和朋友，整日生活在恐惧叛变之中，罢黜了他的兄弟列甫提尼、放逐了他的支持者历史学家菲利斯图斯。为了支持他的统治，他向远处求助——向斯巴达这个统治希腊的城邦，向雅典（当它的海上势力恢复以后）。在希腊，他追求实现一个他的政敌认为可笑的野心——想做一个公认的悲剧作家的野心。在公元前384年的奥林匹克节庆会上，他的诗篇受到公开的嘲笑，但它们被一位来宫廷访问的诗人称为"悲剧的"。可能为了弥补这一受到挫折的野心，他命令把他的雕像刻成迪奥尼修斯神的模样，因为这个神也正是悲剧之神。但他的野心最后终于得以如愿，雅典人民于公元前367年的迪奥尼修斯节庆会上赠他以雅典公民衔，并给他的剧作颁发头奖。①

无论他的悲剧诗才如何，他的政治成就在希腊引起了很大的注意。柏拉图和亚里士多德来到叙拉库斯研究这个一人政权，他俩都在他手下受到无礼的虐待。吕西亚斯在公元前384年的奥林

---

① D. S. 16.5.4; PL. *EP*. 7. 331d; *GHI*, 108、133、136; D. S. 15. 235、15. 6-7、15. 74; D. Chr. 37. 21.

匹克节庆会上演说时曾要求希腊联合起来去解放西西里。伊索克拉底对他的统治的性质并不存幻想,但欢呼他是希腊文明的救主,要求他统一希腊以对抗波斯。①

狄奥尼修斯的大功劳在于他确实成功地挽救了希腊人的西西里免受迦太基的征服,而当时若换了别人则很可能难以成功。但他绝不是一个理想中十全十美的希腊文明的旗手。他在摧毁希腊各城邦之时,曾经毫不犹豫地使用西赛勒人、卢卡尼亚人和伊利里亚人,而在监守他的家业时也不惜重用坎佩尼亚人、伊比利亚人和高卢人的雇佣兵。希腊人和迦太基人的敌对情绪只是他在追求自己个人权力时加以利用的许多仇隙中的一种。他让穷人反对富人,奴隶反对主人,雇佣兵反对公民,甚至强迫被他处决的政敌的妻子和他的宠臣结婚②,他还利用了多利亚人和加尔西斯人之间、希腊人和西赛勒人之间,以及城邦与城邦之间的仇怨。由于助长了政变和赶走了原有居民,他摧毁了许多城邦的道德基础,并不亚于摧毁其物质基础。他用给奴隶以公民权和让雇佣兵在城邦中落户的方法造成了民族的混杂,这势必降低希腊文明的水平。他的个人榜样是非常凶狠的;他背信弃义、睚眦必报而且残酷无情,不承认有什么道义的或宗教的约束。如果说他的军事实力挽救了西西里免受别人的征服,那么他的政治手段却比任何一个西西里希腊人所造成的损害要大得多。

---

① 普鲁塔克,《狄奥尼修斯传》,5;Lys.,33;Isoc. EP. 1;Phil. 65;Arch. 44—45。
② D. S. 14. 66. 5;Polyaen. 5. 2. 20。

第三节　公元前379—前374年的解放战争

在公元前379年年底的一个傍晚，七名底比斯的流亡者夹杂在一群工人中间，偷偷溜进了底比斯城门。他们的首领门隆曾和底比斯三执政官的秘书菲利达斯密谋策划了起义。这个傍晚正是三执政一年任期到头开宴庆祝的时刻，正当酒宴已快结束之际，菲利达斯把扮成妇女的七名流亡者带了进来。门隆及其同伙立刻把执政官都杀掉。他们在整个夜间突袭并杀死了列翁提亚达及其他亲斯巴达的头领，到天亮时，他们在城里的支持者已经武装起来了。与此同时，另一批流亡者在依巴密侬达和高尔吉达的领导下，也从阿提卡边境赶到，不久以后，跟随着他们又到来了一支雅典军队，是由两位预知其事的雅典将军率领的。在卡德美亚城堡的约1500人的斯巴达驻军司令曾在第一夜的混乱情况下向斯巴达派使通报，现在他决定为安全而撤出底比斯（为此他后来遭处决）。他在麦加拉遇到了斯巴达援军。援军司令是年轻的国王克列奥布罗图斯，他穿越麦加拉北部而进军到阿提卡边界（那里在埃利乌提莱有一支由雅典将军恰布里亚斯率领的军队防守），随后又从普拉提亚上方的山口下达彼奥提亚。他和提斯皮亚的斯巴达驻军会合后，却没有攻城，反而很快就沿着克娄西斯到埃哥斯提那的海边小道撤退了。但有三分之一的军队留在提斯皮亚，由斯巴达军官斯福德里亚斯率领，他的任务无疑是要孤立底比斯。因为克列奥布罗图斯显然是按以下想法行事的，即底比斯人民可能会回心转意而雅典人在干涉时也会三思而行。①

在雅典,斯巴达的炫耀武力立即产生了效果。当克列奥布罗图斯没有理睬恰布里亚斯在埃利乌提莱的军队时,雅典人也以处死两位对流亡者给过支持的将军来显示他们的中立。假若斯福德里亚斯没有在一次黎明前的突袭中率军侵入埃琉西斯和雅典之间的特里亚西亚平原,大肆破坏民房后才退回提斯皮亚的话,雅典肯定会让底比斯自生自灭。斯福德里亚斯这次突袭显然是想夺取比雷埃夫斯而胁迫雅典。当时人认为克列奥布罗图斯曾促使他这样做,或者底比斯的头领们买通了他,要他这样做,但也可能斯福德里亚斯是受个人野心所驱使而想效法浮比达斯的榜样,因他也曾在和平时期突袭占领卡德美亚城堡。当时正好有一些斯巴达使节在雅典城,他们向雅典人保证斯福德里亚斯的行动是没有得到斯巴达当局同意的,他这种不负责任的蠢动要受到惩罚。但是,尽管斯福德里亚斯违命不出席在斯巴达对他的审讯,他却靠阿基斯劳的影响而获得无罪开释。这一明目张胆破坏国际惯例的罪行,驱使雅典和底比斯结成同盟。它决定派一支5 000名步兵和200名骑兵的军队,由恰布里亚斯率领,前去支援底比斯的防守。②

在斯巴达,战争指挥权已委之于阿基斯劳。他决定集中力量打击底比斯。他个人对这个城市的仇恨是其动机之一;但同时他也认识到阻止底比斯恢复彼奥提亚联盟的重要意义,这个联盟在公元前5世纪末和公元前4世纪初那几年曾自夸拥有11 000名

---

① 希史,5.4.2—18;普鲁塔克,《伯罗庇达传》,7—13;D. S. 15.25—27。
② 希史,5.4.19—34;《伯罗庇达传》14;D. S. 15,29.5—7,32.2。

重装步兵和1 100名骑兵的强大武装;此外,阿基斯劳还想以打败底比斯而孤立进而赢得雅典。为了这次至关紧要的出征,他重新组织了斯巴达同盟内部各邦按陆军实力提供兵员定额的制度。同盟内划分为10个地区,阿尔卡狄亚有两区,拉西第蒙为一区,伊利斯、亚该亚、科林斯-麦加拉地区、东北伯罗奔尼撒的各小邦、阿卡奈尼亚、弗西斯-罗克里也各为一区,最后则是卡尔西狄斯各邦也算一区。每一区依其志愿可以用钱来代人数。斯巴达便可用这些钱大招雇佣兵,他们在那些年做驻军特别有用。在公元前378年后半年,阿基斯劳侵入了彼奥提亚,他手下有1 500名骑兵和18 000名以上的重装步兵,约按一名骑兵折成四名重装步兵的定额合算,这就是一支总数约25 000名兵员的部队,大约相当于同盟总兵员的六分之五;因为斯巴达在这次出征中就拿出了它的六个旅(morai)中的五个。在一次平原上的对阵战中,阿基斯劳自信很有把握,但他却发现底比斯人和雅典人在底比斯城外的一个山脊上组成了强固的防御阵地。他没有强攻这种阵地的准备;因为斯巴达人在攻击这类阵地时是以笨拙出名的,同时他对恰布里亚斯的雇佣军纪律严整也很感吃惊。此外,他还被自己盟军内部的不满弄得心神不定。因此他在蹂躏底比斯领土之后就撤退了,只留下一些驻军于彼奥提亚的一些城邦来牵制底比斯。在公元前377年他又带着同一支军队入侵,破坏更多地方,但没能逼对方打一场决定性的对阵战。到公元前376年,阿基斯劳生病以后,克列奥布罗图斯就不能带军翻过西萨隆山口了。彼奥提亚现在已避免再受入侵,底比斯人可以一个一个地收拾那些斯巴达驻军了。①

---

① D. S. 15. 31—34. 2;希史,5. 4. 35—39;普鲁塔克《阿基斯劳传》,26;Polyaen. 2. 1. 2。

当底比斯军队避开跟入侵大军决战之后,他们就逐渐对彼奥提亚境内的斯巴达驻军采取攻势而占了上风。例如在公元前378—前377年冬天,他们就打败了提斯皮亚的驻军,杀了浮比达斯,赶跑了他的雇佣军。公元前375年,由300名精选的重装步兵组成的"神圣小队",在提吉拉赢得一次出色的胜利。他们面对着从奥科美努斯返回其基地的两个斯巴达旅,在众寡悬殊的情况下,采用了密集队形,冲破了敌军阵线,并把它们打得溃不成军。在希腊战争史上,这是第一次斯巴达的重装步兵被人数较少的敌方重装步兵打败。底比斯司令官伯罗庇达的威名以及底比斯重装步兵的声望从此牢固树立起来了。到公元前374年,只有奥科美努斯还是斯巴达在彼奥提亚的盟友。在几年反对斯巴达的战争中,底比斯的民主政府指望着彼奥提亚各邦的民主派党派的支持,他们都反对斯巴达搞的狭隘寡头统治。随着每个城邦的解放,一个亲底比斯的民主政府上台执政了。因此,在民主的基础上,以解放者底比斯占据其体制关键地位的彼奥提亚联盟的重建的时机便成熟了。①

联邦主义一贯是彼奥提亚的力量所在。在伯罗奔尼撒战争期间,彼奥提亚的联邦政府是由四个彼奥提亚代表们的议事会组成的(参看本书边码346页)。在公元前四世纪初,联邦制度更为严密了,联邦政府也变成为一个660人的议事会,以底比斯的卡德美亚为驻地。议事会员由联盟的11个区选举产生,一年一任,每区选60人。这样一来,就形成了比例代表制的政府,因为每一区

---

① 希史,5.4.42—46;普鲁塔克,《伯罗庇达传》、15—18。

在选举人员和军事实力上都是相等的。底比斯和它的属地组成四个区,在彼奥提亚的选民全体中占十一分之四;因为像普拉提亚这类城邦是从属于它的。由议事会统治这一特点表明联盟性质上是寡头派的。当时各入盟城邦也是寡头派政权;因为政治权利局限于有一定份额地产的人。当联盟在公元前 376 年和前 374 年重新组成时,它却是以民主为基础的,对其盟员也是鼓励发展民主政治。公民权因此就不分阶级地给予所有彼奥提亚人,他们在底比斯参加"彼奥提亚人全体大会"(koine synodos 或 damoston Boioton)。在联盟宪法中,这个大会是最高权力机关。它决定所有政务。联邦行政官员,包括议事会员、将军、法官和管理联邦铸币厂的财务官等,都由彼奥提亚人按区选出,由全体大会检票。区的数目减少到七个,奥科美努斯和希西埃原来构成了两个区,现在仍处在联盟之外;普拉提亚再度成为底比斯的属邦,提斯皮亚和塔那格拉由于曾为斯巴达打仗,现在也成了底比斯的属邦。底比斯现在靠其大量属邦已拥有七分之三的选民,此外,它的公民自然要比别的城邦,例如恰龙尼亚的公民,更容易出席全体大会。它的威望也使它的意见极有分量,特别在由七名称为"比奥特长官"的联邦将军组成的班子里更为重要,因为这个委员会是按多数票决断的;在这里,底比斯的伟大司令官伯罗庇达和依巴密侬达的权威往往起着决定作用。由于底比斯在联盟中占统治地位,彼奥提亚这个国民联邦国家往往是以底比斯的实力为其力量的依据。这个联盟没有进一步走上那种卡尔西狄斯联盟曾经表现过的联邦主义,即在各成员城邦之间相互交换称为"合邦"权的权利;而且,它还总是在其内部保留着一个不健康的因素——归属于底比斯的小邦日益增多。然而,尽管有这些缺点,民主的彼奥提亚联盟仍揭示了一个新原则,它使彼奥提亚成为伟大之邦并成为其他城邦学习的榜样。①

公元前378—前377年冬天,当底比斯正为斯巴达在彼奥提亚驻军所困之时,雅典从共同斗争的利益出发,开始着手组织第二次雅典同盟。恢复帝国的企图在安塔尔西达的和约中曾被视为恶行。公元前386—前380年,雅典采取了一种新政策,这反映在伊索克拉底当时写的一本名叫《颂辞汇编》的小册子中。其基本精神就是它应平等对待盟邦,而不是把它们当作属国。当时爱琴海的形势是有利于雅典这样做的:斯巴达和波斯都在继续搞帝国主义政策,谁也不关心抑止海盗及保护海上贸易。公元前384年,雅典和奇奥斯之间缔结了一个防守同盟,其条件是相互平等而且不违背大王和约的有关规定;签字国保证互相尊重对方的"自由、自主并遵守由波斯、斯巴达、雅典及其他希腊城邦宣誓立约建立的和平"。同样的结盟也和拜占庭、列斯堡的密第姆那缔结了,在同一岛上的密提林以及北面的奥德律西亚国王赫布雷泽尔密斯也和雅典建立了友好关系,在公元前378年底比斯也变成了雅典的平等盟邦。

在公元前377年3月,雅典向希腊各邦宣布了第二次雅典同盟的章程,它在一件重要的铭文中保存了下来。雅典以下述文句发出它对各邦的邀请:"任何希腊人和非希腊人的城邦,只要它不

---

① 见本书边码346、461页;*Hell. Oxy.* 11. 12. 2;*D. S.* 15. 80. 2;*IG.* 7. 2408;波桑尼亚,9. 13. 6;*Isoc.* 14. 8—9;希史,5. 4. 63、6. 1. 1;*GC*,158;亚里士多德,《政治学》1321^{a}29 表明,在底比斯最下层居民不具有完全的公民权。

是波斯的属国,都可以按以下条件成为雅典的盟友和它的盟邦,彼此保持自由、自主和它们自选的宪制、不接受任何外邦驻军和长官、不受纳贡款,享受与奇奥斯、拜占庭以及其他盟邦同样的权利。"这里所说的自由、自主是由那些暗示着与斯巴达所作所为相对照的条文限定的。同盟的目的明显地表示着对斯巴达的敌意——"为了使斯巴达能让希腊各邦共享和平、自由与自主并让各邦确保其领土之完整"。由于雅典还不愿触怒波斯而只不过想在波斯和斯巴达之间打进一个楔子,因此对同盟的目的还进一步阐明——"为了使希腊各邦与波斯立约确定的和平与友谊得以有效持续下去"。就其自身而言,雅典宣称它将放弃对同盟内各邦领土上的一切所有权,勾销对任何这类城邦的歧视档案,并保证不在任何这类城邦领土内以公私手段购置地产。各邦之间的盟约是一种海陆共同防守同盟,任何成员想要废除条约和其中条款则要受罚。①

同盟的名称是"雅典人及其盟友"。它的体例和一个世纪前建立的它的前身相似。同盟的政策由两方同意协定,雅典城邦为一方,同盟议事会(to koinon 或 to synedrion ton symmakhon)为一方。双方彼此完全独立,双方都各自把自己对有关建议的意见经雅典议事会传述。雅典城邦在它自己的人民大会上讨论有关问题,除非大会让雅典议事会代表其权力讨论而外。同盟议事会在雅典召开,由各盟邦的代表参加,大约在每次大会开始时从自身代

---

① Isoc. 4. 104;*GHI*,118、121—2、123(有关铭文的复原中称大王和约为全面和约,在本书中未从其例);D. S. 15. 28. 2—5、29. 7—8。

表中选出一位主席。每一盟邦无论大小只有一票之权。决议按多数票定,对所有盟邦都有约束力。雅典城邦的决议假若对某一具体问题和同盟大会的决议有出入时,同盟作为整体而论即不能做任何行动,因为双方权力均等,无人能为它们解此死结。如果双方决议一致,同盟就可全体一致行动。决议的定本为存档计,可能用同盟大会,或是用雅典人民大会或是用雅典议事会的名义,这都是为方便起见而随时定的,并非原则问题。①

当决议已经做出,就由等于同盟行政当局的雅典负责执行,雅典在同盟结成的时候已由入盟各邦推举为盟主。行政当局的职权无疑是有明确规定的;它们包括担任最高司令、召集船只、兵员和金钱,以及在作战时处理初步谈判之权。有一次,可能是惯例中的唯一例外,雅典人没有担任陆上的最高司令官;因为在公元前377—前375年无疑是由底比斯指挥了彼奥提亚的各次战役。同盟的正式使团由一个或更多的同盟议事会的代表与雅典的代表共同组成。委托给雅典的行政权力主要是由它的将军们行使的。他们的措施受到同盟章程的约束(例如,他们不能在一个盟邦领土上驻军,除非同盟议事会为此给予正式同意),也受到盟邦有权在同盟议事会中要求调整和赔偿等等情况的制约。②

同盟的财政收入来自两个互相分离的来源。雅典城邦从自己的收入中拿出并经营各项钱、船事务,它所应允提供的份额要比任何一个盟邦提供的大得多。同盟议事会则评估每一盟邦的资源,

---

① D. S. 15. 28. 3—4;*GHI*,126,11. 19 及 23、133、1. 11、144,1. 12;Accame,*La Lega Atemense* 230(铭文)。

② D. S. 15. 28. 4;Aeschin,2. 20;*GHI*,124、1. 25。

并可能在与雅典城邦协商以后,定出每一城邦在需要时候应交付的份额,其中有只出钱的,也有钱、船并出的。钱的份额称为"贡献金",这是由卡利斯特拉图斯选定的新名称,使它和过去的雅典帝国与现在的斯巴达帝国常用的那个令人厌恶的名称"贡款"(phoros)相区别。"贡献金"都交于同盟金库中,由同盟议事会决定其分配和使用。盟邦所提供的船舰都用本邦舰长指挥,但隶属在作为盟主的雅典统领之下。①

同盟也设有法庭。雅典和同盟议事会的法律委员可审理有关废约和擅改条约文款的问题。这种联合法庭有判处死刑和从同盟领土中放逐过失者的权力。同盟议事会有权单独审理任何雅典公民在一盟邦领土上购置地产的问题,对这种行为的处分是由议事会没收其财产。②

在对外关系方面,同盟作为一个整体行动。假若某一城邦不仅愿做同盟之友而且想加入同盟,须得雅典和同盟议事会的共同认可;加入的城邦须宣誓在战争、和平等问题上接受同盟议事会多数票的决议,放弃自身宣战和媾和之权,除非这是和雅典及同盟议事会的有关决议相符合的。假若一个城邦愿意为同盟之友而不加入同盟,雅典和同盟议事会也应表示嘉许。作为上述情况的必然结果是,任何盟邦,无论是雅典还是其他邦,都可能无权自由与同盟外的强国单独结盟;因为假若允许这样做的话,就会把同盟的共同防守义务引向承担难以控制的重担的危险。③

---

① 希史,6.2.9;CIA2.17.1.45;65,15;62;Harp. S. V. Suntaxic;〔D〕49.49。
② GHI,123.1.51、141。
③ GHI,127、144.1.12、147,1.12。

第二次雅典同盟并不是一个联邦组织，不存在什么联邦公民权和联邦政府机构。这是一个军事同盟，是为了挫败斯巴达和在合作互助的原则上确保自由自主而建立起来的，像在公元前395—前387年的科林斯战争期间的军事同盟一样，它需要一个组织方案，就其持续存在的情况看，也可以称之为一种宪法。公元前377年3月，当雅典和它的盟邦宣布它们的意图时，这宪法是宽厚而进步的。它规定了协商、行政、财经、司法和外交方面的权能。在一个政治理论家眼中，这样一种宪法可能是走向永久性联邦的第一步。但从始到终同盟的性质和目的都是军事性的，它的条款也都完全是讲究实效的。为了挫败斯巴达，雅典需要盟邦，而它是以宽大的条件争取到了盟邦。就各盟邦而论，假若没有雅典的实力和领导，同盟也就失其效能；因此它们愿意在决策方面给雅典以否决权并让它在行动方面有执行的全权。在同盟的双方肩上都承担着一定的危险——对雅典说来，盟邦可能不那么尽心协力，对盟邦说来，雅典可能滥用其盟主之权——但是同盟确是在一种和谐、亟需和乐观的气氛中建立起来了。

公元前377—前374年，同盟取得极大的进展。提洛岛为同盟提供了一个宗教中心，雅典人的一个班子管理它的神庙，提洛人的自主权则仍受尊重。第一批新加入的成员——优卑亚各邦、皮帕雷多斯、斯夕亚多斯、色雷斯的马隆涅亚和普罗彭蒂斯的佩林托斯——都位于通向黑海的粮食运输航线上，这航线在这时对雅典以及对底比斯都是具有最重要意义的。公元前376年，斯巴达因不能入侵彼奥提亚，遂转而进攻雅典。一支60艘船的以埃伊纳为基地的舰队，封锁了萨隆尼克湾的进口，但公元前376年9月

489 在那克索斯附近它被一支更大的雅典舰队打得大败。绝大多数夕克拉底斯群岛城邦现在加入了同盟。公元前 375 年,同盟并未集中力量进攻埃伊纳的斯巴达基地,却分兵为两支舰队,一支由恰布里亚斯指挥,沿色雷斯海岸行动,以争取新邦加入,另一支则由提摩修斯率领,游弋爱奥尼亚海,去争取科尔西拉、凯法伦尼亚、阿卡奈尼亚和莫罗西亚国王阿尔西塔。斯巴达则在继续以埃伊纳为基地的骚扰活动的同时,在西部装备了一支 55 艘船的舰队,它向在阿卡奈尼亚的阿里齐亚海外的雅典舰队(提摩修斯统领)求战,结果却吃了败仗;此后,约公元前 375 年 6 月,随着提摩修斯从科尔西拉得到更多支援,斯巴达就处于被动地位了。公元前 374 年夏天,雅典及其同盟已是爱琴海和爱奥尼亚海居主导地位的海上强国了。①

第二次雅典海上同盟使人眼花缭乱的迅速成功实由于环境的巧合。重振旗鼓的彼奥提亚联盟以其军威保护了雅典免遭斯巴达的入侵,还使雅典能全力以赴,专顾海战。斯巴达的横蛮霸道使各小邦对它又怕又恨,除了像希斯提埃亚和优卑亚少数几个而外,早已无人对它效忠。一旦底比斯和雅典起来反对斯巴达,其他城邦中的民主派就变得更为活跃而出现向雅典同盟一边倒的倾向,因为它比起彼奥提亚联盟能提供更及时的保护。雅典同样也是竭其全力以确保盟主的地位。它在彼奥提亚直接援助了底比斯,又在优卑亚作战,把斯巴达的进攻引向西方,以此间接援助了底比斯。

---

① *GHI*,123、1.79、124、125、126;*Hesperia* 9.321、127;D. S. 15.30、34.3—36;希史,5.4.60—66;普鲁塔克,《福基昂传》,6;Nep. *Timoth* 2;Polyaen. 3.10.4、6、12、13、16.17 和 3.11.2、11。

它恪守同盟章程规定的义务与职责,特别在科尔西拉,当提摩修斯被当地民主派请去主政时却没有擅自窜改其宪制。它的将领都很有才干——卡利斯特拉图斯是同盟章程由以制定的政治家,恰布里亚斯和伊菲克拉底则是以担当雇佣兵队长而积累了丰富经验的军人,还有哥农之子、年轻有为的提摩修斯——它的军队在那克索斯和阿里齐亚都打败了斯巴达。公元前377年,雅典还设立了新的10名海军委员,他们每年一选,专管所有海军事务。更重要的是,它对自己公民索求甚严,一再提高资产特别捐,对在和平年代私人手中积累起来的资产课以重税。它那雄心勃勃的计划:征集2 000名重装步兵、500名骑兵和装备200艘船,并未全部实现;但它海军实力表上的船舰从公元前377—前376年的100艘猛增到公元前357—前356年的283艘一事,已表明它在这一多事之秋具有何等精神与气魄。①

为同盟事业倾其全力的雅典确已达到精疲力尽的程度。公元前378—前377年,为了更快地提高资产特别捐,全国对可能是重装步兵级的较低层以上的所有公民的私有财产进行登记。据这次登记所得,则适于征取税捐的全部资产约达6 000塔连特以上,资产所有者被分为100组,每组有产值60塔连特,这种小组称为"Symmories"。当国家需要按一定百分比对这些可课税资产征收特别捐时,每个小组有义务按规定做出自己的贡献。公元前374年,税款可能是由小组中三个最富有者垫支(proeisphora),这笔垫支款他们日后可向同组应付款人索取。我们不清楚在公元前

---

① D. S. 1530;希史,5.4.64;D. S. 15.29.7;Plb. 2.26.6;*IG*, ii² 1604、1611。

377—374年以资产特别捐收了多少钱。从公元前428年曾收200塔连特这一情况看,再考虑到那几年雅典军队的规模,总数恐怕也是以百塔连特计而不可能是以十计的。捐税的负担使雅典的有产阶级相当苦恼,其中最富裕的人还肩负着三桨座船船长(出钱造船)和社会义捐等重担。即使这样,弄得的钱仍不足以应付提摩修斯和恰布里亚斯等进行的战争费用。①

公元前375年年底,底比斯已有充分准备可转入反攻了。除了奥科美努斯而外,彼奥提亚各城都加入了彼奥提业联盟或归属于底比斯,而底比斯的重装步兵也在提吉拉打败了斯巴达人。看来时机很有利于底比斯在中希腊的扩张。它的传统对手雅典现在已由于和它结盟以及共同对斯巴达作战而变敌为友,合作甚殷。在北方,兴起了菲拉依的僭主雅松,他手下有一支强大的骑兵和6 000名精干的雇佣兵,他是底比斯的盟友,在一次争夺优卑亚的希斯提埃亚的斗争中,早已和斯巴达起了冲突,在斯巴达入侵彼奥提亚时他还多次运谷给底比斯。公元前375年年底,妨碍雅松统一帖撒利的就只剩下斯巴达的挚友、法尔萨鲁斯的波利达马斯了,他主要是依靠特拉奇斯的赫拉克利亚的斯巴达驻军的支持。公元

---

① Plb.2.62.6—7;*FGrH*,323 F 8,328 F 41,46;德谟斯提尼,50.8—9;Poll.8.130;德谟斯提尼,22,44;有人认为在瑙西尼库斯任名年官期间(公元前378—前377年)共交付了300塔连特,其他人则认为300塔连特之数是公元前378—前355年的所有资产特别捐的总数,又有人认为总数是1 300塔连特。若按第二类说法,则每年平均只缴纳13塔连特,是全部资产的百分之零点二,这和实收过的和提出过的多达200塔连特和60塔连特的特别捐数目相比太少(修昔底德,3,19;德谟斯提尼,3.4),也不符狄奥尼修斯征过的每年百分之二十的税率(亚里士多德,《政治学》,1313^{b}27)和雅典舰队在那几年的规模。希史,5.4.66;Isoc.15.109、120。

前374年春天，显然是在合谋之下，底比斯侵入弗西斯而雅松对波利达马斯下了最后通牒。弗西斯和波利达马斯都向斯巴达求援，斯巴达这时才发觉它让雅松加入到敌人一边真是大错特错；因此它命令克列奥布罗图斯率一支大军渡过科林斯湾去援救弗西斯，对波利达马斯的求援则勉强地拒绝了。克列奥布罗图斯的到来使底比斯转入守势，但雅松得以制伏了波利达马斯，从而为他打通了就任全部帖撒利的统治者（tagos）的道路。①

中希腊这一事态发展既使斯巴达吃惊，也使雅典吃惊。它和底比斯的关系已由于下列事件而日趋紧张：底比斯没有向同盟议事会缴付贡献金，它建立了彼奥提亚联盟，它征服了普拉提亚、攻击了弗西斯，所有这些都是和雅典的传统政策唱对台戏的。在当时，底比斯确实是它的盟友，但它并不愿看到它的邻邦在同盟中成为一个起支配作用的伙伴。雅典本身在战争中的目的已经达到；它的海上强权已无匹敌，它还需要有段喘息时间来得到财政上的复苏。因此它和斯巴达开始和平谈判，以承认现状为条件，这样一来，雅典同盟就可得到承认而底比斯如果愿得和平之利，也可作为同盟的一员而媾和。公元前374年7月，按此条件缔结了和约。雅典欢天喜地，为提摩修斯立了像，宣布要永远每年一次举行和约的周年祭祀并奉献牺牲。希腊地区原有的那种雅典主宰海洋、斯巴达控制伯罗奔尼撒的实力均势似乎再一次形成了。②

---

① 希史,5.4.56—57；D. S. 15.30；希史,6.1.1—19,6.2.1。关于"统治者"（tagos），可参看本书边码142页。

② 希史,6.2.1；Isoc. 15.109；*GHI*,128；Aeschin. 3.243；Nep. *Timoth.* 2。

第四节 斯巴达的倒台

这一和平持续不长。倒向民主政治的潮流有增无减，使雅典大受鼓舞，斯巴达则颇为惊恐。当提摩修斯得到和平的消息并被召回国时，他曾把一些民主派流亡者送上扎西恩多斯，这些人在海岸边建立了一个要塞，准备向寡头派进攻。斯巴达向雅典提出了抗议，但雅典人民大会却决定袒护扎西恩多斯民主派的事业。这一决定对新建立的实力均势有致命的影响。雅典在渴求希腊霸权之际已选择了侵略的道路，而斯巴达除了诉诸一战也别无他择。

公元前374—前373年的冬春，斯巴达派了舰队到扎西恩多斯和科尔西拉。雅典无钱搞一支救援的舰队，便派了一支600名雇佣兵轻装部队经陆路至伊庇鲁斯，再从那里夜渡抵达科尔西拉，提摩修斯曾受命在爱琴海为同盟招募新成员和收集贡献金。他争取到了菲拉依的雅松。雅松现在已是整个帖撒利地区的统治者，对伊庇鲁斯很有影响，手下兵源号称8 000名骑兵、20 000名重装步兵以及无数的轻装步兵，但实际上可能只有一半那么多。马其顿王阿门塔斯也与雅典结盟，不少城邦也加入了雅典同盟。然而这并没能解决财政问题。公元前373年秋，提摩修斯的舰队待在萨隆尼克湾口无所事事，他的钱柜空空如也，他的盟邦水兵大发牢骚。他被卡利斯特拉图斯和伊菲克拉底控告，幸得雅松和阿尔赛塔的支持而免咎，但他的指挥权却被转交给伊菲克拉底了。然而金钱仍感匮缺，直到卡利斯特拉图斯、伊菲克拉底和恰布里亚斯征收了更多的资产捐和特别税以后才有所缓和。当伊菲克拉底带着

70艘船舰于公元前372年到达时,斯巴达舰队就退却了。为了给士兵伙食,伊菲克拉底不得不叫他的水兵在科尔西拉为人做工。[492] 与此同时,在凯法伦尼亚也派驻了雅典官员和军队,以保持对这个岛屿以及相邻各岛和大陆沿岸的控制。①

雅典的愚蠢现在看得很清楚了。它的财政不足以使它称雄斗胜,而且它由于大搞政治干涉和乱花金钱已滥用了各盟邦对它的信任和效忠。它和底比斯的关系尤其恶化得厉害。公元前373—前372年,底比斯虽然为提摩修斯的舰队提供了一支分舰队,一个底比斯人也被选为雅典同盟议事会主席,它却摧毁了普拉提亚并剥夺了提斯皮亚的政治权利。普拉提亚的难民在雅典受到欢迎,还在一项"合邦"法令中给他们以平等权利。这些措施加深了底比斯的恼恨,它在前些年已由于雅典夺取奥罗普斯而感到恼火了,现在更等于火上浇油。雅松的所作所为也使雅典吃惊,因为他已退出雅典同盟但仍和底比斯结盟。② 雅典的主要政治家卡利斯特拉图斯于是便劝说人民和斯巴达谈判求和,并把他们的打算预先通知底比斯。在这关键时刻,波斯国王也重新插手于外交领域了。他仍然致力于镇压埃及的叛乱,也仍然需要希腊雇佣兵的将士。他的使节出席了公元前371年夏在斯巴达召开的一个和平会议,交战各国都派了代表参加。斯巴达提出的下述条款得到了波斯和雅典的支持:希腊各邦保持独立,撤走一切在外驻军,推行普遍裁

---

① 希史,6.2.2—38;D. S. 15.45—46.3、47;希史.6.1.19;*GHI*,123,1.3、129;〔D.〕49.9—29;*Hesperia* 9.323。

② 〔D〕49.14;*AJA*,40.461,希史 6.3.1;D. S. 15 46.4—6;Isoc. 14;波桑尼亚 9.1.8;*Hesperia* 8.3(歌颂科利图斯的特拉夕比罗的铭文)可能与底比斯有关。

军;如果有任何国家违犯以上条款,其他和约签字国并无宣誓确认的干涉之权,但任何自愿的国家可以相助被侵略者。这些条款都得到赞同,还任命了监督撤退驻军事宜的官员。斯巴达代表它自己和它的同盟对和约宣誓;雅典和它的同盟各邦,包括底比斯在内,则分别单独宣誓;然后是各个其他城邦。这个顺序表明波斯承认斯巴达同盟和雅典同盟是和平的主要保证者。此外,雅典关于某些地区应看作归它所有的要求也得到了默认,其中有刻尔索尼斯和安菲波利斯,后者是得到出席会议的马其顿王阿门塔斯同意的。①

宣誓后的第一天,底比斯代表要求把和约中的"底比斯人"改为"彼奥提亚人",这是为了使彼奥提亚联盟能得到承认。斯巴达人在拟约时用"底比斯人"可能是和雅典商量过的,因为它们都同情普拉提亚、提斯皮亚和弗西斯,都害怕彼奥提亚联盟的崛起。因此,斯巴达的发言人阿基斯劳拒绝了底比斯的要求,他说:"底比斯只能要么谨守它已做过的宣誓,要么请求把它的名字从条约上勾销。"底比斯的以伊巴密侬达为首的代表们便要求勾销底比斯的名字。这样一来,底比斯就退出了雅典同盟而为自己招惹来被攻的可能,这种攻击将得到波斯、斯巴达、雅典和任何愿意干涉的城邦的支持。

和平会议于是结束了。雅典召回了伊菲克拉底,恢复了它自宣誓以来从斯巴达同盟分离出来的各城邦的自主,以此履行了条

---

① 希史 6.3.2—18;D. S. 15.50.4(15.38 可能指公元前 371 年的和约);德谟斯提尼,9.16;Aeschin. 2.32。

约要求。雅典和斯巴达随后又撤退了所有驻军,只有克列奥布罗图斯的军队除外,他仍在弗西斯统率斯巴达部队。斯巴达人民大会讨论了如何对克列奥布罗图斯下令的问题。普罗托斯建议把军队解散,以在德尔斐阿波罗神庙奉献条约的形式使和平得到神的保佑而不可侵犯,如果任何城邦破坏其他城邦的独立自主,就可予以制裁。但大会选择了立即行动的方针。克列奥布罗图斯受命进攻底比斯,除非底比斯同意把彼奥提亚同盟解散,否则战争就不可避免。①

对底比斯说来,公元前371年在波斯参与下搞的大王和约就是公元前386年大王和约的翻版。如果对它不尊重的话,确实会有更大的危险,因为斯巴达同盟会和雅典同盟联合起来强迫底比斯解散彼奥提亚联盟。这一联合的危险现在却由于斯巴达的轻率决定而告吹了,这一决定只是从眼前战术上的有利形势做出的。因为克列奥布罗图斯在弗西斯的军队可以在雅松能插手和彼奥提亚联盟能集合其全体兵员之前就行动起来。在和约签字三个星期之内,克列奥布罗图斯就绕道科林斯湾的克娄西斯而抵达留克特拉平原,此地距底比斯约10英里,他已抢在彼奥提亚部队能对他施加阻挠之前完成了这段进军。他手下有1 000名骑兵和10 000名重装步兵,多于彼奥提亚人的600名骑兵和6 000名重装步兵。② 在一个险要地段扎营之后,克列奥布罗图斯在中午时分带队进入平原,把他的已喝酒壮胆的士兵按正常作战队列铺开。他

---

① 希史,6.3.19—6.4.3;D.S.15.50.5;普鲁塔克,《阿基斯劳传》,27—28。
② 见附录6。

本人，他的参谋部和斯巴达大约2 000人在右翼，他的盟邦兵在中军和左翼，骑兵则在整个队形之前作为屏障。公元前377年时，底比斯取胜是依靠了坚守预先布置的阵势，避免了正式的作战，但这一次依巴密侬达却鼓舞他的彼奥提亚同胞把他们训练有素的部队投入战斗。他在允许军心已乱的提斯皮亚部队后撤之后，立即把他最好的部队，那支在伯罗庇达指挥下的神圣旅放在左翼，组成50人纵深的密集队形冲锋，同时又命令他的中军和右翼暂缓行动，这样就使他的军队在开战时列成一个梯阵。

战斗以彼奥提亚骑兵的进攻揭开序幕，这支骑兵在素质上比敌方优越得多，他们把敌方骑兵驱赶到斯巴达的队列之内，乱成一团。紧跟他们之后是底比斯步兵的密集队形的前锋，由伯罗庇达率领，快步行进，直逼克列奥布罗图斯和他的参谋部，他们正在向右翼扩展以求包抄对方的时候被底比斯人绊住了。克列奥布罗图斯当即受重伤，倒地而死，但在第一回合的肉搏拉锯战中他的遗体仍被他的部下抢回来了，接着他们和整个斯巴达军右翼都被依巴密侬达亲自指挥的重装步兵所压倒。当半数斯巴达军，其中包括400名斯巴达公民阵亡后，其余的人就溃不成军，纷纷跑回营地，连那根本还未交锋的中军和左翼的盟邦部队也都溃逃了。残存的斯巴达公民不愿认输而想再次出战，但他们的盟邦部队却不听话了，因此他们最后还是缔结了停战协定而把死者收回。彼奥提亚人在战场上竖立了一个纪念碑。依巴密侬达的打蛇先击其首、首伤身无用的理论在此得到了证明，而彼奥提亚人在他的指挥下也成了希腊最精良的重装步兵。①

失败的消息传到斯巴达时正是举行吉姆罗帕代亚节庆的最后一天。监察官命令节庆照常进行,对阵亡将士的近亲透露了有关消息,但禁止任何哭丧活动。在第二天,所有60岁以下的男子都应召入伍,正在病中的阿基斯劳让其子阿尔齐达木斯率领他们北上,同时召集了其他邻邦——提吉亚、曼丁尼亚、科林斯、西夕温、亚该亚等的分遣队。阿尔齐达姆斯在埃哥斯提那遇到了留克特拉战役的生还者。与此同时,一个戴着花冠的底比斯使者来到雅典议事会报告胜利消息,要求雅典人给予支持。议事会成员对此却怒形于色,底比斯使者只得退出,对其求援并无回音。底比斯也向它的盟友雅松发出过呼吁。他曾从敌国弗西斯境内带着他的骑兵和雇佣军急驰而来,但拒绝配合彼奥提亚军进攻留克特拉的斯巴达军营。他不愿过分加强彼奥提亚人。相反,他搞了个停战协定,帮助斯巴达撤退,这些斯巴达军在晚上急行军到达克娄西斯,然后沿海岸道路走向埃哥斯提那。阿尔齐达姆斯正是在埃哥斯提那看到这些丧魂落魄的残兵败将,对斯巴达人遭到损失之惨重极感吃惊,因此他就退回科林斯而把他的部队解散了。彼奥提亚联盟终于胜利地维护了它的独立。②

公元前371—前370年冬天,希腊各邦开始进行调整,使它们自己适应于眼前的新形势。想从斯巴达的失败中捞到政治利益的

---

① 希史,6.4.4—15;D.S.15.55—56(对这次出征记述不确,但对战役的记述有其价值);普鲁塔克,《伯罗庇达传》,20—23;Polyaen.2.3.2 和 15;波桑尼亚 9.13.3—12;GHI,130。

② 希史,6.4.16—26;普鲁塔克,《阿基斯劳传》,29。

雅典,召开了一个所有愿意保持公元前371年大王和约的城邦都参加的会议。它提出让雅典同盟成为主要的和约保证者,请求所有签订和约的城邦都和雅典同盟订立防守同盟条约,在战时则追随雅典同盟的决定。雅典的这个提议没有邀请内陆各邦作为同盟成员加入同盟。它的意图毋宁是在波斯支持之下使雅典同盟成为希腊各邦中的和平调解人。在最好情况下,它可以把斯巴达同盟的成员吸引过来,并使底比斯在外交领域内不能与它作对,在最坏情况下,它可能会发现它已使雅典同盟卷入防卫那些和爱琴海沿岸城邦的商业利益很少关系的城邦。事态的发展是所有伯罗奔尼撒城邦,除了斯巴达和伊利斯以外,全都接受了这一邀请而形成了一个与雅典同盟共同防御的同盟(这时雅典同盟已有了70个左右的城邦)。这是一次巨大的胜利,不过这只是在武力起决定作用时代一个外交上的胜利。①

斯巴达现在饱尝了失败的痛苦。在提吉亚和曼丁尼亚,可能还有科林斯、麦加拉、西夕温、福里攸斯和菲加利亚,民主派都起义反对亲斯巴达的寡头政府。有些起义失败了,但在公元前370年春天,曼丁尼亚再度成为民主政府治理的城邦,并援助了提吉亚的民主派夺了权,形成了一个阿尔卡狄亚联盟,立即和伊利斯和阿尔戈斯缔结同盟。这样,伯罗奔尼撒就分裂成为两部分、两大派。在斯巴达,人民转而要求年老的阿基斯劳指导国政,授权他改革宪法。然而阿基斯劳未做改革。他对留克特拉一役的生还者没有执行那条凡打败仗而生还的斯巴达公民要降格为次等公民的法律,

---

① 希史,6.5.1—3;D. S. 15.30.2;Aeschin. 2.7。

但他也没想法为将来计增加斯巴达公民的数目。他的顽强而无想象力的保守主义决定了斯巴达只能靠它的 800 名斯巴达公民和一些附属民的军队为自己的生存挣扎。①

在地峡之北,彼奥提亚联盟和帖撒利的雅松却是很不牢靠的盟友,因为雅松在安排了留克特拉的事务之后,曾攻击了弗西斯的一个城市,又在罗克里炫耀他的武力,占领了斯巴达的殖民城邦赫拉克利亚,把它的领土分给了马利斯人和奥艾塔亚人。雅松的势力现在已扩展到从马其顿和伊庇鲁斯至希腊本土门户温泉关的广大地区,因为马其顿王阿门塔斯和伊庇鲁斯王阿尔赛塔斯现在都被迫成为他的盟友。他宣布他要做公元前 370 年夏天德尔斐的皮提亚运动会的主席和主持人,并下令动员他的军队以便保证无人反对他的主持。他的精锐的雇佣兵就有 6 000 人之多,他的帖撒利骑兵也超过 3 000 人,他还可从帖撒利和其他盟邦中征集大量步兵。但在公元前 370 年,这位僭主被人刺杀了,在他的继任者的无能管理之下,他的统一的帖撒利强国分崩离析,迅速瓦解。雅松具有和狄奥尼修斯一世相似的一些鲁莽的才能和无休止的野心。假若他多活几年并取得成功的话,他也可能以希腊的解放者自许;因为他曾谈到进攻波斯的问题。就其生平而论,他已树立了一个可以为野心勃勃的个人主义者效法的、靠自己能耐上台掌权的榜样,他的使用雇佣军、他的把德尔斐的权威用于实现世俗目标的计

---

① 希史,6.5.3—9、7.2.2—3;D.S.15.40(狄奥多罗斯把日期填倒了),58;普鲁塔克,《阿基斯劳传》30;《阿基斯传》,5 可能倾向于较晚的时间。

划等也具有同样意义。①

在雅松去世之前,彼奥提亚联盟就已巩固了它的胜利成果。底比斯在伊巴密侬达劝告之下没有摧毁奥科美努斯,却给予它彼奥提亚联盟成员邦的资格;此外,底比斯还和弗西斯、奥佐利亚罗克里以及埃托利亚结了盟。在雅松死后,奥佐利亚罗克里、马利斯、赫拉克利亚、优卑亚、阿卡奈尼亚也都加入了彼奥提亚联合体,其中为首的则是彼奥提亚联盟。除了雅典而外,这些勇悍但较落后的中希腊各邦在底比斯于公元前370年找到机会入侵伯罗奔尼撒时,都给予了积极的支持。②

在伯罗奔尼撒,整个公元前370年都处于混乱之中。阿尔戈斯由于国内的革命而被削弱了,这次革命中民主派的群众用大棒打死了1 200名反对派,随后就与伊利斯联合起来支持阿尔卡狄亚联盟反对斯巴达。这个联盟本身也是靠驱逐提吉亚其他党派的头目而建立起来的,这些人便跑去斯巴达诉苦求援,斯巴达随即派出阿基斯劳带一支军队声过阿尔卡狄亚联盟。与此同时,联盟却又向两个不愿入盟的阿尔卡狄亚城邦奥科美努斯和赫雷亚用兵,这两个城邦又得到福里攸斯和科林斯的一些援助。在这一阵喧嚣不已的破坏"自主"的吵闹声中,雅典及其盟邦却未加干预,虽然阿尔卡狄亚各邦曾吁请它这样做,它却出于遵守公元前371—前370年订的防守同盟而未动手。阿尔卡狄亚人于是请求彼奥提亚人帮

---

① 希史,6.4.20—32(参见6.1.19);D.S.15.57.2、60;希史,6.1.5、12;Isoc.5.119、8.118。

② D.S.15.57.1;X Ages.2.24;希史,6.5.23,此处所引年代见附录7。

助他们反抗斯巴达,为这目的,这两个联盟缔结了同盟。①

伯罗奔尼撒的冬天对彼奥提亚人及其盟友说来是够温和的,他们一反以前的惯例,在公元前370—前369年的仲冬进入伯罗奔尼撒。在阿尔卡狄亚、阿尔戈斯和伊利斯请求下,他们在降伏奥科美努斯和赫雷亚以后并不回师,反而继续南下,那里已有一支阿尔卡狄亚分队占领了通向拉哥尼亚的山口。这支大军包括 40 000 名重装步兵以及差不多同样数目的狙击手和杂牌队伍,由身任彼奥提亚长官的依巴密侬达和伯罗庇达率领,下抵拉西第蒙盆地之后,即随攸罗塔河左岸进军,直到看见了河对岸的斯巴达城。城镇本身并无墙垣,斯巴达公民则不足 800 人,但阿基斯劳解放了 6 000 名希洛人来守城。当四郊村庄被焚的火光冲天时,斯巴达人就像雅典人在公元前 431 年时那样急得要去拼一死战,阿基斯劳却阻止了他们。

依巴密侬达于是率领他的军队南下,在阿末克莱渡过攸罗塔河,用骑兵试攻斯巴达城南面的防线,但没有成功。因此他便继续南下,大肆掠劫,一直侵扰到斯巴达的海军基地吉提昂,但他也没能攻占这个基地。入侵持续了将近三个月,在此期间,援救斯巴达的军队来自科林斯、福里攸斯、西夕温、依庇道鲁、特罗曾、赫尔米翁、哈里埃和亚该亚的佩伦尼等地,而入侵部队也因为其中的伯罗奔尼撒人装满腰包大开小差日益减少。依巴密侬达在公元前 369 年 4 月回师,轻易地躲开了斯巴达的新盟友雅典人,这些雅典人曾

---

① D.S.15.57、3—59、62.1—3;希史,6.1.6—22;X. *Ages*. 2.23;德谟斯提尼,16.12。

和科林斯人配合企图扼守地峡。① 公元前 368 年初夏，依巴密依达又带着 600 名骑兵和 7 000 名步兵的一支军队再度入侵。他的底比斯部队以拂晓突袭冲破了地峡西端的防线，而这道防线是由斯巴达、雅典、科林斯和佩伦尼以及其他伯罗奔尼撒盟邦共 20 000 人防守的。冲击之后，底比斯军迫使西夕温和佩伦尼加入了彼奥提亚联合体，大掠了依庇道鲁和科林斯的领土，然后经地峡回师。②

在这两次出征中，依巴密依达使斯巴达这样一个军事强国彻底垮台了。留克特拉之败已使斯巴达的重装步兵威信扫地，但现在依巴密依达则用解放美塞尼亚地区，并在美塞尼亚建一强固的首府而破坏了斯巴达国家的经济基础。对拉哥尼亚的入侵也帮助了许多希洛人和皮里阿西人逃亡，但他的伯罗奔尼撒盟邦的劫掠战术却使这一解放对留居者说来，就不像在先前情况下那样美好了。此外，他的入侵还使阿尔卡狄亚联盟巩固了势力，并在阿尔卡狄亚南部建立了一个强固的联盟首府麦加罗波利斯（公元前 368 年），这是一个位于阿尔弗斯河源的设防城市。在以后的历史中，斯巴达便始终被挟制在美塞尼亚、麦加罗波利斯、提吉亚、阿尔戈斯的包围中，它曾领导达两百年之久的那个同盟已一去不复返了。③

---

① 希史，6.5.23—32、49—52、7.2.2；D. S. 15.62.4—65；X. *Ages*. 2.24；普鲁塔克，《阿基斯劳传》，31—32 和《伯罗庇达传》，24—25；Polyaen. 2.1.14，15，27 和 29。

② 希史，7.1.15—22；D. S. 15.68—69。

③ D. S. 15.66.1—2，72.4；普鲁塔克，《伯罗庇达传》，24 和《阿基斯劳传》，34；波桑尼亚，4.26—27，8.27.1—8，*GC*，166。

开明的帝国政策有许多优点。公元前4世纪的斯巴达帝国政策却一无是处,因此伊索克拉底很有道理地指出:斯巴达一贯自诩在希腊执掌领导权,但在他的同代人耳朵中却成了谎言。假若它曾建立过一种"伯罗奔尼撒和平",那么这种和平是用压迫、叛卖和残暴而不是诚心悦服建立起来的,因为它在自己手中排斥了像民主、联邦这类进步的手段,而这类手段是能为希腊各邦带来繁荣富强的。它由于鼓动党争和支持近似独裁专制的少数寡头而玷污了自主与独立的原则。它的政治家和军官,无论在战时还是平时都采用背信弃义的手腕。它派驻外邦的长官都是贪婪、残暴而不讲信义的,他们在属国中的权力只能依靠那些政治无赖和雇佣士兵。当它倒台时,它留下的是一份充满仇恨与倾轧不和的遗产,只有宽容温和的政治家风度或可对此有所缓和。①

---

① 希史,6.3.7—9;Isoc.,4.18,110—117、126—128。

第三章　主要大国的瓦解

第一节　鼎盛时期的彼奥提亚

随着斯巴达的垮台,雅典同盟宣称的目标已经达到了。假若雅典对保有海上自由已感满足而让伯罗奔尼撒各陆上强国自行处理其问题,它可能会得到爱琴海各滨海城邦的支持,又可为它自己和它们带来繁荣。因为同盟章程本来就是从符合各小邦愿望的角度制定的,而它开头的成功也主要得益于斯巴达的不得人心,但雅典却渴望比控制爱琴海更多的东西。它显然由于对近邻底比斯的妒忌和恐惧而加甚了它控制希腊世界的野心,这野心早在公元前374年它要对扎西恩多斯政治干涉和公元前371年把所有希腊城邦纳入它的同盟之网时已有所暴露了。当拉哥尼拉被入侵后,雅典站到斯巴达一边,与其说它是出于对已倒台的老对手的宽宏友善,倒不如说是为了扩展与加强它自己的势力。与此同时,它也袒护斯巴达的朋友——僭主狄奥尼修斯、波斯、福里攸斯、依庇道鲁等,还对亲斯巴达的科林斯寡头政府友好,这些措施,要和它自称的"为希腊自由"而进行的奋斗相调和,确实是不容易的。

雅典、斯巴达和它们的盟邦部队,包括狄奥尼修斯派来的

2000名伊比利亚和凯尔特族雇佣兵,在公元前368年仍不是依巴密依达军队的对手。在他离开伯罗奔尼撒以后,由莱可米德斯领导的阿尔卡狄亚同盟却自行决定,提出主宰伯罗奔尼撒的要求,于是雅典就面对着反对阿尔卡狄亚而不是反对彼奥提亚的战事。公元前368年冬,代表波斯利益的菲利斯库邀请各主要交战国来到德尔斐谈判全面和平。雅典支持这一行动(它确实给菲利斯库赠送了雅典公民的称号),但它的盟友斯巴达却拒绝为此而承认美塞尼亚的独立。菲利斯库随后雇了2000名雇佣兵去援助斯巴达,狄奥尼修斯在公元前367年春也派出了第二支雇佣军。这些部队并不能为雅典服务,却帮助斯巴达赢得了反对阿尔卡狄亚的"无泪战争",因为这次战争中斯巴达无一伤亡,它的胜利得到国人喜泪纵横的欢迎。因此,雅典插手伯罗奔尼撒事务的结果是一无所得,反而使它的同盟的忠心与信任受到损害。①

是彼奥提亚而非雅典被欢呼为希腊本土各邦的解放者。它的民主政体也和它们更为接近;因为民主政体也像变色龙一样,随环境背景的不同而各有特色,本土内陆各邦就具有一种农业的而非商品经济的特色。但最为重要的是,彼奥提亚代表着一种新的政治组织的潜在形式,即基于民主政体的紧密的联邦体制,在依巴密依达的领导与鼓舞之下,彼奥提亚联盟已盖上了成功的标记,而它在给予奥科美努斯以平等成员资格上也表明了温和的精神。

彼奥提亚联盟的榜样,或者还有依巴密依达的促进,推动了埃

---

① 希史,7.1.23—32;德谟斯提尼,23.141;D. S. 15.70.1—2,72.3;普鲁塔克,《阿基斯劳传》,33;GHI,131.41。

托利亚联盟(to koinon ton Aitolon)的组成,它的特色是以民主性的联盟大会为最高权力机关,议事会为执行机构,选举、征兵按州区体制划分。大约与此同时,西部罗克里联盟也形成了。在更西方,阿卡奈尼亚联盟(to koinon ton Akarnanon),从公元前5世纪起就已作为一个松散的部落联邦存在,现在也经过反抗阿基斯劳的斗争而发展为更紧密的组织。在留克特拉胜利之后,阿卡奈尼亚联盟从依附雅典转而靠拢彼奥提亚,参加了对伯罗奔尼撒的入侵。在伯罗奔尼撒,阿尔卡狄亚联盟经依巴密依达的指导也得到了加强。它的联盟大会(koine synodos),即所谓的"万人会",成为最高权力机关。议事会为执行机构,在提吉亚,可能还在曼丁尼亚和麦加罗波利斯轮流召开。行政官员,例如称为"区长"的官员(damiorgoi),是按州区选举的。成员邦都采用民主宪法,阿尔卡狄亚联盟也是民主色彩的,尽管它的联盟大会——万人会的名字表明,民主权利受到财产资格的某些限制。①

在留克特拉战役之后的年代里,彼奥提亚组成了一个基于防守同盟的城邦联合体,参加者有埃托利亚、阿卡奈尼亚、弗西斯、东部和西部罗克里、优卑亚、赫拉克利亚、马利斯,一度还有阿尔卡狄亚。这个联合体可能设其行政中心于德尔斐,有关它的细节还不清楚,只知道联合邦的代表有权通过在各盟邦领土上驱逐和流放的命令。当联合体决定作战时,执掌指挥权者或盟主是彼奥提亚,各盟邦分遣队在战场上要受彼奥提亚长官的节制。在更北面,帖

---

① D. S. 15. 57. 1;*GHI* 137;列拉,《西部罗克里人》(Lerat, *Les locriens de l'ouest*),1.133(铭文);修昔底德,2.81.1;3.105.1;希史,4.6.4;普鲁塔克,《伯罗庇达传》,24;希史,6.5.6—9;D. S. 15.59;*GHI*,132;*GC*,165。

撒利的雅松名义上也是彼奥提亚的盟邦,在他死后,帖撒利的骑兵和轻装步兵曾在依巴密侬达指挥下参与第一次对伯罗奔尼撒的入侵。在公元前368年,当伊巴密侬达由伯罗奔尼撒回国时,伯罗庇达带了一支军队北上。他应帖撒利各邦的请求把拉利萨从马其顿王亚历山大手下解放出来,这个亚历山大是阿门塔斯之子和继位者。伯罗庇达还约束了曾刺杀雅松之弟波利弗隆的菲拉依人亚历山大的活动。随后,他又以调解马其顿王亚历山大和觊觎王位的托勒密之间的纠纷而取得了更大成功,并和亚历山大缔结同盟。

可能就在此时,伯罗庇达按彼奥提亚的模样组织了帖撒利联盟(to koinon ton Thessalon)。同盟有一全体大会,分为四大块的州区制度,一套联邦官员,其中包括代表帖撒利出席安菲克提翁议事会的联邦代表(hieromnemones)。联盟有一位主席(archon),执掌从传统悠久的帖撒利盟主(tagos)沿袭下来的广泛权力。帖撒利联盟很快就握有一支强大的骑、步兵部队,成为彼奥提亚联合体的一个成员。但菲拉依的亚历山大可能与这两大组织都没有关系。[①]

公元前367年,彼奥提亚再度北上作战。在那里,马其顿王亚历山大已被托勒密暗杀,菲拉依的亚历山大也在进攻帖撒利联盟。这一次是伯罗庇达和伊斯梅尼亚被派为使节,不过伯罗庇达却发现雅典在北爱琴海的司令官伊菲克拉底曾插手支持托勒密。伯罗庇达终于把托勒密争取过来,使他加入了彼奥提亚的防守同盟,并

[①] 希史 7.1.22、7.5.4、7.1.39;普鲁塔克,《伯罗庇达传》,26;希史,6.4.33—34、7.3.11;D.S.15.67.3—4;*GHI*,147;*IG*,ii^2.175。

纳人质于底比斯,其中就有阿门塔斯之子腓力普。但是菲拉依的亚历山大却在一次停战谈判中背信弃义地逮捕了伯罗庇达和伊斯梅尼亚,把他们投入监狱,而和雅典缔盟。彼奥提亚的回答是立即派兵出战,它的一支600名骑兵和8000名步兵的部队赶在雅典派出的1000名步兵和30艘船之前,到达了亚历山大身边。但彼奥提亚军未能在帖撒利平原挑起一次战斗。他们受到亚历山大的骑兵骚扰,直到当时身在军中但未任职的依巴密侬达起而取得指挥权后,才使彼奥提亚军摆脱困境。公元前367年年末,依巴密侬达再度寻战,强迫亚历山大释放了伯罗庇达和伊斯梅尼亚,但没能使亚历山大降服。①

彼奥提亚势力的崛起使得雅典和斯巴达在公元前367年都派人去波斯,希望求得波斯的积极支持。斯巴达已用完了菲利斯库提供的战费,如果得不到更多资助它就难以打败阿尔卡狄亚。雅典则不仅为它不能在伯罗奔尼撒和北方遏制彼奥提亚而感到惊慌,而且也为雅典同盟成员中日益增加的不满感到不安。它想争取安菲波利斯的企图使人想起公元前5世纪时雅典搞的帝国政策,而卡尔西狄斯联盟已脱离雅典同盟。它在其内陆的盟友中增加了菲拉依的亚历山大这个怯懦而又嗜血成性的僭主,它甚至为他建立了一个表扬他为仁爱者的雕像;在公元前367年它又和"狄奥尼修斯及其永世不绝的各个继承人"缔结同盟,把它的信任完全托之于叙拉库斯的那些残暴统治者。对爱琴海各岛和沿岸的城邦

---

① D.S.15.71;75.2;普鲁塔克,《伯罗庇达传》,27—29;Aeschin,2.27—29;波桑尼亚9.15.1—2。

来说，这些结盟是跟着斯巴达及其盟邦跑，只能引起它们的惊疑；这些同盟的目的都不是为了保卫自主与自由，而是为了在争夺霸权中增加雅典的势力。假若雅典在爱琴海的盟邦已呈动摇，雅典当然需要波斯的支持以保住对它们的控制。

斯巴达的使节后面接着就来了雅典、彼奥提亚、阿尔卡狄亚、伊利斯和阿尔戈斯的使节。在苏萨的一次集会上，六个国家的使节向波斯大王表示了他们的敬意与问候，但波斯王最看得起的人却是彼奥提亚的使节伯罗庇达。大王随后向他们宣示了自己的谕旨：应该缔结基于自主和自由原则上的和平，特别是斯巴达应该承认美塞尼亚的独立，雅典承认安菲波利斯的独立；此外，雅典应该把它的舰队拖上海滩，闲置勿用。斯巴达的带头求援结果却落得自讨苦吃。它的使节安塔尔西达被迫自杀，雅典使节提马戈拉斯回国后被处死。这次和议后来便称为伯罗庇达和约。①

公元前366年春天，底比斯邀请希腊各邦集会听取波斯大王使节宣读诏书。底比斯的敌邦都反对有关条款，阿尔卡狄亚的莱米德斯也参加到他们一边。斯巴达派出阿基斯劳效力于在小亚细亚举起造反大旗的波斯总督阿里欧巴尔扎尼，以此求得资助。雅典为波斯大王要它的舰队闲置勿用的旨意吃惊，派了雇佣军到科林斯地区对抗彼奥提亚人。到公元前366年初夏，它的愤懑由于奥罗普斯的失陷更增大了，这个位于彼奥提亚边境的小镇是它在公元前374年占领的，现在奥罗普斯的流亡者却夺取了城镇并把

---

① 希史,7.1.33—40；普鲁塔克，《伯罗庇达传》,30—31；D. S. 15.76.3；德谟斯提尼,19.137、23.150；*GHI*,136。

它交给了彼奥提亚人，雅典的盟邦都不愿帮助它将奥罗普斯收回。苏萨的失败、伯罗奔尼撒方面的劳而无功，再加上奥罗普斯的丢失，使得卡利斯特拉图斯和恰布里亚斯受到攻击，他们被控叛国，但获无罪开释；然而，这一攻击却预示了政策的转变。公元前366年夏，雅典和阿尔卡狄亚缔结防守同盟；但是，为了在同盟公开以前取得最好利益，雅典人民大会又命令恰利斯去占领当时还是它的盟邦的科林斯，在那里建立一个民主政府。这个阴谋破产了。于是科林斯、福里攸斯和依庇道鲁都与彼奥提亚议和（公元前366年夏）。斯巴达在只有叙拉库斯的狄奥尼修斯二世支持之下，仍继续和雅典的新盟友阿尔卡狄亚作战。

从公元前378年以来，连续作战的损耗在雅典也有其深重的影响。雅典人民越来越不信任他们的领导，并把他们曾予同意的政策归罪于这些头领而加以处分，富有阶级也对不断地抽捐不满，这些特别捐有的还被用于援助斯巴达或阿尔卡狄亚。波斯大王搞的最后通牒进一步制造了恐慌情绪，因为雅典同盟内的爱琴海各邦的不满现在可能被波斯和底比斯利用起来了。

公元前366年，雅典重新起用了提摩修斯，让他率领一支30艘船和8 000名轻装雇佣兵的部队去支持造反的波斯总督阿里欧巴尔扎尼，但不得破坏与波斯大王的关系。雅典可能从阿里欧巴尔扎尼那里得到了钱，它也送给这位波斯人以雅典公民的荣衔，但提摩修斯的活动仍只限于对波斯的傀儡赛普罗提米斯据守的萨摩斯的进攻。经过10个月的围攻（在此期间提摩修斯是用掠劫来维持部队的花费的），萨摩斯终于陷落，它的最好土地都被军事移民占有。提摩修斯随后征服了塞斯都斯和刻尔索尼斯的克里左特，在这些地方也派驻了来自雅典的军事移民。公元前364年,他在马其顿王帕尔狄卡斯帮助下占领了波蒂代亚、托隆和卡尔西狄斯的其他城市,并在使帕尔狄卡斯自讨苦吃的情况下占领了马其顿海岸的皮德那和米冬。可能在公元前364年,雅典向波蒂代亚也派驻了军事移民。为了这些活动,提摩修斯向色雷斯地区的各个盟邦搜取"贡献金",但这种做法是完全违反同盟章程精神的。在允诺解放希腊各邦和尊重盟邦自主方面,雅典是承担了明确而庄严的义务的。如果因萨摩斯、波蒂代亚、塞斯都斯和克里左特并非雅典同盟成员,就可以对它们加以征服并把它们的土地分给雅典的军事移民,这种论据实属诡辩。雅典的帝国政策现在已在希腊世界成为路人皆知的东西了,而它在外交和战争方面的手腕也和海盗的作为差不多。①

彼奥提亚同样也是从公元前378年就战事不绝的。由于它是用公民部队作战,并且只保持一支很小的海军,因此它在财政上不像雅典那样紧张,但是它的公民们却处于困顿的危境。这种危急情况表现在彼奥提亚同盟大会对其领导人态度的转变。在公元前369年,依巴密侬达和伯罗庇达因在第一次入侵伯罗奔尼撒时逾期担任彼奥提亚长官而遭到弹劾,但被宣判无罪,依巴密侬达在第二次入侵之后就没能选任公元前367年的彼奥提亚长官。对他们不满的原因可能是依巴密侬达倾向于自由宽大政策;因为他既不并吞领土也不派驻军队于被征服地区,他也没有插手于西夕温的

---

① D. 16. 2;X. *Vect*. 3. 7;Isoc. 15. 108—12;D. 2. 14、15. 9;Dein. 1. 14;Polyaen. 3. 10. 9、14. Arist. *Rhet*. 2, p. 1384^{b}32;(Arist)*Oec*. 1350^{a}23、1351^{a}18。

政局而让寡头派继续掌权,他对奥科美努斯也主张和解而对落入他手中的彼奥提亚流亡者则甚为宽大。然而,当希腊各邦拒绝按波斯和彼奥提亚提出的条件缔结和平时,彼奥提亚同盟大会就接受了依巴密侬达的政策,即进行海陆大战强迫对方接受条约。

当建造舰队的准备工作正在紧张进行的时候,依巴密侬达以彼奥提亚长官的身份于公元前366年年初入侵伯罗奔尼撒。他在阿尔戈斯配合下,冲破了地峡以南由斯巴达和雅典军队扼守的防线,和他的伯罗奔尼撒盟邦阿尔戈斯、阿尔卡狄亚、美塞尼亚、西夕温及伊利斯会师。他随即进军于亚该亚,并争取亚该亚各城邦都加入了彼奥提亚联合体。这就使得彼奥提亚控制了科林斯湾的两岸,为它的军队由海路进入伯罗奔尼撒提供方便。①

亚该亚人在当时已有一个组织得很好的联邦机构。早在该世纪初,他们就运用其联邦制度把埃托利亚的卡林冬纳入其领土之内,使卡林冬人变成亚该亚公民。随后他们又从埃托利亚吸收了瑙帕克图斯,从伊利斯吸收了迪米。当时在这三个城市都有亚该亚的驻军。依巴密侬达把这三个城市又归回他的盟邦埃托利亚和伊利斯。亚该亚联盟以寡头政制为基础,在过去,它的城邦和联盟中的寡头派都是亲斯巴达的。公元前366年时,依巴密侬达并不想改变亚该亚联盟的宪制基础,他发布命令不准放逐寡头派,各邦宪法无须做重大的修改。这个措施是聪明的,因为它强调坚持联邦原则方面的共同利益而非出于民主派必反寡头派的门户之见。但彼奥提亚的盟邦,特别是阿尔卡狄亚,以及依巴密侬达的政敌都

---

① 希史,7.1.41—44;D.S.15.57;波桑尼亚,9.15.2及4。

攻击他对亚该亚的处置,认为寡头派会回头去搞亲斯巴达的勾当。他们在底比斯得到支持,依巴密侬达的措施就被推翻而反其道而行之了。彼奥提亚的官员和驻军被派去占领亚该亚各城,建立了民主政府,寡头派领袖都被放逐。但亚该亚人对强加于他们头上的民主政治却不感兴趣,流亡者又回归故国,重新上台,亚该亚联盟废除了和彼奥提亚的同盟关系,恢复了和斯巴达的同盟。现在阿尔卡狄亚又处在两面夹攻之中了。①

在西夕温,依巴密侬达原先的安排也被推翻,这是得到阿尔戈斯和阿尔卡狄亚暗中支持的。依巴密侬达在此地留下了一些寡头派让他们继续掌权,但其中的一个富于野心的贵族欧弗隆,在得到阿尔卡狄亚和阿尔戈斯派军援助的保证后,在西夕温建立了一个民主政府。他随后使自己成为新选出的将军之一,并让其子任城市雇佣军的司令。他抢夺了神庙的财库和私人的财产,得以雇用更多的雇佣兵,然后把和他同事的将军们或杀或流放,使他自己成为独裁的僭主。这种局面被彼奥提亚联盟当作既成事实接受下来,但彼奥提亚联盟在西夕温派驻了一个官员和一支军队。

起初,欧弗隆和彼奥提亚官员共同搞了一次对福里攸斯的进攻,但没有成功,而阿尔卡狄亚人则对他怀疑并想把他赶出西夕温。结果是欧弗隆用他的雇佣兵占领了西夕温港口,投向斯巴达一边去了。雅典给他提供了更多的雇佣兵,他便夺取了西夕温城,但未能攻下彼奥提亚驻军防守的卫城。欧弗隆后来又决定采取大胆的措施:走到底比斯去要求重新加入彼奥提亚联合体。但当他

---

① 希史,4.6.1、7.1.42—43;D.S.15.49.2—3、15.75.2。

出席卡德美亚的彼奥提亚联盟议事会正在致辞时,他却被人刺死了,刺客是跟他而来的一些政敌。议事会赦免了刺客,彼奥提亚人重新占领了西夕温的港口。但是,彼奥提亚人推翻依巴密依达在亚该亚和西夕温的措置的做法却招致了不满。他们的所作所为已和斯巴达、雅典搞的那套没什么区别了。①

公元前365年,雅典或彼奥提亚都没派军队进入伯罗奔尼撒,但在公元前364年彼奥提亚人应帖撒利人求援之请而出兵反对雅典的盟友、菲拉依的亚历山大。伯罗庇达正准备率领约7 000名公民部队北上时,在7月13日发生了一次日食;这次日食被认为是不吉之兆,公民部队便解散了,只由伯罗庇达带着300名自愿的骑兵加入了帖撒利的军队,后者也是以骑兵见称的。在西诺色发莱打了一场决战。亚历山大把他的具有很大优势的重装步兵放置在山麓高地上。伯罗庇达于是叫步兵上前攻击,而在步兵出击之时他率领骑兵进攻,打败了平原上的敌方骑兵。伯罗庇达接着就带着得胜的骑兵包抄敌军后路,准备从侧面和后面攻击敌方步兵。但他自己的步兵却没能取胜,败了下来,现在他就面临着敌方步兵掉转队形与骑兵对抗的危险。伯罗庇达于是又去组织步兵反攻,率领他们抵抗敌军右翼,那里是由亚历山大指挥的敌方雇佣军的劲旅所在。伯罗庇达身先士卒,远远冲在前面。正当胜利的时刻,他受了致命的一击而倒下了。这时他的骑兵已将敌军阵势打得七零八落,并在追击过程中歼敌3 000余名。

伯罗庇达之死使彼奥提亚失掉了它最有声望的领袖——一个

---

① 希史,7.1.44—46、7.2.11—15、7.3.1—2;D. S. 15.70.3。

能干的外交家,依巴密侬达的热诚的支持者,善于步骑兵协同作战的出色的将军,帖撒利骑兵和底比斯的"神圣旅"的卓越的司令官。在他牺牲以后,帖撒利军队割掉战马的鬃毛来为他们的解放者致哀,帖撒利同盟则在德尔斐为他立像纪念。他的死仇在公元前364年秋得到了报偿,那时一支700名骑兵和7000名步兵的彼奥提亚部队把亚历山大困于菲拉依境内,强迫他屈从于彼奥提亚联盟的旨令并按联盟指示提供军队。底比斯现在已主宰中部希腊。他的地位得到了德尔斐的承认,德尔斐在公元前363—前362年允许他享有优先求神谕之权。①

公元前363年夏,依巴密侬达开始了对雅典的海上攻势。彼奥提亚的小舰队已由于增添了100艘新的三桨座船而加强了,他们可能是用从马其顿和帖撒利运来的木材建成的。事先已经和拜占庭、奇奥斯和罗得斯等雅典盟邦中最强大的海军城邦做了谈判。依巴密侬达因此驶向博斯普鲁斯,这是黑海通往雅典的运粮航线上的要害之地。雅典舰队避免任何交战,依巴密侬达的100艘三桨座船的部队便抵达拜占庭。大约就在这时候,加尔西顿,可能还有其他一些位于普罗彭蒂斯和赫勒斯滂的城邦,也起义脱离雅典,配合拜占庭一起攻击了雅典的运粮船。西奥斯也起义而和优卑亚的希斯提埃亚建立了一致行动的紧密关系。依巴密侬达兵不血刃,班师回国,却使雅典的威信大受损害。②

在他离开彼奥提亚之际,揭发了一件大阴谋,那是一些底比斯

---

① 普鲁塔克,《伯罗庇达传》,31—35;D. S. 15.80—81;*Nep. Pef.* 5;*Rev. Arch*,1939,p.126;*SIG*,3.176。

② D. S. 15.78.4—79;Isoc. 5.53;*GHI*,141。

流亡者和300名奥科美努斯的主要公民策划的，目的是要推翻底比斯民主政府。彼奥提亚联盟大会决定对这一叛逆案施行惩罚，即给奥科美努斯以可怕的"屠城"(andrapodismos)的惩罚:男子都杀掉，妇女小孩卖为奴隶，城市夷为平地。在依巴密依达回国之后，他对同乡们的这一残酷行为提出了抗议。①

与此同时，伯罗奔尼撒又陷于混乱之中。公元前365年，伊利斯和阿尔卡狄亚为争夺特里非里亚而交战。伊利斯的寡头派领袖得到亚该亚和斯巴达的帮助，阿尔卡狄亚则有来自各民主城邦、美塞尼亚、阿尔戈斯、底比斯甚至雅典的支持。公元前364年7月，阿尔卡狄亚军队在阿尔戈斯和雅典帮助下占领了奥林匹亚，虽然伊利斯和亚该亚的部队做了英勇抵抗，一直战斗到圣地边缘；阿尔卡狄亚的胜利还使得皮萨太人主持了奥林匹克节庆会。阿尔卡狄亚领导人掠取了神庙的一些金钱来庆祝胜利并支付5 000依帕里特兵的铜银，这些人是阿尔卡狄亚的常备军。这一渎神行为使阿尔卡狄亚联盟分裂成两派，一派以提吉亚为首，许多犯有渎神过失的司令官站在它一边，另一派则以曼丁尼亚为首，它谴责这种渎神罪行。军中士兵也都把支付饷银问题看作是一个政治筹码，因为民主派要求发饷以保证他们的平等机会，寡头派则正因同样理由而反对这样做。这个争端由于以下事实而更趋恶化：提吉亚的领导人由于是民主派的联邦主义者而同情彼奥提亚，曼丁尼亚的领导人由于是寡头派的分离主义者而赞成斯巴达。

公元前363年，阿尔卡狄亚联盟全体大会谴责了掠夺神庙金

---

① D.S.15.79.2;波桑尼亚,9.15.3。

钱的行为。它停止了对依帕里特兵的饷银,告诫底比斯不要派部队进入阿尔卡狄亚(除非受到邀请),并和伊利斯谈判一个媾和的初步停战协议。曼丁尼亚一派现在控制了阿尔卡狄亚联盟。为使停战协议正式生效而做的宣誓是立即由有关各方参加的,其中就有指挥彼奥提亚 300 名提吉亚驻军的底比斯军官。当天晚上,提吉亚的领袖们在这位军官默许下把他们能找到的政敌都抓了起来,但到第二天,这位底比斯军官又害怕起来而把抓的人都放走了。他随后即撤回底比斯,招致阿尔卡狄亚人怨声载道,群起围攻。依巴密侬达对此的回答是指责阿尔卡狄亚由于同伊利斯搞了片面的和议而违背了与彼奥提亚缔结的条约,他并且宣布为了确保彼奥提亚的利益他要进入阿尔卡狄亚。他的警告终于分裂了阿尔卡狄亚联盟。提吉亚、麦加罗波利斯和其他城邦宣称拥护依巴密侬达。曼丁尼亚及其支持者则请求伊利斯、亚该亚、雅典和斯巴达的援助。当曼丁尼亚一派的各个成员决定各邦在其领土内握有军事最高指挥权之际,依巴密侬达却率领他从彼奥提亚、罗克里、优卑亚、马利斯、埃尼安尼亚和帖撒利征集的军队通过地峡进入伯罗奔尼撒,他的盟邦阿尔戈斯和西夕温则在这里等着他。①

在公元前 362 年的作战中,依巴密侬达首先走上战场,并自始至终保持主动。当他的敌人还是散沙一片之时,他就试图将它们各个击破。在涅米亚,他准备当雅典人从陆路到来时打它一个埋伏,但雅典人走的是海路。他在提吉亚精心挑选了阿尔卡狄亚和美塞尼亚人的分遣队,并在这里囤积物资,把这个坚固的城市作为

---

① 希史,7.4.12—5.5;D. S. 15.77—78.3,82.1—4;波桑尼亚,8,8.10。

运动战的基地。随后他进军于曼丁尼亚和斯巴达之间。那些已经在曼丁尼亚的敌军据守着一个强固的阵地。因此,当他得知斯巴达军主力已在阿基斯劳率领下向曼丁尼亚开拔而现在正走到佩伦尼时,他就决定攻击现已无守军的未设防的斯巴达城。他的快速部队黑夜行军约 35 英里,翻过了佩伦尼东面的山脉,在天亮不久抵达斯巴达,但发现阿基斯劳得到叛徒告密后已派了一些部队回城守卫。在阿基斯劳的主力部队进城之前,双方打了一场激烈的巷战。到中午时,依巴密侬达命令他的军队脱离战场。因为他预见到斯巴达在曼丁尼亚的前锋部队以及它在那里的盟军会绕道阿赛亚和佩伦尼前来救援斯巴达。当晚他便把营火燃起,军队则连夜翻过大山回到提吉亚。他又从提吉亚派骑兵去偷袭现在已无守兵的曼丁尼亚。但是,在战争中经常起决定作用的巧合之事却总是跟他作对。一整旅雅典骑兵正好新从北方赶到,马不停蹄就和底比斯、帖撒利的骑兵在曼丁尼亚城郊打了起来,击退了他们的进攻。①

  曼丁尼亚、斯巴达、雅典、伊利斯和亚该亚的军队现在都在曼丁尼亚摆开阵势。在夹于两山之间只有一英里左右宽的平原狭口上,他们的 20 000 名重装步兵形成了一道坚固的防线,约有 12 人纵深,两翼都有陡峭的山崖保护。曼丁尼亚人任最高指挥,他们的部队位于右翼,斯巴达人紧靠着他们;他们的军队占据着通向曼丁尼亚的大道,这也是最便于后撤的道路。左翼由雅典人据守,在他

---

  ① 希史,7.5.6—17;D.S.15.82.5—84.3;Plb.9.8;普鲁塔克《阿基斯劳传》,34 和《道德论丛》,346c;Polyaen.2.3.10。

们背后是个山凹,无路可退。在6月骄阳之下,阵地上的士兵们若离队进入阵地后面的树林,就可躲荫乘凉。2 000名左右的骑兵布置在两翼,位于步兵之前。这个阵地选得不错。它封锁了依巴密依达北上之路;它不可能遭到两侧包抄。而在正面全线进攻之时,依巴密依达军队的数量优势——30 000名重装步兵和3 000名骑兵,也不能有效发挥作用。 508

依巴密依达打算以密集队形进攻敌方最强之点——右翼,并牵制敌方的左翼。假若他的攻击成功,他就堵死了敌人逃向曼丁尼亚的道路,扰乱了敌军队形,并把敌军赶向雅典人背后的那个山凹去。在执行这个计划时,首要问题是不能让敌方察觉,否则敌人就会加强他们的右翼。整个上午,依巴密依达都在平原上调动部队,士兵活动都可看见,骑兵的盔甲和步兵擦亮了的盾牌在阳光下闪闪发光。整个横队以底比斯人居左而阿尔戈斯人在右,它向左转成纵队行进到西面山麓一带,到这里后前锋连队收枪休息,后随 509
连队开始在它们后面构成纵深阵势。现在已届中午,骑兵扬起的尘土(他们在横队前方运动)遮盖了依巴密依达步兵密集的情况。以为那天不会交战的曼丁尼亚人和斯巴达人都跑到树林里去吃中午饭了。这时依巴密依达发出前进的信号。他的左翼像船头一样猛冲匆忙集合起来的敌军的右翼。他的骑兵约1 600人组成楔形,猛插入敌阵之中,并有轻装的投石手和弓箭手混杂在他们中间以配合制敌,这支骑兵很快就打垮了六人一排而又没有步兵配合的敌方骑兵。在他的骑兵之后就是彼奥提亚重装步兵的纵深密集队伍,依巴密依达身先士卒走在队前,精选的兵士们则肩并肩地稳步行进。

在他的右边,横队的其余部分按梯形前进,右翼因此和敌军还隔得很远。但在平原的那一头,战斗却早已打响了。原来依巴密侬达事先派了一队有轻装步兵加强的骑兵去和雅典骑兵交战,还有一批轻、重步兵的混合部队占据了山脚一带,准备对任何前攻的雅典军进行包围或侧击。底比斯骑兵打散了雅典骑兵,随后对雅典步兵不断袭扰,使他们无法活动。这些战斗挫败了敌方任何支援右翼的企图。底比斯骑兵确实极起作用,敌方甚至派了一个伊利斯骑兵分队去支援雅典人。

与此同时,密集队形的进攻首先摧毁了敌方骑兵,随后又打败了曼丁尼亚和斯巴达的步兵,使他们溃不成军。骑兵步兵混合组成的彼奥提亚的前锋部队已冲破敌方阵线,还向右方包抄其余的敌军。但是,在他们后队,依巴密侬达却受了致命伤而倒下了。他阵亡的消息使中军震呆了,战斗在火热的厮杀中突然停止,敌军赶快利用这个机会逃走了。彼奥提亚的前锋由于不知道这个消息,直冲到敌军左翼的背后,但为后撤的雅典军分割歼灭了。

这样,原来可以成为军事政治上的一场决定性的大胜利的时机给错过了。否则,敌方的联合阵线将被打碎,各邦将单独与胜利者彼奥提亚媾和,很难说那时雅典还能保住它的难驾驭的帝国。在依巴密侬达阵亡之前几分钟,彼奥提亚看来已毫无疑问地稳操胜券,但随着他的死去,他的祖国的一切希望也就烟消云散。在战斗之后缔结了和平条约,然而这一和约却开启了一个"希腊世界更为混乱不定"的时代。色诺芬正是以这句话结束了他的历史。①

---

① 希史,7.5.18—27;D.S.15.84.4—87;波桑尼亚,8.11;Polyaen.2.3.14;Arr. Tact.11.2。

在他最后一次作战中，依巴密侬达最充分地表现了他的军事天才。他把各城邦的队伍结合得如此紧密，指挥得如此灵活，因而在战场上他们的坚强和密切配合都是非常出色的。在用兵神速、调动精妙、战术奇巧，以及骑兵、步兵、轻装兵的配合运用等方面，他大大超过了他的前辈名将。只有日后伟大的马其顿司令官们可以和他相比，他们也和他一样地善于制敌死命，务求全歼，不仅为了取得军事上的威名而且为了得到全胜的充分效果。在他的有生之年，他使彼奥提亚平原成了"战神的舞台"，彼奥提亚人则成为陆地海上最有威力的武装力量。依巴密侬达和伯罗庇达在军事技术上的革新被留在底比斯做人质的、年轻的腓力普注意到了，他不久就成了马其顿的国王。

依巴密侬达在政治上的才能却是有争论的。有人曾批评他摧毁了斯巴达同盟并动摇了雅典同盟，但是，没有一个公元前4世纪的政治家能够在不打击这两个帝国组织的情况下改变当时的国际形势。假若他能活着收获他军事胜利的成果，他或许会像腓力普在恰龙尼亚之战以后那样，把他为希腊各邦制订的计划显示出来。只有这个计划才是评判依巴密侬达伟大的依据，然而它却随他的死而夭折了。我们只能根据他未完成的工作来给他评价。现存的他的墓志铭中有一部分如此写道："经吾人之策划，斯巴达已失其光彩，神圣的美塞尼亚终得其子孙、麦加罗波利斯靠底比斯的武威而筑其高墙，全希腊皆获自由与独立。"但这些主要是他的成就而非他的理想的记录。在他思想中真正的联邦主义应该是自由而宽宏大量的。因此他反对以武力压迫奥科美努斯，让亚该亚的寡头派继续掌权，而对落入他手中的彼奥提亚流亡者也宽大处理。他的政策不是斯巴达和雅典搞的那套分而治之的政策,而是团结与诱导。彼奥提亚联盟、阿尔卡狄亚联盟、埃托利亚联盟、西罗克里联盟、帖撒利联盟和亚该亚联盟都是以自主的政治实体相待的。它们可以不接受他的领导,但在它们接受时,它们就要比那些分割的属邦的纠合物①强大。依巴密侬达关于一个自主联盟间的联合体的构想可能是乌托邦式的东西,但它可能启发了提摩列昂在西西里的尝试以及腓力普在希腊的措置。

依巴密侬达的性格吸引了他的传记作者的注意。作为一个毕达哥拉斯哲学的信奉者,他被形容为真挚热诚、宽厚而不自私。然而从历史的角度看,他必须被按一个政治家的身份给予评价。他可能在国际政治方面比伯里克利有更高尚的理想,但他缺乏伯里克利那种在民主政治中支配人民的力量。最重要的是他缺乏实现宏图的人才;因为彼奥提亚人虽可成为优秀士兵,却不能领会他的政策的精神实质。相反地,他们摧毁了奥科美努斯,与亚该亚联盟为敌;并且显示出多少是由于缺乏教养而产生的残酷。这个缺点依巴密侬达可能也有所察觉,因此他号召底比斯人"要把雅典卫城的门厅搬到卡德美亚的前庭之中"。然而这始终是他无法弥补的一个缺陷。在他死后,底比斯的衰落在政治和军事领域中都非常明显,这就证明了那句名言:他一个人的价值胜过了他的整个城邦(unum hominem pluris civitatem fuisse)。②

---

① 此处所谓"纠合物"是指斯巴达、雅典搞的"帝国"。——译者
② D. S. 15.57.1,15.79.3—6;波桑尼亚 9.15.3—6;希史,7.1.42;普鲁塔克,《提摩勒昂传》,36;Aeschin. 2.105;斯特拉波,401(埃孚罗斯);Nep. *Epan*. 104。

第二节 彼奥提亚联盟和雅典同盟的衰落

曼丁尼亚之战陷于僵局的一个直接后果就是：一方面双方皆无所得，一方面却有数以千计的人死里逃生。可能就是出于厌战情绪，在公元前362年冬季组成了一个"城邦联盟"。所有希腊本土各邦，除了不承认美塞尼亚独立的斯巴达而外，都宣誓遵守"全面的和平与结盟"，承担了以谈判解决争端和彼此互相防卫反对侵略的义务。联盟的目的是防止和结束成员之间的战争，让每一成员都达到繁荣富强，在对外关系方面则全体成员一致行动。为了实施它的章程，联盟需要一个执行机构。可惜有关它的细节我们一无所知。一个成员代表大会，每邦一票，大约是按一定时间召开以讨论有关事务的；在最初，它的劝告或推荐对成员邦大约是没有约束力的。一个联邦法庭肯定是建立起来了，可能还建立了联邦金库。自从公元前481年以来，这是第一次绝大多数希腊城邦结合在一种联邦制度之内，虽然它还是相当松散的，但它的入盟各邦都拥有了"希腊人"的统一称号而且是统一行动的。公元前481年的联盟是在战时形成的，目的是要驱逐波斯；现在的联盟则是在和平中形成的，目的是要保持和平。

联盟的决议只有一件流传下来。它是有关一些造反的波斯总督请求希腊人参加他们反对波斯的起义的。联盟决议的回答是强调它的团结和中立，此外它还警告说它将联合起来反对任何侵略者，无论其为波斯大王还是其他人。这个答复反映了联盟的局限性。它缺乏主动和精力去反对波斯和解放爱奥尼亚的希腊人，以及获取扩张的新地盘。相反地,它以现状自缚。因此它是一个静止无为的组织,而非活跃进取的机构,它的成员也主要着意于保住既得利益,对援助受害者并不热心。①

即使如此,具有这样一个章程的城邦联盟只要它最强大的几个成员能起坚定的领导作用,它也会是很有用处的。可是,如果这些大邦只想在联盟内树立自己一派的势力,搞自己的联合体,那么联盟的寿命就指日可数了。在公元前361年时,只有雅典具有领导联盟反抗波斯的能力。但在这一年内它却搞了两个联盟,其一是与阿尔卡狄亚、亚该亚、伊利斯和福里攸斯结合,另一则与帖撒利联盟结合,它的目的是想借以扩张自己的势力,同时又削弱底比斯。彼奥提亚因此就派军进入阿尔卡狄亚,为的是确保它对麦加罗波利斯的控制。如果只从实际政治效果看,那么城邦联盟是死胎——已死在娘胎里然后才出生的。然而,在政治思想史上,它的出生本身就已具最伟大的意义。②

联盟的解体意味着那使许多城邦卷进去的彼奥提亚和雅典之间的争夺仍未解决。彼奥提亚已疲惫不堪,难以再发动进攻,但在伯罗奔尼撒是例外,因为在那里它还保有麦加罗波利斯;同时,它还发现它自己在中希腊却逐渐丧失了基础。雅典已把彼奥提亚在帖撒利建立的统一局面弄得四分五裂,而且留给它的只是更靠不住的那部分——菲拉依的亚历山大。在优卑亚,那里各城市的长官是亲底比斯的,在公元前357年初却掀起了造反浪潮。底比斯

① D. S. 15.89.1—2;94;普鲁塔克,《阿基斯劳传》,35.3—4;Plb. 4.33.8;*GHI*, 145(有时年代稍早)。
② *GHI*,144、147. D. S. 15.94.

和雅典都派了军队进入该岛,经过一个月的战斗之后,底比斯人被赶跑了,雅典人控制了全岛。这些挫折更增加了底比斯对弗西斯的担心,生怕它也脱离中希腊的彼奥提亚联合体。

公元前362年,弗西斯曾拒绝派遣军队到曼丁尼亚,其理由是它和彼奥提亚的结盟纯粹是防守性的。公元前357年,菲拉麦鲁斯和其他进行党争的弗西斯人又把眼光转向雅典。但在公元前357年夏雅典正为"社会战争"所困,底比斯便趁机重新夺回了帖撒利,并利用公元前356年4月安菲克提翁议事会通过的一道决议弹压弗西斯,这决议要求支付两笔早先已判定的罚金:一为斯巴达因占领卡德美亚受罚,一为菲拉麦鲁斯等人因在圣地耕植而受罚。这种利用宗教机构进行政治压迫的手法使弗西斯人大为恼怒,他们选菲拉麦鲁斯为独裁将军(strategos autokrator)来应付紧急事变。菲拉麦鲁斯在公元前356年6月和斯巴达国王阿尔齐达姆斯商量之后,就夺取了德尔斐,勾销了安菲克提翁同盟通过的反对他的决议,并且根据荷马的权威记述宣称弗西斯占领"多山岩的皮提亚之地"是古已有之的权利。①

起初,彼奥提亚只把菲拉麦鲁斯看作单独一人。在整个夏季期间,它的部队都没有向菲拉麦鲁斯进攻,而菲拉麦鲁斯却用5 000名雇佣兵防守着德尔斐,他在冬天不仅得到了弗西斯人民大会对他措置的支持,还和斯巴达、雅典,可能还有亚该亚缔结了同盟。一旦雅典在社会战争中承认失败,底比斯就把菲拉麦鲁斯看

---

① D. S. 16. 7. 2; D. 8. 74; Aeschia; 3. 85; 希史, 7. 5. 4; D. S. 16. 23—24; 亚里士多德,《政治学》, 1304ª10; 波桑尼亚, 10. 2. 1—3, 11. 2. 517。年代有争议, 文中所用年代见 JHS, 57. 44。

作弗西斯城邦的代表。它现在由于得到帖撒利人的支持而信心大增,因为他们在安菲克提翁议事会拥有多数票。公元前355年10月,在它提议之下,安菲克提翁议事会正式宣布反对弗西斯的"圣战",这就是说它将是一场代表德尔斐神而进行的战争,战斗中将不留俘虏,对被征服者将无所宽恕。这种条件意味着它将是生死的决斗。因此,菲罗麦鲁斯掠取了德尔斐神庙的金钱,征募了超过10 000人的军队,首先打败了彼奥提亚人和罗克里人,接着又打败6 000人的帖撒利骑兵(公元前354年春)。此后帖撒利便不再援助彼奥提亚。彼奥提亚联合体彻底瓦解了,希腊最优秀的公民军队正在一场消耗战中被雇佣军拖垮。①

公元前362年,雅典人民大会曾面临一个对雅典和希腊各邦都有极重大意义的抉择。虽然依巴密侬达没有重复他的海上攻势,他却揭露了雅典海军势力的空虚和它的盟邦的不稳。可是,雅典并未调整它的政策。公元前362年年初,它强迫西奥斯按比原章程较低的条件入盟:在茹利斯安置一个亲雅典的民主政府,放逐反雅典的党派,雅典官员有权采取"他们认为合适的任何手段"催缴未付清的"贡献金",超过100德拉克马的与雅典人有关的案件要拿到雅典法庭上审理。这些条件,加上随之而来的安置军事移民等,使得雅典盟邦清楚地看到,现在雅典是想把它的同盟变成帝国,因为它们对公元前454年和前390年雅典那一套手法记忆犹新。另一方面,它在曼丁尼亚战役得以保存军力以及公元前362年夏建立"全面和平与结盟",都使雅典有可能回复到公元前371

① D. S. 16. 25、27—30;Aeschin. 3. 118;Isoc. 5. 54—55。

年奉行的政策,这种政策就是把希腊各邦团结在雅典同盟的周围。即使在当前,只要雅典显示宽宏大量,他的同盟所具有的那种磁力作用仍会恢复(直到公元前364年本都的赫拉克利亚仍向雅典求援),它和它的同盟也可以使得"城邦联盟"成为现实并领导它抵抗波斯,就像伊索克拉底自从大王和约在公元前386年缔结以来一贯倡导的那样。何去何从仍有待于雅典选择。它的决定则将左右希腊城邦的命运。①

公元前362—前361年,雅典同盟的自由派奠基人卡利斯特拉图斯被缺席判处死刑;日后提倡和底比斯和解的阿里斯托丰则遭到了审判,仅以两票多数得以幸免;萨摩斯和波蒂代亚的军事移民得到加强;而在城邦联盟的框子内部又搞了一个雅典同盟和反底比斯的伯罗奔尼撒各邦的联盟。由此可见,雅典已做出了无可反悔的决定。主要的问题是财政金融。公元前454—前453年,当雅典采取同样的政策时,它有提洛同盟金库的巨额储备供它花销使用。现在它却身无一文。在公元前362—前361年的舰队中的一位船长曾谈到,他的水兵之所以纷纷逃走,就是因为他们知道当时"他的钱袋空空如也,国库有名无实,盟邦均告破产,将领都贪污"。在这种情况下,掌握实权的雅典人民就有点像越赌越穷的赌徒;卡利斯特拉图斯曾形容这种人说:"假若他们得了一次彩,第二次就双倍加注,结果弄得输光赌尽,变成一个穷光蛋。"②

在公元前362—前358年,形势对雅典有利。彼奥提亚已是

---

① GHI,142;Justin 16.4.
② Hyperid. 3.1、18;D. 18. 102;Schol. Aeschin. 1. 53、1. 64;GHI,146、144;〔D〕50.15.

精疲力竭,雅典又在伯罗奔尼撒和帖撒利联盟内部获得盟邦来反对它。菲拉依的亚历山大却给雅典造成麻烦,他掠劫了铁诺斯和皮帕雷多斯,并抢劫了比雷埃夫斯的银钱市场。一位名叫列奥斯提尼斯的将军未能把他挡住和制伏,为了怕遭审判定罪,他也像卡利斯特拉图斯那样逃到马其顿去了。他的继任者恰利斯是个民主派领袖,"回避敌人而虐待盟友"。公元前358年,菲拉依的亚历山大被其妻刺杀。这时恰利斯已驶往科尔西拉,他在那里干预了各党派的纷争,支持寡头派进行了一次大屠杀。结果科尔西拉脱离雅典,使雅典在西部的影响大为减弱。北部爱琴海对雅典商业说来则是更为重要的地区。在这里提摩修斯未能占领安菲波利斯,它有卡尔西狄斯联盟和马其顿王帕尔狄卡斯撑腰,继提摩修斯指挥的卡利斯提尼也失败而被雅典人处死;提摩修斯再度试图攻取它,结果却是落得在斯特累蒙河烧毁自己的舰队以免它落入敌手。然而,帕尔狄卡斯在公元前359年死了,马其顿又遭到伊利里亚人的入侵和蹂躏。雅典早就在马其顿内地和皮拉哥尼亚人曼涅劳斯策划阴谋,现在它又支持争夺马其顿王位的阿尔盖攸斯;当他失败以后,它又和战胜了他的腓力普打交道,腓力普遂于公元前358年撤走了安菲波利斯的马其顿驻军。①

更为紧迫的是在博斯普鲁斯和赫勒斯滂的局势。公元前362年,拜占庭、加尔西顿、夕奇库斯都抢掠了雅典从黑海来的运粮船只,在公元前360年,色雷斯王科提斯又占领了塞斯都斯,并威胁

---

① *GHI*,147;D. S. 15. 95;Polyaen. 6. 2;Aen. Tact. 11. 13;D. 23. 150;Aeschin. 2. 29;Polyaen. 13. 10. 8;*GHI*,143;D. S. 16. 2. 6、33、3. 5.

雅典在刻尔索尼斯最后的根据地克里左特和厄拉攸斯。但在公元前359年，科提斯被刺死。雅典支持了一个争夺王位的人来反对科提斯之子色西布列普特，从而使色雷斯王国分裂为三大片，各由贝利萨德斯、阿马多库斯和色西布列普特占据。色西布列普特随即同意把塞斯都斯让给雅典，但后来又拒不践约。到公元前358年年底，雅典和贝利萨德斯、阿马多库斯结盟，再度和色西布列普特交战。在这些年代，六位雅典将军在刻尔索尼斯东征西讨，却都是劳而无功。由于缺乏军费，他们不得不靠抢劫为生，其中如攻陷斯特累梅城的事件，使他们的所作所为和那些色雷斯国王所雇的雇佣兵头目伊菲克拉底、雅典诺多汝斯和恰里德木斯差不多。

在亚洲一边的赫勒斯滂海岸，雅典是和总督起义的头领阿里欧巴尔扎尼友好的，它曾给他雅典公民权。在总督起义失败后不久，波斯国王阿塔薛西斯·木涅蒙也死去了（公元前359—前358年冬），爱奥尼亚和赫勒斯滂的弗里吉亚的两总督奥伦特和阿塔巴卓斯又起来反对继位的国王阿塔薛西斯·奥库斯。在更南面，卡利亚的总督莫索鲁斯则对波斯新主继续效忠。他的首府哈利卡纳苏斯是和罗得斯岛以及其他雅典同盟的成员有密切关系的。①

就这样，雅典在公元前362—前358年是极力阻止任何强国在爱琴海岸兴起的，这海岸地带包括了中部希腊、马其顿、色雷斯和小亚细亚的沿岸。雅典同时极力在这一带夺取具有战略意义的基地，例如安菲波利斯和刻尔索尼斯。它的竞争者——亚历山大、帕尔狄卡斯、科提斯、阿塔薛西斯等的死亡有利于它的争夺霸权，

---

① 〔D〕50.6；德谟斯提尼，23.158以下；〔D〕50.21；德谟斯提尼，23.170以下。

但在公元前358年年末,它仍像神话中的西夕福斯那样劳而无功地推他力所不能及的巨石上山。

公元前357年,好几处都出现了危机。与彼奥提亚闹翻了的优卑亚向雅典求援并得到了它的许诺;优卑亚各城邦于是加入了雅典同盟,每一城邦分别派其代表参加同盟大会。在优卑亚的战事刚刚在春天结束,安菲波利斯和马其顿的使者又到来了。安菲波利斯人由于腓力普对他们攻击甚紧,便向雅典提出愿把他们的城市交给雅典。马其顿的使者则带来腓力普的一封信,他向雅典表示友好并要把安菲波利斯送给雅典人。因为雅典人想在刻尔索尼斯用兵,它就和腓力普订了秘密协定,其中约定雅典将送给腓力普皮德那城以交换安菲波利斯。它的雇佣军在恰利斯指挥下由优卑亚直接进入刻尔索尼斯,在此地他们又和色雷斯国王的雇佣兵头领有了协议。根据这一协议,刻尔索尼斯的各希腊城邦,除了卡尔迪亚以外,都得加入雅典同盟,但必须既向雅典也要向色雷斯王缴纳贡金。接着,在初夏又传来了奇奥斯、罗得斯和科斯在拜占庭和卡利亚的莫索鲁斯支持下推翻了民主政府并脱离雅典同盟的消息。

这次战争称为"社会战争"(公元前357—前355年),是以雅典舰队在恰利斯率领下迅速采取攻势开始的。他截击了起义联军对奇奥斯的支援,随后即从陆海两面封锁了该城。在仲夏,雅典舰队遭到大败,当时任指挥的恰布里亚斯战死。恰利斯退回赫勒斯滂,在那里开始对拜占庭作战,这时又有佩林托斯和色林布利亚加入到拜占庭一边。在秋天,腓力普占领了安菲波利斯,允许它独立,并答应(或许是鼓动)其政府放逐一些亲雅典派。在冬天,腓力普夺取并统治了皮德那,和卡尔西狄斯联盟结成反雅典的同盟,并取代了雅典的地位而与帖撒利联盟结盟,同时,色雷斯王色西布列普特又撕掉了原先的协议而拒绝退出刻尔索尼斯。①

公元前356年,当恰利斯以60艘船舰守住刻尔索尼斯时,起义军却以100艘船舰攻掠雅典占据的列姆诺斯和英布罗斯等岛。他们出于对民主派的憎恨而愚蠢地攻击了一些可能参加起义的岛屿,后来又去进攻由雅典军事移民守卫的萨摩斯。雅典在夕克拉底斯群岛布置了统领和驻军,但它未能快速行动起来。它有一些船只(在公元前357—前356年海军兵力表上它有283条船),但既无钱又无人去装备它们出战。公元前357年它已把小组(symmories)制度用于三桨座船的建造方面,即用小组代替一人负责出资配备三桨座船,以便加强加快战舰的装备,但即使这样它也直到夏季才装好了另外60艘船。这支120条船的大舰队由恰利斯、提摩修斯和伊菲克拉底指挥,进逼奇奥斯和大陆之间的海峡上的恩巴顿。当时正值暴风雨天气,提摩修斯和伊菲克拉底拒绝出战,恰利斯单独进攻,结果失败(公元前356年秋)。这样一来,在海上雅典是输定了。在这一年中,底比斯又在德尔斐进攻了弗西斯人,腓力普则占领了波蒂代亚,驱逐了雅典的军事移民,并将该城交给了卡尔西狄斯联盟。一支驰援波蒂代亚的雅典部队到来太晚,而雅

⁵¹⁶

---

① *GHI* 153、154;Aeschin. 3.85 及 D. s. 16.7.2(优卑亚);德谟斯提尼,22.14;D. S. 16.8.2—3(安菲波利斯);德谟斯提尼,1.8;〔D〕7.27;德谟斯提尼,2.6;*FGrH*,115 F 30(提奥庞普斯);*GHI* 151;德谟斯提尼,23.173(刻尔索尼斯);D. S. 16.7.3—4(社会战争持续"三年",公元前 358/357—前 356/355,参见 16.22.2 及 *Hesperia*,8.14)、16.27.1;德谟斯提尼,15.3,19,26;*GHI*,150(安菲波利斯);D. S.16.14(帖撒利)。

典在当地土著部落中组织起来的反腓力普的同盟也在公元前356年夏被打败了。

不愿承认失败的雅典做了一次最后挣扎。它的计划是先与起义的波斯总督阿塔巴卓斯联合,从他那里索取雇佣兵的军费,然后又与波斯国王打交道,要求他召回在爱琴海作战的莫索鲁斯以取得雅典的中立。这个狡黠的计划头一部分进行得不错。恰利斯的雇佣兵为出了高价的阿塔巴卓斯打了一个大胜仗,恰利斯向雅典报告说他已赢得了第二个马拉松之战。但第二部分却失败了。波斯王阿塔薛西斯·奥库斯要求雅典军立即从亚洲撤退;假若他的要求遭到拒绝,他将派腓尼基舰队进入爱琴海以支援莫索鲁斯和他的盟友。雅典马上从亚洲撤军,虽然有一些演说家鼓吹继续作战,像欧布鲁斯一类的明智的政治家顾问却占了优势。公元前355年夏,雅典终于与起义各邦议和而承认了它们的独立。①

于是,雅典第二次想建立广大帝国和主宰希腊世界的企图就以失败而告终,且弄得精疲力竭。它还保有雅典同盟的残余——优卑亚、夕克拉底斯群岛和北爱琴海的少数岛屿及大陆港口,它们每年约交45塔连特的贡献金。雅典国库已告破产,陪审法庭也关闭了。雅典的名字,正如它的一位演说家所说,已经和海盗巢穴迈翁尼索并列而不再是希腊的光荣领导者了。它在本土仅有的盟友是公元前355年秋圣战所指的弗西斯和被美塞尼亚人、阿尔卡狄

---

① *Hesp*. 8.12(刻尔索尼斯);D. S. 16.21—22.2;*GHI*,152、156;*IG*,ii². 1611(海军兵力登记表);*IG*,ii². 1612、1227(恩巴顿前的船);德谟斯提尼,4.35(波蒂代亚)、6.20;School. D. 3.28,330。

亚人连续作战困住的斯巴达。①

第三节　走向混乱的西西里

彼奥提亚联合体和雅典同盟的瓦解还不如西方的狄奥尼修斯帝国的崩溃那么惨。狄奥尼修斯像是一个铁人,他的儿子却是一个书生。这位狄奥尼修斯二世和蔼可亲,脱离实际,对哲学思辨很感兴趣,在将近30岁时还想过着太平无事和有好名声的生活,那是与保持一个军事独裁的任务完全不相适应的。他当政后立即大开牢狱释放囚犯,并且减低税收。他又迅速和迦太基、卢卡尼亚人媾和,并重建了他父亲曾摧毁的两个城市——列其昂和那克索斯。他在意大利的阿普利亚设置两个海军监视哨以免出入亚得里亚海的门户遭海盗侵扰,在公元前366年他继续他父亲的政策派军队去支援斯巴达和雅典,但为时不久。

假若让他自由做主和有贤明的劝导,狄奥尼修斯二世可能使他的帝国保持和平与繁荣,但他的厚道和缺乏经验却使他无法躲开家族内争权夺利的阴谋,特别由于他父亲多妻多子,这种阴谋更进一步复杂化了。狄奥尼修斯有两个异母弟希帕里努斯和涅撒乌斯,又因他的后母而有一个舅舅狄翁,这个狄翁由于做了他的三姊妹——德娃、平娃、敬娃中的第一位的后夫,因而又是他的妹夫。狄翁早在老狄奥尼修斯在世时趁甥儿无能而专揽了军政大权,现在他更认为自己是他看不起的小狄奥尼修斯的指导者。为了教导

---

①　德谟斯提尼,18.234;Aeschin.2.72。

这位年轻的统治者,或者至少是使他更易接受舅父的劝说,狄翁曾力促狄奥尼修斯把雅典哲学大师柏拉图请到宫廷中来。①

柏拉图早先在公元前389年来叙拉库斯时曾和狄翁建立了密切的友谊,他对狄翁的聪明、品性和老练很为赏识。在公元前366年他接受狄奥尼修斯的邀请时可能受到狄翁意愿的影响,但他之前来主要还是想通过把年轻僭主转化为"哲学家国王"的办法而将自己的哲学观点付诸政治实践。这对作为"学园师长"的他说来,确是一个勇敢的决定,他知道希腊世界将会注目于这一"理智对权力"的冲击,而狄奥尼修斯的众多臣民也将由于他对其主人的影响而得到好处。起初,一切皆很顺利。狄奥尼修斯愉快地接受柏拉图作为他的政治和哲学顾问,因为这位大师并不在政治和哲学之间划出实际的界限。但狄奥尼修斯的廷臣大为吃惊。他们设法召回了菲利斯图斯——一个心毒手狠的僭主政治的支持者,以此抵消柏拉图和狄翁的影响,并使军事独裁的体制得以继续保持。他们毫不怀疑,狄翁是想逼狄奥尼修斯让位或利用其无能而篡位,柏拉图只不过是狄翁实现这一野心的掩蔽而已。为了使狄翁失宠,他们还向狄奥尼修斯揭发了狄翁写给迦太基人的密信,其中说除非他本人出席,否则迦太基当局不要和叙拉库斯谈判。这一要求会有叛国的味道,从以后的事态发展看,它可能是确有其事。狄奥尼修斯于是把狄翁遣送出国,让他安享他的巨额财富,过着体面的流放生活。②

---

① D.S.16.5;普鲁塔克,《狄翁传》,1—10;亚里士多德,《政治学》,1312ᵃ4。
② Plato. *Ep*. 316c,315e-316a;普鲁塔克,《狄翁传》,11—4;D.S.16.6.1-4。

狄翁一旦离开，就没有人把柏拉图的去留放在心上了。因为他现在已不干预日常政务，专心致志于陶冶狄奥尼修斯的心灵，并想使狄奥尼修斯和狄翁言归于好。在他的努力无所收获时，他也就离开叙拉库斯而返回雅典，但仍得到狄奥尼修斯的好感与关怀。此后五年狄奥尼修斯自行其是，学会了严刑峻法统治人民，并决心对付国内日益增长的不满。公元前361年，柏拉图又回到了叙拉库斯，因为他在狄翁等人再三劝说下接受了狄奥尼修斯一再发出的邀请。他发觉这位僭主在哲学方面已不那么听话了，因阿里斯提普斯和其他智者已在此详细阐明了他们的理论；另一方面，由于柏拉图力求劝说狄奥尼修斯召回狄翁，他更成了一个可疑人物。在一些互相责难之后，柏拉图就回返雅典，他此行的唯一成果就是狄奥尼修斯没收了狄翁在西西里的财产，把他的妻子"德娃"嫁给了自己的亲信提摩克拉底，从而表明狄翁将永远不会被召回了。①

柏拉图此行的同伴中有一个是狄翁的密友，哲学家斯柏西普斯，他利用僭主款待的条件刺探了一些反对派的实力。斯柏西普斯回雅典后就鼓动狄翁用武力去夺取哲学所未能取得的权力。柏拉图对此有所察觉，但他既没通知狄奥尼修斯，也不支持狄翁。公元前357年8月，狄翁带着1500名雇佣军直驶西西里，让另一个被放逐的民主派头领赫拉克利德斯率领增援部队随后而行。狄翁在赫拉克利亚迈诺亚登陆，这里属迦太基人领土，而他和当地司令官又是好朋友。这时狄奥尼修斯在意大利，而菲利斯图斯则正在意大利海岸一带阻截任何沿海岸而至的船只。狄翁由陆路向叙拉

---

① Plato. *Ep*. 316、317b.

库斯进军,在阿克拉加斯盖拉和卡马利纳征集了支持者,并让他在叙拉库斯城内的奸细散布他的实力如何强大的谣言。守城总督提摩克拉底吓得逃跑了,依然忠于僭主的雇佣军则退守奥提吉亚城堡。叙拉库斯城向解放者敞开城门,他们带着花冠进入城内,狄翁及其兄弟麦加克列斯则被举为新共和国的全权将军。群众为他们的解放庆祝一周,把僭主的宠臣亲信以及溜须拍马之徒搜捕法办。

然而战斗仍未结束。狄奥尼修斯回到了奥提吉亚,并以大发高薪的办法取得了雇佣军的效忠;他们冲入城内大肆掠劫,又截击了城市的海上供应。当赫拉克利德斯终于带着一支舰队赶来时,他在海上打了一个胜仗,把狄奥尼修斯封锁于奥提吉亚(公元前356年夏)。与此同时,狄翁也像多数知识界人士一样比较偏向寡头政府,在叙拉库斯人民中逐渐不孚众望,而在群众中则极端民主派日益得势。赫拉克利德斯由于嫉妒狄翁而和民主派联合起来,把狄翁赶出了叙拉库斯。在这时,狄奥尼修斯已逃出奥提吉亚,他派了一支坎佩尼亚雇佣军打入城内,大抢大杀两天两夜,直到狄翁回来控制了局势为止,这时狄翁已被推举为权力无限的独裁将军(strategos autocrator)。对赫拉克利德斯和另一个想在西西里的混乱中捞一把的斯巴达冒险家法拉克斯作了进一步斗争之后,狄翁终于在355年占领了奥提吉亚,当时据守城堡的雇佣军已依约撤走而去和在罗克里的狄奥尼修斯会合了。①

终于得到自由的叙拉库斯,已经在两年之久的混乱、党争和雇佣军攻掠之下大为削弱了。狄翁现在被认为有自立为僭主的嫌

---

① 普鲁塔克,《狄翁传》,22—50;D. S. 16.6.5、9—13、16—20;Nep. *Dion* 7。

疑,他对赫拉克利德斯的阴谋活动也极力镇压,直到把赫拉克利德斯刺死。当狄翁在公元前354年准备建立一个贵族宪制时,他被卡利普斯派来的奸细刺死,这个卡利普斯是一个柏拉图派哲学家,但已自立为君主而攻击了加塔纳。公元前352年,狄翁之甥、狄奥尼修斯的异母弟希帕里努斯在叙拉库斯上台夺权,他死之后又由其弟涅撒乌斯统治。公元前347年,狄奥尼修斯又把涅撒乌斯赶出了叙拉库斯。这个饱经风险的僭主极其残暴地统治城市,使全城人民不得不求助于另一位在列翁提尼得势的叙拉库斯人希塞塔斯。公元前344年,希塞塔斯在与迦太基人建立了紧密的同盟,打败了狄奥尼修斯,把他赶进了奥提吉亚。公元前343年,迦太基舰队驶入叙拉库斯大港,希腊人在西西里的独立已危在旦夕了。①

叙拉库斯自从狄翁到来以后的种种动乱,也在狄奥尼修斯帝国全境的绝大多数城市中一再重演。解放意味着有组织的政府之终结。接着是党争、暴政和无政府状态。许多大城市被冒险家占领,他们使用蛮族雇佣兵,在夺得一城之后又攻击邻邦以扩大地盘。西西里陷入的苦境曾在一封柏拉图派的信函中描述为一种导致毁灭的恶性循环:"祸乱无穷,看来似乎是结尾之处,实际上却总是连结着新的开端,因此这一斗争的循环将使双方都遭致彻底完蛋,无论僭主派还是民主派都是一样,随着西西里之变为迦太基或意大利的一省,希腊语将几乎在此绝迹。"当提摩列昂在公元前344年前来拯救西西里免遭厄运时,叙拉库斯街道上已长出青草,在其他由于战乱而荒废的城市中更是荆蒿丛生,而另一些城市则

---

① 普鲁塔克,《狄翁传》,51—58;D. S. 16.31.7、36.5、45.9。

已处在找不到雇主的蛮族雇佣兵控制之下。①

在意大利,狄奥尼修斯的势力曾把希腊各邦团结起来共驱蛮族,现在,帝国的瓦解也就带来同样的灾难。那些曾给西西里的野心家们提供这样多雇佣军的蛮勇的意大利部族,开始越来越厉害地向希腊殖民城邦占领的沿海富庶地带进逼。公元前356年,特里纳城被名叫布鲁提侬的卢卡尼亚部落攻陷毁灭,这个勇悍的布鲁提侬族居住沿海地带,专门为作战而组成了一个联盟。随后夕巴利斯、希波尼昂和其他城邦也被他们一一攻陷而不复存在。②

这些灾难的最根本原因就是历五十年专制统治所造成的政治生活的腐败,这种专制统治窒息了政治责任感,迁移了大批人口,解除了希腊人的民间武装,输入了蛮族雇佣军。腐败的后果就是无政府、倾轧敌对以及极其可怕的道德堕落。导致专制统治瓦解的动力是由狄翁点火的,他的作为受到柏拉图学园头目们的公开支持(即使柏拉图自己还不至如此)。然而,狄翁仍缺乏那种挽救西西里免于无政府状态的政治家的品质;因为,虽然他的动机在哲学上说来是可赞许的,他却是一个知识上和政治上的贵族主义的顽固拥护者,他对贫苦大众是漠不关心的,而他和赫拉克利德斯的关系也是淡薄而互不信任的。

柏拉图在西西里的大祸乱中所起的作用也不能免于非议。对他最重的谴责是他对狄翁的为人知之不深,而对狄翁作为政治家的才德则估计错误。柏拉图与狄奥尼修斯的交往并没有什么实际

---

① Pl., *Ep.* 353d;普鲁塔克,《提摩勒昂传》,I.
② D.S.16.15;斯特拉波,5.1.4;Justin,23.1.

效果，而狄奥尼修斯头十年的统治可能比柏拉图的影响和理想所能及的还要仁慈一些。但是柏拉图对狄翁的态度，虽然从忠于私谊上说无可厚非，在政治效果上却是为害非浅的。当柏拉图知道这后果只能是他从理智立场上不能赞同的革命与暴力时，他却没有公开站出来反对狄翁，反而只是在私人小圈子里试图达成狄奥尼修斯与狄翁的和解。这实际上已毫无希望。在柏拉图死后不久，当西西里问题仍引人注目时，有人写了一封公开信为他辩护，这封信流传至今。在这信中，实际问题被哲学上的枝节论辩所掩盖，而对狄翁的理想化的肯定则贯彻始终。① 可是柏拉图自己一定对狄翁的堕落深有感触，而对他行动的后果所导致的幻灭必更深感痛苦，为了这些，他在实际政治的不完善的世界中，也是要负一定责任的。

---

① 柏拉图，《信函7》，信中对历史情况写得模糊不清，就像信函8的末尾部分一样，使人有充分理由认为它不是真作，虽然也有不少柏拉图学者认为它是真的。

第四章　希腊动乱的社会与经济背景

521　　色诺芬的生平(约公元前430—前354年)正好和希腊政治上的受挫时期相始终。没有一个城邦能长期保持对希腊其余地区的领导,而没有这种领导,希腊各邦就陷于几乎是无休无止的战争。和平只在一个或两个强国稳操霸权时才暂时存在,例如尼西亚斯和约期间的雅典与斯巴达,以及以后独家称霸的斯巴达。公元前362—前361年,试图以组成城邦联盟方式保持和平的举动引人注目地失败了。公元前355年,当色诺芬写《雅典的收入》和伊索克拉底写《和平》之时,他俩都劝诫雅典去跟所有希腊城邦订立条约,从而领导一个和平运动。色诺芬劝说雅典去充当各方面的调解人,不仅是在各城邦之间调解,而且也在各邦的各党派之间调解。这样一个政策是很明智的,但它意味着要牺牲雅典的眼前利益而有利于底比斯。公元前355年之后,雅典已表明它不能胜任这个工作。希腊各邦普遍地无法找到它们政治上的出路,这事值得做一些探讨。①

　　正如修昔底德所指出的,一个执行帝国政策的城邦需要在战斗实力和财政储备上有相当大程度的优势。在公元前4世纪期

---

① X. *Vect.* 5.8; Isoc. 8.16.

间,斯巴达、雅典和底比斯都达不到这个程度。斯巴达的重装步兵要和雇佣军队伍比高低,后来又要和训练精良的底比斯重装步兵较量。甚至在海上,雅典也发现彼奥提亚、帖撒利和卡利亚都是它的竞争者,而底比斯则在陆上面对着帖撒利、阿尔卡狄亚甚至弗西斯的挑战。其原因倒不是斯巴达、雅典和底比斯已比它们在公元前5世纪时衰弱。斯巴达和底比斯肯定比公元前5世纪时更富足,而雅典船坞中的战船也不比以前任何时期为少。这原因毋宁是希腊其他城邦比以前更强大了。在公元前5世纪时,几乎只有雅典和叙拉库斯是在民主政治和经济繁荣方面高视阔步。在公元前4世纪时,则希腊和西西里的绝大多数城邦在一种社会和经济革新的进程中都加入了雅典和叙拉库斯的行列。德谟斯提尼在公元前341年用他当代的情况和波斯战争时期相比,写道:"战船之多,人口之众,金钱的收入和一般装备的富足,以及其他衡量一个城邦实力的每一件东西,这一切无论在数量上还是在质量上,希腊人今日所有者都远远超过那个时候。"①

  基于商业繁荣和资本富足的现象已扩散到各希腊殖民地区,然后又向外扩及下列广大地区:西班牙的地中海沿岸、西西里内陆、亚得里亚海沿岸、巴尔干半岛、南部俄罗斯。马赛及其殖民地的繁荣,以及在狄奥尼修斯统治下的西西里,在斯巴达库斯王朝治下的克里米亚的潘提卡佩、在莫索鲁斯治下的卡利亚、厄瓦戈拉斯统治下的塞浦路斯出现的昌盛景象,都对整个地中海地区的普遍兴旺发达做出了贡献。希腊本土的主要大国都和远处强邦有外交

---

① 修昔底德,1.9.1—2、18.2、141.5、7.55.2(叙拉库斯与雅典);D.9.40。

关系。例如,底比斯既和波斯也和迦太基友好。公元前 4 世纪前半期,出现了许多国内和国际上的商业与资本发达①的现象:商业条约、商业代表、银钱契约、贸易特权、银行业、汇兑仲裁、海运保险、抵押贴现等。货物和奴隶的贸易、雇佣兵的召募等扩及从西班牙至伊朗、从俄罗斯至昔兰尼的广大地区,而希腊半岛则是这一切贸易往来通过的中央桥梁。波斯之关心希暗政局绝非出于利他主义。希腊的和平可以加速欧亚非洲际之间的贸易交流,特别对希腊雇佣兵流入波斯有利,仅在公元前 336—前 330 年就有 50 000 名或者更多的希腊雇佣兵流入波斯。有些商人发了大财。运往克里米亚的货物,其商业利润高达百分之三十,正常的借贷利息则是百分之十二。在海外当雇佣兵或经商而发了财的希腊人把钱财带回自己的城邦。这确实是一个生财有道的时代(aphthonia)。像麦加拉这样便于海陆贸易的小城邦,由于保持中立而达到了传奇般的富足。②

　　文化同样也传播甚广。欧里庇得斯的剧本在西西里大受欢迎,他在马其顿演出了《酒神祭》,在他死后,只要有希腊人所在之地,他的剧作就受到欢迎。在过去,哲学家和智者全都向雅典旅行,因为这里有先进思想可供交流。在公元前 4 世纪他们却四处遨游,伯罗奔尼撒的每一个城市都有他们的踪迹。新思想由智者和书籍贸易而流播远近,因此逐渐发展了一个更为统一的文化。

---

①　原文为"资本主义"(Capitalism)。——译者
②　*IG* 7.2407(迦太基);*GHI* 111,1.10,114,1.18,141(商业)、112(货币)、113(仲裁)、115,163,167(斯巴达库斯);139,155(西顿和卡里亚);Isoc.8.117(麦加拉);雇佣兵 665 页以下。

资本的活动同时也伴随着阿提卡商法和 24 个阿提卡字母的传播（这套字母是雅典在公元前 403 年从米利都传过来的），同时，阿提卡的文学方言也随之流行。在雅典人移民色诺芬著作以及阿尔卡狄亚雇佣兵队长艾尼亚斯"塔克提库斯"等著作中，出现了阿提卡文学方言的一种改良形式，这就是日后流行希腊语世界的"普通话"(koine)。在这个财富和文化的迅速发展中，雅典是个中心。在公元前 380 年，伊索克拉底形容雅典影响的巨大时指出："现在希腊人一词已不再指种族而是指思想观念，标志着我们在文化方面而不是在血统方面彼此相同。"

与此同时，希腊城市的外观也更加标准划一了。当艾尼亚斯写作《论设防阵地的防御》一文时（约公元前 375—前 356 年），每一中等规模的城市都有一个剧场、一个市政中心（中央市场）以及供运动场或体育场使用的空地。城墙修得美观厚实，城市修建得非常精致。例如，在哈利卡纳苏斯，莫索鲁斯就仿效罗得斯而搞了个半圆形的城市规划，以港口和市场为其中心。在奥林图斯，城市的新建部分采取棋盘图案，那是希波达姆斯在公元前 5 世纪时已在米利都、图里和比雷埃夫斯采用过的。到公元前 4 世纪中叶，它变成了"时髦样式"。市政中心——市场(agora)则是希腊城市的核心。这里是城市的行政、社交、政治生活的集中点；神庙、祭台、水泉（自来水）和园圃都散布在四周，这里还有店铺和供特定市集日用的摊亭，节日游行、庆祝和演说也都在这里举行。雅典的市场就是一个佳例。它是在波斯战争以后逐步修复重建的。在公元前 350 年左右时，如从赫伏斯图神庙下望，可见如下一系列建筑物：将军办公处，议事会主席团的圆形大厅，会议厅和现用作档案库的旧会议厅。在它们之外,广场上竖有阿提卡部落民族英雄的雕像,它们立于高大台座之上,而这些台座正好作为张挂告示之处。在左边,有精美的阿芙洛笛蒂神庙和德漠斯与格拉斯的殿堂;还有阿提卡胞族保护神阿波罗神庙,对面是一尊位于圆形台座上的宙斯像,像后则是一座美丽的大柱廊(stoa),可能是名年执政官办公和阿雷乌泊果斯议事会开会之处。在它们之外可看到十二神祭台、献祭的炉床,北面则有赫尔姆斯和彩画廊(stoa Poikile)。哲学家以及其他人等都喜欢在这里徘徊,流连于波利格诺特等名画家所绘的壁画之下。南面,西南隅有泉源和提秀斯的长形殿堂,这位英雄的遗骸约于公元前475年重置于此;殿堂外面是九孔喷泉(Enneakrounos),由庇西特拉图所建。雅典国家铸币厂也在这里。①

要塞、工事、市政中心和市场的建造,甚至像美塞尼亚和麦加罗波利斯那样整个城市的建筑,只能在一个非常繁荣的时代才有可能。在私人手中也积累了大量财富。提摩修斯和美迪亚斯修建了被幽默地称为"高塔"或"遮天蔽日"的住宅,奥林图斯的富有家族则修建了新的房间众多的住宅区。"富人"都有"精良的武器、骏马、豪华的住宅和陈设,富有的妇女则有昂贵的衣裳和黄金珠宝"。在雅典,美迪亚斯"女仆成群",柏拉图则在公元前375年左右指出,任何城邦的一个富贵之家总有50名或者更多的奴隶。这些暴发户并不只集中于一两个城市,而是普遍地存在。一个帖撒利贵

---

① Isoc. 4.50;Aen. Tact,1.9;22.4;亚里士多德,《政治学》,1331^{a}12,^{b}1—13;Vitr. 2.8.11;亚里士多德,《政治学》,1267^{b}23,1330^{b}24(希波达姆斯);亚里士多德,《政治学》,1331^{a}24,^{b}1(市场);Aen. Tact. 17.5;德谟斯提尼,18.169。

族波利达马斯可以用他自己的钱填补国库的亏空;叙拉库斯的狄翁在放逐时仍有足够的钱以支持一次远征;在圣战之前,有一个弗西斯人有奴隶1 000人以上;有一个外邦人在埃伊纳用自己的钱修筑了一个市场。①

这一繁荣兴旺的发展肯定在希腊地区使奴隶数目大增。直到19世纪以前,奴隶仍然在许多国家被看作是财主富户的正常附属物,它们数目的多寡主要依地区和行业而定。奴隶制在希腊则是全民族普遍流行的。斯巴达、阿尔戈斯和其他多利亚城邦都把原有居民降为农奴,但在其余各地,奴隶的绝大多数都是外来的,他们被当作私产占有。非多利亚城邦的富有公民在早期可能蓄奴不多。例如,在彼奥提亚,当赫西奥德时期,一个在自己土地(autourgos)上耕作的小农,有一个奴隶随他耕田,还有其他奴隶在田间劳动。希腊殖民城邦的人则经常掠取大量奴隶。叙拉库斯、科尔西拉、拜占庭都使用奴隶劳动以耕种他们的田地。奇奥斯本身已经很富,而且能在亚洲沿岸进行劫掠,因而拥有除斯巴达而外希腊各邦中奴隶对公民的人口最高比例,在斯巴达,这比例则可能接近十比一。在公元前5世纪后期的雅典,私人拥有的奴隶已用于每一行业,并在欧里庇得斯和阿里斯托芬的戏剧中成为日常生活必不可少的特征。有的奴隶用于采矿之类的粗活,例如尼西亚斯就有1 000名奴隶出租用于采矿,但大多数奴隶可能是有手艺的匠人(cheirotechnai);因为这一类人构成了修昔底德提到的、

---

① A. $Pl.$ 180; D. 21.158; X. $Vect.$ 4.8; $Mem.$ 3.11.4; $Pl. R.$ 578d;希史,6.1.3; Athen.6.272 及亚里士多德,《政治学》1304^{a}12;德谟斯提尼,23.211。

在狄开利亚战争中逃亡的 20 000 名奴隶的主体。有时候雅典也像科尔西拉和斯巴达那样使奴隶服役于舰队,还可能把他们当作重装步兵的随从。在公元前 4 世纪时,希腊本土绝大多数地区的奴隶数目都超过以前任何时候,而如何对待奴隶则是大家非常感兴趣的问题。①

在公元前 4 世纪时,奴隶的供应看来是很充分的。正如欧里庇得斯所指出的,做奴隶是一个蛮族人的本分,对希腊人却不适宜,而奴隶差不多全是蛮族人。在柏拉图的《法律篇》中,他设想他的国家应有数量和质量上都足够的奴隶以担负一切劳作。亚里士多德指出:"城邦理应有大量的奴隶人口,以及定居的外邦人和外族人。"在他的理想城邦中,他还设想要让一切农业劳动由奴隶担任,有些奴隶归国有,有些则属私有(正如拉哥尼亚和克里特在当时的情况)。色诺芬在公元前 355 年提议,应使雅典最后达到一个成年公民有三个奴隶的比例,并把这些奴隶出租给矿山。这些设想都不是空谈而是实用的。在国家档案中,奴隶,和人口的其他部分一样,肯定是有记录保存的,因为保有和买卖奴隶都得缴税,在征收资产特别捐时,奴隶还作为资产的组成部分进行评算。雅典和底比斯对逃亡奴隶有专职管理,修昔底德关于狄开利亚战争中逃奴的记载无疑就是根据这种专职管理所登记的。希伯里底斯提

---

① 希罗多德,7.155(叙拉库斯);修昔底德,3.73(科尔西拉)、8.40.2(奇奥斯:见 Polyaen 3.9.23);Athen. 6.27lc(拜占庭);Hes. Op. 470、502、573、597、608;修昔底德,7.27.5 及 Hell. Oxy. 12.4(狄开利亚战争);修昔底德,1.55.1(在科尔西拉公民中每人有三个以上奴隶跑散了);普鲁塔克,《尼西亚斯传》,28.2;Isoc. 8.48(雅典);Athen. 6.271 以下(斯巴达);X. Vect. 4.14—17;P. Lg. 776c—778a;亚里士多德,《政治学》,1259^{a}38、1259^{b}22、1326^{a}18、1330^{a}26;X. Oec. 5.16。

到，阿提卡在公元前338年在银矿等地的成年男奴的数目是15 000人。这个数字可能有点儿夸大，但它也并非吹牛之词。雅典在那时已享有几乎连续未断的十七年的和平，矿山的开采已具有很大规模，以至于一个人可以从开矿一项收入就积累300塔连特的财富，而尼西亚斯从所有各方面收入积聚的家产才只有100塔连特。①

然而，繁荣与财富并不能为公元前4世纪带来和平。它只不过使城邦以惊人速度恢复过来又再发动一次战争。色诺芬写道："在所有城邦中，雅典是最适于在和平时期增殖其财富的。"许多城市也是同样。公元前431—前351年，战火几乎从未断绝，或者城邦与城邦战，或者是城邦内部党派之间的血战。其结果就整体而言是使希腊削弱了。爱奥尼亚已为波斯所占，一些爱琴岛屿归属莫索鲁斯，刻尔索尼斯归于色雷斯王色西布列普特，色雷斯的一些城邦归于腓力普，南意大利的一些地区给布鲁提依人占去，西西里岛的大多数希腊人已受迦太基统治。在希腊本部，每一个城市都像迈锡尼时代那样壁垒森严，结盟、联合也像那时一样地时合时分。在这联盟和反联盟的翻腾大海中，雅典希望通过和其他城邦中与它政治色彩相同的当权党派联盟而不直接与城邦打交道的办法取得稳定；但它自己以及那些党派对这种联盟都不忠实遵守。权宜之计和背信弃义是国际政治中的家常便饭。艾尼亚斯·塔克提库斯承认在每一个作战时期的城市内部，都存在着反对派搞政

---

① E. IA. 1400；P. Lg. 776c—778a；亚里士多德，《政治学》，1259ᵃ38；ᵇ22；(Arist) Oec. 2. 1350ᵃ13 表明每一公民有两个以上的奴隶（约公元前385年）；Poll. 8. 130；1soc. 17. 49；普鲁塔克，《尼西亚斯传》，14. 6；Hyp. Fr. 29（见 X. Vect. 4. 42 提到这类奴隶）。

变的极其严重而紧迫的危险。时常是自发的党派之争,必然被敌国利用和煽动。正如修昔底德说到他当时科尔西拉内战的恐怖"几乎扩展到整个希腊世界"一样,在公元前4世纪时,革命和内乱的巨轮也随霸国的兴衰而一直不断地运转着。①

希腊各邦外争内乱的终极原因是城邦作为一种政治形式已不能适应公民在精神、社会和经济方面的需要。早在伯罗奔尼撒战争接近结束之际,在雅典,政治上的民主制度就同知识上的开明自由发生了冲突。苏格拉底于公元前399年被审判并处死更使这一分歧无可挽回了。公元前4世纪的哲学家把苏格拉底在答辩中令人心寒的控诉词铭记在心:"一个真正要为道义斗争的人,如果他想哪怕是多活几天,他也必须过隐逸的私人生活,切勿涉足政治。"柏拉图不是雅典的顾问,反而成了狄奥尼修斯的谋士,知识分子已不是作为雅典民主政治的领导者,反而是它的批评者。在公元前4世纪期间,发展了另一类型的文学和艺术,它们不从城邦而主要从私人生活中吸取灵感与素材。哲学主要关注个人心灵,悲剧由于追求欧里庇德斯那样的心理描写并缺乏精神力量而迅速衰落了,失掉其政治意义的喜剧也变成了一种人情世故的通俗喜剧。在伯里克利时代为开明的民主政治而激励起来的高昂的情绪和宗教感情,曾经鼓舞了文艺上的抒情风格,这种抒情的雅调现在却从悲剧和喜剧中消失了。演说术取代了它的地位,或者是法庭上的答辩,或者是面临审判的政客的申诉,或者是政治家在群众中的鼓动演说。哲学和文学上的这些倾向也见之于当时的艺术,其中肖

---

① X. *Vect*. 5. 2; *GHI*, 127; 修昔底德,3. 82. 1; Aen. Tact. 1. 6、10. 3。

像的创作开始大为流行。

一旦城邦丧失了它容纳群众呼声的宽宏性,公民就愈来愈倾向于自顾自了。埃斯奇尼对雅典人说道:"你现在离开人民大会时,并不是讨论了什么国家大事,只不过像股东那样瓜分了红利而已。"在各个希腊城邦中,普遍出现贫富之间的尖锐对立,正是他们之间的冲突、矛盾引向了革命。德谟克利特认为党派斗争的原因是妒忌,修昔底德则认为是贪欲和野心,他们两人都强调了人性方面的原因。对这一问题,柏拉图在公元前4世纪中期却提出了一种经济学家的观点:"在公民中绝不能让一些人太穷或太富,否则哪一方都会产生派系之争,或者更确切点儿说,就是产生分裂。"导致城邦与城邦间混战不已的也是同样的原因:即整个公民团体的贪欲和野心,以及一邦一国或者一邦中某一阶级的经济要求。公元前425年,雅典人就是由于"贪得无厌"而导致大战,日后,贪得的动机也一再主宰着它的政策。色诺芬在公元前355年以经济学的术语谈到一个政治家对时局的判断:"大众的穷苦迫使我们在与别的城邦打交道时倾向侵略而不守信义。"①

当劳工或雇佣阶级中包括大量奴隶时,有产者和无产者之间的社会鸿沟就更为扩大了。富人(euporia)和穷人(aporia)在公元前4世纪是意味着拥有资产(ousia)和一贫如洗,而不是指赚钱多寡的能力。甚至一个只有很小产业的人也看不起在普通行业(banausia)里挣工资的公民。因为有产业就能享闲福,而亚里士

---

① P. *Ap.* 32a; Aeschin. 3. 251; Ar. *Ec.* 206; Vorsokr. 66 B 245;修昔底德,3.82.8;P. *Lg.* 744^d;修昔底德,4.21.2;X. *Vect.* 1.1(参见 Isoc. 8.6—7;亚里士多德,《政治学》,1320^{a}33)。

多德就说过:"人需要有闲暇以发展才智,从事政治活动。"假若没有产业,就不可能有闲暇。一个挣工资的人就和有手艺的奴隶差不多,属于劳力者阶级(chernetikon)的水平。柏拉图和亚里士多德都要把他们的理想国中的全体公民放在这一水平之上,其办法是让他们都拥有两种财产:土地和奴隶。雅典人试图在军事移民份地上让国内的穷人分到土地。在军事移民失败后,民主派头领则让贫穷公民享受国家补助。亚里士多德反对这种做法,因为国家补助并不够使贫穷公民提高到超出雇工的水平之上。他主张"国库收入的盈余应该以现金款项分配给贫穷公民(aporoi),使他们有足够的钱买一块地皮或有本钱经商或务农……这样一来,他们就有了恒产(euporia)。"亚里士多德认为:"富人和穷人在城邦内的区分,我看就是在有无恒产这一点上。"我们也可以说,这一划分实际上也就是有产和无产之分。亚里士多德因此不愿搞什么补助金,因为它只是对挣工资的公民们的津贴。他相信所有公民(或者尽可能多的公民)都应该是有一点儿资产的。[①]

在绝大多数城邦,奴隶都是和自由民一道劳动的。无论是做手艺活儿、任职员、船员或收获庄稼等,这两类人都在一起干活儿。没有大作坊,但有的作坊雇工可达五六十人,例如那些制刀剑或床的作坊。一般奴隶主是自己使用自己的奴隶,有时他也把奴隶租给别人,抽分提成(apophora)。结果是公民的劳动工资,由于公开受到奴隶劳动的竞争,始终处在极低的水平,有所增长也只能赶上

---

① 亚里士多德,《政治学》,1329^{a}1、1291^{b}25;P. Lg. 744e;亚里士多德,《政治学》,1330^{a}6—32、1320^a—30、1291^{b}8。

日益昂贵的面包价格。与此同时，由于东家拥有奴隶越来越多，对公民劳力的需求反而日益减少。在社会方面，对体力劳动（banauson ergon）的轻蔑在公民中间也日益发展。这在公元前5世纪还不是很显眼的，但到公元前4世纪的后半期，正如亚里士多德所说："最好的城邦将不使公民变为体力劳动者，因为现在大多数体力劳动是由奴隶和外邦人担当的。"在底比斯就是这种情况。从政治上看，只要宪法是民主的、国家又为公民从事政治活动给予补贴，贫穷公民的权利就能得到保障。因此雅典的贫苦公民都坚决支持民主政体并往往拥护对外侵略政策。①

在一个人口稀少的大陆，上述事态可能不会变成严重问题。但在希腊，各城邦密集的程度远超过欧洲的各民族国家。希腊半岛已苦于人口过剩，这种过剩的原因部分是由于人口的自然增长，部分也由于奴隶的输入。福里攸斯在公元前4世纪比它在公元前479年时的重装步兵多了五倍，这肯定是一个极端的例子。增加的人口不能由农村吸收，因为在公元前4世纪耕作已比从前任何时候都更为集约、精细了；人口一般都集中于城市，这里也是政治活动最热烈的地方。老的城市扩大了（例如，雅典市人在公元前330年左右已占全国公民人数的将近二分之一，而在公元前430年时则只占三分之一），新城市则在阿尔卡狄亚、美塞尼亚、帖撒利、西西里等地兴起。即使这样，公民中仍有相当一部分属于过剩人口，他们没有固定职业，处境贫苦，四处流浪以谋生。伊索克拉底在公元前356年并不过分夸张地指出："当今从流动人口募集一

---

① 亚里士多德，《政治学》，1337^{b}8、1278^{a}7、1321^{a}29（底比斯）；Isoc. 8. 130。

支大军显然要比从公民中征召容易得多。"在大多数希腊地区,人口过多也增加了对进口粮食的需求,特别是谷物的进口,它们主要从西西里、帖撒利、南部俄罗斯和埃及运来。这样一来,各城邦变得越来越依赖于它们和别的城邦订立的商业条约,或者,如果立约不成,就只得诉诸武力。第二次雅典同盟之所以发展很快,既由于它保护了政治上的自由,也由于它保障了商业贸易。①

由此可见,城邦作为一种政治形式已不再是自给自足的了。它不再能得到更开通的公民们心悦诚服,它已不能团结各阶级,它也不能保障经济上的安全。它的缺陷正是内争外乱混战不已的原因。狄奥尼修斯聚合各个城邦为一个大国,暂时地解决了这个问题,雅松用建立"霸国"(tageia)、麦加拉以保持中立,其他城邦也有用联盟的名义再走帝国主义老路的办法对此试图做出解决。但没有一个城邦,或一个城邦集团能为希腊世界带来持久的稳定,而在公元前354年时,狄奥尼修斯的帝国、雅典同盟和中希腊的彼奥提亚联合体都统统土崩瓦解了。

雅典在文化和内部稳定方面仍为希腊之冠。它的位置比任何别的城邦都优越得多,因为它在和平时期是希腊贸易,甚至几乎是世界贸易的中心。在整个公元前4世纪期间,比雷埃夫斯港的贸易额(经常是转口贸易)一直是稳步增长的。雅典公民人口数目可以大致估算出来。如公元前370—前365年的繁荣时期,大约有1 200人是最富有阶级,重装步兵级则有15 000人,雇工级大约在

---

① *Ep.* 9.9; Isoc. 5.96, 120、4.168、8.24; X. *Oec.*,例如,16.12(三圃制); Aen. Tact. 10.12。

20 000人左右，因而男性成年公民总数约接近于40 000人。在公元前394年，这数目是"超过30 000人"，而在公元前232年则约为31 000人，这较低的数目既由于战争损失，也由于人口外迁。随着经济状况不同，阶级结构也有变化。在公元前365—前357年，当能安置军事移民时，有产的阶级可能比雇工级人数较多一些。在其他时期则相反。定居的外邦人的数目更随着经济状况而有巨大变化。据一种估计，公元前360年约有8 000名外邦人。他们要缴纳赋税(包括一种居留税)，并要服兵役。他们一般都较富有，有些人还非常有钱，其财产也包括奴隶。公元前360年左右奴隶人口究竟有多少则是有争论的问题。它大约不少于20万，即接近于一个自由人一个奴隶的比例。因为公民中的男、女和孩童的总数大约有160 000，外邦人24 000，过路客商则约数千。据此估计，雅典人口总数大约在40 0000，这数目可以和狄奥多罗斯关于阿克拉加斯在公元前406年有20 0000人的记载相对照。①

雅典在和平时期的岁入来自贸易税和与贸易有关的附加税。它对进出比雷埃夫斯的货物按价征百分之二的商品税，以及百分之二阿提卡境内的商品贸易税、港捐或过境税，还有对外邦人、奴隶、娼妓征收的税款。它也从国家财产收租，包括百分之四的劳立昂银矿租金，以及法庭的罚款和没收的财产。在和平时期收入足供开支，因此在和平时期完全不向公民抽税。当色诺芬在公元前

---

① Isoc. 4. 42；X. Vect. 1. 6；D. S. 13. 90. 3；有关军队数目可参看附录6；戈姆的《雅典人口》一书对公元前323年的雅典人口做如下估计：公民11.2万人，外邦人为4.2万人，奴隶10.4万人，总数25.8万人。根据谷物进口量的不完全资料以及谷物消费的不完全计算而得出的估计是极其靠不住的。

355年向雅典当局献策增加收入改进财政状况时,他提出的是同样一些办法:吸引更多的外邦人、客商和船长,修建更多的国有货栈,给每一公民买三个奴隶,即12万名奴隶,让他们把这些奴隶租给矿山,用这办法更大规模地开采矿业。他正确指出,雅典只要能保持和平,就能为它的贫穷公民提供充分的补助。重建它的船坞、城墙和神庙,并积累一笔储备金。在战时,情况就急剧变化。最高的三个阶级要缴纳资产特别捐(eisphora)并服兵役;最富有的公民还要拿出大量钱财来担任三桨座船长、骑兵、垫付税款等。同时,战争又破坏了商业贸易,赶跑了外邦人,因此税收急剧下降。伊索克拉底在公元前355年写道:"雅典现在被商人、外邦人和旅客视为畏途,而在和平时期这些人都争先恐后要挤进雅典的。"因为在战时雅典消耗它的金融储备就像蜡烛两头烧一样,它消耗之快,不下于它在和平时积累之速。①

雇工日佣级的公民,由于在和平和战时都不缴纳任何税捐,反而可以在舰队摇桨而挣得工资,因此他们参加战争在金钱上一无所失,假若帝国恢复,他们还可做军事移民而提高到重装步兵级,由于这一级在民主政治中是多数派,他们就在决定国政时表现得非常好战,总想把雅典同盟变为雅典帝国。在公元前415年,"大多数群众和士兵都希望立即获得国家补助,夺取了使他们能永远享受补助的权力。"在公元前393年,阿里斯托芬提到当时雅典的气氛又像是要进行一次新的冒险。"让我们把舰队开出去吧!(一

---

① Poll. 8.130;X. Vect. 自始至终,例如,4.19;IG, ii.²1579;Isoc. 8.21。当然,雅典当时对富人收税远不及现代附加所得税和死亡税苛刻。

个演说家叫喊着);穷人投票赞成,富人和农民投票反对。"在公元前355年色诺芬把人民对第二次雅典同盟的态度归纳为"侵略"二字,其原因就是由于大多数人的贫困。①

贫富之间的利益对立也影响和改变了雅典宪法的精神及其实施。对法律特别是对"不成文法"的尊重,由于人民决意靠命令而不是靠法律实现其意愿而被削弱了。对"不合法"(graphe parunomon)的控告,原来是为了保护已有法律而设的,现在却由于滥用而失效,据说阿里斯托芬就曾以这罪名被控达75次之多,但没有一次是成功的。对"叛国"(eisangelia)的控告,原来也是为了在司法手段不足时用以保护国家的,也变得极为平常甚至极可笑地滥用起来,以至于某人给歌女赏钱超过他的法定纳税额也被控告"叛国"。这两种控告都直接由人民在人民大会上审理。大约公元前355年以前的某个时候,为了保障法律判例而实行了新的诉讼程序。从审判法庭中抽出1 001名陪审员组成专门班子,供人民大会随时任用为审察官(nomothetae)去审察现有一切法律,并根据他们的判断做相应的修改。这再一次表明人民变成了法律的来源与评判者。②

行政权力被逐步削弱。议事会失掉了执行之权和判处"叛国"罪之权,也失掉了凭它的调查取消行政官员候选资格之权。在这些问题上人民大会或陪审法庭才有最后决定之权。议事会的指导外交谈判和管理财政之权也让给人民大会了。人民对高级行政官

---

① 修昔底德,6.24.3;Ar. *Eq.* 197;X. *Vect.* 1.1。
② Hyp. 3.3;亚里士多德,《雅典政制》,59.2;德谟斯提尼,24.20—27;亚里士多德,《政治学》,1292^{a}4。

员猜疑极重,这些官员中不少人被陪审法庭处死、放逐或罚款。人民对他们毫无怜悯。卡利斯特拉图斯因为"没有对人民做最好的忠告"而被判"叛国",他在公元前361年逃跑而得免于死,但他于公元前355年左右回来祈求十二神祭台的庇护时,却被处死了。伊菲克拉底于公元前356年也被控"叛国",他以带雇佣兵进入法庭相威胁而得以无罪开释,提摩修斯则被罚一笔极大的罚金——100塔连特。政治上的显赫对于任何高级行政长官说来都是非常危险的,甚至对一个议事会成员也是如此。大家都默认人民绝不会犯错误,也就是说它的所有措施和政策都是正确的,如果有所差错失败,责任就落在执行者身上。①

亚里士多德写道:"人民在一切方面都是主人;所有行政都按人民大会的决议和法庭的判决行事,而人民在大会和法庭中是当家做主的。"在这样一个直接由人民管理的政府中,政治领导者是极其重要的。过去的伯里克利一人而兼将军、财政家和演说家,他的后继者却极少博学多能之士。将军愈来愈成为一个专门行业,他们如果在国内不受欢迎或不得势,就跑到海外当雇佣兵头领。财政家也同样精通本行业务,而在当时理财却愈来愈具有治国方面的重大意义。他们中有些人也是能干的雄辩家。演说家则专门推敲在人民大会上和法庭中如何使人民接受自己观点的技巧。在他们之中最为无耻的就是那些政治上的智者,善于指白为黑,对任何主人都可卖其伎俩,他们经常被雇佣兵头领、外国当局、承包商、

---

① 亚里士多德,《雅典政制》,45.1及3、59.2;Hyp.3.1及Lycurg.1.93(卡利斯特拉图斯);Polyaen.3.7.15.29。

骑兵指挥官所雇用。甚至那些有意取得政治领袖头衔的人最初也得逢迎人民的意志,这样才能形成任何影响。一个演说家除非担任了某一行政职务,要弹劾他是不容易的,即使他鼓吹的政策为害极大。因而为失败负咎受罚者总是那些执行政策和担负行政职责的人。①

阿里斯托芬剧中一个角色曾对财神说过如下一席话:"老实讲吧,只有你才是决定成败的关键;甚至在战争中也只有你站在他们身边的那一方才能打胜仗。"有钱就有雇佣兵,甚至斯巴达,更不消说其他一切城邦了,都用雇佣兵支援他的公民部队和在战时用以充实行伍。雅典是雇用他们的一个大主顾,约有7 000—8 000名的雇佣兵经常为它服役,仅此一项在同盟战争中就耗费1 000塔连特。雅典公民的重装步兵只愿就近服役,他们的纪律和训练都不及雇佣兵。骑兵虽然仍由自己出钱装备的雅典公民组成,也要每年花费国家40塔连特。城防工事、舰队、船坞、兵器库、军械更要花费大量岁入。可能每年都要修造新船。除此而外,国家付出的工资、补助金等也有增无减。参加人民大会的人在公元前4世纪初每人得一个奥波尔,而在公元前4世纪后半期则参加一般会议得六个奥波尔,参加主要会议得九个奥波尔。早就领取国家工资的陪审员,现在则比过去领得更多(因参加陪审工作时间增加更多),每一行政官员也领得少量津贴。无怪乎陪审法庭在公元前

---

① 亚里士多德,《雅典政制》,41.2末。(参见《政治学》1299^{b}39,1317^{b}2);*FGrH*,115 F 105(提奥庞普斯将军);Isoc.8.9以下;129;X.*Eq. Mag.*1.8。

355年以及再度在公元前348年的关闭被看作是财政耗竭的征象。①

对公元前403年制定的雅典宪法也做了一些修改。大约在公元前378—前377年,九位主席(proedroi)按抽签产生,每一部落出一位(在主席团中已有代表的那一部落除外),他们的职责是主持人民大会和议事会的会议;可能在公元前366—前365年,还用抽签法选定了一位主席团秘书(grammateus),一年一任,以协助"议事会秘书",那是按月选举的。这些新设职位显然是为了增加行政效率。最重要的革新是在财政金融方面。其中有纳税小组的设立,它主要是为了征收资产特别捐,其后也用于摊派三桨座船建造费;另外就是海军专员小组的建立。在公元前354年以前,在财政金融方面的对等管理权力机构一直是议事会,以后才由"神圣基金"(to theorikon)专员会拥有了监督各部门财政开支的权力。散发现金使最穷公民能参加并履行城邦节庆活动,从公元前5世纪以来就已经是一种对穷人的补助,到公元前4世纪时更是使人们渡过难关的一项重要措施。大约在公元前358年就建立了神圣基金,这是一笔特别的基金,可以经常提供现金,接着就任命了基金专员会。这些专员由人民选出,四年一任,以配合每四年举行一次的泛雅典娜节庆会,这个官职在民主政治时期抽签选举一年一任的惯例中可算是一个例外。他们的例外的权力也使他们很快就能够"控制几乎所有的城邦行政"。②

---

① A. Pl. 181;Isoc. 15. 111、7. 9、8. 44;德谟斯提尼,4. 21;Polyaen. 3. 9. 32 及 X. Eq. Mag. 9. 3(雇佣兵的培训);德谟斯提尼,22. 14;亚里士多德,《雅典政制》,41. 3;62. 2。

② 亚里士多德,《雅典政制》,44. 2、54. 3、43. 1、47. 2;Poll. 8. 113;Aeschin. 3. 24。

公元前354年，神圣基金首席专员是欧布鲁斯，他是一个能干的政客，曾提出公元前355年的和平建议。他和他的继任者执行了一个有远见的金融政策。它的主要支柱是一道可能在他任职期间（公元前354—前350年）通过的法令，规定每年岁入盈余都得全部交给神圣基金。这一法令使得穷苦公民对保持和平也感到要从经济利益上来考虑；因为雅典假若发动一次大战争，盈余就不会再交给神圣基金而变成军事基金（stratiotikon）了。从绝大多数情况看，这一措施不失为精明良策。人民不再像贫富之间在和战问题上尖锐对立时期那样激烈分裂了。财政上的节约可贯彻到每一部门。战备则可用人民大会指定在军事基金中调拨的款项进行。这一法令只不过对走向战争有所节制。然而这一节制也不是容易取消的。因为要这样做就得在人民大会建议指派专门的审察官去审察或修订这一法律，就像对任何记录在案的法律一样。然而这里也存在着一种危险。假若真的出现需要参战的时刻，由这种措施造成的对和平利益的关注可能又太大太重，反而成为碍事之物了。①

这个时期的雅典民主政治被那些偏向于较温和的甚至非民主的宪法的人当作"极端民主"的榜样而受到严厉批判。修昔底德和阿里斯托芬的继承者是柏拉图、色诺芬、提奥庞普斯和亚里士多德，他们对这个为帝国主义幻想所迷惑、为演说家所左右的人民大会或陪审法庭的蠢事做过许多批评。然而，雅典娜之城仍保有许多超群出众的品质。它给予它的公民以政治、言论、教育、法律和

---

① 德谟斯提尼，3.10。

职业的自由。它赡养了穷苦群众,并让他们保有自尊。它在日常生活中以人道(philanthropia)对待外邦人和奴隶,他们得以参加许多种家庭和城邦的崇拜仪式并得到法律的保护。它在文化、商业和资本方面为天下第一。在实施它的宪法方面仍有不少温和折中的因素。议事会成员和陪审员都是年过三十的人。在正常时期,他们中大多数都来自重装步兵级,因为官职薪金仍不足以吸引雇工级的许多成员,而人民大会的参加者绝大多数仍是那些家有恒产因而有闲暇的公民。只有在经济困难时期,陪审员中穷人才占了压倒多数,[①]也只有在关键的讨论时刻,最富阶级才出席大会以凑足人数控制决议。世代相传的经验和严格的议事规程相结合,使得雅典人能够在治国施政方面仍不失为公元前 4 世纪其他国家效法的一个模范。

---

① Isoc. 8. 130.

第 六 卷

马其顿的兴起与扩张

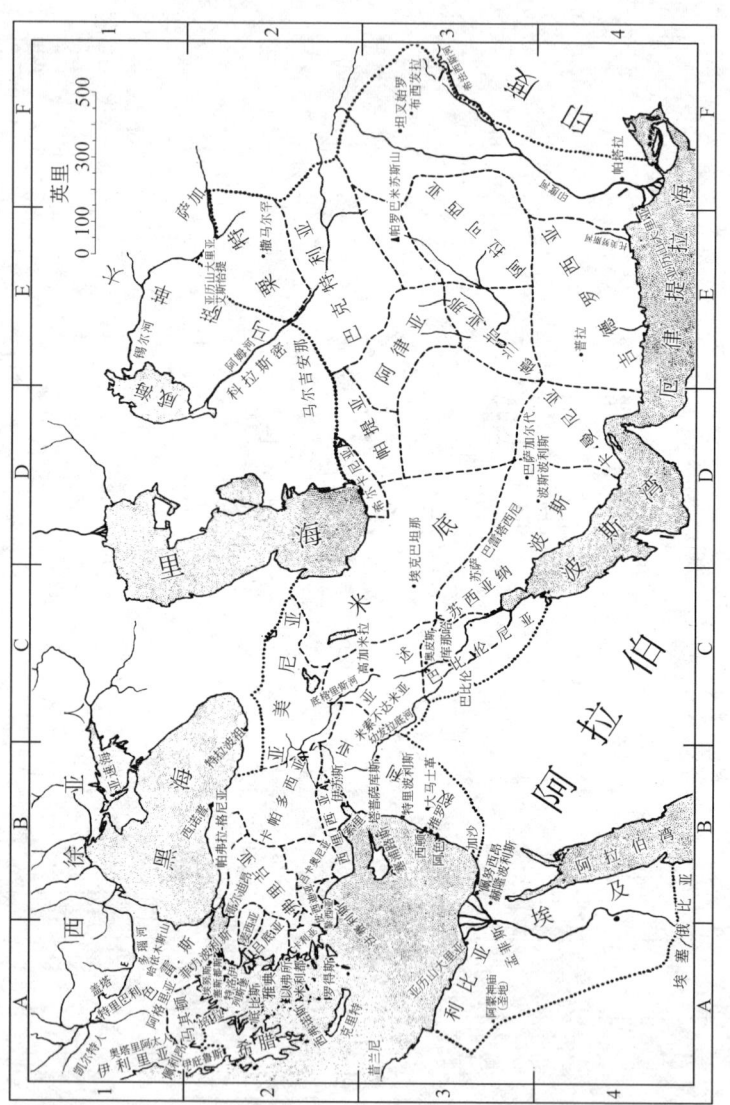

图六 亚历山大帝国

第一章　马其顿进入希腊强国之林
（公元前 359—前 346 年）

第一节　马其顿大国的重建

　　从地理上看，马其顿可以分为两大部分。下马其顿由滨海平原组成，阿克西乌斯和哈利亚克蒙两条大河流贯其间而入特尔马海湾。平原有群山环绕，只在东面无山。在山之外就是上马其顿的广阔高原，它们也是除了在东面外都被崇山峻岭环绕着的。只有少数山口穿越了这些山脉：在奥林匹斯山和奥萨山之间的坦佩谷，奥林匹斯山和品都斯山脉之间的奥鲁松山口；在奥律斯提和林卡斯地区的两个翻越巴尔干主脉而进入伊利里亚的山口；在巴尔干山脉和帕依孔山的山口以及另一个位于帕依孔山和色辛山之间的山口，它们都通向派奥尼亚，因此，除了东面而外（这里以斯特累蒙河为第一道屏障），上马其顿由群山拱卫，易守难攻，下马其顿有宜于农耕的沃土和平坦的海岸；上马其顿则主要是牧场，也有一些优良耕地穿插其间。在气候上两地都属大陆性而非地中海区域气候。两地合在一起的面积大大超过任何一个希腊地区，即使帖撒利也望尘莫及。人口除卡尔西狄斯（78 000 人）而外，有 114 万人，而彼奥提亚则只有10.6万人。

下马其顿是四条大陆通道聚汇的中心点。向南通过坦佩谷就走上了往科林斯地峡和伯罗奔尼撒的大道。向北经阿克西乌斯河谷可通往中部多瑙河盆地,向西翻越林卡斯地区的山口可达伊利里亚和亚得里亚海沿岸,那里有依庇丹努和阿波罗尼亚两个希腊殖民城邦。向东经过卡尔西狄斯半岛和色辛山之间的低地可通斯特累蒙河,从那里有路经色雷斯抵达博斯普鲁斯海峡边的拜占庭。入侵各族一般都走后面三条大道,它们从派奥尼亚、伊利里亚和色雷斯而来,会集于下马其顿。希腊各族由于不谙大陆性气候,都对卡尔西狄斯半岛更感兴趣,其次则是下马其顿平原,很少涉足上马其顿。因此马其顿可以认为在地理上自成一体,具有大陆特征,由群山环绕而在巴尔干地区有其战略地位。

它的居民是混合种族。同近邻各种语言很有区别的马其顿语,是当马其顿人还是单一种族时发展起来的,现在几乎完全不用了。在体质上马其顿人要比南面的希腊人强壮,他们作为农夫和高地居民的艰苦生活也使他们以执拗倔强著称而较少活泼机灵。

山脉之中至今仍有原始森林的痕迹,而在古代它们是分布很广的,那时松脂和各种木材是重要的出口货物。周围有许多沼泽和湖泊的平原为大群马匹和牛羊提供了牧场,穿插其间的沃土生长了足够出口的谷物。马其顿的第一个首都厄代萨富于果园、葡萄园和玫瑰园,因而有米达斯王苑之称。吕底阿斯河至今仍可采得少量沙金,银则一度产于北部和西部马其顿。对古代船舶说来,最好的口岸位于卡尔西狄斯半岛上。皮德那也有一个港口,米冬和特尔马都有抛锚港,处于内陆15英里的培拉则可经一条河和一个湖泊与海相通,这湖现在已经干涸。

在古代,马其顿地区居民来源不同。在青铜时代末,希腊部落的一些残余仍留在南部马其顿一带。大约在公元前7世纪时,它们中的一支——"马其顿人",占领了阿盖依并扩展到下马其顿的滨海平原,就在这里建立了"马其顿"王国;他们的后裔就是古典时代马其顿人的主体,他们崇拜希腊诸神,特别是宙斯和赫拉克勒斯。其他希腊部落在上马其顿地区和伊利里亚人、派奥尼亚人、色雷斯人混合了,其中的色雷斯人有其独特的狂放的宗教,例如保存在"酒神祭"中的那些仪式。南部希腊人在卡尔西狄斯半岛建立了殖民城邦,在马其顿沿岸也建立了一些。在公元前5世纪初期,马其顿的亚吉阿代王朝曾被希腊人承认为奥林匹克运动会的主席。虽然他们自称系出阿尔戈斯可能不过是谐音关系,并无真实基础,但这一王朝的各位国王却都自认他们是宙斯之子赫拉克勒斯的希腊后裔。上马其顿林库斯的王族自称是科林斯的巴齐阿代族之后,这一统治家族是在公元前657年左右被逐出科林斯的;在利赫尼都斯湖附近的特累贝尼希特的公元前7世纪末墓葬中发现了不少金面具和家具,说明这一地区各王族的富有。这些王族中人肯定说希腊语。他们也说他们臣民的土语——"马其顿语",其中包括一些起源于早期希腊语的词汇,但当时的希腊人却不能听懂了。马其顿人一般并不认为自己是希腊人,他们的邻人也不把他们当作希腊人。①

---

① 希腊多德,1.56.3;修昔底德,2.99;希罗多德,8.137—9、5.22;Isoc.5.105(赫拉克勒斯);Str.326(林库斯);普鲁塔克,《亚历山大传》.51.6;Kalléris,古代马其顿人;有一马其顿语词典;修昔底德,124.1 末;*Vorsokr*.85B$_2$(特拉西马库斯)。有关民族分布在1951年常用的数字见《政治家年鉴》(*The Stateman's year Book*)。

马其顿王族对上马其顿各地自称拥有传统的宗主权,就像斯巴达国王对拉西第蒙的关系一样。在公元前5世纪时,这种宗主权类似荷马时代的情况,只对各个部落有松散的联系,这些部落各有自己的王族,在战时则作为马其顿王名义上的臣属参战。但这种情况使得修昔底德认为上下马其顿地区都属一个王国——"马其顿国"。王权是一种"具有限定特权的世袭王权",同英雄时代的希腊迈锡尼人相似。它由亚吉阿代家族世袭,这一族的每位继任者都由马其顿人民选为国王。他是国家的化身,他的名字在外交文件和钱币上都代表国家,这些钱币最初是在波斯战争后发行的。他拥有全国土地,在战时是最高司令,身兼司法官、祭司、财政官之职,在出国时可委派他人在国内代行权力。如果有国王被牵涉其中的叛国案,则由马其顿人民审理,他们的投票可以废黜一个国王。马其顿人要服兵役及劳役,因耕种国王土地而缴租税(土地都属国王),并要向国王缴其他应纳税款。由于人民都组织在部落中,每一部落的贵族也被视为本族之"王",和国王有特殊关系。国王从他们中选择他的"伙伴"(hetairoi),在平时他们出入宫廷,战时则在国王身边作战,对国王竭尽忠诚,有如特洛伊战争时麦尔米冬这个"伙伴"对阿溪里斯的效忠。从"伙伴"中国王组成他的咨议会。在社会地位上,马其顿人和国王之间并没有什么隔阂,他们晋见国王时衣着如常,也可坦率地和国王说话。①

---

① 修昔底德,2.99;普鲁塔克,《亚历山大传》,15.3;阿里安,《亚历山大远征记》(简称《远征记》).1.7.5;D.18.235;普鲁塔克,《亚历山大传》,42.2(做司法官);阿里安,《亚历山大远征记》(简称《远征记》)3.26—27(叛国案)、7.11.6(王权);11.1.179;阿里安,《亚历山大远征记》(简称《远征记》)2.6.2(咨议会);Plb.5.27.6。

在公元前 4 世纪时，马其顿的政治制度较之希腊城市却更接近于伊庇鲁斯的莫罗西亚以及伊利里亚、派奥尼亚和色雷斯等国的制度。马其顿国王把希腊文化引入他的宫廷，并通过和希腊各邦通商以促进本国经济的发展，但他的王国中仍看不到希腊影响的政治后果。由于中等阶级的兴起，另一个称为"步兵伙伴"(pezetairoi)的新集团就从这些中等阶级中组成，以供国王调遣，并接受仅次于伙伴的荣誉。乡村发展为市镇，培拉成了全国最大的城市，但各市镇地区仍然是国王治下的行政单位，没有形成独立的政治实体。马其顿人对那些在他们海岸和卡尔西狄斯组成城邦定居下来的希腊人没什么好感，对那些实行帝国政策的大国斯巴达、雅典和底比斯也没有什么友情，而它们也把马其顿当作它们争霸的一个棋子来拨弄。他们之形成为一个紧密团结的民族，既是由于受到四邻各蛮族的压力，也是由于受到希腊人的压力。

马其顿的军事组织得力于阿尔其劳斯王（公元前 413—前 399 年在位）之处甚多，这位国王是当时一系列能干的国王中最后的一个，他在全国建立了驿道和要塞。首要的军队是由国王及其伙伴们率领的重装骑兵。骑兵战士皆披铠甲，坐骑也远较一般希腊所产马匹高大，在战斗中屡次表明他们比色雷斯部队优越。阿尔其劳斯开始发展了一些重装步兵，但在他死后的宫廷纷争之中，步兵看来又失掉了它的重要性。阿门塔斯在位时期（公元前 393—前 370 年），马其顿较其邻邦屡弱这一点就很明显地表露出来了。在他登位不久，伊利里亚人就蹂躏了他的王国。他把一些领土送给强大的卡尔西狄斯联盟作为该联盟保持中立的代价，随即又在帖撒利的帮助下再度取得王位。他于是和卡尔西狄斯联盟缔结了一个防守同盟,约定双方对邻近各邦采取同样政策。当卡尔西狄斯联盟在公元前382年左右对外扩张时,伊利里亚人又攻入上马其顿,卡尔西狄斯人则想吞并下马其顿的大部分。恰好这时卡尔西狄斯联盟被斯巴达解散了。当它再度组成时,阿门塔斯约在公元前373年和雅典结盟,并参加了在公元前371年为希腊各邦缔结和平而进行的徒劳无功的谈判。①

阿门塔斯的长子亚历山大可能创建了"步兵伙伴"(公元前369—前368年)。在马其顿建立这样一支常规重装步兵是国家经济和社会进步的一个标志。当亚历山大被托勒密(公元前368—前365年当政)刺死后,底比斯和雅典都抢着对马其顿施加影响。在托勒密被阿门塔斯剩下的最年长儿子帕尔狄卡斯(公元前365—前359年当政)推翻时,雅典的提摩修斯就夺取了米冬和马其顿海岸的皮德那,并强迫帕尔狄卡斯和雅典结盟以反对卡尔西狄斯联盟和安菲波利斯。在这时提摩修斯已从卡尔西狄斯联盟夺得托隆和波蒂代亚,但他随后几次进攻安菲波利斯都失败了。到公元前362年,帕尔狄卡斯转到敌方去了,他派部队支援安菲波利斯反对雅典。公元前359年,帕尔狄卡斯进攻伊利里亚人,遭到惨败,他自己和4 000名马其顿人都被杀。马其顿诸王就是这样拼命转换结盟关系来为其王国争得生存的机会,他们在这方面也颇有成效。②

---

① 修昔底德,2.100.2及5(高大的马其顿马可能是在波斯战争时俘获的尼萨马传的种,见希罗多德7.40.3;它的强劲可从马其顿钱币上看出);希史,5.2.12、38; D. S. 14.92、15.19.2;*CHI*,111、129;Aeschin. 2.32。

② *FGrH*72F4(安那克西米尼),其中谈到亚历山大一世的一些情况;Aeschin. 2.26—33。

在公元前359年初夏,马其顿人民选举了帕尔狄卡斯犹在襁褓中的儿子阿门塔斯为王,另推帕尔狄卡斯之弟腓力普为摄政,腓力普当时年仅21岁。他曾经在公元前367—前364年作为人质留在底比斯,认识了依巴密侬达和伯罗庇达,对当代的军事和外交手法都已比较熟悉。他现在负责治理的王国已陷入分崩离析的危险。林卡斯已被伊利里亚人占据。与它相邻的皮拉哥尼亚地区则在最近和雅典单独缔结同盟,皮拉哥尼亚的亲王曼涅劳斯在公元前362年被逐出国后就避难于雅典,并取得雅典公民权。神庙礼宾官(theorodokoi,负责迎接来往于依庇道鲁神祠的各地使团)的记录表明在帕尔狄卡斯时期下列各马其顿地区已经独立:滨海地区的皮德那、米冬和埃尼亚,迈格冬尼亚的卡林多亚,以波桑尼亚为其代表;靠近安菲波利斯的阿波罗尼亚和阿尔基鲁斯。那个卡林多亚的波桑尼亚可能就是在公元前359年争夺王位者之一。他得到西色雷斯王贝利萨德斯的支持。腓力普的三个异母兄弟——阿尔其劳斯、阿尔希达攸斯和曼涅劳斯——可能都想在马其顿人中寻求支持者。一度推翻腓力普之父阿门塔斯的阿尔盖攸斯则得到雅典的支持。此外,派奥尼亚人还想效法伊利里亚人大掠马其顿。腓力普的盟友只有卡尔西狄斯联盟,但它也总是想霸占马其顿的土地,还有一个盟友就是帕尔狄卡斯曾派军队帮助它抵抗雅典的安菲波利斯。①

腓力普的第一招是使他的敌人分而不合。他买通了贝利萨德

---

① Just. 7.5.2(腓力普在底比斯);CHI 143、148;$IC4^2$.1.94—95(神庙礼宾官); D. S. 16. 2;Just. 7.4.5。

斯，贝利萨德斯随后就杀掉了波桑尼亚。他又设法刺杀了阿尔其劳斯，阿尔其劳斯的各兄弟后来避难于卡尔西狄斯联盟。他又向派奥尼亚人进贡纳钱，使他们不再入侵。他从安菲波利斯撤回部队，并开始按照他在底比斯学到的那套办法训练马其顿步兵。在夏末，当阿尔盖攸斯率领来自雅典的3 000名雇佣兵，从雅典在米冬的基地侵入内陆，而一位雅典将军又率领一支大舰队停泊于特尔马海湾时，腓力普并未迎战，却把阿尔盖攸斯诱入阿盖依附近；因为他知道人民对他保持效忠，他并想把这一事实摆给雅典人看。当阿尔盖攸斯往回走时，腓力普就进攻，打败了他的部队，将残存者包围在一座小山上。在阿尔盖攸斯和所有跟随他的马其顿人必须投降的条件下，腓力普让其余人不需赎金即全部释放，并派使节到雅典宣称他放弃对安菲波利斯的任何要求，同时请求与雅典缔结和约。在当时雅典是他最危险的敌人。对腓力普说来，幸运的是雅典的利益主要集中在安菲波利斯和刻尔索尼斯而不在马其顿。因此雅典便和腓力普媾和（可能是在冬季），无疑地是希望把腓力普争取到它一边以利于它对卡尔西狄斯联盟和安菲波利斯作战。①

腓力普既得免于遭受来自海上的攻击，便在公元前358年夏侵入派奥尼亚，取得一次大胜，使派奥尼亚臣服于他的权力之下。他下一步就转向伊利里亚人，这个所有马其顿人和派奥尼亚地区的死敌，并率领一支600名骑兵和10 000名步兵的大军侵入林卡斯。伊利里亚王巴尔狄里斯，对腓力普头一年的大胜记忆犹新，便

① D. S. 16. 3—4. 1；Polyaen. 4. 2. 10. 17.

提出按现状缔结和约从而抓住他已占领的马其顿土地不放。腓力普决定攻击位于平原开阔地段的伊利里亚军,其兵力为 500 名骑兵和 10 000 名精选出的步兵。由于伊利里亚骑兵较少,巴尔狄里斯便把他的步兵组成方阵形。腓力普则仿效依巴密侬达等底比斯名将的战术,亲自率领他的最精锐步兵前进,使他的中军和左翼较缓较后,同时命令骑兵在他的右边进击,一旦打破敌军缺口,就从背面和侧面进攻。他的步兵前锋痛击敌军方阵的左角,破阵而入,使敌军阵容大乱,骑兵也随后驰入,肆行攻击。这一集中打击破坏了伊利里亚方阵的左半部。敌军在骑兵猛追之下穿越平原而逃,在他们能进入山区保全性命之前,总共有 7 000 人死于刀下。巴尔狄里斯乞和。腓力普便提出巴尔狄里斯必须把部队撤出马其顿为条件;后来他和伊利里亚公主奥达塔联姻,缔结了和约。通过这次胜利,腓力普表明了他的步兵和骑兵都已优于巴尔干各王的军队。①

伊利里亚的失败使伊庇鲁斯也得以免受重压,莫罗西亚王族为表示自己的感激便把奥林匹亚斯公主嫁给腓力普,她是涅奥普托勒密之女,在嫁给腓力普后便成为他的王后。因为大约也就在这时,马其顿人已废黜婴儿王阿门塔斯而举腓力普为王,称马其顿王腓力普二世。公元前 357 年春,腓力普围攻安菲波利斯。他知道雅典这时已在优卑亚作战,并且雅典在刻尔索尼斯比在安菲波利斯有更为重大的利益;因此,当安菲波利斯人向雅典献出他们的城市以换取一支驻军时,腓力普也向雅典提出他将把安菲波利斯

---

① D. S. 16. 4. 2-7;Front. *Strat.* 2. 3. 2.

让给雅典以交换在马其顿海岸的雅典盟邦皮德那。雅典接受了腓力普的条件,两国签订了一个秘密协定。腓力普已跟雅典有所默契这一事实使卡尔西狄斯联盟放弃了对他的进攻,否则它自己的海岸将受到来自雅典在波蒂代亚和托隆的基地的攻击。当雅典在奇奥斯战争中失利而尽全力对付赫勒斯滂沿岸地区的造反者时,腓力普就加紧围攻安菲波利斯这个曾使许多雅典将军碰得头破血流的城市。在夏末,认识到腓力普可能取胜的卡尔西狄斯联盟便向雅典求和以结成同盟共抗腓力普。这时雅典在东爱琴海处境已很危险,不能抽出任何军队。卡尔西狄斯人的提议被拒,腓力普在秋天就以撞城锤攻破了安菲波利斯城墙。胜利的腓力普却让安菲波利斯保持独立,使卡尔西狄斯联盟又惊又喜,安菲波利斯的民主党人则放逐了那些亲雅典的头领。腓力普立即向皮德那进攻,那里的亲马其顿党徒打开了城门向腓力普投诚。这样一来,腓力普与雅典的密约就撕毁了,雅典也失掉了它讨价还价的筹码。它向腓力普宣战,但它的手脚已被困于同盟战争,而腓力普却和卡尔西狄斯联盟谈判结盟事宜,这时卡尔西狄斯联盟已是东北爱琴地区最强大的势力了。①

在公元前357—前356年冬天,正当和卡尔西狄斯联盟谈判之际,拉利萨的阿留阿代向腓力普请求援助以抵抗当时已统治菲拉依的亚历山大诸子。腓力普欢迎这么一次保护自由反对暴政的机会。他派了充足的兵力参战,博得拉利萨人的感激。他在那里

---

① Just. 7.6.10; D. S. 16.8.2; 德谟斯提尼, 1.8; (D) 7.27; 德谟斯提尼, 2.6; *FGrH*, 115 F 30(提奥庞普斯); *GHI*, 150; D.1.5(皮德那)。

和帖撒利的一位贵族妇女斐琳娜结了婚,并和拉利萨的政治领袖西尼亚斯建立了亲密的友谊。他的所获也就是雅典的所失,因为雅典是帖撒利联盟以前的盟友。但在公元前356年春,底比斯彻底控制了帖撒利,通过了安菲克提翁联盟中反对弗西斯的决议。①

从公元前379年被斯巴达解散以来,卡尔西狄斯联盟已恢复了它的元气与实力。当雅典处于势力鼎盛之时,该联盟仍保持了安菲波利斯的独立,只丧失了波蒂代亚和托隆两地。联盟的各城市,作为马其顿和派奥尼亚以及西部色雷斯的主要出口港,在雅典一再进攻安菲波利斯期间,变得相当兴旺繁荣。它的军队拥有和马其顿匹敌的声威(因为它有1 000名骑兵和1 000名重装步兵),它的船舰若得雅典支援,就可封锁特尔马湾。它可以在内陆找到盟友来反对腓力普,迅速攻击他的首都,并可阻塞他通过安提木斯以达安菲波利斯的交通联络。公元前357年冬,腓力普和雅典都极力讨好卡尔西狄斯联盟,都希望争取它为盟友。由于马其顿现在已不必担忧来日的风险,腓力普便向卡尔西狄斯联盟提出:把安提木斯的肥沃地区让给联盟,并答应帮助它从雅典手中把波蒂代亚解放出来。在这个条件下,马其顿和卡尔西狄斯联盟缔结了一个防守同盟,并声称得到了阿波罗神的祝福,因为神谕曾预言这一盟约将为双方带来好处。条约的副本分别存于德尔斐、奥林图斯的阿尔蒂美斯神庙和弟安的奥林匹斯宙斯神庙。马其顿和联盟现在已正式对雅典作战。因此盟约中规定不能单独和雅典议和。得到这一同盟保障之后,腓力普便在公元前356年春占领波蒂代亚,

---

① Polyaen. 4. 2; D. S. 16. 14. 1-2; *FGrH*, 115 F 34-35.

让雅典人免交赎金而离开,并把这城市交给联盟。雅典曾派遣一支援军前来救助波蒂代亚,但这支军队到来太晚,雅典随后就着手在内陆搞一个联合势力来反对马其顿。①

卡尔西狄斯联盟的平息使得腓力普能在安菲波利斯之外向克里尼德斯进军,克里尼德斯人曾向腓力普求援以共抗色雷斯人。他为这个城市加固了城防工事,并迁移一些居民到此以增加它的实力。这个城市改名为腓力比,它以这个名称发行了新的钱币,并取得了对潘加昂山上的金银矿的控制。腓力普的扩张引起了西色雷斯王色特里波律斯的仇视,他和派奥尼亚王李普斯、伊利里亚王格拉布斯结成同盟,并有雅典参加(公元前356年7月),其目的是打败腓力普,夺取克里尼德斯等地。然而雅典这时正忙于纠集兵力来应付同盟战争(不久之后它就在恩巴敦海战中失利),无暇他顾。没有雅典或卡尔西狄斯联盟的支援,这三位国王无法取胜。公元前356年8月,腓力普在同一天接到了三个好消息:他的将领帕尔门尼奥打败了伊利里亚人;王后奥林匹亚斯生了一个男孩,即亚历山大;他的马又在奥林匹克运动会上获胜。色特里波律斯也接着被打败了。到公元前355年初夏,雅典基地尼亚波利斯也被孤立而陷入险境。到公元前355年年底以前,腓力普已占领色雷斯沿岸的阿布德拉和马隆涅亚的领土。雅典现在由于它在同盟战争中的失败而削弱了。到公元前355年仲冬,腓力普就进行了夺取雅典在马其顿海岸最后一个基地米冬的相当危险的战役。因为如果雅典和卡尔西狄斯联盟合作,它们就会侵占下马其顿。然而

---

① D. S. 16. 8. 3—5; *GHI*. 158; D. 6. 20; 4. 35、23. 107.

卡尔西狄斯联盟仍忠守它与腓力普的盟约。一支雅典援军在公元前354年夏到达米冬时，发觉该城在强攻之下已经陷落。①

公元前359—前354年，腓力普赢得了马其顿军队的衷心拥戴。在进攻巴尔狄里斯的战役和围攻米冬之际，他都身先士卒，亲临前线，在米冬他还中了一箭以致右眼失明；他的将才已在许多胜仗中证明，这些战斗既有阵地战也有围城战。因此，当希腊各邦主要依赖雇佣兵之时，一支强大的公民军队却在马其顿建立起来了。在外交上腓力普也远胜过他的对手。他以快速而果断的手腕挑弄雅典反抗卡尔西狄斯联盟，又挑弄卡尔西狄斯联盟反抗雅典，这样他就使得他的潜在敌人始终处于分化而从中取利。他用给予安菲波利斯和腓力比自主的方法使在其他城市中愿助他一臂之力的人大受鼓舞。在帖撒利，他拥护为自由而战的人民，反抗菲拉依的各代僭主，在德尔斐他也得到神庙当局的友好接待，一直到神殿被菲拉麦鲁斯夺取为止。甚至在他和雅典交战之时，他也避免结怨太甚。因此他在公元前359年释放了雅典的雇佣军，让雅典官兵从安菲波利斯安全撤退，也让雅典殖民者从波蒂代亚自由转移，他还对米冬的被征服居民不加奴役，让他们带着一身衣服离开原地。②

虽然腓力普在公元前354年已经解放了马其顿全境，并和卡尔西狄斯联盟缔结同盟，但他的势力在其统治地区并未充分巩固。

---

① D. S. 16. 8. 6—7; Harp. s. v. *Datos*; St. Byz. s. v. *Philippoi*; *GC*, 200; D. S. 16. 22. 3; *GHI*, 157; 普鲁塔克,《亚历山大传》, 3. 8. ; *GHI*, 159; Polyaen. 4. 2. 22（莫罗尼亚）; D. S. 16. 31. 6（见 34. 4—5）; *IG*, ii². 130; *FGrH*, 115 F 52（提奥庞普斯）。

② 德谟斯提尼, 6. 20 表明, 若波蒂代亚是被"屠城"的话（D. S. 16. 8. 5, 此处字迹不清), 则卡尔西狄斯人是这样对待波蒂代亚土著的。

541 上马其顿地区有长时期的独立传统,经济上又不如下马其顿繁荣。腓力普的目的是要把整个马其顿结合为一个王国。为了取得依里米亚王族的效忠,他和该族的妇女菲拉结婚,他一贯的政策是把各地区的贵族收罗到他的"伙伴"之中。为了这个目的,他还把年轻贵族当随身侍从放在他的宫廷里。可能他也像阿尔其劳斯那样修筑了驿道,建立了一些城市,其中如林库斯和赫拉克利亚就是为纪念对巴尔狄里斯的胜利而建立的,他还加固了一些城市,例如腓力比。这些道路不仅使他能在中央巴尔干地区快速调兵遣将从而加强了他的战略地位,而且它们和沿路城市一道,大大有利于商业的发展。培拉这时已是一个繁忙的海港。大约在公元前360年前后,从雅典放逐出来的卡利斯特拉图斯曾以40塔连特的价格包下了它的港口捐税。皮德那和米冬的占领则最终结束了马其顿沿岸希腊人的中间商业活动,把他们都赶走了。马其顿和卡尔西狄斯联盟的同盟为双方都带来巨大利益,也加速了上马其顿的发展。更重要的是,潘加昂山的矿业每年可提供约1000塔连特的金银。腓力普废除了已过时的波斯币制,采用了色雷斯的银币制和雅典的金币制,这样马其顿就可自由地在色雷斯和雅典的金融区进行商业贸易,特别是和卡尔西狄斯联盟贸易,因为它也是采用同样币制。他的钱币很快就广泛流通。这些钱币的图案包括奥林匹斯宙斯与赫拉克勒斯的头像、马和可能代表腓力普的骑士,以及由一小孩骑着的竞跑马在奥林匹亚运动会上的表演等。①

---

① 希史.5.2.38(依里米亚的德尔达斯的独立);阿里安,《远征记》,4.13.1(宫廷侍从;〔Arist.〕Oec2.1350^{a}16(卡利斯特拉图斯);*GC*,200。

在过去时代,腓力普的前辈曾开疆拓土,也曾丧权失国,但他却对江山做万年之计。随着他的征服日益扩展,他把其中一些土地并入马其顿作为国王武功所得的财产;他还用将这些土地赐给臣属的办法创建一批新的马其顿公民,这些人中有的是本地人,有的则是他希望包括在臣属中的希腊人。例如,米冬的土地就是这样分割的,而该城市及其独立自主的传统则被摧毁了。这样一来,他就可以不像希腊城邦那样而以合并的形式扩展自己的领土和公民。对更远的地区,当合并条件还不成熟时,他就让原来的制度保持不变:安菲波利斯和腓力比仍保有自主权,派奥尼亚的李普斯和西色雷斯的色特里波律斯则作为附属国王仍统治其王国。公元前354年,当这些巨大变化已在上马其顿逐渐实现时,当地仍有不少可以为外国利用的摩擦,腓力普在外交方面的成功仍没能使马其顿成为一个中央集权的统一国家,这时他已被希腊的形势吸引而去干预圣战了。

第二节　腓力普在帖撒利和色雷斯

公元前354年,菲拉麦鲁斯利用他的战略地位阻挠他的主要敌人帖撒利和彼奥提亚之间的交通要道。在春季他使帖撒利人遭到惨败,从而不仅使敌人不能会合,而且把帖撒利赶出战场之外达一年之久。彼奥提亚现在已被敌人四面包围,因为雅典、优卑亚和科林斯湾对岸的亚该亚已和弗西斯结盟,罗克里则由于被菲拉麦鲁斯大败两次而疲惫不堪。整个夏天彼奥提亚没取得任何进展。同时,在帖撒利,菲拉依的僭主和帖撒利联盟各城市互相交战。由于无论哪一方都不能指望从彼奥提亚得到援助,它们就向别处寻求支持,帖撒利联盟向腓力普,僭主们则向雅典。在夏末,腓力普攻陷米冬之后就围攻帕加塞这个菲拉依的港口,雅典则派了一支海军来救援它。腓力普再一次抢在雅典人前面。在秋天他就攻下了帕加塞,并控制了坦佩谷和奥鲁松的山口。菲拉依现在已被孤立了。①

公元前354年秋末,菲拉麦鲁斯在弗西斯的涅翁被彼奥提亚人打败身死。弗西斯人和他们的雇佣军主力避入帕那苏斯山区,弗西斯各城再次陷入党派纷争。彼奥提亚决定派出它的将军巴门尼斯率一支5000人的军队去支援造反的波斯总督阿塔巴卓斯,以取得他的金钱资助。巴门尼斯在公元前353年年初动身,彼奥提亚自信可用余下的部队在山区雪融以后即对弗西斯人做最后的歼灭。在路上巴门尼斯与腓力普于色雷斯的马隆涅亚相遇(公元前353年春)。在那里,东色雷斯王色西布列普特不仅受到腓力普的压力,也受到雅典的压力。巴门尼斯于是和腓力普、色西布列普特签订了互不侵犯条约,确立了底比斯和腓力普的友好关系,并为巴门尼斯通过色雷斯进入亚洲打通了道路。不久以后,雅典即和中色雷斯王阿马多库斯缔结同盟。②

公元前353年春,彼奥提亚却发现它被自己的奢望欺骗了。由于它把圣战中的全部俘虏处死,它就迫使弗西斯人决战到底。他们在一位能干的领袖奥诺马库斯带领之下团结起来,奥诺马库

---

① D. S. 16. 30. 4-31. 2、31. 6;D. 1. 9、4. 35;*FGrH*,115 F 78(提奥庞普斯);Polyaen. 4. 2. 19。

② D. S. 16. 31. 3-5、32. 1-2、34. 1-2(巴门尼斯);D. 23. 183。

斯招聘了很多雇佣兵,大量资助国外的友人,并且邀请每一个友好城市都派代表到德尔斐担任"神庙建筑督察"(naopoioi)。雅典、罗克里、麦加拉、依庇道鲁、斯巴达、科林斯和弗西斯都为重建公元前373—前372年被毁的神庙捐了款。它们的参加主要是政治上的,并无实际意义,但奥诺马库斯有军队逼使东、西罗克里默认他的势力,他占领了提洛尼翁,威胁安菲萨,重建了奥科美努斯,困住了彼奥提亚已被削弱的军队。在帖撒利,奥诺马库斯也同样大肆收买各方,因为如果他真能争取帖撒利站到他一边,他就在战场上拥有了对彼奥提亚和安菲克提翁联盟的压倒优势。然而,帖撒利各城却请求腓力普的援助以反抗菲拉依和克拉隆的僭主。在公元前353年夏,腓力普打败了僭主们和奥诺马库斯之兄法依鲁斯的联合部队,法依鲁斯是带着7 000名弗西斯雇佣兵前来支援他们的。随后,奥诺马库斯即率领全军在秋天北上,打败了腓力普和他的帖撒利盟邦的联军,使腓力普的马其顿部队遭受重大损失,并把他逐出帖撒利。在奥诺马库斯回师之际,又打败了彼奥提亚军并占领了科洛尼亚。①

奥诺马库斯这个弗西斯"独裁将军"的实力奠基于德尔斐的金钱、雇佣兵和盟邦的友好支持之上,他的势力现在及于从奥林匹斯山到科林斯湾的地区,并威胁着彼奥提亚的生存,而彼奥提亚是宣布圣战的安菲克提翁判决书的最后一个未被打倒的签字国。奥诺马库斯的盟国在公元前353年也取得了胜利。斯巴达在奥尔尼埃

---

① D. S. 16. 32. 3—33、35. 1—3; *Fouilles de Delphes* 3. 5. 79。以下及3fasc。有关各地区的情况见《德尔菲年代学研究集刊》,13;有关年代表见 *JHS*, 57. 62; Polyaen. 2. 38. 2。

打败了阿尔戈斯，并倡议在所有希腊地区都应将失地复归原主，这样弗西斯就可保有德尔斐，雅典重得奥罗普斯，斯巴达重占美塞尼亚，底比斯则要失掉对奥科美努斯、提斯皮亚和普拉提亚的控制。雅典终于在刻尔索尼斯获得立足点，在那里，雅典将军恰利斯占领了塞斯都斯，屠杀了成年男子，把其余居民卖为奴隶，并强迫色西布列普特和雅典结盟，让出了除卡利亚以外的所有刻尔索尼斯城市。①

腓力普虽被迫后撤，但"像一只公羊那样，退后一步撞得更凶"。早在公元前352年年初他就围攻菲拉依。当菲拉依的僭主向奥诺马库斯和雅典求援时，腓力普也说服了帖撒利联盟把它的军队归他指挥。在春季，奥诺马库斯带着500名骑兵和20 000名步兵北上，还有一支相当大的雅典舰队在恰利斯率领下驶来支援他。奥诺马库斯和恰利斯的意图可能是想进抵费提奥迪克——底比斯东边的丘陵地带；雅典人将在此地登陆，汇合后的联军将穿过山区以征集优良的骑兵和菲拉依的雇佣军，然后再与敌军交战。腓力普这时已集合一支3000名骑兵和20 000多名步兵的马其顿和帖撒利军队，陈兵菲拉依城外，他的意图则是要在奥诺马库斯与其盟邦会合并加强其骑兵之前与他交战。当奥诺马库斯已迫近的消息到来后，腓力普就在夜间离开菲拉依，可能是为了蒙骗守城军以为明早将有攻击，实际上他却急忙进军于弗提奥迪克的底比斯以南的平原，在那里阻截了奥诺马库斯逼近海岸的军队。在雅典舰队能将其军队登陆之前，腓力普就向奥诺马库斯进攻。帖撒利

---

① D.S.16.34.3—4；德谟斯提尼，16，例证4和16。

和马其顿的骑兵在步兵交锋以后立即从侧面包抄痛击敌人,把他们赶到岸边,其中不少人丢盔卸甲游到雅典船上逃命。在这次战役中弗西斯军有6 000多名被杀、3 000名被俘。按照圣战中各希腊交战国的先例,俘虏都被吊死或淹死,胜利的马其顿人和帖撒利人则头戴桂冠,向德尔斐之神阿波罗献礼感恩。①

这次在被称为"克劳库斯战场"所取得的胜利的直接结果就是菲拉依等城的投降。那些僭主和他们的2 000名雇佣军则得到了安全转移。腓力普于是帮助帖撒利同盟整顿内部秩序。法卡东和特利卡这两个曾与邻国作战的城邦被打败了,前者并被摧毁,这样西部帖撒利平原就太平无事了,从此时起,或者不久以后,扼守通向安布拉西亚湾的龚比便改名为腓力比,并接受了一些马其顿移民。腓力普还取得了在伯尔哈比亚和马格尼西亚的要塞,加强了他对坦佩谷和奥鲁松等山口要道的控制,并在帕加塞驻军以保卫菲拉依的自由。帖撒利同盟推举腓力普为其部队的司令,还把市场和港口税交给他支配。公元前352年仲夏,腓力普便率领马其顿和帖撒利的军队直逼温泉关。②

在克劳库斯战场之役以后,法衣鲁斯便取代了奥诺马库斯。他更多地送金钱给其他城邦中的支持者,以鼓舞他们的斗志。斯巴达派出了1 000人,亚该亚派出2 000人,帖撒利僭主们的2 000

---

① D. S. 16. 35. 3—6(其中说雅典舰队的出现是出于"巧合"则不确;巧合之词大概有为雅典开脱之意);*FGrH*,115 F 249(提奥庞普斯);Polyaen. 4. 2. 20(可能在战争的前夕);波桑尼亚10. 2. 5;Justin 8. 2. 3.

② D. S. 16. 37. 3,38. 1;德谟斯提尼,1. 13;Polyaen. 4. 2. 18;St. Byz. s. v. *Philippoi*;Isoc. 5. 21;*FGrH*,115 F 81,82(提奥庞普斯).

名雇佣军也加入了他的队伍。他在彼奥提亚打了几次小败仗,随后由于腓力普进抵温泉关,就把他引向北方。这时,雅典也派出400名骑兵和5 000名重装步兵由海路前来援助温泉关的守卫,阻止腓力普同彼奥提亚军会合。面对这一弗西斯盟邦的联军,腓力普后撤了。他不想用他的军队硬碰一道防守坚牢的阵地,也不想有损于他为阿波罗而战的声名。但是,他的元气并未耗竭。公元前352年11月他围攻了普罗彭蒂斯海岸的赫拉依昂太可斯,这是应拜占庭、佩林托斯和与色西布列普特作战的阿马多库斯之请而出兵的。到公元前351年,色西布列普特被打败了。他把一些有争议的领土让给了腓力普的盟邦,并将自己的儿子交给腓力普做人质。腓力普亲自把他的国界划到赫布鲁斯河为止,并和刻尔索尼斯狭颈上的卡利亚建立了友好关系。博斯普鲁斯海现在由他的盟友拜占庭控制,这时拜占庭已吞并了加尔西顿和色林布利亚。雅典也于公元前352年秋接受了卡尔西狄斯联盟提出的友好与同盟的建议,原准备秘密缔约,但终于被公开了;它还投票决定派一支远征军去刻尔索尼斯。当腓力普于公元前351年春从色雷斯返回后,他就用"霸道夫人"总有其嫉妒的丈夫"战争"追逐其后的故事劝谕卡尔西狄斯的头领。这样就足以使卡尔西狄斯向雅典的提议告吹,而这提议原已构成对卡尔西狄斯联盟与腓力普在公元前357—前356年缔结的同盟的一种破坏。在雅典,有关腓力普患病的传说也使雅典人减小了他们对刻尔索尼斯远征的规模。①

---

① D. S. 16. 37、38. 1—2;德谟斯提尼 4. 17;Schol. Aeschin. 2. 86(赫拉依昂太可斯);D. 3. 4;15. 26(拜占庭);23. 109(加尔西顿联盟);*FGrH*, 115 F 101,127(提奥庞普斯)。

在腓力普后撤以后，圣战变成了在中希腊的一场游击战，结果使东罗克里、弗西斯和北部彼奥提亚备受蹂躏。法衣鲁斯于公元前351年病倒，法莱库斯继之，他停止了"神庙建筑督察"会议，并派军队进入伯罗奔尼撒。在那里，斯巴达正进攻麦加罗波利斯，准备发动一场大战。他从被放逐的菲拉依僭主那里得到150名骑兵，从法莱库斯那里得到3 000名步兵，而麦加罗波利斯则得到阿尔戈斯、西夕温和美塞尼亚的全力支援，后来还从彼奥提亚得到500名骑兵和4 000名步兵的援军。在打过几次仗之后，斯巴达王阿尔齐达姆斯取得了一次令人信服的胜利，遂迫使麦加罗波利斯签订了一个停战协定（可能是在公元前351年夏天）。随后，弗西斯人和彼奥提亚人又回到他们自己的领土去大打其圣战了。[①]

在公元前355—前351年，雅典在对外政策方面显示了少有的克制。它对于以下各项邀请都全部拒绝：趁彼奥提亚削弱时向它进攻，掀起罗得斯反波斯的起义，干涉中部色雷斯，在伯罗奔尼撒的各场战争中参加这一方或那一方等。它派了远征军去帮助米冬、尼亚波利斯和帕加塞，在帖撒利反对腓力普，后来则在温泉关反对腓力普。它也派了远征军去夺取刻尔索尼斯，在那里，它在公元前353—前352年于塞斯都斯建立了军事移民。雅典也让它的盟邦在它参与的战争中为它而战：在圣战中是弗西斯人和菲拉依的僭主，在中部色雷斯是阿马多库斯，其后则是东色雷斯的色西布列普特。它和罗克里人缔结了一个同盟，并也想和卡尔西狄斯联盟结盟。

---

① D.S.16.38.3—39.7；波桑尼亚 8.27.9。

这几年的政策一般是由欧布鲁斯促成的,他是神圣基金的首席专员,他的支持者在制定这些政策上也有很大作用,其中有一个就是很有影响的演说家埃斯奇尼。他的方针对轻重缓急有合适的安排,把财政的复苏、抵抗腓力普、控制刻尔索尼斯、在其他地方不插手等奉为圭臬。防守温泉关的建议是由迪奥芳图斯提出来的,他是欧布鲁斯的助手,而和卡尔西狄斯的谈判则可能由欧布鲁斯经手。他的稳健政策恢复了雅典的贸易和金融,在公元前347—前346年岁入上升到400塔连特左右,盟邦贡献金也从公元前354年的45塔连特上升到60塔连特。岁入的盈余大部分用来建造新的三桨座船的改进码头、城防工事。在公元前353—前352年,雅典有349艘船舰列于海军实力表上,到公元前349年,几年来战备所耗总数达到1 500塔连特。萨摩斯的军事移民在公元前352—前351年得到加强。私人手中的财富增加很快,因此矿业开采规模巨大。而在公元前352—前351年则投票决定对此收60塔连特的资产特别捐(eisphora)。在公元前354—前350年的这种稳健政策是在专靠大量分发节日神圣基金和救济款才能实现的,但它也没有弄到和平麻痹的地步,在雅典的真正利益遭到危害时它也不至于弄到毫无军事应付之力而只求和平了事的地步。①

在这些年中,德谟斯提尼开始了他的政治家生涯(公元前384—前323年)。他这时已是一个卓越的演说家,在打官司时击败了原经管他家遗产而把遗产浪费殆尽的保护人,并参加了公元

---

① *IG*, ii². 16131, 297, (塞斯都斯);*IG*, ii.² 148(罗克里);*FGrH*, 115 F 166(提奥庞普斯);德谟斯提尼, 18. 234;*IG*, ii². 1613(船舰清单);德谟斯提尼, 3. 28;*FGrH*, 328 F 154(菲罗克罗斯);德谟斯提尼, 3. 4(特别捐);*FGrH*, 115 F 99;德谟斯提尼, 4. 35。

前355年和公元前354年的两次政治案件的审判。在他发表于公元前354年的第一篇公开演说(《论纳税小组》)中,他反对人民大会中一些人倡导的攻击波斯的论调,在这时雅典是处于停滞状态,波斯却征集了一支大军。德谟斯提尼因此强调雅典缺乏为应付这样一场战争必需的财政资源;它应该先做好准备来反对它已经有的那些敌人。他利用这个机会提出对三桨座船建造筹款制度应做一些改革,其办法是以小组(symmoriai)代替个人负责,他并设想了一种用简明通知指挥舰队的更有成效的方法。这个通情达理的演讲是和欧布鲁斯当时的政策相吻合的,但他在日后几年发表的两篇演说却推举一种好战的政策。在公元前353年后期,斯巴达和麦加罗波利斯不和,双方都请求雅典结盟支持,这就可能使它陷于伯罗奔尼撒的战事;斯巴达能提出的友军有伊利斯和福里攸斯,麦加罗波利斯方面则有其他伯罗奔尼撒城邦。德谟斯提尼在他的演说(《支持麦加罗波利斯人》)中劝告雅典参加到麦加罗波利斯一边去反对斯巴达,以便于在伯罗奔尼撒保持均势,并把麦加罗波利斯从底比斯那边拉过来,使它退出与底比斯的联盟。如果听了他的话,雅典将会得罪它的盟友斯巴达,把它的资源投入一个次要的战场,除了在伯罗奔尼撒外它不能在任何其他地方得到新盟友的援助,还恶化了它和底比斯的关系。公元前351年,罗得斯流亡的民主派请求雅典把罗得斯岛从卡利亚支持的寡头统治下解放出来。德谟斯提尼(《为了罗得斯人的自由》)也要求雅典这样做,他认为卡利亚不会报复,波斯会被迫表态,而民主派在反对寡头派的斗争中将能得到帮助。这种政策和他的对付伯罗奔尼撒政策同出一辙。他所倡导的这种种做法正是曾导致第二次雅典同盟瓦解的那些措施。①

对麦加罗波利斯和罗得斯的政策,反映德谟斯提尼完全忽视了来自马其顿的威胁。对此可能有两种解释。或者是他消息不灵通以致对威胁无所觉察,或者是他故意视而不见以便于推行他的政策。后一种解释可能性更大一些。其实,他的意图就是尽其可能推翻反对这些政策的欧布鲁斯,并像把雅典推入战争中一样使他自己也进入政治的核心。在人民大会中,政治上钩心斗角的实质就是这样:一个政治家只有攻击当时已在台上的头领,才能使自己大出风头,而在这些攻击之中,政治家主要从雅典过去的传统寻求自己所用的论点和倡导的政策。德谟斯提尼对欧布鲁斯的攻击在公元前352年夏发表的一篇法庭辩护词(《驳阿里斯托克拉底》)确实非常明显,其中接触到对色雷斯的政策。德谟斯提尼主张和色雷斯的各个小王族联盟,这样就可使该国总是处于分裂状况,雅典则可操纵其均势局面。这样一种政策是不现实的,因为它不仅低估了腓力普的实力而且也过高估计雅典在内陆山区的军事战斗力。然而,德谟斯提尼在此不过是为了取得官司胜诉,只是附带地攻击欧布鲁斯及其支持者而已。②

在公元前351—前350年,雅典对腓力普很少注意,它的恐惧似也有所消失,东方的事变更吸引了它的注意。阿塔巴卓斯这个曾在公元前365—前355年得到恰利斯救援,在公元前353—前352年又得到巴门尼斯支援的波斯人,却带着他的雇佣军队长、罗

---

① 德谟斯提尼,14.5,9,11,36;16.4—6和30—31;15.11,1,19。
② D.23,207—10(攻击欧布鲁斯及其支持者)。

得斯人梅隆,一起逃到腓力普的宫廷中去了(可能在公元前352—前351年冬)。阿塔薛西斯·奥库斯征集了一支大军,于公元前351年左右侵入埃及。他被埃及人打败了好几次,埃及的雇佣军则由雅典人迪奥芬图斯和斯巴达人拉米乌斯指挥。随后在塞浦路斯和腓尼基等地爆发了一系列起义,阿塔薛西斯便雇用了雅典人弗西昂和8 000名雇佣兵,在卡利亚总督伊德里乌斯总指挥之下,在公元前350年镇压了塞浦路斯的起义。在公元前351—前350年,他给予底比斯300塔连特援助,而底比斯正需此款以进行"神圣战争"。这时雅典在刻尔索尼斯的各司令官都和小亚细亚西北部的总督,即麦西亚总督奥伦特斯友好,他大约在公元前349年起义反抗阿塔薛西斯,控制了小亚细亚西北部地区。雅典对赫勒斯滂的控制也因此得到加强,波斯本身正忙于镇压腓尼基起义,直到公元前345年无暇他顾。[1]

第三节 马其顿和雅典在卡尔西狄斯的冲突

与此同时,腓力普势力逐渐向西扩张。他可能在公元前351年降伏了利赫尼都斯湖西面和西南面的伊利里亚人(除了靠近亚得里亚海岸的而外),并让他们的国王作为他的附属继续统治。这一地区包括达马斯提昂的银矿,向他缴纳贡金并为他提供了优良的轻装步兵,在这地区内他还修建了一些设防兵站以保证他通向

---

[1] D.S.16.52.3(阿塔巴卓斯)、40.6(埃及)、48.2;德谟斯提尼,15.5;D.S.16.42.7、46.1(弗西昂)、40.2(底比斯);参见 GHI,160。狄奥多罗斯的年代很混乱。

伊庇鲁斯的交通。在这里,他的内弟亚历山大是莫罗西亚王国的王储,阿里巴斯则为其摄政。在公元前350年,腓力普进入了伊庇鲁斯,把亚历山大迁入他自己的宫廷,合并了据有从上埃奥河流域通向马其顿山口的巴劳依亚。他也进军于派奥尼亚,可能还把他的国土向北扩展。在北部帖撒利,他加强了对帕加塞和马格尼西亚的控制(可能在公元前350—前349年的冬天),并且不顾帖撒利人的抗议,他继续把帖撒利的市场和港口捐税收归己有。在东方,他可能和波斯在这时达成了协议,把阿塔巴卓斯和梅隆送回了家;使马其顿和波斯建立了友好的中立关系。他已在逐渐扩大着的舰队攻掠了列姆诺斯、英布罗斯和斯夕诺斯等岛(从色雷斯沿岸出发,大约是在公元前351年左右),并且从帖撒利的基地在优卑亚海外俘虏了雅典的运粮船。有一次他的三桨座船还在马拉松登陆,俘虏了一艘由此前往提洛参加节庆会的雅典政府专用船。到公元前349年,他觉得他已有足够力量去干一直等待着他的那桩最危险的战事了,这就是征服一直为他的敌人提供基地的卡尔西狄斯联盟。①

在雅典,对腓力普的所作所为经常在人民大会上加以讨论。德谟斯提尼的《一评腓力普》可能就是在公元前350年的这样一次讨论中发表的。他对腓力普的用兵神速多变做了很好的分析,把腓力普比喻为一个一拳打来不易闪避的拳击家,要求雅典在腓力普进攻阿提尼之前就在马其顿向他发动攻击。然而,问题在于如

---

① 德谟斯提尼,1.13、4.48;Isoc.5.21;德谟斯提尼,1.12 Schol,(帖撒利).2.11;阿里安,《远征记》,2.14.2(波斯);德谟斯提尼,4.34;〔D.〕59.3;Aeschin.2.72。

何攻击。德谟斯提尼提议保持一支2 000名步兵和200名骑兵的流动部队,配以10艘战舰和一些运输船,以列姆诺斯、塔索斯和斯夕亚多斯等岛为基地,专任攻掠马其顿海岸和封锁腓力普的港口。这种作战大约每年要花费90塔连特,作为一种进攻手段是不会有多大成功机会的;因为雅典在特尔马湾内没有基地,而腓力普又不依赖进口生存。他还提议在比雷埃夫斯港内储备50艘船舰和10 000名公民部队,一有情况随即出击。假若此法可行(他在《论纳税小组》中已有同样设想),当然是上策。他的演说成为要求人民亲自参战切勿延误的激励人心的号召。在公元前349年,考验就来临了。当年夏天,可能得到腓力普资助的一些亲马其顿派在奥林图斯占了上风,正当他们放逐了雅典曾给予公民权的民主派头领阿罗尼德之际,腓力普也命令卡尔西狄斯联盟交出两个曾和他争夺王位的人——他的异母兄弟阿尔希达攸斯和曼涅劳斯。卡尔西狄斯联盟现在面临着要么屈服(接着就是完全为马其顿吞并),要么独立(接着就是与马其顿交战)的选择。联盟拒绝交出阿尔希达攸斯和曼涅劳斯,并向雅典求援。

德谟斯提尼在《一论奥林图斯问题》中主张雅典立即向它的强敌进攻,派出一支军队防守卡尔西狄斯,另一支攻击部队则攻掠马其顿。他暗示(但没正式提出)有必要取消有关神圣基金的法令,而把所有岁入盈余拨给军事基金以供应大战的需要。另一位演说家德马第斯反对这种做法,他的态度可见于他大约就在这时发出的警句:"神圣基金对于民主政治犹如胶水之于书本(因为它使人民团结起来)。"人民大会和卡尔西狄斯联盟结了盟,并派了2 000名轻装步兵和恰利斯率领的38艘三桨座船到奥林图斯。不久以后德谟斯提尼发表了《二论奥林图斯问题》,他在其中强调腓力普对雅典说来并非攻不破的强敌,他那稳固的势力是注定要垮台的。他把腓力普刻画为一个放荡荒淫的暴君,他的"伙伴"都是盗贼奸臣,而马其顿人民则敢怒而不敢言。这一歪曲不实的描绘,在《一论奥林图斯》之后看来是如此离奇,可能是为了鼓舞雅典人而故意做出的,但它是否将德谟斯提尼和当时形势需要告诉人民的紧迫感表述出来则是值得怀疑的。《三论奥林图斯问题》对人民及其头领进行了猛烈的抨击,要求任命审察官来废除神圣基金法。"现在是政治家们紧握着钱袋之绳,控制一切,而你们人民,在耗光国库失掉盟邦之后,却成了政治家恭顺的奴仆,为他们散发给你们的每一块喜钱而感恩戴德。"在冬季期间,当局势更为恶化时,阿波罗多鲁斯提议不任命审察官而直接分配目前盈余的钱款。在人民大会上没有人对他表示反对,但这提案由于不合法而作废,后来他被罚款一塔连特。①

德谟斯提尼这篇有关奥林图斯问题的演说词是在 12 月或 12 月以前发表的,那是在腓力普开始进攻之前。由于航海条件极坏,雅典不能派出更多部队支援卡尔西狄斯联盟。有一些卡尔西狄斯城市被人出卖了,有一些则被攻陷,帕伦尼地角已为马其顿人占领。腓力普本人则转向菲拉依,那里已被一个现在是雅典公民的流亡僭主培多劳斯重新夺取。腓力普在公元前 348 年 1 月以前驱逐了培多劳斯。在该月之末,根据腓力普的计划,在优卑亚开始了

---

① Suid. s. v. *Demades*;普鲁塔克,《道德论丛》,1011ᵇ;*FGrH*, 328 F 49—51(菲罗克罗斯);〔D.〕59. 3—5.

反对亲雅典的厄律特利亚僭主普鲁塔库斯的起义,普鲁塔库斯便向雅典求援,雅典派弗西昂率一小支精选公民部队驰援,但未能守住厄律特利亚,起义四处蔓延,马其顿雇佣军也从帖撒利进入优卑亚岛。但是,弗西昂在塔米奈打了一次胜仗,让希腊俘虏自由逃走,并于4月初在岛上狭颈处驻军。这时,公民部队的大军也来到岛上,弗西昂遂被召回。他的继任者却败得很惨。在7月初,雅典拿出了50塔连特赎取雅典人战俘,承认除卡利斯都斯以外的整个优卑亚的独立。①

　　在冬季期间,马其顿人向卡尔西狄斯进军,联盟再度向雅典求援。一支150余名雅典骑兵的分队从优卑亚驰援,恰里德木斯又率领了4 000名轻装步兵和18艘船舰由刻尔索尼斯前去支援,他这支部队大约是在4月间出动的,那时他已从造反的麦西亚总督奥伦特斯得到了金钱和军需物资,雅典则送给奥伦特斯雅典公民的称号。在夏季,腓力普两次打败了奥林图斯,随即将城市包围。7月初,奥林图斯第三次向雅典求援,请求派出公民部队而不要雇佣军。雅典便派出了300名骑兵和2 000名重装步兵,配以18艘三桨座船和必需的运输船。在8月间,当厄特西安风阻止了远征军起航时,腓力普却强使奥林图斯出战,结果约500多名奥林图斯骑兵弃城而逃,城市便在雅典舰队到达之前失陷了。根据腓力普的命令,奥林图斯被夷为平地,居民都卖为奴隶,作为它背弃盟誓的惩罚——这种处置还没有塞斯都斯人受到雅典惩罚那样的严

---

　　① D. S. 16. 52. 9;普鲁塔克,《弗西昂传》,12—14;Aeshin. 3. 87;德谟斯提尼,21. 132。

酷,此外,卡尔西狄斯的其他一些城市也被拆除了城防工事。卡尔西狄斯半岛现在是完全并入马其顿统治下了,它的一些城市中的居民可能还被迁入内陆。①

在这几次作战中,腓力普精心选择时机,确保主动。他等待天气不好以后才开始进攻;随后他发动优卑亚起义分散敌人兵力;他在厄特西安风刮起来之后才全力出击。他充分利用了雅典的迟疑不决,卡尔西狄斯各城邦之间以及城邦内各派系之间的倾轧不和,他还在军队之外运用贿赂收买,把一个个城市拉到自己一边。对雅典说来,后果是严重的。它已失掉打击马其顿的最后一次机会;它也失去了优卑亚,温泉关要道至此已无险可守,腓力普将可长驱直入彼奥提亚。面对着这一危险,欧布鲁斯派遣使节到希腊各邦(使节中包括了埃斯奇尼),请它们前来集会,互相团结起来反对共同的敌人。各地杳无回音。被双重的失败所削弱,并且眼看要在神圣战争中成为输家的雅典,现在只好孤家寡人单独面临来日的风险了。②

在雅典,接着就是一场互相谴责、控告的风波。最后一批援军的司令官恰利斯离国不回。另一位将军赫吉西列奥斯,是欧布鲁斯的一个侄子,被罚以重款。德谟斯提尼谴责对反腓力普的战争指挥不当。他认为雅典行动迟缓,又因分兵入优卑亚而自缚手足,

---

① *FGrH*,328 F 49—51;*IG*,ii²,207;D. S. 16.53;Suis. s. v. *Karanos*;德谟斯提尼,9.56,66;19.267;Hyperid. *Fr.*76;德谟斯提尼,3.26 夸大了卡尔西狄斯的毁灭。

② 年表据 *FGrH*,328 F 49—51 和德谟斯提尼,19.266、21.197、39.16;Aeschin. 2.12;又据公元前 348 年 3 月德谟斯提尼与美迪亚斯在狄奥尼亚的争辩;Aeschin,3.58 与德谟斯提尼,19.10(埃斯奇尼的使命)。

这次分兵只有他在当时就提出过异议。他的头一个批评是正确的，后一个却无必要，因为假若说卡尔西狄斯对进攻来说具有头等重要意义，那么优卑亚在防守方面也有极其重要的意义。此外，如果优卑亚落入敌人之手，与卡尔西狄斯的交通也会受威胁。卡尔西狄斯的溃败主要还是由于其内部的叛离，特别是奥林图斯；另一方面则是雅典那些雇佣军头领的无能，至于说部队不足，则是次要问题。卡尔西狄斯联盟有 1 000 名骑兵和超过 10 000 名的重装步兵。雅典总共派出了 6 000 名或 10 000 名雇佣兵，2 000 名或 4 000 名民重装步兵，450 名公民骑兵，还有 50 艘或 70 艘三桨座船——这样就有两万以上人众。这些部队有的来迟了，大多数无所作为，在奥林图斯陷落时，可能任何公民部队都没在场。为这些远征军也提供了大量的金钱，雅典富户还自愿捐献（epidoseis）支援优卑亚和卡尔西狄斯。还可指出的是，公民部队全军都进入优卑亚作战，它只是在召回了弗西昂，而继任者又庸碌无能才遭到失败。雅典之败并非由于分兵优卑亚的决定（无论其正确与否），而是由于更深刻的原因。它缺乏速度、勇气和决心。要为这些缺点负责的不仅是任何一位政治头领，也包括所有人民大会中的公民。①

---

① 德谟斯提尼，19.290、5.5；不同的数字见于德谟斯提尼，19.266 与 *FGrH*，328 F 49—51。

第四节 腓力普结束神圣战争

德谟斯提尼在众望所归的情况下崭露头角。他曾为雅典所缺的那些品质大声疾呼,他也预见到在两条战线上失败的危险。但他也像欧布鲁斯和埃斯奇尼那样清楚地看到,雅典眼前的唯一出路是和腓力普媾和,并从神圣战争中抽身摆脱。因此,他暂时和他们联合起来。在公元前348年夏天和秋天,腓力普表示愿与雅典谈和。欧布鲁斯的支持者菲罗克拉底便提议让腓力普派遣使节来雅典;当这一提议在冬天受到弹劾审议时,德谟斯提尼便为菲罗克拉底辩护。德谟斯提尼在公元前347—前346年任议事会成员,他提议奖给阿里斯托德木斯一顶桂冠,因为他报告了腓力普不仅要求和平而且要与雅典联盟的消息。与此同时,神圣战争仍在踌躇不决之中延续。弗西斯因法莱库斯盗用公款而撤了他的司令之职,另委派了三位将军,他们从奥科美努斯、科洛尼亚和科尔西埃三个基地向彼奥提亚攻掠。彼奥提亚向腓力普求援,腓力普便在公元前347年年初派出少数部队,他们在当年秋天于阿贝取得一次小胜利。在冬天,弗西斯的将军们向斯巴达和雅典秘密献计,它们便同意派出援军,同时彼奥提亚也再次向腓力普求援,但只得到口头上的保证。[①]

大约是在公元前346年4月,一支1 000名重装步兵的斯巴达部队,由国王阿尔齐达姆斯率领,和由普罗辛努斯指挥的一支

---

① Aeschin. 2.12-18;D. S. 16. 56-58.

50艘三桨座船舰队的部分舰只,到达了温泉关附近,并占领了其他的要塞工事。这次行动是特合三位弗西斯将军的秘密提议的。他们希望以此把腓力普隔开,而用给予底比斯最后一击致其死命的办法结束这场神圣战争。但在最后关头,这计划失败了。法莱库斯占据了北部弗西斯,他拒绝交出自己手中的要塞,因此斯巴达和雅典除撤退外别无他法。它们要挫败腓力普的企图现在却暴露无遗。一个10名雅典人的使团,由菲罗克拉底提议组成,包括他自己、德谟斯提尼和埃斯奇尼等,赶忙北赴马其顿。①

然而,雅典在这时对腓力普的意图仍摸不透。在奥林图斯攻陷以后,他可以利用敌人的疲惫和孤立一鼓作气攻下温泉关,或者以优卑亚为桥梁,和他的盟友彼奥提亚相联合,先败弗西斯,然后率领他们共同打击雅典。然而他在公元前348年夏和公元前346年2月间所做的只是请求与雅典媾和、结盟,对底比斯只给最低限度的支援。而在底比斯一边,腓力普的帖撒利盟邦原是参加了神圣战争的。对于腓力普的无所作为有两种解释,一是认为他确实想和雅典结盟,并想在圣战中不做一个参战者而做一个调停者;另一种解释则认为他想欺骗雅典,给它一种安全的假象,在它不加干预的情况下先结束神圣战争,然后再向它进攻。在雅典使节北上途中,他们路过腓力普的将领帕尔门尼奥的军营,当时他正在帖撒利南部的哈鲁斯城外驻扎,这是一个对雅典友好而又位于通往温泉关大道上的城市。腓力普在培拉欢迎使团,交给他们一份书面

---

① D.S.16.59.1;Aeschin.2.132;德谟斯提尼,19.322;法莱库斯行动的月份是9月或2月,后者与雅典匆忙派出使团的事实相符。

声明,指出假若雅典不仅议和而且和他结盟,他将给它许多好处,而在谈判期间保证不侵入刻尔索尼斯。3月末,使团回国。在德谟斯提尼的提议下,他和他的同事都戴着花冠在雅典举宴庆贺,人民大会则准备在4月中连续两天开会讨论雅典和腓力普议和结盟的问题。在开会之时,腓力普的使节也在场。①

　　第一天的讨论开始时,由同盟议会提出一个建议:与腓力普的和约缔结时应有三个月的宽限期,在此期间任何希腊城邦都可作为雅典盟邦参加签字。德谟斯提尼和埃斯奇尼都支持这一提案,但菲罗克拉底提出另一建议,在雅典同盟和腓力普之间缔结和平同盟条约,但弗西斯和哈鲁斯应排除在条约之外。菲罗克拉底的提案受到德谟斯提尼等人的反对。当天傍晚,腓力普的使者可能说了同盟议事的提案是不能接受的话。第二天,菲罗克拉底又把他的建议提出来,并强调了底比斯和麦加拉对雅典的敌意。埃斯奇尼可能发了言支持他。阿里斯托丰则主张取消一切谈判。在激烈辩论的会议将结束时,欧布鲁斯发了言,他认为代替菲罗克拉底提案的唯一办法就是战争,这样做就意味着要把神圣基金转为军事基金,要抽资产特别捐,还要公民亲自入伍打仗。德谟斯提尼这个著名的反腓力普的人物,在会上却一言不发,他的沉默等于认可了和平与结盟的提案。人民勉强接受了菲罗克拉底的提案。和平结盟条约的草案由人民大会拟定并通过了,其中把色西布列普特排除在雅典同盟之外则是德谟斯提尼的主意,他正好是当天的人民大会主席。和约对领土和盟邦关系的现状予以肯定,结盟义务

---

① 德谟斯提尼,19.40;Aeschin.2.82。

则包括互相协助镇压海盗和保证海上通航自由。雅典及其盟邦宣誓时有马其顿使节在场。①

接受腓力普及其盟邦誓约的雅典使节于5月到达培拉。腓力普那时正在色雷斯降伏色西布列普特，这人不是和约的签字者，但在他允许下表示尊重刻尔索尼斯的主权。腓力普随后于6月回国，那时来到的使节已有雅典、斯巴达、底比斯、弗西斯、优卑亚等国了。他仍然可以不仅在中希腊，而且在伯罗奔尼撒随他喜欢选某一希腊城邦为其盟友，因为在伯罗奔尼撒，阿尔戈斯、麦加罗波利斯和美塞尼亚等底比斯的友邦正求他援助，以便跟斯巴达交战。不过，腓力普仍代表他自己和他的盟邦宣誓与雅典及其盟邦缔结和平同盟条约，那已是7月间在菲拉依的事了，在那里，他的军队已经集结完毕。使团急忙赶回雅典。在议事会上，德谟斯提尼批评他的同事处置不当。在人民大会上宣读了腓力普的一封信，其中重复了他将给雅典带来好处的话。埃斯奇尼说该信情意恳切。德谟斯提尼讨了个没趣。当菲罗克拉底插话说"德谟斯提尼喝水，我喝酒"时，群众对德谟斯提尼的悲观看法捧腹大笑。人民大会把同盟关系延及腓力普的后代，并表示准备出兵反对任何拒绝交出德尔斐的弗西斯人。

腓力普曾两次要求雅典派军队到温泉关和他一起去结束神圣战争。他的要求在德谟斯提尼和赫吉西普斯游说下遭到拒绝，他们说腓力普是想扣住雅典部队作为人质，于是派了十个使节向腓

---

① 辩论的细节在埃斯奇尼和德谟斯提尼的演说词中说法不一（《论虚伪的讨论》），这问题直到现在也有争论。有力的论据见于 Aeschin. 3.69；2.82；3.73；〔D.〕7.14、12.2；*FGrH*，115 F 164—6(提奥庞普斯)。

力普的盟友回答这一拒绝。在路上,他们知悉法莱库斯已于7月17日投降,其条件是他本人和8 000名雇佣军得保安全。使节们赶忙回国报告这一消息,全城为之震惊。阿提卡做了疏散,要塞都派兵守卫。因为,如果德谟斯提尼对于腓力普意图的解释是正确的,腓力普现在将率领他的以及彼奥提亚的军队反对阿提卡。第四个使团(其中包括埃斯奇尼但没有德谟斯提尼)出发北上,企图尽力在不利情况下找到较好出路,途中他们知道整个弗西斯已经投降。腓力普对雅典的不友好态度提出抗议,同时召集安菲克提翁议事会开会讨论对弗西斯的处置。①

554　　在议事会上,奥伊塔人的代表提议把弗西斯全体男子杀掉,把其余人卖为奴隶。这一提议符合神圣战争中双方的惯例。底比斯就这样处置过奥科美努斯和科洛尼亚的人民,现在它在这两地都是为所欲为的。代表雅典的埃斯奇尼,把弗西斯人民和他们的头领分开,要求宽大处理。决定权归于腓力普,因为他掌握了议事会中居多数的帖撒利各邦的票数。依他的决定,弗西斯城市都分成小村落,武器都收缴,全地区每年应向神庙缴纳60塔连特的赔款。弗西斯被开除出安菲克提翁联盟,它的两个投票权归腓力普。原由菲拉麦鲁斯决定给予雅典的请求神谕的优先权现在也转给腓力普。议事会还为神殿的未来做了一些安排,提出了一个在安菲克提翁联盟成员中保持和平与合作(homonoia)的方案,并选举腓力普为公元前346年9月皮提亚运动会的主席。当安菲克提翁联盟

---

① Isoc.5.74(伯罗奔尼撒);Aeschin.2.90、137;德谟斯提尼,19.158(谈判)、46、125(恐慌);D.S.16.59。

的这些方案报告给雅典时,人民大会拒绝派代表出席皮提亚运动会。从安菲克提翁联盟议事会选出的一个使团,以腓力普的一封信为后盾,要求雅典道歉并派出其代表。在一场激烈的辩论中,埃斯奇尼被群众的吆喝声压下之后,德谟斯提尼的话受到了重视,人民接受他的劝说而决定道歉并派出了使团。腓力普在主持皮提亚运动会之后就返回马其顿去了。①

腓力普的策略在这些事务的处理上明显地表现出来了。当他有可能屠杀弗西斯人和率领帖撒利、彼奥提亚、麦加拉去打阿提卡的时候,他却宁愿以最少的流血终止仇怨,始终尊重与雅典的同盟并消除神圣战争的交战国之间的敌对情绪。他的作为表明了要解放阿波罗神殿和在他的领导下妥善处理希腊问题的真诚意愿。最重要的是,他重视与雅典的合作比与底比斯合作更甚。菲罗克拉底和埃斯奇尼的政策是和腓力普相吻合的。他们在谈判过程中正确地预见到,腓力普会宽大处理弗西斯并且不会和底比斯一道进攻雅典。若就他们的个人动机而言,他们可说既是爱国的也是有个人野心的;如果他们的政策一直能在雅典贯彻,他们将会成为人民的领袖。德谟斯提尼也同样看穿了腓力普的意图,清楚地知道公元前348—前346年和腓力普的战争的关键作用。因此他要求媾和但不要结盟,因为他正确地预见到腓力普的计划,他就准备挫败任何走向结盟的步骤,即使冒险给腓力普以开战的机会也在所不惜——不过他也知道腓力普不会开战。就这一点而论,德谟斯

---

① Aeshin. 2.142;德谟斯提尼,19.325;D. S. 16.60(安菲克提翁决议);*GHI*,172;德谟斯提尼,19.128;D. *De Pace* 可能在争论后写成,代表了他的主张。

提尼是爱国的。他对政治的了解比菲罗克拉底和埃斯奇尼都要深刻,因为他认识到修昔底德曾说过的"一国屈服就有另一国称霸"确是真理,因此一个有效的腓力普与雅典的同盟将以腓力普主宰其盟邦而告终,就像卡尔西狄斯和腓力普联盟的下场一样。但同时,德谟斯提尼也是有个人野心的。假若菲罗克拉底和埃斯奇尼得胜,他就永无出头之日;因为他是靠激烈反对腓力普起家的,因此,爱国心和个人动机都为他不断地燃起仇视腓力普的烈焰。

第二章 马其顿控制希腊各邦
（公元前346—前336年）

第一节 外交斗争

当腓力普准备干涉神圣战争之时，伊索克拉底发表了名为《致腓力普》的小册子。他认识到马其顿君主制的实力，也相信腓力普是一个有文化有见识的人，因此他要求腓力普统一希腊各邦，率领它们共抗波斯。伊索克拉底不是以雅典政治家的身份，而是作为一个对希腊局势深有研究的学者发言，他深知希腊各主要城邦已濒临衰竭以及它们之间进一步纷争将造成的政治与经济危境。他把腓力普当作赫拉克勒斯的一个后裔，向他呼吁，要他表现出宽宏大量、友好热情，只有这样才能使希腊各邦统一、合作，也只有这样他才能不失为希腊的救世主。伊索克拉底觉得雅典将自愿参与腓力普对波斯的远征，只要它把那些人民领袖抛在一边而正视它的真正利益就行。伊索克拉底的最高目的——希腊城邦间的统一与合作、和谐——是在公元前346年8月的安菲克提翁议事会的方案中强调了的，腓力普就是这方案的促进者之一。在其后的几年中，腓力普等待着雅典决定转向他的政策。①

德谟斯提尼在他的演说词《论和平》中曾暗示：那些劝说人民追求和平的政客已经被人收买，他们已经腐化，在谈判使团受议事会查询时，他又指使第马尔库斯去控告埃斯奇尼措置不当。然而，埃斯奇尼反而以揭发第马尔库斯得以脱身。在公元前345年年初，第马尔库斯便以道德败坏被剥夺公民权，德谟斯提尼甚至没为他说一句辩护的话，而埃斯奇尼则重申他对腓力普将给雅典造福的诺言满怀信心。在这时以及以后时期，雅典曾向腓力普抱怨他曾从色西布列普特处夺取了一些城市；它要求腓力普把这些城市退回原主并让色西布列普特也成为一个和平同盟的受惠者。腓力普表示了自己的善意，并提议在刻尔索尼斯半岛狭颈处开凿一条运河以便利雅典航运，但这一善意的表示被拒绝了。德谟斯提尼和其他人仍然继续以色西布列普特为由谴责腓力普背信弃义，而他们的谴责得到人民群众一定的支持。在公元前344年秋天，德谟斯提尼被任命为一个代表团的首席代表，去阿尔戈斯、阿尔卡狄亚和美塞尼亚等地游说抵消腓力普的影响，然而此行的唯一结果却是阿尔戈斯和美塞尼亚的抗议，在阿尔戈斯和阿尔卡狄亚反而为腓力普立了像，腓力普也对一个盟邦的这类行为提出了抗议。②

为了回答腓力普的抗议，德谟斯提尼发表了《再论腓力普》，宣称腓力普是雅典的死敌，重提雅典对安菲波利斯和波蒂代亚的要求，并把弗西斯的失陷归咎于雅典使团受了腓力普的贿赂收买。

---

① Isoc. 5.29.106—15,154(腓力普).73,129(雅典)；D. S. 16.60.3。
② Aeschin. 1.169；德谟斯提尼，6.30；〔D.〕7.40；德谟斯提尼，6.19—27、19.261。

在雅典接着就对菲罗克拉底和普罗辛努斯进行了检举和审判。菲罗克拉底逃跑了，但以希伯里底斯提出的没有正确劝说群众和受贿的罪名被判死刑。普罗辛努斯则在德谟斯提尼策动之下被判巨额罚金。在公元前344年秋—前343年春，腓力普两次设法改善与雅典的关系。提洛不满雅典统治的一派曾请求德尔斐的安菲克提翁联盟把提洛阿波罗神庙从雅典手中解放出来。人民大会选了埃斯奇尼代表雅典出席申辩，但阿雷乌泊果斯议事会却另派希伯里底斯代替了他。神庙的保管仍委之于雅典，这一决定无疑是腓力普促成的，他的朋友、法尔萨鲁斯的科提弗斯从公元前346年秋起一直主持安菲克提翁联盟议事会。另一件事是以拜占庭的皮东为首的腓力普盟邦使团曾在雅典对腓力普的行动提出正式抗议。据德谟斯提尼所说，埃斯奇尼支持了皮东的活动，而他和赫吉西普斯则是反对皮东的。腓力普提议重新考察和平同盟条约，并将和平条约扩及于其他希腊城邦。人民大会于是任命以反对腓力普而著名的赫吉西普斯率领代表团前去马其顿。赫吉西普斯代表雅典要求将公元前346年订约中"维持现状"一语应改为"物归原主"——这一修改就意味着要把雅典过去所拥有的每一城市都归还给它。腓力普拒绝讨论这一修订案，接纳其他希腊城市加入公元前346年和约的问题便搁置起来了。①

在皮东来访的同时，一个波斯国王派来的使节也在雅典。他们有关恢复波斯与雅典传统友谊的要求遭到冷遇，因为雅典回答

---

① 德谟斯提尼，6.6，17，34—36；Hyperid. 3.29（菲罗克拉底）；德谟斯提尼，19.280和schol. to 290（普罗辛努斯）；德谟斯提尼，18.134（提洛）、136；(D.)7.18，26，30（皮东）。

说，只要波斯洗手不干侵扰希腊各邦的事，友谊就会俯拾即是。可能波斯这时想建立一个反对腓力普的同盟，但处在孤立地位的雅典不敢接受它。但更加可能的是当时正要侵入埃及的阿塔薛西斯·奥库斯要得到兵士、水手，因而和雅典拉关系，因为他曾在他的友邦底比斯、阿尔戈斯那里成功地达到这一目的。

公元前343年夏天，德谟斯提尼控告埃斯奇尼在公元前346年的出使中措置不当。他们的两篇演说词《论假使团》，是在1501位陪审员面前宣读的，这些演说把有关使团谈判的真相弄得面目全非，而那些陪审员必然是出于政治和个人的考虑才会接受这些演说。埃斯奇尼以30票之差得免于死。欧布鲁斯和弗西昂对他的支持是一个重要因素，而德谟斯提尼居然进行这样下流的攻击也是太过分了，因此他的发言竟被陪审员打断。不过，对菲罗克拉底、普罗辛努斯和埃斯奇尼的审讯也表明德谟斯提尼政治上气势日盛。在公元前343年年底，他和赫吉西普斯被任命为另一代表团的成员，去伯罗奔尼撒游说以争取在反腓力普方面得到支持。①

当埃斯奇尼和德谟斯提尼正在苦战之际，雅典人民深知自己已面临迫在眉睫的危险，无论是由德谟斯提尼促成还是由腓力普宣布，战争已在所难免。优卑亚、彼奥提亚和麦加拉对雅典仍是死敌。雅典不仅在陆上孤立，在海上易受攻击，而且它和马其顿的各盟邦也是近邻。它绝望地准备应战。继埃斯奇尼的兄弟任神圣基金首席专员的色非索丰（公元前346年），曾经厉行节俭并把盈余慷慨支援军事基金。军事基金的管理也加强了，选出了一个四年

---

① Did. 在 D. 8. 8；D. S. 16. 44. 1—2（波斯）；普鲁塔克，《德谟斯提尼传》，15。

一任的"财务官"专司其事。在公元前346—前345年,各村社对公民进行了极严格的重新登记;不少人丧失了公民权,他们的财产被没收。在海军方面花了大量的钱。从公元前347—前346年以来每年抽收一笔10塔连特的资产特别捐,用这笔钱在泽亚修建了一座海军军械库,到公元前343年有300艘三桨座船已装备齐全可投入现役。对被德谟斯提尼形容得有声有色的腓力普的奸细的恐惧,使得人民赋予阿雷乌泊果斯议事会以保安特权,德谟斯提尼就是用它来反对普罗辛努斯等人的。刻尔索尼斯是一个遭到危险威胁的要害地区,它保护着来自克里米亚的粮食航路的一段,雅典因此向刻尔索尼斯增派了军事移民,又试图扶起色西布列普特作为它和腓力普之间的缓冲国,但这企图失败了。公元前346年,克里米亚的斯巴托库斯王族曾为应允粮食输往雅典而得到金冠奖赏。雅典还和列斯堡的密提林的民主政府结盟(它可能是在推翻了亲雅典的僭主后建立的),梅第姆那的僭主则和雅典保持着友好关系。夕克拉底斯群岛对雅典在公元前348—前346年的保卫仍怀感激,大约在公元前343年,塔索斯还为雅典雇佣军提供了一个基地。[①]

与此同时,腓力普穿过了阿克希乌斯河流域而侵入达旦尼亚,表明他在中央巴尔干仍是至高无上的。这个地区是多瑙河支流莫拉瓦河发源之处。随后他又侵入伊利里亚,并可能越过这一带荒

[①] IG, ii^2. 223 C 5, 1443, I. 13;亚里士多德,《雅典政制》,43.1; Schol. Aeschin. 1. 77(公民重新登记);$FGrH$, 324 F 52(安德罗提翁);IG, ii.^{2}1627, b. 352(军械库);244. 1.13及505, 1. 14.德谟斯提尼, 19. 89;Din. 1. 62—63(阿雷乌泊果斯);德谟斯提尼 8.6(刻尔索尼斯);GHI, 167—8、170—1;IG, ii.^{2}1441.普鲁塔克,《道德论丛》,845以下。

漠之区而将其征服扩及于斯科德拉平原。① 当腓力追逐伊利里亚王普留拉图斯时,他和150名"伙伴"骑兵在一场激战中负伤。这一次大远征使马其顿国家的边境得保安全,而这个国家现在已被腓力普发展为一个繁荣统一的王国了。在征服卡尔西狄斯以后,他大量发行著名的"腓力普金币",上面印有卡尔西狄斯的图案——阿波罗的头像,背面则为一架双马战车。这种金币在地中海和中欧各国都很流行,踪迹甚至远达英国,证明了腓力普王国的富裕以及他统治下的各邻区的繁荣。上马其顿已兴建起一座座城市,山区的游牧民和来自平川而在此落户的各族联合建立了法治和秩序,肥沃的平原则科学地耕种起来。商业、城市化和改进了的交通运输提高了全国的生活水平,并造就了一支顽强而安居乐业的农民储备兵源。在马其顿军队里得到鼓励培养的地方爱国主义感情,把有才之士提拔到伙伴和步兵伙伴的行列中去。再加上腓力普个人的吸引力——所有这些,都在促成"统一的王国和团结的人民"②这一份日后亚历山大和他的后继者继承的伟大遗产。

公元前344年秋,腓力普进入帖撒利。他驱逐了在一些重要城市得势上台的僭主(例如拉利萨的西木斯),并企图制伏其邻邦。在这些城市中,有几个城市由腓力普建立了十人小组(deadarchies)的统治,与此同时或者在公元前342年,帖撒利原来的那种"四区制"的行政划分也恢复起来了,这样就把联盟对各地行政的领导按

---

① 见我在 BSA,61 期上将发表的文章。
② Justin 8.6:"ex multis gentibus nationbuspue unum regnum populumque constituit"; Did. 在德谟斯提尼,12.64(伊利里亚);D. S. 16.69.7;阿里安,《远征记》,7.9.2—4;*GC*, 201。

地区进行而不再按城市进行了。联盟内各个争权斗胜的城邦受到了打击,不再发行自己的货币。全区统一组织,使用马其顿的钱币。帖撒利人民选举腓力普为他们的终身"长官",这大约是当年或公元前342年的事;作为长官,他就控制了军队的征集和税款的征收,在战时则指挥帖撒利军队。德谟斯提尼声称帖撒利人是被腓力普背信弃义地奴役了,而伊索克拉底则祝贺腓力普对帖撒利人民的利益做了正确的安排。① 无论雅典人看法如何,帖撒利人始终忠于腓力普和亚历山大,这地区也享受到和平与繁荣。原由腓力普安置在菲拉依的马其顿驻军,既起了防止流亡僭主的保护作用,也守护着他通向南方的大道,在那一带,亚该亚弗提奥蒂斯人和斯伯切攸斯河流域的各个小部落都和他有联盟关系。温泉关大道的东端有帖撒利在尼卡亚的一支驻军保护,这任务是由安菲克提翁议事会于公元前346年分派给帖撒利的。尼卡亚这城市,像马利斯湾北岸仍处独立地位的依奇努斯一样,曾被底比斯在公元前346年要求归它统辖,但没有成功,因为腓力普不能放心地把对他说来如此重要的地区交给底比斯。埃托利亚联盟也和马其顿结盟。在公元前346年以后不久,安菲克提翁联盟在德尔斐奉献了阿波罗和腓力普的金像。在约公元前344年左右,加入安菲克提翁的荣誉也被给予腓力普在伯罗奔尼撒的盟友麦加罗波利斯和美塞尼亚,斯巴达则失掉了它在联盟中的传统的投票权。在麦加拉,一些显要的公民开始和腓力普谈判和解,而在伊利斯则爆发了

---

① D. S. 16. 69. 8;亚里士多德,《政治学》,1306ª31;德谟斯提尼,6. 22、9. 26; *FGrH*,115 F 208—9(提奥庞普斯);Just. 9. 3. 2;Isoc. *Ep.* 2. 20。

起义,据德谟斯提尼说,这起义是腓力普煽动起来的,它使寡头派上台掌了权(约在公元前344年年底)。伊利斯的流亡民主派收集了神圣战争中残余的雇佣军再度起事,但被伊利斯军和它的盟邦亚该亚军打败。伊利斯人把生俘的约4 000名雇佣兵的一半杀掉,亚该亚人则把另一半卖为奴隶。①

公元前343—前342年冬,腓力普进入伊庇鲁斯。他驱逐了摄政阿里巴斯,因为此人拒绝把王位交给腓力普的内弟、莫罗西亚王亚历山大。腓力普随即把亚历山大的王国扩展到安布拉西亚湾,征服和并吞了卡索皮亚的各城市——潘多西亚、波切塔、厄拉特利亚等。与此同时,他可能加强了莫罗西亚国王对中部和北部伊庇鲁斯各部落的控制,在这里实行了类似他在马其顿的政策。他的行动使安布拉西亚和琉卡斯这两个希腊城邦震惊。它们的母邦科林斯便求援于雅典,而阿里巴斯及其子也避难于雅典,并被给予雅典公民权。同时,柏拉图的后继者,侄子斯柏西普斯却给腓力普写信祝贺,并建议用赫拉克勒斯生平传统中的一个细节作为腓力普以赫拉克勒斯后裔的身份对安布拉西亚提出要求的理由。②

在《论和平》中,德谟斯提尼认为帖撒利和底比斯之支持腓力普纯粹出于自私的动机,他还推测在不同形势下,自私也会把他们的联合拆散而彼此敌对。对底比斯,他在这几年间看不到雅典有和它亲善的希望。他毫不犹豫地把帖撒利人骂为残暴愚蠢之徒,

---

① 〔D.〕7.32;D. S. 16.69.8;德谟斯提尼,6.22;SIG. 222,223;Athen. 13. 591 b;Did. in D. 4. 1;德谟斯提尼,19.294—5,260;D. S. 16.63.4.

② 〔D.〕7.32;*FGrH*,115 F 206—7(提奥庞普斯);Justin 8. 6. 4;D. S. 16.72. 1;*GHI*,173;*FGrH*,69 F 2(安提帕特罗斯)。

并反对雅典为彼奥提亚和弗西斯的流亡者提供居留地。关系确实相当恶化,因此雅典在公元前343年年初加强了彼奥提亚边境的守军。然而,由于他深知城邦政治的底细,他预见到在许多希腊城市之内必有人出来反对日益增长的腓力普势力。科林斯及其盟邦在公元前343—前342年冬的求援呼声标志着这一转折。雅典立即派公民部队去阿卡奈尼亚,腓力普则从安布拉西亚附近撤走;因为他当时对强取希腊犹无充分准备。在公元前343—前342年冬,德谟斯提尼和赫吉西普斯以及其他使节都四处活动寻求同盟。他们在帖撒利未获成功,但他们在伯罗奔尼撒取得了不小的胜利。雅典和科林斯及其殖民城邦安布拉西亚、琉卡斯和科尔西拉结了盟,并同担心腓力普盟邦埃托利亚联盟会进攻瑙帕克图斯的亚该亚联盟结盟。和赛法伦尼亚、阿尔戈斯、美塞尼亚以及大部分阿尔卡狄亚地区都建立了友好关系,在公元前342年6月则和美塞尼亚缔结盟约。这样一来,雅典和斯巴达疏远了,但它在希腊西翼获得了立足点。①

在从安布拉西亚撤退之后,腓力普再一次提出改订他和雅典的盟约并准备接受对任何分歧的公裁和调解。有一篇名叫《论哈罗尼斯岛》的演说,就是在辩论腓力普这一提议时发表而残留至今的,它显然出自一位恐惧腓力普的和解会得到接受的人民领袖之手,也可能就是赫吉西普斯本人。他认为,雅典这个希腊的救主绝

---

① 德谟斯提尼,5.15—23。德谟斯提尼的有关争取底比斯的期望一般在时间上都比较早,但可参看德谟斯提尼,5.18、6.9—12,19,14.33、16.4—5,25,31、18.36,43,188、19.81、20.109;德谟斯提尼,19.326及54.3(要塞);德谟斯提尼,9.34,72(科林斯)、48.24(阿卡奈尼亚)、9.72(伯罗奔尼撒);Schol. Awschin. 3.83;IG, ii.^{2} 224—225。

不能把它的主权交付任何一个应"培拉的暴发户"之请出来担任调解的人。腓力普曾答应把哈罗尼斯这个小岛在他刚好把它从海盗手中夺来之后"交给"雅典。这篇演说词认为这个提议带有侮辱性。腓力普必须"送回"的是那些雅典从来就拥有的财产。像这一类的言论当时很吃得开。谈判拖到了公元前342年年初,此时腓力普已准备好了他的下一步行动。

在此以前,雅典从未把它的公民部队大量地投入与马其顿交战;因为它派了雇佣兵作为战斗部队进入马其顿、卡尔西狄斯、色雷斯等地。这样一来,由于公民流血牺牲而带来的私人仇恨就不是很大,腓力普也就仍对使用间接压力让雅典出现情绪和政治领导的转变抱有希望。因此他想法去控制博斯普鲁斯以割断雅典从黑海获得的粮食供应。为了这一目的,他发动了对色雷斯的征伐。与此同时,海峡在波斯一边的形势变化也使他急于巩固他在西部色雷斯的势力。阿塔薛西斯·奥库斯在公元前345年粉碎腓尼基人起义之后,就带着大军在公元前343年侵入埃及,这支军队包括31万来自底比斯、爱奥尼亚和阿尔戈斯的希腊雇佣军。涅克坦尼布的埃及军队也有20 000名希腊雇佣兵为后盾,但他遭到惨败,他本人逃向埃塞俄比亚。得胜的波斯军中的雇佣兵头领、罗得斯人曼托尔,于公元前342年被任命为平息小亚细亚各地的都督,而在这一带地区的阿塔尔牛斯的统治者赫尔米亚斯早已自立为王,其领土包括列斯堡对岸的大陆以及特洛伊的一部,他并和腓力普有密切的联系。曼托尔背信弃义地把赫尔米亚斯抓了起来,并把他押送给阿塔薛西斯。阿塔薛西斯在处死他之前详细审问了有关腓力普计划的情况。波斯的势力现在又扩及于赫勒斯滂,而波斯帮助雅典反抗腓力普的机会也大大增加了。因此,腓力普的第一着棋就是巩固他对色雷斯的控制,这种控制最远应达博斯普鲁斯一带。只有这样他才能放心对付雅典和波斯,无论它们是否联合一致。[①]

公元前342年夏季和冬季,腓力普都在色雷斯内陆各地作战。色西布列普特被消灭了,铁雷斯投降了,古老的奥德律西亚王国已完全在马其顿控制之下了。占领着多瑙河下游平原的格太人的国王把女儿嫁给腓力普,并送了丰厚的嫁妆。腓力普在他的新领土上建立了军事殖民地和驿道。他建立的腓力普波利斯控制着上赫布鲁斯的大平原,卡贝利(希腊人称之为"波涅罗波利斯")则控制着进入多瑙河盆地的商业要道。黑海沿岸的阿波罗尼亚和奥德萨以及爱琴海岸的埃努斯都和腓力普结盟,这整个地区都由于平息了掳掠成性的色雷斯部落而大获好处。但是他在色雷斯的成功却使他的盟邦拜占庭和佩林托斯大为震惊,也使刻尔索尼斯的雅典军事移民感到恐慌。[②]

在刻尔索尼斯的雅典雇佣军司令官迪奥培提斯,强迫往来于赫勒斯滂的商船为平安通过而缴纳"慈善金",这是他的先驱曾想做而未能如愿的事。他还为了私利而掳掠邻近的色雷斯地区。在公元前342年春天,他攻击了卡尔狄亚,这是位于刻尔索尼斯狭颈处的一个腓力普盟邦,卡尔狄亚向腓力普求援,得到了一支马其顿军队驻防其地。当迪奥培提斯发动了更多入侵并扣留了腓力普的使节以勒索九塔连特的赎金时,腓力普就在公元前341年年初向

[①] *GHI*,165(赫尔米亚斯);D.S.16.52.1—8;Did. *in* D.4.60、6.51、8.26.
[②] D.S.16.71—2;斯特拉波,320末;*FGrH*,115 F 110(提奥庞普斯)。

雅典提出抗议,并愿就有关卡尔狄亚的事件接受仲裁调停。在雅典人民大会上,德谟斯提尼发表了两篇很有力的演说:《论刻尔索尼斯问题》和《三论腓力普》,他在这些演说中表明他决心让雅典诉诸一战,不管它宣战的理由是多么脆弱。他斥腓力普为雅典的侵略者和死敌,宣称迪奥培提斯是在"防卫"色雷斯人,要求人民把任何主张媾和的人乱棍打死。德谟斯提尼以肯定腓力普决心"消灭"雅典为前提,然后义正词严地坚决要求雅典备战(虽然他也提醒人民战争将要使他们遭到苦恼、艰辛以及花费大量财富),并把任何提倡和解的人视为叛国。特别在《三论腓力普》中,他强调雅典并非只为它自己的利益而战,而是像在波斯战争中那样,它是为希腊的自由而战。他的反对者,虽然各有所见,但都把他当作一个鼓吹战争的民主派煽动家,一个为了夺权而不择手段的人。决定权则握在雅典人民手中。他们拒绝了腓力普的提议而选择德谟斯提尼为他们的领袖。虽然他们还未宣战,却已准备作战。雅典给迪奥培提斯派出了增援部队,还在赫勒斯滂两端的普罗克涅苏斯和铁尼都斯驻军设防。德谟斯提尼争取到阿比多斯和拜占庭与雅典结盟,希伯里底斯则争取了奇奥斯和罗得斯。波斯也给迪奥培提斯送了钱,这可能是雅典和波斯谈判的一个结果。因为在《三论腓力普》中,德谟斯提尼就主张这样做,而雅典在公元前4世纪也像底比斯人、阿尔戈斯人和斯巴达人那样,把投靠波斯的"米底主义"看作政治游戏中的家常便饭了。①

---

① 德谟斯提尼,8.24("慈善金")、8.3,7,8,39,48,60,61、9.20,28,29,70;Schol. Aeschin. 3.83;亚里士多德,《修辞学》,1386ᵃ13(迪奥培提斯);德谟斯提尼,9.71;(D.) 10.34。

在家乡附近,雅典人取得了两次胜利。由于它和拜占庭结盟,它就获得了拜占庭的母邦麦加拉的好感,并且和麦加拉的一些民主派取得了秘密的联系。由弗西昂率领的一支雅典军队,对麦加拉进行一次突击,在彼奥提亚还来不及干预之前就建立了一个民主派政府,并开始在麦加拉和尼萨亚之间修筑一道长墙(约公元前341年5月)。在优卑亚,一个名叫卡利亚斯的腓力普代理人,把他所控制的加尔西斯城交给了雅典人。一支雅典和麦加拉的军队,在卡利亚斯协助下,又于公元前341年6月夺取了奥律乌斯,后来又在夏季中占领了厄律特利亚。在优卑亚各城邦中,民主派都上台掌权,它们为了战争目的而团结一致并和雅典以及雅典的盟邦结盟,但它们自身还不是雅典同盟的成员。在公元前340年3月,雅典各盟邦召开一次会议,在会上大家原则上同意要为反腓力普的战争出钱出人,德谟斯提尼则由于他为国家效劳而被奖以金制花冠。①

雅典认为可以采取这些行动而不至于撕毁它和腓力普订的条约。腓力普现在就利用它这种暧昧态度而公开地干扰雅典的海上势力。在公元前340年夏天,可能是在7月末,当厄特西安风刮起来时,他向赫勒斯滂航行,在刻尔索尼斯沿岸登陆了一些部队以防止对舰队的任何攻击,而舰队上则载有专门的攻城器械。他在佩林托斯附近上岸,随即包围了城市。佩林托斯虽然是腓力普的盟邦,但它可能在腓力普攻取色雷斯时拒绝和他合作。根据阿塔薛

---

① 普鲁塔克,《弗西昂传》15;*FGrH*,103 F 19(查拉克斯).328 F 159—60(菲罗克汝斯);Schol. Aeschin. 3. 85,103;D. S. 16. 74. 1;Aeschin. 3. 95;*IG*, ii.² 230;德谟斯提尼,18.83;普鲁塔克,《德谟斯提尼传》,17.

西斯的命令,波斯总督派了雇佣军及给养支援佩林托斯。拜占庭也派来它最好的部队。马其顿人对守城军用弩机发出锋利的投枪、长矛,还用高达120英尺攻城塔、撞城锤、云梯、地道等配合攻城。他们很快就打入城内,但在高楼深巷间的激烈战斗中又被赶了出来。腓力普于是把他的得到陆上支援总数已达30 000人的军队分为两路,开始对雅典的盟邦拜占庭同时进攻。①

第二节 入侵希腊

虽然腓力普之攻拜占庭并未构成对雅典和腓力普之间和平同盟条约的破坏(因为拜占庭并不是公元前346年雅典一方的签字国),腓力普却向雅典发了一封信,甘愿结束这一风雨飘摇的和平。在信中他要对雅典一系列违背和平同盟条约的行为采取报复措施,这些违约行为是:迪奥培提斯在色雷斯掳掠奴隶,虐待马其顿使节,把驶向马其顿的商船上的水手卖为奴隶,在色雷斯沿岸攻掠蹂躏,和波斯谈判反马其顿的同盟,拒绝任何调解仲裁等。接信之后,雅典人民大会便决定销毁条约档案,"装备舰队并加速其他战备工作"。这样一来,民主政府终于下了决心。雅典的拖延使腓力普再次取得主动,他从雅典声称拥有控制权的海面通过了自己的舰队,包围了佩林托斯和拜占庭。但是,对从黑海来的谷物贸易的威胁实际上影响到所有希腊城邦,因此雅典现在可以使它们中许

---

① *FGrH*,328 F 53—56(菲罗克汝斯论佩林托斯);波桑尼亚 1.29.7;D. S. 16. 74.2—76.4;阿里安,《远征记》,2.14.5。

多人都站在它一边共同作战。①

腓力普先走第一步。当一支230艘商船的护航队在雅典海军保护下集合通过海峡时,马其顿军立即出击,夺取了所有敌方船只而把其余的船只释放(约公元前340年9月)。雅典于是命令取代了迪奥培提斯的恰利斯率其40艘船的分舰队驰援拜占庭。但对他和他的雇佣兵很不放心的拜占庭人却拒绝接纳。另一支雅典分舰队在弗西昂和色非索丰率领下于秋末启程,舰队中的船只不少是由富裕的雅典公民(其中包括德谟斯提尼和希伯里底斯)捐钱自建的。拜占庭人信任弗西昂,让他担当了部分守城任务。雅典同盟的成员提供了分遣队;奇奥斯、罗得斯、科林斯和波斯都援助了拜占庭;被派往波斯做使节的厄菲阿尔提斯也带着一份与波斯结盟的条约和大量支援战争的金钱回到了雅典。在冬末的一个满月的夜晚,马其顿人对拜占庭发动了最后攻击,可是犬吠声惊醒了守城者,腓力普的军队也就停止攻城。然而,他的舰队却被困于黑海。他假发一封急信,说色雷斯已经起义并即将落入雅典人之手,雅典人果然上了他的圈套而把舰队调到色雷斯沿岸。与此同时,腓力普的和谈攻势又使得雅典的盟邦举棋不定,在这种形势下他的舰队平安地溜过了博斯普鲁斯与赫勒斯滂而进入公海。②

腓力普可能同不愿落入波斯人之手的拜占庭和佩林托斯媾和以后,才转向北方与西徐亚国王阿提亚斯打交道。阿提亚斯的部

---

① 〔D.〕12(若此话不实,当包括物质);FGrH 328 F 55.
② FGrH,328 F 162 及关于年代的评注;D. S. 16. 77. 2—3;GHI,175 及 IG,ii.² 232—235;普鲁塔克,《弗西昂传》,14 和《道德论丛》,848e(厄菲阿尔提斯);Front. Strat. 1. 4. 13.

落当时已从卡尔巴阡山南部与黑海之间的缺口南侵多瑙河流域，打败了多瑙河下游的特里巴利人和格太人。阿提亚斯可能也想染指拜占庭；但他首先要求腓力普援助，后来又拒绝了腓力普提出的条件。但腓力普看到阿提亚斯如此不可捉摸时，他就要求在多瑙河口奉献一尊赫拉克勒斯雕像的权利。阿提亚斯对此也予以拒绝。腓力普决心诉诸一战，他把亚历山大从马其顿叫来做他的助手，以便年幼的亚历山大在战争中取得经验，随即就与西徐亚的大队人马交战于多瑙河附近的平原。他用一些骑兵防卫步兵的后翼以免被敌军包抄，然后就猛攻西徐亚人，使他们遭到一次决定性的失败。当他带着包括大量俘虏——男、女、幼童、牲畜、母马的战利品回师时，特里巴利人却不肯让他通过。他在这一带地区杀出一条通道，但腿部受了伤，马其顿人也损失了大多数战利品和掳获物。在他于夏末返抵培拉时，继续作战反对雅典的时机已经成熟。[1]

当腓力普从拜占庭后撤时，雅典人欢天喜地。在德谟斯提尼领导下，这个国家已更好地组织起来准备作战。雅典政府采纳了他的建议，对 300 名最富有的公民征收重税以建造三桨座船，他本人还被任命为特设的"舰队监督官"。公元前 339 年仲夏，他说服了人民把神圣基金的所有积余拨给军事基金，他的支持者吕库古被任命为军事基金的首席督察。[2] 然而，腓力普却不准备从海上进攻雅典，他要从陆上进攻，而且他在德尔斐的影响也早已在分裂希腊的那些陆军强国了。

---

[1] D. S. 16. 77. 3（同雅典和解是虚）；Just. 9. 2—3；Front. *Srtal.* 2. 4. 20、2. 8. 14；*FGrH*, 493 F 6（亚里士托克拉图斯）；Did *in* D. 13. 3。

[2] Aeschin. 3. 222；*FGrH*, 328 F 56（菲罗克汝斯）。

在安菲克提翁联盟议事会上，参战各国的代表并排而坐，讨论有关的国际事务。公元前399年4月，西罗克里的代表提出要对雅典处以50塔连特的罚款，因为它在分配"从反对希腊人的波斯和底比斯"俘获的战利品时违犯规程。这个提议使雅典面临一大难题。如果拒绝则会羞辱底比斯并会招惹一场反雅典的神圣战争，如果接受罚款又会使它大丢面子。雅典代表团请求让他们成员中的埃斯奇尼对此做出答复。当埃斯奇尼开始发言时，一个罗克里人大喊大叫，说是由于雅典在最近一次神圣战争中的作为要把它开除出去。埃斯奇尼反击说安菲萨的罗克里人最近曾耕种圣域土地，并对德尔斐的港口夕尔拉征税，更犯了渎神之罪。他的反击非常成功，以至于在安菲萨和德尔斐之间引起了流血暴乱。对罗克里人的作为的进一步讨论，将放在五六月间的特别会议上进行。埃斯奇尼也很巧妙地避开了雅典羞辱底比斯的危险。但是，无论他和任何人都难以阻止腓力普凭靠其拥有安菲克提翁议事会多数票而施加的影响。在特别会议上宣布了对安菲萨的罗克里人进行一次神圣战争。底比斯没派代表出席这次会议，雅典在德谟斯提尼劝说下也没派代表出席；它们也都没参加反对安菲萨的流产的作战活动。在公元前339年9月的正规例会上（这次会雅典和底比斯都参加了），主持人是法尔萨努斯的科第福斯，他说服了安菲克提翁议事会按他的主意行事并提议让腓力普指挥安菲克提翁联盟部队。这个提议马上被接受了。①

---

① 时间有争议，一些人将所有会议的定期都置于公元前339年4—9月。Aeschin.3.113—131；德谟斯提尼，18.143—152；SIG，249，1.46。

安菲克提翁议事会的决议使彼奥提亚吃惊。虽然它是腓力普的一个盟邦，它却不满腓力普控制安菲克提翁联盟，在这一争端中它还受到它和西罗克里人的传统友谊的影响。更有甚者，在腓力普与西徐亚人作战期间，底比斯还把一队马其顿驻军逐出尼卡亚。当腓力普带着他的马其顿和帖撒利军队南下时（约公元前339年11月），底比斯和腓力普之间的分歧仍处于谈判之中。由于底比斯在尼卡亚的驻军封锁了温泉关要道的出口，腓力普便翻山进入多利斯的夕丁尼昂，从这里有一条路通安菲萨，另一条路则通弗西斯，这地方仍没设防和武装起来。在派出他的安菲克提翁盟邦使节去请求底比斯把尼卡亚交给东罗克里人（因尼卡亚位于其领土之内）之后，腓力普便火速进军于埃拉蒂，切断了尼卡亚和底比斯之间的直接通道并威胁彼奥提亚。

腓力普抵达埃拉蒂（此地距阿提卡只有两天行程）的消息于黄昏时传到雅典，引起满城风雨。天亮时人民大会即在普尼克斯召开。德谟斯提尼首先起立发言。他认为只要以宽厚条件提出结盟并表明雅典全力动员作战的决心，就会把底比斯争取到雅典一边来。结果是当时任底比斯在雅典的代理（proxenus）的德谟斯提尼和其他使节、将军等被派往底比斯谈判。到底比斯后，他们发现底比斯人正对腓力普的安菲克提翁使节在尼卡亚问题上虚与委蛇，而彼奥提亚联盟大会则正在准备接待第二批腓力普的使节，包括腓力普、帖撒利和其他安菲克提翁联盟城邦的代表。这第二批使节要求彼奥提亚人作为腓力普盟邦和安菲克提翁联盟成员，或则与腓力普军队并肩作战，或则让出通向阿提卡的道路。雅典的使节则请求彼奥提亚人和雅典结盟反对腓力普，并提议让彼奥提亚指挥陆军,和雅典共享指挥海军之权,雅典担负军费三分之二,并支持彼奥提亚联盟对所有彼奥提亚城市享有主权。作为雅典真心实意的表征,雅典公民部队全副武装在彼奥提亚边境集合待命。彼奥提亚联盟大会投票赞成与雅典结盟。对彼奥提亚人来说,这一决定是极其勇敢的;它将使他们陷入另一次神圣战争,并意味着背弃了和马其顿结盟的誓言。对雅典来说,这是得救的第一线希望,而对德谟斯提尼来说,这又是他个人的一个胜利。①

雅典和彼奥提亚的联军固守着从弗西斯入境的所有要道,特别是在帕拉波拉米的山口。雅典还派出由恰利斯指挥的 10 000 名雇佣兵隶属于一位彼奥提亚长官麾下,扼守从安菲萨到夕丁尼昂的山口。腓力普则在埃拉蒂、夕丁尼昂和温泉关构筑防御工事。在冬季期间,双方虽有小接触,但都取守势,并不断向其他国家遣使游说。亚该亚、科林斯、麦加拉、优卑亚、阿卡奈尼亚、琉卡斯和科尔西拉参加到彼奥提亚和雅典一边,其他国家则保持中立。腓力普重建了弗西斯人的要塞,这些弗西斯人则在安菲克提翁议事会赞同下重新建立了他们的联合城邦,也为了宣传目的而发行了一种新钱币,其上镌有安菲克提翁的名字和阿波罗神像。腓力普还向彼奥提亚和雅典求和。这一请求主要由于德谟斯提尼的影响而遭拒绝,他立即采取行动威胁彼奥提亚人和雅典人,如果这些提案竟然在他们的人民大会加以讨论的话。因此联盟阵线相当坚牢。在公元前 338 年 3 月的迪奥尼修斯节庆会上,德谟斯提尼接

---

① *FGrH* 328 F 56b(菲罗库汝斯)、135 F 20(马希亚斯)、115 F 328(提奥庞普斯);德谟斯提尼,18.168 以下。Aeschin. 3.140;D. S. 16.84—85.4.

受了一顶金冠,雅典舰队在弗西昂指挥下也于春季出海,在爱琴海北部攻击了马其顿的航船。①

公元前338年仲夏,腓力普利用了希腊军主力分散在安菲萨和帕拉波拉米之间(两地相隔约两天行程)的机会。他假发一封急信,说他由于色雷斯起义而抽回了一部分军队,又使安菲萨的雇佣军司令官得知了这信的内容,他随后就把夕丁尼昂的军队撤走。希腊司令官认为腓力普不会愚蠢到再次采用他曾使他的舰队溜出黑海的那种诡计,因而放松了对山口的防守。腓力普在夜间率领大军通过了山口,消灭了10 000人的雇佣军,并占领了安菲萨。希腊盟军的局势恶化了。当一支马其顿军穿过德尔斐而蹂躏列巴地亚附近的彼奥提亚平原时,希腊军便急忙从帕拉波拉米撤退到恰龙尼亚。腓力普再次向彼奥提亚和雅典求和。已经回到雅典的弗西昂劝说人民接受议和。但德谟斯提尼和其他人却使雅典和底比斯都做出拒绝。腓力普于是占领了瑙帕克图斯,把它交给了埃托利亚联盟,留下一小批部队掩护德尔斐,随后即集中兵力以赴在恰龙尼亚的决定性战斗,其时间可能是在公元前338年8月2日。②

马其顿军是欧洲最有经验并训练最精的部队。由国王的"伙伴"率领,并在当时得到帖撒利骑兵加强的马其顿重装骑兵都身披铠甲,带着剑、矛(sarissa)和盾牌,专用于短兵相接的近战,每一骑

---

① *IG*,9.1.316(温泉关);*GC*,202;Aeschin,3.148;普鲁塔克,《德谟斯提尼传》,18.3和《弗西昂传》,14.8(参看16.1)。

② Polyaen.4.2.8,14;普鲁塔克,《弗西昂传》,16.1—3(通常腓力普的提议与埃斯奇尼较早的提议相同);*FGrH*,115 F 235(提奥庞普斯)。

兵营都摆成腓力普发明的楔形阵势。轻装骑兵则披轻甲，配备着和大多数希腊骑兵相似的、专用于散兵刺杀的两支长枪或投枪和一把剑。队列步兵，即所谓"步兵伙伴"，几乎和希腊重装步兵一样铠甲齐全，但拿着一支比希腊重装步兵所用长矛要长一倍的大长枪。步兵作战时排列的阵势——"方阵"——往往比希腊重装步兵的方阵要空疏一些，也深厚一些；它要前列每人至少保持三英尺的距离，每列十人，调动快速。前锋几排的枪矛可能互有短长，其最长的大约有十三步，这样就可保证每列步兵刺入敌方前排的枪矛同时至少有三支以上。轻装步兵则作为机动掩护部队，配置在方阵之外。在恰龙尼亚，腓力普至少有2 000名骑兵和30 000名步兵，后者等于马其顿野战兵的全部实力；因为在这场马其顿人和希腊人一决雌雄的大战中他可能没有用他的盟邦的希腊重装步兵。

由将近35 000名步兵的希腊军队据守的阵势是易守难攻的，它从昔菲苏斯河岸一直向西延伸到恰龙尼亚卫城的东墙下。彼奥提亚重装步兵约12 000人构成其右翼，神圣旅则位置在最右方；约10 000人的雅典重装步兵防守左翼；同盟各邦的重装步兵，再加上约5 000名雇佣兵则组成中军。阵列阔达两英里，成斜线穿过平原；假若腓力普的军队进入这个楔形的开阔地带，并被打败的话，雅典军就可转入平原而把敌人赶向昔菲苏斯河，如果这时希腊阵势被冲破，那么大多数希腊军队可取道盖拉塔山口而逃往列巴地亚。希腊军队阵势坚实，除了最右翼每列都有八人纵深，而在最右翼的神圣旅则集结成更强大的队形，在希腊军的左翼外围还有各支轻装步兵部队和恰龙尼亚的坚固要塞。人数和马其顿骑兵差不多的希腊骑兵则留作后备。

腓力普知道彼奥提亚人是久经风霜的老兵，而雅典人由于在最近二十四年中只有一个月的正规作战，因此是很没有经验的。为了政治目的，他愿意击溃彼奥提亚军而尽可能多地俘虏雅典公民。战术上的问题则是如何在希腊阵列中打开一个缺口，使他的重装骑兵营可以长驱直入；因为这些骑兵不能对阵列完整的长枪兵进攻。破晓以后，腓力普就把亚历山大和他的重装骑兵指挥官放在他的方阵兵的最左翼，而在右翼放置强大的轻装步兵部队。他亲自率领称为"希巴斯皮斯特兵"的王家御林军，首先把方阵兵的最右翼向前推进，这样就使他的阵列也像希腊军的阵列一样成斜线推进。希巴斯皮斯特兵于是在其他营队进入与希腊中军和右翼交战的距离之前，就接近了雅典军的阵列。腓力普随后就"逐步后退"，带着希巴斯皮斯特兵退向他的阵列的右后方，直到他抵达平原中较高地段为止；在这后退过程中，腓力普方阵兵的右翼"密集起来，他的兵士都被如林的枪矛保护着"，而其余部分的方阵兵和骑兵则继续向前推进。雅典人以为胜利在握。为了追逐后退的腓力普右翼，他们鲁莽地向他们阵列的左前方猛跑，使得整个希腊阵列为了保持连接也开始向左移动，但是极右端的神圣旅除外，他们仍然停留在昔菲苏斯河岸边。这样一来，不可避免地在希腊重装步兵和极右翼之间出现了一个缺口，亚历山大立即带领骑兵"伙伴"冲入缺口。与此同时，腓力普下令希巴斯皮斯特兵攻击雅典人。雅典人这时的队形已拉得过长，并由于冒进而阵容混乱，腓力普的部队把他们赶进一个山凹，在这里杀死了1 000人，俘虏了2 000人。在另一边，被亚历山大的骑兵包围的神圣旅也全部被歼。当双方中军交战时，马其顿左翼各营又随着亚历山大的骑兵进入

第六卷 第二章 马其顿控制希腊各邦(公元前346—前336年)

缺口,从侧面攻击希腊人的阵列。至此遂使希腊全军溃败。腓力普命令他的骑兵不要穷追逃敌。胜利已完全如他所愿地实现了。①

底比斯立即投降。彼奥提亚联盟被解散了;提斯皮亚、普拉提亚和奥科美努斯恢复自由;底比斯被降为单独一城之邦,被迫接回其流亡者。300名底比斯人的寡头派政权建立起来了,民主派首领或被寡头派处死,或被流放,一支马其顿驻军占领着底比斯的卫城卡德米亚。底比斯战俘如果不能自赎,则被卖为奴隶,亲属要出钱买回底比斯兵的尸体。它的遭遇很苦,但还不像它施之于奥科美努斯和科洛尼亚那样残酷。在雅典,做好了拼死保卫城市的准备。由于恰利斯留在国外,恰里德木斯被任命为将军以代替莱西克利斯,此人因败逃回家而被判处死刑。他的控告者吕库古和希伯里底斯组织了防御,后者还建议武装一切适于作战的奴隶和国家罪犯,被任命为粮食专员的德谟斯提尼则出航海外以争取金钱和军援,特别是波斯的援助。在这个阶段,阿雷乌泊果斯议事会进行了干预。它罢免了恰里德木斯,选出弗西昂继任其职务。腓力普随即派了一个雅典战俘、演说家德马弟斯回到雅典传述他想和雅典谈判的意愿,弗西昂、埃斯奇尼、德马弟斯便被任命去和腓力普谈判。腓力普提出下列条件:腓力普保证不派任何部队进入阿提卡,也不派任何军舰进入比雷埃夫斯港;雅典要解散雅典同盟,

---

① 关于希腊骑兵盔甲及武器见 X. *Eq.* 1—2。对腓力普这一战术的说明见 *Klio* 31(1938)201。Polyaen, 4.2.2.7;D. S. 16.85.5—86;普鲁塔克,《亚历山大传》,9.2—4;《德谟斯提尼传》,19.2;《伯罗庇达传》.18.7;波桑尼亚,7.6.5;德谟斯提尼18.264;普鲁塔克,《道德论丛》,894a;Just. 9.5.9;Arr. *Tact.* 12.6(方阵);16.6(骑兵的楔形阵势)。恰龙尼亚战线是由腓力普亲自统领的,有254名马其顿人的坟墓做标记。

但可保有列姆诺斯、英布罗斯、斯夕洛斯、提洛和萨摩斯等岛,并从底比斯领土中接受奥罗普斯;雅典应成为马其顿盟邦。这些条件都被雅典接受了。雅典战俘不交赎金即予释放,死者骨灰也由一个以亚历山大、安提帕特和阿尔西马库斯为首的军事代表团护送到了雅典。①

第三节 希腊的安置和腓力普被刺死

德谟斯提尼有关腓力普要"毁灭"雅典的论辩已被上述事实证明为不确。腓力普说他所求者即雅典的合作,这话从他作为战胜者的态度中得到了证实。在一阵感激之情中,雅典人把他们的公民权赠给了腓力普和亚历山大,并决定在市场为腓力普竖像。与此同时,德谟斯提尼被选定为死亡战士发表葬仪演说。在恰龙尼亚战役之后几周内,伊索克拉底向腓力普发了一封信。一年以前,他曾经写了《泛雅典娜节颂》,歌颂他所热爱的雅典是"戴着紫罗兰花冠的雅典",是拯救了希腊的雅典。现在他则力劝腓力普"结束那种希腊人彼此敌对的疯狂性和霸权主义(pleonexia),使他们和解并团结起来(homonia),然后向波斯宣战"。他欣幸他能够如此长寿(当时他已 98 岁),因为他觉得他有关希腊统一的梦想快要实现了。然而他仍死在这个梦想实现之前。

在中希腊,腓力普设法使安菲克提翁联盟对弗西斯的罚金从

---

① D.S.16.87—88.2;普鲁塔克,《道德论丛》,848 以下,和《弗西昂传》.16.4;Plb.5.10;Just.9.4;亚里士多德,《雅典政制》.62.2.

60塔连特降到10塔连特,在对待安菲萨方面也非常宽大,以至于感恩的安菲萨人可能在德尔斐奉献了一尊腓力普像。腓力普从中希腊进入了伯罗奔尼撒,他在那里受到除斯巴达外所有城邦的欢迎,斯巴达则拒绝他入境。他像依巴密侬达一度做到的那样,从拉哥尼亚走到了吉提昂,把斯巴达的一些领土分给了阿尔戈斯、美塞尼亚和他刚刚重建起来的阿尔卡狄亚联盟。在解决了其他一些领土纠纷之后,他邀请所有希腊城邦在秋末参加一个大会。除了斯巴达外,所有各邦都接受了邀请,它们的代表都得到腓力普的一篇声明,其中概述了他为希腊谋福利的计划。在冬季期间,这篇声明在希腊各地都进行了讨论,同时腓力普也把军队撤回马其顿,可能只在科林斯、加尔西斯、安布拉西亚以及底比斯卫城卡德美亚留下驻军。①

公元前337年春天,腓力普解决希腊问题的成果——"希腊联盟",或者现在所称的"科林斯联盟"——在科林斯大会上得到最后批准,每一城邦都做了宣誓。奥林匹斯山以南的所有本土各邦除斯巴达外都成为这个自称为"希腊"联盟体的成员,许多海岛城邦也都参加。它们保证遵守和平;按共同安全的原则对任何破坏和平者采用军事制裁,尊重每一成员国在其现行宪制下的自由与独立自主,而宪制的改革只能通过立宪程序;禁止违背现行法律的处死、重新分配土地以及其他颠覆行为;镇压一切匪徒和海盗。这种保证的目的就是防止城邦之间的争战和各邦内部的革命。联盟管

---

① 波桑尼亚,1.9.4;Isoc. EP,3;BCH 73.259(斯特拉波419及427说安菲萨被毁,可能是弄错了);Plb. 9.28.6、18.14;D. S. 16.89.1—2;普鲁塔克,《弗西昂传》,16.5。

理机关称为"希腊议事会",它的代表数目按各邦陆海军实力决定,由各邦选出。在章程文本上作为附录流传的入盟成员名单却是有缺点的,其中有的是城邦,有的则是部落集团(例如沿斯伯切攸斯流域各部落就组成一组),各邦和部落集团的总票数在开头大约是100多票。议事会按多数票决议,决定对所有成员都有约束力。它的权限包括联盟事务的所有方面:宣战与媾和、征集兵源、军需给养、收税、对违背盟约者的审讯、从联盟领土上驱逐与流放、任命解决争端的仲裁人以及保障普遍和平的行政人员等。议事会在各希腊宗教中心召开,其中有德尔斐、奥林匹亚、涅米亚、科林斯地峡等。每次会议时由议事会成员用抽签法选出五位主持人。

在腓力普的记忆中,这种办法最近的例子是公元前362—前361年的"城邦联盟"。目前的联盟权力更为集中(因为它的决议对所有成员都有约束力,并取消了每邦一票的原则),但它仍与公元前4世纪希腊联盟制度的发展一脉相承。"城邦联盟"由于缺乏领导和无所作为而失败了。公元前337年夏天,在希腊联盟第一次常会上,全联盟就和马其顿国家结成了永久的攻守同盟,它把马其顿国家称之为"腓力普王及其后代"。它随后就对波斯联合宣战,以报薛西斯渎犯希腊诸神庙台之仇,并一致推举腓力普为"盟主",有全权指挥它的陆海军队,他是"希腊的救主"。一旦对波斯宣战,希腊和马其顿的联系就通过腓力普本人。作战计划和行动按"议事会决议和盟主命令"而行,盟主及其代理在议事会开会时担任主席。由此可见,希腊城邦有意回顾了它们在公元前481年联合起来打败波斯的往事,现在又着手从事神圣的远征,该远征将会解放它们在爱奥尼亚的同胞并抹掉波斯国王施加于它们的一些耻辱。①

在宣战的同时,腓力普得到了对其在底比斯、加尔西斯、安布拉西亚和科林斯驻军的认可,并向希腊各邦征集分遣部队。公元前336年春,一支至少有10 000人的前锋部队,由帕尔门尼奥和阿塔鲁斯率领,并在舰队支援下渡过了赫勒斯滂,全军主力随即将在腓力普指挥下于秋季开拨而来。在小亚细亚,波斯总督曼托尔已死,其弟梅隆只继承了他的军权。在波斯首都苏萨,宫廷禁卫军司令巴戈亚斯在公元前338年毒死了阿塔薛西斯·奥库斯,又于公元前336年毒死了他的儿子阿尔赛斯,但巴戈亚斯本人也被大流士·科多曼努斯毒死(约公元前336年5月)。入侵的希腊军受到夕奇库斯和其他起义反抗波斯的希腊城邦的欢迎。以弗所人在阿尔蒂美斯神庙为腓力普竖了像,卡利亚的总督皮霍达汝斯则把自己女儿嫁给了腓力普的一个儿子阿尔希达攸斯。与此同时,雅典的支持与反对腓力普的人不断倾轧,互相告发、追究,闹得不可开交。在内政方面,吕库古力求整顿国家财政。德谟斯提尼于公元前337年被选为神圣基金首席专员,这一基金现在又成为岁入盈余的支配者了,他还使人民大会通过了修建比雷埃夫斯码头和要塞的决议。在公元前336年年初,克提西丰提议在迪奥尼修斯节献给德谟斯提尼一顶金冠,但这一提议被埃斯奇尼斥为非法,马其顿将军阿尔西马库斯却受到人民大会奖赏。但需要派出一支骑兵和三桨座船的分遣队参加对波斯作战时,弗西昂力劝人民大会

---

① GHI,177,179,183,192;IG,4.²1.68;〔D.〕17.8,10,15,16,19;D.S.16.89.3;Plb.3.6.12,9.33.7;Arr. An. 2.14.4、3.24.5.7.9.5;Just.9.5.某些细节争论更大。

迅速派出，切勿拖延。当腓力普的女儿克娄奥帕特拉和莫罗西亚王亚历山大于公元前336年7月结婚时，雅典人给腓力普送去一顶金冠致贺，并且声明雅典将把任何阴谋杀害腓力普而逃匿在雅典境内的人交出来。由此可见，雅典民主政府也是在反对与合作之间摇来摆去的。①

在马其顿君主制中，多妻制可能是一种传统的做法。腓力普之父阿门塔斯至少在两门婚配中生了六个儿子，从而保证王位继承不致中断。腓力普有六个妻子，但只有两个儿子，即奥林匹亚斯生的长子亚历山大和菲林娜生的阿尔希达攸斯，但阿尔希达攸斯患有癫痫症。奥林匹亚斯出生于希腊王族，因而是王后，亚历山大也早已被指定为王储。假若腓力普和亚历山大都在即将到来的远征中死亡，就只有阿尔希达攸斯和腓力普过去曾担任其摄政的帕尔迪卡斯之子阿门塔斯能继承王位。可能是为了得到另一个儿子，腓力普又在公元前337年和马其顿贵族阿塔鲁斯的侄女克娄奥帕特拉结婚。然而这次结婚却使奥林匹亚斯和亚历山大极为不满，亚历山大曾一度外出，公元前336年才被腓力普召回，大约这时双方又有了一些和解，因此出现把奥林匹斯之女克娄奥帕特拉嫁给莫罗西亚王亚历山大的婚事。在结婚庆典上，腓力普没带王家卫队而进入埃盖的剧院，当即被一个名叫波桑尼亚的年轻贵族刺死，他之下手完全是出于个人私怨而未带什么政治动机。国王死时年仅46岁，他的遗体安葬于马其顿王陵中，②他的儿子亚历

---

① D. S. 16 91.1-2、17.5.3-5；Polyaen. 5.44.4；普鲁塔克，《弗西昂传》，16.6。
② 1977年11月，希腊考古学者安德罗尼库斯在埃盖古都遗址（今名弗吉那）发现了一座未被破坏的马其顿古墓，其中有刻着马其顿王徽的金棺及许多精美工艺品，被认为是腓力普之墓。但墓中未见铭文，是否确为腓力普墓还不能最后确定。——译者

山大随即被人民选为"马其顿人之王"。①

腓力普在军事和外交上的成就是被当时人充分了解的。他们亲眼看到他的王国由弱变强,其迅速与彻底都是欧洲历史上无与伦比的。伊索克拉底相信,比起这些成就来,征服波斯当非难事。历史家提奥庞普斯是活到亲眼看见波斯被征服的,他写道,欧洲还没有产生过像腓力普这样的人物,假若他能继续遵行其为政的原则,那么整个欧洲都会纳入他的版图。那些批评他对希腊的处置的人,也认为他在巴尔干的功绩不可磨灭,因为他对北欧的游牧民族筑起了一道坚固的防线,以后数百年间都起到巨大作用。马其顿大国是他的创作。他在一生征战中不仅没有破坏国家制度和耗损人力国力,反而使它们都得到了发展和加强,而他的势力也终于从亚得里亚海扩及黑海,从多瑙河达于拉哥尼亚的边境。尽管国家的发展如此急速,它却有深厚的力量来支持日后亚历山大的亚洲远征,并一直成为巴尔干的中流砥柱。②

腓力普的军队就是武装的百姓,他们忠于国王,并有他建立的繁荣的经济为后盾。在他统治的早年,他大量使用雇佣军,但在他的晚年则只在特殊编制中用雇佣军。构成他的参谋部和重装骑兵的"国王伙伴",在精明勇敢方面也是超群的。从王国各地区征集的骑兵营,都具有竞相效忠的地区荣誉感,战绩突出的士兵还可获

---

① *FHG*,3.161(萨梯努斯,断片 4,"腓力普总是为战争而结婚",这句话表明他对一位君主的婚姻的政治性质有所了解,比提奥庞普斯高明,因为提氏在其断片 27 中把腓力普的多妻就像希伯里德斯的著名情妇那样,当作一种好色的标志)。亚里士多德,《政治学》,1311^{b}2;D. S. 16.91—94;普鲁塔克,《亚历山大传》,9.5—10。

② Isoc. *Ep*.3.5;*FGrH*,115 F 27,256。

奖提拔为王室卫队(agema)和参谋人员。称为"步兵伙伴"的方阵重装步兵也是按同样方法组成的:其中的王家御林军——希巴斯皮斯特兵,更是享有特权的精华部队。轻装骑兵、和骑兵配合作战的步兵,以及轻装步兵、投枪兵、投石手、工程兵、坑道兵、运粮队、测量队等辅助部队也专精于巴尔干的山区作战和围攻坚固城寨。腓力普本人总是在最艰难的场合身先士卒、一马当先。在围攻米冬时他受了伤,在伊利里亚率伙伴骑兵猛攻时也挂了彩,在与巴尔狄里斯作战时和在恰龙尼亚一役中他都率领步兵作战。亚历山大承受下来的这支军队是在战争的风浪中锻炼出来的,它在与伊利里亚步兵、希腊重装步兵和西徐亚骑兵交锋时都是常胜不败之师。①

　　腓力普对其外交上的胜利据说甚至比对他的军事胜利更为自傲。他像他的同时代人那样大搞两面三刀和收买贿赂的诡计,但他运用得更为成功。在战争中,他也能像底比斯或雅典对待奥科美努斯或塞斯都斯那样残酷,例如他在屠杀奥诺马库斯的雇佣军和毁灭奥林图斯时就是如此,但他在对待弗西斯和安菲萨时表现了高度的仁慈,而对雅典则是相当宽宏大量的。他的政治家才干不仅表现在组织他自己的王国方面,也表现在他对付希腊族和蛮族各邻国方面。当他把利赫尼都斯湖和涅斯托斯河之间的领土并入马其顿时,却留下伊利里亚和色雷斯的各部落仍归属各王统治,并在其地建立殖民城市来开发它们的资源。在伊庇鲁斯,他加强

---

① 德漠斯提尼,1.22;*FGrH*,115 F 249;Polyaen. 4.2.18;Plb. 8.9-10;*FGrH*,115 F 224-5;D. S. 17.9.3;Polyaen 4.2.10。

了莫罗西亚王国并扩张了该国的版图，不过他和它的联系还只是通过婚姻的纽带。在帖撒利，他遇到的是和马其顿处于同一文明水平的邻邦，政治联合就是在平等条件下结成的；因为不仅帖撒利把他选为联盟的"执政"，而且帖撒利可以成为希腊联盟的成员，马其顿却不是。在所有这些地区他都鼓励城市发展，但不组织希腊式的城邦。在希腊他却做出了另外的解决办法。这个曾经一再耐心争取雅典合作，又在恰龙尼亚战役制止骑兵穷追逃敌的人，显然不像他的敌人所说那样是想毁灭希腊的，恰恰相反，他想的是使他们平息内争而争取他们合作共抗波斯。他可能试图去完成那不可能的伟业。然而，希腊联盟的章程表明，他对希腊各邦混乱纷争的根源有很深的认识，而正处于壮年的腓力普显然要比年轻的亚历山大的作为更谦逊稳重，也更能照顾希腊的利益。①

腓力普这一整套机构都系于一人之身，他身兼无数显职：马其顿国王、巴尔干各附属王之王、帖撒利联盟"执政"、安菲克提翁联盟"主事"、希腊联盟在战时的"盟主"。因此，腓力普的个性和意图具有无可比拟的历史重要性。就某些方面说，它们仍是一个谜。德谟斯提尼、埃斯奇尼、提奥庞普斯和伊索克拉底对此各有所见，说法不一。他们都是从希腊人的角度把他当作希腊人来评价的。德谟斯提尼把他看作底比斯的依巴密侬达那样的人物，对雅典的雄图最为危险，伊索克拉底则把他形容为狄奥尼修斯和阿尔齐达姆斯那样的、领导全希腊抵抗波斯的领袖。腓力普显然要比一个来自培拉的能干的蛮族人高出许多。他的宫廷在风度习俗上都是

---

① Polyaen. 4.2.9；斯特拉波，323；Plb. 5.10.1。

希腊式的。他把希腊文明引入巴尔干各地,假若他能活到打败波斯以后,他必然也会把希腊文明引入亚洲。他的平息希腊各邦和为其过剩人口在亚洲提供机会的计划,显然既照顾马其顿,也照顾到希腊的利益。人们都认为他对希腊思想是深为景仰的,他聘请亚里士多德去教亚历山大,他赞赏雅典的"阿提卡式的秀美"。假若我们把他看作一个公元前4世纪的希腊人,他肯定是一个开明的征服者,但我们恐怕主要还得从他是一个马其顿专制君主这一点去评价他。①

576　马其顿的国王很有点儿像《伊里亚特》所描写的那种迈锡尼国王。他们都说是"宙斯所生"。腓力普自称是宙斯之子赫拉克勒斯的后代。他把赫拉克勒斯头像刻在他第一次发行的钱币上,为他建立的第一个城市命名为赫拉克利亚,并在多瑙河口供奉了一尊赫拉克勒斯雕像。他崇奉迪昂的宙斯神庙,向奥林匹亚的宙斯神庙奉献了一座礼物库,保卫了德尔斐的阿波罗神庙,在他的钱币上都刻有宙斯和阿波罗的头像。伊索克拉底曾要求作为赫拉克勒斯后裔的腓力普把所有希腊地区都看作他的祖国,这一点是意味深长的。腓力普身上的荷马史诗气质——这些气质表现在亚历山大身上的,我们所知较多——就是那种争强好胜的意愿、热情、宽厚而激烈的性格,这使得他在恰龙尼亚曾为神圣旅的英勇阵亡将士掉泪。假若腓力普真对荷马时代有真诚的信念并相信他真是宙斯

---

① 腓力普在和希腊各邦打交道时,以及在铸造钱币时并未用他的国王头衔。在联盟章程中,马其顿国家被称为"腓力普及其后代的王国",来和希腊各共和国相对照(GHI,177)。他的优美的希腊风度曾使希腊各邦的外交使团大为赞赏;他最不像希腊人的特点是在节庆场合喜酒贪杯,流传的许多故事都源于此。

的后代,也像赫拉克勒斯那样负有造福人类的使命的话,那么他的性格和政策也像亚历山大那样有其深刻的宗教信仰的根源。①

第四节 公元前345—前322年的西部希腊

公元前400—前348年,意大利发生了巨大变化,这一变化日后将影响西部希腊各邦。中欧各部落民族向南迁移的压力可能使伊利里亚人、派奥尼亚人、色雷斯人、格太人和西徐亚人胁迫巴尔干的定居地区,也使高卢人在公元前4世纪开始时翻越阿尔卑斯山进入波河流域的北面。高卢人楔插伊达拉里亚地区和亚得里亚海北端的威尼提地区之间,长驱直入意大利中部各地,迫使伊达拉里亚人退回亚平宁山麓和翁布里亚的亚得里亚海沿岸地带。罗马利用伊达拉里亚人受压的机会夺取了维爱(公元前396年),占领了伊达拉里亚地区的南端(公元前391年)。在进攻维爱之前,罗马第一次遣使来到希腊,祈求德尔斐神谕;攻占维爱以后它又在德尔斐奉献了一只金碗,把它放在罗马与之友好的马赛人的礼物库中。但罗马的进展也一度受高卢人所阻,高卢人曾在公元前391年左右攻掠罗马,蹂躏所及达到了坎佩尼亚和阿普利亚。

接着是几十年的激烈战争。从这些战争中罗马屡获胜利,蔚为大国。在公元前358年它使高卢人遭到惨败,强迫埃奎人和赫尔尼西人与它结盟,把沃尔斯奇人从沿海平原逐走。公元前354

---

① Isoc.,5.29(开明性)、5.105.109,111,115,127;*Ep*.3.4;Plb.18.14.14;普鲁塔克,《道德论丛》,178a,179c;Plb.9.29、9.33。

577　年,它硬把不很情愿的一些城邦组成拉丁同盟,并和萨谟奈人结盟。公元前351年,它对南部伊达拉里亚的并吞得到了承认,和伊达拉里亚的塔昆尼、法勒尼缔结了和约。这一系列成就引起了迦太基的注意。公元前348年,罗马及其盟邦与迦太基及其盟邦缔结一项友好条约,规定了在签字国控制海面商业管理和缉拿海盗方面的条款。迦太基人除了在罗马经商外不再进入罗马及其盟邦的领土,罗马人及其盟邦也不得进入萨丁尼亚和非洲,但可在迦太基及西西里的迦太基地区进行贸易。①

在这同一时期,迦太基在西班牙已建立一个帝国,此地它遇到的商业对手是马赛所建立的希腊殖民城邦。它在公元前348年和罗马订约时的主要野心是征服西西里的希腊人地区并控制麦赛纳海峡。为了这一目的必须占领叙拉库斯。当希塞塔斯在公元前345—前344年请求迦太基来支援把狄奥尼修斯从奥提吉亚赶走时,迦太基人就准备趁机占领叙拉库斯并征服希腊各邦,因为它们都被自公元前357年以来连绵不绝的战乱弄得疲惫了。迦太基人也不担心希塞塔斯此前已向科林斯遣使求援一事,因为希腊当时已为马其顿的阴影所笼罩。

当希塞塔斯和叙拉库斯贵族向科林斯求援时,他们需要的是一个不会变成僭主的解放者。科林斯人选中了提摩列昂,他是以憎恨僭主著名的,因为他公元前365年设法刺杀了他的当时正任科林斯僭主的哥哥。选定之后不久,希塞塔斯的另一封信到了,请求科林斯不必插手干预,因为他已向迦太基求助。然而,提摩列昂

---

①　Scy. 1. 17; D. S. 14. 93; Plb. 3. 24; D. S. 16. 69; Livy. 7. 27. 2.

仍然在公元前344年扬帆启程,带着10艘船和700名雇佣兵,大多数是参加过神圣战争的老兵。他在列吉昂受到一支迦太基分舰队的截击,但溜到了西西里的陶乐米宁,在那里受到安德罗马库斯的欢迎,此人是日后的历史学家提马依攸斯的父亲。提摩列昂立即被请去调停阿德拉努姆城邦的党派纷争。但是希塞塔斯也带着一支更大的军队来到阿德拉努姆和他唱对台戏(这时希塞塔斯已把狄奥尼修斯围于叙拉库斯卫城奥提吉亚之内)。提摩列昂有理由猜想希塞塔斯就是一个想做僭主的人,因此他不经警告就突袭希塞塔斯,打败了他的部队。这一胜利使提摩列昂得到了希塞塔斯的竞争者、加塔纳的僭主、坎佩尼亚雇佣兵队长马麦尔库斯的支持;提摩列昂(可能通过马麦尔库斯)还和狄奥尼修斯取得联系,狄奥尼修斯对希塞塔斯和迦太基人的仇恨使得僭主和解放者都有了共同的利害而携手合作。他们缔结了一个协定,提摩列昂将协助保卫奥提吉亚,狄奥尼修斯则可在加塔纳分享一个基地。在公元前344年秋天,大约在提摩列昂抵达西西里50天之后,他的副官尼奥便进入奥提吉亚,与狄奥尼修斯的2 000名雇佣兵联合抵抗希塞塔斯和迦太基。狄奥尼修斯和提摩列昂可能合作了几个月,但在公元前343年夏,狄奥尼修斯便离开西西里舞台退隐于科林斯。

公元前343年春,已控制西西里沿海的迦太基派马哥率领了150艘船和一支大军占领叙拉库斯。他从海陆两面封锁了奥提吉亚,并在南意大利布置一支分舰队,防止任何希腊人前来支援。由于提摩列昂想法在风雨天气用渔船向奥提吉亚送去军需供应,马哥和希塞塔斯便决定出师攻占他在加塔纳的基地,但当他们离开叙拉库斯后，尼奥就突围占领了叙拉库斯市区阿拉丁那。尼奥和提摩列昂都坚决顶住了敌人的猛攻，直到一支10艘船、2000名重装步兵的科林斯援军，躲过南意大利的迦太基分舰队来到了西西里，和他们配合以后，就进一步攻占了与迦太基友好的麦赛纳。这时，马哥和希塞塔斯发生一场争吵，后来马哥又听说希塞塔斯的希腊雇佣军在一次停战期间已和尼奥的军队有所联络，就更是火上浇油了。可能在疑心会遭暗算的情况下马哥退回西部西西里，但在那里遭到迦太基当局追究而被迫自杀。提摩列昂随即在次日带着4000名士兵来到叙拉库斯，希塞塔斯与其雇佣军退往列翁提尼。在公元前343年秋天，叙拉库斯终于从僭主统治和迦太基占领的双重威胁下解放出来了。在提摩列昂命令之下，公民们拆毁了城堡、王宫以及各僭主的坟墓。①

  提摩列昂享受免遭迦太基进攻的太平年月几乎有两年之久，在这些日子中，他对西西里各城邦的僭主斗争成效不大，但他加强了叙拉库斯的实力，因为他收留了流亡者，引来了新移民并修改了宪法。他和希塞塔斯议和，并从他那里借来一些雇佣兵以防迦太基人卷土重来。这一次前来进攻的迦太基远征军有70000人之多，包括了被称为"神圣团"的最精锐的迦太基公民部队和一支战车部队，还有以利利比昂为基地的一支大舰队作为后盾，显而易见，这次远征的目的是要并吞西西里的希腊人地区。提摩列昂只能征集12000名部队，其中有3000名是叙拉库斯人，有的来自科

---

① 亚里士多德，《政治学》，1306ᵃ23；普鲁塔克，《提摩列昂传》，3—13、16.1；D.S. 16.65—70.3；*FGrH*，255.4(POxy.12)。提摩列昂生平年代尚无定论。

林斯及其他殖民城邦，其余则是雇佣兵，他也没有能向迦太基挑战的舰队。他大胆侵入迦太基人地区。在行军中，他损失了1 000名哗变叛逃的雇佣兵，但他先发制人的策略成功地迫使迦太基军向内陆后撤，可能是走向恩铁拉。在那里，他凑巧在迦太基军渡过克里米苏斯河之时追上了敌人。在主力还未渡完之前，他向以神圣团和战车兵为首的前锋部队袭击，正好当时雷雨大作，狂风挟着冰雹向敌军迎面打去。提摩列昂的骑兵越过了战车部队而猛攻神圣团的两翼，他的重装步兵则列成密集队形从正面进击。敌军被赶回河中，又逢山洪暴发，神圣团全军覆没，而那些西班牙、高卢、意大利和非洲雇佣兵的辅助部队也伤亡惨重。提摩列昂的胜利最后以夺取原封不动满藏金银的迦太基军营而结束（约公元前341年5月）。其中有些甲胄被送往科林斯以纪念这次科林斯武装对迦太基的胜利。①

提摩列昂对迦太基的胜利使得希塞塔斯、马麦尔库斯和其他僭主组成一个联盟和他对抗，并向迦太基求救，现在迦太基也第一次招募了大量希腊雇佣军。在公元前339年，提摩列昂和迦太基议和；他接受哈利库斯河为边界，对等的条件是迦太基撤回对各僭主的支援。提摩列昂和僭主们的战争则一直打到公元前337年，双方都用雇佣兵，直到最后一位僭主被打败、埃特纳的坎佩尼亚雇佣兵被逐走为止。为了表明西西里历史的恐怖一章已告结束，落入提摩列昂手中的僭主如希塞塔斯、马麦尔库斯等人全部被公开

---

① 普鲁塔克，《提摩列昂传》，22.3—29；D. S. 16.70.4—6、72.2—73、77.4—81；Hesp. 21.13。

审讯处死。①

公前 342—前 336 年，提摩列昂从希腊、意大利和西西里各地招集移民，充实各城市。叙拉库斯至少接收了 40 000 人，阿及里昂 10 000 人，它们可能还以"合邦"办法彼此互通公民权。盖拉、阿克拉加斯和其他城市从灰烬中重生。来到这些西西里希腊城市的移民者，若以家属计数目当在 10 余万以上，突出地说明了希腊各地流动人口之巨大。在叙拉库斯，停止发行铸币可能已有十年之久。从公元前 342 年起，提摩列昂铸造了有一个飞马图样的叙拉库斯和列翁提尼银币，在克里米苏斯胜利之后又发行了一种表现解放者宙斯头像的金币和银币。一种刻有战士头像的青铜币可能是表现提摩列昂的，在这里他被当作叙拉库斯的第二个创立者。为了使僭主在叙拉库斯永不复起，提摩列昂及其科林斯顾问们废除了极端民主制而制定一个折中混合的宪法。高级文官称为奥林匹斯（宙斯的祭司[amphipolos]），从三个家族成员中按选举后再抽签的办法选出。一个 600 人的议事会，可能是从富裕公民中选出的，管理一切行政部门；人民大会只对重大国事进行讨论和决议。军事由选出的将军委员会负责，他们在和外族作战时要宣誓接受从科林斯派来的最高统帅的领导。虽然这宪法的细节我们知之甚少，它的目的显然是以给予各阶级共享政权的办法避免阶级的纷争。类似的宪法可能在整个西西里都采用了，只有陶乐米宁例外，各城邦也组成了以叙拉库斯为首的一种联盟。②

---

① 普鲁塔克，《提摩列昂传》，22.3—29；D. S. 16.81.3—82.4。
② 普鲁塔克，《提摩列昂传》，23、35、29.3；D. S. 16.83.2,5；《提摩列昂传》，24.3、38.2、39.3—4；D. S. 16.70.5、82.4.6；Nep. *Tim.* 3；*GC*,191。

在完成他的解放使命以后,提摩列昂就从政坛退隐。他的视力大减,身体衰弱,不久以后就在叙拉库斯去世。叙拉库斯公民们把他的骨灰葬于市场之中,建立了纪念他的运动会。提摩列昂终生崇慕依巴密侬达,是一个忠于城邦自由传统的真诚的理想主义者。他是雇佣兵部队的出色司令官,他运用狡诈与残暴的手段来达到比他的对手远为高尚的目的。他对于僭主和迦太基的胜利拯救了西西里,使它既免于内部党争的自我毁灭,也躲开了被异族吞并的厄运。他的宪法和联盟都是为了西西里将来的安全,但它们的见效还得依赖西西里希腊人精神上的转变和西西里各希腊城邦社会状况的改进。因为西西里希腊人的四邻对它都是虎视眈眈,只想并吞它而不愿与它合作。①

在南部意大利,卢卡利亚人和麦撒皮亚人的侵掠迫使塔拉斯向其母邦斯巴达求援,斯巴达便在公元前343年左右派出一支军队和舰队,由国王之一的阿尔齐达姆斯(阿基斯劳之子)率领。一度非常强盛的塔拉斯,现在由于其公民的奢侈放纵而衰弱了,只能靠雇佣兵去抵挡意大利部落的侵袭。阿尔齐达姆斯于公元前338年作战阵亡,据说他死去的那次战役和恰龙尼亚之战正好发生在同一天。塔拉斯人拒绝为他理丧,可能是因为据信他在德尔斐时被弗西斯人收买了。斯巴达人却为他在奥林匹亚供献了一尊像,而斯巴达与塔拉斯的关系也就恶化了。到公元前334年,塔拉斯

---

① 普鲁塔克,《提摩列昂传》,37—39;D.S.16.90.1。

便向莫罗西亚王亚历山大求援。①

莫罗西亚国王靠腓力普的帮助已把伊庇鲁斯各部落联合为一个联盟,他被选为联盟的战时统帅(hegemon)。莫罗西亚人,像马其顿人一样,可能源出希腊族,他们的王族自称是阿溪里斯之子涅普托勒密的后代。莫罗西亚的领土一直扩展到安布拉西亚湾,那一带的卡索皮亚希腊小城邦都成为亚历山大的附属国。北部伊庇鲁斯各部落,一半为希腊血统,一半为伊利里亚人血统,能提供优良的军队,也拥有比任何城市为多的自由居民。在希腊本土,已没有它扩张的机会,但对南部意大利的征服却可为移民提供土地并能控制亚得里亚海的入口。亚历山大带着一支骑、步兵的大军渡海而至塔拉斯,担任了意大利的希腊各邦联盟司令,向意大利各部落进行攻击。在征服麦撒皮亚并和普西提人联盟之后,他保护了亚得里亚沿海的希腊城邦。在切断卢卡利亚人与布鲁提依人的联系后,他又占领了孔森提亚,解放了铁里纳,从卢卡利亚地区一直打到萨勒诺湾。现在他已接近坎佩尼亚边境而和罗马接触了(约公元前332年)。

581　罗马在与迦太基缔约后曾面临一次拉丁同盟的起义。公元前340年,当最后一个起义城市被打败后,罗马采取了新的政策,这使它立即成为中部意大利最大强国。在此之前,它是把拉丁联盟各邦当作一个军事同盟来领导的,有点儿像斯巴达领导伯罗奔尼撒同盟那样,但现在它解散了拉丁联盟,用分别缔结条件优厚的盟

---

① D. S. 16. 61. 4, 88. 3; *FGrH*, 15 F 323—3233;斯特拉波,280;波桑尼亚,3. 10. 5, 6. 4. 6; *FGrH*, 115 F 382; *GDI*, 1334—1335; *GC*, 195; Aeschin. 3. 242;斯特拉波,280; Livy. 8. 17. 24; Just. 12. 2—3. 1。

约的办法把每一城邦和它直接联合起来。它给一些城邦以完全的罗马公民权，这样就扩大了它的公民队伍，这是除了在狄奥尼修斯统治时的叙拉库斯外任何希腊城邦也未能做到的；对另一些城邦它则给予较少的权利。在坎佩尼亚，它也解散了坎佩尼亚联盟而给予像库美那样的城邦以"没有选举权的罗马公民权"。与此同时，它用设置军事移民地的办法加强了对拉丁姆和坎佩尼亚的控制。它的侵略性政策使萨谟奈人大为吃惊。他们和卢卡利亚人联合起来，准备推翻罗马在拉丁姆和坎佩尼亚搞的那一套。当亚历山大逼近坎佩尼亚边境时，罗马人的权术就得到了施展的机会。罗马立即和亚历山大订立友好和平条约，亚历山大可能在其中承担了不入侵坎佩尼亚的诺言，罗马则不派船舰进入塔拉斯湾。

亚历山大在几次快速进击中打败了卢卡利亚人和萨谟奈人，并把俘获的居民作为人质送到伊庇鲁斯。他的势力已扩及南意大利全境，可能还和叙拉库斯结盟。他的军队已证明比某些最勇悍的意大利部落还要厉害，他用充足的金银发行钱币，在塔拉斯、米塔朋提昂和伊庇鲁斯都有铸造发行。然而，当罗马已用扩大公民权的办法建立起一个强国之时，莫罗西亚王亚历山大却仍然领导着一批有着顽固的分立主义传统的希腊城邦。他的胜利本身就是引起造反的标志。塔拉斯和其他城邦脱离了意大利希腊城邦的联盟，亚历山大也就把余下各邦联盟首府从赫拉克利亚移到图里。在中部卢卡利亚的一次战斗中，当他正率领骑兵渡河时，被一个卢卡利亚叛兵用投枪刺死（公元前330年）。伊庇鲁斯人在国王被杀、联盟瓦解的情况下只好离开意大利，于是罗马人立刻开始向削弱了的萨谟奈人发动攻势。

在西西里和意大利的希腊城邦都开始了一种道德和精神上的衰退。战争与党争已使它们的经济和社会都日趋衰弱,西赛勒人与雇佣兵的涌入城市造成了种族的混杂,从母国来的新移民对此无所补益。当各城邦在提摩列昂或亚历山大手下联合一致之时,它们的战斗力和财源仍然极其雄厚,足以打败迦太基人和意大利人。然而,它们政治上的不团结,一次又一次地把手中的优势力量白白葬送。与此同时,希腊文明却在意大利半岛广泛传播,不仅影响了伊达拉里亚的艺术(在这方面的影响由来已久),也唤醒了意大利各族,使他们对政治和军事的组织有了新的理解。在西部,也像在东部一样,如亚里士多德说的:只要希腊能达到政治统一,它就能征服全世界的名言在公元前330年仍有其真实性,但是,它拥有的优势已在迅速丧失。①

---

① 亚里士多德,《政治学》,1327^b33。

第三章 公元前4世纪的文化背景

在雅典,哲学与政府之间的敌对倒不是由于民主政治本身所致。在一个君主制和寡头政治之下,它照样难以避免。真正的原因毋宁说在于城邦,它虽然仍长期成为人们思维文化活动的场所,却再也不是他们衷心拥戴的东西了。新的、生气勃勃的思潮以整个古代都无可比拟的强劲涌现出来、奔腾澎湃。人们发现个人和个性是极有意义的研究和观察对象:他的智慧的深度和他的宗教观念——两者或许可能在一个哲学家国王或立宪君主身上结合起来——他的内在心理、道德情操以及他对教育的感受力等,已把人的发展可能性放在远较当代城邦广阔的范围进行研究。他的思想已邀游于一个不为政治条件所束缚的理想世界,以至于只有野心或良心才能使哲学家成为一国之君。人类学、地理学、伦理学再次成为研究的主题。随着书籍日益普及,学术研究也就日益迅速发展。人类知识的宝库大有增加,绝对相信人类理智的各大哲学流派应运而生。看来好像人类的智慧已冲破城邦的壁垒而把其光辉普照于更为广阔的世界。

在史学著作方面却没有可以和修昔底德比肩的后继者。只在某些专门领域里面对城邦的军政状况做过比较集中、深入的研究,例如艾尼亚斯的战术研究、德谟斯提尼的时政论述、亚里士多德的政治理论分析。当代历史的记述家摸索了新的道路。雅典的色诺芬(约公元前430—前354年)是在流放异邦的情况下度过他的大部分生涯的,他在《远征记》一书中对军事冒险生活有出色的描绘。他的回忆录包罗甚广,反映了他对马术、狩猎、庄园管理、王权、雅典财政的兴趣,也有关于苏格拉底的个性及其审判、斯巴达宪法、阿基斯劳生平等的记述。他的《希腊史》叙述公元前411—前362年的史实,其中明显地表现出和他其余较小的著作同样偏袒寡头政治和斯巴达的个人成见。他对激动人心的事件和生动活泼的性格有精到的观察。他笔下的阿吉鲁萨之战、特拉门尼的审判、阿基斯劳的机智、雅松的蛮勇、攸弗隆的不择手段等,都能令人产生鲜明的印象。但他的思想是浅薄的。对政治发展没有什么分析,实际上这种分析应该成为一个中心主题,例如,对底比斯的兴起他就没有做深刻的说明,只不过把它归之于一种无名的超自然的"魔力"(daimonion)。开俄斯的提奥庞普斯(约公元前378—前305年)的著作只有断片残留至今,他出身富家,青年时就学于雅典的伊索克拉底门下,后来成为一个寡头派政治领袖,曾三次被开俄斯城邦流放。他的历史著作是立足于辛勤钻研之上的。他对地理、民族、政治、道德等都津津乐道。但他的主要兴趣是在人物方面,他以个人品德作为评价人物的标准,因此寡头派和民主派都受到这位最不留情面的作者的审查。他的主要著作以《腓力普论》(*Philip pica*)为题,表明他已认识到在历史舞台上个人已超越城邦而站在前列这一事实。①

---

① 希史,6.4.3;7.4.3;Nepos,*Alcib*.11.1;Plb.8.9—11。

小亚细亚库美的埃佛汝斯（约公元前 405—前 330 年）写了一部以希腊为中心的世界通史。他对希腊历史的叙述从赫拉克雷代的归来写起，一直到腓力普登位时止。其子德莫菲努斯把它继续写到神圣战争的结束，有关波斯的史实则写到波斯在佩林修斯之围时的干预。他的史学著作只有断片残留，但后世许多有书传世的史家都引用过他的著作。埃佛汝斯和提奥庞普斯都受业于伊索克拉底，但埃佛汝斯受老师的影响要比提奥庞普斯大得多。在他有关公元前 4 世纪的记述中，泛希腊主义和联邦组织的发展比人物活动占有更为重要、更突出的地位。见于狄奥多罗斯转述中的、他对"普遍和平"（koine eirene）的强调，使他认为腓力普之统一希腊是事态发展的顶点。他主要是一个学者而非实务家，因此他承担起综合前辈各家著作而开倡古代史的统一结构这个极其艰巨的任务。在对待远古传说方面，他有那种学究气的剪裁和合理化倾向，结果他自以为是的一些澄清都变成了误解，而希罗多德在这方面却聪明地让它们保持本来的暧昧面目。当埃佛汝斯论述晚近史实时，看来对海军战术有很精到的了解，但对陆战则很无知，因此他对战役和围城的记述只不过是纸上谈兵。在有关城市的源起和世界地理方面他造诣很深，但并不像希罗多德那样实地旅行。他的史料是按主题排列，而不再按年代。他在道德评价方面不像提奥庞普斯那样严格，对依巴密侬达则极为同情。有一部称为"奥克辛林库斯历史学家"写作的史书，现有断片传世，有的认为这人是提奥庞普斯，有的认为是埃佛汝斯或者是彼奥提亚史家达依马库斯，不论是谁，它却显示了在政治、地貌和年代方面有精深的研究，为我们提供了一个代表这些公元前4世纪史学大师共同特色的佳例。①

提奥庞普斯和埃佛汝斯研究历史的方法在很大程度上受到其前辈、公元前5世纪的史学家、列斯堡的希兰尼库斯的影响。希兰尼库斯精于神话学、年代学与地方志,对人种学、民族学特别注意。他最著名的史书《雅典地方史》(Atthis)大约于公元前402年问世。在书中他把雅典的第一个国王定年为公元前1796年(这年代我们可看作是中期青铜时代的开始),特洛伊的陷落则可能在公元前1240年;他对提秀斯的生平叙述得相当详细,整部史书则一直记述到伯罗奔尼撒战争末期。在希兰尼库斯之后,一大批地方史学家随之而起。曾任波斯国王御医的克蒂西亚斯(克尼都斯人,约公元前405—前397年任职),写了波斯和印度的历史,其中有不少荒诞不经之谈和传奇故事,为日后希腊小说所常用,但在当时却被认为是权威著作。在希腊本土,最著名的一本地方史是安德罗提翁的《雅典地方史》,这是公元前342年左右他被流放时发表的一部系统研究雅典历史的著作,从远古一直写到公元前346年,特别着重晚近时期。在西部,叙拉库斯人菲利斯图斯(约公元前430—前355年)写的西西里史值得一提。他的书也是在流放期间写成的,其中几乎有一半是谈狄奥尼修斯的僭主政治,极力为之辩白。这些地方史学家虽然只有断片残留至今,却为后世许多史家提供了材料。

史学著述繁荣之际,诗学却衰落了。随着公元前4世纪世态

---

① Plb. 9.1.4;12.15F、12.28.10;D.S.4.1.2、5.1.4、16.76.5.

的演变,公元前5世纪时雅典的理想主义和宗教感情所产生的那种抒情乐趣也告消失。悲剧没能越出先辈大师开创的水平。欧里庇得斯的剧作在希腊世界的无数剧院中一再重演,对心情描写、浪漫题材和世俗问题的兴趣也与日俱增。欧里庇得斯的一个年轻同事阿加冬的作品也很受欢迎。他在书写实事的剧作中以合唱抒情诗作为生动有趣的插曲,并不顾任何神话传统而独出心裁地设计一些离奇的情节。在公元前4世纪时悲剧创作数量不少,然而后人的品评却把它们送入冷宫以至于湮没无闻。

在喜剧方面,有两部公元前4世纪的作品流传至今,它们都是阿里斯托芬所作。在《公民大会妇女》(约公元前392年)中,雅典妇女占领了人民大会开会地点普尼克斯山。她们对男人的政治活动大为不满,因为他们太自私、争吵不休,在外交政策上也朝三暮四,动摇不定。她们建立了一个新秩序,共享丈夫和年轻后生,但把女奴和娼妓排除在外。普拉克萨戈娜这位成功的女政治家也表现了要成为一个有权势的将军的迹象,那就会危及这个新的共产制度的自由。在《财神》(公元前388年)中,当瞎眼的财神将被医好眼睛而恢复视力时,丑陋的穷神却大发脾气。她说她对民主政治是大有好处的,因为她——贫穷使人正派、勤劳和勇敢,而财神却只能使人变成骗子和溜须拍马之徒。在这些喜剧中政治气氛仍然存在,但不像以前那样强烈了。"妇女统治"和"贤者多财"的主题更侧重于它的社会效果而不是政治影响。剧中人物——游手好闲的城市居民、勤劳的乡下佬、机智的旁观者、害相思病的青年、狡猾的婆娘、油滑的僧侣、斤斤计较的赫尔美斯神等——与其说来自雅典的政治舞台,不如说出自公元前4世纪城市的社会风态。它所谓的新制度并非民主政治的滑稽模仿,却有点儿像柏拉图津津乐道后来又写在《理想国》中的那种哲学的空想。剧中场面更贴近于现实生活——阿斯克列皮乌斯神庙中巫医的骗局、时髦城市中油腔滑调的爱情歌曲等,无不曲尽其妙。在《公民大会妇女》中,阿里斯托芬声称他要从喜剧中闯出一条新路,即在讥讽之外有更多的笑料。直接发自诗人的恳切之词已经没有了,合唱已变得极不重要,在《财神》的戏文中合唱已不写成抒情诗体而只是附带提一提的"一小段合唱"。据说阿里斯托芬在晚年写了两部没有合唱抒情诗文和政治讽刺的剧本,并说这些剧作在幽默诙谐和情节精巧方面已开启了米南德日后复兴喜剧艺术的特色。柏拉图曾在一首有名的对句诗中为这位当代最有创造性的诗人赠别:"优美女神要找一座不朽的祭台,结果她们发现它就在阿里斯托芬的心中。"①

　　在公元前4世纪的动荡环境中,演说术大为发达。在私人生活中时常有打官司的风波,而从政之士则要在人民大会上为自己的政策大声疾呼,并在人民法庭上像角斗士那样为自己的生命搏斗。由于诉讼都得当事人亲自出庭,他们往往请一个职业演说家事先为他们写好答辩词。吕西亚斯就是这样的一个人,他出身外邦人,长期住在雅典,其活动期在约公元前403—前380年。他写的演说词不像安提丰那样矫揉造作,而用更接近口语的词句、娓娓动人以取胜,文风也富于变化以适合各种诉讼人的身份。另一个外邦人伊萨乌斯也很有名,他的现存演说词约作于公元前390—

---

① Ctesias,见 POxy. 22. nr. 233a。Ar. Ec. 557、1155。有关新喜剧尚可参看 Platonius, Diff. Com. 1.8。

前353，他把吕西亚斯的文风和更有力地刻画诉讼人的性格、更雄辩地进行争论结合在一起。在这两人之外，安多西德斯也是一个天生的业余演说家，他在公元前410—前390年多次亲自出庭，说话特别富于风趣，给那些生活于腓力普和亚历山大时代的政治演说大师提供了直截了当、生动活泼的范例。别的时代没有产生过如此众多的优秀演说家。德谟斯提尼、埃斯奇尼、希伯里底斯、赫吉西普斯、吕库古、达马德斯以及演说词撰写人迪那尔库斯等都是罗马演说家仿效的典范，日后更成为欧美演说家学习的楷模。在他们之中又属超群的则是德谟斯提尼。他的技艺像修昔底德那样精益求精，在词句、气韵、排比上都极其精到。他用各种办法激发听众的感情，其中只有幽默一项比较缺乏。他的情绪的饱满、论证的有力、文辞的快捷能以雷霆万钧之势打动现代读者，往往使他违背自己原有的更好的判断而被迫接受德谟斯提尼的论点。

阿提卡演说术的卓绝水平，也表现于它的散文作品。色诺芬的文体以平易流畅见称，而伊索克拉底（公元前436—前338年）则奠定了精心修饰的文体的基础。在短期从事演说词撰写人的职业之后，他大约在公元前392年左右转为教授演说术，并逐渐发挥了他的政治评论家的才能。他运用了高尔吉亚的修饰技法，但比较克制、精练，因为他的比喻、诗句、对偶和韵脚都是用一种很接近吕西亚斯的简朴文体来表现的。他发展了一种掉尾句的体裁，比修昔底德的同类文章更富于平衡和谐、流畅与丰富多彩，但有时也失之于过分平淡而千篇一律。他行文庄重精深，明快而又巧于润色。他的作品成为典雅文书的楷模，无论在书信、颂词、论文中都足为后人效法，对埃佛汝斯、提奥庞普斯、吕库古和日后的西塞罗都有很大影响。同样有影响的是他着重按主题安排文章,以求醒目动人。例如他在公元前380年发表的《演说集》,题旨都是经过精心安排的。他在这方面的教导鼓励了埃佛汝斯和提奥庞普斯按主题而不再按编年史形式撰写史书,也使演说家更注意于表明自己的论点。

"对话"则是一种不那么庄重但更为动人的散文体裁,它把实际的或想象的会话以文雅的气氛表现出来。色诺芬就曾把这种会话用于刻画居鲁士大帝和回忆苏格拉底的文章中,但这类体裁最善于表现的还是促膝谈心式的思想交流而非戏剧般的强力活动。对话体的大师是柏拉图。在他笔下,人物栩栩如生、论辩剀切有力,使读者对这种启迪智慧的谈吐有身历其境之感。无论在散文和诗篇中,都难找到像《斐多篇》结尾处那样动人的词句,而《会饮篇》中迪奥蒂马对爱情描写的优美也是罕有其匹的。他的风格是极其多样化的。他在描写景物、刻画性格、排解疑难、阐述信念上都同样优美动人;因为在每一种语调中他的文笔都如行云流水,庄严典雅,为日后的对话体作家所望尘莫及。亚里士多德同样也是以对话体著称,但他的对话没有传世。柏拉图和亚里士多德在他们的许多长篇巨作中更常用连贯的说明,来对定义和逻辑做更为明确的论证。历史上还很少有这样一个散文名家辈出的时代,其中涌现像伊索克拉底、柏拉图、吕西亚斯、色诺芬、德谟斯提尼和亚里士多德等大师。

由于城邦的理想和正统宗教的号召力已趋衰微,人们开始丧失他们的使命感。既然对自己的理想已怀疑不定,人们对孩童立身处世的教导也就不再由家庭负担而委之于正规的教育。在伯罗奔尼撒战争期间存在着好几种形式的教育。智者学派传授技艺，特别是为实现政治野心的各种政法知识。苏格拉底在雅典研讨有关知识和行为的理论基础。斯巴达继续其传统的对所有公民的国家教育方式。在公元前4世纪时，智者学派把他们的讲授活动扩及于整个希腊世界，经常散布一种特殊的肤浅而自私的哲学。苏格拉底也有不少追随者和后继人，他们见解的驳杂也反映了苏格拉底本人才智的多样性。斯巴达的教育制度则得到很多人的称赞；因为斯巴达不同于绝大多数城市，它几乎从不发生党争、革命和僭主统治。在色诺芬的《居鲁士的教育》（*Cyropaedia*）一书中，苏格拉底的影响和斯巴达式的教育形成一种有趣的结合，这书是真实历史和虚构小说的混合物，它把公元前6世纪的波斯设想为斯巴达教育的理想典型。色诺芬认为孩童应该知道正义和崇尚荣誉，否则就会堕落到无耻的地步，而这正是一切道德和政治谬误的根源；他希望能培养出一种军人社会中的优秀公民。

第一个类似于现代大学的高等教育的学校，是由伊索克拉底在雅典创立的。他着重道德与实用。他把文法、算术、论辩和文学作为初级训练的基本科目。他的学生一般都在上大学的年龄，在他门下学三四年，他对他们的训练不着重探讨知识的理论基础，而专学如何把他们所知的东西在演说和文章中阐述出来的艺术。他本人没有提出过任何一种伦理学的理论，但他接受传统道德的最高标准。他提倡的不是个人野心和城邦私利，而是全希腊的整体利益；因为他真诚相信个人和城邦的最高利益就在于促进希腊的统一。他对学生的作品考核甚精，并以自己有关泛希腊时政的论文和演说作为他们的范例。由于伊索克拉底也收学费，他的批评家把他归于智者一流，但他的著述表明他从事教学是出于自己的信念，他高度尊重个人和民族的荣誉，对当代的政治和社会难题也至为关心。他希望他的学生能给政坛带来比较开明的政治家风度。

苏格拉底门徒中最伟大的是柏拉图（约公元前429—前347年），他在约公元前387年之际创立了阿卡地米学园。他倡导一种他认为是智慧、品德、政治的真正基础的知识原理，因而是用一种理智的宗教来代替正统的信仰。与此同时，他力求把他的理智宗教渗入城邦的生活教导之中。他相信初等和中等教育应该以模仿和熟习的方法训练儿童的良知良能。由于孩童模仿的典范必须是完美无缺的，因此柏拉图在他的《理想国》中摒除了那些没有价值的诗人和音乐。当理智的能力萌发以后，它就应当逐渐控制个性或"灵魂"中贪得无厌和任性固执的方面。当灵魂中有了"和谐"之时，对原理的了解就发展起来；但这种了解最初只能奠基于教诲和观察。教育的最后成果是对抽象理念世界的知识。对现实世界沉思默察是哲学家的最高职能。当他把这种教育的典型用于《理想国》中时，他承认必须按才能把公民分为各个等级，各级应担负适于它的工作，例如做统治者、战士、工人等。公民不应有家庭生活和私有财产。他们的小孩儿由国家抚养；学习各种适宜的音乐、文学和体育；要完成两年的军事训练；此后如果军事训练合格，就可受高等教育。高等教育的学科包括数论、平面和立体几何、天文学和声学等。只有少数精选的学生可以去学哲学，专心致志于绝对理念的沉思。这少数人将成为国家的统治者，但不是出于贪权而是想尽其天职。

在《理想国》中，柏拉图主要是阐述德行和正义的本质，对他的理想之国的规划只勾勒了一个轮廓。在他可能从公元前360年便开始写起一直到去世时仍继续写作的《法律篇》中，他关心的便是实际的政策问题，因此也就谈到更为具体的教育制度，其细节和《理想国》中所见略有不同。孩童们和父母共同生活到六岁时止，从三岁时就进入有女教师的托儿所。六岁以后男女分开住宿，但尽可能地在国家学校里上同样的课程，这些学校由教育部长管理，有从其他城邦延聘来的专门教师。当学童犯错误时，教师和学生都要受体罚。上学是强制性的，因为"小孩不仅是父母的财产，更重要的是国家的财产"。用舞蹈、角斗等进行体育锻炼，知识训练最初是音乐，然后有文学、算术、几何、天文，课程的各个方面都要受教育部长的审核。在国家机构中，妇女和男子起同样作用，参加运动比赛、作战、在各种活动中都是男女自由协作，但其前提是在男女关系方面社会公德要保持一个高度的水平。妇女行政官管理托儿所，对年轻夫妇在婚后头十年进行指导，妇女和男子一样享用国家组织的公共聚餐。在《法律篇》一书的国家中有组织的宗教起着重大作用，因为真正的良知有两大来源：信奉宗教和文化教育。在这样一个存在许多部门的国家中，最高部门是由品德兼优、又精于几何和天文的人选任的。确实，这些只不过是在不同宪制中的《理想国》的统治者而已。

柏拉图设计出这样一套教育体制来服务的国家是一个以斯巴达为样板的城邦：在经济上它不是城市化的，也非海运国而是农业国；在人口方面公民家庭固定在5 040的数目；劳动力完全依赖人口中的依附民；在资产上控制极严，以至于最富有之家和最穷者相差只有四倍。公民阶级每家拥有两个不能转卖的田庄,在教育和政治活动上享有充分的闲暇。在它的宪法中,柏拉图想把君主制与民主制的优点熔于一炉。法律本身就是统治者,但另一方面,行政长官却是人民的代表,人民已变得极其公正聪明,自觉遵守一切法律。

斯塔吉鲁士人亚里士多德(约公元前385—前322年),在柏拉图老年时曾任学园教员达二十年之久,后来又在莱西昂开设了另一个竞争性的学术研究机构(公元前335年),他对城邦教育的重要性和柏拉图有同样的看法。既然只有人能自觉地指导其行为,因此政治家的任务就是指导城邦走向正确的生活。政治家的主要助手就是教师。教育着重训练公民们既具有对正道的认识又能身体力行。亚里士多德也认为国家教育应是强制性的,公民各级成员都要普遍受教育,学习科目也和柏拉图在《理想国》和《法律篇》书中所举一样。正确的生活是一种双重的生活:一方面是在实践理智指导下的良好的公民生活,一方面是从事作为哲学的核心的沉思生活。亚里士多德的理想城邦也是在经济、阶级结构,与当代商业、资本活动隔绝等方面追随着斯巴达的模式,它同样也是一种混合的宪制。教育者的政治目的就是使公民的良知和立法者的贤明结合在一起,从而使城邦的各级、各部分都具有整体的"灵魂"和信念。

伊索克拉底是在一个更为广阔的联邦的框架之中调整城邦的自主自治之权,并相应地设想其教育体系,柏拉图和亚里士多德却都把城邦、实际上在物质条件方面还只是斯巴达式的城邦看作人类政治存在的最高形式(虽然他们也批评过斯巴达的政治体制及其目的)。初看起来,柏拉图和亚里士多德的保守主义很是奇怪。但是他们正确地观察到希腊城邦已产生了文明人类的最优秀成果,而他们对城邦未来可能性的信念并未动摇。面积的限制是必要的,只有这样公民才能相互了解并熟悉其统治者,从而真正成为整体之一员。他们想把城邦和一种新的宗教结合起来似乎更令人难解,因为,最高决策者成了思想家而非务实的男女,而这些思想家同时又必须是城邦的统治者。在我们看来,这样一种理智的宗教似乎是一种超越种族和政治问题之上的世界宗教。柏拉图可能也做如是想。但亚里士多德认为只有希腊人才"天赋"这种领悟力。他们两人都认为最高的理解力只能存在于有知识的贵族之中。由于这一点,他们的理想国的治国之方在我们看来是非自由的,但他们认为完全必需。我们相信普及教育是达到平等的途径,这实际是一种民主政治的教义,他们对知识贵族的信念却使他们认为由少数贤明之士治理的集权体制是必需的。柏拉图和亚里士多德都相信其他公民会毫不犹豫地接受这种权威的统治,但他们始终未能克服如下一种基本困难:使他们的思想家愿意成为统治者、立法者或委员会人员。因为他们的最高效忠对象已是越出城邦局限的理智宗教了。

柏拉图哲学的基础就是苏格拉底的那句名言:"德即是知"。他的早期对话曾对各种知识理论一一加以考核而发现它们都站不住脚。由于知觉基于认识,他就把知识当作灵魂对非物质的绝对世界的一种"回忆"(在《斐多篇》中说得特别明显),这个绝对世界当灵魂未进入肉体之前是它所接近的,当它离开肉体之后又可再度接近。教育的目的就是把灵魂的这一最高品质——知觉和它的其他附属物——食欲、情感等分离开来,使它自由,并通过这而达到真正幸福和人生在绝对默想中的最后归宿。观念的世界是非物质的。但它是物质世界的根源,对于那些深知物质世界的运动、特别是天体运动的人说来,它的原理是显而易见的。"善与美"是观念世界的最高准则。柏拉图在《法律篇》一书的结尾写道:"任何尘世中人,除非他接受我们下面声明的两点,他就不可能成为一个真正的神的礼拜者,这两点就是:灵魂先于众生,灵魂不灭并是一切肉体之主。此外,他还应该了解存在于众星座之间的宇宙精神。"

其父是一个医生的亚里士多德,对问题的看法却带有较多的生物学的观点。无论是牛羊还是草木,各类生物的最终成长必先备于种子之中;种子是开创者、物质是其媒介、生长是其动作,而种子所包含的现实性也就是该物的终极(或最后)形式。这和人工产物有点儿相似,无论制盆碗还是写悲剧,人就是其开创者,金属或文辞就是媒介,劳动或写作就是运动,而做成的产品就是终极目的。为了生产,这四大因素都不可缺,因此在这个意义上说,它们就是生成万物的"根源",但它们之间也有相互关连和重叠,例如最后形式已内定于种子之中或存在于人的头脑之中,从而也制约着生长或制造过程。正像眼睛的实质就是一种视觉器官,人的实质就是一个理智和道德的生物。这个实质是作为他的"灵魂"或"形式"从一开始就内含于他的身体之中的。

人的"灵魂"或"形式"在一个方面是独一无二的。其他动物和孩童只能凭感性认识趋吉避凶。人则能将感性所知储于记忆,然后加以演绎推理;但他也具有内在自觉的理性。正是直觉的理性才能掌握统辖道德和知识的普遍原则。亚里士多德相信直觉理性是神明所赐而非物质性的,它虽然作为灵魂的一部分而内含于个人之中,但它能离开肉体和灵魂而自存,自察其理智就像宇宙分为各级各层:以地球为中心的54层同心天球,其外还有第55层天球包揽整个宇宙,有智慧的生物(具有像人的直觉理智的天性)存在于各层天球,推动其做圆周运动,而"不动之主动者",神,则是宇宙的"善"与"欲",他以引力指导宇宙的运动,只在自我默思中存在。生命的过程、宇宙的运动和万物的生灭都是无始无终、永不停息的,只有神才无为无动。

当然,要用几句话来概括这两位古代最伟大的哲学家,即使是勾勒一个最粗略的轮廓,也是不可能的。同样地,要对阿卡地米和莱西昂学园在学术上的每一方面的无比贡献做一小结也非易事。例如,柏拉图的《法律篇》一书,就是根据对阿提卡法的理论与实际的详细研究,而阿提卡法也是希腊化各国法律和罗马法的基础。亚里士多德的《政治学》一书,以及和它相连的对158个希腊城邦宪制的探讨(《雅典政制》是其仅存者),还有对非希腊各国制度的研究,为日后的政治学说和理论提供了基础。亚里士多德对动物学、提奥弗拉斯图斯对植物学、阿里斯托辛诺斯(以上两人都是亚里士多德的学生)对乐理的系统研究开创了一套基于观察、分类和推论演绎的科学方法。柏拉图的朋友——塔拉斯的阿尔奇图斯、昔兰尼的提奥多努斯、提阿第图斯、欧多胡斯、米那奇木斯等在数学、几何学和机械学方面取得很大进展。在这个异乎寻常地精力充沛的时代,美学、伦理学、心理学、文艺批评、年代学、地理学以及其他学科都激起了希腊人的好奇心。

崇拜苏格拉底的雅典人安梯斯提尼(约公元前455—前360

年)和西诺普人狄奥根尼(约公元前400—前325年)带头展开了一场反对城邦的规范和人情世故的斗争。他们承认知识、德行与幸福的相互关系,但他们认为理想的幸福只能求之于归真返璞和恬淡自足之中。他们摒弃一切社会名声、无视约定俗成的各种城邦生活的习惯,把正统宗教讥为谎言的大成,要在远古传说和动物生活中探寻对自然法则的真解。他们认为,当一个人成为自己情感的主宰、掌握了知识,同时又不为社会和宗教的要求所左右而安贫乐道时,他就真正自由和自足了。狄奥根尼就以木桶为家而自得其乐。由于他过着这种苦行生活,生理需要已降至最低限度,也摒弃了一切社会习俗,他就泰然自若地接受了"犬"的名号,其门徒也自称为"犬儒"。他们用传教和写文章的方式狂热地宣传他们的信念,其中如底比斯的克拉底(约公元前365—前285年)所写的诗犹有断片流传。他在诗中写了一个未受当代风习败坏的世外桃源,面包、香果、菜蔬遍地皆是,无人为财富和荣誉去打仗,他还认为自己的家园和祖国不在任何城墙围绕的市镇中,而是在整个广阔的大地。

另一个苏格拉底的崇奉者、昔兰尼人阿里斯提普斯则提倡个人主义、藐视社会和宗教的清规戒律,认为幸福即存在于开明的享乐生活中。他的哲学我们知之甚少,只知道他对日后希腊化时期的伊壁鸠鲁有所影响。①

雕刻和绘画在技术方面甚至比公元前5世纪更为完善精致。无论在新的题材和传统题材中,都出现了更为写实和世俗化的倾

---

① *PPF*,10 F 4.15(克拉底)。

向。雅典雕刻家西菲索多图斯创作的和平女神与婴儿财神的雕像，是纪念公元前374年或公元前371年的和约的，像中女神回首顾盼天真喜玩的婴孩，表情亲切温厚。同样轻柔的体态和温和的感情也见之于雅典雕刻家普拉克西特列斯的赫尔美斯与婴孩迪奥尼修斯像（普拉克西特列斯的鼎盛期约在公元前364年）[1]，该像的大理石原作已在奥林匹亚的赫拉神庙中发现。[2] 在这些雕像中，对具有人形的天神的表现已主要强调其人的一面而非神的一面。艺术家满足于刻画人体的秀美和人间的温情，不再强求神明般的庄重与威严。赫尔美斯和迪奥尼修斯形象肌肤的质感和曲线的柔顺反映了新的现实主义手法和技艺的完美。普拉克西特列斯最著名的雕像是克尼都斯岛上的阿芙洛笛蒂女神裸体像，表现女神放衣衫于身边的水坛上，体态极为轻盈。普林尼认为这是全世界最完美的雕像，鲁西安则称赞"她的如水温润的眼睛和开朗欢愉的神情"。虽然这像以爱神阿芙洛笛蒂为名，它的亭亭玉立的风姿和现实的处境却使人想起那个人间的模特儿、艺妓菲琳尼的形象，而普拉克西特列斯正是她的情人之一。他雕刻的阿波罗捕杀蜥蜴、小爱神依罗斯以及安提西拉的阿尔蒂美斯女神也充分表现了青春的静雅之美，他在德尔斐奉献的菲琳尼镀金像则是希腊雕刻中早期的肖像杰作。[3]

---

[1] 鼎盛期是指一位艺术家生平活动最盛之时，一般以鼎盛期前后数十年作为其人的生平年限。——译者

[2] 这像是否原作犹有争论。——译者

[3] Lichter. *Sc.* 图 499.659—636（和平女神）、170,444,664—665,667（赫尔美斯神像）、668—674（阿芙洛笛蒂女神像）、673—675（阿波罗神像）；Pliny, *NH*, 36, 20; Lucian, *Erotes*, 13; *Eikones*, 6（阿芙洛笛蒂女神像）。

帕罗斯的雕刻家斯可巴斯和普拉克西特列斯齐名,在充满动作的场面中表现了更为强烈的感情,例如战斗中的亚马孙妇女、狂热的酒神女祭司、求爱的情人等。雕刻家列奥恰里斯创作了腓力普和伊索克拉底的优秀肖像,欧弗拉诺刻了柏拉图的肖像,布律阿西斯则制作了塞留古的肖像。斯可巴斯、列奥哈里斯、布律阿西斯和提摩修斯四位艺术家特别以他们在莫索鲁斯陵墓上的雕刻扬名于世,这陵墓是莫索鲁斯死后于公元前353年在哈利卡纳苏斯建造的。莫索鲁斯及其后阿尔提美西亚的肖像雕刻是亚里士多德下述名言的优秀范例:艺术家在肖像中不仅表现了个性特征,做到了逼肖本人,而且要做到比他本人更为美观;因为现实主义在这里仍是受制于一种艺术的和理智的理想主义的。同样的特色也表现于陵墓的浮雕上,这些浮雕以亚马孙妇女和希腊人之战为题材,战斗场面刻画得极有生气,构图雄伟,情感激烈。

他们的风格在西夕温雕刻家李西普斯身上发展到了顶点。李西普斯既精于肖像也善于表现战斗场面。他的人物头部较小,身子颀长坚实,从而显得更为高大。他发展了一种新的人像比例法则以取代以前的比较方正呆板的雕像法则,对三度空间利用得更为巧妙,例如他的拭垢者像(Apoxyomenus),表现青年体育家用刷子拭掉身上的油膏,两手都自由伸出甚远。他本人曾指出:过去的艺术家按人的实况表现题材,他则要按眼中的形象来表现他们,他还认为任何艺术家都不是他的楷模,只有自然本身才是。他制作的亚历山大的青铜雕像取侧首静立的姿势,眼神的表现极为逼真,因此亚历山大自此以后不准别的艺术家为他造像。他所创作的亚历山大行猎和作战的场面也是极有名的,其中包括了亚历山大和他的"伙伴"们的肖像,可惜这些作品都不传世,只在所谓的"亚历山大石棺"上看到一些影响。

绘画也在本世纪达到了顶峰,其最伟大的代表是科罗丰的阿庇利斯,他是一个可和普拉克西特列斯、斯可巴斯并驾齐驱的艺术大师。他最著名的作品是《阿芙洛笛蒂的诞生》,表现女神从海中出现,像人间妇女一样正在拧干她的头发,情趣有如克尼都斯的站在水坛边的阿芙洛笛蒂。他画的腓力普和亚历山大的肖像以及他本人的自画像极受称赞。在希罗达斯的一部滑稽喜剧里,曾对他的传神妙笔做了有趣的描写,其中有一个小姑娘在阿庇利斯的图画前惊呼说:"假若我捏这裸体的少年一下,他一定会被我捏青了,因为他的皮肉在画布上简直像有血脉流动。再看那头牛、牵牛的人,那个跟着钩鼻子者的小姑娘,那个头发乱蓬蓬的小伙子,完全像是真的一样。我怕那牛会撞过来,几乎打了一个寒战。"[①]

在阿尔卡狄亚的巴塞群山之中修建的阿波罗救主庙,是在伯罗奔尼撒战争期间建造的宏伟建筑。它采用多利亚柱式,不如帕台农庙精美,但表现了一些新特点:用了爱奥尼亚式的偏倚柱(即一半在墙内,一半在墙外的柱子),其中有两根柱子采用了科林斯式柱顶,在厅堂中还有一根独立的科林斯式柱子。偏倚柱和科林斯柱式后来在提吉亚的雅典娜和阿列亚神庙上有了进一步的发展,这庙是在公元前350年左右建造的,以多利亚柱式为主,在细

---

① 亚里士多德,《诗学》,1454^{b}9(肖像画家);Lichter, *Sc.* 图 228、313—314、697—702、720—722、729—730、735(莫索鲁斯陵墓)、739、742—743(拭垢者像)、176、399、400、748(亚历山大石棺);Pliny, *NH*, 34、61—65(李西普斯);普鲁塔克,《亚历山大传》,4.2;Herodas, 4.56。

部装饰的秀美方面可追上伊利其特昂庙，而在结构精致方面可与帕台农庙相比。科林斯柱式的发展是多利亚艺术的一大成就，这种柱顶后来变成了希腊化的罗马建筑的一大特色。在公元前4世纪时还建造了涅米亚的宙斯庙、德尔斐的第六座阿波罗庙和依庇道鲁的阿斯克列皮乌斯庙和阿提米斯庙。希腊建筑技术还表现于圆形庙(tholoi)和圆形大厅的建造上，这种圆形建筑内外都有柱廊环绕，其在德尔斐和依庇道鲁的范例都用科林斯柱式于内，用多利亚柱式于外。奥林匹亚的腓力普大圆厅，由腓力普开始修建而由亚历山大完成，在外面用爱奥尼亚柱子，在内部用科林斯式的偏倚柱作为装饰。在西西里和意大利则由于动乱的环境而停止了神庙的建造。小亚细亚被迫议和后经济有所复苏，神庙建造也有进展。在以弗所，建造了一座庞大的阿提米斯庙，取爱奥尼亚柱式，即基础宽达164英尺、长达343英尺。在米利都附近的底德马也建造了庞大的阿波罗庙（基础宽168英尺、长359英尺）。除了以弗所庙中的雕刻柱子底座外，这些宏伟的神庙在设计方面没有什么创新。小亚细亚的普里恩尼和萨尔迪斯也建造了一些神庙，而哈利卡纳苏斯的巨大的莫索鲁斯陵墓则被列为世界七大奇迹之一。

民用建筑也在和神庙争奇斗胜：菲隆在雅典修建的军械库长达400英尺；阿尔卡狄亚联盟在麦加罗波利斯的会议大厅，长218英尺、宽173英尺，屋顶完全用石柱支撑；奥林匹亚的招待所列奥尼达依昂，长263英尺、宽243英尺，各房间都面对由多利亚式柱廊环绕的庭院，外部柱廊则包括138支爱奥尼亚式柱子。叙拉库斯的迪奥尼修斯的大建筑显然也有同样的规模，它们后来成了阿加多克列斯的"六十躺椅"王宫的先驱。所有现存的公元前4世纪建筑的最精美的代表当推依庇道鲁的剧场(约公元前350年建)，其观众席圆周直径达387英尺，以及雅典的剧场(约公元前330年建)，其观众席可容17 000人。这两个露天剧场直到今天仍可用于演戏，声响效果极佳。雅典的泛雅典娜运动场，长达850英尺，全用波洛斯石料建造，也是在吕库古管理财政时的一个成果。在整个希腊、西西里和南部意大利无数城邦修筑的城防工事、堡楼、城门等也是公元前4世纪建筑的一大特色，它们都是工程浩大而又设计精巧的，其中的城门有的已用拱门。美塞尼亚的城堡建筑就是它们的一个著名代表，它一直顶住了斯巴达人的猛攻。

这些寨堡工程表明了公元前4世纪的另一特征：世道不宁、人心惶惶。匪徒、海盗、抢掠成风的雇佣兵，接连不断的战争使得人们只敢住在有城墙的市镇和有碉楼的寨子里。随着正统宗教信仰日益衰落，恐惧感驱使那些不能在哲学和人道主义中得到安慰的人转向更深的迷信。德尔斐和多东纳的神谕、各种卦卜和算命先生都被认为神通无比，大为流行，例如在提摩列昂的士兵中就可见到这种情况。有的人，像色诺芬那样，迷信一种无名的神力。"假若任何人对我所说的要信神的劝告吃惊，那么只要他常处忧患之中，他的这种吃惊就会消失，因为神能在牺牲、卦卜、语言和梦境中显示未来。"这就是色诺芬说的话。其他人，像提摩列昂那样，则相信时运而把自己当作幸运儿。神秘宗教，特别是奥尔菲斯教，比任何时候都拥有更多的信徒，他们遍布希腊全境。但在这个人主义日益增长的时代中，最强烈的倾向却是把当代大人物当作神明，把像莱山得和腓力普这样的人当作神。也像在伯罗奔尼撒战争时一样，有时会突然爆发一场迷信的大惊慌，弄得事态不可收拾。这种惊慌一是分裂了阿尔卡狄亚联盟,二是分裂了弗西斯城邦。也可能是这种惊慌使得雅典要对亚里士多德判罪,他只得逃往加尔西斯才免于一死(公元前323年);后来在公元前306年又在雅典以"不敬神"为罪名对他和其他哲学家做了攻击。甚至在希腊文明的首府,人文昌盛、艺术繁荣的雅典,也仍然存在着一股强烈的政治与社会仇恨的暗流,它时而发为迷信的惊惶和恐惧,足以威胁和毁灭文明。马其顿王国却建立在一种更为原始但也更为坚固的宗教之上。阿尔吉亚德王朝的各个国王都是崇拜希腊文化的;亚历山大创建了第一个大图书馆,即亚里士多德的图书馆,在东征过程中他的科学家为亚里士多德等人收集了各种资料。他们力求像伯里克利曾做过的那样把政治势力和文明开化结合起来,但他们是在比城邦更为广阔的世界寻求这种结合的。①

---

① 记匪徒海盗等事可见〔D.〕12.2—3、17.19;D.S.16.62—63;普鲁塔克,《提摩列昂传》,1.3、22.6;有关信仰等可见《提摩列昂传》,16、21.3—4、30.5、8.1、12.6、26。

第四章 亚历山大和希腊人击败波斯（公元前 336—前 330 年）

第一节 亚历山大在欧洲建立霸权

亚历山大在 20 岁时就已有行政管理、打猎和作战的才能,这一点马其顿人民是早已知道的。他从小就被培养为熟悉王政,亲身担任过宫廷侍从、国王特使、在恰龙尼亚战役中任"伙伴"骑兵的指挥官,后又领导出使雅典的使团。他在公元前 340 年曾对色雷斯人和伊利里亚人作战,并在色雷斯创建了第一个以他的名字命名的城市"亚历山大里亚"。当腓力普被刺之时,亚历山大立即登上国王的宝座,他的支持者也在周围欢呼万岁,随后即被选为国王。暗杀者被处决,另外三个争夺王位的人,可能用参与暗杀阴谋的罪名,在安葬了腓力普之后也被处死,他们中有两位是朴赛斯梯安王族的亲王,另一即是阿门塔斯,是帕尔迪卡斯之子,腓力普最初是作为他的摄政王上台的。后来亚历山大之母奥林匹亚斯,这个有着类似克吕太涅斯特拉那种蛮横狂暴性格的女人,又把克娄奥帕特拉的幼女害死并迫克娄奥帕特拉自杀。奥林匹亚斯这样做是没让亚历山大知道的,亚历山大对此曾表示过不同意。由于只有亚历山大和他的异母弟阿尔希达攸斯才是王族的男性成员,帕尔门尼奥就劝说亚历山大在出师东征波斯之前结婚生育子嗣。亚历山大在一年之前曾想和皮何达努斯的女儿结婚,但这时没有听帕尔门尼奥这一有益的劝告。①

腓力普被刺以后,亚历山大曾接见希腊各邦使节,希望他们保持友好、共同遵守马其顿和希腊联盟订立的条约。腓力普被刺的消息却使他的敌手大为高兴。德谟斯提尼很快就知道了风声,他却佯装不知,向人民大会说宙斯和雅典娜向他托梦,告知将要发生大事;当消息传开后,他为暗杀者献了花环,人民大会则向暗杀者献了一个王冠。雅典开始和驻防小亚细亚的一个马其顿将军阿塔努斯秘密勾结,也和一些反马其顿派势力很大的城市秘密联络。一支帖撒利军队封锁了坦佩谷,安布拉西亚则赶走了马其顿驻军而变成一个民主城邦。底比斯和其他一些城邦表示要废除希腊联盟。与此同时,亚历山大正率领一支马其顿军队进逼希腊。他在奥塔山的悬崖峭壁挖了磴道,率军越山进入帖撒利,包抄了帖撒利在坦佩谷守军的后路,于是帖撒利联盟便选他为终身执政而归附于他了。在温泉关的安菲克提翁联盟议事会也表示愿拥戴他为希腊联盟军队的"盟主",安布拉西亚则接受了他提出的宽大条件重归于好。亚历山大接着便在底比斯郊外扎营,这时雅典已感恐慌,把城内的马其顿流亡者抓了起来,并派使节到亚历山大处求饶。德谟斯提尼曾被选为使节之一,但他走到半路便逃掉了。在他们到达以前,底比斯已经投降。亚历山大接受了雅典的求情,召开了

---

① D.S.17.2;普鲁塔克,《亚历山大传》,10,8;Just.9.7.12;D.S.17.16.2。

希腊联盟议事会的会议,宣告他将继续执行他父亲的政策。他并未要求惩处底比斯和其他反抗的城邦。议事会于是选举他为其军队的"盟主"以从事对波斯的进一步作战,并确认了他提出的各项规定。雅典和其他城邦都对他授赠各种荣衔,并承担了按联盟条款应提供的部队。亚历山大旋即率军回国,准备把阿塔努斯刺杀掉(此人和德谟斯提尼勾结叛国的罪行已被揭露)。在亚历山大进入亚洲之前,阿塔努斯一家的男子都按马其顿有关叛国罪的惩罚全部被处死。在亚历山大日后的生涯中,马其顿内部再没有人阴谋篡夺王位。①

在公元前335年春天,亚历山大以陆军总司令的身份第一次指挥作战,这支陆军是他父亲训练得极其精良的。他的目的是巩固马其顿在巴尔干的霸权,特别是要惩罚曾在公元前339年的著名战役中袭击过腓力普的特里巴利人。亚历山大把其大将安提帕特留在马其顿、把帕尔门尼奥留在亚洲;因为他想以此表明他自己作为将军的才能,尤其是在这样一片他曾在腓力普指挥下作过战的地区中。作战部队包括最精锐的重装步兵——三营希巴斯皮斯特兵,每营各1 000人,其中最优秀的一营即近卫营(阿吉马[agema]);此外还有几营方阵兵,每营1 500人,一营(阿格里亚)轻装步兵,一营弓箭兵,各1 000人,还有一些狙击兵;骑兵方面至少有两支"伙伴"骑兵分队,每队约200人,一支来自上马其顿和各

---

① 按当时通例,联盟各项义务照旧贯彻,在联盟章程中着重提到的是"腓力普及其后裔的王国"之类词句(GHI,177,1.11),在阿里安的《远征记》3.24.5 中也提到"联盟与和平"。D. S. 17.2—5,2;Polyaen. 4. 3. 23;普鲁塔克,《德谟斯提尼传》,22 和《弗西昂传》,16.8;Aeschin. 3. 160;GHI,183;阿里安《远征记》,1.1.1—3;Curt. 6. 11. 20。

附属部族的轻装骑兵，总数约2 000人。亚历山大率军迅速通过脾力普波利斯而进抵哈依木斯山，在那里发现道路被阻（可能是在从埃努斯河通往多瑙河口商道的卡晋山口上），一支色雷斯护送商旅的步兵大队拦阻了大军的去路。敌军占据了一道悬崖，凭险固守，并准备从陡坡上用货车猛撞马其顿的步兵。亚历山大命令方阵兵拆散队形，让出缺口给货车通过，如果地形太窄无路可让，就把盾牌拼成一个"龟甲阵"，让货车从他们背上通过。他这办法很成功，货车虽撞了过来却未造成伤亡。随后在弓箭手的密集射击掩护下，他率领希巴斯皮斯特兵和阿格里亚兵出击，大败色雷斯人，夺得了山口。①

当亚历山大进入哈依木斯山和多瑙河之间的特里巴利人地区时，特里巴利王避入河中小岛之上，但派了一部分军队去切断亚历山大的供应线。亚历山大随即回师对敌，发觉敌军已在一个峡谷上占据了有利的地形。亚历山大便下令弓箭兵和投石手猛射敌军以骚扰之。当敌军恼怒出兵回击时，弓箭兵和投石手就后撤，把敌军引到开阔地带，使他们两侧受到马其顿骑兵的袭击，正面又受到有大量方阵兵支持的骑兵横队的猛攻。马其顿重装骑兵的战马经专门训练会用后脚站立而以前蹄踢人，使部族人大感恐惧。3 000名特里巴利人被杀，其余都逃跑了。在多瑙河上，亚历山大和他事先派出经黑海溯多瑙河而上的舰队会师，但他未能成功地在小岛上登陆。这时，"一种强烈的意愿（pathos）"驱使他一定要渡过多

---

① 阿里安，《远征记》（以下简称《远征记》），1.1.4—13；D. S. 17.8.1；普鲁塔克，《亚历山大传》，11.3—5。

瑙河，"意愿"一词，是记述亚历山大远征的历史家阿里安在此及其后多次提及的。他收集了土著人的独木舟，把帐篷布袋充草做成浮子，用这些办法在黑夜渡过了他的1 500名骑兵和4 000名步兵，偷袭了一支格太人的部队，把他们赶跑，夷平了他们的市镇。特里巴利王随即投降。

亚历山大的胜利使马其顿在多瑙河下游一带建立了自己的统治，该地各独立部落纷纷向他纳贡。从凯尔特人那里也派来了使节，这些凯尔特人当时已占据从多瑙河中游到威尼提人地区的广大地带，亚历山大和他们订了一个友好同盟条约。在多瑙河之滨，他向宙斯、赫拉克勒斯和伊斯特河神奉献牺牲，随后才率师西进。腓力普和亚历山大抵抗色雷斯人、西徐亚人、格太人和特里巴利人的斗争，就像马略和恺撒的征伐一样，保卫了文明世界不为中欧各游移民族所侵。①

在远征期间，可能在西普卡山口之际，正走向阿格里亚和派奥尼亚的亚历山大接到了伊利里亚人叛乱的消息（当时的伊利里亚王是巴尔狄里之子克莱图斯），而在更西面的陶兰提依人和北面的奥塔里阿太人也准备和他们联合。亚历山大派遣阿格里亚王去攻掠奥塔里阿太人的国土，他自己则在佩利昂突袭克莱图斯。佩利昂是一个山林环绕、设防坚固的市镇，在交战的第二天，陶兰提依人也赶到其地。亚历山大的军队比起伊利里亚人在数量上处于劣势，这些伊利里亚的骑兵、重装步兵、投枪兵和投石手据守着市镇

---

① 今天，在阿尔巴尼亚等地仍继续使用着自古相传的独木舟。《远征记》，1.2—4。直到罗马皇帝图拉真之时文明的边界才越过了多瑙河。

和周围的山林。然而,马其顿步兵以迅速而井然有序的调动逃出了被围的险境。当亚历山大军队渡过埃奥达库斯河时,敌人发动了攻击。希巴斯皮斯特兵引导方阵兵结队渡河,并在对岸建立了阵地,亚历山大则率领伙伴骑兵、阿格里亚兵和弓箭手作为后卫掩护,用他的攻城弩机和在河中射击的弓箭手的密集火力掩护了最后一批渡河部队。随后,在黑夜之中,亚历山大又带着希巴斯皮斯特兵、阿格里亚兵、弓箭手和两营步兵重渡回来,于破晓前突袭敌军,使这些会师的敌军措手不及,大乱而逃。最后以亚历山大率伙伴骑兵猛追逃敌、直入陶兰提依人的山中寨堡而结束。马其顿的西部边境终于太平无事,陶兰提依人对伊庇鲁斯的威胁也得到解除,亚历山大在春天出发时只不过靠着腓力普继位人的名义,而在8月时他已是可和腓力普比肩的战绩辉煌的统帅而受到全军拥戴了。①

在亚历山大离开马其顿的时候,传遍了有关他在作战中被杀的谣言,使希腊各邦反亚历山大的人大受鼓舞。德谟斯提尼从波斯王大流士那里得到了300塔连特,这笔钱雅典人民大会曾正式拒绝接受,德谟斯提尼却用它做各种活动。他帮助一些在雅典的底比斯流亡者回返底比斯,并用大流士的钱给他们装备了武器。他们在底比斯趁两名马其顿驻军官员不备时抓住了他们,并把他们杀了,然后在底比斯人民大会上宣布亚历山大已死。底比斯人随即包围了卡德美亚(马其顿驻军处)。雅典人民大会投票决定派一支军队去底比斯,装备舰队,并派使节到波斯去缔结同盟,底比

---

① 《远征记》1.5—6。伊利里亚人战前用人牲为祭。

斯大约也派出了使节。伯罗奔尼撒各邦在底比斯和德谟斯提尼要求援助之时却没有答应，只有一支阿尔卡狄亚军队北上到达地峡，但随后又退回去了。希腊叛乱的消息被亚历山大知道时，正是他在佩利昂的时候。他随即以急行军通过品都斯高原顺皮攸斯河谷而下，以七天时间抵达帖撒利的佩林纳，再过七天即扎营于底比斯城外，在这里，他得到由安提帕特率领的马其顿军的会合，并有来自弗西斯、普拉提亚和反对底比斯的彼奥提亚各城的部队参加到他一边。他用了三天时间等待底比斯人求和，但是那些回城的流亡者却坚持恢复彼奥提亚联盟的政策，劝说底比斯人民大会静待勿动。

到第四天攻击开始了。底比斯人在筑栅围住卡德美亚驻军之后，就把军队主要用于城外的防御战。有一部分马其顿步兵冲破了城外的防线，亚历山大随即命令阿格里亚兵和弓箭手从缺口冲进去。当底比斯兵对冲入缺口的敌军进行回击并调入更多部队时，亚历山大就率领其余的方阵兵出击。底比斯兵阵破而逃，马其顿人就随逃兵的脚接踵而进入城门。城内巷战极其激烈，那些支持亚历山大的希腊军队在巷战中大杀他们的世仇底比斯人，甚至比马其顿人还要凶狠。在当天傍晚，所有抵抗都已平息。底比斯人死了 6 000 名，约 30 000 人被俘。马其顿兵则共有 500 人阵亡。由于底比斯的叛乱是在希腊联盟宣布的反波斯战争期间的一种背叛行为，亚历山大便以身为该联盟"盟主"的资格把这一问题提交联盟议事会处理。议事会在历数底比斯投靠波斯的罪行之后，决定在卡德美亚驻军，夷平全城，把公民中男女和小孩儿全部卖为奴隶，在希腊土地上禁止任何残余的底比斯人居留，底比斯的土地则分配给各邻邦。这一决议由亚历山大执行。除了神庙和他特意保留的诗人品达的住宅而外,这个四十年来曾是希腊最强大的军事国家的城市已被铲除殆尽。①

用屠城(andrapodismos)方式消灭底比斯的责任,形式上归于希腊联盟,道义上实应归诸亚历山大。当弗西斯、安菲萨和底比斯向腓力普投降时,腓力普曾对它们宽大处理。在公元前336年,亚历山大也用了自己的影响使联盟宽恕了底比斯、安布拉西亚及其他城邦。在公元前335年他也可以同样处理,但这时他想杀鸡儆猴,为希腊树立一个恐怖的样板。一个军事家或许会认真为之辩解说底比斯在三次背叛马其顿之后理应得到这种在公元前4世纪习以为常的惩罚,而且,如果底比斯保存下来,希腊各城邦又在马其顿出兵亚洲时起义,底比斯和这些起义城邦就会捣毁马其顿的老巢。然而,这种论点是站不住脚的。斯巴达对待曼丁尼亚和腓力普对待弗西斯的事例都表明,可以用更为温和的办法使一个城邦不再闹事。亚历山大一天之内就打垮了一个抵抗斯巴达好几年的城邦并使它死亡6 000人,这事已足够使希腊各邦震恐于马其顿武力的强大。在底比斯投降之后还加以屠城之罚,作为一种深思熟虑的政策,这实在使希腊各邦为之寒心,也减弱了希腊各邦和马其顿合作的可能性,而这种可能性却是腓力普曾经竭力予以促进的。为此他不仅在公元前346—前336年显示了他的政治家气度,而且组织了对波斯的联合进军。

---

① 《远征记》,1.7—9;D. S. 17.8—14;普鲁塔克,《亚历山大传》,11.6—12;Polyaen. 4.3.12;Just. 11.3.7—11;Plb. 38.2.13。被俘人数见于 D. S. 及普鲁塔克《亚历山大传》中者是和各国军力强弱相当的(见附录6)。

在公元前335年之后,希腊联盟在希腊各邦眼中已不再是希腊各邦和马其顿联合的一种政治纽带,而只是亚历山大手中的工具了,而亚历山大之统辖各邦也不再凭各邦的效忠而只靠武力恐吓。对波斯的远征已不再具有任何真正的联合进军的意义,再也不和保持希腊各邦的荣誉有关了,因为它是在一种不满情绪的背景下发动的。因此,在希腊历史上,底比斯的毁灭是比攻陷帕赛波利斯更有决定意义的事件。希腊人自己在这样一个亚历山大日后感到悔恨的事件中也扮演了盲从的角色。他们既怂恿过底比斯起事,又攻击了它,并投票决定了它的命运,在这方面充分表现了他们的无原则和无人道,而这正是公元前4世纪以来他们为政的一大特色。确实,雅典和底比斯都有过"屠城"的先例,而在斩尽杀绝全城男子方面他们甚至是有过之无不及。然而他们的作为并不能用来为亚历山大辩解,因为他确实错过了一个停止这种做法和取得全面谅解的极好机会。

在雅典,反抗马其顿的情绪立即消失了。以德马代斯为首的一个使团向亚历山大递送了一封信,祝贺他打败了底比斯(据说亚历山大嫌弃地把这信丢在一边);他要求雅典交出那些应对教唆底比斯负责的人——其中有德谟斯提尼和吕库古。雅典人民大会派出了以弗西昂为首的第二个使团,他劝说亚历山大不要把矛头对着希腊人而应全力对付波斯,并请他满足于雅典驱逐其将军恰里德木斯(恰里德木斯后来逃到波斯人一边)。阿尔卡狄亚联盟处决了那些主张派军出援底比斯的人,其他城邦也纷纷向马其顿求饶,并按希腊联盟的条款接受被放逐者回国。在整个冬天,亚历山大都待在马其顿,希腊联盟各成员国都派出了侵入波斯的分遣队,德谟斯提尼的政敌则在雅典上台掌权。亚历山大这个"盟主"对各邦的要求并不高（只是对效忠于他的帖撒利除外）。他从这些城邦中大约只征集了 7 000 名重装步兵，并且只准备用之于次要方面，还有少数骑兵和一支 160 艘三桨座船的海军部队。这些希腊军队的参与为他标榜的马其顿与希腊联合行动增添了光彩，这行动将为薛西斯加于他们共同信奉的希腊诸神的亵渎罪行报仇雪恨。然而，他同时把马其顿步兵的一半留在马其顿，由安提帕特指挥。因为波斯会煽动希腊各邦起而造反的危险仍然存在，不可忽视。①

第二节　小亚细亚的战役

自从公元前 337 年以来，波斯就已和马其顿及希腊的联军处于交战状态了。各总督未能击退帕尔门尼奥在赫勒斯滂小亚细亚一侧的控制，大流士也没有装备好腓尼基舰队以支持爱奥尼亚各总督和鼓舞雅典参加底比斯的起义。大流士没有远见的政策使亚历山大取得了主动。波斯骑兵是它的民族武装和主力部队，骑马术皆佳，但装备较差。甚至穿戴铠甲的最精锐的骑兵也使用投枪而在近战中凭靠月形短刀。普通的波斯兵头裹大巾，身穿长袍长裤，而马其顿兵有头盔和胸甲；波斯兵只有标枪和月形短刀以对抗马其顿重装步兵的柚木长枪、长剑和投枪手的长矛和短剑。自从库那萨之战以来，波斯就主要依靠希腊的雇佣重装步兵，而它从帝国各地征集的土著兵质量很差。亚历山大想以较少兵力出奇制

---

① 《远征记》，1.10；D. S. 17.15；普鲁塔克，《亚历山大传》，13 和《德谟斯提尼传》，23。

胜，便把马其顿和帖撒利的几乎全部骑兵投入远征，只使用了从马其顿帝国和希腊可征集的步兵的一部分。

在小亚细亚作战的军队数目和组织情况大致如下。重装骑兵由1700名"伙伴"和1600名帖撒利人组成；前者由帕尔门尼奥之子菲罗塔斯指挥，包括王家骑兵队（约300余骑，归克莱图斯指挥），以及七个150骑到100骑的骑兵分队。从上马其顿、派奥尼亚和色雷斯来的投枪或轻装骑兵约有1400人，希腊联盟和希腊雇佣骑兵则有500余人，使骑兵部队总人数约超过5000人。重装步兵约有24000人，一半是马其顿，一半是希腊人，各以其传统方式装备。帕尔门尼奥之子倪卡诺尔指挥三营希巴斯皮斯特兵，每营约1000余人；另有六个地区营，每营约1500人。希腊联盟的重装步兵大约有7000人，希腊雇佣重装步兵则有5000人。辅助部队总数大约有8000人，包括阿格里亚投枪兵、弓箭兵、轻装步兵、投石手、测量兵、坑道兵、攻城工程兵等，他们主要是从马其顿的巴尔干各属地征集的，也有的来自希腊人的雇佣兵。以帕尔门尼奥为首的总参谋部和亚历山大的侍从都由国王"伙伴"充任。卡尔第亚人欧门尼斯主持的文书处则逐日记录（ephemerides）一切军政、情报事项。军医处由希腊医生负责。后勤兵站为这支将近40000人和至少6000马匹的大军组织军需供应并负责运送攻城车具。在巴尔干地区，主要使用驮运，但在通往赫勒斯滂的马其顿大道和波斯人在亚洲修的御道上已可能使用轮车运输。过去，薛西斯的庞大军队需要事先在沿途囤积大量物资并用海上运输，现在亚历山大则依靠快速进军和速决胜利以获取能征得军需供应的新地区。因此他进入亚洲时只带一个月的粮食储备。事实上他也不需更多，他的只有70塔连特现金的少量军款也难以购买超过必需的物资。

在海上，亚历山大有一支马其顿小舰队，大约主要停泊在马其顿沿岸和赫勒斯滂地区。主力舰队则由希腊联盟提供，有100艘三桨座船，其中20艘是雅典人的，另外还有一些辅助舰只和运输船。波斯从塞浦路斯、腓尼基、埃及和其他滨海省份能征集的舰队大约三倍于此，但在公元前334年春它在爱琴海却没有一支大舰队。波斯富有金钱，亚历山大虽然手头没多少现金，但他控制的金银矿产量丰富，而且他的铸币具有最高水平。他像腓力普在金币方面所做那样，也在银币方面废除卡尔西狄斯制而用阿提卡制，从而把他的经济和爱琴海世界更紧密地联系在一起。"亚历山大式"的金币一面印雅典娜头像，另一面印胜利女神和一海军船桅，银币则一面刻赫拉克勒斯，另一面刻奥林匹斯宙斯神像，强调了反波斯战争中马其顿人和希腊人的一方，并预示其胜利。可能希腊联盟也设立了一个联合金库以应付海军的开支。

远征军从培拉开往塞斯都斯用了20天，这个距离薛西斯走了三个月。当帕尔门尼奥组织大军渡过赫勒斯滂之时，亚历山大在普罗铁西劳墓前献了花圈，他是阿加门农远征军中第一个牺牲的英雄。亚历山大还在船上向波赛冬和涅累海仙女献祭，他们的愤怒过去曾使阿加门农的军队大吃苦头儿。在亚洲登陆以后，他向宙斯、雅典娜和赫拉克勒斯奉献了牺牲。在特洛伊这个亚历山大祖先赫拉克勒斯和阿溪里斯曾战斗过，而且是阿溪里斯之子涅奥普托勒密曾杀死普利安王的地方，亚历山大想以奉献牺牲为特洛伊女神雅典娜和普利安王求饶，他和他的朋友赫伏斯申还向阿溪里斯和帕特罗克努斯的坟墓献了花圈。在雅典娜神庙,亚历山大奉献了自己的铠甲,又从庙中拿了一面特洛伊战争遗物的盾牌,此后他的随身卫兵即持此盾作战。亚历山大就以这些来标志个人和民族的神圣远征的开始,至少就他自己而言,这次远征是浸染着一种宗教热诚的。四天以后,他的前锋和在几个将官指挥下的波斯军有了接触。波斯将官之一,罗得斯的梅隆劝说其余将官和总督最好后撤,同时对亚历山大搞焦土政策,这样就会使他供应断绝,但他们却决定交战,自以为从帝国内陆各省征来的 20 000 名骑兵大可依靠。[1]

亚历山大知道波斯骑兵会在开阔地带向他进攻,于是在行军时对此做好准备;在前锋之后是 500 名轻装步兵和投枪兵,随后是较平常密集纵深两倍的方阵兵,两翼用重装骑兵护卫,辎重车辆则紧接其后。波斯人却在格拉尼库斯河对岸摆开了防守阵势,这里河岸陡直,但陡岸和河水之间有一段滩地;波斯骑兵以展开队形据守河岸顶端,由将近 20 000 名雇佣兵组成的步兵则列队站在骑兵后面。亚历山大准备立即交战。虽然开始渡河时的困难很大,但他已看到波斯阵势的弱点:他们把骑兵的巨大数量优势弃置不用,同时又完全闲置了自己的步兵。假若他以全力进攻,他会与波斯骑兵防线首尾相接,并有希望用他最精锐的队伍在这防线上打开一个缺口。因此他在岸边把他的军队做以下布置:帕尔门尼奥在左翼指挥帖撒利、希腊和色雷斯骑兵,中军是各步兵营,希巴斯皮斯特兵则在

---

[1] 有关部队数目可看《远征记》,1.11.3;D.S.17.17.3;普鲁塔克,《道德论丛》,327d;Plb.12.19. AFP,56.362,插图 149—154;GC,204;《远征记》,1.11.3—12;D.S.17.17—18;普鲁塔克,《亚历山大传》,15;Just.11.5。

其右,强大的右翼则依次从左到右由投枪兵、派奥尼亚骑兵、伙伴骑兵、弓箭兵、阿格里亚兵组成。担任当天战斗尖兵任务的苏格拉底分队是伙伴骑兵的左侧分队,紧靠着派奥尼亚骑兵。亚历山大和他的卫队则站在苏格拉底分队附近。波斯司令官们看到亚历山大头戴白色翼盔光彩闪烁,便集中其最精锐骑兵专门向他进击。

军号吹响以后,苏格拉底分队便首先冲入河中,接着便是派奥尼亚骑兵、投枪兵和相邻的希巴斯皮斯特营。当他们以密集队形渡河之时,他们靠右成斜队形,以免正在冲入水的右翼其余部队在最右端被敌军包抄。在苏格拉底分队和其左边的骑兵已接近对岸时,波斯骑兵就在岸上投射枪矛,其中有一些人在梅隆率领下冲入滩头。希腊方面带头抢攻河滩的骑兵有不少被杀和受伤,但亚历山大和伙伴骑兵已跟了上来,猛冲上岸。双方骑兵就像重装步兵作战那样厮杀肉搏,马其顿骑兵更为坚固的长矛重甲在密集队形进逼时起了很大作用。亚历山大冲在前面,把大流士的女婿米特里达梯打落在地,但他自己在战斗中也几乎落马被杀。他的坚固的头盔和克莱图斯的迅速救驾使他脱了险,随后骑兵大队人马赶到,他们和专打敌军马匹的阿格里亚兵相配合,冲破了敌人的防线。他左面的骑兵随即击退敌人的中军,左翼的帖撒利骑兵也打退了对阵的敌军。骑兵战斗以波斯骑兵损失1 000名而马其顿只损失90骑而结束。当波斯骑兵逃跑以后,波斯步兵就处于四面受敌之中。由于他们中绝大多数都是希腊雇佣兵,亚历山大对之毫不客气大加屠杀,生俘者只有2 000人。①

---

① 《远征记》,1.13—16.3;D.S.17.19—21。

第六卷 第四章 亚历山大和希腊人击败波斯（公元前336—前330年）

战斗之后,亚历山大巡视了他的伤员,听了他们的战绩报告。对于他的希腊俘虏,他释放了所有底比斯人,而把其余人送去做苦工,因为他们背叛了希腊联盟。他送给雅典的女神雅典娜300副甲胄,冠以如下献词:"由腓力普之子亚历山大和除斯巴达而外的希腊人从亚洲蛮族夺来敬献。"这一胜利打开了进入小亚细亚的道路。亚历山大沿海岸进军,分遣一支部队占领了萨尔迪斯城和其他归顺城市,并在以弗所用一个民主政府代替了亲波斯的寡头政府,他在那地方,对反对者也没像往常那样大加杀戮。他现在已到达通向苏萨的波斯主要大道的起点,但他当时最关心的还是那支有400艘船的波斯舰队,其时已在接近米利都的海面。亚历山大抢先到达米利都。他的舰队封锁了海港出口,他自己则猛攻夺下了城市,而波斯舰队这时正位于麦卡利海角附近。此后他就把希腊舰队的大多数解散,声称他可以用占领波斯舰队基地的方法从陆上打败它。由于他对各海岛没留什么守护部队,波斯舰队便夺取了萨摩斯岛,后来又占奇奥斯。亚历山大使用了留下的船舰,包括20艘雅典的三桨座船,运送攻城部队和器械进攻哈利卡纳苏斯,当时哈城是由梅隆和卡利亚总督奥隆托巴提斯固守的,他们手下有一支强大的雇佣军。该城在多次猛攻之下即将陷落时,梅隆从海上逃走,奥隆托巴提斯则逃往内陆,他在那里一直抵抗到公元前332年。由于当时已届公元前334—前333年的仲冬,亚历山大便叫一些新婚的马其顿人回家,命令帕尔门尼奥进入弗里吉亚建立基地,他自己则在吕西亚和皮西迪亚等地扎营,最远到达帕尔吉。由此他率军转向内陆,从皮西迪亚打通了一条通往弗里吉亚的道路,在哥尔地昂和帕尔门尼奥会师。①

在公元前336年时,帕尔门尼奥和阿塔努斯曾用希腊联盟与马其顿联合解放希腊城邦免受波斯奴役的名义,侵入小亚细亚。他们在奇奥斯、列斯堡、以弗所等地驱逐了那些往往是僭主或寡头派的波斯代理人。在公元前334年,当亚历山大再度解放以弗所时,他驱逐了寡头派,并向他手下将官阿尔西马库斯指示要废除寡头政体而组织民主政府,恢复原有法律,在埃奥利亚和爱奥尼亚人的城市中废除过去向波斯缴纳的各种贡款。在他曾奉献了一座城邦雅典娜神庙的普列尼城,他留下了一封"国王亚历山大"之信,强调他给予普列尼人"自由与自治"。各海岛和大陆上解放了的城市也都纷纷自行发行钱币和以独立身份互相缔约。但它们的自由是有一定限制的。例如亚历山大不准以弗所和其他城邦的民主派屠杀他们的寡头派敌人,后来在公元前332年列斯堡的厄律苏斯的民主派通过的反对某些僭主的法案也必须亚历山大批准。因为他的目的是和解与合作(homonoia)。他也并不普遍建立民主政府。罗得斯的寡头派继续当权,可能因为他们没有积极投靠波斯。既然希腊联盟的章程已在其成员各邦限制党派斗争,亚历山大作为该联盟的战时盟主,采取这些措施当是符合章程的精神的,或许也是符合章程的条文的。②

各海岛的城邦加入了希腊联盟,和"亚历山大与希腊各邦"缔

---

① 《远征记》,1.16.4—29;D.S.17.21.7—28;普鲁塔克,《亚历山大传》,17—18.1。
② D.S.16.91.2,17.24.1;CHI,91,6栏(解放,可能把腓力普当作"解放者"以及"亚历山大与希腊各邦"等词句)。《远征记》,1.17.10(以弗所)、1.18.2;CHI,184—186(普列尼);OGI,2,插图29及31(合作);223,插图23;AJP,56.361,1.6(科罗丰)。

结盟约,因此也就有责任提供贡金(syntaxeis)以资助战事。例如,奇奥斯就在公元前332年派出20艘船加入"希腊舰队",叛离者要交给希腊联盟审判。目前犹无充分材料判明小亚细亚的希腊各邦是否加入了希腊联盟,可能它们没有参加进去。它们派代表经常出席联盟议事会可能存在困难,而它们的加入也使议事会成员过于庞杂。它们的问题大多和联盟无权过问的邻国领土有关,而在它们的某些城市和乡村中,人口也是希腊与外族的混合血统。在亚洲大陆上的希腊各邦,除了像普列尼那样得到亚历山大特别豁免外,都得缴纳贡金以资助作战。当一城市犯了错误,则要受到他的严厉惩罚。以弗所曾被命令把它原向波斯大王缴的贡金转交给该城的阿尔蒂美斯神庙。阿斯品都斯不仅要缴付赔款,而且作为一个非希腊人的城市要向马其顿"纳贡"(phoros)。①

在土著地区,亚历山大承袭了波斯的管理制度,只做了少许但是重要的改动:由波斯国王拥有的土地现在变成了马其顿王亚历山大的土地(他喜欢袭用在亚洲已成惯例的皇家称号,这种做法在希腊却不流行)。他声称征服之权归于他自己和他的国家马其顿,而不归于希腊联盟。土著各族人要像过去给大流士纳贡一样,现在应向他纳贡,并受亚历山大及其手下各总督的统治。在卡利亚,王太后阿达认亚历山大为其子,他便封她为该省总督。在其他地方他从"伙伴"级的马其顿人中任命总督,但至少在一个实例中他曾把原来波斯制度中集于一人之手的实权分给数人。在吕底亚

---

① 《远征记》,2.2.2;GHI,192(奇奥斯)、185,1.15(普列尼);《远征记》,1.17.10(以弗所)、1.27.4(阿斯品都斯)。

省，省长只管民政，指挥一小支部队，另一官员专管财政，第三名官员则指挥城堡的驻军。他在朗普萨库斯以及他曾在当地夺得波斯金库的萨尔迪斯，还有日后的塔尔苏斯和米利都，建立了由他自己的财务官直接掌管的造币厂。虽然土著各族政治上和经济上的地位一如从前，亚历山大的到来仍起了解除压迫的解放者的作用，因为他恢复了各族自奉其宗教和自行其风俗的权利，这在波斯统治时是常受压抑的。他号召农民安心回乡务农，在行军时他禁止士兵掳掠破坏。他作为一个仁慈的征服者的名声，在他的前锋未到之前已传遍了叙利亚、腓尼基、塞浦路斯和埃及。①

在调整希腊城邦和土著民族的关系方面，亚历山大没有听从伊索克拉底和亚里士多德有关把蛮族当作希洛人和牲畜对待的劝告。他并未扩展希腊各城的地盘（除非有功受赏者外），他也没有让更多土著受它们统治，他只是在双方之间起一个不偏不倚的仲裁者的作用，例如，在法赛利斯和阿斯品都斯就是如此。他鼓励科罗丰修筑它的城墙，在厄律提拉计划开凿一条运河，下了重建斯迈尔纳的命令，并派遣他的色雷斯部队修筑一条军用道路。他设想的小亚细亚的发展应同时照顾希腊人和蛮族人的利益。作为一种军事统治的手段，他在想要驻军的地方都派了驻军以保持和平、抵抗波斯，但在不需要时也撤走了多处驻军。亚历山大就像他父亲在欧洲时所做的那样，随着军队的前进而不断着手和平时期的组织工作。他在小亚细亚的各项措施以及在公元前334—前333年

---

① 《远征记》，1.17.1、7、23.4、7、27.4；GHI，185，插图11—12（贡金）；SIG，302。

各城邦订的条约日后在继承者手中仍属有效。①

在哥尔地昂，亚历山大看到了哥尔地努斯王的战车，哥尔地努斯是传说中的弗里吉亚王室的始祖；人们告诉他，有一个神谕说，谁能把车辕扣在轭套上的结解开，他就能统治亚洲。亚历山大于是做了一件别人都没做成的事：他快刀斩乱麻般一举斩断了绳结（或者抽出了辕头）。但在当时，神谕的兑现看来还是相当遥远和不肯定的。因为由能干的梅隆指挥的波斯舰队（大流士曾给他在沿岸指挥的全权）已通过里应外合攻下了奇奥斯，并封锁了列斯堡的密提林。梅隆不久死去，但他的继任者法那培萨斯却取得了密提林和特内多斯，并派舰只远至夕克拉底斯的西弗诺斯岛。他可能运用希腊雇佣军、波斯金钱和希腊各邦中的奸细掀起希腊人的叛乱；但他对密提林人背信弃义，又再次扶植僭主。他的政策比起亚历山大来更加不得人心，因此他在爱琴海地区没得到什么支持，大流士又愚蠢地把希腊雇佣军召回亚洲作战。即使这样，亚历山大仍下令在赫勒斯滂征集一支希腊舰队以保护其供应线，同时叫安提帕特率一分舰队把波斯人逐出西弗诺斯。大流士设法弄了一个名叫亚历山大的林塞斯太德亲王去刺杀亚历山大，但这阴谋被帕尔门尼奥发觉了，这个亚历山大随即被捕。亚历山大王在夏季末期患了重感冒。帕尔门尼奥写信向他报告说他的医生已接受了波斯贿赂，可是亚历山大却把信给医生看了，并当场服下了这医生开的药。这次生病是在塔尔苏斯，当时他已从哥尔地昂来到这里；

---

① Isoc. *Ep*. 3.5；《远征记》，1.24.6、26.1；27.4；Pliny. *NH*，5.116—118；Curt. 4.8.13（日后对密提林城赐地）。

因为他知道大流士已在巴比伦征集了一支大军并向西开拔过来了。①

第三节　叙利亚和埃及的征服

当亚历山大病愈以后,他平伏了西里西亚部分地区,在索里主持了一个运动会,阻止了马奴斯城的一次内战,并把该城作为希腊城对待,豁免了它的贡金。在这里他接到了大流士的军队已到北部叙利亚(阿勒颇附近)的消息,他便沿海湾急进,抵达伊苏斯,在那里留下了病员,随即向梅利安德努斯(伊斯坎德农)进发。一阵大雷雨使他不能向南穿过安条克附近的山口进入叙利亚,这时他突然知道大流士放弃了适合他的数量众多的军队作战的叙利亚平原,而经过一条内陆通道进抵海湾上头,这样大流士现在就走上亚历山大从西里西亚走来的道路了。大流士首先来到伊苏斯,把马其顿的病员加以杀戮,并在阿马鲁斯山的悬崖与海之间的比纳鲁斯河床边上扎营(河已干涸)。亚历山大对梅利安德努斯和伊苏斯之间的地形已较熟悉,便率军回返,希望找一处狭窄地形和波斯交战,这样波斯军的数量优势便很难起作用。在公元前333年11月的一个早晨,亚历山大军先以纵队行进,在接近比纳鲁斯河时逐渐转为战斗横队。他的军队再一次全力出击:约有40 000名步兵和5 000名骑兵,因为在弗里吉亚和西里西亚时陆续有3 000名马其

---

① 《远征记》,2.1—4;D. S. 17.29—32.2;普鲁塔克,《亚历山大传》,18—19;Just,11.7—8。

顿步兵、2 000名其他步兵和650名骑兵从马其顿、帖撒利和伊利斯前来与他会合。

大流士派出了骑兵和轻装步兵来遮蔽他的军队的调动情况。他的希腊人雇佣兵（约有30 000余人）形成了中军，训练为轻装步兵的波斯人（卡达西斯兵）则在希腊兵的两边，列阵于河床的北岸，并用栅栏加固。大流士在全军中心，各骑兵队伍位于两翼。在左侧，质量较差的波斯步兵布置在靠近山脚的一线而成弧形，他们准备在亚历山大从正面进攻时击其侧翼。波斯人再一度让亚历山大主动进攻。他的军队列队行进有如接受检阅，以希巴斯皮斯特兵为首的方阵兵在右靠近山脚处逐渐铺开，帕尔门尼奥则率领左翼靠近海岸行进。当场地逐渐开阔以后，深知大流士必然以他最优步兵坚守中央的亚历山大就开始调开他的藏在方阵兵后的骑兵。他把希腊骑兵派往帕尔门尼奥那边，其余骑兵以密集队形放在右翼，前面用轻装骑兵和弓箭手为屏蔽。他还把一支阿格里亚兵、弓箭手和骑兵的部队垂直列于他的军阵之侧，他们行动较缓，用以击退山脚一带的波斯步兵。这样，亚历山大也像在格拉尼库斯河战役中一样以其右翼为主攻力量。

这时大流士收回了他用作屏蔽的骑兵和步兵。骑兵退回到两翼，但由于波斯左翼已无空地，骑兵的主体便在右翼面对帕尔门尼奥以密集纵深队形列阵。大流士和亚历山大现在都可将对方阵容一览无遗，大流士是和他的战车、侍从等位于全军中央，亚历山大则在中军的右侧。亚历山大立刻看出大流士的作战计划是从海岸一线突破而把马其顿军赶向山脚，他于是把帖撒利骑兵派去支援帕尔门尼奥，但命令他们要在方阵兵后面偷偷调动，否则大流士会改变计划而把骑兵调到面对亚历山大的波斯左翼去。他还看到他的右翼在行进时有被敌方包抄的危险，于是便从纵深队形中抽调300名伙伴骑兵在大流士不能察觉之下取代了阿格里亚兵、弓箭手和骑兵组成的侧翼卫护部队。对这批人，他又迅速调到右翼去加宽他的作战横队，使他们正好在他接触敌军之前完成部署。大流士却没有什么相应的调动，只令其军队静待战机。

为了使他的兵士保持作战队形，亚历山大缓慢行进，直到他们进入了波斯弓箭手的射击范围。他随即率领伙伴骑兵猛冲，在他右侧有阿格里亚兵紧跟，在左侧有希巴斯皮斯特兵和部分方阵兵。但马其顿中军的方阵兵，由于力求和右翼保持接触而向右移，在中央出现了一个缺口，波斯军中央的希腊雇佣兵冲了进来。与此同时，在希腊人的左侧，海岸一带，波斯重装骑兵也发动了进攻。不过，亚历山大在右翼和中军右侧的部队却把对方阵势完全冲垮。方阵兵各营向左包抄，从侧面打击希腊雇佣兵，也把他们打得溃不成军。大流士带头逃跑，亚历山大随即令骑兵穿过战场驰援左翼。在那里波斯人也被打败，争相逃命，以免被围而彼此践踏，乱成一团。追击一直继续到晚上。大流士仅只身逃脱，他的战车和武器都丢弃了，他的母亲、妻儿也在波斯营地中被俘，而在大马士革的财物辎重也都在日后被帕尔门尼奥缴获。当亚历山大听到波斯妇女们为大流士悲哭时，他便派了列奥那图斯去告诉她们大流士没有死，她们也将按王家礼节予以接待。第二天，亚历山大尽管腿部受伤，仍然去探望了4 000多名伤员并掩埋了450名阵亡将士。波斯的伤亡数则不知。

伊苏斯之战是一场恶战。波斯军中的希腊雇佣军，带着对马其顿人的民族仇恨顽强战斗,曾一度攻入缺口,并在最后有10 000人突围;这10 000人中后来有2 000人和大流士会师,其余从叙利亚的特里波利上船跑到法那培萨斯的舰队上去了。波斯的重骑兵几乎也要冲破一个缺口,只是由于亚历山大对战斗部署做了最后的变动,以及伙伴骑兵的勇猛、迅速和侧翼卫队有效地投入战斗才使亚历山大取得最后胜利。战后的一个重要结果是希腊雇佣兵从此普遍离开波斯。好几千人在冬天渡海回到希腊,大流士在最后一战时只有很少的希腊兵供其驱使。幼发拉底河以西现在已向亚历山大开放,但他继续沿海岸南下,想在陆地上把波斯舰队摧垮。在他南下行军之际,大流士想以割让小亚细亚缔结一个和平同盟条约,遭到亚历山大拒绝,他声称波斯首先是在佩林托斯犯下侵略欧洲之罪的,并要求大流士今后称呼他为"亚洲之王"。①

除了推罗而外,所有黎巴嫩海岸的腓尼基城市都欢迎亚历山大。推罗由于它建在岛上城堡的坚不可破,又有舰队控制海面,因而愿与亚历山大友好相处但不能投到他一边去。对亚历山大说来这种中立是不能接受的,不是合作就只有交战。为了考验这种友好,他像腓力普曾对阿提亚斯王试过的那样,也要求能进入推罗并向赫拉克勒斯献祭(希腊人把腓尼基人的麦尔卡特神看作赫拉克勒斯)。推罗人拒绝了,亚历山大随即围城。他最先想在岛外筑一长堤以达城下。当这堤在城内和舰队的夹击下终于修好时,他在堤的尽头修了两个塔堡,但它们被腓尼基的火船摧毁了。他于是

---

① 《远征记》,2.5—14;D. S. 17.32—39;普鲁塔克,《亚历山大传》,20—21;Just. 11.9;Curt,3.2—13;Plb.12.17—22。参看附录8。

下决心在西顿筹集一支舰队。他在伊苏斯的胜利和其他腓尼基城市的投降已使法那培萨斯的舰队人心涣散,溃不成军。罗得斯、吕西亚、西里西亚、塞浦路斯和腓尼基人的分舰队都投向亚历山大一边。他现在已有 220 艘战舰控制沿海和封锁推罗港的入口。被围的推罗人战斗得机智顽强,他们盛怒之中把每一个抓到的俘虏都杀掉,但他们在被围的第七个月时被亚历山大攻破。当时亚历山大亲率希巴斯皮斯特兵,科依鲁斯率一营方阵兵坐船登陆,在城墙上打出两个缺口。希腊兵入城后为其同胞复仇而大肆屠杀。所有残余居民,除了推罗王及其随从和几个迦太基使节外,全都卖为奴隶。这样推罗也遭到和底比斯同样的命运。亚历山大随后向赫拉克勒斯奉献了牺牲,并在这岛上驻军,把它作为一个海军基地(公元前 332 年 7 月)。①

在围城期间,大流士提出愿割让幼发拉底河以西所有领土和赔款 10 000 塔连特,只要亚历山大能送回皇室女眷,和他女儿结婚并缔结一个和平同盟条约。当这条件在全军参谋会上宣读时,据说帕尔门尼奥曾表示:"假若我是亚历山大,我就会接受它,不再冒险而就此结束战争。"亚历山大却说:"假若我是帕尔门尼奥,我会接受,但作为亚历山大我要如下答复。"接着他就提出除非给他整个波斯帝国,否则他决不接受任何其他条件。按常理说,人们会觉得帕尔门尼奥的劝告不失为经验之谈。因为当时亚历山大只把幼发拉底河以西的一小部分——沿岸地区拿到了手中,而安提贡鲁斯在小亚细亚的驻军为了保持供应线通畅已打了三次仗。如果

---

① 《远征记》,2.15—14;D. S. 17.40—47。

议和,这些土地已足够安置希腊的过剩人口,并把它们和巴尔干组成统一的经济区。何况当时希腊也并非太平无事。因为在伊苏斯战役之后,亚历山大曾抓住并扣留了雅典和斯巴达派往大流士处的使节,而雅典最近又开始让它的青年人(ephebia)大搞军训。此外,法那培萨斯也给斯巴达王阿基斯送了金钱、船只,那从特里波利斯退回的 8 000 名希腊雇佣兵还强迫克里特投向波斯一边,切断了希腊和推罗之间的海运。这些迹象比起希腊联盟为庆祝伊苏斯胜利送给他的金冠更能说明问题。更重要的事实是:幼发拉底河以西的亚洲地区,对于以地中海为基地的国家说来,是易守难攻的,以后罗马的多次征战就说明了这一点。同时,从希腊和马其顿的将来利益来看,向西扩张以对付欧洲各民族可能是更为有利的,这些民族中有一些早已和莫罗西亚王亚历山大交过锋。可是,亚历山大的答复却出自其天才的感情冲动的魄力。当他征服大流士时,他背后的反抗就会平息,而波斯帝国的极东边界在他看来也就是到达了亚洲有人居住之境的尽头。他当时年仅 24 岁。以后,当波斯帝国全被征服之后,他还可以回师西进西部地中海,但就当前而言他将往东直闯。他的这个决定在人类文明史上实为一最有关键意义的决定。①

亚历山大从推罗继续南下,接受了内陆巴勒斯坦各族的归顺,围攻了加沙,在两个月的围攻后将其夺取。加沙守城者战至最后一人,其妇孺皆被卖为奴隶。一星期以后,当陆军和舰队抵达佩鲁

---

① 《远征记》,2.25,1—3;普鲁塔克,《亚历山大传》,29.7;Curt,4.5.1—8,4.1.34(安提贡鲁斯);《远征记》,2.13.(阿基斯);D. S. 17.48;Curt,4.1.38.《远征记》,2.15.2(希腊使节);IG,ii.² 1156(最早的青年军训名单,约在公元前 334—前 333 年)。

西昂时，波斯的埃及总督不战而降。埃及人把亚历山大当作他们的解放者而热烈欢迎。他给予他们宗教自由，向他们的神奉献牺牲，并被埃及祭司们尊之为埃及法老（公元前332年11月）。在尼罗河西部入海口上，他建立了一个新的城市——亚历山大里亚，它连同它的两个海港日后成为地中海和埃及贸易的中心。他和一位希腊建筑家共同规划了城市的建设，使这城市具有希腊的特色，有供奉希腊诸神的神庙、城墙、会议厅、市场等，有关制度也完全是希腊的。在和它相邻的埃及人的市镇——拉科提斯，他建造了供奉伊西丝的神庙以表明他对埃及宗教的重视。在孟斐斯他则向埃及和希腊神灵同样奉祀。在冬季期间，一个强烈的愿望（pothos）使他去拜访了西部沙漠绿洲中的著名的宙斯·阿蒙神庙。在那里，他个人只身进入神坛，据说阿蒙神给他的答复是完全如他所愿的。由于法老亚历山大已自称是"拉神之子"，而"阿蒙-拉"神（也就是希腊人所说的"宙斯·阿蒙"神）的祭司们可能也这样称呼他，这就在埃及境内传开了他不是凡人而是真神的流言。然而他自己对这种神化除了把它看作是埃及国内政治上应有的权术而外，并无太大含义。为了使这个如此富庶而又便于防御的国家免于政变的危险，他任命了六位总督：两个马其顿人掌管军事，两个希腊人和两个埃及人则管理民政。他把佩鲁西昂和孟斐斯的驻军和埃及地区的舰队交给独立的马其顿司令官统领，而所有财政监督之权则在希腊人总督之一的瑙克剌提斯的克列奥明尼手中。在接受昔兰尼加入同盟之后，他就在公元前331年春天回到推罗，他的军队已在这里集结准备东征。①

历史上第一次见到地中海东部从马列亚海角直到昔兰尼位于一人统治之下。雅典的海上霸权和波斯的海陆强权都没能做到这一点,而马其顿军队在亚历山大的杰出指挥下却胜利完成了这一伟业。然而,它远不只是一种军事上的胜利。亚历山大是想使各民族在他所建立的和平中共享宗教、社会和经济利益的办法促成它们的统一,这才是他的目标。许多还不习惯于政治自由的土著民族对他所给予的宗教自由感到更大的兴趣,它们把他的功绩归于自己天神——耶和华、麦尔卡特或者是拉神所赐。因此扎哈利亚在推罗失陷时写道:"推罗确实给自己造了一座堡垒,堆积金银,不可胜数;瞧,天神将把它丢出堡垒,天神将把它在海上击败,它将被火焰吞没。"按希腊和东方的标准来看,亚历山大是仁慈宽厚的,因为他在军事考虑可以允许之处都示以宽大,对希腊人和非希腊人都同样恢复了他们原有的社会权利和法律条款。在他控制的地区,商业贸易日益兴旺,其原因不仅由于他在特洛伊、米里安德努斯和埃及等地建立了一些"亚历山大城",还由于他用波斯金库发行了亚历山大钱币。他在亚洲设立了几个造币厂,有的在他东征之前,有的在东征之后,这些造币厂在西部小亚细亚有朗普萨库斯、萨尔迪斯和米利都,在南部小亚细亚有西迪和塔尔苏斯;在叙利亚有伊苏姆的亚历山大里亚(米里安德努斯)和大马士革,在腓尼基则有西顿、阿色、阿拉都斯和毕布勒。塞浦路斯的主要城市后

---

① 《远征记》,2.25.4—27(加沙);D. S. 17.48.7;Curt. 4.6.7—31。《远征记》,3.1—5(埃及);D. S. 17.49—52;普鲁塔克,《亚历山大传》,26—27;Curt. 4.7—8.9;Just,11.11。

来也采用了阿提卡制和亚历山大的钱币形式。新的通商机会使东方人来到希腊，也使希腊人来到东方，而在东方，亚历山大的关怀和希腊人的活动已促成了商业的复兴。公元前333年这一年被西顿人正确地采用为一个新时代的纪元。①

在推罗，亚历山大对东部地中海地区做了最后的部署。他任命了管理腓尼基金融的高级财务官，另一同样的官吏则管理小亚细亚的财务。他让哈尔帕努斯主管他的金库，更换了一些总督。海军在克里特开展了反斯巴达人的战争，在吕西亚沿岸则大剿海盗，亚历山大还调来腓尼基和塞浦路斯的舰只以加强马其顿和希腊的海军。他批准了希腊人的一些请求：释放了在格拉尼库斯河战役俘虏的雅典人，从罗得斯和奇奥斯撤走马其顿驻军。在各海岛俘获的亲波斯僭主绝大多数都送回原籍审判，但把从奇奥斯抓到的一些人拘留在埃及。如果斯巴达人在伯罗奔尼撒采取行动时，则在马其顿的安提帕特可得到南爱琴海的马其顿舰队司令官的相助和金钱支援。亚历山大在举行运动竞赛和演戏庆祝之后，向赫拉克勒斯奉献了牺牲，随即率领全军向美索不达米亚进发，这时他的军队已得到来自马其顿和各附属邦的兵员，以及一大批希腊雇佣军的加强，而在美索不达米亚则要和波斯帝国打最后一场大战。②

---

① 扎哈利亚书，9.3；GC 207。
② 《远征记》，3.2.7、3.6；《亚历山大传》，29；Curt. 4.3.11—16。

第四节　波斯的战败

大流士在防守他的帝国方面已不再能利用希腊雇佣重装步兵的市场以增强力量了。他手下还有约 6 000 名希腊雇佣军,数量亦属可观,但他只能用波斯皇家卫队为其后援,这些卫队约有 10 000 余人,像薛西斯的"不死军"那样按重装步兵战术训练。他在重装步兵方面的弱点可以用骑兵的实力来弥补,这些骑兵是从卡帕多西亚到巴克特利亚之间的山区征集的,并有其西徐亚盟友萨卡族骑兵的增援。波斯的重装骑兵尤其可畏。在伊苏斯战役中,这些重装骑兵甚至在狭隘的环境下也大收了帖撒利骑兵;大流士在格拉尼库斯和伊苏斯战役中也得到了经验,用长矛和剑武装了骑兵以便和马其顿武器相抗衡。他甚至比以前还更多地征集到大批优良的轻装骑兵。此外他还有一种新武器,200 架装有飞刀的战车,轮上装有刀片,专用来在敌军阵列中打击缺口以便重装骑兵冲杀进去。大流士就这样带着 40 000 名骑兵、16 000 名重装步兵和大批轻装骑兵抵达高加米拉,此地在尼尼微(今摩苏尔)东面,是一块约七英里宽的平原,北靠山麓,南连底格里斯河边的坡地。在波斯军阵前面,大流士选作交战的场地已被平整,以供战车驰骋;还在适当地点设置了拦路钩——专门用来绊跌马匹的铁钩。这地方是专门为骑兵作战选定的,大流士相信他的占优势的骑兵会把敌人包围。当他在此等待亚历山大之时,他从米底亚和巴比伦附近取得供给。他并且已派出由马扎攸斯率领的别动队到幼发拉底河岸一带,要他们阻挠亚历山大的进军并沿途大搞坚壁清野战术。

亚历山大在征募希腊雇佣骑兵、步兵并从马其顿再度得到增援之后，已拥有 40 000 名步兵，使骑兵达到 7 000 名，全都是第一线部队。他凭靠其骑兵的作战技巧来胜过敌军数量上的优势。帖撒利骑兵以菱形阵列训练其战斗动作，马其顿骑兵则以楔形阵列，这样它们都能够以同样的快速动作包抄和突袭敌军。例如，在伊苏斯之战中，帖撒利重骑兵的调动就挽救了危局。当希腊军由西顿出发时，帕尔门尼奥带着前锋部队已在塔普萨库斯的幼发拉底河上架桥。当亚历山大到达后，马扎攸斯就后撤了。亚历山大以两道桥渡过全军，并叫骑兵在前面追击马扎攸斯。亚历山大后来在一道渡口（邻近今之阿布瓦吉兰）从湍急的底格里斯河上渡过了他的辎重车辆，随即用四天时间使全军在尼尼微稍事休整。第五天一早，他就翻越高加米拉平原边的山脊，叫他的军队就地扎营，同时和骑兵一起去侦察平原的地形。当晚他的部队在营内睡觉休息，大流士的部队却由于没有设防工事一直全副武装站着过夜。

公元前 331 年 11 月 1 日，亚历山大在距敌军约三英里之处摆开阵势，并叫一些色雷斯步兵去保护辎重车辆和俘虏，其中包括波斯皇室女眷。亚历山大的关键任务是让他的重装步兵穿过平原，进入能对敌方进击的距离。为了应付万一，即波斯骑兵大队在平原上包抄他的步兵的情况，他下达了可集合为四方阵形或扩展为横长队形的战斗口令。他的方阵兵和希巴斯皮斯特兵组成中军，希巴斯皮斯特兵位于其右，其后则有较薄的一列步兵隔开一段距离跟随着，他们在必要时可以折回。帖撒利和联盟骑兵位于左翼，伙伴骑兵则位于右翼，和方阵兵紧接。在全军的两侧，他用斜形队列布置了两支侧翼卫护部队,按情况既可变成战斗横队前进,也可退回形成方形阵的窄边。左边的侧翼卫护部队由希腊人、色雷斯人和奥德律西亚人的骑兵组成,右边的卫队则分为双队,前列是马其顿和派奥尼亚的轻装骑兵,后列是一半阿格里亚兵,其余则是弓箭手和希腊雇佣兵。在左翼顶端之前还布置了一组希腊雇佣骑兵,右翼顶端之前则是皇家骑兵卫队(阿吉马[agema]),由亚历山大亲自率领。在他之前还有一道由阿格里亚兵、弓箭手、投枪手组成的屏障,在他们右边又有一组希腊雇佣骑兵。

亚历山大就这样在大流士军阵面前摆开了自己的军队,但他的阵列较大流士的要短得多。亚历山大开始以右翼较快、左翼较慢的速度向波斯军推进,于是全军战斗横队采取斜行方式,右翼带头,而左翼包后;更有甚者,他指挥全军的进攻方向也是向着军阵的右前方,即靠近底格里斯河岸的崎岖地带,他的意图是想把波斯人引出他们准备好的场地,然后再用他军阵中右半部分最精锐部队——伙伴骑兵和希巴斯皮斯特兵,去痛击敌军的左翼中心。危险的是波斯骑兵会从两侧包抄,从而在希巴斯皮斯特兵和方阵兵能进入攻击敌军中心距离之前就被迫停止前进。

在波斯中军之前有 50 辆战车和精良的骑兵。他们之后是坐在战车中的大流士和皇家卫队、侍从、希腊雇佣军、波斯步兵卫队、马尔迪亚弓箭兵等。在中军的后面,大流士布置了第二道横队,由较次的步兵组成,中军两侧布置了骑兵和步兵,右侧之前有 50 辆战车,左侧之前则有 100 辆,两翼由第一流的骑兵密集组成。马扎攸斯指挥右翼,比苏斯指挥左翼,在他手下还有一支西徐亚和巴克特利亚骑兵的前锋部队,一组巴克特利亚和其他骑兵的后援部队,以及一支波斯步兵和骑兵的联络部队。大流士的计划是用战车打乱马其顿方阵,用强大的骑兵两翼包抄,中军则主要在两翼挺进时用作枢轴以求合围。因此大流士是想以包围取胜,而亚历山大则力求穿透敌阵。

亚历山大指挥的斜行攻势有包抄波斯左翼的危险。因此大流士开始移动他的庞大军队,在保持队形完整的情况下逐渐向他的左前方逼进;与此同时,他叫他的左翼向前推进,以便包抄和阻止马其顿人。当双方步兵还相距相当远的时候,巴克特利亚和西徐亚的前锋骑兵已开始超越亚历山大的右翼。亚历山大便命令希腊雇佣骑兵向他们侧面进击。当敌军把这些希腊人逐退时,他便派出由希腊雇佣兵支援的派奥尼亚骑兵,终于赶跑了这些巴克特利亚人和西徐亚人。与此同时,方阵兵稳步前进。在比苏斯指挥下的巴克特利亚骑兵主力现在已加入战斗,把派奥尼亚骑兵和希腊雇佣兵打回主阵的一侧。但他们重整了旗鼓,虽然他们没有重装备,他们在密集组合下的突击战术仍把巴克特利亚人和西徐亚人顶了回去。这时在马其顿军前面已无遮拦,大流士立即放出他的战车。这些带着飞刀的战车有的确实造成了可怕的伤亡,但大多数被亚历山大前面的阿格里亚兵和投枪兵逮住了,其余则在方阵兵让出的通道中溜过去,犹如西普卡山口时的情况那样,而方阵兵仍继续前进。亚历山大的右侧现在有被波斯骑兵和步兵以及巴克特利亚和西徐亚骑兵的混合部队包围的危险,但希巴斯皮斯特兵现在几乎已达到刺击距离。于是亚历山大命令阿累特斯指挥的马其顿长枪兵出击。他们有侧翼卫队的阿格里亚兵作为后盾,进击以后即在亚历山大的右前方扫清了场地。现在大流士的左翼中央部分已近在咫尺。当长枪兵和阿格里亚兵的猛攻在此打开一个缺口时，这些波斯兵早已阵容大乱、溃不成军了。亚历山大便率其部下转向右侧，亲自率领皇家卫队以楔形队形猛冲。伙伴骑兵紧追其后，在他左边则有希巴斯皮斯特兵和四营方阵兵，这些方阵兵已和波斯中军接触。

与此同时，波斯右翼的重装骑兵终于向帕尔门尼奥指挥的帖撒利军进击，使马其顿的左翼停止前进。第五和第六营方阵兵仍坚守阵势以保护帖撒利人的侧翼，但由于其他方阵兵紧随亚历山大前进，在阵地上就出现了一个大缺口。波斯中军的印度和波斯骑兵冲进了这个缺口，冲过了第二道步兵横队，打进了辎重车队，和护车的色雷斯兵激战并试图救出波斯皇室女眷。这样一来，战场上现在就有了四个交战点——辎重车队、左右两翼和波斯中军，烟尘蔽障，杀声震天。亚历山大对左翼中心和其步兵对中军的进击具有决定作用。重装骑兵从侧面向大流士所在方向猛砍猛冲，而枪矛林立的方阵兵将矛头直指波斯人，波斯大王首先坐着战车逃跑，波斯中军随即全部溃散。在右翼，马其顿已把巴克特利亚人击退，比苏斯看到大流士逃跑便也带着骑兵跑掉了。对波斯中军的追击刚刚开始，亚历山大就接到了帕尔门尼奥求援的信，他便带着伙伴骑兵向东穿过战场驰援。这时，辎重车队的战斗也正好结束；因为第二线步兵的方阵兵折了回来，从后面把那些印度和波斯骑兵打得晕头转向，终于将他们赶走。这些印度骑兵和波斯骑兵退回原地，便和波斯中军的一些帕底亚骑兵会合。尘雾完全遮蔽了他们的视线，结果他们和赶来驰援帕尔门尼奥的亚历山大的骑兵碰个正着。这是一场决死战，毫无转圜余地，马其顿死了60人，但亚历山大仍冲了出来,驰向正在英勇奋战的帖撒利人。他们的对手同样也被打跑了,于是大追击开始。穷追猛打一直继续到夜晚。帕尔门尼奥占领了波斯营地,俘获一些印度大象。亚历山大则一直追到半夜,在阿尔贝拉俘获了波斯财宝车和大流士的马车,但大流士本人逃掉了。①

波斯国王带着皇家骑兵卫队逃到了米底,伴随他的还有一部分巴克特利亚骑兵、少数皇家步兵卫队和日后赶来的2 000名希腊雇佣兵。他的军队的其余部分损失极其惨重,被俘的人也极多。波斯的帝国军队最后地并决定性地被打败了。亚历山大的损失也相当大,特别是战马方面。他率军进逼巴比伦,原在高加米拉指挥波斯右翼的马扎攸斯率城投降。亚历山大接受投降后,便自称为巴比伦王,向巴比伦神马尔都克奉献了牺牲,并下令重建被薛西斯破坏了的马尔都克神庙。他任命马扎攸斯为掌管民政的总督,让马其顿人掌管军事和财政。同时,他派去打头阵的菲罗辛诺斯也来报告说苏萨已经投降,波斯皇家金库已被夺获。亚历山大随即进至苏萨,拿下波斯金库中的金银宝锭,并在其中发现了希腊的弑暴君者青铜像——亦即雅典人哈尔莫迪斯和阿里斯托吉通的雕像,他把这像送回雅典。他以自由的名义下令要将所有希腊僭主放逐,并要修复普拉提亚这一个半世纪之前希腊人战胜波斯的战场。在苏萨他也任命了一个波斯人总督和马其顿长官,还有一名马其顿驻军司令官;用新从马其顿征集的兵员改组了他的军队;还给留在培拉的安提帕特送去一大笔钱以进行反斯巴达的战事。当

---

① 《远征记》,3.7—15;D.S.17.53—61;普鲁塔克,《亚历山大传》,31—34;Curt.4.9—16;Just.11.13—14.5;Polyaen.4.3.6。参看附录8。

时已届严冬,亚历山大便驻在苏萨过冬,举行了马其顿方式的运动会和火炬赛跑。①

在欧洲,奥德律西亚国王发动了一次起义,他先是得到一位叛变的马其顿将军的支持,后来则得到雅典的鼓励,遂把安提帕特的军队引入了色雷斯。这次起义和亚历山大的远在东方使斯巴达国王以为有机可乘,他已接受了波斯的资助,这时便想趁机在伯罗奔尼撒称霸而冲破马其顿的控制。他向雅典求援。雅典人民大会就此展开了一场辩论,现存的一篇名叫《论与亚历山大的条约》的演说可能就是在那时发表的。它所持的论点:马其顿违犯了希腊联盟章程,看来并无实据。德谟斯提尼支持阿基斯的请求。德马代斯则以神圣基金专员的身份强调:若进行战争,人民将失去所有神圣基金补助,终于使德谟斯提尼的意见被否决。在公元前331年年初,阿基斯在伊利斯和大部分阿尔卡狄亚、亚该亚支援下打败了一支马其顿军队,并以2 000名骑兵和20 000名步兵围攻麦加罗波利斯,这些军队中有一半是雇佣兵。安提帕特立即带一支大军进入伯罗奔尼撒,这支军队是从马其顿及其希腊盟邦中征集的,他在公元前331年秋天打败了斯巴达,但双方损失都很重。阿基斯在战斗中死亡。安提帕特送了50名斯巴达人到亚历山大处做人质,并把这次叛乱提交希腊联盟议事会定罪。议事会请身为盟主的亚历山大决定。公元前330年春,当他在帕赛波利斯完成了征服波斯的大业时,他决定除首谋者外宽恕所有的人,要伊利斯、阿尔卡狄亚和亚该亚因叛乱而向麦加罗波利斯缴纳120塔连特,并

---

① 《远征记》,3.16;D.S.17.64—66;普鲁塔克,《亚历山大传》,35—36;Curt. 5.1—2;Just. 11.14—16。

要斯巴达加入希腊联盟。①

从苏萨出发,亚历山大即向波斯本部进军。他以两支别动队攻掠了乌希地区,以夜袭敌军侧翼的战术拿下了称为"波斯门户"的关口。随即占领了帕赛波利斯、巴萨加尔代,后来又占埃克巴坦那(公元前330年夏)。他以火烧帕赛波利斯的薛西斯皇宫作为这次复仇远征的结束,并在大量赏赐后送回了帖撒利人和其他希腊联盟的部队。在得到胜利消息后,希腊联盟把他的盟主职位延续到终生。然而他不要求联盟再派任何部队为援。

虽然亚历山大对雅典很为安抚,雅典人民却仍然摇摆不定。政治家在法庭上争吵不休。公元前330年,吕库古控告列奥克拉底于恰龙尼亚战后擅离雅典。他的发言《控告列奥克拉底》表明了他这一派对马其顿的态度。他提到那些在恰龙尼亚阵亡的人:"他们是全希腊中唯一把希腊的自由保存于其骨骼中的人;因为当希腊堕入奴隶境遇中时,他们已经去世。随着他们的遗体,希腊的自由也一同埋葬了。"列奥克拉底险些为此丧命。公元前330年年底,埃斯奇尼又以他的名为《反克太息丰》的演说词控告德谟斯提尼,德谟斯提尼对此以著名的《论金冠》演说作答。埃斯奇尼惨败,他获得的票数甚至不足五分之一,他只好离开雅典,此后再也没有回去。亚历山大和雅典合作的希望落空了,虽然他的征服事业在东方却是无往不胜,愈走愈远。②

---

① D. S. 17.62—63、73.5;*GHI*,193;普鲁塔克,《德谟斯提尼传》,24.1;Aeschin,3.165;Din. 1. 34;Curt. 6. 1。

② 《远征记》13.17—18;19.5;D. S. 17.67—72;普鲁塔克,《亚历山大传》,37—38;Curt. 5.3—8;Lycurg. 1. 50;*GHI*,197、205 B 6。

第五章　亚历山大征服东方
　　　　（公元前330—前323年）

第一节　东部各省的平定

　　亚历山大现在已占领了波斯帝国的各个首都并获得了18万塔连特的金银——大约值一亿英镑甚至更多,在他面前摆着好几条行动路线。他可以退回到幼发拉底河一线,让波斯的军事和经济实力保持支离破碎的局面;他也可以像日后的图拉真那样就地停步,满足于控制美索不达米亚肥沃的平原;他或者还可勇往直前,征服波斯帝国余下的地区。亚历山大选择了第三条道路。第一条路线他早已决定放弃了,他也知道第二条路线不能给他一个可以守卫的边界。因为波斯帝国也像马其顿自身一样,它的肥沃平原是暴露在北方强劲的山国部族攻击之下的,它最边远的省份组成了一道防止好斗的游牧民族的栅栏。亚历山大在围攻推罗期间确已自称为"亚洲之王"和"一切大流士领土之主"。在亚历山大口中,这一称呼绝不只是一句嘲弄的话。在阿尔贝拉时,他再度自诩为"亚洲之王";随后,他又在献给林都斯的雅典娜神像上题了"在成为亚洲之主以后"的铭文。他对波斯皇室女眷的照顾,既出于骑士义气,又有其政治动机。亚历山大曾以养母之礼对待波斯皇太后西夕甘比斯(就像他在卡利亚时曾被阿达太后视为养子,他也以养母之礼,对待阿达太后一样),他并且应她之请宽恕了乌希人。就这样,他一步登上了波斯王大流士的席位,就像他已成为埃及法老、巴比伦王一样。他以这种资格修复了波斯帝国创立者居鲁士的陵墓。①

亚历山大以波斯国王的资格接受臣民的贡纳。他当然仍是马其顿之王,但他不再以这个名义要求贡纳(他在小亚细亚时曾这样做过)。波斯的藏金都被他铸成钱币。大约公元前331年,波斯的神鹰图案作为国徽出现在亚历山大在腓尼基铸造的钱币上;在巴比伦的一个更大的造币厂则于公元前329年左右开始发行有"国王"头衔的亚历山大钱币,当然这是指"波斯国王"(不是马其顿王,因为他的马其顿币没有这一头衔)。他以波斯国王的身份任命马扎攸斯为巴比伦总督。他想笼络波斯统治阶级帮助他治理整个帝国;因为和希腊各邦的合作仍难预测,而马其顿的人力却已紧张之极。在埃克巴坦那,他重新组织了对被征服地区的管理和他的漫长的运输线。忠心的帕尔门尼奥受命去收集所有波斯金银并把它们交给皇家财务官哈尔帕努斯。帕尔门尼奥随后又出征于希尔卡利亚和卫护亚历山大在米底的供应线。菲罗辛诺斯被派去掌管小亚细亚和马其顿之间的海运联络,梅尼斯则管叙利亚和马其顿之间的运输。这些安排都属必要,因为亚历山大已准备在帝国东北

---

① 《远征记》,2.14.9;普鲁塔克,《亚历山大传》,34.1;《远征记》,3.17.6;Gurt.5.2.20;《远征记》,3.14.4。

部进行艰巨的远征。①

亚历山大在亚洲的征服,甚至比居鲁士和冈比西斯的征服还要迅速,他们用以取胜的都是同样的手段——贵族的骑兵、精良的步兵和宽容的宗教政策。当他深入内地时,他却撞在波斯民族实力的坚壁上了。从公元前330年夏天直到公元前327年春天,由他亲自率领的马其顿军一直冬夏不停地穷追猛赶,穿越于甚至他们在中央巴尔干也很少见到的广大山区之中。亚历山大追赶大流士如此辛苦,以至于他的精兵有时在11天内赶了400英里的路程,而在最后一夜直跑了55英里,终于找到了已被比苏斯打得快死去的大流士,比苏斯则已篡位自立为王。一个马其顿兵给了大流士水喝,但他没等到亚历山大来临即已死去(公元前330年7月)。这个在伊苏斯和高加米拉都临阵逃脱的人却在他的征服者手上得到了礼遇。亚历山大作为波斯国王,以皇家葬仪安葬了他的前任。最后一批希腊雇佣兵,约有1 500人,也投降了;那些在公元前337年批准科林斯联盟和希腊与马其顿结盟之前就在波斯服役的人可获释回家,其余则留在亚历山大军中服役。随同大流士的雅典、斯巴达和西诺普的使节也投降了。雅典人和斯巴达人被投入监狱。由于西诺普不是希腊联盟成员,它的使节获释而自由离去。追拿比苏斯的事由于阿律亚和阿拉可西亚广泛展开的起义而受阻,但在公元前329年比苏斯被一个贵族斯皮塔门交出。在冬季,亚历山大以杀害大流士和反抗马其顿的叛逆罪把比苏斯交给米底人和波斯人组成的法庭判决。他被判有罪,按波斯律法

---

① 《远征记》,1.27.4、3.17.6;GC,210;《远征记》,3.18.11。

割去鼻子和耳朵,最后由波斯贵族将他处死。①

对比苏斯的惩罚并未终止战争。斯皮塔门领导了一次更为壮大的起义,但他终于被驱逐到他的盟友马萨革太人中间,他们把他杀了,将其头送给了亚历山大,并愿受其统治(公元前328年夏)。起义者仍然占领着巴雷塔西尼。在严冬的一个雪天,亚历山大包围了这个要塞,它当时由一个粟特人领袖奥克西阿特占据,有"粟特之石"的美称,据说是不能攻陷的。在亚历山大号召下,有300名从马其顿山区来的士兵自愿组成敢死队,用绳索和铁钉攀登一道悬崖。有30人坠崖死去,但当其余人员登上山顶的要塞时,守军就投降了。亚历山大对一个俘虏——奥克西阿特之女罗克萨涅,一个著名的美人——产生了爱情,并宣布要与她结婚。奥克西阿特于是也投诚并应允了亚历山大的婚事。亚历山大和罗克萨涅的婚礼在另一个领袖孔里尼斯的城堡中举行,他也是在一次登山强击之下被迫投降的。这次结婚也有其政治目的;因为对粟特贵族的尊重和奥克西阿特、孔里尼斯等的留任终于使最后几次起义在公元前327年春天结束了。②

在公元前330年,亚历山大第一次遇到了马其顿军队内部的反对。这些人想回老家。亚历山大下定决心要征服波斯帝国的山区,他们却把大流士之死当作远征业已结束的标志来庆祝。实际说来,他们只是土生土长的马其顿人民。因此亚历山大集合他们

---

① 关于居鲁士可参本书边码176页以下;普鲁塔克,《亚历山大传》,43(大流士之死);《远征记》,3.23.8、3.24.、4.7.3(比苏斯的审判);D.S.17.83.8。

② 《远征记》,4.18.4(粟特之石)、4.19.5(罗克萨涅);普鲁塔克,《亚历山大传》,47.7;Curt,8.4.25;结婚典礼可能是按马其顿习俗进行。

像人民大会般地开一次会,提出了自己的看法。他们同意继续战斗。亚历山大的波斯政策遭到他的"伙伴"更严重的异议。因为他任命了波斯人担当高位,又以波斯王的资格要求他们效忠,他对待他的波斯臣属也是用的波斯礼仪。当大流士死后,亚历山大穿着一种朴素的波斯服装参加波斯的各种庆典。后来他又以波斯方式审讯比苏斯和将其处决,而波斯妇女罗克萨涅则成了他的王后。波斯君主制的一个最重要方面就是国王和波斯贵族之间保持"亲属"关系。他们作为国王的"亲属"而成为他的侍从,并从他那里接受土地和权力;他们审理叛逆者;他们以皇室骑兵卫队身份作战并在国王手下担任总督、部长和将军。亚历山大以过继为波斯皇室家庭一员的权力也拥有了这种"亲属"关系,在他和罗克萨涅结婚,又征服了内陆地区之后,这一要求就普遍为波斯贵族承认了。他们把他看作"天下各族各国之王",得到阿胡拉-马兹达神明眷顾的王,在他面前他们对他行国王的跪拜礼。①

从理论上讲,马其顿的"伙伴"们是能理解亚历山大这些政策的。马其顿制度和它也无大区别:马其顿贵族也是以同样方式为他服务的;马其顿人民大会也以传统方式审判叛逆者。但马其顿人宁求其异而不愿见其同。特别由于"伙伴"们手下和军中服役的希腊人的偏见而加强了这种歧异感。这些希腊人从来就把波斯君主制看作希腊宗教自由与政治自由的对立物。特别是跪拜礼(proskynesis)被他们误解了,因为在希腊人(可能也有马其顿人)

---

① D. S. 17. 74. 3;普鲁塔克,《亚历山大传》,47. 1、45(波斯服饰);《远征记》,7. 6. 2;Curt,6. 8. 25(人民大会)。

看来，跪拜礼意味着对神的崇拜。亚历山大力求以说明真相来消除"伙伴"们心中的反感，他指出他本人始终是马其顿人，不会由于他为了政治原因而采用的波斯礼仪而变质。他和马其顿人同甘共苦，一起翻越雪山、穿过沙漠；在巴克特利亚他受了两次伤；他仍然像在欧洲那样和"伙伴"们饮酒行猎。贵族青年仍从马其顿征来作为宫廷近侍，成年后成为他的"伙伴"。他仍向"伙伴"议事会咨询，向马其顿人民大会汇报，在所有马其顿国家文书中用马其顿的印章。在他的内心信仰中他仍然是一个纯粹的马其顿人。运动比赛、祭祀牺牲以及宗教信仰仍然按"祖宗遗风"进行，亚历山大的马其顿宫廷并未沾染埃及、巴比伦和波斯的繁文缛节的教仪。国王仍是宙斯的后裔，而宙斯是他们一家的始祖，亚历山大在高加米拉之战中高喊天助时正是向这个宙斯呼吁的。《伊里亚特》总是和他形影不离。他是"神的子孙"（diogenes），而东方的贵族和祭师的服从对赫拉克勒斯和阿溪里斯的后嗣说来并无任何宗教含义。①

　　分歧和反感使一些"伙伴"的效忠减弱，亚历山大也猜忌他们，终于造成悲惨的后果。在公元前 330 年冬天，有人向帕尔门尼奥之子、"伙伴"骑兵司令菲罗塔斯报告了一件叛乱阴谋；他压下不报，亚历山大却从另一来源知道了这个消息。阴谋被镇压了，菲罗塔斯和其他人都被亚历山大送到马其顿人民大会审判，只有菲罗塔斯被判决叛逆处死。按马其顿法律叛逆罪应株连直系男亲，一同处死，因此帕尔门尼奥也不可免。帕尔门尼奥在腓力普和亚历山大手下都功勋卓著，他的其余两子已在亚历山大的远征中牺牲。

---

① 普鲁塔克，《亚历山大传》，28.1、45、47.5、33.1；Curt，5.1.41。

当时他正担任控制亚历山大供应线各地的庞大部队的司令。要赦免帕尔门尼奥不受这条严厉法律的制裁是危险的,因为他会领导一次起义。亚历山大的特使便赶在菲罗塔斯处死的消息传开之前到达并杀死了帕尔门尼奥,然后向帕尔门尼奥的部队宣读了国王的命令。与此同时,林库斯的亚历山大,这个曾在公元前333年由于争夺王位被捕的人,也被送到人民大会审判,定罪处决。①

公元前328年秋天,亚历山大正和各"伙伴"在撒马尔罕的一次宴会上饮酒作乐,曾在格拉尼库斯战役救他一命的克莱图斯开始以亚历山大和他的波斯人风度作为笑谈。克莱图斯已是一名老将,是腓力普的同时代人(腓力普若活着,当时将届53岁),代表着那些对年轻国王的措施很不满意的人。当他讥笑亚历山大是"阿蒙神之子而不是腓力普之子",并嘲弄波斯人在穿着白袍的君主面前行跪拜礼时,亚历山大怒不可遏,伸手就要拿他的匕首,但卫士已把它藏到一边。当他用马其顿方言大叫近卫队时,也无人响应,亚历山大便从身旁卫士手上夺了一支长矛。这时,克莱图斯的朋友已把他推出房外,但是,当听到亚历山大叫喊"克莱图斯"时,他又从另一门进来,并回答说:"亚历山大!克莱图斯在此!"随即被亚历山大的长矛刺穿胸膛。他当场就死去了。亚历山大沮丧之极,三天不进饮食,直到"伙伴"们冲入他的房间逼他重理国事时他才回复常态。②

公元前327年春天,亚历山大尝试在马其顿人和波斯人的鸿

---

① 《远征记》,3.26;D.S.17.79;普鲁塔克,《亚历山大传》,48;Curt,6.7、7.3.4;(有关审判可见6.11.20及6.10.30)。

② 《远征记》,4.8;Curt,8.1.19。

沟之间搭些桥梁。在大流士死后,他任命了大流士的一个兄弟为马其顿的"伙伴",这人当时已是波斯皇亲之长。现在他又提议马其顿的各"伙伴"在有米底和波斯皇亲出席时应行跪拜礼,随后这些皇亲也要跟着行跪拜礼。亚历山大最亲密的朋友赫伏斯提昂带头这样做,其他马其顿人也跟着做了,只有史官奥林图斯的卡利斯提尼拒绝这样做,他是希腊人血统。此后亚历山大绝不再提这事。但他对卡利斯提尼的怨恨却有增无减,当他知道卡利斯提尼教育的一些宫廷侍童也图谋不轨时,这种仇怨更是不可收拾。侍童们供认有罪,被马其顿人民大会审判,按传统方式用石块击毙。卡利斯提尼以同谋罪同时被捕,后来也被处死。他是有罪抑或无辜都不清楚,但是,卡利斯提尼所属的亚里士多德学园的领袖们,日后在提到亚历山大时总是充满恶意,就像德谟斯提尼之非议腓力普一样。①

军队也同样成为引起争端的一个缘由。亚历山大是用腓力普的军队赢得自己的伟大胜利的,它以在恰龙尼亚之役以后处处得胜的马其顿人为主。但早在攻取米利都之时,亚历山大就已发觉用希腊雇佣兵补充军队是可行的,而在大流士死后他就更加需要他们了。由安提帕特送来的新兵中取自马其顿的各个巴尔干属邦的部队也越来越占重要地位,其中如伊利里亚人、奥德律西亚人以及色雷斯人、派奥尼亚人、阿格里亚人等,都在伊苏斯和高加米拉之战中显过身手,并转战于伊朗各山区。伤、病以及特别在冬季严重的疲累招致的减员,再加上对亚历山大攻下的要塞派驻守军、守

---

① 《远征记》,4.10.5;普鲁塔克,《亚历山大传》,47.9、53;Curt.8.5.5。

卫新老城市等，使从欧洲来的补充兵员远远不足供应需要。在公元前330年秋天吕底亚人开始作为雇佣兵征募入伍，从山区来的波斯人也都作为臣属征召入伍。在公元前327年年初，亚历山大下令对30 000名波斯青年进行希腊语和马其顿武备的训练——这是一个和公元前338—前334年间陆军中步兵总数相当的大数目。

军队的编制也按公元前330—前327年的山地战事的需要而做了改动。每一"伙伴"骑兵分队再分为两组，每组100人。菲罗塔斯以及日后克莱图斯之死也引起了"伙伴"骑兵总指挥权的改动，从此以后它归亚历山大和赫伏斯提昂两人共掌。受过专门训练的伊朗部队大量地作为骑兵投枪兵和弓箭手用于山地战；并组织了一个既担任骑兵也担任重装步兵的新的骑兵单位。原有军队中的马其顿人仍是拥有特权的分子，但他们已不再是全军实力的支柱。①

国王还未组成当他不在国中时专管行政的中央政府机构。他作为全军之首也是政府之首，而且只有他一个人大权独揽；因为那些将军、总督和组成议事会的"伙伴"都是他的手下人。他处理众多的信件，不仅给奥林匹亚斯和安提帕特去信，给从埃及到土耳其斯坦的乌兹别克的总督们去信，还要给希腊各邦去信，这些信件和他的指示有些已刻在石上流传至今。组织帝国经济复苏的艰巨工作，由于发行了优良的钱币，向内陆修铺了道路，不仅从军事上也

---

① 《远征记》，1.19.6、3.24.5；Curt. 3.10.10、4.13.31、4.21.10、6.6.35；普鲁塔克，《亚历山大传》，47.6；Curt. 8.5。

从经济上着眼建立了一系列新城市等措施而取得了辉煌的成就。冠有亚历山大名字的新城（例如阿列亚的赫拉特、阿拉科西亚的伽兹尼、马尔吉安那的麦尔夫、粟特的科真等），有希腊式的布局和希腊类型的市政管理制度。在称为极边的亚历山大的科真城，希腊雇佣兵、马其顿的执勤部队和土著部落人一同组合为第一批居民。在这些城市中，它们有的很小，马其顿人、希腊人和波斯人的合作开始尝试解决一些实际需要的问题，那是和在更高一级水平上亚历山大的宫廷侍从和军队都在做的事一样的。①

第二节 入侵印度

提奥庞普斯在《腓力普史》中写道："欧洲、亚洲和利比亚是有大洋环绕的岛屿。"无论大地是平板一块，还是像亚里士多德教导的那样是一个圆球，它的居民都被分隔在这三个"岛屿"之上，或者我们也可把"岛屿"称之为大陆，其边缘有塔奈斯河（今顿河）、尼罗河以及冥国海峡（今直布罗陀海峡）。在公元前5世纪时，希罗多德强调说地中海、冥国海峡以外的大西洋和"红海"（今波斯湾）都是同一个海，是那环绕大地的大洋的一部分。他还提到利比亚曾被一个由大流士派出的希腊船长斯夕拉克斯绕航，他从印度河而下，经30个月而到达阿拉伯湾（今红海）。在公元前4世纪时，希罗多德的故事可能被人忘掉或认为荒诞不可信，但这种想法没有

---

① 普鲁塔克，《亚历山大传》，42；GHI 185、191—192、201—202；《远征记》，4.1.3、4.4.1、22.5、24.7。

断绝,因为它最晚在后期青铜时代以来已经有人实行过了,证明了大洋确实环绕着这三个"岛屿。"①

这三大岛屿的边缘仍无人知道。赫卡太攸斯曾相信大地是圆的,亚里士多德则认为它是椭圆形,横与长约为五与三之比。边远地带被猜度是一片沙漠和草原,只有游牧民族,甚至无人居住。因此利比亚之南是沙漠,其西(在摩洛哥)则有游牧民族;欧洲之北也是游牧民族出入之所——西徐亚人或其他民族;在亚洲之北则有西徐亚人、马萨革太人等游牧民族,东与南则为沙漠。在欧洲,两条大河——塔尔特苏斯河和伊斯特河(多瑙河)被认为是源出于"佩雷尼"(今比利牛斯山);在利比亚,则尼罗河上游无疑来自西方或东方;而塔奈斯河上游完全不知道。亚洲的中心是一大块高山峻岭,从西里西亚一直向外延伸,依次为陶鲁斯山、帕尔那苏斯山、高加索山和帕罗巴米苏斯山。在群山之北是里海和一条大河,可能是锡尔河(虽然希罗多德把它和阿姆河混淆了),河的对岸即马萨革太人所居。这条河在河口三角洲分为数支入海,其中一支流入里海(其他几支可能是流入大洋了)。在整个大山群的东端就是印度,这块人所居住的极边之地(eschate)。在翻过最后一道山脊后,据亚里士多德说,你就可以看到"外海",也就是大洋了。②

当提奥庞普斯说腓力普会成为"全欧洲之王"时,他并未夸大。

---

① *FGrH*,115 F 75 C2(提奥庞普斯);《远征记》,3.30.8—9;希罗多德,1.203、4.42—44。

② 希罗多德,1.201(马萨革太人)、202—203(里海)、4.40—41(印度);亚里士多德,《气象学》,350^{a}18(印度)、362^{b}21;《远征记》,5.3.3、5.26.1、7.5;D. S. 18.5.2;Curt. 7.3.19。

多瑙河已邻近当时所知欧洲的边缘,在它之外就是游牧民族和草原了。当亚历山大到达多瑙河时,"强烈的愿望"使他渡过大河而格太人则从河边逃入"沙漠";他和威尼提人的结盟使他的势力沿河而上达到了欧洲之地开始变狭的地点。当亚历山大渡过了阿姆河而到达锡尔河时(他认为这可能是塔奈斯河上游),他遇见了西徐亚人的两大集团派来觐见的使节,他们居住在塔奈斯河的两边,一在"亚洲",一在"欧洲"。他建立了极边亚历山大里亚作为"万一要入侵西徐亚时"的基地,并派使节和间谍前往欧洲西徐亚人地区。这些使节偕同西徐亚人的使节回报,西徐亚人向亚历山大请求"友好与同盟",并愿将国王的女儿嫁给他。亚历山大接受同盟之请,但拒绝了联姻。另一个来访者则是科拉斯密王法拉斯马尼,他愿做向导协助亚历山大进行一次降伏远及黑海沿岸各族的出征。亚历山大也和他结了盟。他说,当前(公元前329—前328年冬)还不是出征黑海的时机,因为他正注意于印度。等到他一旦把印度人降伏,他就会得到"整个亚洲",然后再回师希腊,以海陆军从普罗彭蒂斯侵入黑海地区。那时法拉斯马尼就可帮助他了。①

事实上,以前曾有一支马其顿军渡过多瑙河进入西徐亚人国境,但被打败了。既然亚历山大以为他到达锡尔河时就已靠近大洋,而锡尔河又可能是塔奈斯河的上游,假若真的如此,它就会流向黑海,因此一次向西的远征看来是可行的。但他不知里海的范围,他或许听说过咸海和它的淡水鱼。据信阿姆河或者锡尔河的

---

① *FGrH*,115 F 256;《远征记》,1.3.5、1.4.5、3.30.7(塔奈斯河);普鲁塔克,《亚历山大传》,45.6;《远征记》4.1.1;4.15(西徐亚和法拉斯马尼)。

一支流入里海(就像阿姆河在过去一个未定时期可能经卡拉波加菲流入里海那样)。因此,里海在当时人看来或者是一个内陆海,塔奈斯河可能从它流出而入马奥蒂德湖(亚速海),或者就是大洋的一部分。在公元前 323 年,亚历山大有一"强烈的愿望"(pothos)去考察里海以确定上述两者孰是孰非,并为此做了海军远征的准备。①

亚历山大对有关欧洲和亚洲的地理情况的误解,说明他为什么在远征印度时随军带着造船工人和水手。假若印度东接于大洋,他就能向北绕航而达欧洲的边缘或进入里海,或者他可向南去探索一条绕航亚洲沿岸的路线。因为他把印度看作和阿拉伯半岛差不多的相对来说并不很大的半岛(他在巴勒斯坦时已知阿拉伯是一片沙漠),他对法拉斯马尼说的那番话就不是空谈;因为他认为征服印度以后他就是整个亚洲的主人了。这一信念比起大流士一世曾一度占领印度的先例更能激起他征服印度的愿望,这征服同时也是一种探险,他相信其结果将会为他的帝国打开海上的通路。

陆军在公元前 327 年夏天就出发了。它包括从波斯各族征集的许多分队,但以马其顿人和巴尔干部队为首。像在其他远征中那样,测量队和科学家也随军出征,大量随军商人也追随于大军之后,而这支大军比公元前 334 年侵入亚洲时的部队还要庞大。他在巴克特利亚的基地交给一位马其顿人总督掌管,其手下还有

---

① Just. 12.2.16;Curt. 10.1.44;希罗多德,1.202;Arist Meteor. 350ᵃ21;普鲁塔克,《亚历山大传》,44;斯特拉波,509;Curt. 7.3(有关里海及印度的海洋);《远征记》,7.16.2。

3 500 名骑兵和 10 000 名步兵。翻越帕罗巴米苏斯山(兴都库什山)以后,他就下达卡布尔河,这是印度河的一条支流,并得到该地统治者塔克西里的协助。他分兵派出赫伏斯提昂和塔克西里,经开伯尔山口到印度河上搭桥,他自己则在 11 月出发征服北方的山区部落。在激战中,亚历山大两次负伤。他在马萨加屠杀了来自印度河以外各地的 7 000 名印度雇佣兵,并以出色的攀登和工程器械夺下了阿奥尔努斯,这是一个险要的山上寨堡。他随即与赫伏斯提昂会师,并在印度河畔献祭;这时河上已搭好桥,随军造船工人也造好了几只船。公元前 326 年春,亚历山大渡过印度河,进攻印度城市坦叉始罗,这时坦叉始罗人已加强了亚历山大的象队,并告诉他说克什米尔和旁遮普的统治者阿比萨列和波鲁已组成了反对他的同盟。亚历山大在下一步进军之前组织了他的印度辖区,在坦叉始罗驻了一支军队,征集了 5 000 名印度部队,把他的"伙伴"骑兵划分为几个大队,除了他亲自率领的皇家骑兵卫队而外,共分为五个骑兵大队,由"伙伴"们率领,但已主要由波斯及其他民族的骑兵组成。①

在希达斯皮河(今哲农河)畔,波鲁率领一支大军和许多战象隔岸相对。亚历山大已把他的船只拆卸从印度河运来,并造了木筏和皮囊船(囊中充草),于天亮前率领他的部分军队从河上游处大胆强渡。在克拉特鲁斯指挥下的一部分军队要等战象离开河岸后才渡河,因为马匹害怕大象。雇佣骑兵和步兵的分队各在其长

---

① 普鲁塔克,《亚历山大传》,66.2;Curt. 8.5.4 说军队有 12 万,但不可靠,因此阿里安未提军队总数,见《远征记》,4.22.3—5.8.3。

官率领下布置在亚历山大强渡点和克拉特鲁斯之间;他们将在印度军队遭到亚历山大攻击后立即渡河。亚历山大亲率的部队约有5 000名骑兵和6 000名步兵,偷袭并击败了波鲁之子指挥的印度骑兵和战车兵。波鲁本人在留下一些战象阻止克拉特鲁斯渡河之后,就带着他的军队后撤到一片多沙的平原上,军前以200战象列阵,其后有30 000名步兵组成的战斗横队,队形远超出象阵两端之外。总数达300辆的战车和4 000名的骑兵则布置在左右两翼。由于亚历山大的骑兵毫无与战象对阵的经验,他只能以骑兵攻印度军的两翼和后卫,而让步兵去对付战象。方阵兵摆开了阵势,以塞琉古指挥的希巴斯皮斯特兵置于其右。弓箭兵、阿格里亚兵和投枪手在两翼形成屏障,其位于左翼者已在向前行进。塞琉古奉命直到他看见印度骑兵和步兵已被亚历山大的骑兵打乱时才进行攻击。他把他的骑兵分成三组,骑射手约1 000人将对左翼位于战象和骑兵之间的印度步兵正面进攻。率领着两个骑兵大队的科依努斯则向印度军的右翼佯攻。亚历山大和皇家骑兵卫队可能还有两个骑兵大队则要转到右翼的印度骑兵侧面;之后,如果印度骑兵向左面对他进击,科依努斯就可包抄过来从侧面和后面攻击印度军。

亚历山大作战计划的第一阶段进行良好。印度骑兵果然向左与他对面而战,受到科依努斯的攻击,从而又组成了第二道防线。在这时亚历山大发动猛攻并打垮了印度骑兵,压他们向步兵后撤,但这时波鲁已下令右翼的骑兵前来助战,他的战象和步兵也列成纵队转向右方,逼近亚历山大的骑兵。在塞琉古指挥下的马其顿步兵这时也投入战斗,利用了印度兵转为纵队时出现的各个缺口而冲杀进去,使印度左翼更为混乱。当马其顿步兵在阿格里亚兵和投枪手大力支援下牵制了战象时,亚历山大的骑兵已冲入敌军后背,打败了从右翼赶来的印度骑兵,把他们也赶进乱成一团的混战圈子之中。在那里,专门训练来践踏、抵撞和挑死敌人的战象造成马其顿步兵很大伤亡,但在最后,它们的象倌终于被杀,它们自身也纷纷负伤,像"船"一样退回到印度军阵之中去了。方阵兵按亚历山大命令用盾牌组成密闭队形向敌冲杀,敌军破阵而逃。与此同时,希腊雇佣兵,最后还有克拉特鲁斯的步兵都渡过了希达斯皮河,加入了战斗和追击。印度军损失惨重。马其顿军则损失了约250名骑兵和700名左右的步兵,有的被杀,有的重残;但他们对战象则有"闻虎色变"之感。波鲁这个魁梧大汉也受伤而骑在一头战象上败走,但亚历山大把他追了回来并询其所愿。当波鲁回答"愿把我当王看待"时,亚历山大就准许他仍做他的国主。①

在希达斯皮河两岸,建立了尼萨的亚历山大里亚和布西发拉的亚历山大里亚两个城市,后者是以他死在当地的战马命名的。亚历山大举行了运动会,向诸神奉献了牺牲;他亲自向赫里奥神,也就是太阳神献祭,相信他已接近旭日东升之处。他带着一部分军队向"印度的尽头"开拔。他在雨季的绵绵细雨中很艰难地渡过了两条河,在奢羯罗国境内的喀太依打了一场恶仗,损失很重,又来到了第三条河,希法西斯河(今卑亚斯河)岸边。对岸地区并

---

① 《远征记》,5.8.4—5.19.3;D.S.17,87—89;普鲁塔克,《亚历山大传》,60;Curt.8.13.5—14;Polyaen.4.3.9,22;Frotin.Strat.1.4.9.亚历山大留下一些方阵兵以作卫兵之用。阿里安在《远征记》中两次(5.8.5 及 Curt.15.1;18.3)提到在战斗开始时亚历山大的兵员数目。

非沙漠而是蓊郁的林莽,据说另一条大河——恒河还远在东方。在这个地点,军队哗变了。士兵身心都已疲惫。他们年复一年行军作战,而现在又看不到一点儿印度的"尽头",何况这个印度将随着越往东走而有越来越多的战象和战士。亚历山大的一切劝说恐吓都归无效。他待在帐篷里三天之久,全军则是一片死寂。在第四天他献了祭。占卜的结果是渡河不吉,他于是下令回师。远征终于结束了。①

在河岸边,全军建造了12座祭台,为他们征战以来取得的历次胜利敬神谢恩。在回师希达斯皮河期间,亚历山大把他新得领土赠予波鲁,又接受了阿比萨列的归顺,规定了这两名附属国王应缴纳的贡金。在阿谢辛尼的亚历山大里亚城中安置了一些老雇佣兵和印度人,希达斯皮河上的亚历山大里亚和布西发拉也完工了,从马其顿运来了大量军需供应和医药用品。亚历山大在印度河盆地曾发现鳄鱼和一种类似埃及品种的豆子,他最初认为印度河可能是尼罗河的上游,那么尼罗河这条大河就像北方的塔奈斯河那样横亘于东、西之间了。后来他知道印度河下流入海,他认定这海必是大洋。当1000艘船造成后,亚历山大就向河川诸神、马其顿人之神、波赛冬神奉献了牺牲,他亲自向大洋之神献祭,然后全军和舰队向南进军(公元前326年11月)。在印度河上游他主要是和印欧族人打交道,但随他南行愈远,他就愈多地遇到那些信奉婆罗门狂热宗教的达罗毗荼人,这种宗教狂热也使他们的反抗更为强烈。亚历山大决心扫清印度河通海的道路,他所采取的方法则

---

① 《远征记》,5.19.4—28;D.S.17.90—94。

是对凡不服从统治的部落就大加杀戮和奴役的强硬手段。在征伐马里衣人期间,亚历山大和另外三人曾冲在前面猛攻一座要塞,他们冲入寨子后被孤立了。亚历山大中了一箭,穿透胸膛。当他在他盾上被抬出来时已昏迷不醒,全军传遍他已死去的流言。将士们都绝望了,直到他们看到他出现在船上并举手庆贺时,他们才转忧为喜,以雷鸣般的欢呼向他祝贺。①

第三节 回师及亚历山大之死

公元前325年7月,远征军到达帕塔拉,这是印度河三角洲的顶端,亚历山大于是派出部队查勘大港和修造堤岸。因为他自信必能找到通向"红海"(波斯湾)的航线,从而把印度和波斯联结起来。他所征服的印度各地都已按总督辖区组织起来,建成了好几个亚历山大里亚,并已移民居住,他的附属王国则在东边成为防止外敌的缓冲国。在克拉特鲁斯指挥下的部分军队已经开始带着辎重车辆由内陆道路西行。亚历山大则乘船出海,向波赛冬神献祭,并将献祭的金盅投入大海。在9月间,尼亚尔库斯率领舰队从另一个亚历山大里亚(今卡拉齐)出发;他受命勘测沿岸、绘制地图,以便将来确定一条正规的航线。亚历山大则率其余部队沿岸进军,降伏土著部族,为舰队囤放供应物资,因为舰队逆风而行,速度不快。他在奥拉建立了另一个亚历山大里亚,让列奥那图斯率部

---

① 《远征记》,5.19.4—28;D.S.17.95—99.4;普鲁塔克,《亚历山大传》62.8—63;Curt.9.3.20—9.6.2;Just.12.9.5。

分军队留在后面,他则带着10 000人和许多随军商贩继续前进。在他们身后,许多马其顿人已在印度土地上长眠,其中包括了他的幼婴赫拉克勒斯,那是在远征途中罗克萨涅生的。①

当亚历山大到达托美努斯河(今兴果尔河)时,他不得不绕道内陆山区而行,旋即陷入可怕的吉德罗西亚沙漠。向导迷了路,驮畜都被杀掉吃了,全军只能在热气稍退的黑夜行走,落伍的人只有留下等死。亚历山大也下马和部下同行;他把自己的行装都毁弃了,除非大家都有水喝时他才肯喝水止渴。大多数士兵都到达了普拉而得以休整,但许多随军商贩在沙漠中丧命了。尼亚尔库斯舰队的水手在沿岸航行时也由于缺粮缺水而备受艰辛。他们在一个地方袭击了一群鲸鱼,在另一处,他们登陆后发现了吃生鱼和住在鲸骨棚中的土人。但他们终于到达了"红海"(波斯湾)口,经80天航程后下锚于阿曼尼斯河入海处。尼亚尔库斯由此进军内陆寻找亚历山大。当他们会合而尼亚尔库斯报告舰队平安时,亚历山大哭了,他向希腊人的宙斯神和利比亚人的阿蒙神谢恩敬祷;因为他已开始失望了。在庆贺海陆军会师之后,他们即进抵海湾口而沿底格里斯河上行到达苏萨,至苏萨时已在公元前324年春。在那里,列奥那图斯也早到了,亚历山大给他和尼亚尔库斯戴上了金冠以示奖赏。②

亚历山大长期在外的情况使一些总督和将军滥用权力的事得以滋长。他回来后就处决了四个波斯人总督和三个将军,并下令

---

① 《远征记》,6.14—22;D. S. 17.100—5.2;Just. 12.10.6.
② 《远征记》,6.23—7.5;D. 5.17.105.3;普鲁塔克,《亚历山大传》,67。

各总督将他们招募的所有雇佣兵全部遣散。总督缺位由马其顿人担任,其中之一,波斯和苏萨总督普西斯塔,采用了波斯服饰,大得波斯人之心。靠亚历山大的金库而过着豪华生活的哈尔帕努斯,则带着一支舰队、6 000 雇佣兵和 5 000 塔连特金钱逃往爱琴海。在德谟斯提尼劝诫之下,雅典人不准他进入比雷埃夫斯。但在公元前 324 年夏,雅典让他带着两艘三桨座船进入,随即将他拘留。不久以后他又逃掉了,阿雷乌泊果斯议事会于是决定设立专案调查被他收买的人。在埃及,克列奥门尼曾压制了本地商人,垄断了谷物的出口并漫天要价,积攒了一笔高达 8 000 塔连特的家财。亚历山大暂时没对他采取行动,否则他会叛乱而加固埃及边境的防守。虽然这些滥用职权的事例令人沮丧,亚历山大在东部各省采取的有力措施仍把这股邪风煞住了,他还以此表明了他保障臣民福利的决心。①

在公元前 324 年的其余时间,亚历山大致力于治理他的东部帝国。虽然他知道他的政策不受马其顿人欢迎,他仍然决心把伊朗贵族的最优秀分子和马其顿人"伙伴"结合起来,并发展一支从帝国各好战民族征集来的军队。在苏萨,亚历山大和 80 名"伙伴"在一次集体婚礼中用波斯仪式和波斯、米底贵族的女儿们结了婚。亚历山大娶大流士的长女巴尔辛尼做第二个妻子,赫伏斯提昂则娶巴尔辛尼之妹德律贝提。在这次盛大的亲善和友好活动之后,30 000 名已受过军训的波斯青年按马其顿方式在苏萨接受他的检

---

① 《远征记》,6.27—30、7.4.1;D. S. 17. 106. 2—3、108. 4;普鲁塔克,《亚历山大传》,68—69. 5;Curt. 9. 10. 19、10. 1. 1、10. 1. 36、10. 2. 1;〔D.〕56. 7。

阅。征集了大量的伊朗骑兵补充到现存各骑兵大队去,这是在印度时就已开始采用的办法,其中一些贵族子弟则送入皇家骑兵卫队。任何马其顿士兵若娶亚洲女子为妻则可免除军役。他们的结婚由政府主办,亚历山大向新婚夫妇送礼,这些夫妇超过 10 000 对。因此,亚历山大是力求在行政和军事一级加强这两个民族的互相尊重,但他也知道他这些措施会引起老年马其顿人的不满。①

公元前 324 年夏天,他在奥皮斯集训所有马其顿部队,宣布一切年老体弱或受伤后不适于当兵的都将退伍。他早已代付了全军士兵所欠的私人债务,现在他将给他们丰厚的养老金并帮助他们回返马其顿。结果大军哗然;因为他们的军事荣誉感受到了损伤,而且他们以为他想把他们丢开而代之以亚洲兵。有人大喊大叫说他将会解散全军而"和他的老子"、利比亚的阿蒙神"一起出征"。亚历山大及其将官冲入群众之中,揪出了 13 名为首分子,叫他们走出行伍。亚历山大在静寂之中重新登上讲台。他提醒马其顿兵要想想腓力普和他曾对他们的国家做过多大贡献,以及他自己的劳苦、伤痕和他给予他们的赏赐;他还提到无论在战时还是和平时期他都准备保持和他们同样的生活方式。既然现在他们都愿回家,他们都可以走,可以把真相告诉马其顿人民,就说他们已经背弃了国王而走。他在一片静寂之中离开了他们,留在宫里两天不见任何人,也无人去见他。随后他召来了波斯显贵,让他们担任高级军官,并允许那些他称为他的"亲属"的人和他亲吻。马其顿人

---

① 《远征记》,7.4.4、7.6.1;D.S. 17.107.6、108;普鲁塔克,《亚历山大传》,70.3;Just. 12.10.9。

知道这消息后就冲到王宫,把他们的武器纷纷投下以求宽恕。当亚历山大出来时,一个伙伴骑兵的高级将官代表他们全体抱怨说,亚历山大竟把波斯人而不是马其顿人称为"亲人",还和他们亲吻。亚历山大却哭诉说:"我把你们每一个人都当作我的亲人。"于是他们把他团团围住,吻了他,欢呼不已。他们随即拿起武器回到了营房。①

亚历山大在奥皮斯举行了一次和解的盛宴,出席者有 9 000 人,都是马其顿和波斯的显贵和知名之士,有希腊巫师、波斯僧侣主持祈祷。他们从友爱之杯共饮并酹酒于地,亚历山大则求天保佑马其顿人和波斯人之间的和睦以及两族共享帝国。在宴会以后,一切不适于服役并愿回国的马其顿人都得到亚历山大赏赐的丰厚抚养金动身回家,他们留下了亚洲妻妾所生的男孩儿,他们将和所有遗孤一样由亚历山大出钱按马其顿方式抚育,成年后加入军队。退伍士兵总数约有 1 000 人,由克拉特鲁斯率领启程回国(他当时已受命管理马其顿)。安提帕特受命把马其顿新征的兵员带到东方,亚历山大同时着手把他的马其顿部队各级的缺额用波斯人补上,包括皇家步兵卫队。到公元前 323 年,他改组全军的工作已进入最后阶段。他在巴比伦接纳了 20 000 名以上的波斯兵,好儿团伊朗箭手和投枪兵,一个卡利亚人分队和一个吕底亚人分队,还有一些可能来自巴尔干的骑兵。他把各族人混合编队,使 16 人的行伍里有四个马其顿方阵兵,其余 12 名则是各族的射手

---

① 《远征记》,7.5、7.8—11.7;D. S. 17. 109. 2;普鲁塔克,《亚历山大传》,71;Curt. 10. 2. 10;Just 12. 11. 1。

和投枪兵。伍长是马其顿人,马其顿兵皆领较高的饷银;除此而外,帝国境内各族士兵都是并肩作战,享受共同待遇。①

亚历山大想以较小兵力控制东部帝国,其中或许只有 2 000 名骑兵和 13 000 名步兵是欧洲人。在公元前 323 年春天集结于巴比伦的那支大军是准备进行一次大远征的。在公元前 324—前 323 年冬季期间,从黎巴嫩向塔普萨库斯运来了木材,也从塞浦路斯运来了海军器材;在这里造成的战舰沿幼发拉底河而下达巴比伦,在巴比伦也挖好了可容 1 000 艘船舰的塘堰,造好了船坞堤岸。从腓尼基和叙利亚征募了用于东方队的水手。海军的一部分准备用于开辟通往印度的航路和在波斯湾沿岸和岛屿上殖民;因为亚历山大想使这一地区变成第二个腓尼基,在印度河流域和两河流域之间起商业中心的作用。海军的另一部分则去建立一条通向阿拉伯湾(今红海)的航线,沿阿拉伯半岛海岸进行查勘,这一带已从巴比伦派出三支远征队分别探察过,从希隆波利斯(今苏伊士)也派出过一队,但始终未绕航成功。亚历山大无疑希望在公元前 323 年率军进驻埃及。那"强烈的愿望"也在同样地驱使他到希尔卡尼亚湾(里海)探险。造船工人已被派到那里去建造战舰,他的官员将去探明里海是否通向大洋,从而为印度在北方建立一条海上航路,或者它是流向黑海(沿塔奈斯河);因为在过去他曾对法拉斯马尼说过他将在法拉斯马尼的军队配合下侵入黑海沿岸地区。从利比亚、伊达拉里亚、布鲁提昂和卢卡利亚都派来了使节。

---

① 《远征记》,7.11.8—12、7.23.1—4;D.S.17.110.2(这 20 000 名波斯兵是添加上 D.S.17.108.1 所说的 30 000 名新兵之上的);普鲁塔克,《亚历山大传》,70。

他的名声已传遍天下,全世界都期望着他很快就出征西方。在他周围的臣属眼中,他早已是"一切土地和海洋之主"了。①

经验证明亚历山大在他统治东方的问题上不能指望希腊各邦的合作。甚至他使用的希腊雇佣兵,例如留驻巴克特利亚的部队,都想方设法回返老家。由他的各省总督征募的其他雇佣兵部队也按他的命令在公元前324年遣散回希腊了,而在希腊,哈尔帕努斯在此以前已带去6 000名雇佣兵(他于公元前324年被杀)。雇佣兵是希腊城邦政治纷争的一个病征,而这种纷争正是腓力普和亚历山大希望通过希腊联盟加以遏制的。大多数雇佣兵都是被流放的人,有些流亡者还在小亚细亚寻得栖身之处,例如那些由于雅典在萨摩斯岛上占地搞军事移民而被赶出本土的萨摩斯人。这些流亡者是希腊各国内外和平的一大威胁,亚历山大决心要使他们得到安置,罪犯和被希腊联盟开除的底比斯人则不在其内。虽然缺乏证据,但他无疑曾和希腊各邦商量过,在正式通知之前就有关流亡者的宗教身份、财产权利等做了安排;最有可能沟通这些磋商的当是希腊联盟议事会,亚历山大仍是其"盟主"。虽然在最初埃托利亚和雅典表示反对(因为对雅典说来这将意味着丧失萨摩斯),最后终于取得希腊各邦的同意,后来希腊使节为此给亚历山大献了金冠。这通告是在公元前324年七八月间的奥林匹克节庆会上向集会的流亡者宣布的,也向他军中的希腊人宣布。有些流传下来的铭文表明了亚历山大为了在公民中确立和谐而制定的原则和细节。在有反抗行动时,他的代表安提帕特作为"盟主"有权使用

---

① Curt. 10.1.19、10.2.8;《远征记》,7.15.4、16.1、19.3。

军队镇压。因为亚历山大极想终止党派纷争中的暴力行动,这是他在底比斯陷落以后和在小亚细亚时都试行过的。他还对亚该亚和阿尔卡狄亚联盟的大会做过有关的指示,可惜其细节已不得而知。①

公元前324年,可能在召回流亡者之后,亚历山大要求希腊各邦献给他"神明般的荣誉"。他想强调他对希腊和希腊诸神的贡献。他已为希腊对波斯报了仇,按希腊人在公元前479年的誓言修复了普拉提亚,为希腊各神庙的重修赏赐了10 000塔连特金钱。他已把希腊诸神的崇奉带到锡尔河、印度河的两岸和南部大洋之中,为希腊人的殖民提供了广阔的天地,在他的新城市中建立了希腊神庙,给希腊各邦带来了一个太平和睦的时代,那只有公元前446—前431年的三十年和约期间可以和它相比。他现在要求对他的贡献给予承认,但并未事先规定任何特殊的"神明般的荣誉"形式。德谟斯提尼对这种要求大加嘲笑,他说:"如果他愿意,就让他去做宙斯的儿子,也做波赛冬的儿子去吧!"雅典人德马代斯由于倡议称亚历山大为神被罚款10塔连特。斯巴达人通过了一道简略的告示:"既然亚历山大想成为神,就让他做个神吧。"从德谟斯提尼和斯巴达这两个马其顿的死敌身上得到这样的反对是意料中事,但有许多城邦和许多人民对亚历山大的征服所促成的和平与繁荣是真心感激的。就像绝大多数城邦对召回流亡者表示欢迎一样,在公元前323年希腊各邦也纷纷派出头戴花冠的使

---

① D. S. 17. 99. 5;Hyp. 1. 18;Din. 1. 81;103;*SIG*,312,I. 11;*Michel*,417. 1. 9;D. S. 109,18. 8;Curt. 10. 2. 4;Just. 13. 5. 2:普鲁塔克,《道德论丛》,221a;*GHI*,201—2,尽管详情不甚清楚,但亚历山大得到联盟的支持是很有可能的。

者——这是执行敬神的使命的标志——去向亚历山大致敬,就像他们是去对神敬礼一样。①

有的人认为亚历山大搞"神化"是为了政治目的,因为他相信他可以在希腊建立起他在埃及作为法老已享有的神权专制。这样的看法并不确切。亚历山大根本没要求成为任何特定的神。他在埃及的专制统治不仅奠基于悠久的传统,而且还有一整套组织好的崇拜礼仪和祭司执事,这在希腊都是完全阙如的;也没有什么迹象表明他要在德尔斐和奥林匹亚搞任何亚历山大的崇拜,他甚至没要求把他的头像印在钱币上。亚历山大只是要求许多希腊人会愿意给予他的那种"神明般的荣誉",在过去他们是曾以此赠予莱山得、狄翁等人的。对没有宗教感情的人说来,它只是恭维而已,但对宗教感深厚的人说来,它就是为了天意使某人给众生建立殊勋而向诸神感恩致谢。当以弗所人创立一个"腓力普的宙斯神"崇拜时,就表示了这种感恩。叙拉库斯人为纪念提摩列昂而敬神时也是如此。倒霉的卡利斯提尼在过去也曾试行提倡把亚历山大当作神来崇拜,他说在潘菲利亚时大海曾在亚历山大面前退落,米利都的神谕认为他是宙斯所生,宙斯·阿蒙神的祭司曾欢呼他为"宙斯之子"。但这些都是廷臣的阿谀吹捧之词,对国王本身显然没什么影响。亚历山大确实在埃及、巴比伦、波斯、印度以及其他地方利用过当地的宗教信仰,假若它们能加强他在希腊的地位,他也不会不利用,可是他在希腊已高踞希腊联盟的"盟主"之位,因而他劝

---

① Ael. *V. H.* 2.19、5.12;Hyp. 1.31;Din. 1.94;Plb. 12.12b;Athen. 6.251b;《远征记》,7.23.2。

"神明般荣誉"的要求主要出自他的内心信仰而非任何政治图谋。①

在他于公元前324年春从印度回国以后的一年里,亚历山大主要忙于治理帝国、改组军队、扩建海军以开辟通印度和埃及的航线以及整顿希腊秩序等艰巨的工作,还有不少其他事务。他自己的生活方式一如往昔。那"强烈的愿望"驱使他扬帆于波斯湾,在这次旅行中他移走了底格里斯河的人造堤堰以便利航运。后来他又在幼发拉底河航行,考虑了改进两河流域水利工程的计划以及其他地区的重大工程,例如彼奥提亚科巴依湖的疏浚。他视察了尼萨平原,那里是波斯战马牧养之地,设法把印度牛运到马其顿以改良欧洲的牛种,指挥了一次对付掠劫成性的科萨依人的冬季征讨。在冬天,他最亲密的朋友赫伏斯提昂在埃克巴坦那死了,亚历山大斋戒志哀三天之久。全帝国也都默哀吊丧,一如莫罗西亚王亚历山大死时那样。亚历山大还从宙斯·阿蒙神谕中得到支持,把赫伏斯提昂当作英雄来奉祀。赫伏斯提昂的骑兵大队不再派人继任指挥,在巴比伦为他筑起了盛大的火葬堆,为纪念他而开的运动会也组织起来了。②

公元前323年,亚历山大从埃克巴坦那进驻巴比伦。他不顾迦勒底祭师有关进城不吉的警告(因为他怀疑这些人别有用心)而进了城,制定了他的海军探险计划,在巴比伦为下一次远征集合了陆海军。在这里,从希腊来了头戴花冠的使节们,宙斯·阿蒙神谕

---

① *FGrH*,124 F 14.31(卡利斯提尼);D.S.17.102.4。
② 《远征记》,7.1.1、7.7.6、7.21.6、7.13.1;普鲁塔克,《亚历山大传》,72.4;《远征记》,7.14(赫伏斯提昂)、7.23.6。

的答复也得到了,随即举行了赫伏斯提昂的葬礼。海军各分舰队也进行了操演,举行了船赛,在它们出发前夕亚历山大准备为陆海军各部队祭神献牲,他按传统方式亲临献祭。当晚他和"伙伴"们畅饮达旦,次日晨他生病发烧。但他仍继续进行出发的准备工作,发布了进军令,每日照样亲临祭祀,虽然他的病烧未见减退。直到最后他已病得不能行动。当将官们来到王宫时,他已不能言语。48 小时后他仍不能说话。于是士兵们开始排队入宫,他向每个人祝愿,艰难地抬起头,以眼神向他们告别。他的"伙伴"们通宵达旦地陪着他。到清晨时,他们向他报告说,经他们向神请示,神谕说最好别把亚历山大带进神庙,让他留在原地。不久以后他就死了,时为公元前 323 年 6 月 13 日。

第四节 亚历山大的成就

在他生病期间他想到的也就是他最关心的事:战争和宗教。作为战士、队长和将军他都是无与伦比的。阿里安曾说:"所有征战事物都是他的专长。"假若他计划把地中海的文明所及地区都包入他的帝国(正如他曾想做的那样),那么这个计划绝非难以实现。他在 32 岁时已打败他遇到的所有民族,从亚得里亚海一直到印度河,这样一个人当然能够征服罗马和迦太基。确实他已感到地球上有人居住的范围已较他过去想象的为小,因此他可能已在展望一个"世界帝国"。假若他再活三十年,他可能建立一个马其顿和希腊将位居中心而不是偏处一隅的帝国。无论如何他绝不会停止远征和开发大海大洋。正如阿里安所说,他征服的渴求永不满足。①

在政治方面他同样是无与伦比的。历史上没有人曾把如此广阔的征服和融合为和平统一的实体的权威结合得这样好。他的理想很高——给予他的臣民以宗教自由、种族宽容、政治和谐、经济繁荣以及和平的生活环境。一般而论,他作战的方式较诸他的同时代人要人道得多,但有时也像他们一样残暴——在底比斯、加沙、推罗和印度的婆罗门地区——因为他认为这样做对达到他的目的仍属必要。他在尊重辖属各地的宗教惯例、社会风俗和政治权利方面站得比伊索克拉底和亚里士多德的民族主义更高,对于各地臣民,只要他们承认亚历山大为王,他就不让手下官员在这些方面迫害他们。另一方面他也不试图取消民族区别和混合诸种族。在行政、婚姻和军事方面马其顿人和伊朗人的平等合作是为了治理和征服的需要而进行的,并非为了什么哲学的或宗教的目的。因此它只试图在印欧民族的较高阶层推行。他已建立或准备建立的70个新城市也出于同一用意,因为它们作为希腊-马其顿文化的中心将传播新的生活方式、新的教育、经济、军事训练于土著社会的较高阶层。他在钱币、商业和海上贸易方面的经济政策以及他对自然资源的开发既为地中海也为东方的各族人民带来新的发展动力和繁荣。他开创了一个新时代,假若他活得更久一些

---

① 《远征记》,7.15.3、7.1.4、7.19.6;D.S.18.4 中所说的亚历山大"计划"可能出于臆测,但其中也有其可能性的基础。

并留下了后嗣,必然会有更大的繁荣与富足。①

亚历山大本人就是帝国的行政中枢。在执行他的职责方面,他完全可以做到使他的"伙伴"和"亲属"们为他效劳效忠,这些人包括马其顿人、希腊人与波斯人。腓力普和亚历山大都把马其顿人培训为皇室侍从、伙伴骑兵、将军、理财官和行政官员;而新的一代也正从亚历山大的宫廷、马其顿和新城市中继续培训出来。在他死后的年代里,"伙伴"中不少人表现了出色的毅力和高超的领导才能,但在他活着的时候,他们都完全听命于他的意志。② 他一下子就抓住了帝国行政的要害,而罗马共和国要经过好几代人的流血经验后才弄得清楚。那就是:对被征服的民族要负起责任,对他们的制度要尊重;在行省的管理中必须把民政、军事和财务三者的权力分开;在军政领导阶级中吸收其他民族的人参加;镇压海盗、山寇和内乱;防守边境的陆军可用其他民族的辅助部队联合作战,甚至可把它们列入帝国军队一级;依靠促进海陆贸易的经济计划而取得繁荣;所有臣民都有权上诉于亚历山大本人等。他拥有许多官职和头衔,一身兼任各国各族的尊长并加入族籍。③ 他是希腊联盟的终身"盟主"并据有"神明之尊";接受马其顿人民大会权力的节制的世袭马其顿国王;他还是埃及法老,阿蒙-拉神之子;阿胡拉-马兹达保佑的巴比伦王;波斯国王,大流士的继任人;从印度到伊利里亚各地附属王的宗主;昔兰尼王、塞浦路斯王、法

---

① 《远征记》16.27.5;Plb.18.3.5、5.10.6(尊重宗教习俗);普鲁塔克,《道德论丛》,328d—329a(其中提到七十城市同盟之说,可能夸大)。
② Plb.8.10.5(提及他的伙伴)。
③ GC,213(其中有一巴比伦币提到各种头衔)。

拉斯马尼以及其他许多国家的盟友。所有这些五花八门的职衔都统一在他们的拥有者磁铁般的个性之中,集于一身而不乱。亚历山大作为帝国的灵魂,其意义较奥古斯都之于罗马帝国还要重大。

在个性上亚历山大和他的父亲有许多相似之处:勇猛好战、善于指挥、果断敏捷、深思熟虑以及宗教上的虔诚。从他母亲奥林匹亚斯身上他继承了比腓力普更为强烈的权势欲和更富激情的性格。他最倾慕英雄时代。从童年起他就模仿阿溪里斯,这也是他家的始祖;他成年后曾在普利安坟前献祭,在阿溪里斯墓上挂花圈;在他远征行军途中始终把《伊里亚特》带在身边。像腓力普那样,他也尊敬赫拉克勒斯,他所属的阿尔吉阿代王族之祖,这位为了造福于人类而备尝苦辛的英雄。在他一生中不断向赫拉克勒斯献祭,把他唯一的儿子,还有至少两个城市命名为赫拉克勒斯。他对于希腊神话的信仰绝非书生气的,而是出自内心、关系重大。他像阿溪里斯和赫拉克勒斯那样生活——勇敢、任性、热情而又大方——他也像他们那样以战斗中的勇敢和对人类的贡献而赢得"天下威名"。当手下人有一次劝他不要在战斗中身先士卒时,他"为自己好战的性格和强烈的荣誉感驱使"而勃然大怒。他同意一名彼奥提亚士兵说的话:"人就是为干大事而生,受苦在所不惜。"这就是他的生活理想——一种奠基于强烈而率直的感情上的生活,这种情感使他在吉德罗西亚沙漠中与士卒同行,在和尼亚尔库斯会合后以及在哗变士兵和解后号啕大哭,在赫伏斯提昂死后哀痛欲绝,在他自己临死时还在想念他的士兵。也像阿溪里斯那样,亚历山大的激情有时也使他干出可怕的事来,例如刺死克莱图斯和杀掉帕尔门尼奥,并在希法西斯河和在奥皮斯时把自己深锁宫中,谁也不见。但这些正是那种在战斗中激人勇气和在士卒中得到爱戴的性格。①

在他活着之时,许多亚洲人已相信他是神仙下凡,日后这些有关他是神明所生和他的史诗般的业绩的信念就产生了所谓的"亚历山大传奇",其影响仍可见于今日伊斯兰文明中的英雄人物——"双角的亚历山大"(Iskander Dhulcarnein),和阿尔巴尼亚钱币的亚历山大像上。他一生的悲剧在于没有什么马其顿人赞同他的政治理想,他所取得的成就只是他意志的威力逼使他们干的。他的教养是希腊式的,这表现在他热爱希腊文化、敢于思考和博学多才等方面。这些可能是在亚历山大15岁时就学于亚里士多德而形成的,但他日后很快就超越了老师的教导。在热情、宽宏大量和易受"强烈的愿望"驱使方面,又说明他的性格仍是一个马其顿人。他的力量的源泉是来自希腊和马其顿两方面的宗教信念。无论康健还是生病的时候,他都向希腊和马其顿诸神献祭。他相信他是这两方神灵的后代,一方是宙斯之子赫拉克勒斯,一方是底提斯女神之子阿溪里斯。在宙斯·阿蒙神庙中他这种信念得到了证实;因此日后他对这神庙特别关怀,他的亲友也相信他是愿死后葬于这神庙中而非葬在马其顿的埃盖。他可能在公元前324年就已感到他的业绩表明他比拟于阿溪里斯和赫拉克勒斯的夙愿已经达到,因此他要求希腊人给予只有他们才能做出的承认,授予他希腊

---

① 《远征记》,7.14.4(阿溪里斯)、6.13.4(彼奥提亚士兵的对话,并见5.26.4);普鲁塔克,《道德论丛》,331c、334d。

人的"神明般的荣誉"。①

在他一生中有两次他表露了他的宗教信念的意义。当他在高加米拉战役向希腊部队讲话时,他举起右手向天祈祷:假若他真是宙斯子孙,希腊诸神将会保佑和支持希腊军。他相信他的祈祷在当时和以后都是灵验的。在奥皮斯,当他主持和解宴会时,他要求马其顿和伊朗显贵都把人所居住的大地当作他们的祖国,而好人都是他们的同胞。至于他自己,他则认为是神派到世界上来做统治者和调解者的,他将把人类的生活与制度都在和爱之杯中融为一体。他的信念确实有如那个"神圣的奥德修斯,他是治下万民的慈父",而这种信念是不会熄灭的。②

---

① 品达就已把阿蒙神和宙斯神合而为一(P.4.16);希罗多德也有类似信仰(2.55);《远征记》,3.3.1(阿蒙和赫拉克勒斯),6.19.4、7.14.7、7.23.6。"强烈的愿望"可见《远征记》,1.3.5、2.3.1、3.1.5、3.3.1、4.28.4、5.2.5、7.1.1、7.16.2;有关罗马文学可参看 POxy,1798,他的观点与品达相近,可参看本书边码 274 页。
② 普鲁塔克,《亚历山大传》,33.1;(可参看《远征记》,1.26.2、3.3.4—5);POxy,1798.fr.44 还提到亚历山大在高加米拉也呼唤泰提斯女神(阿溪里斯的母亲);普鲁塔克,《道德论丛》,329C;《奥德赛》,5.11。

第六章 帝国的分裂与安提帕特占领希腊（公元前323—前321年）

第一节 第一次继承人之战

643 当亚历山大知道他快死时，他已不能言语。他能做的只是把他的指环赐给帕尔狄卡斯。在他死后一天，由国王最亲近的"伙伴"和将领召开了议事会。在他们面前，帕尔狄卡斯把指环放到宝座之上。由于罗克萨涅将要生子，帕尔狄卡斯就提议假若生下的是男孩，就立他为王，未生之际他们可以等待。这个决定要由马其顿人做出，他们在此代表着马其顿人民，于是就把这一建议提交他们讨论。骑兵们支持帕尔狄卡斯，但步兵们反对，他们不愿让一位波斯妇女生的孩子做马其顿之王而要拥立腓力普之子阿尔希达攸斯（现在已改名为腓力普·阿尔希达攸斯）。军队几乎立即就会火并大打起来，骑兵站在帕尔狄卡斯一边，步兵则由米列阿吉率领。但欧门尼斯出来调解而避免了流血，达成了以下妥协：腓力普仍为王，如罗克萨涅生下男孩儿（她确于公元前323年8月生一男孩儿），两人就并立为王。由于腓力普不能理事，克拉提努斯就被任命为他的顾问和侍卫；帕尔狄卡斯指挥在亚洲的军队，米列阿吉为其副手；安提帕特继续任马其顿的将军。随后便在一个平原上进行了军队的清洗，帕尔狄卡斯凭靠其统率骑兵和战象的有利条件制伏了步兵，逮捕了米列阿吉的支持者，把他本人和支持者都杀掉了。帕尔狄卡斯立即再次召集议事会，随他的意决定了各省总督的人选。这是亚历山大死后仅仅六天的事。他的遗体已上药防腐，决定运回马其顿葬于诸王陵墓之中。①

亚历山大和他的马其顿军威信之大使亚洲各族没有立即起义。但他在死后留下了好几十万善战的军队，马其顿人、希腊人、亚洲人都有，而且还有一大批能干而有野心的将领，以及分散在帝国各地的大量财物。眼前是帕尔狄卡斯掌权，因为他指挥着全军的主力，这就代表着马其顿人民，他还控制了国王腓力普三世的行动。他的第一个任务是平定在巴克特利亚聚集闹事的希腊雇佣兵，当时他们已自行结成一支据估计约有 3 000 名骑兵和 20 000 名步兵的部队，正走在回家的路上。他们被一支更大的马其顿部队截住，在马其顿和亚洲骑兵的优势兵力下被逼投降，后来就被马其顿人背信弃义地杀掉了。帝国的最多事之区就是小亚细亚，那儿有卡帕多西亚的闹独立的统治者阿里阿拉提斯一再作乱，威胁到通欧洲的交通线。帕尔狄卡斯于是任命两位在小亚细亚带兵的将领安提贡努斯和列奥那图斯会同欧门尼斯去征服卡帕多西亚。他们两人都拒绝从命。在希腊的拉米亚战争已困住了安提帕特，后来又使列奥那图斯死于帖撒利，这样一来，确保通欧洲的道路就

---

① Curt. 10. 6. 10；D. S. 17. 117. 3、18. 2—4. 由于 D. S. 18. 4 所提供不可信，我们不在文中讨论。

更为必要了。在公元前322年春天,帕尔狄卡斯就率领主力和腓力普三世从巴比伦出发,侵入卡帕多西亚,杀掉了阿里阿拉提斯。他随即要全军公认他是两位国王——腓力普三世和亚历山大四世的摄政。但他仍得想法让各位将领听他的话。

他的敌人都联合起来反对他。安提帕特和克拉提努斯(当时正在结束拉米亚战争),手下约有40 000人;安提贡努斯率领安提帕特的部分舰队在卡利亚登陆,埃及省长托勒密则有一支陆海大军。帕尔狄卡斯分兵迎击。一支在欧门尼斯指挥下的军队引出克拉提努斯并败之于小亚细亚,与此同时,安提帕特南进支援托勒密。帕尔狄卡斯带着主力部队和两位国王抢先一步到达埃及,但他渡尼罗河没有成功,损失甚大。陆军哗变,帕尔狄卡斯在军帐中被杀,叛军愿奉托勒密为司令,以继帕尔狄卡斯之位。托勒密为了让给安提帕特而加以拒绝,安提帕特这位腓力普和帕尔门尼奥的同事终于就任(公元前321年6月)。在安提帕特于公元前319年初去世之前,他一直以武力和他的人格力量维持帝国和军队的统一,但自此以后,帝国就最后地、无可挽回地分裂了。

托勒密比其他任何将领都更能洞察当时的形势。他从帕尔狄卡斯手下受命治理埃及,随后即排除克列奥门尼,并吞了昔兰尼,吸收了许多马其顿人和希腊人为其服务。当亚历山大的遗体在公元前322年由巴比伦运往马其顿时,托勒密设法把车驾从大马士革绕道埃及,并在亚历山大里亚修建了一座宏伟的陵墓;在那里建立了对亚历山大的官方崇拜礼仪,托勒密和亚吉阿代王族的亲属关系也一再被强调。到公元前321年时埃及已是一个独立王国,既能抵御帕尔狄卡斯,也能违抗安提帕特。它是希腊化君主国的先驱,在这类国家中,一个马其顿人的国王主要依靠马其顿人和希腊人的行政官吏和士兵进行统治,希腊城市则在专制国家内发展一种自治市和国际都市的特色。亚历山大里亚很快就成为一种新型的希腊文化的中心,在其中产生了提奥克里图斯的田园诗、卡利马库斯的学术诗文,和罗得斯岛的阿波罗尼乌斯的做作的史诗。托勒密王朝的寿命也最长。最后一个托勒密王、克娄奥帕特拉和恺撒之子,名为托勒密·恺撒,是按屋大维之命于公元前31年被处死的。但那种新型的希腊文化仍继续存在,成为罗马帝国内一支起着文明化作用的力量。

第二节 拉米亚战争

在所有知悉亚历山大的民族中,希腊本土的人民是最不为其个性感动的。在他们眼中他是个马其顿人,底比斯的攻陷者,那个由能干而又残暴的安提帕特代理的国王。他们从来没有真心诚意在亚历山大的征战中合作过,希腊-马其顿文明这类的词他们连想都没有想过。许多人以及某些阶级对马其顿带来的有利于经济发展的和平局面以及马其顿势力扩张所提供的机会是有所感激的;这种感激的声音可从复归故国的流亡者和巴比伦的城邦使团中听到。假若亚历山大本人亲临希腊,以他的宽宏大量和对希腊利益的关怀,可能使事态的发展倾向于和解。但事与愿违,亚历山大死于异国,而各将领之间的争权夺利似乎已为摆脱安提帕特的统治提供了机会。

雅典人民对亚历山大的权威毫不在意。他们只在被催促去解决给予亚历山大神明荣誉和接受流亡者回国等问题时遇到一些麻烦。德谟斯提尼和德马代斯最初是主张反对,德谟斯提尼还被任命为派往公元前324年奥林匹克节庆会的使团长。但他进一步了解形势以后觉得还是以接受上述问题为好,德马代斯后来也改变了主意。然而,希帕里底斯却仍然坚持反对。在亚历山大去世之前,阿雷乌泊果斯议事会向人民大会报告:丢失的哈尔帕努斯的财物有些已发现藏于德谟斯提尼、德马代斯等人身上。德谟斯提尼和德马代斯被判定各接受了20塔连特贿金。德谟斯提尼被捕入狱,除非他交出50塔连特罚款才可获释,德马代斯则被剥夺公民权但没有被逮捕。德谟斯提尼的罪名显然是没有什么疑问的。他的动机可能是为公而非为私(就像在公元前336—前335年时那样);但即使这情况为人所信,他在亚历山大在世之时仍难获释,因为亚历山大正是被窃财物的原主。德谟斯提尼从狱中逃了出来,在卡拉鲁里亚住下,向雅典当局上诉请免,终不见效。

亚历山大去世的消息较早就被列奥斯提尼斯知道了,他是雅典人,一支从亚洲退回来的8 000名雇佣兵的头目,当时正驻扎在南部拉哥尼亚的塔奈隆。他在雅典和议事会做了秘密协定,议事会给予他50塔连特和一些武器,同时派出使节到埃托利亚。当亚历山大的死讯无可置疑时,希帕里底斯就在人民大会上支持起事反抗马其顿的提议,德谟斯提尼也从卡拉鲁里亚写信声援。各富裕阶级和弗西昂反对这个提议,但各贫苦阶级热情洋溢地要保护"希腊的普遍自由"和驱逐马其顿驻军。吕库古的理财天赋已使雅典国家的资财超过了公元前431年的水平(吕库古死于公元前324年);每年收入高达1 200塔连特,国库储金则有18 000塔连特。舰队名义上的兵力为400艘船只,年轻人至少从公元前334年起就接受军训。雅典不仅花了大量金钱从事市政建设,又修筑了城防工事。因此人民大会决定装备240艘战舰,从阿提卡派出一支500名骑兵、2 000名雇佣兵,还有从七个部落挑出的年龄在40岁以下的重装步兵——后来实际开拔的数目是5 000人左右。①

雅典的这个决定并没得到各阶级的赞同。正如亚里士多德所指出的,这个太平繁荣的时期并未用之于改善贫苦阶级的境遇;因此贫富之间的鸿沟不是缩小而是扩大,例如,在粮食问题上,一方面是富人投机倒把的机会日增,一方面就是穷人为粮价飞涨受苦。穷人的不安表现在公元前336年通过的一道法令里,其中规定任何雅典人或者阿雷乌泊果斯议事会的成员,如图谋或赞助推翻民主政府而有利于僭主和寡头派时,就要受极重的惩罚。雅典人的士气在恰龙尼亚战败之后已经大为颓丧,而一个雇佣兵头目和马其顿代理人发动政变的危险在当时看来是相当实在的。与此同时,最穷苦阶级在人民大会所拥有的多数从公元前338年起可能有所削减;因为不少穷人可能都已跑到亚洲和埃及谋生去了,另外一些人又在公元前325—前324年间出航到亚得里亚海岸建立了一个殖民点。正如后来的事实所表明的那样,现在雅典已缺乏足够人力来开动一支240艘船的舰队。但党派之见很深,民主派领袖皆主战,但正像他们过去常做的那样,他们对成功的条件并未做

---

① D. S. 18. 8; Hyp. 1. 31; Din. 1. 1; 普鲁塔克,《德谟斯提尼传》,25—27; 波桑尼亚,1. 29. 16; *GHI* 204。

仔细估量。不少雅典人和客籍人士——其中包括亚里士多德——都由于亲马其顿的罪名而遭到迫害,有的被处死,有的被迫逃出雅典。当主战决议通过后,雅典人民大会就决定付给德谟斯提尼50塔连特(他可以此交作罚款),并召他回到雅典。①

在公元前323年10月,列奥斯提尼斯率领一支雇佣军进入埃托利亚,从埃托利亚联盟又得到7 000名士兵,并和弗西斯及罗克里军会合。他随后占领了温泉关。雅典军队开出与他会合,但为彼奥提亚人所阻,这些彼奥提亚人得到一些马其顿人和优卑亚人的支持,列奥斯提尼斯不得不派出援军帮助雅典人冲破阻拦。与此同时,雅典使节游说希腊各邦,要求组成联盟。当时安提帕特处境困难,因为他先前已把大量增援兵员送给亚历山大,现在只好向在西里西亚的克拉提努斯紧急求援(他手下还有10 000名马其顿老兵),也向赫勒滂海岸的弗里吉亚总督列奥那图斯求援。但在希腊联盟军组成之前,安提帕特已带着600名骑兵和13 000名步兵南下,伴随的可能还有一支110艘三桨座船两舰队,那是担任护航而新近回到马其顿的,此外,安提帕特还征集了帖撒利的部队。然而,当他邻近温泉关时,帖撒利骑兵逃跑了。在他们的帮助下,列奥斯提尼斯的22 500人的军队打败了安提帕特,把他驱赶到拉米亚,躲避在该城的坚固城垣之内。联盟军终于组成,参加者主要是中希腊山区各邦,琉卡斯人、卡利斯都斯人等;但雅典舰队未能把优卑亚的其余地区争取过来,也未能切断马其顿与亚洲的交通。

---

① *GHI*,196.1.4(谷物短缺);*Hesp*. 21. 355(反僭主法令);*GHI*,200(移民);Athen. 697a(亚里士多德);Euseb. *Praep. Evang*. 15. 2。

阿尔戈斯、西夕温、伊利斯和美塞尼亚宣布拥护联盟，但伯罗奔尼撒其余各邦和各海岛仍作壁上观。

联盟军成员称这次战争为"希腊之战"。他们建立了一个指挥会议，每一分遣队有自己的司令官并接受列奥斯提尼斯为全军总司令。列奥斯提尼斯陆上掌握主动，但他未能攻下拉米亚而只把它包围了起来。当双方谈判时，列奥斯提尼斯要求无条件投降，安提帕特拒绝。随着冬天的到来，埃托利亚人回国从事政务去了，列奥斯提尼斯在一次突袭时阵亡。他的继任人安提菲努斯是个雅典人，没有能力把联盟各军团结在一起。与此同时，雅典在海上仍未得手。马其顿人甚至攻掠了阿提卡沿岸的拉木鲁斯，弗西昂把他们赶走了，但雅典舰队驶入赫勒斯滂后仍未争取到什么盟友。马其顿在色雷斯的司令官莱西马库斯虽受困于奥德律西亚人的起义，但东方增援之路仍能畅通。

公元前323年春天，列奥那图斯率军渡过海峡，在马其顿把他的军队补充到2 500名骑兵、20 000名步兵，然后进军直入帖撒利。安提菲努斯仍留在拉米亚城外。这时埃托利亚人还未回来，安提菲努斯的军队约有3 500名骑兵和22 000名步兵。他抽兵解除围城而在平原攻击列奥那图斯，并用他的优势骑兵打败了列奥那图斯的部队，列奥那图斯本人亦被杀。然而，马其顿军在退入山地后却重振旗鼓，并和突围而出的安提帕特会师，由此退回到了马其顿。在那里，安提帕特等着克拉提努斯带第三支军队到来。现在，只有希腊舰队才能扭转战局了。但是，克莱图斯率领的第二支马其顿舰队却在阿拜多斯打了一个大胜仗，控制了海峡，和安提帕特的舰队会了师。170艘船的雅典舰队现在已处于劣势了。

648　　公元前322年夏天,雅典舰队作战于阿摩尔戈斯,遭到失败。海战实际上已告结束,雅典且有被封锁的危险。9月,克拉提努斯和安提帕特会师,安提帕特指挥联合部队,共有5 000名骑兵,40 000多名重装步兵和3 000名轻骑兵,其中有1 000名波斯人。由于各分遣队不断回国,希腊军队人数日减,在帖撒利的克拉隆决战时只有3 500名骑兵和25 000名步兵。安提菲努斯把他的精锐骑兵放在步兵横队之前,想以此打败敌方骑兵而包围敌之步兵;但是,一俟双方骑兵接战,安提帕特就率方阵兵进入战斗而把希腊步兵横队赶入崎岖地段,使骑兵对这些步兵难以为助。双方伤亡惨重。但希腊军终被包围;他们在崎岖地段可借防守阵势以自保,但不能突围。到第二天安提菲努斯和帖撒利骑兵司令提请达成一项和议。安提帕特拒绝以联盟军作为整体谈判,于是安提菲努斯取消和谈。安提帕特随后逐个占领了帖撒利的城市,和各邦分别以宽厚条款议和,最后只剩下雅典和埃托利亚仍在继续作战。①

　　由于埃托利亚人已回乡准备保卫国家,雅典就处于海陆方面都是孤立无援的困境。它比公元前338年或前335年的情况还要困难,而且它现在要与之打交道的不是腓力普和亚历山大(他们是愿意和解和合作的),而是一个决心要铲除它的抵抗势力的马其顿将军。安提帕特在彼奥提亚集中了他的军队。雅典恢复了德马代斯的公民权,派出他、弗西昂和其他人请求议和。安提帕特提出的条件是雅典若无条件投降,他就不派兵侵入阿提卡。他的条件被

---

① D. S. 18. 11—17;Just. 13. 5、13. 6. 9;*FGrH*, 156 F 1;*IG*, ii² 398、493;普鲁塔克,《德谟斯提尼传》,11. 3;*FGrH*, 239 B 9;普鲁塔克,《弗西昂传》,23—25;Hyp. 6。

人民大会接受了。在公元前 332 年的 9 月中旬,埃琉西斯的神秘祭仪开始之时,一支马其顿驻军开进城去占领木尼奇亚。奥罗普斯已由雅典退还彼奥提亚。萨摩斯的未来归帕尔狄卡斯决定,他已驱逐了雅典的军事移民,召回了萨摩斯人。雅典要缴纳赔款,由安提帕特建立了一个寡头派政府,他规定只有资财达 20 明那以上的人才拥有公民权。他们的数目被核实为 9 000 人。其余 22 000 人失掉了一切政治权利。那些曾鼓吹雅典参战的演说家都被交给安提帕特。在德马代斯倡议下,人民大会通过决议,对希帕里底斯、德谟斯提尼和其他人以叛国罪判决死刑,但他们都已逃离雅典市。安提帕特部下执行这一判决。德谟斯提尼在卡拉鲁里亚的波赛冬神庙被找到了。他服了毒,准备离开神庙以免污渎圣台,但在祭台边倒毙。这样一来,雅典的自由就在公元前 322 年结束了,比公元前 404 年时还要悲惨。①

安提帕特从雅典继续前进,来到伯罗奔尼撒,那里的亲马其顿党派已在各邦中得势。一个名叫迪那尔库斯的雅典演说家在科林斯被委派为马其顿总督,有权统辖全部伯罗奔尼撒。他的温和确实曾受人称赞,但他的到来标志着一个马其顿保护国的建立。埃托利亚人比雅典人反抗得更为顽强坚决。他们的 10 000 名公民

---

① D. S. 18. 18;普鲁塔克,《弗西昂传》,25—28;《德谟斯提尼传》,28—30;*FGrH*,156 F 9;Plb. 9. 29。9 000 的数目对于拉米亚战争时的雅典是合适的。据 D. S. 18. 18. 5 之说,则被剥夺公民权的人有 22 000 之多,《弗西昂传》28. 7 中则说有 12 000 人。这两个数字中有一个是笔误或估计有误,据战时出动兵船所计,无论是计划中的 240 只和到达阿摩尔戈斯的 170 只都需配备兵员 40 000 或 30 000 人,由此可见 22 000 之数是可信的。这也同估计公元前 322—前 313 年共有 21 000 公民移居国外之数相符(参看附录 6)。

军队逃入深山和多两倍的敌军苦战。安提帕特想在公元前322—前321年冬天以饥饿困死他们,但帕尔狄卡斯在亚洲的活动妨碍了他。他就用宽厚的条件和埃托利亚联盟议和,从而把拉米亚战争全部了结。①

第三节 不同的自由观念

个人的自由,因为是基于自我尊重之上,可能在思想或心灵上都是绝对的。公民的自由,因为是基于政治上的自我表现,就相对于其他公民的需要与权利。至于奠基在自主自为之上的国家的自由,也就相对于其他国家的需要与权利。例如,在雅典,公民各阶级享受政治自由一直到拉米亚战争之末,其中只公元前404—前403年例外,而马其顿人则直到罗马在公元前197年强加条约以前始终享有政治自由。公元前4世纪的主要希腊城邦到公元前338年时仍一直认为,城邦之间的政治自由意味着统治较弱各邦之权,例如在较弱各邦中安置傀儡政府、派驻军队、收纳贡金,极端情况下甚至可给予屠城的绝罚(andrapodismos)。斯巴达、雅典、底比斯与其说关怀自治不如说醉心"霸权",即对其他城邦的控制。但与此同时,另一不同的自由观念发展起来了,它认为各邦可以自由合作,自理内政而无须强加或接受傀儡政府、驻军与纳贡。那些较大的联合邦,以及在开始时的第二次雅典同盟和公元前362—前361年的"城邦联盟"都在广阔的领域里实现了这一新的理想。

---

① D. S. 18. 24—25;Suid. *Deinarchos* 条。

腓力普在恰龙尼亚大捷之后更把它推进了一步。他给希腊各邦一个自由和自治政府的章程，以合作和互相尊重为条件，亚历山大也在公元前336年效法他的榜样。在某些城堡之中确实还有驻军，但这些措施是得到希腊联盟议事会认可的，而这个联盟正起着全希腊自主政府机构的作用。

公元前335年，底比斯要求的是那种老式的自由，亦即统治彼奥提亚其他城邦之权。由于它对此坚持不放，因此它的"彼奥提亚长官"拒绝了亚历山大的议和条件。底比斯的"屠城"是由希腊联盟议事会投票决定的，尤其是那些过去曾深受底比斯搞这种自由之苦的城邦，在议事会中投票最为踊跃。在拉米亚战争中，雅典和埃托利亚也声称是为"希腊各邦的自由"而战。假若人们认为马其顿将领是要推翻腓力普和亚历山大的政策，而雅典和埃托利亚又是在倡导各邦之间互相合作和尊重的自由的话，它们是会得到普遍支持的。实际上响应者却很少。人们对萨摩斯的遭遇记忆犹新，他们也怕雅典又会把那老一套的自由摆弄起来。他们宁愿要腓力普和亚历山大曾扩展到他们头上的那种合作的自由。

历史家们可能会把一种形式的自由看得高于另一种，都依他们对军事实力、人道措施、经济繁荣、艺术天赋、社会正义的评价高低而定，或者依他们对诸如和平主义、"民主"、联邦主义之类的理想而定。政治家们却面临更为迫切和实际的任务，即在一个许多外邦外国的世界中如何保护他本国的利益，这不仅需要对什么是本国利益有明确认识，也需要了解其他外邦的利益。公元前335年的底比斯政治家肯定对亚历山大的势力知之甚少或全然误解，而对希腊各邦的感情也估计错误。公元前338—前323年的雅典政治家远不是清一色的。弗西昂等人相信，雅典的利益在当时情况下在于与希腊联盟和马其顿的合作。德谟斯提尼、希帕里底斯等人则眷恋于雅典的老式自由，也就是可以统治他人的自由，他们还认为当时世界各邦的形势可为此提供成功的机会。公元前323年终于证明他们的估计错了。他们的作为并未得到普遍支持。他们错误估计了自己的实力。国内既不团结、战场上又无纪律、依靠雇佣兵、轻易自认失败等都使他们远非马其顿强权的对手。要说德谟斯提尼在公元前338—前332年比弗西昂更有资格称为政治家，显然是没什么道理的。

在民主政治的危机时期，往往会产生出一位看来比其自身品质还要伟大一些的领袖。德谟斯提尼一生自始至终都是这样一个领袖：他的野心无所顾忌，对敌手恨之入骨，处世圆滑，为自己利益争吵不休，具有艺术天赋和聪明智慧，但没有军事上的勇毅，不信实力而希求侥幸，死心维护雅典的传统"自由"，为实现他的目的自己甘愿接受任何牺牲，也不惜牺牲别人。他的早期演说坦率表明了他有关雅典已在或准备在当代世界实行的那种自由的概念。在公元前350—前338年，他为这一自由战斗得顽强、勇敢而又机智，他力求保持住那既能驱逐腓力普而又不至暴发公开战争的"剃刀边缘"政策。在有关腓力普的最终目的和他的自由观念上，他持有和欧布鲁斯、埃斯奇尼、弗西昂等人不同的看法。但他的政策可能是奠基于对马其顿统治当代世界以后的终极效果的深刻认识之上。当腓力普没有剥夺雅典的自治权，甚至不对其舰队、陆军或财政妄加侵犯时，德谟斯提尼和他的支持者们已不能使他们自己改变看法。他叫喊道："腓力普此后的慈悲只是一种伪装，你们这些幸运的人民也可借此得些利益,但我要考虑其他问题。"①在公元前330年,吕库古说希腊的自由已随恰龙尼亚的阵亡将士同时埋葬时,他谈到的德谟斯提尼的想法以及他的那种自由,并非在希腊联盟的体系之内的自由。

在公元前338—前322年,德谟斯提尼面临着一个新世界,因为马其顿的势力再也不能否认了。要么就是和希腊联盟类型的自由以及征服波斯的事业合作,要么就是反抗希腊联盟及马其顿而自招惨祸。德谟斯提尼在公元前335年是劝说底比斯头领和雅典人民进行反抗的。接着底比斯陷落了,但雅典在当时及以后都得到了"慈悲"的对待。德谟斯提尼仍然主张反抗,先是在人民中以比他不出名的支持者远为小心的姿态如此主张,最后在公元前323年就像他们一样地放肆和愚蠢。这一次对德谟斯提尼和雅典都再没有什么"慈悲"。安提帕特效法斯巴达在公元前404年所做的那样来表示马其顿的胜利和马其顿的自由,然而即使这样,也不如雅典对米洛斯、塞斯都斯和萨摩斯那样残酷。

在这些年代里,决定了一个比雅典的自由范围更为重大的问题。腓力普采用了新的自由观,连同它的自主自治和合作的原则,把它们扩及希腊各邦。亚历山大还想在东方也照样办。在他们政策实行的初始阶段,一定的军事保护是必要的;因为世界并不会自动转向一种新观念和新措施。他们都差不多快要成功了,然而死亡干扰了大业。希腊和马其顿在血统和文化上是相近的;假若它们在腓力普作为希腊联盟"盟主"和马其顿国王的领导下联合起

---

① 德谟斯提尼,18,231。

来，那么希腊-马其顿时代将是一个现实而非历史家的标语。假若亚历山大活得长久，马其顿和伊朗的合作可能兴旺，他的天才甚至会实现马其顿和希腊的合作以抵御罗马的武力。结果事与愿违。马其顿诸将在公元前322年背弃了腓力普和亚历山大的政策。安提帕特在公元前331年作为亚历山大的代理时，曾把叛乱事件交付希腊联盟议事会处理。在公元前322年他不再理会它。联盟和使它诞生的那种政策一同寿终正寝了。安提帕特对雅典的处置以及在伯罗奔尼撒派驻一支马其顿军队表明，希腊人作为一个民族曾享有千年之久的自由已经结束。

附　录　1

有关本书第一卷的考古资料的简略参考书目

基本参考：*The Cambridge Ancient Histoy*³, I. i—Ⅱ. ii（《剑桥古代史》，第 3 版，第 1 卷第 1 分册至第 2 卷第 2 分册）；E. Vermeule, *Greece in the Bronze Age*（维尔慕勒：《希腊的青铜时代》）。

阿尔卡狄亚地区：E. J. Holmberg, *The Swedish Excavations at Asea in Arcadia*（荷尔姆贝格：《瑞典考古队在阿尔卡狄亚的阿赛亚的发掘》）。

阿尔戈斯地区：H. Schliemann, *Mycenae*; *Tiryns*（舍利曼：《迈锡尼》《梯林斯》）；A. J. B. Wace, *Mycenae*（瓦斯：《迈锡尼》）；*BSA*25 及 48—52 期的专文；G. E. Mylonas, *Mycenae and the Mycenaean Age*（迈隆纳斯：《迈锡尼与迈锡尼时代》）；*Hesperia* 23—27 期的文章（有关勒尔那）；A. W. Persson, *The Royal Tombs at Dendra near Midea*（派尔逊：《美地亚附近的登德拉的王陵》）；C. W. Blegen, *Prosymna*（布力根：《普罗西姆纳》）。

阿提卡地区：*The Athenian Agora*（《雅典人的市场》）；H. A. Thompson and R. E. Wycherley, *The Agora of Athens*（汤普逊及威泽莱：《雅典市场》）；C. W. Blegen in *Athenian Studies to W. S. Ferguson*（布力根在《献给弗格逊的雅典研究》上发表的文章）；W. Kraiker and K. Kubler, *Kerameikos*（克赖克及库布勒：《雅典陶区》）；F. H. Stubbings, *BSA*, 42.1（斯突宾斯发表于 *BSA* 42 期的文章）；V. R. D. A. Desborough, *Protogeometric Pottery*（德斯波罗：《几何形风格陶器》）；G. E. Mylonas, *Agios Kosmas*（迈隆纳斯：《阿吉奥·科斯马》）；Sp. Iakovides, *Perati*（雅可维德斯：《佩拉提》）。

彼奥提亚地区：H. Goldman, *Excavations at Eutresis*（戈尔德曼：《欧特列西斯的发掘》）；H. Bulle, *Orcbomenos*（布勒：《奥科美努斯》）。

卡尔西狄斯地区：G. E. Mylonas, *Olynthus*（迈隆纳斯：《奥林图斯》）。

科林斯地区：C. W. Blegen, *Korakou*; *Zygouries*（布力根：《科拉郭》和《齐古里

斯》);T. J. Dunbabin, *JHS* 68.59(敦巴宾发表于 *JHS* 68 期的文章);H. Payne, *Perachora*(派因:《伯拉可拉》);*Hesperia* 29 期;S. S. Weinberg in *Corinth* Ⅶ(温伯格发表于《科林斯》第 7 期的文章)。

克里特岛:Sir Arthur Evans, *Palace of Minos*; *Scripta Minoa*(伊文斯:《米诺斯王宫》和《米诺斯文字》);J. D. S. Pendlebury, *Archaelogy of Crete*(奔德尔布雷:《克里特考古》);R. W. Hutchinson, *Prehistoric Crete*(赫欣逊:《史前的克里特》);H. T. Bossert, *Altkreta*(波塞尔特:《古代克里特》);P. Demargne, *La Crete dedalique*(德马尔涅:《克里特的迪达里克时代》);Demargne with H. Gallet de Santerre, *Manllia*(维马尔涅与加莱·德·桑铁雷:《马利亚》);K. Branigan, *The Foundations of Palatial Crete*(布兰尼根:《王宫时代克里特的基础》);S. Marinatos and M. Hirmer, *Crete and Mycenae*(马林纳托斯与希尔墨:《克里特与迈锡尼》);F. Matz, *Kreta. Mykene, Troja*(马兹:《克里特、迈锡尼与特洛伊》)。

塞浦路斯岛:E. Gjerstad, *The Swedish Cyprus Excavations*(格耶斯塔:《瑞典考古队在塞浦路斯的发掘》);*Opuscula Archaeologica*,3.107(《考古发掘》第 3 卷,第 107 期);E. Sjöqvist, *Problems of the Late Cypriot Bronze Age*(斯何格威斯特:《塞浦路斯晚期青铜时代研究》)。

伊庇鲁斯地区:N. G. L. Hammond, *Epirus*(哈蒙德:《伊庇鲁斯》)。

伊达卡岛:*BSA*32f.(*BSA*32 期的文章)。

拉哥尼亚地区:R. M. Dawkins, *The Sanctuary of Artemis Orthia*(道金斯:《奥尔提亚的阿尔蒂美斯神祠》);*BSA*55 期及 57 期。

列斯堡岛:W. Lamb, *Excavations at Thermi in Lesbos*(兰勃:《列斯堡岛的特尔美遗址的发掘》)。

琉卡斯:W. Dörpfeld, *Alte-Ithaca*(杜普菲尔德:《古代的伊达卡》)。

马其顿:W. A. Heurtley, *Prehistonc Macedonia*(赫尔特莱:《史前的马其顿》);N. G. L. Hammond, *History of Macedonia*(哈蒙德:《马其顿史》)。

米洛斯岛:T. D. Atkinson, *Excavations at Phylakopi*(*JHS* Suppl. Papers 4)(阿特金逊:《菲拉科皮发掘》,*JHS* 附刊 4 期)。

美塞尼亚:C. W. Blegen and M. Rawson, *The Palace of Nestor at Pyros in Western Messema*(布力根与劳生:《美塞尼亚西部的派罗斯的涅斯托王宫》);N. Valmin, *Swedish Messenia Expedition*(瓦尔明:《瑞典考古队在美塞尼亚的考察》)。

罗得斯岛：*Opuscula Archaeologica* 6(《考古发掘》第 6 期); *Clara Rhodos*(《罗德岛考古》)。

塔尔苏斯：H. Goldman, *Tarsus*(戈德曼:《塔尔苏斯》)。

帖撒利地区：A. J. B. Wace and M. S. Tompsan, *Prehistoric Thessaly*(瓦斯与汤普逊:《史前的帖撒利》)。

特洛伊：H. Schliemann, *Ilios*(舍利曼:《伊利昂》); C. W. Blegen, *Troy*(布力根:《特洛伊》)。

乌加里特：C. F. A. Schaeffer, *Ugarita*(夏菲尔:《乌加里特》)。

语言与方言：M. G. F. Ventris and J. Chadwick, *Documeuts in Mycenaean Greek*[2](温特里斯与柴德威克:《迈锡尼希腊文献》,第 2 版); L. R. Palmer, *Myeenaean Greek Texts*(帕尔墨:《迈锡尼的希腊文史料》); C. D. Buck, *Greek Dialects*(布克:《希腊方言》)。

武器：H. L. Lorimer, *Homer and the Monuments*(罗里墨:《荷马与文物》); A. M. Snodgrass, *Early Greek Armour*; *Early Greek Arms and Weapons*(斯诺格拉斯:《早期希腊铠甲》;《早期希腊的兵器与武器》)。

有关基本参考书目可见《剑桥古代史》第 3 版,第 1 卷至第 3 卷各分册的详尽书目：H. Bengtson, *Giechische Geschichte*[2] in Handbuch der Altertum swissenschaft, 1960(H. 本格森:《希腊史》,第 2 版,古代史学手册,1960)。

附 录 2

公元前13世纪—前12世纪的纪年

§1. 对于特洛伊战争及与其有关的交战双方活动的年代,希腊的作家们所提供的时间不尽相同。希罗多德大概将战争定在约公元前1280—前1260年(2.145.4:赫拉克勒斯在他那个时代之前九百年,约公元前1350—前1330年。伯罗普斯之子大致在他之前八百年),约公元前1250—前1230年;赫拉克勒斯之后四代,多利亚人入侵拉哥尼亚,约公元前1190—前1170年;(参见伪希罗多德的《荷马传》538页以下,该处将特洛伊陷落定在公元前1270年)。修昔底德定在约公元前1220—前1200年(5.122.2:多利亚人在公元前416年之前七百年就占领了米洛斯,即约公元前1116年;1.12.3:特洛伊陷落八十年后,多利亚人入侵。在入侵了拉哥尼亚之后,可能迅速占领了米洛斯)。提奥庞普斯所提供的年代与修昔底德的近似(《希腊史家拾遗》115 F 205:特洛伊战争当盖革斯就任之时约公元前710年之前五百年,即公元前约1210年);亚里士多德的门徒迪卡依阿库斯也持此种看法。德谟克利特、埃佛汝斯、特拉希鲁斯、提麦斯及许多亚历山大学派的学者将特洛伊的陷落定为公元前1194年或公元前1184年。埃佛汝斯和其他人则把这个时间定得更迟(参见F. 雅科比《帕罗斯石碑》146以下)。

这些定期很可能是基于家谱,就如同那些斯巴达王的系谱一样(希罗多德,7.204和8.131)。对系谱的理解是依据所估计的一代的时间,希罗多德在估算特洛伊战争的时间时似乎将一代作四十年计(别处他以一代为三十年,如2.142.2)。后来的历史家大概认为这一算法将一代的时间算得太长。因为斯巴达王从阿尔卡美涅斯和提奥庞普斯到列奥尼达、列奥提齐达及德玛拉图斯平均一代为三十三年,吕底亚的麦尔姆娜达家族定一代为三十四年。阿尔克迈尼代家族也大致同此(普鲁塔克,《希腊问题》6.47)。在定居时代,人们正常于30岁结婚(赫西奥德,《工作与时日》,697—705;梭伦,断片,

19.9；柏拉图，《理想国》，460e 和《法律篇》，705b）；在较早的非定居时代，若从马其顿王在约公元前 485—前 323 年中的情况来看，则二十七年为一代。在我的书中，对于公元前 1300—前 1200 年这一时期是按三十年为一代估算的。在对希罗多德和修昔底德二者所提供的日期做取舍时，我们更相信后者。因为他对一代的估数不到四十年，并且他可能有其他材料根据（他关于特洛伊陷落后"六十年"和"八十年"彼奥提亚人和多利亚人入侵的说法几乎不可能是基于世系计算出来的）。因此，以这部分材料为证将特洛伊的陷落定在约公元前 1200 年最合适。

§2. 可以追溯到公元前的埃及和赫梯文献中有下列精确资料：对埃及的袭击在公元前 1221 年、前 1194 年和前 1192 年等；约公元前 1225 年"阿塔里希亚斯，一个亚恰耶伐人"袭击了塞浦路斯；若他是阿特留斯，则他的儿子阿加门农在约公元前 1200 年必已攻陷特洛伊，最早也不会在公元前 1210 年之前。如其不是阿特留斯，我们再回溯这些袭击，其中第一次主要来自利比亚。另外，公元前 1194 年和前 1192 年的袭击主要是北方来的移民造成的，他们可能在公元前约 1200 年毁灭了赫梯帝国。袭击者进入小亚细亚显然是由于特洛伊的陷落，关于从特洛伊回返的英雄们漫游的希腊传说正适合这袭击时期。赫梯的后来人中，弗里吉亚正是于特洛伊战后从欧洲来的（希罗多德 7.73；Xanthus，FHG. 1. 37. 8.）。希罗多德 1.7 把他们的到达定在约公元前 1221 年，但他年表中夸张的说法大概应推迟到公元前 1200 年之后的一个年代。

§3. 希罗多德 6.52 中把卡德美德家谱与赫拉克利达家系联系了起来。入侵拉哥尼亚的多利亚人首领阿里斯托德木斯之妻阿吉亚是德拉斯的姊妹。德拉斯正打算去德拉，以联合八世之前卡德莫斯在前往底比斯途中留在那里的亲属们（4.147）。希罗多德在卡德美德系谱（5.59 与 6.52）和赫拉克利达系谱中列出的名字与 4.147 中的八世相符，并与 5.59 中拉攸斯和阿姆菲特利昂同时代恰合。若按§1 的分析，并将德拉斯的成年期定在公元前 1130—前 1100 年，则卡德莫斯与他长大成人的侄子访问德拉及卡德莫斯到底比斯是在约公元前 1370—前 1340 年。希罗多德不仅给我们提供了卡德莫斯活动年代的资料，而且也指出了下列几点：卡德莫斯来自腓尼基，他随身带来了"腓尼基字母"，并在底比斯建立了一个王朝；他的王朝在劳达玛斯年代被后辈英雄所取代（5.61）。以同一计算系统来算，当为约公元前 1220—前 1190 年。在底比斯，卡德莫斯的宫殿中，发现了带有楔形文字铭刻的圆筒印。根据它所在的烧土层中的陶器看,年代当在"后希腊底ⅢB时期末"(1964.11.28.ILN.860报告)。有些圆筒印定年为喀希特王朝的布拉布里阿斯二世时期,即公元前1367—前1346年,进一步证实了卡德莫斯的活动年代。他的原籍、他选择居住的地方、"卡德美亚字母"以及约公元前1220—前1190年他的王朝之衰落,抱怀疑态度的人可以认为这任何一点证据是偶合,但他不能——或不该把这五点证明都看成是偶然的巧合。这些无比精美的圆筒印,显然是王室的收藏品——传家宝,由卡德莫斯所携带并在后辈英雄的劫掠中丢失。

§4. 在爱琴地区很少见到埃及器物,根据陶器等物的风格推算出的这一时期,考古学上的定年仅仅是近似数。特洛伊Ⅶ.A的陷落在晚期希拉底Ⅲ.B结束之前,大部分考古家将这一时期定为约公元前1230—前1180年,被约公元前1192年的大袭击所毁的乌加里特和其他叙利亚遗址中所现存的晚期希拉底B陶器表明,当时晚期希拉底B正在当地风行。约公元前1191年之后隔了不知多久,菲利斯汀定居于南巴勒斯坦,当年他们在埃及边界被打败,他们的陶器显示出晚期希拉底C陶器的影响。这样看来,晚期希拉底C可能在约公元前1180年已开始。这个年代与塔尔苏斯的建立相合(见本书边码73—74页),那里曾发现了晚期希拉底B向晚期希拉底C转变时期的陶器。晚期希拉底B后期包括了底比斯之衰、特洛伊之陷及从特洛伊返回期间塔尔苏斯之建立,因此可以定年在约公元前1220—前1180年。总之,最好接受修昔底德的观点和埃及与赫梯文献中的证据,将特洛伊之陷定在约公元前1200年。

附 录 3
公元前 8 世纪—前 6 世纪的殖民表

大多数殖民地的建立日期是近似数,括号内的日期是一个殖民地重建的日期(都属公元前)

黑海及其附近地区的殖民地

殖 民 地	创 建 者	年代 (公元前)
Abydus 阿比多斯	Miletus 米利都	675
Amisus 阿米苏斯	Miletus, Phocaea 米利都,弗卡亚	8 世纪(560)
Apollonia Pontica 朋提卡的阿波罗尼亚	Miletus, Phocaea,? Rhodes 米利都,弗卡亚,罗得斯	609
Apollonia Rhyndacia 雷恩达西亚的阿波罗尼亚	Miletus 米利都	
Arisbe 阿里斯比	Miletus, Mitylene 米利都,密提林	
Artace 阿塔色	Miletus 米利都	
Astacus 阿斯塔库斯	Megara 麦加拉	712
Bisanthe 比山得	Samos 萨摩斯	
Bizone 比仲尼	Ionians and natives 爱奥尼亚人和本地人	
Borysthenes 波利斯提尼斯	Miletus 米利都	
Byzantium 拜占庭城	Megara 麦加拉	660

续表

殖 民 地	创 建 者	年代（公元前）
Callatis 加拉提斯	(1) Miletus 米利都	
	(2) Heraclea Pontica 赫拉克利亚·朋提卡	6世纪后期
Cerasus 色拉苏斯	Sinope 西诺普	
Chalcedon 加尔西顿	Megara 麦加拉	676
Chersonesus 刻尔索苏斯	Megara 麦加拉	5世纪
Cius 西攸斯	Miletus 米利都	628
Colonae 科龙奈	Miletus 米利都	
Cotyora 科提奥拉	Sinope 西诺普	
Cromna 克罗姆那	Sinope 西诺普	
Crouni 克罗尼	Ionians and natives 爱奥尼亚人和本地人	
Cytorus 夕托鲁斯	Sinope 西诺普	
Cyzicus 夕奇库斯	Miletus 米利都	756(676)
Dascylium 达西利昂	Miletus 米利都	
Dioscurias 狄奥库斯利斯	Miletus 米利都	6世纪后期
Heraclea Pontica 赫拉克利亚·朋提卡	(1)Miletus 米利都 (2)Megara 麦加拉	560
Heraeum Teichos 赫拉依昂·太可斯	Samos 萨摩斯	
Istrus 伊斯特鲁斯	Miletus 米利都	656
Lampsacus 朗普萨库斯	Phocaea 弗卡亚	654
Mesembria 梅辛布利亚	Megara 麦加拉	
Miletopolis 米利托波利斯	Miletus 米利都	
Myrlea 迈尔列亚	Colophon 科罗丰	
Niconium 尼科尼昂	Miletus 米利都	
Odessus 奥德萨	Miletus 米利都	560
Olbia 奥尔比亚	Miletus 米利都	644

续表

殖 民 地	创 建 者	年代（公元前）
Ophiousa 奥菲依奥萨	Miletus 米利都	
Paesus 派苏斯	Miletus 米利都	
Panticapaeum 潘提卡佩	Miletus 米利都	600
Parium 帕里昂	Paros, Erythrae,? Miletus 帕罗斯,厄律提亚,米利都	710 658
Perinthus 佩林托斯	Samos 萨摩斯	601
Phanagoria 法那哥里亚	Teus 太攸斯	540
Phasis 法奇斯	Miletus 米利都	6世纪
Pityus 皮提乌斯	Miletus 米利都	
Priapus 普里亚甫斯	Miletus 米利都	
Proconnesos 普罗克涅苏斯	Miletus 米利都	675
Ptereum 普特雷昂	Sinope 西诺普	
Selymbria 色林布利亚	Megara 麦加拉	7世纪
Sinope 西诺普	Miletus 米利都	770(657,630)
Theodosia 迪奥多西亚	Miletus 米利都	600
Tieum 蒂厄昂	Sinope 西诺普	630
Tomis 托米斯	Miletus 米利都	6世纪
Trapezus 特拉皮祖	Miletus 米利都	756
Tyras 提拉斯	Miletus 米利都	656

北爱琴海的殖民地

殖 民 地	创 建 者	年代（公元前）
Abdera 阿布德拉	(1)Clazomenae 克拉佐美尼	654
	(2)Teus 太攸斯	540
Acanthus 阿堪图斯	Andros 安德鲁斯	655
Aenus 埃努斯	Aeolians 埃奥利亚	
Alopeconnesos 阿罗佩孔尼苏斯	Aeolians 埃奥利亚	

殖 民 地	创 建 者	年代（公元前）
Argilus 阿尔基鲁斯	Andros 安德鲁斯	654
Cardia 卡尔迪亚	Miletus, Claznmenae 米利都，克拉佐美尼	
Datum 达图姆	Thasos 塔索斯	
Dicaea 迪凯亚	Eretria 厄律特利亚	
Galepsus 伽利普苏斯	Thasos 塔索斯	654
Limnae 利姆那	Miletus 米利都	
Madytus 马迪图斯	Aeolians 埃奥利亚	
Maronea 马隆涅亚	Chios 奇奥斯	
Mende 曼德	Eretria 厄律特利亚	730
Methone 米冬	Eretria 厄律特利亚	730
Neapolis 那不勒斯	Thasos 塔索斯	
Oesyme 奥西密	Thasos 塔索斯	654
Potidaea 波蒂代亚	Corinth 科林斯	600
Sane 沙尼	Andros 安德鲁斯	655
Scapte Hyle 斯卡彼·希来	Thasos 塔索斯	6世纪后期
Scione 斯奇温	Achaea 亚该亚	700
Sestus 塞斯都斯	Aeolians 埃奥利亚	
Stagirus 斯塔基鲁斯	Andros 安德鲁斯	655
Stryme 斯特累梅	Thasos 塔索斯	
Thasos 塔索斯	Paros 帕罗斯	710
Torone 托隆	Chalcis 加尔西斯	710

西北希腊及伊利里亚的殖民地

殖 民 地	创 建 者	年代（公元前）
Ambracia 安布拉西亚	Corinth 科林斯	约625
Anactorium 安那克托利昂	Corinth, Corcyra 科林斯，科尔西拉	约625

续表

殖 民 地	创 建 者	年代（公元前）
Apollonia Illyrica 伊利里亚的阿波罗尼亚	Corinth 科林斯	约 600
Boucheta 波切塔	Elis 伊利斯	
Chalcis 加尔西斯	Corinth 科林斯	约 700
Corcyra 科尔西拉	(1)Eretria 厄律特利亚	8 世纪
	(2)Corinth 科林斯	733
Corcyra Nigra 科尔西拉·尼戈拉	Cnidus 克尼都斯	6 世纪
Elatria 尼拉特利亚	Elis 伊利斯	
Epidamnus 依庇丹努	Corcyra 科尔西拉	627
Leucas 琉卡斯	Corinth 科林斯	约 625
Macynia 马辛尼亚	Corinth 科林斯	约 700
Molycrium 莫力克利昂	Corinth 科林斯	约 700
Oeniadae 奥尼阿代	Corinth 科林斯	约 700
Oricum 奥里空	Eretria 厄律特利亚	730
Pandosia 潘多西亚	Elis 伊利斯	
Sollium 索利昂	Corinth 科林斯	约 625

意大利、西西里及西方的殖民地

殖 民 地	创 建 者	年代（公元前）
Acrae 阿克拉衣	Syracuse 叙拉库斯	663
Acragas 阿克拉加斯	Gela 盖拉	580
Agathe 阿加特	Massilia 马赛	
Alalia 阿拉利亚	Phocaea 弗卡亚	560
Alonis 阿隆尼斯	Massilia 马赛	
Antipolis 安提波利斯	Massilia 马赛	
Callipolis 卡里波利斯	Taras 塔拉斯	

续表

殖民地	创建者	年代（公元前）
Camarina 卡马利纳	Syracuse 叙拉库斯	598
Casmenae 卡斯美拉衣	Syracuse 叙拉库斯	643
Catana 加塔纳	Naxos 那克索斯	729
Caulonia 考隆尼亚	Achaea 亚该亚	675—650
Croton 克罗顿	Achaea 亚该亚	708
Cyme(Cumae) 库美	Chalcis, Cyme, Eretria 加尔西斯, 库美, 厄律特利亚	757
Dicaearchia 迪卡依阿其亚	Samos 萨摩斯	531
Elea 厄列亚	Phocaea 弗卡亚	535
Emporium 恩波利昂	Massilia 马赛	
Gela 盖拉	Rhodes, Crete 克里特的罗得斯	688
Hemeroscopium 赫墨罗斯科匹昂	Massilia 马赛	
Himera 希墨拉	Zancle 占克列	649
Hipponium 希波尼昂	Locri 罗克里	
Hydruntum 布德隆通	Taras 塔拉斯	
Ischia 伊斯奇亚	Chalcis, Eretria 加尔西斯, 厄律特利亚	8世纪早期
Lametini 拉美提尼	Croton 克罗顿	
Laüs 拉攸斯	Sybaris 夕巴利斯	
Leontini 列翁提尼	Naxus 那胡斯	729
Lipara 利巴拉	Cnidus 克尼都斯	580—576
Locri Epizephyrii 依庇色菲利亚的罗克里	Locris 罗克里	673
Maenace 美奈斯	Massilia 马赛	
Massilia 马赛	Phocaea 弗卡亚	600
Medma 米德马	Locri 罗克里	约575

续表

殖 民 地	创 建 者	年代（公元前）
Megara Hyblaea 希布莱亚·麦加拉	Megara 麦加拉	728
Metapontium 米塔朋提昂	Achaea 亚该亚	690—680
Mylae 美赖	Zancle 占克列	716
Naxus 那胡斯	Chalcis 加尔西斯	734
Neapolis 那不勒斯	Cyme 库美	
Nicaea 尼卡亚	Massilia 马赛	
Olbia 奥尔比亚	Massilia 马赛	
Petelia 彼特尼亚	Croton 克罗顿	
Poseidonia(Paestum)佩斯敦	Sybaris 夕巴利斯	700
Pyxus 庇克苏斯	Sybaris 夕巴利斯	7世纪
Rhegium 列其昂	Chalcis 加尔西斯	730—720
Rhode 罗迪	(1)Rhodes 罗得斯 (2)Emporium 恩波利昂	
Scidrus 斯西德努斯	Sybaris 夕巴利斯	7世纪
Scylletium 斯西勒提昂	Croton 克罗顿	
Selinus 赛利努斯	Megara Hyblaea 希布莱亚·麦加拉	628
Siris 西利斯	Colophon 科罗丰	680—670
Sybaris 夕巴利斯	Achaea 亚该亚	720
Syracuse 叙拉库斯	Corinth 科林斯	733
Taras 塔拉斯	Sparta 斯巴达	706
Tauroeis 陶罗依斯	Massilia 马赛	
Temesa 铁美斯	? Sybaris 夕巴利斯	
Terina 特里那	Croton 克罗顿	6世纪
Theline 提利恩	Massilia 马赛	
Zancle 占克列	Cyme,Chalcis 库美,加尔西斯	730

西南地中海殖民地与商业中心

殖 民 地	创 建 者	年代（公元前）
Amorgos 阿摩尔戈斯	Naxos, Samoa, Miletus 那克索斯,萨摩斯,米利都	7—6世纪
Apollonia Cyrenaica 阿波罗尼亚·昔兰尼卡	Cyrene 昔兰尼	约560
Barca 巴尔卡	Cyrene 昔兰尼	约570
Celenderis 锡林德里斯	Samos 萨摩斯	6世纪
Cyrene 昔兰尼	Thera 塞拉	约630
Euesperides 欧依斯佩里德斯	Cyrene 昔兰尼	6世纪
Milesion Teichos 米利西翁特可斯	Miletus 米利都	7世纪晚期
Nagidus 纳季都斯	Samos 萨摩斯	6世纪
Naucratis 瑙克剌提斯		约610
Phaselis 法赛利斯	Rhodes, Crete 克里特的罗得斯	约688
Poseidium 波赛迪昂		约750
Side 西迪	Cyme (Aeolian) 库美（埃奥利亚）	约750

附 录 4

最早铸币之定年

对最早铸币之定年则争论更多。最新观点认为,希腊硬币第一次出现在公元前625—前600年(*JHS* 71.156)。书中的定年出于下列考虑。

从阿尔提米西昂(在以弗所)发现物中,明显可见从筹码向硬币的进化。基本的款式包括平的、"有铸印的"和"带条纹的"筹码及压印的硬币同陶器、圣甲虫宝石、饰针等放在一起,是约公元前590年阿尔蒂美斯崇拜者的奉献物。同在一起的这些东西是在公元前700年—前590年。不同时代的造物(*JHS*,71.85以下、156以下),同一时期中,筹码和硬币可能都已大量制造,因为保存下来的这些物件可能不比陶器、圣甲虫宝石及饰针量少。在克里特,发现了一个器皿,中有金锭,金质平的和条纹的筹码及一个银铸码,同大约生产于公元前800—前650年的物品放在一起(*JHS*,64.86;71.164);因作为硬币的直接先驱只能在铸币发明地区存在,这后一年代约公元前650年,是现今所知的最早上限(但实际上不可能是最早的,因这类发现甚微)。在伯拉可拉、德拉克马的奉献可能与铸币的引进同时,从其中所见的大金属块来看,这年代定在公元前650—前640年之前的一个时期;并且由于其中文字是科林斯的,科林斯引进铸币可能在公元前650—前640年之前(*Perachora*, 1.258)。

文献传说将铸币之始定在公元前7世纪之前半期。据说,米达斯铸硬币(Heraclid. Port. II.3)——大概是筹码——是在该世纪的最初二十五年间,而吕底亚的盖革斯(公元前687—前652年)的金币和克罗索斯(公元前561—前546年)的斯塔特也都拥有很高的名望(Pollux,3.87;7.98)。盖革斯的"金"币可能是琥珀金(被称为"弱金"或者就如希罗多德1.50中及其他人所称之"金"),可能币上有狮子的形象。希腊大陆的最早铸币为埃伊纳岛上阿尔戈斯的腓冬所铸(斯特拉波,358;376;*Marm. Par*,45;*EM*,613),他随后进行了新的度量衡制,关于这方面的参考资料更常见(如希罗多德,6.127.3),尽管关于腓冬的年谱有争议,但有充分理由使人相信他活跃在盖革斯的那个时候(见 CQ,1960.33 以下),吕底亚铸币比埃伊纳、腓冬的要早(希罗多德,1.94,1),但早不了多少。因为早期的埃伊纳硬币和特殊精美的琥珀金,斯塔特在生产工艺上与吕底亚硬币别无二致。

据考古和文字资料,我们将铸币之始定年为:吕底亚约在公元前687—前677年,埃伊纳约在公元前670—前660年,科林斯约在公元前660—前650年。

附 录 5

公元前431年进攻普拉提亚的定期

　　3月这个定期是不可靠的。它不是依据修昔底德2.2.1中的"两个月"而定的,因这节的时间不对,可能是插入的边注;也不是依据公元前431年的收获时节而定的,因这一时节可能或迟或早(2.19.1)。它所依据的是依月亮的第三个十日(2.4.2),这可以使我们在公元前431年2月28日—3月9日或3月28日—4月7日中做一选择,并可得知由每年的观察所定而不是因易变的民间历法而定的"在春季之始"的意思。希波克拉底(Vict.3-1)把时间定在冬末,所据春分日可精确地定为3月24日。但修昔底德——可能在大部分年代中运用着他自己的观察——把这一时日限于七天之内,大概相当于现今的3月20—27日。关于春夏之始的日期(用修昔底德术语)与公元前424年3月21日的食象正合(修昔底德,4.52.1),也可能符合阿提卡历9月14日的定期。约公元前423年3月24日(4.117.1和118.12),还符合约公元前421年3月30日(5.20.1),在阿提卡历9月13日,迪奥尼修斯祭之日期,还与公元前412年之冬至12月24日(8.29.1)和"冬末"(411年3月29日)之间可能约95天之间隔相合(8.60.3和8.44.4＝80天,从8.39.1到8.44.4记15天的事件)。据修昔底德说所有这些事件都发生在两年之交,因而我们把进攻普拉提亚的日期定在公元前431年3月下旬可能是正确的。在约公元前421年3月30日之后,战争即结束。这符合修昔底德的记叙,战争持续了"整十年差几天"(5.20.1,朱威特译本)。波蒂代亚的战争约在公元前432年9月下旬(2.2.1)。

附 录 6

公元前4世纪斯巴达、彼奥提亚及雅典的军事力量

在公元前371前半年,斯巴达同盟军队正规建制大体如下:斯巴达骑兵600名(X. HG. 中. 2.16),重装步兵3 600名,共分为六个旅(morai),以36人为一排(enomotiai)(X. Lal. Pol. 11.4;色诺芬,《希腊史》,4.5.12、6.4.12),还有10 000人的同盟分遣队(X. HG. 5.2.20)。在留克特拉、克列奥布罗图斯有四支斯巴达旅,占斯巴达军队数量的三分之二。然而年龄在55—60岁的人及那些居官为宦的人是不参战的(色诺芬,《希腊史》,6.1.1、6.4.17),所以四个旅的实际兵力可能约为2 100人。若以三分之二的同样比例来计算同盟军的兵力,他大约有6 600名同盟军,以及可能全部征用来的弗西斯人。看来,普鲁塔克《佩罗庇达传》210中所提到的总兵力数,即1 000名骑兵和10 000名重装步兵是有所据的。在这支武装中,斯巴达人约有700名(色诺芬,《希腊史》,6.4.15),这样,它在战争中就构成了斯巴达军队的三分之一的力量。我们所估计符合军事年龄的斯巴达人总数约1 200人,战斗中400斯巴达人阵亡(色诺芬,《希腊史》,6.4.15;普鲁塔克,《阿基斯劳传》,2.24),这约占符合军事年龄的斯巴达人总数的三分之一。

彼奥提亚同盟在这一世纪之末正规军为1 100名骑兵,11 000名一线重装步兵(Hell. Oxy. 11.4)。在公元前394年,同盟派除奥科美努斯之外的5 000名重装步兵到涅米亚(色诺芬,《希腊史》,42.17)。公元前378年,当斯巴达占领了彼奥提亚许多地方时,1 500名骑兵和7 000名重装步兵挡住阿基斯劳,保卫了底比斯(D. S. 15.26)。在留克特拉,狄奥多罗斯·西库罗斯认为全部底比斯的部队和彼奥提亚人的有效能力为6 000人,这些人可能是重装步兵,应加上骑兵。有一种倾向是,故意低估兵力数字来夸大取得的胜

利(Frontin. 4. 2. 6),但狄奥多罗斯的数字可能近于准确,因为全部彼奥提亚兵员没有集中并且提斯皮亚分队撤退了。公元前364年,彼奥提亚同盟议决派遣7 000人到帖撒利(普鲁塔克,《伯罗庇达传》,31. 4;D. S. 15. 80. 2),公元前335—前334年,彼奥提亚同盟在同弗西斯作战时动用13 000人上战场(D. S. 16. 30. 4)。约在公元前365年,彼奥提亚军力最盛时期,它可能至少拥有13 000名重装步兵、1 500名骑兵。

雅典在公元前394年派6 000名重装步兵和600名骑兵到涅米亚(色诺芬,《希腊史》,4. 2. 17)。公元前362年,派6 000名重装步兵和大量骑兵去曼丁尼亚(D. S. 15. 84. 2);公元前379—公元前378年和公元前352年又以同样规模的远征军从阿提卡出发(D. S. 15. 26. 2、16. 37. 3)。这些军队不可能是雅典部队的全部力量,即使在公元前394年当彼奥提亚派出大约一半军队之时也如此。公元前369年雅典派出全部"青年人"(D. S. 15. 63. 2)12 000人的武装力量(色诺芬,《希腊史》,6. 5. 49),同时,无疑由老战士据守彼奥提亚和曼丁尼亚的边境。即使在公元前457年塔那格拉之时,雅典是否有如此众多的重装步兵服役于阿提卡境外也大有可疑。但在公元前369年,伯罗奔尼撒战争中,50岁以下的人并不参战,公元前4世纪几乎没有重要战斗。那么,雅典在公元前369年可能至少有15 000名一线重装步兵。以下几点支持这一估计。色诺芬在公元前约365年(*Eq. Mag.* 7. 3),写作时算出雅典重装步兵数"不少于"彼奥提亚(参见 *Mem.* 3. 5. 2)。雅典在最令人乐观的公元前378—前377年想装备20 000名重装步兵(D. S. 15. 29. 7)。波利比乌斯(Plb. 2. 62)说雅典在公元前378年的实际兵力是10 000名重装步兵和100艘三桨座船(后一数据 $IGii^2$ 1604)。重装步兵的力量随财政情况而变化,骑兵也如此;公元前394年在涅米亚为600名(色诺芬,《希腊史》,4. 2. 17),在公元前378年为500名(D. S. 15. 26. 2、29. 7),约公元前365年之前法定为1 000名,这年为800名(X. *Eg. Mag.* 1. 2;9. 3),公元前354年为1 000名(D. 14. 13)。奥科美努斯——其骑兵数量为300名(D. S. 15. 79. 3)——被灭后,雅典和彼奥提亚的骑兵在数量方面是不相上下的(X. *Eq. Mag.* 7. 1)。

在恩巴敦,120只船主要由公民(Isoc. 8. 48)操纵,需要约20 000名划手。

附 录 7

公元前 370—前 362 年年表

公元前 370—前 362 年的年表有争议。书中所用定期基于以下考虑：(1)公元前 370 年依巴密侬达是彼奥提亚长官。他任官的期限到 12 月末为止，但他非法任职直至约公元前 369 年 4 月他返回希腊并受到弹劾之时(普鲁塔克，《伯罗庇达传》，25.2；色诺芬，《希腊史》，5.4.4；Paus. 9.14.5)。显然，在公元前 369 年受审之前或其后，他不是彼奥提亚长官(普鲁塔克，《伯罗庇达传》，25.2、5.6)，公元前 368 年，依巴密侬达作为彼奥提亚长官第二次入侵伯罗奔尼撒，但他在回来时被黜并没有被选为公元前 367 年的彼奥提亚长官(D. S. 15.72.1-2)。(2)在依巴密侬达第一次入侵后的那年，即在公元前 369 年春开始的那年里(色诺芬，《希腊史》，7.1.1)，雅典与斯巴达结成正式联盟，它们在依巴密侬达二次入侵时得到了狄奥尼修斯之助。狄奥尼修斯两次相助，他的儿子相助一次，这些事可能发生于连续的几年中(色诺芬，《希腊史》，7.1.20、7.1.28、7.4.12)；因雇佣军有五个月的薪水，并在夏末第一次事定时离去，他们的到达约在 5 月。369 年 5 月依巴密侬达在彼奥提亚或是受审或是刚刚开释；但在公元前 368 年 5 月，他对伯罗奔尼撒的入侵却正在进行(色诺芬，《希腊史》，7.1.15—20)。因此，从叙拉库斯来的兵力是在公元前 368 年、前 367 年和前 366 年到的(参见 Tod. GHI. 133，136)。(3)依巴密侬达二次入侵时，即公元前 368 年，伯罗庇达在帖撒利(普鲁塔克，《伯罗庇达传》，26.1)，公元前 367 年，依巴密侬达身列行伍时(普鲁塔克，《伯罗庇达传》，28；D. S. 15.71.6)，伯罗庇达是一个囚犯，他于公元前 367 年夏被释。出使苏萨、亚该亚之侵、奥罗普斯之围都发生在公元前 366 年 6 月之前，因这最后一个事件被定在执政官年公元前 367—前 366(Schol. Aesehin. 3.85)；科林斯等与底比斯的单独媾和"大约"是在狄奥尼修斯二世的援助"到达之时"进行谈判的(色诺芬,《希腊史》,7.4.12),即在公元前366年仲夏,这与和约是在"留克特拉之战后五年多"签订的注释相符(D.S.15.76.3)。(4)伯罗庇达与彼奥提亚军队入侵帖撒利的计划,是根据公元前364年7月13日发生的日食来定期的(普鲁塔克,《伯罗庇达传》,31.3;D.S.15.80.2)。彼奥提亚没有足够的人力资源来准备在这一夏天补充17 000人进行一次海上冒险,因此,依巴密侬达的海上远征定在公元前363年(D.S.15.78.4认为这计划及其执行应在公元前364—前363年)。

附 录 8

伊苏斯、高加米拉之战与波斯军中的希腊雇佣兵

在伊苏斯的兵力总数不能断定。波利比乌斯(12.18.2)据卡里斯提尼提供的资料,在大流士的右翼有 30 000 名骑兵,300 000 名希腊雇佣兵和不知数目多少的卡达西斯人,这些人全在第一线,其他部队在后面,并向左翼推进。以上数字是可信的,因为大流士显然比在格拉尼库斯河时有着更多的骑兵与希腊雇佣兵。所有史料一致表明他的精锐部队在空间上太挤,以致不能有效地抵抗亚历山大有回旋余地的 45 000 人的军队。在阿里安《远征记》,2.9.3,我用了"全部"一词指阿里安前句中所提到的左翼部队。起初,大流士打算控制他的左方中心或左翼,但他移到了中军,可能是因为对于骑兵来说左边的土地不是很好。当进攻开始时,大流士在左翼或左方中心(阿里安《远征记》,2.8.10—11,9.1)有一支骑兵部队,是希尔卡尼亚人和米底人(Curt. 3.9.5),在中军,他自己有大约 3 000 多人的一支独立骑兵部队(Curt. 3.9.4)和皇家卫队。亚历山大与伙伴骑兵的突击显然打击了希尔卡尼亚人和米底人,后来,当他转向左翼时,骑兵包围着大流士(D.S. 17.34.2;Curt. 3.4.8;Plb.12.18.11 可能指这些骑兵)。骑兵部队首先战败的重要影响在于,它决定了步兵战斗的结果(D.S.17.34.9),希腊方阵正对马其顿方阵,卡达西斯人可能分布在希腊方阵的两侧(Plb.12.18.6;阿里安,《远征记》,2.86),在希尔卡尼亚人和米底人的骑兵外侧左翼也有;这解释了阿里安的话"这里和那里'而非'在两侧"(如在阿里安,《远征记》,3.11.7)。

在高加米拉,波斯的战斗命令被获,或根据战斗命令,或根据后来的情报,阿里安《远征记》,3.86 所记是 40 000 名骑兵,而 Curt.4.12.13(参见4.9.3)所记是 45 000 名骑兵。由于战后 2 000 名希腊雇佣兵补入部队,它们

的数量比战前要多得多(在塔普萨库斯、马扎攸斯的 2 000 人只是一部分,可能骑马迅速撤退了)。关于在阿累特斯领导之下的马其顿枪骑兵(Sarissophoroi 或 Prodromoi;可能是阿里安《远征记》1.25 的"上马其顿骑兵")。见阿里安,《远征记》,3.12.3、3.14,1;Curt. 4.15.13 和 18(不管行李)。在阿里安《远征记》3.13.4 末,"马其顿人"是作为"波斯人"的对立的一个一般性词(参见 3.14.5 末);最后一个词 taxis 指马其顿防线。在阿里安《远征记》3.12.4 第一句末,"他们"指西叙亚人和巴克特利亚人,他们负责集绕在马其顿右翼并暴露了他们的侧翼。关于骑兵队形或钳形运动(epikampe),见 Arr. *Tact.* 16 和 26.7 及 Curt. 3.11.14。

在阿塔薛西斯统治时约 20 000 名希猎雇佣兵卷进塞浦路斯和腓尼基(D.S. 16.42.2,7,9),至少 34 000 名卷入埃及战役(D.S. 16.44.4、47.6),这不包括那些在舰队和其他行省的雇佣兵。公元前 336 年,梅隆以优势兵力拦住并打败了马其顿 10 000 人的先头部队。他的部队可能主要是雇佣兵组成的(D.S. 17.7.3 和 10,5 000 人的军团;Polyaen. 5.44.4),在格拉尼库斯河雇佣兵差不多有 20 000 人,其中 2 000 人被俘并送到马其顿(阿里安,《远征记》,1.12.8,14.4、16.6、29.5);还有驻军(1.19.6)及 400 艘船的舰队所拥有的雇佣水手和士兵(1.18.5;1.19.11,一船来自伊苏斯),其中有 8 000 多名步兵被法那培萨斯派到大流士处(2.2.1、2.13.2;当时对于兵力枯竭的他们来说,这些船是太多了)。这 8 000 人来自在伊苏斯的 30 000 人之中(Callisthenes in Polyb. 12.18.2),而不在高加米拉那些人之列,后者大概有 6 000 人,因有 2 000 人逃跑了。公元前 330 年,他们中最后的 1 500 人投降了。于是在这场酣战之中,大流士可能动用了大约 50 000 名雇佣兵(Curt. 5.11.5),他的行省里雇了许多其他人在舰队和驻军中服务。

译名对照及索引

（译名后的数字是原书页码，即本书边码）

A

Abae 阿贝,551。
Abantes 阿般特斯,65,86。
Abantis 阿般提斯,116。
Abdera 阿布德拉,116,540,656。
Abisares 阿比萨列,630,632。
Abu Wajnam 阿布·瓦吉兰,615。
Abydus 阿比多斯,115,179,403,409,461,562,647,655。
Abyssinia 阿比西尼亚,46。
Acanthus 阿堪图斯,116,372,469,656。
Acarnania 阿卡奈尼亚,10,36,42,83,295,317,349,352,360,363,456,459,483,489,496,500,560,567。
Ace 阿色,614。
Acesines, R. 阿谢辛尼河,632。
Achaea 亚该亚,13,52,118,130,237,297,308,386,483,544,561,567,619,656。
Achaea Phthiotis 亚该亚·弗提奥蒂斯,11,227,559。

Achaean League 亚该亚联盟,504,512,637。
Achaeans 亚该亚人,51,56,64,65,69,73。
Achaemenes 阿黑门尼德,177,293。
Acharnae 阿卡奈,190,349。
Acheloüs, R. 阿切罗斯河,13。
Acheron, R. 阿切隆河,10。
Achilles 阿溪里斯,60,62,66,70,89,98,535,604,624,640。
Achradina 阿拉丁那,271,377,393,473,578。
Acrae 阿克拉衣,120,657。
Acragas 阿克拉加斯,47,120,151,267,471,480,518,528,579,657。
Acritas 阿克里塔斯,13。
Acrocorinth 科林斯卫城,459。
Acusilaus 阿库西劳斯,281。
Ada 阿达,607,621。
Adeimantus 阿代蒙图斯,417。
Admetus of Molossia 莫罗西亚的

阿德米图斯,264。
Adranum 阿德拉努姆,478,577。
Adrastus 阿德拉斯图斯,66,148。
Adriatic 亚得里亚海,479。
Aeaces 埃赛斯,208。
Aegae in Achaea 亚该亚的阿盖依,71。
Aegae in Macedonia 马其顿的阿盖依,534,537,641。
Aegaleos 埃加列奥斯山,8。
Aegeidae 埃盖代,77,82,97。
Aegialus 埃吉亚罗斯,83。
Aegilia 爱吉拉,216。
Aegina 埃伊纳,5,9,14,36,50,77,126,130,132,192,210,223,273,285,291,293,308,321,350,417,442,464,488,524,659。
Aegium 爱其昂,139。
Aegospotami 埃哥斯波达米,417。
Aegosthena 埃哥斯提那,483,494。
Aenea 埃尼亚,179,562,573。
Aeneas 'Tacticus' 艾尼亚斯(塔克提库斯),522。
Aeniania 埃尼安尼亚,11,137,227,458,507。
Aenus 埃努斯,116,597,656。
Aeolian 埃奥利亚人,82,656。
Aeolic dialect 埃奥利亚方言,34,55,64,74,82。
Aeolus 埃奥鲁斯,40,59。
Aepytidae 埃庇提代族,78。
Aequi 埃奎人,576。

Aeschines of Athens 雅典的埃斯奇尼,148,526,545,550,570,573,585,620,651。
Aeschylus 埃斯库罗斯,217,276,289,342,427。
Aethalia 埃塔利亚,377。
Aethiopis 埃提奥皮斯,90。
Aetna 埃特纳,270,377,473,478,579。
Aetolia 埃托利亚,13,42,50,56,65,76,139,361,450,496,500,504,559,561,567,636,645,650。
Africa 非洲,281。
Agamemnon 阿加门农,52,65,604,653。
Agariste of Sicyon 西夕温的阿加里斯帖,148。
Agatharchus 阿加塔尔库斯,342。
Agathe 阿加特,657。
Agathon 阿加冬,584。
Agelai 入伍,当兵,99。
Agesilaus 阿基斯劳,205,453,467,483,493,496,502,507,582,661。
Agesipolis 阿基西波利斯,458,467,469。
Agis I 阿基斯一世,383,400,411,415,446,450,453,612,619。
Agoge 教育,101。
Agora 阿哥拉(市场),68。
Agraea 阿格里亚,13。
Agriania 阿格里亚兵,597,599,

605,610,616,626,630。
Agylla 阿吉拉,479。
Agyris 阿吉里斯,478。
Agyrium 阿基里昂,478,579。
Ahhiyava 亚恰耶伐,51,64,66。
Ahura-Mazda 阿胡拉-马兹达,177, 228,244,624,640。
Aisymnetes 仲裁官,151。
Ajax 阿甲克斯,60,244,343。
Akaiwasha 亚凯伐萨,52,64。
Alalia 阿拉利亚,120,202,657。
Alasa 阿拉萨,53。
Albania 阿尔巴尼亚,41,598,641。
Alcaeus 阿尔凯奥斯,146,151,172。
Alcamenes 阿尔卡美涅斯,433。
Alcetas 阿索赛塔,479,489,495。
Alcibiades 亚基比德,381,386, 389,392,400,413,427,435,440, 453。
Alcidas 阿尔西达斯,357,359。
Alcimachus 阿尔西马库斯,570, 573,606。
Alcinoüs 阿尔西诺斯,62。
Alcmaeon 阿尔克美昂,282。
Alcman 阿尔克曼,166,172。
Alcmeon 阿尔克美昂,148,154, 164,181,184,220,265,285,322, 653。
Aleppo 阿勒颇,609。
Aletes 阿列铁斯,78,107。
Aleuas 阿留亚斯,77,142,218, 255,539。

Alexander of Lyncus 林卡斯的亚历山大,608,625。
Alexander of Molossia 莫罗西亚的亚历山大,547,573,580,612, 638。
AlexanderⅠof Macedon 马其顿的亚历山大一世,222,227,245, 264,291。
AlexanderⅡof Macedon 马其顿的亚历山大二世,500,536,540, 564。
AlexanderⅢof Macedon 马其顿的亚历山大三世,569,570,575, 592,596,597,598,599,600,603, 604,605,606,611,612,613,614, 615,619,621,623,628,632,636, 639,641,644,649。
AlexanderⅣof Macedon 马其顿的亚历山大四世,644。
Alexander of Pherae 菲拉依的亚历山大,500,505,512,514,539。
Alexandria 亚历山大里亚,5,613, 644。
Alexandria of Myriandrus 米里安德努斯的亚历山大里亚,614。
Alexandria Bucephala 布西发拉的亚历山大里亚,631。
Alexandria Eschate 极边之地的亚历山大里亚,627。
Alexandria Nicaea 尼萨的亚历山大里亚,631。
Alexandria in the Troad 特洛伊地

区的亚历山大里亚,614,632。
Alonis 阿隆尼斯,657。
Alopeconnesos 阿罗佩孔尼苏斯,656。
Alpeni 阿尔卑尼,234。
Alpheus 阿尔弗斯,13。
Althaemenes 阿尔达门尼斯 78,84。
Alyattes 阿列亚塔,126,134,147,151。
Alyzia 阿尔齐亚,489。
Amadocus 阿马多库斯,463,514,542,544。
Amanis, R. 阿曼尼斯河,633。
Amanus 阿马鲁斯,609。
Amasis of Egypt 埃及的亚美西斯,125,177,183。
Amathus 阿马图斯,205。
Amazons 亚马孙人,72。
Ambracia 安布拉西亚(湾),5,18,116,136,146,226,317,352,363,394,456,544,560,572,596,657。
Ameinocles 阿美诺克利斯,110。
Amenhotep III 阿蒙霍特普三世,20。
Amisus 阿米苏斯,114,316,655。
Amnisus 阿姆尼苏斯,24。
Amompharetus 阿蒙法利图斯,248。
Amon-Re 阿蒙-拉神,613,640。
Amorgos 阿摩尔戈斯,16,121,648,658。
Amphictyony 安菲克提翁,97,137,149,169,255,512,543,554,557,559,565,567,571,575,597。
Amphilochian Argos 安菲罗奇亚的阿尔戈斯,8,10,74,317,363。
Amphilochus 安菲罗丘斯,73。
Amphipolis 安菲波利斯,290,317,325,372,379,395,492,514,536。
Amphissa 安菲萨,11,13,361,542,565,567,571。
Amyclae 阿末克莱,50,78,97,166,285,497。
Amyrtaeus 阿美尔塔攸斯,302。
Amyntas 阿门塔斯,179,469,491,495,536,573,538,596。
Anacreon 阿那克里昂,183,275。
Anactorium 安那克托利昂,114,116,146,226,319,353,657。
Anaphe 阿那菲,16,78。
Anaxagoras 阿那克萨戈拉斯,300,332,339,433。
Anaxandridas 阿那克山德里德,167,194。
Anaxilas 阿那克希拉斯,201,267。
Anaximander 阿那克西曼德,174,281。
Anaximenes 阿那克西米尼,175。
Ancona 安科纳,479。
Andraemon 安德雷蒙,86。
Androcleides 安德雷克列代斯,86,444,455,468。
Androcles 安德洛克利,86,404。
Androdamas 安德罗达马斯,144。

Andros 安德鲁斯,16,88,116,136,244,305,367,414,656。
Androtion 安德罗提翁,584。
Anius 阿尼乌斯,88。
Ano-Englianós 阿诺-英格利亚诺斯,55。
Antalcidas 安塔尔西达,462,464,502。
Anthemus 安提木斯,539。
Anticyria 安蒂西亚,94。
Anti-Cythera 前基德拉岛,16。
Antigonus 安提贡鲁斯,612,644。
Antioch 安条克,609。
Antiotichus 安提阿库斯,414。
Antipater 安提帕特,570,597,599,601,608,614,619,626,634,636,643,647,651。
Anti-Paxos 前帕何斯岛,15。
Antiphilus 安提菲努斯,647。
Antiphon 安提芬,406,420,432,434。
Antipolis 安提波利斯,120,657。
Antisthenes 安梯斯提尼,591。
Anytus 阿尼图斯,416,448,462。
Aornus 阿奥尔努斯,630。
Aoüs, R. 奥斯河,8,10,548。
Apatouria 阿帕托里亚,87,416。
Apelles 阿庇里斯,593。
Aperantia 阿伯安提亚人,13。
Aphetae 阿佩太,232。
Aphidna 阿菲德那,42,68。
Aphretor 胞族关系,67。
Aphrodite 阿芙洛笛蒂,592,593。
Apodektai 出纳官员,324。
Apollo 阿波罗,88,97,102,113,118,180,244,270,433,543,559,567,576,593。
Apollonia Cyrenaica 昔兰尼加的阿波罗尼亚,658。
Apollonia Illyrica 伊利里亚的阿波罗尼亚,8,114,118,147,533,651。
Apollonia in Chalcidice 卡尔西狄斯的阿波罗尼亚,469,537。
Apollonia Pontica 朋提卡的阿波罗尼亚,115,562,655。
Apollonia Rhyndacia 雷达西亚的阿波罗尼亚,113,655。
Apollonides 阿波罗尼德,548。
Apollonius Rhodius 罗得斯岛的阿波罗尼乌斯,644。
Apotaxis 评估贡金,325。
Apries 阿普利斯,125。
Apulia 阿普利亚,42,517,576。
Arabia 阿拉伯.45,58,629,636。
Arachnaeus 阿拉奇奈乌斯,14。
Arachosis 阿拉可西亚,623,626。
Arachthus, R. 阿拉赫图斯河,10。
Aradus 阿拉都斯,614。
Aral 咸海,629。
Araxes, R. 阿姆河,627。
Arbela 阿尔贝拉,618,621。
Arcades in Crete 克里特的阿尔卡代斯,83。

Arcadia 阿尔卡狄亚,13,34,36,56,64,65,83,86,136,262,483,495,499,506,556,560,571,599,601,619,637,652。
Archedemus 阿基德木斯,415。
Archelaïdas 阿尔齐赖达斯,455。
Archelaus 阿尔齐劳斯,411,536。
Archestratus 阿尔齐斯特拉图斯,320。
Archias 阿尔齐亚斯,143,468。
Archidamus 阿尔齐达姆斯,260,290,321,349,356,494,512,545,551,580。
Archilochus 阿奇罗库斯,116,172。
Archinus 阿尔齐努斯,447。
Archytas 阿尔奇图斯,591。
Areopagus Council 阿雷乌泊果斯,155,161,182,222,238,264,287,289,301,558,570,633,645。
Ares 阿列斯,71,336,523。
Aretes 阿累特斯,618,664。
Argaeus 阿尔盖攸斯,514。
Argeadae 亚吉阿代,534,641,644。
Argeioi 阿尔戈斯人,51,66。
Argilus 阿尔基鲁斯,116,372,537,656。
Arginusae 阿吉努萨,415。
Argos 阿尔戈斯,5,14,36,43,56,60,66,72,132,136,141,148,167,180,196,212,223,262,292,298,303,306,379,385,444,456,460,496,534,543,545,550,553,556,561,562,571,647,652,659。
Argyrologoi 贡金收集者,325。
Aria 阿律亚,623,626。
Ariarathes 阿里阿拉提斯,644。
Ariobarzanes 阿里欧巴尔扎尼,502,514。
Arion 阿里昂,147,172。
Arisbe 阿里斯比,135,655。
Aristagoras 阿里斯塔哥拉斯,199,281。
Aristeus 阿里斯提乌斯,321。
Aristides 亚里斯提德,215,221,241,255,257,264。
Aristippus 阿里斯提普斯,518,591。
Aristocrates 阿里斯多克拉底,406,415。
Aristodemus 阿里斯托德木斯,77,201,204,457。
Aristogeiton 阿里斯托盖通,184,286,619。
Aristophon 阿里斯托丰,513,530。
Aristophanes 阿里斯托芬,370,426,436,584。
Aristotle 亚里士多德,337,344,524,575,585,589,594,607,626,627,639,641,646。
Aristoxenus 阿里斯托辛诺斯,591。
Aristus 阿里斯图斯,474。
Armenia 亚美尼亚,451,454。
Arne 阿尔涅,11。
Arrhabaeus 阿拉拜攸斯,372。

Arrhidaeus 阿尔希达攸斯,537,548,573,596,643。
Arrian 阿里安,639。
Arses 阿尔赛斯,572。
Artabazus 阿塔巴卓斯,245,514,516,542,547。
Artace 阿塔色,655。
Artaphernes 阿塔弗涅斯,206,212,219。
Artaxerxes I 阿塔薛西斯一世,264,296。
Artaxerxes II Mnemon 阿塔薛西斯二世木涅蒙,451,464,514。
Artaxerxes III Ochus 阿塔薛西斯三世奥库斯,514,547,557,561,563,572。
Artaÿctes 阿尔塔依特斯,253。
Artemis 阿尔蒂美斯,102,166,172,592。
Artemisia 阿尔铁米西亚,239。
Artemisium 阿尔提米西昂,230。
Artynai 指导官,149。
Artybius 阿尔提比攸斯,206。
Arybbas 阿里巴斯,547,560。
Ascalon 阿斯卡隆,47。
Ascra 阿斯克拉,95。
Asea 阿赛亚,507。
Asine 阿西涅,14,44。
Asitawandax 阿细塔旺达,74。
Asopus, R. 阿索普斯河,233,246。
Aspendus 阿斯品都斯,74,409,464,607。
Assarlik 阿萨尔利克,84。
Assesus 阿西苏斯,87。
Assinarus 阿西那努斯,309。
Assyria 亚述,51,53,93,125。
Astacus in Acarnania 阿卡奈尼亚的阿斯塔库斯,42,349。
Astacus in Propontis 普罗彭蒂斯海的阿斯塔库斯,317,655。
Asty 下城,67,189。
Astyochus 阿斯提奥库斯,401。
Astypalaea 阿斯提帕莱亚,78。
Atabyris 阿塔比利斯山,16。
Atalante off Locris 罗克里的阿太兰特岛,350。
Atalante off Salamis 萨拉密斯湾的阿太兰特岛,242。
Atarneus 阿塔尔牛斯,561。
Ateas 阿提亚斯,564。
Athamania 阿塔马尼亚人,13。
Athena 雅典娜女神,55,68,71,77,81,104,238,244,285,333,335,433,446,604,621。
Athenodorus 雅典诺多汝斯,514。
Athens 雅典,5,9,39,60,65,75,84,130,133,135,149,153,158,164,185,186,188,192,210,212,254,256,275,286,288,290,292,303,308,317,324,325,342,347,350,375,379,388,403,418,431,443,455,457,483,485,495,497,499,502,515,522,523,528,529,

542,544,557,562,569,570,594,599,612,619,623,633,636,646—650,661。
Athos 阿托斯,57,218。
Atintania 阿提达尼亚,8。
Atlantic 大西洋,62。
Atreus 阿特攸斯,50,52,60,66,653。
Attalus 阿塔鲁斯,572,594。
Attica 阿提卡,36,40,44,46,50,56,68,84,652。
Audata 奥达塔,538。
Aulis 奥利斯,454。
Aulis of Phocis 弗西斯的奥利斯,194。
Autariatae 奥塔里阿太人,598。
Axius 阿克希乌斯,8,11,37,63,74,533,558。
Aziris 阿基里斯,121。
Azov 亚速海,629。

B

Babylon 巴比伦,25,45,51,176,455,608,615,619,621,635,638,640。
Bacchiadae 巴齐阿代氏族,143,146,534。
Bacchylides 巴齐利德,271,274。
Bactria 巴克特利亚,615,629,636,644。
Bagoas 巴戈亚斯,572。
Balearic Isles 巴列利群岛,120,128,471。

Baltic 波罗的海,44,123。
Barc 巴尔卡,121,177,658。
Bardylis 巴尔狄里斯,538。
Barsine 巴尔辛尼,634。
Bassae 巴塞,593。
Bathycles 巴第克列斯,166。
Beas, R. 卑亚斯河,631。
Bellerophon 贝利罗丰,64。
Bendis 本迪斯,434。
Berisades 贝利萨德斯,514,537。
Bessus 比苏斯,617,622。
Bias 比亚斯,176,252。
Bisaltae 比萨勒太人,313。
Bisanthe 比山得,657。
Bithynia 比提尼亚人,452。
Bizone 比仲尼,123,655。
Black Sea 黑海,53,62,629,636。
Boeae 波依镇,295。
Boeotia 彼奥提亚,12,36,41,43,50,56,65,75,82,133,137,192,227,311,346,379,383,396,440,450,500,533,545,646,652,663,661。
Boeotian League 彼奥提亚联盟,196,346,376,408,455,483,484,570。
Boreis 波莱斯,87。
Borysthenes 波利斯提尼斯,115,655。
Bosporus 博斯普鲁斯,115。
Bottiaea 波提亚艾,320,379。
Boucheta 波切塔,118,560,659。

Brahmans 婆罗门教徒,632,639。
Branchidae 布兰奇代,87。
Brasidas 布拉西达,350,354,359,365,368,372,383。
Brauron 布劳翁,68。
Brea 布律亚,313。
Britain 不列颠,123。
Brizo 布里佐,88。
Bruttii 布鲁提依,520,580,636。
Bryaxis 布律阿西斯,592。
Brygi 布里该,209。
Bucephalas 布西发拉,631。
Buprasium 布普拉西昂,65。
Buthrotum 布什罗顿,10。
Buzygae 布乞盖,154,220,300。
Byblus 毕布罗斯,24,32,48,59,614。
Byzantium 拜占庭,8,114,123,131,134,179,225,258,315,409,413,442,461,486,505,514,524,544,557,562,655。

C

Cabala 卡巴拉,479。
Cabul,R. 卡布尔河,630。
Cabyle 卡贝利,562。
Cadmea 卡德美亚,50,57,346,469,482,484,505,510,570,599。
Cadmus 卡德莫斯,60,225,268,281。
Caesar,Julius 恺撒,598,645。
Calauria 卡鲁里亚,97,645,648。
Calchas 卡尔齐斯,73。
Cale Acte 加列·阿克太,377。
Calindoea 卡林多亚,537。
Callalis 加拉提斯,115,655。
Callias 卡列亚斯,265,303,563。
Callibius 卡利比乌斯,441,444。
Callicles 卡列克列斯,421。
Callicrates 卡利克拉特,335。
Callicratidas 卡利克拉底达斯,414,440,460。
Callimachus 卡利马库斯,214,644。
Callinus 卡利努斯,172,281。
Callipolis 卡里波利斯,118,200,657。
Callippus 卡利普斯,519。
Callisthenes 卡里斯提尼,514,625,638,664。
Callistratus 卡利斯特拉图斯,487,502,513,530。
Callixenus 卡利辛努斯,416,221。
Calydnae 卡尼德奈,78。
Calydon 卡林冬,504。
Calymnos 卡列姆诺斯,32。
Camarina 卡马利纳,120,200,267,378,472,518,657。
Cambyses 冈比西斯,176,622。
Cameirus 卡美努斯,79。
Campania 坎佩尼亚,272,471,576,581。
Cappadocia 卡帕多西亚,615,644。
Cardaces 卡达西斯,610,664。
Cardia 卡尔迪亚,116,515,543,562,656。

Caria 卡利亚,52,58,73,85,205,413,452,522,546,573,607,635,644。
Carpathians 卡尔巴阡山,564。
Carpathos 卡尔帕卓斯,16,78,82,461。
Carthage 迦太基,73,267,392,414,471,577,639。
Caryatids 女像柱,285,433。
Carystus 卡利斯都斯,213,219,258,367,549,647。
Casmenae 卡斯美拉衣,120,657。
Casos 卡索斯,16,78。
Caspian Sea 里海,115,627,636。
Cassopia 卡索皮亚,560,580。
Catana 加塔纳,118,144,270,391,473,519,577,657。
Cathaei 喀太依,631。
Caucasus 高加索,627。
Caucones 高孔尼人,83。
Caulonia 考隆尼亚,118,133,272,479,657。
Caunus 考努斯,58,133,205,452。
Cayster 凯依斯特,86。
Cecryphalea 西克律法莱依,293。
Celenderis 锡林德里斯,121,658。
Celts 凯尔特人,598。
Cenchreae 辛赫列埃,14。
Ceos 西奥斯,88,98,226,506,513。
Cephallenia 赛法伦尼亚,15,42,50,75,295,349,442,489,561。
Cephalus 赛法鲁斯,455,463。

Cephisodotus 西菲索多图斯,592。
Cephisophon 色非索丰,558,564。
Cephissus,R. 昔菲苏斯河,10。
Cerasus 色拉苏斯,655。
Cercine,Mt. 色辛山,533。
Cersebleptes 色西布列普特,514,542,553,562。
Ceryces 色尔西斯,154,205,265。
Cetriporis 色特里波律斯,540。
Chabrias 恰布里亚斯,464,482,502,515。
Chaeronea 恰龙尼亚,77,308,370,567。
Chalcedon 加尔西顿,114,131,179,413,506,514,544,655。
Chalcidian League 卡尔西狄斯联盟,450,468,483,501,514,539,548。
Chalcidice 卡尔西狄斯,11,37,116,144,320,350,372,379,463,533,652。
Chalcideus 加尔西狄乌斯,400。
Chalcis in Aetolia 埃托利亚的加尔西斯,116,295,657。
Chalcis in Euboea 优卑亚的加尔西斯,116,128,129,133,136,180,192,197,213,242,313,411,563,571,656。
Chaldaeans 迦勒底人,638。
Chaonia 查奥尼亚,73,353。
Chares 恰利斯,502,514,516,543,549,564,567,570。

Charidemus 恰里德木斯,514,550,570,601。
Charitimides 卡利提米德斯,293,299。
Charondas 恰隆达斯,144。
Cheiricrates 齐里克拉底,455。
Chersicrates 泽尔西克拉特斯,143。
Chersonese 刻尔索尼斯,180,193,197,259,290,305,452,463,492,503,514,543,545,553,562。
Chersonesus 刻尔索苏斯,115,657。
Chilon 奇伦,167。
Chios 奇奥斯,17,86,87,116,126,132,152,207,252,273,297,304,315,327,368,388,400,409,439,464,485,505,515,562,606,608,614,656。
Chodjend 科真,626。
Chorasmii 科拉斯密人,629。
Chorienes 孔里尼斯,623。
Chryses 克里西斯,62。
Cilicia 西里西亚,17,47,52,56,63,302,451,608,612,627,647。
Cimmerians 辛墨里亚人,62,115,126。
Cimon 西蒙,182,220,259,265,288,302。
Cinadon 基拉东,441。
Cineas 西尼亚斯,539。
Cinyps 西尼普斯,200。
Cinyras 辛尼拉,73。
Cirrha 西尔拉,46,294,565。
Cithaeron 西萨隆,12,246。
Citium 西提昂,302,466。
Cius 西攸斯,206,655。
Clazomenae 克拉佐美尼,83,86,116,126,206,400,465,656。
Cleanactidae 克莱亚纳克蒂代,151。
Cleandridas 克利安德律达,310。
Clearchus 克列库斯,440,445,451。
Clearidas 克利里达,374。
Cleisthenes 克利斯提尼,148,183,220,404。
Cleitus 克莱图斯,598,603,605,625,641,647。
Cleombrotus 克列奥布罗图斯,238,467,482,493,661。
Cleomenes 克列奥明尼,194,205,210,613,633,644。
Cleon 克里昂,348,358,366,370,373,381,412,426,435。
Cleonae 克列奥奈,83,262,291,383。
Cleopatra 克娄奥帕特拉,573,596,645。
Cleophon 克里奥芬,412,418,435。
Cleruchies 小份地所有者,192,257,305,313,325,463,503,513,546,648。
Clinias 克里尼亚斯,236。
Clitias 克里提亚斯,283。
Cnemis,Mt. 克尼密斯山,11。
Cnidus 克尼都斯,78,118,126,133,285,458,460,461,657。

Cnossus 克诺索斯,16,24,39,44,55,60,69,113。
Codrus 哥德鲁斯,84,87。
Coenus 科依努斯,612,630。
Colaeus 科拉攸斯,120。
Colonae 科龙奈,655,261。
Colonus 科罗诺斯,404。
Colophon 科罗丰,86,115,125,145,275,304,608,655。
Conon 哥农,411,413,452,460,462。
Consentia 孔森提亚,580。
Copaïs, Lake 科巴依湖,12,50,638。
Corax 科拉克斯,420。
Corcyra 科尔西拉,5,15,42,48,116,131,133,136,224,264,272,285,317,359,367,390,397,411,479,489,491,514,524,560,567,657。
Corcyra Nigra 尼格拉·科尔西拉,118,128,657。
Corinna 科利娜,274。
Corinth 科林斯,5,14,39,42,44,56,60,78,95,107,110,116,656,129,133,135—138,143,146,147,212,226,285,291,316,317,346,367,376,379,440,449,456,460,467,483,494,502,542,560,567,571,597,619,639,651,577,649,652,659。
Cornwall 康瓦尔,45。
Coronea 科洛尼亚,77,97,308,458,543,551,554。

Corsica 科西嘉,269,377。
Corsiae 科尔西埃,541。
Cos 科斯岛,17,45,78,282,410,515,564。
Cossaei 科萨依人,638。
Cottyphus 科提弗斯 557,566。
Cotyora 科提奥拉,655。
Cotys 科提斯,514。
Cotytto 科吉多,434。
Crannon 克拉隆,77,145,542,648。
Craterus 克拉提努斯,630,632,635,643,647。
Crates 克拉特斯,591。
Crenides 克里尼德斯,539。
Cresphontes 克列斯封提斯,77。
Crete 克里特,5,16,24,45,50,94,98,127,131,224,612,614,652,657,659。
Creusis 克娄西斯,483,493。
Crimea 克里米亚,522,558。
Crimisus 克里米苏斯,578。
Crisa 克里萨,12,137。
Crithote 克里左特,503,514。
Critias 克里提亚,412,421,443。
Crocus Field battle of 克劳库斯战场,543。
Croesus 克罗索斯,126,132,151,168,176,659。
Crommyon 克罗米翁,459。
Cromna 克罗姆娜,655。
Croton 克罗顿,118,133,145,200,272,282,461,480,657。

Crouni 克罗尼,123,655。
Ctesias 克泰西亚斯,584。
Ctesiphon 克提西丰,537。
Cumae 库美,118,122,200,270,378,581,657。
Cunaxa 库那哈,451,601。
Curium 库里昂,73,206。
Cyaneae 西阿尼埃,303。
Cybele 席比勒,205。
Cyclades 夕克拉底斯群岛,16,24,32,43,47,50,85。
Cyclopean mosonry 巨人墙(巨石工程),48,50。
Cydonia 基东尼亚平原,16,199,356。
Cyllene 西伦尼山,8,13。
Cylon 基伦,149,151,155。
Cyme 库美,82,118,145,206,454,657。
Cynaethus 基纳依修斯,170。
Cynics 犬儒学派,591。
Cynoscephalae 西诺色发莱,505。
Cynosoura 夕诺索拉海角,242。
Cynossema 塞诺西马,410。
Cynuria 昔努里亚,14,56,82。
Cyprothemis 赛普罗提米斯,503。
Cyprus 塞浦路斯,5,17,24,32,45,48,52,71,73,93,125,205,229,293,302,455,461,522,603,612,614,635,640,652,665。
Cypselus 西普赛路斯,146。
Cyrene 昔兰尼,113,121,123,126,131,133,166,178,202,282,285,296,442,547,613,640,644,658。
Cyrnus 夕尔努斯,见 Corsica。
Cyrus the Great 居鲁士大帝,176,621,622。
Cyrus,son of Darius 大流士之子小居鲁士,413,439,451。
Cythera 基德拉,16,32,35,78,168,295,368,396,461。
Cythos 夕特诺斯,88,226。
Cytinium 夕丁尼昂,230,361,566,567。
Cytorus 夕托鲁斯,655。
Cyzicus 夕奇库斯,57,115,410,461,514,572,655。

D

Daïmachus 达依马库斯,583。
Damascus 大马士革,93,611,614,644。
Damasias 达马西亚斯,164。
Damastium 达马斯提昂,547。
damoi 达莫,81。
Damon 达蒙,300,332。
Danaë 达娜依,274。
Danoi 达那亚,51,66,73。
Danaüs 达那乌斯,66。
Danube 多瑙河,37,45,53,55,74,178,562,565,597。
Danuna 达努那,64。
Daphnae 达芙奈,125。
Daphnaeus 达芬奈乌斯,472。

Daphnus 达夫努斯,13。
Dardania 达旦尼亚,558。
Dardanoi 达那亚人,52,59,63。
Dardanus 达尔丹努斯,59,410。
Daric 大流克,177。
Darius Ⅰ 大流士一世,177,178,204,218,627,629。
Darius Ⅱ 大流士二世,400,413,451。
Darius Ⅲ 大流士三世,572,601,608,611,615,622,664。
Dascon 达斯孔,477。
Dascylium 达西利昂,655。
Datis 达提斯,209,212。
Datum 达图姆,658。
Daurises 道里西斯,206。
Decelea 狄开利亚,392,396,399。
Deinomenes 狄诺米尼斯,270。
Deiphontes 代封提斯,77,83。
Delium 弟力安,370。
Delos 提洛,16,47,88,180,213,257,296,304,312,442,462,488,570,577。
Delphi 德尔斐,12,46,81,92,97,113,130,137,146,169,171,181,211,223,261,270,274,285,307,322,361,375,439,441,495,499,505,512,539,547,559,565,542,545,572,576,593,594,637。
Delphic Amphictyony 德尔斐联盟（宗教同盟）,87。
Delphinium 德尔菲尼昂,414。

Demades 德马弟斯,549,570,601,619,637,645,648。
Demaratus 德马拉图斯,195,210。
Demacrete 德玛累特,267,270。
demes 村社,187。
Demeter 德米特,86,170,328。
demiourgoi 手工艺人,67,69,164。
Democedes 德莫西德斯,178,282。
Democritus 德谟克利特,341,421,432,653。
Demonax 德莫纳克斯,166。
demos 民众 68,288。
Demosthenes 德谟斯提尼,360,364,368,395。
Demosthenes(orator) 德谟斯提尼（演说家）,546,548,550,556,560,562,563,566,573,585,596,599,601,619,620,633,637,645,648,650。
Denyen 登尼恩,52,73。
Dercyllidas 德西利达,403,452,461。
Derdas 德尔达斯,96,320。
Deucalion 德卡利翁,40,59,69。
Dexippus 迪克西普斯,472。
Dhimini 底米尼,28,37。
Dia 迪亚,24。
diacria 山岳地区,153,165。
Diagoras 迪亚戈拉斯,435。
Dicaea 迪凯亚,116,656。
Dicaearchia 迪卡依阿齐亚,118,657。

Dicaearchus 迪卡依阿库斯,653。
Didyma 迪底玛,87,169,204,593。
Dinarchus 迪那尔库斯,585,649。
Diobelia 迪奥波尔补助金,413。
Diocles 迪奥克列斯,470。
Diodotus 迪奥多都斯,358。
Diogenes 狄奥根尼,591。
Diomede 狄奥米地,65,68。
Diomedon 狄奥米冬,414。
Dion 狄翁,517,523,637。
Dionysia at Athens 雅典的狄奥尼西亚,182。
Dionysius of Phocaea 弗卡亚的狄奥尼修斯,207。
Dionysius Ⅰ 狄奥尼修斯一世,453,461,464,471,474,480,481,499,594,663。
Dionysius Ⅱ 狄奥尼修斯二世,480,517,579。
Dionysius of Halicarnassus 哈利卡纳苏斯的狄奥尼修斯,429。
Dionysius, worship of 迪奥尼修斯崇拜,146,149,170,275,434,592。
Diopeithes 迪奥培提斯,562。
Diophantus 迪奥芬图斯,545。
Dioscurias 迪奥斯库利斯,115,655。
Dipaea 迪帕亚,262。
Diphridas 弟夫里达斯,463。
Dipoenus 迪波厄努斯,148。
Dium 迪安,539。
Dodona 多东纳,8,10,36,57,71,74,77,113,169,286,337,594。

Dolonci 多隆西人,197。
Dolopia 多罗波亚人,13,137,227,258。
Don, R. 顿河,627。
Dorians 多利亚人,59,69,75,81,137,653。
Doric dialect 多利亚方言,55,79。
Dorieus 多利依斯人,200。
Doris 多利斯山,11,76,294,361,566。
Doriscus 多利斯库斯,228。
Dorus 多鲁斯,40,59。
Doulikhion 多利克翁人,65。
Drabescus 德拉贝斯库斯,290。
Draco 德拉古,156,163,447。
Dracontides 德拉孔提德斯,443。
Drepanum 德里帕努姆,480。
Drerus 德列鲁斯,94。
dromos 墓道,过道,44,47。
Dryopis 德律奥皮斯,59,75,86,88。
Drypetis 德律贝提,634。
Ducetius 都齐提乌斯,377。
Dymanes 迪马尼斯,70,81,149。
Dyme 岱米,504。
Dyrrachium 迪纳尔奇昂,42。

E

Ecbatana 埃克巴坦那,620,622,638。
Echemus 厄奇姆斯,59。
Echinus 依奇努斯,559。
Edessa 厄代萨,534。
Edonians 伊冬尼亚,317。
Eëtionia 亚提翁尼亚,406。

Egesta, 见 Segesta。

Egypt 埃及, 25, 35, 45, 51, 60, 72, 218, 229, 293, 452, 561, 613, 633, 636, 644, 653, 665。

Eileithuia 爱雷蒂亚, 88。

Eion 埃翁, 258, 317, 373。

eisangelia 叛国案审判, 288。

eisphora 特别税, 160, 360, 480, 490, 502, 529, 546。

Elaeus 厄拉攸斯, 410, 514。

Elatea 埃拉蒂, 42, 566。

Elatria 厄拉特利亚, 118, 560, 657。

Elba 厄尔巴, 45。

Elea 厄利亚, 121, 275, 657。

Eleusis 埃琉西斯, 12, 57, 165, 171, 349, 413, 445。

Eleutherae 埃利乌提莱, 191, 482。

Elimea 依里米亚, 541。

Elis 伊利斯, 9, 14, 56, 65, 77, 82, 118, 130, 142, 169, 226, 261, 318, 376, 379, 444, 450, 483, 495, 502, 560, 609, 619, 647, 657。

Embatum or Embata 恩巴敦, 357, 516, 662。

Empedocles 恩培多克利, 339。

Emporia 恩波利亚, 267。

Emporium 恩波利昂, 120, 657。

Enienes 恩尼恩人, 65, 76。

Enkomi 恩科密, 32, 48, 52。

Ennea Hodoi 恩尼亚何多依, 290, 317。

Entella 恩铁拉, 476, 478, 578。

Epaminondas 依巴密依达, 482, 493, 496, 500, 509, 537, 580, 583, 663。

Epathus 依帕扶斯, 60。

Eparitoi 伊帕里特, 506。

Epeioi 伊泼奥人, 65。

Ephesus 以弗所, 86, 132, 151, 177, 205, 285, 358, 414, 454, 461, 572, 593, 605, 637, 659。

Ephetai 上诉法官, 156。

Ephialtes 厄菲阿尔提斯, 235, 287, 290, 443, 447, 564。

Ephorate 监察官, 103, 106。

Ephorus 埃佛汝斯, 583, 653。

Ephyra in Thesprotia 厄菲拉铁斯普罗提亚的厄菲拉, 78。

Ephyrean style 厄菲拉式, 33。

Epicrate 依庇克拉底, 455, 463。

Epicurus 伊壁鸠鲁, 591。

Epidamnus 依庇丹努, 112, 116, 317, 533, 657。

Epidaurus 依庇道鲁, 14, 77, 147, 149, 226, 292, 318, 368, 382, 387, 497, 502, 542, 593, 594。

Epigoni 后辈英雄, 64, 66, 90。

Epimenides 埃庇门尼德, 159。

Epipolae 厄庇波利, 393, 474。

Epirus 伊庇鲁斯, 10, 17, 38, 42, 56, 59, 75, 79, 129, 143, 264, 479, 491, 547, 580, 599, 652。

episkopoi 委员, 305。

epistates 雅典五百人会议的主席,

190。

Epizephyrian Locri 依庇色菲利亚,见下文 Locri。

Erasinides 厄拉西尼德,415。

Erechtheum 伊利其特,433。

Erechtheus 伊利其特攸斯,65。

Eresus 厄律苏斯,606。

Eretria 厄律特利亚,116,128,136,180,205,212,226,313,407,461,549,563,656。

Eros 爱罗斯(爱神),592。

Erymanthus 埃利曼都斯山,8,13。

Erythrae 厄律提拉,82,86,115,143,304,400,462,608,656。

Eryx 厄利克司,73,270,470,480。

Erzerum 厄尔泽隆,451。

Eteobutadae 厄提奥布达代,154,165,183。

Eteokarpathioi 埃提奥卡尔帕卓斯人,82。

Eteokretes 埃提奥克里特人,69,82。

Eteonicus 埃提奥尼库斯,414。

Etesian Winds 厄特西安风,453,550。

Ethiopia 埃塞俄比亚,63,561。

Etruria 伊达拉里亚,45,58,128,270,272,377,394,479,576,636。

Euboea 优卑亚,15,17,44,56,133,160,180,233,308,456,489,496,507,512,515,549,563,567,647。

Euboea in Sicily 西西里的优卑亚,267。

Eubulus 欧布鲁斯,516,532,545,550,551,558,651。

Eucles 欧克列斯,372。

Euclides 欧克利德斯 447。

Eucrates 欧克拉提斯,381,426,435。

Eudoxus 欧多胡斯,591。

Euenus,R. 攸努斯河,13。

Euesperides 欧依斯佩里德斯,112,121,178,658。

Eumelus 攸美鲁斯,92,97。

Eumenes 欧门尼斯,603,643。

Eumolpidae 欧美尔彼代,154,189。

Eunomia of Lycurgus 吕库古的欧诺美亚,102,169。

Eupatridae 贵族,164。

Euphranor 欧弗拉诺,592。

Euphrates,R. 幼发拉底河,611,615,621,635,638。

Euphron 欧弗隆,504。

euporia 富人,526。

Euripides 欧里庇得斯,65,171,422,427,435,522。

Euripus 攸利普斯,15,44,232。

Europa 欧罗巴,30。

Eurotas 攸罗塔河谷,8,14,496。

Eurybiades 欧利比阿德斯,231。

Euryelus 攸利依拉斯,394,474。

Euryleon 欧律列翁,201。

Eurylochus 欧律罗库斯,137,361。

Eurymedon 欧利美冬,259,395。
Eurysthenes 攸利斯特尼,77,103。
Eurytanian 攸利塔尼亚人,13。
Euthymenes 欧地门尼,281。
Eutresis 欧特列西斯,29,40,44。
Evagoras 厄瓦哥拉斯,461,466。
Execias 埃克西吉亚,283。

F

Falerii 法勒尼,577。

G

Gades 盖德斯,73,627。
Galepsus 伽利普苏斯,373,656。
Gamoroi 加莫罗依族,143,267。
Ganges,R. 恒河,631。
Gaugamela 高加米拉,615,642,664。
Gauls 高卢,480,576。
Gaza 加沙,613,639。
Ge 盖伊,71。
Gedrosian Desert 吉德罗西亚,633,641。
Gela 盖拉,113,120,131,267,391,472,518,599,657。
Gelon 盖隆,224,267。
Gene, gennetai 氏族成员,68,99,154。
Geometric pottery 几何形风格陶器,94。
Georgoi 农夫,69,164。
Geraestus 盖拉依斯托斯,232,454。
Gerania 格拉尼亚山,8,239,294。

Getae 格太人,178,352,562,576,598,628。
Gibraltar 直布罗陀海峡。
Glaucus 格劳库斯,63。
Glos 格罗斯,466。
Gomphi 龚比,544。
Gongylus 龚基拉斯,394。
Gordium 哥尔地昂,606,608。
Gorgias 高尔吉亚,420,428。
Gorgidas 高尔吉达,482。
Gorgopas 哥尔戈帕斯,464。
Gortyn 哥尔亭,16,83。
Goulás 古拉斯,44,50。
Gourniá 古尔尼亚,27。
Grabus, King of Illyria 格拉布斯(伊利里亚国王),540。
Graeci 格雷斯人,118。
Grammateus 秘书(雅典官员),190。
Granary Style of pettery 谷仓式陶,56,74。
Granicus, R. 格拉尼库斯河,604,665。
Gurob 古罗布,47。
Gyges 盖革斯,126,132,659。
Gylippus 吉利普斯,392,440。
Gymnesion 吉木尼西阿人,149。
Gymnopaediae 斯巴达的运动会,104,494。
Gytheum 吉提昂,295,413,497,571。

H

Hadrumetum 哈德鲁门顿,73。
Hadria 哈德里亚,479。

Haemus, Mt. 哈依木斯山,597。
Hagnon 哈格农,317,401,405。
Haliacmon, R. 哈利亚克蒙河,11,36,79,533。
Haliartus 哈利阿图斯,456。
Halicarnassus 哈利卡纳苏斯,78,82,126,515,523,592,606。
Halicyae 哈利西埃,306,377。
Halieis 哈里埃,293,368,497。
Halizones 哈里松斯,63。
Halonnesos 哈罗尼斯,561。
Halus 哈鲁斯,11,227,552。
Halycus, R. 哈利库斯河,479,579。
Hama 哈马,93。
Hamilcar 哈密尔卡,269。
Hannibal 汉尼拔,471。
Harmondius 哈尔莫迪攸斯,184,286,619。
Harmosts 斯巴达的驻节官,105,439。
Harpalus 哈尔帕努斯,614,622,633,636。
Hebrus, R. 赫布罗斯河,544。
Hebryzelmis 赫布雷泽尔密斯,486。
Hecataeus 赫卡太攸斯,87,204,281,627。
Hecate 赫卡特,88。
Hecatomnos 赫卡托木斯,466。
Hecatompedon 雅典的百柱庙,285。
Hectemoroi 六一汉,158。
Hegesileos 赫吉斯列奥斯,550。
Hegesistratus 赫吉西斯特拉图,180。
Hegesippus 赫吉西普斯,553,560,585。
Heliaea 陪审法庭,162,288,301,324,516,530。
Helice 海里斯,83。
Helicon 赫里孔,8,12,458。
Helios 赫列欧斯,71,631。
Hellanicus 希兰尼库斯,583。
Hellanodikai 希腊族裁判官,77。
Hellas 希腊,77。
Hellen 希伦,40,59。
Hellenes 希伦人,58,65,76。
Hellenion 希伦尼翁,224。
Hellenotamiae 希腊金库保管官,256,324,342,412。
Hellespont 赫勒斯滂,53,562,647。
Helots 希洛人,102,237,261,290,322,367,372,376,379,387,442。
Hemeroscopium 赫墨罗斯科匹昂,657。
Hephaestion 赫伏斯提昂,604,625,630,634,638,641。
Hephaesteum 赫伏斯图,433,523。
Hephaestus 赫伏斯托斯,71,336。
Hera 赫拉,55,71,77,83,87,133,439。
Heraclea 赫拉克利亚,115,123,136,144,313,581,361,372,382,450,456,490,495,513,518,541,581,655。

Heracleidae 赫拉克雷代,59,75,81,82,105。
Heracles 赫拉克勒斯,61,90,217,403,534,541,550,556,564,576,598,604,611,614,624,641。
Heracles, son of Alexander 赫拉克勒斯(亚历山大之子),633。
Heraclides 赫拉克利德斯,518。
Heraclitus 赫拉克利特,279。
Heraea 赫雷亚,496。
Heraeum 赫拉依昂,132,166,168。
Heraeum Teichos 赫拉依昂·太可斯,544,655。
Herákleion 赫拉克林港,16。
Herbessus 赫尔伯苏斯,474。
Herbita 赫尔比塔,474。
Hermae 赫尔美斯碑(神像),182,390,436。
Hermes 赫尔美斯,55,584,592。
Hermias 赫尔米亚斯,561。
Hermione 赫尔米翁,14,77,226,306,318,479。
Hermocrates 赫尔莫克拉特,370,378,470。
Hermus, R. 赫尔木斯河,86。
Herodas 希罗达斯,593。
Herodotus 希罗多德,22,52,55,69,314,337,627,653。
Heroic Age 英雄时代,61,70。
Heroonpolis 赫隆,636。
Hesiod 赫西奥德,22,40,58,61,95,524。

hestia 希斯蒂亚(灶神),67,169。
hetairia 斯巴达的聚餐会,99,151,152,272,535。
Hetoemaridas 赫托马里达斯,261,440。
Hicetas 希塞塔斯,519,577。
Himera 希墨拉,120,133,267,269,394,471,657。
Hieron 希也隆,267。
Himilco 希密尔可,471。
Hindu Kush (Paropamisus) 兴都库什山,630。
Hingol, R. (Tomerus) 兴果尔河,633。
Hipparchus 希帕尔库斯,183,209,221,285。
Hipparinus 希帕里努斯,517。
hippeus 骑士,160。
Hippias of Elis 伊利斯的希庇亚斯,181,212,420,433。
Hippobotae 希波巴达依,143,313。
Hippocrates 希波克拉底,204,368,371,432,433,660。
Hippodamus 希波达姆斯,314,523。
Hipponium 希波尼昂,479,520,657。
Histiaea 希斯提埃亚,305,313,489,563,506。
Histiaeotis 希斯提埃奥提斯,59。
Histiaeus 希斯太攸斯,197,201,204。
Hittites 赫梯人,46,50,64,66,

72,93,653。
Homer 荷马,22,55,57,60,64,88,170,182,512。
Homeridae 荷马里代,88。
hoplite 重装步兵,110,139,215,249。
Hungary 匈牙利,45。
Hybrias 希比里亚斯,100。
Hydarnes 希尔达尼斯,230,235。
Hydaspes,R. 希达斯皮河,630。
Hydruntum 希德隆通,118,657。
Hylleis 希莱斯,81。
Hyllus 希鲁斯,59,75。
Hymeas 希米亚斯,206。
Hymettus 希米图斯山,12,17,39,449。
Hymns 颂歌,97。
Hypachaeans in Cilicia 西里西亚的准亚该亚人,52,64。
Hyperbolus 希伯波鲁斯,387。
Hyperides 希伯里底斯,525,557,562,564,570,585,645,648,650。
Hyphasis,R. 希法西斯河,631。
Hypothebai 下底比斯,64。
Hyrcania 希尔卡尼亚,632,636,664。
Hysiae 希西埃,136,181,197,485。

I

Ialysus 雅利苏斯,32,35,125。
Iaones 雅奥尼,68,87。
Iapygia 雅比基,272。
Iasus 雅苏斯,71,269,401,461,665。
Iberia 伊比利亚,269。
Ibycus 伊比库斯,275。
Icaros 伊卡路斯,17。
Ictinus 伊克蒂诺,335。
Ida 伊达山,63,71。
Idomene 爱多美尼,263。
Idomeneus 伊多门尼乌斯,60。
ldrieus 伊德里乌斯,547。
Iliad 《伊里亚特》,61,88,95,337,576,624,640。
Ilias Parva《依里亚·帕尔伐》,90。
Iliou Persic 《依诺·伯尔西斯》,90。
Iliunna(Ilioi) 伊利昂那(伊利昂人),52,60,63。
Illyria 伊利里亚,42,74,469,479,514,533,538,558,576,598,626,640。
Ilus 伊劳斯,59。
Imbros 英布罗斯,16,57,179,305,462,516,548,570。
Inaros 伊纳罗斯,293。
India 印度,584,618,627,629。
Indian Ocean 印度洋,46。
Iolcus 约尔库斯,50。
Ion 爱奥,59。
Ionia 爱奥尼亚,57,84,86,87,127,252,256,655。
Ionic dialect 爱奥尼亚方言,56。
Iphicrates 伊菲克拉底,459,489,501,514,516,530。
Isaeus 伊塞乌斯,535。

Ischia = Pithecusae 伊斯奇亚岛,33,47,118,122,271,657。
Isis 伊西丝,613。
Iskenderon 见 Myriandrus。
lsmenias 伊斯梅尼亚,444,455,468,470,501。
lsocrates 伊索克拉底,420,466,491,485,521,556,559,571,583,585,587,607,639。
isonomia 平等之国,190,204。
Issa 伊萨,479。
Issus 伊苏斯,609,664。
Ister,R. 依斯特河,598,627,即 Danube,多瑙河。
Isthmus of Corinth 科林斯地峡,8,14,129,147,166,572。
Istrus 伊斯特鲁斯,114,655。
Italy 意大利,45。
Itea 伊特亚,12。
Ithaca 伊达卡,15,42,61,74,94,652。
Ithome 依托木,105,262,290。
Iulis 茹利斯,513。

J

Jason 雅松,490,494。
Javan 雅凡,87。
Jaxartes,R. 锡尔河,627,637。
Jebovah 耶和华,614。
Jezireh 泽西雷,451。
Jhelum,R. 哲农河,630。

K

Kajan Pass 卡晋山口,597。
Kakóvatos 卡科瓦托斯,50。

Kalikisha 卡利奇萨,52。
Kara Bogaz 卡拉·波加兹,629。
Karatepe 卡拉铁佩,64,74。
katonakophoroi 农奴阶级,148。
Kazanli 卡扎里,47。
Keftiu 克夫提乌,32。
Kephallenes 赛法伦尼亚人,65。
Kerameikós 雅典的陶区,84。
Khalitu 卡里图,63。
Khyber Pass 开伯尔山口,630。
Kilikes(Kilikisha) 启里奇斯(启里奇萨),63。
klaros klarotai 份地,81,99。
kleroi 份地,441。
kolakretai 科拉克雷太,161。
komai 科迈,81,99。
kómo 科莫,2。
konipodes 泥脚汉,149。
Korákou 科拉郭,41,441。
korynephoroi 曲柄杖队伍,165。
kosmoi 行政官,100。
Kritsaná 科里特山那,38。
Kudones 库东尼人,69。
Kurdistan 库尔迪斯坦,451。
Kyllyrii 基里尼人,267。

L

Labdacidae 拉布达西德,66。
Labdalum 拉布达隆,293。
Lacedaemon 拉西第蒙,14,60,78。
Lacmon,Mt. 拉克蒙山,10,13。
Laconia 拉哥尼亚,14,36,44,50,56,126,131,166,645,652。

Lade 拉德,207。
Laestrygonians 赖斯特列哥尼亚人,62。
Lamachus 拉马库斯,389。
Lametini 拉美提尼,659。
Lamia 拉米亚,647。
Lamius 拉米乌斯,547。
Lampon 朗朋,313。
Lampsacus 朗普萨库斯,115,184,265,417,461,607,614,655。
Laomedon 拉奥米东,60,63。
Lapthus 拉帕图斯,73。
Larisa 拉利萨,11,77,142,145,500,539,559。
Las 拉斯,50。
Latium 拉丁姆,73,272,576,581。
Laurium 劳利昂,12,222,326,529。
Laüs 拉攸斯,659。
Lausitz 劳西芝,74。
Lazpa 拉兹巴,51,63。
Lebadea 莱巴得亚,12,567。
Lebanon 黎巴嫩,635。
Lebedus 列比都斯,86。
Lechaeum 列哈依昂,14,41,44,459。
Leipsydrium 雷皮西得里昂,183。
Lelantine Plain 列兰丁平原,15,44,136。
Leleges 勒尼格人,58,72,86。
Lemnos 列姆诺斯,16,58,63,71,179,181,193,199,305,315,462,516,548,570。
Leochares 列奥恰里斯,592。
Leocrates 列奥克拉提斯,299,620。
Leonidaeum 列奥尼达依昂,594。
Leonidas 列奥尼达,231。
Leonnatus 列奥那图斯,611,633,644,647。
Leotiades 列翁提亚达,468,482。
Leontini 列翁提尼,118,151,270,306,377,472,519,578,657。
Leosthenes 列奥斯提尼斯,514,645,647。
Leotychidas 列奥提齐达,210,251,255。
Lepreatis 列普律阿提斯,83,136。
Lepreum 列伯利,226,383。
Leptines 列甫提尼,473,479。
Lerna 勒尔那,14,29,37,42。
Lesbos 列斯堡,17,52,57,63,82,85,95,115,207,252,297,304,315,327,356,388,400,409,556,561,606,652。
Leucas 琉卡斯,15,36,42,50,65,75,113,657,116,146,226,318,456,560,567,647,652。
Leucate 琉卡提海角,15。
Leucippus 留基普,339。
Leuctra 留克特拉,493,661。
Leukon Teichos 留空·特可斯,293。
Libya 利比亚,25,32,52,73,269,478,480,627,633,636。

Libys 利比斯,446。
Lichas 利卡斯,402。
Liguria 利古里亚,269。
Lilybaeum 利利比昂,471,480,578。
Limnae 利姆纳,115,656。
Limnaea 林姆奈亚,8。
Lindus 林都斯,79,621。
Linear Script 线形文字,26,32,33,45,55,93。
Lipara 利巴拉,33,45,47,120,128,657。
Lissus 里苏斯,479。
Locri,Epizephyrian 依庇色菲利亚的罗克里,112,118,145,270,378,474,479,579,657。
Locrians 罗克里人,65,77,137,143,227,507,542,545,646,658。
Locris,Opuntian 奥朋提亚的罗克里,11,82,295,311,371,455,483,495。
Locris,Ozolian 奥佐利亚的罗克里,13,295,496,500,565。
Logistai 查账员,324。
Lucania 卢卡尼亚,478,580,636。
Lucian 鲁西安,592。
Luka(Lycians) 卢卡(路奇人),52,63。
Lycaretus 莱卡里图斯,199。
Lycia 黎西亚,52,55,63,73,606,612。
Lychnidus 利赫尼都斯湖,8,534,547,575。
Lycomedae 里可美代,154。

Lycomedes of Acadia 阿尔卡狄亚的莱可米德斯,499,502。
Lycophron 黎可夫隆,147。
Lycurgus 吕库古,102,165,570,573,585,594,601,621,646,651。
Lydia 吕底亚,58,72,86,126,131,626,635,659。
Lydias,R. 吕底阿斯河,11,534。
Lygdamis 莱格达米斯,180,198。
Lyncus 林卡斯,533,537。
Lyppeüs 李普斯,540。
Lysander 莱山得,414,439,449,453,456,637。
Lysias 吕西亚斯,415,440,481,585。
Lysicles 莱西克列斯,381,570。
Lysimachus 莱西马库斯,647。
Lysippus 莱西普斯,592。
Lyttus 李图斯,98。

M

Macedon 马其顿,40,534。
Macedonia 马其顿(地区),8,10,22,36,43,47,56,59,533,625,627,652,653。
Macynia 马辛尼亚,116,657。
Madytus 马迪图斯,658。
Maeander,R. 迈安德河,86,454。
Maeandrius 迈安德留斯,194,199。
Maenace 美奈斯,120,658。
Maeotid Lake 马奥帝德湖,629。
Magi 波斯僧侣,635。
Magnetes 马格尼特人,11,40,65,

137,227,232,544,548。
Mago 马哥,478,578。
Makednoi 马奇德诺伊,59,76。
Malea 马列亚,13,15。
Malis 马利斯,9,11,18,40,56,59,137,227,496,507。
Malli 马里衣人,632。
Mallia 马利亚,26。
Mallus 马鲁斯,74,608。
Malthi 马尔希,41。
Mamercus 马麦尔库斯,577。
Mantinea 曼丁尼亚,13,261,290,362,379,385,418,457,468,494,500,506,507,661。
Marathon 马拉松,12,213。
Mardians 马尔迪亚兵,617。
Mardonius 马尔冬尼斯,208,244。
Marduk 马尔都克,177,619。
Margiane 马尔吉安那,626。
Marius 马略,598。
Maronea 马隆涅亚,116,488,540,542,656。
Masistius 马西斯提乌斯,246。
Massaga 马萨加,630。
Massagetae 马萨革太人,623。
Massilia 马赛,120,127,144,522,576,657。
Matt-painted ware 席纹陶,41。
Mausolus 莫索鲁斯,515,592。
Mazaeus 马扎攸斯,615,619,621,664。
Media 米底,619,622,664。

Medma 米德马,660。
Megabazus 墨加巴佐,179,296,456。
Megacles 麦加克利斯,148,156,165,221,518。
Megalopolis 麦加罗波利斯,497,500,523,545,553,560,594,619。
Megara 麦加拉,12,17,78,106,115,129,133,135,149,192,223,291,308,318,320,350,368,376,380,413,444,483,495,522,542,560,563,567,655。
Megara Hyblaea 希布拉的麦加拉,120,267,658。
Megaton type of house 米加隆式房屋(大厅),37,47,50,53,67。
Megistias 麦吉斯提亚斯,235。
Méidias 美迪亚斯,523。
Melanchrius 美兰克汝斯,151。
Melanippus 美兰尼普斯,149。
Melanthus 米兰突斯,84。
Melas 米拉斯,151。
Melcart 麦尔卡特神,611,614。
Melon 门隆,482。
Melos 米洛斯,16,24,32,36,47,78,94,226,347,360,388,417,442,461,651,652。
Memnon 梅隆,547,572,604,606,608,665。
Memphis 孟斐斯,613。
Menaechmus 米那奇木斯,591。
Mende 曼德,116,373,656。
Menedaïus 门尼达攸斯,363。

Menelaïon 梅尼莱伊翁,102。
Menelaüs 曼涅劳斯,60,63,66,514,537,548,561。
Menes 梅尼斯,622。
Menestheus 门尼斯迪乌斯,65。
Mentor of Rhodes 曼托尔,561,572。
Mercenaries 雇佣兵,110,125,201,400,442,451,457,459,464,466,471,482,495,522,531,561,567,603,605,608,610,615,617,619,623,626,630,636,644,665。
Meriones 墨里翁斯,62。
Mermnadae 黑尔姆娜达,653。
Mersin 麦尔辛,24,47,53,56,72。
Merv 麦尔夫,626。
Mesembria 梅辛布利亚,115,655。
Mesogeia 麦索该亚,12。
Mesogeion 内陆区,189。
Mesopotamia 美索不达米亚,45,51。
Messana 麦赛纳,201,267,360,472,578。
Messapia 麦赛匹亚,586。
Messenia 美塞尼亚,13,36,42,44,50,78,105,118,136,262,442,497,523,553,556,560,571,594,647,652。
Metapontium 麦塔朋提昂,118,133,272,581,658。
Methona 梅特纳,367。
Methone 米冬,113,116,295,349,395,503,534,536,546,656。
Methymna 梅弟姆娜,82,356,486,558。
Metropolis 麦特罗波利,363。
Midas 米达斯,126,534,659。
Milesion Teichos 米利西翁·特可斯,114,121,125,658。
Miletopolis 米利托波利斯,655。
Miletus 米利都,32,45,47,63,86,110,112,114,125,131,132,136,147,152,176,204,207,304,314,367,400,439,442,448,522,605,607,614,638,655。
Miltiades 米尔提亚德斯,181,197,183,197,209,215,219。
Mimnermus 明纳尔姆斯,86,172。
Mindarus 明达拉斯,409。
Minoa 迈诺亚,32,360。
Minos 米诺斯王,25,30,34,58,60,69。
Minotaur 米诺妥,69。
Minyae 米尼亚,40,50,60。
Mithridates 米特里达梯,605。
Mitylene 密提林,82,126,143,151,356,414,463,486,558,655。
Mitanni 米坦尼,46。
Mnesicles 木尼西克列斯,336。
mnoitai 姆诺伊特(农奴),99。
Moab 摩甲,94。
moira 莫伊拉,96。
Molossis 莫罗西亚人,86,479,489,575,580。

Molycrium 莫力克利昂,116,361,657。
Mopsus 莫普苏斯,74。
Morava. R. 莫拉瓦河,8,37,558。
Morocco 摩洛哥,627。
Mosul 摩苏尔,615。
Motya 莫提亚,270,475。
Motyum 莫提昂,377。
Munychia 木尼齐亚山,444,648。
Mursil Ⅱ 穆尔西里二世,51。
Musa 穆萨,52,63。
Musaeus 木沙依攸斯,170。
Music 音乐,171。
Mycale 麦卡利,87,251,605。
Mycalessus 密卡利苏斯,400。
Mycenae 迈锡尼,32,37,39,42,49,55,56,60,64,72,74,196,226,262。
Myconos 迈孔诺斯,88。
Mygdonia 迈格冬尼亚,537。
Mylae 美赖,112,118,360,658。
Myletidae 米列提代族,146。
Myonnesos 迈翁尼索,516。
Myrcinus 墨尔西努斯,179,197,206,373。
Myriandrus 米里安德努斯,609,614。
Myrlea 迈尔列亚,115,655。
Myrmidons 麦尔米东人,65。
Myron Ⅰ & Ⅱ 米隆一世和二世,148。
Myronides 米隆尼达斯,293。

Myrsilus 迈尔西鲁斯,151。
Mysia 麦西亚,58,63,86,547。
Myus 麦攸斯,86,265。

N

Nagidus 纳季都斯,121,658。
Naucratis 瑙克剌提斯,121,125,166,178,613,658。
naukraroi 诺克拉里,187,161。
Naupactus 瑙帕克图斯,295,352,363,396,401,442,504,561,567。
Nauplia 瑙普利亚,14,167。
Nausithoüs 瑙西多斯,62。
Naxos 那克索斯,16,88,118,179,199,204,206,212,226,258,264,305,489,657。
Naxus in Sicily 西西里的那克索斯,118,133,270,392,474,517,657。
Neapolis 尼亚波利斯,118,540,545,656,658。
Nearchus 尼尔库斯,633,641。
Necho 尼克,125。
Nectanebo 涅克坦尼布,561。
Neleus 涅留斯,55,60,83,84。
Nemea 涅米亚,8,166,274,384,507,572,593。
Nemea River 涅米亚河,457,611。
neodamodeis 希洛人解放奴隶,372,383,396,440,452。
Neon in Phocis 涅翁,542。
Neon 涅翁,577。
Neoptolemus 涅奥普托勒密,604。

Nereids 涅累海仙女,604。
Nericus 奈里库斯,356。
Nestor 涅斯特,55,62。
Nestus,R. 涅斯托斯河,575。
Nicaea 尼卡亚,559,566,658。
Nicanor 倪卡诺尔,603。
Nicias 尼西亚斯,329,360,366, 374,375,380,389,433,435,524。
Nikomedea Nea 尼科米底亚的尼亚,36。
Nile 尼罗河,627,632。
Nineveh 尼尼微,615。
Nisaea 尼撒亚,292,360,368, 413,563。
Nisyros 尼西罗斯,9,76,78。
North-west Greek dialect 希腊西北部方言,79。
Nostoi 归国,73,90。
Notium 诺丁姆,358,414。
Nymphaeum 尼姆法尤姆,316。
Nysa 尼萨,638。
Nysaeus 涅撒乌斯,517。

O

Ocean 大洋,62,627,632,636,639。
Odessus 奥德萨,115,562,655。
Odrysians 奥德律西亚,313,350, 352,486,562,616,626,642,647。
Odysseus 奥德修斯,60。
Odyssey 奥德赛,61,89,337。
Oedipodeia 奥狄普底代,90。
Oedipus 俄狄浦斯,60。
Oeniadae 奥尼阿代,8,10,114, 116,295,353,356,369,464,657。
Oenoë in West Attica 奥诺依, 192,349,407,459。
Oenopes 奥诺皮斯,87。
Oenophyta 奥诺菲塔,294。
Oesyme 奥西密,373,656。
Oeta 奥伊塔,11,78,137,154, 450,554。
oikoi 家庭154。
Olbia Gallica 奥尔比亚,77,113, 120,123,655,658。
Old Oligarch "老寡头",420。
Olen 奥林,170。
Olooson 奥鲁松,533,542,544。
Olpe 奥尔匹,363。
Olympia 奥林匹亚,14,41,77,97, 231,274,285,334,506,572,593。
Olympian games 奥林匹克运动会,92,382,421,534,540,550, 636,645。
Olympias 奥林匹亚斯,538,540, 573,626,640。
Olympus 奥林匹斯,11,40,59, 71,230。
Olynthus 奥林图斯,245,321, 468,523,539,548,550。
Onomacritus 奥诺马克里图斯,183。
Onomarchus 奥诺马库斯,542。
Opheltiadae 欧菲尔提亚代,77。
Ophiousa 奥菲依奥萨,655。
Opis 奥皮斯,634,641。
Opus 奥普斯,11,145,231。

Ora 奥拉,633。
Orchomenus 奥科美努斯,12,40, 44,50,57,60,77,86,197,226, 308,370,385,456,458,462,484, 490,496,500,506,542,551,554, 570,661。
Oreia,Mt. 奥雷亚山,8。
Orestes 奥累斯提,82,167。
Oresthasians 奥瑞斯塔西亚人, 136。
Orestis 奥律斯提斯,353,533。
orgeones 归化民组织成员,154。
Oria 奥里亚.47。
Oricum 奥里空湾,5,8,10,116, 657。
Orientalizing style 东方化风格,95。
Ornese 奥尔尼埃,383,543。
Orontes 奥伦特斯,47,466,514, 547,550。
Orontes,R. 奥伦特河,47。
Oroetes 奥洛伊提,198。
Orontopates 奥隆托巴提斯,606。
Oropus 奥罗普斯,12,192,407, 492,502,543,570,648,663。
Orpheus and Ophism 奥尔菲斯教,171,174。
Orsippus 奥尔西普斯,107,135。
Orthagoras 奥尔塔哥拉斯,148。
Ortygia 奥提吉亚,271,393,473, 518,577。
Ossa,Mt. 奥萨山,11,59,74, 230,596。

ostracism 陶片放逐法,191,221, 263,298,377,387。
Otanes 奥坦尼斯,178,199。
Othrys 奥什雷斯山,11,38。
Oxus,R. 阿姆河,628。
Oxyartes 奥克西阿特,623。
Oxylus 奥希鲁斯,77,83。
Oxyrhynchus Historian 奥克辛林库斯历史学家,583。

P

Paches 帕齐斯,357。
Pactolus,R. 帕克托鲁斯河,454。
Paeonia 派奥尼亚人,179,534, 576,598,605,616,625。
Paestum=Poseidonia 佩斯敦,660。
Paesus 派苏斯,655。
Pagasae 帕加塞湾,9,11,231, 255,542,544,548。
Pagondas 巴格达斯,371。
Paíkon,Mt. 帕依孔山,533。
Palace Style of pottery 宫廷风格陶器,33,45。
Pale in Cephallenia 赛法伦尼亚的帕列,318。
Palestine 巴勒斯坦,46。
Palice 帕利斯,377。
Pallene in Attica 阿提卡的帕伦尼,180,373,549。
Pamboiotia 泛彼奥提亚节,77,97。
Pamisus,R. 帕米苏斯河,13。
Pammenes 巴门尼斯,542,547。
Pamphylia 潘菲利亚,52,56,64,

73,606,638。
Pamphyloi 潘菲洛依,81,149。
Panactum 帕纳克同,376,379。
Panaetius of Leontini 列翁提尼的帕那依提乌斯,151。
Panathenaïc Festival 泛雅典娜节,165,182,305,324,328。
Pandosia 潘多西亚,118,560,657。
Pangaeum 潘加昂山,179,540。
Panionium 潘尼奥尼昂,87,206。
Panormus 帕诺尔姆斯,269。
Panticapaeum 潘提卡佩,115,522,655。
Panyassis 帕尼亚西斯,281。
Paphus 帕扶斯,71,73。
Paraetacene 巴雷塔西尼,623。
Paralia 海岸地区,153,189。
Paralus 帕拉鲁斯,406,417。
Parapotamii 帕拉波坦米,237,566,567。
Parauaea 巴劳依亚,548。
Parium 帕里昂,115,656。
Parmenides 巴门尼德,280。
Parmenio 帕尔门尼奥,540,552,572,596,601,603,606,610,612,615,618,622,625,641。
Parnassus 帕尔纳苏斯,8,11,39,237,627。
Parnes 帕尔涅山,12,153,444。
Paruon 巴农,8,14。
Paropamisus 帕罗巴米苏斯山,627。
Paros 帕罗斯,88,110,115,129,197,219,473,656。
Parrhasia 帕尔哈西亚,379。
Parthenon 帕台农,326,335。
Pasargadae 巴萨加尔代,620。
Pasiphaë 帕西法厄,30。
Patrae 帕特雷,9,13,353,387。
Patroclus 帕特罗克鲁斯,71,604。
Pattala 帕塔拉,632。
Pausanias 波桑尼亚,247,255,258,261,322,446,456,537,573。
Paxos 帕克索斯,15。
pediakoi 平原地区,153。
Pegae 皮加依,18,292,294,308,368。
Peiraeus 比雷埃夫斯,210,264,294,355,406,418,444,461,464,514,529。
Peisander 皮山大,401,454,455,458,460。
Peisistratus 庇西特拉图,135,164,183。
Peitholaüs 培多劳斯,549。
Pelagonia 皮拉哥尼亚人,537。
Pelasgian 皮拉斯基,57,69,72,86,199。
Pelasgiotis 皮拉斯基奥提斯,57。
Pelasgikon Argos 皮拉斯基科的阿尔戈斯,57。
Peleset 辟列赛特,52。
Pelikáta 培利卡塔,74。
Pelinna 佩林纳,599。
Pelion, Mt. 皮利翁山,11。

Pelium 佩利昂,598。
Pella 培拉,18,469,534,541,552,604,619。
Pellene 佩伦尼,116,345,383,457,497,507。
Pelopidas 伯罗庇达,484,493,496,500,502,505,507,537,663。
Peloponnese 伯罗奔尼撒,66,76。
Peloponnesian League 伯罗奔尼撒同盟,见 Spartan Alliance
Pelops 伯罗普斯,60,66。
Pelusium 佩鲁西昂,613。
Peneüs,R. 皮涅乌斯河,11,599。
pentacosiomedimnoi "五百麦斗"级,160。
Pentathlus 平达支鲁斯,120,128。
Pentelicus 彭太利卡斯,12,153,213。
Penthilus 平提鲁斯,82,143。
Peparethos 皮帕雷多斯,16,488,514。
peplos Doric 多利亚式大袍,75,84。
Perachóra 伯拉可拉,94,107,133,652,659。
Peraiboi 波拉依波人,65,137。
Perdiccas 帕尔狄卡斯,317,320,350,372,386,395,503,514,536,643,648。
Perge 帕尔吉,606。
Periander 波里安德,146,166。
Pericleidas 伯里克莱德斯,290。

Pericles 伯里克利,287,295,301,306,312,322,347,351,381,386,426,431,447。
Pericles, son of Pericles 伯里克利,伯里克利之子,416。
Perinthus 佩林托斯,115,488,515,544,562,656。
Perioeci 皮里阿西人,81,99,440,450。
Perrhaebia 伯尔哈比亚,227,544。
Persephone 帕赛丰,170。
Persepolis 帕赛波利斯,619。
Perseus 伯尔修斯,60。
Persia 波斯,176,178,303,400,451,465,502,548,557,561,572,597,602,627,632,665。
Petalism 树叶放逐法,377。
Petelia 彼特尼亚,658。
Peucestas 普西斯塔,633。
Phaeacia 菲依亚西亚,68。
Phaeax 菲雅克斯,378。
Phaestus 菲斯托斯,16,24,58。
Phalaecus 法莱库斯,545,551。
Phalaris 法拉利斯,151。
Phalerum 法列隆,237,294。
Phanagoria 法那哥里亚,115,656。
Phanes 法尼斯神,174。
Pharacidas 法拉西达,477。
Pharaoh 法老,30,52,613,621,640。
Pharasmanes 法拉斯马尼,629,636,640。
Pharax 法拉克斯,452,455,519。

Pharcadon 法卡冬,544。
Pharnabazus 法那培萨斯,400,452,460,608,611,665。
Pharos 发罗,63,479。
Pharsalus 法尔萨鲁斯,77,145,296,456,496,557,566。
Phaselis 法赛利斯,74,121,126,131,259,303,327,607,658。
Phasis 法奇斯,115,656。
Phaÿllus 法衣鲁斯,543。
Pheidon 腓冬,132,141,107,144,181,197,659。
Pheneus 腓尼乌斯,13。
Pherae 菲拉依,77,490,539,542,549,553,559。
Pherecydes 菲利西德斯,281。
Phemius 菲米乌斯,61。
Pheretima 费律蒂马,178。
Phidias 菲迪亚斯,332。
Phigalia 菲加利亚,136,495。
Phila 菲拉,541。
Philaidsae 菲莱代,183,220。
Phillinna 菲琳娜,539,573。
Philip 腓力普,320。
Philip Ⅱ 腓力普二世,501,510,514,536,539,541,559,543,567,574,570,573,592,593,640,649。
Philippi 腓力比,540,544。
Philippides 菲力皮德斯,213。
Philippopolis 菲力波利斯,562,597。
Philiscùs 菲利斯库,499。

Philistines 菲利斯汀,52,72,93。
Philistus 菲利斯图斯,481,517,584。
Phillidas 菲利达斯,482。
Philocles 菲罗克利,417。
Philocrates 菲罗克拉底,551,557。
Philolaüs 菲罗拉乌斯,107,144。
Philomelus 菲拉麦鲁斯,512,542。
Philon 菲隆,594。
Philotas 菲罗塔斯,603,624。
Philoxenus 菲罗辛诺斯,619,622。
Phlius 福里攸斯,14,78,83,167,226,318,383,457,460,468,495,502,594。
Phocaea 弗卡亚,86,114,118,120,126,132,176,414,655。
Phoceeis 弗西斯人,65。
Phocion 弗西昂,547,549,558,563,567,570,573,601,646,648,650。
Phocis 弗西斯,11,59,82,137,196,227,294,306,311,450,455,483,490,496,512,554,567,599,646。
Phocylides 弗西利得斯,152。
Phoebidas 浮比达斯,469,484。
Phoenicia 腓尼基人,17,48,50,58,60,63,73,86,93,227,293,547,561,603,612,635,665。
Phormion 佛尔米翁,317,352,370。
Phormisius 福尔米西乌斯,447。
Phratry 胞族,67,153。

Phrygia 弗里吉亚,55,72,606,654。
Phryne 菲琳尼 592。
Phrynichus 菲律尼库斯,209,401,412。
Phthiotai,Phthiotis 弗提奥迪斯,11,59,137,543。
Phylakopi 菲拉科皮,19,32。
Phyle 菲赖,444。
Phylobasileis 部落王,156。
Phyton 菲冬,479。
Pidasa 皮达萨,52。
Pieria 皮里亚,40。
Pinarus 比纳鲁斯,609。
Pindar 品达,271,274,600。
Pindarus 平达努斯,151。
Pindus 品都斯,8,10,39,59,76,599。
Pisa 皮萨,14,81,136,506。
Pisidia 皮西迪亚,606。
Pissuthnes 皮苏迪尼,315。
Pithecusae 皮提库萨,见 Ischia。
Pittacus 毕塔库斯,151。
Pityus 皮提乌斯,656。
Pixodarus 皮霍达汝斯,573,596。
Plataea 普拉提亚,77,181,195,215,247,291,308,348,355,358,376,456,482,485,543,545,570,599,619,637,660。
Platea 普拉特亚,114,120。
Plato 柏拉图,481,517,520,524,586,587,588,589。
Pleistarchus 普雷斯达库斯,260。

Pleistoanax 普鲁斯托纳克斯,308,310。
Plemmyrium 浦莱米里乌姆,394,396,477。
Pleuratus 普留拉图斯,558。
Pleuron 普勒隆,55。
Plutanchus 普鲁堪库斯,549。
Pnyx 普尼克斯(雅典人民大会会场),566。
Po 波河,479。
Poikile Stoa 雅典"画廊",217,523。
Poletae 波列特,161。
Polichna 波利齐那,477。
polis in Homer 荷马史诗中的城邦,67,69,98。
Polles 波莱斯,374。
Pollis 波利斯,455。
Polyclitus 波利克里特,333。
Polycrates 波利克拉底,180,194,198,202,275。
Polydamas 波利达马斯,490,523。
Polygnotus 波利格诺特,337,523。
Polymedes 波利美地斯,174。
Polymnestus 波利木涅斯图斯,172。
Polyphron 波利弗隆,500。
Polyxenus 波利辛诺,473。
Poneropolis 波涅罗波利斯,562。
Pontus 本都,114。
Porus 波鲁,630。
Poseidon Heliconius 波赛冬,55,71,83,87,232,244,262,604,

632。

Poseidium 波赛迪昂,47,74,121, 123,125,129,178,658。

Poseidonia 波赛冬尼亚,见 Paestum。

Potidaea 波蒂代亚,112,116,131, 134,147,180,226,245,317,320, 350—352, 373, 503, 513, 516, 536,656,660。

Praesus 普拉依苏斯,58。

Praxiteles 普拉克西特列斯,592。

Priam 普里安,63,604,640。

Priapus 普里亚甫斯,658。

Priene 普里恩尼,86,178,314,593, 606。

probouloi 代表,206,225,401。

Procles 普罗克列斯,77,103,147, 149。

Proconnesos 普罗克尼苏斯,115, 562,656。

Prodicus 普罗迪库斯,420。

Propontis 普罗彭蒂斯海,53,115。

Propylaea 雅典卫城的门厅,326, 336。

proskynesis 跪拜礼,624。

prosodia 游行歌曲,172。

Protagoras 普罗塔戈拉斯,314, 420,435。

Protesilaüs 普罗铁西劳,65,604。

Proteus 普罗特乌斯,60。

Prothoüs 普罗托斯,493。

Proxenus 普罗辛努斯,551。

proxenoi 护侨官,166。

prytaneis 委员,190。

Prytaneum 普里塔尼昂,156。

Psammetichus I 浦萨美提克一 世,110,125,147,313。

Pseíra 卜栖亚,27。

Psyttalia 朴西塔利亚,241。

Ptereum 普特雷昂,656。

Ptolemy 托勒密,501,536,644, 645。

Punjab 旁遮普,630。

Pura 普拉,633。

Pydna 皮德那,503,515,534,536。

Pygmies 皮古米,62。

Pylus 派罗斯,13, 29, 44, 50, 55, 57,60,64,78,83,364,379,413, 416。

Pyrene (Pyrenees) 佩雷尼,627。

Pyrrha 皮拉,40,96。

Pythagoras 毕达哥拉斯,151,272, 279,432。

Pythian, Games 皮提亚竞技会, 137,166。

Pythii, of Sparta 斯巴达的皮提亚 人,97。

Python 皮冬,557。

Pyxus 庇克苏斯,658。

R

Re 拉,177,613。

Red Sea 红海,62。

Rekhmire 列赫米拉,32。

Rhacotis 拉科提斯,613。

Rhaecelus　莱西卢斯,179,197。
Rhamnus　拉木鲁斯,647。
Rhegium　列其昂,118,122,133,145,267,275,306,377,391,473,517。
Rhenea　瑞列亚(献神之礼),180,198。
Rhetra of Sparta　斯巴达的瑞特拉宪法,104,106。
Rhinon　黎农,447。
Rhium　吕昂,353,387,461。
Rhodes　罗得斯,5,16,32,34,45,65,74,78,94,126,128,131,133,397,402,415,452,461,505,515,523,545,562,564,606,612,614,652,657。
Rhode　罗迪,128。
Rome　罗马,200,272,576,581,639,649,651。
Roxane　罗克萨涅,623,633,643。

S

Sacae　萨加族,178,615,229。
Sacred Band　迦太基的神圣团,578,569。
Sagalassans(Shakalsha)　沙甘拉苏人,52。
Salaethus　萨莱修斯,357。
Salaminia　萨拉明尼亚,391。
Salamis　萨拉密斯,15,65,84,135,149,192,237,445。
Salamis in Cyprus　塞浦路斯岛的萨拉密斯,17,73,206,302,461,466。
Samarcand　撒马尔罕,625。
Samnites　萨谟奈人,576。
Samos　萨摩斯,16,83,94,115,126,132,207,251,285,293,297,304,314,327,401,426,439,461,503,513,546,570,606,636,648,655。
Samothrace　萨摩色雷斯,16,57,463。
Sane in Pallene　佩伦尼的沙尼,116,656。
Sangala　奢羯罗国,631。
Sangarius,R.　桑加利斯河,72。
Sappho　萨福,172。
Sardinia　萨丁尼亚,120,269,475,480。
Sardinoi(Shardana)　沙尔塔纳,52。
Sardis　萨尔迪斯,63,126,205,228,593,605,607,614。
Saronic Gulf　萨隆尼克湾,12。
Sarpedon　沙尔皮冬,63。
Satyrus　萨提汝斯,444。
Scapte Hyle　斯卡皮·希来,291,656。
Sciathos　斯夕亚多斯,16,231,488,548。
Scidrus　斯西德努斯,660。
Scione　斯奇温,116,234,273,380,442,656。
Sciritis　赛克里提斯,383。
Scodra　斯科德拉,558。

Scolus 斯科鲁斯,197。
Scopas 斯科巴斯,592。
Scylax 斯西拉克斯,281,627。
Scylletium 斯西勒提昂,660。
Scyllias 斯夕里亚斯,232。
Scyllis 斯夕利斯,148。
Scyros 斯夕洛斯,16,82,85,258,305,462,548,570。
Scythes 西提斯,200。
Scythia 西徐亚人,564,576,615,664。
Segesta 赛吉斯塔,73,293,377,388,471,476。
seisachtheia 解除负担,159,169。
Selge 赛尔格,74。
Selinus 赛利努斯,120,130,133,269,285,388,401,471,480,658。
Sellasia 塞拉西亚,14。
Selymbria 色林布利亚,115,515,544。
Sennemut 赛涅姆特,32。
Sepeia 赛皮亚,196,201。
Sepias 赛比亚斯海角,231。
Seriphos 塞里孚斯,88。
Sérvia 赛尔维,36。
Sésklo 塞斯科罗,37。
Sestus 塞斯都斯,115,253,258,409,461,503,514,545,604,651,656。
Seuthes 塞乌提斯,352,463。
Sharkalsha(Sagalassans) 沙克尔萨(同沙甘拉苏),52。

Shardana(Sardinoi) 沙尔塔纳,52。
Shipka Pass 西普卡山口,598。
Sicans 西卡人,62,151,476。
Sicels 西赛勒,50,62,271,392,473,478。
Sicily 西西里,47,63。
Sicinnus 西夕努斯,241,244。
Sicyon 西夕温,14,78,130,136,148,167,226,237,295,318,396,457,504,545,647。
Side 西迪,121,614,658。
Sidon 西顿,63,72,125,612,614。
Sidus 西都斯,459。
Sierra Leone 塞拉·勒窝内,281。
Sigeum 西吉昂,165,180,184,305。
Simonides 西蒙尼德斯,172,183,271,274。
Simus 西木斯,559。
Sinai Peninsula 西奈半岛,45。
Sinda 辛达,73。
Sinope 西诺普,112,115,316,623,655。
Siphae 西法依,370。
Siphnos 西弗诺斯,16,88,199,226,608。
Siris 西利斯,118,127,200,658。
Sisygambis 西夕甘比斯,621。
Sisyphus 西夕扶斯,60。
Sitalces 西塔尔奇斯,350,352。
Sitia 锡底亚,16。
skolion 饮酒歌,172。
slaves 奴隶,524。

Smyrna 斯迈尔纳,85,126,135,608。
Socrates of Athens 雅典的苏格拉底,416,422,427,435,448,525,568。
Socrates officer of Alexander 亚历山大部属的苏格拉底,605。
Sogdiana 粟特,623,626。
Soli 索里,73,206,608。
Sollium 索利昂,349,657。
Solomon 所罗门,93。
Solon 梭伦,65,138,145,156,163,165,447。
Sophocles 索福克勒斯,337,342,401,423,428,434。
Sophists 智者派,420。
sophrosyne 自制,274。
Spain 西班牙,45,73,471,577。
Sparta 斯巴达,71,92,94,97,101,105,128,136,135,138,141,167,546,168,176,181,194,196,205,213,260,262,290,294,306,308,320,345,349,431,438,440,451,474,477,483,492,496,499,507,512,542,544,551,543,545,560,571,586,612,614,619,620,623,637,649,653,657,661。
Spartan Alliance 斯巴达同盟,167,195,223,308,345。
Spartocus 斯巴托库斯,316,522,558。
Spartolus 斯巴托鲁斯,352。
Spercheus, R. 斯伯切攸斯河,11,88,559。
Speusippus 斯柏西普斯,518,560。
Sphacteria 斯法克特利亚,365。
Sphodrias 斯福德利亚斯,483。
Spitamenes 斯皮特门尼斯,623。
Spithridates 斯皮得利达提斯,454。
Sporades 斯波拉德斯,16,47。
Stagirus 斯塔基鲁斯,116,372,589,656。
Stenyclarus 斯帖尼克拉努斯,78。
Stesichorus 斯特西可汝斯,172。
Sthenelaïdas 斯弟奈赖达斯,321。
Stoa Poikile 雅典的"画廊",217,523。
strategia 将军,221,331。
Stratopeda 斯特拉托庇塔,125。
Stratus 斯特拉图斯,10,353。
Strouthas 斯特罗塔斯,462。
Stryme 斯特累梅,514,656。
Strymon, R. 斯特累蒙河,372。
Stymphalus 斯提姆法鲁斯,13。
Styrea 斯提利亚,226。
Suez 苏伊士,281,636。
Sunium 苏尼昂,336,401,407。
Susa 苏萨,177,619,633。
Sybaris 夕巴利斯,118,127,133,200,520,657。
Sybota 夕波塔,319,359。
Syloson 叙罗松,178,181,198。
Symmories 估产小组,490。
synoikismos 联合组成城市,262。
syntaxeis 贡献金,487,503,606。

synteleia 代表,324。
Syracuse 叙拉库斯,47,55,120,123,131,133,224,306,377,388,401,410,437,470,519,524,577,657。
Syria 叙利亚,36,45,51,635。
Syros 叙罗斯,16。
syssition(*syssitia*) 联合,105,128,441。

T

Tachos 塔可斯,466。
Taenarum 达那隆,13,15,262,357,645。
tamias 财政管理官,161。
Tamynae 塔米奈,549。
Tanagra 塔那格拉,274,289,294,360,371,485,662。
Tanaïs, R. 顿河,627,632,636。
Taras 塔拉斯,47,112,118,122,131,133,166,172,313,378,394,580,657。
Taroisa 塔罗伊萨,52,60。
Tarquinii 塔奎尼亚人,577。
Tarquinius, Superbus 塔克文,修伯布斯,201。
Tarsus 塔尔苏斯,47,52,72,74,607,614,652。
Tartarus 阴间(或地狱),96。
Tartessus(Tarshish) 塔尔铁苏斯,73,120,627。
Taulantii 陶兰提依人,598。
Tauroeis 陶罗依斯,660。

Taurus, Mt. 陶罗斯山,627。
Tavakavalas 塔伐卡伐那,51。
Taxila 坦叉始罗,630。
Taxiles 坦叉始罗人,630。
Taygetus 泰吉图,8,13,83。
"Tearless Battle" "无泪战争",499。
Tegea 提吉亚,13,226,247,262,379,457,494,506,593。
Tegyra 提吉拉,484,490。
Telegoneia 帖利哥尼亚,90。
Teleutias 提留蒂亚斯,461。
Tell-el-Amarna 泰勒埃尔阿马尔奈,47。
Temenus 铁美努斯,77。
Temesa 铁美萨,658。
Temese 铁美斯人,63。
Tempe 坦佩谷,11,227,542,544,553,596。
Tenea 铁尼亚,114。
Tenedos 特内多斯,16,82,562,608。
Tenos 铁诺斯,88,226,241,514。
Teres 铁雷斯,562。
Tereus 铁留斯,313。
Terina 特里那,519,580,658。
Terillus 特利鲁斯,267。
Terpander 特尔潘德,172。
Teucer, Teucridae 条克里达,73。
Teus 太攸斯,86,115,116,125,176,275,656。
Thalassocracies 海上霸权,110。
Thales 太利斯,174。

Thaletas 太列塔斯,172。
Thapsacus 塔普萨库斯,615,634。
Thapsus 塔普苏斯,394。
Thasos 塔索斯,16,113,134,209,289,327,372,409,413,439,463,548,558,656。
Theaetetus 提阿第图斯,591。
Theagenes 提亚吉尼斯,149。
Thearidas 锡阿里德,473。
Thebaïs 《底比斯人》,90。
Thebes 底比斯,12,32,44,50,60,64,66,107,145,180,181,223,246,274,294,318,346,348,383,444,449,461,465,482,492,512,542,551,553,565,570,596,599,639,645,649,661。
Thebes in Egypt 埃及的底比斯,32,47,63。
Thekel 铁克勒人,52。
Theline 提利恩,660。
Themistocles 地米斯托克利,6,154,210,221,227,261,264,289。
Theocritus 提奥克里图斯,644。
Theodorus(of Cyrene) 提奥多汝斯(昔兰尼),166,433,591。
Theodosia 迪奥多西亚,115,656。
Theognis 提奥尼斯,145,150,173。
Theomestor 迪奥米斯特,251。
Theophrastus 提奥弗拉斯图斯,591。
Theopompus of Chios 奇奥斯的提奥庞普斯,574,582,627,653。
Theopompus of Sparta 斯巴达的提奥庞普斯,106。
Theoric Fund 神圣基金,531,545,549,552,558,565,619。
Theorodokoi 神庙礼宾官,537。
Thera 塞拉,9,16,32,47,58,78,94,121,126,131,347,356,658。
Theramenes 特拉门尼,405,418,443。
Therma 特尔马,230,350,534。
Thermae 特尔美,471。
Thermaic Gulf 特尔马湾,10,17。
Thermí 德美,57,63。
Thermopylae 温泉关,11,18,137,230,544,551,559,566,646。
Thermum 德尔蒙,13,41,50,283。
Theron 德隆,267。
Thersilion 德尔西利翁,594。
Thersites 特尔西提,68。
Theseus 提秀斯,64,68,217,258,584。
thesmothetai 司法执政官,155。
Thespiae 提斯皮亚,226,483,492,543,570,661。
Thesprotia 铁斯普罗提亚,75。
Thesprotis 铁斯普罗斯,90。
Thessalian League 帖撒利联盟,501,542,559,596。
Thessaliotis 帖撒利奥提斯,75。
Thessaly 帖撒利,11,36,43,47,50,56,59,65,137,142,181,184,

226,292,412,458,490,512,515,
559,567,575,647,652。
thetes 佣工,67,156,160,164。
Thibron 迪布隆,452。
Thirty Tyrants 三十僭主,443。
Thorax 陶拉克斯,445。
Thoricus 陶里库,68。
Thrace 色雷斯,38,47,71,534,
576,616,626。
Thrasondas 色雷松达斯,415。
Thrasybulus 特拉夕比罗,147,
152,271,405,444,462,492。
Thrasydaeus 特拉夕达攸斯,271。
Thrasyllus 特拉夕鲁斯,405,653。
Thriasian Plain 特利亚西亚平原,
483。
Thronium 提洛尼翁,11,350,542。
Thucydides the Historian 历史学
家修昔底德,22,56,69,72,372,
428,653,660。
Thucydides, son of Melesius 修昔
底德(梅列西斯之子),300,312。
Thuia 图亚,40。
Thurii 图里,313,378,391,421,
480,581。
Thyamis,R. 提阿密斯河,10。
Thyestes 底斯提斯,66。
Thyreatis 提里阿提斯,14,137,
168。
Tieum 蒂厄昂,658。
Tigris,R. 底格里斯河,615,633,
638。

Timaeus 提麦斯,577,653。
Timagoras 提马戈拉斯,502。
Timarchus 弟尔马库斯,556。
Timocrates 提摩克拉底,455,518。
Timoleon 提摩列昂,510,577,594,
638。
Timotheus 提摩修斯,489,502,
514,523,530,536,592。
Tiribazus 蒂里巴左斯,462,464。
Tiryns 梯林斯,9,14,32,37,44,
50,57,60,64,74,196,226。
Tisias 提西亚斯,420。
Tissaphernes 替萨斐尼,400,451。
Titans 提坦,171。
Tithraustes 蒂特拉斯蒂斯,454。
Tlepolemus 特列波勒姆斯,64,
75,78。
Tolmides 特尔米德斯,295,308。
Tomerus,R. 托美努斯河,633。
Tomis 托米斯,115,123,656。
Torone 托隆,116,373,536,656。
Trachis 特拉奇斯,232。
Tragia 特累吉亚,315。
Trajan 图拉真,621。
Transcaucasia 外高加索,45。
Transylvania 特朗斯拉瓦尼亚,
45。
Trapezus 特拉波祖,114,315,451,
656。
Trebenishte 特累贝尼希特,534。
Triballi 特里巴利,564,597。
Tribute Lists 贡金表,324,327。

Tricca 特利卡,11,544。
trikhaikes 特里卡提,69。
Triphylia 特里非里亚,14,44,50,83,506。
Tripodiscus 特利波弟卡斯,368。
Tripolis in Syria 叙利亚的特里波利斯,612。
Triremes 三桨座船,202,222,231,235,241,259,353,397,410,454,460,475,488,505,515,564,603。
trittys 三分之一区,153,187。
Troad 特洛伊地区,82,561。
Troezen 特罗曾,14,118,226,238,297,308,318,368。
Trogilus 特罗基鲁斯,394。
Trojans 特洛伊人,73。
Tros 特罗斯,59。
Trotilum 特罗提隆,1191。
Troy 特洛伊,38,43,47,51,53,57,59,63,71,72,604,652,653。
Tsangli 特桑利,28。
Tumuli 冢墓,38,79。
Tunis 突尼斯,478。
Turkestan 土耳其斯坦,626。
Tursenoi(Tursha) 图尔西诺人(图尔萨人),52,57,73,86。
Ty 泰伊,20。
Tylissus 帝力苏斯,113。
Tyndaris 丁达里,478。
Tynnodas 丁农达斯,151。
tyrannis 僭主,145。
Tyras 提拉斯,114,656。
Tyre 推罗,59,63,125,466,611,639。
Tyrtaeus 提尔泰奥斯,138,166,385。

U

Ugarit 乌加里特,32,47,59,72,652。
Umbria 翁布里亚人,576。
Ural Mt. 乌拉尔山,123。
Utica 乌提卡,73。
Uzbek 乌兹别克,626。

V

Vajzë 瓦耶再,41。
Vaphió 瓦孚,44。
Vardar 瓦达,见 Axius R。
Veii 维爱,576。
Veneti 威尼提,576,598,628。
Vergína 沃吉那,79。
Vodhinë 沃迪奈,42。
Volsci 沃尔斯奇人,576。

W

Weshesh 威夕什人,52。

X

Xanthippus 克山提甫斯,220,246。
Xenocritus 塞诺克利图斯,313。
Xenophon 色诺芬,451,521,524,582,586,594。
Xenophones 色诺芬尼,275。
Xerxes 薛西斯,218,603,619。
Xouthos 豪修斯,40,59。

Z

Zacynthos 扎西恩多斯,15,79,295,365,461,491。

Zaleucus 佐留库斯,144。

Zancle 占克列,118,122,133,208,657。

Zea 泽亚,558。

Zechariah 扎哈利亚,614。

Zeno 芝诺,300,339。

Zeugitai 步兵(等级),160。

Zeus 宙斯,30,55,69,70,71,77,96,104,141,168,169,250,270,274,286,534,539,541,576,579,598,604,613,624,633,637,638,641。

图书在版编目(CIP)数据

希腊史:迄至公元前322年/(英)哈蒙德著;朱龙华译.—北京:商务印书馆,2016(2021.10重印)
ISBN 978-7-100-11623-7

Ⅰ.①希… Ⅱ.①哈…②朱… Ⅲ.①希腊－历史 Ⅳ.①K545

中国版本图书馆 CIP 数据核字(2015)第 237700 号

权利保留,侵权必究。

希 腊 史
迄至公元前 322 年
〔英〕N.G.L.哈蒙德 著
朱龙华 译
程庆昺 郝际陶 校

商 务 印 书 馆 出 版
(北京王府井大街 36 号 邮政编码 100710)
商 务 印 书 馆 发 行
北京通州皇家印刷厂印刷
ISBN 978-7-100-11623-7

2016 年 3 月第 1 版　　开本 880×1230　1/32
2021 年 10 月北京第 6 次印刷　印张 35⅜　插页 1
定价:168.00 元